FRANK SCHULZ-NIESWANDT

Wandel der Medizinkultur?

Schriften der Gesellschaft
für Sozialen Fortschritt e.V.

Band 28

Wandel der Medizinkultur?

Anthropologie und Tiefenpsychologie
der Integrationsversorgung als
Organisationsentwicklung

Von

Frank Schulz-Nieswandt

Duncker & Humblot · Berlin

Bibliografische Information der Deutschen Nationalbibliothek

Die Deutsche Nationalbibliothek verzeichnet diese Publikation in der Deutschen Nationalbibliografie; detaillierte bibliografische Daten sind im Internet über http://dnb.d-nb.de abrufbar.

Alle Rechte vorbehalten
© 2010 Duncker & Humblot GmbH, Berlin
Fremddatenübernahme: L101 Mediengestaltung, Berlin
Druck: Berliner Buchdruckerei Union GmbH, Berlin
Printed in Germany

ISSN 0435-8287
ISBN 978-3-428-12504-3 (Print)
ISBN 978-3-428-52504-1 (E-Book)
ISBN 978-3-428-82504-2 (Print & E-Book)

Gedruckt auf alterungsbeständigem (säurefreiem) Papier
entsprechend ISO 9706 ♾

Internet: http://www.duncker-humblot.de

„Es muss doch etwas besagen, dass heute die chronischen Krankheiten weit mehr im Vordergrund des ärztlichen Interesses stehen, weil man sie nicht wegnehmen kann. In der Tat, die chronischste aller Krankheiten ist doch wohl der Weg zum Tod entgegen. Diese unsere weiteste Bestimmung annehmen zu lernen ist die höchste Aufgabe des Menschen."

(Gadamer, 1993, S. 119)

„Die Medizin von heute ist eine universelle Macht geworden, die in alle Lebensbereiche Licht und Schatten wirft."

(Schipperges, 1968, S. 9)

„Gesund ist ein Mensch, der mit oder ohne ihm wahrnehmbare oder nachweisbare Mängel seiner Leiblichkeit alleine oder mit Hilfe anderer Gleichgewichte findet, entwickelt und aufrecht erhält, die ihm ein in seinem Daseinsverständnis sinnvolles, auf die Entfaltung seiner persönlichen Anlagen und Lebensentwürfe eingerichtete Existenz und die Erreichung von Lebenszielen ermöglicht, so dass er sagen kann: Mein Leib, mein Leben, meine Krankheit, mein Sterben."

(Hartmann, 2003, S. 32)

„Was wirtschaftlich kommen soll, die notwendig ökonomisch-institutionelle Änderung, ist bei Marx bestimmt, aber dem neuen Menschen, dem Sprung, der Kraft der Liebe und des Lichts, dem Sittlichen selber ist hier noch nicht die wünschenswerte Selbständigkeit in der endgültigen sozialen Ordnung zugewiesen."

(Bloch, E., 1977, S. 302)

„Wer also das Leben bejaht, muß auch den Tod akzeptieren."

(Körtner, 1997, S. 12)

Dank und Widmung

Vielen ist zu danken. Den MitarbeiterInnen meines Lehrstuhls[1] für die lange Zeit der Überlastung, den Kohorten an SHK, die schwere Bücherlasten schleppen mussten und zahlreiche Artikel zu besorgen hatten, den vielen (ebenso überlasteten) Kollegen, die ich dazu gebracht habe, einen Blick in das Manuskript zu werfen. Frau Sarah Lambrecht habe ich für mehrwöchige Korrekturarbeiten zu danken. Diese wichtige Arbeit erforderte viel Geduld. Herzlichen Dank! Insbesondere mit Michael Quante bin ich vertiefend ins Gespräch gekommen. Klaus Bergdolt habe ich für seine konstruktiven Anmerkungen zu danken. Von Fritz Rüdiger Volz habe ich tief ansprechende Ermutigung und Zuspruch erhalten (vgl. auch Volz, 2008, S. 39).[2]

---

[1] Dennoch hoffe ich, im Gegenzug gute Promotionsbedingungen, interessante Forschungsprojekte und gemeinsame Publikationen geboten zu haben.

[2] Klaus Bergdolt (Köln) hat zu Recht angemerkt, ich würde sehr unkritisch auf Foucault zurückgreifen und verwies mich auf die Rezeption Foucaults durch die Geschichtswissenschaft. Nun war mir die diesbezügliche Wehler-Debatte (Wehler, 1998; Wehler, 2001) nicht unbekannt (vgl. auch Peukert, 1991). Dennoch glaube ich, dass die Perspektivität von Foucault für meine Fragestellung überaus relevant ist, ja diese Fragestellung überhaupt erst ermöglicht. (Gleiches gilt für die Arbeit von Attali [1981] zur Archäologie der kannibalischen Ordnung.) Davon abzusetzen ist natürlich die Frage nach der Validität der empirischen Rekonstruktionsbefunde. Bergdolt verdanke ich auch die Erinnerung an die Rolle von Rudolf von Krehl (1861–1937), der mir zwar geläufig, aber nicht als intensiver zu behandelnde Position evident war. Krehl versuchte, klinische Medizin und Arztsein zu verbinden. Er gab die naturwissenschaftlich-medizinischen Grundlagen rationaler Therapiewahl nie auf, öffnete sich jedoch der ganzen Persönlichkeit seiner Patienten. Damit war er ein Vorläufer jener Medizinanthropologie, von der die vorliegende Arbeit mitunter handelt, zumal Viktor von Weizsäcker und Richard Siebeck Schüler von Krehl waren. Krehl war personalistisch orientiert (Christian, 1962) und von ihm stammt die berühmte Formulierung: „Krankheiten als solche gibt es nicht, wir kennen nur kranke Menschen." (in der 13. Aufl. seiner „Pathologische[n] Physiologie", S. 24 oder auch in seiner „Pathologische[n] Physiologie", 9. Aufl., [Leipzig] 1918, S. 2, zitiert bei Dressler, 1989, S. 121 FN 120). Curtius (1961, S. 2495) spricht von einem „individualpathologische(m) Programm" und bezieht sich auf Krehls Satz: „Die Persönlichkeit erhielt nur schwer das Bürgerrecht in der Medizin." Oder v. Weizsäcker über Krehl: „Aber die eigentümlichste Verhaltensweise Krehls wurde nicht: Erforschung einer Ursache der Krankheit und ihres Mechanismus, sondern: Bemühung um eine Beziehung zum Leben des Menschen." (Weizsäcker, 1937, S. 5) Krehl denkt daher jenseits des Maschinenbegriffs der Medizin und denkt den ärztlichen Stil weit das Morphologische und Funktionelle übersteigend und umfassend; es war eine Überwindung des Stiles der Klinik. Die Kraft zu dieser Arbeit der Liebe

Zu danken habe ich auch meinem Freund Holger Pfaff, meinem uralten Studienfreund Hermann Brandenburg („uralt" bezieht sich auf die Dauer der Freundschaft: seit 1978 bestehend) und auch dem lieben Kollegen Wolfgang Leidhold. Aus einer fachlichen Anfrage an Werner Schüßler ergab sich eine Tillich-Publikation (Schulz-Nieswandt, 2009). Von dem ich das Meiste erhofft hatte, hat gar nicht reagiert.

Den Mittelpunkt meines ganzen Lebens stellt trotz meiner langjährigen Begeisterung für das Thema der Menschenbild-bezogenen Fundierung der Theorie und Praxis der Sozialpolitik mit entsprechenden Akzentuierungen im Work-Life-Balancespektrum meine geliebte Tochter Alessa Alessandra dar.

Frank Schulz-Nieswandt

---

zum Mitmenschen kam ihm aus seiner Gotteserfahrung. Krehl umspannte damit als Arzt eine wissenschaftliche, eine religiöse und eine politische Dimension.

Inhaltsübersicht

Einleitung 15
A. Zugänge 49
    I. Wandel der Medizinkultur? – Ein erster Zugang 59
    II. Phänomenologie der Veranschaulichung – Ein zweiter Zugang 74
    III. Tiefen-Umwege zum Gesundheitswesen – Ein dritter Zugang 77
    IV. Vom Gesundheitswesen zu einer anthropologischen Methodologie der Analyse des Gesundheitswesens – Ein vierter Zugang 98
    V. Ein Zwischenfazit I: Der Wandel im personalen Lichte des Seinsmutes 179
B. Cultural turn 198
    I. Soziale Praxis als Herausforderung in tiefengrammatischer Perspektive 198
    II. Personale Haltung und soziale Praxis 276
C. Ökonomie und Recht 444
    I. Ordnungskontext und soziale Praxis 444
    II. Soziale Praxis als sozioökonomisches Prozessgeschehen: DRG-Regime und Phänomenologie der Risikoselektion 514
D. Philosophische Anthropologie sozialer Praxis 519
    I. Fazit (Befund zum Medizinwandel) und Ausblick (Philosophische Anthropologie der Sorgearbeit als Desiderat der Forschung) 519
    II. Schluss: Erträge der Multidisziplinarität und ihrer kulturwissenschaftlichen Klammer 610

Literaturverzeichnis 632
Sachverzeichnis 835

Inhaltsverzeichnis

Einleitung 15

A. Zugänge 49
    I. Wandel der Medizinkultur? – Ein erster Zugang 59
    II. Phänomenologie der Veranschaulichung – Ein zweiter Zugang 74
    III. Tiefen-Umwege zum Gesundheitswesen – Ein dritter Zugang 77
    IV. Vom Gesundheitswesen zu einer anthropologischen Methodologie der Analyse des Gesundheitswesens – Ein vierter Zugang 98
        1. Relevanz des Blicks systemischer Organisationsforschung 101
        2. Zu einer anthropologischen Methodologie der Analyse 116
        3. Zu einer philosophischen Anthropologie der Medizin 119
        4. Zurück zu einer anthropologischen Methodologie der Analyse 127
        5. Medizin im kulturellen Kontext 146
        6. Versorgungssystementwicklung 151
        7. Neue Steuerung 162
        8. Haltungswandel verantwortlicher Personen 168
    V. Ein Zwischenfazit I: Der Wandel im personalen Lichte des Seinsmutes 179

B. Cultural turn 198
    I. Soziale Praxis als Herausforderung in tiefengrammatischer Perspektive 198
        1. Der gesundheitspolitische Thesenkreis im engeren Sinne 200
        2. Die Struktur der Analyse 211
        3. Zur Genealogie karitativer Mentalität 227
            a) Bausteine einer strukturalen Religionsgeschichte der Sozialpolitik 227
            b) Sakrales Königtum: Heilen, Richten, Herrschen 251
            c) Liebesethik und Gemeinde-Ethos 260
            d) Religion und Wohlfahrtsstaat 271
    II. Personale Haltung und soziale Praxis 276
        1. Kulturelle Ökonomik der professionellen Begierde und die Integrationsversorgung als personal gelebte Medizinanthropologie 276
        2. Soziale Demografie und Medizinwandel 289
            a) Zwischenfazit II: Medizinwandel als betriebsmorphologischer Wandel 290
            b) Zwischenfazit III: Medizinwandel als kulturelle Mutation 294
            c) Institutionen als Kontexte der personalen Identitätsstiftung 295

aa) Funktionalismus versus Generative Grammatik von Institutionen 295
bb) Die Seinsvergessenheit des funktionalistischen Institutionalismus in der Ökonomie 302
d) Strategisches Krankenhausmanagement zwischen Umwelt- und Ressourcenorientierung 305
aa) Transaktionalistische Sicht der Organisationsentwicklung des Krankenhauses 308
bb) Der öffentliche Non-Profit-Sektor zwischen Anreiz-Regime und intrinsischer Motivation 314
e) Der gerontologische Bezugsrahmen: Das höhere und das hohe Alter 327
aa) Ambivalenz 329
bb) Heterogenität 332
cc) Unvollständige Architektur des hohen Alters 334
f) Passungsfähige Angebotsentwicklung: Das Beispiel der Arbeit mit Menschen mit Behinderung 336
g) Der soziologische Bezugsrahmen: Gesellschaft als Figuration von Generationen 348
h) Der fundamentale Bezugspunkt: Das Leben vom Tod her denken 361
i) Zwischenfazit IV und Übergang zur weiteren Argumentation ... 364
3. Medizinausbildung als Haltungswandel 369
4. Maskulinität, Medizin, Tod: Die Genderdimension angesichts des Heldenmythos der Medizin in daseinsanalytisch-tiefenpsychologischer Sicht 374
a) Männliche Medizin versus weibliche (mütterliche) Pflege 375
b) Quellen des kritischen Denkens 385
c) Medizinzynismus 393
5. Bausteine einer zeitgemäßen Medizinanthropologie 401
6. Integrationsmodul „Sorgearbeit der Altenpflege" 406
7. Vernetzte intra- und intergenerationelle Lebenswelten der Pflege in Rheinland-Pfalz 422
8. Integrationsmodul „Sorgearbeit mit Menschen mit Behinderungen".. 439

C. Ökonomie und Recht 444
  I. Ordnungskontext und soziale Praxis 444
   1. Der ordnungspolitische Rahmen der Integrationsversorgung: Die solidarische Wettbewerbsordnung 445
   2. Ordnungsdiskurs im Wandel 446
   3. Europarechtliche und -politische Kontexte 451
     a) Die Relevanz der europäischen Politik-Architektur 456
     b) Sozialpolitik als „geteilte Kompetenz" 461

c) Die DA(W)I als Rechtsmaterie geteilter Kompetenz im europäischen Mehr-Ebenen-System 465
  aa) Nationale Sozialstaaten als lernende Organisationen? Harmonisierung, Konvergenz – oder was? 465
  bb) DA(W)I und die Idee eines europäischen Sozialmodells 469
  cc) Die diskursive Konstruktion der DA(W)I 470
    (1) Daseinsvorsorge und Infrastruktureigenschaften 470
    (2) Evaluierungsziele und die OMK 473
    (3) Wirtschaftlichkeit und Marktbezogenheit 475
d) Der Vertrag über eine Europäische Verfassung 483
  aa) Finalitätsoffenheit Europas und Konstitutionalisierung 485
  bb) Konstitutionalisierung und symbolische Integration 487
  cc) Prospektiver Rückblick: Quo vadis – Europäische Verfassung? 490
  dd) Der Europäische Reformvertrag – Ausblick 491
4. Das Theoriekonzept der solidarischen Wettbewerbsordnung 494
  a) Wettbewerb der Versorgungsformen 497
    aa) Dualismen und Pluralismen 498
    bb) Steuerung als Generierung neuer Medizinkultur 499
  b) Differenzierung, Ungleichheit, Risiken 499
  c) Offene Fragen des Versorgungsangebotswettbewerbs im Rahmen selektiven Kontrahierens der Einzelkassen 501
5. Ordnungstheoretisches Zwischenfazit und Entwicklungsszenarium der Sozialwirtschaft 502
  a) Marktbezogene Sozialunternehmen zwischen Gewährleistungsstaat und Wettbewerb 503
  b) Kontraktmanagement mit outcomesorientierten Qualitätskennziffern 504
6. Kritik des Regimes des *homo telos contractus* 506
  a) Zur Themenkreis-übergreifenden Ambivalenz der Sozialpolitik .. 507
  b) Zielvereinbarungsökonomik: Kosten-Dumping oder soziale Dialogpraxis? 509
II. Soziale Praxis als sozioökonomisches Prozessgeschehen: DRG-Regime und Phänomenologie der Risikoselektion 514
  1. Kurze Verweildauer und ökonomische Rationalität 514
  2. Problem-Phänomenologie 515
  3. Ausstehende Wirkungsforschung 516

D. Philosophische Anthropologie sozialer Praxis 519
I. Fazit (Befund zum Medizinwandel) und Ausblick (Philosophische Anthropologie der Sorgearbeit als Desiderat der Forschung) 519
  1. Fazit: Befunde zum Medizinwandel 524
    a) Medizinwandel: Extrinsische und intrinsische Faktoren 526
    b) Eigenschaften einer neuen Medizinkultur 532

c) Neu-Codierung der Genderdimension des Problems 532
d) Laborwerte und „personale Mitte": Unromantische Ganzheitsorientierung 534
e) Gadamers „Apologetik des Schmerzes": Die Entbergung des Verborgenden 535
2. Ausblick: Philosophische Anthropologie der Sorgearbeit als Desiderat der Forschung 538
 a) Lebenslauf und Scheitern 539
 b) Eine entwicklungspsychologische Theorie der Sozialpolitk 543
 c) Normative Programmcodes der Sozialpolitik 552
 d) Dialogische Existenz 564
  aa) Ontologie der Gabe 565
  bb) Transzendentale Sozialpraxis 569
 e) Praktische Sozialpolitik im Lichte einer Ontologie der Kategorien der Sorge, der Gabe und der Liebe 569
  aa) Liebesethik und eine Theologisierung der Sozialpolitikbegründung? 575
  bb) „Wahrheit des Mythos" als „Arbeit am Mythos" 581
  cc) Wie umgehen mit dem Scheitern der Person? 586
 f) Emanzipatorischer Essenzialismus 588
 g) Welchem figurativen Typus werden die Generationenbeziehungen folgen? 589
II. Schluss: Erträge der Multidisziplinarität und ihrer kulturwissenschaftlichen Klammer 610
 1. Gerontologie und Humanismus 613
  a) Humanistische Gerontologie 614
  b) Neuronale Voraussetzungen und generative Praxis symbolischer Interaktionen 619
  c) Theoriesynthese und System der Transzendentalien 621
 2. Professionen, Ethik, philosophische Anthropologie 625

Literaturverzeichnis 632
Sachverzeichnis 835

Einleitung

Nach über zehn Jahren der ehrenamtlichen Tätigkeit als Vorsitzender des Vorstandes der Gesellschaft für Sozialen Fortschritt, eine gern übernommene Rolle, die ich jedoch aus genau diesem Grund der zeitlichen Dauer („genug ist genug") Ende 2009 abgeben werde, freue ich mich, dass ich nunmehr einen monografischen Beitrag zur Schriftenreihe der Gesellschaft für Sozialen Fortschritt leisten kann. Der Band kommt nach mehrjähriger Arbeit, zum großen Teil etwas beschwerlich, nämlich parallel zu meinem Amt als Dekan der Wirtschafts- und Sozialwissenschaftlichen Fakultät der Universität zu Köln, zustande[1] und wurde zum größten Teil durch Mittel aus meiner Drittmittelforschung und durch einen dankenswerten Zuschuss von der Gesellschaft für Sozialen Fortschritt finanziell möglich. Dem Verlag Duncker & Humblot danke ich für die technische Herstellung und Betreuung.

Der Gesellschaft für Sozialen Fortschritt danke ich für das Vertrauen, das meiner Person geschenkt worden ist.

Die vorliegende Arbeit fasst wesentliche Erkenntnisse meiner theoretischen und projektgebundenen empirischen Forschung, flankiert durch praktische wissenschaftlich-beratende Begleitprojekte im Gesundheits- und Sozialwesen der letzten fünf, teilweise zehn Jahre, zusammen. Eine Reihe von Passagen findet sich ähnlich und verwandt verstreut in vielen meiner Aufsätze. Die Quellen sind umfänglich angeführt und dokumentiert. Einige theoretische und konzeptionelle Denkweisen haben sich über 25 Jahre hinweg entwickelt und entfaltet. Doch je mehr ich lese, desto weniger bin ich mir sicher, was als verallgemeinerungsfähiges und gesichertes Wissen definiert werden kann. Ich halte es mit Erhard Kästner (1975, S. 24): „Je länger ich hier bin in Griechenland, desto weniger finde ich den Mut zu verallgemeinernden Richtsprüchen, die nur die Unkenntnis liebt."

Die anthropologischen, kulturgeschichtlichen und letztlich um einen personologischen[2] Standpunkt ringenden Überlegungen haben, wie angedeutet,

---

[1] Das Manuskript wurde im ersten Halbjahr 2009 abgeschlossen, weil sich die Literatureinarbeitung als unendliche Geschichte erwies. Auch bin ich an die Machbarkeitsgrenzen gestoßen, weniger intellektuell, aber hinsichtlich der allgemeinen Arbeits- und Lebensbedingungen. Einige Überlegungen sind in der Zwischenzeit an anderer Stelle dargelegt worden: Schulz-Nieswandt, 2009b; ders., 2009c; ders., 2010 (i. V.), Schulz-Nieswandt/Mann/Sauer, 2010 (i. V.) sowie Driller u. a., 2009.

bereits eine längere Genese und reichen auf meine ersten Arbeiten Ende der 1980er/Anfang der 1990er Jahre zurück. Damals waren sie nur höchst punktuell spürbar und wenig systematisch fundiert, bewegten mich jedoch innerlich stärker als damals offensichtlich wahrnehmbar und dennoch sehr nachhaltig. Die Überlegungen konnten sodann während meiner leitenden Tätigkeit beim Deutschen Zentrum für Altersfragen in Berlin mit gerontologischen Bezug[3], der bis heute wirksam bleibt, fortgeführt und vertieft werden. Vieles resultiert aus meiner Sozialisation in der Kölner Schule der Sozialpolitikwissenschaft (Sozialpolitik wird immer differenziert in wissenschaftliche und in praktische Sozialpolitik, also in Sozialpolitik[W] und in Sozialpolitik[P]), manches aus dem tiefen Studium der Klassiker von Aristoteles bis zu Hegel (1770–1831), dem Studium der Leo Kofler'schen (1907–1995) Perspektiven und der Kritischen Theorie (Demirovic, 1999) an der Ruhr-Universität Bochum, zusammen mit meinem alten Studienfreund Prof. Dr. Hermann Brandenburg (nun an der Philosophisch-Theologischen Hochschule Vallendar, an der nun auch ich als Honorarprofessor lehren darf). Die in der vorliegenden Arbeit ebenso zum Ausdruck kommende Wiederaufnahme des betriebsmorphologischen Denkens ist eine Rückbindung zu Theo Thiemeyer, meinem leider früh verstorbenen Diplom-, Dok-

---

[2] *„Methodologischer Personalismus"*: In der Sprache nicht gewinnend, aber ebenso anti-individualistisch, aber dennoch nicht kollektivistisch: Jacobs, 2008. Ich würde meinen Standpunkt gerne als „methodologischen Personalismus" bezeichnen. Er ist in seinen Grundzügen existenzialphilosophisch geprägt. Insofern spricht mich im Verlauf der Arbeit wiederholt die Auseinandersetzung mit der anthropologischen Wende innerhalb der protestantischen (und, wo sie existiert, der katholischen) Theologie an, ohne dass die Arbeit deshalb unmittelbar begründet ist in einer theologischen Anthropologie. Vgl. hier meine Auseinandersetzung mit Tillich in der Grundlegung der Sozialpolitikwissenschaft (Schulz-Nieswandt, 2009).

[3] *Deutsche Alter(n)ssoziologie auf Theoriesuche*: Dabei ist der Lebenslauf als Kategorie konstitutiv für die Gerontologie und kommt nicht erst und neuerdings zur Altersforschung hinzu, wie Backes/Amrhein (2008) meinen. Zunächst soll aber noch vorweg verdeutlicht werden, wie der gerontologische Bezug wirksam wird. Qualitative Forschung ethnographischer Art zum Alter und zum Altern selbst ist einerseits das eine Thema. Ohne überholten defizittheoretischen Modellen anzuhängen, wird andererseits der Blick auf die qualitative Versorgungs- und Pflegeforschung gerichtet. Damit wird ein Segment der sozialpolitisch relevanten Alter(n)sforschung aufgegriffen. Ich argumentiere demnach aus dem Schwerpunkt der eigenen Forschungen heraus, nämlich aus der Gesundheitssystemforschung im Schnittbereich zur Altenpflege-Regimeforschung im Lichte gerontologischer Erkenntnisinteressen. Dabei ordne ich die Fragen und Befunde in eine anthropologisch fundierte Sozialpolitiktheorie ein. Die anthropologische Fundierung erfolgt auf der Basis eines „methodologischen Personalismus", der Strukturalismus und Tiefenpsychologie kulturwissenschaftlich integriert und neben quantitativen Methoden insbesondere auch Methoden qualitativer Forschung nutzt. Ein Beispiel sind unsere Forschungen zu den „Seniorengenossenschaften" (als Teil des „Dritten Sektors": Köstler/Schulz-Nieswandt, 2010).

tor- und Habilitationsvater, auch aktualisierend getragen von meiner jetzigen ehrenamtlichen Tätigkeit als Vorsitzender des Wissenschaftlichen Beirates des Bundesverbandes Öffentliche Dienstleistungen (BVÖD), früher Gesellschaft für öffentliche Wirtschaft (GÖW), dem Thiemeyer viele Jahre bis zu seinem Tode vorsaß. Allein diese betriebsmorphologische Perspektive zieht ontologische Überlegungen nach sich, da der implizite Transaktionalismus die handlungstheoretischen Folgen nicht voluntaristisch, sondern aus der konstitutiven Wechselwirkung von Person (Institution) und Umwelt erzeugt. Dass ich ferner viel meinen weiteren akademischen Lehrern (W. W. Engelhardt, S. Katterle, I. Nahnsen) verdanke, darf hier erneut betont werden.

Die vorliegende Studie ist komplex angelegt und dicht gehalten und letztendlich dennoch zwingend nur einführend[4] (wenngleich ich nicht wie Derrida [2002, S. 9] behaupten würde, diese Arbeit gleiche „einem langen Vorwort" und sei „eher die Vorbemerkung zu einem Buch, dass ich eines Tages gern schreiben würde."), also ein „Anlauf": „Aber nicht dadurch, daß sie den Stoff erleichtert, indem sie ihn verwässert." (Bloch, E., 1977a, S. 11) Aber in vielen, dutzenden Vorträgen im Rahmen von gesellschaftspraktischen Tagungen und Veranstaltungen, auch in Gutachten und Expertisen, Workshops usw. konnte ich aktuelle Themen im Lichte dieser Theorieüberlegungen vortragen und bin immer wieder ermutigt worden, eine Anthropologie der Person existenziell zur Basis einer zeitgemäßen Wissenschaft der praktischen Sozialpolitik zu entfalten.

Ich bin mir wissenschaftstheoretisch (vgl. auch Zima, 2004) durchaus bewusst, dass Forschung darin besteht, in methodisch gesicherter Weise Komplexität zu reduzieren und mit möglichst einfachen Modellen möglichst viel erklären zu können. Dies gilt aber in der Regel für die Analyse relativ überschaubarer Zusammenhangsdefinitionen. So wird ein kleiner Teil eines Teils der Wirklichkeit hypothesenorientiert getestet. Dies, also die methodisch kontrollierte Reduktion von Komplexität durch Aufstellung und Testung möglichst einfacher Erklärungen, gilt aber nicht, wenn in synthetischer Perspektive die sozialen Mechanismen für größere Zusammenhänge verstanden werden sollen. Dann ist Komplexität wieder neu zu gewinnen. Wie überhaupt die vorherrschende quantitative Sozial- und Wirtschaftsforschung zwar Korrelationszusammenhänge statistisch aufdeckt, aber wenig erklärend zu den generativen sozialen Mechanismen sagen kann, die hinter den statistischen Zusammenhangsmaßen stehen. Letztendlich geht der vorherrschenden Sozial- und Forschungspraxis die narrative Rekonstruktion der sozialen Wirklichkeit verloren. Konstitutionstheoretisch ist dies deshalb problematisch, da an der narrativen Identitätsbildung (eher im Lichte eines analyti-

---

[4] Vieles habe ich nicht hinreichend erarbeiten und sodann einbringen können.

schen Philosophiestils: Henning, 2009) ein wesentlicher Teil der Sozialproblematik überhaupt hängt.[5] Dies wird mich objekttheoretisch mit Blick auf die Ambivalenzen des Medizin- und des Sozialsektors noch intensiver beschäftigen. Die vorliegende Studie erarbeitet sich die Komplexität sozialer Mechanismen im Zusammenspiel von Akteuren zurück, die, kulturell codiert, in dynamischen Kontexten und Settings sich bewegen.

Der Objektbereich: Medizinkultur und weitere soziale Felder: Der Zusammenhang ist im Buchtitel als „Wandel der Medizinkultur" bezeichnet. Dies ist an dieser Stelle bereits semantisch und umfangslogisch zu ergänzen. Einbezogen sind zugleich die Bereiche der Pflege (vgl. auch Gerlinger/ Röber, 2009; europarechtlich: Schulte, 2008a; 2009; 2009a) und der Behinderung (vgl. Kostorz, 2008), somit weite Handlungsfelder sozialer Dienstleistungen. Dennoch belasse ich es bei der Titelfindung „Medizinwandel", weil der harte Kern und die perspektivische Dynamik in der auf Integrationsversorgung abstellenden Analyse in der Medizin, auf den meine Forschungsarbeit der letzten Jahre fokussiert war, ihren Ausgangspunkt nimmt. Dieser kulturelle Wandel schließt jedoch, wie gesagt, die auf das Alter bezogene Pflege und ferner die soziale Arbeit mit Menschen mit Behinderungen (umfassend einführend: Röh, 2009) ein. Ja, dies ist bereits Teil der Problemdefinition und ein Essential in der perspektivischen Problemüberwindung. Damit werden Pflege und Behinderung jedoch nicht dem Regime des klinisch-medizinischen Blicks subsummiert. Ganz und gar nicht. Ihm gilt ja die Kritik. Was aktuell als Shared Decision Making in der Arzt-Patienten-Beziehung mühsam im sozialen Wandel erarbeitet wird, ist als Folge der Empowerment-Bewegung in der sozialen Arbeit (vgl. auch zum Beitrag von Alice Salomon: Kuhlmann, 2008) bereits weiter fortgeschritten und schlägt sich als aktivierende Pflege-Konzeptionalisierung und als Reha-zentrierte Pflege auch im gerontologischen Diskurs (weniger wohl in der pflegerischen Alltagspraxis: Jacob, 2004) längst nieder. Und reflektiert man den Haltungswandel der klinischen Medizin angesichts des zentralen Problems der chronifizierten Erkrankungen und ihren Folgen, so hat sich[6] in

---

[5] Insofern überrascht es, wenn die narrative Forschung (etwa in der Tradition von Ricoeur), aber auch wissenssoziologische, ethnomethodologische und verstehend-soziologische Ansätze derzeit mehr in der Theologie rezipiert werden als in der Metatheorie der Sozial- und Wirtschaftswissenschaften. Natürlich sagt dies einiges aus zur Krise der traditionellen theologischen Hermeneutik; doch dies interessiert mich ja nicht unmittelbar.

[6] Wobei kulturgeschichtlich festgehalten werden sollte, dass dieser humane Emanzipationsprozess, also die Loslösung aus autoritären Traditionalismen ein universaler, langfristiger und längst nicht abgeschlossener Vorgang voller Ambivalenzen ist. Die engere fachliche, im Wandel begriffene Ideo-Paradigmatik ist ja nur ein Teil dieses universalen geistig-kulturellen und zugleich institutionell-pragmatischen Zivilisationsprozesses.

der sozialen Arbeit und in der Pflege in der Zwischenzeit ideo-paradigmatisch nicht nur der Wandel vom „Betreuer zum Berater" (Hähner u. a., 2006; vgl. auch Dittli, 2007) durchgesetzt, wodurch sich das Paradigma der anstaltsförmigen Betreuung und Versorgung über das Denken im Modell des „Förderns" abgewandelt hat zum wissenschaftlichen Leitbild und zum pragmatischen Leitbild des selbstbestimmten Lebens (Wohnens etc.). Verschiedene, nicht immer trennscharfe (semantisch hinreichend differenzielle), also semantisch wie pragmatisch sich überlappende Modelle (Regieassistenz, Self-advocacy, Dialogik und Trialogik, aber auch das Kundenmodell etc.) sind hier am wirken, wenngleich die empirische Forschung hierzu erschreckend selten und dünn ist. Ich folge selbst wiederum nochmals einer „Negation der Negation" und entwickel die postmoderne Selbstbestimmungs-Philosophie weiter zur angewandten „Ethik der Achtsamkeit" (Conradi, 2001 sowie 2008; Niehoff, 2008), da ich nur so die hinreichende ethische Komplexität der Problematik im Lichte einer philosophischen Anthropologie und einer Ontologie der menschlichen Seinsverfassung hinreichend in ihrer Ambivalenz begreifen kann.

Auch nach Lektüre des Handbuches „Behinderung und Anerkennung" (Dederich/Jantzen, 2009) bestätigt sich bei mir die Auffassung, die Ethik wieder über ihre Einbettung in philosophische Anthropologie zur Ontologie rückzukoppeln. Deontologische Ethik der Kantschen Tradition ist zwar einerseits unhintergehbar, andererseits soziologisch in dieser Abstraktheit unbrauchbar. Die Freiheit zur Pflicht (vgl. auch Böhme, 2008, S. 189 f.) muss in sozialisierten Tugenden (als sicherlich unvollkommene personale Kompetenzen) eingebettet werden; sie basiert auf erlernter (wenn auch neurobiologisch ermöglichter) Empathie[7] und muss Mitfühlen in Mitleidenkönnen transportieren. Der kategorische Imperativ und das darauf aufbauende Sittengesetz können ferner nicht in quasi-utilitaristische Reziprozität der symmetrischen goldenen Regel reduzierend transformiert werden. Vielmehr ist eine unbedingte Gabe-Bereitschaft eine tiefengrammatisch-transzendentale Voraussetzung, universalistische Ethik kontextualisiert und situationsbezogen und in soziologischem Realismus psychologisch konzipieren zu können. Denn dann erschöpft sich die Ethik nicht in Philosophie der Anerken-

---

[7] Eine Reihe von ähnlichen Einschätzungen zur Rolle von Empathie, wie ich sie in der vorliegenden Arbeit vornehme, finden sich bei Breithaupt, 2009. Er betont noch einen Aspekt, der bei mir im Lichte des Phänomens des „bad social capitals" nur am Rande erwähnt wird, nämlich dass Empathie eine notwendige Voraussetzung für soziales Helfen ist, aber auch genutzt werden kann zur negativen Behandlung des Anderen. Auffallend bei Breithaupt ist allerdings, dass er überhaupt keine Notiz von den philosophischen Diskursen zum Thema nimmt. Dafür kann man bei ihm die eigenen Kenntnisse zur Sozialbiologie durch vertiefende Quellen zur Schimpansenforschung verbessern.

nung im intersubjektivistischen Sinne (vgl. auch die Kontroverse zwischen Fraser und Honneth: Fraser/Honneth, 2003), damit in der Hegel- und Husserl-Tradition stehend. Die Trias von Aristoteles, Kant und Hegel ist heute dialektisch zu übersteigen, sicherlich im Lichte von Levinas und Ricoeur[8] etwa. Denn Ego und Alter Ego sind selbst nicht selbst-ursprünglich, sondern verweisen auf den allgemeinen Anderen, einem Dritten. Somit ist die Vorgängigkeit des Wir vor der Intersubjektivität von Ego und Alter Ego zu denken, d.h. zwingend anzunehmen. Diese Verwiesenheit auf die Vorgängigkeit des Wir in seinen Dimensionen des Sozialen, des Geschichtlichen und des Räumlichen (vgl. auch Hahn, 1994, S. 24) meint keine kollektiv vollständig geteilte Identität; Ego und Alter Ego sind nicht unbrüchige Repräsentationen eines homogenen Sozialen. Es geht nicht darum, geschlossene „Bedeutungsgemeinschaften" (Illouz, 2009, S. 12) zu konstatieren, oder darum, romantische Reformpädagogik (vgl. Benner/Kemper, 2009) zu entwerfen. Aber nicht nur auf den Alltagsmenschen, auch auf die Wissenschaften selbst trifft die Annahme der Kontextualität der wissenskulturellen Verankerung der Denk- und Vorstellungswelten zu (vgl. ausführlich Sandkühler, 2009). Die geschlossenen Bedeutungsmeinschaften im makrogesellschaftlichen Sinne hat es nie, auch da nicht, wo sie oftmals modernisierungs- und zivilisationstheoretisch behauptet wurden, in vormodernen Traditionsgesellschaften gegeben. Es handelt sich um eine mental wie leiblich (und nicht nur sprachlich, sondern auch z.B. visuell und piktorial [vgl. Sachs-Hombach, 2009] gelebte) viel kompliziertere Dialektik von Einssein, Getrenntsein, von Differenzierung und Verwiesenheit oder Bezogensein, von Individuation der Person, Verwurzelung und Einbettung, Verkettung, Verstricktsein auch über die Mechanismen der kulturellen Vererbung entlang, der Zeitachse der kollektiven intergenerationellen Gedächtnisfunktion. Diese Meta-Theorie muss sich sogar noch als Meta-Methodologie der (qualitativen) Sozialforschung abbilden lassen (vgl. Vogd, 2005).

In diesem Sinne kann bis hinein in den Argumentationshorizont einer gottlos konzipierten theologischen Anthropologie das Wir als Ermöglichungskontext, als Stiftungsverhältnis zum konkreten Dasein verstanden werden. Die personale Existenz ist einerseits ontogenetisch erarbeitet, andererseits eine Gabe (vgl. auch Ahrens, 2008, S. 11 ff.), ein Geschenk, welches man nur annehmen, aber nicht erwidern kann. Es ist vor jeder Ökonomisierung (darum kreist auch die ganze Arbeit von Hénaff, 2009[9]). Aus dieser tiefsit-

---

[8] Der sicherlich theoretisch differenzierter und kohärenter argumentiert als etwa MacIntyre: vgl. Jacob, 2000.
[9] *Sphären-Theorien bei Hénaff, Walzer, Miller*: Ich teile allerdings nicht unbedingt die Auffassung von Hénaff, dass die Sphären der solidarischen Gabe und des Marktes zwingend sauber getrennt bleiben müssen (oder können). Diese Sphären-Trennung kenne ich natürlich auch aus der Gerechtigkeitstheorie von Walzer (der

zenden Dialektik von Individuation und Ver- und Angewiesensein auf den vorgängigen Anderen, der Gabe und des Geschenkes als Verdanktsein resultiert psychodynamisch wiederum jene Bipolarität (vgl. Mentzos, 2009) des konkreten Seins, die im Hintergrund durchgängig prägend sein soll für das Menschenbildverständnis, welches der ganzen Abhandlung zugrunde liegt.[10]

Und so wie die Medizin als Profession noch vor einem erheblichen pädagogischen Selbstentwicklungsprozess steht, also an der eigenen Professionalität und an dem beruflichen Selbstbild arbeiten muss, um ihre Handlungslogik der multiperspektivischen Teamorientierung (vgl. dazu umfassend Balz/Spieß, 2009) und einem veränderten Menschenbild mit Blick auf die Leiblichkeit und die Alterung der Menschen angesichts der komplexen Bedarfs- und Lebenslagen der Patienten zu öffnen, so müssen auch die anderen Sozialprofessionen die hohe Kunst der du-orientierten Sorge und der selbst-orientierten Sorge, also die Balance zwischen dem (internalisierten) externen Auftrag und dem zweckvollen Selbstschutz (vgl. auch Arnold, 2008; mit Blick auf das Burnout-Problem: Gussone/Schiepek, 2000) optimieren.[11] Aber auch die Krankenpflege greift das Bedürfnis des Patienten

---

bei Hénaff auch angeführt wird). Insbesondere auch Miller (2008) trennt Markt, Staat und Solidarität. Diese Trennung, keineswegs neu (Schulz-[Nieswandt], 1985; Thiemeyer, 1985), ist analytisch sinnvoll (und wird in meiner eigenen Theorie des Dritten Sektors fundiert: Schulz-Nieswandt, 2008e), schließt Interpenetrationen eben nicht aus. Ob diese (dys-)funktional sind, ist eine andere Frage.

[10] Zum Teil wird Bezug genommen auf Kants Figur der „Ungeselligen Geselligkeit", wobei Kant im Original, insbesondere seine „Idee zu einer allgemeinen Geschichte in weltbürgerlicher Absicht" von 1784, nicht näher zitiert werden soll. Vgl. insgesamt klärend Belwe, 2000.

[11] *Plädoyer für strukturale Tiefe und sozio- wie psychogrammatische Ambivalenz-Sensibilität*: Das Buch von Korte/Drude (2008) zum „Führen von Sozialleistungsunternehmen" – die Wahl des Begriffes des Sozial„leistungs"unternehmens (ebd., S. 17) ist allerdings mit Blick auf die übliche sozialrechtliche Verwendungsweise der Sozialleistungen etwas gewöhnungsbedürftig – zeigt die Schwächen des aktuellen Entwicklungsstandes eines post-traditionellen Kulturwandels des Sozialsektors an. Konfessionelle Sozialarbeit (wobei Sozialarbeit wiederum nur als Teil oder zum Teil als Sozialleistungen zwingend bezeichnet werden kann) soll als unternehmerisches Handeln dargelegt werden. Bei der Durchführung kann durchaus positiv festgehalten werden, dass die Autoren Freiheit nur als sittliches Dasein im Lichte des Kantschen Sittengesetzes und der universalistischen Liebes-Ethik definierbar sehen. Bemerkenswert ist jedoch, dass diese Ethos-Darlegung angesichts der kultur- und mentalitätsgeschichtlichen Ambivalenzen des jüdisch-christlichen Traditionszusammenhanges (trotz der Darlegungen auf den Seiten 26 ff.) weitgehend flach erfolgt. Weder wird an die kritischen – genealogisch-archäologischen – Forschungen (zur Gnade und Barmherzigkeit, zum mentalen Modell der anstaltsförmigen Hilfe etc.) in der Foucault-Perspektive (auch nur zitativ-anführend) angeknüpft (trotz Seite 49), noch werden feministische Diskurse aufgegriffen, was angesichts der neueren Debatte der „Ethik der Achtsamkeit" in der Care-Debatte differenzierte Möglichkeiten einer angewandten Ethik in organisationalen Handlungskontexten ermöglicht als es

nach Mitbestimmung im Krankenhausalltag nicht hinreichend auf und fördert es nicht angemessen; vielfach bleiben die diesbezüglichen Ist-Werte hinter den Soll-Werten zurück und die Eindrücke und Erlebnisse beider Seiten, die des Patienten wie die der Krankenpflege, sind höchst ambivalent (vgl. die Studie von Kleinschmidt, 2004). Und erhebliche Gesprächsführungsprobleme bestehen nicht nur in der ärztlichen Berufsgruppe, sondern liegen auch, folgt man der Studie von Walther (2001) zum pflegerischen Erstgespräch im Krankenhaus, seitens der Pflege vor. Ob die (älteren) MitarbeiterInnen im Sozialwesen (hier der Behindertenhilfe) tatsächlich das neue Paradigma vollständig internalisiert haben und nur darauf warten, dass die Unternehmen dieses MitarbeiterInnen-Potenzial besser abfragen, kann

---

in dem vorliegenden Teil I des Buches von Korte/Drude präsentiert wird. Insofern fehlt auch jeder Bezug zur empirischen Situation der Mikropolitik in sozialen Einrichtungen unter dem Aspekt der Modernisierung der individuellen Hilfe-Planungen. An diesem Eindruck ändern auch einige positive Bekundungen zum Vertragstypus der Beziehungen und zum Kundenstatus der Menschen nichts. Denn gerade an der Kompatibilität der Theoriestufen der aktuellen Ethik-Debatte und der Soziologie und Psychologie der institutionellen Empowerment-Praktiken mit vertragstheoretischen Konstruktbildungen ist ja Zweifel anzumelden. Es wird nicht an die moderne (philosophische wie theologische) Anthropologie, Phänomenologie und an die Ontologie der Liebe angeknüpft. Auch ist der teleologische Rechtfertigungsteil im Lichte der alt- und neutestamentlichen Forschung (historisch-ethnologische Forschung zur Quellennutzung, Ikonografie, Metaphern-Forschung, Wortfeldstudien, Gottesbilder-Forschung, Forschungen zur Konstruktion und Behandlung sozialer Fragen in der Bibel, aber auch Forschungen zur [kulturell eingebetteten] frühchristlichen Gemeindesituation, zur Agape und zur Cariatas/Diakonie etc.) weder methodologisch-methodisch noch befundbezogen ausreichend oder gar hinreichend. So eindeutig ist z.B. das fremdensozialrechtliche Paradigma im AT nämlich nicht, wie konstatiert wird (Korte/Drude, 2008, S. 32). Das gilt insbesondere für das rechtsmorphologisch komplizierte Phänomen der Schuldknechtschaft im vorchristlichen Altertum. Richtig ist ebenfalls, dass das soziale Gerechtigkeitsproblem nicht auf „bloße Hilfe" reduziert werden kann (ebd., S. 31). Aber auch diese Problematik ist komplizierter und in den Schriften des AT und NT ambivalenter, ganz zu schweigen von der realen Sozialgeschichte der Kirche. So werden zwar auch Personalentwicklungsfragen angesprochen, ein tieferer Blick in die kulturelle Grammatik des Change Managements bleibt jedoch aus. Die Spannungen in der Mikropolitik der Begegnung von Professionen und „Klientel" (Kunden, Nachfrager etc.) als tiefenkulturelle Ambivalenz der professionellen Handlungslogiken (trotz der Seiten 47 f. und Seite 53) im Mehr-Ebenen-System der unternehmerischen Organisationsentwicklung, der Oberflächen-Kultur des unternehmerischen Leitbildes und des wettbewerblichen Umfeldes der Unternehmen werden nicht hinreichend herausgestellt. Hier erweist sich die Aufstellung einer modernen Führungslehre von Sozialleistungsunternehmen als außerordentlich unmodern und konservativ in einem methodologischen und forschungsstrategischen Sinne. Systemisches Denken findet daher auch keinen Eingang; die Stakeholder-Analysen bleiben so gesehen relativ oberflächlich, da die tieferen kulturellen Handlungsgrammatiken und die so erzeugten Ambivalenzen und Kontradiktionen nicht deutlich werden können.

auch nach der empirischen Studie von Hano (2009) noch als offen und weitgehend unerforscht definiert werden.

Professionelle Handlungslogiken: die Schlüsselfrage im Dienstleistungsgeschehen: Eine breite, vor allem die neuere Professionalisierungsforschung hat in Abgrenzung zur Verberuflichung (aber auch zur Verwissenschaftlichung; vgl. Winter, 2005 zur Pflege, vgl. auch Tewes, 2002, S. 16) nicht nur die Fachlichkeit als konstitutiv betrachtet, sondern auch die Dimension des habitualisierten Berufsethos, eingelassen in eine (berufsständische) Ordnung, konstituiert durch eine staatliche oder öffentlich-rechtliche Regulation des Marktzutritts und daher der Berufsausübung. Damit steht m. E. in der neuesten Professionalisierungsforschung der Aspekt der Fähigkeit der Arbeit am eigenen beruflichen Selbstkonzept im Vordergrund. Insofern ist diese Arbeit am Selbst eine Form der Lebenskunst, als Hermeneutik des Selbst (vgl. Fellmann, 2009, S. 13), nun aber bezogen auf die professionelle Rolle, wohl aber auch nicht völlig zu trennen von der Gesamtpersönlichkeit. „Vielleicht", schreibt Fellmann (2009, S. 13), „kann man Lebenskunst als ‚Protoethik' bezeichnen, als vorwissenschaftliche Form moralischer Urteilsbildung. Man könnte auch von einer Haltungsethik sprechen, die im Unterschied zur Handlungsethik den ganzen Menschen in seinem charakterlichen wie sozialen Gebundensein betrachtet." Diese Sicht wird sich die gesamte Arbeit durchhalten, auch wenn ich diesen Faden terminologisch nicht derart führen werde. Die Problematik ist einerseits allgemeinster Natur: Wie kann sich eine Tugendethik unter den Bedingungen moderner Individuation hinreichend verallgemeinerungsfähig formulieren und praktizieren lassen (vgl. auch Fellmann, 2009, S. 187 f.)? Ich werde diese Problematik personalistisch auffassen. Sie betrifft daher sozialisationstheoretisch die gesellschaftlichen Prozesse der Personalisierung und verweist explikativ auf die generativen Tiefengrammatiken der menschlichen Skripte, nach denen die Subjekte funktionieren. Diese Problematik wird dann strenger themenbezogen auf die Professionalitätsdebatte zentriert. Medizinanthropologie und Pflegeontologie betreffen daher die professionscharakterliche Haltungsgenese und den entsprechenden Kompetenzerwerb in der konkreten Mitte zwischen allgemeinster und spezieller Ebene der Problematik. Haltung und Kompetenz, Reflexion und Handeln stehen dabei in einem Wechselverhältnis.

Wenn jedoch die Selbstentfaltung an der sozialen Einbindung gebunden bleibt, kann diese gar nicht rein ökonomischer Art, nicht durch rein prudentielle und strategische Rationalität geprägt sein (vgl. Fellmann, 2009, S. 15). Die von mir in der vorliegenden Arbeit betonte tiefenpsychologische Theorierichtung psychodynamischer Bipolaritäts-Modelle wird helfen können, die gelingende personale Geschehensordnung sowohl in privater wie in beruflicher Hinsicht als Balanceakt zu dechiffrieren.

In der Tat muss es jedoch eher überraschen, dass es überraschen soll, dass diese Selbst-Reflexivität als Wesensmerkmal der Professionalität entdeckt wird. Genau das sollten immer schon Professionelle besonders gut können. Denn lebensweltlich im je eigenen normativen Mikrokosmos der naturwüchsigen Selbstverständlichkeiten befangen zu sein, konnte noch nie ein akzeptiertes Merkmal einer sozial hochgradig wertgeschätzten Profession sein.

Aber diese Selbst-Reflexivitäten sind, kulturgeschichtlich positioniert, noch längst nicht in ihren grundlegenden Widersprüchen und Ambivalenzen bewältigt. Evolutionär schleppen die Menschen viel kulturelle Erbschaften (vgl. vor allem das Kapitel B.I.3.) mit sich herum. Die entscheidende Frage ist, wie man mit diesen unvermeidbaren und auch an sich notwendigen Prägungen kritisch, d.h. reflexiv und in der Folge verhaltenswirksam, umgeht. Ich verdichte: Immer noch muss die Praxis der Interaktionen von Professionen und „Klientel" als Derivation einer archetypischen Hirt-Herde-Metapher aufgefasst werden. Die „organisierte Liebesarbeit" ist, tief verankert im jüdisch-christlichen Kulturzusammenhang, oftmals geprägt von paternalen Tugenden der Gnade und Barmherzigkeit, letztere entstammt im Alten Testament der Jerusalemer JHWH-Königstheologie (vgl. Ott, 2008a, S. 80; vgl. dazu auch Schulz-Nieswandt, 2002, S. 87 ff.). Und Teile der Literatur, ich komme auf diese noch zurück, kommentieren diese Praxis unter der Prämisse der Erosion dieser Tugenden als Bedarf des Anknüpfens (der Professionen) an das Vorbild des leidenden Gottes (worauf in der Tat nochmals intensiver kritisch zurückzukommen sein wird). Der Foucaultsche Blick, der hier relevant ist/wäre (und von mir auch vielfach genutzt werden wird), taucht dort jedoch ohnehin nicht im Literaturbestand auf, wie überhaupt (anders als in der kritischen Medizinforschung) die Foucaultrezeption in der deutschen Pflegewissenschaft noch in den (oberflächlichen) Anfängen steckt. Die Diskurse zur post-paternalistischen Empowerment-Orientierung in den sozialen Handlungsfeldern (analog zum Shared Decision Making in der Medizin) legen bereits eine neue soziale Praxiswirklichkeit nahe; aber ein tieferer, nicht nur literaturfundierter, sondern praxiserfahrener Blick zeigt eher im Sinne eines kulturellen Implementations-Gap einen bleibenden Umsetzungsbedarf in den Methoden der individuellen Hilfeplanung an oder verweist auf konkurrierende, nicht immer trennscharfe Konzepte wie Kundenmodell, Selbstbestimmung, Regieassistenz, Self-advocacy, Dialogik oder Trialogik etc. Die Lage hinsichtlich der Verwirklichung der sich wandelnden Ideo-Paradigmatik ist diffus. Einerseits liegt leidenschaftlicher, mitunter geradezu neurotischer Eifer in der Praxis vor, theoretisch oftmals nicht hinreichend fundiert (sonst wäre man angesichts der Kompliziertheiten in der Sache nicht so eifrig); andererseits existieren Heuchler und Zyniker, die die sich wandelnde Ideo-Paradigmatik nur rituell auf der Ebene einer strategischen Oberflächen-Symbolpraxis opportunistisch vermarkten, aber ohne innere Überzeugung und Bindung am Wandel teilhaben. Dazwischen wirkt und arbeitet ein breites Spektrum von oftmals verunsicherten und um Orientierung ringenden Akteuren. Mitunter wird bereits eine weitere Transformation von der Integrations- zur Inklusionspraxis anvisiert; und insgesamt werden curriculare Umsetzungen in der Personalentwicklung (als Teil der Organisationsentwicklung[12]) eingefordert.[13] Die Fürsorgelogik der Professionen sitzt eben sehr tief. Dies deshalb, weil sie zwar auch biografisch Teil einer beruflichen Sozialisation im Kontext der gesellschaftlichen Rollenzuschreibungen, aber zugleich tief verankert ist in eine über zeitgeschichtliche Wandlungen hinweg wirksame historische Kulturtradition „langer Dauer". Und, um eine bekannte Redewendung zu nutzen, in einem solchen Sinne sind wir noch nie modern gewesen, unabhängig davon, ob damit der Abgesang auf die Moderne und die Morgenröte der Postmoderne gefrönt wird oder ob die Moderne, trotzig, jetzt erst recht erst als unvollendete zur Verwirklichung getrieben werden muss. Kulturanthropologisch gesehen, und sich in den Befunden vieler ethnografischer Studien zur eigenen sozialen Wirklichkeit zeigend, geht es allein um die Sichtweise, dass die modernen Menschen vielfach überraschend archaisch gestrickt sind. Und bevor mir diese Sichtweise wiederum vorschnell evolutionspsychologisch (vgl. etwa Schmidt, 2009 zur Nachhaltigkeit[serziehung]) ausgelegt wird, sei gesagt: Ich meine das eher kulturwissenschaftlich[14] und mit einem Anspruch auf historische Hermeneutik der kulturellen Praxis und der impliziten mentalen Modelle (zum Kulturbegriff vgl. auch Illouz, 2009, S. 21 ff. sowie S. 396 ff.; vgl. auch Simons, 2009, S. 123 ff. [u.a. mit Bezug auf Eco, 1977a). Und so kreise ich um die Aufdeckung der aktuellen phänotypischen Derivationen archaischer Strickmuster der Professionen, ihrer Interaktionsmuster und ihren gelebten Sozialarchitekturen der Dienste, Einrichtungen, Anstalten – und sonstiger Formen des Panoptikums.[15]

---

[12] Wobei es um mehr Kompetenzen geht als es hier, wo vor allem die Paternalismus-Kritik im Vordergrund steht, der Fall ist. Vgl. auch Netzwerk: Soziales neu gestalten, 2008b.

[13] Empowerment als Entwicklungsaufgabe in der Praxis bedeutet einerseits Personalentwicklung, aber andererseits auch eine veränderte Entscheidungs-, Kommunikations- und Informationspolitik in abgeflachteteren und dezentraler organisierten Institutionen: Schlesselmann, 2007.

[14] Und ich habe mir diese Position durch Aufarbeitung reichen Materials fundiert. Ich ziehe im Text hauptsächlich das RGG und die TRE heran; aber auch schon in Vorarbeiten bin ich vielfach bei Eliade (2002), Kerényi (1995–1998) oder Campbell (2002) fündig geworden. Eine weitere Fülle spezieller Literatur soll hier nicht angeführt werden.

[15] *Panoptikum*: Das Panopticon oder Panoptikum ist bekanntlich ein vom britischen Philosophen Jeremy Bentham (1748–1832) stammendes Konzept hinsichtlich des Baues von Gefängnissen und verwandten Anstalten, aber auch von Fabriken.

Die „Ethik der Achtsamkeit" als Verschleifung hermeneutischer Schleifen: Die Arbeit „mit" dem Anderen, die die neuere Philosophie und Anthropologie vor allem im deutsch-französischen Austausch (wobei dies bereits seit Dekaden eine Tradition ist, in der die französische Seite nach 1945 oftmals eher die gebende Seite ist, während die Situation vor 1933, denkt man etwa, aber nicht nur, an Heidegger, eher umgekehrt war) beschäftigt, als Kernstruktur der Leistungserstellung definiert, erscheint dabei als doppelte Hermeneutik. Einerseits muss die Profession die Empathie aufbringen, ihre Bedarfsdefinition abzugleichen mit der Bedürfnisartikulation (vgl. dazu grundsätzlich: Wagner-Willi, 2002) des Menschen, um dabei durch den primären axiomatischen Filter der unbedingten Würde und durch den sekundären Filter der konkreten differentiellen Diagnostik des personalen Souveränitätsprofils des Menschen hindurch, eventuelle weitere Stakeholder einbeziehend, zu einer dia- oder trialogischen Entwicklungsperspektive zu gelangen.[16] Dies ist eine erheblich komplizierte hermeneutische Schleife. In der neueren Professionalitätsdiskussion wird die Rolle der diesbezüglichen Kompetenz des Fallverstehens deutlich herausgearbeitet (vgl. Becker-Lenz/ Müller, 2009), zugleich gekoppelt an die Kultur zum eigenen Fehler-Management. Aber sie ist nur die eine Schleife, die durchlaufen werden muss. Die Profession muss diese Schleife zum Gegenstand einer zweiten Reflexionsschleife machen und beide Schleifen verschleifen. Mit diesem Sprachspiel will ich nicht witzig sein. Die zweite hermeneutische Schleife besteht darin, sich selbst nochmals in der ersten hermeneutischen Schleife zu hinterfragen. Diese Selbstresponsivität ist eine nach innen gekehrte Empathie, die die Empathie in der Du-Sorge zum Gegenstand nimmt. Damit muss der sonst unendliche Regress der Reflexionen der Reflexionen allerdings auch ein Ende finden. Zugleich sieht man, wie oben angedeutet, hier ein, vielleicht sogar das zentrale Kriterium der neueren Professionalitäts-Forschung angelegt.

Grundprobleme der Hermeneutik: Diese Regress-Problematik in Verbindung mit der Problematik des Fremd-Verstehens, eingedenk des Subjekts der Interpretation und des Subjekts des Textes (im abstrakten semiotischen Sinne), eingebettet in die jeweiligen Epoche und eingedenk des Charakters

---

Michel Foucault griff diese Idee auf und bezeichnete es in seiner Dispositiv-, Diskurs- und Regimeforschung als wichtiges Ordnungsprinzip westlich-liberaler Gesellschaften, die somit auch als Disziplinargesellschaften erkannt werden können. Das Konzept des Panoptikums im Foucaultschen Sinne nutzt Wasquant (2009) in seiner kritischen Analyse der Politik gegen die Armen in den USA.

[16] Und in einem gewissen Sinne habe ich dies in meiner Habilitationsschrift darzulegen versucht: Schulz-Nieswandt, 1992a, aber auch dort, wie in anderen Aufsätzen (Schulz-Nieswandt, 1989b und ders., 1989c) theoretisch unzureichend ausformuliert.

des Textes als Objektivation der Mitte des Zusammentreffens dieser Konstituenten und Kontextualisierungen, macht seit Friedrich Schleiermacher (1768–1834) und Wilhelm Dilthey (1833–1911) die Kernproblematik der Hermeneutik (vgl. Grondin, 2009; Jung, C. G., 2001) aus. Heidegger hat sicherlich diese geschichtliche Perspektivität als Argument gestärkt, als er auf die Geworfenheit des Menschen verwies, die allem Verstehen beigegeben ist. Mit einem einfachen Historismus des sich in die Zeit des Autors versetzenden Denkens, sind die Probleme nicht zu lösen. Einem solchen Historismus der Aktualität ist auch im obigen Themenzusammenhang der Hermeneutik der Entwicklungsplanung nicht beizukommen. Mit Hans-Georg Gadamer wird aus der Schwäche eine Stärke gemacht: Zu führen ist ein (unendliches) Gespräch. Auch Ricoeur hält den Sinn des Textes für offen; ein Werk kann daher auf mehrfachem Wege rekonstruiert werden. Insofern eröffnen sich Tiefen-Semantiken.

Zurück zu den Schleifen, die jedoch durchaus im skeptischen Licht dieser hermeneutischen Grundprobleme zu sehen sind. Zu beiden Reflexionsschleifen sowie zu der „Verschleifung der Schleifen" ist der Mensch prinzipiell fähig. Er weist das Potenzial der exzentrischen Positionalität (definitorisch gewonnen im Rahmen einer kategorialen Verschränkung von Bio-, Sozial- und Kulturwissenschaften des Menschen: vgl. Fischer, J., 2008) auf und er ist charakterisiert durch eine hohe Plastizität. Allerdings muss auch in Rechnung gestellt werden, womit beim Menschen (mit an Sicherheit grenzender Wahrscheinlichkeit) insgesamt zu rechnen ist: mit Unvollkommenheit und Fehlbarkeit. Kann die doppelte Hermeneutik der Verschleifung der (beiden) Schleifen als hohe Kunst verstanden werden und sicherlich (gegenüber der Notwendigkeit der Wissensexpertise [Fachlichkeit]) als hinreichende Bedingung von Professionalität (als Arbeiten an der eigenen beruflichen Sozialisation) gelten, so darf aber auch der konkrete Mensch nicht überfordert werden. Vor mir liegt das von Schmitz (2005, Bd. IV, S. 304) so bezeichnete Problem der Persönlichkeit des Menschen: „Sie ist also die alles Personsein maßgeblich durchziehende Konfrontation, die über Chancen und Schicksale der Erwachsenheit, des Hervorgangs aus tierhaft unentfalteter Betroffenheit in Distanz zu sich und anderen, entscheidet." Hierhin gehören personale Emanzipation und Regression sowie Niveau und Stile bei den Dimensionen des Problems. Diese sind beim Arzt ebenso zu entdecken wie beim Patienten, beim modernen Heilpädagogen ebenso wie bei seinem „Klientel" oder „Kunden".

So wie die unbedingte Souveränität des asymmetrisch schwächeren Menschen phänotypisch immer nur als personal konkretes Souveränitätsprofil gegeben ist (vgl. Schmitz, 2005, Bd. IV, S. 22), so ist die professionelle Souveränität immer nur als konkretes Repertoire verfügbar und abrufbar.

Immer kommen zwei unvollkommene personale Systeme zusammen. Aus der Sicht der Ethik der Achtsamkeit, und dies unterscheidet dieses Modell sicherlich von post-modernen Modellen der Selbstbestimmung, bleiben aber Asymmetrien in den sozialen Beziehungen bestehen (vgl. auch eindringlich: Doherr, 2007, S. 114 ff.). Zwar, und dies ist keine Simplifizierung und heimlich erneute Marginalisierung der kulturellen Revolution im mentalen Modell und in den (Gesprächs[17]-)Praktiken, muss der Archetypus der Asymmetrie zwischen dominant empfangender Kreatur einerseits und dominant gebender/schenkender Profession als variantenreiche Derivation der wohlwollend-autoritären Hirt-Herde-Metapher archaischer Tradition andererseits überwunden und abgelöst werden. Doch wird man nicht gänzlich alle Asymmetrien abschaffen können. Es geht um die Kunst des Umgangs in und mit Asymmetrien. Insofern ist die deontologische Sittengesetz-Ethik in der Kant-Tradition nicht nur abstrakt. Sie basiert auf sozialontologisch fragwürdigen Axiomen der reinen Autonomie, der totalen Gleichheit und der (hier schlägt liberales Vertragsdenken auch bei Kant durch) ausgeglichenen Reziprozität[18]. Genau diese Axiome stehen im Widerspruch zum soziologischen und psychologischen Befund der menschlichen Interaktionen. Und die praktische Sozialpolitik hätte nicht so viel zu tun mit erheblichen und konfliktreichen Bedarfen an redistributiver Gerechtigkeit, wenn eine strikte distributive Gerechtigkeit als ex-ante Chancengleichheit nicht nur denkbar, sondern praktisch möglich wäre (vgl. Schulz-Nieswandt, 2006f). Aber aus unvollkommenen und fehlbaren Menschen kann im interaktiven Aggregat, wobei ich den Algorithmus offen lasse, nur eine unvollkommene und fehlbare Sozialordnung resultieren. An ihr ist ewig zu arbeiten. Und insofern hat Camus Recht, wenn er konstatierte, Sisyphos wäre ein glücklicher Mensch gewesen (vgl. Camus, 2008, S. 160; vgl. dazu auch Bauer, 2004). Denn diese permanente Sorge-Arbeit (wie sie auch in der heilpädagogischen Literatur existenziell betont wird), motiviert aus dem Prinzip der

---

[17] Vgl. auch Deppermann, 2008, S. 79.

[18] *Die drei Hauptformen der Reziprozität*: Reziprozität meint das universale Prinzip der Gegenseitigkeit des Gebens und Nehmens. Man differenziert die ausbalancierte R., die negative R. und die generalisierte R. Die ausbalancierte R. ist nutzenorientiert und rational bilanzierend und meint die völlige Gleichwertigkeit des Gebens und Nehmens. Diese Tauschsysteme sind meist zeitnah und strategisch motiviert. Negative R. meint eine Haltung des Nehmens ohne Neigung zur Gegen- und Mitleistung. „Trittbrettfahrertum" in Kollektivgutsituationen oder „moral hazard" im Versicherungsbereich sind Beispiele. Generalisierte R. meint die Norm, auch dann zu geben, wenn man nicht den gleichwertigen Rückfluß erwartet/erwarten kann, weder zeitnah noch zeitfern. Hier besteht ein Gabe-Überschuss. In dieser Normorientierung liegt Solidarität begründet, die nicht rein strategisch und opportunistisch motiviert ist, sondern sich bis zur Form der Liebe steigern kann. Eine Auseinandersetzung mit der diesbezüglich einschlägigen Literatur erfolgt später im Verlauf der Arbeit.

Liebe (vgl. Böhme, 2008, S. 199) als Modus des Selbst-Seins im sozialen Mit-Sein, ist dem Menschen mitgegeben, ist seine Bestimmung, seine Aufgabe, der er sich nie wird entledigen können. Der Mensch kann daran scheitern, kann sie verfehlen, damit sein Dasein[19] konkret verfehlen (vgl. auch Binswanger, u. a. 1953, als Antwort auf Heideggers Sorgestruktur des menschlichen Daseins); aber er wird sie existenziell nie wirklich los. Die Arbeit bliebe eben nur unerfüllt (vgl. Schulz-Nieswandt [1988e] mit Bezug auf Tillichs Onto[theo]logie).

Das Glück des Sisyphos: Diese Sisyphosproblematik, ein Beispiel für die notwendige „Arbeit am Mythos" in der Moderne (wie schon betont: völlig unabhängig davon, ob diese Moderne nun mal erst noch unvollendet ist oder bereits der Post-Moderne weicht [Zima, 2001]), ist in der Theorie der Pädagogik, nicht zuletzt auch in der Heilpädagogik, breit diskutiert worden. Und dies, weil es existenziell die Professionen der menschlichen Kommunikation (mit Fokus auf die Lebenswelt- und Biografie-Themen der Menschen) betrifft. Unter „Arbeit am Mythos" verstehe ich, ich komme im Verlauf der Arbeit mehrfach darauf zurück, die Arbeit an den im Mythos thematisierten Problemen der menschlichen Existenz. Insofern kann Entmythologisierung, greift man auf Bultmann (1884–1976) zurück (Bultmann, 1992; Hammann, 2009; vgl. Schulz-Nieswandt, 1996, S. 154 sowie S. 183 f.), nicht einfach nur heißen, die alt- wie neo-infantile Wunder-Sprache aufzugeben, sondern im Mythos eben die Thematisierung der ewig gleichen Existenzprobleme der Menschen hermeneutisch zu entdecken und an ihnen weiterhin – immer aber zeitgemäß – zu arbeiten. Das *Kerygma*-Phänomen wird damit aber entdogmatisiert. Das *Kerygma*-Phänomen ist immer nur intertextuell und somit dekonstruktiv zu verstehen.[20]

Für die Professionen resultiert aus dieser Existenzanforderung ein lebenslanges Weiterbildungsprogramm, das auch ernstlich curricularpolitisch[21] (vgl. auch in Lebenshilfe Berlin, 2007) angegangen werden muss. So tun sich breitere Diskurse über eine Inklusionspädagogik auf. Dialogische Entwicklungsplanung, sei es in der Medizin oder in anderen sozialen Feldern,

---

[19] Jeder Mensch, schreibt Schmitz (2005, Bd. IV, S. 163), muss sich im Leben „irgendwie zurechtfinden". „Die Weisen der Ausübung dieser Fähigkeiten sind *Methoden personaler Orientierung*" (ebd., S. 163 f.; kursiv auch im Original), die Schmitz bereits in Bd. III (Schmitz, 2005, §§ 226 ff.) dargelegt hat. Vgl. mit Bezug auf Hans Thomae (vgl. auch zu Thomae: Schulz-Nieswandt, 1997a, S. 94 ff.) seine Ausführungen zur persönlichen Situation: Schmitz, 2005, Bd. IV, S. 289 f.
[20] Insbesondere zum Verhältnis von Bultmann zu Heidegger vgl. auch Pöggeler, 2009.
[21] Das Curriculum umfaßt nicht nur Lernziele und Lerninhalte, sondern auch die Lernprozesse selbst und die Lernorganisation. Und in der Tat ist inklusive Pädagogik als dialogische Praxis zielorientierte Interaktion in spezifischen Settings.

ist daher mehr als kundenorientierte Aushandelungskonferenz mit impliziter vertragstheoretischer Signatur[22] und ist auch mehr als Selbst-Kasteiung der Professionalität zur Regieassistenz. Denn der Regisseur hat nicht immer auch das Drehbuch geschrieben und ist auch in der Regel nicht identisch mit dem Produzenten. Auch die spielenden Akteure müssen zu ihrem Recht kommen, wenn sie choreografiert werden. Das Publikum, die Gesellschaft, ist auch nicht nur passiv-zahlendes Objekt des Schauspiels. Gesellschaft als Theaterstück (Medeiros, 2007) ist eben ungleich komplizierter als es sich die post-moderne(n) Selbstbestimmungs-Philosophie(n) manchmal vorstellt (vorstellen).[23] Alle, ich betone: alle Menschen, also auch die als „hilfebedürftig" definierten und normativ konstruierten Personen sind in einem Netzwerk der sozialen Verweisungen eingebunden, sind als Personen verwiesen auf die Anderen. Denn Hilfebedürftigkeit kennt überhaupt keinen binären Code der Normalität/A-Normalität. Hilfebedürftig sind die Menschen immer und überall. Die geometrische Idee eines Kontinuums, also eines zweipoligen Strahls der Abstufungen ist deshalb problematisch, da der eine Pol nie erreichbar ist: der der Unabhängigkeit, der reinen Autonomie, der absoluten Freiheit. Eventuell kann er asymptotisch gedacht und definiert werden oder als normativer Fluchtpunkt. Das kann (transzendental) denknotwendig erscheinen und ist solange „ungefährlich", wie davon Abstand genommen wird zu glauben bzw. zu theoretisieren, konkrete Menschen in realen Chronotopoi könnten diesen Fluchtpunkt erreichen. Es ist die ubiquitäre chronotopische und soziale, also mitmenschliche Verwiesenheit als Angewiesenheit des Menschen, die hier die Grenzen setzt.

Ontologie der Vorrangigkeit des „Wir" vor dem „Ich-bin" und ihre problembezogene Anwendung: Dialogphilosophisch gesprochen: Es gibt real immer nur die Ontik des „Zwischen", in dem der Mensch lebt. Dabei ist das Seiende, lehne ich mich an Heideggers „ontologische Differenz" an, in diesem Sinne immer das Zwischen; die Erkenntnis dieser Tatsache ist aber von ontologischer Qualität. Identität ist immer soziale Identität und resultiert aus dem System der Verweisungen, Verstrickungen und Abhängigkeiten. Genau das ist sowohl eine ontologische Aussage als auch ein ontischer Befund. Wenn eine soziale Dyade nach dem Modell der Regieassistenz definiert wird, so ist der Regisseur nicht in seiner Isoliertheit souverän; er ist im Fluchtpunkt der Ontologie seiner unbedingten Würde souverän, aber als Mensch in Raum und Zeit, in seiner sphärischen Leiblichkeit nicht als

---

[22] Es gehört zu den tiefsten Fehldeutungen der ökonomischen Theorie, die Probleme der Dialogik der menschlichen Existenz auf vertragsarchitektonische Muster zu reduzieren.

[23] Zentral ist zu diesem ganzen Themen- und Diskussionskreis die Studie von Benhabib, 2002.

(zwar post-vulnerabler, enthospitalisierter, aber neuartig nun als quasi-maskuliner Held stilisierter) Demiurg[24] einer vergöttlichten Souveränität, sondern Teil des sozialen Zusammenlebens. Versichertenschutz und Patientenrechte, Konsumentenfreiheit und Nutzerfreiheiten, Bedürfnisartikulation statt Bedürftigkeit und Bedarfsfeststellung – all das steht als Elemente einer Überwindung einer tief in Ritualen und zeremonieller Herrschaftspraxis eingelassenen Reliktordnung normativ natürlich an. Das mentale Modell der Anstalt ist endgültig zu überwinden. Die mikrokosmisch heiligen Ordnungen mancher sozialstaatlich finanzierter Einrichtungen sind morphologisch zu entzaubern. Die Handlungslogiken der Professionen sind zu humanisieren. Aber: Selbstbestimmung ist immer nur Selbstbestimmung im figurativen Modus der Balance zwischen Ich, Du und Wir, zwischen Selbst-Sorge, Mit-Sorge und Fremd-Sorge, also relative Autonomie (vgl. auch Doherr, 2007, S. 114 ff.). Ontologisch ist das Wir dem Ich-bin sogar vorgängig. Die Balance muss sich der Mensch ontogenetisch erst aus dieser vorgängigen Wir-Abhängigkeit erarbeiten. Das ist so trivial und dennoch so grundlegend bedeutsam. Davon handelt die Psychologie der Lebensspanne (vgl. Schmitz, 2005 Bd. IV, S. 497) und die Soziologie der Biografie, die philosophische Anthropologie des Lebenszyklus und letztendlich die Fundamentalontologie des Geworfenseins.

Leiblichkeitsphilosophie: Der Mensch hat Körper und Leiblichkeit. Beides ist nicht identisch. Von Körper spricht man, wenn eben keine pathische Beziehung erfahren wird; dann ist der Körper distanziert erlebt als Maschine, die eben funktionieren muss und als Voraussetzung für die „eigentliche" (kognitive) Existenz implizit oder explizit begriffen wird. Zum Leib wird der Körper, wenn er nicht mehr fraglos funktioniert, wenn die Menschen als *homo patiens* leiden und Schmerz empfinden. Dann entdeckt man den Körper als den eigenen Leib. Hier kann ich auf die einschlägigen Passagen in Böhmes (vgl. 2008, S. 177 f.) „Ethik leiblicher Existenz" verweisen. Dann wird das Dasein wiedergewonnen als leibliche Existenz (vgl. Böhme, 2008, S. 186).

Gesundheitspolitik als Teil der Sozialpolitik: Zunächst scheinen einige disziplinensystematische Überlegungen angebracht zu sein. Die Gesundheitspolitik[P] (Rosenbrock/Gerlinger, 2006 sowie Simon, 2007) ist Teil der Sozialpolitik[P]. Und unter Beachtung gerontologischer Perspektiven (eine Konsequenz des soziodemografischen Wandels und seiner epidemiologi-

---

[24] *Demiurg*: Unter Demiurg verstand man im Griechischen zunächst den Handwerker. Bei Platon figurierte er aber als Schöpfergott. Der Schöpfergott fungierte als Baumeister des Kosmos. Es handelt sich in der Synthese also um einen göttlichen Handwerker. Mythologisch ist dieser Schöpfung das Chaos vorangestellt. Zu den Demiurgen werden alsbald auch die Ärzte gezählt.

schen Korrelate, die die Fragestellungen der Sozialpolitikforschung zunehmend prägen: Kaufmann, 2008) schließt die Sozialpolitik^p die (Alten-)Pflegepolitik (Gerlinger/Röber, 2009) ein; das Gesundheitswesen wird (Schulz-Nieswandt, 2008h) entsprechend breit als interdependentes System der Medizin, der Rehabilitation (Fuchs, H., 2008)[25], der Pflege (Rennen-Althoff/Schaefer, 2003 sowie Bartholomeyczik u.a., 2008) und der komplementären sozialen Dienstleistungen verstanden und definiert.[26] Einführungen bzw. Lehrbücher in die Sozialpolitiklehre gibt es mehrere (ideengeschichtlich: Kaufmann, 2003). Greift man nur auf den deutschsprachigen Raum (ansonsten etwa Barr, 2004) zurück, so wechseln sich ökonomische (Breyer/Buchholz, 2006), soziologische (Ullrich, 2005) und politikwissenschaftliche (Schmidt, M. G., 2005) Perspektiven ab. An echter Multidisziplinarität fehlt es jedoch weitgehend. Psychologische Aspekte oder gar systematische psychologische Zugänge fehlen weitgehend[27]. Dagegen werden die europäischen Zusammenhänge doch langsam, aber systematisch stärker berücksichtigt (Lampert/Bossert, 2007 sowie Eichenhofer, 2007). Trotz der Subsidiaritätsklausel in Art. 5 (2) EGV und entgegen Art. 136 und 152 EGV erzwingt nämlich die Herbeiführung der Übereinstimmung einerseits der Art und Weise mitgliedstaatlicher Modalitäten der Erstellung von Gesundheits- und Sozialdienstleistungen, definiert als Dienstleistungen von allgemeinem (wirtschaftlichem) Interesse, mit andererseits den Prinzipien des Binnenmarktes (Freizügigkeiten der Nachfrager wie der Anbieter als Grundfreiheiten) eine schleichende Konvergenz der Steuerungsmechanismen. Damit ist „Sozialpolitik", zu der hier die Gesundheitspolitik gezählt wird,

---

[25] Hierzu auch bereits Schulz-Nieswandt, 2000d sowie ders., 2004e.

[26] *Gegenstandstheorie des Gesundheitswesens*: Gegenstandsbezogen muss auch bei der Reform des SGB V der Wirkbereich desselben verlassen werden. Die Interdependenz der Sozialgesetzbücher ist zu beachten. Daher wird eine rechtliche und institutionelle Sektorüberschreitung analytisch notwendig. Dem entspricht eine gewisse Eigenheit des Gegenstandsbereiches. Das Gesundheitswesen ist auf SGB V-geregelte klinisch-medizinische und medizinisch-rehabilitative sowie krankenpflegerische Handlungsfelder nicht zu reduzieren. Vielmehr ist angesichts der realen Patientenpfade der Blick auf transsektorale und das Sozialgesetzbuch überschreitende Zusammenhänge zu richten, die aus dem soziodemografischen Wandel und der korrelierten epidemiologisch definierbaren Transition (Krankheitspanorama der Bevölkerung) resultieren. Insofern ist die Interdependenz von ambulanter und stationärer Akutmedizin, (geriatrischer) Rehabilitation, Langzeitpflege, komplementärer sozialer Dienstleistungen etc. zu beachten. Auch das wird in den Darlegungen produktiv-redundant zum Ausdruck kommen. Fasst man mit versorgungspolitischer Evidenz den nosologischen Schnittbereich zwischen chronischen Erkrankungen, funktionellen Beeinträchtigungen (Hilfe- und Pflegebedürftigkeit) und Behinderungsformen ins Auge, so wird die analytische Grenzüberschreitung u.a. zwischen SGB V, IX, XI, XII und Teilen von SGB II und III im Lichte von SGB I überaus deutlich.

[27] Eine Ausnahme stellt mein Fakultätskollege Detlef Fetchenhauer dar (vgl. Fetchenhauer/Fischer, 2007).

bereits heute schon eine „geteilte Kompetenz" (vgl. hierzu explizit auch Schulz-Nieswandt/Mann, 2009a).

Will man sich auf der Grundlage reichhaltigen Datenmaterials in die Institutionenlehre der Sozialpolitik Deutschlands (international vergleichend: Schmidt, 2007 sowie Kaufmann, 2006) einarbeiten, so sei auf die jeweils neueste Ausgabe von Bäcker u. a., 2008 verwiesen (vgl. auch fokussierend: Kaufmann, 2004). Gibt es einen konkreten Nachschlagebedarf zu zentralen Begriffen des Gesundheitswesens o. ä., so kann in Grenzen weiterhelfen etwa Preusker, 2008.

Insgesamt gesehen dient diese Arbeit explizit nicht als (lehrbuchartige) Einführung in eine enge (oder „reine"[28]) Ökonomie des Gesundheitswesens (Breyer/Zweifel/Kifmann, 2004), um das diese Studien zur Sozialpolitik^p empirisch brennpunktartig kreisen. Die zahlreichen kursiven „Stichwörter" im Text und in den Fußnoten dienen nur der gliedernden Strukturierung und somit der Lesbarkeit der Arbeit, da es an Komplexität nicht mangelt. Und sodann stellt sich der Text auch nicht als eine Analyse des Medizinsystems in einem engeren Sinne dar. Fragen der Geriatrie (vgl. auch Schulz-Nieswandt, 2009a; bereits ders., 2000d sowie ders., 2004e), insbesondere ferner der Rehabilitation (Fuchs, H., 2008) und des Altenpflegewesens sind zu berücksichtigen. Dazu drängt allein schon der soziodemografische Wandel. Genau dieser erfordert auch, das gesundheitsbezogene Leistungsgeschehen im Kontext des sozialen Wandels insgesamt zu analysieren. Dies wird etwa an der Bedeutung der sozialen Netze sowie der Generationenbeziehungen (Schulz-Nieswandt u. a., 2009; Künemund/Szydlik, 2009), gerontologischen Erkenntnisinteressen folgend, ersichtlich, die im Text problemorientierte Berücksichtigungen finden.[29]

Von der Kostendämpfungspolitik über die Strukturreformpolitik zum Kulturwandel des Gesundheits- und Sozialwesens: Vor diesem Hintergrund ist mit aller Deutlichkeit zu sehen, dass das deutsche Gesundheitswesen in einem tiefgreifenden Wandel begriffen ist (vgl. auch Schlette/Blum/Busse, 2008). Wie andere Sozialsektoren auch, so verändern sich interdependent das rechtliche Steuerungsregime, die Finanzierungsmodalitäten (Systemfinanzierung und Anbietervergütungen), die Betriebsformen und ihre Konfiguration zu einer Versorgungslandschaft. Die ökonomische und rechtliche Analyse beider Steuerungsmechanismen wird in der vorliegenden Arbeit breit berücksichtigt, da in manchen Fachdiskursen doch recht oberflächliche

---

[28] Zur systemischen Kritik der Mainstream-Neoklassik vgl. auch Simon, 2009.

[29] Dennoch grenzt sich die vorliegende Darstellung von gesundheitswissenschaftlichen, insbesondere gesundheitssoziologischen und -psychologischen Erörterungen ab. Vgl. Waller, 2006; Hurrelmann, 2006; Borgetto, 2008.

bis sachlich (theoretisch) unhaltbare Vereinfachungen und argumentative Fehlrezeptionen bestehen (vgl. etwa Salize/Roth-Sackenheim, 2009).

Insbesondere die morphologische Ausdifferenzierung der Betriebsformen steht im Lichte der Betonung der Integration im Zentrum der Entwicklung, die (das wurde bereits betont und darf wegen der Dringlichkeit mehr als einmal wiederholt werden) soziodemografisch und, damit korreliert, epidemiologisch notwendig wird. Notwendig erscheint eine transsektorale Integration der verschiedenen Module[30], episodenhaft[31] orientiert an dem Patientenpfad[32], dabei Akutmedizin, Rehabilitation, Langzeitpflege und komplementäre soziale Dienstleistungen mit Blick auf das Wohnen (Netzwerk: Soziales neu gestalten, 2008 und 2009; Blonski, 2008[33]) und die Netzwerke (Antonucci, 2001) der Menschen umfassend.

Seit dem Jahr 2000 wurden verschiedene Reformen des Sozialgesetzbuches V implementiert, mit deren Kombination ein Wandel der Versorgungslandschaft möglich ist. Im Mittelpunkt steht dabei der § 140 a–d SGBV. Hierbei können Verträge zwischen Krankenkassen und ausgewählten Leistungserbringern (auch Managementgesellschaften im Nicht-Versorger-Status) ohne Beteiligung der Kassenärztlichen Vereinigung (die z.T. aber durchaus die Entwicklung [zer]stören) erfolgen. Kombiniert kann dies werden mit dem § 65 SGB V (Setzung von gezielten Anreizen über Bonussysteme kombiniert mit Versorgungsverträgen), dem § 137f SGB V (Strukturierte Behandlungsprogramme bei chronischen Krankheiten [DMP]), dem § 11 (4) SGBV (Anspruch auf schnittstellen- und sektorenübergreifendes Versorgungsmanagement; dabei wird eine adäquate Anschlussversorgung

---

[30] Dabei verstehe ich Module als Bausteine. Dem Modularisierungsprinzip entspricht diese Redeweise im Gesundheitswesens insoweit, wie es funktionale Äquivalente (z.B. „ambulant vor stationär" als Substitutionsprinzip) oder äquifunktionale Lösungen für ein Problem gibt (Hausarzt versus sozialmedizinisches Zentrum z.B.).

[31] *Episode, Kaskade und Partitur*: Die Episode leitet sich aus dem griechischen *epeisódion* ab. „Das noch Dazugekommene" als Teil eines dialogischen Abschnitts, eines dramaturgischen Blocks, verstehe ich hier nun als Abschnitt des Krankenbehandlungsverlaufes. Damit eng verwandt ist die Nutzung des Kaskadenbegriffs, da hier eine Kette von Ereignissen und Prozessen gemeint ist, eine Verkettung von Ereignissen, die jeweils auf die vorausgehenden aufbauen. Um die choreografische Problematik des Kaskadenmanagements und der intraepisodischen Prozesssteuerungen deutlich zu machen, nutze ich hier nicht einen Netzwerk-Begriff, sondern den der Partitur. Eine Partitur ist eine übersichtliche Zusammenstellung aller Einzelakteure zu einem kompositorischen Arrangement, um das ganze Geschehen auf einen Blick zu überschauen.

[32] Vgl. bereits Schulz-Nieswandt, 1999b.

[33] Dabei sind ungelöste Harmonisierungsprobleme des Heimgesetzes und der Differenzierung der Wohnformen zu konstatieren: Börner, 2008.

mit der dabei notwendigen Kooperation für die Leistungserbringer vorgeschrieben), dem § 73 b SGB V (Hausarztzentrierte Versorgung über ein Primärarztsystem), dem § 95 SGB V (Medizinische Versorgungszentren als fachübergreifende Einrichtungen), dem § 115 und 115 a-b SGB V (Förderung des Belegarztwesens, Kooperation in der Vor- und Nachsorge sowie ambulantes Operieren), dem § 116b SGB V (Ambulante Behandlung im Krankenhaus), dem § 129 (5b) SGB V (Selektive Verträge mit Apotheken, wobei den Apotheken eine potenzielle Beteiligung an einzelvertraglichen Versorgungsformen ermöglicht wird), dem § 130a (8) SGB V (Vereinbarung über Arzneimittelrabatte[34]), dem § 92b SGB XI (Pflegekassen können mit zugelassenen Pflegeeinrichtungen und den weiteren Vertragspartnern nach 140b [1] SGB V Verträge zur integrierten Versorgung abschließen[35]).

---

[34] In Ergänzung des vorherigen § 129 [5b] ist es den Kassen/Verbänden möglich, Rabatte mit Pharmafirmen zu vereinbaren; dies erfolgt nur unter Beachtung des Umsatzes; in Kombination mit dem § 140a SGB V können Kassen IV-Projekte für derartige Vertragsabschlüsse autorisieren.

[35] *§ 140a–d SGB V i.V.m. § 92b SGB XI*: Es muss deutlich herausgestellt werden, welches Reformpotenzial der § 140a–d SGB V enthält. Rechtlich und auch hinsichtlich der implizit mit verhandelbaren und vertraglich gestaltbaren ökonomischen Anreizmechanismen bieten sich hier Möglichkeiten eines demografisch und (wie oben herausgestellt) auch epidemiologisch notwendigen und entsprechend dem sozialen Wandel „passungsfähigen" Umbaus der Versorgungslandschaften. An der, so meine Prämisse, Sicherstellung der notwendigen Voraussetzungen (rechtliche Möglichkeiten, ökonomische Anreize) liegt es nicht, dass bislang weitgehend keine komplexen, transsektoralen Integrationsprozesse eingeleitet worden sind. Der Umbau der Versorgungslandschaften erweist sich vielmehr als eine schwierige und zeitlich lang gestreckte kulturelle Veränderung in der Logik der Krankenversorgung und bedarf veränderter beruflicher Selbstverständnisse der Professionen, die nun zur Multidisziplinarität und zur entsprechenden Team-Orientierung angehalten sind. Die Hierarchie der Fächer, die Hierarchien im Sozialstatus und im Einkommensgefüge, aber auch Hierarchien im Zusammenhang mit geschlechtsspezifischen Berufsfeldern und Teilarbeitsmärkten erweisen sich als die kulturellen Blockaden der weiteren Integrationsversorgung. Gerade aus pflegerischer Sicht ist aber die Öffnung der Vernetzungsidee hin zum Medizinsektor nicht nur notwendig, sondern resultiert aus dem Leitbild des SGB XI. Denn sichergestellt werden sollen ja moderne Pflegelandschaften, die nicht nur wohnortnah und netzwerkzentriert, sondern eben auch abgestuft (ambulant, teilstationär, stationär) und integriert (medizinisch, pflegerisch, sozial) gestaltet sein sollen. So wie das KHG die Krankenhausversorgung auf die pflegerischen Versorgungslandschaften gemäß SGB XI abstimmen soll, ist das SGB XI auf die optimal integrierte Einbeziehung des Medizinsektors hin konzipiert. Natürlich ragt hier die Bedeutung der (geriatrischen) Rehabilitation heraus. Wenn nun mit dem § 92b SGB XI die Pflege in die Logik des § 140a–d SGB V einbeziehbar wird, so muss diese sowohl versorgungspolitische, ja betriebstypenpolitische, aber auch steuerungspolitische Möglichkeit geradezu als systemischer Innovationsschub bezeichnet werden. Es soll hier als Kernvotum der Argumentation gelten, zukünftig gerade diese Möglichkeiten eines sozialgesetzbuchübergreifenden Integrationsprozesses zu favorisieren. Nicht die bislang relativ bescheidenen Veränderungen der Versorgungslandschaften auf der Grundlage des § 140a–d SGB V sind zu beklagen.

Diese systemische Mutation ist ein Mehr-Ebenen-Problem. Nicht nur auf einer Makroebene, forciert durch den sozialen Wandel, der von der Gesetzgebung zunehmend gespiegelt wird, ist das Thema angesiedelt. Auf der Mikroebene fordern semantisch breit gefächerte, mitunter ambivalent verschachtelte Diskurse über Konsumentensouveränität und Kundenorientierung, über Patientenschutz und Versichertenrechte, über „Empowerment" und dialogische Arzt-Patienten-Partnerschaft (gemeinsame Entscheidungen), über personalen Respekt und Anerkennung neue Formen der Medizinpraxis.[36] Zwischen Makro- und Mikroebene siedelt sich die Handlungsebene der privaten und freien, nicht primär und dominant öffentlichen Unternehmen und Einrichtungsträger an, die sich in Wechselwirkung zu ihren Umwelten innovativ anpassen müssen. Die ganze Dynamik ist auch zunehmend europarechtlich und -politisch angetrieben, was noch im Verlauf der Arbeit breit berücksichtigt wird.

Nicht-trivialer Kulturwandel: Dieser komplexe, mehrschichtige und vieldimensionale Wandel ist ferner als kultureller Wandel zu verstehen. Und das ist nicht trivial zu verstehen. Ich werde einen theorieträchtigen Kulturbegriff entwickeln und nutzen, um die Tiefe der Problematik angemessen auszuloten. Die Organisationen müssen ein entsprechendes soziales Change Management realisieren. Ich schiebe hier ein definitorisches Vorverständnis von Organisation ein, welches ich später in spezifischeren Kontexten wieder aufgreifen werde, und zwar u.a. im Rekurs auf Schädler, 2003, der hier deutlich ausformuliert, was auch Greving, 2000, darlegen konnte: Um (hier: heilpädagogische) Institutionen zu verstehen, müssen sowohl die Dimension der Organisationsmuster als auch die der Interaktionsphänomene analysiert werden. Mehr noch, so muss ich ergänzen: die mentalen Modelle der Akteure und ihre habitualisierte Performativität (sofern dies nicht in den Interaktionsphänomenen bereits enthalten ist), wie sie in die Organisationsmuster eingelassen sind. Der entscheidende Punkt ist auch hier, dass Organisationen nicht allein über eine quasi-äußere Strukturvariablen-bezogene Morphologie zu verstehen sind, sondern Institutionen darstellen, die als

---

Vielmehr sind die Möglichkeiten, jetzt um die Pflegeperspektive systematisch erweitert, zu erkennen. Die Entwicklung wird noch lange Zeit brauchen und die Hürden sind nicht unbeträchtlich. Entscheidend ist aber, ob man diese Wege gehen will und sie nachhaltig verfolgt. In seiner existenzialphilosophischen Sichtweise hat Camus konstatiert, dass Sisyphos ein glücklicher Mensch war (worauf ich nochmals rekurrieren werde).

[36] *Rollen-Gegenseitigkeit*: Insofern kann die in der vorliegenden Arbeit vorwiegend auf einer anderen Ebene genutzte Kategorie der Reziprozität auch auf der Mikroebene der Rollen-Gegenseitigkeit (vgl. auch Stegbauer, 2002) angewandt werden. Und hier werden dann einige Überlegungen zur medizinischen Ethik im Umkreis des Denkens Viktor von Weizsäckers wiederum relevant. Vgl. dazu Gahl/Achilles/Jacobi, 2008.

epistemische Systeme verstanden werden müssen. Institutionen funktionieren über Sinnorientierungen, Denkweisen, Deutungsmuster, Erfahrungsmuster und generieren performativ in diesem Lichte Interaktionspraxen, die zu Wirkungen führen. Das soziale Gebilde ist auf Dauer ausgerichtet, jedoch zum Wandel infolge der permanenten Austauschrelation zur Umwelt latent angehalten und muss die Ziele über das Handeln der Akteure und deren Koordination transportieren. Dabei können im Wandel selbst wiederum auch die Zielvorgaben endogenisiert werden, da die intern- wie extern-relationierte dialogische Praxis grundsätzlich auch als generativer Mechanismus verstanden werden muss. Damit rückt die Erkenntnis in den Vordergrund der Betrachtung, dass nicht die Macht als solche von Bedeutung ist, sondern auch der spielerische Umgang mit ihr und daher die diesbezügliche Nutzungspraxis, wie sie sich dann in Interaktionsmustern niederschlägt. Insofern ist die Praxis der Institutionen immer auch eine symbolische Praxis, die von ihrer normativen Semantik ebenso lebt wie von der Performativität ihrer Inszenierung. Normative Semantik und performative Inszenierungspragmatik sind kontextualisiert auf einer Tiefenebene einer interaktionsgenerierend gestaltenden Grammatik des Sozialen. Insofern ist es nicht falsch, aber zu abstrakt, Institutionen als Regeln zu definieren. Durch Rollen geprägte Routinen, reproduktiv wirksame Kulte und Rituale, inszenierte Entscheidungsprozesse, die auf konstruierte Situationsdeutungen etc. beruhen, verweisen auf die Kultur, also auf die Grammatik der Skripte, Codes und Normierungen der Institutionen und ihrer Organisiertheit. Das Ganze ist Kommunikation; ja, aber als Aktivierung und Nutzung des Systems aller Sinne, konstruktivistisch mit Blick auf die Transportationszusammenhänge von Zielen, Entscheidungen und Outputs sowie Outcomes. Aber will man einem reinen Funktionalismus der Organisationsanalyse entgehen und auch nicht glauben wollen, es ginge in Organisationen nur um die expliziten, etwa quasi-satzungsgemäßen Ziele, so wird deutlich, dass die inneren Prozesse selbst identitätsstiftend sind. Es geht auch um die Hierarchien als „heilige Ordnungen" selbst, um das komplizierte intraorganisationale Status-Differenzierungs-Muster als solches, um geradezu archaische, oftmals unbewusst bleibende Praxisformen der Statik und Dynamik von sozialen Positionierungen. Denn Organisationen sind analog dem Theater „die Bretter, die die Welt bedeuten". Insofern spielen alle Menschen tatsächlich Theater. Und das Spektrum der Akteure ist vielfältig: Es gibt, wie im Zoo, alle Exemplare. Und wie es vielerlei Theater gibt, gibt es viele soziale Handlungsfelder, soziale Orte der Skript-Inszenierungen. Urtypen der Aufführungen sind Tragödien und Komödien, aber angesichts der langen Dauer der Gesellschaftsevolution auch vielerlei Derivationen, Synthesen und Hybridizitäten.

Mehr Multidisziplinarität und Teamorientierung (Balz/Spieß, 2009)[37], das führte ich bereits kurz an, wird zwingend in einer solchen Welt der Integrationsversorgung; berufsständische Fragmentierungen und Hierarchien (etwa zwischen Medizin und Pflege) und damit oftmals korrespondierende Gender-Konflikte sind abzubauen. Die These, die Gender-Konflikte im Sinne der dualen Geschlechtermerkmalsordnung in der Praxis der Dienstleistungsberufe (etwa im Krankenhaus) seien überwunden, wird durch empirische Befunde widerlegt (vgl. insbesondere Sander, 2009).[38] Ich nehme in der vorliegenden Arbeit durchgängig die These an, dass sich die Probleme interprofessioneller Kooperation (Medizin versus Pflege/soziale Arbeit) kreuzelastisch verknüpfen mit der Hierarchie des männlichen über das weibliche Subjekt.

Eine alternde Gesellschaft bedarf letztendlich einer veränderten Medizin- und Pflegeanthropologie, die im Rahmen neuer Betriebsformen und im Rahmen einer veränderten Versorgungslandschaft haltungsfundiert gelebt werden muss. Um nicht krypto-normativ zu sein oder naturalistischen Fehlschlüssen zu unterliegen[39], sei betont, dass diese Schlussfolgerungen den empirischen Trends nicht zu entnehmen sind; aber sie korrespondieren – im

---

[37] Weinert (2005, S. 439 ff.) spricht von Teambildung als Baustein künftiger Organisationen.

[38] Auch in anderen Kontexten zeigt sich, dass nicht undifferenziert von Wandlungen auf der Einstellungs- auf die Verhaltensebene geschlossen werden kann: Schmidt/Moritz, 2009, S. 101 f.

[39] *Transzendentale Wertgrundlagen der Wissenschaft*: Zur Problematik der Werturteilsfreiheit in den Wissenschaften vgl. auch Nau, 1996. Wissenschaftliche Betrachtungen zur Reform von Sozialschutzsystemen stellen normativ-explikative Mischgebilde dar. Einerseits benötigt man human- und verhaltenswissenschaftlich fundierte Kenntnisse zur empirischen Abschätzung der Wirkungen von Reformen, andererseits sind die Reformen, die die Strukturen im morphologischen Sinne (Körperschaftsveränderungen z. B.) sowie die Prozess steuernden Anreiz-Settings (Vergütungsformen z. B.) betreffen, Werturteils-geladene Politikmaßnahmen, die in ihrer Normativität nicht in intransparenter Weise kryptisch bleiben dürfen, sondern explizit gemacht werden müssen. Eine Ökonomik der Sozialreformen ist hier in einem unausweichlich fundamentalen Sinne Gesellschaftspolitik aus normativen Urteilen heraus. Hier fließen anthropologische und rechtsphilosophische Axiomatisierungen ein, über die man streiten kann, begrenzt auch wissenschaftlich, da natürlich z. B. Gerechtigkeitskonzepte Gegenstand explizierender wissenschaftlicher Analysen sind, die Werturteile selbst aber nicht wahrheits-, sondern nur geltungsfähig sind. Die wissenschaftliche Prüfung des argumentativen Aufbaus von (mehr oder weniger impliziten) Philosophemen in der Reformpolitik kann aber sicherlich helfen, sich politisch für eine bestimmte normative Basis zu entscheiden. Um den letztendlich politischen Charakter der Entscheidung für eine transzendentale Wert-Basis, wie es Max Weber unter Einfluß neu-kantianischer Wissenschaftsphilosophie formuliert hat, kommt man aber nicht herum. Diese Einsichten sind wissenschaftstheoretisch eher trivial; aber es mag wohl nicht schaden, an diese auch wissenschaftsethischen Grundlagen zu erinnern, wenn die Wissenschaft aufgefordert ist, an Reformdiskus-

Max Weberschen Sinne einer „Wahlverwandtschaft" – der neuen und zukünftigen Empirie der Demografie und Epidemiologie hochgradig. Dieser kulturelle Wandel ist jedoch ungleich voraussetzungsvoller als der Wandel der Rechtsregime, der Finanzierungsmodalitäten und auch der (sonst äußerlich bleibenden) Betriebsformen, die erst dann echte Gestaltqualität erhalten, wenn sie im rechten interprofessionellen Verständnis und im normativen Lichte existenzieller Personenorientierung gelebt werden. Dieser kulturelle Wandel des ganzen Systems ist trotz einzelner Diskursbeiträge ganzheitlich noch gar nicht hinreichend verstanden worden. Die vorliegende Arbeit möchte dazu einen Beitrag leisten.

Lernende Organisationen und lernende Versorgungslandschaften: Dabei sei zugleich vorweggeschickt, dass ich eine eigentümliche Definition von Integrationsversorgung habe, die zwei Ebenen unterscheidet und beide wiederum verknüpft. Einmal geht es um Ausdifferenzierung und Pluralisierung, somit auch um die Emergenz neuer Betriebsformen. Dabei können sich bestehende Betriebstypen (etwa ein klassisches solitäres Krankenhaus der Akutversorgung) weiterentwickeln. Zum anderen geht es darum, wie sich alte wie neue Betriebsformen intra- und transsektoral vernetzen. Die neuen Betriebsformen können selbst bereits eine höhere interne Vernetzung aufweisen. Hier geht es dann um lernende Organisationen. Die Vernetzung alter wie neuer Betriebsformen dagegen fasse ich unter dem Konzeptbegriff der lernenden Versorgungslandschaften.

Von der Forschung zur Organisationsentwicklung und zum Wandel der Versorgungslandschaft zur allgemeinen Theorie der Sozialpolitik^p im Lichte philosophischer Anthropologie und Ontologie: Die vorliegende Studie stellt einen Forschungszwischenbericht dar, denn ich will die verbleibenden (was nicht so düster gemeint ist, wie es klingen mag) Jahre als Hochschullehrer nach meinem Dekanat dazu nutzen, diese Perspektive weiter auszubauen. Denn das Thema des Personalismus, als anthropologische Denkrichtung jedoch zu vermitteln zu einer fundamentalontologischen Darlegung der Seinsverfasstheit der menschlichen Existenz[40], muss entlang den vielen Facetten verschiedenster personenzentrierter Ansätze (mit einer deutlichen Ausnahme: die Position von Peter Singer: dazu Härle, 2005, S. 305 ff.[41]) in einem gemeinsamen Kern aufgedeckt werden (zur philosophischen Ideengeschichte der Person vgl. umfassend Berning, 2007). Dass sich hier die

---

sionen maßgeblich teilzunehmen und zu normativ gehaltvollen Stellungnahmen aufgefordert wird.

[40] Zu dieser diesbezüglichen theologischen Variante bei Bonhoeffer vgl. die Arbeit von Feil, 2005.

[41] Vgl. auch Veatch (1990) zur Kritik des Nützlichkeitsdenkens in der Frage der Versorgung geistig behinderter Menschen.

Schrifttümer philosophischer und theologischer Positionen[42] oftmals kreuzen und überlappen, macht es nicht leichter. Das wird mich noch an verschiedenen Stellen beschäftigen. In der Systematischen Theologie von Tillich (1886–1965[43]; vgl. auch Nord/Spiegel, 2001) heißt es: „Philosophie und Theologie stellen die Frage nach dem Sein. Aber sie fragen danach von verschiedenen Ausgangspunkten her. Die Philosophie beschäftigt sich mit der Struktur des Seins an sich, die Theologie mit dem Sinn des Seins für uns." (Tillich, 1987, Bd. I/II, S. 30) Beide Zugänge – eine philosophisch-anthropologische oder eine theologische (besser: theologisch-anthropologische) – sehen jedenfalls im Person-Sein das Telos: Einmal der Existenz, zum anderen der Schöpfung (Glöckner, 2004). Allerdings wird man sich fragen können, wieso die Frage nach dem Sinn des Seins für den Menschen zwingend mit Gott korrelieren muss.

An diesem Punkt schon wird deutlich, dass ich mich primär darauf festgelegt habe, von philosophischer Anthropologie als grundlegendem Bezugssystem einer Theorie der Sozial- und Gesundheitspolitik^{w+p} zu sprechen, aber deutlich zugebe, dass diese wiederum in Ontologie eingebettet ist und bleibt. Die Analysen reflektieren auf die Daseinsweisen des Menschen in seiner Existenz, können diese Existenz aber nur im Horizont ontologischer Strukturkategorien fassen. Dabei kommt der Vorgängigkeit des Anderen[44] eine konstitutive Bedeutung zu. Es ist diese Anrufung des Ich durch das Du und damit die Möglichkeit einer ontischen Strukturbeziehung, die sich Liebe (vgl. auch Art. „Liebe" I ff. in TRE, Bd. 21, S. 121 ff.) nennt, die die Anthropologie in Ontologie einbettet. Natürlich bleibt das Telos der ganzen Thematik der Mensch, aber eben als Person. Und Person ist ein Seins-Modus, der konstitutiv in seiner Existenz auf den Anderen verweist und verwiesen ist. Die Frage ist, ob sich diese Verwiesenheit reziprok erweist und somit in Intersubjektivität mündet. Dies würde der Theologie unangenehm sein, geht damit die implizite Vertikalität des transzendentalen Verwiesenseins in der Bildproduktion von Oben und Unten (Himmel und Erde) verloren und sie verflüchtigt sich in die quasi-demokratische Horizontale. Die Bruder- oder Schwesternschaft ist (nicht erst 1789) dort geboren,

---

[42] Die notwendige Tiefe einer angemessenen Darlegung personalistischer Anthropologie findet sich im „Handbuch der Katholischen Soziallehre" (Rauscher, 2008) überhaupt nicht. Vgl. auch Art. „Person" in TRE, Bd. 26, 2000, S. 220 ff.

[43] Zur Bedeutung Tillichs für eine Theorie der Sozialpolitik vgl. auch Schulz-Nieswandt, 2009.

[44] Schmitz (2005, Bd. V) würde mich wahrscheinlich damit unter dem „Sozialapriorismus" subsummieren. In der Tat denke ich diese Ontologie des Wir gerade als Voraussetzung, im aktualisierten, gelebten Sein gerade die Gegenseitigkeit und die wechselseitige Durchdringung und somit das Zwischen der Personen zum seienden Sein zu erklären.

wo die Hirt-Herde-Metapher des Theismus diese Achsendrehung erfährt. Wie noch zu zeigen sein wird, ist diese Achsendrehung nicht nur tiefenpsychologisch, sondern zugleich strukturalistisch zu verstehen; Möglichkeiten der Theoriesynthese und der Perspektivenverschränkung zwischen Tiefenpsychologie und Strukturalismus bestehen ohnehin. Allerdings ist nicht zu verstehen, warum etwa Moretti (2009) erklärende Theorien zu den Strukturmustern in der Entwicklung (hier der Literaturgeschichte) unbedingt ausgrenzend gegenüber interpretatorischen Ansätzen positionieren muss. Gerade morphologische Betrachtungen (zur Form) ermöglichen doch eine soziale Hermeneutik der generativen Praxis („strukturhermeneutisch": vgl. Schulz-Nieswandt, 2004b, S. 44 ff.). Für mich ist daher Hermeneutik an eine fundamentale Ontologie gebunden; und daraus resultiert, dass Verstehen auf verschiedenen Ebenen oder besser in verschiedenen Seinssphären angesiedelt ist: Verstehen ist Lebensaufgabe, ist eine wissenschaftliche Methode und ist fundamentales Ethos.

Gabe, Liebe, Verdankt-Sein: Eventuell würde aber auch eine nicht-theologische Philosophie an Tiefe verlieren, wenn die genetisch-funktionale Doppel-Transzendentalität des Eingebettetseins des Selbst im vorgängigen Anderen verloren geht, unabhängig vom Sozialraum-konstituierenden binären Code des Vertikalen und Horizontalen. Das Denken in einer intersubjektiven Reziprozität reduziert die existenzielle Relationalität des Menschen auf einen Code, der doch verdächtig nahe dem modernen bürgerlichen Vertragsdenken ist. Und sei dieses Denken auch kommunikationstheoretisch entfaltet. Ich will hiermit keine Säkularisierungsprozesse rückgängig machen und den Spagat versuchen, dabei gottlos klarzukommen. Ich bezweifele nur, dass ansonsten das ontologische Strukturprinzip der Liebe und damit die Gabe als nicht-utilitaristisches Prinzip des gelingenden menschlichen Daseins noch formulierbar wären. Das Thema der Gabe wird mich daher quer zur ganzen Arbeit begleiten (vgl. auch Schulz-Nieswandt u. a., 2009).[45] Das Wir geht in einem transzendentalen Sinne in der Tat dem Ich

---

[45] *Richtigstellungen zur Gabe*: Die ältere, klassische Forschung zur Reziprozität (Polanyi [1957], Sahlins [1994], Mauss [2007], aber auch neuere Autoren wie Godelier [1999] u. a.) hat verschiedene Formen der Reziprozität unterschieden. Sie wurden weiter oben schon angeführt. Die ökonomische Theorie, auch unter Fairness-Aspekten, orientiert sich meist an dem Typus der ausbalancierten Gegenseitigkeit. Vermieden soll vor allem die negative Reziprozität der Trittbrettfahrer und minimiert werden sollen die Wohlfahrtsverluste, die durch „moral hazard" in öffentlichen und kollektiven Güter-Situationen entstehen. Dieses Denken ist ganz utilitätszentriert und orientiert sich am Modell des markttauschorientierten Vertrages. Es geht um Pareto-Lösungen. Entsprechend wichtige Situationseigenschaften werden daher in der Asymmetrie der Informationsverteilung zwischen den Netzwerkpartnern gesehen, auch in den Schwierigkeiten einer hinreichend vollständigen Spezifizierung des Vertrages, so dass Qualitätsprobleme (insbesondere bei Dienstleistungen) entste-

voraus: Das „Ich bin" ist infolge dieses Geworfen-Seins dieser Vorgängigkeit „schuldig", ihr (der Vorgängigkeit des Wir-Seins, was sich auch als Wittgenstein-Theorem der Unmöglichkeit einer „Privatsprache"[46] entsprechend definieren ließe[47]) daher (nicht zwingend moralisch, aber ontologisch) also Dankbarkeit schuldig und verdankt das „Ich bin" somit dieser ontologischen Struktur seine ontische Existenz. Diese ontologische Struktur kann man wiederum als absolutes Subjekt denken, muss man aber nicht. Der Mensch beginnt sein Dasein insofern tatsächlich mit einer Ur-Schuld, einem Ur-Dank (oder einem Ur-Verdankt-Sein). Das darf alles nicht allzu vordergründig moralisch (oder religiös, gar kirchlich) bedacht werden, weder als archaisches Elterngebot (vgl. Janssen, 2008, S. 14) noch als kleinbürgerliche, der autoritären Persönlichkeit[48] anhaftenden Moral des Konformismus. Dennoch werden sich hierbei Fragen einer Ethik des jeweiligen So-Seins dieser Seinsverfasstheit des Daseins noch ergeben. Ethik bleibt hier jedoch in einer philosophischen Anthropologie eingebunden. Das wird auch noch medizinanthropologisch und pflegeontologisch relevant werden.

Dies alles haben andere Menschen bereits vorgedacht und zum großen Teil auch besser zum Ausdruck gebracht und darlegen können. Ich wandel

---

hen. Die Theorie entdeckt die Bildung von Vertrauenskapital als Strategie der Reduktion von Unsicherheit, sieht das Problem der Transformation kurzer in längere Zeithorizonte (Nachhaltigkeitsprobleme), anerkennt auch die soziale Tatsache, dass die „Währung" des Rückflusses auf die Gabe hin wechseln kann (das Phänomen der Homo- bzw. Heteromorphie des Gebens und Nehmens) u. a. m. Die angeführten Klassiker, alle aus einer fachlich breit und daher offen interessierten Ethnologie und Soziologie kommend, haben aber vor allem auch den Typus der generalisierten Norm der Reziprozität darlegen können, die nicht am ausgeglichenen Nutzen orientiert ist und einen Gabe-Überschuss erkennt. Diese Forschungstradition ist deutlich anti- oder transutilitaristisch orientiert. Caillé (2008) gehört hierhin, aber auch andere Debatten hinsichtlich der Beiträge etwa von Bataillé, Lévinas und Derrida. Auch der Klassiker selbst, der bereits angeführte Marcel Mauss (2007), muss differenzierter eingeschätzt werden, als es oft der Fall ist. Richtig ist, dass er in der Gabe zugleich die Schaffung von Obligationen (zur Gegen-Gabe) sieht. Und er selbst hat destruktive Gabe-Mechanismen (das berühmte Potlatsch-Phänomen) mitunter ins Zentrum gerückt. Mauss hat aber die Gabe nicht ökonomisiert und in ihr nur einen verkannten Markttausch gesehen. Es geht vielmehr um den symbolischen Überschuß der Gabe: Sie stiftet (mehrdimensional als „totale soziale Tatsache": rechtlich, religiös, moralisch, politisch, ökonomisch) Gemeinschaft (die „Mahlgemeinschaft" als „Tischgenossenschaft") und personalisiert die Mitglieder dieser Gemeinschaft. Es ist kein Zufall, dass diese Gabe-Debatte breiten Eingang in die neuere theologische und philosophische Anthropologie gefunden hat. Das Problem wird noch mehrfach wiederaufzugreifen sein.

[46] Vgl. Kripke, 2006 sowie Hörner, 2006.

[47] Ich will hier nicht breiter auf Wittgenstein (Wittgenstein, 2008) eingehen. In meinen früheren Arbeiten zur Kritik der ökonomischen Theorie war er immer ein wichtiger Bezugspunkt. Vgl. nun Gebauer, 2009.

[48] Adorno, 2008.

hier verdichtend und (sicherlich fehlerhaft) transportierend auf vorgebauten Pfaden. Dennoch dürfte eine solche Dichte und um Tiefe bemühte Wegbereitung für die wissenschaftliche Sozialpolitik und damit für die praktische Gesundheits- und Pflegepolitik neuartig sein, wenngleich sich vielerlei Bausteine finden lassen. Besonders „art-ig" ist dieser Beitrag nicht, denn er wird auf Widerspruch, mehr noch auf Widerstand und Widerwillen stoßen. Aber ob nun eigenartig oder art-eigen: Er stört das System des fragmentierten Denkens und Forschens, in dessen Rahmen die Wissenschaft, hier vor allem die Wirtschafts- und Sozialwissenschaften, sich eingenistet und es sich autistisch bequem gemacht hat und den wissenschaftlichen Nachwuchs rekrutiert bzw. klont. Der deutschsprachigen Sozialpolitiklehre geht diese Fundamental-Fundierung völlig ab.

Eric Voegelin: Vieles ist nicht berücksichtigt worden, so das Werk von Eric Voegelin (1901–1985; Voegelin, 2007[49]), obwohl es mir im Studium bereits begegnet war.

Anderes, was mir im Studium begegnet war (wie die Ethnomethodologie: Patzelt, 1987; Krieger, 1998), habe ich damals nicht richtig (oder gar nicht) einordnen können und wird von mir heute neu entdeckt. Manchem (wie Portmann und Gehlen oder auch der soziologischen Rollentheorie) bin ich bereits im Gymnasium begegnet. Phänomenologische[50] Richtungen hatte ich eher am Rande kennengelernt, aber anthropologisch nicht angemessen gewertet. Manche Ansätze der philosophischen Anthropologie (Blumenberg, Ricoeur u. v. a. m.) habe ich in intensivsten Lektürekursen im Fachbereich Sozialpsychologie und Sozialanthropologie bei Ferdinand Brüngel kennengelernt, aber auch oftmals erst später in systematischen Re-Lektüren vollends entdeckt. Gerade dort, wo ich sehr viel gelernt habe, im multidisziplinären Studium der Sozialwissenschaft (Sozialökonomik und Sozialpolitik, Politikwissenschaft, Soziologie, Sozialpsychologie und Sozialanthropologie, Wirtschafts- und Sozialgeschichte, empirische Sozialforschung und Statis-

---

[49] Vgl. dazu auch Henkel, 2008 sowie Möres, 2002 und Ley/Neisser/Weiss, 2003.

[50] *δ- und ε-Phänomenologie*: Mit Phänomenologie meine ich immer zwei Varianten. Die eine ist eine auf klassifikatorische Ordnung hinauslaufende Deskription von Erscheinungsformen eines Problems (etwa Risikoselektion oder Rationierung), die auch die genetische kontextuelle Verortung dieser Formen beinhaltet. Die zweite Nutzungsart ist theoretisch und meint ein „Modell menschlicher Existenz, das das Subjekt als leiblich, sozial und kulturell eingebettetes In-der-Welt-sein versteht" (Zahavi, 2007, S. 6). Die erste Form nenne ich eine deskriptive Phänomenologie (δ-Phänomenologie), die zweite eine existenzielle Phänomenologie (ε-Phänomenologie). Die Unterscheidung ist jedoch nicht ganz einfach, kann eine δ-Phänomenologie durchaus in ε-phänomenologischer Absicht entfaltet werden. Dies kann etwa im Fall der Religionsphänomenologie (hier betont, da dies im Text vorkommt) gegeben sein.

tik) in Bochum, hat mich aber auch manche missionarisch-dogmatische Präsentationsweise (etwa mit Bezug auf Althusser) abgestoßen.

Hans Jonas: Ebenso das Werk von Hans Jonas (1903–1993; Jonas, 1984), zu dem ich noch keinen Zugang gesucht habe, eventuell, weil sich bei mir ein unfundiertes Vorurteil eingeschlichen hat, sein Beitrag zu unseren Problemen sei zu flach (wobei ich von seiner bahnbrechenden Gnosis-Studie absehe: Jonas [2008], die sogar einen Bezug zu Voegelin ermöglicht: Prader, 2006), trotz der Stellungnahmen der Sekundärliteratur (Lenzig, 2006; Wille, 2002; Müller, M., 2008), seiner Bedeutung in Bezug auf Heidegger (Jakob, 1996) oder in Beziehung zu Hannah Arendt (Harms, 2003) und entgegen dem Befund, dass das Denken von Jonas in der Pflegeethik-Debatte eine Rolle spielt (Schwerdt, 1998). Ferner spielt das Denken von Jonas natürlich in die Bioethik-Diskussion hinein (Poliwoda, 2005). Damit bleibt mir ungeklärt, wie das Denken in der Kategorie der „Behutsamkeit" (Niggemeier, 2002) in Verhältnis gesetzt werden kann zu der „Ethik der Achtsamkeit", die in der vorliegenden Arbeit wirksam wird.

Auf dem Weg zu einer neo-post-strukturalistischen Forschungsorientierung: An Komplexität gewinnt das Unterfangen, da ich Anschluss suche zu den Kernüberlegungen poststrukturalistischer (vgl. Moebius, 2003, S. 384 f.), also Subjekttheorie-kritischer Strömungen (vgl. auch Zima [2007] auf dem Weg zur dialogischen Subjektivität), die auch methodologische Herausforderungen darstellen. Meine frühe Neigung zur Psychoanalyse, überhaupt zu den diversen tiefenpsychologischen Schulen machte mir diese Öffnung jedoch leichter. Mit Blick auf die methodologischen Perspektiven einer poststrukturalistischen Hermeneutik kann ich sodann die ökonomischen und juristischen Regime, die Dispositive und mentalen Modelle der sozialen Praxis[51] in die Analyse systematisch einbeziehen. Erst dadurch

---

[51] *Genealogie/Archäologie*: Hier stellt sich die Möglichkeit, Foucaults Genealogie (oder Archäologie, zieht man Foucault [1981] heran; dazu vgl. auch Kremer-Marietti, 1976) als eine besondere Art der Umkehrung der Beziehung von Basis und Überbau bei Marx zu lesen. Daran ändert auch kein Rekurs auf die Ökonomie als die nur „in letzter Instanz" entscheidende Determinante etwas (wie bei Althusser, 1977, S. 60 f.). Bei Foucault bleibt auch die historisch prägende Rolle der Ökonomie Teil eines epistemisches Regimes, denn Ökonomie ist Praxis und ist immer Wirksamwerden von Modalitäten des Denkens, Erkennens, Wahrnehmens, Wissens, die Macht konstituieren. Vielleicht rezipiere ich Foucault hier zu sehr durch die Brille einer Art von Neo-Cassirer-Approach. Aber so sehe ich das Problem eben. Schlüsseltext ist Foucaults „Die Ordnung der Dinge" (Foucault, 1974). Damit grenze ich mich von Althussers Richtung (Althusser, 1968) ebenso ab wie von dem Vorwurf, damit nur einem neuen Idealismus zu huldigen, hätte Marx die Philosophen, die die Welt immer nur interpretieren (statt diese zu verändern) doch endlich vom Kopf auf die Füße gestellt. Das Sein bestimmt das Bewußtsein, was kompatibel ist mit der post-strukturalistischen Sicht des dezentrierten Subjekts. Aber das Sein, von dem hier (nicht heideggerianisch) die Rede ist, ist nicht Ökonomie (als Dialektik von Pro-

duktionsverhältnissen und Produktivkräften), sondern ein epistemisches System, also eine kollektiv geteilte Art der Konstruktion sozialer Wirklichkeit. In „Die Ordnung der Dinge" ist Ökonomik abhängig von Regeln und Codes: Es sind die Dispositive einer epistemisch über- und durchgreifenden und sich im Subjekt sedimentierenden (habitualisierenden) Kultur, die hier das Sein ausmachen. Man könnte natürlich argumentieren, Marx selbst hätte die ökonomische Praxis kognitivistisch bereits fundiert, wenn an den berühmten Bienen-Mensch-Baumeister-Vergleich im ersten Band des Kapitals erinnert wird (Marx, 1978, S. 148): „Was aber den schlechtesten Baumeister vor der besten Biene auszeichnet, ist, daß er die Zelle in seinem Kopf gebaut hat, bevor er sie in Wachs baut." Der Befund ist interessant, weil es sich um eine Bildsprache handelt, die bereits aus den Pariser Manuskripten von 1848 bekannt ist: „Zwar produziert auch das Tier. Es baut sich ein Nest (...); der Mensch formiert (...) auch nach den Gesetzen der Schönheit" (Marx, 1977, S. 517). Doch ist dies eine Suche nach Bausteinen einer varianzreichen Marx-Interpretation, die mir nicht systematisch weiterhilft, geht es doch nicht um literaturgeschichtlichen Autoren-Kult. Es gäbe andere Fundstellen, die eher Althusser zuarbeiten, so die berühmte Stelle in Marxens „Zur Kritik der Hegelschen Rechtsphilosophie" (Marx, 1976a, S. 378 ff.), wo es darum geht, den „versteinerten Verhältnissen" ihre eigene Melodie vorzuspielen, um diese zum Tanzen zu zwingen. Hier ist es eine Strukturlogik sozialer Mechanismen ohne Subjekt, die Geschichte meint. Zwar gibt es wohl einen Akteur, der die Pan'sche Flöte spielt, um den Tanz zu erzwingen. Aber Menschen machen, auch dieser Satz ist berühmt, ihre Geschichte selbst, aber unter den realen Bedingungen. Die Verhältnisse selbst entwickeln sich fort. Richtig ist, dass Marx durch seine (werkgeschichtlich frühe wie auch ausgereifte) Fetischismus-Kritik die Verhältnisse selbst als soziales System versteht; die berühmten „theologischen Mucken" (Marx, 1978, S. 50) spürte er ja in den Kategorien der verdinglichten Praxis der Klassenverhältnisse auf. Vielleicht ist Foucault hier einer pragmatistischen Sicht „sozialer Verhältnisse" näher als Marx, eventuell auch dem späten Wittgenstein, wenn private Sprache als unmöglich deklariert wird, weil Sprechen immer schon ein Geworfen-Sein in geschichtliche Sinnhorizonte voraussetzt. Es gibt (als Tiefenstruktur des Wissens: Pfannkuchen, 2000, S. 24) historische Apriori (zur Medizin vgl. auch Viefhues, 1990), epistemische Regime sozialer Praxis, kulturelle Codes sozialen Handelns, Habitualisierungen komplex verschachtelter Seins-Vorgängigkeiten in den Weisen des Erkennens, Sehens und Verstehens, des Entwerfens, des Ordnungs-Konstruierens, in die die Ökonomik als Kategoriensystem selbst eingebettet bleibt (vgl. Privitera, 1990, S. 90 ff.). Somit bleibt Foucault in dieser Perspektive neo-strukturalistisch (im Vergleich zu Lévi-Strauss [jetzt auch zum 100. Geburtstag desselben: Kauppert/Funcke, 2008] oder Althusser); aber durch seine Dezentrierung des Subjekts wird er zugleich dem Post-Strukturalismus subsummiert, weil die Wahrheits-Spiele im Lichte der kritischen Texttheorie angesichts der Differenzen zwischen Ego und Alter Ego die traditionelle Erkenntnistheorie zur historischen Epistemiologie werden lässt und seine Theorie (ähnlich wie bei Ricoeur) zwar nicht post-hermeneutisch, aber post-traditionalistisch und somit neo-hermeneutisch ist. In „Die Ordnung der Dinge" (Foucault, 1974, S. 22) lautet es eindeutig: „Die fundamentalen Codes einer Kultur, die ihre Sprache, ihre Wahrnehmungsschemata, ihren Austausch, ihre Techniken, ihre Werte, die Hierarchie ihrer Praktiken beherrschen, fixieren gleich zu Anfang für jeden Menschen die empirischen Ordnungen, mit denen er zu tun haben und in denen er sich wiederfinden wird." In diesem Sinne von (kulturellem) Sein ist und bleibt das Sein dem Bewußtsein vorgängig. Und gemessen an diesem Neo-Strukturalismus innerhalb des Post-Strukturalismus ist Sartres (1905–1980) Entwurf eines Existenzialismus als Humanismus in der Tat höchst subjektivistisch (Sartre,

bin ich in der Lage, den Bogen von der Anthropologie und Kulturgeschichte zur epistemischen Analyse praktischer Sozialpolitik zu schlagen. Foucaults (Kammler/Parr/Schneider, 2008) Genealogie (vgl. auch Muhle, 2008) kann auch direkt wiederum auf die des Managementbereichs bezogen werden (Jorgensen, 2007), womit nicht nur die medizinische Praxis, die selbst wiederum eingebettet ist in ökonomische Management-Entscheidungen (nicht nur im Krankenhaus), sondern wodurch auch die manageriale Re-Organisation (Klemann, 2007) als Change Management hin zu neuen Betriebsformen und ihrer Re-Figuration zu einer explizit sozialräumlich definierbaren (Dapp, 2008) Versorgungslandschaft entsprechend (kritisch) gedacht und untersucht werden kann. Hinsichtlich der metatheoretischen Architektur meine ich, gute Gründe zu haben, hier doch im Theoriekreis von Foucault zu bleiben und nicht den vermeintlichen Überwindungsversuchen von Knorr Cetina (2008) folgen zu müssen.

Unter *Dispositiv* (dazu umfassender und systematischer jetzt Bührmann/ Schneider, 2008; zu einer chronotopischen Parallele bei Bachtin [2008a] dort das Nachwort von Frank/Mahlke, S. 210) versteht man Vergesellschaftungsmodi des ganzen personalen Selbst oder konstitutiver Dimensionen des ganzen Selbst, die sich in intrapsychische Arbeitsapparate ablagern und sich gestalthaft in Verhaltensmustern habitualisieren und Ausdrucksformen von (in normativen Rechtsregimen und Praktiken der politischen Regulierungen abgelagerten) Wissensformen und Wissensordnungen sind und prozessorientiert über Diskurse vorangetrieben werden.

Post-strukturalistische Hermeneutik: Verbunden mit der angesprochenen betriebsmorphologischen Sichtweise dreht sich die praxisrelevante Analyse sodann um die Dekonstruktion der kulturell codierten sozialen Grammatik[52] und der psychischen Apparate der Menschen in der Organisationsentwicklung[53]. Die bleibende Fokussierung auf ein transzendentales Subjekt erweist

---

1975). Die affirmative Distanz, die Foucault zum Strukturalismus hat, zeigt sich im Schlusskapitel seiner „Archäologie des Wissens" (Foucault, 1981, S. 281 ff.; vgl. auch Kremer-Marietti, 1976). Diese Positionsdarstellung ist alles andere als einfach, auch nicht präzise genug. Ich meine jedoch, sie deckt sich mit der Möglichkeit, Foucault einen kulturellen Neo-Strukturalismus im Kontext einer post-strukturalen Dezentrierung des Subjekts zu bescheinigen.

[52] *Anti-Egologismus*: Und in loser Anlehnung an Rentsch (1990, S. 160) generiert Grammatik keine Eigenschaft von Subjekten, sondern „Grundzüge des gemeinsamen Lebens". Dieser Anti-Egologismus setzt, ähnlich Simmel, interindividuelle Existenz bereits voraus, als anthropologisch-ontologisches Apriori. Jedoch handeln natürlich immer nur Individuen, aber relational aufgrund der Codes, die als Grammatik immer schon relationale Existenz – verschiedenster Form – generieren.

[53] Zur Theorie der Organisationsentwicklung vgl. Steinmann/Schreyögg, 2005, S. 491 ff. und insbesondere im Überblick zur OE: Schiersmann/Thiel, 2009.

sich als transzendentalpragmatische Perspektive, die aber nur im Horizont einer generativen Grammatik des Sozialen und der Kultur angemessen validiert ist.[54] Ich gehe in einer strukturalistisch gedrehten Transzendentalität also nicht vom isolierten Individuum (als erkennendes und die Wirklichkeit entsprechend konstruierendes Subjekt in der auf Immanuel Kant [1724–1804] zurückreichenden erkenntnistheoretischen Tradition) aus (wenngleich Kant dennoch immer präsent bleibt), sondern von der intersubjektiven Praxis und deren Tiefengrammatik im kulturellen Raum und in der historischen Zeit. Insofern handelt es sich um eine poststrukturalistische Hermeneutik, eingelassen in die Metaphorik der Theaterwissenschaft, fundiert durch die Forschungsergebnisse der kognitiven Linguistik.

Habitus-Hermeneutik: Ich greife bei der Konstruktion dieses Modells sozialen Handelns auf die Theorie des Habitus von Bourdieu (2005[55]) zurück, aber auch auf die von Oevermann (2001; 2001a), die diesbezüglich, hier folge ich Becker-Lenz/Müller (2009), differenzierter ist. Da mich hier nicht unmittelbar die qualitative Forschungstechnik interessiert, sondern das gegenstandsbezogene sozialontologische Vorverständnis, kann ich im Sinne der Habitus-Hermeneutik (vgl. auch Bremer, 2004) auch Bezug nehmen auf die Position von Bohnsack (Bohnsack/Nentwig-Gesemann/Nohl, 2007). Entgegen dort angedeuteter Kritiken an bestimmten Theorievarianten verstehe ich grundsätzlich die Habitus-Hermeneutik auf der Grundlage eines methodologischen Personalismus nicht als Modell marionettenhafter Logik, die „hinter dem Rücken der Subjekte" abläuft. Andererseits grenze ich mich von den „traditionalen Traditionen" (überblicksartig Grondin, 2009; Jung, 2001) der Subjekt-Hermeneutik ab. Dabei geht es gar nicht um die Frage der unabdingbaren normativen Referenzen innerhalb einer relativistischen Wende der Hermeneutik als Wirklichkeitswissenschaft (vgl. Wernet, 2006a), sondern allein um die metatheoretische Struktur der Hermeneutik selbst, indem eine Personenzentriertheit theoriearchitektonisch einerseits bestehen bleibt, dieses Subjekt aber zugleich dezentriert wird und strukturell als codiert und skriptorientiert ausgewiesen wird, was eben keine äußere Bahnung oder Gebahnheit meint, sondern eine inkorporierte, eben habitualisierte Logik des Handelns meint. Das unterscheidet meinen methodologischen Personalismus deutlich von Strukturationstheorien, die doch weit-

---

[54] Ähnlich wie Caillé (2008) suche ich eine Zwischenposition zwischen über-akzentuierten Positionen des Strukturalismus (Alexander/Smith, 2002; dies., 2005) und des pragmatischen Interaktionismus (Collins, 2004).
[55] Viele weitere Schriften von Bourdieu werden hier nicht angeführt. Einen wesentlichen Teil habe ich in den 1980er Jahre bereits in Lesekreisen studiert. Die Sekundärliteratur ist umfassend angewachsen, allerdings auch verbunden mit vielen überflüssigen Redundanzen; Ähnliches gilt für Norbert Elias, auf den ich in enger Problemverschachtelung mit Bourdieu und Foucault eingehe.

gehend als Varianten der constrained rational choice-Theorie gelten müssen. Meine Forschung basiert demnach ausdrücklich nicht auf dem üblichen methodologischen Individualismus. Der Mensch ist grundsätzlich aus seinem sozialen Setting, aus seiner kulturellen Einbettung heraus zu verstehen und in seiner symbolischen Lebensführung zu betrachten. Er ist immer im Knotenpunkt sozialer Beziehungen koordiniert. Seine Daseinsweise ist relational.

Eine erste Systematik des hier entwickelten strukturalen „Systems der Transzendentalien" (in einem post-Kantischen Sinne) versuche ich im Schlusskapitel D. II. darzulegen.

Dieses dramatische Element in der Performativität der kulturellen Praxis bietet die Möglichkeit, eine Verbindungslinie zu meinem tiefen Interesse an dem alttestamentlichen Kontext zu ziehen. In der Tat bin ich der Meinung, hier für Europa kulturgenetische Ursprünge archetypischer Art für moderne Problemkreise praktischer Sozialpolitik auszumachen. (Dies ist an sich ein völlig eigenständiges Thema, wie viele andere Dimensionen der vorliegenden Arbeit auch.) Der biblische Text ist natürlich im allgemeinen altorientalischen und hellenistischen Kontext zu sehen. Und es interessieren ferner auch vermittelnde Fortführungen neutestamentlich-römischer und weiterer Geschichtsepochen. Die gouvernementale Analyse holt demnach weit aus. Von dieser Notwendigkeit bin ich jedoch zutiefst überzeugt. Vom Ertrag auch.

A. Zugänge

Das Buch bedarf, trotz dieser ersten Problemcharakterisierungen in der Einleitung, verschiedener Zugangspfade. Damit halte ich es entgegen meiner sonstigen Wertschätzung (des Autors, aber auch des klassischen britischen Kriminalromans) nicht mit Ronald A. Knox, der in seinem Roman „Der Mord am Viadukt" (Knox, 1974, S. 7) bereits auf der ersten Seite (2. Absatz) apodiktiert: „man betrachte den Autor mit Misstrauen, der nicht im zweiten Absatz zur Sache kommt". Ich gehe dagegen relativ viel verschnörkelte Pfade. Wegschilder werden zwar aufgestellt, ein Verlaufen ist aber (trotz aller gewollter – produktiver – Redundanzen: s. u.) durchaus nicht unmöglich und ausgeschlossen. Die Kompliziertheit des Wegesystems ist nicht künstlich erzeugt und überflüssig, sondern liegt einerseits gegenstandslogisch in der Sache begründet und andererseits methodologisch und methodisch begründet in den mehrfachen und verschachtelten Erkenntnisansprüchen, die ich mir gesetzt habe. Auch die Terminologie und das Kategorien-Gebäude folgen nicht aus einer selbstreferentiellen Ästhetik des akademischen Habitus; ich benötige die (zum Teil provozierenden) Abgrenzungen, um die eigene Position prägnant zu machen.

Methode produktiver Redundanzen: Das Buch ist mit einer bewussten Methode produktiver Redundanzen aufgebaut. Das ist erkennbar, wenn allein schon die nachfolgenden vier Zugangswege und das Zwischenfazit I sowie hinsichtlich Kapitel B.I.1. in Beziehung zueinander und zur soeben vorgelegten Einleitung betrachtet werden. Die Redundanzen beziehen sich auf Themenkreise wie auf personenbezogene Positionen. Natürlich werden Textpassagen nicht einfach wiederholt, vielmehr ist die Redundanzmethode organisiert über jeweils andere Akzente, jeweils unterschiedliche Vertiefungen und Ergänzungen. Aus akzentuierten perspektivischen Verschiebungen sollen die Dimensionen der hochgradig komplex verschachtelten Gesamtthematik und ihre thematischen Sub-Kreise (vgl. zur Struktur Kapitel B.I.2.) ausgeleuchtet werden. So werde ich mich der kultursemiotischen Perspektive und der Theorie des psychischen Apparates und seiner Skript-Steuerung (vgl. rezipiert im Lichte der Filmtheorie: Elsaesser/Hagener, 2007) ebenso wiederholt zuwenden, wie der Theorie der performativen Praxis; gleiches gilt etwa für die Theorie der professionellen Handlungslogiken und der systemischen Fragmentierungen, für die europarechtlichen Regime und für die neue ökonomische Steuerungslogik, für betriebsmorphologische Perspektiven ebenso wie für deren Kontextualisierung in soziodemografischer und nosologisch-epidemiologischer Perspektive. Aspekte bzw. Bausteine und mit herausragenden Namen verbundene Positionen einer Fundierung der Integrationsversorgung in Ansätzen der Medizinanthropologie und Pflegeontologie kommen im Verlauf der Arbeit an verschiedenen Stellen zur Sprache, um gegen Ende der Arbeit nochmals verdichtet zu werden. Ich will es bei dieser Redundanz-Methode mit dieser Anmerkung belassen. Die Eigenart dieser produktiven Redundanz-Methode erschließt sich im Verlauf des Textes automatisch.

Einige weitere persönliche Vorbemerkungen mögen noch vorangestellt sein.

Die Komplexität des Buches hat verschiedene Gründe. Diese sind zum Teil textwachstumsgeschichtlich[1] begründet, zum Teil liegen die Ursachen in einer unverbesserlichen persönlichkeitsgebundenen Stilproblematik.[2] Dies betrifft vor allem die Dichte des Textes und des neurotischen Dranges, die Quellen der gedanklichen Auseinandersetzung in Form einer Maximierungsfunktion der Fußnoten zu dokumentieren. Ganz ohne Selbstironie geht es also wohl nicht; die eine oder andere selbstkritische Note wird nochmals folgen. Andere können es jedoch sicherlich noch besser: „Im Vergleich zu Heidegger (1889–1976) erscheint Nietzsche (1844–1910) als ein verständlicher, lichter Sprachschöpfer, bei dem es erst Sloterdijk gelingt, ihn wieder zu verdunkeln." (Dobeneck, 2006, S. 162; Sloterdijks Nachwort zu „Die Geburt der Tragödie aus dem Geist der Musik" [Nietzsche, 2000] erscheint mir aber eher erhellend[3]). Die Verärgerung oder gar den Zorn der Leserin/

---

[1] Damit zugleich meine Vorliebe für alttestamentliche Exegese offenlegend: Art. „Redaktionskritik der Bibel", in RGG, Bd. 7, Sp. 139 ff.

[2] Und insofern konnte ich auch nur in Grenzen dem Rat einiger Kollegen, die das Manuskript in einem fortgeschrittenen Stadium seiner Entwicklung gelesen haben, folgen und das Manuskript sprachlich radikal zur Verständlichkeit hin transformieren. Eine kritische Frage, die in diesem Zusammenhang mehrfach gestellt worden ist, ist die, für welche Kreise ich das Buch schreiben würde, übersteigt es doch den Horizont einzelner Disziplinen. Ja, aber in diesem Punkt kann ich keine Abstriche machen. Es ist für die verschiedensten Zweige der Wirtschafts-, Sozial- und Kulturwissenschaften geschrieben. An der Zumutung einer Multidisziplinarität kann ich nichts ändern, will ich das eigentliche Projekt nicht aufgeben.

[3] *Welcher Nietzsche?* Ausgangspunkt bleibt dabei das von Nietzsche wie von Sloterdijk kritisierte Dogma der Subjektautonomie der Moderne. Subjektautonomie erweise sich heute (wie damals zu Zeiten von Nietzsche) doch wohl eher als Krise chronischer Selbstsuche. Kontrovers dürfte wohl eher sein, ob Sloterdijks Annahme zutrifft, Nietzsche hätte eine letztendliche Dressurdominanz des Apollinischen über das Dionysische als „dorische Vorzensur" des ganzen dramatischen Kampfes installiert: als „hochkulturell gezähmte (...) Kunst der Ekstase." (ebd., S. 213). Für Sloterdijk kann man „die Bedeutung dieses Vorganges nicht leicht überschätzen: Er bedeutet nicht weniger als die Urszene der Zivilisation – den historischen Kompromiss

des Lesers wird damit wohl kaum besänftigend begegnet werden können, wobei meine Ängste nicht soweit reichen wie die von Jensen (1906, S. VII ff.), dessen Darlegungskunst mitunter auch den Spruch impliziert, dass „All Dies (...) selbst dem blödesten Auge" erkennbar sein muss (ebd., S. 226). Doch liegt es auch an der Verschachtelung verschiedener Dimensionen und Aspekte, feldbezogenen Fragestellungen und methodologischen Positionenfindungen (vgl. Kapitel B.I.2.), dass die Dichte so entstanden ist, wie sie nun mal vorliegt.[4] Das folgt aus einem Verweis einerseits auf die Eigenheiten der Sache selbst und auf die Erkenntnisansprüche andererseits. Das Argument, dann könnte man ja verschiedene kleinere (und somit überschaubare) Abhandlungen daraus machen, bringt mich nicht weiter; viele kleinere Abhandlungen sind dieser Arbeit ja vorausgegangen. Eine Reihe von Argumentationen (auch ganze Textpassagen) finden sich in zahlreichen Aufsätzen bereits wieder. Dies ist ebenfalls am jeweiligen Ort dieser Arbeit dokumentiert. Es ging mir ja gerade um eine große Ballung (ich verzichte auf den Begriff des „großen Entwurfes", gar „Wurfes" – um nicht endgültig in die Zoologie der Kleintiere [der verstorbene Hamster „Streifi", nun auch noch „Momo", das im Ahnenkult täglich aktivierte verstorbene Zwergkaninchen „Puschel"] zu gelangen, von der ich zu Hause ohnehin reichlich

---

der abendländischen Kultur." (ebd., S. 214) Und S. 216: „Kurzum, der barbarische Bock ist zum Kulturbock avanciert" (ebd., S. 216). Damit parallelisiert Sloterdijk Nietzsche zu Freud: „Auf diese Weise setzt Nietzsche ein unerhörtes intellektuelles Psychodrama in Gang." (ebd., S. 218)

[4] *Zum Darstellungsstil*: Ich darf vielleicht auf eine Passage zitierend zurückkommen, die ich in einer Publikation aus dem Jahre 1998 (Schulz-Nieswandt, 1998, S. 33) formuliert habe: „Diese Ansprüche – zumal angesichts der Kürze des zur Verfügung stehenden Raumes – erleichtern das Verständnis des Textes nicht. Abgesehen von den sozialwissenschaftlichen und historischen Bezügen: Ohne philosophiegeschichtliche Kenntnisse wird ein Zugang ohnehin nicht leicht sein. Der Verfasser hofft, daß sich nicht eine kleine Geschichte wiederholt, die im Zusammenhang mit der schwierigen Sprache des Theologen Karl Rahners erzählt wird. Demnach unterhalten sich ein US-amerikanischer und ein deutscher Theologe über Rahner. Der Amerikaner freut sich über die nunmehr vorliegende gelungene Übersetzung der Schriften Rahners in die englische Sprache. Der deutsche Theologe erwidert, man warte noch auf die Übersetzung in die deutsche Sprache. Der Verfasser hofft also – um mit Leroi-Gourhan gesprochen –, daß damit dem Leser gegenüber nicht ‚an der nötigen Barmherzigkeit fehlen' gelassen wird." Ganz so undurchdringlich ist Rahner nun auch wieder nicht: vgl. Losinger, 1992. Aber damit ist vielleicht bereits ein Rationalisierungsprozess in Gang gesetzt, der bei einer psychoanalytischen Sicht (Schönau/Pfeiffer, 2003) auf die Textur des Textes aufgedeckt werden könnte. Ich kann jedenfalls mit noch schlimmerer Alternative zu mir aufwarten: vgl. Enderwitz, 1991. Da ist Adorno noch leichte Bettlektüre. Wo ich selbst an die Grenzen stoße, das ist die Anti-Psychiatrie der Ontologie-Genealogie bei Heinz, 1981 (zentrales Nachschlagewerk ist hier insgesamt das „Historische Wörterbuch der Philosophie": Ritter/Gründer, 2007).

habe), um die Integration vieler Bausteine zu einem grundlegenden Blick, der hier entfaltet ist.

Dieser Blick ist zentriert um ein hochaktuelles Thema: Dem (m.E. notwendigen, auch möglichen, aber nicht ohne Schwierigkeiten herbeizuführenden) Wandel der Medizinkultur. Das ist schon betont worden. Entsprechend ist der Titel des Buches gewählt. Ohne die Untertitelung ist das Thema jedoch nicht zu haben. Didaktisches Zentrum der Darlegung dieser Herausforderung ist die Alterung der Gesellschaft und ihrer Individuen (Schulz-Nieswandt, 2008a). Auch das ist schon gesagt worden (vgl. bereits Schulz-Nieswandt, 1998a und ders., 1998b). Hier wirkt sich die gerontologische Orientierung meiner Arbeiten aus (*dito!*). Die Arbeit ist aber zugleich eine skizzenhafte Darlegung eines Forschungsansatzes, den ich als strukturale Theorie des transzendentalpragmatischen Subjekts nennen will (und wie sie m.E. in der Theorie des offenen Kunstwerks von Eco, 1977, dort S. 14 ff., vorliegt[5]). Die Kaprizierung dieses Theorieansatzes auf die praktische Sozialpolitik insgesamt und insbesondere auf die Fragen einer Organisationsentwicklung der Institutionen der sozialpolitischen Felder (vgl. etwa Dürr [2004] mit Bezug auf die stationäre Altenpflege) macht deutlich, wie sehr sich meine Arbeit in den letzten Jahren der Entwicklung sozialer Dienstleistungen zugewendet hat. Und hier werfen auch meine europarechtlichen und europapolitischen Perspektiven[6] ihr spezifisches Licht auf die Gesamtproblematik.[7] Und es wird sich zeigen müssen, wie sich das Theo-

---

[5] *Neo-Strukturalismus (M. Frank)*: M.E. kann ich auch auf die Arbeiten von Manfred Frank zurückgreifen. Aufbauend auf dessen Diskussion mit dem französischen Neostrukturalismus (Frank, 1984) geht es im Rahmen seiner Kant-Rezeption (Frank, 2007, S. 312–316) um die Rekonstruktion des Seinsgrundes auch des Bewusstseins, welches wiederum, dem Sein ontisch folgend, das Sein zum Erscheinen und Ausdruck verhilft. Frank spricht von einem ontologischen Realismus der kantisch-postkantianischen und frühromantischen Philosophie. Das narzisstisch gekränkte Ich (Frank, 2007, S. 18) mag zwar beleidigt sein, aber es muss sich der Vorgängigkeit des Seins bewusst werden. Normativ geht es gegen jede Form der *Pleonexia* als Haltung, das eigene Glück ohne Blick für das der Anderen im Auge zu haben. Vgl. auch Priddat, 2007, S. 213.

[6] Obwohl Europa von seiner Entstehung nach 1945 her betrachtet im Kern eine Friedensordnung sein sollte und obwohl Europa auch bemüht ist, sich kulturell, weniger geographisch als ein wertebezogener Gemeinschaftsraum zu definieren, stellt die EU im Kern doch primär einen Wirtschaftsraum dar, der sich als freier Binnenmarkt versteht und der zum Teil bereits als Währungsunion (mit erheblichen Auswirkungen auf die Geld- und in der Folge auf die Finanzpolitik der Mitgliedstaaten) überformt ist.

[7] *Nochmals – der Europa-Impact*: Vor dem Hintergrund dieses Befundes der grundsätzlich nur unvollkommenen Allokationslösungen kann konstatiert werden, dass die EU-Politik daher die Bildung von regulierten Quasi-Märkten anvisiert. Es geht, wo es geht, um Eröffnung von Wettbewerb „in" Märkten und um Eröffnung von Wettbewerb „um" Märkte, wenn es sich um „natürliche Monopole" handelt, wo

es nur einen (regionalen) Anbieter geben kann. Es geht ferner um Annäherungen an Wettbewerbslösungen in Form von Wettbewerbssurrogaten. Die EU-Politik neigt dazu, die neuen Formen regulierter Märkte in den Kernbereichen der ökonomischen Daseinsvorsorge (Verkehr, Energie, Post und Telekommunikation, Abfall und Abwasser, zunehmend Wasser überhaupt) auf die Sektoren der Erstellung von Sozial- und Gesundheitsleistungen analog zu übertragen. Inhouse-Lösungen (wo die öffentliche Hand, etwa die Kommunen, die Produktion selbst übernehmen, also in Form öffentlicher Unternehmungen) werden marginalisiert, als Möglichkeit mit strikter Nachrangigkeit gegenüber Marktlösungen und wettbewerblich gesteuerten Übertragungen an private Träger also an den Rand bzw. in den Hintergrund gedrängt. Dies wird mitunter von der Wissenschaft der Öffentlichen Wirtschaft deutlich kritisiert. Insgesamt wird von der EU ein obligatorischer Ausschreibungswettbewerb zur Auswahl privater Anbieter/Ersteller von Dienstleistungen betont. Die mit dem Binnenmarkt übereinstimmenden Modalitäten zur Erstellung sozialer Dienstleistungen werden demnach über einen transparenten, diskriminierungsfreien Weg der Markteröffnung und der wettbewerblichen Auswahl von Anbietern/Erstellern zu verwirklichen versucht. Insofern muss sich die nationale Praxis der Dienstleistungserstellung diesem europäischen Wettbewerbs-, Beihilfe(verbots)- und Vergaberegime fügen. Dort (ich folge dem Monti-Paket), wo auf eine Ausschreibung verzichtet wird, muss der Betrauungsakt nicht nur nach europarechtlichen Vorgaben transparent sein, sondern auch Benchmark-Instrumente einbauen. Andere weitere Instrumente (wie dem der marktorientierten Direktvergabe) sollen hier nicht weiter aufgegriffen werden. Soziale und Gesundheitsdienstleistungen werden also zunehmend analog zur Daseinsvorsorge in den ökonomisch-technischen Güterbereichen des alltäglichen Lebens behandelt. Die EU-Kommission hat diese Analogie durch einschlägige Grün- und Weißbücher, durch Mitteilungen und Konsultationsprozesse deutlich vorangetrieben. Es bleibt noch offen, wie die Ergebnisse dieser Regulierungspolitik in Form von sektorbezogenen oder Rahmenrichtlinien aussehen werden, wie die Abstimmung mit anderen relevanten Verordnungen und Richtlinien aussehen wird, wie das ganze Thema schlussendlich im Primärrecht, in dem bereits die DA(W)I, auch mit grundrechtlichem Bezug, wertgeschätzt werden (vgl. Art. 16 EGV i.V.m. 86 Abs. 2 EGV), verankert wird. Damit bleiben auch die Fragen nach (begrenzten und sicherlich eher restriktiv handhabbaren) Ausnahme- und Spielraumregelungen noch offen. Der Grund für diese Politik der Marktöffnung und wettbewerblichen Steuerung wird in der Existenz von Konkurrenzangeboten gesehen. Neben den Sozialunternehmungen der freien Wohlfahrtspflege sind auch private, erwerbswirtschaftlich orientierte Unternehmen in diesen Sektoren tätig. Da ein solcher Marktbezug bei der Produktion und beim Vertrieb dieser sozialen Dienstleistungen besteht, kommt der funktionelle Unternehmensbegriff zur Wirkung. Es kommt hierbei, also bei der funktionalen Sichtweise aus Sicht der EU-Kommission und dem EuGH, weder auf Träger- und Rechtsformbesonderheiten noch auf das Vorliegen gemeinwirtschaftlicher Produktionsfunktionen an. Die betriebswirtschaftliche Sachzieldominanz im Kontext eines komplexen gemeinwirtschaftlichen Stakeholder-Denkens und -Handelns spielt für die EU-Kommission und den analogen Rechtsschöpfungen durch den EuGH keine grundlegende Rolle. Diese ganze Debatte um die soziale Produktionsfunktion der Sozialwirtschaft (These der „added values") und ihre Einordnung in einen „Dritten Sektor" zwischen Staat, Markt und primären Netzwerken (Familie und Verwandtschaft sowie Freundschaft) wird von der EU-Kommission, trotz der durchgeführten Konsultationen und den darauf aufgesetzten Diskursen und trotz der eingeholten wissenschaftlichen Expertisen, kaum angemessen verarbeitet. Die eigene Entwicklung in der nationalen Implementation „neuer Steuerung" bzw. des New

riegebäude und die Empirie gegenseitig kalibrieren (um endlich auch einen Lieblingsbegriff meines quantitativ arbeitenden Kollegiums nutzen zu können) müssen, um ein Passungsverhältnis eingehen zu können. Dabei gehe ich davon aus, dass auch die Empirie in ihrer Produktion durch Forschung von dem Erkenntnisinteresse und von den Fragestellungen abhängt.

Das vorliegende Manuskript hat eine eigene komplexe Wandlungsgeschichte (ich nannte es weiter oben in Koketterie zur alttestamentlichen Exegese[8] „textwachstumsgeschichtlich") hinter sich. Das bezieht sich zunächst auf die Länge. Das Buch sollte wesentlich dünner (hinsichtlich der Seitenzahl wie auch hinsichtlich der Stofflichkeit) werden, und flüssiger, verständlicher und lesbarer. Nun ist es umfangreicher, sehr dicht und komplex geworden, wie noch darzulegen sein wird: Eine mehrfache, ineinander gefaltete Mehr-Ebenen-Analyse (vgl. auch Kapitel B.I.2.).

Zum Teil, ich führte bereits andere Aspekte an, ist dies mit der Dokumentation genutzter Literatur zusammenhängend zu verstehen. Es geht wohl nicht an, dass sich ein Verfasser wie selbstverständlich auf die implizite Kenntnis der Leser verlassen kann, dass spezifische Literatur, die nicht angeführt wird, aber vom Verfasser in seinen vorausgegangenen Publikationen berücksichtigt worden ist, schlicht bekannt und implizit mitgelesen wird. Daher wird ein großer (das bleibt aber relativ) Teil dieser Literatur hier erneut angeführt. Andererseits kann diese Replizierung nicht vollständig sein und soweit gehen, dass ganze, für die vorliegende Abhandlung zentrale Kapitel anderer Monografien nochmals aufgenommen werden.[9]

Vorarbeiten, Arbeit an der Literatur, Referenz-Dichte: Ich habe im Sinne von Vorarbeiten sehr verstreut und nicht immer leicht zugänglich, da nicht zentral, publiziert. Für eigene Vorverständigungen reichten diese Ausarbeiten vollauf; nunmehr soll fortführend gebündelt, verdichtet und meine Forschungsanliegen auf eine neue Stufe der Ausarbeitung und Klärung gebracht werden. Nicht alles kann ich aber replizieren. Ich verweise daher etwa auf meine Ausführungen zur Archetypenlehre binärer Codes in Kapitel 2 („Raumbildungskorrelate der sozialpolitischen Archetypen") in meinem Büchlein „Studien zur strukturalen Anthropologie sozialer Hilfeformen und sozialer Risikogemeinschaften" (Schulz-Nieswandt, 2000a). Zentral und

---

Public Managements lassen es aber nicht möglich werden, hier nur von einer rein exogenen Modernisierung in den Modalitäten der Erstellung von (sozialen) Dienstleistungen von allgemeinem (wirtschaftlichem) Interesse sprechen zu können. Das Problem ist auch „hausgemacht".

[8] Literaturgeschichtlich zum Alten Testament vgl. Schmid, 2008.

[9] Die Leserschaft könnte die überaus umfangreiche Literaturliste auch als Service betrachten und nicht im Rahmen einer Neurosenlehre des deutschen Hochschullehrers auslegen.

grundlegend, und eben auch mit einer Materialdichte, die hier nicht repliziert werden kann, sind meine Ausführungen zu den dualen Geschlechterordnungen in Kapitel 3 („Duale Ordnungen: Historische Aspekte des Patriarchalismus in anthropologischer Absicht"[10]) in meiner Monografie „Geschlechterverhältnisse, die Rechte der Kinder und Familienpolitik in der Erwerbsarbeitsgesellschaft" (Schulz-Nieswandt, 2004b) sowie das Kapitel VII („Duale Geschlechterordnungen"[11]) in „Sorgearbeit, Geschlechterord-

---

[10] Dort greife ich auf das umfangreiche religionsgeschichtliche Werk von Campbell und Eliade (1907–1986) zurück. An dem Wert von Eliades Werk ändert sich nichts, wenn in den letzten Jahren die ganze krasse Widersprüchlichkeit seiner (politischen) Biographie aufgeworfen worden ist: vgl. auch Turcanu, 2006.

[11] *Religionsgeschichte dualer Geschlechterordnung*: So verkörpert der Gott Hermes (zu dessen Polyvalenz vgl. Otto, 2002a, S. 132 ff.; vgl. auch Art. „Hermes" in Roscher, 1993, I.2, Sp. 2342 ff.) die Außenorientierung der männlichen Aktionswelt, während Hestia (Art. „Hestia" in Roscher, 1993, I.2, Sp. 2605 ff.) als Göttin den häuslichen Herdes – die Gemeinschaftsstiftung des Herdes wird in der Theorie von Fustel de Coulanges besonders hervorgehoben (Fustel de Coulanges, 1988) – (zur Verbundenheit von Frau und Herd ethnologisch: Müller [2003, S. 43]) die Innenwelt der weiblichen Identitätssphäre verkörpert (vgl. zu Hestia als Göttin des häuslich-familialen Herdfeuers auch Haarmann [1996, S. 157 ff.], der allerdings seine Darlegung nicht im binären Code des Privaten und des Öffentlichen konzipiert. Dagegen Goudsblom [2005, S. 155], der in Anlehnung an Adkins [1960] die idealisierte Haus- und Familienfrau in Hestia erblickt). Die griechische Götterwelt der klassischen Ausformung (Walter F. Otto [2002a], in Frankreich stärker anerkannt [Mattheus, 1984, S. 247] als in Deutschland [vgl. Vorwort von Andreas Wittenberg in Detienne, 2000, S. 13, dort FN 6], hebt die patriarchalische Ordnung der klassischen griechischen Götterwelt gegenüber einer ursprünglichen, stärker auf die Rolle der Frau/Mutter abstellenden griechischen Religion heraus) ist patriarchalisch organisiert. Auf den Einspruch (einer Kölner Studierenden in meiner Vorlesung „Sozialpolitik im Lebenszyklus", in der ich diese duale Geschlechterordnung behandele, die Göttin Athene [Art. „Athene", in RGG, Bd. 1, Sp. 888 f.; Art. „Athene" in Roscher, 1993, I.1, Sp. 675 ff.] würde doch einen sehr hohen Rang einnehmen), ist einzuwenden, dass Athene eine männlichkeitsorientierte Metamorphose durchlaufen hat (Otto, 2002a, S. 199 sowie S. 327; James, E. O. 2003, S. 207 f. sowie grundlegend in Otto, 2002a, S. 55 ff.). Otto (2002a, S. 38: „in der vorgeschichtlichen Religion herrscht das weibliche Wesen.") sieht das weibliche Prinzip in Artemis (Art. „Artemis" in Roscher, 1993, I.1, Sp. 558 ff.) verkörpert, den Gegenpol zu Apollon (Otto, 2002a, S. 78 ff., S. 102; Art. „Apollo", in RGG, Bd. 1, Sp. 608 f.). Otto sieht die Scheidelinie im homerischen Werk vorliegen: „Aber nicht nur dadurch unterscheidet sich die vorhomerische Religion von der Homerischen, daß das Männliche geringeres Gewicht besitzt als das Weibliche." (Otto. 2002a, S. 39) Otto (ebd., S. 46) spricht auch das Phänomen der männlichen Kopf-Geburten an. Anders als in neuerer Literatur (auch bei Eliade) arbeitet Otto aber nicht die Möglichkeit heraus, hier bereits eine Abkehr von der Dominanz des Weiblichen symbolisiert zu sehen. Otto verweist dabei auch auf polynesische Parallelen. Hält man sich an die Darlegungen von Deckers (2007, S. 21 f.) zu Reliefs von Sarkophagen in römischen Katakomben des 3. Jahrhunderts, so finden sich dort typische Geschlechterdualismen transportiert. Dieser Dualismus des Privaten und des Öffentlichen ist in vielerlei Hinsicht geradezu konstitutiv auch für die moderne praktische Konstruktion von Sozialpolitik

nung und Altenpflegeregime in Europa" (Schulz-Nieswandt, 2006b). Dort (Schulz-Nieswandt, 2006b) habe ich die duale Geschlechterordnung nicht erst, wie es klassisch von Karin Hausen (1976) fundiert wurde, als eine bürgerliche „Erfindung" der Neuzeit (vgl. auch Art. „Neuzeit", in RGG, Bd. 6, Sp. 254 ff.) dargestellt (vgl. auch Bischoff, 1992[12]), sondern, das mag strittig bleiben, bereits die antiken Wurzeln herausgestellt. Dabei ist die ethnografisch zu begreifende Fremdheit durchaus zu bedenken. Mir ist der Forschungsstand klar, dass man nicht die moderne Geschlechterdualität in der Antike erwarten kann, wenn ihre biologistische Zuspitzung doch erst ein modernes Projekt ist. Aber auch die in dieser Hinsicht kritische Studie von Waldner (2000), die um die Bedeutung der Frau im kultischen Bereich der antiken Polis berichten kann, zeigt die Dualität der Geschlechter doch tendenziell in der Dualität des binär codierten Raumes des Privaten (Oikos) und des Öffentlichen (des Politischen) auf.[13] Diese Genderdimension (vgl. auch Kohlen/Kumbruck, 2008) darf also auch in der vorliegenden Arbeit hervorgehoben werden, da sie doch eine zentrale Achse im Analysegebäude darstellt. Sie drückt sich als Thema der vermütterlichten Pflege ebenso feldspezifisch wie identitätsstiftend aus wie in Form des maskulinen Kampfes der klinischen Medizin mit dem Tod (These des Medizinzynismus: Dobeneck, 2006, S. 174 f. – dazu später mehr[14]).

So ist im Lichte einer Theorie der sehr langen Dauer eine Sattelzeit (vgl. Landwehr, 2008, S. 32 f.[15]) im Sinne einer „Geschichtsschwelle" (Treusch-Dieter, 2001, S. 12; Art. „Sattelzeit", in RGG, Bd. 7, Sp. 847), einer binär codierten Schismogenese (zum Schismabegriff kirchengeschichtlich: Art. „Schisma", in RGG, Bd. 7, Sp. 898) in den Charaktereigenschaften, die den beiden Geschlechtern zugeschrieben werden, anzunehmen, die im Übergang der späten Bronzezeit zur frühen Eisenzeit im Hinterland der Levante von der griechischen Ägäis bis zu Israel anzusiedeln ist[16], ansonsten aber in kulturanthropologischer Perspektive ohnehin ubiquitär zu sein scheint.

---

und sozialstaatlichen Interventionen: vgl. auch die Studien von Berner (2009) sowie von Marthaler (2009).

[12] Interessant ist auch die diesbezügliche Auswertung der überaus bekannten und wirksamen Zeitschrift „Die Gartenlaube" von Ko (2008) im Zusammenhang mit dem hygienischen Gesundheitsdiskurs der damaligen Zeit.

[13] Zur Männlichkeitsideologie in der homerischen Welt vgl. auch Wöhrle, 1999 mit weiterer Literatur.

[14] Zur verwandten Körpermetapher in Medizin und Politik vgl. auch Guldin, 2000.

[15] Koselleck (1979, S. IX) analysierte „Strukturen einer geschichtlichen Epoche in ihrer anthropologischen Verfaßtheit".

[16] *Heilige Hochzeit*: Dies konnte Treusch-Dieter (2001) in ihren Studien zur „Heilige(n) Hochzeit" (und zur „Totenbraut") darlegen (vgl. auch Art. „Hieros gamos", in RGG, Bd. 3, Sp. 1730 f.): „Vorausgesetzt ist die Hypothese, dass die Ge-

A. Zugänge 57

Ich könnte mit Blick auf meine Vorstudien noch längere Zeit so fortfahren, etwa auf meine (vorläufigen, noch oberflächlichen) Vorstudien zur Ethnologie der Medizin und Pflege verweisen (Schulz-Nieswandt, 2003) und

schlechterdifferenz der Moderne und ihre Transformation in der Postmoderne in den Kontext eines durch die Antike fundierten Konfliktfeldes gestellt werden muß (...), in dem die Archäologie und Genealogie ihrer soziokulturellen Strukturierung ‚verwurzelt' ist." (Treusch-Dieter 2001, S. 11) Die substanzreichen psychomythologischen Studien können hier nicht zusammengefasst werden; es sei eine eindrucksvolle Passage aus dem Vorwort zum Aspekt der Transformation zitiert (Treusch-Dieter 2001, S. 2 f.): „Dabei wird von zwei Ordnungen mit je unterschiedlichen Herrschaftsformen (Theokratie, Demokratie) ausgegangen, die unter religionsgeschichtlichen Aspekten einerseits theogonisch, andererseits theologisch strukturiert sind. Sozialgeschichtlich sind sie mit einem je verschiedenen Paar-Modell der Ehe verbunden, dessen Umwertung auf eine frühere (ab 3000 v. Chr.) und eine spätere Schicht (ab 800 v. Chr.) verweist: dort wie hier schließt seine Konstruktion ein weibliches Opfer ein. Seine Codierung ist auf zwei Formen der Hochzeit (‚Heilige Hochzeit', ‚Totenhochzeit') und auf zwei Ökonomien (Verschwendung, Nützlichkeit) bezogen, die im Zentrum der beiden Ordnungen (Palaststadt, Polis) zwei Semantiken des Opfers (Gabe, Raub) konstituieren: die des *hieros gamos* im Kontext der theogonischen Vergöttlichung eines Herrscherpaars und die der *Vermählung* im Kontext der Unterordnung dieses Paars unter eine theologische Gottesposition (Zeus, Jehova). Sie schließt die Umwertung des ‚heroischen' Paars (sakrales Königtum) zum profanen Paar ein (bürgerliche Polis-Ehe; vgl. Hesiod, ‚Theogonie', Vers 535 ff; ‚Erga', Vers 42 ff; Altes Testament 1 Mos. II). Historisch-chronologisch folgen beide Ordnungen aufeinander; historisch-strukturell bleibt die Theokratie in der Demokratie (ab 800 v. Chr.) erhalten. Die damit verbundene Transformationsproblematik kulminiert im Konflikt eines operunabhängigen Gesetzes (Zeus), das dennoch ein Opfer ‚bewilligt' (‚Totenbraut'). Mit diesem Konflikt hängen zwei Dispositive, ein auf das Recht (Theologie) und ein auf den Kult (Theogonie) bezogenes, dort juridisches, hier sakrales Dispositiv zusammen. Im Schnittpunkt dieser Dispositive tritt die bürgerliche Ehe der Polis zwischen Gesetz (Zeus) und Opfer (‚Totenbraut') auf. Ihre Hochzeitsriten sind darum einerseits an den Vertrag, andererseits an die Einweihung in die Mysterien gebunden. Die im Konflikt von Gesetz und Opfer enthaltene Transformationsproblematik ist auf eine Revolution als Religionskrieg zurückzuführen, der in der ‚black box' eines von der Forschung so genannten ‚Dunklen Zeitalter' (1200–900/800 v. Chr.) verschwunden ist. Doch er kann unter Einbeziehung archäologischer Funde (u. a. veränderte Vasenhenkel zwischen protogeometrischem und geometrisch-archaischem Stil) aus Hesiod, Homer, Ovid und anderen erschlossen werden; mythisch spricht sich dieser Religionskrieg in den Sturz-Mythen der Titanen, im Fall Trojas und ähnlichem aus." In der (griechischen) Antike – aber ebenso im römischen Familienrecht (vgl. auch Hölkeskamp [2004] zu Familie, Haus und Haushalt, Verwandtschaft etc.) – findet die Ehe als Vermählung ihren ordnungsstiftenden Sinn. Der Transformationsprozess ist tiefgreifend wie kontinuitätsstiftend zugleich (Treusch-Dieter 2001, S. 13): „Die Ersetzung des *hieros gamos* durch das *Mahl* ist von der Ersetzung der Ökonomie der Verschwendung durch die der Nützlichkeit nicht zu trennen, die mit der *Vermählung* im Kontext der ‚Totenhochzeit' (bürgerliche Polis-Ehe) verbunden ist." (Treusch-Dieter 2001, S. 4) Das Paar der heiligen Hochzeit wird ersetzt, und zwar in agonal-maskuliner Mentalität: prototypisch ausgedrückt im *Raub* der Frau. Oder: Gabe wird durch Raub umcodiert (Treusch-Dieter 2001, S. 5; vgl. auch zum „bewilligten Raub": ebd., S. 13).

so mein bisheriges Schrifttum durchdeklinieren. Aber bevor mir, und ich möchte hier nicht anbiedernd wirken (aber man[n] macht so seine Erfahrungen), Narzissmus, Autismus, maskuliner Größenwahn oder auch nur (die übliche [vor allem auch „teutonische"[17]]) professorale Eitelkeit oder Arroganz vorgeworfen wird, wollte ich hiermit nur auf die Querverschachtelungen meiner Arbeit im Lichte einer von mir behaupteten längeren Entwicklungszeit hinweisen. Ich denke, das ist legitim. Die Hoffnung bleibt, dem Leser beschleichen nicht jene verwirrenden Schwindeligkeiten, die Musils (1880–1842)[18] Zögling Törleß (Musil, 1976, S. 82) angesichts der Begegnung mit Kants (1724–1804) Schriften (mit dem ich mich ansonsten natürlich keinesfalls zu vergleichen beabsichtigen will) befielen[19]. Auch glaube ich nicht, dass sich die Darlegungen in einer Höhe ansiedeln, von der Sloterdijk in seinem Nachwort zu Nietzsches „Zur Geburt der Tragödie aus dem Geist der Musik" (Nietzsche, 2000, S. 195) schrieb, es seien einsame Höhen, „wo es außer den Denkern nur der Adler aushalten".

Eine derartige, hier zum Ausdruck gebrachte Theorieabsicht wird angesichts der Multidisziplinarität nicht unbedingt leicht verdaulich, wenn auch nicht automatisch und zwingend sowie absichtlich hermetisch und selbstreferentiell (kritisch zur Wissenschaftssprache als Herrschaftstechnik: Steinert, 2009). Ich habe allerdings auch nie die These vertreten, für „Gott und die Welt" zu schreiben.[20] Der (oder die) erstere, setzt man die Personalität Gottes[21] voraus (vgl. gleichnamigen Artikel in RGG, Bd. 6, Sp. 1133 ff.) liest es sowieso nicht; die andere ist einfach zu groß und weitläufig, zu vielfältig und an anderen Dingen interessiert. So werden auch weiterhin die Rezensionen gemischt ausfallen.[22] Die vielfache praktische Einbindung

---

Im Schnittbereich zum ödipalen Konflikt hat hier die Tragödie, die von der Komödie nicht zu trennen ist, ihren Ursprung.

[17] Galtung, 1983.

[18] Zu Musil vgl. Berghan, 2004.

[19] Wobei die subjekttheoretischen Probleme bei Musil tiefer liegen: Kromer, 2004 sowie Pennisi, 1990.

[20] *Zu den Erkenntnisinteressen persönlicher Art*: In einem deutlichen Umfang habe ich immer schon für mich selbst geschrieben, um die Zusammenhänge in meinem Kopf zu klären und um so die Dinge in der Universität lehren zu können. Habe ich die Zusammenhänge erst einmal so ausgearbeitet, dann habe ich sie im Kopf, jederzeit replizierbar und darlegbar, sprudelnd wie Wasser, nicht immer zur Freude der Studierenden, jedenfalls nicht immer im ersten Augenblick. Gleichwohl geht dieser Selbstbezug nicht so weit wie bei Wittgenstein. Hosseini (2007, S. 78): „Tatsächlich sind Wittgensteins Schriften größenteils solcher Art, stilistisch wie inhaltlich, dass man den Eindruck erhält, er habe vor allem für sich selbst geschrieben, mit sich selbst geredet; er will es vor allem sich selbst klarmachen."

[21] Vgl. auch Sander, 2006.

[22] Ich werde dennoch nicht den Duktus praktizieren, die Hehn (1874!) seinem „der Herr Kritiker" angedeihen ließ: Hehn, 1963, S. 630 ff.

meiner Arbeiten in meine Rolle in Beiräten, Kommissionen und Vorständen verbandlicher Vereine mag mitunter ein Indikator dafür sein, dass es nicht gänzlich an Relevanz fehlt, was ich in der Regel expliziere.[23] Ich hoffe, das gilt auch für die vorliegende Abhandlung.

Doch nun soll genug sein mit der Selbstreflexion. Soweit einige persönliche Vorbemerkungen.

Es folgen nun vier verschiedene Zugangskapitel (A.I. bis A.IV.). Nach diesen relativ langen Hin- und Einführungen erfolgt mit A.V. bereits ein erstes Zwischenfazit. Es folgen dann die drei Hauptkapitel B., C. und D. mit jeweils zwei Unterhauptkapiteln (also jeweils I. und II.). Es darf zur besseren Orientierung nochmals die Grobgliederung dargelegt werden:

B. Cultural turn
  I. Soziale Praxis als Herausforderung in tiefengrammatischer Perspektive
  II. Personale Haltung und soziale Praxis

C. Ökonomie und Recht
  I. Ordnungskontext und soziale Praxis
  II. Soziale Praxis als sozioökonomisches Prozessgeschehen: DRG-Regime und Phänomenologie der Risikoselektion

D. Philosophische Anthropologie sozialer Praxis
  I. Fazit und Ausblick
  II. Schluss

Diese ganze vielschichtige, Meta- wie Objekttheorien ganz im Sinne der klassischen Genetik „kreuzende" Problemstellung (vgl. Kapitel B.I.2.) muss nun langsam entwickelt werden. Ich hoffe, die gewählte Gliederung und die somit zum Ausdruck kommende Entfaltung des Stoffgebietes sind angemessen.

I. Wandel der Medizinkultur? – Ein erster Zugang

Die Integrationsentwicklung kam mit der Gesetzgebung im Jahr 2000 zu keiner wirklich merklichen Entwicklung; die weitere Entwicklung seit 2004 infolge der fortführenden Gesetzgebung hat zwar Fortschritte gebracht, aber

---

[23] Vgl. z.B. meine wissenschaftliche Begleitung von Integrationsprojekten der Stadt Zürich: Schulz-Nieswandt (2007h); vgl. auch Auerbach/Imhof, 2009.

die großen Mutationen der Versorgungslandschaft sind ausgeblieben. Früh wurden im Rahmen von Publikationen, Gutachten und Vorträgen dafür nicht nur die notwendigen zeitlichen Horizonte von mir betont. Betont wurde insbesondere auch der kulturelle Wandel, der mit der Mutation der Versorgungslandschaften als Konfiguration ausdifferenzierter Betriebsformen unternehmensmorphologisch verbunden ist[24]. Diese Interpretation traf mitunter auf großes Unverständnis, zum Teil interessenbedingt, zum Teil aufgrund mentaler Modelle, denen es offenbar an Horizontoffenheit mangelt. Mitunter konnte das Problem auch im Lichte institutionen- und evolutionsökonomischer Perspektiven beleuchtet werden (vgl. auch Schmidt, 2009 am Beispiel der Problematik der menschlichen Nachhaltigkeits-Orientierung). Doch die Tiefengrammatik der Blockaden und Dynamiken ist breiter zu entfalten. Letztendlich muss durch eine tiefenpsychologisch[25] gesättigte, ethnografische Analyseperspektive in einem kulturwissenschaftlichen Rahmen (vgl. auch Schulz-Nieswandt/Sesselmeier, 2008) das Problem vertiefend und theoriefundierend an- und nachgegangen werden.[26] Wenngleich nun an der Kulturwissenschaft und ihren „Wenden" vieles modisch sein mag; sie stellt, nach dem Ende des Funktionalismus und dem linearen Evolutionismus, die Fragen nach den generativen Mechanismen. So wie sich die neuere ökonomische und soziologische Nutzentheorie doch wieder rollentheoretischen Erwägungen öffnet, scheint mir die theaterwissenschaftliche Zugangsweise zum Sozialen nach wie vor attraktiv zu sein. Modelliert man soziale Praxis gemäß der Metapher des Theatralischen, dann ist Raum für die Kreativität der Akteure; aber sie spielen ihre Rollen nach einem Drehbuch. Die ganze Inszenierung ist choreografiert, so wie Institutionen (wie Krankenhäuser oder Pflegeeinrichtungen) eben auch choreografiert sind, wenngleich in der sozialen Wirklichkeit das Governance-Regime nicht monopolisiert ist durch einen Regisseur und oder den Produzenten.

Einrichtungen im Gesundheits- und Pflegewesen sind im Lichte dieser perspektivischen Herangehensweise aus der Performativität der Akteure heraus zu verstehen; die Praxis der Interaktionen sind somit symbolische[27] Formen der Ausdrucksweise. Vielleicht liege ich hier völlig falsch und missverstehe manche Diskussion. Doch meine ich tatsächlich, dass sich damit auch bildtheoretische Perspektiven integrieren lassen, also der „pictorial

---

[24] Zur Transition als personale Transformation im Kontext des Organisationswandels vgl. auch Krizanits, 2005.
[25] Vgl. zur Verbindung von Tiefenpsychologie und Kulturforschung in der Organisationswissenschaft klassisch Schein, 2003.
[26] Auch über die Darlegungen bei Klemann (2007) zur Theorie und Empirie der (Evolution der) Integrationsversorgung hinaus.
[27] Ohne hier symboltheoretisch (im Lichte des breiten Spektrums der Symboltheorien: Berndt/Drügh, 2009) Position zu beziehen.

turn" (Sachs-Hombach, 2009; vgl. auch die Position von Mitchell [2008], sich mit Belting, Boehm und Bredekamp auseinandersetzend[28]) gar nicht im krassen (Ablösungs-)Gegensatz zum klassischen linguistisch-semiotischen Blick stehen muss. Ich folge hier Bohnkamps Versuchen der Anknüpfung an die ikonografisch-ikonologische Entwicklung von Erwin Panofsky (1892–1968[29]) und Max Imdahl (1925–1988[30]) (Bohnsack, 2007).

Ausgedrückt werden nun aber nicht nur Interessen. Sonst wäre das Zusammenspiel nur eine inszenierte politische Ökonomie. Vielmehr wirken Identitäten hinein, Konzepte personaler Identitäten, die aber zugleich über die Grammatik der ganzen Handlungssituation als soziale Rollenidentitäten codiert und normiert sind und insofern einem Programm folgen. Die Interaktionen sind daher nicht nur Formen interdependenter Domänenbewirtschaftung; sie sind auch Praktiken der Anerkennung und der Abgrenzung, der Inklusion und Exklusion von Professionen, im epistemischen Ringen um die Hegemonie (Definitionsmacht) über die lebensweltlichen Existenz- und Organisationsprobleme der Patienten und sonstigen bedürftigen Menschen als Objekte dieser professionellen Begierde.

Ordnungen – professionelle Hierarchien und Geschlechterdualismen, Epiphanien des Heiligen und Rituale des Reinigens, heroische Überlistungen des Todes, Urteilsverkündungen, liturgische Kommunikationen, zeremonielle Abläufe, mysteriöse Sprachen und anderes mehr – sind hier sowohl Wissensordnungen als auch Ordnungen der Praktiken. Diese Ordnungen haben sowohl ihre rechtlichen als auch ihre ökonomischen und administrativen Bezugssysteme, sind im Kern aber mentale Modelle gouvernementaler Art, also habitualisiert und als Modalitäten des Denkens, der Wahrnehmung[31] und der Deutung psychisch verankerter Blaupausen. Das Soziogramm der Interaktionen stellt insofern die performative Ebene einer dispositiven psychogrammatischen Ablagerung kultureller Programmcodes dar, die als Skripte jenseits oberflächlicher Interessen die Logik der Einrichtungen und Ablaufprozesse fundieren. Ritualanalysen nehmen infolge dieser Perspektiven zunehmend eine zentrale Rolle in der Forschung sozialer Einrichtungen und Dienstleistungen ein. Und in lebenslauforientierten sozialpolitischen Prozessen, sei es in Kindheit und Jugend, sei es im Alter, spielt

---

[28] Bei Wiesing (2005, S. 19) ist das In-Bildern-Produzieren des Menschen anthropologisch identisch mit der transzendentalen Annahme des In-der-Welt-Seins.

[29] Vgl. hier Panofsky (2006a).

[30] Vgl. Imdahl, 1996.

[31] Wobei ich hier die impliziten theoretischen Zugänge nicht darlegen kann. Ob man hierbei den von mir ansonsten breit angeführten Schmitz (2005, Bd. III, Teil 5, dort S. IX) folgen muss, für den (dem kann ich folgen) Schapp genial ist, während (dem kann ich weniger folgen) Merleau-Ponty offensichtlich nur als partieller Steinbruch dienen mag, kann dahingestellt sein.

die Analyse liminaler Vorgänge, als die Bewältigung von Statuspassagen, eine immer größere Rolle. Das gilt z. B. auch für Aufnahmegespräche.

Schlüssel-Theorie von Foucault: Schlüsseltext ist auch hier Foucaults (1926–1984) „Die Ordnung der Dinge", der in diesen beiden Varianten eines distanzierten Blickes auf die zum Fremden deklarierte eigene soziale Realität die Möglichkeit sieht, die Faktizität des Gegebenen in ihrer Anordnung zu dekonstruieren, wobei eine historisch-epistemische Rekonstruktion in diese kritische Texttheorie eingebettet bleibt (Foucault, 1997, S. 447 ff.): „So zeigt die Ethnologie, wie sich in einer Kultur die Normalisierung der großen biologischen Funktionen, die Regeln, die alle Tausch-, Produktions- und Konsumtionsformen möglich machen oder vorschreiben, und die Systeme bilden, die sich um das oder nach dem Modell der linguistischen Strukturen organisieren." (ebd., S. 551 f.)

Praxis, Skripte, Codes: Diese Forschungslogik spiegelt die soziale Ontologie des Gegenstandes wider: Soziale Praxis wird als performative Praxis einer intersubjektiven Modalität des Subjekts verstanden. Dieses Subjekt ist im pragmatischen Kontext dieser symbolisch-performativen Praxis in einer transzendentalen Rolle zu verstehen. Doch diese transzendentale Rolle, die das Subjekt im Interaktionszusammenhang spielt, folgt einem Skript, ist also „gestrickt" nach kulturellen Codes. Insofern hat diese semiotische (zur Semiotik vgl. einführend: Kjorup, 2009) Auffassung von sozialer Praxis weniger unmittelbar mit einer Hinwendung zur dekonstruktiven Forschungsmethode zu tun, denn unsere Argumentation ist keineswegs eine poststrukturalistische Position. Zwar wird, wie im Post-Strukturalismus, auch in dieser perspektivischen Forschungslogik das Subjekt dezentriert. Es handelt sich also einerseits um ein transzendentales Subjekt, das aber andererseits insofern vergesellschaftet ist, da dessen psychischer Arbeitsapparat kulturell codiert ist und nach einem Skript abläuft, das selbst wiederum nicht individuell zu verstehen oder herzuleiten oder zu begründen ist. Damit grenzt sich diese Anthropologie als strukturale Theorie eines transzendentalpragmatischen Subjekts von einem schlichten (oder auch kognitionspsychologisch modernisierten) methodologischen Individualismus (der rational choice- oder der *homo oeconomicus*-Forschung) ebenso ab wie von einem Strukturalismus, der überhaupt kein Subjekt mehr modelliert. Mit Blick auf resultierende Fragen einer philosophischen (oder theologischen [?]) Anthropologie werde ich sogar konstatieren, dass ich einen „methodologischen Personalismus" vertrete, da die Konturen meines Subjektverständnis zu fassen sind aus einer Konzeption des personalen Existenzmodus des Menschen im Transaktionalismus zur Umwelt (dazu auch Gillissen, 2008). Die Person ist somit in eine Ich-Du-Wir-Figuration eingelassen. Dazu gehören traditionelle Annahmen zur exzentrischen Positionalität und zur Plastizität des

Menschen, Annahmen über seine Hiatus-artige Position zwischen Biologie und Kultur, zwischen Kulturfähigkeit und Kulturbedürftigkeit bzw. zwischen Erziehungsbedürftigkeit und Erziehbarkeit. Ontologisch ist jedoch von einer Vorgängigkeit des Wir auszugehen. In der Verwiesenheit auf Andere personalisiert sich die menschliche Individualität.

Es wird darum gehen, die kulturelle Tiefengrammatik der modernen Gesellschaft (und ihrer Sub-Systeme [wie das der Medizin z. B.]) zu verstehen und dadurch zu erklären. Es müssen die sozialen Mechanismen und die generative kulturelle Grammatik entdeckt und verstanden werden, deren oberflächenstruktureller Ausdruck diese Korrelationsgitter von Variablen sind. Insofern ist Soziologie keineswegs nur angewandte Mathematik, weil die Mathematik und ihre angewandten statistischen und ökonometrischen Methoden eine interpretatorische Sozialforschung (Schulz-Nieswandt/Sauer, 2009) und ein sowohl tiefpsychologisches Verständnis der menschlichen Persönlichkeit und ihres psychischen Arbeitsapparates ebenso wie ein tiefengrammatisches Verständnis der generativen Kultur nicht ersetzen kann.[32] Damit bin ich mitten in meinen Überlegungen zur impliziten Anthropologie des Gegenstandes angelangt. Sie werden weiter unten noch näher zu entfalten sein.

Praktiken der Performativität und Professionen: Diese vorgetragene Perspektive ist zunächst dicht und abstrakt. Schaut man sich jedoch die erwähnten Studien zur Ethnografie der Chef-Visite an, so wird die Mehr-Ebenen-Problematik der Performativität der sozialen Akteure sehr schnell anschaulich. Dort geht es nicht allein um eine rationale Praktik in Diagnostik und Therapieplanung. Es geht immer auch um eine sakralisierte Praxis der zeremoniellen Replizierung berufsständischer Hierarchien, um ritualisierte Zementierungen paternalistischer Arzt-Patienten-Beziehungen und um eine implizite Reproduktion dualer Geschlechterordnungen im System der professionellen Berufe im Dienstleistungsgeschehen. Das Krankenhaus erweist sich als eigener symbolischer Mikrokosmos, der nicht nur über ein System rationaler Interessen rekonstruierbar ist, eingelassen in rechtliche Regime und ökonomische Anreizstrukturen sowie über organisatorische Strukturen aufgestellt. Hier agieren die Akteure über mentale Modelle, die epistemische Regulierungen der klinisch-pflegerischen Ablaufprozesse transportieren und Ausdruck professioneller Handlungslogiken sind. Darauf ist professionalisierungstheoretisch später nochmals zurückzukommen. Nimmt

---

[32] Damit will ich mich nicht selbst positionieren in der Frage der Wissenschaftsstil-Kultur (Lepenies, 2006). Allerdings wird an manchen Stellen deutlich, dass ich sogar die Literatur selbst und die Kunst insgesamt als Quelle der gesellschaftsanalytischen und psychologischen Erkenntnis halte. Zu diesem Problem vgl. Gephart, 2008; Kuzmics/Mozetic, 2003.

man diesen Foucaultschen Blick der gouvernementalen Steuerung der sozialen Interaktionen durch Wissensregime und sozialen Praktiken institutioneller Art zum Ausgangspunkt der empirischen Sozialforschung, so erschließen sich andere Dimensionen sozialer Wirklichkeit als es in der gängigen Praxis der quantitativen Sozialforschung der Fall ist. Transaktionalistisch gesehen sind mit Blick auf die Person in der Welt (zu Pflege-Situationen als „in der Welt"-Sein in erlebnistheoretischer Perspektive vgl. Elsbernd, 2000, S. 46) die Wirksamkeit der kulturellen, in diesem Fall professionskulturellen Deutungsmuster sowie die daraus resultierenden Reaktionsmuster im Dienstleistungsgeschehen relevant.

Doch zunächst kurze Befunde und Bemerkungen zur politischen Bedeutung der korrespondierenden Praxisprobleme.

Das sozialpolitische Problem und seine Praxiskontexte: Eine transsektoral unbrüchig integrierte Versorgung ist empirisch (normativ im Lichte von § 17 SGB I, auf der Grundlage von § 1 SGB I sowieso) notwendig im Lichte der epidemiologischen Transition[33], die als Korrelat des soziodemografischen Wandels auf die moderne Gesellschaft zukommt. 2050 wird die EU 27 einen Anteil der Menschen im Alter von 65 und mehr Jahren von 28,7 % haben (hierzu und zu den folgenden Zahlen: DRV, 2008). Der „Al-

---

[33] *Altern, Sozialpolitik^P und Selbständigkeit*: Es ist ein grundlegender gerontologischer Befund, dass die Gesundheit im Alter in ihrer großen Varianz nicht durch das kalendarische Alter erklärt werden kann. Alt-Sein bedeutet nicht einfach Krank-Sein. Dennoch bilden sich mit dem Alter gewisse Risikolagen und Gefährdungen heraus, und insbesondere im Alter von über 80 Jahren verdichten sich Risikolagen. Die kollektive demographische Alterung wird daher im Lichte der hochgradig differentiellen Lebensverläufe vermehrt geriatrischen Versorgungsbedarf nachsichziehen. Nosologisch gesehen sind insbesondere auch komplexe Schnittflächen zwischen Multimorbidität und chronifizierten Erkrankungen, funktionellen Beeinträchtigungen (Formen der Hilfe- und Pflegebedarfe) und (spät erworbenen) Behinderungsformen zu berücksichtigen. Kognitive, gerontopsychiatrische und psychosoziale Begleitbedarfe treten verdichtend hinzu. Eingebettet bleiben diese gesellschaftlichen Herausforderungen in die Lebenslagen der Menschen, definiert als Wechselspiel personaler und kontextueller Ressourcen mit Blick auf die Entwicklungsaufgaben, die der Mensch im Lebenslauf zu bewältigen hat. Die Sozialpolitik^P hat hier Ressourcen bereitzustellen, damit Menschen eine Chance haben, die sich im Lebenslauf stellenden Entwicklungsaufgaben bzw. An- und Herausforderungen zu bewältigen. Die Menschen sind hier in ihrer prinzipiellen Selbständigkeit und Selbstverantwortung gefordert, bleiben aber reziprok (Prinzip des Gebens und Nehmens) in ihrer sozialen Mitverantwortung eingebunden und tragen so durch soziale Fremdhilfe zur Hilfe zur Selbsthilfe bei. Letztendlich geht es um die Sicherstellung, Förderung und Stabilisierung von Lebensqualität und subjektiver Zufriedenheit bis ins höhere Alter hinein. Im sehr hohen Alter stellt sich dabei allerdings vermehrt auch das anthropologische Problem ein, in sich ergebene Abhängigkeiten akzeptierend einzuwilligen. Dies scheint, vor dem Sterbensprozess als letzte Statuspassage, eine späte Entwicklungsaufgabe der Person zu sein.

I. Wandel der Medizinkultur? Ein erster Zugang

terslastquotient" (Verhältnis der Bevölkerung im Alter von 65+ zur Bevölkerung im Alter von 15–65 Jahren) wird 2050 dann in der EU 27 50,5 % betragen (vgl. dazu auch die GeroStat-Daten des DZA: www.gerotat.de/). Im Jahre 2006 beliefen sich die Gesamtausgaben des Staates in der EU 27 in % des BIP auf 46,8 %. Davon ist ein beträchtlicher Anteil – je nach Definition – als Sozialausgabenbudget wirksam. Es wird in Zukunft weniger darum gehen, die Sozialausgabenquote zu steigern. Deren Finanzierung wird weitgehend vom Wachstum abhängen. Es wird darum gehen, „was" die Gesellschaft zielorientiert mit diesen Ressourcen erreichen will.[34] Das reale Wachstum des BIP war in der EU 27 2006 mit 3,0 % im Trend relativ hoch. Wie es bis 2050 verlaufen wird, ist fraglich. Die globale Finanzkrise 2008/09 mit ihren Auswirkungen auf die Güter- und Arbeitsmärkte und die öffentlichen Finanzen zeigt die Problematik der Trendprognosen. Damit bin ich im Raum der Fragen der Systemanalyse, der Organisationsentwicklung und des Qualitätsmanagements.[35] Insbesondere ist die Integration der stei-

---

[34] *Kontextualisierende Sozialpolitik*: Die Sozialpolitik[P] gestaltet dabei Kontexte. Ich darf in Erinnerung bringen: Zu diesen Kontexten, deren organisatorische lebensweltliche Mitte die menschliche Person darstellt, zählen u. a. ökonomische, soziale (netzwerkbezogene) und sozialinfrastrukturelle Ressourcen. Letztere umfassen die Einrichtungen und Dienste, die, sozialrechtlich gesehen, einem öffentlichen Sicherstellungs- bzw. Gewährleistungsauftrag unterliegen, demnach das bezeichnen, was, zunehmend unter europarechtlichem Modernisierungsdruck stehend, als Daseinsvorsorgegüter begriffen wird. Im neueren europarechtlichen Zusammenhang ist von den Dienstleistungen von allgemeinem (wirtschaftlichem) Interesse die Rede (DA[W]I). Die medizinische Versorgung der Bevölkerung, hier der älteren und alten Bevölkerung, muss als Infrastruktur räumlich sichergestellt werden, also unter Aspekten der Verfügbarkeit, Erreichbarkeit, aber auch der Zugänglichkeit und Akzeptanz. Die Problematik weist hier einen sozialräumlichen und daher konkreten lebensweltlichen Bezug auf. Dies gilt auch für die pflegerische Versorgungslandschaft (worauf ich nochmals zurückkommen werde in den Kapiteln B.II.6 und 7), bei der es um die wohnortnahen, netzwerkzentrierten, aktivierenden Hilfen zur Hilfe und um Einbindung informeller Wohlfahrtsproduktion („Crowding-in") durch professionelle Dienstleistungen geht. Damit sind nicht nur die (grundrechtlich definierbaren) sozialen Zugangschancen angesprochen, sondern auch die Qualität der Dienste und Einrichtungen, die zugleich jedoch auch nachhaltigkeitsorientiert unter Aspekten der fiskalischen Stabilität betrachtet werden müssen.

[35] *Universität im Organisationswandel*: Eine Behandlung der Gesundheitssystementwicklung als kulturwissenschaftliche Analyse von systemischer Organisationsentwicklung fällt einem Universitätsprofessor augenblicklich leicht, erfährt er in strengster Analogie das Problem zurzeit auch in dem Wandel der Universität selbst. Zielsetzung (Forschung und Lehre), organisationsmorphologischer Wandel (Rechtsform und Organstruktur), interne Steuerungsmechanismen und somit insgesamt Wandel des professionellen Selbstverständnisses der Wissenschaft als Identitätswandel, eingelassen in erhebliche Generationenwechsel, prägen das situative Bild in wahrscheinlich mehr als mittelfristiger Perspektive. Akkreditierungs- und Evaluations„wahn", ritualisierte Prozesse der symbolischen Neuausrichtung im Kontext einer wettbewerblichen Umwelt etc. werfen die Berechtigung eines skeptischen

genden Pflegebedürftigkeiten (vgl. dazu auch Bomsdorf/Babel/Schmidt, 2008, S. 131) zu berücksichtigen.

2003 sind laut Mikrozensus (vgl. VdAK-AEV, 2008, S. 31) in den alten Bundesländern 66,881 Mio. Bürger GKV-versichert (87,3% der Bevölkerung), in den neuen Bundesländern sind es 14,757 Mio. Einwohner, das sind 93,3% der Bevölkerung. In der Sprache der fiskalischen „Belastung" gesprochen: Es besteht eine steigende KVdR-Finanzierungslücke (VdK-AEV, 2008, S. 18 f.).

Die Entwicklung der neuen, auf ausdifferenzierten, zugleich vernetzten innovativen Betriebsformen beruhenden neuen Versorgungslandschaften, die Medizin, Rehabilitation, Pflege, komplementäre soziale Dienstleistungen unter Einbezug der Netzwerke[36] (und der Generationenbeziehungen:

Blicks auf, auch dann, wenn ich als Dekan diese Trends gestaltend mitspiele. Vgl. auch Wissel, 2007.

[36] *Netzwerke: universelles Phänomen in jeweils spezifischen Formen*: Netzwerke sind ein universelles Phänomen des Menschen. Der Mensch lebt nur in Wechselwirkung zum Mitmenschen und seine soziale Welt ist eine solche der sozialen Beziehungen. Zugleich lebt der Mensch in den Netzwerken als personalisierte Individualität. Dies bedeutet, dass er einerseits seine Identität, also seine Selbstkonzeption, in den Rollenorientierungen, die mit den sozialen Beziehungen verbunden sind, findet. Und er ist so gesehen nur als Mitmensch selbst eine Person. Auf der anderen Seite kann er aufgrund seiner Besonderung als personales Selbst, seines Ich-Bewusstseins, Distanz schaffen zu den Netzwerken, in denen er eingebunden ist. Er gewinnt relative Autonomiespielräume, die das Verhältnis des eigenen Selbst zu den sozialen Bindungen zum Thema eigenständiger Reflexionen machen. Er hat die Seinseigenschaft, eine, wie Helmuth Plessner als philosophischer Anthropologe es nannte, „exzentrische Positionalität" (Plessner, 2003a) einzugehen bzw. eingehen zu können. Daraus ergibt sich nunmehr die Möglichkeit, dass das Verhältnis des Menschen zu den Netzwerken seiner sozialen Beziehungen recht unterschiedliche Gestalt, verschiedene Formen und auch verschiedene Qualitäten annehmen kann. Er kann in einen Konflikt mit seinen Netzwerken geraten. Er kann sich von seinen sozialen Beziehungswelten entfremden. Er kann dort aber auch völlig aufgehen und unkritisch sich selbst und seine Autonomiemöglichkeiten verlieren. Die Netzwerke müssen auch nicht unbedingt gesellschaftlich wertgeschatzt, akzeptiert oder gar rechtlich erlaubt sein. Es können Netzwerke abweichenden Verhaltens sein, krimineller Vereinigungen oder politisch problematisierte Organisationen darstellen. Man darf sich nicht davon täuschen lassen, dass im sozialpolitischen Kontext in der Regel solche Netzwerke diskutiert werden, die individuell wie gesellschaftlich und somit auch politisch positiv geschätzt werden, Gemeinwohlverpflichtungen aufweisen oder zumindest positive externe Effekte produzieren bzw. in gewünschter Weise Stakeholder-Interessen umfassend einkalkulieren in ihrem Handeln. Daher kann es auch zu gewollten rechtlichen Fördermaßnahmen und politischen Anerkennungskulturen kommen. Die soziale Tatsache, um mit dem klassischen französischen Soziologen Èmile Durkheim (2007) zu sprechen, dass menschliche Existenz immer „Wechselwirkungen", wie es der klassische deutsche Soziologe Georg Simmel (2001) nannte, sind, ändert nichts daran, dass die normative Debatte, welche Netzwerke aus welchen Gründen wie geschätzt, beschützt, gefördert und entwickelt werden sollen, ge-

Schulz-Nieswandt u. a., 2009; Künemund/Szydlik, 2009), die in der vorliegenden Arbeit deutlich betont berücksichtigt werden im Lichte der Theorie des Dritten Sektors, umfassen müssen, bedarf entsprechender rechtlicher Rahmenbedingungen und ökonomischer Anreizstrukturen. Doch Recht und Ökonomik[37] sind notwendige Voraussetzungen, keine hinreichenden Bedingungen gelingender Integrationsversorgung.

Vielmehr muss der Wandel zur Integrationsversorgung als ein Wandel der Medizinkultur[38] begriffen werden. Die genannten notwendigen (rechtlichen und ökonomischen) Voraussetzungen bedürfen jedoch auch einer Ergänzung um jene Elemente, die sodann eine hinreichende Bedingung für die gelingende Implementation einer neuen effizienten und effektiven Medizin darstellen. Und hiermit ist ein tiefgreifender Wandel der Medizin„kultur" angesprochen. Diese umfasst, wenn man das kulturwissenschaftliche Problemverständnis semiotisch (Kjorup, 2009) einbringt (wonach soziale Interaktionen

---

trennt von den empirischen Tatsachen geführt werden muss. Es ist eine alte (auf den Neu-Kantianismus zurückgehende) Einsicht in der Erkenntnis- und Wissenschaftstheorie, dass man vom Sein nicht auf das Sollen schließen kann. Man nennt das einen „naturalistischen Fehlschluß", von empirischen „Es gibt ..."-Sätzen auf „Es soll ... auch so sein"-Sätzen zu schließen. Man wird also über Netzwerke nur gesellschaftspolitisch auf der Grundlage expliziter Werturteile, gewünschter Ordnungsvorstellungen „guten Gemeinwesens" und gesellschaftspädagogischer Zielvorstellungen über Menschenbilder entscheiden können.

[37] Insbesondere der Capability approach muss als Ergänzung/Erweiterung des anreizökonomischen Ansatzes in der Organisationsentwicklung gesehen werden: Langlois/Foss, 1999.

[38] *Eine neue „Medizinkultur":* Vor dem Hintergrund der soziodemografischen und der damit verknüpften epidemiologischen Transition der modernen Gesellschaft bedarf es einer „Medizinkultur", die sich nosologisch deutlicher fokussiert auf die Schnittbereiche von chronischen Erkrankungen, funktionellen Einschränkungen, Behinderungen, psychosozialen Begleitbedarfen und komplementären sozialen Hilfen. Dies ist nur eine andere Umschreibung für die Notwendigkeit integrierter Medizin als Überwindung der vielfachen Fragmentierungen sozialrechtlicher, sektoraler, professioneller und funktionaler Art. Und es scheint evident zu sein, dass eine neue Medizinkultur daher ein Arbeiten am und mit dem personal definierten, ganzen Menschen in neuen Betriebsformen bedarf. Doch ist diese betriebsmorphologische Sicht hier nun nur eine Dimension des zentralen Themas. Gleichwohl ist die Einsicht validiert, dass für die Herbeiführung neuer Organisationsformen die Schaffung rechtlicher Rahmenbedingungen und ökonomischer Anreizstrukturen eine notwendige Bedingung, aber keine hinreichende Voraussetzung darstellt. Dies verweist professionalisierungstheoretisch auf die kulturellen Wandlungen, die die Haltungssozialisation, also die Formung der professionellen Handlungslogik der Medizin betrifft. Die vielfach analysierte Metaphernsprache der Medizin, die auf das Maschinenbau-Verständnis und auf einen heroischen maskulinen Todesbekämpfungs-Mythos verweist, deckt einen kulturellen Code der Medizin auf, der nicht passungsfähig ist zu den Herausforderungen der Alterung der Gesellschaft. Eine tief verwurzelte und grundlegende Barriere stellt die daraus resultierende interprofessionelle Kommunikations- und Kooperationsproblematik dar.

also nach einer kulturellen Grammatik funktionieren, so dass die Rollen einem dramatisch inszenierten Skript folgen, ohne das hier der kritische Diskurs zum (angeblich) „übersozialisierten" Menschen der Soziologie greift), das berufliche Selbstkonzept der Professionen, ihre Fähigkeit zur Kommunikation und Kooperation in einem stakeholderorientierten Sinne[39], also mit Blick auf andere Professionen, auf MitarbeiterInnen, auf die Patienten und ihren sozialen Netzen, betrifft die gelebte Medizinanthropologie, den kollektiven epistemischen Denkstil der Profession (und somit ihren endogenen mentalen Blockaden) und die sich ableitenden berufsständisch-politischen Strategiehaltungen im Allokations- und Verteilungsgeschehen.

Integrationsversorgung erfordert also auch eine andere Medizin- und Pflegeanthropologie, die praktisch gelebt werden muss. Multidisziplinarität und Team-Orientierung (Balz/Spieß, 2009)[40], Hierarchieabflachungen und horizontale Vernetzungen, Überwindung der Maschinenbaumetaphorik („Das kriegen wir schon wieder hin": Krug, 1994[41]) und des Medizinzynismus der Todeskampfmythen einerseits sowie des Reduktionismus der Pflege als „verlängerte Mütterlichkeit" andererseits zugunsten einer Synthese stellen kulturelle Wandlungen im Skript der kulturell codierten und sozial normierten medizinisch-pflegerisch-psychosozialen Professionen dar. Erforderlich erscheint ein Wandel der Haltungen und Einstellungen, der beruflichen

---

[39] Wobei ich im Rahmen meiner Rezeption des Stakeholder-Denkens nicht jene ökonomisch dominierte Variante nutze, die funktionalistisch doch wiederum das Profit-Streben in den strategischen Vordergrund schiebt, sondern ein Modell, welches die moralischen Bezüge in das Zentrum rückt. Vgl. auch die Kontroversen in Wieland (2008).

[40] *Team-Orientierung oder Omnipotenz-Modell?* Soll der Arzt/die Ärztin nun aber in ihrer alltäglichen diagnostischen Arbeit den multidisziplinären Blick praktizieren, so wird er/sie als Einzelperson im Durchschnitt überfordert sein. Der multidisziplinäre Blick erfordert eine Team-Orientierung, um so auf der Grundlage eines biopsychosozialen Leitbildmodells medizinische Diagnostik und Therapiewahl, erweitertes (z.B. pflegezentriertes) Assessment, Social support, empathiegestützte emotionale Unterstützung bis hin zu managerialen Aufgaben der Patientenpfaddefinition zwischen Care und Case Management etc. ganzheitlich zu verknüpfen.

[41] Im Rahmen ihrer Kölner Dissertation „Medizinische Leitlinien: Ärztliche Deutungsmuster und Akzeptanzprobleme" konnte Ute Karbach (2010) mittels ihrer qualitativen Interviews folgende Sequenz produzieren, die deutlich machen kann, dass die Maschinenbaumedizin auch seitens der Medizin selbst kritisiert wird. Eine ärztliche Person sagt: „Und Frau Schmitt, ums mal jetzt zu personalisieren, aber sagen wir mal die /äh/ das politische System hat eine Vorstellung von Medizin, die so in Richtung technische Reparatur, Herstellen, Werkvertrag da geht ein A_ /äh/ ein Patient mit seinem zerbrochenen Krug, also seiner zerstörten Gesundheit, an der er unter Umständen auch jahrzehntelang rumgebastelt hat, mit den Scherben zum Arzt und denkt, der hat da ne Tube Pattex. Die Tube ist leitliniengesichert. Der klebt das zusammen. So funktioniert ja Gesundheit nicht. Es funktioniert nicht." (ÄV V/9-16)

Selbstkonzeptionen der Professionen. Überwunden werden muss nicht nur – schwer genug – das Denken in den eigenen ständischen ökonomischen Domänen, sondern die selbst-referentiellen Perspektiven (professioneller Autismus) der nur begrenzt dialogfähigen Professionen.[42] Damit fordere ich nicht totalitär-utopisch einen „neuen Menschen", wohl aber Neuakzentuierungen im Sozialisationsgeschehen. Hinzu kommen Forderungen nach einem generierenden (betriebsmorphologisch definierten: Schulz-Nieswandt, 2007e) Kontext des professionellen Arbeitens, der nicht einfach als Anreizstruktur modelliert werden kann.

Wechsel ich auf eine allgemeinere Ebene. Im Kern erweist sich das Thema als tiefsitzendes Problem der Umgangsweise mit der Endlichkeit und der kreatürlichen Vulnerabilität der menschlichen Existenz (vgl. Kapitel B.II.4. i.V.m. Kapitel B.II.2.h); zum Arzt als Heros vgl. auch Kapitel A.IV.3.). Das wird noch plausibel zu machen sein. Das Thema mag sogar insgesamt eine Krise der gängigen Vernunft darlegen helfen, sofern diese in der fehlenden Transversalität (Welsch, 1996) bestehen sollte. Im Längsschnitt soll die Arbeit immer auch wieder im Lichte dieser radikalen Perspektivität gelesen werden.

Insofern war die Weisheit bei Homer dem modernen Problem-Coping weit überlegen. Ich spiele auf die Situation von Odysseus bei Kalypso an. Kalypso ist eine Nymphe und die Tochter des Atlas. Der Name ist von dem altgriechischen Verb *kalyptein* (und das meint verbergen oder verstecken; aber auch: jemanden bergen) abgeleitet. Im berühmten, für viele Homer-Forscher als Schlüsselkapitel ausgewiesenen fünften Gesang der Odyssee wird beschrieben, wie Kalypso den schiffbrüchigen Odysseus liebt und Odysseus sieben Jahre lang bei sich auf der Insel Ogygia festhält. Erst auf das Wirken der olympischen Götter, natürlich durch Hermes, den Götterboten, übermittelt, gibt Kalypso den Odysseus frei. Der Hintergrund ist wichtig: Obwohl Kalypso ihm Unsterblichkeit verspricht, wenn Odysseus bei ihr bleibt, wünscht Odysseus sie zu verlassen, um zu seiner Frau Penelope zurückzukehren und sich so dem rein menschlichen und d.h. endlichen Leben zuzuwenden.

Das vorliegende Buch behandelt also im Lichte der gerontologisch definierten Herausforderungen des gesellschaftlichen Wandels dieses zentrale Problem der Arbeit der Professionen an ihrem eigenen beruflichen Selbstkonzept als Teil einer nicht-trivialen systemischen Organisationsentwicklung des Gesundheitswesens auf dem Weg zur Integrationsversorgung.[43] In

---

[42] Müller, M. (2008) diskutiert die Soziale Arbeit im Kontext einer polyglotten Kommunikation und bringt somit einerseits sowohl Systeme und andererseits auch Systeme mit Milieus zusammen.
[43] Überaus komplex ist diese Fragestellung, weil es nicht nur um die Organisationsentwicklung und Organisationsgestaltung einzelner (seien es nun kleinere oder

diesem Sinne bestätigt sich vielleicht meine These, nur werde ich die Pädagogisierung der Problemdiagnose nicht bis hin zur totalitär-utopischen Überlegung über einen „neuen Menschen" treiben. Dabei werden aktuelle Probleme des professionellen Habitus im Lichte kulturgeschichtlich alter[44] archetypischer Handlungslogiken (vgl. insbesondere Kapitel B.I.3.) der Sorge und Liebe, der Gnade und Barmherzigkeit (die Kessler [2009, S. 207 ff.] als Gerechtigkeitsdenken auslegt), des Paternalismus[45] und der Gender-Ordnung (zentral ist hier Kapitel B.I.3.) analysiert[46] (zur „Ontologie der Gegenwart" als epochale Tiefenmuster im Gefüge von Macht, Wissen und Subjektivität bei Foucault vgl. Pfannkuchen, 2000, S. 58).[47]

größere) Unternehmen geht, sondern um einen ganzen Markt oder um eine ganze Branche (vgl. auch Heinzen, 2002, S. 258).

[44] *Kritik apologetischer Genealogie*: Vgl. auch die Studie von Käppeli (2004), an der doch überraschen muss, dass trotz ihres weiten Blicks ein Verweis auf Foucault vollends fehlt. Die Arbeit bringt einerseits viel Material zusammen, ist andererseits diesbezüglich aber auch höchst selektiv. Ein alttestamentlicher Forschungsstand wird überhaupt nicht abgebildet, der zum Neuen Testament ist ebenso dünn. Wenn man vom besagten Foucault absieht, sind Käppeli offensichtlich auch andere kritische Geister wie P. Brown nicht geläufig. Die christliche Ideengeschichte wird nirgends angemessen zur realen Kultur- und Mentalitätsgeschichte rückgekoppelt, obgleich sich gerade hier Diskrepanzen auftun: Helas, 2008, S. 52, wenn man Bildprogramme (in der Malerei etwa) einerseits und reale Armenprogramme andererseits in der Geschichte der Armut betrachtet; die Literatur etwa zum frühchristlichen Vereinsleben ist weitgehend unberücksichtigt. Überhaupt wird keinerlei Kritik an der Ambivalenz der jüdisch-christlichen Tradition des paternalen Helfens artikuliert. In dieser Hinsicht ist die Studie Ausdruck naiver Ideengeschichte und kaum geprägt von kritischer Quellenanalyse. Die übliche Abwertung des ethischen Humanismus angesichts der unendlichen Tiefe der christlichen Liebestätigkeit wird schlicht repliziert. Auch in Gender-Hinsicht bleibt die Arbeit selektiv, oberflächlich, unkritisch und in ihrem Ausblick letztendlich nebulös. Dabei muss betont werden, dass im Prinzip hier ja nicht gegen die Hypothese des mitleidenden Gottes als Archetypus der helfenden Berufe argumentiert wird; nur ist diese Rollenzuschreibung unkritisch. Vgl. dagegen zum Bild des Erlösers als maskuline Hegemonie-Metapher: Glawion/ Yekani/Husmann-Kastein, 2007.

[45] „Hilf Dir selbst, sonst hilft Dir ein Sozialarbeiter!" – ein Witz, zitiert bei Effinger, 2006, S. 30.

[46] Dazu auch vor allem pflegebezogen die Literaturstudie von Kohlen/Kumbruck, 2008.

[47] *Dreifache Ontologie bei Foucault*: Zur dreifachen Ontologie bei(m späten) Foucault vgl. Kögler, 1990. Dabei entlarvt Foucault den Mythos der Subjektivität der Moderne im Rahmen einer Ethnologie der gegenwärtigen Gesellschaft. Epistemologisch (Genealogie) wie soziologisch (Archäologie) rekonstruiert Foucault die Konstitution des Subjekts aus der Habitualisierung symbolischer Tiefenstrukturen heraus. Das Subjekt ist damit gerade in seiner Subjekthaftigkeit codiert. Wissensbereiche (Wahrheit), Normalisierungstypen (Macht) und Subjektformen (Subjektivität) korrelieren somit. Ob dies als semiologisch-symbolischer Idealismus disqualifiziert werden muss/kann, darf dahingestellt bleiben. Das Ganze verdichtet sich jedenfalls zu einer Analyse der Strukturen von kognitiv-symbolischen Habiti. Insofern

I. Wandel der Medizinkultur? Ein erster Zugang

Die aktuelle Praxis der medizinisch-pflegerisch-sozialen Dienstleistungen erweist sich (vgl. insgesamt zur Reformlage auch Schulz-Nieswandt, 2008g) als eingebunden in ökonomische und (europa-)rechtliche Regime; dabei bleibt die europarechtliche Zukunft des GKV-Systems unter wettbewerbs-, vergabe- und beihilferechtlichen Regimefragen von der Umstellung auf den Gesundheitsfonds (zu diesem kritisch Lauterbach/Lüngen, 2008) zunächst unberührt (Kurscheid/Schulz-Nieswandt, 2008). Die Einführung von Wahltarifen (erste Bilanz bei Beckschäfer, 2008) und die Umstellung der Kollektivverträge (als Ausdruck der korporatistischen Steuerungsordnung) zugunsten der Selektionsverträge (Einkaufsmodelle der Einzelkassen im Wettbewerb)[48] werden es sein, die durch diesen stillen Marsch in die Quasi-Märkte die Relevanz des Europarechts[49] und der Binnenmarktlogik[50] verstärkt evozieren werden.

---

stellt Foucault die kritische Frage nach dem gelingenden Leben konkreter Individuen. Das ganze Problem wird für mich besonders relevant, wenn dieses Projekt in Relation gesetzt wird zur Frage der Expertise der Pastoralmacht der Sorge und verwandter Sozialprofessionen.

[48] *Die Integrationsversorgung als evolutorischer Nukleus neuer Steuerung*: Im Fall des § 140a–d SGB V (vgl. später in Kapitel C.I.4) liegt der Sicherstellungsauftrag (nicht bei den KVen bzw. bei den Ländern [bezüglich der Krankenhausbedarfsplanung gemäß KHG], sondern) bei den Einzelkassen (im Wettbewerb). Hier ersetzt das selektive Kontrahieren (Einzelvertragsmanagement bzw. sog. „Einkaufsmodelle") die Kollektivverträge. Die Integrationsversorgung knüpft sich steuerungspolitisch also an Einkaufsmodelle, wenngleich die Vertragspartner in der Netzwerkbildung stets zugelassene Ärzte, Planungs- und damit Vertragskrankenhäuser etc. sind, also kein völlig freier Markt für die Einkäufe der Kassen besteht.

[49] *Der Europa-Impact*: Ich darf nochmals konstatieren: Die verbraucherorientierte Politik der EU im Schnittbereich zu öffentlich relevanten (also externalitätstheoretisch fassbaren) Fragen der Gesundheit schreitet weiter voran. Wie dort, so wird insgesamt mit Blick auf die Entwicklung der Gesundheitsdienstleistungen in der EU auch ohne Ratifizierung eines irgendwie ausgestalteten Verfassungsrahmens des europäischen Vertragswerkes überaus deutlich, dass Sozialpolitik *de facto* längst eine geteilte Kompetenz im europäischen Mehrebenensystem geworden ist. Die Artikel 152 i. V. m. 132 EGV (auch die Subsidiaritätsklausel des Art. 5b EGV) verhindern nicht, dass die jeweils mitgliedstaatliche Gesundheitspolitik mit den Regeln des Binnenmarktes rechtlich und ökonomisch kompatibel sein muss. Die EU-Kommission wird im Rahmen ihrer Rolle als „Hüterin der Verträge" nicht Müde, eine auf Marktöffnung und Wettbewerbssteuerung orientierte Neuregulierung auch der sozialen und gesundheitsbezogenen Dienstleistungen von allgemeinem Interesse (DAI oder DA[W]I) einzuleiten. Die ökonomischen Kernbereiche der Daseinsvorsorge (Verkehr, Energie, Post und Telekommunikation, Abfall- und Abwasser, zunehmend auch Wasser insgesamt) sind bereits durch die Rechtsprechung des EuGH weitgehend binnenmarktorientiert durch das europäische Wettbewerbs-, Beihilfe- und Vergaberecht neu reguliert worden. Es geht um die (Er-)Öffnung von Wettbewerb „in" und (dort, wo „natürliche Monopole" vorliegen) „um" Märkte. Im Zentrum dreht es sich um die obligatorische Einführung eines Ausschreibungswettbewerbs und um weitere Wettbewerbssurrogate wie etwa den Betrauungsakt. Das Inhouse-

Die Literatur zum Verhältnis von Vergaberecht und Sozialrecht (Mühlhausen/Kimmel, 2008), aber auch zum Hierarchie- und Kohärenzkonflikt zwischen Kartellrecht und Sozialrecht (Engelmann, 2008) ist mittlerweile

Prinzip wird bis zur Eliminierung an den Rand gedrängt. PPP-Fragen werden in diesem Lichte ebenso re-reguliert wie neuerdings auch sich anbahnende Fragen der Dienstleistungskonzessionen. Soziale und Gesundheitsdienstleistungen werden zunehmend analog behandelt. Da ein Marktbezug bei der Produktion und beim Vertrieb dieser sozialen Dienstleistungen besteht, kommt der funktionelle Unternehmensbegriff zur Wirkung. Es kommt demnach weder auf Träger- und Rechtsformbesonderheiten noch auf das Vorliegen gemeinwirtschaftlicher Produktionsfunktionen an. Die betriebswirtschaftliche Sachzieldominanz im Kontext eines komplexen gemeinwirtschaftlichen Stakeholder-Denkens und -Handelns spielt für die EU-Kommission und den analogen Rechtsschöpfungen durch den EuGH keine grundlegende Rolle. Diese ganze Debatte um die soziale Produktionsfunktion der Sozialwirtschaft und ihre Einordnung in einen „Dritten Sektor" zwischen Staat, Markt und primären Netzwerken wird von der EU-Kommission, trotz der durchgeführten Konsultationen und den darauf aufgesetzten Diskursen und trotz der eingeholten wissenschaftlichen Expertisen, kognitiv angesichts eines eigenen epistemischen Regimes kaum angemessen verarbeitet. Die endogene Entwicklung in der nationalen Implementation „neuer Steuerung" bzw. des New Public Managements lässt es aber nicht möglich werden, hier nur von einer exogenen Modernisierung in den Modalitäten der Erstellung von (sozialen) Dienstleistungen von allgemeinem (wirtschaftlichem) Interesse sprechen zu können. Insgesamt muss man mit Blick auf diese Wechselwirkung exogener und endogener Modernisierungsimpulse von einem Trend zum „wohlfahrtsstaatlichen Kontraktmanagement" sprechen. Auch im Lichte der (sozialen) Vergrundrechtlichungstendenzen in der EU bleibt es dem diesbezüglich souveränen Mitgliedstaat unbenommen, in teleologischer Hinsicht daseinsvorsorgeorientierte Ziele zu setzen und die Sicherstellung der Zugangschancen zu den sozialen Infrastrukturen von anthropologisch-existenzieller Bedeutung zu gewährleisten (Gewährleistungsstaatlichkeit). Aber die Modalitäten der Erstellung der Dienstleistungen sollen im Rahmen eines Delegationsprinzips marktbezogenen Anbietern überlassen werden. Der deutsche Typus der Dienstleistungen im Rahmen der Sozialgesetzbücher ist diesem europäischen Regime durch die Vorrangstellung freier und privater Träger weitgehend affin, doch ist das Ausmaß der Konstituierung regulierter Quasi-Märkte noch nicht völlig binnenmarkt(rechts)konform durchgestaltet. Und hier eröffnen sich die anstehenden Konflikte um den Purismusgrad in der Auslegung und Umsetzung notwendiger Binnenmarktkompatibilität nationaler Praxis der Steuerung von Dienstleistungsmärkten im Sozial- und Gesundheitssektor. Dies wird Thema der nächsten Jahre bleiben. Die EU-Kommission fokussiert sehr auf den Aspekt „wohlfahrtsoptimaler" Preise und legt diesen (theorieträchtigen) Begriff weitgehend im Sinne möglichst niedriger Preise aus, läuft damit Gefahr, komplexere, integrierte Preis-Qualitäts-Parameter in der Wettbewerbsorientierung auszublenden. Für sozialräumliche, sozialmilieu- und quartiersbezogene Fragen der Sicherstellung von Komplexleistungen im Sinne von Zugänglichkeit, Erreichbarkeit, Verfügbarkeit und Akzeptanz scheint die sich in den ökonomisch-technischen Kernbereichen der Daseinsvorsorge besser auszukennende Kommission wenig Verständnis zu haben. Sie vermutet doch weitgehend nur Rent-seeking-Verhalten der staatsmittelbar etablierten Sozialwirtschaft. Insgesamt wird in der europäischen Rechts- und Politikentwicklung die Frage der Transaktionskosten der induzierten Regulationsregime weitgehend ausgeblendet. Den Wohlfahrtsgewinnen einer vermehrt effizienzorientierten

inflationär angewachsen. Kingreen (2008) wirft die Perspektive auf, ob das Sozialrecht nicht selbst ein implizites eigenes „Sozialvergaberecht" enthält, das die Fragen hinreichend klärt.[51]

Marktöffnung und Wettbewerbssteuerung sind die Kosten der dazu nötigen Regulationsbehörden und ihrer Regulierungspraxis in Rechnung zu stellen.

[50] Aus europäischer Richtung werden im Mehr-Ebenen-System der Sozialpolitik als geteilte Kompetenz die „Modernisierungen" nationaler Praktiken angetrieben. Die Arbeit von Cischinsky (2007) skizziert und diskutiert verschiedene Kanäle der Rückwirkungen des Europäischen Rechts auf das deutsche Gesundheitswesen: Aktionsprogramme der EU im Bereich der Öffentlichen Gesundheit, die Offene Methode der Koordinierung (OMK) sowie die einschlägige EuGH-Rechtsprechung im Bereich der grenzüberschreitenden Inanspruchnahme von Gesundheitsdienstleistungen. Nähere politikwissenschaftliche Analyseheuristiken fehlen nun ebenso wie vertiefte rechtswissenschaftliche Darlegungen der kontroversen Materien; die Arbeit ist ökonomisch orientiert und erhofft sich von einer Europäisierung der deutschen Gesundheitsmärkte im Rahmen des Binnenmarktes die Steigerung der Effizienz des deutschen Systems. Verbraucherschutzfragen und Aspekte der Informiertheit der Versicherten/Patienten fundieren und ergänzen diese Marktöffnungsperspektive der ökonomischen Analyse. Die Komplexität der interdisziplinär geführten und zu führenden Europäisierungsanalyse der Gesundheits- und Sozialdienstleistungen wird jedoch nicht eingefangen. Die Arbeit korreliert letztendlich relativ oberflächlich die Binnenmarktliberalisierung einerseits mit den üblichen Auflistungen der Anreizkompatibilitätsprobleme des deutschen Ordnungsrahmens andererseits. Differenzierter ist dagegen die Arbeit von Zimmermann, 2008.

[51] *Sozialrecht und Kartellrecht*: Das Thema ist allein schon angesichts der geradezu inflationierten Literatur über die Zusammenhänge von (europäischen) Wettbewerbsrecht, nationalem Kartellrecht und Sozialrecht nur sehr aufwendig zu erarbeiten. Die Reformpolitik des deutschen Gesundheitswesens evoziert natürlich die Frage nach der Relevanz des europäischen und deutschen Wettbewerbsrechts durch die schleichende Ersetzung kollektivvertraglicher durch einzelvertraglicher Steuerung, vor allem, aber nicht nur, in der Integrationsversorgung gemäß § 140a–d SGB V. Insofern der Sicherstellungsauftrag zunehmend auf die Einzelkassen im Wettbewerb übergeht und diese Player (neuerdings auch noch forciert durch die fusionsantreibenden Wirkungen des Gesundheitsfonds gemäß GKV-WSG), wird das sich herausbildende öffentlich-rechtliche Kontraktmanagement, das die Körperschaften des staatsmittelbaren Sektors im veränderten Wohlfahrtsstaatsregime Deutschlands hier einnehmen, zum Gegenstand entsprechender rechtswissenschaftlicher Erwägungen. Der derzeitige Entwicklungstand des Vertragssystemwettbewerbs kann, so das auch durch die aktuelle Literatur breit gestützte Urteil von Pruns (2008, S. 433), eine Dominanz des Europäischen Wettbewerbsrechts und des nationalen Kartellrechts über das Sozialrecht nicht bewirken. Die GKV-Kassen sind keine funktionellen Unternehmen im Sinne des EU-Rechts und der EuGH-Rechtsprechung. Dies liegt auch darin begründet, dass die Eröffnung der Wettbewerbssteuerung im Außenverhältnis zu den Netzwerkanbietern nichts daran ändert, dass die Kassen im Innenverhältnis zu ihren Versicherten und auch im horizontalen Außenverhältnis zu den anderen GKV-Kassen (über den RSA) Solidargebilde zur Erfüllung der frei zugänglichen Gesundheitsversorgung der Bevölkerung darstellen. Dennoch definiert das deutsche Kartellrecht eine Reihe von diskriminierungsrechtlich fundierten Anforderungen, denen das Sozialversicherungswesen im Rahmen des selektiven Kontrahie-

Dieser Praxis-Kontext, der meine anthropologischen, ontologischen und kulturgeschichtlichen Überlegungen theoriesystematisch und praxeologisch einbettet, macht deutlich, warum ich zu einem erheblichen Teil auch rechtlich-ökonomische Kapitel vorlegen muss.

Die Praxis erweist sich, dies darf wiederholt werden, schließlich als eingebunden in das Wirkfeld einer Performativität eines gouvernementalen Dispositivs, dessen Tiefengrammatik – auch kulturgeschichtlich – überhaupt erst zu verstehen ist, bevor der kulturelle Wandel des Medizinsystems als Change Management machbar erscheint.

II. Phänomenologie der Veranschaulichung – Ein zweiter Zugang

Was ist konkret gemeint, wenn von der Analyse der symbolischen Dramatik des medizinisch-pflegerischen Praxis-Skripts die Rede ist? Welche Themen interessieren deskriptiv- (also δ-)phänomenologisch? Das leibliche Erleben in der personalen Geschehensordnung (zu Pflege-Situationen in erlebnistheoretischer Perspektive: Elsbernd, 2000), der Körperkontakt, die Empathieproblematik und die Ambivalenz von Nähe und Distanz, die Bedeutung von Scham und Ekel, von Schuld und Kränkungen, von Angst, Tabus, Verletzungen der personalen Integrität und der Privatheit, Mechanismen der Regression und (der Sozio-Linguistik) der Infantilisierungen der Patienten, der sozialen Praxis der Baby-Sprache, die Praktiken des Overprotection usw. stehen nun im Zentrum der analytischen Aufmerksamkeit. Witz und Humor, auch der Zynismus erhalten ihre Positionen als Daseinstechniken der Person. Zentral ist z.B. das Thema der Altersbilder, das, unbedingt sowohl quantitativ als auch qualitativ zu erforschen, psychologisch durchaus im Lichte kulturell codierter, skriptgesteuerter Akteure zu verstehen ist, aber auch im Lichte weit ausholender historischer Kulturforschung zu verorten ist. Vor diesem Hintergrund werden die zahlreichen Studien zu

---

rens nachkommen muss (Pruns, 2008, S. 434 f.). Der neue § 69 S. 2 SGB V nimmt der GKV einen diesbezüglichen Ausnahmebereichscharakter. Die Autorin ist ferner der Auffassung, das europäische Vertragsrecht, unabhängig von den Schwellenwertregelungen, gelte grundsätzlich nicht, da die Verträge immer erst auf der Basis individueller Inanspruchnahmevorgänge seitens der Patienten zur Entgeltlichkeit führen, also keine direkten Beschaffungsvorgänge sind. Die Autorin klassifiziert daher die Selektionsverträge als Dienstleistungskonzessionsverträge (ebd., S. 436). Dennoch haben die Vertragsbildungen europäische Standards hinsichtlich transparenter und diskriminierungsfreier Auswahlverfahren zu beachten. Weitere Reformelemente, wie etwa die Tarifzonen der Bonusregelungen im Rahmen der befristeten Einschreibungen der Versicherten in verschiedene Formen der Versorgungsumsetzung des einheitlichen Leistungskataloges, können aber diese Konzessionspraxis immer weiter in die Wirksamkeitsrelevanz des europäischen Wettbewerbsrechts hineinschieben.

den Ritualen und symbolischen Ordnungen in der Arzt-Patienten-Beziehung oder im Krankenhaus, in Pflegeheimen (aber auch in ambulanten Pflegesettings) oder in der Hospizeinrichtung in ihrer theoretischen Bedeutung verständlicher. Im Zentrum stehen die Analysen der (verbalen, aber auch nichtverbalen, leiblich-mimisch-gestischen) Kommunikationsprozesse, die es zu verstehen gilt. Forschungsgegenstand ist hierbei das Machtproblem im Kommunikationsgefälle, vor diesem Hintergrund auch Fragen etwa hinsichtlich der Altersdiskiminierung (vgl. das Phänomen breit entfaltend: Rothermund/Mayer, 2009).

Einige Schlaglichter (vgl. auch Schulz-Nieswandt, 2003) sollen die Spezifität der Perspektive vermitteln helfen, wie der ethnographisch-tiefenpsychologische Blick der Analyse zu verstehen ist.

„Die **Chef-Visite** inszeniert als sakral strukturiertes göttliches Erscheinungs-Drama (Epiphanie) des Heilenden die Kraft der ‚Medizin‘, die ‚hinter‘ aller medizinischer und pflegerischer Anstrengungen steht. Sie ist Feier der gemeinsamen Grundlage, Konfrontation und Selbstvergewisserung der Mitarbeiter, inhaltliche Ausrichtung und Verkörperung der Corporate Identity, und sie ist Medium der Vertrauens-Weckung und -Erhaltung der Patienten durch die Inkorporation der Medizin in der Gestalt des Chefarztes.

Sie ist Inszenierung der Hierarchie der Wissens-Macht und reicht in ‚Großen Chef-Visiten‘ – in typischer Reihenfolge des Maßes der Anteilnahme an der ‚Medizin‘ – vom Chef über ‚seine Oberärzte‘, die Stationsärzte, Assistenten, Famulanten bis hin zur Pflege, Physiotherapie, Ergotherapie und zur Praktikantin für Krankengymnastik: Wo jemand in der langen Reihe der Prozession, die kaum in ein Krankenzimmer passt, positionell mitgehen und mitfeiern kann, bestimmen ungeschriebene Gesetze." (Wettreck, 1999, S. 58 f.; fett auch im Original)

„Schaut man sich viele Arztromane an, die als Produzenten und Produkte kollektiver Heilsphantasie gleichermaßen zu betrachten sind, soll aus der Sicht der Leidenden aber gerade der Arzt der Fürsorgliche sein, der ihnen mit seiner Heilkraft Nahrung und Stärke gibt. Wenn der Patient (…) das ewige Licht sucht, das die Wunden heilt, so ist es die Figur des Arztes, in der das Leuchtende personifiziert wird. So wichtig die Krankenschwester das mütterlich Pflegende auch ist, so eindeutig wird die Heilkraft dem Arzt als Mittler der omnipotenten Medizin zugeschrieben und so selbstverständlich richten sich an ihn die Heilserwartungen." (Weidmann, 1996, S. 245)

„Der Patient wird, zwar nicht *de jure*, wohl aber *de facto* – entmündigt, wird auf den Kinderstatus zurückgeworfen, umgeben vom ständigen, ‚Sie müssen jetzt dies‘, ‚Sie dürfen aber doch nicht jenes‘, ‚Aber, aber – wenn das der Doktor sieht!‘ (…) Freiheiten ‚*bekommt*‘ er – wie ein Kind –, aber er *hat* sie nicht." (Rohde, 1962, S. 396; kursiv auch im Original)

„Die Unterwerfung, die Rückversetzung in den Kinderstatus wird versinnbildlicht: Es gehört *per se* zum Krankenhauspatienten, dass er *liegt*, gleichgültig, ob diese ‚Stellung‘ indiziert ist oder nicht. Die Größenrelation zwischen Erwachsenen und Kindern wird hergestellt mit allen psychologischen Nebentönen, die sich seit der eigenen Kindheit daran knüpfen mögen. Schon rein äußerlich zeichnet sich die Stellung des Krankenhauspatienten dadurch aus, daß sie keine ist – sondern vielmehr: *Lage*. Kaum denkbar, einen längst wieder gehfähigen Patienten bei der Visite, freundlich lächelnd, neben seinem Bette stehen zu sehen, um den Chefarzt (den er womöglich um zwei Köpfe überragt) in normaler Relation Rede und Antwort zu stehen. Im Krankenhaus ‚muß' man ins Bett – und man ‚darf' allenfalls aufstehen." (Rohde, 1962, S. 396 f.; kursiv auch im Original)

„Geht es um die Kennzeichnung des kulturellen **Entscheidungs-Stils**, ist bei der medizinischen Kampf-Kultur (statistisierend) von einer α-*Kultur* zu sprechen. Zur Vermeidung von β-Fehlern (noch Therapiebare werden nicht therapiert, Chancen werden versäumt) werden eher α-Fehler in Kauf genommen: Hoffnungslos Untherapierbare werden zur Sicherheit dennoch therapiert, Schädigungen von Menschenwürde durch sinnlose Therapie-Torturen und Verluste an autonomer Sterbegestaltung werden gegenüber übergangenen möglichen Therapie-Chancen billigend in Kauf genommen." (Wettreck, 1999, S. 54; fett auch im Original)

Diese Einschätzung ist vor folgendem genderbezogenen Hintergrund zu sehen:

„Die Attraktivität des männlichen Bewußtseins ist heldisch, indem das Ich den archetypischen Kampf mit dem Drachen des Unbewußten von sich aus übernimmt und durchführt. Diese Dominanz des Männlichen, welche von entscheidender Bedeutung ist für die Stellung des Weiblichen im patriarchalischen Kulturbezirk, bestimmt die geistige Entwicklung des Abendlandes." (Neumann, 1995, S. 271 f.)

„Die universitären Strukturen im Bereich des Medizinstudiums tragen von den Auswahlverfahren bis hin zur praktischen Ausbildung im Krankenhaus nicht dazu bei, eine ärztliche, kommunikative Kompetenz zu erreichen. Das Gegenteil ist der Fall. Der Zynismus nimmt zu und die Menschenfreundlichkeit ab." (Quasebarth, 1994, S. 102)

„Die institutionellen Leitbilder prägen Haltungen und Bewußtseinshorizont der Pflegenden und führen dazu, die Inhalte der Demenzen, aber auch Sperrigkeiten alter Menschen zu exkommunizieren. Das demente Alter wird deshalb fremd." (Gröning, 2004, S. 11)

„Das ‚Witze-Reißen', überhaupt der witzelnde und frotzelnde Ton, der die Unterhaltungen im Krankenhaus beherrscht, gehören zur ‚Kultur' des Krankenhauses und geben dem Patienten ein auch anderwärts probates Mittel an die Hand, seine Angstaffekte in sozial akzeptabler Weise auszuleben." (Rohde, 1962, S. 403)

Das zentrale Problem bleibt:

„Das Gesundheitswesen in Deutschland befindet sich derzeit in einer Umbruchsituation, einer Phase schöpferischen Wandels, die nach neuen Visionen verlangt. Um die notwendigen strukturellen Weiterentwicklungen sinnvoll zu gestalten, sind alle beteiligten Akteure gefordert, ihre Erfahrungen und ihr Wissen in diesen Prozess einzubringen. Grundvoraussetzung dieses kreativen Dialogs ist die Bereitschaft der Protagonisten sich gegenseitig zuzuhören und in einem ‚lernenden Modell' Wissen voneinander anzunehmen." (Bayer-Pörsch, 2003, S. 4)

Wie allerdings die qualitative Studie von Pöppel (2008) darlegen kann, sind z. B. Krankenhäuser trotz Leitbildentwicklungen weit davon entfernt, den Übergang vom Paternalismus zu einer philanthropischen Patientenzentrierung durch ein modernes, den wettbewerblichen Umweltanforderungen entsprechendes organisationales Management der Strukturen und Prozesse abzubilden.

III. Tiefen-Umwege zum Gesundheitswesen – Ein dritter Zugang

Nun soll mit einem dritten Anlauf erneut ausgeholt werden, um in die komplexe Verschachtelungslage der Problematik einzuführen.

Das Gesundheitswesen als Versorgungsgeschehen ist in einem Wandel begriffen. Der Trend führt zur Integrationsversorgung.[52] Das klingt undramatisch. Aber es geht um mehr als um eine Veränderung in der betriebswirtschaftlich zu erfassenden Oberflächenstruktur von Dienstleistungsmärkten (vgl. V. Andresen/W. Geest: Art. „Markt für soziale Dienstleistungen" in: Maelicke, 2007, S. 668 ff.)[53] oder – im aktuellen IT-Zeitalter werden ja eine Fülle von technischen Utopien dafür angeboten, wie sich ethisch gehaltvolle gesellschaftliche Probleme leicht lösen lassen – um primär dokumentationstechnisch lösbare Fragen (Hänsch/Fleck, 2005)[54].

---

[52] *Integration von Schule und Jugendhilfe – eine Parallele*: Das Problem der Notwendigkeit integrierter Strukturen ist nicht allein für das fragmentierte Gesundheitswesen typisch. Das Problem ist aus der Industrieökonomik ebenso bekannt wie etwa aus dem Schulwesen (vgl. dazu Henschel u. a., 2008; Böllert; 2007). So geht es u. a. um die Kooperation von Schule und Jugendhilfe. Das wird methodisch jedoch nur gelingen, wenn zugleich eine hinreichende praktische Sozialraum- und Lebensweltbezogenheit und -analyse ausgebildet wird (Deinet, 2009).

[53] *Marktversagensaspekte bei Dienstleistungen*: Personengebundene, an Seele und Körper von Menschen erbrachte Dienstleistungen sind nicht trivial über Märkte zu organisieren: Oftmals liegen asymmetrische Informationsverteilungen zwischen Anbietern und Nachfragern vor, die Qualität der Produkte/Leistungen sind weder vorher noch nachher leicht zu beurteilen, nicht alle Leistungen können vergleichbar in Wiederholungskäufen beurteilt werden, entsprechend spielen Vertrauen und Glauben eine konstitutive Rolle, entsprechende Verträge sind nicht vollständig spezifizierbar. In der Regel liegen aber gesellschaftlich hochgradig wertgeschätzte Versorgungslagen vor, so dass die Güter in ihrer Erstellung, Vorhaltung und Zugänglichkeit sicherzustellen bzw. zu gewährleisten sind (sog. meritorische Güter). Vollständiges Marktversagen liegt jedoch nicht vor, zumal Nicht-Markt-Steuerungen ebenfalls unvollkommen sind (Staats- bzw. Politikversagen, Verwaltungsversagen, Dritter Sektor-Versagen).

[54] Wenngleich die Rolle der elektronischen Datenübertragung als technische Infrastruktur für die Integrationsversorgung auch nicht zu unterschätzen ist. Vgl. Auerbach/Metzger/Roos, 2008.

Zur Soziologie der professionellen Performativität: Es geht um eine Dekonstruktion[55] professioneller Expertise (wenngleich ich viel konservativer und weniger post-modern ausgerichtet bin, als dieser paradigmatische Hinweis zunächst vermuten lässt). Mehr noch: Es geht um die genealogische Hermeneutik einer Figuration: nämlich die des Helfens (Art. „Helfen/ Hilfe", in RGG, Bd. 3, Sp. 1606 f.). Hierbei ist es der Bemerkung wert, herauszustellen, dass unter Hermeneutik hier nicht einfach eine Methode des Verstehens des Subjekts in konkreten kommunikativen Handlungssituationen zu verstehen ist. Hermeneutik, wenn sie genealogisch ist, ist eine Rekonstruktion epochaler Denkregime in ihrer kulturgeschichtlichen Abfolge[56]. Und diese Rekonstruktion bezieht sich auf Figurationen, also auf gesellschaftliche Konstellationen von Individuen gemäß ihrer Inszenierungs-Grammatik. Das setzt den soziologischen Grundsatz voraus, dass Gesellschaft immer ein relationales Gefüge (vgl. auch Krause [2009] zu Levinas, S. 23 ff.) von Individuen ist; und dass Individuen immer nur Individuen im Kontext eines solchen Relationengefüges sind (*homo relationis* oder *homo figurationis*). Vergegenwärtigt man sich diese beiden zusammenhängenden Lehrsätze im Lichte der soziologischen Theoriegeschichte, so ist dies nicht so selbstverständlich, wie man vielleicht meinen könnte. Die hier zum Ausdruck kommende eigentümliche Synthese von Durkheim (2007) und Elias (2004) muss erst einmal akzeptiert werden. Doch kann ich mich hier weder vertiefend auf die Theoriegeschichte der Soziologie noch auf die der theoriegeschichtlichen Rekonstruktionsschemata einlassen. Wenn man von den weitgehend deutlich unzureichenden rational choice-Ansätzen in Ökonomie, Soziologie und zum Teil auch in der Psychologie absieht (vgl. kritisch auch Simon, 2009), sind Strukurationsansätze oftmals noch das Attraktivste, was der Mainstream zu bieten hat. Dabei handelt es sich zum Teil um Constrained rational choice-Versionen oder um Opportunitäten-Theorien, die alles nur zum Zusammenspiel von Möglichkeiten und Präferenzen reduzieren und damit einem empirisch zwar nicht grenzenlosen, aber theoretisch prinzipiell grenzenlos denkbaren Voluntarismus das Wort reden. Für das Setzen der Opportunitäten wird zwar der Gesellschaft insgesamt Verantwortung zugeschoben, doch die Mechanismen bleiben weitgehend voluntaristisch. Übergänge zur intrapersonalen Strukturierung des Subjekts gibt es dort, wo sich die Modellbildung kognitionspsychologischen Forschungen öffnet. Dennoch scheinen mir auch diese – gegenüber dem alten *homo oeconomicus* sichtlich modernisierten – Verhaltensmodelle

---

[55] Vgl. Zima, 1994. Vgl. auch Art. „Dekonstruktion/Dekonstruktivismus", in RGG, Bd. 2, Sp. 638 ff.

[56] Es ist mir bewusst, dass mir eine geschlossene und tief fundierte Theorie genealogischer Art fehlt. Metakritisch zur Problematik von (Inter-)Generation, Tradition und Evolution vgl. Weigel, 2006.

noch zu weit entfernt von einem von mir anvisierten Modell eines *homo culturalis* oder *homo socialis* zu sein.

Dagegen, also zurück zum eigenen Theorieanspruch, geht es bei dieser genealogischen Hermeneutik der sozialen Figuration des Helfens in menschlichen Interaktionen um mehr als nur um die Frage der Herauslösung des Arzt-Patienten-Verhältnis (Strech, 2008, S. 25, 42, 159 mit Literatur; vgl. auch Peters, 2008) aus feudalen Patronage-Klientilismus-Relationen (Lachmund, 1987; eher flach: Härle, 2005, S. 234 ff.)[57]. Asymmetrien sind persistent (Saake, 2003) und konstruieren den Patienten(rollen)status überhaupt erst durch Ritualisierungen[58] in der Interaktion (Moser, 1997). Es liegt eine zu dekonstruierende soziale Praxis[59] vor. Auch die dort angewandte Epistemologie[60] der Medizin steht innerhalb dieser sozialen Praxis. Dabei (nun allerdings in Differenz zu den eben zitierten Saake [Saake/Vogd, 2007]) muss die Performativität der sozialen Praxis (und bereits in der Nutzung dieser Kategorie liegt die Perspektive einer strukturalen Theorie des transzendentalen [Art. „Transzendentalphilosophie" in TRE Bd. 33, S. 763 ff.] Subjekts verborgen) analysiert werden, um sodann ihre Grammatik in ihrer kulturgeschichtlichen Archetypik (vgl. Art. „Archetyp", in RGG, Bd. 1, Sp. 713) freizulegen. Diese grammatisch generierte Performativität ist über Organisationen vermittelt (womit das soziale Setting des kulturell codierten wirklichkeitskonstruierenden und in diesem Sinne transzendentalen Subjekts thematisiert wird). Damit ist ein „concept of society and culture as an ongoing process of constitution" (Köpping/Leistle/Rudolph, 2006, S. 17) fundiert. Und: „Man's capacity to intentionally perform the social roles and cultural types available to him becomes synonymous with his power to bring socio-cultural reality into being. Furthermore, by being able to creatively invent and performatively embody new cultural meaning, he is presented with a means to activeley transform reality (sometimes even by the way of transgressing and subverting this reality)." (ebd., S. 17 f.)

---

[57] In der Pflegepraxis von Florence Nightingale (1820–1910) lag eben eine Passivität des pflegebedürftigen/kranken Menschens vor; aktiv war die Pflegeperson: Gräßel/Gräßel, 2006.

[58] Zu Riten vgl. auch Art. „Ritus", I ff. in TRE, Bd. 29, S. 259 ff.

[59] Zum Praxisbegriff vgl. auch Mertens, 2006, S. 137 ff. Siehe auch Art. „Praxis/Poiesis", in RGG, Bd. 6, Sp. 1576 f. Vgl. ferner auch mit Blick auf soziologische Kategoriendiskussionen Willems, 1997a.

[60] *Erkenntnistheorie vs. Epistemologie*: Gegenüber dem Begriff der Erkenntnistheorie meint der (durch die französische Wissenschaftsentwicklung geprägte) Begriff der Epistemologie keinen rein wissenschaftlichen Begriff, sondern verweist auf die geschichtlich-soziale Bedingtheit der wissenschaftlichen Erkenntnis. Unter Episteme verstehe ich in Anlehnung an Foucault daher die Struktur des Denkens einer Epoche. Vgl. grundlegend Rheinberger, 2007.

Moderne – ich werde auf die Theorie(n) des Mythos noch umfassender und tiefgreifender zurückkommen – Mythen[61] (Barthes [1915–1980], hier Barthes, 1964[62]) sind dann Derivationen im Kontext einer langen Dauer (Warum sollte man das Phänomen der Derivationen der Finanz-, insbesondere Kapitalmarkttheorie, und noch schlimmer: der Finanzpraxis überlassen?). Derartige, hier betrachtete Organisationen (Bonazzi, 2008)[63] sind somit Orte der Mythenbildung im Sinne der Re-Aktualisierung alter Bestände in durchaus differenziert-derivativen Formen. Insofern werde ich weiter unten objekttheoretisch und somit feldspezifisch nochmals die Anwendung dieser metatheoretisch-paradigmatischen Überlegungen formulieren: Es verkörpern aktuelle – also konkrete – Akteure der Mikropolitik (vgl. Art. „Mikropolitik" von Woehrle, in: Maelicke, 2007, S. 681 ff.) und des symbolischen Mikrokosmos innerhalb der Medizin als kulturelle Praxis ein kollektives Gedächtnis an mythologisierten Herausforderungen des menschlichen Daseins und an mythologisierten Daseinsbewältigungsstilen.

Das Thema in seiner Oberflächen-Trivialität und seiner archaischen Tiefen-Semantik: Das Thema ist, auch wenn man dies nach diesen ersten Ausführungen wohl kaum noch glauben mag, einerseits höchst trivial: So „haben sich die verschiedenen Sektoren (des Gesundheitswesens – S.-N.) historisch eigenständig entwickelt." Für den Patienten bedeutet dies, „dass er bei seinem Weg durch das Gesundheitswesen mit unterschiedlichen Organisationsformen in Berührung kommt. Durch die sehr große Vielfalt der Angebote und durch den Umstand, dass für verschiedene Angebote auch noch

---

[61] A. Woehrle: Art. „Mythen", in Maliecke, 2007, S. 696 ff. sowie Art. „Mythos/Mythologie", in RGG, Bd. 5, Sp. 1682 ff. sowie Art. „Mythos" I ff. in TRE, Bd. 23, S. 597 ff. Eine systematische Darlegung der anthropologischen Theorien und Studien der Mythen hat Mader (2008) vorgelegt. Völlig versunken bin ich in Wilhelm H. Roschers „Ausführliches Lexikon der griechischen und römischen Mythologie" (Neuauflage 1993), auf das ich gelegentlich zurückkomme (Roscher, 1993).

[62] *Mythos*: Mythen modernerer Art sind sekundäre semiotische Systeme, also Meta-Sprachen, die semantische wie pragmatische Umcodierungen vornehmen. Vgl. Ette, 1998, S. 123. Dies gilt zur Hälfte: Denn die moderne Medizin „klaut" historische Geschichten (von Helden etc.), um sie sich formal überzustülpen. Zum anderen mag gerade der Ursprung der Medizin tatsächlich im Numinosen des Göttlichen verwurzelt zu sein, dort also, wo Heiler, Richter, Herrscher personell/funktional noch identisch waren. Auf diese Verwurzelungen in der klassischen Mythologie komme ich noch ausführlicher zurück. Die Theorie des Mythos ist dann jedoch eine andere als die bei Barthes.

[63] *Theorien organisieren Daten*: Dabei muss klar sein, dass erforschte Organisationen Ergebnisse von mentalen Modellen sind. Theorien organisieren Daten. Und Modelle sind orientierende Gestalten, wobei eine Gestalt „dem Beobachter das Zusammenfügen der verstreuten Gesamtheit von Beobachtungen zu einem ihm plausibel erscheinendem Bild ermöglicht." (Bonazzi, 2008, S. 13)

verschiedene Kostenträger zuständig sein können, stellt sich für den Normalbürger das Gesundheitswesen heute eher (nicht immer, aber oftmals, ja allzu oft – S.-N.) als undurchdringliches Gestrüpp dar. Aus dieser Erkenntnis heraus hat der Gesetzgeber in den vergangenen Gesundheitsreformvorhaben eine neue Form der integrierten Versorgung vorgesehen. Dabei sind die Leistungserbringer aufgefordert, sich so miteinander zu vernetzen und sich gegenseitig abzustimmen, dass sie den Patienten ein passendes Behandlungsprogramm aus einer Hand bieten können." (Helpap, 2006, S. 19) Das Thema ist also ein Thema des Wandels der Art und Weise der Leistungserstellung und -inanspruchnahme im Gesundheitswesen. Das nenne ich (verhältnismäßig) trivial und das könnte allein im Rahmen einer entsprechenden Betriebswirtschaftslehre abgehandelt werden. Das trifft aber nicht hinreichend zu.

Und ich gehe ferner davon aus, dass ich das Problem nicht künstlich erzeuge und die Fragestellung komplizierter mache, als es sein muss. Ob dabei wirklich jeder Seitenweg, der sich in den zahlreichen Fußnoten findet, nötig ist (oder eher eine Nötigung [in einem nicht-strafrechtlichen Sinne] darstellt), mag in der Tat strittig bleiben.

Einerseits also gilt diese Trivialität! Andererseits aber: Die Probleme, die zur Fragmentierung der Gesundheitsversorgung geführt haben, aber auch die Probleme, aus dieser Fragmentierung nun- und vielmehr Pfade des Herauskommens zu bahnen, sind tiefgründiger, zum Teil (schließlich geht es um Menschen: so auch Lyotard [1924–1998; hier Lyotard, 1999, S. 12] über Malraux: 1901–1976) abgründiger[64], als man zunächst meint. Denn schnell – bringe ich es bösartig auf den Punkt – eröffnen sich der Analyse die Wurzeln des autoritären Patriarchalismus und der Geschlechterdualismen (Art. „Kultur als Programm – jenseits der Dichotomie von Realismus und Konstruktivismus" v. S. J. Schmidt[65], in: Jaeger/Straub, 2004, S. 85 ff., hier S. 89)[66], die, in der langen Kulturgeschichte des jüdisch-christlichen

---

[64] *Persönlichkeit und Organisation*: Dass Persönlichkeitspsychologie in der Organisationsforschung eine Rolle spielt, kann man beliebigen Lehrbüchern entnehmen. Vgl. etwa Buchanan/Huczynski, 2004. Es sind aber dem Lehrbuch von Kinzel zur psychodynamischen Organisationspsychologie (Kinzel, 2002) derart gute Argumente zu verdanken, dass ich mich in der Hinwendung auch zur tiefenpsychologischen Analyse der Problematiken bewusster als zunächst zuwenden kann. Denn Kinzel kann die hohe Relevanz der Analyse der Psychodynamik demonstrieren. Zur logotherapeutischen Relevanz in der arbeitsweltlichen Organisationsentwicklung vgl. Riemeyer, 2007, S. 335 ff. (zu Riemeyer und zur Logotherapie insgesamt später Kritisches).

[65] Gegenüber seiner frühen Position des radikalen Konstruktivismus von Schmidt vgl. nun seine neue Position: Schmidt, 2003.

[66] *Geschlecht*: Und selbst dann, wenn sich die Prognose einer „emotionalen Androgynität von Frauen und Männer" abzeichnen sollte, wie sie Illouz (2007, S. 60)

Traditionszusammenhangs (Grabner-Haider, 2007) stehend, in Betracht zu ziehen sind[67], und dies auch dann, wenn man selbst kein neurotisches, sondern ein auf- und abgeklärt, gelassen-nüchternes Verhältnis zur Geschichte des Christentums hat und nicht nur auf der entsprechenden „Kriminalgeschichte" rumreitet. Veyne hat es einfach auf den Begriff gebracht: „Zur Psychologie des Christentums gehört neben der Liebe, der Askese und einem weltabgewandten Reinheitsstreben auch eine Vorliebe für die Autorität." (Veyne, 2008a, S. 45[68]) Insofern liegt die Moderne in ihrer widersprüchlichen Signatur von unvollendeter Emanzipation des freien Menschen und seinen autoritären Regressionen tief verwurzelt im vorchristlichen hebräischen Kulturzusammenhang (vgl. Otto, 2008a, S. 120), da dort Menschenrechte, Solidarität und Gleichheit angedacht waren, aber immer auch in theologisierte hierarchische Politikstrukturen eingebettet waren. Wo die universale Liebe auftrat, dort war sie hierarchisch: eine heilige Ordnung, von oben nach unten gedacht, Autorität. Die altägyptische Ma'at-Ordnung mag der nachexilischen Theologie des Gemeinde-Lebens zwar sklavenhäuslich erschienen sein (Otto, 2008a, S. 125), frei von Autoritarität war das alte Israel aber auch selbst nicht.

Die moderne, aktuelle Problematik hat demach „eine Geschichte, ja sogar eine Natur- und Urgeschichte. Die vorliegende Studie untersucht elementare Bestimmungen", wie ich in Anlehnung an eine thematisch anders orientierte Studie von Menninghaus (2007, S. 8) zitierend bestimmen will. Und: Die Studie „interessiert sich (...) für die Muster, das auch in der Ablösung von seinem (vermeintlich) ursprünglichen Kontext von erheblicher Mächtigkeit geblieben ist." (Menninghaus, 2007, S. 14)

Dergestalt ist die Komplexität der vorliegenden Arbeit dem Befund geschuldet, dass die Analyse eine solche der historischen Anthropologie der kulturgeschichtlichen Performativität der aktuellen Medizin ist. Und diese Analyse wird im Lichte einer philosophischen Anthropologie reflektiert. Dabei werde ich es nicht schaffen, in der Rekonstruktion sowohl der Medizin- und Krankenpflegegeschichte im engeren Sinne als auch der Quellenarbeit der Geschichtswissenschaft insgesamt in jeder Hinsicht gerecht zu

---

konstatiert, bleibt diese ein kulturelles Korrelat der Transformationen des modernen Kapitalismus, da „Emotionen kulturelle Bedeutungen und soziale Beziehungen sind" (Illouz, 2007, S. 10). Bislang dominiert aber wohl noch ein Dualismus: „Wer ein wahrhafter Mann sein will, muß Mut, kühle Rationalität und disziplinierte Aggressivität zur Schau stellen. Feminität dagegen verlangt nach Freundlichkeit, Mitgefühl und Heiterkeit." (Illouz, 2007, S. 11) Und dabei besteht eine interne Hierarchie der Wertschätzung: Das Männliche rangiert vor dem Weiblichen.

[67] Ebenso weit und kulturvergleichend zurückgreifend: Dux, 1997.

[68] Das merkt man noch den neuesten Versuchen der Theologie der Traditionsautorität an. Vgl. Evers, 2006.

III. Tiefen-Umwege zum Gesundheitswesen 83

werden. Das ist vom Material für mich nicht zu bewältigen. Sollte jedoch die Sichtweise als solche als sinnvoll angesehen werden, müsste eine entsprechende Forschungsarbeit nachgeliefert werden. Das wird nur von vielen Kräften über längere Forschungszeiten hinweg möglich sein (Womit ich eigentlich wieder bei dem zentralen Thema einer multidisziplinären Arbeitsintegration in der Universität wäre.).

Und auch insofern wird die Studie schwierig nachvollziehbar sein, wenn sich das Denken nicht konstruktivistisch und prozessordnungsorientiert dynamisiert (vgl. Kegan, 1986, S. 28 f.). Menschsein ist Aktivität; und Aktivität des Menschen ist Bedeutungsbildung. Das personale System organisiert Realität. Das gilt in einem doppelten Sinn: Einerseits ist dies die Praxis des Menschen im Alltag, andererseits ist dies die Praxis der Wissenschaft (um es angemessen, nur im ersten Augenblick paradox anmutenden Sinne zu formulieren) in der konstruierenden Rekonstruktion der alltäglichen Konstruktionspraxis; oder anders ausgedrückt: Ein spezifisches Verhältnis wissenschaftlicher Theorien zu Alltagstheorien. Der Alltag ist konstruktiv; die Theorien über den Alltag sind rekonstruktiv; die wissenschaftliche Rekonstruktion ist jedoch dennoch konstruktiv, da die Forschungen die „Dinge an sich" nicht kennen. Unabhängig vom lebensweltlich-hermeneutischen Begriff des Alltages: Die Welt der sozialen Praxis selbst ist konstruktiv; Wissenschaft rekonstruiert diese Praxis, ist dabei aber selbst konstruierend. Kein leichtes Thema für naive Wahrheitstheorien.

Hier baue ich auf die transzendentale Philosophie von Kant, wie schon betont, einerseits auf, andererseits transformiere ich sie zu einer transzendentalen Semiotik der Praxis, für manche Fachphilosophen in einer ungebührlichen, ja unhaltbaren (oder sogar abenteuerlichen) Art und Weise. Und so halte ich die fachphilosophischen Diskurse[69] über die Möglichkeiten und Probleme der Transzendentalphilosophie auch nicht nach. Dennoch gehe ich diesen Weg: Das personale System folgt in einer transzendentalpragmatischen (RGG, Bd. 8, Sp. 546 f.) Praxis (vgl. zu dieser Transformation der Transzendentalphilosophie bei Peirce [1808–1880] und Cassirer [1871–1926] im Vergleich: Andermatt, 2007) jedoch kulturell vorgegebenen Skripten[70], die zu rekonstruieren sind. Das gilt nicht nur für

---

[69] Ich verweise nur auf Knoepffler, 2001; Flach, 2002; Paimann, 2002; Asmuth, 2007.

[70] *Transaktionsanalyse*: Das Funktionieren von Erwachsenen nach Skripten, die zum Teil kindlich erworben sind, ist auch zentral in der Transaktionsanalyse (Jung, 2009, S. 43 ff.), die wiederum für die Theorie der Organisationsentwicklung der Führung (vgl. etwa Gührs/Nowak, 2006; Hagehülsmann/Hagehülsmann, 2001) bedeutsam ist, wenngleich das Theoriegebäude selbst relativ flach gehalten wird (bis hin zur populären Verflachung: Kälin u. a., 2003). Wichtiger Ausgangspunkt sind die Arbeiten von Berne (vgl. auch Berne, 2007). Fortführung etwa bei Hennig/Pelz,

die Akteure in dem Bereich der Medizin und der Pflege. Das wäre der objekttheoretische Feldbezug. Die angestellten Überlegungen gelten vielmehr grundsätzlich für alle Menschen in allen möglichen Handlungssituationen. Insofern handelt es sich bei meinen Überlegungen um die Darlegung einer anthropologischen Dimension der Analyse sozialer Praxis, die natürlich historisch geformt und kulturell variabel bzw. formenreich ist. Von Derivationen war ja schon die Rede. Meine Analyse schwankt daher bzw. vermittelt zwischen einem archetypischen Genotypus und varianzreichen Derivationen phänotypischer Art.[71]

Und insofern habe ich bei der Abfassung des Manuskripts oftmals und stetig wiederholt gefragt (mich gefragt), ob ich nicht mindestens zwei Bücher in einem schreibe. Einmal handelt es sich um eine Abhandlung über medizinische Integrationsversorgung, zum anderen lege ich eine allgemeine Theorie der gesellschaftlichen Wirklichkeit (im Sinne einer Anthropologie und Sozialontologie als Protosoziologie) vor. Eventuell könnte man sogar meinen, dazwischen lagere sich ein drittes Buchprojekt ab: Eine Grundlegung der Theorie (Wissenschaft) von der praktischen Sozialpolitik. Ja, in einem gewissen Sinne ist dies richtig (vgl. auch Kapitel B.I.2.). Aber genau das soll ja auch geleistet werden: Eine systematische Verschränkung dieser drei Fragestellungen. Ich versuche, a) eine Theorie des (Wandels des) medizinischen Versorgungsgeschehens als b) Teilgebiet der Sozialpolitik überhaupt im Lichte einer c) spezifischen Theorie der Daseinsverfassung des Menschen als Gesellschaftswesen zu entfalten.

In der Tat handelt es sich zunächst um ein Buch über einen Teilbereich der Sozialpolitik^P. Wissenschaftlich definiere ich Sozialpolitik^P wie folgt: Sozialpolitik ist eine Intervention in die Lebenslagen von Personen im Lebenslauf. Lebenslagen sind Handlungsspielräume, die von Ressourcenausstattungen abhängen. Diese Ressourcen sind zum Teil personengebunden (Kompetenzen, Qualifikationen, psychische Widerstandsfähigkeiten etc.), aber eben auch in der Gesellschaft und ihren Institutionen (Familie, Schule etc.) erworben und angeeignet (Capabilities). Andererseits sind die meisten Ressourcen externer Art und müssen von der Gesellschaft vorgehalten bzw. gewährleistet werden: Ökonomische Ressourcen (Einkommen und Vermögen, insb. Arbeitsmarktchancen, Bildungschancen), soziale Infrastrukturressourcen (Gesundheitswesen, Pflegewesen etc.), soziale Ressourcen (soziale Netzwerke der Unterstützung) usw. Sozialpolitik beeinflusst die

---

2007; English, 2003; Stewart/Joines, 2007; Schmid, 2003. Vgl. auch die „TA. Zeitschrift für Transaktionsanalyse", Paderborn: Junfermann, hrsg. von U. Müller u. a.

[71] Implizit folge ich hier Goethes (1710–1782) morphologisch-metamorphologischer Unterscheidung und Relationierung von Ur-Pflanze und Phänotypen: Azzouni, 2005, S. 23.

Vorhaltung und Verteilung personaler und gesellschaftlicher Ressourcen. Normativer Fluchtpunkt dabei ist die relative (also kulturell und sozial eingebettete) Autonomie der Person, ausgestattet mit sozialen Grundrechten auf Teilhabechancen im Lebenslauf. Bei der Bewältigung der Entwicklungsaufgaben der Person im Lebenslauf (An- und Herausforderungen im Lebenslauf) werden durch die Sozialpolitik ressourcenorientiert demnach Chancen verteilt und eingetretene Risiken bewältigt. Person und Umwelt stehen dabei in Wechselwirkung (Transaktionalismus): So müssen z.B. Infrastrukturen vorhanden, zugänglich, erreichbar und akzeptabel sein; sie müssen von der Person aber auch genutzt werden (Inanspruchnahme).

Nun reagiert diese Sozialpolitik^P auf den sozialen Wandel, hier so definiert, wie er im sozialpolitischen Teilbereich der Gesundheitsversorgung wirksam wird. Dieser soziale Wandel ist wie folgt zu charakterisieren: Mit der demografischen Wandlung ist ein Wandel des Krankheitspanoramas (u.a. Chronifizierungen, Polymorbiditäten, Geriatrisierungen) verbunden. Hinzu kommen noch Zunahmen an funktionellen Beeinträchtigungen (Hilfe- und Pflegebedürftigkeiten), auch Alterungen von Menschen mit angeborenen oder früh erworbenen Behinderungen oder spät (im Alter) erworbener Behinderungsformen. Dieser Problemdruck gilt trotz der intra- und interpersonellen Varianz des Alter(n)s (dazu auch DZA, Destatis & Robert Koch Institut, 2009). Der demografische Wandel ist zugleich ein soziodemografischer Wandel: Rückläufig sind auch die nachwachsenden sozialen Netzwerkpotenziale und deren Belastbarkeit. Und auf diesen Wandel soll reagiert werden mit Prozessen lernender Versorgungslandschaften: Die Integrationsversorgung ist eine altersgerechte systemische Antwort auf diesen Problemdruck. Integrationsversorgung meint die transsektorale, horizontale wie vertikale integrierte Versorgung multi-professioneller Art in neuen, ausdifferenzierten Betriebsformen und deren Vernetzung. Es geht demnach um Organisationsentwicklung (lernende Organisationen in Richtung auf [auch interne] Kooperation und Vernetzung) und um lernende Versorgungslandschaften. Diese müssen auch zunehmend sozialgesetzbuch-übergreifend aufgestellt sein.

Analysiert man nun die Fragmentierung des Systems und seiner Systemteile[72], vor deren Hintergrund überhaupt erst die Problematik der Integra-

---

[72] *Pflegerische Versorgungslandschaften gemäß SGB XI*: Zum Gesundheitswesen zähle ich auch das Pflegewesen gemäß SGB XI (vgl. unten die Kapitel B.II. 6 und 7). Die Pflegeversicherung nach SGB XI ist eine plafondierte Grundsicherung. Pflege ist eine gesamtgesellschaftliche Aufgabe: Die Pflegekassen haben nur einen Sicherstellungsauftrag im Einzelfall. Eine Bedarfsplanung (wie im SGB V) gibt es nicht. Stattdessen besteht ein Welfare-Mix („Wohlfahrtspluralismus"). Kommunen und Länder, z.T. Bund, Pflegekassen, z.T. Krankenkassen, Familie und Verwandtschaft, Zivilgesellschaft (Ehrenamt und Selbsthilfegruppen), Freunde und Nachbarn sollen optimal kooperativ die Hilfe und Pflege sicherstellen. Zur Konkretisierung

tionsversorgung evident wird, so wird überaus deutlich, in welchen humanwissenschaftlichen Analysentiefen die Betrachtung einsteigen muss, um den kulturellen Wandel dieser Versorgungslandschaften und ihrer Akteure in seinen notwendigen Voraussetzungen und hinreichenden Bedingungen klären zu können. Und die Fragmentierungslinien sind zahlreich und verschachtelt. Die Fragmentierungslinien verlaufen innerhalb des Wirkkreises von Sozialgesetzbüchern, aber auch zwischen Sozialgesetzbüchern. Insofern sind es Fragmentierungen des Leistungsrechts und der Kostenträgerlandschaft (Folge des Kausalprinzips im Sozialrecht). Innerhalb der Leistungsproduktion der einzelnen Sozialgesetzbücher gibt es Fragmentierungen zwischen den Sektoren (ambulant, teilstationär, stationär), aber auch innerhalb der ambulanten, stationären etc. Teilsektoren. Fragmentierungen können auch zwischen formellen (professionellen) und informellen Hilfesystemen bestehen. Intra- oder auch intersektoral bestehen Fragmentierungen zwischen den Professionen, z. T. definiert auch als Gender-Konflikte infolge geschlechtsspezifischer Berufsfelder (vgl. u. a. Piechotta, 2000). Solche interprofessionellen Fragmentierungen treten auch intrainstitutionell auf (im Krankenhaus z. B.). Angesichts dieser Komplexität wird deutlich werden können, dass es sich um tiefgreifende Sozial- und Psychogrammatiken der Handlungskontexte und der Akteure handelt. Die hinreichende Bedingung für eine gelingende komplexe Integration ist (professions)kultureller Art und betrifft die Kommunikations- und Kooperationsfähigkeit der Professionen mit ihren jeweiligen Handlungslogiken und beruflichen Selbstbildern. Professionen funktionieren nach spezifischen Programmcodes. Die arbeitsteilige Spezialisierung führt zu relativ selbst-referentiellen Deutungs- und Handlungsmustern der Professionen. Die Re-Integration ist wiederum transaktionskostenintensiv.

Sicherlich wirken Standesorganisiertheit und ökonomische Domänen-Verteidigung verschärfend auf diese Kooperationsblockaden. Aber im Kern ist es der professionelle Habitus, der als kulturelle Integrationsblockade wirkt. Auf der Organisationsebene müssen sich daher die Organisationsphilosophie und -kultur wandeln, auf der personalen Mikroebene geht es um Habitus-Änderung, also um Wandel der beruflichen Deutungsmuster, der Selbstbilder und der empathieabhängigen Sozialkompetenzen.

Was heißt hier nun Anthropologie, was Tiefenpsychologie? Und hier, an diesem Punkt der Darlegung der möglichen Bücherthemen, wird deutlich

---

dienen Landespflegegesetze, die wiederum vielfach regionale Pflegekonferenzen vorsehen. So soll trotz fehlender Bedarfsplanung die Entwicklung moderner, nämlich abgestufter (ambulant, teilstationär, stationär) und integrierter (medizinisch, pflegerisch, sozial) pflegerischer Landschaften wohnortnah und netzwerkbezogen nach „Stand der Künste" verwirklicht werden. Anbieter der Dienste sind private und freie Träger. Öffentliche Träger kommen nur als Lückenbüßer vor.

werden können, warum nunmehr eine Perspektive eingeschoben wird, die
die Komplexität nur noch steigert und im Untertitel der vorliegenden Arbeit
zum Ausdruck kommt: Die Anthropologie und die Tiefenpsychologie. Genau
dann, wenn die Organisationsentwicklung (als Problematik lernender
Organisationen wie auch als Problematik der lernenden Versorgungslandschaft)
systemisch gedacht wird, kommt der Wandel der personalen Akteure
in den Blick. Anthropologisch orientiere ich mich dabei kulturwissenschaftlich
und argumentiere in theaterwissenschaftlichen Metaphern. Personen
folgen einem Skript, sind infolge ihrer sozialisatorischen Ontogenese programmgesteuert,
programmcodiert und bringen dieses Skript zur Performativität
in der symbolischen Praxis sozialer Interaktionen. Die Arbeit an dem
eigenen tiefengrammatischen Programmcode bringt jedoch zugleich die tiefenpsychologische
Dimensionen des anthropologischen Blicks zur Relevanz.
Insofern gesellt sich zu der Anthropologie der Soziogrammatik auch eine
Tiefenpsychologie der Psychogrammatik. Dies setzt eine Theorie des psychischen
Apparates der Person voraus. Diese mit Blick auf die kulturelle
Performativität transzendentale Apparatur funktioniert *in praxi* jedoch nur
als sozialer Mechanismus, denn die Apparatur ist nie eine abstrakte, sondern
eine konkrete. Sie ist kulturell eingebettet, sozial geformt, kurz: chronotopisch
codiert. Sofern sich die Forschungen einem Paradigma eines Personalismus
zuordnen, dann deshalb und nur in diesem Sinne, dass die Person
trotz ihrer Dezentrierung das Schanier im Prozessgeschehen ist und
bleibt. Insofern spreche ich von einem „methodologischen Personalismus".
Insgesamt erscheint es für mich zentral zu sein, die soziale Praxis aus dem
Wechselspiel von Organisations- und Institutionenkulturen einerseits und
beruflichen Selbstkonzepten der Personen andererseits herauszuverstehen
(vgl. am Beispiel der Pflege: Tewes, 2002, S. 20 f.).

Gerade die personalen Prozessgeschehensordnungen (zu Pflege-Situationen
in erlebnistheoretischer Perspektive: Elsbernd, 2000), die diese (methodologische)
Verklammerung von dezentriertem Subjekt und strukturierendem
Kontext verschiedener Zeitmodalitäten (biografischer, zeitgeschichtlicher
und „langer" Dauer) hervorbringen, lassen sich im Kontext der Statik
und Dynamik der Organisationen im Gesundheitswesen beobachten. Die institutionellen
Orte im Gesundheitswesen als symbolische Mikrokosmen zu
verstehen, ist keine Eigenheit dieses Sektors. Hierarchien sind nicht nur begriffsgeschichtlich
„heilige Ordnungen", sondern *in praxi*. Insofern kann ich
auch andere soziale Orte aufsuchen und diesen wissenschaftlichen Blick
üben. Doch ist gerade das Gesundheitswesen aufgrund der Verwurzelung in
archetypischen Zusammenhängen besonders tiefengrammatisch von sakralisierten
Eigenschaften geprägt und wurzelt in hierarchischer Ordnung *par
excellence*. Anthropologisch gesehen kommt die gelebte Ontologie von
„oben-unten", auch in ihren religionsgeschichtlichen Verwurzelungen mit

Blick auf den Dualismus von Himmel und Erde (vgl. Möbius, 2008) zur Wirkung und verbindet sich tiefenpsychologisch mit der charismatischen Praxis der Mana-Persönlichkeit (vgl. ebenfalls Möbius, 2008), hier des medizinischen Genius. Ich orientiere mich dabei an Jungs' Verständnis (Jung, 1984), ohne die bereits klassischen ethnologischen Diskurse zur Mana-Problematik näher aufzugreifen (Lehmann, 1922; Thurnwald, 1929). Später greife ich diese Problematik der heiligen Medizin wieder auf (vgl. Kapitel B.II.4.), ohne auf den flachen Topos der „Götter in Weiß" zu regressieren. Vielmehr ist heute der Arztberuf immer mehr von Ambivalenzen und psychisch unbewältigten Problemen eines überforderten Helden geprägt. Und dennoch ist gerade deshalb eine rekonstruktive Dekonstruktion der Heroen-Prägung (Speyer, 1988) der Medizin, archetypisch als Gottmensch (Leisegang, 1950) reformulierbar, relevant für eine aktualisierende Analyse der Sozio- und Psychogrammatik des medizinischen Alltagsbetriebes.

Bei so viel wissenschaftstheoretischem Gehalt, der in diesem methodologischen Rekurs auf die tiefere Sozio- und Psychogrammatik sozialer Interaktionen behauptet wird, ist eine erste diesbezüglich vertiefende Anmerkung wohl sinnvoll.

Wissenschaftlicher Status der vorliegenden Studie: Erkenntnis- und wissenschaftstheoretisch gesehen ist damit, d.h. auf der Basis der Art und Weise, wie ich das Verhältnis von sozialen Tatsachen, Gesellschaftskritik und anthropologischer Reflexion konstruiere, der ältere Dualismus zwischen Faktizität (Empirismus) und Normativismus überwunden. Hier wird keine philosophische Anthropologie normativistisch erfunden und sodann politisch gesetzt.[73] Es kann einerseits nicht Sinn wissenschaftlicher Intellektualität sein, Modelle eines besseren sozialen Zusammenlebens zu entwickeln, die die durchschnittlichen Menschen, zu denen auch die WissenschaftlerInnen gehören, (bisher und wohl auch in absehbarer Zukunft) überfordern. Andererseits ist Wissenschaft nicht dazu da, einen historischen *status quo* einfach zu legitimieren. Wissenschaftliches Wissen ist nicht Herrschafts-Wissen. Es dient als theoriefundiertes empirisches Wissen der Orientierung der Gesellschaft auf dem Weg zu einer besseren Welt. Mittels der Aufdeckung der generativen Grammatik des Sozialen wird zumindest die (Verdinglichung der) Faktizität entzaubert. Hier bleibt die Studie der kritischen Theorie (Demirovic, 1999) tief verpflichtet: Allerdings primär in der fragenden Haltung, nicht mit Blick auf (konkrete) Antwortperspektiven

---

[73] Zur totalitären Gefahr utopischen Denkens vgl. am Beispiel der französischen Intellektuellengeschichte des 20. Jahrhunderts Winock, 2007. Vgl. zur Kritischen Theorie: Kreis, 2006. Was aber an dem Denken von Kofler höchst problematisch war (und dem ganzen Marx und dem Marxismus eigen war), das ist der tiefe Messianismus (vgl. auch Dobeneck, 2006, S. 9 aus der Sicht von Sloterdijks Kritik der Kritischen Theorie).

(vgl. auch Ecker, 1999, S. 5). Das mag doch recht konservativ wirken, dürfte aber schlicht redlich sein.

Oberfläche und Tiefengrammatik: Diese wirkliche Komplexität zwischen trivialer Oberfläche und angemessen zu rekonstruierender Tiefengrammatik[74] prägt die vorliegende Studie. Bei der Annahme einer Tiefenstruktur (Kott, 1975, S. 225) gehen ich „von der Prämisse aus, daß sowohl individuellen Bewußtseinsvorgängen wie auch überindividuellen, sinnlich wahrnehmbaren Phänomen(en – S.-N.) der Welt ontologisch vorgängige Strukturen zugrunde liegen, welche die Oberflächenphänomene steuern und/oder ... ‚Sinn' stiften. Die kulturell, historisch und biographisch vorgegebenen psychisch-epistemologischen T.en (Tiefenstrukturen – S.-N.) prägen und begrenzen den Horizont der Art und Weise, in der das subjektive oder auch das Bewußtsein einer ganzen Kultur (...) die Welt wahrnimmt und deutet." (Nünnen, 2004, S. 662)

Es erscheint wohl nicht mehr trivial (um auf die weiter oben dargelegte „einerseits-andererseits"-Perspektive zurückzukommen), wenn also im Lichte der bisherigen dichten Ausführungen konstatiert wird, der Blick auf das Problem des Wandels der Medizinkultur und des Wandels der Kulturarchitektonik des gesamten Sozialsektors erfolgt aus der Perspektive eines „tiefenhermeneutischen (vgl. Art. „Tiefenhermeneutik", von H.-D. König, in: Bohnsack/Marotzki/Meuser, 2006, S. 156–158) Strukturalismus"[75]. Was das ist, wird, wenn es nochmals zum Ausdruck gebracht werden darf, neben der objekttheoretischen Frage des Wandels eines sozialen Feldes (vgl. Noack, 2007, S. 57) und, mit dieser Frage eng verschlungen, entlang der ganzen Arbeit als paradigmatische Fragestellung zu entfalten sein. Das gilt für die Dimensionen a) des Strukturalen, b) des Hermeneutischen und c) der Tiefe, die die Hermeneutik beansprucht (vgl. auch Fuchs, 2003). Soviel sei mit Pilz jetzt bereits definiert: „Die objektive Hermeneutik ist einerseits der *hermeneutischen* Tradition verpflichtet, weil es ihr um das *Verstehen* der zu untersuchenden Phänomene geht, folgt andererseits aber der *strukturalistischen* Überzeugung, wonach man ein Phänomen erst verstanden hat, wenn die (sinnbildenden) *Strukturen* begriffen sind." (Pilz, 2007, S. 27; kursiv auch im Original) Das entspricht meiner oben bereits angeführten Darlegungen zu einer genealogischen Hermeneutik. Es geht nicht um eine theorietraditionelle Hermeneutik des hermeneutischen Subjekts; es geht um eine „Ordnung der Dinge" als Hermeneutik der Strukturen, definiert als Relationen, die das Subjekt nicht nur eingeht, sondern die das Subjekt als Subjekt ausmachen. Es geht um die Sinnordnung des *homo socialis* oder *homo cul-*

---

[74] Vgl. zu einem entsprechenden Kulturbegriff Müller, 2003, S. 129.
[75] Zur strukturalen Tiefenhermeneutik in der qualitativen Sozialforschung (vor allem in der Tradition von Oevermann) vgl. Flick, 2007, S. 90, S. 93, S. 442 ff.

turalis in Form des *homo relationis* oder *homo figurationis*, zwei Begriffspaare, die weiter oben schon eingeführt, aber nun zusammen gebracht werden müssen.

Ein Wort soll bereits hier zur Methodenlehre formuliert werden. Wenngleich ich an verschiedenen Stellen auch konkretere Bemerkungen zur qualitativen Sozialforschung (Art. „Quantitative und qualitative Methoden: Methodenpluralismus in den Kulturwissenschaften" v. M. Corsten, in Jaeger/Straub, 2004, S. 175 ff.) mache (zumal ich sie in der eigenen Drittmittelforschung nutze), so geht es hier aber nicht um die konkrete Forschungspraxis, etwa in der Tradition von Oevermann[76]. Es geht mir in der Tat um den allgemeintheoretischen Blick (Schulz-Nieswandt/Sauer, 2009), der ebenso ethnologisch wie tiefenpsychologisch ist, ja seinen Reiz gerade in einer möglichst kohärenten Verknüpfung beider Zugänge hat (sofern eine solche Verknüpfung nicht ohnehin theoriegeschichtlich bereits vorgedacht worden ist).[77] Dabei darf betont werden, dass es hierbei weitgehend irrelevant ist, ob die frühe Kulturanthropologie bzw. Ethnologie in der symbolischen Ordnungswelt der „Primitiven", wissenssoziologisch gesehen, nur die tiefen Ängste der in die Krise geratenden Moderne transportiert haben (Hörl, 2005). In der vorliegenden Arbeit geht es ja um eine auch tiefenpsychologisch wühlende Ethnologie der symbolischen Ordnungswelten der eigenen sozialen Wirklichkeit. Eine Übertragungs-Gegenübertragungs-Problematik wird verkürzt zur Selbst-Analyse.

Mit Blick auf die orientierenden Weltbilder der Ärzte, habitualisiert in ihrem beruflich-professionellen handlungslogischen Code, ist eine solche Tiefenhermeneutik eine Rekonstruktion der archaischen Positionierung dieses beruflichen Standes angesichts des Seins zum Tode. Das wird mich in späteren Kapiteln ganz zentral und für mein Verständnis in einer sehr grund-

---

[76] Wenngleich auch diese im Rahmen meiner Fragestellung relevant ist. Die Studie von Kersting (2002) arbeitet die Deutungs- und Reaktionsmuster heraus, mit denen Pflegekräfte auf die Diskrepanzen zwischen berufsbezogenen moralischen Handlungsanforderungen einerseits und realen Handlungsmöglichkeiten andererseits eingehen.

[77] *Sozialforschung zur narrativen Identität*: Dieser Beobachtungsbefund einer Zunahme der Relevanz qualitativer Forschung umfasst Beispiele einer strengen Anwendung von Oevermanns Methode der objektiven Hermeneutik ebenso wie klassische computergestützte Inhaltsanalysen, biographische Tiefeninterviews (bei denen mitunter geweint und gelacht wird) oder klassische leitfadengestützte offene oder auch halbstandardisierte Interviews, aber auch die Gruppendiskussion und die Aktionsforschung. Das narrative Interview, das dann Transkription und Methoden der dokumentarischen Analyse verlangt, kann sich auf grundlegende anthropologisch-psychologische Fundierungen berufen. Denn es geht dabei um Erkundungen in der biographischen Schaffung narrativer Identität, wie sie bei Ricoeur fundiert werden; eine Perspektive, die sich auch in der Pflegeforschung bestätigt hat.

legenden, konstitutiven Weise beschäftigen (vgl. Kapitel B.II.2.h) i.V.m. B.II.4.). Erst in diesem Lichte wird (nämlich) die Bedeutung moderner Technik als Instrumente der Todesbekämpfung und somit die ständigen Re-Vitalisierungen der Vergöttlichung des Medizinischen verständlich, auch dann, wenn sie immer weniger gelingt (mit zunehmend ambivalent wirkenden Helden). Dass hier auch die Bildung ökonomischer Domänen und rationaler Interessen wirksam ist, ist eher trivial und steht kritisch auch gar nicht zur Debatte.

Alles vielleicht nur eine Frage der Politischen Ökonomie der Einkommen und der Machtdomänen? Aber muss die Analyse (mit Blick auf die Bedeutung von Interessen) bei dem Offensichtlichen denn verharren? Ich denke, dass der theologische Streit zadokidischer und aaronitischer Priester- und Schriftgelehrten (Art. „Schriftgelehrte", in RGG, Bd. 7, Sp. 1006; vgl. auch Art. „Schreiber/Schreiberausbildung in Israel", in RGG, Bd. 7, Sp. 1001 f.) und die funktionale Marginalisierung der prophetischen Gelehrsamkeit (vgl. auch Art. „Gelehrsamkeit", in RGG, Bd. 3, Sp. 602) in der nachexilischen Zeit des antiken Judentums (wie es auch Max Weber [1864–1920] zu erschließen versuchte: Otto, 2002a sowie Kippenberg, 1991), um ein wenig in spannenden Analogien zu denken, damals ebenso mit politischen Machtmotiven zu tun hat wie die Dominanz der Medizin und ihrem technisch-industriellen Komplex über die Caring-Berufe heute. Insofern glaube ich nicht, dass die medizinische Praxis allein über rationale Wahlhandlungstheorien (rational choice-orientiert) hinreichend sinnhaft verstanden und dadurch kausal erklärt[78] wird. Das zeremonielle, das sakralisiert-kultische Element der klinischen Praxis bringt ein explikatives Strukturelement der Analyse (nicht, wie man vielleicht meinen könnte, nur der oberflächendeskriptiven Dokumentation im Kontext etwa der teilnehmenden Beobachtung, der man damit methodologisch ohnehin Unrecht tun würde) zur Relevanz: Soziale Praxis mag zwar teilweise interessengeleitet sein; als unausweichlich symbolische (Art. „Symbol/Symbole/Symboltheorien", in RGG, Bd. 7, Sp. 1921 ff.; „Art. „Symbol" in TRE, Bd. 32, S. 479 ff.) Praxis muss sie sich aber auch performieren (vgl. dazu auch die Sicht von Bataille: Mattheus, 1988, S. 299 f.).

Die sozialtheoretische Relevanz der Analyse der Performativität: Diese Praxis der Performativität bringt die soziale Wirklichkeit überhaupt erst hervor. Ich spreche von „Performance" (Govers, 2006, S. 20; vgl. gleichnamigen Artikel in RGG, Bd. 6, Sp. 1105 f.). Performativität ist somit ein forschungsstrategisch zentraler Begriff einer explikativen Theorie sozialer Grammatik der Generierung sozialer Wirklichkeit. Insofern haftet der vor-

---

[78] Zu der damit anklingenden Verstehen-Erklären-Kontroverse vgl. auch Greshoff/Kneer/Schneider, 2008.

liegenden Studie auch unabhängig von dem objekttheoretischen und feldspezifischen Versuch, eine Anthropologie und Psychologie der Medizinkultur (und ihres eventuellen Wandels) zu fundieren, eine allgemeine Dimension an: Es geht um die nicht ohne große Bestände an Literaturbezüge formulierbare, dennoch für den Mainstream wohl befremdliche Idee, das transzendentale Subjekt in seiner strukturalen Codierung zu kontextualisieren. Sinnproduktion (des Individuums!) ist somit skriptgesteuert. Es verschachteln sich die Sinnwelten des Subjekts und die der sozialen Praxis. Deshalb ist das Individuum kein *homo clausus*. Und dennoch handelt es sich nicht um ein Modell eines „übersozialisierten" Menschen.

Change-Prozesse, Rituale und Codes: Ich behaupte, um an dieser Stelle die Kernthese meiner gesamten Arbeit herauszustellen, dass Change-Prozesse von Organisationen, die Ausdruck ritualisierter kultureller Codes in räumlich und zeitlich verdichteter Art sind, nur dann und auch nur dann nachhaltig und erfolgreich sind, wenn es gelingt, die kulturellen Codes zu verändern und oder auch Veränderungen codegerecht zu modellieren. Dies hat auch die Studie von Jäggi (2009) zeigen können, auf die ich mich beziehe, ohne die dortige Theorie der Codes erster, zweiter und dritter Ordnung hier entfalten zu müssen. Prozesse der Etablierung von transsektoralen Integrationsprozessen sind daher nicht vereinfacht zu einem IT-Problem zu technisieren (vgl. etwa bei Wehrmann, 2008[79]).

Die implizite epistemologische Debatte ist zu bedenken. Der Begriff der Erkenntnistheorie, das habe ich bereits vermerkt (Rheinberger, 2007), entspricht nicht dem durch die französische Wissenschaftsentwicklung geprägten Begriff der Epistemologie, der wiederum keinen rein-wissenschaftlichen Begriff meint, sondern er verweist auf die geschichtlich-soziale Bedingtheit der wissenschaftlichen Erkenntnis. Unter Episteme verstehe ich in Anlehnung an Foucault daher die Struktur des Denkens einer Epoche. Das Problem ist grundlegender Natur und betrifft die Wissenschaft überhaupt. Die naturwissenschaftlich orientierten Fächer leiden immer noch daran, naive Vorstellungen vom Ding-Charakter ihres Gegenstandes zu haben (Rheinberger, 2006a, S. 11).[80] Die Geisteswissenschaften müssen sich umgekehrt um mehr formale Exaktheit ihrer Aussagen bemühen, ohne in modischen Formalismus abzugleiten, im Glauben, die Mathematik definiere die Fragestel-

---

[79] Dort insofern verzeihlich, da es sich um eine Diplomarbeit handelt, die aber typisch ist für den gängigen Betrieb der (entsprechend angeleiteten) Forschung zu den Implementationsproblemen der Integrationsversorgung. Dieser fehlt es an der kulturwissenschaftlichen, somit an der anthropologischen und psychologischen Tiefe, wie ich behaupten will.

[80] In Wirklichkeit sind naturwissenschaftliche Forschungen ebenso abhängig von Diskurs und damit von Weltbildern und Menschenbildern. Vgl. auch Knorr Cetina, 1984 sowie Putnam, 1990.

lungen. Den Satz (den ich von einem Soziologen gehört habe), wonach Soziologie nur (und nichts anderes) als angewandte Mathematik sei, ist ontologisch gesehen Unsinn. Umgekehrt: Die Fragestellung erfordert angemessene Methoden. Aber das ist eigentlich eine Selbstverständlichkeit wissenschaftstheoretischer Diskussionen nach dem Ausgang des Positivismusstreits. Ob diese wissenschaftstheoretischen Selbstverständlichkeiten den Studierenden heute an den Universitäten noch vermittelt werden, bleibt eine Frage. Die Bachelors von Bologna (Spoun/Wunderlich, 2005) werden hier kaum eine Chance bieten (sofern die Gesellschaft, vermittelt über den Staat, nicht bereit und in der Lage ist, mehr Ressourcen ins Bildungssystem zu stecken, um so verbesserte „Betreuungsrelationen" in der Lehre und im Lernumfeld zu erzeugen). Doch zurück zur Sache.

Tiefen-Hermeneutik: Unter einem tiefenhermeneutischen Ansatz verstehe ich einen wissenschaftlichen Ansatz, der „jene vorgängigen, unbewussten Tiefenstrukturen aufzudecken und zu deuten (in der Lage ist – S.-N.), die die konstitutiven Prinzipien der individuellen und kulturellen Wahrnehmungs-, Erkenntnis- und Wertekategorien wesentlich präformieren, und jene vorgängigen Interessen und Ängste aufzudecken (versucht – S.-N.), welche die Auslassungen und Verzerrungen auf der Ebene des Bewusstseins motivieren." (Art. „Tiefenhermeneutische Ansätze" von Horatschek in Nünning, 2004, S. 661)

Soziales Handeln – zwischen Tiefenpsychologie und strukturaler Anthropologie: Kurzum definiert: Menschliches Verhalten – besser: sinnhaftes soziales Handeln – ist über einige zentrale Grundannahmen in der Erforschung charakterisierbar. Menschliches Handeln ist durch die vorgängige soziale Praxis, in die der Mensch zeitlich wie räumlich gestellt ist, (wie durch ein Drehbuch) sinnorientierend codiert und in seinem Handlungsablauf normiert[81] (Dimension des Strukturalismus)[82], aber eben in diesem Sinn zu verstehen (Dimension der Hermeneutik) und zwar infolge der Ablagerung des Skripts in dem intrapsychischen Arbeitsapparat[83] des Men-

---

[81] Zur Begriffsanalytik von Normen, Regeln, Geboten etc. vgl. Raz, 2006.

[82] Wenngleich darunter nicht nur die Erkenntnis der Geschichtlichkeit von Phänomenen steht, wie Blaukopf (1996, S. 17) in Anlehnung an Kracauer (1889–1966; hier Kracauer, 2009) am Beispiel der Musik hervorhebt.

[83] *Strukturmodell und Objektbeziehungen*: Das dynamische Strukturmodell von Es, Ich und Über-Ich hat Freud relativ spät (1923) eingeführt (Freud, 1971). Bereits 1936 leitete Anna Freud Übergänge zur Ich-Psychologie ein (Freud, 1990). Kohut (1977; ders., 1976) konnte später die menschliche Person ganzheitlicher erfassen im Rahmen seiner Theorie des Selbst. Darüber hinaus wurde es wichtig zu erkennen, wie Objektbesetzungen real oder fiktiv (imaginär) erlebt werden und wie diese Beziehungserfahrungen das Subjekt psychisch prägen. Grundlegend für diese Objektbeziehungslehre waren die Studien von Melanie Klein (vgl. u.a. Klein, 1991). Zur

schen[84] (Dimension der Tiefe[85] im Sinne einer Tiefenpsychologie[86]). Erst durch die Ablagerung wird der transzendentale Charakter der Person möglich und verständlich. Es handelt sich damit jedoch auch um eine Vorgängigkeit des Seins vor dem Subjekt, die dem Transzendentalen seinen apriorischen Charakter nimmt. Über diese Wir-Ich-Ontologie habe ich bereits weiter oben kurz reflektiert. Das Transzendentale ist eine Erzeugungs„maschine", die ihre Blaupause nicht aus sich selbst heraus produziert. Der Individualismus des transzendentalen Subjektverständnisses kann selbst wiederum nicht individualistisch erklärt werden.

Der Beitrag des Themas der Medizinkultur zur allgemeinen Theorie der Sozialpolitik als Wissenschaft: Es geht also in der vorliegenden Studie nicht allein um das Problem eines wünschbaren Wandels der Kultur der medizinischen Praxis, eines Wandels im epistemischen Strickmuster des ärztlichen Blicks und der pflegenden Praxis. Es geht zugleich um den Entwurf einer allgemeinen, anthropologisch orientierten und tiefenpsychologischen Theorie sozialen Handelns. Damit betone ich nochmals die oben reflektierten zwei oder gar drei Bücher, die hier verschachtelt werden. Wie weit ich hierbei als Autor tatsächlich gelange, muss der Kritik überlassen werden. Vielleicht behaupte ich Zuviel. Schlimmer scheint mir innerhalb der Sozialpolitikwissenschaft zu sein, derlei Theoriebemühungen überhaupt als irrelevant abzutun. Man bevorzugt Drittmitteldienstleistungsverträge mit Ministerien und produziert immergleiche Daten zu immergleichen Themen und formuliert mit unreflektierten naturalistischen Fehlschlüssen Empfehlungen zur Reformpolitik. Und auf diesem Niveau wird der Bevölkerung in zahllosen Medienauftritten der Wissenschaft die Sozialpolitik[p] nahe gebracht. Es ist nicht Aufgabe der Universität, sich in diesem begrenzt intellektuellen Wissenschaftsbetrieb zu erschöpfen. Das mag die teure Wissenschaft zwar zunächst unmittelbar legitimieren, aber die kritische Gesellschaftstheorie bleibt dabei genauso auf der Strecke, wie das Bemühen um eine grund-

---

Kritik des Maschinenmodells des Freudschen psychischen Apparates bei Thure von Uexküll vgl. Goldbach, 2006, S. 101.

[84] Allen Varianten intrapersonaler Arbeitsapparate ist ein Aspekt kernhaft gemeinsam: Sie stehen konträr zum Behaviorismus als „Psychologie ohne Bewußtsein" (Bruder, 1982).

[85] Vertiefen werde ich jedenfalls nicht den Formalismus strukturaler Theorien des Psychischen: vgl. etwa Bion (1992) sowie Schmidgen (1997) über Guattari und Deleuze sowie Lacan (1901–1981). Auf Lacan komme ich jedoch nochmals positiv zurück. Zu Foucaults positiver Beziehung zu Lacans Blickrichtung vgl. Foucault, 1974, S. 454 f.

[86] Allein die Tiefenpsychologie weist verschiedenste Strömungen auf (Ellenberger, 1996; vgl. auch Pongratz, 1983), auf die ich differenziert zurückgreifen werde. Ursprünglich charakterisierte der Begriff der Tiefenpsychologie nur die Position Freuds (Bleuler, 1910).

lagenwissenschaftliche Fundierung in den modernen Sozialwissenschaften, einschließlich Wirtschaftswissenschaften. Und in dieser Hinsicht steht es um die wissenschaftliche Sozialpolitik schlecht. Sie droht, sich in Regressionskoeffizienten, langweilig werdend, zu erschöpfen.

Das Gebiet der Sozialpolitik benötigt eine doppelte Theoriefundierung. Diese doppelte Konstitution der Problematik mit zwei Erkenntnisinteressen, von der das eine grundlagenwissenschaftlich und das andere darauf relationiert anwendungsbezogen definiert ist, führte die Arbeit zu einer erheblichen Eigenkomplexität, deren sprachliche Performativität selbst mitunter Probleme bereiten mag.

Mehr als nur legitim, vielmehr m. E. zwingend notwendig ist der Versuch, wiederum Theorie (nicht Theorielastigkeit) einzubringen. Ein Fach wie das der (Wissenschaft von der praktischen) Sozialpolitik kann sehr leicht entweder zur höheren institutionellen Sozialkunde verflachen oder aber in das Fahrwasser politischer Meinungsbildung geraten. Statt Wissenschaft von der Sozialpolitik^p erhält man dann Stellungnahmen zur praktischen Sozialpolitik. Da die Welt voller Sozialpolitikforscher ist, von der männerdominierten Biertheke bis zum (wiederum – welch' ein Zufall – männerdominierten, dazu noch beamtenlastigen) Parlament (von dem Niveau der kommunalpolitischen Helden will ich gänzlich absehen), ist Theorie als Durchdringung eines Feldes erforderlich. Aber auch manch theoretischer Versuch ist flacher als zunächst vorgegeben (Schulz-Nieswandt, 2003c). Vor allem wird mit der vorliegenden Arbeit nochmals versucht, die Tradition einer eigenständigen, aber multidisziplinären Sozialpolitikforschung zu erneuern und in Erinnerung zu rufen. Das Sozialpolitikfeld schreit geradezu nach einer multiperspektivischen Erörterung. Die Beiträge einzelner Disziplinen, der Ökonomie oder der Soziologie, sind zwar überaus bemerkenswert, aber doch eng gefasst. Der Ökonomie (kritisch auch Simon, 2009) geht es meist nur um Effizienzgesichtspunkte im Kontext relativ unterkomplexer Wohlfahrtskriterien. Die Soziologie produziert hauptsächlich Daten. Ist in der Ökonomie die überaus starke normativistische Ausrichtung offensichtlich (sie ist oftmals mathematisierte Metaphysik der Gleichgewichte und voller Philosopheme), aber sehr eng, so bietet die Soziologie kaum etwas zur Überbrückung des naturalistischen Fehlschlusses, der von den empirischen Befunden zur wertorientierten Beurteilungsdiskussion[87] führen könnte. Das wissenschaftstheoretische Reflexionsniveau ist eher rückläufig und beschränkt sich auf die Kriterien der Datenerhebung und Datenauswertung. Selbst eine Hinwendung zu aporetischen neu-kantianischen Perspekti-

---

[87] Zu dieser Unterscheidung von Sachverhalt, Wahrnehmung des Sachverhalts und Bewertung/Beurteilung des (wahrgenommenen) Sachverhaltes vgl. auch die Studie von Dalferth (2008), wenn auch demonstriert an einem anderen Thema.

ven (vgl. auch Art. „Neukantianismus", in RGG, Bd. 6, Sp. 223 ff.; Art. „Kant/Neukantianismus" in TRE Bd. 17, S. 570 ff.)[88] bleibt in der Regel aus, wenngleich die Max Weber-Rezeption nach wie vor blüht, aber immer mehr zu einer reinen Dogmengeschichte zu werden scheint. Um die ernsthafte, den universitären Wissenschaftsdiskurs antreibende, Rezeption der letzten Ausläufer einer Kritischen Theorie (Frankfurter Richtung: Demirovic, 1999) ist es still geworden. Positivismus und Modellplatonismus, um nochmals die beiden angesprochenen Disziplinen der Soziologie und Ökonomie auf den Begriff zu bringen, blühen, aber man nennt sie nicht mehr so, kreisen emotionslos um ungelöste Probleme herum. Konstruktivismen und verschiedene „Turns" haben zwar eine multiparadigmatische Forschungssituation herbeigeführt, aber sie wird nicht mehr zum seminarbeherrschenden Thema, vor allem bleibt die Fragmentierung zwischen den Fakultäten erheblich. Eine Mentalität des Achselzuckens beherrscht die universitäre Situation, die ihre zutiefst menschlichen Leidenschaften nur dann zum Ausdruck (Ausbruch) bringt, wenn es um die Verteilung knapper Ressourcen und wenn es um die Implementierung der neuen Steuerung[89] von New Public Management auch in der Universität in veränderter Organstruktur geht. Ich komme zurück zum Paradigma.

Menschenbild und tiefenhermeneutischer Strukturalismus: Eine der tiefsten Einsichten ist von Devereux (1908–1985; hier Devereux, 1992, S. 21) formuliert worden. Demnach arbeitet nicht nur die soziale Praxis, die in der vorliegenden Abhandlung tiefenhermeneutisch auf ihre strukturierenden Skripts hin hinterfragt wird, mit impliziten Menschenbildern (vgl. Remmers, 1997[90] mit Bezug auf die Pflege), sondern auch jede Wissenschaft: „Jedem Buch über den Menschen liegt eine bestimmte Einschätzung des Menschen zugrunde, zu der man sich offen bekennen sollte." Dieses wissenschaftliche Menschenbild ist selbst codiert im Sinne eines tiefenhermeneutischen Strukturalismus, der, wie gesagt, entlang der Themenbehandlung zu explizieren sein wird: Es handelt sich um eine spezifische Auffassung von Personalität als Existenzmodus des Menschen.

Sektorbezogene Objekttheorie: Die Arbeit wechselte im Verlauf ihrer Entstehungs- und Wachstumsgeschichte mehrfach den Titel. Zwischendurch hatte die Arbeit den Untertitel: „Auf dem Weg zu einer philosophischen Anthropologie der medizinisch-pflegerisch-sozialen Integrationsversorgung

---

[88] Aus der Fülle der Sekundärliteratur vgl. Köhnke, 1986 sowie Holzhey, 1994 und Schnädelbach, 1991. Zu Webers Verwurzelung bei Rickert vgl. Merz-Benz, 2008.

[89] Zu den neueren Strategie(findungs)prozessen in den Universitäten angesichts des verstärkt wettbewerblichen Umfeldes und der Knappheiten der Ressourcen vgl. die Studie von Gagern, 2009.

[90] Ausführlicher Remmers, 2000.

III. Tiefen-Umwege zum Gesundheitswesen 97

im Kontext neuer Steuerung". Das trifft den Kern der Arbeit immer noch. Ebenso ein anderer Untertitel, nämlich: „Anthropologie und Tiefenhermeneutik der systemischen Organisationsentwicklung sozialer Praxis". Dieser hat noch Ähnlichkeiten mit dem nun genutzten Untertitel.

Es ist aber der gewachsenen Komplexität geschuldet, dass nunmehr der Untertitel anders lautet und objekttheoretisch wie metatheoretisch[91] breiter

---

[91] *Ontologie und Ontik, Anthropologisierung der Ontologie*: Die philosophischen Referenzen betreffen große Teile der Philosophiegeschichte des 20. Jahrhunderts (Hügli/Lübcke, 1994). Und die Einflüsse des Strukturalismus (Dosse, 1999) sind beträchtlich, vor allem dann, wenn sich die Verknüpfungslinien zur Tiefenpsychologie abzeichnen. Vgl. ferner Schnädelbach, 1991. Bei dieser Betonung der philosophischen Vorkenntnisse darf herausgestellt werden, wie sehr ich meine eigenen Unklarheiten spüre. So verwechsele ich, ebenso wie damals Binswanger, eventuell mitunter bei der Heidegger-Rezeption, eventuell Sein mit Seiendem (Art. „Humanismus" von Schumacher, in Thurnherr/Hügli, 2007, S. 131–132, hier S. 131; Art. „In-der-Welt-Sein" von Steinmann, in Thurnherr/Hügli, 2007, S. 133–135, hier S. 135), Ontologie mit Ontischem. Vgl. Riem, 1987, S. 73 ff. (vgl. auch Condrau, 1989, S. 18). Deswegen spreche ich oftmals von Modalitäten. Die Differenz zum Sein bleibt damit dem Seienden angehaftet. Dennoch ist das Seiende immer seiendes Sein. Das „Man" (Art. „Man" von Steinmann, in Thurnherr/Hügli, 2007, S. 165–168) ist so ein – psychiatrisch und somit phänomenologisch gesprochen: verfehltes – Sein als Seiendes (zu einer Hermeneutik der verfehlten Lebensweise aus Sicht der kritischen Theorie: Gruber, 2008, S. 12). Daher sind Kategorien der Sorge und der Liebe ontologisch-ontisch zu behandeln. In der Tat ist diese meine Rezeptionsweise fraglich. Heidegger hat sich in damit vermengten Kontext immer gegen die Rezeption seiner Ontologie als Anthropologie gewehrt (differenzierter Condrau, 1989, S. 19 f.). Ich greife an mehreren Stellen stattdessen auf Ferdinand Ulrich – vielleicht einer der wichtigsten Religionsphilosophen des 20. Jahrhunderts, so Krätzel/Kreiner, 1999, S. 112 – zurück, in dessen Werk Ontologie und Anthropologie aufeinander bezogen werden, aber nicht ineinander aufgehen, da das Sein immer als Gabe gedacht, die Existenz dialogisch jedoch als personale Ich-Du-Beziehung und somit als Wagnis konzipiert wird. Könnte es sein, dass sich Heidegger hier selbst falsch verstanden hat, die anthropologischen Schlussfolgerungspotenziale seiner Ontologie also unterschätzt hat? Und vielleicht hängt hier Boss zu sehr schülerhaft an Heideggers Selbstverständnis (Boss war Heidegger tief verpflichtet: Becker, 1997, S. 171). Schließlich geht es hier auch nicht um Heideggers Werk an und für sich, sondern um seinen Beitrag zur Grundlegung einer phänomenologischen Medizinanthropologie. Ähnliches gilt, wenn Riem (1987, S. 79) Binswanger in die Nähe zu Sartre (Art. „Sartre, Jean-Paul", in RGG, Bd. 7, Sp. 841 f.) rückt, dann die Ferne zwischen Heidegger/Boss und Sartre bemißt, um so indirekt wiederum auch den Abstand zwischen Heidegger und Binswanger zu betonen. Zumindest (so auch Riem [1987, S. 81] in Anlehnung an Hans Kunz) können hier auch mit Blick auf die Psychiatrietheorie „produktive Mißverständnisse" gesehen werden. Wenn mit Rekurs auf Frank (1983) Riem (1987, S. 81) Binswanger „vorwirft", dass dieser früher und dann nach der Selbsterkenntnis einer falschen Heidegger-Rezeption später wieder zu Husserl zurückkehrt, so ist dies pikant, wirft ein Teil der Fachliteratur auch Heidegger vor, eigentlich nie über Husserls intentionale Intersubjektivität des Subjekts hinausgekommen zu sein. Insgesamt bleibt ein Dilemma für mich bestehen, das Srubar (2007, S. 46) deutlich formuliert hat: „Wer also Heideggers Denken für einzelwis-

ist als zu Beginn der Manuskriptproduktion, zwar um den Medizin- und Sozialsektor demonstrativ kreisend, aber zugleich eine grundsätzliche Perspektivenentfaltung zum Verständnis des sozialpolitischen Wandels als epistemischer Regimeentwicklung und ihren Mutationen anspricht. Im Lichte eines kulturwissenschaftlichen, poststrukturalistischen, also deutlich subjekttheoriekritischen Konzepts (vgl. Reckwitz, 2008) könnte das Anliegen auch als „Theorie der Faltung" (dazu später in Kapitel B.I.2.) betitelt werden. Als Schlüsseltext gilt für mich hier auch Foucaults „Die Ordnung der Dinge" (Foucault, 1974, S. 15 ff. sowie S. 422 ff.).

Nach diesen ersten drei Zugangsweisen, in der ich mich auch mit Blick auf die eigene Wissenschaftsgemeinde und auf den Wandel der Universität nicht ohne Bösartigkeit geoutet habe (und mich auch nie entschließen konnte, diese Passagen wieder zu streichen), will ich die Hinführung durch einen vierten Zugangspfad vertiefen.

Es ist jetzt bereits deutlich geworden: Es geht um den Sektor sozialer Dienstleistungen, insbesondere um die Integration medizinisch-pflegerischer Tätigkeiten. Dass dies vor einem breiteren gerontologischen Hintergrund zu sehen ist [vgl. auch Kapitel B.II.2.e)], ist angedeutet worden. Deutlich gemacht wurde aber auch, dass es nicht nur um feldspezifische Objekttheorien geht; zugleich handelt es sich um einen metatheoretischen Beitrag, der sich als Anthropologie und Tiefenpsychologie des Helfens definiert und in diesem Sinne vermittelt wird über Ansätze medizinischer Anthropologie und Pflegeontologie, um so eine Basis zu bereiten für die Skizze einer sich wandelnden Medizinkultur. Damit kann ich nun vertiefend weiter voranschreiten.

IV. Vom Gesundheitswesen zu einer anthropologischen Methodologie der Analyse des Gesundheitswesens – Ein vierter Zugang

„Die folgenden Untersuchungen gehören in einen größeren Zusammenhang hinein. Sie sind, in solchem Zusammenhang betrachtet, nicht mehr als ein tastender Vorgriff, und zwar in einer Richtung des Fragens, die in ihren größeren Linien von der Einleitung angedeutet wird. Das Fragmentarische des Versuchs erscheint verzeihlich, wenn man bedenkt, daß er keine nennenswerten Vorarbeiten vorfand, auf die er sich hätte stützen können." (Lugowski, 1999, S. 2)

---

senschaftliche Zwecke adaptiert, tut es nicht nur gegen den Strich seiner gesamten Denkintention, sondern auch gegen seinen ausdrücklichen Protest." „Dies bedeutet jedoch nicht, daß Heideggers Denken keine Anregungen für die soziologische bzw. gesellschaftstheoretische Theoriebildung im weitesten Sinne enthielte." (ebd., S. 46) Insgesamt möchte ich hinsichtlich dieser Heidegger-Binswanger-Boss-Beziehung herausstellen, dass mir die Position von Binswanger mehr liegt als die von Boss (1903–1990). Zu beiden jetzt vergleichend Längle/Holzhey-Kunz, 2008.

IV. Vom Gesundheitswesen zu einer anthropologischen Methodologie 99

Bescheidenheit ist also angesagt. Einerseits. Andererseits wird es Zeit, theoretisch wieder Position zu beziehen, denn in existenzieller Hinsicht verflacht der wissenschaftliche sozialpolitische Diskurs immer mehr. Dies ist in einer spezifischen Perspektive gemeint. Die Datensituation hat sich zwar in den letzten 20 Jahren deutlich verbessert.[92] Und dies hat die empirische Forschung in der Sozialpolitikanalyse deutlich gefördert. Durch die Internationalisierung der Diskurse stehen, durchaus im Wissen um die Grenzen von Wissenstransfer im internationalen Reformdiskurs, auch mehr Analogiemöglichkeiten zur Verfügung. Dadurch kann auch vermehrt im Rahmen äquifunktionaler Perspektiven gedacht werden. Doch mit der Erosion der Multidisziplinarität, die in Deutschland vor allem mit der mangelnden kulturellen Vererbung der „Kölner Schule" der Sozialpolitikwissenschaft verbunden ist, stieg zwar die spezialisierte Disziplinenforschung an; aber ein größerer philosophisch fundierter Zugriff auf die Problematik des Sozialpolitischen blieb jedoch aus. Ein Merkmal dieser Entwicklung ist das ebenfalls weitgehende Ausbleiben dogmengeschichtlicher Untersuchungen. Zwar stieg im gleichen Maße die mentalitäts- und kulturgeschichtliche Forschung sozialer Probleme, sozialer Praktiken und sozialer Diskurse an. Doch nicht selten waren die Früchte dieser an sich unübersehbar wichtigen Forschung in einer seltenen Mischung aus Neo-Liberalismus und Post-Moderne rezipiert worden, so dass die Idee des Wohlfahrtsstaates (deren Akzeptanz hoch ist, nicht unbedingt die seiner konkreten Praxis[93]: Ullrich, 2008[94] sowie Wendt, 2008) Schaden nahm. Es überwog nunmehr ein herrschafts- und machtkritischer Diskurs zum Wohlfahrtsstaat.[95] Und seine diskursiven und institutionellen Machtpraktiken werden auch in der vorliegenden Studie alles andere als marginalisiert. Sonst wären eine Medizinkritik und eine Kritik pflegerischer Barmherzigkeit kaum möglich. Aber damit soll gerade eine anthropologisch fundierte positive Theorie der Sozialpolitik^p nicht verloren gehen. Kritik ist einfach. Aber Würdigung und konstruktive Entwicklung sind nicht nur schwieriger, letztendlich auch wichtiger.

Ich betone hier in der Tat das Fragmentarische dieser meiner ersten Schritte. Die Frage, ob es nennenswerte Vorarbeiten gibt, kann man kontroverser sehen. Ich zitiere ja schließlich eine Fülle von Quellen. Ganz einschlägig für die hier vorliegende perspektivische Bündelung sind nur

---

[92] Vgl. in gerontologischer Hinsicht Motel-Klingebiel u. a., 2003.

[93] Offensichtlich gibt es einen engen Zusammenhang zwischen Vertrauen, politischer Machtpraxis und sozialstaatlichen Regulierungsformen: Freitag/Bühlmann, 2005.

[94] Dies haben differenziert wiederum Nüchter u. a (2008) darlegen können. Die Bürger schätzen die Prinzipien des Sozialstaates, haben aber nur ein mittleres Vertrauensverhältnis (in die Zukunft) und haben Kritik an der Qualität der Praxis.

[95] Zu nicht-staatlichen Formen des Politischen vgl. auch Därmann, 2009.

wenige[96] Arbeiten.[97] Neuere Arbeiten wie z.B. die Dissertation von Friesacher (2008) zur kritischen Theorie der Pflegewissenschaft, aber auch der Klassiker der semiotischen Theorie der psychosomatischen Medizin als Integrationsmedizin von Uexküll (Thure von Uexküll [1908–2004]) jetzt als 6. Aufl.: Adler u.a., 2008) bieten natürlich Fundgruben. Geradezu strukturbildend-orientierend ist z.B. die kurze Abhandlung von Fischer (2001) in medizinanthropologischer Richtung, die herausgehoben werden soll, aber auch die Governance-Studie von Kümpers (2007). Zum zukünftigen Verhältnis von Medizin und Pflege als Wandel der Berufsbilder liegt ebenfalls ein Leittext vor (vgl. Arbeitsgruppe, 2007). Die Arbeit von Kümpers ist insofern interessant, wie sich die Studie um die Integrationsversorgung in der Demenzproblematik (Kümpers, 2005; Kümpers u.a., 2006) zentriert, methodisch als Verknüpfung von Länder- und Regionalfallanalysen im Mehr-Ebenen-System (vgl. auch Yin, 1994) angelegt ist und methodologisch offen ist für Theorien kognitiv und kulturell eingebetteter Akteure (Aspinwall/ Schneider, 2000; Kümpers u.a., 2002) und neben der Pfadabhängigkeit von

---

[96] Vgl. etwa die Aufsatzsammlung von Saake/Vogd, 2007. Vgl. auch die Beträge zu einer „Allgemeinen klinischen Medizin" bei Deter, 2007. Ferner vgl. Huth, 2001.

[97] *Wandel des Gesundheitswesens: Was ist das?* Die vorliegende Analyse versucht eine Analyse dieses vielschichtigen Wandlungsprozesses. Dabei wird vor allem, aber nicht nur, der Krankenhaussektor akzentuiert in den Mittelpunkt der Analysen gerückt. Der Krankenhaussektor im Kontext seiner umweltbezogenen Veränderungen wird strategisch beleuchtet [vgl. Kapitel B.II.2.d)]. Insbesondere auch das DRG-Regime (Kapitel C.II.) generiert tiefe Veränderungen in den internen Ablaufprozessen. Der Sektor der Krankenhäuser wird in seinen erfolgsorientiert wirtschaftlichen Differenzierungen dargelegt. Und er wird strategisch zum Mittelpunkt transsektoral orientierter Integrationsprozesse erklärt. Die derart herausgestellte Integrationsversorgung wird einerseits aus der Sicht neuer Finanzierungsregime analysiert, andererseits wird das Problem der Entstehung von Integrationsgebilden als Gründungsmanagement komplex dargelegt. Unterschiedliche theoretische Perspektiven (etwa aus der Institutionenökonomie, insbesondere der Transaktionskostentheorie) kommen zur Wirkung. Evolutionsökonomische Ansätze könnten hinzutreten. Die Darlegung, dass derart sich wandelnde Betriebe damit vor erheblichen Problemen der Organisationsentwicklung stehen, leitet bereits zur kulturellen Analyseperspektive über. Und damit kommen erweiterte sozialwissenschaftliche Perspektiven zur Wirkung. Schließlich sind in diesem Wandel nicht nur strategische Fragen ökonomischer Art aufgeworfen. Vielmehr stehen Fragen der Identitätsentwicklung, des Identitätserhalts, des -wandels, des -verlustes und der -suche an. Dies zeigt auch der Blick auf den Wandel der Medizin zur Kunst strukturierter Behandlungspfade, deren Akzeptanz von vielen Faktoren abhängt, mitunter aber eben auch vom beruflichen Selbstverständnis, das sich wiederum eng an die personale Identität der Akteure knüpft. Die einzelnen Analyseebenen, -dimensionen und -aspekte ergänzen sich so zu einer natürlich nicht vollständigen, aber doch breiten Analyse des Wandels. Sie setzen unterschiedliche Akzente dort, wo die gleiche Themendimension behandelt wird, ergänzen sich dort, wo unterschiedliche Problem- und Fragestellungen aufgegriffen werden. Sie sind mal stärker ökonomisch, mal stärker sozialwissenschaftlich ausgerichtet.

Institutionen auch deren Wandel thematisiert (Clemens/Cook, 1999), dabei die Handlungslogiken medizinischer Profession (Fox, 1989) aufgreifend. Eine tiefere kulturanthropologisch-tiefenpsychologische Perspektive findet sich hierbei allerdings trotz einiger Andeutungen auch nicht.

1. Relevanz des Blicks systemischer Organisationsforschung

Worum geht es, so will ich nochmals vertiefend fragen, wenn von Integrationsversorgung die Rede ist? Um ein vielschichtiges Phänomen. Es ist mehr als ein Problem der Gesundheitsökonomik.[98] Es handelt sich, vermittelt über die Perspektive des Denkens in betrieblicher Morphologie[99], um die Praxis gelebter Medizin- und Pflegeanthropologie. Insofern handelt es sich um ein Mehr-Schichten-Problem[100]. Das deutsche Gesundheitswesen ist in einem tiefgreifenden Wandel (Schulz-Nieswandt, 2008g) begriffen (Kurscheid/ Schulz-Nieswandt, 2007). Wie andere Sozialsektoren auch, so verändern sich interdependent das rechtliche Steuerungsregime, die Finanzierungsmodalitäten (Systemfinanzierung und Anbietervergütungen), die Betriebsformen und ihre Konfiguration zu einer Versorgungslandschaft. Insbesondere die morphologische Ausdifferenzierung der Betriebsformen steht im Lichte der Betonung der Integration im Zentrum der Entwicklung, die soziodemografisch und, damit korreliert, epidemiologisch notwendig wird. Notwendig erscheint eine transsektorale Integration der verschiedenen Module, episodenhaft orientiert an dem Patientenpfad, dabei Akutmedizin, Rehabilitation, Langzeitpflege und komplementäre soziale Dienstleistungen mit Blick auf das Wohnen (Kaiser, 2008)[101] und die Netzwerke[102] der Menschen umfassend.

---

[98] *Was ist Gesundheitsökonomie?* Wenngleich darüber gestritten werden kann, was angemessen unter Gesundheitsökonomik zu verstehen sei. Es besteht durchaus praxisnah die Chance, unter Ökonomik nur eine Hilfswissenschaft zu verstehen, die dazu dienen soll, wertorientiert Zielkonflikte (Wallner, 2007) zu managen. Vgl. auch Flessa, 2005. Diese zielorientierte Ökonomik der Effizienz gilt auch für einzelwirtschaftliche Steuerungselemente wie einer Balanced Scorecard: Brüggemann, 2007.

[99] Eine durchaus wissenschafts- und erkenntnistheoretisch anspruchsvolle Perspektive.

[100] An sich sind die verschiedenen, miteinander verschachtelten Ebenen der Analyse: Recht und Steuerung, Institutionen und Versorgungsstrukturen, Ablaufprozesse, Mikrorelationen und Outcomes auch im letzten Bericht des Sachverständigenrates zur Begutachtung der Entwicklung im Gesundheitswesen (Sachverständigenrat, 2006) dargelegt. Doch fehlt es dieser Analyse an Tiefe und Komplexität. Ebenso bei Busse/Riesberg, 2005. Umfassender dagegen Klemann (2007), aber auch ohne tieferen kulturwissenschaftlichen Zugang. Zu den internationalen Entwicklungstrends in den Gesundheitssystemen vgl. auch Gooijer, 2006.

[101] *Selbständiges Wohnen*: „Der überwiegende Teil der älteren Menschen möchte so lange wie möglich selbständig in seiner vertrauten Umgebung wohnen bleiben.

Diese systemische Mutation ist ein Mehr-Ebenen-Problem. Nicht nur auf einer Makroebene, forciert durch den sozialen Wandel, der von der Gesetzgebung zunehmend gespiegelt wird, ist das Thema angesiedelt. Auf der Mikroebene fordern semantisch breit gefächerte, mitunter ambivalent verschachtelte Diskurse über Konsumentensouveränität und Kundenorientierung (Dierks, 2001 zum Empowerment der Patienten und Versicherten; vgl. auch Dierks u.a., 2001), über Patientenschutz und Versichertenrechte, über „Empowerment" (vgl. zum Gesundheits-Coaching auch Preusker, 2007) und dialogische Arzt-Patienten-Partnerschaft (gemeinsame Entscheidungen[103]),

---

Der Bedarf an selbstbestimmten Wohnformen wird weiter wachsen. Veränderte Wünsche an ein Wohnen und Leben im Alter und bei Pflegebedürftigkeit, verbunden mit der demographischen und sozialen Entwicklung müssen sich auf die Gestaltung der Wohnungs- wie auch Pflegepolitik auswirken. Deshalb wird es zukünftig noch wichtiger sein, vorrangig Wohn- und Hilfeangebote für pflege- und hilfsbedürftige Menschen – egal ob jung, alt oder behindert – im normalen Wohnumfeld zu verankern und Wohnraum für alle Lebenslagen zu schaffen, der auf die individuellen Lebens- und Bedürfnislagen der betroffenen Menschen ausgerichtet ist und somit eine Alternative zum Heim darstellt. Vorrangig gilt es Wohnformen zu fördern, die die Selbständigkeit, gegenseitige Hilfe, nachbarschaftliches und generationenübergreifendes Zusammenleben mit professioneller Hilfe verbinden. Hierzu gehören auch Einrichtungen und Dienste, die auf Erhaltung der Selbständigkeit im normalen Wohnen ausgerichtet sind. Eine wichtige Aufgabe besteht auch darin, die soziale Integration älterer und pflegebedürftiger Menschen im Wohnquartier zu erhalten und zu fördern. Eine gemeinwesenorientierte Konzeption fördert diese Selbsthilfekräfte im Gemeinwesen. Wohnen besitzt eine zentrale Bedeutung für die Erhaltung von Selbständigkeit und Gesundheit. Auch deshalb muss auf eine gesundheitsfördernde Wohnsituation hingewirkt werden. Dies gilt es bei der Entwicklung von Wohn-, Pflege-, Quartiers- und Rehabilitationskonzepten zu berücksichtigen." (Bertelsmann Stiftung, 2006, S. 4)

[102] *Gabe ohne Nutzenrückfluss*? Reziprozitätstheoretisch gesehen beruhen diese primären Netzwerkgebilde auf dem Typus der solidarfähigen generalisierten Reziprozität. Hier wird weder zeitnah oder zeitfern eine ausgeglichene utilitätsorientiert definierte Reziprozität zwingend erwartet (wie im Markt). Wenn es zu Rückflüssen angesichts von Gaben im Sinne eines Systems des Gebens und Nehmens kommt, kann der Rückfluss in äquifunktionalen Währungen ablaufen. Primäre Netzwerke tauschen u.a. emotionale (Liebe, Trost etc.), ökonomische (Einkommenstransfers, Vererbungen etc.) und naturalwirtschaftliche Unterstützungsleistungen (soziale Dienste, etwa hauswirtschaftlicher oder pflegerischer bzw. erzieherischer Art) aus.

[103] *Zentrierung auf die Leiblichkeit des Menschen*: Insofern stellt sich die Problematik als eine Frage konkret gelebter Medizinanthropologie. Mit gerontologischem Bezug müsste diese auch eine leiblichkeitsphänomenologische Perspektive (vgl. auch Gugutzer, 2008) einbeziehen, wie sie neuerdings verstärkt pflegeontologisch diskutiert wird. Die Problematik ist im Lichte dieser fachlichen Ansprüche nüchtern zu betrachten, da die Erfahrung zeigt, dass diese kulturellen Veränderungen in der medizinischen Praxis nicht durch Ausbildungsreformen quasi mechanisch herbeizuführen sind. Die medizinische Praxis ist organisationstheoretisch nicht als triviale Maschine zu verstehen, die man durch exogene Impulse einfach verändern kann. Die Shared-decision-making-Theorie der Arzt-Patienten-Beziehung soll vor dem

IV. Vom Gesundheitswesen zu einer anthropologischen Methodologie 103

über personalen Respekt und Anerkennung neue Formen der Medizinpraxis. Zwischen Makro- und Mikroebene siedelt sich die Handlungsebene der privaten und freien, nicht primär und dominant öffentlichen Unternehmen und Einrichtungsträger an, die in Wechselwirkung zu ihren Umwelten sich innovativ anpassen müssen. Die ganze Dynamik ist auch zunehmend europarechtlich und -politisch angetrieben. Dieser komplexe, mehrschichtige und vieldimensionale Wandel ist ferner als kultureller Wandel zu verstehen. Die Organisationen müssen ein entsprechendes soziales Change Management realisieren. Mehr Multi-Disziplinarität und Teamorientierung (Balz/Spieß, 2009) wird zwingend in einer solchen Welt der Integrationsversorgung; berufsständische Fragmentierungen und Hierarchien (etwa zwischen Medizin und Pflege) und damit oftmals korrespondierende Gender-Konflikte sind abzubauen. Eine alternde Gesellschaft, so ist der gerontologische Bezugspunkt wieder aufzunehmen, bedarf letztendlich einer veränderten Medizin- und Pflegeanthropologie, die im Rahmen neuer Betriebsformen und im Rahmen einer veränderten Versorgungslandschaft haltungsfundiert gelebt werden muss. Damit wird der kulturelle Charakter des Wandels als Code-Mutation des kommunikativen Handlungssystems überaus deutlich, weil, wie viele psychologische Studien zu verschiedensten Fragestellungen oftmals gezeigt haben, die Persönlichkeit der Menschen eine zentrale moderierende Rolle in statistischen Zusammenhängen spielt. Dieser kulturelle Wandel ist jedoch daher ungleich voraussetzungsvoller als der Wandel der Rechtsregime, der Finanzierungsmodalitäten und auch der (sonst äußerlich bleibenden) Betriebsformen, die erst dann echte Gestaltqualität[104] erhalten, wenn sie im rechten interprofessionellen Verständnis und im normativen Lichte existenzieller Personenorientierung gelebt werden. Dieser kulturelle Wandel des ganzen Systems ist trotz einzelner Diskursbeiträge ganzheitlich noch gar nicht hinreichend tief begriffen worden. In einem ganz anderen, aber epistemisch analogisierbaren Kontext entspricht dieser Zusammenhang von Institutionenwandel und personaler Haltung der von Existenzialismus und jüdischer Mystik stark geprägten Position des jungen Bloch (1885–1977), der in seiner Kritik am ökonomischen Denken von Marx (1818–1883) in „Geist der Utopie" festhält: „Was wirtschaftlich kommen soll, die notwendig ökonomisch-institutionelle Änderung, ist bei Marx bestimmt, aber dem neuen Menschen, dem Sprung, der Kraft der Liebe und des Lichts, dem Sittlichen selber ist hier noch nicht die wünschenswerte Selbständigkeit in der endgültigen sozialen Ordnung zugewiesen." (Bloch, E., 1977, S. 302)

Hintergrund dieser komplex verschlungenen Situation unter Aspekten einer philosophischen Anthropologie des dialogischen Personalismus näher diskutiert werden.

[104] Der Gestaltbegriff fand im Horizont des Positivismus wenig Verständnis: Albrecht (2000, S. 232) zu Popper. Bei Goethe war Wandel der Schlüsselbegriff zum Gestaltverständnis; Morphologie setzt Metamorphose voraus: Azzouni, 2005, S. 13 f.

Objekttheorie der Betriebe als symbolische Ordnungen: Im Kern geht es um die Kultur der Mikropolitik (übersetzbar als unmittelbar zwischenmenschliche Ebene)[105], also um die kulturell codierten und sozial normierten[106], oftmals zeremoniell praktizierten Interaktionsmuster[107], ritualisiert (wobei Rituale [vgl. auch Kotte, 2005, S. 140 ff.] als Modalitäten [Art. „Modalitäten", in RGG, Bd. 5, Sp. 1371 ff.] der Performativität [vgl. Kotte, 2005, 145 ff.] definiert werden) und als Mikrokosmos kollektiv geteilter symbolischer Ordnung gelebt (vgl. auch den Kulturbegriff bei Hofstede, 1991). Dichte und konkrete Orte dieser Interaktionen sind Sozialunternehmen, also marktorientierte[108] Betriebsgebilde mit eben dieser internen sozialen Systemkomplexität, die menschliche Beziehungen nunmal – mit aller Freude und auch Leid – darstellen (vgl. auch Wetzler, 2009).

Ethnografische Methode der qualitativen Sozialforschung: Eine technische Methode der Erforschung dieser Komplexität ist die Ethnografie (innerhalb der qualitativen Sozialforschung, und sie dient hierbei nicht nur[109], im engeren Sinne der Grounded Theory[110], der Entdeckung von Hypothesen). Diese Methode (Schulz-Nieswandt/Sauer, 2009) ist im Gesundheitswesen oder in der Alter(n)sforschung (Beck, 2008), im Sozialstaat insgesamt längst keine exotische Perspektivität mehr[111], liegen doch, um weitere Felder (Noack, 2007, S. 57) zu nennen, mitunter, um nur eine themenbezogene Auswahl zu treffen[112], auch ethnografische Analysen zum FC St. Pauli (Schmidt-Lauber, 2005), zur Börse (Goldinger, 2002) oder auch zu Internatsschulen (Kalthoff, 1997), zur rituellen Gestaltung der Schulanfangsphase (Kellermann, 2008) oder zur „Aufführung von Strafrecht" (Legnaro/Aengenheiser, 1999) vor. Ethnografische Forschungen be-

---

[105] Vgl. auch Neuberger, 2006. Zur Macht im Krankenhaus vgl. auch Lameyer, 2000. Zur Pflege als soziales Feld vgl. Schroeter, K. R., 2005.

[106] Vgl. zur Begriffsanalytik von Normen, Regeln, Geboten etc. nochmals Raz, 2006.

[107] Willems (1997, S. 207) spricht in Anlehnung an Goffman und in bemerkenswerter Nähe zu Bourdieu von „zeremonielle(r) Ökonomie".

[108] Der Markt beruht idealtypisch (im Sinne von Max Weber) auf einem tauschorientierten ausbalancierten Typus von Reziprozität. Hier geht es vertragstheoretisch um die Generierung und Realisierung von ökonomischen Transaktionen zwischen als frei definierten Wirtschaftssubjekten, die als kollektiv wohlfahrtssteigernd angesehen werden, wenn sich durch diese Transaktionen paretianische Win-Win-Situationen herbeiführen lassen.

[109] Zur qualitativen Sozialforschung vgl. auch Kelle, 2007.

[110] Haller, 2000; Strübing, 2004; Glaser/Strauss, 2005. Vgl. auch Art. „Grounded Theory" von Corbin, in Bohnsack/Marotzki/Meuser, 2006, S. 70–75.

[111] Ein wesentlicher Teil der modernen Stadtsoziologie resultiert aus dem Blickwinkel der Erfahrung der Reportage: Lindner, 2007.

[112] Zur Ethnographie der Genderkonflikte hinsichtlich der Hausarbeiten vgl. Mitev, 2007. Zu einer Ethnographie der Asylverfahren vgl. Scheffer, 2001.

schränken sich also keineswegs auf die (im imperialistischen und kolonialgeschichtlichen Kontext aufgeblühte) Beobachtung und Analyse des kulturell Fremden, sondern z. B. innerhalb des Pflegesystems (Zielke-Nadkarni, 2003), auf die Analyse der Selbstverständlichkeiten der eigenen Welt, nun aber methodisch distanziert-verfremdend. Viele andere Anwendungsfelder lassen sich anführen. Natürlich fehlt die Fußball-WM nicht, aber auch der Büroalltag schlechthin ist zum Thema geworden.

In Medizin- und Pflegeforschung finden also zunehmend die qualitativen Methoden[113] eine fruchtbare Anwendung, z. T. infolge einer starken Betonung existenzieller Kategorien wie Scham (Art. „Scham", in RGG, Bd. 7, Sp. 861 ff.), Ekel und Tabus (Art. „Tabu", in RGG, Bd. 8, Sp. 3 f.)[114] (Gröning, 2004; Ringel, 2003) oder auch des „Berührens" (Helmbold, 2007). Wobei hinsichtlich der Phänomene des Schams und des Ekels die Scheinkontroverse über Universalität und zivilisatorische Konstruktion (etwa in Form der bekannten Duerr-Elias[115]-Kontroverse) eben eine Schein-Kontroverse ist. Natürlich sind diese Phänomene anthropologisch universelle Phänomene; vor allem evolutionär gesehen stellen sie wichtige Schutz- und Abwehrmechanismen des Menschen dar (Pernlochner-Kügler, 2004). Aber diese Universalien werden chronotypisch jeweils spezifisch kulturell aktiviert und zu konkreten Modi der Art und Weise des sozialen Gebrauchs geformt. Gerade deshalb kann, nicht als Überwindung, sondern als Formungsanspruch, der Mangel bzw. die Defizite der praktizierten Gefühlsarbeit (womit in der Tat sehr grundsätzliche Theorieöffnungen hinsichtlich des Leibes [Schmitz, 2005, Bd. II, Teil 1] und des Gefühlsraumes [Schmitz, 2005, Bd. III, Teil 2] erforderlich werden) in der Pflege kritisiert werden (Krey, 2003). Aber gerade dann wird evident, dass es sich bei Ekel und Scham konkret immer um spezifische Regulierungsregime handelt, nicht um das abstrakt anthropologische Phänomen selbst. Im chronotopischen

---

[113] Zur Aktionsforschung vgl. Hart/Bond, 2001, sowie Art. „Aktionsforschung" von Heinze, in Bohnsack/Marotzki/Meuser, 2006, S. 14–15.

[114] *Tabu, Scham, Ekel*: Wenngleich die Tabu-Forschung hier (Kuhlmey u. a., 2005) weit hinter der einschlägigen kulturwissenschaftlichen Tabu-Forschung hinterher hinkt. Vgl. etwa Kraft, 2004 sowie Kubik, 2007; Shattuck, 2003; Menninghaus, 2002. Zu Ekel und Scham bei Canetti vgl. Friedrich, 1999, S. 13 ff. Ein schönes Beispiel für das tiefere psychologische Verständnis der kulturellen Grammatik der medizinisch-pflegerischen Institutionen ist die Praxis der Ventilsitte des Humors (zu Witz und Psychoanalyse: vgl. Fallend, 2006): Bischofberger, 2002; Lotze, 2003. Auch Sprachanalysen gehören dazu: Sachweh (2002 sowie ders., 2005). Vgl. ferner Abt-Zegelin, 2005 sowie Weinhold, 1997. Vgl. auch die kommentierte Bibliographie von Walther, 2003. Vgl. auch Art. „Tabu" von Jödicke, in Auffarth/Bernard/Mohr, 2005, Bd. 3, S. 428 f. Zum Zynismus in der Pflege vgl. auch Wettreck, 2001, S. 18 f.

[115] Überblick zu Elias bei Treibel, 2008.

Universum der diachronischen und synchronischen Kulturforschung sind immer nur Phänotypen, nicht der Genotypus anthropologischer Universalien, zu beobachten.

Aber auch infolge einer gegenüber der Medizinforschung[116] in der Pflegeforschung[117] vielleicht sogar stärker entwickelten ethnografischen Perspektive der eigenen Praxis moderner Gesellschaften (Roper/Shapira, 2004; Rosenthal, 2005; Morse/Field, 1998)[118] entfaltet sich langsam eine anthropologische Fundierung der Pflege (Uzarewicz/Uzarewicz, 2005, Duppel, 2005). Sie knüpft sich an ausgewählte Strömungen (vgl. auch Schulz-Nieswandt, 2006b, S. 21 ff., S. 33 ff.) der philosophischen Anthropologie und der Phänomenologie (auch gerade als Proto- oder Metasoziologie: Zahavi, 2007, S. 91), wobei Heideggers[119] existenzielle Daseinsontologie (2001) in der Regel eine besondere Rolle spielt. Dies gilt auch für die Medizinanthropologie, insbesondere für die Psychiatrie. Diese Forschungsrichtungen knüpfen sich sehr eng an qualitative Methoden. Hier wäre sicherlich insgesamt mehr zu sagen. Denn die Notwendigkeit einer qualitativen Sozialforschung resultiert aus der Optik eines tiefenhermeneutischen Strukturalismus.[120] Doch soll es an dieser Stelle genügen, was heraus gestellt worden ist.

Von der Ökonomik der Effizienz und Effektivität zur systemischen Organisationsentwicklung: Die Interaktionsmuster der menschlichen Beziehungen betreffen im Kern die Organisation der Ablaufprozesse und somit die Outcomesqualität des Versorgungsauftrages und der Stakeholderorientierung (Büssing/Glaser, 2003; Bender [2007] mit Bezug auf Sozialunternehmen) insgesamt. Insofern sind die kulturellen Fragen der optimalen Organisationsentwicklung immer auch (ökonomische) Effizienz- und Effektivitätsfragen (Beck, 2007; Hess/Berchtold, 2007). Es spiegelt eine analytisch-logische Prämisse, dass man über Effizienz, Optimalität und letztendlich über Effektivität überhaupt nur sprechen kann, wenn die Frage „In Bezug auf was?" vorab geklärt ist.[121] Und umgekehrt wird dergestalt die ökonomische Analyse der Effizienz- und Effektivitätsproblematik eingegliedert in eine

---

[116] Vgl. Beil-Hildebrand, 2003; Götz, 2005; phänomenologisch: Pohlmann, 2005; insgesamt Schulz-Nieswandt, 2003 mit Literatur.

[117] Vgl. etwa Koch-Straube, 1997.

[118] Zur Bedeutung der qualitativen Sozialforschung in diesem Bereich: Schulz-Nieswandt, 2006b, S. 179 ff. Vgl. auch Schaeffer/Müller-Mundt, 2002.

[119] Auch an dieser Stelle zeigt sich: Die Philosophie des 20. Jahrhunderts ist ohne Heidegger nicht verstehbar. Das begonnene 21. Jahrhundert wohl ebenso nicht. Was Bourdieu alles an Nazi-Affinität im Werk Heideggers zu entdecken glaubt, ist weitgehend Unsinn. Vgl. Bourdieu, 1988.

[120] Manche Zusammenhänge blieben bei standardisierten Massendaten eben unbeleuchtet. Vgl. z. B. Fingerman, 1998.

kulturwissenschaftliche Analyse der betrieblichen Ablaufprozesse. Die Analyse wird zur Ethnografie der praktischen Ökonomik. Diese ökonomische Praxis ist theoriegeleitet angemessen zu konzeptualisieren. Herausgestellt wird kritisch aber die eben nicht-triviale (Nagel/Wimmer, 2002, S. 100) Maschinenlogik[122] der systemischen Organisationsentwicklung[123]: „Organi-

---

[121] *Konstruktcharakter von Effizienz*: Diese Prämisse gilt ja a) volkswirtschaftlich und hat die ganze wohlfahrtsökonomische (Kleinewefers, 2008) Debatte ausgelöst, die im Zusammenhang mit Formen des Marktversagens zu sehen ist. Dabei ist es interessant zu sehen, dass auch die EU-Diskurse zur Logik von Dienstleistungen von allgemeinem (wirtschaftlichem) Interesse (die DA[W]I), wie oben bereits angesprochen, die Problematik der Marktergebnisse nicht auf das Theorem wohlfahrtsoptimaler Preise reduzieren, sondern Fragen der sozialen Zugangschancen und der Qualitätssicherstellung betonen, das Ganze eingebettet in verbraucherorientierte oder gar bürgerorientierte Transparenzbedürfnisse. Und diese Prämisse gilt b) auch einzelwirtschaftlich, was in der Unternehmensmorphologie reflektiert wird, da die Analyse strukturtypischer Unternehmensmerkmale (Größe, Rechtsform etc.) immer nur funktional in Bezug auf die Zielorientierungen des Unternehmens zweckmäßig diskutiert werden kann. Unternehmerisches Handeln ist immer nur als sinnhaftes Handeln in Wechselwirkung zur Umwelt der Organisation angemessen zu beurteilen, d.h. zu verstehen und dadurch kausal zu erklären. Das gilt für den Prototyp einer „kapitalistischen Firma" ebenso wie z.B. für mittelständische Familienunternehmen (Lemberger, 2007) oder für öffentlich-rechtliche eingebundene Not-for-profit-Unternehmen. *Marktessentialismus und Reduktionismus des Preiswettbewerbs*: Diese Ausgangsprämissen spiegeln, wenn man diese Zielabhängigkeit der Optimalitäts- und Effizienzlogik innerhalb der „(wirtschafts)wissenschaftlichen Wissensproduktion" betrachtet, eine lange wissenschaftstheoretische Kontroverse um den normativen Gehalt bzw. über die normativen Voraussetzungen Effizienz-zentrierter ökonomischer Wissenschaft, um Krypto-Normativismen zu überwinden. Auch darauf ist nochmals zurückzukommen. Das berührt vor allem a) entweder das Risiko eines Markt- und Wettbewerbsessentialismus, in dem der instrumentelle Charakter dieser sozialen Mechanismen zu verselbständigten Wesensprinzipien (vgl. Art. „Essentialismus", in RGG, Bd. 2, Sp. 1592 ff.) wird, oder es ist b) ein Reduktionismus der normativen Bezugssysteme öffentlichen Unternehmenshandelns als Rekurs auf Verbraucherletztbedürfnisse des Konsums zu beobachten und dies betrifft dann die Präferenzenbasis normativer Modelle. Die Frage, die sich somit stellt, ist die nach dem privaten oder öffentlichen Status von Präferenzen; ob sich Präferenzen also auf soziale Themen beziehen oder inhaltlich nur privat-konsumistischen Charakter haben sollen. In der Literatur werden diese Fragen unterschiedlicher Typen oder Ordnungen von Präferenzen durchaus grundlegend diskutiert, prägen aber nicht die mainstream-„textbook-economics".

[122] *Systemische Forschung und Tiefenpsychologie*: „Die Spielart der systemischen Strategieentwicklung trägt der prinzipiellen Nichttrivialität sozialer Systeme Rechnung und versucht eine Steuerungskonzeption zu realisieren, die diesem Umstand gerecht wird." (Nagel/Wimmer, 2002, S. 101) Gegen die Metapher der Maschine argumentierend vgl. vor allem auch Hochreiter, 2006, S. 28; vgl. ebenso Königswieser, 2006, S. 10; zum Teil explizit unter Gender-Aspekten: Königswieser, 2006a, S. 149 ff.; ferner Mohe, 2006, S. 188. Von besonderer Bedeutung dürfte sein, dass Hochreiter die Soziodynamik in Wechselwirkung stehend sieht zur Psychodynamik (Hochreiter, 2006, S. 110 ff.). Damit rechnet Hochreiter mit der Relevanz von Per-

sationen lassen sich nicht einfach so umbauen und verändern, wie manche Strategiepläne nach dem Willen ihrer Architekten es sich so vorstellen."[124] Hochreiter arbeitet stattdessen mit der Metapher der Choreografie und impliziert damit spezifische Werte, Menschenbilder (Heindl, 2007, S. 24) und Steuerungsideen (Heindl, 2007, S. 5): „Die Gestaltungsebene Choreographie basiert auf der Architektur-Metapher und beschreibt die Gesamtplanung und -gestaltung eines Veränderungsprozesses." (Hochreiter, 2006, S. 35) Es handelt sich um höchst eigensinnige lebendige Einheiten, die in der Regel ihren historisch gewachsenen Erfolgsmustern pfadabhängig folgen. Diese Muster sind letztlich dafür in entscheidender Weise ausschlaggebend, wie Veränderungsimpulse – woher sie auch immer exogen kommen mögen – unternehmensintern verarbeitet werden. Es geht also um das Wechselspiel von Umwelt und unternehmens- bzw. organisationsinternen Absorptions- und Verarbeitungsmechanismen. Die methodisch abgesicherte, eingehende Beobachtung von Organisationen lehrt uns heute in der Tat, den Organisationen einen wesentlich höheren Grad an Eigenständigkeit zu attestieren und sie nicht als durch einen externen Willen unmittelbar steuerbar anzusehen. „In diesem Sinne ist die Vorstellung eine verführerische Vereinfachung, die den komplexen Zusammenhang zwischen dem Prozeß der Strategiefindung in Unternehmen und deren Umgestaltung allzuleicht übersieht." (Nagel/Wimmer, 2002, S. 18) Zentral dürfte die auf die Prozeßarchitektur (vgl. auch Nagel/Wimmer, 2002, S. 250) bezogene Kommunikation sein. Und es gilt wohl: „Ein Wesenselement der systemischen Strategieentwicklung ist das gekonnte Herstellen geeigneter Kommunikationsräume, um unterschiedliche strategische Grundannahmen erörtern und strategischen Entwicklungsbedarf festlegen zu können." (Nagel/Wimmer, 2002, S. 89)

Psychologie und Pädagogik professioneller Handlungslogiken: Veränderungen zu choreografieren, ist eine sinntiefe[125] Metapher. Die Wurzeln lie-

---

sönlichkeitstypen in der Unternehmensführung. Vgl. auch Lohmer, 2000. Vgl. grundlegend: Kinzel, 2002.

[123] Vgl. auch Ott, 2002.

[124] Zur Adäquatheit der systemischen Organisationsentwicklung für die stationäre Langzeit- und Palliativpflege vgl. Warnken, 2007, S. 65 f.

[125] *Tragödie, Polis und Pädagogik*: Latacz, 2003, S. 386: „Tragödie war der große Versuch einer Gesellschaft gewesen, sich selbst modellhaft zu reflektieren. Sie war etwas gewesen, was jedes Mitglied der Polis-Gemeinschaft persönlich und unmittelbar anging, worin es sich wiederfand und womit es sich identifizieren konnte; die Kartharsis war nicht nur ein persönliches Erlebnis gewesen (…), sondern zugleich die Selbstreinigung der Gemeinschaft. Die Tragödie hatte Grundsatzfragen der Gemeinschaft aufgeworfen und sie debattiert. Die persönliche Problematik des Einzelmenschen war durch die Tragödie eingebettet worden in die überpersönliche Problematik der Gemeinschaft. So war die Tragödie Möglichkeit und Chance gewesen – zur politischen Selbstanalyse, Identitätsfindung, Ideenschöpfung

IV. Vom Gesundheitswesen zu einer anthropologischen Methodologie 109

gen im alt-griechischen Praxisbegriff des Chores (Schleiser, 1998, S. 29) im Kontext der Performativität der Tragödie (RGG, Bd. 8, Sp. 531 ff.)[126] (Latacz, 2003, S. 54 und 68 f.).[127]

Mit Blick auf diese (operativen) Ablaufprozesse[128] in Unternehmen bzw. Betriebsgebilden stehen die professionellen Handlungslogiken[129] im Vorder-

---

und visionären Zukunftsplanung." Vgl. zu den Tragödien des Euripides die Studien von Hose, 2008.

[126] Eine moderne ritual- und performativitätstheoretische Arbeit zum Chor in der alten Komödie hat Bierl (2001) vorgelegt.

[127] Auf die Spezialliteratur zum antiken Chor soll nur verwiesen werden: Baur, 1997; Gundert, 1976; Paulsen, 1998; Riemer/Zimmermann, 1999; Rösler, 1983 (zur Antigone vgl. Roscher, 1993, I.1, Sp. 370 ff.); Thiel, 1993; Webster, 1970; Hose, 1990/1991; Henrichs, 1996.

[128] *Systemische Organisationsentwicklung*: Zur systemischen Prozessberatung vgl. auch Schein, 2000; K. Grunwald: Art. „Systemische Organisationsentwicklung" in Maelicke, 2007, S. 992 f. Grundsätzlich gilt: Organisationen sollten sich daher selbst organisieren, da sie lernende Systeme sind. Die Beratung erfolgt daher nicht als triviale externe Intervention, sondern als Moderation und greift auf die bestehenden internen Ressourcen zurück. Die Organisation muss so zur Generierung ihrer eigenständigen Weiterentwicklung initialisiert und moderiert werden. Vgl. ferner Schlippe/Schweitzer, 2003.

[129] *Ergänzende Bemerkungen zu zentralen Begriffen*: Akteure handeln nach einem bestimmten Programm. Das nennt man *Handlungslogik*. Diese Handlungslogik ist auf die jeweiligen Adressaten gerichtet. Die auf die Existenz des Anderen, also auf den Mitmenschen gerichtete Handlungslogik von Professionen prägt die soziale Praxis, die Verhaltensweisen, die Interaktionsformen und schließlich die Qualität dieser Prozesse, die zielorientiert zu messen wäre. Es handelt sich also um Mechanismen, die in der inneren Person abgelagert sind. In diesem Sinne spreche ich von *intrapersonalen Arbeitsapparaten*. Die Annahme solcher innerer Apparate ermöglicht es, zu verstehen, wie es zur Ausbildung und wie es immer wieder zur Ausübung spezifischer und prägnanter Verhaltensmuster kommt. Nun ist die oben als Transaktionalismus bezeichnete Wechselwirkung von Mensch und Umwelt immer kognitiv (auch, was noch an anderer Stelle bedeutsam wird, emotiv und affektiv, das gilt auch für das Mitleid) vermittelt. D. h., dass diese Wechselwirkung durch Wahrnehmungen und Interpretationen, also durch entsprechende Operationen des menschlichen Geistes und seiner Sinnesorgane leiblich vermittelt ist. Der Kernbefund lautet: Der Mensch macht sich *Bilder* von der Umwelt. Und diese Bilder sind handlungsleitend. Anthropologische Grundlage dieser Herausstellung der Bedeutung von Handlungslogiken ist demnach der kognitionswissenschaftliche Befund, dass Menschen immer vermittelt über innere Bildproduktionen mit der Realität interagieren. Das bedeutet, dass die Wahrnehmung und Interpretation der Umwelt das Handeln der Akteure strukturiert. Nochmals anders formuliert: Kein Mensch interagiert unmittelbar mit einer objektiv gegebenen sozialen Wirklichkeit, sondern mit der wahrgenommenen und interpretierten, beurteilten, bewerteten Umwelt. Die Bildproduktion selbst ist aber, und das ist nun nicht unwichtig zu betonen, wiederum von sozialen Normen und kulturellen Codes (Programmen) gesteuert. Das bedeutet wiederum, dass die handelnde Person zwar die *Einheit* des Handelns darstellt, die *Logik* dieses Handelns aber nach einem Skript funktioniert. (Biologische Basis des

grund der Betrachtung. Nagel/Wimmer (2002) sprechen von mentalen Modellen (S. 19 sowie S. 81). Diese Dimension ist, auch strategisch bedeutsam, ein Teil der „organizational capability" (Nagel/Wimmer, 2002, S. 72) der Unternehmen im Wandel.[130] Und es darf nochmals mein Verständnis von Professionalität angeführt werden: Ich verstehe hier (vgl. prägnant: Doherr, 2007, S. 123 ff.) unter Professionalismus einen Beruf, der sich über ein Berufsethos definiert, eine Habitualisierung einer spezifischen Handlungslogik (die identitätsstiftend und praxisprägend ist) als Tiefengrammatik aufweist und sich mit Fachlichkeit verknüpft. Fachlichkeit kann Verwissenschaftlichung bedeuten oder nach sich ziehen, muss es aber nicht. Zur Aura-Bildung ist Verwissenschaftlichung sicherlich förderlich. Der Zugang zum professionellen Beruf ist staatlich reguliert. Im Bereich personengebundener Dienstleistungen kommt noch die Kompetenz (im doppelten Sinne: die legitime [Macht-]Rolle und die Fähigkeit) hinzu, lebensweltliche Probleme der Menschen zu organisieren und einer Problemlösung zuzuführen.

Mit der Betonung der mentalen Modelle (vgl. auch Senge, 2003, S. 213 ff.) ist aber keineswegs, im Gegenteil, ausgeschlossen, mehrschichtig-komplexe produktive Performativitätsprozesse zu analysieren. Und die Sprache, an der die menschliche Existenz gebunden bleibt, ist nicht nur die Form der Darstellung von inhaltlichen Vorstellungen (im Sinne eines „mentalistischen Repräsentalismus": Bertram u. a., 2008, S. 12), sondern eine der zentralen Voraussetzungen, um den Menschen in seiner Praxis zu verstehen. Voraussetzung meint hier nicht klassische Transzendentalität, sondern eine „Weise" des Weltzugangs (Bertram, 2008, S. 303 f.), die sich nur im Zusammenhang mit leibgebundenen und sozialen Praktiken – Denken, Wahrnehmen und Handeln (ich würde breiter sagen: kulturell codierte[131] symbolische Performativität) – umfassend begreifen lässt. Es müssen auch die

---

Transports sind die verknüpften neuronalen Netze und somit die Hirnfunktionen; aber diese Biologie ist nur die formale Voraussetzung transzendentaler Art, wodurch geistige Prozesse intersubjektiv möglich werden.) Die Rolle, die jeweils in einer Handlungssituation gespielt wird, läuft demnach nach einem Drehbuch ab.

[130] *Vermittlung von Handlungslogiken?* In seinem Aufsatz „Wissenschaftliche Begleitforschung – Zur wissenschaftlichen Arbeit in Modellversuchen" (Sloane, 2006) setzt Sloane sein Habilitationsthema (Sloane, 1992) fort. Dabei kommen jedoch einige andere, gegenüber der Habilitation neuere Ansätze etwa mikropolitischer Art zum Zuge. Anknüpfend aber an eher phänomenologische Ansätze der qualitativen Sozialforschung wird hier eine interessante These eines Konflikts unterschiedlicher Handlungslogiken verschiedener subsystemischer Lebenswelten (Bildungspraxis, Verwaltung, Politik, Wissenschaft) herausgearbeitet. Und deshalb ist diese Analyse hier erwähnenswert. Sie weist feldübergreifend deutliche Analogien in der Problematik der Vermittlung verschiedener professionspolitischer Logiken auf.

[131] Dieser Verweis auf die Einbindung der performativen Praxis in Strukturen und Prozesse kultureller Codierung verhindert einen reinen Konstruktivismus und Antirealismus.

IV. Vom Gesundheitswesen zu einer anthropologischen Methodologie 111

Interdependenzen der Sprache mit der Praxis sprachlicher Verständigung und mit den Modalitäten der sinnlichen Wahrnehmung im Weltzugang begriffen werden. Damit verbindet sich die linguistische Wende mit anderen – ikonografischen, kognitiven und performativen – „Wenden". Denn die Praxis, die über derartige Modelle generiert wird, ist eine Darstellungskunst eigener Art. Nicht Interessen, auch nicht rationale Denkprozesse allein konstruieren und erklären somit in ihrer Analysiertheit die soziale Realität. Sondern die gesamten theatralischen (Kotte, 2005) Vorgänge sind zu verstehen. Damit komme ich zum zentralen Punkt.

Im vorliegenden Zusammenhang ist nämlich nach den Menschenbildern zu fragen, die die Wahrnehmung des Patienten insgesamt und vor allem den älteren/alten Menschen durch die Profession prägen. In der Literatur wird diese Problemstellung unter dem Aspekt des *Ethos* (definiert als die praktisch von einer Gruppe [Profession] gelebte Moral: Steger, 2008, S. 96 ff.[132]) der „Kultur des Helfens" diskutiert. Diese Diskussion fragt unter der Annahme der Verberuflichung bzw. Professionalisierung (vgl. auch, aber relativ oberflächlich, Schönborn, 2007) der helfenden Tätigkeit nach einer prägenden normativen Handlungslogik dieser sozialen Praxis (empirisch gelungen: die Studie von Cloos [2008] zu Teams in der Kinder- und Jugendhilfe, der auch die Bedeutung der Organisationen als Kultur hervorhebt). Ich verweise hier (vgl. prägnant: Doherr, 2007, S. 123 ff.) auf mein bereits oben definiertes Verständnis von Professionalismus.

Das Hauptproblem, suche ich nun die Effizienz- und Zielerreichungsfragen einer gelingenden Medizin und Pflege auf, ist mit Sicht auf die Integrationsversorgung dabei die Frage nach der optimalen kommunikativen Kooperation der verschiedenen Professionen, mit Blick auf den Menschen aber generell die Sozialkompetenz (dazu Petke, 2004) der Professionen.[133] Hier

---

[132] Zum pädagogischen Ethos empirisch (nach 1945) die Studie von Kopp (2002). Trotz allem Wandel bleibt ein Wesenskern erhalten: u. a. die „sanierende Hinwendung zum hilfsbedürftigen Kind" (Kopp, 2002, S. 253) als „Konsequenz einer gelebten christlichen Nächstenethik" (ebd., S. 253).

[133] *Wissenschaft, Menschenbilder, Pädagogik*: Wissenschaft soll der sozialen Praxis helfen, ihre gesellschaftlich erwünschten Ziele optimaler zu erreichen, als es bislang der Fall war. Das bedeutet keine Wissenschaftsgläubigkeit und nicht die Wahnidee, man könne die Welt ausschließlich und erfolgreich nach den Erkenntnissen der Wissenschaften lenken und gestalten. Aber der Beitrag der Wissenschaft ist angemessen zu berücksichtigen. Im vorliegenden Zusammenhang klärt die wissenschaftliche Forschung über die Notwendigkeit auf, dass das professionelle Handeln in konkreten Handlungsfeldern kritisch dahin gehend hinterfragt werden muss, durch welche Wahrnehmungen und bildproduzierenden Beurteilungsschemata menschliches Handeln bestimmt ist: Wie wird der Mensch im praktischen Umgang mit dem Menschen konstruiert? Welche Folgen haben verschiedene Bilder vom Menschen und die entsprechenden Umgangsformen? Wie muss die soziale Interventions-

– in beiderlei Hinsicht – sind die grundlegenden Fragmentierungslinien, von denen hier kritisch gehandelt wird, verwurzelt. Hier liegen letzte Wurzeln der Misere vor, die angemessen zu verstehen sind. Diese selbstreferentiellen Identitätsfestlegungen der Professionen sind überaus borniert und blockieren[134] derart den Wunsch nach optimalen Kommunikationen, dass

---

praxis im weitesten umfänglichen Sinne (Medizin, Pflege, Psychologie, soziale Arbeit etc.) personell, konzeptionell und ressourcenbezogen aufgestellt sein, damit diese Arbeit ihre Wirkung entfalten kann. Dann ergeben sich Folgefragen. Eine zentrale Frage ist hierbei die Ausbildung und die Haltung des professionellen Personals, das die Intervention durchführt. Sie wird über den Erfolg des Interventionsprogramms im Kontext des gesamten *Settings* mitentscheidend wirken. In einem in diesem Sinne praxeologisch fundierten Blick auf die soziale Praxis kommt den Menschenbildern daher eine Schlüsselrolle zu. Und in der Entfaltung der guten Gründe für diese starke Behauptung einer solchen Schlüsselstellung der Frage nach den Kompetenzprofilen des Personals liegt bereits die Substanz des Arguments ausgebreitet vor. Aufgabe einer sodann sich anschließenden Analyse ist es, den Zwang zur verhaltenskritischen und somit auch moralischen Selbstreflexion in berufspädagogischer Absicht zum Ausdruck zu bringen. Ausgangspunkt ist also der erhobene Anspruch auf wissenschaftliche Praxisfundierung als Praxeologie. *Praxeologie* meint somit die Ausarbeitung orientierender Handlungsempfehlungen (vgl. auch mit Blick auf religiöse Analogien den Art. „Paränese", in RGG, Bd. 6, Sp. 929 ff.; auch Art. „Paränese" I ff. in TRE, Bd. 25, S. 737 ff.) für die praktische Ausgestaltung einer Intervention aus der Sicht wissenschaftlicher Evidenz, ohne auf dogmatischen Grundlagen zu beruhen. Unter *Intervention* ist wiederum im vorliegenden Sachzusammenhang die gestaltende Förderung von *Kompetenzen* einer Adressatengruppe und deren *Umwelt* zu verstehen. In der Systematik der sozialpolitischen Intervention spricht man von pädagogischen und ökologischen Interventionen. Gegenstand der Intervention sind also sowohl die Kompetenzen der Personen der Zielgruppe (pädagogische Intervention) als auch die Umwelten dieser Personen (ökologische Intervention), in denen sich diese Menschen mit ihren Kompetenzprofilen alltäglich bewegen. Ein Beispiel für derlei Perspektiven ist die Frage der Erreichung von Migranten zur Inanspruchnahme präventiver Maßnahmen: Walter u. a., 2007.

[134] *Kommunikation*: Kommunikation ist keine triviale Angelegenheit. Blockaden sind eher evident als die Ausnahme. Denn: „Wenn in unserer Gesellschaft zwei Menschen aufeinander treffen, ist individuell und kollektiv, biographisch und gesellschaftlich bereits so viel geschehen, dass die Situationen dieser beiden Menschen eher als Integral von Anforderungen, die von ihnen bewältigt werden müssen, (…) beschrieben werden müssen." Und „das Spiel ist bereits so sehr in Gang, dass es keinen Sinn macht, das, was jetzt geschieht, in Bausch und Bogen auf die Intentionen der Akteure zuzurechnen." (Baecker, 2007, S. 163) Das wirft ein kompliziertes Licht auf die Personalität der Person. Das Selbstkonzept ist keine umweltlich isolierte Entität (Baecker, 2007, S. 30): „$S \neq S$, wenn $S = S(S, U)$. Das System, S, ist nicht identisch mit sich selbst, wenn es die Funktion, S, seiner selbst, S, und seiner Umwelt, U, ist." (Baecker, 2007, S. 30 FN 28) In Analogie zu Kurt Lewins Feldtheorie (Lewin, 1963; zu Lewin vgl. auch Schönpflug, 2007), wonach das Verhalten V eine Funktion f der Person P und ihrer Umwelt U ist ($V = f[P, U]$), formuliert Baecker (2007, S. 168) mit Blick auf die Attributionstheorie das Konzept der Individualität um zu $P = P(A, S)$, wobei die Person P im Sinn der Selbstreferentialität ihre eigene Funktion P von Attributionen A in Situationen S ist. Das wirft insgesamt

IV. Vom Gesundheitswesen zu einer anthropologischen Methodologie   113

die rechtlichen Gliederungen (System der Sozialgesetzbücher auf der Grundlage des Kausalprinzips[135]) und die Anreizlogiken von Vergütungssystemen[136] zwar kausale Korrelate der Fragmentationen[137] sind (was nicht wenig ist, wenn diese Zusammenhänge grundlegend, d.h. theoretisch verstanden werden) und diese wiederum durch Reformen dieser rechtlichen und ökonomischen Rahmenbedingungen überwunden werden könnten. Soweit gelten die Einsichten verhaltenswissenschaftlicher Beobachtungen in der modernen Institutionen- und Mikroökonomie.

Ein Forschungsbeispiel: Eigene empirische Forschungen haben die sinnlose Gegenüberstellung von Psychologie und Soziologie und damit die Re-

---

ferner aber auch ein schwieriges Licht auf die Frage, welche gezielte Veränderungskraft im Pädagogischen liegt. Nicht, dass Sozialisation nicht letztendlich dem Prozess gewidmet ist, der alles erklärt, alles hervorbringt: der Menschenbildung. Aber, und das ließe sich als Vorwurf des Romantischen bei Erich Kästner (anders: Doderer, 2002) formulieren, müssen die Grenzen des pädagogisch Machbaren nüchtern immer mitgedacht werden. Den Menschen immer im Mittelpunkt seiner Arbeiten, auf Verantwortung und Schuld insistierend (und damit ein erhebliches implizites non- bzw. anti-theologisches Theologiepotenzial beherbergend, dabei eine in der Forschung noch ungeklärte Nähe zu Tillich aufweisend), aber tiefgreifend-ambivalent bleibend, ist Schnurre – im Gegensatz zur Andeutung bei Arnold (2004, S. 12), Schnurre hätte sich (wie andere) nur als Opfer verstanden – einzuschätzen (aspektreich: Blencke, 2003). Ansatzweise auch herausgearbeitet bei Adelhoefer, 1990 (vgl. auch Schwardt, 1999). In der Tat, wie in der Schnurre-Sekundärliteratur durchgehend konstatiert, hermetisch versprachlicht: Lambrecht, 1980. Dass Lambrecht die Verstrickung des Menschen in Geschichte und Gesellschaft meint (ebd., S. 6 sowie S. 16), hätte man zwar kompliziert, aber dennoch verständlich darlegen können.

[135] Vgl. Brück, 1976, S. 58 f. sowie Badelt/Österle, 2001, S. 19.

[136] *Honorierungslehre der Anbieter*: Unterstellt man die *homo oeconomicus*-Hypothese (Rational choice-Ansatz) und spezifiziert diese als Einkommensmaximierung der Anbieter, so reagieren Anbieter entsprechend rational auf die verschiedenen Formen der Vergütung und ihrer Variation. Wichtige Parameter in dieser Analyse sind Mengeneffekte, Risikoselektion und Qualität. Bei Erstattung aller Kosten sind die Mengen expansiv (Köpfe, Fälle, Einzelleistungen), die Neigung der Anbieter zur Risikoselektion gering und die Qualität hoch, eventuell aber auch gefährdet, da Neigungen zur Überproduktion bestehen. Bei Pauschalvergütungen sind Expansionen in den Fällen und Einzelleistungen bei Kopfpauschalen für die Anbieter nicht attraktiv, bei Fallpauschalen ist die Maximierung der Einzelleistungen nicht attraktiv. Die Neigung zur Risikoselektion steigt; die Qualität kann gefährdet sein (Gefahr des Qualitäts-Dumpings), die Neigung zur Unterproduktion ist angelegt. Alles gilt nur c.p. und ist annahmeabhängig. Die Empirie stützt jedoch diese Aussagen. Politisch-rechtliche Reaktionen zur Minimierung der Versorgungsrisiken sind Systeme des Qualitätsmanagements, Instrumente des Einbaus solcher Systeme in das Vertragsmanagement, Formen der Wirtschaftlichkeitskontrolle, Stärkung der Patientenrechte und der Schaffung von mehr Transparenz. Hinsichtlich der Risikoselektion spielt die Integrationsversorgung wiederum problemreduzierend hinein.

[137] Sektorübergreifende Vergütungen durch entsprechende Budgets können auch ökonomisch Sinn machen: Vgl. auch am Beispiel der Psychiatrie: Roick u.a., 2008.

levanz des Denkens im philosophisch-anthropologischen Paradigma der Verstrickung am Beispiel der Überschuldung privater Haushalte demonstriert, ein Beispiel, das hier nun in exemplarischer Absicht zur Verdeutlichung kurz angeführt werden darf. Der Markt ist quasi eine heilige Ordnung, und „Geld haben – Geld nicht haben" ist der binäre Code der Tempeleinlassliturgie. Jeder Konsumakt gleicht einem eucharistischem Akt, ist Teil eines Prozesses ständiger Kommunion, der Aufnahme des Menschen in die Gemeinde der Konsumgesellschaft; an ihrem Leib, an ihrem Geist nicht teilhaben zu können, kommt einem gesellschaftlichen Ausschluss gleich, führt zur Stigmatisierung und mag viele Menschen in ihrer Bewältigung der persönlichkeitsbezogenen Entwicklungsaufgaben im Lebenslauf gefährden oder sogar überfordern, fundierte Selbstkonzepte jenseits einer statusorientierten Konsumpraxis zu entfalten (vgl. Schulz-Nieswandt/Kurscheid, 2007).[138] Otto (2002a, S. 139): „Wo einer im Umsehen zum reichen Mann wird, da wird ein anderer im Umsehen zum Bettler." Dieser antike, ursprüngliche Zusammenhang von Gewinnmachen und Betrug zeichnet sich somit als Nullsummenspiel ab: Dieser Ursprung des Marktökonomischen war somit vorparetianisch. An diesem Beispiel, auf das ich noch mehrfach analogisierend zurückkommen will, macht deutlich, dass durch kulturwissenschaftliche Perspektiven, wie sie etwa theoretisch im „Handbuch der Kulturwissenschaften" (Jaeger/Liebsch, 2004) dargelegt und skizzenhaft fundiert werden, neue Dimensionen aufgeschlossen werden, die sonst verschlossen bleiben, aber für eine Urteilsbildung hoch relevant sind. Denn es geht hier um die „Schuld an der Schuld".

Doch, und ich setze einen Absatz, um die Bedeutung des nachfolgenden Satzes herauszustellen, die kulturellen Weltbilder[139] (die Konstruktionen der eigenen beruflichen Selbstverständnisse sowie der Interventionsgegenstände

---

[138] Zu dem ursprünglichen Zusammenhang von Gewinnmachen und Betrug vgl. Otto (2002a, S. 136 ff.) in seiner Hermes-Interpretation. Vgl. auch Kurnitzky, 1994.

[139] *Weltbilder und Zeithorizonate*: Grundlegung zu dieser Kategorie im Lichte einer kulturevolutorischen Sicht universalgeschichtlicher Art: Dux, 2005. Zu Dux vgl. auch Wagner/Murrmann-Kahl, 1996. Weltbilder sind in der Regel unbewusst bleibende erkenntnis- und sodann auch handlungsleitende Deutungsmodelle der Welt (zur Kategorie der Deutungsmuster vgl. überblickshaft: Kassner, 2003). Weltbilder (RGG, Bd. 8, Sp. 1406 ff.) implizieren Ordnungsvorstellungen, Raum- und Zeitkonzepte, Kausalitätsmodalitäten, Klassifikationssysteme u.a.m. So betrachte ich diese Thematik im Brennpunkt verschiedener, sich überlappender Zeitmodalitäten (zu einer Morphologie der Zeit vgl. auch Gloy, 2006; zur Psychologie der Zeitbewältigung vgl. Morgenroth, 2008). Zu unterscheiden sind die biographische Zeit der Person, die Zeit der gesellschaftlichen Zeitgeschichte und die Zeit der „langen Dauer" (der „longue durée"), die im strukturgeschichtlichen Sinne über Jahrhunderte hinweg mentalitätsprägend wirkt – im Sinne der französischen Geschichtsschreibung der ‚Annales d'histoire économique et sociale' (Landwehr, 2008, S. 27 ff.). Das wird mich noch öfters beschäftigen. Vgl. schon Cassirer (1996, S. 83 ff.), wo er

IV. Vom Gesundheitswesen zu einer anthropologischen Methodologie 115

[Krankheit, Pflegebedürftigkeit, Behinderung etc.] der Akteure) sind zwar nicht anreiz-resistent, weisen aber ein größeres Verharrungsvermögen auf als oftmals in der (vor allem ökonomischen) Forschung angenommen wird (Schulz, 2006 zum Krankenhaus) und kennzeichnen die tief eingelassenen Grammatiken intrinsischer Motivation. Medizinwandel ist daher Kulturwandel, keine Frage parametrischer Reformen der handlungssituativen Rahmenbedingungen, wie es aus der Modellierung des impliziten cartesianischen Dualismus des ökonomischen Mainstream-Paradigmas herzuleiten wäre.[140] Zumindest ist der Medizinwandel nicht ausschließlich und hinreichend zu begreifen als externe Anreizproblematik. Soweit stoße ich an die epistemischen Grenzen der üblichen verhaltenswissenschaftlichen Beobachtungen. Es wird also das tiefengrammatische Skript der personalen Handlungspraxis betont, um die Professionalität eines Berufes zu charakterisieren. Es mag soziologisch strittig bleiben, ob hiermit eine hinreichende Differenz zwischen Beruf und Profession geleistet ist. Ich zähle auf jeden Fall noch die rechtlichen Regime der regulierten Marktzutrittsbarrieren (berufsständischer Art) hinzu. In diesem Lichte werden dann auch die Professionalisierungsabstände zwischen der Medizin und der Pflege (vgl. auch Cassier-Woidasky, 2007, S. 17)[141], die in der einschlägigen Literatur seit Jahren ausgiebig konstatiert und diskutiert werden, deutlich.[142] Die historischen Wurzeln der berufsständischen Selbstorganisation liegen in der Medizinalreformbewegung der 1848er Jahre (einschlägige Literatur dazu in Balkhausen, 2007). Es war ein Kampf um Standeseinheit, Expertenstatus und Marktmonopol, der ins frühe 20. Jahrhundert hineinreicht (aber bereits sehr frühe, mittel-

---

auch bereits wichtige Erkenntnisse der aktuellen Theorie des kulturellen Gedächtnisses vorwegnimmt und Aussagen zu den *Mnemen* macht.

[140] *Raumtheorien*: Die Differenz ist epistemologischer Art: Sie betrifft die Ontologie wissenschaftstheoretischer Subjekt-Objekt-Relationen. An der Raumtheorie (vgl. auch Klamt, 2006) wird diese deutlich. Räume, in denen sich Menschen unter dem Aspekt ihrer Selbstentfaltung bewegen (können), sind einerseits Konstrukte sozialer, kulturell codierter Praktiken. Andererseits sind Räume, haben sie sich erst einmal materialisiert, wie Container auch objektive Bahnungen und strukturierende Handlungsfelder für die Individuen. Vgl. auch Kessl/Reutlingen, 2007. Jedenfalls ist Schmitz (2005, Bd. III, Teil 1, S. XIII) zuzustimmen, wenn er im Lichte seiner Leiblichkeitsphänomenologie Subjekt und Raum nicht als „Aufreihung im Nebeneinander" (*juxtaposition*) nennt, sondern als „wechselseitige Durchdringung" (*pénétration mutuelle*).

[141] Zu den Problemen ausbleibender Professionalisierung der (Krankenhaus-) Pflege im 19. Jahrhundert in Österreich vgl. Walter, 2004.

[142] Am Beispiel der pädagogischen Professionalität kann ich mich auch an das reichhaltige Material und an die Theorieperspektiven in Combe/Helsper (1996) halten. Krampe (2009) rekonstruiert diskursanalytisch, wie die Professionalisierung der Pflege nicht gelingen konnte, da die Auseinandersetzung mit der Medizin unterblieb und sich die Pflege anderen Diskursen subsummiert, insbesondere den Ökonomisierungsdebatten in der Gesundheitsreform.

alterliche Wurzeln aufweist: Mühlsteff, 2008)[143]. Er war damals aber partiell (wie bei Virchow) noch verbunden mit einem ehrlichen Engagement für Sozialreform und Armutsbekämpfung (vgl. dazu auch – bei Balkhausen nicht angeführt – Schulz[-Nieswandt], 1987a und ders., 1988).

2. Zu einer anthropologischen Methodologie der Analyse

Was ist Kultur? Was ist Medizin? Und was ist dann, als Synthese, Medizinkultur?

Semiotik der Kultur und des Kulturwandels: Ein Annäherungsversuch aus semiotischer (Kjorup, 2009) Sicht (Art. Semiotik, von H.-Chr. Koller, in: Bohnsack/Marotzki/Meuser, 2006, S. 144–147; vgl. insbesondere Nünning/Nünning, 2003) soll zunächst dargelegt werden. Dabei wird zugleich, und das ist für mich überaus wichtig, kein Gegensatz eröffnet zwischen Semiotik und Performativität. Denn die performative Praxis funktioniert ja nach einem Skript, das zu lesen ist. Aber die Theatralisierung als Inszenierung des Stücks ist ein Aufführungs- und Darstellungsprozess und unterliegt Mechanismen (ohne hier prozessphilosophisch orientiert zu sein), die wiederum der performativitätsorientierten Analyse zugänglich gemacht werden müssen.

Kultur: Kultur ist, folgt man dem modernen Stand der wissenschafts- und erkenntnistheoretisch überaus selbst-reflexiven Kulturwissenschaft (vgl. Wirth, 2008, S. 60 f.), ein „Tradierungsgewebe", welches einerseits als Archiv für Diskurse und Diskursnetze dient, andererseits für Wandel und Transformationen offen ist. Greife ich (Wirth, 2008, S. 42 f.) die Stempel-Methapher (bei Cassirer) auf. Folgt man Platons *Mnemosyne*-Mythos, so handelt es sich um Wachs bzw. um eine Wachstafel. Aber was wäre aus kulturwissenschaftlicher Perspektive das Analogon zum „Wachs der Seele"? Nicht nur muss auch das Prozessurale in den Blick geraten; es geht um kulturelle Einschreibungen (Scription), die im Rahmen einer allgemeinen Theorie der Schrift begriffen werden müssen. Dabei kommt es zum Wirken der Dispositive (als ein Netz von Diskursen), der Dynamik von Machtstrategien, die das epistemische und in der Folge das kulturpraktische Feld strukturieren.

Gesellschaft ist ein Bühnenstück (zur Theatermetapher vgl. auch Kotte, 2005). Dem liegt ein Text (RGG, Bd. 8, Sp. 196 ff.) zugrunde. Gesellschaft ist insofern entschlüsselbar, (leicht?) lesbar, interpretierbar. Im Lichte der Reichweite dieser Herangehensweise, dieser (wissenschaftlichen) Lesart der

---

[143] Strittig ist die Frage, inwieweit diese „Medikalisierung" einherging mit einer Zurückdrängung der Frau aus dem Heilwesen. Vgl. etwa Danninger, 1998.

(praktischen) Lesbarkeit[144] der sozialen Welt ist die Semiotik[145] ein angemessener Zugang zur Problematik, nicht der einzige[146], aber ein möglicher, m.E. ein zweckmäßiger Zugang.

Wir alle spielen Theater (RGG, Bd. 8, Sp. 209 ff.), konstatierte Goffman[147] (2006). Oder: „Die ganze Welt ist eine Bühne" – so der Althistoriker Hölkeskamp (2006, S. 35). Wenn das so ist, dann funktioniert Gesellschaft nach einem Skript (Willems, 1997, S. 263 ff.), einem Drehbuch. Die Akteure sind Rollenspieler (dazu anspruchsvoll Krenski, 2007, S. 33 ff. mit weiterer, z.T. theaterwissenschaftlich [vgl. sehr instruktiv Kotte, 2005] angelegter Literatur)[148] – kreative, innovative, viele auch nur mittelmäßige Darsteller. Aber Rollentheorie[149] und Subjektivität (vgl. aber auch Art. „Subjektivismus", in RGG, Bd. 7, Sp. 1816 ff.) bzw. Kreativität, somit auch Wandel von Stücken schließen sich nicht aus (vgl. auch Popitz, 2006).[150]

Identität und Performanz im Rollenspiel: Über die Zeit hinweg wandeln sich die Geschichten in ihrer Performanz (Wulf/Zirfas, 2005; Tschopp/Weber, 2007, S. 111 ff.) ab. Identität (Art. „Identität" in TRE, Bd. 16, S. 28 ff.) erfahren die Akteure hier nur über die Rolle[151]; dies entspricht der ethnologisch-kulturgeschichtlichen Aufdeckung der Bedeutung der bereits von M. Mauss (1872–1950) so rekonstruierten *persona* als Maske (Kotte, 2005, S. 235 ff.; Art. „Maske/Maskierung" von Naacke, in Auffarth/Bernard/

---

[144] Zur semiotischen Methode im literarischen Werk von Joyce: Herr, 1986. Insofern meint „Lesart der Lesbarkeit" die Relationierung von Wissenschaft und Alltagspraxis oder nicht-wissenschaftlicher Mediatisierungen des menschlichen Alltags, wie z.B. Literatur.

[145] Auch, wie noch zu zeigen sein wird, für die Medizin selbst: vgl. Krampen (2004) über Thure von Uexküll. Vgl. vor allem Adler u.a., 2008.

[146] Hier bin ich nicht dogmatisch ausgerichtet.

[147] Zu Goffman einführend Raab, 2008.

[148] *Maske bei Plessner*: In der Anthropologie von Plessner dient zur Explikation dieses Sachverhaltes die Kategorie der Maske (vgl. Schüßler, 2000, S. 65). Plessner, dem es letztendlich um eine politische Theorie geht, legt vor diesem Hintergrund Wert auf die Individuation aus der sozialen Distanz heraus; dagegen zentriert Scheler (vgl. auch Henckmann, 1998) seinen Personenbegriff um das Prinzip der Liebe, die Nähe generiert.

[149] Zum älteren Diskussionsstand der deutschen Rollensoziologie vgl. auch Dreitzel, 1972 sowie Haug, 1977. Vgl. ferner Wiswede, 1977.

[150] Dass Subjektivität an ihrer gesellschaftlichen Voraussetzung gebunden bleibt, also Freiheit nicht vom „Herrensignifikanten" gelöst werden kann, ist eine zentrale Sichtweise der Philosophie von Zizek (vgl. Butler, 2006). Insofern ist Autorität, Wahrheit, aber auch Aufklärung und individuelle Freiheit eine nicht nur tiefenpsychologisch, sondern letztlich auch sozialontologisch unlösbar widerspruchsvolle Angelegenheit.

[151] Vgl. auch Gadamer, 1993, S. 24.

Mohr, 2005, Bd. 2, S. 390 ff.[152]; Konersmann, 2006, S. 156 ff.; Moebius, 2006, S. 68 f.).[153] Rollenspiele entindividualisieren aber nicht den Menschen. Im Gegenteil: Rollenspiele personalisieren erst, wo sonst nur, existenzialphilosophisch[154] gesprochen, absurde (vgl. Art. „Absurde, das", in RGG, Bd. 1, Sp. 90 f.) Leere, sozialontologisch: das Nichts (Art. „Nichts, das", in RGG, Bd. 6, Sp. 286 ff.)[155] wäre.[156] Und in diesem Bezugsrahmen hat Kästner wohl Recht: „Die Geschichte des Wortes Person ist die Geschichte des Selbstbewußtseins des Menschen." (Kästner, 2002, S. 87)[157]

---

[152] *Persona und persu*: Bei genauerer Sicht geht die römische (somit lateinische) – vgl. dazu auch Fuhrmann (1996) – Begrifflichkeit der *persona* als Maske des Theaterwesens bereits auf etruskische (*persu*) Wurzeln (wobei in der neueren Archäologie sich doch die Vermutungen über die anatolischen Wurzeln der Etrusker [Husemann, 2007] zu bestätigen scheinen: Epoc 2009, S. 77) zurück: Camporeale, 2003, S. 53, hinterfragt allerdings bei Weihe, 2004, S. 28. Vgl. insgesamt aber auch Schabert, 2002. Zur Funktionalität der Masken, soziologisch wie psychologisch gesehen, und in Nähe gerückt zu theatralischen Inszenierungen: Kreissl, 2007. Zur Konstatierung einer Scheinetymologie vgl. Weihe, 2004, S. 28.

[153] Kaum einzuholen ist die differenzierte Auseinandersetzung mit Ontologien und (philosophischer) Anthropologie der Person bei Theunissen, 1966. Vgl. aber auch (speziell zugeschnitten auf mein Problem) Quante, 2007 sowie ders., 2007a.

[154] *Existenzphilosophie und Existenzialismus*: Hier ist anzumerken, dass die terminologische Nutzungspraxis von Existenzphilosophie, Existenzialismus und Existenzanalyse nicht einfach ist. Vgl. dazu das Lexikon von Thurnherr/Hügli, 2007. Es gibt erhebliche Zusammenhänge und Einflüsse zwischen verschiedenen Richtungen und Personen, es gibt auch immer zugleich erhebliche Abgrenzungen und Negationen: „Am Ende erscheint aus den angeführten Gründen der Existenzialismus als ein Etikett, das sich niemand anhängen lassen mag, und die Existenzphilosophie insgesamt als eine Art Vereinigung, der niemand wirklich beitreten will, obwohl viele öffentlich als Mitglieder gehandelt werden." (Thurnherr in seiner Einleitung zu Thurnherr/Hügli, 2007, hier S. 17) Mit Bezug auf die neo-psychoanalytischen Ich-Psychologie(n), den neo-psychoanalytischen Theorien der Objektbeziehungen einerseits und den existentialistisch-phänomenologischen Ansätzen (einschließlich der Richtung von Rogers) andererseits schreibt Kegan (1986, S. 22): „Die Beiträge beider Richtungen sind so wichtig, daß ihre Vernachlässigung immer einen Verlust darstellt. Für sich genommen befindet sich jedes dieser beiden Systeme jedoch in Schwierigkeiten und es ist keineswegs einfach, sie zu vereinen." Von Kegan wird der Ansatz von Rogers (zu Rogers vgl. Groddeck, 2006) aber überführt in eine Neo-Piagetsche Persönlichkeitspsychologie.

[155] *Nichts*: Gleichwohl konstituiert die Idee des Nichts die Wirklichkeit: „Erst durch diese Gegenwart des ‚Nichts' wird unser Blick frei und kann sich der philosophischen Grundfrage nach dem Sein des Seienden im Ganzen zuwenden." Art. „Angst" von Burkard, in Thurnherr/Hügli, 2007, S. 25–27, hier S. 26. Vgl. die theologische (auf Pareyson, Rosenzweig, Barth und von Balthasar [1905–1988] sowie Schelling [1813–1855] eingehende) Studie von Bangerl (2006) zum Nichts als Abgrund der Freiheitsgeschichte.

[156] Bei Saint-Exupéry (1900–1944; Art. „Saint-Exupéry, Antoine de", in RGG, Bd. 7, Sp. 746 f.) ist der Mensch nur als Knoten sozialer Beziehungen zu denken: Estang, 1994, S. 72 ff.

Maske steht nun in der etymologischen Korrelation zur Person nicht als Form der Entfremdung des *wahren* Menschen (das wäre die Maske in der Bedeutungsgeschichte von *maschera* [Weihe, 2004, S. 37], und findet sich im Begriff der Charaktermaske [vgl. auch Kotte, 2005, S. 244 ff.] bei Marx [Weihe, 2004, S. 310 ff.] wieder). Sondern nur so, über die Maskenfunktion, wird Identität über die Entwürfe von Alterität möglich. Der Mensch ist, was dem Menschen fehlt (vgl. Mattheus, 1984, S. 321 mit Bezug auf Bataille; zu Bataille vgl. auch Böhme, 2008, S. 190 f.). Fiktionalität, um mit Iser[158] (1993, S. 140) zu argumentieren, bietet die Möglichkeit, bei sich und außer sich zu sein, so und auch anders zu scheinen. Diese Möglichkeit zum *homo duplex* hat Weihe (2004), auf Plessner zurückgreifend (Weihe, 2004, S. 349 ff.), zum Kernbefund seiner paradoxen Theorie der Maske als Form gemacht: „Die Maske ist die Hypothese der Existenzform eines Anderen." (Weihe, 2004, S. 16 f.)

3. Zu einer philosophischen Anthropologie der Medizin

Die Maske des Heros: Und die Maske der Medizin ist der Heros (Art. „Heros" in Roscher 1993, Sp. 2441 ff.), der den Tod bekämpft. Die Differenz zwischen Heros (Art. „Heroen", in RGG, Bd. 3, Sp. 168 f.) und Gott (Art. „Gott", in RGG, Bd. 3, Sp. 1098 ff.), die im Kontext archaischer (vgl. Art. „Archaik", in RGG, Bd. 1, Sp. 707 f.) und klassischer griechischer Religion (vgl. auch Art. „Griechische Religion" in TRE, Bd. 14, S. 235 ff.) noch unverrückbar ist, mag in der Populärkultur des ärztlichen Wahrnehmungsbildes verloren gegangen zu sein („Gott in Weiß")[159]; aber angesichts der sisyphosartigen Problematik der Medizin ist der Arzt (vgl. auch Art. „Arzt", in RGG, Bd. 1, Sp. 801 ff.) eine tragische Gestalt, wenn er teleologisch auf diese Aktualisierung des Mythos aus ist. Denn als Sisyphosarbeiten nennt man Aufgaben, die man trotz aller Mühen und Versuche nie erledigen kann, klassisch zum Ausdruck gebracht im 11. Gesang des Odysseus (593–600). Die Auseinandersetzung mit dem Tod (vgl. Art. „Tod", in RGG, Bd. 8, Sp. 427 ff. sowie Art. „Tod" in TRE Bd. 33, S. 579 ff.) scheint u. U. überhaupt am kulturgeschichtlichen Ursprung angelehnt zu sein (vgl. auch die große, historisch umspannende Darstellung bei Kellehear, 2007). Denn Weihe verweist auf die Studien des Schweizer Altphilo-

---

[157] Vgl. auch die Studie von Hackländer-von der Way (2001) zur biographischen Identität und zum Personalcharakter altägyptischer Beamten.

[158] Zu Iser vgl. den Art. „Iser, Wolfgang" von Winkens in Nünning, 2004.

[159] Die Frage nach inneren Funktionsverknüpfungen von Gott, König, Richter und (ärztlichem) Heiler ist aber, verlässt man das Niveau populärwissenschaftlicher Kulturgeschichte, ungleich komplizierter: z. B. Loretz, 2003 zu altorientalischen und biblischen Texten.

logen und Ethnologen Karl Meuli (1891–1968), der auf Ahnenkultkontexte hinweist und Masken „als Instrumente einer ritualisierten Auseinandersetzung mit dem Tod"[160] (Weihe, 2004, S. 20 f.) definiert (Meuli, 1975). Und auch hier gelingt eine Parallele, nämlich zur strukturalistischen Interpretation der Masken bei Lévi-Strauss (geb. 1908, hier Lévi-Strauss, 2004), für den die Masken nicht nur Instrumente der Kommunikation der Lebenden mit den mythischen Tierahnen (Art. „Ahnen/Vorfahren" von Guzy, in Auffarth/Bernard/Mohr, 2005, Bd. 1, S. 39 ff.; Art. „Ahnen/Ahnenverehrung", in RGG, Bd. 1, Sp. 225–231) darstellen, sondern immer das System sozialer Beziehungen repräsentieren.

Die göttliche Maske der Medizin ist ebenso nicht ohne die Dyade von Arzt und Patient (individuelle Ebene), von Medizinsystem und dem gesellschaftlichen Reproduktionssystem (kollektive bzw. systemische Ebene) denkbar. Wenn die Medizin mit dem Tod *konfrontiert* ist, braucht sie wohl auch eine Maske. Denn in Rekurs auf die griechische Sprachwurzel von *prósopon* ist die *Frontalität* der Maske in der Tragödie zentral: Die Maske muss blickmäßig auf den Betrachter gerichtet sein (vgl. auch Calame, 1986, S. 138).

Doch die Transformation, definiert als die Praxis, in der Medizin die Maske des Göttlichen aufgesetzt wird, verbirgt das Andere. Denn die Alterität lebt (reziprok konstituiert) von einer Identität, die verborgen ist: „Zur Maske gehört die Suggestion eines Dahinter, und erst die Existenz eines Dahinter weist die Maske als Maske aus" (Weihe, 2004, S. 17).

Masken sind Teil eines sozialen, pragmatischen Inszenierungsgeschehens (Art. „Szenisches Verstehen", von H.-D. König, in Bohnsack/Marotzki/Meuser, 2006, S. 150–151), oftmals ritualisiert und somit einem kulturellen Sinnzusammenhang eingefügt. Ringt der Mensch (in der Rolle des Patienten) mit dem Tod (Kellehear, 2007), so figurieren die leidenden (Art. „Leiden", in RGG, Bd. 5, Sp. 233 ff.; Art. „Leiden" in TRE Bd. 20, S. 669 ff.) Menschen in diesem Drama des Lebens als *dramatis personae*. Hier finden, wenn die Konstellation als soziale Dyade verstanden wird, Übertragung und Gegenübertragung (Langlitz, 2005, S. 213 ff.) statt. Denn auch der Arzt ist als Heros eine dramatische Figur. Und der Patient muss mitkämpfen. „Richtig ist (somit – S.-N.), daß die Maske im Mittelpunkt einer Praxis steht. Um Aussagen über die Maske zu machen, muß diese Praxis vergegenwärtigt werden." (Weihe, 2004, S. 31) Es muss also die soziale, kulturell codierte Praxis der klinischen Medizin verstanden werden.

---

[160] Und die Kunst scheint eine allererste Antwort auf den Schock der bewusst gewordenen Endlichkeit der menschlichen Existenz zu sein, wie Zimmermann (1998, S. 51) am sumerischen Gilgamesch-Ethos (vgl. die Übersetzung von Ranke, 2006) demonstriert (vgl. auch Art. „Gilgamesch", in RGG, Bd. 931 f.; vgl. auch Sallaberger, 2008). Etwas stark panbabylonistisch, aber dennoch spannend: Jensen, 1906.

IV. Vom Gesundheitswesen zu einer anthropologischen Methodologie 121

Kausalität und ε-phänomenologische Daseinshermeneutik in der Medizin: Um ein großes Missverständnis zu vermeiden, schiebe ich hier eine Anmerkung ein, die mir wichtig ist (um danach nochmals kurz und abschließend auf die Maske der klinischen Medizin sprechen zu kommen).

Eine ganzheitliche Medizin (Christian, 1952, S. 119; im Lichte des biopsychosozialen Modells: Egger, 2005) bedeutet nicht, dass nun die Sozialarbeit klinisch diagnostiziert und letztendlich operiert![161] Wenn in der vorliegenden Arbeit eine neue medizinische Anthropologie im Rückgriff insbesondere auf die daseinsanalytische Psychiatrie und auf existenziale Entwürfe philosophischer Art (bei Gadamer [1900–2002] etwa, den Engelhardt [1999] bei seiner Darlegung der Philosophiegeschichte der Schmerzsinngebung völlig übersieht) versucht wird, so geht es darum, Krankheit (Art. „Krankheit" in TRE Bd. 19, S. 675 ff.) anders zu verstehen, sie dem Menschen im Kontext seiner ganzen Lebenslage[162], seiner Existenz, seines Lebenslaufes (Christian, 1952, S. 126 und 128; vgl. auch Blanke/Wildt, 2007 am Beispiel der Depression) hermeneutisch zu erschließen (vgl. auch Weiß [1994, S. 128 ff.] in Auseinandersetzung mit dem Werk von Pareyson, an dieser Stelle mit einem Verweis auf Frankl: 1905–1997).[163] Der Patient darf nicht fragmentiert (Böker, 2003) behandelt werden. Diese Akzeptanz von Krankheit und das Sicheingestehen der Erkrankung als Annahme der Krankheit dürfen nicht falsch verstanden werden. Krankheiten sollen, wenn möglich, vermieden werden. Krankheiten sollen, wenn möglich, geheilt werden. Aber zu beiden Prozessen, auch in einem dritten Fall, wenn Krankheiten chronifiziert sind und/oder zum absehbaren Tode führen, ist die Krankheit anzunehmen. In diesem Sinne ist wohl auch die theologisch-ethische Arbeit von Hagen (1999) zu verstehen, der das Problem gerade von älteren und überholten Deutungsmustern ablöst. Dennoch macht es einem so manche theologische Anthropologie auch nicht leicht, die vorgeführten Perepetien nachzuvollziehen. Für mich zeigen noch die neuesten Versuche, durch einen Diskurs mit den Humanwissenschaften (etwa bei Waap [2008] in Auseinandersetzung mit Barth und Pannenberg[164]), die fehlende Notwen-

---

[161] In der Situation der Lebensbedrohung sieht auch Willy Hellpach (1877–1955) die ganze Bedeutung des Arztes darin, klinisch gut zu sein – und dies trotz der Betonung der medizinischen Anthropologie im Rahmen einer integralen Anthropologie: vgl. Beier, 2006, S. 85.

[162] Das gilt auch für andere soziale Professionen. Vgl. zum Problem der Hermeneutik aller Facetten biographischer Lebenswelten von Arbeitslosen im Rahmen der Arbeitsvermittlung: Sondermann/Ludwig-Mayerhofer/Behrend, 2007.

[163] Kristeva konnte so die Depression und die Melancholie der klinischen Zuspitzung auf eine Psychopathologie entreißen und das Kreativitätspotenzial des „depressiv-melancholischen Komplexes" tiefenpsychologisch-hermeneutisch skizzieren: Kristeva, 2007.

[164] Vgl. auch Pannenberg, 1976.

digkeit, bei der ontologischen Herausarbeitung der Vorgängigkeit des Wir vor der Individualität zwingend Gott vorauszusetzen. Was bei Barth offensichtlich ist, wird auch bei Pannenberg (1976) letztendlich erkennbar: Den Diskurs mit den Humanwissenschaften zu führen, um doch alle Befunde wieder einzuordnen in den Absolutismus der Theologie Gottes. Ich hole in dieser Arbeit also deshalb so weit aus, um die hinter der betitelten Problematik des Wandels der Medizinkultur als Organisationsentwicklung eine allgemeine Anthropologie der Humanwissenschaften im Horizont der Fundamentalontologie zu skizzieren, die eben keiner Theologie bedarf.

Wieland (1986) hebt jedoch noch einen anderen Aspekt des Strukturwandels des ärztlichen Leitbildes hervor. In dem Moment, wo sich die Medizin im Kontext der allgemeinpräventiven Gestaltung der Lebensverhältnisse populationsbezogen prohabilistisch orientiert, geht die Subjekt-Subjekt-Beziehung verloren oder tritt gesundheitspolitisch zurück. Doch sehe ich dies nicht als Substitutionsprozess. Die auch von Wieland geforderte Kreisung des ärztlichen Handelns um die personale Identität des Menschen in der Rolle des Patienten bleibt erhalten. Nur gehören die Einbettung und das Verständnis der Einbettung des Menschen in seine Lebensverhältnisse mit zu einer ökologischen, transaktionalistischen Auffassung von personaler Identität (dazu auch Gillissen, 2008). Damit wird auch deutlich, warum in R. Boudons Theorie (Moebius/Peter, 2004a, S. 12 f.) die Formel

$$M = MmSM'$$

nichts besagt, wenn nur behauptet wird, dass das soziale Phänomen M eine Funktion der Handlungen m ist, die wiederum von der Situation S des Akteurs und die wiederum von makrosozialen Faktoren M' abhängen. Schon in Lewins Feldtheorie (zu Lewin vgl. auch Schönpflug, 2007) musste spezifiziert werden, wie P (Person) und U (Umwelt) zusammenhängen, wenn gelten soll, dass das Verhalten V eine entsprechende Funktion sein soll (vgl. auch Lück, 2009, S. 85 f.):

$$V = f(P, U).$$

V. v. Weizsäcker und Plessner im Vergleich: Diese transaktionalistische Theorie findet ihre Begründung in der Theorie pathischer Existenz bei V. v. Weizsäcker und positionaler Existenz bei Plessner (Rasini, 2008). Es geht um das Erleiden des Organismus in seiner Beziehung zur Umwelt. Damit wird die personale Subjekt-Haftigkeit des Menschen theoretisch geboren. Denn dieses Leiden zwischen Sein und Nicht-Sein (Tod) als Spektrum zwischen Aktivität und Passivität im dynamischen Sein von Werden, Krise und Absturz ist die (Ontologie der) existenzielle(n) Modalität des Menschen

IV. Vom Gesundheitswesen zu einer anthropologischen Methodologie 123

als Form des Werdens, der Bewegungen, der Korrelation zur Umgebung. In der Gestaltkreis-Idee bei Weizsäcker kommt diese Transaktionalität von Organismus und Umwelt zur figurativen Darstellung. Plessner hat dies alles dann philosophisch präziser gefasst. Die Person ist nicht, sie wird und bildet eine mehrdimensionale Relationalität des In-der-Welt-Seins aus – als Außenwelt, als Innenwelt und als Mitwelt.

Thure von Uexküll: Es geht nicht darum, dass die Hermeneutik der Krankheit im Kontext der ganzen personalen Existenz die Kausalität[165] der Krankheit in therapeutischer Hinsicht als irrelevant ausgrenzt. Nur muss die der Kausalität verpflichtete klinische Medizin ihr eigenes Tun dem ganzen existenziellen Kontext der Personalität als Daseinsmodus einordnen (vgl. dazu die wissenschaftstheoretische Position von Thure von Uexküll, deutlich herausgearbeitet bei Goldbach, 2006, S. 110 f.). Statt einem *Philosophicum* haben MedizinerInnen heute ein *Physicum*; und die Medizin ist eine biotechnische Wissenschaft (Engelhardt, 2001, S. 32) – das ist die Kritik von Uexküll (Goldbach, 2006, S. 93). Uexkülls Theorie der Heilkunde (Uexküll, 1963; Uexküll/Geigges/Plassmann, 2002; Adler u.a., 2008) ist dagegen ein biopsychosoziales Modell (Goldbach, 2006, S. 95). Uexküll hat der naturwissenschaftlichen, oftmals linearen und deterministischen Kausalitätstheorie die Semiotik entgegen gehalten (dazu Goldbach, 2006, S. 105). Denn ohne Skript, das in den Subjekt-Subjekt-Beziehungen geteilt werden muss, sind die Zusammenhänge nicht zu verstehen. Dazu benötigt man einen Code. Variablenzusammenhänge, wie man sie aus dem gängigen Massenbetrieb empirischer Sozialforschung kennt, liefern diesen Code nicht. Variablenzusammenhänge sind statistische Zusammenhänge von Konstrukten, die Proxyvariablen sind. Natürlich verweist die Konstruktvalidität auf kohärente Skalen. Und die Itembatterien können unter Berücksichtigung qualitativ-verstehender Explorationen immer weiterentwickelt werden. Aber die Narrativität des mitmenschlichen Lebens, die hinter den konkreten Wirklichkeiten statistisch korrelierter Konstrukte steht[166], ist so nicht erfassbar. Stochastische Theorien geben daher auch diesen Freiraum her. Es wäre aber falsch, hier nur auf einen Mangel noch nicht berücksichtigter Variablen zu verweisen. Vielmehr sind soziale Systeme eben keine einfachen Maschinen. Sie können immer auch ganz anders funktionieren als erwartet.

Diese Defizite einer naturwissenschaftlichen Engführung, die einheitswissenschaftlich auch hinter der Variablen-Soziologie steht, werden wiederum einen Effekt auf die Qualität der klinischen Praxis haben. Dieser Zusam-

---

[165] Zur Kausalität vgl. wissenschaftstheoretisch und methodologisch Kelle, 2007, S. 152 ff.
[166] Das gilt auch für die Organisationsforschung: Hosking/McNamee, 2006.

menhang betrifft die kommunikative Dialogqualität der praktizierten Medizin, transportiert aber vor allem ein spezifisches Menschenbild. Welches Menschenbild wäre eine Alternative?

Krankheit, Normalität, noogene Krisen: Krankheit ist Teil des Lebens. Krankheit ist integrierter Teil des individuellen, zugleich sozial aber auch überformten und kulturell definierten Lebenslaufes. Krankheit, oder auch allgemeiner das Unglücklichsein und das Nicht-Wohlsein sind Normalität. Medizin ist in ihrer normativen Einbettung somit an sich auf eine andere Breite und Tiefe der Existenz verwiesen, als der technische Betrieb es heute oftmals verstehen lässt. In kritischer Auseinandersetzung u. a. mit der Franklschen logotherapeutischen Richtung (Art. „Logotherapie", in RGG, Bd. 5, Sp. 500 ff.), deren zentraler noologischer Kern[167] von mir überhaupt nicht in Abrede gestellt, sondern eher herausgestellt wird, wird doch schnell deutlich, wie das therapeutische Spektrum indikationsbezogen begrenzt ist. Letztendlich sind es die noogenen Neurosen (Böschemeyer, 1977, S. 112 f.), für die die Logotherapie im engeren Sinne relevant ist, auch in Form von Beziehungskrisen und lebenslaufbezogenen Sinnkrisen. Und es gibt Evidenz für die Relevanz der Beobachtung, dass es Daseinsweisen gibt, die derart als verfehlt und belastend bezeichnet werden können, dass anzunehmen ist, es gäbe neben psychogenen und somatogenen Neurosen auch geistig-lebensgeschichtliche Mitursachen (Batthyány, 2006, S. 12). Aber[168] in Begegnung mit der Psychopathologie, angesichts paranoider Erkrankungen etwa, eingedenk der neurophysiologischen, hirnfunktionalen Zusammenhängen[169], trotz neuerer Befunde der neuropsychologischen Immunforschung, die nochmals neue Perspektiven auf salutogenetische und/ oder psychosomatische Zusammenhänge wirft, kann in einer hermeneutischen Daseinsanalyse und in einer phänomenologischen Psychiatrie (die ε-phänomenologisch ist) weitgehend kein kausaltherapeutischer Kern einer allgemeinen Medizin entdeckt werden. Die Kenntnis, dass die Schizophrenie (Kircher/Hauffel, 2008) wohl bedingt ist durch transmitterverursachte Störungen in der Informationsverarbeitung (vgl. Reischies, 2007, S. 72; Roth, 2003, S. 112) führt dazu, dass medikamentöse Behandlung notwendig wird, wenngleich auf psychotherapeutische Hilfe nicht verzichtet werden kann. Eine Medizinanthropologie kommt ohne die naturwissenschaftliche

---

[167] Vgl. auch die Philosophie von Schopenhauer (1788–1860; vgl. dazu auch Art. „Schopenhauer, Arthur", in RGG, Bd. 7, Sp. 965 ff.).

[168] Firus (1992, S. 17) bleibt in seiner medizinischen Dissertation offen in der Antwort auf die Frage, für welche Diagnosebereiche die Logotherapie überhaupt relevant ist.

[169] Zur Möglichkeit der parametrischen Messung einer zeitphänomenologischen Melancholieauffassung durch ein neurobiologisches Modell vgl. Emrich/Dietrich, 2007.

Medizin kaum aus. Und dennoch: Entdeckt wird hier, in der daseinsanalytischen und existenzanalytischen Richtung, jedoch der ärztliche Haltungsrahmen, die anthropologische Fundierung eines ärztlichen Ethos (vgl. auch Art. „Standesethik", in RGG, Bd. 7, Sp. 1683)[170] und einer medizinischen Handlungslogik, die die Kausalität der diagnostisch-therapeutischen und kurativen Technikwissenschaft kulturell, letztlich ontologisch einbettet in einen Modus des sozialen Mitseins mit dem Anderen, ein seinsbezogenes Verständnis für die Bedeutung von Pflegetätigkeiten und komplementären psychosozialen Diensten einschließend. Und im Lichte dieser Perspektive ist ein allgemeiner Befund evident: Der klinischen Praxis fehlt weitgehend diese anthropologische Fundierung ihres Handwerks (das sie darstellt: Leven, 2008) im ontologischen Kontext einer Existenzanalyse.

Medizinkritik und ihre Grenzen: Verantwortungsvolle Kritik, sei sie auch fundamental, kommt nicht ohne Verständnis aus. Verständnis legitimiert nicht, immunisiert aber vor Selbstüberschätzung, Überheblichkeit und vor der Totalität eines trivialen Lösungsoptimismus. Man kann den Status der in der vorliegenden Arbeit gegen die gängige Medizin vorgetragenen Fundamentalkritik auch wie folgt relativieren[171]: „Es fällt nicht schwer, die Meinung der Daseinsanalyse zu teilen, daß die rein materialistisch-mechanistischen Vorstellungen in der Medizin dem Menschen in keinster Weise gerecht werden; daß man aber überall dort, wo die Begriffe ‚Funktion', ‚Grund' und ‚Kausalzusammenhang' in Vernetzung oder im einzelnen auftauchen, sofort den ‚bösen Geist DESCARTES' sieht und ‚Hochverrat' am Menschen unterstellt, scheint zu weit zu gehen." (Becker, 1997, S. 172)[172] Dennoch hat auch Schmitz (2005, Bd. I, S. 84) zeigen können, dass die Wissenschaftstheorie des „Ich denke, also bin ich" in ihrem Subjekt-Objekt-Dualismus ein „Danaergeschenk"[173] ist.

---

[170] Zu einem modernen Ethos-Begriff vgl. Mertens, 2006, S. 114 f. in Anlehnung an Kluxen. Vgl. etwa Kluxen, 2006. Vgl. auch Art. „Ethos", in RGG, Bd. 2, Sp. 1640 f.

[171] Wenngleich die Kritik am Funktionalismus und am Kausalprinzip durchaus seine Berechtigung behält: vgl. etwa aus der Perspektive von V. v. Weizsäcker den Beitrag von Wiehl, 1990.

[172] Aber: „(...) Ketzerei ist durchaus, wenn man im Blick auf die Medizin nicht von vornherein den Standpunkt der Ärzte, also der medizinischen Autorität, einnimmt und wenn man im Blick auf das Krankenhaus nicht den Standpunkt des Personals teilt." (Rohde, 1962, S. 398 f.) Und: „Mehr noch: Sowie man als Sozialwissenschaftler den ‚Tabu-Charakter' dessen anerkennt, was sich selbst als ‚medizinische Entscheidung' deklariert und Anspruch darauf erhebt, dem ‚Außenseiter' und ‚Laien' unzugänglich zu sein, dringt man nicht in die eigentliche Dynamik des Verhältnisses von Patient und Krankenhaus ein." (Rohde, 1962, S. 399)

[173] Damit spielt Schmidt auf das Trojanische Pferd in der Griechischen Mythologie an.

Dass Kindern, um diesen emotionsbeladenen normativen Bezugspunkt zu wählen, mit höchster Überlebenswahrscheinlichkeit der entzündete Blinddarm operativ im Hospital herausgenommen wird, ist trotz Verweis auf die kulturelle Krise der modernen Apparatemedizin, ein menschlich höchst glückliches Ereignis. Dass sich die Hospitalmedizin jedoch auf Psyche und Lebenswelt von Kindern angemessen einlassen muss, um nicht zu traumatisieren[174], ist von diesem Glücklichsein über die Früchte der Medizin eine unberührte Herausforderung.

Gleiches gilt für den Reifungsprozess, den Menschen im Zuge ihrer Begegnung mit ihrer Krankheit durchlaufen sollten. Aus dieser Sicht muss eine Krankheit vom Menschen auf sich selbst bezogen wesensmäßig (existenziell) verstanden werden. Dazu dient die Einbettung der klinischen Medizin in die ε-phänomenologische Anthropologie der Daseinsanalyse. Aber operiert werden muss mitunter. Und diese Operation soll gelingen. Dabei bleibt eine Kritik an dem durchaus verbreiteten kulturellen Autismus und der oftmals spürbaren anthropologischen Oberflächlichkeit der hochbornierten klinischen Spezialeliten durchaus berechtigt. Aber diese Unvollkommenheiten der Medizin sind auch zugleich menschlich, allzu menschlich. Nicht jeder Mediziner/jede Medizinerin wird ganzheitlichen, komplexen anthropologischen Performanzanforderungen personal gerecht werden (können). Allerdings könnte eine anthropologische Orientierung als Einbettung des eigenen klinischen Tuns entlastend wirken, dem Burnout vorbeugen (vgl. auch Driller, 2008) und Zufriedenheit durch Eingeständnis der eigenen Grenzen der Medizin Sinnhorizont-erweiternd wirken. Soweit dieser zentrale Einschub.

Abschließend nochmals kurz zur Maske, mit der ich dieses Kapitel A.IV.3. begonnen hatte und wie vor bereits einigen Seiten angekündigt. Ich gebrauche, um meine Überlegungen zu einem vorläufigen Abschluss zu bringen, den Begriff der Maske also nicht als Trope/Tropus (vgl. Art. „Tropen" von Müller in Nünning, 2004, S. 672), etwa als Metapher (vgl. Art. „Metapher" von Peil in Nünning, 2004, S. 450 sowie Art. „Metapher", in RGG, Bd. 5, Sp. 1165 ff.[175]). Maske ist vielmehr ein angemessener Schlüsselbegriff sozialontologischer Art, um die besondere Seinseingebundenheit des Menschen, auch in psychischer Hinsicht, also mit Blick auf die personale Erlebnis- bzw. Geschehensordnung (zu Pflege-Situationen in erlebnistheoretischer Perspektive: Elsbernd, 2000), auszuweisen. Und hierzu benötige ich eine Theorie der Person.

---

[174] Zur Angst des Patienten im Krankenhaus vgl. auch Richter, 2007.
[175] Zur Klassifikation von Metapherntheorien vgl. auch Rolf, 2005.

4. Zurück zu einer anthropologischen Methodologie der Analyse

Person: In der vorliegenden Abhandlung wird unterschwellig und dann immer mehr explizit ein spezifisches Verständnis von Person (Art. „Person", in RGG, Bd. 6, Sp. 1120 ff.)[176], Selbst (Art. „Selbst", in RGG, Bd. 7, Sp. 1152 ff.) und Identität entwickelt. Dabei kann nicht im Detail die ganze, höchst verworrene Geschichte des Person-Denkens immer berücksichtigt werden und entsprechende Abgrenzungen, Beziehungen und Positionierungen ausgearbeitet werden.

So zeigt sich etwa bei von Gebsattel (1883–1976), wie kompliziert hier die Bestimmung des jeweils immer Gemeinten sein kann. Für ihn (Gebsattel, 1947) ist (aus katholischer Sicht) die Person immer mehr als das Selbst (als bei Jung [1875–1961][177], der umgekehrt das Selbst für umfassender hält: Christian, 1952, S. 86 ff.). Hinter der an sich uninteressanten Verschiebung der Wörter verbergen sich bedeutungsvoll differenzielle Konzeptionen des Menschen. Das Spezifische wird noch nicht deutlich in einem Satz (mit Bezug auf die Grenzen des Menschen), der auch in der vorliegenden Arbeit ihre Fügung erhalten könnte: „In ihrer Anerkennung findet er seine Freiheit. Im freien Vollzug seiner gesetzten Grenzen gelangt er zur Existenz. In der Entscheidung für ihren Sinn findet er die Sinnmitte seines Daseins." (Gebsattel, 1947, S. 7) In einem losgelösten Zusammenhang deckt diese Formulierung auch noch das Daseinsgefühl der altgriechischen Menschen (vgl. Otto, 2002a). Denn diese Grenze denkt Gebsattel als Gott („die Wirklichkeit Gottes": S. 12), wie auch die Griechen die Differenz zum Göttlichen betonten (vgl. dazu nun auch Veyne, 2008). Doch diese Differenz war nicht die eines (Barthischen) Supranaturalismus (Karl Barth: 1886–1968; vgl. Barth, 2006; vgl. auch Art. „Naturalismus", in RGG, Bd. 6, Sp. 109 ff.; Art. „Supranaturalismus" in TRE, Bd. 32, S. 467 ff.), wie er von Tillich auch bei Schleiermacher kritisch ausgemacht wurde (vgl. Schüßler/Sturm, 2007, S. 7). Von Gebsattel bekämpft mit seinem Person-Begriff aber gerade die Gottlosigkeit der philosophischen Anthropologie(n), insbesondere auch die Jungsche Tiefenpsychologie. Anthropologie ohne Gott ist für von Gebsattel eben ein reiner Humanismus[178] und damit eine spezifische Form der Seins-

---

[176] Quante, 2007 und ders., 2007a sowie Berning, 2007, aber (spezifisch für mein Problem) Binder, 1964.

[177] Kritische biographische Anmerkungen hinsichtlich des Nationalsozialismus bei Goldbach, 2006, S. 22 ff.

[178] Diese fehlende gottbezogene Tiefe des Humanismus war auch der Gegenstand der Kritik in T. S. Eliots theologisch-kulturkritischem Werk, herausgearbeitet bei Ackroyd, 1988. Die Beziehung von Eliot zu Lowe, aber auch zu Karl Mannheim und Polanyi in sozialreformerischer und kulturtheoretischer Hinsicht ist neuerdings aufgearbeitet worden: Schuchard (2006) sowie Mullins/Jacobs (2006).

vergessenheit (Gebsattel, 1947, S. 13). Auf Guardini (1885–1968; Hamann, 2005, S. 94 ff.; Art. „Guardini, Romano", in RGG, Bd. 3, Sp. 1321 f.) Bezug nehmend, stellt von Gebsattel den Begriff der Person als überpsychologisch dar: Wahres, weil im Anruf Gottes sich bewusst werdendes Selbst. Dabei wird der radikale Supranaturalismus bei von Gebsattel deutlich (ebd., S. 49): „Zum Wesen der Person gehört, daß sie in der Welt steht und nicht von dieser Welt ist". Nicht von dieser Welt zu sein, ist jedoch reinster Supranaturalismus. Da von Gebsattel seine Kritik als Polemik gegen den Humanismus versteht, sei hier als Gegen-Polemik gefragt: Welche Welt denn? Kommt hier der Mann im Mond ins Spiel und die Engel (Art. „Engel", in RGG, Bd. 2, Sp. 1279 ff. sowie Art. „Engel" in TRE, Bd. 9, S. 580 ff.) als metaphysische Fledermäuse, die die Korrespondenz mit dieser Welt besorgen[179]? Das scheint mir allein kommunikationstechnologisch ziemlich rückständig zu sein. Kognitionswissenschaftlich ist Transzendenz (RGG, Bd. 8, Sp. 548 ff.) immer Teil der Immanenz. Denn außerhalb kognitiver Systeme gibt es nichts. Die These, es gäbe außerhalb der Kognition ein Sein, ist selbst wieder ein seinsgebundener kognitiv vermittelter Satz. Sonst nichts. Und seit Agambens luzider Abhandlung über die Engel als die Beamten in der ministerialbürokratischen himmlischen (heiligen) Herrschaftsordnung (Agamben, 2007) ist dieser Spott von wissenschaftlicher Evidenz. Bei der „Angelologie" von Dürr (2009) weiß man dagegen nicht, woran man ist: Entweder liegt hier eine systemtheoretische Analyse vor, die die Engel als Realität innerhalb der Immanenz, die die Transzendenz kognitiv einschließt, oder es ist nur ein Deutungsspiel, das die supranaturalistische Realität der Engel systemtheoretisch vermitteln will.[180]

Figur: Sind Menschen als Figuren nur funktionale Platzhalter (vgl. Art. „Figurenkonstellation" von Nünning, in: Nünning, 2004, S. 180) im Spiel einer übergeordneten textlichen Struktur? Figur stammt von *figura*, und das meint Gestalt. Gestalt definiert sich aus der Sicht der Personenwahrnehmung über einen Kohärenzanspruch (vgl. Nünnen, 2004, S. 179). Im strukturalistischen Sinne macht es nur Sinn, von einer Figur zu sprechen, wenn die Topografie der gesamten Figurenkonstellation begriffen wird.

Narrative Identität (Ricoeur [1913–2005]): Insofern teile ich die Auffassung von Ricoeur (Ricoeur [2004], der [vgl. auch Wenzel, 2008[181]] für

---

[179] Das Thema bricht in der Theologie nicht ab: Welt und Umwelt der Bibel, 2008b.

[180] Insofern können wissenssoziologische Methoden natürlich keinerlei theologische Glaubensbegründungen liefern, sondern nur soziogenetische Sinn-Rekonstruktionen. Vgl. Balder, 2007.

[181] Die vielfachen Berührungspunkte meiner Argumentationsarchitektur mit dem Werk von Ricoeur sind der Arbeit von Wenzel (2008) zu entnehmen. Diese wäre für mich quasi auf jeder zweiten Seite zitierenswert.

IV. Vom Gesundheitswesen zu einer anthropologischen Methodologie 129

mich selbst ein Stück gelungener Theoriesynthese verkörpert [vgl. auch Art. „Geschichten erzählen, Geschichten analysieren" von Meuter, in Jaeger/Straub, 2004, S. 140 ff., hier u. a. S. 143[182]; vgl. auch Müller, C. W., 2001, S. 109 ff.]), wonach Identität als Modus personaler Existenz narrativ[183] ist: „Die narrative Identität ermöglicht es also, die personale Identität in ihrer Vielfältigkeit zu denken und das Leben als ein Gewebe erzählter Geschichten zu begreifen, nicht aber als etwas zeitlos Statisches, das ohne Einflüsse von außen existiert." (Müller, C. W., 2001, S. 109)[184] Und im diesem Lichte ist auch, das wird später thematisch zentral, der Patient (und/ oder der Pflegebedürftige) in seiner narrativ mitgeteilten Identität als Text zu lesen (Kamps, 2004), soll die soziale Praxis um den Menschen wahrhaftig zentriert sein. Gehört Krankheit und das Eintreten von Abhängigkeiten zum Leben dergestalt, dass sie als Phänomene des sich entfaltenden Lebenslaufes nicht von der Normalität (zur historischen Epistemologie der Anormalen vgl. Foucault, 2007) ausgegrenzt werden dürfen, so ist der Sinn nur vom Leben als Verlauf zu erschließen und dergestalt zu kontextualisieren, dass sie hoffentlich erfolgreich behandelt werden (können), aber in dieser Behandlung selbst noch ihren Sinn behalten, als Erinnerung an das Leben insgesamt.

Geschieht dies im bereits fortgeschrittenen Alter, so wird diese Vergewisserung des Ablaufes des eigenen Lebens ohnehin zu einer existenziellen Aufgabe angesichts der bemerkbar werdenden Endlichkeit. Diese Endlichkeit wird an sich auch schon in der Jugend bemerkbar, aber ihr sollte man wiederum auch nicht zu viel abverlangen, wenn sie erst noch im Anlauf auf eine längere Entfaltungsgeschichte ist, die noch nicht klar (abzusehen) ist und als Zukunft noch nicht in eine rückblickende Gegenwärtigkeit gezogen werden kann, weil so doch eine gewisse kalendarische Folie akkumulierten Lebens vorhanden sein muss.

Ich komme nochmals zur theoretischen Figur des Theatralischen zurück (theoretisch ist diese Figur infolge ihrer Rolle in der Anordnung einer Ana-

---

[182] Ricoeurs Position ist partiell aufgenommen in Schulz-Nieswandt, 1997a. Vgl. nun auch Hoffmann, 2007 sowie Breitling, 2007.

[183] *Freud zwischen Natur- und Geisteswissenschaft*: Und insofern bleibt eine Ambivalenz in Freuds Theoriegebäude gravierend bestehen: Pochte er einerseits immer auf den naturwissenschaftlichen Status seines Werkes, so zeigt seine Aneignung antiken Kulturmaterials doch den hermeneutischen Charakter seiner Theorie (vgl. auch Scharfenberg, 1981, S. 256). Er war Grenzgänger zwischen Natur- und Geisteswissenschaften. Vgl. auch Traverso, 2003.

[184] *Selbst-Konzept*: Das Selbstkonzept der Person ist daher auf das ganze Leben bezogen nur sehr bedingt unter dem Primat der Selbstbestimmung zu fassen. Dazu ist die Selbstfindung, auch die Selbsterfindung im Leben zu sehr mit eben diesem verschachtelten Lebenslauf in Wechselwirkung zur Welt verstrickt. Dazu Thomä, 2007.

lyse zu verstehen, da sie Realitätsdimensionen hermeneutisch erschließen hilft). Wo ein Skript besteht, muss es auch eine Autorenschaft geben. Lasse ich mal den kreatürlichen Hilfeschrei nach Gott weg und bedenke, dass Menschen immer schon „geworfen" sind, also eine Praxis vorfinden (dies ist kein trivialer Satz), so ist es auch kein isoliertes transzendentales Subjekt (zum Wandel der Subjektverständnisse, gerade auch in den jüngsten Diskursen: Reckwitz, 2008), sondern eine praktizierte Konfiguration von Personen, die in ihrem sozialen Zusammenwirken, das ich Praxis nenne, transzendental wirken, also handeln, mithin transzendentalpragmatisch zu definieren sind. Gewisse Parallelen zu solch einer Synthese finden sich in der Denklinie von L. Pareyson und U. Eco (Gubatz, 2007). Hier ist von einem ontologischen Personalismus mit Beziehungen zu Ecos Semiotik die Rede. Auf andere Quellen, etwa auf Peirce und den Pragmatismus (etwa im Lichte der Rekonstruktionen von Apel, 2002; ders., 1999[185]), kann ich hier nicht eingehen (vgl. einschlägig Pape, 2002 und ders., 2004; Nagl, 1992; Oehler, 1993; Wirth, 2000; Schlüter, 2000; Erny, 2005).

Grammatik als die Textualisierung des transzendentalen Subjekts: Ich lehne mich hier an die Idee der „Denk- und Verhaltensdrehbücher"[186] des sozialen Konstruktivismus an (vgl. Ameln, 2004, S. 181; Art. „Konstruktivismus", von St. Hirschauer, in Bohnsack/Marotzki/Meuser, 2006, S. 102–104). Was im cartesianischen Solipsismus als ureigenste Subjektleistung (Identität) definiert wird (Shotter, 1997), ist vielmehr das Produkt der dialogischen Praxis sozialer Interaktionen (Gergen, 2002).[187]

---

[185] *Positionierung von Habermas*: Damit dürfte zumindest auch eine Fußnote zu Habermas fällig sein. Auf seine beiden wohl wichtigsten Werke zur „Theorie des kommunikativen Handelns" (Habermas, 2006) und zu „Faktizität und Geltung" (Habermas, 1994), die breit bekannt sind, darf nur verwiesen werden. Sie sind grundlegend für seine Theorie der Verständigung, der Anerkennung und der alles fundierenden Universalpragmatik. Für mich vielleicht bedeutsamer sind seine Abhandlungen „Nachmetaphysisches Denken" (Habermas, 1988), „Zeit der Übergänge" (Habermas, 2001) und „Zwischen Naturalismus und Religion" (Habermas, 2005). Hier (ich folge auch der klaren Darlegung von Pinzani, 2007, S. 131 ff.) legt Habermas dar, wie seiner Meinung nach das (unvollendete) Projekt der Moderne doch in der jüdisch-christlichen Kulturerbschaft verwurzelt ist. Er hebt die jüdische Gerechtigkeitsvorstellung und die christliche Liebesethik hervor. Insofern mag es auch vorpolitische Voraussetzungen des liberalen Rechtsstaates geben. Kurz: Die Genealogie der Vernunft darf auch nicht szientistisch reduziert werden.

[186] Zu Drehbuchtheorien vgl. Eick, 2006.

[187] *Adienz und Attinenz*: Philosophisch kann Janke (2002) existenzialontologisch herausarbeiten, wie Glück, als Glück des Subjekts, nur im Modus des sozialen Miteinanders möglich ist. Menschliches Sein, auch als Subjekt-Sein, ist immer ein Zwischensein. Voraussetzung des Gelingens des Glücks ist die Urkorrelation von Adienz (Angang) und Attinenz (Annahme). Entscheidend ist demnach, „ob und wie das adiente Sein angenommen wird." (Janke, 2002, S. 21)

Durkheim, Simmel und Plessner gegen Dahrendorf: Wo sonst als in der Gesellschaft, um im Geiste von Durkheim (1885–1917), der oftmals falsch verstanden und in einem hypostasierenden Sinne als kollektivistisch und objektivistisch gelesen wurde (allen voran Adorno [1903–1969; vgl. Adorno, 1996; Honneth, 2007, S. 78], der in dieser Hinsicht ähnlich wie Georg Lukács (1885–1971)[188] irgendwann in allem, was außerhalb der eigenen Sicht generiert wurde, als dekadente Irrationalität [des bürgerlichen Geistes, vor allem des kleinbürgerlichen Geistes, etwa mit Bezug auf eine existenzialphilosophische Pädagogik] zu entlarven müssen glaubte[189] und überall nur „das falsche Leben {sah}, in dem es kein richtiges gibt." [Dobeneck, 2006, S. 9])[190] zu argumentieren, verwirklicht sich Individualität, wenn nicht in der Gesellschaft, also im System der sozialen Interaktionen, die sich rollensoziologisch aufschlüsseln lassen. Dem missverstandenem Durkheim (Durkheim, 2007) folgt leider auch Whitehead (1861–1947), wenn er Religion einerseits zu einer inneren (vgl. auch James, W., 2003) personalen Charakterfrage der Lebensführung erklärt und andererseits konstatiert: „Diese Lehre ist die direkte Leugnung der Theorie, Religion sei primär eine soziale Tatsache." (Whitehead, 1990, S. 15) Die personale Aneignung und Erzeugung einer charakterstrukturierten Lebensführungspraxis schließt eine soziale Grammatik ihrer Aneignung und Erzeugung nicht aus, im Gegenteil: Sie setzt diese transzendental sogar voraus. Diese Auffassung von personalisierenden Rollenspielen (vgl. auch Haug, 1977, S. 56 ff., S. 41 ff.) neigt weniger der Theorie Dahrendorfs (2006) zu (vgl. auch Art. „Rollen, Rituale und Inszenierungen" v. D. Kolsch, in Jaeger/ Straub, 2004, S. 277, hier S. 284) als der von Simmel (1858–1918; vgl. Simmel, 2001) und Plessner [Plessner, 2003 und 2003a; vgl. Kapitel B.II.2.c)]. Interaktionen (also die Praxis als Gegenstand der Pragmatik: Art. „Pragmatik", in RGG, Bd. 6, Sp. 1546 f.) transportieren Bedeutungsinhalte (die Perspektive der Semantik), folgen dabei aber einer Regellogik, die als Syntaktik des sozialen Geschehens entschlüsselt werden kann. Die sozialen Aktionen folgen demnach einer Grammatik[191]. Darunter sind kul-

---

[188] Bekam ich im Studium bei Leo Kofler in Bochum immerhin eine mitunter bösartige Persiflage auf Adorno geliefert, so zu Lukács eine doch recht apologetische Sicht. Zu Kofler vgl. nun auch – trotz aller Kritik mit Dank zu registrieren – Jünke, 2007.
[189] Womit ich die philosophisch-soziologische und musikästhetische Größe Adornos nicht schmälern will: vgl. auch Wiggerhaus, 2006.
[190] Vgl. neben seinen bekannten Hauptwerken auch Durkheim, 1998; 1993; 2006. Vgl. dazu auch Coenen, 1985. Auch in der wissenssoziologischen Theoriegeschichte bei Maasen (1999) kommt die Durkheim-Schule moderat, aber dennoch zu kurz weg. Ein großer Teil der neueren französischen Soziologie folgt ebenfalls Rational-choice-Theorien. Außenseiter (abgesehen von Bourdieu als eine Hauptströmung) sind Michel Maffesoli und Edgar Morin. Vgl. insgesamt Moebius/Peter, 2004.

turelle[192] Codes[193] zu verstehen, die das Programm der Akteure definieren.[194] „In diesem Sinne ist C. (Code – S.-N.) ein Sammelbegriff für jede Form tiefenstruktureller Prägung (...) durch kulturspezifische ideologische, religiöse, epistemologische Paradigmen, welche perzeptive oder moralische Grundstrukturen des individuellen Weltbildes präformieren." (Art. „Code" von Horatschek, in Nünning, 2004, S. 88) Ein Code ist daher auch immer mehr als nur eine Werte-Orientierung. Eine solche Werte-Orientierung beruht immerhin jedoch auf der Differenz zur Interessen-Orientierung im Handeln. Solchen Code-Programmen ist das Merkmal eigen, dass die Identität der Akteure gerade mittels funktionaler Positionseinnahmen verbürgt wird. Dadurch können Akteure allerdings auch nur schwer loslassen (was organisationsentwicklungstheoretisch wie -praktisch hoch relevant ist und, in meiner Analyse, noch ziemlich bedeutsam wird): Sie sind ihren (hier: professionalisierten) Selbstverständnissen tief verhaftet, weil sie zugleich in diesen Rollen ihre personale Identität finden. Es handelt sich nicht einfach um soziale Normierungen, sondern *uno actu* um individuelle wie kollektive Identitätsfestlegungen. Und an dieser Stelle bin ich geneigt, nochmals die These zu wiederholen, dass zwischen Textsemiotik und Performativität des Sozialen kein Widerspruch zu sehen sei (auch wenn dieser prinzipielle Widerspruch in der Literatur zu den verschiedenen „Turns" der Kulturwissenschaften deutlich hervorgehoben wird). Was ist diesbezüglich mein Gegenargument? Denn insofern die Skripte generativ sind, verweist die Semiotik des Sozialen auf die symbolischen Prozesse der Ausdrucksgenese und Ausdrucksverfestigung zu ritualisierten Praxisformen verschiedenster medialer Art. Dieser ganze Aufführungs- und Replizierungsprozess ist Teil der Textsemiotik des Sozialen, gehört mit zum Analysegegenstand einer Anthropologie des Sozialen, die im Theatralischen das Ureigenste des Sozialen überhaupt erblickt. Ich glaube daher, hiermit näher an Cassirer (2001;

---

[191] Zum Verständnis von Grammatik vgl. die vielfach instruktiven Darlegungen bei Köller, 1988.

[192] Speziell zur Ethnographie moralischer Codes vgl. Howell, 1997.

[193] „Es sind gerade die Regeln der Transformation, die mich interessieren – nicht die Botschaft, sondern der Code.", schreibt Bateson, 1996, S. 184. Ich schließe mich hier an.

[194] *Ich*: Sloterdijk, 2004a, S. 131: „Wie kommt das Ich zu seinen Bestimmungen? Was bildet seinen ‚Charakter'? Was schafft das Material seiner Selbsterfahrung? Die Antwort lautet: das Ich ist ein Resultat von Programmierungen." Damit wird an der „Basisfiktion" (Dobeneck, 2006, S. 124 f.) der Privatheit, der Identität der Persönlichkeit gerührt! Das Innerste wird so zum Ort, wo das Äußerlichste und Allgemeinste anzutreffen ist: Sloterdijk, 2004a, S. 133: „Ich sehe in den Spiegel und erkenne einen Fremden, der beteuert, er sei ich." Und daher kann Sloterdijk im Lichte der psychoanalytischen Revolution sagen: „Von nun an gilt, daß jeder sich selbst der fernste sei." (ebd., S. 113)

IV. Vom Gesundheitswesen zu einer anthropologischen Methodologie   133

2002; 2002a) als an Berger/Luckmann (1980; vgl. auch Schnettler, 2006 sowie Prisching, 2001) zu sein.[195]

So wie die Professionen in dem mich hier interessierenden sozialen Feld aber gestrickt sind, kann es *in praxi* nur Probleme geben. Die Selbstreferentialität der Professionalität der Professionen macht echte, wenn auch nicht überfordernde Empathie schwierig. Die Alterität erscheint so nur, also stattdessen, als Gefahr für die eigene Identität, nicht als angebotene (existenziell [Art. „Existentiale Interpretation" in RGG, Bd. 2, Sp. 1810 f.] zu denkende) Modalität, im sozialen Mitsein selbst erst eine eigene – „authentische" – Identität zu finden: „Charakteristisch für das menschliche Individuum ist seine intentionale Fähigkeit zum Heraustreten aus sich selbst, zur Öffnung auf die ihn umgebende Welt und insbesondere auf andere Subjektivitäten, mit denen zusammen er eine *Mitwelt* bildet und ein Leben in Gemeinschaft erfährt und erlebt." (B. N. Schumacher: Art. „Andere, der", in Thurnherr/Hügli, 2007, S. 22–25, hier S. 22[196]; kursiv auch im Original) Dies ist Plessners Theorem der exzentrischen Positionalität (Plessner, 2003a), nunmehr auf die soziale Welt der menschlichen Interaktionen übertragen. Hier nun wird dieser Blick feldspezifisch hoch relevant, geht es doch um die Kompetenz zum gelingenden Dialog. Und das Gelingen dieses Dialoges ist die Voraussetzung für eine gute Medizin und für eine humane Pflege.

Weder Romantizismen noch Krypto-Normativismen: Es muss eine wissenschaftstheoretische Bemerkung eingeflochten werden. Sonst könnte es sein, dass dieser Kritik der klinischen Praxis, auf die hin die theoretischen Vertiefungen vorgenommen worden sind, der Vorwurf gemacht wird, mit fehlender Evidenz romantische Normbilder einzulassen in die so seiende Realität. Dies wäre eine beliebte Reaktionstechnik des verdinglichenden Bewusstseins. Es ist wichtig, diese Blickrichtung auf die Grammatik des Sozialen nicht mit Normativismen zu vermengen. Es geht nicht um ein (theoriegeschichtlich breit diskutiertes, letztendlich normatives) Menschenbild des „übersozialisierten"[197] Menschen (erneut diskutiert in Riemer, 2005).[198] Da-

---

[195] Zur neueren Beziehung von Wissenssoziologie und Diskursanalyse vgl. auch Keller u. a., 2005.

[196] Vgl. dazu auch Ebbighausen, R./Piper, H.-J.: Art. „Intentionalität", in Thurnherr/Hügli, 2007, S. 135–138 sowie Art. „Intention/Intentionalität", in RGG, Bd. 4, Sp. 186 ff.

[197] *Individuation und Semiotik*: Insofern ist jede Variante von Individualität im Lichte der ontologischen und anthropologischen Überlegungen, wie sie hier leitend sind, jenseits eines problematischen Dualismus des „über- und untersozialisierten Menschen" ganz anders zu topologisieren: Der Mensch steht immer im Knotenpunkt sozialer Beziehungen (Saint-Exupéry), im Schnittpunkt sozialer Kreise (Simmel); er ist immer (um an Elias anzuknüpfen) im Rahmen einer Ich-Du-Wir-Balance zu verorten. Die normativ oftmals betonte Individualität des Individuums mag ja auf einen über-summativen Effekt dieser Knotenpunkt-Existenz des Menschen verweisen.

mit würde ein anthropologischer Befund, der ontologisch relevant ist, quasi pseudo-sozial pathologisiert. Der kulturell eingebettete Mensch ist keine Anomalie[199] der liberalen Gesellschaft. Vielmehr gibt es gar keine Individualität außerhalb verschiedener Modalitäten kultureller Einbettung.[200] Der Mensch ist immer *homo culturalis* (Aspekt der normativen Werte) und dies als *homo reciprocus* (Aspekt der Wechsel- und Gegenseitigkeit), da er in Relationen (Aspekt der Beziehung) lebt und denkt (*homo relationalis*) und in Netzwerken der Verkettung und normativen Verstrickung (Aspekt der eingebetteten Selbstfindung und -behauptung) existiert (*homo figurationis*).

Diese Überlegungen eröffnen die Möglichkeit, dass sich individualisierte Personen (in selbst wiederum sozial gesetzten – und das bedeutet sozial ungleich verteilten – Grenzen) auf der Grundlage ihrer einerseits seinsmäßigen, andererseits immer auch aktualisierungs- bzw. aktivierungsbedürftigen Fähigkeit, sich selbst und die eigenen Einbindungen in soziale Rollenkreise zum Gegenstand der Reflexion und damit der Entscheidung zu machen, in unterschiedliche Haltungslagen zu den Netzwerken begehen können. In der Sozialkapitalforschung, die sich mit den Netzwerken der verschiedenen Formen beschäftigt, werden hierzu wichtige Unterscheidungen getroffen. Ich komme später nochmals auf die Engführungen der Sozialkapitaltheorien zurück.

Aber das betrifft die zutiefst humanistisch zu schätzende Unverwechselbarkeit des einzelnen Menschen (Weiß [1994, S. 15] mit Bezug auf Pareyson) im Kontext seiner Rollen-Identität, die semiotisch (also mit Blick auf Syntaktik, Semantik und Pragmatik) auf das Skript verweist, nachdem die Gesellschaft als Film abläuft, als Bühnenstück (oftmals dramatisch) inszeniert ist, tragische und komische Seiten aufweist, oft profan, manchmal auch sakral (zum Sakralcharakter von Dingen: Kohl, 2003) überhöht gelebt wird, oftmals nur durchschnittliche (aber deshalb nicht automatisch unglückliche) Helden unter Vertrag hat, statistisch in erheblicher Reichweite eine sozialstrukturelle Varianzaufklärung durch Schicht, Gender und Migrantenstatus erlebt (dazu gesellschafts- und sozialstrukturtheoretisch auch Klinger/Knapp/ Sauer, 2007; vgl. auch Grusky, 1994), dabei aber die Rolle von Persönlichkeitsvariablen in differentieller Analytik nicht aus den Augen verlieren darf.

[198] Und es wäre kulturanthropologisch falsch, ein derartiges Rollenverständnis der menschlichen Personalität nur als Existenzmodus in vormodernen Gesellschaften – etwa der römischen Republik (Kirov, 2005) – zu verstehen.

[199] Dies wurde lange Zeit in der Ökonomie falsch verstanden (vgl. entsprechende Rubriken im „Journal of Economic Perspectives"), bis man erkannte, dass Altruismus u. v. a. m. normale, empirisch breit verteilte Phänomene menschlichen Sich-Verhaltens darstellen. Vgl. etwa auch die Beiträge zur Psychologie der wirtschaftspolitischen Reformen und zum Themenkreis Gerechtigkeit und Arbeitslosigkeit in „Perspektiven der Wirtschaftspolitik" 9 (4) 2008.

[200] Insofern sind gewisse Kerngrundlagen der Idee einer autonomen Person auch keineswegs eine moderne europäische Erfindung. Vgl. dazu differenziert Köpping u. a., 2002. Zuspitzungen einer archetypischen Idee, in Form der ewigen inneren Kämpfe des Ichs mit sich selbst und die Fundierung des Gemeinwesens aus einem solchen Ich heraus, mögen dann europäische Einmaligkeiten darstellen.

Idealtypologie der Netzwerke und realtypische Hybriditäten: Netzwerke können, idealtypisch gesprochen, entweder zu einem reinen Instrument individuellen Handelns werden. Dann funktionalisiert der rationale Akteur, der seinen individuellen, eigensinn-orientierten Nutzen maximiert, die Netzwerke aus strategischen Gründen. Der Akteur geht aus Motiven der strategischen Verkettung („connectedness") aus Klugheit („prudence") eine (vertragliche) Partnerschaft ein. Damit bleibt das kooperative Verhalten gebunden an die erwartete Aussicht auf eine ökonomische „Win-win"-Situation (nach dem sogenannten Paretoprinzip). Die „Beziehung zu der Beziehung" bleibt opportunistisch. Das Netzwerk ist weit davon entfernt, Selbstzweck zu sein; es ist auch kein identitätsstiftender Ort des Akteurs als Person, also hinsichtlich der existenziellen Perspektive des Selbst-Seins im Modus des sozialen Mitseins. Das verweist bereits auf den zweiten, aber erst gleich noch zu behandelnden Idealtypus des Netzwerkes. Natürlich können Netzwerke an menschlicher Qualität gewinnen und den ökonomistischen Boden verlassen. Es können sich lange Zeithorizonte bei den Akteuren herausbilden. Vertrauenskapital kann entstehen, wodurch sich auch Transaktions- und Regulationskosten der strategischen Verkettungen reduzieren lassen. Auch kann man, wie es in der neueren experimentellen Spieltheorieforschung geschieht, von vornherein ein gewisses Maß an Fairness-Orientierungen auch bei eigensinnig orientierten Akteuren unterstellen. Das mag jedoch auch je nach Handlungsfeld und Themenkreis unterschiedlich sein, vielleicht auch Gender-Effekte aufweisen oder generell mit unterschiedlichen Sozialisationserfolgen hinsichtlich der erworbenen Empathie-Kompetenzen der Menschen zusammenhängen (auch wenn die sogenannten Spiegelneuronen die neurophysiologische Basis für das Empathievermögen verbürgen). Doch ich gehe jetzt noch nicht auf die vielfältigen empirischen Variationen der strategischen „Klugheitsmoral" ein. Von einer „Moral" (der Klugheit) kann hier deshalb die Rede sein, weil sich Ego durchaus für Alter Ego[201] interessiert, aber eben nicht unmittelbar, sondern im wohl verstandenen Eigeninteresse. Denn die Chancen des Erfolgs des eigenen Handelns müssen die Reaktionen des anderen Akteurs (Alter Ego), mit dem der Akteur (Ego) interdependent ist, einkalkulieren – und umgekehrt, und das eventuell im Rahmen einer längeren Handlungskette.

Ich betone zunächst den Idealtypus-Charakter dieser „weak ties", wie es die neuere Sozialkapital-Forschung nennt. Entnehme ich dem klassischen deutschen Soziologen Max Weber die Definition, Idealtypen (Gerhardt, 2001) seien als theoretische Konstrukte zu verstehen, die wesentliche Aspekte der sozialen Wirklichkeit absichtlich und gezielt überzeichnen, um

---

[201] Zum Verständnis von Alter Ego (bei Mead und Schütz) vgl. auch Ronge, 1998.

Ausschnitte dieser sozialen Wirklichkeit gedanklich ordnen und entsprechend erfassen zu können, dann wird wiederum deutlich, dass es sich (zunächst) nicht um eine Abbildung eines konkreten empirischen Sozialgebildes handelt. Auch meint „Ideal"-Typus nicht normativ auch einen sozial oder gar moralisch erwünschten Typus. Dagegen sind Realtypen nicht Kunstkonstrukte der gewollt-gezielten Übersteigerung eines Merkmales. Sondern es geht, ungeachtet der Häufigkeitsverteilung ihres Auftretens, um reale Fälle, die in empirisch fundierter Weise Merkmalsausprägungen, die nach kontrollierten Zuordnungskriterien festgehalten werden, so verdichtend auf sich vereinigen, dass diese realen Typen von anderen realen Typen faktisch zu unterscheiden sind. Das bedeutet, dass der Idealtypus des strategischen Verkettungsmotivs des *homo oeconomicus* durchaus mit anderen Motiven dergestalt gemischt vorliegen kann, also als eine Dimension in einen Realtyp eingehen kann, dass es zu einer empirischen Typologie kommen kann. Darauf ist noch zurückzukommen. Der Übergang von Ideal- zu Realtypen-Bildungen wird im vorliegenden Fall aber deutlich, wenn man sich den zweiten Idealtypus der netzwerkbezogenen personalen Haltung anschaut. Gegenstand der Betrachtung sind nunmehr Netzwerke als „strong(er) ties".

Im Fall der Netzwerke, die von „strong(er) ties" gekennzeichnet sind, geht es um mehr als Nutzenmaximierung und Strategien. Es geht um Daseinsweisen und Existenzmodi des Menschen als Person. In weak ties-Netzwerken gibt es viele Flexibilitäten durch Brückenbildungen („bridging") zwischen Individuen; aber es gibt wenig feste Bindungen („bounding"). Jetzt interessiert hier nun nicht allein die eher ökonomische, weil an Effizienzfragen interessierte Perspektive, ob feste Bindungen nicht unflexibel sind und daher weitgehend Effizienzverluste herbeiführen, weil eingetretene Pfade nicht verlassen werden können. Es geht psychologisch eher um die Möglichkeit, dass Individuen sich dadurch personalisieren können und zu einer reifen, bindungsfähigen Autonomie gelangen, weil sie sich aufgaben- und rollenorientiert gerade durch die liebende Sorgearbeit in Bindungen kulturell einbetten („embeddedness" im Unterschied zur strategisch-opportunistischen Verkettung im Sinne von „connectedness") und dergestalt zu einem Identitätskonzept gelangen, dass im Gegensatz zum Idealtypus der strategischen Klugheit des mit Alter Ego interdependenten *homo oeconomicus* eine gleichgewichtige Balance in einer Ich-Du-Wir-Figuration ermöglicht wird.[202] Dies bedeutet, dass das Person-Sein in der Balance zwischen Ich-bezogener Selbstsorge, Du-bezogener Mitsorge und Wir-bezogener

---

[202] In diesem Sinne mag es sein (vgl. auch Franzmann/Pawlytta, 2008), dass in der modernen Gesellschaft Solidarität starke Ich-Leistungen voraussetzt, und damit Solidarität sozialisatorisch bedingte psychische Einschränkungen der Subjektautonomie voraussetzt.

Fremdsorge eine identitätsstiftende Verankerung (Einbettung) im Netzwerk der sozialen Beziehungen findet. Mit diesem Denken in der sozialen Figuration (Konzept des *homo figurationis*) lehne ich mich einerseits an die Soziologie von Norbert Elias (2003; 2004; zu Elias im Überblick: vgl. Treibel, 2008) an, andererseits sozial- und individualpsychologisch an George Herbert Mead (2005) und Erik H. Erikson (1988)[203].

Dieser Ideal-Typus mag sofort auch normativ „idealer" wirken. Denn schließlich ließe sich sehr schnell eine Parallele zu Immanuel Kants Ethik ziehen. Gemäß Kant soll der Mensch immer nur Selbstzweck, nicht Mittel zum Zweck sein. Und der Mensch solle so handeln, dass er sein Handeln auch dann noch als verallgemeinerungsfähig und gültig anerkennen kann, wenn er sich in die Lage der Menschen versetzt, die von seinem Handeln betroffen sind. Ich rezipiere hier die Ethik von Kant bereits sehr soziologisch und psychologisch: Diese Überprüfung der eigenen Handlungsgrundsätze setzt Empathiefähigkeiten voraus und diskutiert den Menschen als Rollenspieler, der auf die externen Effekte seines Handelns achtet. Die empirischen und experimentellen Forschungen der ökonomischen Psychologie zeigen deutlich die Wirksamkeit einer „Do-not-harm Heuristik" im Denken und Handeln der Menschen (Enste/Haferkamp/Fetchenhauer, 2009, S. 64 f.), so dass hier moralphilosophische Grundorientierungen des Alltagsmenschen in Rechnung zu stellen sind (vgl. ebd., S. 75). Dies hat allerdings auch Adam Smith so gesehen (Smith, 1977; vgl. auch Senghaas-Knobloch, 2008, S. 222) und sah die sittlichen Grundlagen ökonomischer Transaktionen in eben einer solchen Sympathie verwurzelt. Nun war Ökonomie bei Smith (darauf habe ich, ebenso wie meine Lehrer W. W. Engelhardt und S. Katterle, immer wieder hingewiesen) eben noch nicht völlig getrennt von der Moralphilosophie und die entstehenden modernen Marktbeziehungen wurden noch als eingebettet in die menschlichen Beziehungen des Gemeinwesens verstanden. Heute ist die Debatte um diesen Idealtypus des personalen Selbst-Seins im Modus des sozialen Mitseins im Lichte einer langen Geschichte (verschiedenster Varianten) des Personalismus in Philosophie und Theologie des 20. Jahrhunderts als Philosophie der Liebe und der Gabe von andauernd heftiger Intensität geprägt, vor allem in der (Rezeption der) modernen französischen Philosophie und (theologischen) Anthropologie.[204]

Menschen sind keine Götter (vgl. auch Böhme, 2008, S. 195 f.). Sie sind fehlbar, unvollkommen und machen sich oftmals in diesem Lichte schuldig. Aber sie können auch lieben, sind an Gerechtigkeit interessiert und entfalten sich aufgabenorientiert durch die Übernahme von Rollen, dabei eine

---

[203] Heidbrink/Lück/Schmidtmann, 2009, S. 143 ff.
[204] Ich möchte angesichts der breiten Diskussion nur heraushebend verweisen auf Ricoeur (2006) sowie auf Caillé (2008). Orientierend ist u. a. Pulcini, 2004.

Balance zwischen Eigensinn und Gemeinsinn suchend (nicht immer findend).

Rationaler Altruismus, Freiwilligkeit und Vertrags-Theorie: Die breite Debatte um die Möglichkeiten eines „rationalen Altruismus" haben geholfen, die empirischen Mischungschancen darzulegen. Menschen können ihre eigenen Nutzenfunktionen mit den Nutzenfunktionen anderer Menschen verschachteln und sich für das Nutzenniveau der anderen Menschen interessieren. Sie geben freiwillig Ressourcen an die anderen Menschen ab, weil sie sich dann gemeinsam mit den anderen Menschen besser stellen. Allerdings peilen sie ein Gleichgewicht zwischen den Nutzenverlust durch den Ressourcentransfer einerseits und ihrem Nutzengewinn durch die Besserstellung des Transfer oder Hilfe empfangenden anderen Menschen an. Für beide ist es eine nach dem Paretoprinzip definierte gemeinsame Besserstellung (definiert als „Win-win"-Situation: Hochman/Rodgers, 1969). In vielen ökonomischen Transaktionen und Netzwerkbildungen gilt diese Paretolösung als notwendige Voraussetzung und muss durch rechtliche Rahmenbedingungen ermöglicht werden. Auch bei Rawls (2008, S. 105) lautet es: „Die Theorie der Gerechtigkeit sieht die Gesellschaft als ein Unternehmen der Zusammenarbeit zum gegenseitigen Vorteil." Es lässt sich aber auch als rationaler Kern der St. Martins-Legende darlegen: Der (christliche) Ritter gibt ja nur seinen halben Mantel ab. Damit erfriert nicht mehr der alte, arme Mensch; er selbst allerdings auch nicht. Er verliert an Ressourcen. Die purpurfarbene Qualität erinnert an den edlen Charakter des Stoffes; doch, christlich motiviert, gewinnt der Ritter auch Nutzen: Er ist sich nichts mehr schuldig, ist seinen verinnerlichten Normen nachgekommen und verdient den standesgemäßen Respekt. Er lebte ein Stück seiner standesgemäßen Identität aus, dies aber bereits recht modern, da er im Lichte einer jüdisch-christlichen Schuldkultur sonst mit seinem inneren Gewissen zu kämpfen gehabt hätte.

Rationalität und evolutionäre Schemata: Evidenz für dieses Menschenbild in der Analyse der entsprechenden Grammatik des Sozialen kommt auch aus evolutionswissenschaftlicher Perspektive. Dieser Blick von der paradigmatischen Position aus, die den Menschen als intentional handelndes Akteurswesen aus der Logik seiner sozialen Normierung und kulturellen Einbettung, seiner lebensweltlichen (Art. Lebenswelt, von A. Honer, in Bohnsack/Marotzki/Meuser, 2006, S. 110–112; Art. „Lebenswelt", in RGG, Bd. 5, Sp. 162 ff. sowie Art. „Lebenswelt" in TRE Bd. 20, S. 594 ff.) Verstrickung und historischen Geworfenheit[205] heraus definiert, steht durchaus

---

[205] *Geworfensein und Sinn*: Die philosophiegeschichtlichen Verdichtungen, die in diesem Satz transportiert werden, sind noch zu entfalten. Zur Kategorie der Geworfenheit vgl. auch Art. „Geworfenheit" von Vetter, in Thurnherr/Hügli, 2007,

IV. Vom Gesundheitswesen zu einer anthropologischen Methodologie 139

nicht im Widerspruch zu evolutionswissenschaftlichen Forschungen (Tomasello, 2006), die zeigen, wie auf der Grundlage der Phylogenese[206] überhaupt erst jener (generationell zu denkender: Fietze, 2009) Mechanismus der kulturellen Evolution durch Vererbung symbolischer Ordnungen und kollektiv geteilter sozialer Wirklichkeiten in der Ontogenese möglich wird.

Illies (2006) hat in Auseinandersetzung mit evolutionsbiologischen, insbesondere mit soziobiologischen Theorien und Forschungen zeigen können, dass auch hier kein Falsifikationspotenzial für diesen Ansatz, den ich als tiefenhermeneutischen Strukturalismus auszubreiten versuche, begründet liegt (vgl. auch Mayntz, 2006). Im Gegenteil: Die dortigen Befunde zur Altruismus[207]- und Reziprozitätsforschung[208] können gerade nicht so aus-

---

S. 117–119, hier S. 117: „Faktizität ist der Name für die dem Dasein eigentümliche Tatsächlichkeit und meint die Unhintergehbarkeit der Bindungen an Situationen." Daraus resultiert hermeneutisch aber erst die Überantwortung als übernehmende Aufgabe der Aneignung der Faktizität. Situation wiederum meint einerseits Stellung oder Lage, aber eben auch die Bedeutsamkeit eben dieser Situation für den Menschen: vgl. Art. „Situation" von Rehbock, in Thurnherr/Hügli, 2007, S. 231–233, hier S. 231. Die Notwendigkeit des Selbstwerdens des Menschen resultiert dabei aus der Anerkennung der Endlichkeit des Lebens: vgl. Art. „Gott" von Kaufmann, in Thurnherr/Hügli, 2007, S. 125–130, hier S. 128. In diesem Sinne hat Camus (Dobeneck, 2006, S. 48 f., S. 74) den berühmten Ausspruch hinsichtlich des Mythos des Sisyphos gemacht: „Wir müssen uns Sisyphos als einen glücklichen Menschen vorstellen." (Camus, 2008, S. 160) Zur Notwendigkeit der Sinnfindung bei Camus vgl. auch Art. „Sinn" von Berthold, in Thurnherr/Hügli, 2007, S. 229–231, hier S. 230. Zum Menschenbild bei Camus vgl. auch Schlette, 2000. Den Willen zum Sinn, den man der geistzentrierten (was man auch kritisch akzentuieren kann) Philosophie der Existenz von Frankl entnehmen kann, übernimmt Tesak-Gutmannsbauer (1993) zur Charakterisierung zentraler Strukturzüge des Denkens von Camus, der in diesem seinem Denken existenziell unausweichlich zwischen Autonomie und Solidarität pendelnd den Menschen konzipierte.

[206] Die strukturgenetische Parallelisierung von Phylogenese und Ontogenese (vgl. Oesterdiekhoff, 1997) ist aber außerordentlich kontrovers. Das gilt natürlich auch für die Arbeiten von Dux. Vgl. u. a. Dux, 2005.

[207] Schaufelberger (2008) spricht von einer kümmerlichen Alternative zwischen Altruismus und Egoismus.

[208] *Spielarten des Altruismus*: Vgl. Voland (2009). Er differenziert zwischen Kooperation (Mutualismus), reziproken Altruismus, nepotistischen Altruismus und genetischen Altruismus. Vgl. auch den Survey-Artikel (mit Blick auf Evolutionsforschung und Spieltheorie) von Fehr/Fischbacher, 2003. Die Debatte schwankte lange Zeit zwischen den Perspektiven des Altruismus als Rätsel (Hunt, 1992) und als Möglichkeit (Nagel, 2005). Ansonsten gibt es eine eindrucksvolle Vielfalt von Altruismus-Definitionen: vgl. Harbach, 1992. Vgl. auch Art. „Altruismus", in RGG, Bd. 1, Sp. 382 ff. Garret (2008, S. 43 ff.) argumentiert aus evolutionsbiologischer Perspektive in Verbindung mit Memen sogar dafür, das Gefangenen-Dilemma für randständig zu halten: Man müsse nicht die Evolution von Altruismus entdecken, wenn Kooperation vielfach im Leben offensichtlich und selbstverständlich für alle nützlich ist.

gelegt werden, dass hier genetisch ein universeller Egoismus[209] vorliegt, der Moralsysteme mit Blick auf die Fitnessstrategien der Kohorten funktional instrumentalisiert. Es liegen sonst – wissenschaftstheoretisch gesehen – funktionalistische[210], letztendlich auch naturalistische Fehlschlüsse vor. Eher muss der umgekehrte Zusammenhang angenommen werden: Menschen implizieren auf der Grundlage ihrer genetischen Potenziale und Dispositionssysteme ein erhebliches Spektrum an Motivhaltungen (Art. „Motiv/Motivation", in RGG, Bd. 5, Sp. 1550 ff.)[211], zu denen auch Liebesfähigkeit, Fürsorgehaltungen und echter Altruismus[212] gehören. Unter Motiv verstehe ich keineswegs ausgedünnte Handlungsanlässe im Rahmen einer Präferenzordnung (die man eher als an Rawls orientierte Motivationen bezeichnen könnte), sondern hoch verdichtete thematische Konstellationen (also verfestigte Orientierungen von Persönlichkeiten, die chronisch handlungsleitend sind und die die zielorientierten Handlungsmuster der Person organisieren und insofern konstitutiver Teil des personalen Selbst-Konzepts sind), die kulturell geprägt sind (Art. „Motiv, literarisches" von Jacke in Nünning, 2004, S. 474). Die daraus resultierenden kooperativen Verhaltensmuster sind dann wohl durchaus auch funktional im evolutionären Selek-

---

[209] Es ist interessant, dass der Begriff des Altruismus auf Auguste Comte zurückgeht. Dessen Soziologie (Repplinger, 1999 sowie Fuchs-Heinritz, 1998; Art. „Comte", in RGG, Bd. 2, Sp. 442 f.) stand im Kontext einer sozialen Krise, in der konservativ nach der Begrenzung des Egoismus gefragt wurde.

[210] Was nicht heißt, dass funktionalistische Analyseperspektiven nicht bedeutsam sind.

[211] *Motive*: Das zeigen auch experimentelle spieltheoretische Forschungen in unterschiedlichen ethnographischen Kontexten: Henrich u. a., 2004. Vgl. bereits Schulz-Nieswandt, 1995a, S. 70 FN 176. In der psychologischen Theorie bedeuten Motive feste Eigenschaften der menschlichen Persönlichkeit. Dabei geht es um für die Person wichtige Zielarten. In der empirischen Forschung spielen die Motive der Leistung, der Anerkennung und der Macht eine dominante Rolle. Hier sind aber auch andere Motive hervorzuheben: Zuwendung und Liebe, Solidarität, Autonomie und Verlässlichkeit sind zu nennen. Im Bereich der Bildmotive ist oftmals auch von einem Thema die Rede. Dies lässt sich sinnvoll übertragen: Menschliches Handeln ist themenorientiert, an Aufgaben orientiert. Insofern ist dieses Verständnis menschlicher Handlungsmotive dem Motivbegriff der Literatur, Malerei und Musik entlehnt. Denn das Motiv ist dort immer schon ein zentraler Teil der ganzen Geschichte. Im menschlichen Lebenslauf kommen den Motiven eben gleiche Funktionen zu. Sie wirken an der Strickung der Lebensgeschichte mit, die der Biographie die Verschränkung von zeitgeschichtlich-gesellschaftlichen sowie kulturgeschichtlichen Bahnungen einerseits und der Individualität andererseits ermöglichen.

[212] *Altruismus-Begriff unter Tautologie-Verdacht*: So „verliert das Argument für den Egoismus seinen Sinn, denn was wir Altruismus nennen, besteht gerade darin, etwas für einen *anderen* zu meinem Ziel zu machen." (Tugendhat, 2007, S. 31 – kursiv auch im Original) Zur ökonomischen Behandlung von Altruismus (als Neigung der Reichen innerhalb eines demokratischen Regimes) vgl. z. B. Arnold, E., 2007.

tionsprozess (d.h., dass Altruismus nicht eben nicht auch im Interesse des eigenen Interesses liegt oder liegen kann). Aber ein genetischer universeller Egoismus ist nicht der genotypische Archetypus und der in jeder sozialen Phänotypik des Handelns kausal versteckte Antrieb und Grund. Das scheint eher eine wahnartige Vorstellung der *homo oeconomicus*-Ökonomie (kritisch auch Simon, 2009) zu sein: Was immer der Mensch tut, scheinbar handelt es sich, so der „Wahn", immer um versteckten Egoismus. Und damit meint diese Ökonomie gar nicht einmal den Eigensinn, der als Sinn immer an der je eigenen Leiblichkeit hängt. Was sich wissenschaftstheoretisch als Tautologismus infolge eines (im Sinne des Falsifikationismus) empirieentleerten Reduktionismus beschreiben lässt, ist das Unverständnis, das einer anthropologischen und zugleich kultur- und geschichtssensiblen Phänomenologie der Motive (Liebe, Pflicht, Respekt, Neid, Hass etc.) und der Phänomenologie der leiblichen personalen Geschehens- und Erlebniswelt (Angst, Ekel, Scham, Schuld etc.) entgegengebracht wird (zu Pflegesituationen in erlebnistheoretischer Perspektive: Elsbernd, 2000). Alles, was das Individuum macht, macht eben das Individuum und ist deshalb sein Ego-Ismus. Die existenziell hoch relevanten, semantischen Differenziale der Lebensführungshaltungen verflüchtigen sich zur parametrischen Definition einer egozentrierten Nutzenfunktion $U = U(\alpha \ldots \Omega)$. Dabei ist diese parametrische Selbst-Performanz inkorporierter Ausdruck einer zwar individuellen, aber sozial überformten Prägung. Selbst der Machiavellismus, so zeigt die empirische Psychologie, ist Folge einer defizitären Empathie-Sozialisation.

Typen der Reziprozität: Anders die figurative Theorie des *homo reciprocus*. Die verschiedenen Typen der Reziprozität (auf die ich schon eingegangen bin), modifiziert für vorliegende Zwecke, entstammen den Diskussionen, die auf die klassischen soziologisch-ethnologischen Positionen von Mauss (2007), Polanyi (1957) und Sahlins (1994)[213] (und, zu wenig bedacht, von Laum [1960]) zurückgreifen und die augenblicklichen wirtschafts- und sozialwissenschaftlichen Theoriedebatten geradezu zentral beherrschen. Utilitaristische, non- und transutilitaristische Positionen bilden hierbei eine fruchtbare multi-paradigmatische Situation und treiben einen entsprechenden multidisziplinären Diskurs ertragreich voran (Marten/Scheuregger, 2007; Moebius/Papilloud, 2006; Adloff/Mau, 2005; ders., 2002 – zuvor schon Schulz-Nieswandt, 2001c). Die Konturen dieser komplexen Debatte, die auch die Philosophie insgesamt und die theologische Anthropologie intensiv beschäftigen, kann hier nicht Gegenstand näherer Darlegungen sein. Im Mittelpunkt steht vor allem die Frage, ob sich die Reziprozität in einer Ökonomie des balancierten Tausches erschöpfen muss, oder ob nicht die Idee einer reinen Gabe (als Prinzip der Liebe: Wolf, 2006) zu-

---

[213] Zu Sahlins nun auch Kumoll, 2007.

mindest transzendental gedacht werden muss, um die empirischen Derivationen phänotypisch analysieren zu können (vgl. auch Ricoeur, 2006). Soziologisch könnte die transzendentale Idee der Liebe zumindest in einer funktionalistisch abgeflachten Form vorausgesetzt werden: Voraussetzung unvollständig spezifizierbarer Verträge im Sinne tendenziell ausbalancierter Tauschvorgänge wäre die generalisierte Reziprozität, also die Akzeptanz der allgemeinen Norm, auch dann zu geben, wenn es unsicher ist, ob es überhaupt zu Rückflüssen als Ausdruck generierter Obligationen kommen wird. Damit würde sich auch ein Entwurf des Sozialstaates von einer reinen Zielvereinbarungs-Staatlichkeit der Reziprozität (zum Ausdruck gebracht bei Merz, 2008, S. 246) unterscheiden.

Idee der reinen Gabe: Selbstverständlich wirft ferner die Idee einer reinen Gabe das wissenschaftstheoretisch klassische Tautologieproblem der ökonomischen Nutzentheorie auf, den Rückfluss einer (z. B. barmherzig orientierten, aus Gnade erfolgenden) Gabe in emotionaler Dankbarkeit und Schuldgefühlen und entsprechenden Formen interpersoneller Abhängigkeiten u. ä. (Scham als Beschämung etc.) zu sehen. Richtig ist es natürlich, die oben bereits erwähnte Bedeutung äquifunktionaler Währungen[214] zu beachten. So kann der Rückfluss in einem anvisierten Statusgewinn (z. B. die antike Form des Euergetismus im Rahmen von Patronage-Klientilismus-Kulturen) bestehen. Einer der grundlegendsten Aspekte dürfte in der Bedeutung der Gabe für die Generierung und Konsolidierung personaler Selbst-Konzepte bestehen. Hier schließen sich Fragen einer Psychologie und Sozialpsychologie prosozialen Verhaltens, des Altruismus, interaktionssoziologisch die Frage nach der Identitätsfindung des Menschen als personale Existenz in einer Ich-Du-Wir-Figuration an.

Pastoralmacht: Die Philosophie diskutiert in vielen Varianten und zugleich traditionsreich dieses Problem als Kernfrage des Selbst-Seins des Menschen angesichts der Existenz des Anderen. Die gouvernementale Analyse von Foucault (Pfannkuchen, 2000; Hardt, 2005) hat dann (wie gesagt: im Kontext einer breiteren post-strukturalistischen Wende) aufzeigen können, wie solche Selbst-Konzeptionen nicht nur in die institutionellen Praktiken von Organisationen als Wissens-Macht-Komplexe eingebettet sind, sondern in die Diskursordnungen komplexer epistemischer Regime epochaler Art. Hier findet die Kontroverse um das Pastorat bzw. zur Pastoralmacht bei Foucault (Weimer, 1995 sowie Mette, 1995; Steinkamp, 1999 sowie ders., 2005) eine verallgemeinerungsfähige Parallele in der sozialen Dienstleistung überhaupt, folgt sie auch in moderner Form oftmals dem archaischen Archetyp von Hirt und Herde[215].

---

[214] Die Literatur der Reziprozitätsforschung spricht von homo- und heteromorphen Rückflüssen.

Auch die Literatur zum Phänomen des Mitleids (Dalferth/Hunziker, 2007; Art. „Mitleid", in RGG, Bd. 5, Sp. 1347 ff.[216]; zur Ambivalenz im Verständnis von Mitleid vgl. Hamburger, 1985) lässt erkennen, dass sich ökonomistische Reduktionismen nicht überzeugend verteidigen lassen. Selbst dann, wenn sich neurologische Grundlagen darlegen lassen (Roth, 2003), so erschließt sich das Phänomen des menschlichen Mitfühlens aus diesen transzendentalen Voraussetzungen nicht. Bildgebende Verfahren in der Hirnleistungsforschung zeigen zwar, wie soziale Interaktionen und die jeweils intraindividuellen Kommunikationsleistungen Korrelate in den neuronalen Netzen und deren Vernetzungen haben. Aber eine solche neurologische Vermittlung geistig-sozialer Phänomene bedeutet nicht, dass die daraus resultierenden sozialen Interaktionen nicht selbst wiederum soziologisch geklärt werden müssen (vgl. auch Vierkant, 2008). Die Spiegelneuronen stellen eine Voraussetzung des Mitleids dar; erst die sozialen Interaktionen erzeugen kulturell die Aktivierung der Spiegelneuronen und prägen die spezifische semantische Differenzialität des Mitgefühls im Kulturkontext der generativen Interaktionen. Die menschliche Biologie und die menschliche Kulturgebundenheit spielen so ineinander; das Verhältnis ist aber asymmetrisch: Die Biologie ist eine Basis und eine Voraussetzung – reine organologisch-biochemische Transzendentalität; das „geschichtliche Leben" wird dem Menschen aber durch die sozialen Interaktionen eingehaucht. Normative Orientierungen werden in der kulturellen Praxis der Kommunikation erzeugt (Sinn-Erzeugung durch die soziale Transzendentalität der Praxis).

Neurowissenschaftliche Reduktionismen sind also unangebracht. Ebenso evolutionspsychologische (Heidbrink/Lück/Schmidtmann, 2009) Ökonomismen. Im Kern bedeutet dies: Es ist wissenschaftstheoretisch, auch im nur metaphorischen Sinne, falsch, hier von Egoismus als Motivzentrum, auf das alles Verhalten letztendlich reduziert werden kann, zu sprechen. Das ist nicht nur schlicht tautologisch (wie Simmel in seiner „Einleitung in die Moralwissenschaft" bereits darlegte: Simmel, 1989, S. 129 ff.), sondern, wenn es analytisch sauber formuliert wäre, mit der Empirie nicht vereinbar.

Anspruchsvolle Soziobiologen haben allerdings auch nie behauptet, dass die menschliche Kultur determiniert ist durch die Genetik. Und diesen Determinismus konnte auch Dupré (2009) fundiert zurückweisen. Die quasiphilosophische Grundhaltung der Soziobiologen ist wohl eher die, dass sich die Menschen eine „gute Gesellschaft" entwerfen müssen und dann unter „naturbedingt" großen Schwierigkeiten versuchen müssen, die Menschen zur akzeptablen Verwirklichung dauerhaft anzuhalten. Illies (2006) kann aber,

---

[215] Der jedoch nicht rein jüdisch-christlicher Herkunft ist; auch in der Religion Zarathustras ist diese Metapher verbreitet: vgl. Stausberg, 2005.
[216] Vgl. auch Art. „Mitleid" in TRE, Bd. 23, S. 111 ff.

und dies ließe sich durch die kognitionsevolutionären Darlegungen von Tomasello (2006) stützen, zeigen, dass dies ökonomistisch nicht bedeuten kann, nur auf Anreizstrukturen zu setzen; das menschliche Potenzial weist eine hohe Relevanz intrinsischer Motivationen für Moralsysteme auf.[217]

Neurowissenschaftliches Menschenbild: Ein Wort muss zur neueren Neurowissenschaft (vgl. u. a. Roth, 2003) gesagt werden. Dabei geht es mir gar nicht so sehr um die Willensfreiheit (zur Willensfähigkeit vgl. auch Schmitz, 2005, Bd. IV, S. 301) angesichts einer möglichen zentralen Bedeutung des limbischen Systems (Roth, 2003, S. 560). Es geht auch nicht um die Frage des genetischen Determinismus. Roth selbst stellt die Bedeutung der sozialen und kulturellen Prägung in den ersten Kindheitsjahren heraus (zur Reifung des Hirns und seiner Funktionen: Pohl, 2007, S. 91 ff.); und er hält eine spätere Wandlung der menschlichen Person nicht für unmöglich, sondern nur für schwer (vgl. allerdings dagegen bzw. differenzierender auch die einschlägigen, auf die gesamte Lebensspanne bezogenen, entwicklungspsychologischen Befunde in Brandstädter/Lindenberger, 2007), verweist aber selbst auf die Möglichkeiten psychotherapeutischer Arbeit (zum Selbstmanagement im Lichte der Willensfreiheit: Preß, 2007).

Das Problem liegt woanders. Die bildgebenden Verfahren decken die Korrelate des Denkens und Fühlens und des Handelns im Zusammenwirken der neuronalen Netze und letztendlich in der Hirnfunktion auf – so auch Singer (2003, S. 29 f.). Der Mensch ist also in seiner ganzen Ich-Persönlichkeit – Roth legt diese δ-phänomenologisch differenziert dar (Roth, 2003, S. 378 ff.) – vermittelt über die Hirnfunktionen. Natürlich hat die Person, die mit anderen Personen symbolisch interagiert, in der Körperlichkeit, und diese umfasst in ihrer Organstruktur auch das Gehirn und seine zentrale Strukturbildungsbedeutung, ihre körpertranszendentale Voraussetzung. Die Interaktion zwischen Personen ist eine Interaktion derartig organtranszendental ausgestatteter Personen. Und so ist das Ich ein Konstrukt des Hirns (Roth, 2003, S. 17), da das Subjekt sich angesichts des Sozialen präsentieren und das Soziale auch repräsentieren muss. Soziologie ist Soziologie der Konstruktion sozialer Wirklichkeiten von Akteuren, die selbst wiederum Konstrukte sind. Aber die Struktur dieser Verschränkungen von Präsentationen und Repräsentationen hat zwar ihre organische Basis im Hirn, erklärt sich aber inhaltlich nicht aus den neuronalen Netzen und ihren Vernetzungen (dies ist auch die zentrale Prämisse von Fuchs, Th., 2008). Dies hat Roth selbst an verschiedenen Stellen explizit erklärt.[218] Hilfreich ist das

---

[217] Und tiefenpsychologische Untersuchungen können nochmals ein ganz anderes Licht auf altruistisches Verhalten (etwa Blutspenden: Schiefer, G., 2006) werfen.

[218] In seinem Vorwort zu Kandel (2006) hat Roth sehr deutlich die wechseltige Arbeit von Gene, Hirn und Umwelt dargelegt. Roth lehnt daher einen ontologischen

theoretische Deutungsmuster, dass das Ich und die Produktionsleistungen des Hirns als kulturell aktiviert und gewachsen im Kontext der sozialen Interaktionen zu verstehen sind. Diese „sphärische Anthropologie" sieht das Hirn und die Identitätsbildung des Menschen im ökologischen Kontext intersubjektiv erzeugt (Neider, 2008).

Das Psychische und somit auch das Soziale als Interaktion der Psychen sind nicht auf Biologie reduzierbar, wenn sie auch in der Biologie als formale Voraussetzung wurzelt. So ist Sprache an die Evolution der Hirnfunktionen gebunden (vgl. Roth, 2003, S. 555). Roth sagt selbst, das Ich – und damit auch die Intersubjektivität – sei kein Epiphänomen (ebd., S. 395). Zwar können die Menschen die Bildung von Selbst- und Fremdperspektiven in bestimmten Hirnfunktionen (in cortikalen und subcortikalen Zentren: ebd., S. 380) im Sinne einer Korrelationsmethode verorten. Aber die virtuelle Welt der Erlebniswelt, von der Roth spricht und die er als soziale Existenz definiert (ebd., S. 429), ist eine kommunikative Welt. Entsprechend stellt auch Singer (2003, S. 34) die große Bedeutung der Erziehung und der gesellschaftlichen Prägung insgesamt heraus. Der Soziologie geht es um die Analyse dieser Kommunikation. Dass die Empathie eine Hirnfunktionsleistung ist (ebd., S. 393), ist dabei nicht das Problem[219]. Mag sein, dass es keinen Geist und kein Bewusstsein außerhalb der Konstruktivität des Hirns gibt (erfahrbar ist ja nur die durch das Hirn konstruierte Realität); die konstruierte soziale Wirklichkeit als Interaktionsgeschehen ist aber eine figurativ-reale – Singer kann Bewusstsein aber im Hirn nirgends lokalisieren (Singer, 2003, S. 30). Und Roth (2003, S. 423) konstatiert selbst, dass der Mensch in eine konkrete Gesellschaft hinein geboren wird und von ihr bestimmte Denk-, Sprach- und Verhaltensschemata vermittelt bekommt. Und insofern muss auch Singer (2003, S. 32) das bekannte soziologische Thomas-Theorem (vgl. Bernat/Krapp, 2005, S. 13) neu entdecken: Wenn Menschen an ihre Willensfreiheit glauben, dann sind auch die Verhaltensweisen, die aus diesem Glauben resultieren, real. Insofern ist seine Ablehnung der Idee, Gesellschaft sei ein Skript, nach dem der Mensch funktioniert, widersprüchlich. Vielmehr muss es m. E. lauten: Der Mensch funktioniert nach kulturellen Skripten seiner Gesellschaft, da er die dazu transzendental notwendigen intraindividuellen Hirnleistungsfunktionalitäten evolutionär besitzt (Fuchs, Th., 2008).

Reduktionismus in der neurowissenschaftlichen Forschung ab. Das Mental-Psychische kann nicht auf Synapsen reduziert werden, denn dann würde man notwendige Bedingungen mit hinreichenden Voraussetzungen verwechseln. Das gesamte Nervensystem stellt nur ein „Vehikel" dar.

[219] Zu den Spiegelneuronen als biologische Basis der Empathie vgl. Rizzolati/Sinigaglia, 2008.

Nicht mehr überprüfbar wird die konstruktivistische Logik bei Roth, wenn bedacht wird, dass seine Theorie selbst als Teil der erlebten Wirklichkeit vom Hirn konstruiert wird, dieses reale Hirn aber unbekannt bleibt und nur als Reflexion des wirklichen Hirns und seiner Arbeit innerhalb der Welt dieses wirklichen Hirns möglich wird.

Soweit zunächst eine weit ausholende Anthropologie der menschlichen Praxis. Dies ist auf die Medizin- und Pflegepraxis zu übertragen.

5. Medizin im kulturellen Kontext

Bislang habe ich immer wieder die beiden, von jeweils spezifischen Erkenntnisinteressen abhängigen Analyseebenen, die Grundlagenforschung einerseits und die feldspezifische Anwendungsforschung andererseits, zu verknüpfen versucht. Vor diesem Hintergrund der hier nur kurz entfalteten, später durchgehend wiederkehrenden Idee einer Theorie der sozial handelnden Akteure im epistemischen Kontext von Einbettung und Verkettung, von kultureller Codierung/sozialer Normierung und pragmatischer Relationalität ist auch die Medizin, überhaupt die Logik sozialer Professionen – als „Kulturen des Helfens" – zu verstehen.

Sprechende Medizin: Die nachfolgenden Ausführungen sind nunmehr angesichts der weiter oben angesprochenen Ablehnung der möglichen Kritik, hier würden unter dem Mantel der Wissenschaft reine Normativismen eingelassen, zu verstehen. Das Thema einer sich als notwendig erweisenden Wandlung der Medizinpraxis ist nicht neu.[220] Die Debatten um die „sprachlose Medizin" und die kontrastreiche Forderung nach einer sprechenden Medizin reichen, weitere mögliche ideengeschichtliche Pfade hier ausklammernd, in die 1960er Jahre zurück (vgl. Lüth, 1986; ders., 1977; vgl. heute insbesondere Gottschlich, 2007).[221] Auch Gathmann/Semrau-Lininger

---

[220] Zu verweisen ist natürlich auch auf die Beziehungsmedizin in der Tradition der Balint-Gruppen (Steiner-König, 2000, S. 1470 f.; Goldbach, 2006, S. 86, S: 106 sowie S. 118; Balint, 1983).

[221] *Abgenutztheit und Aktualität einer Problemstellung*: Die Kritik an der sprachlosen Medizin und, umgekehrt, die Einforderung einer „sprechenden Medizin" ist nicht neu; und sie ist so verbreitet, dass sie popularisiert wurde zu einer Art von (technikskeptischer) Kulturkritik. Aber trotz dieser Gefahr, im Lichte dieser Abgenutztheit der Kritik, die oftmals nur noch Schulterzucken induziert, ist das Thema gesundheitspolitisch aktuell und anthropologisch von tiefer Dramatik. *Zwischen Patienten-Zentriertheit und Schutz der medizinischen Profession vor Überforderung*: Das Thema ist jenseits einer solchen populären Medizinkritik angesichts der Burnout- und Suizidalitätsepidemiologie des ärztlichen Berufes nicht nur als Einforderung einer stärkeren/anderen Patientenzentriertheit zu verstehen. Nicht nur müssen die Perspektiven der immer mitbetroffenen Netzwerke (Angehörige) einbezogen werden; sondern der ärztliche Beruf ist vor der gesellschaftlichen und entsprechend

(2000, S. 235) verstehen die Krise als Haltungsproblem[222], die durchaus nicht vereinfacht als leicht steuerbare – etwa ethische (Sass, 1996) – Ausbildungsfrage (so wichtig hier Innovationen sind: Jünger/Köllner, 2003[223]) deklariert werden kann[224]: „Demut, Verständnis und Solidarität lassen sich nicht per Verordnung oder Ausbildung erschaffen." (Über die Demut wird allerdings noch kritisch zu reflektieren sein, denn auch Marcel[225] hält sie hoch, weil er sie kontrastiert mit dem Hochmut [über die der Mensch bekanntlich stolpert], ohne aber etwas über die [Selbst- und Fremd-] Demütigung zu sagen: vgl. Marcel, 1992, S. 76.)

Dialogische Medizin: In der neueren Debatte um die „Shared Decision Making"-Medizin (SDM: Scheibler, 2004; Scheibler/Pfaff, 2003; Scheibler/ Janßen/Pfaff, 2004)[226] kehrt diese Forderung nach Haltungswandel und kul-

---

internalisierten Selbstüberforderung zu schützen. „Depersonalisierung von Patienten und sprachliche Zynismen sind Folgen aus der Spannung zwischen äußeren und inneren Anforderungen und dem tatsächlich Leistbaren." (Overlander, 2001, S. 145)

[222] Zum Problem der Haltung vgl. auch Inhester, 2004.

[223] Zum Scheitern des Programms von Thure von Uexküll in Ulm vgl. Goldbach, 2006, S. 88.

[224] *Kairos*: Auch hier gilt es, nicht in Romantik zu verfallen (kritisch zum Kairos-Denken auch Christophersen [2008], der m. E. allerdings auch wiederum zu stark unterschwellig-despektierlich die Ausstrahlungskraft des Werkes von Tillich als rein wortgewaltige Inszenierung darlegt). Ich knüpfe hier den anstehenden Kulturwandel weder an ein „Kairos" (in der griechischen Mythologie der Gott der günstigen Gelegenheit: Art. „Kairos" in Roscher, 1993, II.1, Sp. 897 ff.) als historisch günstiger, ja sich aufdrängender Zeitpunkt einer großen Umwälzung (wie im Tillich-Kreis: Schüßler/Sturm, 2007, S. 11 ff.; S. 87 f.), noch revitalisiere ich die Strukturmomente der komplexen pädagogischen Bewegung des ersten Drittels des 20. Jahrhunderts, wie sie etwa im „Hofgeismarkreis" der Jungsozialisten der Jugendbewegung zu finden sind: Osterroth, 1964 sowie Jax, 1999.

[225] Art. „Marcel, Gabriel (1889–1973)" in TRE, Bd. 22, S. 79–83.

[226] *Dialogische und perspektivisch erweiterte Diagnostik*: Verbunden ist damit auch eine multiprofessionelle Perspektivität auf die Lebenslage des älteren und alten Menschen und seinen Versorgungsbedarfen. Diese benötigt eine erweiterte medizinische Diagnostik und eine um pflegediagnostische Assessmentinstrumentarien ergänzte Anamnese. Das klingt technisch, meint aber eine veränderte gelebte Medizinanthropologie. Die besondere Komplexität der geriatrischen Formenkreise der Erkrankungen und der medizinkomplementären Bedarfslagen und Risikoprofile macht es erforderlich, die ärztliche Tätigkeit an dem Modell des „Shared decision making" zu orientieren. Dieses dialogische Modell der Arzt-Patienten-Beziehungen, geprägt von der transsektoralen Empowerment-Bewegung (so auch in Form von individuellen Hilfeplanungen und Entwicklungsgesprächen, in Form der Nutzung persönlicher Budgets in der Pflege- und Behindertenarbeit), ist zwar differenziell abzustellen auf die Persönlichkeiten der Patienten, ist im Grundsatz aber vom Gedanken der Abkehr eines überzogenen Paternalismus gekennzeichnet. Die so veränderte dialogische Kultur zwischen Professionen und Patienten ist insbesondere mit Blick auf die diagnostischen und als multiperspektivisch definierten Handlungsbedarfe des geriatrischen Patienten unabdingbar.

tureller Neuorientierung nunmehr als evidenzgestützte Argumentation (Say u. a., 2006; Langewitz u. a., 1998; Caspari, 2007) zurück.[227] Allerdings ist das „Kinde nicht mit dem Bade" auszuschütten. Eine empirische Studie von Bayer-Pörsch (2003) zur Versorgungssituation von Patienten mit Diabetes mellitus im Raum Frankfurt am Main konnte zeigen, dass ein großer Teil der befragten Population Präferenzen für einen „milden Paternalismus" hat. Mitbestimmung und Partnerschaft werden positiv geschätzt, Vertrauen und Sicherheit aber dominieren als erwünschte Gefühle. Schwächen, Ängste und Abhängigkeiten seitens der Patienten sind eben doch zu berücksichtigen, wenn realistische, d. h. komplexe Modelle der Arzt-Patienten-Interaktion untersucht werden, die gegenüber dem überholten Normmodell des traditionellen Paternalismus nunmehr Modelle[228] der souverän-mündigen Patienten zu hypostasieren neigen.[229]

Auf einer solchen empirischen, also datengestützten Mikroebene gelingender Kommunikation kann die Reflexion jedoch nicht stehen bleiben. Allzu schnell sind bereits die Handbücher von Kommunikationstrainern am Markt, die Abhilfe (und so Markterfolg im Wettbewerb) versprechen, ohne oder bevor der Blick die angemessene Tiefe anthropologischer Problemvergewisserung versucht oder gar erreicht hat. So wichtig diese kommunikationsbezogene Ebene der Reform der Medizinpraxis ist[230] und sich auch analog – etwa unter Empowerment-Gesichtspunkten – auf andere soziale

---

[227] Vgl. auch Härter/Loh/Spies, 2005. Vgl. Sibitz u. a. (2008) zur Einbeziehung der Betroffenen in Therapie- und Versorgungsentscheidungen in der Psychiatrie.

[228] Zur Souveränität des Menschen im Lichte von Bataille vgl. Mattheus, 1988, S. 35 sowie in Abgrenzung zu Sartre: ebd., S. 91.

[229] Vgl. dazu auch die Studie zum Neo-Paternalismus in der Medizin von Feuerstein/Kuhlmann, 1999. Vogd (2006a) konnte empirisch zeigen, dass unter dem Kosteneffizienzdruck in deutschen Krankenhäusern der ärztliche Paternalismus auf der Mikroebene sogar wieder gestärkt wird. D. h. insgesamt, dass die drei Handlungslogiken Bürokratismus, Ökonomismus und Professionalismus unter diesen Bedingungen, lose aneinander gekoppelt, auf die Spitze getrieben werden (ebd., S. 113).

[230] *Kommunikative Medizin – zwischen ontologischer Fundierung und Vermarktung*: Und es darf hier deutlich herausgestellt werden: Die kommunikative Dimension (vgl. auch Gottschlich, 2007) erhält in diesem Zusammenhang eine geradezu fundamentalontologische Relevanz (Schindelars, 2005). Das zentrale Problem der Medizin dürfte dabei sein, dass sich diese einerseits ökonomisiert, bevor sie sich effektiv auf ein ganzheitliches Verständnis von Personenzentriertheit orientiert hat. Ökonomisierung und Zielvergewisserung können passungsoptimal einhergehen (Kleve u. a., 2006), sind aber sequenziell geordnet. Erst kommt die Zielvergewisserung, dann die Ökonomisierung. Denn Wirtschaftlichkeit ohne Effektivität der Zielerreichung ist sinnlos. Und während die engagierte Medizintheorie (Schäfer/Uexküll/Witzany, 2002) für diese sprachzentrierte kommunikative Medizin kämpft und sich so in dem Themenkreis „Patient – Bürger – Kunde" (Graumann/Grüber, 2004) anthropologisch fundiert zu positionieren versucht, greift bereits eine Vermarktungsliteratur um sich, die das Handbuch-Know-how für die Berücksichtigung des Patien-

Dienstleistungen (in der Pflege [Garms-Homolova u. a., 2008], in der Arbeit mit Menschen mit Behinderungen [Schulz-Nieswandt, 2007; Kostorz, 2008; umfassend einführend: Röh, 2009] etc.; vgl. G. Horcher: Art. „Dienstleistung, soziale", in Maelicke, 2007, S. 247 ff.) übertragen lässt: Will man die Logik ökonomischer Anreize um die Perspektive kommunikativer Sozialkompetenzen (Petke, 2004) und entsprechender Direktionsstile bereichern, so dringt man tief in die philosophische Anthropologie ein.[231] Das wird zu zeigen sein. Das gilt insgesamt für die ärztlich-heilkundlichen Handlungsstile, wie Thure von Uexküll kritisch herausgestellt hat (vgl. Goldbach, 2006, S. 121). Es ist zu einem Problem geworden, dass sich die *philotechnia* von der *philanthropia* getrennt hat (Goldbach, 2006, S. 121). Auch hier gilt: Es geht nicht um Romantik (Riecker, 2000, S. 111 mit Bezug auf Huch, 1951; vgl. nun auch Safranski, 2007) oder um Rückkehr zur Antike; es geht nicht um Beschwörung irgendwelcher goldener Zeitalter, die nunmehr nur wieder aufzusuchen sind. Ohnehin wäre eine romantische Position ebenso wie eine begriffliche Vorstellung einer Antike ohne die Geistessituation des 18. und 19. Jahrhunderts schlechthin nicht möglich; und so geht es nicht um Rückkehr (in den Mutterleib oder in andere Geborgenheiten), sondern um gesellschaftliche Selbstreflexion auf dem aktuell möglichen Erkenntnisfundament der menschlichen Existenzsituation heute. Diese Bemerkungen erscheinen mir notwendig, beachtet man, nicht als Konkurrenz, wohl aber als externe Erosion wissenschaftlichen Bemühens die ganze Esoterikliteratur zum Kommunikationstraining und zum ganzheitlichen (vgl. auch Körtner, 1998, S. 62 ff.) Denken. Das gilt auch für die Pflege.

Lebensgeschichtliche Horizonte in Pflegerelationen: Auch die Ausrichtung der stationären Pflege auf die lebensgeschichtlich geprägten Bedürfnislagen der Pflegebedürftigen (Schilder, 2007) ist ein grundlegendes Anliegen. Denn die thematische Abholung des pflegebedürftigen Menschen durch eine entsprechend empathiefähige, sozial kompetente Pflegeprofession[232] ist existenzfördernd und schafft einen Zuwachs an Unabhängigkeit in den Lebensaktivitäten des pflegebedürftigen Menschen.[233] Hier scheint

---

ten als Kunde darlegt (Buchhester, 2002). Es ist zu bezweifeln, dass hier der anthropologisch hinreichend tief verankerte Haltungswandel zum Ausdruck kommt.

[231] *Bündnis vs. Vertrag*: So diskutiert Käppeli (2005) die Kategorien Bündnis vs. Vertrag als Paradigmen der pflegenden Beziehung. Traditionell, ethisch-religiös gestützte Begründungen stehen geschäftsorientierten, verrechtlichten Formen der Pflege gegenüber. Der Vorteil von Mischungen wird erwogen.

[232] *Empathie der Ärzte*: Zu den Potenzialen der empathischen Kompetenz der Ärzte in ihrer Beziehung zu den Patienten vgl. die Studie von Herzog, 2007. Dort werden als Einflussfaktoren allerdings auch die Arbeitszufriedenheit und die Belastung der Ärzteschaft herausgestellt. Die empirische Studie zeigt ferner, dass sich die Profession relativ schlecht an das Niveau der Patienten anpassen kann (ebd., S. 186 f.).

das Problem der Existenzerhellung[234] (der Kreatur, von der Marcel [1992, S. 69] sagt, sie sei „ihrem Leben ausgeliefert und ohne Fähigkeit, es zu erfassen.") auf. So werden empirische Befunde deutlich in einem grundlagentheoretischen, anthropologischen Denkkontext eingeordnet. Und dies ist notwendig, soll der existenzielle Ernst verständlich werden. Praxisrelevanz muss eine solche Anthropologie in pragmatischer Absicht aber nicht scheuen.

Praxisrelevante Anthropologie: Es geht uns um die Herausarbeitung der Argumentation, dass die strukturelle – steuerungstheoretisch wie auch betriebsmorphologisch definierte – Gesundheitsreform auch als Wandel hin zu einer neuen Medizin- und Pflegeanthropologie verstanden sein muss. Die Frage nach dem „guten Arzt" – als hohe Kunst[235] (Dörner, 2003; Herzig u. a., 2006; Hunstorfer, 2006)[236] – personifiziert zwar das Problem, bringt die systemische Frage jedoch auf den Punkt. Aber auch die Frage nach dem „schwierigen Patienten" (Kowarowsky, 2005) ist zu stellen. Zu einer sozialen Relation gehören immer zwei Pole einer Beziehung.

Praxeologische Schlussfolgerungen: Jenseits einer einfachen Personifizierung der Defizite sind vielmehr personale Kompetenzen, die dazu hinführenden Ausbildungen und die institutionellen Rahmenbedingungen in ihrer gegenseitigen Fügung zu verstehen. Da bislang immer kritisch von der Medizin die Rede war, so darf doch zugleich konstatiert werden: Auch die Pflege hat ihre Entwicklungsaufgaben (was die Medizin vielleicht etwas trösten mag). Und in diesem Sinne zieht Schilder (2007, S. 320 ff.) – in Bezug auf die Pflegerelationen – eindeutige Schlussfolgerungen:

– „Pflegende benötigen neben einer empathischen Kompetenz die Fähigkeit der Bedeutungsflexibilität, um die für die pflegebedürftige Person bedeutsamen Lebenserfahrungen verstehen und das Verstandene personenorientiert nutzen zu können." (S. 320)

---

[233] *Sympathie*: Die Sympathie (Travelbee, 1997, S. 119; Art. „Sympathie", in RGG, Bd. 7, Sp. 1943 f.) ist beziehungsfördernd einzuschätzen (Schilder, 2007, S. 295; Richter/Saake, 1996; Pohlmann, 2005). Auf die Studie von Bühlmann (1995) wäre zu verweisen. Sympathie ist die Fähigkeit zur interpersonellen Perspektivenübernahme und die darauf aufbauende (Meuter, 2006, S. 383) Fähigkeit, für den anderen Menschen Sorge zu haben. Zur „Gefühlsarbeit" in der Altenpflege vgl. auch Büssing/Giesenbauer/Glaser, 2003. Das übliche Miteinanderreden weicht qualitativ oftmals davon ab: Andersen/Heinlein, 2002. Zu den Begriffsdifferenzierungen zwischen Mitleid, Sympathie etc. vgl. auch Dalferth/Hunziger, 2007.

[234] Existenzerhellung wird über Kommunikation möglich: Art. „Chiffre" von Kaegi, in Thurnherr/Hügli, 2007, S. 37–38, hier S. 37. Vgl. auch Art. „Existenzerhellung" von Kaegi, in Thurnherr/Hügli, 2007, S. 91.

[235] Vgl. auch Lown (2002) zur „verlorene(n) Kunst des Heilens".

[236] Vgl. auch Anschütz (1987, S. XIII) mit Bezug auf V. von Weizsäcker.

IV. Vom Gesundheitswesen zu einer anthropologischen Methodologie   151

- „Pflegende sollen im Rahmen einer Aushandlungskompetenz befähigt werden, die kommunikativ erschlossenen Bedeutungen mit ihrem Arbeitsauftrag vermitteln zu können." (S. 324)

- „Um in der Pflegesituation Angleiche über die Themen der pflegebedürftigen Personen vornehmen zu können, ist eine über die Aushandlungskompetenz hinausgehende Handlungsautonomie Pflegender erforderlich." (S. 326)

- „Pflegende benötigen eine professionelle Beziehungskompetenz, um anhand fachlicher Gesichtspunkte die Voraussetzungen zur Förderung, Erhaltung oder Wiedererlangung von Fähigkeiten in den ABEDL unabhängig von persönlichen Sympathien und Antipathien zu schaffen." (S. 327)

- „Das Wissen über die mit der Lebensgeschichte verbundenen Erfahrungen pflegebedürftiger Personen sollte systematisch, flexibel und fortwährend im Pflegeprozess genutzt werden." (S. 327)

- „Pflegerische Biografiearbeit bedeutet intersubjektive systematische Auslegungsarbeit im Pflegeteam." (S. 329)

Soweit ein erster Blick in die Pflegewelt. Gerade die gewählte Problematik der biographischen Arbeit bei Eintreten und Bewältigung der Pflegebedürftigkeit macht deutlich, um welche breiten Sinnhorizonte es geht, wenn Menschen mit Krankheit und Hilfeabhängigkeiten konfrontiert werden.

Ich komme nach diesem pflegebezogenen Exkurs zum Gesundheitswesen insgesamt zurück. Wo liegt also das Problem? Und welche Ebenen der Betrachtung greifen ineinander? Hatte die Analyse bisher zwischen Anthropologie und Psychologie der Mikrorelationen gependelt, müssen jetzt auch die mittleren Handlungsebenen, die Welt der Organisationen und der institutionellen Arrangements sowie die des Rechts die angemessene Beachtung finden. Die drei Ebenen hängen in Raum und Zeit jedoch zusammen, denn epistemische Regime verknüpfen die großen Themen mit der ökonomischen und der rechtlichen Steuerung der sozialen Praxis sowie mit den Denkmodellen und habitualisierten Handlungsweisen der Personen.

6. Versorgungssystementwicklung

In der Desintegriertheit und Fragmentarität des Systems der Gesundheitsbehandlung und pflegerischen Versorgung steckt Logik. Die Struktur ist Ausdrucksform von Handlungslogiken von Professionen, die so einen ganzen ökonomisch-technischen Machtkomplex als symbolische Form generieren.

Labyrinth[237]-Management: Das deutsche Gesundheitswesen, definiert man es, was Sinn macht, gegenständlich weit (unter Berücksichtigung der Rehabilitation [Fuchs, H., 2008; Morfeld u. a., 2007][238] und der pflegerischen und sonstigen medizinkomplementären sozialen Dienstleistungen[239]), ich darf mich wiederholen, ist intra- und intersektoral stark fragmentiert. Leistungsrechtlich (insbesondere, aber nicht nur das System der Sozialgesetzbücher) und somit kostenträgerschaftlich, aber auch hinsichtlich der für die soziale Wirklichkeit des Prozessgeschehens wichtige Professionenlandschaft (Medizin, Pflege, Psychologie, Sozialarbeit/Sozialpädagigik, Therapiegruppen etc.) und somit hinsichtlich der funktionalen Ausdifferenzierung (Kuration, Rehabilitation, Prävention[240] etc.) des Gesamtsystems existieren tiefsitzende Kommunikations- und Kooperationsprobleme, die insbesondere Folgeprobleme des Schnittstellenmanagements induzieren. Bei transsektoraler Betrachtung fehlt es an einer unbrüchigen Sicherstellung optimaler Patientenpfade – betrachtet man das Ganze unter Beachtung der (ressourcentheoretisch definierten) Lebenslagen (Schulz-Nieswandt, 2006d) der Patienten und ihren sozialen Netzen.

Sozialer Wandel und Gesetzgebung: Und es vernetzt sich, auch hier wiederhole ich mich, dieser systemische Befund mit einem ganz entscheidenden Makrotrend der Gesellschaft: der Alterung und den komplexen sozioepidemiologischen Wandlungen, die damit einhergehen. Gerontologisch werde ich das noch ausführlicher reflektieren [vgl. Kapitel B.II.2.e)]. Hier nun geht es um die strukturelle Herausforderung an das historisch gewachsene und, das ist ja mein Thema, schwer veränderbare Gesundheitswesen. Hinsichtlich der – technisch gesprochen – Optimierung der Passung zwischen der sozialen Morphologie der Bevölkerung (Altersstruktur, Krankheitspanorama, Netzwerkdichte etc.) und der betrieblichen Morphologie der Versorgungslandschaft ist die Entwicklung spät dran. Aber das passt wiederum zur Einsicht von Hegel: „Die Eule der Minerva beginnt erst mit

---

[237] Art. „Labyrinthos" in Roscher, 1993, II.2, Sp. 1778 ff.
[238] *Rehabilitation*: Die grundlegendste Studie zur Rehabilitation ist immer noch die von Plute, 2002. Ob es zu einer eigenen Patientenklassifikation in der Rehabilitation kommen kann/soll, diskutiert Ranneberg, 2006. Zur Bedeutung der Erwartungen und der Motivationen für den Rehabilitationserfolg, eine grundlegende rehabilitationspsychologische Frage, vgl. auch Deck, 1999. Vgl. ferner die Studie von Glattacker (2006) zur Rolle subjektiver Krankheitskonzepte in der (stationären) Rehabilitation. Zur ambulanten Rehabilitation vgl. auch Rosenthal/Boxberg, 2002 sowie Trapphagen, 2001.
[239] Aufgrund nosologisch-epidemiologischer Zusammenhänge ist der Sektor der Arbeit mit Menschen mit Behinderungen partiell einzubeziehen. Vgl. auch Schulz-Nieswandt, 2007.
[240] Zur Prävention vgl. Hurrelmann u. a., 2004 sowie Schnabel, 2006. Vgl. auch Wright, 2006.

IV. Vom Gesundheitswesen zu einer anthropologischen Methodologie   153

der einbrechenden Dämmerung ihren Flug." (Hegel, 1976, S. 28) Das Krankheitspanorama einer demografisch deutlich alternden Gesellschaft erfordert eine Überwindung dieser ungünstigen Versorgungslandschaft. Das Gesundheits- und Pflegewesen wird sich in starkem Maße in seiner strukturellen und konzeptionellen Aufstellung wandeln müssen. Dies ist vor allem einer veränderten Struktur der Bevölkerung geschuldet. Nach der 11. koordinierten Bevölkerungsvorausberechnung wird es vor allem bei den 60-jährigen und älteren Menschen in den kommenden Jahrzehnten zu einem überproportionalen Anstieg kommen (Statistische Ämter, 2006). Legt man eine der Vorausberechnungsvarianten (Szenarium der Untergrenze der mittleren Bevölkerung) zur Basis, so werden im Jahr 2030 ca. 8 Millionen mehr 60-jährige und ältere Menschen in Deutschland leben (das sind 28,4 Millionen) als im Jahr 2005 (das waren 20,5 Millionen). Dies entspricht insgesamt einer Zunahme von ca. 38%. Insofern hebe ich vor dem Hintergrund dieses demografischen Prognosebefundes eine transsektorale Versorgungssicherstellung durch Integrationsversorgung vor allem mit Blick auf die Alterung chronisch kranker Menschen und auf die Population der älteren/alten Menschen insgesamt hervor (grundlegend dazu auch Schaeffer, 2006). Auch das ist kein reiner Normativismus. Im Lichte einer explizit darzulegenden philosophischen und sodann medizinisch konkretisierbaren und pflegeontologisch ausdehnbaren Anthropologie führt der empirische Befund zur Idee der komplexen Versorgungsintegration und einer anderen Medizinkultur insgesamt. Es handelt sich daher, neu-kantianisch gesprochen, um eine „Wahlverwandtschaft" der Befunde, um eine, technokratisch gesagt, Passung von Herausforderung und Reaktion – es geht um eine optimale systemische Coping-Weise, um die Induzierung lernender Versorgungslandschaften, was wiederum einer Neu-Codierung des Systems bedarf.

Im Vordergrund stehen somit die geriatrische Versorgung (Schulz-Nieswandt, 2009a)[241] und folglich auch die Schnittbereiche zur Altenpflege und zur Sicherstellung selbstständiger Lebensführung im Alter durch komplementäre soziale Dienste. Fast könnte man meinen, es handele sich um das in der Betriebswirtschaftslehre bekannte „Supply chain management" (Koster/Delfmann, 2005; Jespersen/Skjott-Larsen, 2005). Technisch ist diese Analogie auch nicht ganz falsch. Aber personengebundene, an Seele und Leib (Art. „Leib und Seele" in TRE, Bd. 20, S. 643 ff.) orientierte soziale Dienste bringen nochmals eine andere existenzielle Dimension ins Geschehen.

---

[241] Zur einstufigen, fallabschließenden geriatrischen Behandlung als humane Behandlung vgl. Plute/Vogel, 2007. Kritisch dazu und mit Blick auf komplexe Integration von Akutmedizin und Rehabilitation: Trögner/Siegel/ADGiB, 2008.

Zunächst war, im Schnittbereich zu Disease Management-Konzepten, die Debatte stark indikationsbezogen geführt worden. Die Frage einer umfassenden Regelversorgungsfunktion integrierter Netzversorgung (dazu auch Amelung, 2007a) – zu verweisen wäre auf das Projekt „Gesundes Kinzigtal" (Hermann u. a., 2006) – rückt aber über derartige indikationsspezifische Perspektiven ebenfalls immer mehr ins Zentrum politischer Erwägungen. Die Wirkungen des GKV-Wettbewerbsstärkungsgesetzes (vgl. auch Schulz-Nieswandt, 2008g)[242] sind abzuwarten. Und neben allen eher technokratischen Implementationsdebatten fehlt es mitunter auch nicht an kleinen Utopien. Sie, also die Idee einer bevölkerungsbezogenen Integrationsversorgung, könnte in (der alten) Form einer kommunal gebündelten Gesundheitsversorgung („Sozialgemeinde": Auerbach, 1957[243]) erneut und vertieft[244]

---

[242] *GKV-WSG*: Als Überblick vgl. Orlowski/Wasem, 2007. Relevant sind folgende Punkte: § 11 SGB V Absatz 4, in dem ein Anspruch auf sachgerechte Krankenhausentlassung formuliert ist; unabhängig vom § 140a ff. SGB V ist eine zweiseitige Vereinbarung zwischen den Landesverbänden der Krankenkassen und der Landeskrankenhausgesellschaft (§ 112 SGB V), dreiseitige Verträge zwischen Krankenkassen, Krankenhäusern und Vertragsärzten (§ 115 SGB V) sowie Vereinbarungen mit der sozialen Pflegeversicherung (gemäß SGB XI) möglich; § 140b Abs. 4 Satz 2 und 4 SGB V sieht selektivvertragliche Regelungen für hochspezialisierte Leistungen in Verbindung mit seltenen Erkrankungen oder Krankheiten mit besonderen Behandlungsabläufen vor; die bevölkerungsbezogene Entwicklung der Integrationsversorgung wird in § 140a Abs. 1 Satz 2 SGB V formuliert; der Einbezug der Pflegekassen und der Pflegeeinrichtungen wird in § 140b Abs. 1 Satz 1 Nr. 5 SGB V auf der Grundlage von § 92b SGB XI geregelt. Aus der Sicht der Krankenhäuser: vgl. Rau, A., 2007.

[243] *Auerbachs „Sozialgemeinde"*: Diese Idee von Auerbach entstammt den Diskussionen der späten 1950er Jahre und wurde von der SPD aufgegriffen, aber nie praktisch angegangen. Zur neueren Debatte vgl. u. a. Naegele/Schmidt, 1996; Peter, 1989. Zur *Rolle der Kommunen* in der Neugestaltung der Altenhilfe vgl. auch Rüßler, 2007. Ich gehe davon aus, dass die Pflegestrukturplanung als sozialräumlich-quartiersbezogene Gewährleistung von Pflegelandschaften zu verstehen ist. Dies bedeutet eine Regionalisierung der Strukturentwicklung. Die Frage lautet nun, wie die komplizierte und durch Wettbewerb charakterisierte Marktordnung Ergebnisse liefern kann, die dem Leitbild einer hochgradig integrierten, also vernetzten und von Kooperationsmustern geprägten Pflegelandschaft entsprechen. Öffentlich-rechtliche Körperschaften, die gemäß Delegation öffentlicher Aufgaben die Sicherstellung zu gewährleisten haben, sind hier in die Fläche gehend planerisch nicht vorhanden. Hier kristallisiert sich die Rolle der Kommune heraus. Doch wie ist eine solche durch Moderation steuernde Rolle der Kommunen denkbar? Was sind die Prozessdeterminanten, die über „stop" und „go", also über erfolgreiche Entwicklung oder über die Erfolgsbarrieren entscheiden? Wenn die ökonomischen, aber auch die kulturellen Faktoren herausgestellt werden, so ist doch zunächst die rhetorische Frage aufzuwerfen: Wer sonst als die Kommunen könnten diese Rolle übernehmen? Denn alle anderen Akteure – Pflegekassen (oder, wenn man an die sektorübergreifende Integrationsversorgung denkt, Krankenkassen), oder Leistungsanbieter (wie die Krankenhäuser oder die Hausärzte) – sind wichtige Stakeholder in diesem Zusammenhang, aber alle interessenbedingt relativ eng gebunden. Auch aus ausländischen

insgesamt zum Thema werden.[245] Die Kommune (Deutscher Verein, 2008a) bedarf für ein erfolgreiches Change Management – also zur Steuerung von

---

Erfahrungen weiß man, dass diese Aufgabe nur eine regionale Gebietskörperschaft übernehmen kann. Nachteilig wirkt sich hierbei sicherlich aus, dass die Kommune nicht eine integrierte Globalbudgetverantwortung für die Prozesssteuerung hat. Damit verfügt sie nicht über die zentrale allokationspolitische Variable. Sie hat diesbezüglich wenig Macht. Sie ist auf eine kommunikative Aufgabe auf der Grundlage einer Moderatorenrolle verwiesen. Kommt ihr daher begrenzt Macht zu, so muss sie doch über Akzeptanz und fachliche Autorität verfügen. Und es bedarf des Monitorings des Prozess- und Leistungsgeschehens, auf deren Grundlage entsprechende Rückkoppelungen bzw. Feedback-Schleifen denkbar sind, so dass sich hier zyklische Policy-Prozesse ergeben können, die die ganze Region bzw. die regional wirksame Akteurskonstellation als lernende Organisation aufweisen. Das ganze Problem ist als Organisationsentwicklung zu verstehen. Es muss ein institutionelles Setting gefunden werden, allgemeine Regelsysteme müssen generiert und verbindlich akzeptiert werden. Die Akteure müssen an einem gemeinsam normativ geteilten Leitbild orientiert sein. Kommune ist allerdings ein abstrakter Begriff: Einerseits ist damit der Bezug zu einer lokalen Ebene gegeben (Schmälzle u. a., 2008); damit bleibt auch der lebensweltliche Horizont, der in der Idee der quartiersbezogenen Sozialräumlichkeit als Grundlage wie Fluchtpunkt der Pflegelandschaftsentwicklung enthalten ist, von Bedeutung. Andererseits sind die Vielfalt urbaner und ländlicher Räume und ihre Verflechtungen in diese kommunale Orientierung abzubilden. Und schließlich sind die im Kontext der föderalen Vielfalt von Bundesland zu Bundesland heterogenen, vor allem auch gegenläufigen und widerspruchsvollen Trends der doppelten Sozialhilfeträgerschaft örtlicher und überörtlicher Art, die teilweise Kommunalisierung der Altenpflege und der Zuordnung der Behindertenpolitik zu überörtlichen Sozialhilfeträger zu beachten. Die mangelnde leistungsrechtliche bzw. kostenträgerschaftliche Integration von Krankenkassen und Pflegekassen (in Fragen der geriatrischen Rehabilitation und der Pflegeprävention besonders deutlich) sind noch hinzufügend zu konstatieren und in Rechnung zu stellen. Dass die Choreografie auf der Grundlage einer Konferenz stattfinden muss, ist vor dem Hintergrund dieser Einschätzung naheliegend. Dennoch ist erst näher zu bestimmen, wann, und wenn, dann warum solche Choreografien gelingen können bzw. woran es liegt, dass sie scheitern (können).

[244] *Gemeindepsychiatrie*: Wie am Beispiel der Gerontopsychiatrie demonstriert werden kann, gehört in diesen Konzeptkontext die Idee ambulant ausgerichteter, aufsuchender und multiprofessioneller Arbeit (Valdes-Stauber u. a., 2007). Zur Gemeindepsychiatrie vgl. Hambrecht, 2007.

[245] *Sozialraumorientierung*: Zur Sozialraumorientierung (Deinet, 2009) im Kontext aktivierender Sozialstaatlichkeit (differenziert Kersten, 2007) vgl. auch Nellissen, 2006. Nellissen hebt die leistungsmäßig integrierte, budgetär gesteuerte (vgl. auch Hinte, 2009, S. 25 f.) bürgernahe, partizipationsorientierte, auf Überwindung von Exklusion angelegte (vgl. auch Kümpers, 2008) Sozialraumorientierung im kommunalen Kontext positiv hervor, betont aber die Berücksichtigung des europäischen Wettbewerbs-, insbesondere Vergaberechts. Hier bereits zeigt es sich, wie wichtig es in der vorliegenden Abhandlung sein wird, interne neue Steuerungsmodelle mit implizit veränderten Leit- und Menschenbildern auch auf die externen, hier vor allem europarechtlichen Rahmenbedingungen tiefgreifend abstimmend zu verknüpfen. Zum verwirrenden Sozialraum-Diskurs vgl. auch Hinte, 2009.

Akteurskonstellationen zur Herbeiführung nachhaltiger Verbesserungen der Pflegelandschaften im Schnittbereich auch zur Gesundheitsversorgung und anderen sozialen Feldern – eines günstigen kulturellen Klimas.[246] Ein organisationelles Setting (als Bewältigungskapazität) wird sodann benötigt, indem die Akteure und Professionen eine Chance haben, vertrauensvoll (Bildung von *Vertrauenskapital*) sich *transaktionskostenmindernd* aufeinander hinzubewegen und ihre Vernetzung als positives *Sozialkapital* zu verstehen. Eine Inklusion aller relevanten Akteure folgt einem Stakeholder-Denken, welches versucht, Win-Win-Situation möglichst nicht auf Kosten Dritter zu realisieren.

Kommunales Entwicklungs-Setting: Dieses Change Management ist qualifiziert und professionalisiert zu choreografieren. Dazu bedarf es im strategischen Bereich der Knüpfung einer politischen Akteurslandschaft wie im operativen Geschäft der konkreten versorgungsrelevanten Netzwerkarbeit. Die Kommune muss ein professionelles Organisationsentwicklungs- und Organisationsaufstellungskonzept implementieren, das hinreichend systemisch angelegt ist, und sie wird die Aufgabe choreografisch verstehen müssen. Dazu ist eine kommunale Stabsstelle notwendig. Diese ist zuständig für das politisch-institutionelle Netzwerkmanagement. Sie hat die regionalen GesPfle-Konferenzen zu organisieren und zu moderieren. Unter „GesPfle"-Konferenzen versteht man integrierte, Gesundheits- und Pflegeversorgung übergreifende Konferenzen, die die Schnittfläche zwischen SGB V und SGB XI (im Lichte der Möglichkeiten der die Pflege einschließenden Integrationsversorgung) managen sollen, aber auch für die Bedarfslagen weiterer Sozialgesetzbücher, etwa der Rehabilitations- und Behindertenpolitik nach SGB IX, der Altenhilfe nach SGB XII, aber auch (für Instrumente) der Arbeitsmarktpolitik (SGB II und III[247]) etc. offen ist. Die übergreifende Aufgabe ist im SGB I kodifiziert: Moderne Dienstleistungen sind integriert, unbrüchig und zeitnah zu organisieren und bereitzustellen. Das entspricht auch den europarechtlich gängigen Auffassungen von universalen Komplexleistungen.

Die Finanzierung müssten Kommunen bzw. Länder tragen; aus der Ökonomie von kollektiven Gütern ließe sich leicht deduzieren, dass im Rahmen einer Fondsbildung auch die relevanten Sozialversicherungsträger zu beteiligen wären. Die Integration des Leistungs- und Versorgungsgeschehens ist nach dem Finalprinzip eine gesamtgesellschaftliche Aufgabe! Doch wird

---

[246] Selbstverständlich bedarf es auch einer andere kommunalen Finanzsituation. Vgl. den Gemeindefinanzbericht 2008, veröffentlicht in der Zeitschrift des Deutschen Städtetag „der städtetag", H.5, 2008.

[247] Zu dieser Einbeziehung regulärer und grauer Care-Arbeitsmärkte in die Neukomposition des Welfare-Mixes im Pflegefeld vgl. international komparativ auch Theobald, 2008 sowie Schulte, 2008a; ders., 2009 sowie ders., 2009a.

man hier skeptisch sein müssen: Die Mischfinanzierung durch Fondsbildung in den Anläufen zu einem Bundespräventionsgesetz lassen nüchterne Perspektiven aufkommen.[248] Doch aus Gesinnungs- wie auch Verantwortungsethik der Wissenschaften kann nur immer wieder auf die vernünftigen Lösungswege verwiesen werden. Entweder es gelingt dem Gesetzgeber, hier im Rahmen gesetzlicher Bahnungen Anreize zu setzen, um eine intensivere Kooperationskultur zu induzieren; oder man wird hier vorerst nüchtern die Grenzen der Entwicklung einer tieferen und neuartigen Kultur des kostenträgerschaftlichen Zusammenwirkens akzeptieren müssen. Die bisherige Geschichte des Zusammenwirkens bei leistungsrechtlich und budgetär strikt getrennter Krankenversicherung einerseits und Pflegeversicherung andererseits ist hier eher ernüchternd. Weder allokationsökonomische noch fachliche Argumente haben jemals für diese strikten Fragmentierungen gesprochen.

An eine einzurichtende kommunale Stabsstelle muss sich eine kommunale Einzelfall-Management-Agentur anknüpfen. Sie ist transsektoral orientiert und betreibt eine synthetische Mischung aus Care und Case Manage-

---

[248] *Misch-Finanzierung der Prävention?* Die Zusammenhänge zwischen sozialer Ungleichheit einerseits und Morbidität, Mortalität, insgesamt auch der gesundheitsbezogenen Lebensqualität andererseits sind weltweit überaus evident. Bildung gilt dabei als zentraler Prädiktor für diese Zusammenhänge. Die fachlich einschlägige (vgl. Ecarius/Wigger, 2006 sowie Becker/Lauterbach, 2008) Diskussion hat das sich dabei entstehende Problem schnell erkannt: Ist es Aufgabe der Kassen, die Schulerfolge der Migrantenkinder (vgl. die PISA-Studien) zu fördern? Denn hier, in den fehlenden Bildungschancen, den dann defizitären Erwerbskarrierechancen, der sich einstellenden kumulativen Belastungen bei gleichzeitig disproportionalen Bewältigungskapazitäten und -kompetenzen etc., beginnt die Antwortperspektive deutlich zu werden, dass diesen Problemen nicht angemessen mit einer kompensatorischen Krankenversorgungspolitik zu begegnen sind, sondern nur durch eine präventive Gesundheitspolitik und Gesellschaftspädagogik angegangen werden können. Das ganze Thema hat zunehmend auch eine europapolitische Dimension angenommen. Doch wer ist der ökonomische Träger? Die Diskussion hat sich dem Argumentationszusammenhang der Kollektivgutproblematik geöffnet. Wenn Güter öffentlichen Charakter haben, also eine allgemeine Nutzendiffusion dergestalt besteht, dass niemand vom Konsum des Nutzens ausgeschlossen wird, entsteht eine Anreizsituation, in der sich viele Akteure aus der Finanzierungsverantwortung zurückziehen (Trittbrettfahrer-Verhalten). Mag das Ausmaß dieser defizitären Einstellung zur Solidarfinanzierung im Lichte empirischer und experimenteller Verhaltensforschung auch oftmals sehr überschätzt werden, so bleibt der Zusammenhang doch bedeutsam. Die Lösung wäre durch einen gesetzlichen Zwang zur kollektiven Mischfinanzierung durch alle relevanten Akteure (Sozialversicherungen, Sozialhilfeträger, Bund etc.) theoretisch überzeugend definierbar. Praktisch (vgl. die Geschichte des Präventionsgesetzes) erweist es sich in vielfacher Hinsicht als kompliziert. Föderalismusprobleme, das Kausalprinzip im gegliederten (autistisch-fragmentierten) Sozialrecht, verfassungsrechtliche Erwägungen und vieles anderes mehr lassen Lösungswege schwerlich erkennbar werden.

ment. Sie ist auf die Person und ihre Lebenswelt (Wohnen, Netzwerke) zentral bezogen (muss also ökosozial eingebettet sein: Klug [2003, S. 17]: „Menschen werden nicht als isolierte Wesen betrachtet, sondern immer in ihrem ‚Habitat', in ihrer Lebensumgebung gesehen.") und bündelt die Kostenträger und die Leistungsanbieter. Diese operative Agentur wird, nimmt man politische Realitäten hin und akzeptiert schwer abschaffbare historisch gewachsene Strukturen und Entwicklungspfade, die zahlreichen bereits vorhandenen und sich aktuell neu entwickelnden Knotenpunkte des Case Managements[249] als kommunikative Anknüpfungspunkte annehmen müssen. Insofern handelt es sich bei dieser kommunalen Agentur um eine Metainstanz des polyzentrischen und Multi-Akteur-Feldes. Zu bedenken ist ferner, dass mit § 11 (4) SGB V der Anspruch auf ein Schnittstellen-Management und auf ein sektorenübergreifendes Versorgungsmanagement gegeben ist. Hier wird eine adäquate Anschlussversorgung mit der dabei notwendigen Kooperation für die Leistungserbringer vorgeschrieben.

Synthese von Case und Care Management: Dabei ist zunächst eine Entwicklung als interessant herauszustellen: Case Management geht hier eine Synthese mit Care Management ein.[250] Case und Care Management sind in der Gesundheitsökonomie und in der Public Health Diskussion lange Zeit strikt auseinandergehalten worden. Case Management sei individualisiert zu verstehen; Care Management sei standardisiert, indikations- und populationsbezogen definiert. Das soll jedoch nunmehr nicht mehr der Fall sein.

---

[249] *Vielfalt des Case Managements*: Verschiedene Neuerungen des Sozialrechts sind aufzuführen: das Übergangsmanagement des § 11 (4) SGB V sowie das Case Management gemäß § 8 Abs. 3 SGB XI, u. U. in Verbindung mit dem des § 17 SGB IX sowie des § 57 SGB XII mit Bezug auf die Eingliederungshilfe, nun auch in Verbindung mit der Einrichtung von Pflegestützpunkten gemäß § 92c Pflege-Weiterentwicklungsgesetz (PfWG), das Fallmanagement aus der (alten)pflegerischen Perspektive in Verbindung mit der Pflegeberatung gemäß § 7 SGB XI, aber konzeptionell (nämlich als Methode der sozialen Arbeit) darüber hinausgehend (und sich zum Teil sogar mit dem Beratungsgeschehen im SGB II verknüpfend). Diese Neuerungen machen überaus deutlich, wie einerseits das Bewusstsein von der Bedeutung des Case Managements in einem gegliederten (ja geradezu infolge des Kausalprinzips fragmentierten) Sozialrecht gestiegen ist, andererseits angesichts der vielfachen transsektoriellen Schnittstellen ein polyzentrisches System von Case Management-Verankerungen zu beobachten ist. Hinzu kommen ja noch leistungsrechtliche Case Manager der Kassen und leistungsanbieterseitige Case Management-Verankerungen wie etwa die Sozialdienste im Krankenhaus (die nun aber wohl unter dem § 11 [4] SGB V fallen werden).

[250] Dazu passt die Formulierung bei Löcherbach u. a. (2005), wonach es bei Case Management um Fall- und um Systemsteuerung geht. Analytisch-konzeptionell-begrifflich ist dieser Versuch der Synthese von Case und Care Management allerdings quer zur US-amerikanischen Case Management-Tradition (Ewers/Schaeffer, 2005a). Diese Perspektive wird im Lichte der Brücken-Metapher auch bei Müller/Ehlers (2008) überaus deutlich.

IV. Vom Gesundheitswesen zu einer anthropologischen Methodologie 159

Es geht einerseits um das Management von transsektoralen Patienten- oder Fall-Pfaden, die jedoch die personenzentrierten Besonderheiten berücksichtigen sollen. Ein anderer Aspekt dieses Zusammenhangs ist aber ebenso wichtig: Eingeführt wird mit dem § 11 (4) SGB V ein verallgemeinertes Anforderungsprofil aller Anbietereinrichtungen, ein Statuspassagen-Management zu leisten. Zugangs- und Abgangs-Passagen einer Einrichtung müssen gestaltend geleistet werden. Angesichts der Jahrzehnte-alten Einrichtung des Krankenhaus-internen Sozialdienstes (und vielen anderen einzelnen Brückenkopf-Funktions-Modellen und -Experimenten in den letzten 15 Jahren) ist die Idee keineswegs völlig neuartig. Bedeutsam ist nun aber, dass angesichts der aufgezählten Fall- und Passagen-Manager der verschiedenen Knotenpunkte, Module und Episoden oder Sektoren noch ein weiterer, an zahlreichen Einrichtungen lokalisierter Lenkungspunkt gesetzgeberisch eingebaut wird.

Es gibt nun viele Knotenpunkte und Schaltstellen. Aber: Wer organisiert was und wie und wo angesiedelt (und angesichts der Wirkfelder verschiedener Sozialgesetzbücher mit Bezug auf die sozialrechtlichen Tatbestände der Krankheit, der Rehabilitation, der Pflege, der Behinderung: Für wen, für welche Personen mit welchen Bedarfslagen) auf einer Meta-Ebene die Knotenpunkt- und Schaltstellen-Integration? Die hier vorgeschlagene Kommunalisierung der politisch-strategischen und der versorgungsorientiert-operativen Netzwerk-Management-Arbeit wäre eine Antwortperspektive.

Zurück zur Integrationsversorgung im engeren Sinne. Die ganze Problematik der gesellschaftlichen Umsetzung der komplexen Idee integrierter Behandlungs-, Versorgungs- und Betreuungs- sowie Förderlandschaften hat also notwendige Voraussetzungen und hinreichende Bedingungen. Von Automatismen ist abzusehen. Gilt eine solche Maschinenlogik auf der einzelbetrieblichen Organisationsebene bereits als überholt, so auch für ganze modularisierte, mehr schlecht als recht vernetzte Systeme. Veränderungsprozesse können steckenbleiben, blockiert werden, stagnieren, umkehren. Vom Untergang und Verfall der Systeme soll gar nicht die Rede sein; schließlich geht es auch nicht gerade um Geschichtsphilosophie oder Metaphysik der Historie. Mit Blick auf die epidemiologische Transition einer demografisch alternden Gesellschaft (Verschiebung des Krankheitspanoramas) wäre die eingeforderte transsektoral integrierte Versorgung (Köhl, 2006 zur Phänomenbestimmung) eine notwendige Voraussetzung, um den sozialrechtlich vorgegebenen Normen der bedarfsgerechten (Schulz-Nieswandt, 1992a) Versorgung (vgl. auch Schneider, H., 2006) nachzukommen. Neben den klassischen infrastrukturellen Aspekten (differenziert: Kersten, 2007) der Verfügbarkeit, Zugänglichkeit, Erreichbarkeit und Akzeptabilität der Versorgungseinrichtungen ambulanter, teilstationärer und stationärer Art kämen nun noch die Kriterien der Zeitnähe, der Unbrüchigkeit, der Wohnortnähe und Netzwerkbezogenheit, der Lebenslagenzentriertheit und der personenbezogenen Autonomieförderung hinzu.

Verzichtet man auf eine nähere Rekonstruktion der Gesetzgebungsgeschichte im Gesundheitswesen und in angrenzenden und interdependenten Rechtsbereichen. Gegenüber der Strukturreform 2000 (§ 140a–h SGB V), bietet das GMG mit dem § 140a–d – wenn man von anderen relevanten (und interdependenten) Möglichkeiten (MVZ[251] nach § 95 SGB V, die § 73b und 73c SGB V sowie der § 116b SGB V) absieht – ökonomisch und rechtlich niedrigere Schwellenwerte der Entwicklung einer Integrationsversorgung. Aber viele Details, in denen bekanntlich der Teufel (der hier ohne metaphysische Absichten kurz als Akteur eingeführt werden darf) steckt, bleiben kontrovers oder ungelöst. Insgesamt ist aber mit größeren Zeithorizonten – als es die Ungeduld der tagespolitischen Diskurse offensichtlich aufzubringen bereit und/oder in der Lage ist (Schulz-Nieswandt, 2004; ders., 2005) – zu rechnen, wenn nachhaltige und merkliche Veränderungen der Versorgungslandschaften sich entwickeln und entfalten sollen.

Problemsichtverdichtung: Vor allem wird man die Entwicklung komplexer Integrationsversorgung, greife ich auf die soeben kurz angeführten Bemerkungen zu den notwendigen Voraussetzungen und den hinreichenden Bedingungen des Systemwandels zurück, als – (wie eingangs geschehen) semiotisch definiertes – kulturelles Problem verstehen müssen. Und da man nicht dem System moralisch den Vorwurf der Selbstblockade machen kann (d. h.: Luhmann konnte es schon, wenn auch nicht in moralischer Manier), so kann man aber die Akteure in Rechnung stellen, allerdings als nicht voluntaristisch definierte Schaltstellen. Das wäre ansonsten auch eine sehr altbackene Vorstellung von Moral. Die Soziologie und Psychologie des sozialen Handelns psychisch komplex strukturierter Menschen lässt sich nicht durch eine Synthese aus Dekalog (Art. „Dekalog" in TRE, Bd. 8, S. 408 ff.; zu den anhaltenden Kontroversen um den Dekalog vgl. Graupner, 2001) vom tribalen Sinai (Art. „Sinai" in TRE, Bd. 31, S. 283 ff.) und der Willensfreiheit christlicher Sündenlehre überholen. Es ist eine feldspezifische Arbeit am eigenen Selbst, wie sie sonst aus der Lebenskunstphilosophie (Schmid, 2007) durchaus bekannt ist, die dort durch die Brille von Foucault formuliert ist, jedoch vielleicht etwas vorschnell post-moderner Individualisierungssoziologie (die auf schwachen empirischen Beinen steht und theoretisch keineswegs schlüssig ist: vgl. auch Schmidt/Moritz, 2009, S. 42 ff.) aufsetzend (differenzierte Kritik in Kersting/Langbehn, 2007). Und entgegen der verbreiteten Lesart der Individualisierungsthese sprechen die empirischen Befunde eher für lebendige, wenn auch formenvielfältige

---

[251] Vgl. auch Baden-Württembergische Krankenhausgesellschaft e.V., 2007.

IV. Vom Gesundheitswesen zu einer anthropologischen Methodologie 161

und anpassungsfähige (Peuckert, 2008) Netzwerke familial-verwandschaftlicher Art in Europa (Hank, 2008). So betone ich dagegen doch noch den heimlichen Strukturalismus des transzendentalen Subjekts, das sich seinen historisch-sozialen Prägungen entgegen seiner Selbsteinschätzung und der massenmedialen Verkündigung dennoch nicht entziehen kann. Die selbstreferentiellen, manchmal geradezu autistischen Professionen müssen lernen, sich selbst neu zu orientieren und neu zu definieren, sich anderen Berufsgruppen zu öffnen und multiprofessionelle Teamorientierung (Balz/Spieß, 2009)[252] als Kompetenz (ja als Haltung[253]) zu generieren (vgl. Bücker, 2006[254]; Marotzki, 2004). Das fällt allen Akteuren außerordentlich schwer. Zu einem guten Stück (das nennt man Politische Ökonomie der Domänen) ist das Spiel leicht zu durchschauen. Aber eine Frage des mamonfreien reinen Willens zur systemischen Rationalität ist die Problematik nicht; das wäre arg verkürzt. Es geht auch um nicht-ökonomische Macht, um Dominanz- und Hierarchiedenken, es geht um tiefliegende mentale Modelle von langer kulturgeschichtlicher Dauer.

Reform-Strategie-Verständnis – ein Denkstil-Problem: Im Augenblick dominiert in der wissenschaftlich begleiteten Reformdebatte aber ein Technokratismus, zu topografieren als Relikt eines technischen Implementationsverständnisses der 1970er Jahre. Natürlich muss eine Theorie der Reformprozesse diese Handlungsebene auch erreichen. Aber es wäre nicht gründlich genug gedacht, hier anzufangen und hier zu verbleiben. In der gesundheitsökonomischen und gesundheitspolitischen, wie überhaupt in der

---

[252] Vgl. auch grundsätzlich Dick/West, 2005. Angewandt auf die medizinische Rehabilitation: Körner, 2006. Vgl. auch Otto, U., Art. „Multiprofessionelle Kompetenzen", in Maelicke, 2007, S. 694 ff.

[253] *Habitus vs. Charaktermaske*: An dieser Stelle will ich gegenüber der auch von mir positiv ins Spiel gebrachten Theorie der systemischen Organisationsentwicklung kritisch festhalten, dass sich der systemische Blick auf die Interaktionskonstellation der grammatisch inskripierten Akteure einerseits und die Frage des Wandels der Haltung und des Habitus der Person andererseits nicht ausschließt. Es geht ja gerade um eine tiefenpsychologisch untermauerte Theorie der systemischen Entwicklung von Organisationen. Insofern der Beitrag von Schmid (1993) nicht ganz ohne Kontradiktionen. Einerseits betont er den Blick auf die „Logik der Konstruktion und des Zusammenspiels des Systems", die „unabhängig von der individuellen Eigenart der Menschen, die als Betroffene oder Handelnde diese Logik zum Ausdruck bringen." (Schmid, 1993, S. 20), andererseits (ebd., S. 21) hebt er die wirklichkeitskonstruktive Perspektive des Subjekts hervor. Die erste Sichtweise der Organisation käme Marxens Theorie des Subjekts im Lichte der Kategorie der Charaktermaske nahe (dazu an anderer Stelle in dieser Arbeit mehr: vgl. in Kapitel A.IV.3). Mein Ansatz ist es (wie in anderen Passagen dargelegt) in Anlehnung an Ricoeur eher, das transzendentale Subjekt der Pragmatik mit der Grammatik des Sozialen als Code und Skript semiotisch zusammen zu denken.

[254] Zu Primary Nursing vgl. auch grundsätzlich Josuks, 2003 (2008) sowie Schober/Affara, 2008; Stuhl, 2006 sowie Manthey, 2005. Vgl. auch Bücker, 2006.

sozialpolitischen Reformberatung dominiert die Volkswirtschaftslehre (vgl. auch Kalbizer, 2006), heute als modelltheoretisch stark modernisierte Ordnungstheorie, sicherlich arrangementbezogen viel offener, eher regulationswillig als die liberalen Hauptströmungen der neoklassischen Schule früher. Begleitet wird die Reformdebatte von Rechtsgutachten, zumal in Deutschland die Verrechtlichung des Sozialstaates massiv ist und ein Trend zur Verfassungsverrechtlichung politisch nicht konsensfähiger Reformfragen zu beobachten ist. Politikwissenschaftliche Analysen mögen diese Debatten am Rande begleiten. Soziologische Befunde spielen (etwa mit Blick auf Fragen sozialer Ungleichheit) kaum eine Rolle. Oberflächliche Präferenzabfragen der Bevölkerung kommen hinzu, sind theoretisch aber kaum wirklich ernst zu nehmen. Was fehlt, das sind angemessenes kulturwissenschaftliches Wissen und ein entsprechender untechnischer Managementblick auf den Wandel, der ansteht, weil er notwendig ist.

Wie generiert die Gesellschaft nun neue Betriebsformen? (Dass die Frage, wie diese auch angemessen gelebt werden, eine andere ist, habe ich betont.) Dies ist eine Frage der Steuerung. Und neue Formen der Steuerung sollen sowohl neue Betriebsformen einführen als auch Grundlage ihrer in die Fläche gehenden Praxis sein.

7. Neue Steuerung

Das GMG fügt diese hier ins Visier genommenen, neuen Betriebsformen (als Räume kommunikativen Handelns[255]) in einen Vertragssystemwettbewerb ein (Schönach, 2008; vgl. dazu auch Kaempfe, 2007): Es konkurriert die kollektivvertragliche Regelversorgung einerseits mit dem individualvertraglichen Einkauf[256] der Integrationsversorgung durch die Einzelkassen, bei denen in diesem Fall der alleinige Sicherstellungsauftrag liegt, andererseits. Dieses Nebeneinander von Sicherstellungszentren führt das GKV-WSG (Ballast, 2007; Gerlinger, 2007[257]) fort.[258] Der § 140a–d SGB V

---

[255] Ohne hierbei eine unmittelbare Affinität zu der Habermas'schen Theorie kommunikativen Handelns (Habermas, 2006) zu behaupten, wenngleich es auch um die Frage geht, eine Gesundheitsreform nicht nur als Funktion von und mit Blick auf Macht und Herrschaft zu verstehen, sondern im Kontext der Identität, der Integrität und der Anerkennung der Akteure.

[256] Vgl. auch Sundmacher, 2006. Das selbst-psychische Problem der intersubjektiven Anerkennung lässt sich jedoch rein herrschaftssoziologisch oder besitz-individualistisch (bei Hobbes bereits zusammengedacht) nicht vollständig erschließen.

[257] Zur aktuellen Debatte des GKV-WSG vgl. auch Cassel u.a., 2008 sowie Repschläger, 2008 und Felix, 2008.

[258] *Parallelsteuerung auch in anderen Rechtsbereichen*: In rechtsvergleichender Perspektive scheint ein solcher Aufbau von Parallelsteuerungspfaden aber der deutschlandspezifische Weg einer inkrementalen Modernisierung des traditionellen

ist jedoch zum Nukleus einer schleichenden Verlagerung des Sicherstellungsauftrages auf die Einzelkassen im Wettbewerb geworden. Darauf baut das im deutschen Diskurs verbreitete Reformmodell der „solidarischen Wettbewerbsordnung" auf. Das Zukunftsmodell heißt „selektives Kontrahieren" der Einzelkassen im Wettbewerb im Ordnungsrahmen verbraucherschutzorientierter Aufsichtsregulation. Der Gesundheitsfonds, wie er mit der Reform des SGB V durch das GKV-WSG eingeführt wurde, forciert durch Fusionen der Kassen die Herbeiführung einer (regionalen) Oligopolstruktur der Kassenlandschaft und schafft so die Mindestbetriebsgrößen für ein Einkaufsmodell. Die Vernetzungstendenzen auf der Anbieterseite schaffen wiederum wertschöpfungskettenorientierte Oligopole. Auf die Aspekte der Transaktions- und Regulationskosten dieses Ausschreibungswettbewerbsmodells soll hier nur nochmals hinweisend erinnert werden. Kartellrechtlich dürfte dieser Weg des deutschen Sozialrechts in Richtung auf Selektionsverträge weitgehend irrelevant sein. Auch nach europäischer Rechtsprechung stellen die GKV-Kassen nicht wirtschaftliche Unternehmen im Sinne des funktionellen Unternehmensbegriffs dar. Hier darf zuletzt auf das Urteil im Rechtsstreit um die Einführung eines Risikoausgleichs im Markt der Privatkrankenversicherung in Irland verwiesen werden. In der Rechtssache T-289/03 BUPA gegen Kommission der EU wird deutlich, dass die Einführung eines Risikostrukturausgleichs zur Gewährleistung von Dienstleistungen von allgemeinem (wirtschaftlichem) Interesse auf der Grundlage universell-obligatorischer Absicherungsmechanismen der Bevölkerung im Gesundheitswesen erlaubt sind und nicht gegen das EU-Recht verstößt. Denn schließlich sind es, in Deutschland, (für die Pflichtversicherten) zwangsgenossenschaftliche Solidargebilde, die zwar im Wettbewerb um die Versicherten stehen, aber durch den RSA resolidarisiert werden. Und die Ausschreibungspraxis der Kassen muss zwar europäischen Standards mit Blick auf Transparenz und Nicht-Diskriminierung entsprechen, folgt aber nicht streng dem Vergaberecht, da nicht direkt Leistungen beschafft werden, sondern Konzessionen vergeben werden. Die Leistungen werden ja erst im Zuge der Inanspruchnahme durch die Versicherten in der Rolle nachfragender Patienten produziert und realisiert. Ein unmittelbarer Beschaffungsvorgang liegt durch die Verträge also nicht vor. Der neuere SGB V-Kurs in Richtung auf Einschreibemodelle der Versicherten im Zusammenhang mit konkurrierenden Versorgungsmodellen (wenn auch auf der Basis eines ein-

---

Korporatismus zu sein. Auch im Bereich der Implementierung des persönlichen Budgets im SGB XI und im SGB IX, aber auch integriert-trägerübergreifend, werden die im Quasi-Markt tätigen Sozialunternehmen in diese „Sandwich"-Situation zwischen dem klassischen sozialrechtlichen Dreiecksverhältnis als „Steuerungszentrum Kostenträger" einerseits und dem Kunden (plus Case Manager) als Steuerungszentrum andererseits gedrängt.

heitlichen Leistungskataloges) und in Verbindung mit der Schaffung von Bonus-geregelten Tarifzonen für diese verschiedenen Versorgungsmodelle treibt das Einkaufsmodell aber in den Geltungsbereich des Vergaberechts im engeren Sinne. Bislang, so Teile der aktuellen rechtswissenschaftlichen Literatur, kann die Einkaufspraxis jenseits des Kartellrechts jedoch im Rahmen der im deutschen Sozialrecht selbst verankerten Vorgaben angemessen praktiziert werden.

Vertragsystemwettbewerb und Evolution der regulierten Quasi-Märkte: Dieser Vertragssystemwettbewerb ist umstritten (Schönbach, 2008), sind damit doch zum einen technische Probleme (z. B. die Budgetbereinigung[259]) verbunden. Andererseits geht den Theoretikern der „solidarischen Wettbewerbsordnung" die Verlagerung des Sicherstellungsauftrages auf die Kassen nicht weit genug (vgl. auch dagegen Dalhoff, 2008).[260] Nach dieser Position müsste nicht nur das Zulassungswesen im Rahmen der kassenärztlichen Vereinigungen aufgehoben werden, sondern auch die Koppelung des Plankrankenhaus- an den Vertragskrankenhausstatus. Ungelöst bleiben auf der Grundlage einer solchen, daraus resultierenden – ein altes Thema! – monistischen Finanzierung (vgl. in Heil, 2007, S. 53 ff.) und Verlagerung der Sicherstellungsaufgabe auf die Kassen im Wettbewerb allerdings die sich anschließenden Fragen der (behördlichen) Regulierung[261], die sich aus

---

[259] Die Anschubfinanzierung des GMG wird zunächst durch das GKV-WSG fortgeschrieben. Die Psychiatrie ist bislang von der Integrationsversorgung kaum betroffen (Schmidt-Michel/Bergmann, 2008).

[260] *Was für ein Wettbewerb soll es sein?* Anderen Autoren geht insgesamt die Wettbewerbsorientierung im liberalen Sinne nicht weit genug: vgl. etwa Pimpertz, 2007. Die Verlagerung des Sicherstellungsauftrages auf die Einzelkassen im Wettbewerb gehört zum Kernargumentbestand der Theorie der „solidarischen Wettbewerbsordnung". Gegenüber noch stärker liberalen Konzeptrichtungen wird hier am Setting, bestehend aus Versicherungszwang, Kontrahierungszwang, einheitlichem Leistungskatalog und RSA, und somit an der internen Solidarlogik weitgehend festgehalten. Mit liberalen Theorien verbindet diese Konzeptrichtung jedoch die längerfristig das jetzige duale Steuerungssystem des Vertragssystemwettbewerbs übersteigende Idee der Auflösung der berufständischen Zulassungssteuerung einerseits und der dualen Finanzierung zugunsten einer Monistik im Bereich der Krankenhauspolitik, womit auch die Planungshoheit der Länder überflüssig werden würde, andererseits. Eine Landesregulierungsbehörde würde dieses System der Selektivverträge überwachen. An diesem Zukunftsmodell hängen eine Reihe von gewichtigen transaktionskostenökonomischen und regulierungstheoretischen Problemen, die hier nicht im Detail erörtert werden können.

[261] *Marktaufsicht*: An diesem Punkt ist eine interessante Arbeit einzuschieben, die sich im Kontext der (Theorien) der Begründungen für Staatsinterventionen etwas anders ansiedelt. Hecker (2007) behandelt (so der Untertitel) „Öffentlich-rechtliche Probleme staatlicher Wirtschaftsinterventionen zur Steigerung der Funktionsfähigkeit des Marktes". Am Beispiel von drei Bereichen (Kartellrecht, Telekommunikationsrecht und Wertpapierhandelsrecht) diskutiert er diese Praxis der Staatsinterven-

IV. Vom Gesundheitswesen zu einer anthropologischen Methodologie

der Auflösung der (historisch überaus traditionsreichen) körperschaftlichen Untermauerung der Niederlassungsplanung und der staatsunmittelbaren Krankenhausplanung der Länder ergeben. Ein allumfängliches Liberalisierungsmodell der Gesundheitsmärkte würde demnach die Zulassung im Rahmen der Sicherstellung (und Gewährleistung gegenüber den Kassen) durch die Kassenärztlichen Vereinigungen (als marktgeschlossene Konzessionspraxis) abschaffen (damit die KVen insgesamt), die Bedarfsplanung im Rahmen der dualen Krankenhausfinanzierung durch die Länder überflüssig machen und die monistische Finanzierung durch Einkaufs-Kassen mit hinreichender (regionaler) Betriebsgröße herbeiführen. Ein Kostenerstattungsprinzip ließe eine grenzüberschreitende Patientenmobilität im Verbund mit grenzüberschreitende Vertragsbildungen technisch vereinfachen. Die Kassen kaufen im Ausschreibungswettbewerbsmodus Anbieter(netze) ein, unterliegen zwar nicht dem Kartellrecht, aber den europäischen Standards des nicht diskriminierenden, transparenten und binnenmarktkompatiblen Vergaberechts, das hier aber eher im Rahmen konzessionsrechtlicher Varianten zum Zuge kommt. Versteckte wettbewerbsverzerrende (nationale) Beihilfen (vgl. auch Blauberger, 2008) müssen unterbleiben; die Rolle der Verbraucher wäre zu stärken. Landesregulierungsbehörden, eventuell unter Mitwirkung von Anbieterspitzenverbände im Sinne von untergesetzlichen Normsetzungsakteuren, wären aufsichtsrechtlich zu installieren. Weitere ausmalende Details sollen hier aus Raumgründen unterbleiben.

Noch ist jedoch die Entwicklung dorthin aber nur in stolpernder Weise im Gange: So wie sich auf der Anbieterseite Probleme der Netzwerkbildung ergeben[262], bestehen auf der Seite der Kassen gravierende Probleme im Vertragsmanagement. Die Kassen mögen zwar, wie es in der politischen Arena (vor allem in der Vernetzung von Sozialdemokratie und AOK-Führung) immer wieder formuliert wurde, „vom (Status des) Payers zum (Status des) Players" aufsteigen wollen; die dazu gehörenden Kompetenzen müssen allerdings auch generiert werden.

Sicherstellung, aber wie? Meiner Auffassung nach gehen die Theoretiker der solidarischen Wettbewerbsordnung doch recht risikofreudig mit der Abschaffung historischer Institutionen um und stellen oder gar beantworten kaum die sich ergebenden Fragen nach den funktionellen[263] Äquivalenten

---

tion durch „marktoptimierende" Wirtschaftsaufsicht (in Absetzung zur marktkorrigierenden Intervention etwa aus nicht-ökonomischen Zielen heraus) im Zusammenhang mit der Theorie des Marktversagens (und im Verhältnis zum neueren „Regulierungsverwaltungsrecht") und prüft die Passung zwischen Verfassungsrechtsbegründung einer Aufsichtsgesetzgebung mit wirtschaftstheoretischen Plausibilitätsanforderungen.

[262] Die Forschung zu Fragen des Gründungsmanagements (Braun/Güssow, 2006) steht noch in den Anfängen; vgl. auch Schälicke/Steinle/Krummaker, 2006.

der (bislang öffentlich-rechtlich-körperschaftlichen) Sicherstellung der Versorgung im sozialen Raum[264].

Sicherstellung als öffentliche Aufgabe: Diese Sicherstellung, die im Zusammenhang mit der Frage des Marktversagens zu diskutieren ist, ist eine öffentliche Aufgabe. Was sind die theoretischen Referenzsysteme, auf die hin spezifisch öffentliche Aufgaben definiert werden können?

Diese Frage ist ein grundlegendes Thema einer bereits langen Theoriegeschichte. Der Abgrenzung zur üblichen Logik öffentlicher Güter, die sich noch an quasi-objektiven Guteigenschaften wie Nicht-Rivalität des Konsums oder Nicht-Ausschließbarkeit vom Konsum festmachen mag, muss auch eine Abgrenzung zur ökonomischen Theorie (vgl. etwa bei Müller-Osten/Schaefer, 2006) der Politik (Neue Politische Ökonomie bzw. Public Choice Economics) korrespondieren, wenngleich manche Probleme im Rahmen von Social choice-Theorien zu behandeln versucht worden sind, indem über Sozialwahlmechanismen (Regeln oder Prozessstrukturen der/von Entscheidungen über öffentliche Güter) Verbindungen zwischen der Wohlfahrtsökonomik und der Demokratietheorie (bzw. differenziellen politischen Regimetypen) modelliert worden sind (z.B. Mehrheitsregeln im Lichte von Rechtsmaterie-spezifischen Verläufen von Entscheidungsfindungs- und Präferenzfrustrationskosten).

Eine Theorie politischer Güter ist eine genuin politische Theorie (des Politischen, wenn diese Tautologie aus Gründen der Pointierung erlaubt sei). Es geht nicht um eine Theorie des Marktversagens in einem ontischen Sinne.[265] Eine Theorie politischer Güter (vgl. auch Mühlenkamp/Schulz-

---

[263] Zum Funktionalismus vgl. auch Petermann, 2004, S. 943 ff.; ferner Jetzkowitz/Stark, 2003.

[264] Zur Geographie der Sicherstellung und Erreichbarkeit des Gesundheitswesens vgl. die systematische Darlegung von Dapp, 2008.

[265] *Unmöglichkeit technischen Marktversagens und Marktergebnisbewertung*: Demnach gäbe es Realitätsbereiche, wo in einem technischen Sinne die Maschine „Markt" nicht funktioniert. Technisch versagen „real mögliche Märkte" (also in Welten, die eben unabdingbar nicht transaktionskostenfrei sind, [nicht völlig eliminierbare] soziale Asymmetrien [etwa informationsbezogen] und Spezifizierungslücken [etwa bei Verträgen] aufweisen etc.) nicht. Technologisch hat sich derart viel verändert, dass auch die sog. „natürlichen Monopole" (Mühlenkamp, 2007, S. 707 f.) argumentativ zwar im Theoriegebäude des öffentlichen Wirtschaftens nicht verschwunden sind, aber doch weniger statisch (etwa mit Blick auf die Differenzierung zwischen „Wettbewerb in Märkten" versus „Wettbewerb um den Markt" im Sinne von „contestable marktes" [etwa Ausschreibung eines, eventuell regionalen Monopols] und damit Fragen der Dienstleistungskonzession im Verhältnis zum Vergaberecht aufwerfend: Ruhland, 2006) analysiert werden, als es früher der Fall war. Und relevante Bereiche öffentlichen oder öffentlich-rechtlichen Wirtschaftens, wie große Teile des Bildungs- oder des Gesundheitswesens, sind technisch als Märkte organi-

Nieswandt, 2008, auch Edeling/Stöltung/Wagner, 2004) knüpft sich aber nicht automatisch an eine marktanaloge Theorie des Politischen, wodurch die sog. „realistische" Gemeinwohltheorie (in Abgrenzung zu platonistischen[266] und kritizistischen[267] Gemeinwohltheorien) als Theorie von Zustimmungsregeln[268] fundiert würde (vgl. auch Art. „Gemeinwohl", in RGG, Bd. 3, Sp. 653 f.). Die zentrale erkenntniskritische Frage lautet folglich: Ef-

---

sierbar, da sowohl Kapazitätsengpässe (Rivalität im Konsum) als auch soziale Rationierungs- bzw. Selektionsmechanismen (Ausschluss vom Konsum) machbar sind. Und es wäre hier verkürzend, von einem distributiven Marktversagen zu sprechen. Und dies nicht nur, weil es verkürzend wäre, die distributiven Aspekte der Marktergebnisse immer nur wohlfahrtsökonomisch (Kleinewefers, 2008) über Einkommensverteilungen, Haushaltsbudgets und entsprechende Preiswirkungen (Konsummöglichkeitsraum, determiniert durch die möglichen Kombinationen von Budget und relativen Preisen) zu diskutieren – demnach ist die gesellschaftliche Wohlfahrt W_g eine Funktion des Wachstums (BSP) und der Verteilung der Güter (V):

$$W_g = W_g(BSP, V) -,$$

wo doch Lebenslagenverteilungen mehrdimensionaler und komplexer sind und über die Verteilung ökonomischer Ressourcen hinausgehen. *Allokatives Marktversagen im Lichte von Präferenzen über öffentlich relevante Evaluationskriterien*: Vielmehr wären die Marktergebnisse derartig technisch möglicher Märkte ein allokatives Marktversagen, weil spezifische soziale Präferenzen nicht erfüllt werden. Es darf hervorgehoben werden: In dem Moment, wo soziale Gestaltungsziele – das „politisch Gewollte" – Präferenzenstatus erhalten, liegt bei technisch möglichen, aber im Ergebnis politisch negativ evaluierter Märkte ein allokatives Marktversagen vor, das aber u. E. aus Gründen der paradigmatischen Differenz zur üblichen Markttheorie als Theorie politischer Güter formuliert werden sollte. *Öffentliche Ziele sind nicht kostenlos*: Der epistemologisch entscheidende Ertrag dieser Argumentation besteht nun in der Aussage, dass es im Lichte dieser Analyse keinen apriorischen Trade-off zwischen (allokativer) Effizienz und sozialen Zielen (nicht nur Verteilungsgerechtigkeit, wie immer auch spezifiziert) gibt, sondern es gibt nur Zielkonflikte alternativer Ressourcenlenkungen mit Blick auf private und öffentliche Ziele (kurz, aber pointiert: Schulz-Nieswandt, 2001e; vorher Schulz-Nieswandt, 1995a). Das Verfolgen öffentlicher Aufgaben kann so mit Wachstumsverlusten verbunden sein (gemessen an einer Welt ohne öffentliche Ziele), aber deshalb muss diese Politik nicht apriori als allokativ ineffizient gelten. Notwendige Güterabwägungen sind politisch (gesellschaftlich) zu treffen (die Organisation der dazu notwendigen Arena, also die Frage der institutionellen Arrangements derartiger Bestimmungen relevanter öffentlicher Aufgaben – etwa [breit und bleibend kontrovers diskutiert] in Form von Bürgerpartizipationen auf kommunaler Ebene – bleibt hier nur erwähnt).

[266] Häberle (2006, S. 17 sowie S. 716) spricht von der monarchischen Lehre, wobei das öffentliche Interesse „von oben" als „Emanation einer ‚höchsten' öffentlichen Gewalt" stipuliert werden würde.

[267] Schulz-Nieswandt, 1998c sowie ders., 1998d.

[268] Prozedurale Gerechtigkeit stellt nur eine Dimension in komplexen Denktraditionen über Gemeinwohl und Gemeinsinn dar. Vgl. dazu auch Münkler/Fischer, 2002 und dies., 2002a; Münkler/Bluhm, 2001 sowie dies., 2002.

fizienz – in Bezug auf was? Was ist die normative Referenz proklamierter Effizienzregime?

Hier wäre einerseits zu fragen, ob Risikoaversion in der Politik nicht auch ethisch gerechtfertigt werden kann und insofern nicht nur ein Effizienzproblem sklerotischer Demokratie, wie es gerne von der Public choice-Forschung dargelegt wird, darstellt (Heinemann, 1999). Andererseits kristallisiert sich im Lichte der demografisch-epidemiologischen Transition, wenn man nicht überaus strukturkonservativ ist, ernsthaft die Frage nach deutlich veränderten Landschaften in den unmittelbar vor uns liegenden Jahren heraus. Die gewachsenen Strukturen erweisen sich in diesem Lichte tatsächlich oftmals überwiegend als strukturreformresistent. Wie ist also ein Wandel zu äqui-funktionalen Strukturen verantwortbar steuerbar? Ich leite nun also über zur kulturellen Dimension veränderter Betriebsformenlandschaften.

8. Haltungswandel verantwortlicher Personen

Es wäre epistemisch (Schmidgen, 1997) viel geholfen, wenn der Prozess als kultureller Wandel – ja geradezu als kulturelle Mutation – verstanden werden würde[269].

---

[269] *Personalentwicklung*: Aber ein Wandel der Angebotsstrukturen und der in diesen Settings gelebten Erbringungs„anthropologie" erfordert ein Personal, das nicht nur die passungsfähigen fachlichen Voraussetzungen mitbringt. Es geht auch um verhaltens- und somit letztendlich qualitätsrelevante Motivationen, Einstellungen und Haltungen. Die „Philosophie" eines im Markt stehenden Sozialunternehmens und die daraus erwachsende „Kultur des Helfens" – die zweifelsohne mitten in paradigmatischen Sprüngen steht – muss vom Personal gelebt werden. Meine zentrale Überlegung lautet: Die korporative Identität, die als Unternehmensphilosophie leitbildfundiert (Nagel/Wimmer, 2002, S. 268 ff.) und entsprechend konkret zielorientiert definiert wird, wird erst unternehmenskulturelle Gestaltqualität (Eiff/Stachel, 2006; Fredersdorf u. a., 2006) annehmen, wenn die handelnden Akteure diese Anthropologie der Hilfe inkorporiert haben, als Programmcodes ihres so genormten Handelns gespeichert haben und in diesem Lichte den Stil der kommunikativen Interaktionen pragmatisch prägen. Dann funktionieren die Ablaufprozesse im betrieblichen Geschehen gemäß einer ordnungsstiftenden sozialen Grammatik. Die Evolution einer solchen sozialen Grammatik, die von den hilfeabhängigen Menschen wiederum auch als Umwelten des kompetenz-orientierten Förderns im Sinne einer personalen Geschehensordnung positiv erlebt und angenommen werden soll, ist im Medizin- und Sozialsektor noch vollständig im Gange. Die zur gewandelten Umwelt passungsfähige Fortentwicklung der unternehmensendogenen Ressourcen betrifft a) die konzeptionellen Orientierungsmuster (Leistungsspektrum, Angebotspalette als Tätigkeitsprofil) des Unternehmens, b) den (MitarbeiterInnen-bezogenen) Führungsstil und die entsprechenden unternehmensinternen Ablaufsteuerungen, c) die fachliche Struktur des Personals im multiprofessionellen Sinne sowie die berufsspezifischen professionellen Selbstverständnisse und ihre transprofessionellen Kooperationskompetenzen. Das Tätigkeitsprofil ist in einigen Teilbereichen zutiefst von sich

IV. Vom Gesundheitswesen zu einer anthropologischen Methodologie 169

Recht, Betriebe, Akteure: Natürlich muss zunächst das Sozialrecht so verändert werden, dass die Rahmenbedingungen für eine Ausdifferenzierung der Betriebsformen geboten werden. Gelebt werden müssen sodann die neuen Versorgungslandschaften als Pluralismus[270] von Betriebsformen aber von den Akteuren. Und das generiert Fragen funktional angemessener Haltungstypiken der Akteure. Darum kreisen bislang die ganzen anthropologischen Darlegungen.

Um die Organisationsformen als Gestalt-Werdung[271] einer professionellen Haltungsart zu verstehen, ziehe ich eine Analogie zur δ-Phänomenologie des Tanzes (vgl. auch Art. „Tanz" von Neitzke, in Auffarth/Bernard/Mohr, 2005, Bd. 3, S. 447 ff. sowie der Art. „Tanz" im RGG, Bd. 8, Sp. 34–39 und Art. „Tanz" in TRE, Bd. 32, S. 643 ff.)[272] und komme damit nochmals

---

wandelnden Anforderungen betroffen. Zu verweisen ist etwa auf die Heilerziehungspflege. Dazu vgl. Högerle u. a., 2001.

[270] *Pluralismus im Gesundheitswesen*: Der Pluralismus der Betriebsformen korrespondiert einem Pluralismus der Präferenzen der Bevölkerung. Das GKV-WSG kommt ordnungspolitisch dieser Korrespondenz mit der Orientierung an Wahltarifen in spezifischer Weise nach. Wo das solidarische System damit irgendwann endet, bleibt offen. Manche Interpretatoren des Pluralismus der Versorgungsangebote haben auch wenig Sinn für Solidarordnungen: Böcken u. a., 2007. Allerdings hat die Studie von Böcken u. a. (2007) auch wichtige Paradoxien zwischen Expertise und Präferenzen der Bürger aufgedeckt: Qualitätssicherungsprogramme werden nicht gerne gesehen. Hier scheint vieles normativ-kognitiv auf verschlungener Weise vermittelt zu sein.

[271] *Form als Kategorie*: Form ist (bei Lugowski, auf den ich mich hier transferierend beziehe: Lugowski, 1999) aber nicht einfach Form eines Inhalts, sondern als Form ist Form immer ein Generator für ein Wirklichkeitsbild. Dies kommt der Kulturtheorie von Cassirer, Warburg, Panovsky u. a. nahe, die neu-kantianisch den schaffenden Menschen in seinen symbolischen Ausdrucksformen dergestalt aufspürten, dass in den Objektivationen nicht eine einfache Form-Inhalts-Relation aufzudecken war, sondern eine eigentümliche Existenzwerdung durch Erzeugung.

[272] *Tanzanthropologie*: Der Tanz (vgl. auch Klepacki/Liebau, 2008) bietet sich hier an, um eine Analogie zur Medizinpraxis als symbolisch inszenierte Praxis zu verweisen, die auf einer eigenen dramatischen Choreografie beruht. „Tänze sind kulturelle Veranstaltungen, deren *Performanz* ihre sozialen und ästhetischen Wirkungen in *Raum, Zeit* und *Wahrnehmung* hervorbringt. Die tänzerische Performanz ist eng an ihre Choreografie gebunden, in der Raum, Zeit und Wahrnehmung der Tanzbewegungen gestaltet werden." (Brandstetter/Wulf, 2007, S. 11 f.; kursiv auch im Original) „Tänze und Choreographien schaffen in Volks-, Gesellschafts- und Bühnentanz Plattformen *körperlicher Inter-Aktionen*, in denen hierarchisierende und enthierarchisierende Bewegungen, (de)figurative Muster der Repräsentation, *Gender-Verhältnisse* und *ethnische Beziehungen* ausgedrückt werden." (Brandstetter/Wulf, 2007, S. 12; kursiv auch im Original) Besser können die Zeremonien des alltäglichen Ablaufes in Krankenhäusern oder gar die sakrale Veranstaltung der Chef-Visite kaum beschrieben werden. In dieser Tanzanthropologie findet die Ethnografie des Medizinbetriebs in totalen Institutionen ihr Analogon. „Tänze sind Muster, in denen kollektiv geteiltes Wissen und kollektiv geteilte Tanzpraxen inszeniert und

der metaphernorientierten (Lakoff/Johnson, 2007; vgl. dazu auch Hartl, 2008, S. 47 ff.)²⁷³ Performativität der Gesellschaft als theater-hafte (theatralische: Kotte, 2005) Inszenierung nach. In Anlehnung an die in der Theatersemiotik entwickelte Auffassung verstehe ich hier unter Inszenierung eine Aufführung eines Regieentwurfs, als ein „im Prozeß der Aufführung konstituierenden Inszenierungstext(es)" (Art. „Inszenierung" von Jacob, in Nünning, 2004, S. 291). Zwei Theoreme im Rückgriff auf Günther (1962, S. 16 f.; kursiv jeweils auch im Original) dürfen formuliert werden: a) „Die Gelungenheit einer Körperform beweist sich erst im Bewegungsverhalten." Und: b) „Nicht jeder Bewegungsvorgang zeigt Ausdruck – der Bewegungscharakter prägt den Ausdruckstyp."

Theorem a) bringt zum Ausdruck, dass sich die Qualität einer Betriebsform erst durch die Passungsfähigkeit der in ihr agierenden Menschen sichern lässt. Und Theorem b) besagt umgekehrt, dass nicht jede Haltungsart zu jeder Betriebsform passt.

Dies wird man durchaus in einer grundlegenden Weise als ein gesellschaftspädagogisches²⁷⁴ Problem sehen müssen. Ob z. B. eine stärker partnerschaftliche Dialogkultur der ärztlichen Profession gegenüber dem Patienten (im Sinne von SDM: Scheibler/Janßen/Pfaff, 2004) über den Kohortenwandel zu erwarten ist (vgl. etwa Floer u. a., 2004), kann erhofft, muss aber angesichts der Empirie noch offen gehalten werden.

Haltung und Persönlichkeit: Im Zentrum der notwendigen Entwicklungen steht also ein Haltungsproblem. Was ist nun unter Haltung zu verstehen?

Ich greife auf Königswieser/Hillebrand (2006) zurück. Insgesamt scheint mir in der wissenschaftlichen Literatur eine weitgehende wissenschaftliche Zurückhaltung gegenüber dieser Kategorie zu bestehen. Es gibt wenig neuere Beschäftigung mit einer solchen Perspektive einer ε-phänomenologischen Persönlichkeitspsychologie²⁷⁵, wenn man von einigen Ausnahmen²⁷⁶

---

aufgeführt werden und in denen eine Selbstdarstellung und Selbstinterpretation einer gemeinschaftlichen Ordnung stattfindet." (Wulf, 2007, S. 122)

²⁷³ Zur Klassifikation von Metapherntheorien vgl. auch Rolf, 2005.

²⁷⁴ Ohne hier die Zusammenhänge mit der Theorietradition der Sozialpädagogik (Niemeyer, 2005) erschließen zu wollen. Zum Theorienspektrum einer pädagogischen Anthropologie vgl. Hamann, 2005. Zum diskursanalytisch erfaßten Ursprung der Sozialpädagogik in der moralisch motivierten Pädagogisierung der Armutsfrage als Korrelat der Industrialisierung des 19. Jahrhunderts, Fragen des guten Lebens einschließend, vgl. die Studie von Grubenmann, 2007. Vgl. auch Schröer, 1999.

²⁷⁵ *Charakterlehre*: Vgl. etwa die Ausführungen zu A. Vetter (1966), Ph. Lersch und H. Thomae in Brandstätter/Schuler/Stocker-Kreichgauer, 1974 (in seiner „Sozialpsychologie" [Brandstätter, 1983] spielt die phänomenologische Anthropologie der Person nur eine marginale Rolle). Insbesondere auf Lersch (1952) darf an dieser Stelle (auf Thomae ist bereits öfters von mir zurückgegriffen worden) verwiesen

IV. Vom Gesundheitswesen zu einer anthropologischen Methodologie 171

wie etwa die der psychoanalytischen Charakterkunde von König absieht (König, 1999; ders., 1995). Fruchtbar scheint eine Annäherung über die Verknüpfung der Kategorien des Handlungsrepertoires und des professionelles Selbst zu sein, die Bauer (1998) am Beispiel der Lehrer darlegt. „Handlungsrepertoires sind hoch verdichtete Verknüpfungen kognitiver Strukturen mit motorischen Abläufen, die es Handlungsträgern ermöglichen, rasch, ohne Verzögerung, sicher und zielstrebig in komplexen Situationen zu agieren." (Bauer, 1998, S. 344) Hinzu kommt dann noch die Kategorie des „professionellen Selbst" als Bewusstsein (von der Entwicklungsaufgabe), (nämlich) sich ständig weiter entwickeln zu müssen. Eine sich selbst (den anderen Professionen gegenüber) öffnende Weiterentwicklung scheint jedoch eine blockierte Perspektive der hier je betroffenen bzw. angesprochenen Professionen des Gesundheitswesens zu sein.

Während seine Ausführungen zur Modellierung von Altruismus etwas „herumeiern" (Müller, 2003, S. 49 ff.), sind Müllers Konstruktionen von Persönlichkeitstypen, die auf Freuds (1856–1939) psychischen Apparat von Es, Ich und Über-Ich aufbauen, präziser.[277] Folgt man der Reihenfolge Über-Ich, Ich und Es und schreibt man diesen Dimensionen des psychischen Apparats die möglichen Ausprägungen schwach (0) und stark (1) zu, so kristalliert Müller folgende Typen (Müller, 2003, S. 155): a) der „Lumo" („Lustmolch"): 0, 0, 1, b) der „Zauderer": 1, 1, 0; c) der „Clochard": 0, 0, 0; d) der „kalte Rechner": 1, 0, 0; e) der „hochqualifizierte Geldschrankknacker": 0, 1, 1. Analog konstruiert Müller nun Strukturen der Helferpersönlichkeit. Die „Dienerin" wird über die Kombination 1, 0, 0 definiert. Der „fürsorgliche Feldwebel" sei definiert über 1, 1, 0. Und der „ideale Helfer" drückt sich in der Kombination von 1, 1, 1 aus (Müller, 2003, S. 154 ff.).[278]

---

werden. Attraktiv ist der Rekurs auf das personale Selbst als Integrationszentrum des gesamten persönlichen Lebensgeschehens. Die Person wird als geschichtet betrachtet: Der Oberbau umfasst die Ich-Funktionen und die Dispositionen des Wollens. In dem endothymen Grund der Person sind stationäre Grundgestimmtheiten, Gefühlsregungen und Strebungen eingeordnet. Der Lebensgrund umfasst das unbewusste Leben. Charakterologische Differenzierungen sind auf dieser Basis möglich. Diese Sicht klingt anachronistisch. Aber im Verlauf der Arbeit kommen verschiedene Formen innerer (intrapersonaler) Arbeitsapparate modern zur Sprache, die die Basis für eine Theorie des tiefenhermeneutischen Strukturalismus abgeben. Bei Lersch finden sich hierfür durchaus Anknüpfungspunkte.

[276] Vgl. auch Jung (2009), der die Relevanz für die Mitarbeiterführung darlegt.

[277] Im Verlauf der vorliegenden Arbeiten werden sicherlich subtilere Konturen eines nicht nur triebtheoretischen Strukturmodells der menschlichen Psyche skizziert. Das betrifft die libidoökomisch modellierte Sexualität wie auch den späteren Dualismus von Eros und Thanatos.

[278] *Ethos*: Zum Helfer-Syndrom vgl. Müller, 2003, S. 156 f. Eine Pflege-Ethos-Typologie auf der Basis von qualitativen (narrativ-biographischen) Tiefeninterviews

Näthke (2009) hat in seiner Dissertation zum Thema Umsetzung von Empowerment (vgl. auch Hähner u. a., 2006) in der stationären Behindertenarbeit als Problem der Organisationsentwicklung den Habitus der helfenden Profession mit Bezug auf eine Studie von Gröschke (2004) dargelegt.[279] Dabei werden mit Rekurs auf den Habitus-Begiff von Bourdieu (1930–2002) verschiedene Typen differenziert. Unterschieden werden a) der Aufseher/ Pfleger, b) der Betreuer, c) die Assistenz, d) der Manager. Der Aufseher/ Pfleger steht noch in der kustodialverfassten Tradition der Anstalt; Verwahrung ist die Kernstruktur dieser habitualisierten Praxis. Der Betreuer definiert seine Praxis tugendethisch und praktiziert eine treuhänderschaftliche Grundhaltung, die stark von Verantwortung und Vertrauen gekennzeichnet ist. Der Betreuer ist Hirte seiner Schäfchen. Das ist liebevoll, aber klassisch paternalistisch, wenn auch nicht derart kalt-autoritär wie die Mentalität des Anstaltswesens. Beim Modell der Assistenz (vgl. auch insgesamt Hähner u. a., 2006) liegt das Definitionszentrum beim Menschen mit Behinderungen (Kostorz, 2008; Schäfers, 2008; Eurich, 2008); der Assistent ist nur auf Auftrag hin passiv-fördernd tätig; Interventionen erfolgen nur auf Wunsch hin. Der Managertyp steht nun nicht unbedingt in einer linearen Steigerungsposition gegenüber der Assistenz. Er kann mit sehr unterschiedlichen Praxisarten verknüpft sein; er kann die Assistenz kundenorientiert noch stärker steigern, aber auch manipulativ wirken, auf das Kaufverhalten des Kunden einwirken. Hier kommt eine gewisse Ambivalenz ins Spiel.

Es sei nur eine solche Perspektivität[280] (zur Perspektivität[281] vgl. auch Kunath [2002] mit Blick auf Pannenberg; gemischt wahrnehmungs-, er-

---

versucht Lachmann, 2005, S. 282 f. Auf S. 286 fasst Lachmann zusammen: „So korrespondiert das Pflichtenethos mit einem Dienstverständnis des Berufes, das vorberufliche Züge der Hausfrauenarbeit und kaum eigenständige Verantwortung aufweist. Das pragmatisch-utilitaristische Ethos entspricht einem medizinorientierten Berufsverständnis, das insofern vorprofessionell ist, als es an einem anderen Beruf orientiert ist und dabei einen wesentlichen Aspekt der eigenen Profession, die Zuwendung zu einzelnen Patientinnen und Patienten, berufsfremd, nämlich mit dem medizinisch-funktionalen Blick interpretiert. Das reflektierte Verantwortungsethos schließlich steht in engem Zusammenhang mit einem professionalisierten Berufsverständnis, das nicht nur wie das medizinorientierte Berufsverständnis von großem Fachwissen geprägt ist, sondern sich auch durch eigenverantwortliche Anwendungsfähigkeit in je neuen Einzelsituationen und -beziehungen auszeichnet."

[279] Zum Habitus der Sozialpsychiatrie vgl. Pfeffer-Wolf, 1999.

[280] Zur Kategorie des „Blicks" vgl. Art. „Blick" von Kampits, in Thurnherr/ Hügli, 2007, S. 34–36.

[281] *Parallaxe*: Unter Parallaxe versteht man gemeinhin die Veränderung der Position eines Objekts in Abhängigkeit von der Verschiebung der Wahrnehmungsperspektive. In der neueren Philosophie (im Lichte von Zizeks Arbeiten) ist es aber kontrovers geworden, ob diese Parallaxe nur vom Subjekt und nicht auch vom Objekt abhängen kann.

IV. Vom Gesundheitswesen zu einer anthropologischen Methodologie 173

kenntnis- und kunstgeschichtlich: Belting, 2008[282]) des Analysierens des Sozialsektors angedeutet. Später wird uns die Bedeutung der differenziellen Persönlichkeitsforschung durchaus noch wichtig, um das Akteursgeschehen zu verstehen. Denn zu lange war Persönlichkeit eine vergessene Kategorie in der Variablen-Soziologie.

Charakter, Selbst, Identität: Charakter bezeichnet ein für die menschliche Person spezifisch eigenes System von Erlebnis-Weisen und Verhaltens-Weisen. Gemeint ist also insgesamt eine Art und Weise, im sozialen Miteinander sich in strukturierter Weise ein Bild von der Wirklichkeit zu machen und in strukturierter Weise auf diese Wirklichkeit zu reagieren (Kohärenz-Gebot). Es sind Stile der Reaktion und Techniken der Daseinsbewältigung, wie ich in Anlehnung an Hans Thomae (1915–2001; hier Thomae, 1968)[283] sagen möchte. Königswieser/Hillebrand (2006, S. 107) schreiben: „Haltung ist die Art und Weise, wie wir uns zu uns selbst und zu unserer Umwelt in Beziehung bringen." Das psychologische Konzept des Selbst der Person ist als organisationeller Kern von Konstruktionsprinzipien zu verstehen, mit deren Hilfe das selbstreferentielle System der menschlichen Persönlichkeit das Verhältnis zur Umwelt organisiert. Oder: Identität (vgl. auch Abels, 2006) ist als dynamischer Prozess einer Ausbalancierung von eigenen Er-

---

[282] *Wahrnehmung und Bilder-Produktion*: „Aber die Geschichte oder Ikonologie des Blicks ist nicht gleichbedeutend mit eine Geschichte der Wahrnehmung (...). Es sind zwar die gleichen Augen, mit denen wir blicken und die Welt wahrnehmen, und dennoch ist der Blick vor allem Ausdruck einer Person und soziale Handlung." – schreibt Belting, 2008, S. 283. Hinter der Wahrnehmung steht ein Code, der in einem historischen Weltbezug genau diesen symbolisch repräsentiert. Vorstellung und Darstellung sind hierbei integriert komplementär. Es handelt sich immer um mentale Bilder (ebd., S. 284). Biologisch ist dies durch die interne Repräsentation neurowissenschaftlich möglich; der Prozess ist jedoch kulturell überformt. Akteur dieses Geschehens bleibt ein Subjekt. Dies dürfte der Hintergrund für die Stellungnahme von Belting sein: „Doch ist das Subjekt zum Opfer einer modischen Dekonstruktion geworden." (ebd., S. 284) Für Belting bleibt der Blick eingefangen in der Geschichte. Dies entspricht durchaus meiner Rezeption von Foucault. Foucault ist poststrukturalistisch, weil er das Subjekt dezentriert und zum verdichteten Ausdruck eines epochalen Dispositivraumes macht; er ist aber gerade in dieser epochalen Codierungsannahme neo-strukturalistisch. Und indem die von Foucault thematisierten Selbst-Techniken eben jedoch auch Techniken des Selbst sind, bleibt eine soziologisierte Form des transzendentalen Subjekts bestehen: Der Mensch in seiner Praxis bringt sich in symbolischen Formen zum Ausdruck. Damit wären auch die Beziehungen von Foucault etwa zu Althusser (1918–1990) und Lacan klärbar. Mit Althusser wäre die Dezentrierung zu teilen: Mit Lacan aber auch die Idee intrapersonaler psychischer Apparate, die als sprachwissenschaftlich in der Tradition der Semiotik zu analysieren sind. Dann passt auch wieder der Satz von Belting (ebd., S. 284): „Der Blick wird in jeder Gesellschaft kollektiv eingeübt, obwohl ihn jeder als einen eigenen Blick empfindet."

[283] Auf Thomae bin ich an anderer Stelle eingegangen: Schulz-Nieswandt, 1997a, S. 94 ff.; verstreute Hinweise auch in ders., 2006d.

wartungen und fremden Ansprüchen zu konzipieren, wobei eine Person sich interaktiv eine positiv bewertete, einerseits relativ stabile und andererseits hinreichend flexible Selbstdeskription zuordnet, wodurch ihr Verhalten gesteuert wird.

Polare Spannungen personaler Handlungskorridore: Vielfach müssen Haltungsbalancen zwischen Polen[284] realisiert werden (Otscheret, 1988).[285] Ich habe diese polar-binäre Spannungsanthropologie an verschiedenen Stellen bereits herausgearbeitet. Vielleicht kann ich auf meine Arbeit über den Maler Elias Maya verweisen (Schulz-Nieswandt, 2002b sowie ders., 2006i). Korridore personaler Entwicklungsaufgaben[286] strukturieren auch Königs Charakterlehre (König, 1995), die bereits genannt wurde. In Flams Soziologie der Emotionen (Flam, 2002) finden sich ε-phänomenologisch ähnliche Kategoriensysteme. Führungsfähigkeit versus Akzeptanz von Abhängigkeit (vgl. auch Art. „Abhängigkeit/Abhängigkeitsgefühl", in RGG, Bd. 1, Sp. 63 ff.), Geben und Nehmen, Selbst-Bezug und Gemeinsinnorientierung, Intimität und Distanz etc. sind konstitutive Dualitäten des personalen Existenzmodus, die es zu bewältigen gilt. An diesem Punkt, an dem Abhängigkeiten unvermeidbar sind, Asymmetrien irreduzierbar, kann Autonomie nicht einfach (voraus)gesetzt werden. Dies betont die anti-deontologische Ethik der „Achtsamkeit" (Conradi, 2001; ders., 2008; Senghaas-Knobloch [2008], tatsächlich ohne Bezug auf Conradi und hinsichtlich der kritischen Selbst-Reflexions-Notwendigkeit anerkannter Asymmetrien im Rahmen des Achtsamkeitsprinzips auffallend zurückhaltend[287]). Hier kann nicht vom isolierten Subjekt ausgegangen werden und Reziprozität und gegenseitige Anerkennung als Praxis praktisch-vernunftsbegabter Menschen axiomatisiert werden. Menschen sind immer schon miteinander verstrickt, sind aufeinander bezogen, interrelational definiert (Niehoff, 2008). Auch sind Fühlen, Denken und Handeln vermischt; Berühren und Körperlichkeit werden in die

---

[284] Zur Hinführung zum „sittlichen Selbststand" (zwischen Heteronomie und Egozentrismus) vgl. Mertens, 2006, S. 119.

[285] *Dostojewski*: Wer dies und die damit korrelierte Ambivalenz in der menschlichen Existenz tief studieren möchte, sollte Dostojewski lesen: vgl. u. a. zur Einführung Lavrin, 1995. Vgl. auch Art. „Dostojewskij", in RGG, Bd. 2, Sp. 957 ff.

[286] *Merleau-Ponty*: Kwant, ein Schüler von Merleau-Ponty (zu diesem vgl. Descombes, 1981, S. 68 ff), betitelt seine Monographie „Soziale und personale Existenz" (Kwant, 1967) trefflich mit „Phänomenologie eines Spannungsbereiches". Zu Merleau-Ponty vgl. ferner Faust, M., 2007; Coenen, 1985; Bermes, 2004 sowie Giuliani, 2000.

[287] Dabei gleitet mancher Diskurs ins Esoterische an: Belschner u. a., 2007. Etwas gesetzter: Abteilung für Gesundheits- und Klinische Psychologie, 2006. Zur Achtung des Anderen im Begehren desselben bei Bataille vgl. Mattheus, 1988, S. 172. Die Bedeutung der Ethik der Achtsamkeit für die manageriale Führungsrolle vgl. Hinze, 2001.

IV. Vom Gesundheitswesen zu einer anthropologischen Methodologie

Interrelation einbezogen. Hier werden feministische Ethikelemente einbezogen, ohne Care[288] zwingend naturhaft zu verweiblichen. Ich bin damit auf meine einleitenden Bemerkungen zur Ethik der Achtsamkeit zurückgekommen. Dort hatte ich die dia- oder trialogische Praxis einer Ethik der Achtsamkeit als doppelte Hermeneutik einer Verschleifung zweier reflexiver Schleifen dargelegt.

Eine formale Darstellung der angewandten Ethik der Achtsamkeit: Die Du-bezogene reflexive Schleife der Empathie (E) war eine Funktion der exzentrischen Positionalität ($_eP$) ebenso wie die Ich-orientierte Reflexionsschleife (Selbst-Respositivität $_sR$):

$$E = f(_eP) \text{ sowie } _sR = f(_eP).$$

Der hermeneutische Akt erster Ordnung ($_hA^1$) ist demnach eine Funktion der Empathie und des Sittengesetzes (S):

$$_hA^1 = f(S; E[_eP]).$$

Eine gemeinsame bedarfsgerechte Bedürfnisdefinition ($_bBd$) ist allerdings eine Funktion des hermeneutischen Aktes erster Ordnung und des in der zweiten Schleife der Reflexion realisierten hermeneutischen Aktes zweiter Ordnung ($_hA^2$) als Funktion von R sowie der Plastizität P sowie der Fehlbarkeit F:

$$_hA^2 = f(_sR[eP]; P; F).$$

Hinzu kommen noch weitere Stakeholder (St), die selbst wiederum nur reflexiv ($_hSt$) berücksichtigt werden können/dürfen:

$$_bBd = f(_hA^1; _hA^2; _hSt).$$

Mit der Funktion von $_bBd$ liegt somit eine Verschleifung der beiden Reflexions-Schleifen vor.

Die Praxis der angewandten Ethik der Achtsamkeit kann in gerontologischer Perspektive mit dem SOC-Modell in der Theorietradition von Baltes/ Baltes (Baltes/Carstensen, 1996 sowie Baltes/Baltes, 1990) kombiniert werden. Denn die Ethik der Achtsamkeit darf keineswegs Over-Protection betreiben, muss aber irreversible Funktionsbeeinträchtigungen akzeptieren. Die positiven, gegebenen (verbleibenden) Capabilities ($_pC$) müssen also

---

[288] Zum Care-Verständnis in der neueren deutschen Rezeptionsliteratur vgl. auch Possinger (2008), u.a. mit Bezug auf den 7. Familienbericht (BMFSFJ, 2006b).

optimiert $(_pC^o)$ werden, die verloren gegangenen Capabilities $(_nC)$ müssen kompensiert werden $(_nC^k)$: Demnach ist

$$_bBd = f(_pC^o;_n C^k[_hA^1;\ _hA^2;\ _h St]).$$

Die Grenzen einer universalistischen (unparteiischen) Ethik mit Blick auf die Notwendigkeit einer angewandten oder anwendungsbezogenen Ethik werden in der Literatur immer deutlicher vorgetragen. Vor allem geht es (vgl. auch Honneth/Rössler, 2008) um das Verhältnis zur sogenannten Bindungs-Moral (in verschiedenen Varianten). Das Problem geht weit über die Ich-Zentiertheit der Kantischen Respekt-Ethik und einer Hegelschen Ich-Ich-Anerkennungs-Ethik hinaus. Neo-aristotelische Varianten kommunitaristischer Tugend-Ethiken, die im Wir-Kontext des Ichs argumentieren, spielen für mich (ethisch, nicht ontologisch) eine zurückgesetzte Rolle; wichtiger erscheinen mir Ich-Du-bezogene Ethiken der Sorge und[289] der Liebe. Es wird hierbei überaus deutlich, wie eine Ethik im Schnittbereich zur philosophischen Anthropologie definiert und verstanden werden muss. Moral bleibt trotz aller Bemühung um Universalismus in der Praxis immer an Beziehungen geknüpft. Dabei ist es von keiner entscheidenden Bedeutung, ob die Beziehungen freiwillig/unfreiwillig bzw. zugeschrieben/erworben sind. Moral entfaltet sich immer nur in Kontexten von Rollen, die reflektiert werden müssen, wozu der Mensch im Lichte der exzentrischen Positionalität (Plessner, 2003a) prinzipiell in der Lage ist. Mag sein, dass es eine zentrale Frage ist, ob und wie Menschen von einer affektiven Bindungs-Moral zu einer universalen Regelethik gelangen können; aus der Perspektive der praktischen Identität der Person bleibt die Moral am Projekt eines gelingenden Lebens in Rollen-Kontexten (Hardimon, 1994) gebunden. Zwischen Autonomie-Ansprüchen der Person einerseits und den Erwartungs-Ansprüchen des Sozialen und geworfen in einen Raum von normativen Selbstverständlichkeiten entfaltet sich jene Personalität, die einerseits als Praxis von Gabe und Schuld und andererseits als Praxis exzentrischer Positionalität eine verschlungen-verstrickte Modalität des Abarbeitens an der eigenen Endlichkeit darstellt.

Das trifft auch für die sozialen Professionen zu. Letztendlich ist auch die Arzt-Patienten-Beziehung[290] nicht losgelöst von der Problematik gemeinsamer Wirklichkeitskonstruktion zu verstehen (Schmidt, 1990, S. 57 ff.). Und daher gilt auch für sie, was für den Menschen zutrifft: „Akteure des

---

[289] Dazu Bataille: vgl. Mattheus, 1988, S. 200.

[290] Und Rychner (2006) konnte in ihrer tiefschürfenden, qualitativen Studie skizzieren, wie sich die Handlungslogik der Arzt-Patienten-Relationen nicht vollends in Marktlogik auflösen lässt. Zur Kritik der Kommunikation zwischen Arzt und Patient vgl. auch die Literatur bei Lüngen, 2007, S. 270.

IV. Vom Gesundheitswesen zu einer anthropologischen Methodologie 177

Geschehens sind Menschen mit unterschiedlichen Bedürfnissen, Wünschen, Ängsten, Charaktereigenschaften, Vorlieben, Abneigungen, Fähigkeiten, Beschränktheiten, Erinnerungen und Visionen. Menschen sind keine trivialen Maschinen – sie sind unfassbar komplex." (Königswieser/Hillebrand, 2005, S. 31)[291]

Und daher wird man, darauf werde ich ja weiterhin meine Perspektiven fokussieren, die Arzt-Patienten-Beziehung nur verändern können, wenn die Organisationsentwicklung sowohl – *uno actu* – an den Haltungstypiken der Akteure arbeitet wie auch an den organisationellen Kontexten, in denen die Kommunikationen, letztendlich identisch mit der Organisation schlechthin, ablaufen.

Gestaltung statt Maschinenlogik: Symbolisches Gestalten heißt dann: Initialisierung von neu orientierender Sinnvermittlung und Herbeiführung entsprechend veränderter Handlungslegitimationen und Motivationserzeugungen sowie passungsfähiger Innovationen. Und daher bedeutet der systemische Blick, dass der Vorstellungsraum des mechanistischen Maschinenbildes verlassen wird: „All diese Ausprägungen des Systemansatzes in unterschiedlichen Disziplinen haben Gemeinsamkeiten. Das systemische Paradigma bzw. Denkmodell verlässt das mechanistische Maschinenmodell, den Objektivitätsglauben, nutzt das Mehrbrillenprinzip und betont die Selbststeuerung. Es ist eine Antwort auf die Komplexität und Dynamik von Lebenswelten und der damit verbundenen Unsicherheit und Unsteuerbarkeit." (Königswieser/Hillebrand, 2005, S. 28)

Was noch ausführlicher zu entfalten ist: Von den Professionen ist eine neue altersgerechte Medizinanthropologie[292] zu fordern; eine Pflegeanthropologie müsste sich nahtlos anschließen[293].

---

[291] Einen fundierten Überblick über die Verhaltensmuster von Patienten und Ärzten geben Faller/Lang, 2006.

[292] *Zu Weizsäckers Verstrickungen*: Die für Kenner alles andere als neuartigen Figuren medizinischer Anthropologie müssen wohl erst für die gesundheitsökonomische, -politische und -wissenschaftliche Debatte vorgetragen werden, wenn es mit Hoffmann stimmt, dass Viktor von Weizsäcker für heutige MedizinerInnen eher eine unbekannte Größe darstellen sollte (Hoffmann, 2006). Vgl. zu Weizsäcker die Darstellung seines Werkes und seines Lebens bei Dressler, 1989 (vgl. auch mit Blick auf das Menschenbild: Zonn, 1970). Dressler kann vielfältige Bezüge aufdecken, insbesondere zu Rosenzweig und Buber, aber auch Abgrenzungen zu Jaspers und Binswanger. Ein Problem bleibt angesichts der Aufdeckung von Verstrickungen Weizsäckers in die Euthanasiepolitik der Nazis: vgl. Roth, 1999. Eine anders akzentuierte Rezeption der Stellungnahmen Weizsäckers zur „Euthanasie" findet sich bei Achilles/Jacobi, 1999. Differenziert auch die Biographie von Benzenhöfer, 2007.

[293] *Pflegetheorien*: Allerdings sehe ich von einer eigenständigen Diskussion der Pflegetheorien ab. Zur einführenden Rezeption amerikanischer Theorienansätze vgl.

Die Medizin muss sich von der bisherigen maskulin-technischen Maschinenbaumetaphorik[294] (vgl. die diesbezügliche Kritik von Thure von Uexküll: Goldbach, 2006, S. 99, 110, 127)[295] und (wie die Metaphernforschung [vgl. auch Lakoff/Johnson, 2007] in der Medizin[296] zeigt) von der Kriegs- und Kampf-Orientierung[297] tendenziell ablösen und sich als medizinische Sorgearbeit – in unesoterischer Manier[298] – ganzheitlicher (vgl. Frank [1983] zu Binswanger: 1881–1966) verstehen. Das wird psychomythologisch[299] später nochmals ein Thema sein. Und mit Blick auf die etablierte

---

Schaeffer u. a., 1997 sowie Müller, E., 2001. Dieser Beitrag ist positiv durchaus auf wissenschaftstheoretische Reflexion angelegt. Einen systematischen, wenngleich selektiven Überblick gibt Fawcett, 1996. Von großem Wert ist die Darlegung der hierarchischen Struktur pflegerischer Modelle: Metaparadigmen, Philosophien, konzeptionelle Modelle, Theorien, empirische Indikatoren (ebd., S. 11 ff.). Zu Leitbildern der Praxis und Paradigmen der Wissenschaft vgl. auch Müller, E., 2001. Mehr als ein personenzentriertes Nachschlage-Handbuch geeignet ist Marrimer-Tomey, 1992. Weniger personenorientiert, sondern theoriesynthetisch ausgerichtet: Meleis, 1999.

[294] Vgl. auch die Kritik am Funktionalismus der Gesundheitsorientierung, an der Klinik als Kontroll- und Reparaturwerkstatt und an dem Tod als Praxis des Ausrangierens: Marcel, 1992, S. 60.

[295] Borck, 1996; aber auch der Patient folgt dem Denkmodell der Maschine: Hartmann, 1984, S. 64.

[296] Vgl. Schiefer, M., 2006 mit weiterer Literatur; u. a. Schachtner, 1999.

[297] *Seuchen und Konstruktivismus*: Die wissenschaftsgeschichtlichen, insbesondere wohl auch seuchengeschichtlichen Wurzeln wären erst noch aufzudecken. Vgl. u. a. Reichert, 1997. Zur Biopolitik im bakteriologischen Kontext der Moderne: Sarasin u. a., 2006. Zur Geschichte der neueren Sozialarbeit als frauenspezifische Arbeitswelt zwischen „Geistiger Mütterlichkeit" und Professionalität: Breidenbach, 2000. Vgl. ferner grundsätzlich („Zur Eroberung der Gesundheit") Hudemann-Simon, 2000. Zur Seuchendispositiv am Beispiel von AIDS: Pulver, 1999. Vgl. auch die ethnologische Studie von Dilger, 2005. Dilger spricht von einer „moralischen Praxis", wenn er die kulturelle Umgangsweise mit AIDS-Kranken in Afrika beschreibt. Ob sein Strukturationsansatz zur Analyse der individuellen, aber eben kollektiv limitierten und ermöglichten Coping-Strategien, hinreicht, darf hier dahingestellt bleiben. Hinsichtlich der begriffs-apparativen Theoretisierung wirkt die Studie von Dilger, so relevant auch die empirischen Befunde sind, eher etwas hilflos. Zur soziokulturellen Konstruktion von AIDS vgl. auch die Studie von Hammer, 1999.

[298] Zu den zum Teil durchaus stark esoterischen Strömungen in der Geschichte insbesondere des anthroposophischen Denkens vgl. auch Zander, 2007.

[299] *Relevanz des Mythos*: Ich komme auf die weiter oben, dort mit Rekurs auf Barthes betonte, Kategorie des Mythos zurück, jetzt aber (wie dort bereits angekündigt) eine andere Verständnisweise des Mythos vorschlagend. „Die Entzifferung des Mythos erfolgt also auf anderen Wegen und genügt anderen Zwecken als die literarische Forschung. Sie zielt darauf ab, in der Komposition der Fabel selbst die in sie eingebundene begriffliche Architektur freizulegen, die großen umfassenden Klassifikationsrahmen, die Auswahl, die bei der Gliederung und Kodierung des Realen getroffen wurde, das Beziehungsnetz, das die Erzählung mittels narrativer Verfahren zwischen den verschiedenen Elementen knüpft, die sie in den Handlungsverlauf ein-

Metaphernforschung in der klinischen Medizin ist zu konstatieren, dass die diesbezüglich analoge Forschung in der Pflegewissenschaft deutlich nachgezogen hat. Die Aufsatzsammlung von Abt-Zegelin/Schnell (2006) sowie die dort angeführte vorausgegangene Forschungsliteratur (vgl. ferner Schnell, 2004; Nerheim, 20001) belegen das (vgl. insbesondere Schmitt/ Böhnke, 2006). Passend ist auch der Beitrag von Hülsgen-Giesler (2008). Dieser Beitrag kritisiert die Übertragung der Maschinenlogik der technischen Medizin auf die Pflege und den dadurch induzierten Verlust der Hermeneutik im pflegerischen Handeln.

Neue Unübersichtlichkeit und Zumutbarkeitskultur der Versicherten: Bislang war von den Professionen und somit von der Anbieterseite die Rede. Von den Versicherten – hinein gefügt in eine Rolle informationsabhängiger Konsumentensouveränität[300] – wird zunehmend abverlangt, dass sie sich entscheiden müssen und sich (befristet) für unterschiedliche Versorgungsmodalitäten „einschreiben" lernen müssen. Das neue GKV-WSG (Ballast, 2007; Gerlinger, 2007; Felix, 2008) sieht unterschiedliche Tarifzonen vor. Beiden Seiten des Leistungsgeschehens wird kompetenzorientiert immer mehr abverlangt. So gesehen handelt es sich um ein mehr-dimensionales Problem sozialen Wandels insgesamt.

V. Ein Zwischenfazit I: Der Wandel im personalen Lichte des Seinsmutes

Ich versuche ein vereinfachtes Zwischenfazit zu ziehen. Worum geht es also im Kontext dieser verschachtelten Mehr-Ebenen-Diskussion? Es geht um Innovationen in der Gesundheitsversorgung. Das war die triviale Be-

---

bezieht. Kurz, der Mythologe versucht zu rekonstruieren, was Dumézil eine ‚Ideologie' nennt, verstanden als Konzeption und Bewertung der großen Kräfte, die in ihren wechselseitigen Beziehungen, ihrem richtigen Gleichgewicht die Welt – sowohl die Natur wie die Übernatur –, die Menschen und die Gesellschaft beherrschen und sie zu dem machen, was sie sein sollen." (Vernant, 1995, S. 30) Noch deutlicher auf mein Problem der Interpretation der modernen Medizin beziehbar: „Für die Tiefenpsychologie sind jedoch die Themen und Gestalten der Mythologie kein bloßer Wissensstoff. Sie sind lebendige Wirklichkeiten des Menschen und existieren neben oder vielleicht sogar vor ihrer historischen und geographischen Manifestation als psychische *Realität*. Die Tiefenpsychologie wendet sich an die Mythologie, nicht so sehr um etwas über andere Menschen in der Vergangenheit zu erfahren, als um uns selber in der Gegenwart besser zu verstehen." (Hillman, 1995, S. 20) In diesem Sinne inkorpiert (Brinkmann, 1944) der moderne Mensch eine gute Portion Archaik (Hillman, 1995, S. 25): „Wir müssen die archetypischen Substrukturen kennenlernen, die unsere Reaktionen lenken." (ebd., S. 26)

[300] Vgl. Reibnitz/Schnabel/Hurrelmann, 2001; Bömmel, 2003; Heissel, 2002; Jeschke, 1975; Gellner/Wilhelm, 2005.

funddefinition. Jedoch wie üblich für die Wissenschaft: Warum einfach, wenn es kompliziert geht?! Also sind verschiedene Raumdimensionen[301] der sozialen Praxis aufzudecken.

Die Räume des Politischen: Die hier zu entfaltende Analyseperspektive versucht, richtige Fragen zu stellen, gestalterische Notwendigkeiten zu definieren (Raum des Politischen der Regierung und der Verbände[302]), aber auch die Pfade der Veränderung als Organisationsentwicklung managementtheoretisch zu begreifen (Raum des Mikropolitischen). Dabei ist aber eine grundlegende Kritik sozialtechnologischen Managementdenkens festzuhalten (vgl. auch Littmann/Jansen, 2000; Carigiet/Eisenring, 2009): „Das Mißverständnis liegt wohl darin, daß Manager immer noch auf der Suche nach einer ‚Technologie' sind, obwohl die Managementaufgabe nun einmal zu jenen schlecht definierten Problemen gehört, die mit einem (sozial-)technologischen Arbeitsansatz nicht zu lösen sind." (Looss, 2006, S. 19) Stattdessen ist bekannt: „Da sich inzwischen herumgesprochen hat, daß Organisationen keine ‚Trivialmaschinen' sind, sondern lebendige Systeme, die leider auf einen Impuls einmal so und ein anders Mal so reagieren, sind solche Technologien endlich fragwürdig geworden und haben einem komplexeren Verständnis von der Funktion ‚Management' Platz gemacht." (S. 20)

Raum des Moralökonomischen: Der große Umbruch im gesellschaftlichen Hintergrund ist evident: Die Alterung der Gesellschaft (Kruse, A., 2007; Staudinger/Häfner, 2008). Die Alterung der Bevölkerung ist ein in-

---

[301] *„Spatial turn" und Transaktionalismus*: Auf den „Spatial turn" (vgl. auch Döring/Thielmann, 2008) komme ich an geeigneter Stelle noch ausführlicher zurück. Hier (ich hatte ja bereits weiter oben bereits kurz auf Raumtheorien verwiesen) ist zunächst herauszustellen, dass aus meinem Verständnis von Transaktionalismus automatisch die Relevanz des Räumlichen folgt. *Transaktionalismus* meint die Wechselwirkung zwischen Person und Umwelt. Der Mensch steht, das meint also der in der Literatur zentrale und grundlegende Begriff des Transaktionalismus, in einem wechselseitigen Beeinflussungsverhältnis zu seiner Welt, in der er steht, die ihn umgibt (Container-Eigenschaft des Raumes) und in der er sich sinnhaft orientierend bewegt (Raum als erschlossener Aktivitätsradius des handelnden Menschen). Zur Raumtheorie vgl. auch Dünne/Günzel, 2006. Die Aufsatzzusammenstellung bei Döring/Thielmann (2008) dokumentiert in heftigen Debatten zwischen Kulturwissenschaften einerseits und der Humangeographie andererseits aber auch das Spektrum der Haltungen innerhalb der Humangeographie. Vgl. auch Günzel, 2009.

[302] *Regierungslehre oder Politiktheorie*? Ohne hier nun eine Theorie des politischen Systems vorlegen zu müssen. Auf Regierungslehre lässt sich dieses Problem nicht reduzieren. Vertikale und horizontale Politikverflechtungen dürften eine zentrale Rolle spielen. Der Staat dürfte einzuordnen sein in ein multizentrisches Vernetzungsgeschehen von Governance. In der Darstellung der europarechtlichen Diskurse (vgl. weiter unten) wird die Politikarchitektur und das politische Prozessgeschehen eine zentrale Rolle spielen.

ternationales, ja globales[303] Phänomen. Gewiss, es gibt Unterschiede. In manchen Ländern (Frankreich und Skandinavien z.B.) ist die Geburtenrate nicht so niedrig wie in Deutschland und Italien; und die Bevölkerung ist unterschiedlich intensiv in die Erwerbsarbeit integriert.[304] Aber die Alterung ist überall ein ausgeprägtes Phänomen, wird bis zur Mitte des 21. Jahrhunderts ihren Höhepunkt erreichen und eine große strukturelle Herausforderung für Wirtschaft, Gesellschaft, Politik und auch für die Menschen im alltäglichen Umgang (Raum des Moralökonomischen[305]) miteinander darstellen. Mit Moralökonomie[306] meine ich – dem Konzept der „welfare culture" ähnlich (Schulz-Nieswandt, 1992a; ders., 1991a) – ein Spektrum normativer Deutungsmuster, die vorstaatliche Redistributionssysteme und wohlfahrtsstaatliche Zusammenhänge (also unterschiedliche institutionelle Designs) unter dem Aspekt der Anerkennung interpretieren und Erwartungsmuster generieren.

Raum der Versorgungslandschaften: Die versorgungspolitische Ausgangslage wird damit ebenso evident (Raum der lernenden Versorgungslandschaften). Die Gesundheitsversorgung hat zwar ein hohes Niveau. Dennoch sind große Veränderungen notwendig. Dann kann das hohe Niveau – aber in veränderter Gestaltqualität – gehalten werden. Dieser Wandel ist mutig (als Seinsmut des Politischen, um Tillichs personale Kategorie auf Systemakteure zu übertragen) und anspruchsvoll aufzugreifen. Damit ist die Kraft der politischen Macht im Lichte qualitätsbezogenen Gestaltungswillens angesprochen.[307]

Strukturelle Herausforderungen als Veränderungschancen: Das Leitmotiv im vorliegenden Problemkontext ist: Gemeinsam im Verbund der relevanten Akteure und Betroffenen die Herausforderungen gestaltend angehen. Die Alterung (Kruse, A., 2007; Staudinger/Häfner, 2008) wird im Kern diese Herausforderung prägen. Auch dann, wenn dieser soziale Wandel keine übermäßig dramatische (massenmedial vermittelte) Inszenierung nahe legt (zur Verbindung von Theater- und Medienwissenschaft vgl. Kotte, 2005), ist diese Herausforderung überaus ernst zu nehmen.

---

[303] In spezifischer Weise auch ein Thema in der Dritten und Vierten Welt. Vgl. dazu auch die Daten bei Menning, 2008.

[304] Eichhorst u.a., 2008.

[305] In der vorliegenden Arbeit wird dieses Problem später noch im Lichte der Forschungen zur Reziprozität menschlicher Beziehungen und des Sozialkapitals vertiefend erörtert. Dabei fokussiere ich insbesondere auf die Generationenbeziehungen. Vgl. auch Mau, 2002.

[306] Klassisch Polanyi, 1957 sowie Thompson, 1971; neuere Beiträge etwa von Arnold, 2001 sowie Booth 1993 und ders., 1994; ferner Cheal, 1996 und Kohli, 1987.

[307] Die Fülle damit angesprochener politikwissenschaftlicher Fragestellungen bleibt hier außen vor.

Richtig ist: Altsein bedeutet nicht automatisch Kranksein (dazu auch DZA, Destatis & Robert Koch Institut, 2009). Aber ebenso richtig ist: Mit der Alterung geht ein Wandel im Krankheitspanorama der Bevölkerung einher. Der (scheinbare) Widerspruch lässt sich auflösen, wenn der Befund ausgeprägter interindividueller Varianz bedacht wird. Hinzu kommt noch in längsschnittlicher Perspektive eine bemerkenswerte intrapersonale Dynamik im höheren Alter. Es verschiebt sich das Spektrum der Erkrankungen in der Bevölkerung. Zu begreifen sind a) die chronischen Erkrankungen (Menning, S., 2006a), die nicht heilbar sind, aber Rehabilitationsbedarf anzeigen, b) die Einschränkungen im Grad der selbstständigen Lebensführung im Alter und in der Folge auch ausgeprägte Hilfe- und Pflegebedürftigkeiten, c) die psychischen bzw. kognitiven Beeinträchtigungen, Beeinträchtigungen im Hirnleistungsvermögen (vor allem das Demenzproblem: vgl. auch BMFSFJ, 2006a) etc., aber d) insgesamt auch der Rückgang von privaten Bewältigungsressourcen (etwa die sozialen Netzwerke).

Diese Trends und Merkmale sozialer Wirklichkeit werden die Zukunft noch stärker prägen, als es heute der Fall ist. Für die Gesundheitsversorgung bedeutet das einen großen Anpassungsbedarf. Ich lasse jedoch einmal die finanzpolitischen Debatten zur Seite. Vieles hängt sicherlich von den zukünftigen Arbeitsmarkt- und Wachstumsbedingungen der Volkswirtschaften ab. Aber das ist hier nicht das Thema (*Raum der nachhaltigen Ökonomik*).

Die zentrale Herausforderung besteht im notwendigen Umbau der Versorgungslandschaften. Eine tendenziell ältere Bevölkerung braucht/benötigt andere Strukturen und Formen der gesundheitlichen Versorgung. Was gemeint ist, hatte ich bereits definiert: a) Klinische Medizin, Rehabilitation, (aktivierende) Pflege, ergänzende (Kompetenz steigernde) soziale Dienstleistungen müssen enger aufeinander bezogen werden, ja gerade vertieft und überzeugend ineinandergreifen. b) Der Präventionsgedanke[308] erhält an allen Orten des Leistungsgeschehens eine verstärkte Bedeutung. c) Wohnarrangements und die Organisation sozialer Netze werden (mit Blick auf die Förderung selbstständiger Lebensführung) verstärkt eine zentrale Fragestellung bilden.[309]

---

[308] Der Präventionsgedanke bleibt aber auch selbstkritisch zu betrachten. Er verkörpert als Dispositiv und institutionelle Praktik eine quasi-theologische Grammatik von Fehlverhalten, Schaden, Schuld und Bestrafung. Zur Ethnologie und Kulturgeschichte der Strafe vgl. auch Hentig, 1953 sowie ders., 1955.

[309] *Präventionsfunktion der sozialen Selbsthilfe*: Die vielen Beispiele indikationsbezogener, d. h. krankheitsbildzentrierter Selbsthilfeaktivitäten belegen mit Evidenz erneut den Stellenwert dieser Gebilde und Gebildeaktivitäten in der Rehabilitation und in der sekundären und tertiären Prävention. Damit sind die Gebilde nicht nur in einer sequentiellen Versorgungskette quasi „weiter hinten" fest etabliert, son-

Nicht-Trivialität sozialer Systeme: Die Angebotslandschaft muss sich also an eine demografisch grundlegend veränderte Nachfragelandschaft anpassen. Die zwei Seiten müssen zueinanderpassen. Das klingt nicht nur plausibel, sondern einfach. Wie ein Marktgeschehen im Wandel. Aber real sind die Dinge nicht so einfach gestrickt. Die Forschung, aber (sonst wäre die Forschung auch schlecht) im Grunde auch die berufliche Erfahrung vieler Akteure im Gesundheitswesen (also die Praxis) zeigen nämlich: Es handelt sich um keine triviale Angelegenheit. Soziale Systeme sind keine einfach gestrickten Maschinen.

Trivial wäre es, wenn das zu gestaltende System wie eine einfache Maschine funktionieren würde: Man steckt auf der Eingangsseite der Maschine einen Input rein und erhält auf der Ausgangsseite der Maschine den gewünschten Output – unverzerrt, ohne Verlust, zielgerecht. Wie ein Getränkeautomat. Doch so funktionieren komplexe soziale Systeme nicht. Die inneren Apparate der „Maschine" absorbieren (zur Absorptive capacity vgl. auch Cohen/Levinthal, 1990) und verarbeiten die Inputs („throug-puts"), können blockieren, korrigieren die Programme und verändern die Wirkrichtung. Was dann raus kommt, kann u. U. allen Erwartungen der Input-Geber widersprechen.[310]

---

dern auch funktional. Für die Darlegungen der Funktionen der Bewältigung, für die Stabilisierung von medizinischen Interventionsergebnissen, für die Verhinderung oder Verzögerung von eintretenden Hilfe- und Pflegebedürftigkeit oder für das Entstehen von Behinderungen (vgl. auch § 53 Abs. 3 Satz 2 SGB XII) bzw. auch für die Begrenzung der Tiefe und Komplexität dieser funktionellen Beeinträchtigungen fehlt es nicht an Evidenz. In diesem Lichte ist die Aufnahme der Selbsthilfeförderung in den Leistungskatalog einerseits eine kulturelle Revolution im deutschen Krankenversorgungsindustrie-Sozialrecht, andererseits heute wegen dieser Evidenz höchst plausibel. Diese Wirkungseinschätzung resultiert aus dem Zusammenspiel verschiedener wissenschaftlicher Blickwinkel: Soziale Selbsthilfe wirkt rehabilitativ und präventiv in Form der Arbeitsweise der Gegenseitigkeitshilfe. Volkswirtschaftlich dürfte eine Investition in die Selbsthilfeförderung daher auch kosteneffektiv sein. Strittiger bleibt die Frage der primärpräventiven Funktion der Selbsthilfe. Es könnte hier aber auch die These gewagt werden: Gerade durch die Aufnahme der Selbsthilfeorganisationen in die politische Arena (sowohl in der Selbstverwaltung als auch im ministeriellen politischen System) kommt der politisch organisierten Selbsthilfe eine agendasetzende Mitspieler-Rolle zu. Damit stärkt die Selbsthilfebewegung den Diskurs über die Transformation der medizinisch-technisch dominierten Krankenversorgungsindustrie zu einer Gesundheitspolitik (Position von Christian von Ferber: Ferber, 1971). Die verhaltens- wie verhältnisbezogenen Dimensionen der allgemeinen Entwicklung gesundheitsfördernder Lebenswelten, Arbeitswelten, aber auch der personalen Praktiken der konkreten Menschen werden somit in ihrer Aufgreifrelevanz in der Gesellschaftspolitik gestärkt. Genau hier entzünden sich jedoch auch Kontroversen über die Finanzierungsverantwortung der Akteure im Kontext eines Diskurses über Prävention (und somit auch der Selbsthilfeförderung) als eine gesamtgesellschaftliche Aufgabe.

Veränderung muss moderiert werden. Organisationen können sich bewegen und für Veränderung offen sein. Aber die Unsicherheit, ob man sich mit der Bewegung auch verbessert, scheint ausgeprägt zu sein: Der Ausgang ist ungewiss. Die oftmalige Schlussfolgerung lautet daher: keine Experimente! Veränderungen bergen oftmals Verluste, nicht unbedingt nur Gewinne. Die bange Frage lautet: Gewinne für wen? Was für „Gewinne"? Verändert sich nur das Nutzenniveau oder ergeben sich auch neue Definitionen, Konstruktionen und Verständnisse von Nutzen? Wie nützlich ist das Nützliche? Und weiter: Kann man der Veränderung trauen? Ist die Politik ehrlich? Oder verbirgt sich hinter der Maskerade doch nur strategisches Verhalten? Ist die Information über die ganze Problematik hinweg transparent und fair verteilt?

Vertrauen und teleologische Vergewisserung: Veränderung ist also nicht trivial (Schulz, 2006). Wurde bereits die globale gesellschaftliche Notwendigkeit einer Veränderung, einer Anpassung des Systems der gesundheitlichen Versorgung deutlich, so reicht nunmehr diese Position der guten globalen Gründe (Ebene der Rechtfertigung) nicht aus. Wer sich bewegen, richtig verändern soll, muss überzeugt werden: Er braucht Vertrauen in den Prozess der Veränderung, er braucht Vertrauen in die Richtigkeit der Richtung der Veränderung, er muss überzeugt sein von den Zielmarken.

Offensichtlich besteht eine tiefe Angst vor Veränderungen? Muss der Aufruf zur Veränderung immer als narzisstische Kränkung verstanden werden? Notwendig scheint dann jedoch mehr Zukunftsvertrauen zu sein. Dies ist ein grundlegender anthropologischer, in der Perspektive von Heidegger ein ontologischer Befund: „Der Zukunft kommt das Primat in der Analyse der Zeitlichkeit zu" (Heidegger, 2001, S. 329). Dann gilt aber auch (selbst für Arkadien: Lévi-Strauss, 2004a, S. 24): „Die Sorge ist Sein zum Tode." (Heidegger, 2001, S. 329)[311] Deshalb muss eine „vorlaufende Entschlossen-

---

[310] *Wissenschaftstheorie der Kausalität*: Wissenschaftstheoretisch und methodologisch gesehen (Kelle, 2007, S. 187 f.) kann das bedeuten, dass die Theorien unvollständig sind, also die Kausalerklärungen um weitere angereichert werden müssen, oder das schlicht eine Willensfreiheit der Akteure vorausgesetzt wird, die dazu führt, dass sich Menschen dem sozialen Erwartungsdruck der „Logik der Handlungssituation" entziehen (können). Beides macht sich an der „unerklärten Varianz" und an den Fehlertermen methodisch fest. Doch das bleibt unbefriedigend, mehr noch die Annahme von Zufälligkeiten. Theoriefortschritt bedeutet eine epistemologische Perspektive. Ontologisch würde argumentiert, wenn bestritten wird, dass man soziale Wirklichkeit überhaupt (jemals) vollständig erklären könnte. Nach meiner Ansicht ist eine synthetische Lösung sinnvoll: Es ist ontologisch begründet, dass die Kreativität der Akteure im Kontext sozialer Wirkzusammenhänge epistemologisch modellierbare Varianzen produziert. Diese Kreativität wäre dann Teil einer Theorie (zumindest einer theoretischen Heuristik) generativer Prozesse.

[311] Vgl. auch, mit komparativem Blick auf Foucault: Forst, 1990.

heit" (ebd., S. 329) dazu führen, dass der Mensch das Heft in die Hand nimmt (vgl. auch Langlitz, 2005, S. 57 f.). Anders als im Fall des depressiven Menschen muss vertrauensvoll in die Zukunft geschaut werden. Jede Veränderung ist jedoch oftmals zutiefst Angst-besetzt. Die Zukunft scheint unklar. Und der Ursprung dieser Haltung liegt im Tod: „Das Sterben muß jedes Dasein jeweilig selbst auf sich nehmen. Der Tod ist, sofern er ‚ist', wesensmäßig je der meine." (Heidegger, 2001, S. 240; vgl. auch Sternberger, 1981, S. 78 sowie S. 83)

Vielfach ist jedoch, wie bereits angedeutet, eine Veränderung auch mit einer Kränkung der Akteure verbunden: Bislang Wert-geschätzte Strukturen, Einrichtungen, Denk- und Arbeitswesen sollen aufgegeben werden? War die bisherige Praxis nicht gut? Warum trifft der Umbau mich, und nicht die anderen (das sog. St. Florians-Prinzip)? Die eigene, personale Identitätskonzeption kann betroffen sein.

Die Notwendigkeit des Wandels ist also nur die eine Seite der Problematik. Relevant ist im Lichte der dramatischen Aspekte auch eine andere Seite: Wie sichert man die Mitwirkung der Betroffenen (Partizipationsmanagement[312])? Wie steuert man den Übergang in neue Strukturen (Passagen-Management)?

Veränderung auf Vielfalt und Differenzierung hin: Die Gesellschaft und die Politik[313] werden sich dieses Problems immer mehr bewusst: Die Politik kann durch eine angemessene Reformgesetzgebung Partner einer Veränderungsbewegung sein. Sie will anschieben und ermöglichen, moderieren und kooperieren.[314] Sie kann aber nicht selbst den Raum besetzen. Sie[315] will den Wettbewerb und damit die Vielfalt steigern.

Ein Mehr an Integrationsversorgung ist also notwendig, aber kein triviales Projekt. U.E. führt der demografische Wandel zur Notwendigkeit eines weitgehenden altersgerechten Umbaus der Versorgungslandschaften. Neue Betriebsformen, vor allem mehr vernetzte Strukturen werden von einer Bevölkerung benötigt, die älter wird. Der Umbau zu integrierter Versorgung fällt jedoch nicht einfach aus. Wenn der Patient, der angesichts komplexer Bedarfslagen[316] integrierte Leistungen bedarf, vor allem unbrüchige Pfade

---

[312] Zusammenhänge mit dem Human Ressource Management (Ulrich, 1999) sollen hier nicht expliziert werden. Vgl. jedoch Ridder/Bruns/Neumann, 2004. Vgl. ferner den Beitrag von Lepak/Snell, 1999.

[313] An dieser Stelle wiederholt sich die Frage nach einer angemessenen Theorie des politischen Systems, die nicht nur staatszentriert ist.

[314] Neo-liberale Engführungen des „Enabling state" werden hier jedoch nicht vertreten.

[315] Dabei verweist der implizite Bedarf an Gestaltung auf die Komplexität des Gewährleistungsstaates. Dazu später wesentlich mehr.

über Sektoren, Einrichtungen und Dienstleistungsarten erfordert, so stellen sich[317] Aufgaben der Zusammenarbeit, des Zusammenwirkens, des Ineinandergreifens ein: Wie kommen verschiedene Kostenträger zusammen? Wie arbeiten die Sektoren zusammen? Wie kooperieren ambulante, teilstationäre und stationäre Einrichtungen innerhalb der Sektoren und zwischen den Sektoren? Wie kooperieren verschiedene Professionen? Wie werden Angehörige und Netzwerke integriert? Wird die Versorgung wohnortnah geleistet? Ist die Hilfe paternalistisch ausgerichtet? Oder gestaltet sich die Dienstleistungsbeziehung modern, im gegenseitigen Respekt? Wird die Selbstständigkeit des Patienten[318] gefördert und gestärkt? Laufen Medizin und Pflege als dialogische Kultur der Kommunikation ab? Hat das Management zugleich die Arbeitsbedingungen der verschiedenen Professionen mit im Blick?

Objektiver Bedarf und soziale Fantasie: Hier setzen die Projekte der Integrationsversorgung an. Die sinnvollsten Projekte würden sich durch herausragende Charakteristika auszeichnen, etwa durch einen pflegezentrierten Ansatz, der die Begleitung der kranken Menschen und die Vermittlung von Selbstmanagementkompetenz zum Ziel hat (etwa für an Demenz erkrankte und ihre Angehörigen). Andere Projekte würden sich durch die Betonung eines professionellen Schnittstellenmanagements auszeichnen und begleiten so die Versorgung chronisch kranker Menschen. Weitere Projekte müssten sich abarbeiten an der Überwindung sektoraler Grenzen.

Die konzeptionelle Qualität der Projekte muss sich aber auch im internationalen Vergleich sehen lassen.

Engagement und Wahrhaftigkeit. Mut angesichts der Endlichkeit und des Todes: Ein tiefer Ernst, von dem das Engagement geprägt sein muss, ist dabei wesentlich. Die Politik muss sich hierbei auf eine Strategie des „langen Atems" verständigen und einlassen. Kurzum: Politik braucht Mut! Mut wird hier durchaus als eine theoretische Kategorie eingeführt. Später wird noch zu diskutieren sein, wie Tillichs (Art. „Tillich, Paul" in TRE, Bd. 33, S. 553 ff.; vgl. Schüßler, 1997 und ders., 1999; Wehr, 1987 und ders., 1998; Wenz, 1979 und ders., 2000) „Mut zum Sein", getragen vom Prinzip der Liebe (als Modus des sozialen Mitseins, wie es bei Scheler[319] und Binswanger formuliert wird), eine Antwort auf Heideggers Analyse des Daseins

---

[316] Stellt man sich eine Mischung aus chronischer Erkrankung, Pflegebedürftigkeit und Behinderung sowie psychosozialen Defiziten vor. Diese diagnostische Objektbereichsbestimmung durchzieht die ganze vorliegende Arbeit. Erst in diesem Lichte wird die Integrationsversorgung als Thema höchst relevant.

[317] Vielleicht in Deutschland mehr noch als in der europäischen Nachbarschaft.

[318] Zur Typologie von Patientenmündigkeit vgl. auch Dietz, 2006.

[319] Zum Prinzip der Liebe bei Scheler vgl. auch Ng, 2008. Dort wird vor allem die christliche Gebundenheit des Prinzips bei Scheler herausgestellt.

V. Ein Zwischenfazit I

als Sorge ist (vgl. grundlegend dazu: Schmidt, M., 2005; vgl. auch Sternberger [1981, S. 136 ff.] diesbezüglich zu Löwith: 1897–1973 und – mit Bezug auf die Kommunikation [Mattheus, 1984, S. 323] – Jaspers: 1887–1969)[320]. Denn (vgl. auch Schulz-Nieswandt, 2009)[321] Tillich (auch angesichts seiner Position des religiösen Sozialismus [Schüßler/Sturm, 2007, S. 95 ff.; Schulz[-Nieswandt], 1991[322]] sowie Bezug nehmend auf die Form-Inhalts-Metaphysik in Schulz-Nieswandt, 2006c; vgl. auch Halme, 2003) ist in meinem Kontext (vgl. zur Ideenentwicklung des 20. Jahrhunderts im Schnittbereich zwischen Theologie und Philosophie: Hummel, 1989) gerade so zu lesen, dass der Seinsmut die Grundlage der sinnorien-

---

[320] *Position von Alfred Adler*: Hier nun wird auf die Individualpsychologie von Alfred Adler (vgl. auch Rattner, 1990; Bruder-Bezzel, 1999; sehr gewinnend die Darstellung von Rattner/Danzer, 2007) verwiesen: Dort ist Mut eine grundlegende Kategorie, die der Mensch braucht, um seine Entwicklungsaufgaben erfolgreich zu bewältigen. Diese Individualpsychologie ist, wie Adler in seinem Hauptwerk „Über den nervösen Charakter" (Adler, 1973, S. 279) schreibt, an sich eine „Positionspsychologie", denn es geht hinsichtlich der gesunden, gelingenden Individualentwicklung um Selbstbehauptung in der Anerkennung des Anderen, um eine charakterliche Bewältigung der eigenen Individuationsentwicklung in der sozialen Konstellation. Voraussetzung ist also die Ausbildung eines Gemeinschaftsgefühls. Man kann diese Perspektive durchaus auf die gestellte Problematik übertragen: Integrationsversorgung gelingt dort, wo sich die Akteure haltungsabhängig aufeinander zu bewegen, sich bereitwillig interperspektivisch verschränken, sich kooperativ auf die Bildung neuer sozialer Gebilde einlassen. Das ist Mut: Selbstbehauptung in der Offenheit gegenüber dem Anderen, um gemeinsam Wege der miteinanderartigen Selbstentfaltung zu finden. Adlers Schüler Manés Sperber (1981, S. 9): „Nach wie vor denke ich (…), daß die unvermeidliche Vergesellschaftung ebenso sicher des Menschen Schicksal ist wie der Tod, der ihm ein Ende bereitet. Sein Körper macht ihn einzig, sein Ich-Bewußtsein vereinzelt ihn, aber das Ich setzt das Wir voraus. Nur dank seiner Bezogenheit auf andere erlangt der Mensch die Einheit und Ganzheit als Individuum – dank der Bezogenheit auf jene, die vor ihm da waren, auf alle, die mit ihm die Gegenwart teilen, und schließlich auf jene, die ihn überleben werden." Insgesamt ist die Adlersche Botschaft von Mackenthun (2000, S. 1) schön ausformuliert worden: „Aus dem Bild vom Menschen als einem selbstunsicheren Individuum, das um Stabilität und Anerkennung ringt, leitet sich eine Therapie ab, die auf Ermutigung angelegt ist und darauf, ein solidarischer Mitmensch und Mitspieler im Leben zu werden. Individualpsychologie ist damit mehr als eine Lehre vom ‚nervösen Menschen', nämlich eine ‚psychologische Anthropologie'. Durch eine bedeutende Steigerung des Gemeinschaftsgefühls und des persönlichen Mutes und durch das Aufdecken persönlicher Macht- und Aggressionsgelüste ist die Arbeit der Individualpsychologie in hohem Maße Neurosenprophylaxe auf der Basis einer Lebensphilosophie mit ethischen Komponenten und einer sozialen Orientierung."

[321] Vgl. dazu – also zum „Mut zum Sein" – ergänzend und vertiefend die Abhandlung von Tillich (1991a) zu „Liebe – Macht – Gerechtigkeit". Tillich analysiert diese Kategorien, interdependent, als ontologische Kategorien.

[322] Zu dem Tillich-Kreis gehörte auch Eduard Heimann. Zu diesem ausführlicher in Kruse, 1994. Dort sind auch die einschlägigen Vorarbeiten von U. Heyer und S. Katterle angeführt. Vgl. auch Pfeiffer, 1976, S. 357 ff. zum „Berliner Kreis".

tierten (Art. „Sinn/Sinnfrage" in TRE, Bd. 31, S. 285 ff.) Aneignung von Wirklichkeit und damit Steigerung des menschlichen Daseins zum personalen Dasein in der Wirklichkeit ist. Es geht nicht um Leiden als Hinnahme und somit Selbstaufgabe; es geht nicht um die (mitunter kirchenkatholische) Forderung, den Menschen nicht den Schmerz zu nehmen. Aber der Mensch muss den Schmerz als normale Eigenschaft des vielgestaltigen menschlichen Leibdaseins erkennen können. Hier teile ich die Philosophie der Figuren bei Kafka (1883–1924), die die Sehnsucht nach Sinngebung und Sinnerfüllung in einer absurd empfundenen Welt – hier des Leidens – verkörpern (Münster, 2004, S. 155). Über die Krankheit kann der Mensch sich selbst nochmals und nochmals tiefer entdecken, sich aus der Entfremdung (vgl. dazu auch die Formulierung bei Heidegger, 2001, S. 254 f.[323]) lösen und zur Reife (vgl. auch Schmitz, 2005, Bd. IV, S. 307 ff.) als Verständnis seiner Endlichkeit kommen. Der Tod kann nicht überwunden werden: „Vergänglichkeit, Krankheit, Altwerden gehören zur Geschöpflichkeit, zum Menschensein dazu." (Janssen, 2008, S. 11)

Hier verstehe ich mich in Übereinstimmung zu Blochs Kommentar zur Hegelschen Phänomenologie, wenn er den Satz kommentiert: „Erkenne dich selbst" (Bloch, E., 1977a, S. 32 und 32 ff.). Und daher stellt Luscher (2008, S. 21) in ihrer Studie zum Symbolbegriff bei Tillich heraus: „Besonders die Analyse der menschlichen Existenz unter den Bedingungen der Endlichkeit führt zu dieser Frage." In der Korrelation von Gott (axiomatisiert als Sein-Selbst) und menschlicher (sozialer, kultureller und geschichtlicher Wirklichkeit) kommt das Grundthema zum Ausdruck (vgl. auch Anzenberger, 1987). Der Tod kann nur seinsbezogen und damit selbsterkennend verstanden werden. Und damit lege ich Tillich wie Heidegger (dazu auch Markun, 1990, S. 69) existenzialontologisch und anthropologisch auf den individuellen Lebenslauf hin aus: auf das Gelingen als Modalität in der Temporalität, damit auch an Bergson (2005)[324] anschließend (dazu auch Spateneder, 2007), der die kalendarische Zeit als qualitative Erlebniszeit hin problematisierte.[325] Das drückt Gadamers Verborgenheit der Gesundheit

---

[323] Messianisch ist dies auch bei Bloch, in seiner Ontologie des Noch-Nicht-Sein, verborgen. Vgl. auch Markun, 1990, S. 67.

[324] Zum Verhältnis von Simmel, zu dessen Gesellungs-Soziologie (durchaus auch in Analogien zu Elias) ich oftmals neige, zu Bergson vgl. auch Fitzi, 2002.

[325] *Sein und Zeitgefühl bei v. Gebsattel:* Die Frage nach einem nicht-gestörten Verständnis zur Zeit als ein personales Werden und Handeln thematisiert die philosophische Anthropologie von von Gebsattel (vgl. dazu Otte, 1996). Da personales Sein immer eingebettet ist in soziale Gemeinschaft, ist die gelingende Beziehung zur Zeit ein Gelingen von Individualität und Sozialität in der Geschichte. Die Problematik ist psychopathologisch relevant: Ist das Zeiterleben gestört, findet eine Hemmung des personalen Werdens statt. Damit ist die Sicht nahe an Frankls noogenen Krisen: „Die Geschichtlichkeit der menschlichen Person verlangt eine persön-

als Verständnisfolie des ganzen Problems aus; und das tiefere Begreifen und Erleben ist das, was Teil von Jaspers „Existenzerhellung" ist: Selbstwerdung des Menschen im Prozess des Begreifens der eigenen Existenz als sinnhafte, gerade auch mit Blick auf Grenzsituationen (vgl. Fintz [2006] im Kontext von Frankls Werk; ähnlich Schüßler, 2004).

Und dabei geht es hier nicht darum, die moderne Medizin schlicht zu beschränken. Doch muss ihre Krankheitsbehandlung noch verstehender und ein Verstehen ermöglichender Teil eines Existenzerhellung für den Menschen sein – oder besser – erst werden.

Das Problem des Leidens: Diese Sicht auf das Leiden ist ein spezifisches Thema innerhalb der existenzphilosophischen Haltung insgesamt. Damit korreliert zutiefst ein pädagogisches Problem: Wie ist angesichts der Angst in der Existenz diese auf der Grundlage eines Gefühls des Geborgenseins durch einen Lebensuntergrund möglich (vgl. Koerrenz [2004, S. 35] aus der Perspektive von Bollnow[326])? Im Gegensatz zur Abwehr aller Subjektivität in der Offenbarungslehre bei Barth (Grube, 2005, S. 79), fundiert sich der Übergang von der philosophischen zur theologischen Anthropologie bei Tillich gerade in der Rolle, die dem Menschen in der Findung des Lebensuntergrunds zukommt.[327] Dies zeigt sich auch in der Rolle der Sprache bei der Überschreitung des endlichen Seins: Dies zu fassen gelingt nur innerhalb der Sprache, die zum endlichen, menschlichen Sein gehört, jedoch nun symbolisch wird (Schüßler, 2006, S. 152; zu Jaspers vgl. Schüßler, 1995). Eine Alternative wäre zu bestimmen: die Metapher als Fundament der religiösen Sprache (Hartl, 2008, S. 145 ff., der in seiner ansonsten ansprechenden Studie erschreckender Weise ohne jeden Bezug zur Symboltheorie Tillichs und zur Chiffrentheorie Jaspers auskommt; stattdessen jetzt gründlich: Luscher, 2008).

Das ganze Thema der modernen Medizin muss sich demnach an dem Leiden des Menschen festmachen. Den Weg in innovative Formen integrier-

---

liche Stellungnahme zur eigenen Lebensgeschichte durch Beziehungen in der Zeit, Gerichtetheit aus der Zeit und gestaltetem Leben der Zeitdimensionen, die im Falle von krankhaften oder willentlich herbeigeführten Störungen der Zeiterfahrung und des Zeitgeschehens, gehemmt, versperrt oder gar zerstört werden." (Otte, 1996, S. 212) Damit bleibt die menschliche Persönlichkeit während des gesamten Lebenslaufes eine „Werde-Wirklichkeit".

[326] Dazu auch die Studie von Kaminski (2003), auch mit Bezügen zu Marcel.

[327] Bei Erhart Kästner (1975, S. 254) richtet sich eine solche Offenbarung ebenso gegen die neuzeitliche Epistemologie, ist aber keine kirchliche Religiosität und nennt auch keinen Gott: „Aber das Welt-Wunderbare wird durch Leicht-Erreichbarkeit nicht, wie man dachte, erhöht, angebaut wird es. Das ist eine Wahrheit, welche die Neuzeit in den Kern und an die Substanz geht; deswegen wird sie unterdrückt, weggelogen."

ter Versorgung zu beschreiben, zeugt dann von Mut, denn es geht um eine andere Anthropologie, die betriebsmorphologisch gelebt werden muss. Eben dann liegt ein ehrliches und tiefes Interesse an der Weiterentwicklung der Gesundheitsversorgung vor.

Wer die Integrationsmedizin tief, also Seins-mutig denkt, transportiert ein neu akzentuiertes Menschenbild in die Praxis. Es ist eine Medizin, die den Menschen in seiner Endlichkeit begleitet, ohne dem falschen Mythos der Überwindung des Todes zu huldigen. Das anthropologische Korrelat ist die Bewusstwerdung des Menschen von der Notwendigkeit der Sinn- und Aufgabenorientierung im Lebenslauf und das Sichstellen der Endlichkeit[328]: „Glücklich ist derjenige, welcher sein Dasein seinem besonderen Charakter, Wollen und Willkür angemessen hat und so in seinem Dasein sich selbst genießt." (Hegel, 1975, S. 79 in seiner Einleitung zur „Philosophie der Geschichte") Auch bei Max Müller (vgl. Köck, 2008, S. 109) wird das Leben erst durch die Tatsache der Endlichkeit sinnbedürftig.

Zurück zur Organisationsentwicklung. Offenheit ist sicherlich sehr gefragt! Die Umsetzung der Projekte muss begleitet sein von einer die Zustimmung und die Mitarbeit erzeugenden Kommunikationspolitik. Theoriefundierter Referenzrahmen ist hierbei ein „Stakeholder"-Denken (Bender, 2007). Anzupeilen sind (paretianische oder [als Teilmenge] rawlsianische) Win-Win-Situationen.[329]

Notwendig bleibt aber, ich wiederhole mich zu pädagogischen Zwecken, auch – das ist zentral – eine „kulturelle Arbeit der Akteure an sich selbst". Diese phänomenologische Dimension ist innerhalb der Pareto-Welt der Effizienzökonomie gar nicht darstellbar. Das war noch anders, als Ökonomik Teil der Philosophie war, also in aristotelischer Tradition, gebrochen andeutungsweise sogar noch bei Adam Smith im Kontext schottischer Aufklärungs- und Moralphilosophie. Denn ökonomisches Handeln, wenn es zugleich moralisch reflektiert wird, bindet den Akteur zurück zu den abgeforderten Tugenden im Interaktionszusammenhang mit anderen Menschen. Insofern ist Ethik eingebunden in die angewandte philosophische Anthropologie des *homo relationis* oder *homo figurationis*. Wird heute der Bürger als *homo politicus* moderner demokratischer Polykratie definiert, so ist die Differenz zum *zoon politikon* radikal, denn dieser war Teil eines zutiefst

---

[328] Die Endlichkeit bedingt die Bedingtheit des Lebensvollzuges, wobei das Selbst zum Selbst bewusst erst wird, sich also konstituiert, wenn im unterscheidenden Bezug zum anerkannten Anderen über diese Differenz die Einheit des Selbst erarbeitet wird. Dazu Danz, 2000, S. 414. Diese Strukturen der Konstitution der Person sind das Thema von Religion und Theologie.

[329] Zum Konzept von „Co-opetition" (im Gesundheitswesen) vgl. auch Heinzen, 2002, S. 259 ff.; vgl. dazu auch Nalebuff/Brandenburger, 2007.

kulturellen (und kult-religiösen) *polis*-Kontextes, eingelassen in Dialogik und Rhetorik. Der moderne Wandel unseres Gesundheitswesens, um nun an dieser allgemeinen anthropologischen Sichtung wieder anzuschließen, bedarf spezifische Tugenden der reifen personalen Autonomie: die Fähigkeit zur Selbstbehauptung im kooperativen Kontext mit anderen Personen. Soll der Wandel in Gang kommen und soll er in einem Klima von Akzeptanz und Mitwirkung getragen werden, so müssen die verschiedenen „Stakeholder" ins Boot geholt werden. Der Wandel wird zu einer Frage gelingender Kommunikation.[330] Dieser Satz sollte gerahmt, unterstrichen, farbig gekennzeichnet werden.

Anreize und Humanvermögen: Rechtliche Rahmenbedingungen müssen ausgelotet werden; die ökonomischen Anreize müssen stimmen (so auch die zentrale Aussage bei Walser, 2007). Die Ökonomie empfiehlt die Erzielung sog. „Win-Win-Situationen".[331]

Dazu sind aber komplexere Aspekte einzubringen. Die Genese dieser Projekte ist voraussetzungsvoll und betrifft die investiven Kapitalien, die hier das Feld (Noack, 2007, S. 57) prägen:

a) *Vertrauenskapital* muss generiert werden. Dies reduziert Transaktionskosten und mindert die Startschwellenwerte für institutionenevolutorische Entwicklungen (vgl. auch Fritz, 2005).[332]

---

[330] Zur Entwicklungsproblematik integrierter Versorgung zwischen Macht und Vertrauen, Präferenzen und Effizienzerfordernissen, Kooperationserfordernissen und Opportunismusproblemen etc. vgl. auch Böcken u.a., 2007, S. 153.

[331] *Identität in der Spieltheorie*: Das ist paretianisch bestechend. Aber die spieltheoretische Modellierung verkennt die identitäts- und alteritätstheoretische Problematik. Es können nicht gegebene Nutzenfunktionen (gemeinsam) optimiert werden; vielmehr steht eine „Arbeit" an der eigenen professionskulturellen, z.T. grundsätzlich anthropologisch orientierten Identität an. Das ist ein anderes epistemisches Programm, als es die übliche Ökonomie kennt. Hinzu kommt noch das bei Goethe thematisierte Phänomen der zwei Seelen in einer Brust (vgl. auch Mann [1995, S. 127] mit Bezug auf André Gide). Es geht demnach um die intrapersonale Verfolgung mehrerer identitätsrelevanter Ziele, die sich widersprechen können. Ein ähnliches Modell mit Bezug auf Selbstinteresse und Altruismus (mit Rückgriff auf Margolis [1982]) in Schulz-Nieswandt, 1992a, S. 87 ff. Entsprechend lautet es in Faust I, Vers 1112–1117: „Zwei Seelen wohnen, ach! In meiner Brust, Die eine will sich von der andern trennen; Die eine hält, in derber Liebeslust, Sich an die Welt mit klammernden Organen; Die andere hebt gewaltsam sich von Dust Zu den Gefilden hoher Ahnen."

[332] *Ökonomische Theorie der Gebilde-Evolution*: Vgl. die Dissertation von Hartweg, 2007 sowie ders., 2007a. Die Integrationsversorgung gemäß § 140a–d SGB V hat eine gewisse Entwicklungsdynamik angenommen. Das diesbezügliche Schrifttum ist entsprechend angewachsen. Beide Trends, in der Praxis wie im Schrifttum, haben aber eine Gemeinsamkeit: Die praktische Entwicklungsdynamik ist weitgehend theorielos auf den Begriff gebracht und die entsprechenden Publikationen

b) Aber darüber hinaus müssen die betroffenen Akteure auch eine offene Haltung entwickeln (Schulz, 2006): Zur gelingenden Kommunikation gehört eine allseitig hinreichend ausgebildete kommunikative Kompetenz[333]. Die Akteure müssen sich in die Rolle der jeweils anderen Akteure versetzen können, Perspektiven müssen wechselseitig einnehmbar sein (*kulturelles Humankapital*).

c) Aber es ist nicht nur diese fachliche Expertise (kulturelles Humankapital) gefragt; gefragt ist auch *Sozialkapital*: die Netzwerkfähigkeit, die verknüpft ist mit der soeben angesprochenen kommunikationsgetragenen Kooperationskompetenz, der Bereitschaft, sich in die Lage der anderen zu versetzen.[334]

---

folgen zu einem erheblichen Teil dieser konstatierbaren Theorielosigkeit. Dieser Defizitbefund gilt nicht unbedingt für die Diskussion zur Notwendigkeit eines unternehmensmorphologischen Wandels, insbesondere, wenn die korrelierten epidemiologischen und soziodemografischen Transitionen beachtet werden. Auch wird innerhalb der Versorgungsforschung deutlich herausgearbeitet, welche Relevanz die transsektorale Integrationsversorgung angesichts der kurzen Verweildauer im stationären Bereich infolge der DRG-Finanzierung hat. Doch sind dies alles funktionalistische Analysen. Der implizite Funktionalismus ist aber nicht nur wissenschaftstheoretisch umstritten. Er hat gegenstandslogisch eine begrenzte Reichweite: Er schließt alle Erkenntnisinteressen und daraus ableitbare Fragen komplexer Art aus, die sich mit der sozialen Evolution von Strukturen und der systemischen Organisationsentwicklung zur Überwindung dieser Problembestände in dynamischer Perspektive beschäftigen. Doch geht es in relevanter Weise gerade um die Frage, wie Integrationsmedizin entsteht (z.B. betriebswirtschaftlich gesehen als Gründungsmanagement) und wie sie sich nachhaltig implementiert. Die Arbeit bietet hier Antwortperspektiven, indem nicht nur auf zentrale Aspekte der Neuen Institutionenökonomie zurückgegriffen wird, sondern auch auf die (in der Betriebswirtschaftslehre) noch kaum rezipierte Evolutionsökonomie (die vornehmlich in der Volkswirtschaftslehre diskutiert, wenn auch nach wie vor marginalisiert wird). Da sich das Gesundheitswesen als ein Feld sozial normierter und kulturell geprägter Akteure vor dem Hintergrund einer sozialen Grammatik professioneller Handlungslogiken schwer tut mit Organisationsentwicklung und der Entwicklung „lernender Versorgungslandschaften", ist die Analyse von Hartweg hoch relevant, um die anstehenden Veränderungsprozesse tiefgreifender zu verstehen, als es bislang in der Literatur der Fall ist. Die Arbeit von Hartweg (2007) ist eine Theoriearbeit, die zur forschungskonzeptionellen Fortentwicklung der Integrationsforschung innovativ beiträgt. Sie ist im Lichte der konkret-empirischen Institutionenlandschaft Deutschlands gerade für die Abschätzung der weiteren Chancen, aber auch Blockaden aussagekräftig. Insgesamt handelt es sich um einen ertragsreichen Beitrag für die fachliche Diskussion mit reformpolitikanalytischer Relevanz.

[333] Diese Forderung richtet sich nicht nur an die Medizin oder an die Pflege. Diese Herausforderung gilt auch für andere relevante Berufsgruppen, z.B. für die Physiotherapie: vgl. Stachowski, 2007.

[334] *Engführungen der Sozialkapital-Theorien*: Von Sozialkapital zu sprechen bedeutet, den Akzent von Anfang an auf die Charakterkonstruktion einer rationalen Investition in die Netzwerkbildung und -pflege zu legen. Menschen investieren in

d) Eine gemeinsame Vision muss sich herauskristallisieren (*Ideenkapital*). Das Feld (Noack 2007, S. 57) ist zwar voller Interessen, sicherlich auch ausgeprägt materieller Interessen. Denn der Preis der Veränderung kann hoch sein. Die Auslotung und positive Besetzung von Win-Win-Flächen kann, wie bereits konstatiert, daher überaus hilfreich sein. Die ökonomischen Anreize müssen entsprechend gesetzt sein. Aber in psychologischer Hinsicht muss die Organisationentwicklung auch als Kulturwandel gesteuert werden: Akteure müssen ihr bisheriges Selbstverständnis lockern, an der eigenen Identität muss gearbeitet werden (Schulz, 2006). Ideen müssen entwickelt werden, Interessen entsprechend gebahnt werden. Die Entwicklung soll Gewinner, nicht Verlierer generieren. Diese kulturelle Frage- und Analysedimension ist logisch sowohl vor- wie nach-paretianisch. Es geht um Identitäts-Definition als soziale Konstruktionsleistung, bevor überhaupt, als Mechanismus, knappe Ressourcen optimal auf diese Identität hin alloziert werden können.

Aber man kann sich nicht verändern, indem man in der alten Verfassung der Zustände verbleibt. Diesen Ruck müssen sich die Akteure geben, sie müssen kulturell zu einem Sprung bereit sein. Dieser Entwicklungs-Sprung macht die Relevanz einer statischen Ökonomie der Effizienz zumindest temporal unmöglich. Ohne Referenzsystem kann nicht optimal realloziiert werden. Der hier anstehende Wandel bezieht sich jedoch auf die Problematik einer Referenz-Definition. Dezentriert man diese Referenz aus dem imperialen Perspektiven-Anspruch der Ökonomie, dann stellt diese Referenz das „lebendige Leben" selbst dar. Es ist die Kommunikation der Menschen, deren kognitiv-motorischen Selbstkonzepte Lenker und Gestalter wie auch Gegenstand eben dieser Kommunikation sind, die die Praxis ausmachen.

Netzwerke, Erträge zu erwirtschaften, eben Nutzen zu maximieren. Dies ist analog zum Humankapital: Der Mensch investiert in seine (arbeitsmarktorientierte) Bildung (als berufliche Qualifikation), um Einkommen zu maximieren, Macht- und Statuspositionen zu erreichen etc. Das ist nicht falsch und zugleich eine Engführung. Ich muss auf die Problematik von Ideal- und Realtypen-Bildungen hinweisen. Bei Realtypen der Netzwerk-Haltung der Menschen ist sicherlich immer auch eine ökonomische Dimension enthalten. Sozialer Fortschritt benötigt auch dynamische Effizienz, um veraltete Pfade zu verlassen, „strong ties" zu überwinden und Netzwerke mit ihrer Vertrauens(kapitel)eigenschaft als transaktionskostensenkend zu verstehen. Dennoch beobachte ich oftmals, ohne hier auf konkrete Häufigkeitsverteilungen eingehen zu können (über die man nur mehr sagen kann, wenn man sich die bestehenden Datensätze in konkreten und problembezogenen Zusammenhängen anschaut), dass die Motivmischungen komplexer sind. Vor allem weisen die Netzwerk-Orientierungen der Menschen ausgeprägte gemeinsinnbezogene Haltungen und empathiefundierte Solidar-Einstellungen auf. Mutualitätsgebilde sind daher oftmals von Solidarorientierungen im Sinne eines Gabe-Überschusses gegenüber einer reinen Orientierung an einer ausbalancierten Bilanz von Geben und Nehmen ausgerichtet.

Aus der externen Referenz wird die innere Kernprozessstruktur des ganzen Geschehens, das man das „lebendige Leben" nannte und hier Zentralelement einer existenzialen Lebensphilosophie wird.

Intellektuelle Kapazitäten: Das alles zeigt: Eine Bedarfsanalyse ist gut, ein Management des kulturellen Wandels ist entscheidend. Und: Ein solches Management des Wandels bedarf der Anthropologie und einer anthropologisch fundierten Psychologie.

An dieser Stelle wird wissenschaftslogisch evident: Das Thema ist nur multi-disziplinär in seiner Komplexität angemessen zu begreifen. Geschieht dies nicht, scheitert bereits das Verständnis des Wandels. Analog scheitert folglich die politische Reformpraxis. Vor allem muss die wissenschaftliche Analyse aus Überzeugung einen interdisziplinären Ansatz verkörpern: Zusammenwirken müssen die Perspektiven der Gesundheitsökonomie und -politik, der Versorgungsforschung[335], Epidemiologie, des Sozial- und Europarechts[336], aber auch eine psychologisch fundierte und anthropologisch orientierte (also auf die Menschen- und Weltbilder hin hinterfragte) Lehre von der Organisationsentwicklung.

Anthropologie und Verantwortung: Dies alles bleibt – letztendlich, und in dieser Letztendlichkeit nicht verzichtbar, sondern unabdingbar dringlich –

---

[335] Instruktiv: vgl. Janssen/Borgetto/Heller, 2007.

[336] *Europäisierung der Sozialpolitik*: Das gilt auch mit Blick auf die Genese einer europäisierten Sozialpolitik[P]: Im Sinne einer geteilten Kompetenz haben sich daher bereits einige Gebiete einer europäisierten Sozialpolitik herausgebildet. Nicht alle diese Teilgebiete sind hier aufzugreifen und zu behandeln. Es geht um koordinierendes Arbeits- und Sozialrecht, um Aspekte der europäischen Strukturfonds (insbesondere des Sozialfonds [ESF] und des Fonds für die regionale Entwicklung [EFRE]), um die Politik der Offenen Methode der Koordinierung (OMK), um die Neudefinition der Funktionsweise (der Märkte) der Dienstleistungen von allgemeinem (wirtschaftlichem) Interesse (DAI oder DA[W]I), und um die sozialen Grundrechte der Unionsbürger (im Rahmen ihrer allgemeinen, auch wirtschaftlichen und politischen) Grundrechte (Grundrechtscharta von Nizza). Diese Dimensionen sind interdependent. Beispiele: Die Freizügigkeit des Bürgers als Versicherter in der Rolle des Patienten verlangt eine sozialrechtliche Koordination; oder: Das Grundrecht des Menschen mit Behinderungen auf Teilhabe an der Arbeitswelt verlangt eine fördernde Tätigkeit des Staates, wie sie z.B. durch den ESF unterstützt werden kann. Die Neudefinition der Erstellung der sozialen Dienstleistungen ist eng verknüpft mit Fragen der quasi schon „vergrundrechtlichten" Grundfreiheiten im Binnenmarkt. Genau wie die Ziele der OMK setzen diese Neuregelungen der zunehmend marktoffenen und wettbewerblich gesteuerten Formen der Erstellung sozialer Dienstleistungen das soziale Grundrecht auf freien Zugang der Bürger zu den Sozialschutzsystemen und zu den Einrichtungen und Diensten voraus, die Qualität soll auf hohem Niveau gewährleistet sein, die Dienste sollen aber auch (daher die Marktöffnung und wettbewerbliche Steuerung) zu möglichst niedrigen Preisen und effizient angeboten werden, und schließlich sollen die Systeme des Sozialschutzes nachhaltig sein, also langfristig finanzierbar und stabil sein.

eingebunden in eine umfassende philosophische Anthropologie, die kulturanthropologisch abgeglichen ist, um Evidenz aufzuweisen, die aber auch die Berührungspunkte zu den letzten Begründungsdiskursen theologischer Anthropologie (gerade auch in der Form der Existenztheologie: vgl. gleichnamigen Artikel in RGG Bd. 2, Sp. 1816 ff.) nicht scheut.

Dann wird es möglich, gesellschaftlich verantwortungsvoll den sozialen Wandel zu begleiten. Der Blick der ökonomischen Effizienz kommt dabei ebenso zur Wirkung wie Fragen des sozialpolitischen Bedarfs und der ethischen Begründung.

Anhaltender Handlungsstress: Aus deutscher Sicht ist diese wissenschaftliche, aber auch praktische Bewältigung des Wandels besonders brisant: Das System der Gesundheitsversorgung hat trotz eines hohen finanziellen Inputs erhebliche Qualitätsmängel. Die Praxis ist geradezu geprägt von sektoralen Trennungen, von Verschiebebahnhöfen zwischen Kostenträgern, von Kommunikationsproblemen zwischen den verschiedenen Professionen[337], vom Paternalismus der Professionen. Und: Es gibt (gleichzeitig) Über-, Unter- und Fehlversorgung (Meggeneder, 2003).

Kurzum: Wer aus Deutschland kommt, kann das Klagelied desintegrierter Versorgungslandschaften und damit verbundener Ressourcenverschwendung, vor allem aber das Lied vom doppelten Leiden des Patienten (an seiner Krankheit und an den Versorgungsablaufdefiziten) singen!

Haltungsgenese und Kulturwandel im Raum des Professionspolitischen: Die Schlussfolgerung aus diesen Erfahrungen lautet: Es reicht nicht hin, rechtliche Rahmenbedingungen, seien es die gegebenen (Raum der Status-quo-Optimierung) oder gar veränderte (Raum konstitutioneller Politik), ins Zentrum zu rücken. Auch reicht es nicht, die ökonomischen Anreize optimal zu setzen (Raum der Status-quo-Präferenzen), wenngleich es ohne diese Rahmensteuerung nicht gehen wird.

Der Wandel muss als kultureller Wandel mit erheblichen psychologischen Tiefendimensionen begriffen werden (Raum der evolutorischen personalen Haltungsgenese). Hier, an dieser Stelle der Paraphrase der Problematik, kristallisiert sich die hohe forschungslogische Bedeutung des tiefenhermeneutischen Strukturalismus. Denn der Wandel rührt an dem professionellen Selbstverständnis vieler Akteure (Raum des Professionspolitischen): Neue (anthropologisch orientierte) Arbeitsweisen in neuen Betriebsformen sind gefordert, ebenso mehr Teamorientierung (Balz/Spieß, 2009), mehr Multidisziplinarität sowie mehr Akzentsetzungen auf Prävention und Rehabilitation (Fuchs, H., 2008), eine gewisse Geriatrisierung aller

---

[337] Vgl. auch Stubenvoll, 2007.

Bereiche[338] ist erforderlich, Pflege und weitere Dienstleistungsberufe sind aufzuwerten[339].

Einige weitere Punkte sind zu nennen: Die Professionen müssen sich gegenseitig kommunikativ mehr öffnen. Die Medizin muss sich stärker auf die ganzheitlichen Lebenslagen des Alters einstellen. Sozialmanagementaufgaben werden wachsen, ebenso die Beratungsbedarfe, etwa im Rahmen von „Perspektivenplangesprächen" (z. B. bei der Nutzung von technischen Umgebungshilfen im Wohnen von Menschen mit Behinderungen). Schnittstellenmanagement, Passagensteuerung, Fallkonferenzen u. a. m. werden vermehrt das klinische Geschehen einbetten. Eine noch stärkere Gemeindezentrierung scheint angesichts der Bedeutung von Wohnort- und Netzwerknähe im Alter erforderlich zu sein. Hierbei sind auch, im Migrationskontext, ethnospezifische Bedarfslagen gezielter zu berücksichtigen.

Motivation und Moderation: Der notwendige kulturelle Umbau des Systems kann nicht verordnet werden. Er ist keine gesellschaftliche „Veranstaltung". Er kann nicht gegen und ohne die Akteure bewältigt werden. Sollen Organisationen sich jedoch lernfähig erweisen und sich selbstständig weiterentwickeln, so bedürfen sie dennoch einer Initialzündung. Und der Wandel bedarf der Moderation. Nur so wird Organisationsentwicklung einzelner Akteure zu einem Teil einer insgesamt lernenden Versorgungslandschaft.

Interessen und Sachziele: Die Akteure müssen demnach auch Offenheit, Veränderungsbereitschaft und Kommunikationskompetenz mitbringen. Interessen sind legitim; auch Geld verdienen ist ein legitimes Interesse (eine Selbstverständlichkeit in freiheitlichen Gesellschaften, die manchmal in

---

[338] *Geriatrie in der Hausarztpraxis*: Die Problematik „Geriatrie in der Hausarztpraxis" (Schulz-Nieswandt, 2009a) hat einen gesellschaftlichen Kontext. Die Hausarztpraxis ist topographisch in einer sich wandelnden Versorgungslandschaft gesundheits- und sozialpolitisch einzuordnen, die wiederum unter dem Veränderungsdruck steht, sich passungsfähig zum soziodemografischen Wandel zu entwickeln. Geriatrisierung bedeutet hier nicht nur eine stärkere Hinwendung zu dem geriatrischen Formenkreis der Erkrankungen; Geriatrisierung bedeutet eine andere medizinanthropologische Haltung, die sich den personalen Lebenslagen unter dem Aspekt der ganzen Lebenswelt der verletzbaren menschlichen Person widmet und die Schnittstellen zu pflegerischen und komplementären sozialen, auch psychosozialen Begleitbedarfen beachtet. Pflegeontologisch gesehen kommt die ganze Leiblichkeit und somit die ganze personale Existenzweise des älteren und alten Menschen in den Blick der Anamnese, des Assessments und der Diagnose und rückt stärker die Rehabilitation und die allgemeine (präventive) Förderung der personalen Selbständigkeit in der Lebensführung bis ins höhere Alter in den Mittelpunkt der Altersmedizin des Hausarztes.

[339] Zur Pflege schreibt Lachmann (2005, S. 43): „Als prägende Aspekte sind die Abhängigkeitsgeschichte der Pflege von der Medizin und der ärztlichen Profession und in diesem Zusammenhang das bürgerliche Weiblichkeitsideal des 19. Jahrhunderts gepaart mit christlichen Wertvorstellungen vom Dienen zu vermerken."

emotional aufgeladenen moralisierten Reformdebatten vergessen wird). Ein Sachziel dürfte aber dominieren: Nämlich eine gute Gesundheitsversorgung für eine alternde Bevölkerung entwickeln. Das wiederum bedeutet: Das Angebotssystem muss auf die sich wandelnde Nachfrage umgestellt werden. Der Patient soll nicht „Herumirren"[340] im System. Er soll sich in seinen existenziellen Situationen gut aufgehoben fühlen, soll zufrieden sein.[341]

---

[340] *Zur Metapher des Labyrinths*: Die negative Konnotation dieses Herumirrens kann an jenen Teil der Mythologie des Labyrinths (Art. „Labyrinth" von Hehn, in Auffarth/Bernard/Mohr, 2005, Bd. 2, S. 306 ff.; Art. „Labyrinth", in RGG, Bd. 5, Sp. 5 f.) anknüpfen, wo Menschen ins Totenreich gelangen und nicht mehr herausfinden (vgl. Kraft, 1997, S. 121). Hier kommt dem Labyrinth eine metaphorische Funktion zu: „als Hinweis auf eine schwierige, unübersichtliche, verwirrende Situation." (1999, S. 13) Entgegen archaischer positiver Besetzung des Labyrinths im Kontext kultischen Tanzes kommt hier nun dem Begriff die Bedeutung des Irrgartens zu (Kern, 1999, S. 19). Das scheint aber (spät-)hellenistisch datierbar zu sein. Interessant wird die Korrespondierung meiner Problematik des Herumirrens (des Patienten) mit der archetypischen Figur des Labyrinths dann und dadurch, dass das Labyrinth als Grundmuster einer seelischen Verfasstheit aufgenommen wird (Kern, 1999, S. 21). In einer Gegenüberstellung zur positiven Konnotation betone ich daher die kafkaistische Variante normativer Konnotation: Das Verlustgefühl, ein Gefühl des Verloren-Seins im architektonischen System.

[341] Zum Patienten in Parallelität zu Kafkas Held im *Prozeß* vgl. Frank, 1981, S. 402.

B. Cultural turn

Die ganze, soeben zum Teil noch sehr praxisbezogen durchdeklinierte Problematik ist im forschungslogischen Lichte des tiefenhermeneutischen Strukturalismus weiter zu entfalten. Rekurriert werden kann auf die einleitend bereits angeführten kurzen Skizzen zur Semiotik der Kultur als Text. Dann können auch die Ausführungen in Kapitel B.I. im Kontext einer sozialökonomischen Analyse kulturwissenschaftlich angemessen verortet werden.

I. Soziale Praxis als Herausforderung in tiefengrammatischer Perspektive

Von zentraler Bedeutung für das Verständnis praktischer Sozialpolitik[1] ist eine Reflexion des Selbstverständnisses des Menschen.[2] Dazu muss auch die Politik der sozialen Praxis der Medizin und Pflege im Lichte grundlegender Kategorien der philosophischen Anthropologie betrachtet werden. Nicht unmittelbar-instrumentell, aber letztendlich teleologisch dient praktische Sozialpolitik ja dem Ziel des gelingenden Daseins des Menschen selbst (Schulz-Nieswandt, 2008). Daraus resultiert wiederum unmittelbar das Problem der Existenzerhellung.

---

[1] *Definition von Sozialpolitik*: Praktische Sozialpolitik ist Intervention in die ressourcentheoretisch definierte Lebenslage der Menschen in den jeweiligen Phasen des Lebenslaufes, um so im Lichte sozialer Grundrechtserwägungen die freie Entfaltung der menschlichen Persönlichkeit zu fördern. Auf diese Definition rekurriere ich, zum Teil ausführend und differenzierend, im Verlauf der gesamten Arbeit immer wieder neu, dies als eine produktive Redundanz verstehend.

[2] *Lebenslauf und Kreatürlichkeit*: Ist der Lebenslauf als soziales Schicksal zu charakterisieren, wobei der Mensch objekttheoretisch im Knotenpunkt sozialer Beziehungen und metatheoretisch im Schnittbereich strukturalistischer und transzendentalsubjektiver Perspektiven (also als Knotenpunkt seiner eigenen konstruktiven Kompetenzen einerseits und seines Geworfenseins [Verstrickung], seiner kulturellen Einbettung [emdeddedness] und seiner strategischen Verkettung [connectedness] andererseits) verstanden werden kann (vgl. zu „bonding" und „bridging" auch Patulny/ Svendsen, 2007), dann stellt sich die Prämisse, der Mensch ist in dieser anthropologischen Verortung seiner unausweichlichen – kreatürlichen – Existenzmodalität als ein vulnerables Geschöpf (vgl. auch Art. „Geschöpflichkeit", in RGG, Bd. 3, Sp. 820 ff.) zu verstehen, nochmals neu akzentuiert dar: Der Mensch ist als in sozialpolitischer Perspektive ressourcenabhängiges Subjekt seines Lebenslaufvollzuges zu verstehen. Praktische Sozialpolitik stellt hierzu Ressourcen zur Verfügung.

Existenzerhellung: Das Problem des Gelingens des Lebens (des Alterns) ist wissenschaftstheoretisch (gerade auch für die Sozialpolitik[p]) nicht einfach zu behandeln. Es muss betont werden, dass im Rahmen der vorliegenden Erörterung unterschwellig eine Normativität Eingang findet, die durchaus wissenschaftstheoretische Probleme in der Alternsforschung aufwerfen kann. Gelingendes[3] Sein des Menschen ist seiendes Sein als erhellte (Jaspers,

---

[3] *Gelingender Lebenslauf*: Vgl. dazu auch Kakar, 2006, S. 305 f. Das ganze Wechselspiel von Kultur und Natur, der Transaktionalismus zwischen personaler Kompetenz und umweltlichen Ressourcen, aber auch innerer und umweltlicher Herausforderungen führt zur Beobachtung heterogener, varianzreicher Alterungsverlaufsformen, die wiederum die Differenziertheit des Alters verständlich machen. Altern wurde damit als Entwicklungsaufgabe definiert. Aber was ist der normative Bezugsrahmen gelingenden – erfolgreichen, produktiven, glücklichen (die Semantik ist vielgestaltig) – Alterns? Lebenszyklustheoretisch könnte – und in der Literatur sind diese Positionen gut ausformuliert – argumentiert werden, ein Leben sei gelungen, wenn man an seinem Ende positiv eine Bilanz ziehen kann: Das Leben war ertragsreich. Demnach war das Leben retrospektiv – eventuell im Sterbebett artikuliert – erfüllt, sinnhaft. Devereux (1987, S. 446) hat dies im Nachwort zu seiner Festschrift „Die wilde Seele" auf den Punkt gebracht: „Der Tod ist nichts. Ich habe ihn nie gefürchtet – man kann sich bloß einen leichten Tod wünschen. Aber man möchte wissen, ob es sich *gelohnt* hat zu leben und zu sterben. Damit meine ich natürlich nicht, daß die Galaxie, zu der die Erde gehört, mein Dasein hätte bemerken können (...). Dagegen bin ich sicher, daß *ich* existiere, Freud und Leid erlebte, mich bemühte und die Zeit selten vertrödelte." (kursiv auch im Original) Die Psychologie der Weisheit hat dies bestätigen können. Weisheit ist ebenfalls keine kalendarisch erklärbare Eigenschaft des Menschen, sondern eine Funktion der Bewältigung gemachter Erfahrungen. Es ist ein sinnorientierter Arbeitsertrag des Lebens. Aus selbstpsychologischer Sicht wäre ein gelingendes Altern darin zu sehen, wenn die Gradwanderung, die Balancefindung im binär codierten Spektrum der Lebensherausforderungen, also die Psychodynamik des menschlichen Selbst zwischen Findung, Behauptung, Wandlung und Verlust, die nicht-neurotische Orientierung zwischen den Anforderungen von Ego-Bezug und Gemeinsinnorientierung, zwischen Geben und Nehmen, zwischen Liebe und Hass, zwischen Bindungsfähigkeit und Autonomie etc. gelungen ist. Anthropologisch – dann auch rechtsphilosophisch – fundiert sich diese psychologische Perspektive durch die Merkmale der Selbständigkeit und Selbstverantwortlichkeit, der sozialen Mitverantwortlichkeit und der sozialen Ressourcenabhängigkeit des Menschen. Der Mensch ist in seiner Selbstständigkeit schutz- und förderbedürftig; er ist aber auch mitverantwortlich und hat sich seinen Entwicklungsaufgaben kompetent zu stellen. Genau diese Daseinskompetenz wird man sich aber zunehmend im sozialisationstheoretischen Kontext auch bildungspolitisch stärker vergewissern müssen. Die traditionelle Sozialpolitik hat hiermit gewisse Probleme: Interveniert sie doch im Lichte der soziologischen Befunde über Lebenslagendefizite, wobei die adressatenspezifische subjektive Akzeptanz fraglich sein kann. Dies ist kein unwichtiges Problem mit Blick auf Unter- oder Fehlversorgungssituationen. Aus liberaler Sicht hat das der Sozialpolitik mitunter den Vorwurf des Paternalismus eingebracht. Das theoriefundiert mit dem Paternalismusproblem sehr differenziert umgegangen werden muss, das zeigt die Studie von Stettner, 2007. Denn das Problem der Verantwortung der Menschen im sozialen Miteinander ist mit einer lapidaren liberalen Kritik an Einmischungen in die Autonomie des Subjekts nicht erledigt.

1973; Art. „Jaspers", in RGG, Bd. 4, Sp. 390 f.) Existenz des Menschen als Person[4]. Die Person wiederum, geworfen ins Sein, aber auch getragen vom Sein, ist zur exzentrischen Positionalität (Plessner, 1975; ders., 2003a) fähig. Die menschliche Persönlichkeit, ebenso kulturfähig wie kulturbedürftig[5] (theologisch auch ausformuliert bei Peter Wust, der von Wesensunruhe und Seins-Ungesichertheit handelt [vgl. die Beiträge in Blattmann, 2004], dem Denken von Gabriel Marcel [1889–1973] sehr ähnlich, hier rekurrierend auf die Anthropologien von Plessner: 1872–1942, Scheler: 1819–1890 und Gehlen: 1904–1976), immer voller Plastizität, aber eben auch unvollkommen und schuldig, muss ihren notwendigen Balanceakt zwischen Ich-Sein, Mit-Sein und Wir-Sein[6] verwirklichen.[7] Mit Wust zu sprechen: Das Leben ist und bleibt ein Ringen, wenn es Existenzerhellung anstrebt. Nur so, und dergestalt ist der Existenzialismus bei Wust eine christliche Existenzphilosophie (und auch Tillich nicht unähnlich), ist der Erfahrung von Ekel, Angst und Verzweiflung die Geduld, die Hoffnung und die Dankbarkeit entgegen zu setzen. Problematisch bleibt bei dieser christlichen Existenzphilosophie (vor allem wenn sie als katholischer Heideggerianismus auftritt: vgl. dazu Köck, 2008, S. 78 ff.), dass sie oftmals nicht-religiöse Existenzialismen kurz und bündig als humanistische „Entartung" abtut.

Politik und Praxis: Die politische Gestaltung sozialer Praxis – in Medizin, Pflege und sozialer Arbeit insgesamt – hat also eine tiefe anthropologische Relevanzstruktur. Zunächst aber sollen die Praxisprobleme selbst entfaltet werden.

1. Der gesundheitspolitische Thesenkreis im engeren Sinne

Im Zentrum der sozialpolitischen Erwägungen steht die Analyse von Vorgängen der Risikoselektion (vgl. auch allgemein im Kontext der Modernisierung der Dienstleistungen: Langer, 2007) auch unter der Bedingung geltenden Sozialrechts der GKV als Solidarversicherung[8] (Schulz-Nieswandt,

---

[4] Es ist bemerkenswert, wie neuerdings die Literatur zur Kategorie der Person bzw. der Personalität zunimmt. Vgl. u. a. Berning, 2007; Marsal, 2006 sowie Quante, 2007 und ders., 2007a. Vgl. ferner Sturma, 2001. Zur Theorie der Person bereits Schulz-Nieswandt, 1995a, S. 45 f. FN 115.

[5] Zur Erziehungsbedürftigkeit vgl. auch Hamann, 2005, S. 121 ff. Vgl. auch Schäfer, 2004.

[6] Zur Hinführung zum „sittlichen Selbststand" (zwischen Heteronomie und Egozentrismus) vgl. Mertens, 2006, S. 119.

[7] Auf die hierbei insgesamt impliziten Positionen von Heidegger, Plessner, Tillich usw. wird noch später eigens einzugehen sein.

[8] *GKV als Genossenschaft*: Hierbei darf betont werden, dass auch Sozialversicherungen, insbesondere die bedarfsorientierte Solidarordnung der GKV (gemäß § 1

2002) gemäß SGB V. Denn das Alter, auf das sich die Notwendigkeit integrierter Versorgungslandschaften primär bezieht, ist besonders vulnerabel für Risikoselektionen.

Risikoselektion als Herausforderung: Eine Risikoselektion kann auf der Ebene des Kassenwettbewerbs um die Versicherten stattfinden. Diese Ebene der Risikoselektion (Schulz-Nieswandt, 1997; ders., 2002a) im institutionellen Geflecht von Kassenwahlfreiheit, Versicherungszwang und kassenseitigem Kontrahierungszwang[9] soll durch den Risikostrukturausgleich (RSA [Wasem u. a., 2008][10])

bislang[11]: $TS_{RSA} = FK_{RSA} - BB_{RSA}$

unterbleiben. Der RSA (Jacobs/Schulze, 2007) soll, so ein Mainstream der politikberatenden Gesundheitsökonomik, zu Zwecken der Optimierung sogar weiterentwickelt werden in Richtung eines direkten Morbiditätsausgleiches.[12]

SGB V) Merkmale horizontaler Reziprozitätsökonomik aufweisen (Schulz-Nieswandt, 2002). Nur ist die Selbstverwaltung der Sozialversicherung durch die staatliche Gesetzgebung tief reguliert; und die Versichertengemeinschaften bilden sich auf der Grundlage eines gesetzlichen Versicherungszwanges, wenngleich die Kassen frei gewählt werden können und die Kassen selbst einem Vertragsabschlusszwang unterliegen. Der Versicherungszwang ist auch nicht verfassungsrechtlich umstritten, nur die Einkommensgrenze, ab der eine angenommene Schutzbedürftigkeit nicht mehr gegeben sein soll. Selbstverwaltungen – hier als Körperschaften des öffentlichen Rechts –, die staatlicher Regulierung und Intervention unterliegen, werden daher in der rechtsgeschichtlich-soziologischen Theorie als Formen der „genossenschaftlichen Herrschaft" bezeichnet. Der Staat delegiert öffentliche Aufgaben an nichtstaatliche, aber staatsmittelbare Körperschaften oder Verbände in (gemeinsamer) Selbstverwaltung, behält aber die letztendliche Garantenfunktion. Er fungiert dann nicht als unmittelbarer Leistungserstellungsstaat, sondern als Gewährleistungsstaat (dazu, wie schon gesagt, im Verlauf der Arbeit mehr).

[9] Hierbei die GKV-PKV-Problematik infolge der Pflichtversicherungsgrenze außer Acht lassend.

[10] Vgl. auch Pitschas, 2007 sowie Göpffarth u. a., 2006.

[11] TS: Transfersumme, FK: Finanzkraft, BB: Beitragsbedarf.

[12] *Wahlfreiheit und Meritorisierung*: Zur Neuordnung des RSA infolge des GKV-Wettbewerbsstärkungsgesetzes, das den Gesundheitsfonds installieren wird: Stock/Lüngen/Lauterbach, 2006. Dabei dürfte jedoch an das Setting von Versicherungszwang und kassenseitigem Kontrahierungszwang, Kassenwahlfreiheit und Risikostrukturausgleich wohl festzuhalten sein. Dies folgt daraus, wenn man auf der Basis der Meritorisierung der Minderschätzung von Zukunftsgütern (Gesundheitsrisiken) einerseits Wahlfreiheiten möchte, andererseits eine dem Solidaritätsprinzip widersprechende Risikoselektion durch die Kassen (weitgehend) unterbinden will und versichertenorientiert einschlägige Prinzipal-Agenten-Probleme im Versicherungsmarkt minimieren möchte. Hinsichtlich der RSA-Reform bleibt es jedoch strittig, ob damit der richtige technisch-administrative Weg hin zu einer stärkeren direkten Morbiditätsorientierung beschritten wird. Diese Frage wird nur durch weitere empi-

Das Problem ablaufprozessimmanenter Selektionen im Versorgungsgeschehen (Schulz-Nieswandt, 2006d, S. 214 ff.) bleibt aber bestehen. Und die komplexe systemische Herleitung bestimmter Formen der Risikoselektion steht – neben anderen Problemdimensionen und Aspekten – δ-phänomenologisch in diesem Kapitel im Vordergrund der Betrachtungen.

Vor allem das sektoral weiterhin stark fragmentierte Gesundheitswesen unter der Bedingung zunehmend pauschaler Vergütungsformen[13] wirft[14] wissenschaftliche Nachfragen hinsichtlich der Problematik von Risikoselektionen auf (vgl. auch Vogd, 2006). Antworten werden – auch von mir – im Bereich des transsektoralen Versorgungsmanagements und der Qualitätssicherstellung (vgl. auch Freitag, 2007) gesucht (vgl. auch Rompf, 2005). Insbesondere der ältere/alte, also der geriatrische Patient[15], aber auch der chronisch kranke Mensch (Morof Lubkin, 2002) schlechthin sind von diesen Problemen betroffen. Grundlegende Fragen der Medizinkultur (Schulz-Nieswandt, 2004a), also der institutionell gelebten Medizinanthropologie sind damit aus epidemiologischer Perspektive unmittelbar angesprochen (vgl. auch Schaeffer, 2006).

DRGs zwischen mikroökonomischer Rationalität und systemischen Externalitäten: DRGs (Kölking, 2007; zum aktuellen Stand vgl. Heins, 2008; vgl. weiter unten C.IV) sind wohl mikroökonomisch als Vergütungsform – steuerungstheoretisch gesehen[16] – anderen Formen der Honorierung relativ überlegen, sind aber und jedoch nicht ohne interne Zielkonflikte. Sie schaffen sicherlich mehr Kostentransparenz und ermöglichen einen verbesserten Krankenhausvergleich im Rahmen von wettbewerblichem Vertragsmanagement der Kassen. Noch im Zeitalter des Selbstkostendeckungsprinzips und der vollpauschalierten Tagessätze blieb das Krankenhaus für die Kassen eine „black-box". Die Machtbalance war entsprechend asymmetrisch. Und diese Situation führte (in Verbindung mit der Logik der Krankenhausinvestitionsförderung) zu langen Verweildauern und wies wenige positive Anreize zur Wirtschaftlichkeit im betrieblichen Ablauf auf. Diese Vergütungs-

---

rische Forschung zu beantworten sein. Innerhalb einer stärker auf Kassenwettbewerb setzenden Ordnung ist ein morbiditätsorientierter RSA m.E. aber unausweichlich notwendig.

[13] Z.B. das DRG-Regime der Krankenhausfallpauschalen (dazu ebenfalls später mehr), die auf einer diagnosebezogenen Patientenklassifikation (DRG: Diagnosis related groups: Dobelmann, 2006) basieren. Vgl. insgesamt Kölking, 2007.

[14] Vgl. Hypothesen in Schulz-Nieswandt, 2003a, dort auf der Basis vorausgegangener Publikationen von mir.

[15] Zur Bedeutung der Versorgungskettensicherstellung angesichts von Multimorbidität und Rehabilitationsbedarf: Böhmer, 2001.

[16] Die Frage der Eingruppierbarkeit von komplexen Fällen (wie in der Geriatrie) ist jedoch ein Grundproblem dieser Klassifikationslogik. Vgl. am Beispiel der Psychosomatik: Jagdfeld, 2004.

ökonomik reduziert einerseits Potenziale der Überversorgung; sie produziert jedoch andererseits c.p. potenzielle Unter- und Fehlversorgung und somit neue Risikolagen (Neumann/Hellwig, 2003). (Das Problem der Fallzahlen bleibt davon aber insgesamt zunächst weitgehend unberührt.)

Da nun mal unvollkommene Regelungen nur durch neue unvollkommene Regelungen abgelöst werden können[17] (womit ich ebenso mitten in der Neuen Institutionenökonomie bin wie mitten in der theologischen Anthropologie), stellen sich nunmehr andersartige Problemlagen (vgl. auch Klinke, 2008, S. 234 ff.). Insbesondere medizinisch komplizierte und ökonomisch unattraktive Fälle können (könnten) jetzt verstärkt (als es früher der Fall war) Objekt adverser Risikoselektion der Leistungsanbieter werden. Das wären Ablaufprozesse, die im analytischen Kontext von Rationierung[18] (Schulz-Nieswandt, 2006d, S. 214 ff.[19]) kritisch[20] zu beurteilen wären (vgl. auch Vogd, 2006).

---

[17] Der entsprechende Grundsatz lautet: Suche die im Vergleich zu anderen unvollkommenen Lösungen des Allokationsproblems am wenigsten unvollkommene Lösung.

[18] Vgl. auch Denier, 2007. Vgl. auch das entsprechende Schwerpunktheft in: Sozialer Fortschritt, 57 (12), 2008.

[19] Schulz-Nieswandt, 2007a mit weiterer, einschlägiger Literatur zur medizinischen Rationierungsdebatte. Vgl. bereits ders., 1999c.

[20] *Rationierung und Ethik*: Mit Blick auf die demographische Alterung verdichtet sich langsam die Rationierungsdiskussion auch in Deutschland (Schulz-Nieswandt, 2005a; vgl. auch Brink u.a., 2006; Marckmann, 2003). Die Gesellschaft wird sich dem Problem der Rationierung zu stellen haben. Eine Ökonomik der Knappheiten wirft das Problem der Bildung von Ranglisten der Dringlichkeiten auf. Dabei ist es nicht damit getan, im Lichte sozialer Gerechtigkeitserwägungen ein Rationierungsverbot zu postulieren. Erstens ist jede Ethik (als System rationalen Argumentierens hinsichtlich der moralischen Standards im zwischenmenschlichen Umgang) hinsichtlich ihrer sozialen Verwirklichung an die Möglichkeiten der historischen Zeit und des sozialen Raumes gebunden. Das ist auch verfassungsrechtlich so zu sehen und kann mit Blick auf das Verhältnis des Grundgesetzes und der Sozialgesetzbücher dargelegt werden. Zweitens wird die Analyse verschiedene Formen von Rationierung differenzieren müssen, wodurch die Konfliktlinien zwischen Ethik und Ökonomik ungleich komplizierter werden. Knappheitsmanagement ist eine existenziale Daseinsaufgabe des Menschen. Gerade deshalb ist ja Ethik ebenso eine *conditio humana*. Ohne gesellschaftlich anerkannte Regeln sind ein sozial akzeptables und ein sozial befriedetes Zusammenleben von Menschen unter Knappheitsbedingungen in der Ressourcensituation nachhaltig nicht möglich. Der Problemdruck ist groß. Die Wechselwirkungen der verschiedenen Formen der Rationierung sind in der Forschung erst noch explizit herauszuarbeiten. Exogene Restriktionen fiskalischer Art, systemendogener Bedarfsdruck (epidemiologischer und demografischer Art), Expansion der diagnostisch-therapeutischen Möglichkeitsräume und auch der Patientenerwartungen und schließlich Steuerungsdefizite im System spielen zusammen, kumulieren und verschachteln sich. Real ist in diesem Lichte mit einem zunehmenden Rationierungsdruck zu rechnen.

Formen der Rationierung: Drei Formen der Rationierung sind zu unterscheiden (Schulz-Nieswandt, 2005a[21]): Erstens die Form eines nachhaltigkeitsbedingten Rationierungsdrucks. Zweitens die Form eines steuerungsbedingten Rationierungsdrucks. Drittens die Form eines medizinendogenen Rationierungsdrucks. Schließlich kommt – nicht als vierte Form, aber als Wirkung – das Phänomen der Kumulation der Formen hinzu. Die verschiedenen Formen können sich verschachteln, also in dieser Überlagerung gleichzeitig auftreten und die Wirkungen entsprechend verstärken.

Ein notwendiges differenziertes Denken wird die Problematik in ihre verschiedenen Komponenten zerlegen müssen. Normativ-rechtlicher Ausgangsbefund der erforderlichen erfahrungswissenschaftlichen Analyse der Rationierungsproblematik im Gesundheitswesen ist zunächst die GKV-Logik der bedarfsgerechten Versorgung (Schulz-Nieswandt, 2002; ders., 2002a). Naheliegend ist dann die Schlussfolgerung, dass aus dieser Sicht eine Rationierung nach soziodemografischen und sozio-ökonomischen Merkmalen (Einkommen, Alter, Geschlecht etc.) grundsätzlich zu verwerfen wäre. Doch im Lichte der Differenzierung der Rationierungsformen sind die Zusammenhänge komplizierter.

a) *Form 1*: Die erste Form bezieht sich auf die Problematik der Nachhaltigkeit (grundsätzlich: Holstein, 2003; vgl. auch Fetzer, 2006[22]) sozialer Systeme, insbesondere der Systeme sozialer Sicherung.[23]

---

[21] Vgl. auch Schulz-Nieswandt, 2006d sowie ders., 2007a.

[22] Vgl. auch mit Blick auf die Dimensionen Integrität, Gerechtigkeit und Lebensqualität: Renn u. a., 2007.

[23] *Externalitäten und soziale Interdependenz*: Das Problem der Nachhaltigkeit als soziale – auch intertemporale bzw. intergenerationelle soziale – Interdependenz ist im Lichte der anthropologisch-rechtsphilosophischen Erörterungen des Schutzes des Individuums vor sich selbst und des Schutzes der sozialen Gemeinschaft vor den Folgen individuellen Handelns kompliziert. Die soziologisch aufgeklärte Wohlfahrtsökonomik (de Swaan, 1993; Ewald, 1993; Schulz-Nieswandt, 1995a) thematisiert den Menschen als über externe Effekte (soziale Interdependenz der individuellen Wohlfahrtslagen) verknüpfte Akteure. Die politisch notwendige Bestimmung sozialpolitisch relevanter Externalitäten zeugt aber von der kulturellen Einbettung der Themen (ansatzweise so auch gesehen bei Ambrosius, 2001, S. 59 f.). Und sozialer Nutzen bzw. sozialer Schaden sind ebenso wie die allgemeine Dialektik von individueller Freiheit und sozialer Sicherheit kulturell codiert. So zeichnet sich heute ab, dass Kinder sozialpolitisch nicht mehr indirekt über die Familie als Institution definiert werden, sondern als Subjekte Träger von Rechten sind (Hoffmann, 2006); noch in der 1957er Fassung des BGB hatten Ehefrauen nur bedingt ein Recht, erwerbstätig zu sein; heute wäre diese Einschränkung verfassungs- und EU-rechtlich unmöglich. So ändert sich der Subjektstatus von Menschen, ihr Autonomieverständnis gerade in engster Interdependenz mit den sozialen Relationen (Eltern – Kinder, Frauen – Männer), in denen sie eingelassen sind. Auch gerade das Alter wird zunehmend im Lichte des Autonomiestatus diskutiert, dabei aber die Unhintergehbarkeit der intergenerationellen Verkettungen aufdeckend. Die Autonomie der Genera-

I. Soziale Praxis als Herausforderung in tiefengrammatischer Perspektive 205

Unter Nachhaltigkeit (Fetzer, 2006; vgl. auch evolutionsanthropologisch: Schmidt, 2009) ist die langfristige finanzielle Stabilität, aber auch die naturalwirtschaftliche Reproduktionsfähigkeit speziell (aber nicht nur) der umlagefinanzierten Sozialversicherungssysteme gemeint.[24] Die weitgehend sozialrechtliche Kodifizierung im SGB und auch die EU-rechtliche Anerkennung des Zieles der Nachhaltigkeit[25] (etwa im Rahmen des Policy-Makings durch die Offene Methode der Koordinierung[26]) werfen angesichts ungünstiger makroökonomischer Bedingungen (Erosion der Grundlohnsummen durch

---

tionen wird zu einer relationalen und damit sicherlich auch relativen Autonomie, die daher nicht Selbst-Referentialität, also reine Selbstbezogenheit und Selbstgenügsamkeit heißen kann. Die Generationen stehen unabdingbar in Austauschbeziehungen, in Reziprozitätsbeziehungen. Nachhaltige Tauschgerechtigkeit wird zum Zentrum der Diskurse; die soziodemografische Entwicklung, lange Zeit verschärft durch begrenzte volkswirtschaftliche, insbesondere arbeitsmarktbedingte Handlungsspielräume, wird zum Brennpunkt aller Debatten. Gerade deshalb sind aufgeklärte, also differenzierte Altersbilder wichtig. Helfen sie doch, Pfade im Korridor zwischen politischer Verharmlosung der demografischen Umbrüche einerseits und gesellschaftlich, etwa massenmedial inszenierter Dramatik andererseits zu definieren.

[24] In der Literatur wird die fiskalische Entlastungswirkung des Gesundheitsfonds in der GKV, der im Zuge des GKV-WSK eingeführt wird, mit Blick auf die Belastung zukünftiger Generationen als eher schwach eingeschätzt: vgl. etwa Felder/Fetzer, 2007.

[25] *Demografie-Employability-Lissabonstrategie*: Die Demografieabhängigkeit der Systeme des Sozialschutzes ist ein Thema der EU-Politik geworden. Auch hier ist ein Grünbuch vorgelegt worden. Dies steht insgesamt im Zusammenhang mit der Lissabon-Strategie der EU. Mit Blick auf die Zusammenhänge von Arbeitsmarkt und Sozialschutzsystemen ist auf die Employability-Strategie, auch auf die Flexicurity-Strategie zu verweisen („Workfare" statt „Welfare"). Zu den Dekommodifizierungs-Prozesstrends in der OECD vgl. auch Scruggs/Allen, 2006.

[26] *δ-Konvergenz durch OMK*: Überprüft werden in der Dissertation aus dem Jahr 2007 von Gaby Umbach (2009) zur OMK (in der Beschäftigungspolitik: vgl. auch Wolfswinkler, 2006) Hypothesen über institutionellen Isomorphismus und der δ-Konvergenz (Benchmarking zur Induzierung ähnlicher Strukturen in Bezug auf ein gemeinsames Modell). Analysiert wird also (im Ländervergleich UK und Deutschland) der Einfluss der EU-Politik auf die nationale Entwicklung, mediatisiert durch endogene Misfit- und Veränderungsdruck-Bedingungen. Umbach kann die differenzierten Strukturen und Prozesse der Verarbeitung der EES in UK und Deutschland verdichtet aufzeigen. Aber isomorphistische Effekte lassen sich nicht belegen. War dies infolge einer soft-policy kurzfristig zu erwarten? Die in der Literatur vorgetragene These von verhaltensändernden „public shaming"-Effekten im „peer review"-Verfahren des Benchmarkings kann sich wohl nur langfristig entfalten. Dies spricht doch sehr für die überragende Bedeutung endogener Mediatorenvariablen: Damit bleibt der δ-Effekt des Konvergenzgeschehens wohl ebenfalls begrenzt. Allerdings hat sich die Orientierung nationaler Akteure EU-bezogen geöffnet. Die Bedeutung der EU-Ebene ist bewusster geworden. Nochmals zur δ-Konvergenz. Hier dürfte in der Tat der Effekt stark herauszustellen sein, dass bereits endogene Eigendynamiken, die konvergent wirken, zu konstatieren sind. Auf die OMK ist später nochmals zurückzukommen.

die Arbeitslosigkeit) und durch den radikalen soziodemografischen Wandel gravierende Probleme in der Erreichung der rechtlich kodifizierten Beitragssatzstabilität[27] auf.

Die Verrechtlichung und Politisierung der Beitragssatzstabilität als Gut eigener Art wirft nachhaltigkeitsbedingten Rationierungsdruck auf. Sollte es nicht gelingen, die fiskalischen Rahmenbedingungen hinreichend zu regenerieren, so ist Rationierung unvermeidlich. Die fiskalische Nachhaltigkeit der Gesetzlichen Krankenversicherung ist ein ungelöstes Problem. Die empirische Analyse der Ursachen ist relativ gut aufgestellt. Die Arbeitsmarktabhängigkeit ist angesichts der Erwerbsarbeitszentriertheit der parafiskalischen Konstruktion bekannt. Zukünftig wird der auch in der GKV implizite Generationenvertrag demografiebedingt stärkeren Belastungen ausgesetzt, wenngleich die empirische Befundlage so zu lesen ist, dass die Dynamik der Ausgaben- und Beitragssatzentwicklung wohl stärker dem medizinisch-technischen Fortschritt geschuldet ist bzw. sein wird, woraus wiederum schwierige Rationierungsdebatten resultieren.[28]

Meine Auffassung hinsichtlich der Reform des SGB V durch das GKV-WSG (Felix, 2008) bleibt hier mit Blick auf die Systemfinanzierung skeptisch.[29] Die Bildung des Finanzintermediärs des Gesundheitsfonds (Lauter-

---

[27] Zur Empirie der GKV-Durchschnittsbeitragssätze (und der Streuung) vgl. VdAK-AEV, 2008, S. 61.

[28] Schulz-Nieswandt, 2005 sowie ders., 2007a.

[29] *Die GKV-Systemfinanzierung*: Bei „vogelflugartiger" Betrachtung des Gesundheitswesens geht es um systematische Fragen der Außenfinanzierung. Anbieterrelevant sind dagegen die Innenfinanzierungsströme, also vergütungs- bzw. honorierungsökonomische Steuerungen. Hier geht es um Effizienz- und Effektivitätsfragen, letztendlich um die Orientierung an politisch gewollte Outcomes. Der Druck auf eine Reform der Systemfinanzierung resultiert dagegen weitgehend aus der Arbeitsmarktabhängigkeit der bruttolohnbezogenen Beitragsbemessung im Fall von sozialversicherungspflichtiger abhängiger Beschäftigung. Die Definition von Ersatzeinkommen, die Frage von alternativen (haushaltseinkommensbezogenen) Beitragsbemessungsgrundlagen, von Beitragsbemessungs- bzw. Pflichtversicherungsgrenzen (damit auch die Frage des dualen Systems von GKV und PKV tangierend) usw. resultieren erst aus dieser Problematik einer mangelnden Nachhaltigkeit arbeitslosigkeits-, aber auch demographieabhängiger Umlagefinanzierungstechnik. Wachstumsabhängig, auch konjunkturanfällig sind natürlich auch steuerfinanzierte Systeme. Sog. versicherungsfremde Leistungen (etwa der „Familienlastenausgleich" in der GKV) werden ab 2009 aus Steuermitteln finanziert. Morphologisch bleibt hier das Problem, dass der Konzeptbegriff der Versicherungsfremdheit eine bewusste politische Abwertung der solidarischen Umverteilungsvorgänge innerhalb der Sozialversicherung bedeutet. Aus der Sicht einer sinnadäquaten Betriebsmorphologie der GKV als solidarische Sozialversicherung müsste sogar die Orientierung an der Privatversicherung als „fremd" bezeichnet werden. Die Ausgliederung einzelner Umverteilungskomponenten aus der beitragsfinanzierten Logik in den öffentlichen Steuerhaushalt wird die Morphologie der GKV verändern. Die Frage ist, ob sich die

bach/Lüngen, 2008) in Verbindung mit der Auslagerung des GKV-internen „Familienlastenausgleichs" der beitragslosen Mitversicherung nicht erwerbstätiger Familienangehöriger löst das Problem der fiskalischen Nachhaltigkeit wohl nicht. Denn an dem institutionellen Setting der Grundlohnsummen- und Ersatzeinkommensbindung in Verbindung mit der Pflichtversicherungsgrenze sowie der Beitragsbemessungsgrenze auf der Grundlage der Beitragsbemessungsgrundlage im Rahmen eines Proportionaltarifs ändert sich nichts. Angesichts der alles andere als eindeutigen Modellanalyseergebnislage hinsichtlich (wie bekannt: auch verfassungsrechtlich strittigen) Bürgerversicherungsideen oder in Richtung auf GKV-PKV-Integrationen unter fiskalischen Ergiebigkeitsgesichtspunkten bleibt die Frage nach Lösungen, die die Solidarlogik der GKV nicht erodieren, weiterhin offen. In diesem Lichte kristallisiert sich der systematische Stellenwert, den die augenblicklichen Debatten zur Reform der Außenfinanzierung des Gesundheitswesens (Penske, 2006) – in Abgrenzung zur Innenfinanzierung als Vergütung der Leistungsproduktionen – einnehmen, die hier aber nicht ein Thema sein können und sollen.

Die Suche nach Wirtschaftlichkeitsreserven (Rationalisierung vor Rationierung, etwa durch Prozessinnovationen zur Steigerung der Kosteneffektivität, z. B. in Form der transsektoralen Integrationsversorgung) leitet bereits zur zweiten Form der Rationierung über.

b) *Form 2*: Die zweite Form des steuerungsbedingten Rationierungsdrucks resultiert aus Vorgängen der Risikoselektion auch unter der Bedingung geltenden Solidarrechts. Risikoselektion kann auf der Ebene des Kassenwettbewerbs um die Versicherten stattfinden. Diese Ebene der Risikoselektion im institutionellen Geflecht von Kassenwahlfreiheit, Versicherungszwang und kassenseitigem Kontrahierungszwang soll durch den Risikostrukturausgleich (RSA: Pitschas, 2007) unterbleiben. Der RSA soll zu Zwecken der Optimierung weiterentwickelt werden in Richtung auf einen direkten Morbiditätsausgleich. Das Problem prozessimmanenter Selektionen bleibt aber bestehen.

c) *Form 3*: Die dritte Form besteht in einem medizinendogenen Rationierungsdruck. Hier liegt empirisch wohl der stärkste Ausgabendruck begründet.

Ausgleichsverpflichtung dauerhaft sichern läßt. Die Sozialversicherungsbeiträge waren zumindest zweckgebunden. Die Konkurrenz der Verwendungszwecke im Steuerhaushalt ist intensiver. Die Umverteilungsdynamik im bisherigen GKV-System war immer schon strittig. Unterschiedliche Gerechtigkeitskonzepte (Bedarfsgerechtigkeit vs. Leistungsgerechtigkeit) konkurrieren hier. Allokative Anreizkompatibilitäten werden mikro- wie makroökonomisch herausgestellt. Aber auch die letztendliche Inzidenz steuerfinanzierter Ausgleichszahlungen für soziale Zwecksetzungen in der GKV bleibt schließlich fraglich.

Aus der Medizinethnologie[30] ist der Befund transportiert worden, dass Krankheit[31] ein soziales Konstrukt ist. In Verbindung mit der Dynamik des medizinisch-technischen Fortschritts[32] und unter der Bedingung der Anbieterdominanz[33] auf Grundlage der asymmetrischen Informationsverteilung und anbieterseitiger echter Unsicherheit im diagnostischen Alltag resultiert hieraus jedoch auch (mitbedingt durch die Einkommenserzielungsinteressen der Anbietersysteme) die Tendenz zur latenten Überproduktion. Diesen Tatbestand nennt Anschütz (1987, S. 186) „Alibismus". Höffe (2004, S. 31) sieht diese Polypragmasie (Anschütz, 2001, S. 22) verankert in einem Maximal- statt Optimaldenken in der medizinischen Versorgung, welches durch die Spezialisierung der Medizin ebenso mitbedingt ist wie durch die Erwartungshaltungen der Patienten, so dass beide Seiten des Leistungsgeschehens noch „Quasi-Allmachtshoffnungen" hegen. Methodisch-technisch muss fraglich bleiben, ob im Lichte der differenzialmathematischen Logik der ökonomischen Theorie die Differenz zwischen Maximal- und Optimalorientierung sinnvoll ist. Im sozialen Diskurs wird aber überaus deutlich, was gemeint ist. Die Maximalbetrachtung kennt keine (privaten und sozialen) Grenzkosten, sondern orientiert sich nur an den (Grenz-)Nutzenverläufen. Die medizinischen Therapieentscheidungen müssen sich aber nicht nur an den Wirkungswahrscheinlichkeiten, sondern auch an dem Grenzleid zusätzlicher Interventionen orientieren. Insofern gibt es (die Idee) ein(es) Therapieoptimum(s). Die ganze Debatte um Sterbehilfe (Überblick bei Woellert/ Schmiedebach, 2008) und Therapieverzicht resultiert aus der Annahme einer Existenz eines Optimums.

In den nun in Zeiten fiskalischer Restriktion (Form 1) auftretenden gesundheitspolitischen Bemühungen um einen Abbau der Überproduktion kann (Raupach, 2006) es (etwa in Folge der angeführten Orientierung auf [fall- oder sogar nicht-risikoadjustierte kopf-] pauschalvergütende Finanzierungsregime) schnell zu Umkipp-Effekten in Richtung auf eine Unterversorgung kommen (Form 2). Das Problem der medizinisch-technischen Überversorgung bleibt dabei im Auge zu behalten.

Hier kommt der Setzung ökonomischer Anreizstrukturen eine berechtigte Bedeutung zu.

---

[30] Wolf/Stürzer, 1996; Lux; 2003; Greifeld, 2003.
[31] Ebenso wie Behinderung: Graf/Weisser, 2006.
[32] Vgl. auch GVG, 2008.
[33] Die Dominanz der Medizin ist eine Form der Professionalisierung, die hohe berufliche Autonomie fundiert: Borgetto/Kälble, 2007, S. 133. Tiefere kulturgeschichtlich-gouvernementale Perspektiven fehlen bei dieser Deskription von Borgetto/Kälble, 2007.

I. Soziale Praxis als Herausforderung in tiefengrammatischer Perspektive 209

Technisch ist immer mehr (diagnostisch wie therapeutisch) möglich. Was aber soll umgesetzt, in der Behandlungs- und Versorgungspraxis gelebt und schließlich solidarisch finanziert werden? Beispielsweise wird im (nicht nur feministischen) Biopolitikdiskurs (vgl. auch Muhle, 2008) der institutionelle wie diskursive Herrschaftsanspruch[34] der Medizin über den weiblichen Kör-

---

[34] *Unvollständige Poststrukturalismen*: Im Rahmen seiner Darlegungen wäre dies ein treffendes Beispiel dafür, wie Hillebrandt (1999) soziale Fremdsorge (in Form der staatlichen Sozialpolitik als soziale Kontrolle/Disziplinierung) die Selbstsorge formt (Hillebrandt, 1999, S. 102). Für Hillebrandt ist Sozialpolitik eine moderne Art und Weise, wie der Mensch über komplexe Wissenssysteme konstruiert wird (ebd., S. 12). Menschen werden (vgl. auch die Andeutungen bei Schulze, G., 2005a, S. 6 f.) zum Gegenstand der Sorge (Hillebrandt, 1999, S. 18; vgl. aber auch den richtigen Kern dieser These treffend: Zelinka, 2005). Bildung, Gesundheit und Wohlfahrt wären dabei die Felder, in denen humane Defizite symbolisch codiert würden, um sodann „fremdreferentielle Interventionen in menschliche Orientierungsprozesse legitimieren" (Hillebrandt, 1999, S. 18) zu können. Problematisch erscheint an dieser Darlegung zunächst, dass diese Perspektive auf die Sorge(arbeit) in Abgrenzung zur Anthropologie geschieht (ebd., S. 9 ff.), handelt es sich doch um die Kernfrage philosophischer, historischer und sozialer Anthropologie. Aber dies muss hier nicht demonstriert werden. Noch problematischer erscheint es aber, und das hängt jedoch mit dem ersten Punkt zusammen, wenn diese eine Seite der Charakterisierung der Sozialpolitik ohne Darlegung der anderen komplementären Seite expliziert wird: Sozialpolitik dient der Entfaltung der menschlichen Persönlichkeit. Es darf betont werden, dass die vorliegende Argumentation von mir einen für die vorherrschende deutsche Sozialpolitikwissenschaft eher ungewöhnlich akzentuierte Zugangsweise wählt: Referenzpunkt aller Erwägungen ist die – gelingende – Ontogenese des Menschen. Verweist das Postulat des Gelingens auf hier nicht zu erörternde wissenschaftstheoretische Fragen des Normativismus in der Sozialpolitikwissenschaft, so dreht sich nach diesem Zugang zum Themenkreis die praktische Sozialpolitik um die Politik der Förderung der Chance auf eine gelingende Ontogenese. Das bedeutet (und das war weiter oben bereits angesprochen und darf nunmehr der Wichtigkeit wegen wiederholt werden), dass der Mensch in seiner – möglichst Existenz-erhellenden, also sinn- und aufgabenorientierten – Daseinsbewältigung, seiner Sorgearbeit, Ressourcen benötigt, um die An- und Herausforderungen im Lebenslauf, also die Abfolge der phasenspezifischen (folgt man Erikson), sich oftmals aber auch verschachtelnden Entwicklungsaufgaben zu bewältigen. Er steht hier, um die implizite Menschbildkonstruktion zu explizieren, im Kontext seiner polaren Spannung zwischen Ich-Bezug und Welt-Bezug im Kräftefeld normativer Anforderungen zwischen Selbstverantwortung und Selbständigkeit einerseits und sozialer Mitverantwortung und sozialer Ressourcenabhängigkeit andererseits. Mag sein, dass im Bezugsrahmen postmoderner Dekonstruktion, der Hillebrandt zu folgen scheint (Hillebrandt, 1999, S. 9 f.), diese Seite eine reine Chimäre ist. Im Lichte einer profunden philosophischen Anthropologie (kritisch allerdings Weingarten, 2005) besteht jedoch im ontogenetischen Balanceakt zwischen Selbst-Sein, Mitsein und Fremdsorge eine Unausweichlichkeit, die im kulturellen Raum und in der historischen Zeit immer wieder neu konkretisiert werden muss. Dies setzt jedoch in der Moderne einen Personen-Begriff voraus, den Bohn (2006) offensichtlich nur in vor-modernen Gesellschaften ansiedelt.

per (etwa in der pränatalen Diagnostik) kritisch erörtert. Auch die zunehmende Medialisierung der Schulkinder[35] ist ein exemplarisches Thema.

Sozialversicherungsrechtlich konkretisiert sich dieses Problem als politische Entscheidung über den (wirksamkeitsgestützten) Leistungskatalog: Was soll aufgenommen, was soll ausgeschlossen bleiben? Und die Definition des Leistungskataloges hat distributive Wirkungen. Wer bekommt also was und wie? Unter der Bedingung der Form 1 der Rationierung wirft die Form 3 also einen gravierenden Selektionsdruck auf. Was soll an Optionen gesellschaftlich ausgeschlossen werden? Wen wird es dann wie treffen? Wie ist das zu begründen?

Notwendigkeit des systemischen Sozialmanagements: Die möglichen Differenzierungen in der Behandlung von Patienten, die medizinisch kompliziert und daher ökonomisch unattraktiv sind, stellen ein Defizit in der Versorgung dar, das durch die weitgehend noch suboptimal gelöste Problematik des Managements des Patientenpfades an den Schnittstellen von Sektoren und sektoralen Institutionen entsteht. Je ausgeprägter die Pauschalvergütung von fragmentierten Sektorinstitutionen ist, desto höher ist die – ökonomisch rationale – Neigung der Institutionen, frühzeitig die schlechten Risiken zu externalisieren.

Dies gilt c.p. Denn jederzeit können gegenläufige Wirkfaktoren eingebunden werden (ausführlich vgl. Raupach, 2006). Kontrollen durch die Kassen (MDK: Schröter, 2007) oder Qualitätsmanagement[36] sind verfas-

---

[35] *Kindheitsforschung*: So hat, um auf das zum Alter analoge Beispiel der Kinder zurückzukommen, die Forschung der letzten Jahre (zu Ariés und DeMause vgl. Schulz-Nieswandt, 2004b) zeigen können (historisch: Cunningham, 2006 sowie Meier, 2006; historisch-anthropologisch: Hermsen, 2006; vgl. ferner Backe-Dahmen, 2008), dass es seit dem 18. Jh. zwar zweifelsohne eine zuspitzende Fokussierung auf das Kindsein (ideell als Kindheit wie empirisch als Kind-Sein) gab, aber man wird vor-modernen Epochen (eurozentrisch betrachtet) kaum ein emotionales Engagement für Kinder absprechen können. Abhängig von sozioökonomischen und ökologischen Kontexten, geprägt vor der kontinuitätsstiftenden Hintergrundsfolie des Christentums (Art. „Kind" in TRE, Bd. 17, S. 156 ff.) lassen sich Ambivalenzen und Widersprüche ausmachen im Umgang mit Kindern. Aber psychohistorisch gesehen ist ein von Zuneigung und Sorge geprägtes Gefühlssystem zwischen Eltern (Umwelt) und Kindern nicht einfach eine Erfindung der Neuzeit. Vielmehr weisen die Wurzeln, folgt man den Forschungen, immer wieder zurück (über das 12. Jahrhundert in die antiken Strukturen, ins neue und auch ins alte Testament usw.), wodurch sich die Frage der modernen Erfindung auflöst zu einem Zusammenspiel von Kontinuitäten, Kontexten, Ereignissen und Wandlungen, aber nicht zu einem Dualismus von vorzeitlichem Nicht-Sein und nun-zeitlicher Existenz. Ähnliches dürfte zum Phänomen der Jugend (Göppel, 2005) zu sagen sein: Jugend (Mitterauer, 1986; Levi/Schmitt, 1996) ist kein Produkt des 19. und 20. Jahrhundert, wenngleich sie dort eine spezifische Formbestimmtheit erhalten hat (Andresen, 2005).

[36] Zum QM im Gesundheitswesen: Robert Koch Institut, 2006, S. 171 ff.

sungskonforme[37], einbaufähige Elemente. Aber eine einzelfallbezogene Prozesskontrolle ist bürokratisch. Und die gesetzlichen Verpflichtungen zum internen QM im Krankenhausbereich sind umstritten. So wäre dann eine manageriale oder gar institutionelle, auf neue Betriebsformen abstellende Sicherstellung transsektoraler Versorgungsketten (Wagner, B., 2004[38]) eine systematische Antwort auf die Externalisierungstendenz der internen rationalen Handlungslogik pauschal vergüteter, sektoral fragmentierter Einrichtungen.

2. Die Struktur der Analyse

Nach all diesen Zugangseröffnungen des Kapitels A., die bis zu diesem Punkt des vorliegenden Buches gewählt worden sind, legitimiert sich dennoch – trotz des bereits fortgeschrittenen Seitenstadiums – ein nunmehr anstehender Ein- und Überblick über die Struktur des verbleibenden Hauptteils des Buches. Es geht nicht nur um den gliederungsmäßigen Aufbau. Es geht um die analytische Architektonik. Das Buch verschachtelt mehrere Mehr-Ebenen-Systeme, da es sowohl objekt- wie auch metatheoretisch, d. h. in grundlagenwissenschaftlicher Orientierung an einem Forschungsparadigma interessiert ist.

Zunächst darf die Gliederung grafisch auf ihre Kernstruktur reduziert werden.

Das nachfolgende Schaubild 1 „Kernstruktur der verästelten und verschachtelten Analyse" soll die zentralen Abschnitte herausheben und in eine architektonische Ordnung bringen.

Verschiedene Zugänge (Kapitel A.I. bis A.IV. sowie B.I.1.) führten mich nun zum Kapitel B.I.2., um die komplexe nachfolgende Struktur darzulegen. Es blickt kurz zurück, skizziert dann aber vorausschauend.

Kapitel B.I.3. stellt ein zentrales Grundlagenkapital dar, welches die kulturgeschichtlichen Hintergrundsfolien[39] aktueller Praxisstrukturen und -pro-

---

[37] So geht es auch beim betriebstypischen Wandel des Leitbildes des Apothekers nicht mehr um die Frage, ob ein Apotheker nur in seinem eigenen, einzelnen Geschäft tätig sein darf oder auch Filialen in anderer Rechtsform gründen darf; es geht vielmehr nur um Qualitätssicherung durch Vorhaltung entsprechender Qualifikationen in den Filialen. Vgl. Kruis, 2007.

[38] Zur Verknüpfung von Krankenhaus und vertragsärztlicher Versorgung im Akutbereich vgl. etwa Gellrich, 2005.

[39] Auch am Phänomen der Einsamkeit können vormoderne, aus archaischen Konstitutionsbedingungen monotheistischer Religion/Religiösität stammende Wurzeln eines aktuellen Phänomens archäologisch rekonstruiert werden: vgl. Assmann/Assmann, 2000.

212 B. Cultural turn

Schaubild 1
„Kernstruktur der verästelten und verschachtelten Analyse"

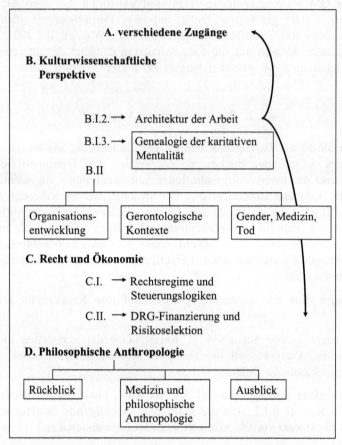

© F. Schulz-Nieswandt, techn. Umsetzung: C. Kurscheid.

zesse rekonstruiert.[40] In B.II. werden drei zentrale Themenkreise ausgebreitet: a) die Perspektive der Organisationsentwicklung, b) der gerontologische

---

[40] Und wenn man diese Hintergrundsfolie als Teil einer Genealogie bzw. Archäologie der aktuellen Dienstleistungspraxis leisten will, kommt man, im Gegensatz zu Bremmer (1996), um ein mit Blick auf die Fußnoten „aggressively scholary book" (ebd., S. xiii) nicht herum. Allerdings kann ich dann nicht, wie Bremmer (1996, S. 213) behaupten, „my purpose was to share with others the pleasure I have found in discovering what writers, past and present, have had to say – or have had their characters say – about charity and philanthropy, and in considering the circumstances and significance of their observations."

I. Soziale Praxis als Herausforderung in tiefengrammatischer Perspektive 213

Hintergrund und c) der Zusammenhang zwischen Genderordnungen, Medizinpraxis und Todesbegegnung. Hier ist das Kapitel B.II.4. sicherlich ganz zentral.

Kapitel C. umfasst eine Analyse der rechtlichen und ökonomischen Regime, die für das anstehende Thema regulationstheoretisch von Interesse sind. Kapitel C.I. analysiert die Rechtsregime und die dadurch transportierten ökonomischen Steuerungslogiken. Kapitel C.II. fällt knapper aus, ist aber im Lichte der einleitenden Darlegungen systematisch wichtig: Der Zusammenhang zwischen DRG-Finanzierung der Krankenhäuser und der Risikoselektion. Integrationsversorgung und Qualitätsmanagement sind in diesem Kontext zentrale problemorientierte Bewältigungsstrategien.

Kapitel D. ist der philosophischen Anthropologie gewidmet. Kurz fällt ein Rückblick aus. Zentral ist das Kapitel D.I.2. zur Medizin- und philosophischen Anthropologie. Ein Ausblick (D.II.) beendet die Arbeit.

Der zurückliegende Teil des Kapitels B.I.1. baute auf der Einführung auf und bot einen Überblick zum „Themenkreis". Vor allem wurde bis hier eine Skizze des forschungslogischen Programms versucht. Das gleich noch folgende Kapitel B.II. stellt den zentralen Abschnitt der Problementfaltung dar. Dieses Kapitel ist inter- bzw. multidisziplinär gehalten. Es geht darum, eine Medizin als neue soziale Praxis zu definieren, die aber von dem System personaler Haltungen[41] her gedacht ist, wenngleich die soziale Praxis der Entfaltungskontext personaler Haltungen ist.

Kulturwissenschaftliche Wende entfalten, Ökonomik als politische Theorie begreifen: Beide Kapitel (B.I. und B.II.) sind im Lichte einer Orientierung am Cultural turn[42] geschrieben. Die Entwicklung ist Teil des Cultural turns

---

[41] Ich sehe Parallelen des Haltungsbegriffs zum Verständnis der Stile personaler Emanzipation bei Schmitz, 2005, Bd. IV, S. 45 ff., mehr noch zu den Methoden personaler Orientierung: ebd., S. 163 ff.

[42] *Konstruktivistische Sozialpolitiktheorie und Cultural turn*: Während ein großer Teil des Themenkomplexes „investive Sozialpolitik" (oftmals nicht ideologiefrei, sondern eingebunden in die Modernisierungsbemühungen der deutschen Sozialdemokratie; vgl. auch Priddat, 2006a, S. 85 ff. Bei vielen Analysen kann man oftmals nicht völlig klar erkennen [Lessenich, 2008], ob der Bezug zu einer alten, versorgerisch-konsumtiven Welt eines Sozialstaates empirisch gemeint ist, oder ob es sich um ein mythisches Konstrukt handelt, um die neue Welt des investiv-aktivierenden Sozialstaats davon abzuheben. Dass die alte wie die neue Welt jeweils immer schon und auch in Zukunft hybrid sein wird, kommt vielen Konstrukteuren, die damit eher an eine verkappte Replizierung dualer Welten [Gemeinschaft versus Gesellschaft z.B.] meinen, nicht in den Sinn) nach produktiven und reproduktiven Effekten der Sozialpolitik für die wirtschaftliche und soziale Entwicklung fragt (vgl. auch Dollinger, 2007), also im Prinzip externalitätstheoretisch argumentiert und dabei in zentraler Weise auch Aspekte der fiskalischen Nachhaltigkeit im Kontext sozio-demografischer und makroökonomischer Pfade anreizkompatibel berücksichtigt, wird nun-

auch in der Sozialpolitikforschung, in der sich eine Fülle ethnografischer Studien häuft. Es gibt dazu objekttheoretisch Anlässe auf der Mikroebenen-

---

mehr im Lichte des Cultural turns die Nachhaltigkeitsperspektive umgekehrt. Was sind die normativen Grundlagen (zur Begriffsanalytik von Normen, Regeln, Geboten etc. vgl. Raz, 2006) einer sozial akzeptierten Sozialpolitik und wie ist die normativ fundierte soziale Akzeptanz nachhaltig zu stabilisieren? Wie ist die kulturelle Einbettung zu verstehen als Sozialkapital einer wettbewerbsfähigen sozialen Marktwirtschaft? Kulturelle Einbettung ist ein mikro- wie makroökonomisch wie auch mikro- und makrosoziologisch zentrales Thema in der empirischen Wirtschafts- und Sozialforschung geworden (vgl. zu „bonding" und „bridging" auch Patulny/Svendsen, 2007). Reziprozität ist ein aktuell seit einigen wenigen Jahren wieder breit aufgegriffenes „klassisches" Thema der Soziologie und Ethnologie geworden. Bettet man die Fragestellung des vorliegenden Themas in diese – hier nur knapp und stichwortartig angedeuteten – empirischen und theoretischen Wissenschaftsentwicklungen ein, so wird die Problematik verständlich: Sozialpolitik muss in ihren verschiedenen Strukturtypen (etwa Sozialhilfe versus Risikovergemeinschaftung in der GKV als auch in Bezug auf die Logik der damit verbundenen Dienstleistungsmärkten) hinsichtlich der impliziten kulturellen Voraussetzungen der Logik (Funktionsmechanismen) akzeptanzorientiert analysiert werden. Unter kulturellen Voraussetzungen sind motivational strukturierte kognitive Muster der Wahrnehmung und Interpretation sowie der normativen (z.B. gerechtigkeitsorientierten) Rechtfertigung zu verstehen. Eine zentrale Frage soll sein, ob es Korrelate der sozialpolitischen Strukturtypen der Leistungserbringung (hier nun der Finanzierung) gibt, die als Haltungstypen im Sinne der historisch-anthropologischen Mentalitätsforschung zu verstehen sind: Mit Blick auf vertikale und horizontale Formen der Sozialpolitik (steuerfinanzierte Sozialhilfe versus genossenschaftsartige Systeme der Hilfe auf Gegenseitigkeit) könnten sich ganz unterschiedliche Akzeptanzsysteme herausbilden (Schulz-Nieswandt, 2002). Das ganze Thema kreist um verschiedene Formen der Reziprozität, des Spannungsverhältnis von Rationalität und Altruismus, der Differenziale individueller und kollektiver Zeithorizonte, der diskursiven Kulturabhängigkeit der sozialen Konstruktion relevanter Externalitäten usw. Das Thema hat vor allem auch in der neueren Massenkommunikationsforschung einen Niederschlag gefunden, wenn es um die Frage der Generierung öffentlicher Bilder mit Blick auf Policy-Fragen geht: Agenda-Bildung, Karriere sozialer Probleme, massenmediale Generierung stereotypischer Wahrnehmungsmuster, die verhaltensrelevant sind (Geschlechter-, Alter-, Jugend, Migranten-, Armutsbilder etc.). Methodisch ist auf eine deutlich angewachsene empirische Literatur zur sozialen Akzeptanz auf verschiedenen Aggregatsebenen (national, international vergleichend, Gesamtsicherungssystem, Teilsysteme sozialer Sicherung) zu verweisen. Methodenpluralismus herrscht vor. Ergänzbar ist diese Befundelage, die noch nicht hinreichend metaanalytischen Beurteilungen unterzogen worden ist, durch die Ergebnisse der experimentellen Ökonomik und Sozialpsychologie. Ein Desiderat der bisherigen – theorieorientierten – Aufarbeitung des Themas der kulturellen Einbettung der Sozialpolitik mit Blick auf normative Nachhaltigkeit ist die Berücksichtigung der entwicklungspsychologischen Grundlagen: Akzeptanzentwicklung durch gelingende Sozialisationsleistungen mit Blick auf Empathie, Bindungsfähigkeiten, Gabebereitschaften etc. Diesen Zusammenhang wird man sich auch familien- und bildungspolitisch stärker als bislang vergewissern müssen. Insbesondere die Nachhaltigkeitsprobleme der Generationenverträge dürften von den lebensweltlichen Erfahrungen verwandtschaftlicher Generationenbeziehungen abhängen. Diese wiederum dürften trotz aller Ambivalenz im

I. Soziale Praxis als Herausforderung in tiefengrammatischer Perspektive 215

forschung, etwa als Ethnografie des medizinischen Blicks, der Pflegerelationen in Einrichtungen der stationären Altenpflege, die diskursiven und institutionellen Praktiken der Sozial- bzw. Arbeitsämter (allein der Begriffsswitch zu „Agenturen" ist voller metaphysischer Mucken) u.v.a.m. Methodologisch erwächst der Cultural turn auch aus der Erkenntnis der Grenzen z.B. der spieltheoretischen Mikrofundierung vieler Kollektivgutprobleme (in kognitiver, aber auch in motivationaler Hinsicht). Der Cultural turn bedarf hier einer human- und verhaltenswissenschaftlich relevanten psychodynamischen Fundierung (vgl. auch Teising [2004] mit Bezug auf die Altenpflege). Im Kapitel B.I. sind sogleich noch kulturgeschichtliche Genealogie[43]-Streiflichter darzulegen: Wo liegen die kultur- und mentalitätsgeschichtlichen Ursprünge moderner sozialer Hilfe?[44] Das ist eine, vielleicht sogar „die" wichtige Hintergrundsfrage. Es zeigt sich, wie archaisch, und zwar nicht nur im Fall der Psychopathologie (Storch, 1922; dazu auch Tellenbach, 1988, S. 249), strukturiert die Menschen auch in der modernen sozialen Praxis sind[45] (vgl. grundsätzlich auch Latour, 2002[46]; zu

---

Lichte der Befundelandschaft keine Anlässe für soziale Erosionsthesen geben. Kurzum (unter Effektivitäts- und Effizienzgesichtspunkten betrachtet): Was glauben die Menschen über die Begründbarkeit und die Wirkung der Sozialpolitik? Hier meint kulturelle Einbettung die Akzeptanz moralökonomischer Gabebereitschaft in einem weiteren Sinne? Wie generieren sich „Bilder des Sozialstaates" mit Blick auf gleichzeitig effiziente und faire bzw. gerechte Interventionslösungen für soziale Fragen? Die Zukunft der Sozialpolitik hängt nicht nur von ihrer relativ investitionsorientierten Modernisierung ab, sondern auch von der nachhaltigen Bildung einer passungsfähigen „welfare culture".

[43] Eine Genealogie der Bildung, eng angelehnt an Foucaults Machttheorie der Mechanismen der Formierung von Subjektivität, legt Ricken (2006) vor.

[44] *Unkritische Genealogien*: Es ist bemerkenswert, dass die an sich thematisch zentrale, in den δ-phänomenologisch-empirischen Teilen auch außerordentlich erkenntnisreiche Studie von Napiwotzky (1998) mit Blick auf die Genealogie der Mütterlichkeit tatsächlich ohne jeden Bezug auf Foucault und dort angelehnte Diskurse auskommt und als Dissertation angenommen wird. Auf Foucault geht allerdings auch die wichtige Arbeit von Käppeli (2004) überhaupt nicht ein, was bei diesem Thema und dem kulturgeschichtlichen Rekurs auf die Antike, um die Genealogie des christlichen Mit-Leidens in helfenden Beziehungen zu rekonstruieren, überhaupt nicht zu verstehen ist. Zur Studie komme ich noch an anderer Stelle zurück.

[45] Vgl. das Nachleben mittelalterlich-metaphysischer Staatslehre in der Analyse der Sitzordnungen moderner Parlamente vgl. Manow, 2008.

[46] *Zu Latour*: Latour betont vor allem den Aspekt, dass die moderne Behauptung, diese (die Moderne) definiere sich über eine realisierte Trennung von Natur und Kultur, empirisch falsch sei und diskursbezogen reiner arroganter Eurozentrismus des Westens sei. Trotz aller Anregung und entgegen der scharfen Kritik, Latour produziere nur elegant ausformulierten Unsinn, glaube ich selbst auch, dass Latour in seiner Aktanden-Theorie ein Gespenst stilisiert. Seine theoriegeschichtlichen Rekonstruktionen (zu Durkheim u.a.) überzeugen auch nicht. Indem er den Dingen

Latour vgl. auch Eckart/Jütte, 2007, S. 140 sowie komplex Kneer/Schroer/ Schüttpelz, 2008; ferner Ruffing, 2009). Unter Mentalität verstehe ich „ein heterogenes Emsemble aus kognitiven und intellektuellen Dispositionen, Denkmustern und Empfindungsweisen, aus denen sich die teilweise unbewussten Kollektivvorstellungen einer Gesellschaft zusammensetzen." (Art. „Mentalität" von Simonis in Nünning, 2004, S. 440)

So ergibt sich der weitere Gang der Untersuchung: Kapitel C.I. fügt die Ökonomie der institutionellen Steuerungsarrangements ein. Deutlich wird in diesem Kapitel, wie sehr Ökonomie in ihren sozialwissenschaftlichen Bezügen entfaltet werden muss (vgl. auch Simon, 2009), ja in einer letzten – ontologisch vergewisserten – Instanz selbst politische Theorie[47] darstellt[48].[49]

Kritische, Hypothesen-gesteuerte Versorgungsforschung: Kapitel C.II. fokussiert auf die Problemperspektive, die kritisch danach fragt, wie sich der Hospitalsektor unter den Bedingungen des DRG-Regimes auf die Patientenpfade auswirken wird. Dieses Kapitel verdichtet die theoretisch fundierten und medizin- bzw. pflegeanthropologisch verklammerten Analysen auf diese Schlüsselfrage im Versorgungsgeschehen. Deshalb wurde in Kapitel B.I.1. bereits auf das Problem der Risikoselektion knapp, aber systematisch eingegangen. Diese beiden Kapitel (C.I. und C.II.) sind im Lichte von Ökonomie und Recht als diskursiv-institutionelle Regime geschrieben.

Anthropologie der Medizin und Pflege als Desiderat: Kapitel D. zieht ein Fazit (D.I.1.), ist aber mit einem anthropologischen Ausblick mehr als ein kurzes Abrundungskapitel. Dargelegt werden in D.I.2. nämlich in dichter Form die Konturen einer Sozialsektor-relevanten philosophischen Anthropologie als Forschungsdesiderat. Die Arbeit wird mit einem Schlusskapitel (D.II.) zu Ende geführt.[50]

---

selbst ein Skript (vgl. auch Ruffing, 2009, S. 30) unterstellt (was richtig ist), gibt er selbst zu, dass die Dinge kulturell geprägt, aktiviert und in den gesellschaftlichen Zusammenhang sinnhaft und funktional inkorporiert sind. Innovativ ist jedoch seine ethnomethodologische Analyse der Wissenskonstruktion durch Wissenschaft als Wissenschaftspraxis.

[47] Zur Auseinandersetzung mit einem modernen Begriff der Politik vgl. auch Schulz-Nieswandt, 2004c, S. 552 f.

[48] Vgl. Schulz-Nieswandt zu Theo Thiemeyer: Schulz-Nieswandt, 1992; ders., 1995; ders., 1995a.

[49] Eine dogmengeschichtliche Darstellung zur politischen Konstitutionsdimension der Nationalökonomie wäre an dieser Stelle reizvoll. Sie müsste herausragende Vertreter wie Gunnar Myrdal und Albert Hirschman (vgl. etwa Hirschman, 1995) aufgreifen und auf die Klassiker des Alt-Institutionalismus verweisen (etwa auf Commons: vgl. Kaufman, 2007).

[50] Einige verdichtete philosophische Grundlagen skizziert Danzer (1997) als Basis einer psychosomatischen Medizin. Dabei teile ich dessen Fundamentalannahme

Grammatik der Mehr-Ebenen-Struktur des Buches: Das vorliegende Buch muss in seiner komplizierten, besser: komplexen Grammatik verstanden werden. Bereits in der Einleitung wurde darauf hingewiesen. Im Prinzip überlappen sich in dem eben kurz skizzierten Aufbau der Kapitel zweierlei Mehr-Ebenen-Analysen:

a) eine architektonische, die institutionentheoretisch zu verstehen ist (*Institutionenarchitektonik*), und

b) eine semiotische, die kulturtheoretisch zu verstehen ist (*Kultursemiotik*). Hinzu kommt noch

c) eine dritte Ebene, die mit den Ergebnissen der verschachtelten Analyse von a) und b) konfrontiert wird und diese Ergebnisse in einem spezifischen Licht sehen lässt.

Es handelt sich bei c) um eine *philosophische Anthropologie*, die sich mit einer ontologischen Daseinsanalyse mischt und den *homo patiens* zum Zentrum der Medizinkulturkritik (*Medizin- und Pflegeanthropologie*) erhebt. Zum wissenschaftstheoretischen Status dieser philosophischen Anthropologie ist an entsprechender Stelle noch eine nähere Ausführung zu machen.

Das nachfolgende Schaubild 2 „Die architektonische Struktur der Arbeit in theoretischer Hinsicht" soll diesen komplexen Verschachtelungen der beiden Mehr-Ebenen-Analysen im Zusammenhang mit der Hintergrundsproblematik einer philosophischen Anthropologie und einer ontologischen Daseinsanalyse (vgl. auch Art. „Dasein/Daseinsanalyse" in RGG, Bd. 2, Sp. 587 f.) verständlicher machen.

Einerseits wird eine Mehr-Ebenen-Struktur durch die Differenzierung einer Makro-, einer Meso- und einer Mikroebene eingeführt; andererseits transportiere ich eine Mehr-Ebenen-Struktur in die Analyse, indem zwischen den Zeitmodalitäten der Biografie, der Zeitgeschichte und der Kulturgeschichte differenziert wird.

Im Mittelpunkt der Analyse steht eine empirisch zu bearbeitende soziale Praxis. Diese steht mitten in der Problematik einer komplexen Organisationsentwicklung. Diese im organisationellen Wandel begriffene soziale Praxis wird einerseits im Lichte der einwirkenden rechtlich-ökonomischen Regime analysiert, andererseits auch im Lichte einer Transaktionalität zwischen dem psychischen Apparat der Akteure (Professionen) und den kulturellen Codes (Programmstruktur der habituellen Handlungsmuster). Die

---

eines den Menschen einbindenden Nexus erkenntnistheoretischer, ontologischer und anthropologischer Annahmen. Fundierend auch das Lehrbuch von Frick (unter Mitarbeit von Gündel), 2008; wobei es ein Grauen ist, dass die Bibliographie beim Verlag zum downloaden externalisiert wird.

218 B. Cultural turn

Schaubild 2
„Die architektonische Struktur der Arbeit in theoretischer Hinsicht"

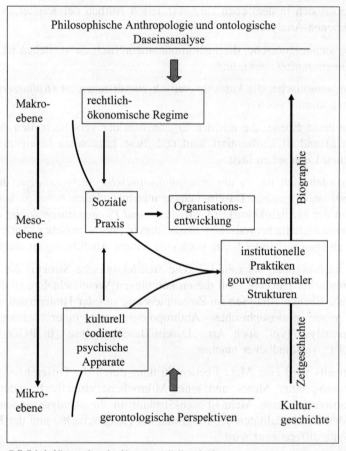

© F. Schulz-Nieswandt, techn. Umsetzung: C. Kurscheid.

Transmissionszusammenhänge entlang der Achse „Regimeanalyse, soziale Praxis, Organisationsentwicklung" sind den Transmissionszusammenhängen entlang der Achse „Psychische Apparate/kulturelle Codes, soziale Praxis, Organisationsentwicklung" parallelisiert. Das Parallelogramm führt zum Phänomen institutioneller Praktiken gouvernementaler Strukturen. Unter Berücksichtigung gerontologischer Befundperspektiven wird dieses Analyseparallelogramm im Lichte philosophischer Anthropologie und ontologischer Daseinsanalyse vertieft. Damit zurück zur Struktur des Aufbaus und des Verlaufes der Arbeit.

I. Soziale Praxis als Herausforderung in tiefengrammatischer Perspektive 219

Das ist die auf Kernkonzeptbegriffe verdichtete Verlaufsstruktur der Arbeit: Eine Institutionenarchitektonik kultursemiotisch herleiten und die Institutionenarchitektonik sodann im Lichte einer philosophischen Anthropologie lesen, die sich zur Medizin- und Pflegeanthropologie konkretisiert.

Es muss deutlich werden, was damit tatsächlich gemeint ist. Die historischen Rückgriffe sind nicht überflüssig, sondern notwendig, wenn die skizzierten archetypischen Ausgangslagen und die kulturgeschichtlich allerersten institutionellen Derivationen als bleibend relevante kulturelle Hintergrundsfolien auch aktueller Politik verstanden werden sollen. Das wird im Verlauf der Arbeit materiell wie metatheoretisch immer wieder aufzugreifen und darzulegen sein.

Hinzu kommt noch, dass diese ineinander verschalteten Ebenensysteme eingebettet bleiben in die Rahmenprozesse, die von drei anthropologisch relevanten Fluchtpunkten der gesellschaftlichen Entwicklungsmuster definiert werden: Der Alterung (Kruse, 2007; Staudinger/Häfner, 2008), der Generationenbeziehungen (Schulz-Nieswandt u.a., 2009; Künemund/Szydlik, 2009)[51] (vgl. dazu die historische Konzeptrekonstruktion bei Parnes/Vedder/Willer, 2008)[52] und des Todes (Kellehear, 2007).

a) Architektonisch behandelt die vorliegende Arbeit drei Ebenen der Analyse, die vertikal verschachtelt sind. *Es geht um Recht, um Sozialwirtschaft und um Mikropolitik*:

aa) Auf einer Makroebene werden rechtliche Regimeentwicklungen[53] beschrieben, die insbesondere europarechtlicher Art sind und in Wahlver-

---

[51] *Generationenbeziehungen im Wandel*: Die Generationenbeziehungen und die Rolle des Sozialstaates werden sich im Lichte des soziodemografischen Wandels ändern. Aber wie? Wohin geht die Entwicklung? Wie gestaltet sich in Zukunft das Alter in dieser veränderten Situation (eine Frage, die vor allem auch die Konstruktion von Altersbildern und deren Verhaltenskonsequenzen betrifft)? Rationierungsängste im Gesundheitswesen sind ja nur ein Beispiel für die Bausteine eines solchen Diskurses. Das ganze Problem ist theoretisch zu differenzieren und im Lichte empirischer Befunde zu entfalten. Der demografische Wandel selbst muss hier jedoch sicherlich nicht nochmals dargelegt werden. Nicht nur die Fülle der Literatur ist offensichtlich, sondern sämtliche Diskurse weisen mitunter bereits eine Demografisierung auf.

[52] Die – innerhalb wie außerhalb von Familie und Verwandtschaft – voller Ambivalenzen sind. Im Lichte von Machtphänomenen innerhalb dieser Beziehungen ist auch Solidarität durchaus eine vielgestaltige Problematik. Vgl. die Arbeit von Heuer, 2006.

[53] Neben (bzw. oberhalb) der EU-Rechtsebene, die in der vorliegenden Abhandlung dominiert, ist zumindest erwähnenswert das GATS: Lange, 2004. Vgl. auch Adlung, 2002 sowie Lipson, 2002.

wandtschaft zu nationalen Mutationen der ökonomischen Steuerungsmechanismen den regulativen Rahmen abgeben für die Mesoebene.[54]

---

[54] *Konzessionswesen innerhalb und jenseits des Korporatismus*: Hierzu darf zugleich die diesbezüglich zentrale Hypothese vorgestellt werden. Die Formulierung der zentralen Hypothese bedarf einer kurzen und dichten institutionenbezogenen Herleitung. Das deutsche Gesundheitswesen hat ein spezifisches „Konzessionswesen" (der Begriff bleibt europarechtlich durchaus strittig: vgl. dazu die Klärungen bei Ruhland, 2006 und Ortner, 2007; vgl. ferner Burgi, 2004; passungsfähiger wäre der Begriff der Lizenz im Pflegewesen; im Gesundheitswesen geht es um Zulassung und um äquifunktionale Mechanismen) ausgebildet. Dieses ist im sozialrechtlichen Dreiecksverhältnis zwischen Versicherten, Kassen und Anbietern angesichts der Dominanz des Sachleistungsprinzips ein abgeschottetes Planungssystem. Der Sicherstellungsauftrag liegt gemäß Sozialgesetzbuch (SGB) V im Rahmen der raumbezogenen Niederlassungsplanung der ambulanten Vertragsärzte (weitgehend – hier und im nachfolgendem muss insgesamt zunächst skizzenhaft vereinfacht und kann nur wenig differenziert werden) bei den Kassenärztlichen Vereinigungen (KVen). Alle berufsständisch zugelassenen Ärzte (und das konstituiert sie marktregulierungstheoretisch als Profession), und nur diese sind auch Vertragsärzte. Der Sicherstellungsauftrag im stationären Sektor der Krankenhäuser ist gemäß Krankenhausfinanzierungsgesetz (KHG) in bundeslandspezifische Formen der Krankenhausbedarfsplanung im Zusammenhang mit der dualen Finanzierung (betriebliche Kosten über die DRGs, Investitionsförderung durch die Bundesländer) eingebunden. Alle Plankrankenhäuser sind auch Vertragskrankenhäuser. Das entsprechende Kündigungsrecht ist sehr restriktiv. Solange dieses System nicht aufbricht, ist das europäische Wettbewerbsrecht, insbesondere das Beihilfe- und Vergaberecht weitgehend irrelevant (Sormani-Bastian, 2007; vgl. jedoch auch Koenig/Steiner, 2003). Eine „Europäisierung" (Knill/Winkler, 2006), d. h. eine Rückwirkung des Europarechts auf das nationale Recht und auf das daraus resultierende nationale Leistungsgeschehen reduziert sich daher zunächst auf die Folgen der Freizügigkeit der Versicherten im Rahmen des Unionsbürgerrechts, das Binnenmarkt-bezogen vor allem als Grundfreiheit der grenzüberschreitenden Inanspruchnahme medizinischer Leistungen wirksam wird. Es wird später zu skizzieren sein, was dies konkreter für die betrieblichen Organisationen im Gesundheitswesen bedeutet. Eine brisante strategische Öffnung von Handlungsoptionen für die betrieblichen Organisationen kristallisiert sich europarechtlich erst dann, wenn der Sicherstellungsauftrag auf die Einzelkassen im Wettbewerb übergeht und ein System selektiven Kontrahierens („Finkaufsmodell") implementiert wird. Dann stellt sich die Frage der Freizügigkeit der Dienstleistungen im Binnenmarkt systematisch neu. Es geht dann etwa um die Frage der grenzüberschreitenden, diskriminierungsfreien Vertragsbildung (vor allem [GÖW, 2007a] im Rahmen von Ausschreibungswettbewerb) im ambulanten und stationären Bereich der Gesundheitsversorgung. Und genau dieser Trend zum selektiven Kontrahieren läßt sich in Deutschland beobachten (Schulz-Nieswandt, 2006a). Käme es zu einer Änderung in Richtung auf ein solidarisch finanziertes System der wettbewerblichen Steuerung durch die Kassen in Verbindung mit regulativen Landesaufsichtsbehörden, dann käme die deutsche Praxis der Programmatik der Europäischen Kommission eines „europäischen Sozialmodells" strukturell sehr nahe (vgl. auch Sichert, 2007): Der nationale Wohlfahrtsstaat setzt im Rahmen seiner Gewährleistungsstaatlichkeit (sehr instruktiv: Franzius, 2006) Ziele, aber die Erstellung der Dienstleistungen ist marktoffen und wettbewerblich organisiert. Es käme zu regulierten Quasi-Märkten, etwa in Form von Ausschreibungsregimen (so auch Lam-

bb) Auf dieser Mesoebene analysiere ich die sozialwirtschaftlichen Unternehmen[55], wie sie im Lichte der Neu-Adjustierungen der Makroebene zunehmend wettbewerblich in Märkten eingebunden sind.[56] Diese sozialwirtschaftlichen Institutionen der Mesoebene stellen wiederum die morphologisch definierbaren Gehäuse[57] dar, in denen letztendlich das Leistungsgeschehen abläuft.

ping/Sohns, 2007, allerdings in den Begründungen eher nebelig). Die Sektoren der sozialen Dienstleistungen zögen damit den Trendentwicklungen in den Sektoren der wirtschaftlichen Daseinsvorsorge (Dienstleistungen von allgemeinem wirtschaftlichen Interesse) gleich (GÖW, 2007a). Die Freizügigkeit der Dienstleistungen führt zu diskriminierungsfreien, binnenmarktweiten Vertragsbildungen. Die sozialen, hier gesundheitsbezogenen Dienstleistungsmärkte europäisieren sich. Bis dahin ergeben sich strategische Handlungsoptionen für Leistungsanbieter weitgehend nur durch grenzüberschreitende Einzelvertragsaktivitäten gemäß § 140e SGB V (vgl. Christophers/Görike, 2006 am Beispiel der Rehabilitation [vgl. dazu auch Kingreen, 2006a] und mit Hervorhebung der Qualitätssicherungsproblematik, dazu wiederum auch Fuhrmann/Heine, 2006). Auf die ganze Problematik wird im Verlauf der Arbeit nochmals zurückzukommen sein.

[55] *Sozialwirtschaft im Wettbewerb*: Sozialwirtschaftliche Unternehmungen sind sachzieldominiert und stakeholderorientiert. Sie dienen öffentlichen oder öffentlich relevanten Zielen gemeinwohlorientierter Art, die, wenn sie nicht von der Sozialwirtschaft übernommen werden würden, vom Staat übernommen werden müssten. Der Markt der privaten Träger kommt zu dieser Delegation öffentlicher Aufgaben ebenso in Frage, unterliegt dann aber den gleichen regulativen Prinzipien. Freie und private Träger stehen bei der Erfüllung dieser Aufgaben im Wettbewerb, sind also marktbezogen. Das heißt auch, dass sozialwirtschaftliche Unternehmen strategisch managen und im Markt erfolgreich sein müssen. Damit müssen auch betriebliche Formalziele erfüllt werden. Hierbei kommt es mit Blick auf die betonte Gemeinwirtschaftlichkeit aber nicht auf die Gewinnerwirtschaftung, sondern auf die Gewinnverwendung an. Sozialwirtschaften stehen demnach trotz der Gemeinwohlbindung vor der Aufgabe, zugleich betrieblich effizient und allokativ (nachfrageorientiert) effizient zu sein. Hinzu kommt ein zunehmender Internationalisierungsdruck.

[56] Gerade für die gemeinwohlverpflichteten Sozialunternehmen des Non-for-profit-Sektors stellt die ausgeprägte Marktorientierung im Wettbewerb eine nicht-triviale Entwicklungsaufgabe dar: vgl. Haas, 2006; Langer, 2004; Flessa, 2006; Dörfel, 2005; Gabriel, 2005a; Krämer/Gabriel/Zöller, 2001. Und die Umwelten wie auch die Akteure sind ebenfalls nicht-triviale Maschinen. Friedrich (2001) verknüpft Ökonomie, Sozialmanagement mit Professionalität und Ethos mit Blick auf die Soziale Arbeit im Markt. Vgl. ferner Aufderheide/Dabrowski, 2007 sowie Wendt/Wöhrle, 2006.

[57] *Raumtheorien, Gestalt, Form, Bauen*: Raumphilosophisch ist mit Habig (1990, S. 21) zu argumentieren: „Als gestaltete Gestalt sind sie (die Objekte bildender Kunst – S.-N.) an materielle Medien gebunden – etwa wie die Plastik an das Stück Holz, aus dem sie besteht; aber diese Bindung ist geprägt durch die das Material formende Kraft des Geistes, der Idee." Auf meine Betriebsmorphologie übertragen bedeutet dies: Institutionen sind an materielle Medien gebunden, aber entscheidend ist die formgebende Idee der Gestaltung, also der Geist, dem diese Institutionen als Form dienen sollen. So ist Wirklichkeit immer Wirklichkeit des Raumes, in dem sich Ideen in Formen entfalten. Anthropologisch gewendet: „Die menschliche, leib-

cc) Es ist dies die Mikroebene der sozialen Interaktionen, rechtlich reguliert und ökonomisch gesteuert, symbolisch vermittelt, kulturell codiert und sozial normiert, oftmals sakral-dramatisch inszeniert[58] (Strong, 1979, S. 6)[59], reproduziert durch die habitualisierten Handlungslogiken der Professionen[60] (aber auch der – nicht Verantwortungs-befreiten – Nachfrager), die wiederum im intrapersonalen Arbeitsapparat der Akteure[61] tief verankert sind.[62]

Die Bedeutung der genannten sakralen Dimension als Erscheinungsform einer grundsätzlichen dramatischen (vgl. auch Art. „Drama", in RGG, Bd. 2, Sp. 969 ff.) Inszenierung des Sozialen ist in systematischer Bedeutungsperspektive explizit herauszustellen (theaterwissenschaftlich: Kotte, 2005).

---

seelische Beschaffenheit ist darauf angewiesen, sich selbst in Beziehung zur gebauten Räumlichkeit zu setzen, die ihrerseits der Wahrnehmung antwortet." (Habig, 1990, S. 22 und S. 23 f. zu den Positionen von Heidegger und Bollnow) Die Institution – hier: der Betrieb – erschöpft sich somit nicht in seiner materiellen und sozialpraktischen Funktion, argumentiert Habig weiter, sondern ist als Form immer Formung einer „symbolische(n) Tiefe". In diesem Sinne, analog zu Raphaels Analyse der romanischen Kirchen in Frankreich (Raphael, 1989), knüpft sich die strukturale Methode an Stilanalyse.

[58] *Liturgische Produktionsweise*: Damit liegt ein Fall von liturgischer (Art. „Liturgie/Dramaturgie" von Achuthath, in Auffarth/Bernard/Mohr, 2005, Bd. 2, S. 347 ff.; Art. „Liturgie", in RGG, Bd. 5, Sp. 430 ff.; Odenthal, 2002; Jetter, W., 1986) Praxis der Produktion vor, die von Bargatzky (1997, S. 51 ff.) eher für archaische Zusammenhänge reserviert wird. Die Chef-Visite (auf die ich nochmals eingehen werde) kann so jedoch in diesem Lichte durchaus als „totales soziales Phänomen" zum Verständnis des Mikrokosmos Krankenhaus anvancieren. Vgl. auch Hermann, 2005. Zur (theologischen) Liturgiewissenschaft vgl. Gerhards/Kranemann, 2008 sowie Messner, 2009.

[59] Vgl. auch Deal/Kennedy, 1982. Grundsätzlich zum Heiligen: Janssen, 2002.

[60] Ich denke, damit dem Forschungsstand zur Professionalität sozialer Berufe (Combe/Helsper, 1996) nachzukommen (Literatur zur Pflegeprofessionalisierung bei Cassier-Woidasky, 2007, S. 401 FNen 121 ff. sowie in Müller, C. W., 2001), wenngleich ich manches in andere Terminologie fasse. Ich habe bereits betont, für wie zentral ich die skriptabhängige Handlungslogik zu den Charakteristiken der Professionalität zähle; herausgestellt habe ich jedoch auch die rechtlichen Regulierungen der Marktzutrittsbarrieren, die berufsstandskonstituierend wirksam sind (und in Deutschland mitunter bis auf die Medicinalreformbewegung von 1848 zurückreichen).

[61] Zu psychischen Systemen im Kontext der Organisationsentwicklung und -beratung vgl. auch Barthelmeß, 1999, S. 46 ff.

[62] Die strukturellen Wiederholungen gleichförmiger Theoreme auf den verschiedenen Ebenen machen die Kohärenz der Analyse aus. So deute ich einerseits (Meso-Ebene) die Unternehmen als nicht-triviale Maschinen; und auf der Mikro-Ebene (etwa mit Bezug auf Thure von Uexkülls Anthropologie des Menschen [Patienten]) taucht die nicht-triviale Maschine des personalen Systems wieder auf (vgl. Hontschik, 2005 sowie Krampen, 2004).

Nach Wulf (2005) konstituieren mimetische (Art. Mimesis, von Chr. Wulf, in: Bohnsack/Marotzki/Meuser, 2006, S. 117–119), performative und rituelle Prozesse zusammen das Soziale. Das Soziale kann ohne diese konstitutiven Prozessdimensionen gar nicht angemessen verstanden werden. Dies verweist etwa auf die begrenzten Erkenntnisfähigkeiten von Rational choice-Soziologien. In dem Moment, wo die Vergesellschaftung kulturgeschichtlich die Entwicklungsphase erreicht hat, dass soziales Handeln von den Akteuren inkorporiert wird, entstehen Sprach- und Handlungsspiele, die verdeutlichen, dass sich Gesellschaft als soziales Handlungssystem nicht auf die Intentionalität der Akteure und auf die Funktionalität der Zusammenhänge reduzieren lässt. Der Gebrauch von inkorporiertem Wissen in seiner ganzen Geschichtlichkeit (vgl. auch Art. „Geschichtlichkeit", in RGG, Bd. 3, Sp. 798 ff.) und Kulturalität ist gestisch, expressiv, ostentativ und ludisch. Der Sinn dieser Handlungen ist nicht rein intentional und funktional zu verstehen und zu erklären. Diese Perspektive dient auch in der vorliegenden Studie dem analytischen und sowohl δ- als auch ε-phänomenologischen Verständnis der Medizin und der sozialen Berufe insgesamt.

b) Diese Mikroebene eröffnet die Möglichkeit, die zweite Mehr-Ebenen-Analyse darzulegen, die sich in diese architektonische Mehr-Ebenen-Betrachtung hineinschiebt, sich mit dieser verschachtelt und dabei in die Struktur eine temporale Achse einfügt. Es geht um Zeithorizonte der sozialen Grammatik des Geschehens, also um Biografie, Zeitgeschichte und Kulturgeschichte. Diese temporale Achse ist selbst wiederum eine Verschachtelung verschiedener Zeitmodalitäten[63]: Die biografische Zeit [aa)], die gesellschaftliche Zeitgeschichte [bb)] und die Kulturgeschichte der langen Dauer[64] [cc)].

aa) Die Akteure erleben ihre Praxis in den Institutionen im Feld der rechtlichen Regulationen und ökonomischen Steuerungen biografisch (biografische Folie psychischer Realitätserschließung und sozialen Handelns), aber

bb) eben geprägt durch den Rechtswandel und den Wandel der ökonomischen Steuerungslogik, die der Zeitgeschichte zugeordnet werden können (zeitgeschichtliche Folie psychischer Realitätserschließung und sozialen Handelns).

---

[63] Meiner Position kommt die von Rosa (2005) epistemologisch recht nahe.

[64] Das Konzept dieser Geschichtsschreibung geht auf Fernand Braudel (1998, S. 31) zurück, auf den auch Bergmann in ihrer geglückten Rekonstruktion der geschichtlichen Wurzeln der modernen Medizin verweist: Bergmann, 2004, S. 22. Erhard Kästner hat die Idee der wirksamen Aktualität der langen Historie schön zum Ausdruck gebracht: „das geschieht doch erst seit vierhundert Jahren, also seit gestern." (Kästner, 2002, S. 46)

cc) Die Art ihrer sozialen Praxis bindet die Akteure jedoch an historisch überlieferte, kulturell vererbte Codes und Normen (kulturgeschichtliche Folie psychischer Realitätserschließung und sozialen Handelns).

Performativität des Sozialen: Die Praxis bindet die Menschen an metaphorisch (Lakoff/Johnson, 2007) performierte Bildproduktionen von sich selbst als Akteuren und von den Menschen und den Problemen als Objekte ihrer professionellen Begierde[65], die deutlich machen, dass diese Institutionen, in denen diese soziale Praxis abläuft, symbolisch geordnete Mikrokosmen sind. Diese sind geprägt von kollektiv geteilten sozialen Wirklichkeitskonstruktionen[66], die sich in Rollensysteme performieren und so Struktur und Funktion der sozialen Gebilde erklärbar machen.[67]

Die Akteure verkörpern dabei eine eigene Mythengeschichte, eine berufslogisch ausgeprägte „Arbeit am Mythos", die metaphorisch in zahlreichen qualitativen Studien zur medizinischen Praxis zum Ausdruck kommt (vgl. ansatzweise, später noch tiefer wieder aufzugreifen, Schulz-Nieswandt, 2003). Insofern verkörpern aktuelle Akteure der Mikropolitik[68] und des symbolischen Mikrokosmos ein kollektives Gedächtnis an mythologisierten Herausforderungen des menschlichen Daseins und an mythologisierten Daseinsbewältigungsstilen.

Gesundheitsreform und Kulturwandel: Beide Mehr-Ebenen-Analysen [a) die Architektur-bezogene Mehr-Ebenen-Analyse und b) die Temporalitätsbezogene Mehr-Ebenen-Analyse] verschieben sich ineinander und steigern eine Komplexität, die eben nicht reduziert, sondern gerade gewonnen werden soll. Das Gesundheitswesen erscheint somit in einer anthropologisch und historisch vergewisserten Art und Weise, die ein spezifisches Licht auf strukturelle Gesundheitsreformen wirft. Die Gesundheitsreform muss immer auch als Kulturwandel verstanden werden, eben als Wandel der Medizinkultur.[69] Dies gilt vor allem deshalb, weil im Lichte der soziodemografischen und epidemiologischen Transitionen der Wandel des Medizinsystems in In-

---

[65] Psychoanalytisch-tiefenpsychologisch gesehen, handelt es sich hierbei um die Prämisse einer non-genitalen erotischen Objekt-Besetzung.

[66] Vgl. mit Bezug auf das Krankenhaus: Vogd, 2004.

[67] Damit greife ich komplex die zunächst trivial anmutende Prämisse auf, wonach Medizin mehr sei als ein (handwerklicher) Fundus von Technik und Wissen, sondern – mein durchgängiges Thema – Teil einer Kultur (vgl. auch Maio/Roelke, 2001).

[68] Neuberger, 2006.

[69] Systemische Organisationsentwicklung (vgl. auch Ellebracht/Lenz/Osterhold/Schäfer, 2004) ist demnach nur in einem fundierten, anthropologischen Lichte angemessen zu diskutieren. Vgl. zur systemischen Organisationsentwicklung auch Königswieser/Exner, 2006 sowie König/Volmer, 2000.

I. Soziale Praxis als Herausforderung in tiefengrammatischer Perspektive 225

terdependenz mit den Sektoren der Rehabilitation (Fuchs, H., 2008), der Pflege und weiterer sozialer Arbeitsfelder radikal sein muss.

Das ganze Geschehen erweist sich als Praxis eines Zusammenspiels

– einer im (generationell zu denkenden: Fietze, 2009) kollektiven Gedächtnis verankerten (zu kulturwissenschaftlichen Gedächtnistheorien: vgl. auch Pethes, 2008) und historisch vererbten, kulturellen Blaupause, ihrer Aktualisierung in Form professioneller Handlungslogiken;

– eines rechtlichen Regulationsregimes, das ökonomische Steuerungsmechanismen transportiert

– und eines sozialwirtschaftlichen Unternehmenssektors, der genau in diesem rechtlich-ökonomischen Kontext die Professionen mit Blick auf den Bedarf der (ebenfalls sozial normierten und kulturell codierten) Nachfrage in spannungsvolle, konfliktreiche und letztendlich ambivalente Kommunikations- und Kooperationsräume positioniert.

Effizienz und Versorgung: Gesundheitsökonomisch und versorgungspolitisch kommt in diesem komplizierten Verschachtelungsprozess das heraus, was in der einschlägigen Literatur als die Gleichzeitigkeit von Über-, Fehl- und Unterversorgung (Meggeneder, 2003) genannt wird.[70] Auf eine diesbezügliche Optimierung der Ablaufprozesse zielt letztendlich die Gesundheitsreformpolitik. Aber das ganze Geschehen ist in der eben skizzierten kulturellen Tiefe zu verstehen.

Existenzielle Fluchtpunkte der Analyse: Wichtige Megatrends in der Gesellschaft als strukturelle Herausforderungen der Systementwicklung werden in den Kapiteln B.II.2.e) (Alter und Altern), B.II.2.g) (Generationenbeziehungen) und in Kapitel B.II.2.h) (hohes Alter und Endlichkeit, Sterben[71] und Tod [Kellehear, 2007][72]) skizziert.

Explikative Anthropologie: Wie eingangs angemerkt, sind die Ergebnisse dieser ineinander gefalteten Analytik beider Mehr-Ebenen-Betrachtungen im Lichte einer philosophischen Anthropologie zu diskutieren. Davon handelt Kapitel D.I.2. Wissenschaftstheoretisch ist, das war bereits betont worden, anzumerken, dass eine derartige philosophische Anthropologie keine normative Perspektive darstellt. Auch der Konstruktbegriff eines explikativ-

---

[70] Hier ist auf die Gutachten des Sachverständigenrates für das Gesundheitswesen hinzuweisen.

[71] Vgl. im Schnittbereich von Theologie und Palliativmedizin, von Seelsorge (Art. Seelsorge" in TRE, Bd. 31, S. 7 ff.) und existenzieller Erkrankung (bzw. bei infausten Diagnosen): Rittweger, 2007.

[72] Zu Tod, Hospiz und Institutionalisierung des Sterbens vgl. auch Knoblauch/ Zingerle, 2005. Zum Sterberecht vgl. Baumgarten, 2000.

normativen Mischgebildes bleibt dem analytischen Empirismus verhaftet und bekommt das Problem nicht in den Griff.

Die Anthropologie greift ja schließlich eine Fülle von theoriegeleitet gewonnenen empirischen Befunden[73] (diachronisch wie synchronisch) auf. Sie kann auch soziobiologisch-ethologische Studien integrieren. Aber genau das leistet sie als spezifisch *philosophische* Anthropologie: Sie integriert multidisziplinäres Wissen, um etwas Bleibendes über den Menschen überhaupt in seiner Seinsweise, seiner Seinsarbeit, seines Seinsverhältnisses, das ihn vom Tier unterscheidet (Tugendhat, 2007[74]), auszusagen (Braach, 2003, S. 15 ff.).

Die philosophische Anthropologie positioniert den Menschen im Kosmos (im Hiatus) zwischen Natur und Kultur (sofern diese Trennung Sinn macht: vgl. Ricoeur [1988, S. 518] zur Stellung des Menschen zwischen Bios und

---

[73] *Anthropologieverständnisse*: Unter Anthropologie werden hier kulturwissenschaftliche Studien verstanden, wie sie in der Geschichte der Ethnologie im Schnittbereich zur Kulturanthropologie (USA) bzw. (Art. „Kulturanthropologie/Sozialanthropologie", in RGG, Bd. 4, Sp. 1833 ff.) zur Sozialanthropologie (GB) verwurzelt sind. Die hier vertretende Anthropologie baut durchaus auf der Evolutionsbiologie der Hominisation auf. Insofern mündet sie letztendlich auch in Bemühungen einer philosophischen Anthropologie, die der Frage nachgeht, was den Menschen als Naturwesen besondert, was ihn heraushebt aus dem Naturzusammenhang. Auf diesen Grundlagen aufbauend und die Fragerichtung sodann verändernd geht es jedoch primär um eine historische Anthropologie, die – wissenschaftstheoretisch sich selbst vergewissernd – „die Geschichtlichkeit und Kulturalität ihrer Begriffe, Perspektiven und Methoden auf die Geschichtlichkeit und Kulturalität ihrer Gegenstände zu beziehen (hat)." (Wulf, 2004, S. 9) Geht es bei der Hominisation letztendlich um eine „*mehrdimensionale Morphogenese aus den Wechselwirkungen ökologischer, genetischer, zerebraler, sozialer und kultureller Faktoren*" (Wulf, 2004, S. 11; kursiv auch im Original), so versteht Wulf (2004) unter der historischen Anthropologie keine Suche nach Konstanten. Die Idee einer abstrakten anthropologischen Norm sei zu Ende. Es gäbe „keinen definitiven Begriff vom Menschen mehr" (Wulf, 2004, S. 129). Der vorliegende Ansatz versucht zu vermitteln. Mit viel Evidenz für Ubiquitäten wird die Suche nach Universalien keineswegs aufgegeben (vgl. auch Meuter, 2006, S. 13). Letzte elementare Strukturen des Daseins schlechthin könnten aufgedeckt werden (vgl. auch Wagner, H.-M., 2004). Allerdings finden sich diese Urformen phänotypisch nur in einer Vielfalt von Derivationen in der historischen Zeit und im sozialen Raum. Und dennoch müssen über die Phänomenologie der Formen die generativen Vektoren entschlüsselt werden. Dadurch erst wird die letztendliche Grammatik von Gesellschaft überhaupt verständlich. In diesem Sinne fundiert die anthropologische Forschung eine ontologische Propädeutik der Soziologie.

[74] Es geht der philosophischen Anthropologie um die „Art, wie Menschen soziale Gruppierungen bilden, im Unterschied zu Gesellschaften und Gruppen von anderen Tieren", welches wiederum „in diesem Vermögen der Individuen gründet, sich auf prädikative Weise über das zu verständigen, was gut für sie ist." (Tugendhat, 2007, S. 23)

I. Soziale Praxis als Herausforderung in tiefengrammatischer Perspektive 227

Logos[75]), zentriert und dezentriert den Menschen zugleich in der bzw. in *seiner* Welt. Das ist wissenschaftlich keine normative Arbeit. Das ist eine konstruktive, methodisch an der Textur orientierte und zugleich oftmals eine dekonstruktive Arbeit, synthetische Leistung auf der Grundlage eines umfassenden empirischen Wissens aus verschiedensten Bereichen des Daseins des Menschen.

Bevor die Untersuchungen die Hauptlinien der Argumentation wieder aufgreifen können, ist nun in Kapitel B.II.3. in vertiefender Art und Weise eine kulturhistorische Hintergrundsfolie zu entfalten. Dies kann nur dicht und skizzenhaft erfolgen. Aber wie mit einem Papyrus, der entdeckt wurde (Art. „Papyrologie", in RGG, Bd. 6, Sp. 906 ff.), können einige relevante Verwurzelungen moderner sozialer Gebilde und personaler Haltungsweisen in sehr alten Kontexten konstatiert werden. Die Praxisrelevanz einer solchen Genealogie sozialer Hilfearbeit ist also hoch zu veranschlagen. Wie schon erwähnt, konstatiere ich, dass die Menschen auch im Kontext moderner sozialer Hilfe bemerkenswert archaisch strukturiert sind. Genau in diesem Punkt wird erkennbar, wie die Praxis epistemisch, habituell und mental tief verankert und deshalb nur schwer kulturell zu mutieren ist.

3. Zur Genealogie karitativer Mentalität

Medizin und Pflege haben viele Wurzeln und eine eigene komplexe kulturgeschichtliche Pfadentwicklung hinter sich. Eine entscheidende prägende Hintergrundsfolie ist jedoch, im Zuge der Verchristlichung Europas, aber auch bereits im Lichte der vorderorientalisch-alttestamentlichen Prägungswurzeln[76], eine spezifische Mentalität des sozialen Helfens, die im Rahmen einer Theologie der helfenden Berufe heute auch wieder positiv zu rekonstruieren versucht wird (vgl. etwa bei Hoburg, 2008; Singe, 2006).

a) Bausteine einer strukturalen Religionsgeschichte der Sozialpolitik

Die Problematik des Synkretismus: Die Wurzeln europäischer Tradition (zur Rolle Griechenlands: Meier, 2009) sind hebräisch-orientalischer Art und haben sich erst infolge des großräumigen Hellenismus (Art. „Hellenismus" in TRE, Bd. 15, S. 19 ff.; zum Synkretismus und zur Rolle des Griechischen vgl. auch Jaeger, 2009, S. 77 sowie S. 88) im Kontext der spät-rö-

---

[75] Vgl. auch Art. „Logos", in RGG, Bd. 5, Sp. 494 ff.
[76] Und ich gestehe der Kritik meines Kölner Fakultätskollegen Wolfgang Leidhold offen zu, den Einfluß wiederum der iranischen Religion (Zarathustras Gathas u. a. m.) völlig ausgeblendet zu haben. Vgl. insgesamt zur Einführung in die Religion von Zarathustra: Stausberg, 2005.

mischen Antike in Form des Christentums aus dem jüdischen Milieu heraus destilliert[77] (Art. „Synkretismus" in TRE, Bd. 32, S. 527 ff.)[78] und sich über ambivalenzreiche Wandlungen im langen europäischen Mittelalter mit dem Absolutismus[79] nochmals transformiert zu einem modernen Geflecht der staatlichen bzw. der kommunalen, der kirchlich-freigemeinwirtschaftlichen und privaten Sozialpolitik[p].

Wie sich an Genossenschaften, Städten oder auch an der Kirche und der Staatlichkeit[80] nachzeichnen lassen könnte, ist diese Genealogie der sozialen Politik einerseits eine Institutionengeschichte, auch eine solche der konkreten (betrieblichen) Institutionen (Hospitäler [Jetter, 1973; ders., 1977 sowie 1986] z.B.). Aber institutionelle Praktiken sind nur die eine Dimension. Eine andere Dimension ist der Geist des epistemischen Regimes, der diese Praktiken institutioneller Art beherrscht.

Gouvernementalität: Aber diese Genealogie ist zugleich eine solche der Diskurse (Art. „Diskursanalyse", von M. Schwab-Traube, in Bohnsack/Marotzki/Meuser, 2006, S. 35–39)[81], der Gouvernementalitäten und der habituellen Apparate der Menschen. Wahrscheinlich muss man die Institutionen und institutionellen Praktiken sogar als Materialisierungen epistemischer Regime verstehen, die eine anthropologische Performance sozialer Normierungen, kultureller Codes und (emotionaler) Dispositiva (Agamben, 2008)[82] sowie sozialer Relationsformen zum Ausdruck bringen.

---

[77] Dazu auch Bultmann, 1992.

[78] *Liebe und Fruchtbarkeit*: Dies gilt auch für die Ethik: Crüsemann, 2003. Das Liebesgebot bei Paulus (Söding, 1995; Art. „Paulus", in RGG, Bd. 6, Sp. 1035 ff.; Welt und Umwelt der Bibel, 2009) ist dann durchaus im Lichte alttestamentlicher „Vorarbeiten" zu sehen: Mathys, 1990. Zur Liebe innerhalb der Familie hält Kästner jedoch wohl nicht zu Unrecht fest: „Im Alten Testament ist die Zeugung das Wesentliche der Liebe." (Kästner, 2002, S. 52) Vgl. auch Richter-Ushanas, 1987, S. 16. (Ansonsten sagt das Schlusswort von Richter-Ushanas [S. 203 f.] am meisten selbst über die brauchbare Reichweite dieser mythologiegeschichtlichen Studie.) Gründlicher zur Rolle der Fruchtbarkeit im Alten Testament (hier in den Psalmen) ist Grohmann, 2007.

[79] Disziplinierungsgeschichtlich vgl. Richter, 2001 und Pineiro, 2006 (mit Bezug auf die lange Zeit zwischen 1500 bis 1800 im Lichte von Weber, Oestreich und Foucault). Diese Ambivalenz hat die soziale Arbeit bis heute nicht abgelegt (Müller, C. W., 2001a). Die Frage ist, ob dies anthropologisch letztendlich überhaupt möglich ist.

[80] Zur sakralstaatlichen Tradition Europas vgl. Erkens, 2006.

[81] Auf die Diskurstheorie will ich hier nicht weiter eingehen. Die Beiträge sind Legende: Bublitz u.a., 2002; Jäger/Jäger, 2007; Keller, R., 2007; Keller u.a., 2004 und Keller u.a., 2006 sowie Keller, R., 2007a.

[82] Emotionen werden erst seit einigen Jahren von der Soziologie entdeckt. Philosophisch-anthropologisch hatte (neben Plessner) hier Scheler deutlich vorgearbeitet: Scheler, 2000.

Autonomie und Figuration: Das innere, kernhafte Spannungsfeld dieser anthropologischen Performance dürfte definiert sein über die langsame Herausbildung der Vorstellung personaler Autonomie (vgl. auch Art. „Autonomie", in RGG, Bd. 1, Sp. 1011 ff. sowie Art. „Autonomie" in TRE, Bd. 5, S. 4 ff.) einerseits und der Einbindung der menschlichen Persönlichkeit in die Körperschaften des Sozialen andererseits. Hier interessiert die Grundauffassung der historischen Soziologie und der impliziten Psychohistorie von Norbert Elias (die Sekundärliteratur zu Elias ist Legende[83]) über den Zusammenhang von Individuation und psychischer Apparatur, Formen der Vergesellschaftung und der Strukturbildung von langer historischer Dauer (Dahlmanns, 2008). Zivilisationsgeschichtlich, und damit von der sonstigen deutschen Tradition der Technikorientiertheit des Zivilisationsbegriffs absetzend und eher den Kulturbegriff meinend (dabei aber wiederum von der Hochkultur künstlerischer Artefakte und Ereignisse abgrenzend), glaubt Elias einen langfristigen Prozess der zunehmenden Verlagerungen der außenorientierten Fremdsteuerung zur innenorientierten Selbststeuerung der menschlichen Person beobachten zu können. Diesem Prozess steht die Ausbildung des modernen Staates[84] zur Seite. Die zunehmende Affektkontrolle des Menschen geht einher mit der Verlagerung des Gewaltmonopols auf den Rechtsstaat. Ich-Du-Wir-Balancen[85] – hier stehen

---

[83] Als Bochumer Student der Sozialwissenschaften verdanke ich Hermann Korte damals die Kenntnis und den tieferen Zugang zum Werk von Elias. Vgl. u. a. Korte, 1993.

[84] *Staat als Reziprozität*: Folgt man der bis heute trotz aller systemischer Interpenetrationen relevanten dualen Unterscheidung zwischen Staat und (bürgerlicher) Gesellschaft, so ist das Verhältnis beider Größen dieser strukturgeschichtlichen Figuration durchaus als Reziprozität zu verstehen, historisch-genealogisch auch kompatibel mit den vertragstheoretischen Interpretationen und den rekonstruierbaren vormodernen Vorformen eines Vertragsgeschehens zwischen Obrigkeiten und den sich kollektiv langsam konstituierenden Untertanen-Bürger (fundamental: Agamben, 2007). Der Staat wird daher über das Prinzip der herrschaftlich organisierten Reziprozität beschrieben. Herrschaft meint, wenngleich ich dieses Prinzip in der Tradition von Otto von Gierke als asymmetrisch-vertikales Gegenüber zum symmetrisch-horizontalen Genossenschaftsprinzip verstehe (Schulz-Nieswandt, 2003b), hier nun im Sinne von Max Weber das Monopol auf legitime physische Gewalt, mit dem Macht (als Definition der Rolle von anderen Akteuren) eine gewisse Chance auf Erheischung von Gehorsam erhält. Der Staat ist sowohl regulativ als auch redistributiv wirksam. Re-Distribution beruht auf der Verausgabung von Zwangsbeiträgen; Regulation meint die normativ-rechtliche Definition von Handlungsbedingungen für die gesellschaftlichen Akteure. Redistribution und Regulation sind nicht immer trennscharf zu differenzieren. So hat Regulation durchaus distributive Wirkungen, weil die Setzung von Regeln einkommensrelevante Opportunitätsräume definiert. Und Redistributionen können im Rahmen rechtlicher Regulationsregimes ablaufen.

[85] Vgl. im neu-testamentlichen Diskurskontext evangelischer Ethik: Müller, W. E., 2001, S. 90 f.

sowohl G. H. Mead (1863–1931; Mead, 2005) als auch N. Elias (1897–1990[86]; Elias, 2004 und 2003; Schroer, 2001) Pate[87] – sind also nicht nur Fragestellungen der Entwicklungspsychologie des Individuums

---

[86] *Figuration als Grammatik*: Willems (1997, S. 250) charakterisiert in seiner Abhandlung über Goffman die Position von Elias sehr trefflich: „Elias' Untersuchungen von ‚Figurationsprozessen' (…) thematisieren ‚Grammatiken des sozialen Handelns' als Momente langfristiger Formationen und Transformationen auf gesellschaftlicher, (makro-)kontextueller und psychischer Ebene."

[87] *Evolution des Ich in Figurationen*: In diesem Rahmen gehen Menschen als Gesellschaftsmitglieder spezifische Figurationen (Formen der Verkettung) ein. Diese sind immer mehr oder weniger stabile symmetrische oder asymmetrische Verkettungen horizontaler oder vertikaler Art. Herr und Knecht sind z. B. ein verkettetes Funktionspaar, wenngleich die Beziehung asymmetrisch und hierarchisch geordnet ist. Moderne Liebesbeziehungen oder ökonomische Beziehungen auf Gegenseitigkeit in der Art von tauschgerechten Verträgen sind andere Formen. Die hier interessierenden Generationenbeziehungen – etwa innerhalb der Gesetzlichen Krankenversicherung oder in Form von Verwandtschaftsbeziehungen – sind ebenfalls Figurationen. Mutter-Kind-Beziehungen können sozialpolitisch ebenso relevant werden wie die Beziehungsmuster zwischen Sozialprofessionen und Ehrenamt. Kurzum: In allen Figurationen konstituiert sich die Gesellschaft als Balanceakt zwischen dem Ich des einzelnen Akteurs und den anderen Akteuren, dem Wir, in das das Ich eingebettet bleibt: Gemeint ist damit die Gruppe, die Nation oder das komplizierte Netzwerk der Rollenmuster, in das die Person verstrickt ist. In vormodernen Gesellschaften mag die Ich-Wir-Balance stärker in Richtung auf die Vorgängigkeit des Wir pendeln, ohne dass die Reflexion des Ich auf sich selbst als ein Ich völlig fehlen muss. In modernen Zeiten – das kennzeichnen z. B. die Theorien über das neue Ehrenamt gegenüber dem alten Ehrenamt – ist das Ich weniger naturwüchsig in Wir-Kontexte der Rollenvorgaben eingebettet. Rollen sind die gesellschaftlichen Erwartungen, die ein Akteur in bestimmten sozialen Positionen zu erfüllen hat. Rollenspiele können aber sehr unterschiedlichen Blaupausen von Ich-Wir-Balancen folgen. Systeme von Befehl und Gehorsam oder aufkündbare Systeme aufgabenorientierter Rollenübernahme sind Varianten eines breiten Formenspektrums. Diese Fragestellungen sind für alterssozialpolitische Themenkreise höchst relevant. Ich-Wir-Balancen sind die Grundlagen für die Übernahme von rollenbezogenen Verpflichtungszusammenhängen, etwa bei Pflegeaufgaben oder für sonstige Hilfeleistungen, z. B. familialer oder ehrenamtlicher Art. Ich-Wir-Balancen sind Mechanismen, aus denen heraus die Mischungsverhältnisse von Außen- und Innensteuerung, von extrinsischer und intrinsischer Motivation, von Fremdbestimmung und Selbstbestimmung begriffen werden können. Die konkreten Mischverhältnisse sind als Grundlage der gesellschaftlichen Austauschbeziehungen, des Systems des Gebens und Nehmens, der Art und Weise der sozialen Funktionsweise zu begreifen. Wichtig ist es zu erkennen, dass über Ich-Wir-Balancen sowohl Individuations- als auch Vergesellschaftungsprozesse ablaufen. Sie zu verstehen ist die Voraussetzung, um die soziale Akzeptanz, die Stabilität und die Entwicklungschancen sozialer Sicherungssysteme beurteilen zu können. Unabhängig von konkreten Forschungsfeldern, an denen Elias seine Theorie der Kovarianz von historischer Sozio- und Psychogenese entfaltet hat, ist seine Theorie ein wichtiger Zugang zum Verständnis des Gefühlshaushaltes des modernen Menschen und somit zum psychischen Strickmuster des Bürgers der modernen sozialstaatlich überformten Marktgesellschaft.

(Art. „Individuum/Individualismus" in TRE, Bd. 16, S. 117 ff.), also der Ontogenese, sondern Fragestellungen, die sich auf historisch langfristige Figurationen richten, die einem Wandel in der Akzentuierung des Gefüges aufweisen.[88] Enge Verwandtschaften bestehen auch, wie schon angedeutet, zur pragmatischen Theorie der Gesellschaft (vgl. auch Art. „Pragmatismus", in RGG, Bd. 6, Sp. 1547 ff.), wie sie u. a. von dem soziologisch orientierten Sozialpsychologen George Herbert Mead (1863–1931) fundiert worden ist. (Auf Peirce kann hier nur nominal verwiesen werden: vgl. einschlägig Pape, 2002 und 2004; Nagl, 1992; Oehler, 1993; Wirth, 2000; Schlüter, 2000; Erny, 2005.)

Die archetypische Ausgangsfiguration definiere ich als asymmetrische Balance zwischen dem Begreifen der menschlichen Kreatürlichkeit als vulnerables Wesen einerseits und der aus barmherziger Herrschaft heraus gewährten sozialen Hilfe andererseits[89].[90] Doch einigen Positionen fehlt bei dem Blick auf die Freiheit des Menschen die Dramatik von Gnade und Sünde (Ecker, 1999, S. 216).

Sakralkönigtum und Genossenschaft: Damit richte ich den Blick zunächst auf die spezifische soziale Fürsorgelogik des sakralen Königtums (vgl. Art. „Königtum" von Auffarth, in Auffarth/Bernard/Mohr, 2005, Bd. 2, S. 228 ff.; Art. „Divine Right of Kings", in RGG, Bd. 2, Sp. 886 f.; sowie Art. „Königtum, sakrales, religionsgeschichtlich", in RGG, Bd. 4, Sp.

---

[88] *Modernität von Homer?* Vgl. insbesondere Valcarenghi, 1998 Zu Ariadne vgl. den entsprechenden Art. in Roscher, I.1, 1993, Sp. 542 ff. (zu Hades in Roscher, 1993, I.2, Sp. 1778 ff.). Offermann (2006) thematisiert entgegen der philologisch dominierten Homer-Rezeption spezifische Wandlungen und greift sogar auf das Konzept der ritualisierten Statuspassagen zurück, findet aber keinen Weg zur Tiefenpsychologie des Geschehens. Vgl. aber auch Dietz/Kick, 2005, die Odysseus als den Prototyp eines sich überlegt frei spielenden Akteurs verstehen, der zugleich in das Wirken der Gottheit synergetisch integriert ist. Vgl. auch Renger, 2006. Ferner Clarus, 1997.

[89] *Kreatürlichkeit als Chance*: Wird diese Kreatürlichkeit nur als Defizit wahrgenommen, so entgeht dem Betrachter der ganze Reichtum des Menschen. Evolutionspsychologisch müssen in der vulnerablen Kreatürlichkeit der Ursprung und das Fundament der menschlichen und menschheitsgeschichtlichen Entwicklungsdynamik gesehen werden: Existenzielle Unsicherheit ist demnach die Motivationsbasis für die Ausbildung leistungsfähiger Denkformen, konstatiert Klix, 1993, S. 209. Was das bedeutet? Und wäre der Mensch nicht aus dem Paradies verstoßen worden, weil er Gott gegenüber ungehorsam war, so hätte die menschliche Liebe nie Einzug gehalten in die menschliche Wirklichkeit: Zizek, 2003, S. 82. Auf S. 14 argumentiert Zizek, der so herbeigeführte Verzicht auf das ewige Leben sei der Beginn der Gunst des Lebens des unvollkommenen Menschen. Das erinnert an den 5. Gesang der Odyssee. Ich hatte bereits auf Camus' Sisyphos hingewiesen.

[90] Zemmrich (2006) hat dies genealogisch/archäologisch am theologischen Schlüsselbegriff der Demut rekonstruiert. Vgl. auch Mühlenberg, 2006, S. 120 ff.

1590 f.; Art. „Königtum" in TRE, Bd. 19, S. 323 ff.)[91]. Moenikes (2007) arbeitet an sich sehr schön die sozialegalitären Spuren im alten und neuen Testament heraus. Doch nimmt sie das alte Testament tatsächlich weitgehend als historisches Dokument, das auch Aussagen über die Gesellschaftssysteme in vorstaatlicher und in königsstaatlicher Zeit zulässt. (Auch die Publikation von Metzgers „Grundriß der Geschichte Israels" von 1963 in der 12. Aufl. von 2007 ist forschungsgeschichtlich unverständlich: Die weitgehenden Passagen ist es forschungsmäßig völlig überholt und trägt die Züge von „Und die Bibel hat doch Recht". Dagegen sind populärwissenschaftliche Darstellungen, etwa die von Schaller [2006, S. 166 ff.], sogar differenzierter und kritischer.) Diese methodische Umgangsweise mit der Bibel begründet bei Moenikes die Argumentation, die egalitären Vorstellungen reflektieren die vorstaatliche Epoche. Bei Jost (2006a) werden die Richter-Texte sogar als historische Belegmaterialien für eine egalitäre Utopie feministischer Prägung in der frühen Zeit Israels genommen. Doch ist dies methodisch notwendig?[92] Reicht nicht eine redaktionsgeschichtlich späte Datierung der Idee, die nachexilische (Art. „Exil" in TRE, Bd. 10, S. 707 ff.) Gesellschaft müsste egalitär orientiert sein, unabhängig davon, ob vor dem königsstaatlichen Sündenfall einmal eine echte Epoche relativ egalitärer Gesellschaftlichkeit historisch existierte?[93] Im Lichte der Literatur (literaturgeschichtlich: Schmid, 2008) ist diese Abneigung gegen die späte Datierung der Inhaltsproduktion der Bibel kaum noch nachvollziehbar (Otto, 2008a, S. 394). Und wie gesagt, zur Herausarbeitung des Liebesgebots im Kontext sozial-egalitärer Gesellschaftsordnungsvorstellungen ist ein Rückgriff auf eine quasi-mythische Epoche auch nicht notwendig, wissenschaftstheoretisch eher problematisch.

Probleme mit der impliziten alttestamentlichen Geschichtsschreibung: Wissenschaftstheoretisch liegen alle diese Probleme in dem Befund begrün-

---

[91] *Kult- und Ritual-Schule*: Zur Kulturgeschichte und Ethnologie des Sakralkönigtums und somit zum orientalischen Erbe Europas vgl. Erkens, 2006, S. 34 ff. Ich bin mir der Differenzierungsnotwendigkeit der religionsgeschichtlichen These des alttestamentlichen Sakralkönigtums voll bewusst. Gegenüber schematischen Vereinfachungen infolge der ritual- und kulttheoretischen Schule (zum Stand der Kontroverse um den kultischen Bezug der Psalmen vgl. Zenger, 2003; vgl. auch Art. „Psalmen/Psalter", in RGG, Bd. 6, Sp. 1761 ff.) gibt es aber gute Gründe, an einem gemein-orientalischen Kern auch in Israel festzuhalten. Vgl. Adam, 2001. Zu Kult und Ritual/Ritus vgl. Art. „Kult/Ritual" von Lang, in Auffarth/Bernard/Mohr, 2005, Bd. 2, S. 267 ff. Vgl. auch Köckert, 2007, S. 22 ff. sowie Art. „Cambridge Ritualists", in RGG, Bd. 2, Sp. 41. sowie Art. „Ritus/Ritual", in RGG, Bd. 7, Sp. 547 ff.

[92] Um die feministische Theologie zwischen Theorie und Praxis steht es kontrovers: vgl. Moltmann-Wendel, 2008.

[93] Zu staatsordnungstheoretischen Implikaten des Alten Testaments, insbesondere zum politischen Diskurs im Pentateuch und in den Geschichtsbüchern vgl. die Studie von Oswald, 2009.

det, dass sich die theologische Forschung hier als eigenartige Synthese von Historiografie und fiktionalem Erzählen (Backhaus/Häfner, 2007) versteht (klärend auch Otto, 2008 sowie ebenso klar Becker, 2005b). Sie rekonstruiert Geschichte, aber immer im epistemischen Kontext eines theologischen Interesses, wonach die narrative Geschichte eine aktualisierend sprechende Geschichte ist: Die Bibel wurde „nicht geschrieben, um die Nachwelt über historische Sachverhalte zu informieren. Der Nachwelt ist dies anderthalb Jahrtausende nicht aufgefallen. Nachdem es ihr aber einmal aufgefallen war, hat sie allmählich auch begriffen, dass sie selbst ‚Nachwelt' ist. So entstand unumgänglich die historische Aufgabe der Exegese. Sie bleibt riskant. Und sie bleibt möglich", schreiben Backhaus/Häfner (2007, S. 136) mit Bezug auf das Neue Testament. Alles klar?[94] Es wäre klar, wenn hier die Methodologie der Intertextualität in der Tradition der post-modernen Dekonstruktion gemeint wäre. Das wäre möglich. Ähnliche intertextuelle Hermeneutik findet sich ansatzweise bei Bultmann (Hammann, 2009, S. 184, 188 f., 199). Mit der anthropologischen Wende, wie auch bei Rahner (Rahner, 1984; Loiero, 2005), muss die Hermeneutik existenziell ausgerichtet sein, wie ich hier apodiktisch anfügen will (ohne auf die ganzen Kontroversen zur biblischen bzw. theologischen Hermeneutik eingehen zu können[95]).

Doch zurück zum Alten Testament[96]. Hier geht es um eine „Soziologie" (wie ich es nennen will) der Pentateuch- (vgl. Art. „Pentateuch", in RGG, Bd. 6, Sp. 1089 ff.) und Hexateuch-Redaktion (bzw. der hebräischen Bibel), insbesondere unter Darlegung der differenzierten Einflüsse zadokidischer und aaronidischer (Otto, 2001; Art. „Aaron/Aaronitisches Priestertum" I und II in TRE, Bd. 1, S. 1–7) Strömungen, der spannungsreichen Beziehungen (Otto, 2007) zur prophetischen Gelehrsamkeit etc. Damit wird die Literaturgeschichte der hebräischen Bibel in der Tat vorwiegend zu einem Produkt nachexilischer theologischer Diskurse. Dabei wird der Aufstieg einer Quasi-Deutungsmonopolmacht der priesterlichen Schriftgelehrten der Zadokiden (vgl. Art. „Zadok/Zadokiden", in RGG, Bd. 8, Sp. 1775–1776 sowie den Art. „Zadok/Zadokiden" in TRE, Bd. 36, S. 440–447; Otto, 2007c) herausgearbeitet. Das Phänomen einer hohepriesterlichen (Art. „Hohepriester", in RGG, Bd. 3, Sp. 1835 ff.) Linie in Jerusalem wird deutlich. Sakrale und politische Machtaspekte verknüpfen sich hier.[97]

---

[94] Zur neueren religionsgeschichtlichen Forschung zum alten Israel vgl. Hartenstein, 2003. Zur Entstehung des Königtums vgl. Kreuzer, 2001. Insbesondere verweise ich nochmals auf die Studien von Otto. Vgl. auch Achenbach/Arneth/Otto, 2007. Zur Frage des Alten Testaments als Geschichtsbuch vgl. die Beiträge in Becker/Van Oorschot, 2006. Vgl. ferner Künemund/Vogel, 2006.
[95] Vgl. u. a. Körtner, 2006; Lauster, 2005; Oeming, 2007.
[96] Exemplarische Beiträge zur diasynchronen Analyse in Naumann/Hunziker-Rodewald, 2009.

Es bleibt eine große Kontroverse (in der Ethnologie der politischen Evolution: vgl. Brock, 2006), ob dem sakralen Königtum relativ herrschaftsfreie genossenschaftsartige Sozialformen vorausgingen.[98] Ganz im Sinne der

---

[97] *Nach-exilische Theokratie?* Theokratische Strukturen kennzeichnen demnach die nach-exilische Gemeindeform. Gegenüber der zadokidischen Orientierung des Ezechielkreises (vgl. auch Art. „Ezechiel/Ezechielbuch", in RGG, Bd. 2, Sp. 1845 ff. sowie Art. „Etechiel/Ezechielbuch" in TRE, Bd. 10, S. 766) wird die Oppositionshaltung des (vgl. Art. „Jeremia/Jeremiabuch", in RGG, Bd. 4, Sp. 414 f.) Jeremia (das Jesajabuches [Art. Jesaja/Jesajabuch", in RGG, Bd. 4, Sp. 451 ff. sowie Art. „Jesaja/Jesajabuch" in TRE, Bd. 16, S. 636 ff.] dagegen verkörpert die Inthroninisation eines gesalbten Hohenpriesters ganz in einer auf den Zion [RGG, Bd. 8, Sp. 1874 ff.] bezogenen theokratischen Raumes) überaus deutlich. Das Schriftgelehrte (vgl. auch Otto, 2004) Prophetentum (Art. „Prophet/Prophetin/Prophetie", in RGG, Bd. 6, Sp. 1692 ff. sowie Art. „Prophetenbücher", in RGG, Bd. 6, Sp. 1708 ff.; Welt und Umwelt der Bibel, 2004) glitt angesichts der theokratischen Ordnung immer mehr zur Eschatologie (vgl. auch Art. „Eschatologie", in RGG, Bd. 2, Sp. 1542 ff.) ab. Insgesamt wird wichtig, wie sehr die Bibel hermeneutisch zwei Dimensionen unterscheidet: die erzählte Zeit und die erzählende Zeit (das zeigt sich auch im Bereich des Landnahme-Mythos: Welt und Umwelt der Bibel, 2008a). Die Rechtshermeneutik des Pentateuch dominiert rückblickend die Narrativität der Bibel (dabei das ganze Wechselspiel von Hiskia [Art. „Hiskia" in TRE, Bd. 15, S. 398 ff.], Manesse und Josia [Art. „Josia/Josiareform", in RGG, Bd. 4, Sp. 587 ff.] im Auge behaltend, also vor allem die Rücknahme der hiskianischen Reformmaßnahmen [Aufbrechen des bäuerlich-familialen Großgrundbesitzes, des Erbgesetzes und des Ahnenkultes; zum Totenkult vgl. in RGG, Bd. 8, Sp. 492 ff.] sowie der lokalen Priesterschaften [vgl. auch Art. „Levi/Leviten", in RGG, Bd. 5, Sp. 293 ff. sowie Art. „Levi/Leviten" in TRE, Bd. 21, S. 36–40; zu dem Levitenproblem und zu der diesbezüglich einschlägigen Literatur vgl. Schütte, 2008, S. 163 ff.] durch die Kultzentralisierung) durch Manasse (Art. „Manasse", in RGG, Bd. 5, Sp. 723 f.). Es geht mitunter um die rückblickende Fortschreibung des Bundesbuches (vgl. auch Art. „Bundesbuch", in RGG, Bd. 1, Sp. 1876 ff. sowie Art. „Bundesbuch" in TRE, Bd. 7, S. 412 ff.). Die konstruierte Diachronie ist also hermeneutisch im Lichte der synchronen Erzählsituation zu sehen. Die Konstitution des binären Codes von Profanität (Art. „Profanität", in RGG, Bd. 6, Sp. 1677) und Sakralität (dazu die Ausführungen in Schulz-Nieswandt, 2002) angesichts des trohnenden Wohnens Gottes im Tempel macht die symbolische Strategie deutlich, mit der das Priestertum den Weg zum Zugang zu Gott über sich selbst monopolisiert auslegt. Noch die Autoren der Tempelrolle (vgl. in RGG, Bd. 8, Sp. 155 f.; Art. „Essener/ Therrapeuten", in RGG, Bd. 2, Sp. 1590 ff.; Art. „Qumram", in RGG, Bd. 6, Sp. 1873 ff.) sind aus der oppositionellen Kritik gegenüber den Zadokiden heraus zu verstehen. Unklar bleibt, ob es sich um eine Abspaltung aus der zadokidischen Bewegung handelt oder um Teile einer nicht vollends geglückten Integration aaronidischer Linien in das Zadokidentum.

[98] *Sozialgeschichtliche AT-Exegese?* Es erstaunt daher auch, wie höchst selektiv das Literaturverzeichnis bei Moenikes ist. Aber mit meinen Einblicken in die alttestamentlichen Forschungen habe ich mir ohnehin die naiv-romantischen Vorstellungen abgeschminkt, die wissenschaftlichen Streiereien könnten in der Theologie geringer radikal ausgeprägt sein als in den Wirtschafts-und Sozialwissenschaften. Im Gegenteil: Es gibt oftmals überhaupt keinen Konsens in irgendeinem größeren oder

rechtsgeschichtlichen Theorie von Otto Gierke (1869–1921; dazu Schulz-Nieswandt, 2000) hebe ich statt der Suche nach einer Antwort auf diese Urform-Frage auf die historisch immer wieder neu auszutragende Dialektik von Herrschaft und Genossenschaft (als Mit-, Neben- und Gegeneinander) ab. Eine kleine Seitenbemerkung an dieser Stelle: Das war auch Thema der königskritischen Tradition (Art. „Königtum in Israel", in RGG, Bd. 4, Sp. 1593 ff.) in der Redaktionsgeschichte des Alten Testaments (Literaturübersicht auch bei Leuenberger, 2004, S. 222 ff.). Allerdings ist auch die historische Faktizität der Königszeit heftig umstritten. Die neuere Forschung zeigt mit Evidenz eine viel kleinere ökonomische und politische Bedeutung der David-Salomon-Tradition[99]; von größerer Bedeutung ist das Nordreich der Omri (Art. „Omri", in RGG, Bd. 6, Sp. 561 f.).[100] Auch Saul (eher tra-

---

kleineren Detail. Für die vorstaatliche und staatliche Zeit nimmt auch Pixley (1997) in seiner engagierten sozialgeschichtlichen Bibelkunde genau diese Bibel relativ unreflektiert als historische Quelle. Das muss doch insofern überraschen, als er später mit Bezug auf die babylonische Literaturproduktion (DtrG^1 und später DtrG^2) sowie sodann die Konfliktformationen von (jahwistischen: Art. „Jahwist" in TRE, Bd. 16, S. 441 ff.) und der (elohistischen: Graupner, 2002) Erzählschichten J und P deutlich macht, wie kompliziert die weitere Redaktionsgeschichte mit Blick auf die nach-exilische Situation wird (S. 90 ff.), also mit Blick auf die Jehowistische Erzählung (JE) und auf die priesterliche Erzählung (P) hinsichtlich der Pentateuch-Produktion (vgl. insgesamt Otto, 2007). Hinzu kommen noch die verschiedenen Varianten von prophetischer Kritik. Insbesondere die Polytheismus-Monotheismus-Forschung (vgl. u. a. Smith, 2001; Weippert, 1997, S. 1 ff.; Art. „Monotheismus und Ploytheismus", in RGG, Bd. 5, Sp. 1457 ff., Art. „Monotheismus" I ff. in TRE, Bd. 23, S. 233 ff. sowie klärend Becker, 2005a; Petry, 2007) hat zeigen können, dass der Monotheismus ein spätes Produkt der kulturellen Selbstfixierung im Kontext politischer Ent-Staatlichung und sozialer Ent- und Durchmischung war (vgl. auch knapp bei Antes, 2006, S. 85; vgl. ferner, speziell mit Blick auf die Ägyptenbilder im AT, Kessler, 2002; vgl. auch Diesel, 2006; speziell zur Echnaton-Forschung Schlögl, 2008). Wenn es eine Jahwe-Figur (Weippert, 1997, S. 35 ff.; Rösel, 2000, S. 1 ff.) früher schon gab, so war sie eingebettet in ugaritische Götterwelten und kristallisierte sich hier synthetisch heraus (Tubb, 2005, S. 68 f.). Daran ändert auch nichts die frühe Nennung von Israeliten auf der Siegesstele des Pharao Merenptah (1235–1223) v. Chr. Exodus (vgl. Art. „Exodus", in RGG, Bd. 2, Sp. 1823 ff. sowie Art. „Exodusmotiv" in TRE, Bd. 10, S. 732 ff.) hin oder her: Die kanaanitische (Art. „Israel und Kanaan", in RGG, Bd. 4, Sp. 306 f.; Art. „Kanaan" in TRE, Bd. 17, S. 539 ff.) Herkunft der israelitischen Kultur ist evident (Tubb, 2005, S. 102). Dennoch gibt es immer wieder Versuche, die Exodus-Geschichte als große Völkerwanderung als historisch zu rekonstruieren: Bimson, 2004.

[99] Etwas herumkreisend um diese Kontroverse: Hentschel, 2005. Zu David vgl. auch Art. „David", in RGG, Bd. 2, Sp. 593 ff. sowie Art. „David" in TRE, Bd. 8, S. 378 ff.

[100] Dies greift auch Pola (2006) u. a. in Anlehnung an die bekannten Studien von Finkelstein/Silberman (2004) auf. Ähnlich wie Finkelstein/Silbermann auch Tubb, 2005, S. 103, wenngleich er darauf verweist, dass die in Tell Dan entdeckte Inschrift aus dem 8. Jahrhundert das „Haus David" erwähnt (Schniedewind, 1996).

ditionell der Art. „Saul", in RGG, Bd. 7, Sp. 851 f.) ist längst mit ethnologischer Evidenz zu einem situationsgebundenen (tribalen) Kriegsführer relativiert (entzaubert) worden (zur Kontroverse: vgl. Wagner, 2005, S. 282 ff.; vgl. differenziert Kessler, 2009, S. 148 ff. sowie S. 57 ff., jeweils mit Bezug auf die breite Literatur [die in Schulz-Nieswandt, 2003b angeführt ist]).

Kultureller Code der Gnade: Im jüdisch-christlichen Kulturkreis hat sich diese Ur-Figuration im komplexen Austausch mit den Nachbarkulturen – ich greife hier chronologisch auf das Achsenzeit-Konzept (Art. „Achsenzeit", in RGG, Bd. 1, Sp. 97)[101] zurück – zu einem Gnaden-Code (vgl. auch Art. „Gnade" in TRE, Bd. 13, S. 459 ff.)[102] der Hilfe entfaltet, die sich später dann zur Nächstenliebe (vgl. gleichnamigen Artikel in RGG, Bd. 6, Sp. 14 ff.[103])[104] universalisierte.[105]

Auch Sloterdijk greift (hiermit der Theorie des Archaischen in der Moderne von Canetti [1905–1994][106] ähnlich[107]) auf die These zurück, der Sozialstaat sei zunächst ein väterliches Über-Ich, sodann eine „Prothetisierung von Mutterleistungen" (vgl. Tuinen, 2006, S. 64).

Dieses Bemühen um einen weiten geschichtlichen Horizont in der Genealogie konnte den Pfad bahnen zu einer inklusionsorientierten (nicht nur residualen, sondern universalistischen: Titmuss, 1987) Idee der sozialen Grundrechte (mit Bezug auf das Alter: Townsend, 2006), parallelisiert zur verstärkten Subjektgenese des Menschen.[108]

Aber von politischer und ökonomischer Bedeutung, gar Reichsbildung, kann auch in diesem Lichte keine Rede sein.

[101] Dazu vgl. mit einschlägiger Literatur (Jaspers, Eisenstadt) Ley, 2005, S. 37. Vgl. auch Armstrong, 2006, u. a. mit Blick auf die Genese des Mitgefühles.

[102] *Rahner und Foucault*: Vgl. dazu auch genealogisch Hardt (2005), der die Position von Rahner im Lichte von Foucault und umgekehrt durchdringt.

[103] Vgl. auch Art. „Nächster" I ff. in TRE, Bd. 23, S. 713 ff.

[104] Zur einschlägigen Literatur zur Differenz ur- und frühchristlicher Ethik und der antiken Ethik insgesamt vgl. Mühlenberg, 2006, S. 8 f.

[105] *Unerträgliche Gnade*: Zur Möglichkeit einer unerträglichen Gnade vgl. auch Strasser, 2007. Existiert die Welt nicht aus sich selbst heraus, sondern infolge des Schöpfungsaktes durch den Schöpfer, ist jede menschliche Existenz ein gnädiges Geschenk, dem man huldigen muss. Ich selbst bin dann an sich unwürdig und erhalte erst eine bedingte Würde.

[106] Zu Canetti (mit allen Kontroversen) vgl. Krüger, 1999 sowie Kuhnau, 1996. Zu Canettis doppeldeutigem Verhältnis zu Nietzsche vgl. D'Angelo, 2005.

[107] Vgl. auch den Beitrag von Latour, 2002.

[108] *Päpstliche Revolution*: Zur strukturgeschichtlich-sozialpsychologischen Bedeutung der päpstlichen Revolution des 12. Jahrhunderts, die zur Dualisierung der kirchlichen und weltlichen Welt führte, vgl. Berman 1995, S. 144 ff.

I. Soziale Praxis als Herausforderung in tiefengrammatischer Perspektive 237

Die (oftmals kontrovers bleibenden) historischen struktur- und mentalitätsgeschichtlichen Knotenpunkte (z. B. päpstliche Revolution des 12. Jahrhunderts, die Reformation etc.) dieser langen Geschichte sind hier nicht zu skizzieren.[109] Das Christentum konnte einen autoritären Paternalismus und somit das Motivumfeld des barmherzigen Mitleids[110] als kulturelle Hintergrundsfolie tradieren und bis in die Modernität sozialer Hilfebeziehungen transportieren.[111] Diese Hintergrundsfolie sehr langer Dauer und der schleichende Entwicklungstrend der personalen Emanzipation des Menschen (Schroer, 2001) gingen spannungsvoll miteinander einher und bilden auch aktuell noch ein Balanceproblem in der praktischen Sozialpolitik.

Soziale Gerechtigkeit: Fragen der sozialen Gerechtigkeit (Art. „Gerechtigkeit", in RGG, Bd. 3, Sp. 702 ff.[112]) begleiteten diese lange Geschichte (Otto, 2008a, S. 69, 74; vgl. u. a. Assmann/Janowski/Welker, 1998; Prodi,

---

[109] Zur Geschichte der Diakonie vgl. Hammann/Wolf, 2003. Große Überblicksmonografien von der Antike bis heute fehlen. Es überwiegt eine kaum noch zu überschauende Zahl lokaler bzw. regionaler und zeitlich begrenzter Studien zur Armutspolitik sowie zum (öffentlichen) Gesundheitswesen, vielfach unter sozialdisziplinierungstheoretischer Perspektive (vgl. auch Ricken [2006, S. 304 ff.] im Kontext seiner bildungspolitischen Genealogie). Zum Ende des 19. Jahrhunderts vgl. auch Raden, 2005. Zur Reorganisation der freien Wohlfahrtspflege nach 1945 vgl. Hammerschmidt, 2005. Vgl. auch Art. „Armut", in RGG, Bd. 1, Sp. 779 ff.

[110] *Schopenhauer*: Der grundlegende philosophische Theoretiker des Mitleids als *conditio humana* ist Schopenhauer (Schopenhauer, 2005; einführend vgl. Abendroth, 2003; dazu auch Wöhrle-Chon, 2001).

[111] *Arbeit am Habitus*: Das Problem der barmherzigen Überversorgung ist ein Thema in der Ausbildung der sozialen Berufe. Aber im Lichte der Tiefengrammatik gerade archetypischer Motive von Eltern-Kind-Beziehungen in der sozialen Praxis wird man skeptisch sein müssen, die Frage der Veränderung professioneller Handlungslogiken zu einer curricularen Frage von Ausbildungsinhalten in der fachlichen Qualifikation zu reduzieren. Offensichtlich ist die gesamte *berufliche Sozialisation*, wie sie kulturgeschichtlich gewachsen ist, zu hinterfragen. Um den professionellen Habitus zu verändern, müssen die „gouvernementalen" Regime im Kopf abgebaut und verändert werden. Nochmals: Unter *Gouvernementalität* meint die Fachdiskussion ein mentales Selbstverständnis von Akteuren, das das Handeln nachhaltig prägt, also zum *Habitus* werden lässt. Anders definiert: Die ganzen von Berufsgruppen kollektiv weitgehend geteilten Denkstile, die das praktische Arbeiten codieren und normativ prägen, nennt man Habitus. Das wäre dann begrifflich und konzeptionell nicht mehr als Reform der Ausbildungsprofile zu fassen, sondern wäre eine *Arbeit am Haltungsstil* der Akteure.

[112] Vgl. auch Schulz-Nieswandt, 2007g sowie Art. „Gerechtigkeit", in RGG, Bd. 3, Sp. 702 ff. Die Ökonomie hält sich hier in der Regel knapp und philosophisch höchst bescheiden: Breyer/Buchholz, 2006. Hinsichtlich der normativen Ansätze in der Gesundheitsökonomie breiter orientiert sind Lauterbach/Stock/Brunner (2006), doch fehlt den Ausführungen, bei allem Respekt, in mancher Hinsicht das tiefere theoretische Verständnis für die Feinheiten, Verästelungen, Theorietraditionen und systematischen Verortungen einzelner Strömungen des theoretischen Argumentierens.

2003; zur Theodizee vgl. RGG, Bd. 8, Sp. 224 ff. sowie Art. „Theodizee" in TRE, Bd. 33, S. 210 ff.[113] sowie Art. „Gerechtigkeit" in TRE, Bd. 12, S. 404 ff.). Es gab epochenspezifische zentrale soziale Fragen[114], die immer zugleich auch politische Diskurse prägten (vgl. Oswald [2009] zu den Staatstheorien im Alten Testament), etwa

– die Schuldknechtschaft[115] im Altertum (Chirichigno, 1993[116]; zur realen Relevanz der Rechtskodize vgl. auch Otto, 2008a, S. 62 ff., 83, 85, 456 f., vgl. ferner dort zum Deuteronomium: Otto, 2008a, S. 145 f., 425 f., 428),

– die Lohnarbeiterfrage im Kapitalismus (Castel, 2000),

– vulnerable Gruppen waren ubiquitär (alte[117] Menschen, Witwen [vgl. auch Potash, 1986 zu Afrika, aber auch Studien [Kruse, B.-J., 2007] zum Spätmittelalter und zur frühen Neuzeit in Europa][118] und Waisen [vgl. auch Art. „Waisenfürsorge", in RGG, Bd. 8, Sp. 1266 f. sowie Art. „Waisenhaus" in TRE, Bd. 35, S. 379 ff.][119]),

– Krankheit und Tod, Epidemien (vgl. Bergdolt, 2006) und Armutselend stellten den Gegenstand individueller wie kollektiver Klagen (Art. „Klage", in RGG, Bd. 4, Sp. 1389 ff.)[120] dar, waren Gegenstand des menschlichen Denkens und der menschlichen Emotionen zwischen religiösen und politischen Diskursen einerseits und lebensweltlicher Akzeptanz, Trauer (RGG, Bb. 8, Sp. 555 ff.), Verzweiflung, Resignation und Wut andererseits (vgl. auch Sager, 2006).

---

[113] Zur verweisen ist insbesondere auf das monumentale Werk von Loretz, 2003. Vgl. ferner Schulz-Nieswandt, 2003b, S. 14 ff.

[114] Zur antiken (insbesondere römischen) Armutsforschung vgl. die Literaturrezeption bei Prell, 1997, S. 2 ff.

[115] Die Aufsätze von Kessler (2009) vermitteln einen überaus komplexen Einblick in die sozialpolitischen Problemlagen des alttestamentlichen Israel.

[116] Vgl. auch Dietrich, 2008, S. 153 f. mit Bezug auf das hierbei relevante Asylwesen. Vgl. auch Welt und Umwelt der Bibel, 2008.

[117] *Alter*: Zum Alter im Mittelalter vgl. auch Hergemöller, 2006. Zum Alter in der griechischen Antike vgl. Schmitz, 2007. Vgl. auch Art. „Alter", in RGG, Bd. 1, Sp. 363 ff.

[118] *Frau*: Zur Rechtsstellung der Frau im Codex Hammurapi vgl. Strenge, 2006. Zur Rolle der Frau im Lichte der religiösen Systeme (historisch und kulturvergleichend): Heiniger/Lindner, 2006.

[119] *Kinder*: Die Literatur zur Kulturhistorie von Kindsein und Kindheit ist Legende (vgl. auch in Schulz-Nieswandt, 2004b). Vgl. nun auch Kunz-Lübcke, 2007. Speziell zur Gruppe der Waisen: Krause, 1995; Barth, 2002; Sträter/Neumann/Wilson, 2003; Meumann, 1994; Stier, 1988.

[120] Hinterhuber/Scheuer/van Heyster, 2006; ferner Ebner u.a., 2001 sowie Vos, 2005. Vgl. auch Schulz-Nieswandt, 2003b, S. 16 f.

I. Soziale Praxis als Herausforderung in tiefengrammatischer Perspektive 239

Der theoretische Kern jeden Rechts – hier folge ich (die einschlägige Sekundärliteratur nicht anführend) der Rechtsphilosophie von Radbruch (1869–1937; hier Radbruch, 2003) – ist die Gerechtigkeit. Diese betrifft das Individuum als Person im Gefüge der sozialen Relationen (aktuell: Empter/ Vehrkamp, 2007). Gestaltqualität erhält das Recht somit in den gelingenden sozialen Relationen als Strukturgitter der personalen Existenzen. Insofern formuliert Lampe treffsicher: „Rechtsanthropologisch betrachtet handelt es sich bei dem gemeinen Wohl um einen Zustand, der dem Menschen, wie er ist, ähnelt, allerdings dessen prosoziale Komponenten stärkt und dessen antisoziale Komponenten schwächt sowie die Tendenz zum Aufrechten bzw. Gerechten in sich trägt." (Lampe, 1985, S. 20)

Ein menschheitsgeschichtlich von Anbeginn relevantes Thema war das Verhältnis von Eigensorge und Solidarität (vgl. auch Art. „Solidarität", in RGG, Bd. 7, Sp. 1427 ff.)[121]. Das Verhältnis zum Problem der Gerechtigkeit ist dabei kompliziert (Schulz-Nieswandt, 2007g; Empter/Vehrkamp, 2007).

Reziprozität, Chancengleichheit, Capabilities: Zunächst (ausführlicher in Schulz-Nieswandt, 2007a) ist es wichtig festzuhalten, dass Gerechtigkeitsvorstellungen immer soziale Relationen betreffen, also relational konzipiert sind und insofern eingelassen sind in Reziprozitätsbeziehungen (Christian, 1952, S. 160 und 166)[122]. Diese können (wie schon mehrfach skizziert) ver-

---

[121] Vgl. auch Art. „Solidarität" von Berthold, in Thurnherr/Hügli, 2007, S. 233–235. Vgl. ferner die Typologie von Mau, 2008.

[122] *Reziprozität, Gabe und Generationen*: Damit ist insgesamt eine Theorie des *homo reciprocus* angesprochen. Aus der kulturanthropologischen Forschung hat schon die ältere, nun auch wieder die neuere Soziologie verstärkt die Kategorie der Reziprozität aufgegriffen. Darauf wurde bereits kurz hingewiesen. Das System des Gebens und Nehmens (als verallgemeinerte Norm, die nicht nach dem Rückfluss der Gaben fragt, oder als ausbalancierte Tauschbeziehung) ist eine universelle Eigenschaft der menschlichen Existenz. Sie hat zwar viele Erscheinungsformen aufzuweisen; im Kern hat sie aber als eine der Universalien zu gelten. Überall spielt das Denken und Handeln in Gegenseitigkeitsmustern eine große Rolle – sei es in Generationenbeziehungen, in Nachbarschaftshilfen, sei es in der Gesetzlichen Krankenversicherung. Als Moralökonomik fundiert es motivational sogar einen ganzen Sektor der Wohlfahrtsproduktion zwischen Familie/Verwandtschaft (zur nach wie vor stabilen, aber belasteten Rolle der Familie in der Altenpflege vgl. die Ergebnisse der Studie „Möglichkeiten und Grenzen selbstständiger Lebensführung" (MuG III) von Schneekloth, 2006), Staat und Familie (Ecarius, 2007). Der Gabemechanismus mag erste kulturelle Formen im religiösen Opferkult gefunden haben, denn im Opferkult kristallisieren sich gleichzeitig Geselligungsformen (Tischgenossenschaft) und sozialpolitische Akte: das Teilen der Speise. Frühchristlich – um erneut dieses historische Beispiel zu wählen – spielt die Agapepraxis (Liebesmahl) eine durchaus relevante sozialpolitische Rolle, bevor sie sich zum symbolischen Prozess der Eucharistiefeier im Gottesdienst (Art. „Gottesdienst", in RGG, Bd. 3, Sp. 1173 ff.) verflüchtigte. So gesehen mag die Sozialpolitik letztendlich religionsgeschichtliche

schiedene typische Gestalten annehmen.[123] Gerechtigkeitskonzepte spiegeln demnach jeweils spezifische Reziprozitätsnormen wider.[124]

Nun sind Gerechtigkeitskonzepte (Romanus, 2008; Krebs, 2008) differenzierter Art (Schulz-Nieswandt, 2007g; Empter/Vehrkamp, 2007). Ohne Anspruch auf Vollständigkeit und ohne Glauben daran, eine endgültige Klassifikation erreicht zu haben, wären doch heute zumindest die Tausch- und Leistungsgerechtigkeit, die Verfahrensgerechtigkeit, die Chancengerechtigkeit sowie die Bedarfsgerechtigkeit zu unterscheiden. Quer zu dieser Differenzierung liegen andere Schemata der Ordnung. So ist Bedarfsgerechtigkeit die Basis für eine redistributive Gerechtigkeit, während die Chancengleichheit eine distributive Gerechtigkeit darstellt.[125] Verfahrensgerechtigkeit stellt auf Regelnormen ab, während eine Bedarfsgerechtigkeit auf Welfare abstellt. Zwar beruht Bedarfsgerechtigkeit im Fall der GKV zunächst auch auf der Regel der freien Zugangschancen zum Versorgungssystem, bezieht sich sodann aber auf Erzielung von Wohlfahrts- und Zufriedenheitsoutcomes, nämlich (folgt man den einschlägigen Fundstellen des deutschen Sozialrechts) der Wiederherstellung der Gesundheit, Vermeidung von Behinderung, Hinauszögern von Pflegebedürftigkeit etc.

Die Formen der Gerechtigkeit kreuzen sich demnach mit Formen der Ethik (hier: Regelethik oder konsequentialistische Ethik des Welfarismus).

Wurzeln haben. Der *homo reciprocus* ist seinem Ursprung nach ein *homo religiosus* (vgl. Art. „Homo religiosus", in RGG, Bd. 3, Sp. 1880), oder, wenn man es neutraler formuliert haben möchte, ein *homo symbolicus*. Der so konzipierte Mensch schafft soziale Ordnung durch sinnhafte Interpretation der Welt, praktiziert über Kulte und Rituale, integriert bereits in seinen ersten Gesellungsformen (die Tischgenossenschaft oder die versammelte Gemeinschaft um den Herd) Gemeinschaften des Teilens. Aber auch diese Zusammenhänge seien hier nur zur Veranschaulichung eingeflochten. Entscheidend ist, dass die Konzeptualisierung des Menschen mittels der Ökonomik der Reziprozität einen Schlüsselmechanismus der Sozialpolitik aufdeckt. Auch moderne Vertragsgesellschaften – und das dürfte gerade auch für die Generationenbeziehungen im Sozialstaat und für die Rolle des Alters im gesellschaftlichen Rollengefüge von grundlegender Bedeutung sein – lassen sich als komplizierte und komplexe Formen der Reziprozität analysieren. Auch hier sind Effizienz und Fairness die entscheidenden Kriterien zur Beurteilung der Problemlagen. Auf der Basis empirischer und experimenteller Forschungsergebnisse argumentieren Biniossek u. a. (2007, S. 257): „Allokative ökonomische Modelle sind zu modifizieren, wenn Individuen sich gegen die eigennutzmaximale Option entscheiden und dies auf Aggregatebene zu einer systematischen Verzerrung führt."

[123] Aus der Fülle der Literatur: Schrift, 1997; Komter, 1996. Vgl. ferner Rosenberger/Reisinger/Kreutzer, 2006. Auf die einschlägige deutschsprachige Literatur habe ich an anderer Stelle verwiesen: Schulz-Nieswandt u. a., 2006, S. 9 ff., S. 171.

[124] Vgl. Toens, 2003 mit Bezug auf die Kriterien Recht, Leistung und Bedarf im Rahmen der Sozialhilfe(reform). Zur weltweiten Analyse von Sozialhilferegimen vgl. Leisering/Buhr/Traiser-Diop, 2006.

[125] Damit nehme ich eine klarere Position ein als etwa Dobner, 2007, S. 45 ff.

Chancengerechtigkeit nimmt eine Mittelstellung ein: Sie thematisiert die Capabilities (Leßmann, 2007), nicht unmittelbar die Welfare-Outcomes.[126] Gleichwohl stellen Capabilities die Voraussetzungen dar, um Welfare zu erzielen.

Als Capability bezeichne ich hier (Schulz-Nieswandt, 1994, S. 211) einen Handlungsspielraum der Person i

$$Q_i(X_i),$$

wobei Güter x_i so in Gütereigenschaften transformiert werden (f_i), dass personale Beings b_i möglich werden:

$$Q_i(X_i) \approx b_i | b_i = f_i(x_i).$$

Die Capabilities sind nun Gegenstand egalitärer Ausgangschancenverteilung (distributive Gerechtigkeit) und können grundrechtstheoretisch deduziert werden. Aber in unvollkommenen Welten kann eine Politik der Capabilities auf redistributive Sozialinvestitionen (z.B. Bildungs- und Gesundheitspolitik) nicht verzichten (Schulz-Nieswandt, 2006f).

Motivik und Formen des Altruismus: Solidarsysteme können unbarmherzig-barmherzig sein, können klug-berechnend sein und können egalitär-stolz sein.[127] Mit anderen Worten: Es kann sich um einen

---

[126] Vgl. auch DIW, 2006.

[127] *St. Martin und die Motiv-Analyse*: Das St. Martins-Beispiel wirft eine Reihe weiterer Fragen auf. Hat der Ritter wirklich aus verinnerlichter christlicher Standesmoral gehandelt? Oder hat er klug gehandelt: Als Prävention angesichts möglicher politischer Aufstände der Armen? Dann hätte er zumindest standespolitisch oder klassenspezifisch weise gehandelt, denn er hat nicht isoliert gedacht, wonach sein individuelles Fehlverhalten kollektiv vielleicht vernachlässigbar gewesen sein könnte. Vielmehr hat er erkannt, dass sich jeder (zumindest eine hinreichend große Zahl der) Ritter so edel verhalten muss, damit die Reputation des Standes kollektiv gesichert bleibt. Er hat damit die Kollektivgutsituation erkannt und auch in einem längeren Zeithorizont gedacht. Doch sein Handeln war geprägt von politischer Angst vor seinem Statusverlust. Nun mag sein Handeln auch gemischter motiviert gewesen sein. Er hat einerseits vielleicht Ekel vor dem Alter und der Armut empfunden, andererseits auch Mitleid und wusste, was seine offizielle Pflicht war, die ihn mehr extrinsisch als intrinsisch motivierte. Was ich in dieser Analyse vermerke, das ist die Gemengelage der Motive sowie der komplizierte gesellschaftliche Kontext der konkreten Handlungssituation und ich spüre, wie sehr die Qualität der Gabe, die eben nicht frei ist von Bedingt- und Begrenztheit, von Obligationen, von kalkulierender Logik und dass die so entstehende, wenn auch nur flüchtige Netzwerkbeziehung von der Art der Motive abhängt. Es gibt viele Motive der Gabe und des sich entwickelnden Systems des Gebens und Nehmens in sozialen Beziehungen und Netzwerken: Liebe, Respekt, gegenseitige Anerkennung, erwartete/kalkulierte Dankbarkeit oder Suche nach öffentlichem Ansehen, Gnade und Barmherzigkeit,

- autoritären Liebespatriarchalismus (ganz im Sinne von Troeltsch [1865–1923; Troeltsch, 1994, S. 67 ff.]; RGG, Bd. 8, Sp. 628 ff. und Art. „Troeltsch, Ernst" in TRE, Bd. 34, S. 130 ff.)[128] handeln, um
- rationalen Altruismus (Hochman/Rodgers, 1969) oder um
- egalitäre Hilfe auf Gegenseitigkeit.

Hiermit knüpfe ich an die kulturgeschichtlichen Ausgangsüberlegungen an.

In dem letzten, dem dritten Typus gehen die Personen genossenschaftsartig eine Risikogemeinschaft ein. Der rationale Altruismus, wie in dem weiter unten nochmals zu streifenden Fall von St. Martin (dazu tiefgreifend: Helas, 2008; ders., 2007), führt aus rationalen Erwägungen zu einem kollektiven/kooperativen Handeln, da „Caring Externalities" zwischen den Nutzenfunktionen bestehen. Der erste Typus ist in traditioneller Weise aus Mitleid bzw. Barmherzigkeit (Art. „Barmherzigkeit", in RGG, Bd. 1, Sp. 1116 ff. sowie Art. „Barmherzigkeit" in TRE, Bd. 5, S. 215 ff.; zur neutestamentlichen Barmherzigkeit als Grundhaltung: Dynowski, 1992)[129] angetrieben. Dieser Typus ist selbst dort, wo gerade die nicht hintergehbare menschliche Kreatürlichkeit im Hilfebedürftigen betont oder die Beziehung sogar universalethisch als Nächstenliebe interpretiert wird, letztendlich asymmetrisch-hierarchisch (Art. „Hierarchie" von Alexandrow, in Auffarth/Bernard/Mohr, 2005, Bd. 2, S. 41 ff.)[130], paternalistisch: eine paternale

---

Mitleid, Freundschaft, Freigiebigkeit oder Großzügigkeit, Angst, Schuld, Pflicht, Scham und Ekel, Herrschafts- und Machtinteressen, Dominanzstreben etc. Phänomenologisch ist das Feld der Möglichkeiten groß. Es dürfte aber sehr schnell evident sein, dass die Selektion der Motive oder ihre Mischung bzw. die akzentuierte Dominanz eines der Motive überaus mitentscheidend für die Qualität der Systeme des Gebens und Nehmens in Netzwerken ist. Das braucht hier im Detail wohl nicht exemplarisch gemacht werden.

[128] Zu Troeltsch vgl. auch Schluchter/Graf, 2005.

[129] So kommt Telscher (2007) nach umfassenden, detaillierten Interpretationen zu Jesus Tod im Lichte von Hebr 9,11-28 im Kontext biblischer Sühnetheologie nicht über eine simple Definition von Barmherzigkeit als Sich-Opfern für den Mitmenschen hinaus.

[130] *Ikonologie der Hörnerkrone*: Aufzuspüren sind auch die Symbole der vertikalisierten Hierarchien im Sinne von Herrschaft. Vgl. z.B. Osten-Sacken (1992, S. 183, S. 183): „Die Feststellung, dass der Kopf von übernatürlichen Wesen häufig mit langen Hörnern eines Ziegentieres geschmückt ist, scheint für die Ikonographie altorientalischer Götter von besonderer Bedeutung. (…) Es war den Künstlern in Vorderasien vermutlich stets wichtig, übernatürliche Personen anhand ihrer Ikonographie als etwas besonderes zu kennzeichnen. Häufig geschieht dies durch spezielle Kopfbedeckungen. Die Hörnerkrone, die die Götter in historischer Zeit tragen, ist das bekannteste Beispiel dafür." Vgl. auch Rohde, o.J., S. 147 zum frühen Griechenland. Vgl. auch Dietrich, 2008, S. 53 f. sowie S. 163. Klassisch auch Scheftelowitz, 1912. Schließlich Braun-Holzinger, 2007, S. 195.

I. Soziale Praxis als Herausforderung in tiefengrammatischer Perspektive 243

Gabe. Damit kristallisiert sich das Phänomen des Machtgewinns durch das Mitleid (von Zelinka [2005] dargestellt als Moment innerhalb der Genese staatlicher Fürsorge).

Es macht Sinn, sich die archetypischen Ausgangsbedingungen sozialer Hilfebeziehungen einmal klarzulegen.[131] Damit werden die kulturgeschichtlichen Hintergründe vertiefend in ihrer aktuellen Relevanz verdeutlicht. Später komme ich dann wieder auf die Praxis von Medizin und Pflege zurück.

Vektorielle Archetypenlehre des Sozialpolitischen: Im Prinzip handelt es sich bei dieser Fragestellung um die Suche nach einer Archetypenlehre sozialer Politik und damit um eine Lehre der sozialarchitektonischen Vektoren (Schulz-Nieswandt, 2000a; ders., 2007a). Die Archetypen sind universal, im kollektiven kulturellen Gedächtnis gespeichert, individuell von den Menschen in konkreten historischen Situationen (Epochen) immer abrufbar, aktualisierbar und formenreich umsetzbar (Schulz-Nieswandt, 2003b).

Archetypisch sind Herrschaft und Genossenschaft zu unterscheiden (Schulz-Nieswandt, 2003b).

Es ist immer davon auszugehen, dass es zu variantenreichen Mischformen kommt. So kann sich Herrschaft genossenschaftliche Umsetzungsformen suchen:

– Ein modernes Beispiel ist die Selbstverwaltung der öffentlich-rechtlichen Körperschaften[132] als staatsmittelbarer Sektor, der quasi öffentliche Aufgaben delegiert[133] bekommt.

---

[131] *Helfen*: Sloterdijk (2002, S. 72) sieht im Helfertum eine der archetypischen Grundfunktionen der Projektion Gottes: „An Gott als Helfer in Lebens- und Todesnöten wendet sich der größte Teil der religiösen Apelle." Es geht um das Bild des „guten Hirten" (vgl. auch die entsprechenden Art. in RGG, Bd. 3, Sp. 1347 ff.). Die Studien von Schulte über die Morphologie bei Goethe und Wittgenstein (Schulte, 1995 S. 11 ff.) helfen mir nochmals, deutlich herauszuarbeiten, dass die Urtypen selbst empirisch nicht zu beobachten sind, sondern nur die kulturellen Derivationen als Phänotyp eines genetischen Archetypus. Der Archetypus ist aber transzendental vorauszusetzen, eine Denknotwendigkeit, weil Derivationen eben nur als Derivationen eines reinen Urtyps denkbar sind. Diese Idee transzendentaler Grammatik war leitend in meiner Form-Inhalts-Metaphysik der Genossenschaft: Schulz-Nieswandt, 2006c.
[132] Zur historischen Genese vgl. Bieback, 1976 sowie Eichler, 1986. Vgl. vor allem auch die neuere Studie von Klenk, 2008.
[133] *Europarechtsrelevanz der Delegation*: Mit diesen Phänomenen wird das ganze Thema der Gewährleistungsstaatlichkeit, und dies im Lichte des Wettbewerbs-, Abgaben- und Beihilferechts, nunmehr deutlich dominant europarechtlich aufgeworfen, womit sich das nationalstaatlich überformte gesamtgesellschaftliche Sektorengeschehen der Wohlfahrtsproduktion in komplizierte vertikale und horizontale Politik- und Rechtsverflechtungen herrschaftlicher und völkerrechtlicher Art im transnationalen

- Die staatlich initialisierten Berufskollegia in der römischen Spätantike (Schulz-Nieswandt, 2000, S. 34 ff.) sind ein anderes Beispiel.

- Die heutigen[134] Universitäten[135] der Länder spüren die Spannung von Selbstverwaltung und öffentlicher Finanzierungsträgerschaft.[136]

- Selbst organisierte soziale Selbsthilfegruppen (sSHG: Schulz-Nieswandt, 2008i; Vogelsanger, 1995)[137], wobei von über 70.000 Gruppen und

Mehr-Ebenen-System einfügt und somit verkompliziert. Fokus dieser komplexen Lage ist, thematisch hier hoch relevant, das Schicksal der Daseinsvorsorge, reformuliert als Dienstleistungen von allgemeinem (wirtschaftlichem) Interesse (DA[W]I).

[134] In NRW z.B. hat die neuere Gesetzgebung (Hochschulfreiheitsgesetz) nochmals eine neue Epoche eingeleitet: die Entlassung der Universität, nunmehr als reine Körperschaft des öffentlichen Rechts, in die Autonomie unternehmerischer Selbststeuerung. Dem Ministerium kommt allein die Rechtsaufsicht zu. Gesteuert wird im Mehr-Ebenen-System mit Vertragsmanagement, insbesondere durch Zielvereinbarungen.

[135] *Universität als Genossenschaft*: Zur Geschichte der europäischen Universität vgl. Weber, 2002, S. 16: „Nach klassischer Definition ist unter Universität ein mehr oder weniger institutionalisierter, öffentlich anerkannter Verband gleichberechtigter Lehrender (Professoren) zu verstehen, der mit Lernenden (Studenten) eine Bildungszweckgemeinschaft eingegangen ist, über bestimmte Selbstbestimmungs- und Selbstverwaltungsrechte verfügt, sowie entsprechende Grade verleiht." Die Universität kommt hier dem Modell beschworener Bruderschaft nahe (ebd., S. 68).

[136] Und manche moderne Steuerungsform, wie projektorientierte Zielvereinbarungen, auf die grundsätzlich später noch einzugehen sein wird, erweist sich bei näherer (ethnografischer) Analyse als ritualisierte Chimäre (Schwarz, 2006).

[137] *Klein-Sozialgenossenschaften*: Vgl. auch Trojan/Estdorff-Klee, 2004 sowie Nickel u.a., 2006. Vgl. auch Schmale/Blome-Dresse, 2006 aus genossenschaftswissenschaftlicher Sicht. Ferner Höflich u.a., 2007. Vgl. dagegen zur Rolle der Rechtsform der Deutschen Genossenschaft für regionalisiert-vernetzte Medizinanbieter: Genossenschaftsverband Frankfurt e.V. & Andramedos eG, 2007. Vgl. ferner Borgetto, 2004 sowie ders., 2002. Eine Reihe von Aspekten findet sich in Borgetto, 2004a sowie in Borgetto/Troschke, 2001. Insgesamt ist ein Mangel an Studien zur Arbeit von Selbsthilfegruppen zu konstatieren. Vgl. jetzt Borgetto u.a., 2008. Vgl. aber auch Schulz-Nieswandt, 1992c. Die Bewältigung der alltäglichen Sorgen im Lebenslauf und die Wohlfahrtsproduktion der Menschen erfolgt nicht nur in Form von Marktaktivitäten und Staatshandeln sowie in primären Formen der Vergemeinschaftung wie die der Familie und der Verwandtschaften sowie Freundschaften. Alle drei Formen kommen jeweils an spezifische Grenzen. Soziale Selbsthilfeaktivitäten laufen morphologisch auf der eigentlichen Mikrobene der „betrieblichen" Leistungserstellung in Abgrenzung zum klassischen Ehrenamt in sozialen Gruppen ab, die sich über das Gegenseitigkeitsprinzip des Gebens und Nehmens definieren (Prinzip der Mutualität bzw. der solidarischen Reziprozität). Das gibt diesen Gruppen soziologisch (nicht rechtlich) Eigenschaften von Kleingenossenschaften: Sie sind selbstorganisierte, demokratisch selbstverwaltete Zusammenschlüsse freiwilliger Art zur Deckung des oftmals existenziellen Bedarfs der MitgliederInnen auf Gegenseitigkeit. Diese genossenschaftsartige Interpretation mag zunächst überraschen, ist aber kultur- und sozialgeschichtlich zwingend. Denn solche Formen der sozialen Selbsthilfe kennt man zu allen Zeiten in allen Kulturen und bezeugt den anthropologi-

schen Charakter dieser Form der menschlichen Gesellung und der praktischen Problembewältigung im Dasein der Menschen. Sie stellen positive Formen des „Sozialkapitals" einer Gesellschaft dar. Denn sie produzieren nicht nur Dienstleistungen, sondern dienen oftmals zugleich der Identitätsfindung und der sozialen Integration der Menschen. Um die sozialen, sozialpolitisch relevanten und daher gemeinwohlbezogenen Bedürfnisse dieser Gruppenaktivitäten in der politischen Arena der modernen Demokratie auf die Agenda zu bringen, damit die Themen als soziale Probleme anerkannt und einer öffentlich geförderten sozialen Bewältigung zugeführt werden können, haben sich Selbsthilfegruppen auch zu Selbsthilfeorganisationen zusammengeschlossen. Diese sind in der Regel nicht unmittelbare Wohlfahrtsproduzenten mit Blick auf die existenziellen Bedarfslagen der Menschen; sie stellen vielmehr eine verbandliche Infrastruktur zur Mitgliederförderung dar und sind politischer Akteur der Artikulation der Anliegen im politischen System. Heute sind sie zu relevanten, legitimen Mitspielern in der Gesetzgebung, in der Gesetzesimplementation und in der Sozialpolitikpraxis geworden. Soziale Selbsthilfegruppen lassen sich in ihrer Genese auch durch einen Blick auf ihre Funktionen verstehen. Der Markt ist oftmals nicht zugänglich, also sozial selektiv und hat nicht immer das Vertrauen der Menschen (Marktversagen). Die daraus resultierende Korrektur des Staates ist notwendig, erreicht aber infolge eigener Probleme (Verrechtlichung, Formalisierung, Bürokratisierung, fiskalische Knappheiten) wiederum Grenzen (Staatsversagen). Aber auch Familie und Verwandtschaft haben Handlungsgrenzen und sind vielfach angesichts spezifischer Problemlagen ressourcen- und kompetenzbezogen überfordert (Familienversagen). Vor diesem Hintergrund ist die Herausbildung vielfältiger Formen von sozialen Selbsthilfeaktivitäten zu beobachten. Sie sind Teil eines „Dritten Sektors", der zwischen Staat, Markt und Familie/Verwandtschaft angesiedelt ist. Er ist als Sektor der Wohlfahrtsproduktion und Produzent von Lebensqualität nicht mehr wegzudenken (zur Bedeutung der kooperativen Selbsthilfe im Rahmen einer Theorie des Politischen vgl. Tamm, 2007). Dieser Sektor mit seinen verschiedensten Gebildeformen umfasst vielfältige Arten des Not-for-Profit-Wirtschaftens, ist aber nicht vollständig autonom, sondern institutionell und funktional verflochten mit den anderen Sektoren. Die sozialen Selbsthilfeaktivitäten können Marktbezug haben und im Wettbewerb mit den erwerbswirtschaftlichen Unternehmen stehen; sie können förderpolitisch in Interdependenz, auch in Abhängigkeit stehen zu staatlichen Trägern der Sozialpolitik oder zu Trägern des staatsmittelbaren Sektors wie die der Körperschaften des öffentlichen Rechts in Selbstverwaltung (z. B. die Sozialversicherungen). Der bisherige § 20 (4) SGB V (jetzt § 20c SGB V) ist ein etabliertes Beispiel für derartige spannungsvolle Interdependenzen. Mit Blick auf die Wohlfahrtsleistungen der sozialen Selbsthilfe ist eine stärker bewusste, gezielte und rechtlich wie gesellschaftspolitisch anerkannte Ausdehnung in die Funktionsbereiche der primären, sekundären und tertiären (sowohl verhaltens- wie verhältnisbezogenen) Prävention und Gesundheitsförderung in verschiedensten Settings angezeigt. Die soziale Selbsthilfe muss jedoch aufpassen, dass sie nicht zum Lückenbüßer wird und öffentliche Leistungen substituieren soll, da die Ressourcen knapp sind. Das wäre eine höchst problematische Form der Risiko-Privatisierung sozialer Probleme. Soziale Selbsthilfeaktivitäten sollen komplementäre Rollen im Verhältnis zu den anderen Sektoren spielen. Sie sollen jene Funktionen übernehmen, die die anderen Sektoren der Wohlfahrtsproduktion aus je eigenen Wesensgründen nicht optimal oder gar nicht erfüllen. Soziale Selbsthilfe kann so z. B. Glied eines integrierten transsektoralen Leistungs-, Behandlungs-, Versorgungs- und Betreuungssystems sein. Sie kann präventiv in allen Episoden des Gesundheits- und Krankheits(bewältigungs)geschehens und -verhaltens wirken. Im Medizinsektor ergänzt sie

270 Selbsthilfekontaktstellen auszugehen ist, kennen ebenso die Spannung zwischen Autonomieanspruch und öffentlicher Förderung.[138] Hierbei ist die BAG Selbsthilfe einerseits und die DAG SHG, die die NAKOS trägt und Mitglied im DPWV ist, zu unterscheiden (vgl. jeweils Deutscher Verein, 2007e, S. 148 f. sowie S. 182). Dass diese sSHG im Gesundheitswesen im weitesten Sinne (direkt oder indirekt über ihre Verbände) gemäß des bisherigen § 20 (4) SGB V[139] von den Gesetzlichen Krankenkassen gefördert werden und somit anerkannt sind als wichtige Glieder in den Versorgungsketten bzw. in den Behandlungs- und Genesungspfaden der Patienten und deutlich machen[140], wie sehr das paternalistische Gesundheitswesen in Grenzen gelernt hat, Empowerment-orientiert die Kompetenzen und Netzwerkressourcen der betroffenen Menschen systematisch einzubeziehen[141], macht andererseits aber auch

---

das Geschehen dort, wo die medizinisch-technische Praxis an ihre Wirkungsgrenzen stößt. Sie trägt dazu bei, dass aus einer reinen Krankenversorgungsindustrie ein ganzheitlich um die Person zentriertes Gesundheitswesen wird.

[138] *Seniorengenossenschaften*: Zum Beispiel der Seniorengenossenschaften, die mit Sozialgutscheinen arbeiten vgl. Köstler, 2006; dies., 2006a; dies., 2006b; dies., 2007 sowie dies., 2007a. Auch hierbei darf in grundsätzlicher Perspektive weit ausgeholt werden: Die Figurationen des Helfens oder Teilens bzw. des Geben/Nehmens, die Menschen in diesem thematischen Kontext eingehen, mögen unterschiedlich ausfallen hinsichtlich des Grades der Asymmetrie bzw. der Vertikalität/Horizontalität der Vernetzung. So kann eine vertikale Sozialpolitik (barmherzige Hilfe „von oben") von einer horizontalen Sozialpolitik (Hilfe auf Gegenseitigkeit) unterschieden werden. Vertikale Sozialpolitik fügt sich in hierarchische Formen der politischen Herrschaft des Staates; horizontale Formen der Sozialpolitik sind genossenschaftsartige Formen des freien Zusammenschlusses von Menschen zur Deckung des Bedarfs der Mitglieder auf Gegenseitigkeit. Diese Systematik ist nicht nur in historischer und kulturvergleichender Perspektive fruchtbar. Sie ist auch nach wie vor aktuell. So lassen sich in Deutschland zahlreiche Seniorengenossenschaften finden, die mit Zeitgutscheinen arbeiten und innerhalb von höheren Altersgruppen oder als Mehr-Generationen-Tauschprojekte Hilfe auf Gegenseitigkeit auf selbstorganisierter und selbstverwalteter Grundlage praktizieren (Köstler, 2006). Spannungsreich wird es immer dann, wenn Fragen öffentlicher Förderung aufkommen. Dann werden leicht Autonomieansprüche verletzt; nicht selten finden der Kooperation mit öffentlichen Händen so erste Schritte der Professionalisierung und Formalisierung statt, etwa die Verbandsbildung auf Landes- bzw. Bundesebene. Die Erforschung von Handlungsmotiven und Handlungstypen im Ehrenamt und in kooperativen Einrichtungen ist international ein verbreitetes Thema. Vgl. etwa die Studie von Birchall/Simmons (2004) oder von Dolnicar/Randle (2007).

[139] Jetzt § 20c SGB V.

[140] Gleichwohl ist zur Wirkungsanalyse der Selbsthilfegruppen wenig bekannt. Vgl. immer noch Schulz-Nieswandt, 1989.

[141] *Wer finanziert, der kontrolliert*: Der Konflikt zwischen öffentlicher Anerkennung und politischer (auch finanzwirtschaftlicher) Förderung der Selbsthilfe einerseits und der politischen Kontrolle und Instrumentalisierung der Selbsthilfe (vgl. auch Beiträge in Bode/Evers/Klein, 2009) andererseits ist geradezu klassisch und

deutlich, wie wenig losgelöst solche einzelnen Gebilde im Gesamtsystem des Vier-Sektoren-Modell zwischen Staat, Markt und Familie zu verstehen sind. Die eigenen Bundes- und Landesverbände-Bildungen, aber auch die Förderkulturen[142] seitens der Sozialversicherungen (auch der Wirkbereich des SGB XI kennt diesen Welfare-Mix) und der Kommunen oder Länder verweisen auf Tendenzen der Bürokratisierung und der Professionalisierung, die durchaus Grundlagen morphologischer Mutationen, Transformationen oder Konvergenzen darstellen können.

Binäre Code-Struktur: Die Genossenschaft (Schulz-Nieswandt, 2006c) stellt den Archetypus einer symmetrisch-horizontalen Vernetzung dar: Das Gegenseitigkeitsprinzip steht hier in konstitutiver Weise im Mittelpunkt der Gebilde. Diese auf Gegenseitigkeit abstellende Vernetzung stellt den Strukturtyp der sozialen Interaktion dar.

Der Archetypus von Herrschaft – das Sakralkönigtum – impliziert einen anderen Strukturtyp sozialer Interaktion: Die asymmetrisch-vertikale Steuerung.[143] Die Motivhaltung der Genossenschaft ist die Anerkennung des Bürgerstatus; die Motivhaltung der Herrschaft ist die Barmherzigkeit bzw. das Mitleid.[144]

Weitere Dimensionen eines binären Codes sind zu entschlüsseln:

– Genossenschaft lässt sich metaphorisch im Bild des „runden Tisches" fassen; Herrschaft metaphoralisiert sich gerne im Bild von „Hirt und Herde" (Dobeneck, 2006, S. 39 f. zum Basileus).

– Genossenschaft folgt dem Solidaritätstypus der Bruderschaft (Art. „Bruderschaften", in RGG, Bd. 1, Sp. 1783 ff.; ferner „Geschwisterethik", in RGG, Bd. 3, Sp. 822 f. sowie schließlich Art. „Bruderschaft/Schwestern-

---

bringt eine der unausweichlichen Ambivalenzen des Sektors auf den Begriff. Das Spannungsfeld nimmt eine neue Gestalt an infolge der neueren Trendentwicklung, öffentliche Finanzierung von Evidenzprüfungen und Qualitätsmanagement abhängig zu machen. Die Diskussion hat trotz allem Verständnis für Wirksamkeits- und Effektivitätsprüfungen deutlich die Gefahr einer Erosion und systemischen Zerstörung der informellen Selbsthilfeaktivitäten durch eine solche Forschung administrierter Verwissenschaftlichung politischer Förderpolitik zum Ausdruck gebracht.

[142] Zu den Möglichkeiten einer kooperativen Praxis der Förderung von sozialen Engagementformen vgl. die systematische Erfahrungsberichterstattung durch Karl u. a., 2008.

[143] In Freuds Kulturtheorie stiftet die vertikale Achse, die Identifikation mit einem Ideal, erst die horizontalen Bindungen zwischen den Gruppenangehörigen: Langlitz, 2005, S. 73 f.

[144] Den Zusammenhang zwischen Horizontalität und Vertikalität in der Beziehung Gott – König – Bevölkerung stellt auch Leuenberger, 2004, S. 44 ff., deutlich heraus.

schaften/Kommunitäten" in TRE, Bd. 7, S. 195 ff.); Herrschaft folgt dagegen dem Typus der paternalen Gabe.[145]

– Genossenschaft basiert mental-habituell auf der Praxis des gemeinsamen Mahles[146], Herrschaft auf der proskynetischen Huldigung (vgl. Art. „Proskynese" von Hack, in Auffarth/Bernard/Mohr, 2005, Bd. 3, S. 73 f.; Art. „Fußkuß", in RGG, Bd. 3, Sp. 443 f. mit Literatur sowie Art. „Proskynese", in RGG, Bd. 6, Sp. 1721), also der altpersischen Sitte der kniefälligen Huldigung des Herrschers. Hinzu kommt noch eine spezifische Praxis des Orakels[147] (vgl. auch Art. „Deviation/Mantik", in RGG, Bd. 2, Sp. 883 ff. sowie Art. „Orakel", in RGG, Bd. 6, Sp. 600 ff.)[148].

---

[145] *Gotteslehre und Jaspers*: Insofern sind die dominanten Gotteslehren im Christentum (Sander, 2006) immer dem Herrschaftsparadigma nahestehend; daran ändern auch nichts die subtilen Hermeneutiken der Herde-Hirte-Metapher und verwandten Figurationen. Dort, wo die Gott-Mensch-Beziehung weniger asymmetrisch und hierarchisch interpretiert worden ist und existenzialtheoretisch horizontalisiert wurde zur Idee historisch und kulturell gelingender Mensch-Mensch-Beziehungen, wird auch bezweifelt, ob noch eine Theologie vorliegt. Für Barth (zu Barth vgl. auch Art. „Barth, Karl", in RGG, Bd. 1, Sp. 1138 ff.) waren die Vorlesungen von Jaspers daher reines „Jasperle-Theater"; und insgesamt wird die anthropologische Wende als schleichender gottloser Atheismus eingeschätzt. Differenzierter dazu Szczepanik (2005) zur Verborgenheit Gottes (RGG, Bd. 8, Sp. 938 ff.) bei Jaspers. Dabei wird auch die radikale Differenz Jaspers zur Tradition negativer Theologie deutlich. Erkenntniskritisch ist Jaspers gegen jede Offenbarung eingestellt, denn außerhalb der menschlichen Sprache gibt es keine Möglichkeit der Erfahrbarkeit (vgl. auch Christian, 1952, S. 138). Gottes Sprache ist immer die der Menschen. Die Unmöglichkeit des Sprechens über das Unaussprechliche ermöglicht es nun aber nicht, Theologie als Wissenschaft zu etablieren. Jede Theologie ist daher ein Gehäuse, eine autoritäre Herrschaft über die menschliche Freiheit. Damit wird die Ferne zu Balthasar ebenso deutlich wie zu Barth, der wiederum Balthasar sehr beeinflusst hat: Krenski, 2007, S. 378. Zur Theologie der „Gehorsamspotenz" vgl. auch bei Köck (2008, S. 39 mit Bezug auf Max Müller). Unterschwellig die Autorität Gottes in der relationalen Ontologie deutlich betonend auch Härle, 2005, dessen Positionen zur Autonomie der Person philosophiegeschichtlich und systematisch doch etwas flach bzw. dünn anmuten. Aber es kann hier nicht der Ort sein, auch noch den Zusammenhang des Autoritarismus mit dem Protestantismus nachzugehen, gerade dann, wenn es mit Luther zutun hat. Zu verweisen wäre (nicht ohne Kritik) auf Horkheimers (zu Horkheimer [1895–1973] vgl. Gumnior/Ringguth, 1973) klassische Studie „Autorität und Familie" (Horkheimer, 1968, S. 277 ff., insbesondere S. 307 f. sowie S. 321 f., S. 331).

[146] Ethnologisch wie kulturgeschichtlich gilt: Wer um den Herd herumsitzt, gehört quasi zur Familie: Müller, 2002, S. 97. Das gemeinsame Mahl ist hier ein Adoptionsritual. Vgl. auch ebd., S. 105 (mit Bezug auf Genossenschaften) und ebd., S. 109 (mit Bezug auf Gilden).

[147] Jetzt auch die Studie von Oesterheld, 2008 zum Apollon-Orakel von Klaris und Didyma in hellenistisch-römischer Zeit.

[148] *Deutungsmonopole*: RGG, Bd. 8, Sp. 1375 ff.; Näf (2004, S. 29) hat die Rolle von Deutungsmonopolen (vgl. auch die Studie von Fögen [1997] zur römischen

I. Soziale Praxis als Herausforderung in tiefengrammatischer Perspektive 249

Diese verschiedenen Arten der horizontalen und vertikalen Reziprozität werden mikropolitisch für den Sozialsektor relevant, da auf dieser Ebene die Rollenreziprozität konzeptionell ins Zentrum der Analyse rückt (vgl. Stegbauer, 2002):

- Die epistemische Basis[149] der Genossenschaft ist die Egalität, die der Herrschaft die Differenz. Die Differenz ist hier die ontische Basis der Kluft zwischen dem Oben und dem Unten, die durch die paternale Gabe asymmetrisch überbrückt und dennoch dadurch immer erst reproduziert wird und dabei das numinose Verhältnis von Mensch und Göttlichkeit spiegelt. Egalität ist dagegen die Ausgangsfiguration der Bürger im System der gegenseitigen Anerkennung.

- Die Raumorganisation der sozialen Praxis (Schulz-Nieswandt, 2000a) der Genossenschaft drückt sich archetypisch in der Agora (treffsicher Hölkeskamp, 2003 sowie ders., 2002, jeweils mit weiterer einschlägiger Literatur)[150] aus (vgl. auch Vernant, 1996); die Raumorganisation der Herrschaft dagegen in der Architektur der Gotik[151] (Art. „Gotik", in RGG, Bd. 3, Sp. 1095 ff. sowie Art. „Gotik" in TRE, Bd. 13, S. 594 ff.): „Mittelalterliche Architektur predigt christliche Demut, die Architektur der Antike und der Renaissance verkündet die Würde des Menschen." (Pa-

---

Spätantike) von „Herrschern mit sie unterstützenden Bürokratien und sakralen Einrichtungen" am Beispiel der Traumdeutung (RGG, Bd. 8, Sp. 563 ff.) dargelegt: „Die Traumdeutung des Alten Orients ist ein nicht unwichtiger Bestandteil der gesellschaftlichen und politischen Systeme in theokratischen Monarchien mit straff zentralisierter und autoritär regierter Organisation." (Näf, 2004, S. 29) Zur spezifischen Rolle des Orakels im Kontext der griechischen Polis vgl. Bowden, 2005 sowie Rosenberger, 2001. Es müssten sich umfassende Ausführungen zur politisch-kulturellen Bedeutung der griechischen Tragödie (aber auch der Komödie: Stark, 2004; vgl. ferner Maurach, 2005 sowie Ercolani, 2002) anschließen. Vgl. zu den „wilden Ursprüngen" der Tragödie Zimmermann, 2000, S. 13 ff.; vgl. ferner Flaig, 1998. Ley (2005, S. 37): „In Delphi entstand eine politische Religiösität, die auf eine vernünftige Ordnung der Polis und eine Ethik der menschlichen Seele ausgerichtet war". Zu Delphi vgl. auch Maaß, 2007.

[149] Zur kulturgeschichtlichen Analyse mittels binärer Codes vgl. Schulz-Nieswandt, 2000a, S. 35 ff. Grundlegend ist Bateson, 1996. Klassisch: Hertz, 2007.

[150] *Agora*: Zur Agora in archaischer und klassischer Zeit in Griechenland vgl. auch Kenzler, 1999.

[151] *Der frühe Ernst Bloch*: Vielleicht eher überraschend für Nicht-Kenner: In Blochs frühem Werk „Geist der Utopie", und zwar in seinen Abhandlungen zur Philosophie der Musik, ist, geprägt von jüdischer Mystik und Christentum (auch von Idealismus und Romantik sowie jüdischem Expressionismus: Markun, 1990, S. 49 ff.; zum Massensterben des Ersten Weltkrieges als Geburtsstunde der [zweiten Phase] des Expressionismus vgl. auch Damus, 2000, S. 108 f., S. 121 f.) zugleich, das Wort von der „warme(n), tiefe(n) gotische(n) Stube des Inneren, die allein noch im unklaren Dunkel leuchtet" (Bloch, E., 1977, S. 208). Gnostische und kabbalistische Elemente können hier nur angedeutet werden.

nofsky, 2006, S. 41)[152] Der Mensch ist hier passiver Empfänger der gotischen[153] Lichtmetaphysik (vgl. auch allgemein Art. „Licht/Erleuchtung" von Mohr, in Auffarth/Bernard/Mohr, 2005, Bd. 2, S. 332 ff.; Art. „Licht und Finsternis", in RGG, Bd. 5, Sp. 329 ff.) in der aufblickenden Haltung zum Himmel (Art. „Himmel" von Thomas, in Auffarth/Bernard/Mohr, 2005, Bd. 2, S. 46 ff.; Art. „Himmel", in RGG, Bd. 3, Sp. 1739 ff.)[154]; dort ist der Mensch der aktive Bürger in der Räumlichkeit der „face-to-face"-Gesellschaft des unmittelbaren Sehens und Sprechens (dazu Helm, 2003, S. 55 f., 69 f. sowie 104 f.).[155] Ist es diese humanistische Selbstbezogenheit des Menschen (trotz der Götter), die es Erhart Kästner nahe legt, zu sagen: „Ich sehe lieber einen einzelnen griechischen Quaderstein, als die ragenden Trümmer eines Römerpalastes, mögen sie noch so stolz gegen den Abendhimmel stehen" (Kästner, 1975, S. 36)?

Der wichtigste Punkt ist der, dass Solidarität in beiden Urformen sozialer Politik zwei unterschiedliche Gestaltqualitäten (gestaltpsychologische Perspektiven [vgl. auch Lück, 2009, S. 70 ff.] auf das Mitleid auch in Dalferth/Hunziker, 2007) annimmt. Einmal die Hilfe auf Gegenseitigkeit auf

---

[152] Zur Perspektivität als Modus der Symbolisierung (i. S. von Cassirer) bei Panofsky vgl. Thaliath, 2005.

[153] Kritisch zu dieser These: Markschies, 1995.

[154] *Thron und Distanz*: Es ist hier nicht der Platz, die alttestamentlichen Studien zum Thronwesen (RGG, Bd. 8, Sp. 387 ff.) im Kontext von Sakralkönigtum und Königsprädikation Jahwes (Schulz-Nieswandt, 2002, S. 87 ff.; vgl. etwa auch Gruhler, 2004, S. 112 ff.) – als soziomorphe Übertragungsleistung, die im damaligen altorientalischen Kontext lebensweltlich-hermeneutisch plausibel ist (Leuenberger, 2004, S. 2) – darzulegen (vgl. auch die Studie von Hartenstein [1997] zu Jesaja 6 im Kontext der Jerusalemer Kulttradition). Auf die ikonografische (Art. „Ikonographie" in TRE, Bd. 16, S. 59 ff.) Forschung ist hier jedoch zu verweisen; zum einen ist auf die Studien von Keel (u. a. Keel, 1996; dazu auch kurz Kern, 2006, S. 10 f.), zum anderen ist auf die Arbeiten von Metzger (Metzger, 2003; ders., 2004) hinzuweisen. Eine grundlegende Studie zum Tempelbau im vorexilischen Israel stellt die Arbeit von Herr (2000) dar. Ist die symbolische Innenarchitektur des sakralen Königtums und der israelitischen Sonderstellung des Königsprädikation Gottes selbst derart sozial- und kulturgeschichtlich entkontextualisierbar, dass dies das Metaphernfeld ist, mit der der moderne Mensch ontologisch ansprechbar sein soll? Die ganze Problematik des Autoritarismus in den Eltern-Kind-Beziehungen und ihre metaphorische Übertragung auf das alt-testamentliche Gottesbild habe ich an anderer Stelle angesprochen (vgl. Schulz-Nieswandt u. a., 2006, S. 177 ff.; ich möchte aber differenzierend die Arbeiten von Janowski herausheben: Janowski, 2004; 1999; 2003; 2005). Ich verweise ferner auf die von mir an anderer Stelle (Schulz-Nieswandt u. a., 2006, S. 177 ff.) zitierte Literatur zu den Bildfeldern Vater, Mutter, Tochter, Ehe, Generation, Bund (vgl. auch Gross, 1998; zur Geschlechtermetaphorik vgl. auch Zimmermann, 2001) etc. (vgl. auch Schulz-Nieswandt, 2007a).

[155] Hält man sich an die Darlegungen von Deckers (2007, S. 72) zur frühchristlichen und byzantinischen Basilika (Art. „Basilika", in RGG, Bd. 1, Sp. 1151 ff.), so findet man auch hier eine Lichtmetaphysik des Göttlichen.

der epistemischen Basis der Egalität, andererseits die hierarchieförmige paternale Gabe, die die Ontologie der Differenz reproduziert.

b) Sakrales Königtum: Heilen, Richten, Herrschen

Es sollten also zwei Archetypen sozialer Politik skizzenhaft unterschieden werden (Schulz-Nieswandt, 2003b). Sie sind als reine Urformen gedacht, wenngleich, das wurde bereits betont und exemplifiziert, in der Kulturgeschichte der Menschheit diachronisch wie synchronisch oftmals nur komplizierte unreine Formen anzutreffen sind.

Aus der Phänotypik der Derivationen sind demnach die strukturalen Kerne der Genotypik erst herauszudestillieren (Christian, 1952, S. 152 und 157). Mit Blick auf die Genotypik der Urformen wird in der Tat struktural eine generative Grammatik angenommen, die die Potenziale der Derivationen in Raum und Zeit zu bestimmen vermag. An der binär codierten Gegenüberstellung (vgl. auch Art. „Orient und Okzident", in RGG, Bd. 6, Sp. 651 ff. sowie Art. „Orientalismus", in RGG, Bd. 6, Sp. 653) von orientalischer Herrschaft und griechischer Reziprozitätslogik, die bereits angedeutet wurde und gleich noch vertiefend zu behandeln sein wird, sind allerdings auch Zweifel angebracht, die zur Differenzierung zwingen.

Z.B. ist auf die Analysen der Gastmahlszenen in der antiken Epik bei Homer von Bettenworth (2004) hinzuweisen. Gewiss – das homerische Schrifttum in griechischen Kontext muss ohnehin als orientalisch beeinflusst gesehen werden (Burkert, 2003)[156]. Aber dass sich Szenen geradezu altpersischer Huldigung in Form der Proskynese in den Gastmahlszenen finden (in Form der Hikesie, hinter der sich nochmals eine eigene, erst noch zu entschlüsselnde [vgl. Gödde, 2000] Komplexität verbirgt: vgl. auch Dietrich, 2008, S. 39 mit weiterer Literatur), muss die Reziprozität als horizontalegalitäre Gabebeziehung – gerade am Archetypus der Gastfreundschaft[157] (Hiltbrunner, 2005; Art. „Gastfreundschaft", in RGG, Bd. 3, Sp. 473 ff.; differenziert in der alten Kirche im orientalischen Kontext: Puzicha, 1976)[158] fixiert –

---

[156] Der systematische Bezug zum Orient als kulturgeschichtliche Quelle ermöglicht es dem Komparatisten Raoul Schrott (2008), die Homerische Ilias auf den Nordwesten Kleinasiens und deren Ereignisgeschichte zu beziehen. Die Differenz zu klassisch-gymnasialhumanistischen Rezeptionsweise Homers (Mannssperger, 2008) ist überaus deutlich.

[157] *Gastfreundschaft*: Zur Gastfreundschaft gibt es in Rekurs auf Lévinas und Derrida eine umfassende Kontroverse. Vgl. auch Bischof, 2005 sowie Haberer, 1997.

[158] *Adeliger Habitus*: Otto (2002, S. 29) fasst Odyss. 21, 289 so zusammen: „So ist der Arme und Bettler eine ehrwürdige Person, und wenn er mitleidlos vom Tisch

problematisch werden lassen. Dennoch (Kästner, 2002, S. 165): „Die griechische Gastfreundschaft ist ein überwältigender Zug dieses Volks. Sie ist unantastbar, uralt und ein Zeugnis hoher Gesittung." Sie ist reine „Sitte" (ebd., S. 166; vgl. Art. „Sitte/Sittlichkeit" in TRE, Bd. 31, S. 318 ff.).

Ich geselle der strukturalen Binärik[159] eine soziogenetische Hypothese hinzu: Ein gemeinsamer Ursprung von Herrschaft und Genossenschaft kann im religiösen Opferkult (Art. „Opfer" I ff. in TRE, Bd. 25, S. 253 ff.) gefunden werden (vgl. auch Brock [2006, S. 160 f.] zur Stiftung von Kultgemeinschaften durch Kommunikation mit den „Geistern"; vgl. auch Bösch [1996] zum kultischen Ursprung der Kultur im Opfer bei Cassirer).

Opferkult und Ur-Gabe: Die am religiösen Opferkult (Art. „Opfer" von Drexler, in Auffarth/Bernard/Mohr, 2005, Bd. 2, S. 607 ff. sowie Art. „Opfer", in RGG, Bd. 6, Sp. 570 ff.) konstituierte Ur-Gabe kann sowohl horizontale Distributions- und Redistributionssysteme als auch hierarchische Strukturen der Ressourcenakkumulation begründen. Stettberger (2005) hat in seiner umfassenden (kognitiv-linguistischen) Studie zur lukanischen Besitzethik die doppelte – sozialpolitische wie gesellungsorientierte – Funktion des Gemeinschaftsmahles herausgestellt: „Als praktischer Ausdruck von Gemeinschaft kommt konkret das Mahl in den Blick. In der Tischgemeinschaft realisiert sich in fundamentaler Weise der Akt der Nächstenliebe und, verbunden damit, die gegenseitige Wahrnehmung, Anerkennung und Hochschätzung bis hin zur Versöhnung." (Stettberger, 2005, S. 529; vgl. auch anthropologisch breiter: Govers, 2006, S. 23 f.) Die Tischgemeinschaft wird zur Tischgenossenschaft, ist ein Geben und Nehmen, ein Austausch auf Gegenseitigkeit (vgl. auch Stettberger, 2005a; Grovers, 2006, S. 235 ff.). Anknüpfungspunkte zur Gastfreundschaft ergeben sich (Stettberger, 2005, S. 508 f.; Puzicha, 1976).

„Unser täglich Brot gib uns heute!" (Matth 6, 11; vgl. insgesamt Philolenko, 2002; RGG, Bd. 8, Sp. 893 ff. zum „Vaterunser" sowie Art. „Vaterunser" in TRE, Bd. 34, S. 504 ff.) hat als Sorgemotiv einen kulturgeschichtlichen Ur-Typus (im anderen Kontext spricht Jensen [1906, S. 298] von der „Ursage") in der bittenden (vgl. ferner Art. „Fürbitte, gottesdienstliche", in RGG, Bd. 3, Sp. 439 ff.) Opfergabepraxis (Auffarth, 1991, S. 1 ff.; Art. „Gabe", in RGG, Bd. 3, Sp. 445 f.). Daran knüpfte sich die

---

des Reichen weggestoßen oder gar mißhandelt wird, so trifft den Übermütigen die Rache der Erinyen, die dem Bettler zur Seite stehn". Otto hat in dieser adeligen Haltung ein Stück bleibender Ethik gesehen (Otto, 2002a, S. 321 ff.). Aber gerade an dieser Motivation des adeligen Habitus wird zugleich eine gewisse Differenz zum (Anspruch des) christlichen Universalismus deutlich.

[159] Als Anwendungsbeispiel der strukturalen Anthropologie binärer Codes vgl. die Adonis-Gärten-Studie von Detienne (2000).

Legitimität des Königs in sakralisierten Herrschaftsformen ebenso wie die kultische Rückbindung gehobener Statuspositionen an die Gemeinde (vgl. auch Art. „Gemeinde", in RGG, Bd. 3, Sp. 610 ff. sowie Art. „Gemeinde" in TRE, Bd. 12, S. 316 ff.) in egalitären Systemen primitiver Demokratie. Und so kann die Reziprozität (das Gegenseitigkeitsprinzip) als das konstitutive Prinzip schon in der homerischen Gesellschaft[160] begriffen werden; und dergestalt kann noch die Vernetzung der Oikos-Einheiten als Polykephalie rückgebunden werden zur polisbildenden[161] Rolle der gemeinsamen Heroen[162]- und Götterkulte (vgl. aus der Fülle der Literatur nur Boehringer, 2001; Waldner, 2000; zum Festgeschehen in der Polis und ihrer ikonografisch analysierten Darstellung in der attischen Vasenmalerei des 6. und 5. Jahrhunderts v. Chr.: Laxander, 2000, dabei die Rolle des Individuums durchaus hervorhebend). Insofern waren auch die frühen antiken Formen der sozialen Politik am (kultisch-)politischen Bürger-Modell orientiert (Metz, 2008, S. 14 ff.; Raphael, 2008, S. 15), nicht an abstrakten Normen (wie im Christentum).[163]

Für eine Theorie der sozialen Evolution des Helfens dürfte eine jeweilige Positionierung des helfenden Verhaltens auf einer generativen Skala zwischen affektueller Betroffenheit, empathiegestützter Intervention und universalistischer Ethik von zentraler Bedeutung sein. Das stellt den aktualisierbaren Analysekern dieser kulturgeschichtlichen Forschung dar (Schulz-Nieswandt, 2003b).

Empirisch-aktuelle Relevanz[164]: Auch die empirische Studie von Schmitt (1995) hält auf der Basis der typenbildenden Metaphernanalyse in der

---

[160] Deren Bestimmung ein bleibendes Forschungsthema ist. Vgl. auch Fündling, 2006.
[161] Zur Rolle der Paideia vgl. auch Langen, 2007.
[162] Zu den Heroen vgl. auch Rohde, o.J., S. 81.
[163] Zur Entstehung „Griechenlands" nun auch Meier, 2009.
[164] *Archäologie der barmherzigen Helfer-Begierde*: Die Asymmetrie sitzt tief in dem Feld sozialer Dienste. Dies liegt zum einen an der Ökonomie der professionellen „Begierde". An dem Status der Hilfebedürftigkeit – schon die sprachliche Ausdrucksweise indiziert geschaffene Abhängigkeiten – knüpften sich ökonomische Interessen, nicht nur Einkommen, sondern auch Status und Machtpositionen. Doch das Problem der tiefsitzenden Asymmetrieneigung sozialer Hilfeformen entspringt wohl noch grundlegenderen Grammatiken der menschlichen Praxis. Eine Asymmetrie ist dem Menschen im Zusammenhang mit der Brutpflege evolutionär mitgegeben. Der Status des biologischen Mängelwesens, seiner Instinktreduziertheit lässt den Menschen über die oben bereits angeführte Plastizität definiert erscheinen: Der Mensch ist in diesem Lichte ebenso kulturabhängig wie kulturfähig. Sein Bedarf an Bindungserfahrung führt ihn aber bei gelingender Sozialisation und erfolgreicher Persönlichkeitsbildung und -entfaltung aus der Abhängigkeit heraus und macht ihn bindungsfähig, zur „Liebe" (als Modus des Selbstseins im sozialen Miteinander) fähig. Durch bzw. trotz dieses sich Herausarbeitens aus der Abhängigkeit

Pflege für das „Helfen" fest, dieses „Helfen" folge allgemein der Idee der „Sozialisations-, Entwicklungs- und Integrationshilfe nach dem Muster der Elternschaft, welche die individualisierenden Strukturen unserer Kultur reproduziert und zu reproduzieren hilft." (Schmitt, 1995, S. 222)

Wo sind diese alten kulturellen und psychischen Wurzeln des Denkens in Eltern-Kind-Relationen anzusiedeln? Die alttestamentlichen Wurzeln moderner Figurationen des Helfens[165] habe ich an anderer Stelle (Schulz-Nieswandt u. a., 2006, S. 177 ff.) bereits dergestalt herausgearbeitet, dass mit Blick auf Metaphern- und Wortfeldstudien der alttestamentlichen Forschung das Paradigma der Vater (Art. „Gott als Vater", in RGG, Bd. 3, Sp. 1143 f.)[166]-Kind (Art. „Gotteskindschaft", in RGG, Bd. 3, Sp. 1219 ff.) -Beziehung (Lutterbach, 2003) deutlich wird, auch als Hirt-Herde-Metapher (zur Lehrer-Rolle von JHWH vgl. auch Finsterbusch, 2007). Die wichtigsten Befunde sind hier nun nochmals zusammenzustellen (die Basisliteratur dazu in Schulz-Nieswandt u. a., 2006, S. 177 ff.).[167]

---

bleibt die Person jedoch immer spannungsvoll und mitunter ambivalent eingebunden zwischen Ich-Funktion und Du- und Wir-Erwartungen, zwischen Distanz und Nähe. (Das ist alles ein wissenssoziologisches Problem und verweist auf theoretische Argumentationen über die exzentrische Positionalität des Menschen bei Plessner.) Der hier nun entscheidende Punkt ist der, dass sich in paternalistischen Formen sozialer Praxis helfender Berufe Handlungslogiken durchsetzen, die eben nicht von gegenseitigem Respekt geprägt und von einer dialogischen Kultur charakterisiert sind. Diese soziale Praxis bleibt auf der Stufe einer archetypischen Brutpflege, einer Eltern-Kind-Beziehung stehen. Das Objekt der liebevollen, oftmals im religiösen Motivationskontext barmherzig (aus Gnade als unbedingte Gabebereitschaft heraus) umarmenden Begierde – der ältere/alte Mensch – wird infantilisiert (Baby-Sprache) und durch „over-protection" nicht zur Ausschöpfung seiner Selbsthilfepotenziale gefördert, sondern in seinen verbleibenden Entwicklungschancen gehemmt (Regression). Vgl. auch Abt-Zegelin (2004) zu den Immobilisierungsfolgen pauschal verordneter Bettlägerigkeit.

[165] *Häsäd*: Börschlein (2000) konnte zeigen, dass das alttestamentliche Häsäd – der Erweis von Solidarität – eine ethische Grundhaltung darstellt, die sich nicht, etwa mit Blick auf den Bund mit dem Volk Israel, rechtlich als Reziprozität auslegen lässt.

[166] RGG, Bd. 8, Sp. 889 ff.; Romankiewicz (1998) gewinnt dem Väterlichen jedoch in Absetzung zum Männlichen eine Rolle ab, die nicht dem kruden Dualismus des Männlichen und Weiblichen folgt.

[167] Weitgehend (Ausnahmen auf S. 296 f. sowie 413 ff, dann aber wieder auch relativierend auf S. 428 f und FN 2 S. 429) unkritisch gegenüber autoritären Implikationen des jüdisch-christlichen Vater-Kind-Verständnis ist die Studie von Lutterbach, 2003. Im Prinzip wird eine stilisierte Dichotomie aufgebaut zwischen dem Humanismus der (neu-testamentlich fundierten) liebevollen christlichen Hinwendung zum Kind einerseits und der heidnischen Antike andererseits. Auch diese Kultur- und Sozialgeschichte kommt ohne Bezug auf Foucault aus. Elemente eines impliziten sozialdisziplinierenden Charakters der Erziehungsgeschichte kennt Lutternach überhaupt nicht.

I. Soziale Praxis als Herausforderung in tiefengrammatischer Perspektive 255

Bundesgedanke im Alten Testament: Die Problematik der impliziten Hierarchien im Bundesgedanken (Art. „Bund" in TRE, Bd. 7, S. 397 ff.) kann alttestamentlich demonstriert werden. Es kann die empirisch validierte These vertreten werden, dass der Bundesgedanke neu-assyrischen Motivkomplexen folgend auf ein Ur-Deuteronomium in Dtn 13 und 28 verweist, das die Eigenschaften einer Gattung eines Loyalitäts- und Treueeids Israels gegenüber JHWH (vgl. auch Art. „JHWH", in RGG, Bd. 4, Sp. 504 f.) aufweist, sprachlich orientiert an den in Originaltäfelchen überlieferten Text des Loyalitätseids, den der neuassyrische König Asarhaddon (681–669) den politischen Repräsentanten des ganzen Assyriens und der von ihm abhängigen Fremdvölker (also auch der Staat Juda [unter König Manasse: 699–643 oder auch 696–642 v.Chr.: Art. „Manasse", in RGG, Bd. 5, Sp. 723 f.]) in einer mehrtägigen Zeremonie schwören ließ. Die religionsgeschichtlichen, ethnologisch und sozialgeschichtlich[168] vergewisserten Studien zur Bibelexegese (Art. „Exegese", in RGG, Bd. 2, Sp. 1777 ff.; Becker, 2005a) – jenseits einer Polemisierung des Panbabylonismus (Art. „Panbabylonismus", in RGG, Bd. 6, Sp. 847 f.; Art. „Babylon und Israel" in TRE Bd. 5, S. 67 ff.), des Panugartismus und der Neo-Ugarithomanie (dazu Kern, 2006, S. 13)[169] – zeigen z.B., dass insofern das Alte Testament eine theologische Auseinandersetzung mit der Schuld vergangener Generationen[170] (vgl. auch Art. „Generationenverhältnis" in RGG, Bd. 3, Sp. 662 ff.) hinsichtlich des Bundes mit Gott[171] darstellt (auch andere Epochen kannten Geschichts-

---

[168] *Schuldknechtschaft im Alten Testament*: Eine der zentralen sozialen Fragen im vorchristlichen Altertum (vgl. auch Kessler, 2009) war die Schuldknechtschaft (vgl. auch Schulz-Nieswandt, 2003b). Im Alten Testament ist dieses Thema präsent, allerdings an verschiedenen Positionen und mit wenig Konsistenz, wenngleich Bundesbuch, Heiligkeitsgesetz und Deuteronomisches Gesetz infolge ihrer verwandten Makrostruktur stark verschachtelt sind. Die Regulierung der Schuldknechtschaft fällt aber in Ex 21,2-11, in Lev 25,39-55 sowie in Dtn 15,12-18 unterschiedlich aus.

[169] Heute wird die Frage der altorientalischen altägyptischen etc. Kontextualisierung des Alten Testaments eher unter der (auf Sundermeier und J. Assmann zurückgehenden) Systematik der Differenz und Interdependenz primärer und sekundärer Religion religionsgeschichtlich diskutiert. Vgl. dazu Wagner, 2006. Dort kommen auch die einschlägigen Positionen zu Wort oder werden angeführt und diskutiert: Niehr, Janowski, Kessler, Keel, Crüsemann, Otto, Albertz Lang etc.

[170] *Begriff der Generationen*: Der Generationenbegriff (vgl. auch Lüscher/Liegle, 2003; Jureit, 2006; Weigel u.a., 2005) ist allerdings seit Jahrzehnten in der Literatur vielgestaltig. Insofern ich es nicht explizit sage, beziehe ich mich nicht unbedingt nur auf die familial-verwandtschaftlichen Generationenbeziehungen; gemeint sind einzelne Jahrgänge (Kohorten), die man zu Altersklassen zusammenschließen kann. Aus manchen Gründen macht es Sinn, zwischen der Kindheit und Jugend, dem erwerbszentrierten Erwachsenenalter und der nachberuflichen Phase (die aus gerontologischer Perspektive zunehmend differenziert wird) zu unterscheiden. Diese Altersklassen werden durch (mitunter kritisch erlebte) Statuspassagen getrennt.

schreibung als Erinnerungskultur politischer Eliten: vgl. z.B. Hölkeskamp [2006a] zur römischen Republik). Der Bundesgedanke (Art. „Bund", in RGG, Bd. 1, Sp. 1861 ff.) ist im Alten Testament allerdings gerade infolge der schwierigen Textlichkeit desselben mehrgestaltig. Die sog. „Bundestheologie" (vgl. mit Blick auf die altorientalischen Vertragsrechtsvorgaben: Koch, 2008) tritt zumindest in zwei Varianten auf. Liest man die verschiedenen Varianten im Lichte einer diachronischen Theorie der Redaktionsgeschichte des Alten Testaments (was methodisch strittig bleibt), so ist ein zweiseitiger Vertrag zwischen Gott und Israel einerseits und ein einseitiger „Gnadenbund" andererseits zu unterscheiden. Das Buch Dtn thematisiert eher den zweiseitigen Bund, während Gen 9 den einseitigen Bund aus göttlicher Gnade (Art. „Gnade/Gnade Gottes", in RGG, Bd. 3, Sp. 1022 ff.) herausthematisiert. Die jeweilige „Vertragskultur" spiegelt über das Gottesverhältnis die veränderte historische Situation wider. Nach der Exilzeit mussten die geschichtlichen Katastrophen über eine Neudefinition des Bundes (zum Bundesgedanken im Neuen Testament vgl. [mit Auseinandersetzung mit der bisherigen Problembehandlung] Fuhrmann, 2007) verarbeitet werden: Ein zweiseitiger Bund machte angesichts des kollektiven menschlichen Versagens kaum noch Sinn: Das Gottesverständnis wandelte sich ab zu einem Denken des einseitigen Vertrages: Der enttäuschte Gott wendet sich nun aus Gnade dem Menschen – dem Volk Israel – zu. Das Land selbst wird in Dtn 9, 1–7 als Geschenk Gottes aus Gnade heraus verstanden. Hier wirken die kulturellen Neudeutungsprozesse als narrative Installierung eines kulturellen Gedächtnisses.[172]

Bildmetaphorik Gottes im Alten Testament: Einen sehr breiten Raum im Verhältnis der Generationen nimmt also die Frage nach der Schuld ein, wodurch ein Schuldkontinuum gestiftet wird. Aber gerade in diesem Kontext kristallisiert sich die Vertikalität der alt-israelitischen Kulturwurzel des europäischen christlichen Ordnungsdenkens. Das Handlungsspektrum des alttestamentlichen Gottes definiert sich einerseits über Richten (Art. „Gericht Gottes", in RGG, Bd. 3, Sp. 731 ff. sowie Art. „Gericht Gottes" in TRE, Bd. 12, S. 459 ff.), Zorn (RGG, Bd. 8, Sp. 1900 f. und Sp. 1901 ff.) und Gewalt (die zum Teil unversöhnliche Literatur hierzu ist Legende). Auf dieser Basis kann sich das göttliche Handlungsspektrum andererseits transformieren zur Praxis des Rettens, der Güte und der Liebe (vgl. auch

---

[171] Die ganze Problematik – insbesondere die Psalmenexegese – ist bis heute heftig umstritten. Ich hatte die Debatte um die religionsgeschichtliche (Art. „Religionsgeschichtliche Schule", in RGG, Bd. 7, Sp. 321 ff.) und um die ritual- und kultgeschichtliche Schule bereits gestreift.

[172] Die Komplexität der rechtshermeneutischen Analysen von Otto (2008a) sind hier anzuführen, können aber kaum angemessen auf knappem Raum wiedergegeben werden.

I. Soziale Praxis als Herausforderung in tiefengrammatischer Perspektive 257

Art. „Gerechtigkeit Gottes", in RGG, Bd. 3, Sp. 717 ff.). Diese positive Hinwendung zum Menschen ist vor dem Hintergrund der bleibenden Asymmetrie und Hierarchisierung zu sehen. Diese implizite, tief sitzende Ambivalenz ist auch durch keine theologische ex post-Rationalisierung zu eliminieren. Die Bildmetaphorik des Verhältnisses des alttestamentlichen Gottes zum Menschen wird in der Königsprädikation Gottes (Art. „Königtum Gottes im Alten Testament", in RGG, Bd. 4, Sp. 1591 ff.) überhöht und repliziert den Kontrast von „oben" und „unten"[173]. Das Verhältnis von Gott und Mensch ist über diesen binären Code des vertikalen Vektors aufgespannt (das gilt, folgt man Gäbel [2006] in seiner neuen Interpretation des Hebräerbriefes, auch für den Kontext des Hohepriesterstatus von Jesus Christus). Hirt und Herde metapheralisieren entsprechend das Verhältnis (vgl. auch Kern, 2006, S. 560 f.). Gott „wohnt im Himmel" – das drückt die Distanz aus (vgl. auch zur archetypischen Raumstruktur von „oben" und „unten" Kott, 1975, S. 11, S. 13). Die Idee der heiligen Wohnung des Höchsten legen die kosmologische Implikationen der Jerusalemer Tempeltheologie dar. Aus dieser Position heraus erfolgt sodann die Hinwendung des letztendlich unverfügbaren (RGG, Bd. 8, Sp. 811 ff.) Gottes zum Menschen. Gott als „in der Mitte des Volkes" stehend ist immer als Disposition aus dieser strukturellen Distanz heraus zu verstehen. Es ist eine paternale Hinwendung, von oben herab, barmherzig, immer im Lichte der Alternative, des Richtens, des Zornes und der Gewalt zu deuten: „Das Sehen auf Seiten des Menschen korrespondiert dem Herabblicken auf Seiten Gottes." (Kern, 2006, S. 560) Gott bleibt entrückt (unverfügbar), er thront über der Welt, wenngleich in diese intervenierend. Auf die Präpositionen kommt es an – auch dogmengeschichtlich gesehen (Schüßler/Sturm, 2007, S. 47; Zahrnt, 1966, S. 436: „Fast könnte man von den großen protestantischen Theologen des 20. Jahrhunderts sagen: An ihren Präpositionen sollt ihr sie erkennen! Stärke und Schwäche der Theologie eines jeden werden an der jeweils herrschenden Präposition offenbar." Zahrnt stellt heraus: Das Über bei Barth [vgl. Barth, 2006], das Gegenüber bei Bultmann [Hammann, 2009][174] und das In bei Tillich) – hinsichtlich der Explikation der impliziten Anthropologie.[175] Entsprechend ist die Königsprädikation radikal; Gott selbst wird König. Kein irdischer König wird mehr (in vielen Varianten) sakralisiert.

---

[173] Vgl. auch die Bemerkung von Kästner (1975, S. 17) zu Oben-Unten-Differenz in der griechischen Götter-Menschen-Relation.

[174] Bultmanns Ablehnung gegenüber Tillich bleibt weitgehend unklar: Hammann, 2009, S. 160; obwohl zu Tillich erhebliche Parallelen bestehen in der Klärung des Verhältnisses von Philosophie und Theologie: vgl. Hammann, 2009, S. 205.

[175] Auf die Frage sogar einer notwendigen Renaissance liberaler Theologie (Art. „Liberale Theologie" in TRE, Bd. 21, S. 47–68) soll hier nicht eingegangen werden. Vgl. auch Zager, 2004.

Auch da, wo Gott im architektonischen Raum eines Thronsaales wohnt, ist dieses „in der Mitte des Volkes"-Sein asymmetrisch, als Zentrum-Peripherie-Modell zu rekonstruieren, binär codiert über den Dualismus von Heiligem und Profanem (Art. „Heilig und profan", in RGG, Bd. 3, Sp. 1528 ff.) und durch den Parallelcode von Reinheit und Unreinheit (Art. „Rein und unrein", in RGG, Bd. 7, Sp. 239 ff.[176]) nur exzeptionell überbrückbar. Dieser Dualismus von Himmel und Erde trennt Barth nicht nur von Tillich, sondern auch von Brunner (1889–1996), Gogarten (1807–1967), Bultmann (1884–1976) u.a. (Salakka, 1960, S. 16 f.). Für Barth ist die Existenz nicht vom Menschen her zu verstehen, sondern nur von „oben", von Gott her (Salakka, 1960, S. 32).

Verlust der Göttin? Selbstverständlich muss die Analyse (angesichts dieser strukturalistischen Zuspitzung) darauf achten, keine Zerrbilder zu produzieren. Diese Notwendigkeit differenzierter Metaphern- bzw. Wortfeldanalysen zeigt sich auch in der Gender-Perspektive. Mit Bezug auf die Weiblichkeits- und Geschlechtermetaphorik im Buch Jeremia (Art. „Jeremia/Jeremiabuch", in RGG, Bd. 4, Sp. 414 ff. sowie Art. „Jeremia/Jeremiabuch" in TRE, Bd. 16, S. 568 ff.) sind spezifische Bilder der Not, die wiederum Klagen gegen intern wie extern verursachte soziale Notlagen thematisieren, darlegbar. Dabei ist es gar nicht ausgeschlossen, dass die Wurzeln dieser verweiblichten Notklagen zum Teil archetypisch auf Urklagen zurückgehen, die sich an der Figur der „weinenden Göttin" festmachen. An die Tradition der Stadtklagen im mesopotamischen Raum könnte angeknüpft werden. Insgesamt sind aber die weiblichen Metaphern nicht vor einem einzigen Hintergrundsmodell zu klären. Die Metaphernwelt dieses Feldes ist differenziert zu erörtern.

Androgyne Semanitik des fürsorgenden Gottes? Wenn die alttestamentliche Vaterschaft Gottes im alten Israel auch nicht in trivial-psychoanalytischer Weise schlicht als Infantilisierung des Menschen karikiert werden kann, so muten doch verschiedentliche Versuche, von einer mütterlichen Vaterschaft Gottes zu sprechen, angesichts der Befunde der feministischen Exegese-Landschaft etwas merkwürdig an (vgl. auch Art. „Patriarchalismus", in RGG, Bd. 6, Sp. 1011 ff.). Religionsgeschichtlich muss diese Aufdeckung einer impliziten Mütterlichkeit (und die Redeweise von der Geschwisterethik im AT: Otto, 2008a, S. 446, FN 46) im Lichte der Verdrängung der neben Jahwe (Art. „Jahwe" in TRE, Bd. 16, S. 438 ff.) stehenden Göttin-Tradition (vgl. auch Art. „Aschera", in RGG, Bd. 1, Sp. 806 f.) überaus fraglich sein (die Literaturbasis bei Napiwotzky [1998 in pflegetheoretischer Absicht] muss auch als mehr als nur dünn bezeichnet werden). Reichen da Fundstellen wie die bei Jes 66,13 aus: „Wie jemanden seine

---

[176] Vgl. auch Art. „Reinheit" I ff. in TRE, Bd. 28, S. 473 ff.

Mutter tröstet, so tröste ich euch."? Auch die weiteren „Mutterschoß"-Fundstellen tragen nicht weit genug, um Plausibilität für einen radikalen, zumindest relevanten Sichtweisenwechsel zu erheischen. Wenn u. a. Bezug genommen wird auf die ikonografische Forschung zur Mutter-Göttin (vgl. auch Art. „Muttergottheiten" in TRE, Bd. 23, S. 497–503), so ist doch zu bedenken, dass diese Forschung gerade die patriarchalische Verdrängung der mütterlichen Gottes-Tradition aufgedeckt hat. Kann wirklich geschlossen werden, dass Jahwe weder Mann noch Frau ist? Es geht nicht darum, dass Jahwe viele soziale Funktionen – man kann auch von metaphorischen Konzepten sprechen (Hartl, 2008, S. 180 ff.), die sich zur Theologie verdichten/verknüpfen können (Hartl, 2008, S. 234 ff.) – hat: Wille zum solidarischen Helfen, Vergebungsbereitschaft (Art. „Sünde/Schuld und Vergebung", in RGG, Bd. 7, Sp. 1867 ff.; Art. „Sünde" in TRE, Bd. 32, S. 360 ff.), die Kraft der Liebe, die Fähigkeit zur Familienzusammenführung, als Heiler, Funktionen als Lehrer, als Ernährer etc. Das sind nicht untypische Eigenschaften sakralen Königtums (wobei man sich hier keine romantische Illusionen über die Wohltätigkeit der Königs[ideologien]praxis machen darf; Eigensinn, Gemeinwohlorientierung und göttlicher Auftrag rangen miteinander: Franke, 1995), hier jedoch im Rahmen einer Königsprädikation Gottes selbst definiert. Es wird ja nicht in Abrede gestellt, dass hier ein Liebespatriarchalismus und die Disposition einer paternalen Fürsorglichkeit vorliegen. Und selbst dann, wenn diese Fürsorgelogik als maternal ausgelegt wird, bleibt sie vertikal strukturiert, asymmetrisch selbst dort, wo der Dialog im personalen System akzentuiert wird. Das vorchristliche Altertum sollte, trotz schwacher Ansätze primitiver Demokratien (die wiederum patriarchalisch waren: vgl. Schulz-Nieswandt, 2003b; vgl. auch Art. „Gerichtsverfassung in Israel", in RGG, Bd. 3, Sp. 741 ff.), nicht in ihrer grundsätzlichen hierarchischen Herrschaftsbestimmtheit verkannt werden. Das darf dann nicht zu unhistorischen Auslegungen etwa einer Ehe-Metaphorik hinsichtlich des Verhältnisses von Gott und Mensch führen. Und die Gottesvorstellung von Jahwe bleibt im Binnenverhältnis zu Israel beschreibbar in der Begrifflichkeit der neuassyrischen Vertrags- als Herrschaftssprache (zur Kritik dieser Sichtweise von Otto und Arneth vgl. auch Becker, Th., 2008).[177] Hartenstein (2008) hat im Kontext seiner Studien

---

[177] Vgl. Koch, 2008. Koch hält eine rein neuassyrische traditionsgeschichtliche Herleitung der Bundestheologie im Deuteronomium für nicht möglich. Judäische und westlich-aramäische Konturen sind nicht zu übersehen. Und hierbei ergeben sich traditionsgeschichtliche Verbindungslinien zur hethitischen Großreichszeit in den aramäischen Vertragstexten. Insofern betont Koch die Entstehung in der Exilzeit nach 587. Und insofern spricht er sich für eine (ver-)späte(te) Rezeption der aramäischen und neuassyrischen Traditionen aus. Der Rezeptionsprozess ist also komplex und mehrstufig. Träger dürften eine judäische Funktionselite und juristisch geschulte Schreiber sein.

zum höfischen und kultischen Bedeutungshintergrund in den Psalmen und im Exodus 32–34 zeigen können, wie Jahwe den Menschen „Audienz" gibt (Hartenstein, 2008, S. 9). Solche Anthropomorphismen sind die authentische lebensweltliche Verständigungswelt des damaligen Menschen; es hat keine höhere theologische Metaebene (Hartenstein, 2008, S. 12). Die Gottesbeziehung war asymmetrisch, weil eine solche hierarchische Kommunikation die Erfahrungswirklichkeit des Menschen war (ebd., S. 16).

Weitere Aspekte: Diese ganze Analyseperspektive könnte nunmehr auch im neutestamentlichen Kontext fortgeführt werden. Bezüge können genommen werden etwa zu den Gemeindemetaphern paulinischer Theologie. Auch Familie fungiert als Bildspender[178]. Insgesamt ist das Frühchristentum im römischen Gesellschaftskontext zu verstehen. Die Entwicklung ist dann weiterzuverfolgen in die Vorstellung vom „fürsorgenden Gott" in der apologetischen Literatur der Alten Kirche bis ins 4. Jahrhundert n. Chr.

In einer Publikation (Schulz-Nieswandt u. a., 2006, S. 177 ff.), der ich diese Befunde entnehme, habe ich die bahnbrechenden Arbeiten von Legendre (2004) zur Kulturgeschichte des Rechts nicht berücksichtigt. Legendre fundiert die Ursprünge des Rechts nicht im rationalen Vertragsdenken, sondern in ritualisierten Mechanismen der Gewaltbewältigung.[179] Die Genealogie des Rechts erfordert demnach tiefenpsychologische Erörterungen, die für das Verständnis sich kristallisierender Figurationen in der Gesellung der Menschen hoch relevant sind (zur sakralen Dimension auch des modernen Rechts vgl. Ecker, 1999, S. 185, 187, 189 ff.).

c) Liebesethik und Gemeinde-Ethos

Für die bei mir (Schulz-Nieswandt, 2003b) rekonstruierten Fälle der vorstaatlich-alttestamentlichen[180] und der homerischen Gesellschaft spielen nachbarschaftliche Dorfgemeinschaften (anthropologisch: Govers, 2006, S. 275) im Lichte der Genese der Polis[181] ebenso eine Rolle wie sie in der Analyse der Interaktionsmuster[182] in frühchristlichen Gemeinden (Becker, 2005)[183] von grundlegender Bedeutung sind.[184]

---

[178] Zu einer Analyse der Familie als symbolische Form der Kultur im Rückgriff auf Cassirer vgl. auch Weinert Portmann (2009). Die Studie ist interessant, wenn auch theoretisch nicht tief genug fundiert.

[179] Vgl. auch Braun/Wulf, 2007.

[180] Vgl. auch Miranda, 2002; Herrmann, 2004; Müller, 2004.

[181] Vgl. Rollinger/Ulf, 2004; Schmitz, 2004; Seaford, 2004; Kolb, 2004. Vgl. nun zum archaischen Griechenland (nach 800 v. Chr.) auch Shapiro, 2007.

[182] Bei dieser Praxisanalyse geht es nicht einfach um ethische Ideen und um die ethische Lehre, sondern um „*practices* of the early Christians" (Hays, 2006, S. 5, kursiv auch im Original). Dies erfordert einen ethnografischen Blick. Dies könnte

I. Soziale Praxis als Herausforderung in tiefengrammatischer Perspektive 261

Metaphernanalyse: Hirt und Herde versus „runder Tisch": Diese Genossenschaftlichkeit als Organisationsmodus der menschlichen Existenz unterscheidet sich in ihrer horizontal-symmetrischen Praxis der Reziprozität von hierarchischen Austauschsystemen. Das war bereits dargelegt worden.

Abzugrenzen sind derartige genossenschaftsartige Denkweisen des Gebens und Nehmens von den Metaphern der Herrschaft (etwa das Bild von Hirt und Herde: Taureck, 2004, S. 135 ff. [zu Taureck vgl. auch Hartl, 2008, S. 129 ff.]; alttestamentlich: Hunziger-Rodewald, 2001[185]; vgl. auch Art. „Adonaj", in RGG, Bd. 1, Sp. 121 f.). Einen relevanten Forschungsstrang stellen die Studien zur Solidarität unter Nicht-Verwandten am Beispiel von Bünden (Streck, 2002; Art. „Geheimbünde/Geheimgesellschaften", in RGG, Bd. 3, Sp. 546 ff.) dar (vgl. etwa die Genodependenzen bei Aischylos: Foellinger, 2003; zu Aischylos vgl. gleichnamigen Art. in RGG, Bd. 1, Sp. 235 f.).

In diesem ganzen Forschungskontext kommt der frühchristlich-paulinischen Gemeinde[186] eine große Bedeutung zu (Becker, 2005).[187] Hasenfratz (2004) hat wiederum eindringlich darlegen können, wie sehr das frühe Christentum in seiner symbolischen Praxis kulturell verankert war in gemeinorientalisch verwurzelten, wenngleich römisch gebrochenen hellenistischen Kontexten. Davon will Hengel (2004) in einer relativ neueren Publikation theologiezentriert wenig bis nichts wissen. Organisationssoziologisch dürften die Gemeinden des frühen Christentums allerdings tatsächlich pagan

---

auch eine methodologische Brücke schlagen zu Fragen der „Character-Formation" (ebd., S. 12 f.).

[183] Einen (natürlich selektiven, in mancher Hinsicht auch kontrovers bleibenden, wertenden) Überblick über neuere Veröffentlichungen zum Urchristentum (Art. „Urchristentum" in TRE, Bd. 34, S. 411 ff.) und zum (paulinischen) Frühchristentum gibt Lüdemann, 2002.

[184] Zum römischen Gastmahl: Stein-Hölkeskamp, 2005.

[185] *Nochmals: Hörner.* Zur Herrschaftssymbolik der Hörner vgl. in den Psalmen (118, 27 sowie 17,1) des Alten Testaments (vgl. Traulsen, 2004, S. 29 sowie Dietrich, 2008, S. 53 f. sowie S. 163). Vgl. Exodus 25–30 sowie Amos 3, 14 (zu Amos vgl. Art. „Amos/Amosbuch", in RGG, Bd. 1, Sp. 417 ff.). Das Altarasyl, das in 1. Könige 1, 50–53 sowie 2, 28–34 geschildert wird, beruht auf der Scheu vor dem heiligen Ort: „Der Asylheischende ergreift die Hörner des Altares; er sucht die unmittelbare, die Hand-greifliche Berührung mit dem Heiligen." (Traulsen, 2004, S. 47) Zur Solarisierung (vgl. auch Art. „Sonne", in RGG, Bd. 7, Sp. 1439 ff.) von Herrschaft vgl. Arneth, 2000 (vgl. dazu auch Kern, 2006, S. 12 ff.).

[186] Die man eher theologiezentriert-konservativ (Wischmeyer, 2006) oder sozialwissenschaftlich-modern (Zetterholm, 2005; Lieu, 2006) analysieren kann (vgl. ferner Frankemölle, 2006).

[187] *Hausgemeinde*: Lehmeier (2006) arbeitet nochmals die Rolle der Hausgemeinden in der frühchristlichen Welt heraus. Vgl. auch Gehring, 2000. Vgl. auch Art. „Haus" in TRE, Bd. 14, S. 474 ff.

als genossenschaftsartige Vereinsgebilde[188] – relativ heterogen, aber auf Integration und Ausgleich egalitär bedacht – zu verstehen sein. Historisch-anthropologisch[189] macht sie das geradezu besonders interessant.

Die frühe christliche Gemeinde steht zwar bereits an der Schwelle zur Hierarchiebildung (vgl. auch Art. „Hierarchie", in RGG, Bd. 3, Sp. 1724 ff.), die christologisch[190] (vgl. auch Art. „Christologie", in RGG, Bd. 2, Sp. 273 ff. sowie Art. „Christusbilder", in RGG, Bd. 2, Sp. 326 ff.) im Lichte übernommener orientalischer Herrscher- und römischer Kaiserkulte[191] (vgl. auch Art. „Herrscherkult", in RGG, Bd. 3, Sp. 1691 ff. sowie Art. „Herrscherkult" in TRE, Bd. 15, S. 244 ff.; Art. „Hoheitstitel, christologische", in RGG, Bd. 3, Sp. 1832 f. sowie Art. „Königsherrschaft Christi", in RGG, Bd. 4, Sp. 1586 ff.; Art. „Königsherrschaft Christi" in TRE, Bd. 19, S. 311 ff.) kognitiv wie motivational vorbereitet worden sind. Aber für kurze Zeit dominierte im Frühchristentum das hellenistisch-pagane (Art. „Paganismus", in RGG, Bd. 6, Sp. 793 ff.) genossenschaftsartige Vereinswesen: Der Bruderschaft/Freundschaft (vgl. auch Art. „Freundschaft", in RGG, Bd. 3, Sp. 350 ff. sowie Art. „Philanthropie", in RGG, Bd. 6, Sp. 1266 f. und Art. „Freundschaft" in TRE, Bd. 11, S. 590 ff.; modern zur Psychologie der Freundschaft: Heidbrink/Lück/Schmidtmann, 2009, S. 22 ff.) und dem Liebesmahl kommen dabei konstitutive Bedeutung für das Gemeinschaftsleben zu.

Schmeller (2006) hat (auch in anderen Publikationen) die Forschungsgeschichte, die die frühchristliche Religion in den genossenschaftsartigen Vereinsstrukturen des antiken Kulturraums beschrieb (vgl. auch Kloppenborg/Wilson, 1996), nachgezeichnet und die verschiedenen kognitiven Blockaden in der (theologischen) Rezeption dargelegt. Vereinfacht gesagt scheint nicht viel gegen die Hypothese zu sprechen, die frühen Christen hätten sich den lebensweltlich vorgängigen institutionellen Formen der Selbstorganisation bedient.

Gouvernementale Regime: Davon unberührt bleibt die These, diese Institutionen (Formen) seien nur das formale Gehäuse für eine neue Art von Armenpolitik (Inhalt) gewesen (Schulz-Nieswandt [2000a, S. 20 ff.] mit Be-

---

[188] *Vereine*: Vgl. die 1956 vorgelegte, jetzt erst veröffentlichte und um einige neuere Literatur ergänzte Dissertation zu ägyptischen Vereinen in der frühen Prinzipatszeit von Schnöckel, 2006. Er betont in Analogie zu den Eranos-Genossenschaften die ökonomische Mutualität der Vereinsmitglieder (vgl. auch ebd., S. 102). Ferner RGG, Bd. 8, Sp. 955 ff.

[189] Dülmen, 2001; Tanner, 2004; Dressel, 1996; Gestrich, 1999.

[190] Ohne hier umfassend auf die christologische Forschung eingehen zu können: Kühn, 2003 sowie Schröter, 2001.

[191] Art. „Kaiserkultus" in Roscher, 1993, II.1, Sp. 901 ff.

I. Soziale Praxis als Herausforderung in tiefengrammatischer Perspektive 263

zug auf P. Brown), die eine radikal andere anthropologische Performance epistemischer Regime und der Gouvernementalität zum Ausdruck brachte.

Clark (2004, S. 107 f.) argumentiert deutlich, die neue christliche Form (als Inhaltsform) der Caritas (vgl. Art. „Caritas", in RGG, Bd. 2, Sp. 66 ff.; dazu auch Bruns, 2008, S. 125 ff.) aus Liebe (Art. „Liebe", in RGG, Bd. 5, Sp. 335 ff.) heraus sei etwas grundsätzlich anderes[192] als die hellenistisch-römische Praxisformen der Obligationen (vgl. auch Frankemölle, 2006, S. 429; vgl. auch zur Differenz des aristotelischen Verständnisses des Mitleids zum frühen Christentum in Dalferth/Hunziger, 2007).[193] Den Universalismus der inkludierenden Ethik des frühen Christentums stellt auch Schmeller (2001) in Auseinandersetzung mit Ascough (1997) im Kontext des translokalen Vereins- versus Gemeindelebens heraus. Markschies (2006, S. 168 f.) sah in der frühchristlichen Gemeinde nur äußerlich eine Ähnlichkeit zum römisch-griechischen Vereins- bzw. Kultgenossenschaftswesen[194]; innerlich war die *koinonia* (vgl. auch Art. „Koinonia", in RGG, Bd. 4, Sp. 1477 ff.) vor allem über die Eucharistie definiert.[195]

---

[192] *Xenodochium*: Vgl. etwa auch Schönfeld (1922) zur Geschichte des Xenodochiums (die neuere Literatur – Sternberg, Hiltbrunner, Peyer, Volk etc. – sind berücksichtigt bei Schulz-Nieswandt, 2003b, S. 198 ff.). Demnach galt jede Gastfreundschaft im vorchristlichen Zeitalter nur dem Handel und dem Gewinn; erst die Christen institutionalisierten die universelle Nächstenliebe. Das scheint fast schon ungewollt anti-semitisch, zumindest eurozentristisch und folgt dem Orientalismus-Syndrom. Ganz anders, weniger normativ, dagegen Hiltbrunner, 1968: „Die frühen Christen setzten die überkommenen jüdischen *Formen der Wohltätigkeit* fort: Fürsorge für Arme, Kranke, Witwen und Waisen, Aufnahme reisender Glaubensgenossen in den Formen antiker Gastfreundschaft." (S. 504; kursiv auch im Original) Philipsborn (1961, S. 338) hält fest: „Das byzantinische Anstaltswesen ist von entscheidender Bedeutung gewesen. Zum ersten Male ist die individuelle Gastfreundschaft auf die höhere Stufe einer allgemeinen Fremdenbeherbung (...) gehoben (...) worden." Auch bei Philipsborn ist das Christentum die Geburtsstunde dieser universalisierten Nächstenliebe (ebd., S. 340). Differenzierter ist hier Birchler-Argyros, 1983/84, S. 75, der neben dem Caritas-Gedanken die Bedeutung der oströmischen Staatlichkeit betont; hinzu kommt noch das Erbe des Hippokratischen Eides.

[193] Das schloss historisch sodann nicht aus, dass das frühe Christentum auf dem Weg zum (bischöflichen) Kirchenwesen (Markschies, 2006, S. 196 ff.; eine tiefere Analyse müsste auf die einschlägigen Studien vor allem von Peter Brown [1995; ders., 1995a] zurückgreifen) genau diesen Weg des politischen Euergetismus nahm (Clark, 2004, S. 109; Schulz-Nieswandt, 2000a, S. 20 ff.). So auch Markschies, 2006, S. 184 f.

[194] Vgl. zu den frühen Formen Rohde, o.J., S. 132.

[195] *Agape*: Allerdings (Markschies, 2006, S. 172 f.): „Jedenfalls entwickeln sich aus der normalen ‚liturgischen' Abfolge der jüdischen Mahlzeit auf der Basis dieses letzten Mahles Jesu und den gemeinsamen Mahlzeiten der Urgemeinde christliche Kultformen. Zunächst sind liturgisch geordnete Sättigungsmahlzeiten (Agapen) und sakramentales, d.h. eucharistisches Mahl noch nicht voneinander getrennt. Die christliche, geschwisterliche Liebe (Agape) konkretisiert sich in gemeinsamen Mahl-

Auch Sloterdijk (2002, S. 97) konstatiert treffsicher, dass die ursprüngliche Kirchenidee „noch etwas von diesem *communio*-Modell in sich (barg)" (kursiv auch im Original): „Freilich zersetzt dieses sich rasch im Übergang zur organisierten Kirchlichkeit. Später lebt es, entweltlicht und halbiert, in den großen Ordensbewegungen weiter. Die offizielle Kirche jedoch gerät immer mehr zur Staatsparodie und entwickelt sich zu einem Zwangsapparat von fabelhaften Ausmaß." (ebd., S. 97). Kirchliche Moral wird „durch seinen politischen Erfolg zur heuchlerischsten Ideologie, die die Welt gesehen hat." (ebd., S. 98)

„Metaphysik der caritativen Hilfe": Von Gebsattel hat deutlich herausgearbeitet, wie er sich „wahre" soziale Hilfe nur denken kann: als katholische, also im Geist der Caritas (Gebsattel, 1947, S. 53 ff.). Zunächst hat von Gebsattel völlig recht, wenn er wahre Hilfe von Wissen („Sachseite") und Haltung („Gesinnungsseite": Art. „Gesinnung", in RGG, Bd. 3, Sp. 869 ff.) abhängig definiert (Gebsattel, 1947, S. 61 f.). Doch: „Daneben oder darüber hinaus gibt es noch die ‚wahre Hilfe', aber damit ist bereits auf die Dimension des Christlichen hingewiesen." (ebd., S. 62) Das gouvernementale Regime wird deutlich, wenn von Gebsattel eine „Metaphysik der caritativen Hilfe" einfordert (ebd., S. 62). Denn auf den nächsten Seiten wird deutlich, was diese beinhaltet: Hilfe als solidärer Wirkzusammenhang, wie er noch im christlichen Ordnungszusammenhang des Mittelalters gegeben war (ebd., S. 74, 87, 94). Damit macht von Gebsattel, m.E., zu einem wesentlichen Teil seine bleibenden relevanten Einsichten in die Psychopathologie der modernen Seinsvergessenheit des „Man"[196] wieder unzugänglich – offen gesagt: kaputt – für die Mehrzahl der Menschen.

---

zeiten, in denen die vornehmeren ihren ärmeren Mitchristen Sättigung ermöglichen sollten (1 Kor 11,21 f.)." Vgl. auch Art. „Mahlzeiten, kultische", in RGG, Bd. 5, Sp. 685 f. „Vermutlich um die Mitte des zweiten Jahrhunderts wurden Sättigungs- und Kultmahl endgültig voneinander getrennt." Auf die umfassende Literatur soll hier nicht eingegangen werden; auch kann nicht alles wiederholt werden, was ich dazu an anderer Stelle ausgeführt habe. Vgl. aber orientierend Klinghardt, 1996 und Wicke, 2002. Die Habilitation von Schmitz (2006) kommt hinsichtlich der Genese der Eucharistiefeier aus dem jüdischen Tempelkult gänzlich ohne Verweis auf die Verlustfunktion der sozialpolitischen Dimension der Mahlfeier aus. Treffsicherer ist dagegen Schröter (2006). Er stellt heraus, dass anfangs (bis zum 2. Jh. n.Chr.) sakramentales Herrenmahl und gemeinschaftsstiftendes Sättigungsmahl (vgl. aber auch Gese, 1968; moderner Lang, 1993) noch eins waren. Der darin zum Ausdruck kommende „neue Bund" mit Gott stiftet zugleich eine ethische Gemeinschaft der frühen Christen. Damit bedient sich das frühe Christentum vereinsrechtlich kultgenossenschaftlicher Formen des römisch-hellenistischen Kulturraums, realisiert jedoch eine neue Theologie. Angeführt wird von Schröter auch die von mir bereits in anderen Publikationen zitierte Literatur von Schmeller (1995) und Ebel (2004).

[196] „Man": Ich hatte die Problematik bereits weiter oben gestreift. „Der Begriff des Man steht bei Heideggers *Sein und Zeit* für eine Form der Existenz, in welcher

Agape: Urtypus, Mutationen, Differenzierungen: In seiner Abhandlung „Eros und Agape" von Nygren (1955) erschöpft sich die semantische Erschließung der frühchristliche Agape (Art. „Abendmahl/Eucharistie" von Wiedenmann, in Auffarth/Bernard/Mohr, 2005, Bd. 1, S. 1 ff.; Art. „Abendmahl", in RGG, Bd. 1, Sp. 10–53; Art. „Agapefeier", in RGG, Bd. 1, Sp. 178; Art. „Abendmahl" I ff. in TRE, Bd. 1, S. 43 ff. sowie Art. „Abendmahlfeier" I ff. in TRE, Bd. 1, S. 229 ff.) im Vergleich zur griechischen Eros-Praxis (vgl. auch Art. „Eros", in RGG, Bd. 2, Sp. 1465 ff.; Art. Eros", in Roscher, 1993, I.1, Sp. 1339 ff.) nicht in dem Theorem der Universalisierung der Nächstenliebe. Die (früh-)griechische Auffassung von Eros war an die kultisch verankerte Gemeinschaft gebunden. Religionshistorisch ist zu betonen (Jaeger, 2009, S. 24 f.), „daß Eros einen uralten Kult in dem nöotischen thespiai am Fluß des helikon hatte, während er sonst in früher Zeit als Kultgott nicht vorkommt."

Wenn die Unbedingtheit betont wird (Nygren, 1955, S. 57), so resultiert aus der Apodiktik „Gott ist Agape" (Nygren, 1955, S. 96 ff.) der entscheidende christlich-griechische Differenzpunkt: Ist nämlich Eros „die auf das Schöne und das Gute gerichtete Liebe" (Nygren, 1955, S. 117), so gilt: *„Eros ist der Weg, auf dem der Mensch zum Göttlichen aufsteigt, nicht der Weg, auf dem das Göttliche sich zum Menschen herabsenkt."* (Nygren, 1955, S. 119; kursiv auch im Original; differenzierter dagegen Spico, 1963, insb. S. 139 zusammenfassend)

In religionsvergleichender Perspektive könnten viele Quellen angeführt werden, die verdeutlichen, wie prägnant oben (Himmel[197]) und unten (Erde) und somit die unaufhebbare Distanz zwischen Göttern und Menschen kosmostopografisch zum Ausdruck gebracht wird, deutlich erkannt auch von Kästner (2002, S. 157: „Oben ist oben")[198].

Im Griechischen liegt die Liebe allein als Akt und Bewegung in der Sphäre des Menschlichen; Eros ist egozentrische Liebe (Nygren, 1955, S. 120). Die frühchristliche Agape ist demgegenüber das Zentrum wie der Ausdruck einer theozentrischen Religionseinstellung (ebd., S. 139).

Komme ich zur mentalitätsgeschichtlich zentralen Leistung des frühen Christentums, eine Leistung, die noch die paternalen Strukturen heutiger Praxis helfender Berufe heroisch bestimmt: Die Agape wurzelt in der Mo-

---

diese ihr Selbstsein verfehlt. Ausgangspunkt für die Entfaltung des Begriffs ist das Mitsein, das ein konstitutives Moment des In-der-Welt-Seins bildet. Im Mitsein findet sich das Dasein in einer Welt, die es mit Anderen teilt." Art. „Man" von Steinmann, in Thurnherr/Hügli, 2007, S. 65–167, hier S. 165 (kursiv auch im Original).

[197] Zur Topografie von Himmel, Erde und Unterwelt vgl. auch Lang/McDannell, 1995, S. 17 ff.

[198] Vgl. auch Leuenberger, 2004, FN 1 S. 1 f.

dalität des Herabsenkens: Nygren spricht vom „*Erbarmen zum Menschen*" (Nygren, 1955, S. 140; kursiv auch im Original). Das Ganze ist durchaus psychomotorisch zu lesen.

Empirisch-aktuelle Relevanz: Genau diese Hierarchie-begründete Ideenpraxis wirft noch heute die Problematik der sozialen Professionen auf – also eine aporetische Dialektik von Empowerment und Paternalismus.

Wo Freundschaft – wie schon in der homerischen Gesellschaft – zum Paradigma der Erlösung definiert wird (Dörnemann, 1997), ist Helfen aus der Offenbarung (Art. „Offenbarung", in RGG, Bd. 6, Sp. 461 ff.)[199] heraus und daher erlösend, heilend[200], tröstend, betreuend, umsorgend und versorgend orientiert[201]: „Die grundlegende Situation im Heim ist, daß die Bewohner Hilfe empfangen und die Mitarbeiter sie gewähren." (Koch-Straube, 1997, S. 303) Helfende Berufe[202] sind dann das profane Bodenpersonal des numinosen (vgl. Art. „Numinos", in RGG, Bd. 6, Sp. 428 f.[203]) Gottes, der die Liebe inkarniert und die Medizin zum Feld der

---

[199] *Offenbarungstheologie*: Vgl. auch Art. „Offenbarung" I ff. in TRE, Bd. 25, S. 109 ff. Auf die Widersprüche der Offenbarung wird als Kritik am Supranaturalismus noch einzugehen sein. Auch für die säkularisierte Form der Offenbarungstheologie – wie sie in Form der Dienstleistungselite auftritt – gilt, dass jeder Text, auch der im Gespräch aktualisierte, immer einem philologischen Zirkel unterliegt (Sloterdijk, 2004a, S. 67): „Denn Text bleibt Text, und jede Behauptung, es sei ein göttlich inspirierter, kann wieder nur eine menschliche, fehlbare Behauptung sein." Für von Gebsattel (1947, S. 43) ist Gott aber nicht eine kognitive Projektion (wenngleich das „Christentum [gewiß] nicht in der Luft [schwebt]" und „wie jede Religion seine Wurzeln in der Seele des Menschen [hat]": ebd., S. 38), sondern eine autonome Entität. Nach dem Stand der modernen Erkenntnistheorie gedacht gilt: Menschliche Existenz bleibt immer nur eine Textur, die, indem sie gelesen wird, konstruiert wird. Fehler sind dabei Hypothesen, die aus der Deutungskontroverse resultieren. Gott bleibt aber dabei immer nur ein Immananzphänomen kognitiver Konstruktion. Außerhalb der Kognition stehend zu sein, ist ontologisch unmöglich, ja, verifiziert nur den unhintergehbaren Kognitivismus der Existenzbegreifung des Menschen. Aber (Sloterdijk, 2004a, S. 69): „der Glaubensabsolutismus der organisierten Religion will nicht zur Kenntnis nehmen, daß er nach den Regeln der Kunst suspendiert ist." Sloterdijk (2002, S. 83) konstatiert aber in Anspielung auf Ricoeurs Idee der Religion als unheilbare „ontologische Psychose" die Möglichkeit, dass die „Furien der Abschaffungskritik (...) vor der ewigen Wiederkehr des Abgeschafften ermüden" müssen.

[200] Vgl. mit Bezug auf die moderne Medizin: Anschütz, 1987, S. 128. Die christologischen Kontexte des Verständnisses von Heilen sollen hier nicht dargelegt werden.

[201] Zur Metaphernanalyse in helfenden Interaktionen vgl. die Beiträge von Schmitt, vor allem Schmitt, 1997 sowie ders., 2000.

[202] Zur Nutzung der Foucaultschen Perspektive der Gouvernementalität im Feld der Pflege vgl. auch Friesacher, 2004.

[203] Zu Rudolf Otto vgl. TRE, Bd. 25, S. 559 ff.

I. Soziale Praxis als Herausforderung in tiefengrammatischer Perspektive 267

Titanen deklariert, wo die Grenzgänger zwischen den Welten, zwischen Himmel und Erde, zu Helden (vgl. auch Art. „Heros/Heroismus" von Behrenbeck, in Auffarth/Bernard/Mohr, 2005, Bd . 2, S. 28 ff.)[204] werden. Es wird später noch zu zeigen sein, wie sich dieses Problem in der Erarbeitung einer angemessenen philosophischen Anthropologie widerspiegeln wird. Denn es geht dann um die tiefe Kontroverse über die Vorrangigkeit entweder der *existentia* oder der *essentia*. Wie ist die Eigenleistung des Individuums zu denken?[205]

Rittertum: Eine Analogie (vgl. auch Batailles Sicht: Mattheus, 1988, S. 193) stellt der höfisch orientierte, im Feld – wissenschaftlich wie praktisch-real gemeint – sodann heroisch-maskuline Ritter (vgl. Art. „Ritter" von Hartmann, in: Auffarth/Bernard/Mohr, 2005, Bd. 2, S. 258 ff.)[206] des fränkischen Lehnsfeudalismus dar, der mit dem Tod kämpft, die bedrückte Kreatur[207] in ihrem Bitt- und Klageritual (dazu u. a. Vos, 2005; Ebner u. a., 2001; Hinterhuber/Scheuer/Van Heyster, 2006 und Schulz-Nieswandt, 2003b, S. 16 f.) erhört, den Schrei des Kindes aufgreift und im Modus der Vater-Kind-Figuration jene wohlwollende Asymmetrie praktiziert, die nicht allein fachlich und funktionsbedingt und im dialogischen Modus der empathiebedingten „Hilfe zur Selbsthilfe" begründet ist. Vielmehr inkorporiert diese Praxis und Mentalität den Archetypus der kultisch verehrten Heroen. Dabei verwirklicht sich ein symbolischer Überschuss, der sozialstatus-begründend ist und ökonomische Domänen fundiert und transportiert. Block (1966) kann in seiner bildgeschichtlichen Auswertung aus sechs Jahrhunderten zeigen, welche Analogie zwischen dem Ritter und dem mit dem Tod ringenden Arzt besteht: „Ich meine, kein Berufsstand tritt häufiger dem Tod entgegen als der Arzt, und darum darf in dieser Bilderreihe der Tod beim Arzt nicht fehlen. Was Ritter und Krieger recht ist, sollte dem Arzt billig sein. (...) Auch der Arzt ist Kämpfer mit dem Tod, nur kämpft er mit anderen Mitteln als der Ritter und Krieger." (Block, 1966, S. 53 f.)

---

[204] Die inneren Widersprüche der (verschiedenen Typen von) Helden in der Moderne arbeitet (filmgeschichtlich) Früchtl (2004) heraus. Zum Typus des modernen Künstlers vgl. Ruppert, 1998.

[205] Art. „Existenz" von Pieper, in Thurnherr/Hügli, 2007, S. 87–90, hier S. 97.

[206] *Ritter, Helden, Gentlemen*: Vgl. zur kulturgeschichtlich-phänomenologischen Rekonstruktion des ritterlichen Ethos vom homerischen Helden über den mittelalterlichen Ritter bis hin zum modernen „Gentleman": Ossowska, 2007. Heldinnen gibt es selten. In der Regel ist das Heldentum maskulin. Dort, wo es Heldinnen gibt, liegt das Wesen dieses weiblichen Heldentums in der weiblichen Passivität, die in extrem geduldsamer Art zur stillen Pflichterfüllung führte: etwa die sich für ihren Mann still aufopfernde Frau. Vgl. Heindl/Ulbrich, 2001. Zum Märtyerinnenmodell vgl. Landweer, 1990.

[207] Von der Marcel (1992, S. 69) sagt, sie sei „ihrem Leben ausgeliefert und ohne Fähigkeit, es zu erfassen."

Der Schrei in seiner Expressivität: Der Schrei, denke man an Edvard Munchs (1863–1944) Bild (Bischoff, 1999; Arnold, E., 2007, S. 45 ff.), transportiert in seinen vier Varianten 1892 bis 1895, ist expressionistisch eine moderne Variante des Problems, dort jedoch nicht gekoppelt an die Freiheit des Heldentums (in auch nicht unbedingt maskuliner Form), nämlich die Situation, existenziell gezwungen zu sein zur Entscheidung. Dabei kennt Munch viele Varianten existenzieller Angst und Einsamkeit (vor allem im Großstadtmilieu[208]); im Schrei fehlt der Trost. Hier kommt nackte Gewalt zur Wirkung. Ein Ausgesetztsein an die Natur. Die existenzialistische Großstadtkritik war noch subtil dagegen, allerdings tief begründet in Rekursen auf Kierkegaard (1813–1855) und Dostojewski (1821–1881). Das Bild „Der Schrei" ist tiefste „Seelenmalerei" (die biografisch bei Arnold, E. [2007] tiefgreifend verständlich wird: biografisch wie zeitgeschichtlich), Ausdruck des persönlichen Psychogramms des Künstlers wie der Epoche. Ersterer ist wohl auch Kind seiner Zeit. Angst geht hier in Apokalypse über. Kunsthistorisch definiert sich der Expressionismus (Richter, 1993, S. 15 ff. sowie Bassie, 2008; zum „Blaue(n) Reiter" vgl. Zeise, o. J.) daher auch weniger über eine einheitliche Stilrichtung, sondern mehr als geistige Haltung (grundlegend in diesem Sinne: Rothe, 1977; ders., 1979). Insofern mag es strittig sein, inwieweit Max Beckmann (vgl. Reimertz, 2003) zum Expressionismus gezählt wird: Aus der Perspektive seiner geistigen Haltung ist er es m. E. zutiefst.

Medizin als Theophanie: Die Medizin[209], und mit ihr in abgeschwächter Form pädagogischer Verhältnisse auch die anderen Sozialprofessionen, transportieren somit psychomythologisch archaische Verwurzelungen der Epiphanie (Art. „Epiphanie/Advent" von Hack, in Auffarth/Bernard/Mohr, 2005, Bd. 1, S. 277 ff.; Art. „Epiphanie", in RGG, Bd. 2, Sp. 1367 ff.) des Heiligen oder der Theophanie (vgl. in RGG, Bd. 8, Sp. 335 ff.).

---

[208] Aber auch seine Selbstbildnisse zeugen von dieser „als grundsätzlich empfundene(n) Entfremdung und existenzielle(n) Einsamkeit des modernen Menschen." (Müller-Westermann, 2005, S. 15) Die großen Themen dabei sind Alter, Krankheit, Tod, Sexualität und Liebe.

[209] *Medizin und Tod*: Die These wird kräftig gestützt durch die Studie von Käser (1998). Demnach hat sich die „Utopie therapeutischer Beherrschbarkeit des Pathologischen" „seit der heroischen Zeit der Medizin im neunzehnten Jahrhundert in unserer westlichen Zivilisation als kulturelle Selbstverständlichkeit etabliert" (ebd., S. 11). Die Ikonografie (vgl. auch Art. „Ikonographie", in RGG, Bd. 4, Sp. 41 ff.) der Begegnung von Arzt und Tod veränderte sich mit der Verwissenschaftlichung der Medizin: „Mit dem wissenschaftlichen Prestige steigt die Erfolgserwartung, welche der Laie an den medizinischen Diskurs heranträgt. Zugleich hört der Arzt als Naturwissenschaftler auf, die Sprache der Laien zu sprechen (ebd., S. 20). „Im Grunde erwartet er" (der Patient) – und dies ist das mentalitätsgeschichtlich Neue – „vom Arzt effiziente Hilfe gegen Krankheit und Tod." (ebd., S. 20)

I. Soziale Praxis als Herausforderung in tiefengrammatischer Perspektive 269

Psychomythologie der Medizin und Pflege: Damit bin ich nach dem, m. E. natürlich nur fälschlicherweise ausschweifend anmutenden Ausführungen, zurückgekommen zur Aktualität. Letztendlich interessiert nämlich die Erschließung eines angemessenen Verständnisses von Medizin und Pflege in ihren mentalen Haltungen und habituellen Mustern[210]. Sie sind personalisierte Regime. Was ist der (kulturgeschichtlich vererbte) Code dieser Regime? Das war die Frage der historischen Ausflüge.

Logik der Austauschbeziehungen: Festgehalten werden kann, dass Sozial-, aber insbesondere auch [dazu später mehr in Kapitel D.I.2.g)] Generationenbeziehungen (Schulz-Nieswandt, 2007a[211]) im gesellschaftlichen Gefüge immer Reziprozitätsbeziehungen sind. Dennoch bleibt zunächst offen, welche Gerechtigkeitsbeziehungen sich über differenzielle Reziprozitätsbeziehungen (vgl. auch Govers, 2006, S. 264 f.) transportieren: Sind die Austauschbeziehungen utilitätsorientiert auf Ausgleich der Bilanzen orientiert? Oder werden auf der Grundlage generalisierter Reziprozitätsnormen auch ungleiche Gaberelationen akzeptiert? Wie geht die soziale Praxis mit „moral hazard" (vgl. Schulz-Nieswandt, 1989a; das war ein Thema schon in der alten Kirche: Puzicha, 1976) um?[212] Die generalisierte Norm ist daher das

---

[210] Zum „pattern"-Begriff in der kulturanthropologischen Tradition vgl. auch Meuter, 2006, S. 12 mit Bezug auf Benedict, 1955.

[211] Zu den Generationenbeziehungen im Alten Testament vgl. Schulz-Nieswandt u. a., 2006, S. 177 ff.

[212] *Neutestamentliche Ethik und Anthropologie*: Im Kontext der Einforderung neu-testamentlich universalisierter Ethik: Meisinger, 1996. Die Anreizprobleme solidarischen Handelns sind universal zu formulieren. Ein treffliches Beispiel ist die St. Martin-Geschichte, auf die ich weiter oben bereits einmal ausführlichen Bezug genommen habe (dazu Helas, 2007). Der Ritter teilt seinen Mantel; er gibt ihn ja nicht ganz ab. So optimiert er beide Lebenslagen, die moralisch (Nächstenliebesgebot) und ökonomisch (Ressourcenabgabe bei ungleicher Ausgangsverteilung: warm Gekleidetsein versus frierendes Nacktsein) interdependent sind. Hier liegt somit ein externer Effekt zwischen den beiden Nutzenfunktionen des Ritters und des alten Mannes vor. Die gemeinsame Wohlfahrt von *Ego* und *Alter Ego* kann hier pareto-optimal gesteigert werden. Die soziobiologische Forschung hat angesichts dieser Zweibesser: Kehrseitigkeit von Effizienz/Rationalität einerseits und Altruismus/Moralität andererseits allerdings auch plausibel aufzeigen können, wie schwierig die Balancefindung ist bzw. sein kann. Das Gebot der Nächstenliebe darf den Alltagsmenschen nämlich auch nicht überfordern. In historischen Ausnahmesituationen ist ein überaus gesteigertes Maß an Solidarbereitschaft möglich. Die neue kulturanthropologisch orientierte Forschung zur frühchristlich-paulinischen Gemeinde hat hier die charismatische (Art. „Charisma", in RGG, Bd. 2, Sp. 112 ff. sowie Art. „Charismatische Bewegung", in RGG, Bd. 2, Sp. 116 ff.) Ausnahmesituation hervorgehoben: Angesichts nahe erwarteter Heilserfüllung wurde die Situation der frühen Christen kollektiv wie individuell als eine rasante Statuspassage verstanden und empfunden. Sozialer Statusverzicht und radikale Nächstenliebe waren Gebote dieser Übergangsphase. In dieser Radikalität verblasste die soziale Praxis dann angesichts der andauernden geschichtlichen Zeit zunehmend. Es wird wohl auch leicht darlegbar sein, welche

Gegenteil von der *Pleonexie*, dem „Zuvielnehmen", wie es Jaeger (2009, S. 47) im frühgriechischen Kontext diskutiert.

Die subjektmentale Dimension der Logik des sozialen Austausches: Letzteres wurde schon als ein zentrales Problem der Liebesethik frühchristlicher Gemeinden thematisiert (Becker, 2005).[213] Hier sind verschiedene Kategorien und Mechanismen aufzudecken. Beispielsweise ist auf Scham (vgl. auch Lietzmann, 2007), Gruppenzugehörigkeit und Spott hinzuweisen.

Scham[214]: Mit Blick auf die Analyse sozialer Kontrolle in moralökonomisch funktionierenden Sozialgebilden ist die neuere Debatte der antiken Gesellschaft des Mittelmeerraumes als Schamkultur[215] von Interesse, würde so doch eine Vertiefung der für mich relevanten Mentalitätsanalyse möglich werden. Die Frage der Subjektmentalität spielt für das Verständnis der Herausbildung politischer Sozialordnungen im Ordnungsspektrum zwischen Herrschaft und Genossenschaft eine zentrale Rolle, handelt es sich doch um die mental-habituellen Korrelate der Gesellungsformen, die wiederum je mit spezifischen Archetypen von Sozialpolitik^p verbunden sind.

Gruppenbezug: Hagedorn (2004) hat in neuester Zeit auf die Parallelen in der Konstruktion von Gesellschaft und Individuum im – hier von mir nicht näher ausdifferenziert definierten – Deuteronomium (dazu Otto, 1999; 2000; 2002; Art. „Deuteronomium", in RGG, Bd. 2, Sp. 693 ff. sowie Art. „Deuteronomium/Deuteronomistisches Geschichtswerk/Deuteronomistische Schule" in TRE, Bd. 8, S. 530 ff.[216]) einerseits und im antiken griechischen Recht andererseits extensiv hingewiesen.[217] In beiden Fällen ist von einem

---

Bedeutung diese am historischen Beispiel erläuterten Grundfragen der Altruismusfähigkeit des Menschen nicht nur für die Gesellschaftstheorie im allgemeinen, sondern auch für die sozialökonomische Forschung hat.

[213] *Lukanische Besitzethik*: An die Idee der redistributiven Liebesethik, die Reiche und Arme aneinander bindet, kommt wohl, Petracca, 2003 folgend, eher die lukanische Besitzethik heran.

[214] Anthropologisch orientiert: Lietzmann, 2007. Die einschlägige neuere (psychologisch-psychoanalytische, soziologische und historische) Literatur ist dort angeführt auf S. 12 f.

[215] Vgl. dazu auch die neuere Studie von Brüggenbrock, 2006.

[216] Während diese Studien von Otto für nicht-fachkundige Leser schwierig sind, kann nunmehr aber auch auf leichtere, aber ebenso hochrangige Darstellungskost von Otto zurückgegriffen werden: Otto, 2007; ders., 2006. Zur Dogmengeschichte der Deuteronomiumsforschung vgl. Otto, 2007, S. 98 ff. Zum aktuellen Forschungsstand vgl. dort S. 118 ff. sowie Otto, 2007a. Er integriert dann die Forschung zum Bundesbuch (ebd., S. 121 ff.), rechtsgeschichtliche Zusammenhänge aufgreifend (vgl. auch Otto, 2006a) und zur Priesterschrift und ihre Quellen (S. 179 ff.).

[217] So auch Kaiser, 2003. Der Kontext ist die spezifische Situation des nach-exilischen Gemeindelebens (vgl. auch Otto, 2006b). Dazu auch Kratz, 2004. Vgl. auch die umfassende, instruktive Studie von Markl (2007) zum Dekalog (vgl. auch Art.

I. Soziale Praxis als Herausforderung in tiefengrammatischer Perspektive 271

ausgeprägten Grad der kulturellen Einbettung des Individuums in den sozialen Gruppenzusammenhang auszugehen.

Spott: Und Stark (2004) hat im Zusammenhang mit einer Neubewertung des Spottes als soziale und mentale Kontrolle in der griechischen Komödie wiederum auf die Bedeutung der schamkulturellen Einbindung des Individuums hingewiesen (vgl. auch Schirrmacher/Müller, 2006).

d) Religion und Wohlfahrtsstaat

Also wieder zurück zur aktuellen Problematik.

Die Hypothese des Ursprungs der Sozialpolitik^P in der Religion: Der Ursprung sozialer Gerechtigkeitserwägungen ist in den religiösen Systemen der frühen Hochkulturen zu suchen (Kessler, 2006, S. 123; vgl. auch Art. „Ma'at", in RGG, Bd. 5, Sp. 633 f.). Für Europa[218] ist daher auf das altorientalische Kulturgut[219] zurückzuverweisen.

Christliche Entwicklungslinien können in diesem Sinne nicht vereinfacht auf den neutestamentlichen Ideen- und Mentalitätskontext zurückgreifen, sondern müssen den vorder-orientalischen genetischen Kontext berücksichtigen[220], wie er das Alte Testament geprägt hat[221]. Ich habe dies an anderer

---

„Dekalog", in RGG, Bd. 2, Sp. 625 ff.) als Verfassung der nach-exilischen Gesellschaft mit Bezug auf Ex 19-24 und Dtn 5.

[218] Zu Asien vgl. die Arbeit von Lee, 2007.

[219] „Europa beginnt in Jerusalem – Brüderlichkeit" – so eine Kapitelüberschrift bei Brunkhorst, 2002, dort S. 40.

[220] Das zeigt sich auch im neueren Stand der Forschung zu Festtraditionen (vgl. auch Art. „Fest/Feiern", in RGG, Bd. 3, Sp. 86 ff.) in Israel und im Alten Orient: Blum/Lux, 2006, vor allem, wenn es um das Thronbesteigungsfest (vgl. auch Schulz-Nieswandt, 2002, S. 46 ff.) geht sowie um die JHWH-König-Psalmen. Vgl. insgesamt auch Schulz-Nieswandt u.a., 2006, S. 177.

[221] *Alttestamentliche Quellen des Denkens*: Ein relevanter Teil alttestamentlicher Exegese ist in Schulz-Nieswandt (2003) aufgegriffen worden (vgl. auch Schulz-Nieswandt u.a., 2006, S. 177 ff.; vgl. u.a. Otto, 2002) und soll hier nicht nochmals referiert und dokumentiert werden (vgl. jedoch Kaiser, 2003a; Herrmann, 2004; Lang, 2002). Überhaupt ist das Alte Testament eine kulturgeschichtliche Quelle für vielerlei heute aktuelle Themen. Z.B. ist auf das Thema der Generationenbündnisse zu verweisen (Schulz-Nieswandt, 2007a; Schulz-Nieswandt u.a., 2006, S. 177 ff.). Das gilt auch für das Verständnis des Alters oder auch (vgl. auch Schulz-Nieswandt, 2004, S. 29 f.) der Kindheit (Kunz-Lübcke/Lux, 2006) als Konstrukt. Historisch sehe ich mit Gerstenberger (2005) das persische Zeitalter (5. und 4. Jh. vor Chr.) als die formative Phase des biblischen Israels an. Die Geschichte Israels (vgl. auch Art. Israel, in RGG, Bd. 4, Sp. 283 ff.) wurde aus dieser persischen Zeit rückblickend als soziale Verwerfung, vor allem im Zusammenhang mit entgleitenden Königtumsverhältnissen – verwiesen werden soll auf das Thema der Schuldknechtschaft (Schulz-Nieswandt 2003a, S. 179 ff.; Kessler, 2006, S. 119; Chirichigno,

Stelle getan (Schulz-Nieswandt u.a., 2006, S. 177 ff.; ders., 2003b). Christologische Figurationen verweisen auf alt-ägyptische Parallelen im Pharaonentum (Kügler, 1999)[222]. Insgesamt ist der neutestamentliche Ideen- und Praxiszusammenhang im spätantiken Kontext in seinen Orientalisierungsreferenzen (vgl. auch Schmitt, 2008, S. 387, Literatur dort in FN 394) zu verorten.[223]

Kulturgeschichtliche Folien der Wohlfahrtsstaatsforschung: Ein Sprung, die Phase christlicher Diakonie (Art. „Diakonie", in RGG, Bd. 2, Sp. 792 ff. sowie Art. „Diakonie" in TRE, Bd. 8, S. 621 ff.)[224] von der Antike bis zur Reformationszeit überwindend (Hammann/Wolf, 2003), in die Aktualität der Forschungsdiskurse über Wohlfahrtsstaatspolitik und Religion (Gabriel, 2005; Manow, 2008a) wird nunmehr nur dann verständlich (und akzeptabel), wenn die skizzierten archetypischen Ausgangslagen und die kulturgeschichtlich allerersten institutionellen Derivationen als bleibend relevante kulturelle Hintergrundsfolien auch aktueller Politik verstanden werden.[225] Dies ist eine grundlegende, für die Validität der Analyse unverzichtbare Prämisse. Sie muss daher aus Transparenzgründen überaus deutlich herausgestellt werden (was bereits auch schon weiter oben versucht wurde).

1993) – theologisch verarbeitet (vgl. dazu auch die neuere Studie von Wagner, 2005). Insofern war der Schutz der ökonomisch und sozial vulnerablen Gruppen (Kessler, 2006, S. 142 ff.) ein Hauptanliegen der sich konstituierenden Sozialverfassung der nach-exilischen Gemeinde (Gerstenberger 2005, S. 97). Vgl. hierzu auch die umfassende Studie von Markl (2007) zum Verfassungscharakter des Dekalogs mit Bezug auf Ex 19-24 und Dtn 5 sowie Otto, 2006b. In diesem Kontext entwickelte sich die Gemeindeidee als „Geschwisterethos" (Gerstenberger, 2005, S. 372 ff.). Der Verwandtschaftsjargon (vgl. auch Markschies, 2006, S. 182 f.) war metaphorischer Art, geprägt von Bundes- und Vertragsvorstellungen der damaligen Wirtschafts- und Politikpraxis (Schulz-Nieswandt u.a., 2006, S. 177, u.a. in Anlehnung an die einschlägigen Forschungen: Otto, 2002). Angesichts der eigenen Staatslosigkeit ist eine entsprechende Beendigung des realen (klassengesellschaftlichen: Kessler, 2006, S. 114 ff.) Sakralkönigtums zugunsten einer Königsprädikation Jahwes (Schulz-Nieswandt, 2002, S. 87 ff.; Schulz-Nieswandt u.a., 2006, S. 179) schlicht auch realistisch. Hier – im alt-testamentlichen Ideen- und Praxiskontext, und nicht erst im neutestamentlich-christologischen Rahmen – entstand die universalistische Liebesethik.

[222] *Christologie*: Eine ausführlichere Auseinandersetzung mit der Christologie (vgl. auch Art. „Christologie", in RGG, Bd. 2, Sp. 273–322) muss hier jedoch unterbleiben. Vgl. zur Christologie im Überblick: Kühn, 2003 sowie Hoping, 2004.

[223] Zur Beziehung von Dionysos und Christos, etwas esoterisch, aber anregend: Schock, 2002.

[224] *Diakonische Praxis*: Wobei kritisch zu fragen bleibt, was konkret unter der diakonischen Praxis neutestamentlich verstanden wurde: Vielleicht doch nur die Tischdienste von Sklaven? Vgl. Hentschel, 2007.

[225] Die allgemeine zivilisationstheoretische Klammer hat Ley (2005) skizziert. Neben (und zum Teil entgegen) Elias hat Ley vor allem auf Voegelin zurückgegriffen. Zu Voegelin vgl. Braach, 2003.

I. Soziale Praxis als Herausforderung in tiefengrammatischer Perspektive 273

Die aktuelle Politik verkörpert in diesem Sinne implizit eine anthropologische Performance.

Es geht um die Balancepraxis zwischen Selbstsorge, Mitsorge und Fremdsorge (lebenskunstphilosophisch ähnlich, vielleicht [wahrscheinlich] ein wenig zu post-modern: Schmid, 2007), also um eine darin zum Ausdruck kommende Ich-Du-Wir-Figuration[226]. Diese Gleichgewichtsidee resultiert, das ist die hier gewagte These, aus der Heideggerschen Philosophie des „In-der-Welt-Seins"[227], wenn (was mit Blick auf eine valide Heidegger-Werk-Rezeption in systematischer Perspektive methodisch höchst problematisch ist und bleibt) seine fundamentalontologischen (vgl. Art. „Fundamentalontologie", in RGG, Bd. 3, Sp. 425 f.) Reflexionen erst einmal entwicklungspsychologisch gewendet/konkretisiert werden. Sozialpolitik^p bleibt somit immer auch eine „Arbeit am Menschenbild", also Arbeit an der ontologischen Problematik des Daseins des Menschen. Gerade Religionssysteme transportieren derartige kulturelle Codes von Person, Gemeinschaft und (vgl. auch Art. „Gemeinschaft und Individuum", in RGG, Bd. 3, Sp. 635 ff.) Gesellschaft. Sie tradieren Moralsysteme, prägen sehr deutlich Familien-, Generationen- und Geschlechterbilder, thematisieren Arbeitswelten und das Sozialkapital (Govers, 2006, S. 13)[228] der Gesellschaft.

---

[226] *Homo figurationis*: Ausgangspunkt ist die grundsätzliche – anthropologische – Erwägung einer sozialen Relationalität des Menschen schlechthin. Die Gesellschaftstheorie beschäftigt sich im Lichte sozialer Gerechtigkeit mit der Ordnung (Regelung) dieser sozialen Relationen, die Menschen im kulturellen Raum und in der historischen Zeit bilden. Nicht nur in normativer Hinsicht, sondern auch in empirisch-erklärender (explikativer) Hinsicht ist der Gegenstand der Gesellschaftstheorie daher die soziale Interdependenz, die Verflochtenheit der menschlichen Existenz. In Anlehnung an die Soziologie von Nobert Elias (1897–1990) kann der Begriff der Figurationen gewählt werden. Um einprägsame Formulierungen für die Menschenbilder (als Konzeptionen menschlichen Verhaltens) zu finden, kann vom *homo figurationis* gesprochen werden (in Abgrenzung zum *homo clausus*).

[227] Art. „In-der-Welt-Sein" von Steinmann, in Thurnherr/Hügli, 2007, S. 133–135. „Umwelt", „Mitwelt" und „Selbstwelt" (dort) korrespondieren dann (hier) mit Selbstsorge, Mitsorge und Fremdsorge bzw. mit Ich, Du und Wir.

[228] *Nachhaltigkeit und Kapitalien*: Zwei Kategorien der neueren sozialwissenschaftlichen, aber auch politischen Debatte haben eine erheblich dynamische Konjunktur: die Kategorie des Sozialkapitals und die Kategorie der Nachhaltigkeit. Beide Kategorien sind eng verknüpft. Durch die soziodemografischen Entwicklungen der modernen Gesellschaft, aber auch angesichts der für die Erzielung von Vollbeschäftigung nicht hinreichenden volkswirtschaftlichen Wachstumsergebnisse hat sich das Denken in „Nachhaltigkeit" zunehmend etabliert. Neuere europarechtliche und europapolitische Entwicklungen forcieren diesen Trend. Dabei werden fiskalische und bevölkerungsbezogene Nachhaltigkeit im Lichte der strukturellen Anfälligkeiten der Sozialversicherungssysteme in Deutschland stark betont. Die Zusammenhänge ergeben sich aus der „Entdeckung" der notwendigen Investitionen in das nachwachsende „Humanvermögen". Kinder (Fertilitätsraten) und Kindheit (Qualität

Nochmals: transutilitaristische Theorie des Sozialkapitals: Das hier nun zugrunde liegende Konzeptverständnis von Sozialkapital (vgl. ferner Koob, 2007; Keller, B., 2007; Franzen/Freitag, 2007 sowie Lüdicke/Diewald, 2007)[229] grenzt sich von utilitaristischen Varianten ab, die unter Sozialkapital nur Netzwerke instrumenteller Art verstehen, in die rationale Akteure (mitunter opportunistisch) investieren, um mit strategischer, in der Regel spieltheoretisch modellierter Klugheit ihren Nutzen zu maximieren (Connectedness-Theorem). Diese Überlegungen hatte ich weiter oben bereits in den Grundzügen vorgetragen. An der Relevanz dieser spezifischen, aber eben auch hochgradig selektiven, hinsichtlich der Generalisierbarkeit kontext- und situationsabhängigen Forschungsperspektive der Ökonomie ist nicht zu zweifeln. Aber für die hier anstehenden Fragen ist auf ein anders akzentuiertes Verständnis von Sozialkapital zurückzugreifen. Demnach ist Sozialkapital die Netzwerkeingebundenheit des Menschen, wodurch die Identität der Menschen überhaupt erst gesichert wird, also eine in soziale Interaktionen eingebundene psychosozial gesunde personale Selbstentwicklung kreiert werden kann sowie die Erfahrungen von fairen Reziprozitätserfahrungen und von Vertrauensklimata ermöglicht werden (Embeddedness-

---

des Aufwachsens in Umwelten der gelingenden Entwicklung der menschlichen Persönlichkeit) werden als langfristige Schlüsselgrößen erkannt (vgl. auch Deutscher Verein, 2007b). Insofern rücken diese strukturellen (ökologischen) Kontexte des gelingenden Aufwachsens unter bildungs-, speziell humankapitalpolitischen Aspekten, aber insgesamt im Lichte der für die nachhaltige und zugleich innovative Entwicklung der Gesellschaft notwendigen personengebundenen Daseinskompetenzen immer mehr ins Zentrum der Diskurse. Das betrifft die Modernisierung der pädagogischen Ablaufprozesse von Sozialisationseinrichtungen im Schul- und Kulturbereich ebenso wie die rahmen- wie kompetenzabhängige Ergebnisqualität der „Mikropolitik" in Familien und peer-groups. Und diese Kompetenzentwicklung der nachwachsenden Generationen wie auch der sozialisierenden Instanzen steht wiederum in einem engen theoretischen Zusammenhang mit der Sozialkapitaldebatte. Auf die Problematik von Ideal- und Realtypen von Netzwerken bin ich weiter oben ja bereits ausführlicher eingegangen. Und an dieser Stelle der Argumentation kristallisiert sich der Kreislauf von Sozialkapital, Nachhaltigkeit und gelingender Ontogenese (Mertens, 1997, S. 56 ff. aus psychoanalytischer Sicht) heraus. Kinder können sich einerseits nur in einer dem obigen Verständnis entsprechend durch Sozialkapital geprägten sozialen Welt zu Personen mit gesunden Ich-Funktionen und gleichzeitig mit der Fähigkeit zur sozialen Mitverantwortung und zur Annahme von Abhängigkeiten und sich selbst zu empathiefähigen Akteuren entwickeln; andererseits generiert sich nachhaltig Sozialkapital nur als Aggregationseffekt erfolgreich sozialisierter Akteure. Für die kollektive Entwicklungsdynamik ist das Sozialkapital offensichtlich die verörtlichte Meso-Ebene des alltäglichen Miteinanders zwischen der Makroebene und der Mikroebene der Analyse. Mit europäischem Bezug: Kindermann, 2007.

[229] Zur Messung (in der Gesundheitsforschung) vgl. Kawachi u. a., 2006 sowie Kroll/Lampert, 2007. Vgl. ferner zur Genese und Rezeption des Konzepts im Bereich der Gesundheitsforschung: Moore u. a., 2006 sowie Poortinga, 2006.

I. Soziale Praxis als Herausforderung in tiefengrammatischer Perspektive 275

Theorem).[230] Diese Akzentuierung passt auch zu der oben vorgenommenen Betonung des sozialen Knotenpunktcharakters der individuellen Existenz. Psychologisch korreliert mit dieser Netzwerkbetrachtung das subjektive Kohärenzgefühl, wie es aus der salutogenetischen Forschung bekannt ist. Komponenten dieses Kohärenzgefühles sind: Verstehbarkeit (comprehensibility), Handhabbarkeit (manageability) und Sinnhaftigkeit (meaningfulness) (oder in etwas anderer Theorieperspektive: „integration", „effectance" und „identity"). Strategische Aspekte mögen in diesem Verständnis akteurszentriert impliziert sein; doch steht die Identitätsfindung von Menschen in den Strukturen von Netzwerken im Vordergrund des Erkenntnisinteresses.[231]

Auf der Mikroebene der helfenden Berufe spielt diese anthropologische Performance hinein, auch wenn spezifische Gestaltqualitäten der modernen sozialen Arbeit durch die Diskurs-, Mentalitäts- und Institutionen-, insbesondere Arbeitsmarktgeschichte des 19. und 20. Jahrhunderts geprägt wurden.[232] Ähnliches gilt für das soziale Feld der ärztlichen Tätigkeit, denn

---

[230] Vgl. auch Kawachi u. a., 2006.

[231] *Ökonomie als Dimension und nicht als Essentialismus der Netzwerke*: Wer Netzwerkbildungen in sozial wertgeschätzten Handlungsfeldern fördern und pflegen will, ist im Lichte der wissenschaftlichen Erkenntnisse nicht falsch beraten, die ökonomischen Eigenschaftsdimensionen hinreichend zu beachten. Trotz der betonten oftmaligen Gabe-Überschüsse im sozialen Handeln der Menschen sind Menschen keine Götter. Sie handeln unvollkommen und sind von Fehlverhalten geprägt; zum Teil erweist sich der ganze Lebenslauf als Daseinsverfehlung, als verfehlte Existenzweise, die nie zur personalen Reife geführt hat. Es wäre aber ebenso falsch, eben diese Solidar-Bereitschaft der Menschen umgekehrt zu unterschätzen. Allerdings sollte man sich, mitunter tiefenpsychologisch und nach den Blaupausen-artigen kulturellen Codes fragend, die genauen Motivlagen der Sorgearbeit der Menschen in Netzwerken klarlegen. Liebe in paternalistischer Form, auf demütige Dankbarkeit abstellende Gnade, erdrückend asymmetrische Barmherzigkeit kann ebenso eine Barriere der Modernisierung sozialer Dienstleistungen sein wie der strategische Opportunismus bindungsloser Subjekte, die nur noch Interessen kennen, aber keine Ideen haben, an denen sie sich aufgabenorientiert ausrichten können, um ihrem von der Endlichkeit gekennzeichneten Lebenslauf eine Sinn-Mitte zu geben. Womit man (soziologisch und psychologisch) realistisch rechnen muss, und das zeigte gerade die Netzwerkforschung (intra- wie intergenerationell), ist eine grundlegende Ambivalenz. Ich bin nahe wieder an der Anthropologie von Kant, wenn ich formuliere, dass der Mensch spannungsvoll in einem zweipoligen Korridor zwischen Nähe und Distanz unausweichlich angesiedelt ist: Ist er allein, dann sucht er die Gemeinschaft; ist er in Gemeinschaft, sucht er wieder die Vereinzelung. Netzwerke sind ein Ort derartig erlebter Ambivalenz: Sind es „weak ties", fühlt der Mensch sich frei, sind es „strong ties", fühlt er sich kontrolliert und erdrückt, eingeengt. Ist er auf Freiheit aus, läuft er Gefahr, bindungsunfähig zu sein; aus dem Allein-Sein wird Einsamkeit, aus Freiheit die Angst und die Sinnlehre. Kann er sich in „strong ties" nicht zur personalen Autonomie entwickeln, dann verfehlt er ebenso sein humanes Dasein.

[232] Zu verweisen ist etwa auf die einschlägigen Studien von Müller, C. W., 2001a sowie 2001d.

in den soziologischen und psychologischen Studien zu dieser medizinischen Praxis scheinen (das war soeben meine nochmals betont herausgestellte Basisprämisse) die kulturellen Hintergrundsfolien – wenn auch gebrochen – nach wie vor auf.[233]

II. Personale Haltung und soziale Praxis

Es folgt aus der methodologischen Synthese von Strukturalismus und Tiefenpsychologie sowie Hermeneutik, dass eine Analyse der sozialen Praxis, die soziologisch mit Blick auf die Grammatik verfährt, einerseits und eine Psychologie der Person in pädagogischer Absicht (Thematisierung von Haltungen) andererseits zusammen kommen. Dies ist durch Rückgriff auf Foucault, wenn man ihn tief durchdrungen hat (vgl. auch Passagen in Reckwitz, 2008), auch durchaus zu basteln.

1. Kulturelle Ökonomik der professionellen Begierde und die Integrationsversorgung als personal gelebte Medizinanthropologie

Greift man nämlich auf die Gouvernementalitäts-Perspektive einer „Analytik der Macht" in der Tradition von Foucault (Foucault, 2004; Kessl, 2005[234]) zurück, um das Gesundheits- und Sozialwesen zu erschließen[235], so sind beide Dimensionen, hier zunächst die Dimension einer „Ordnung der Institutionen", offensichtlich zu erkennen.[236] Sie muss als Politische Ökonomie der Leidenschaften konzipiert werden bzw. kann dergestalt verstanden werden. Später lege ich die zweite Dimension dar: Die „Ordnung der Diskurse".

---

[233] Neben den noch in späteren Kapiteln aufzugreifenden Studien vgl. auch Hömke, 2002; Erdwien, 2005; Küppers, 2003. Vgl. ferner Götz, 2005.

[234] Vgl. ferner Pieper/Rodriguez, 2004; Krasmann/Volkmer, 2006 sowie Gertenbach, 2007.

[235] *Geheimnis und Macht*: So wählt Thorwald (1974) für seine – wenngleich populärwissenschaftliche – Geschichte der Medizin im Altertum und in anderen frühen Hochkulturen die anspruchsvolle Titelei „Macht und Geheimnis der frühen Ärzte". Man könnte argumentieren, die populärwissenschaftliche Abhandlung verdiene ohnehin nicht der ausführlichen Erwähnung, wenn nicht die ganze Pseudo-Konzeption eher typisch wäre für die oftmals übliche – theorielose – Medizingeschichte. Denn nirgends wird die „Macht" als Phänomen systematisch dargelegt, obwohl doch das „Geheimnis" eine hierfür zentrale Technik sein dürfte.

[236] Zu dem Zusammenhang von Medizin und Macht vgl. auch Ausfeld-Hafter, 2007. Moderne Medizingeschichte sieht anders aus: vgl. den Forschungsüberblick bei Eckart/Jütte, 2007.

Professionelle Begierde: Im Zentrum der Analyse steht die (maskierte) Begierde der sozial helfenden Berufe.

Ich werde mich hierbei an die Studie von Althans (2007) halten. Sie rekonstruiert die weibliche Begierde, die maskiert in der Entwicklungsgeschichte von Management und Sozialarbeit steckt. Aber der Blick auf die Professionen ist zu generalisieren: „Er provoziert Fragen nach der Selbstwahrnehmung der Disziplin, nach ihrer symbolischen Ordnung und den ihr inhärenten Geschlechterverhältnissen sowie nach dem professionellen Habitus, den sie reproduziert." (Althans, 2007, S. 9)

Es ist eine performative Begierde, denn es werden soziale Normierungen aufgeführt. Das Paradigma dieser maskierten Begierde gibt Hermann Nohls (1879–1960; Art. „Nohl, Hermann", in RGG, Bd. 6, Sp. 353) Definition des pädagogischen Verhältnisses ab.[237] Denn dort wird das pädagogische Verhältnis als asymmetrische Beziehung des reifen zum werdenden Menschen beschrieben. Dabei geht es nur um das Wohl des Kindes (Anschütz, 1987, S. 178), definiert über das Werden des werdenden Menschen. Ganz neu-kantianisch[238] ist die Beziehung nicht zwecklos, aber nicht als Zweck des Lehrers verstanden, sondern der Zweck steckt quasi in reiner Form allein im werdenden jungen Menschen selbst. Es ist eine zwecklose Hinwendung zum jungen Menschen als Zweck, also um dessen Selbst willen (Althans, 2007, S. 13 FN 4 sowie ebd., S. 66).[239]

Genau in diesem (aus der Perspektive der sozialen Rolle selbstzwecklosen) Zweck (das klingt paradox, doch nur außerhalb des Neu-Kantianismus) wurzelt die Maskierung des Begehrens, die in Wahrheit durchaus vorhanden und wirksam ist: Als Politische Ökonomie der Einkommen oder des sozialen Status, der Macht, vor allem spezifizierbar als Macht der professionellen Selbstkonzeption, der professionellen Handlungslogik. Und diese Interaktionslogik ist nicht an die klassische liebevolle Zöglingspädagogik gebunden.

Was heißt denn überhaupt Subjekt-Werdung, auf die diese liebevolle Pädagogik fokussiert ist? Zumal heute die Subjektivität in höchsten Tönen, was dieser Tradition wahrlich nicht anzulasten ist, musikalisiert wird.

Herstellung der Subjektivität – Zur Faktizität des Illusionären: Bröckling (2007) hat eindrucksvoll darlegen, geradezu entfalten können, wie das aktu-

---

[237] Ich greife auf Nohls Abhandlung „Die pädagogische Bewegung in Deutschland und ihre Theorie" (2002) zurück. Zu Nohl vgl. u. a. auch Klika, 2000.

[238] Vgl. auch im Kontext der politischen Philosophie des Neukantianismus die Beiträge in Holzhey, 1994.

[239] Zum Theorienspektrum pädagogischer Anthropologie vgl. auch Hamann, 2005.

ell inszenierte „unternehmerische Selbst" eine Subjektivierungsform[240] ist, die ebenfalls auf einer sozialen Grammatik der Herstellung[241] beruht (vgl. auch Menger, 2006). Kontrovers bleibt, ob von einer ε-phänomenologischen Anthropologie gesprochen werden kann, wo Heidegger sich, d.h.: seine Analyse abgrenzend als Ontologie verstand (vgl. aber differenziert bei Condrau, 1998, S. 22 ff.). Die(se) Anthropologisierung der Ontologie ist jedoch

---

[240] *Genealogie und Mentalität*: Eine solche Genealogie ist anders gelagert als eine Mentalitätsgeschichte der Individualität. Eine gouvernemental orientierte Genealogie ist eine Analyse der Bedingungen der Subjektivierung des Subjekts, nicht ihre mental-ideengeschichtliche Darlegung, wie bei Sonntag (1999) oder Dülmen (1997), die ohnehin historisch viel zu spät ansetzen, den alt-griechischen und den alten jüdisch-christlichen Kontext übersehend. Zur Entstehung und Eigenart des archaisch-griechischen Geschichtsverständnisses, welches damit zusammenhängt, vgl. Grethlein, 2006.

[241] *Lacan*: Ich folge hier der Interpretation der Lacan'schen strukturalen Psychoanalyse (wobei mich die Psychoanalyse weniger als Therapiepraxis, sondern als Kultur- und Gesellschaftstheorie interessiert: Cremerius, 1995) bei Lang (Lang, 2000, S. 15 ff.; ders., 1998). Einerseits ist jede Wirklichkeitskonstruktion vom Subjekt her ausgehend zu bereifen: „Die Wahrnehmung wird dergestalt zum subjektiven Korrelationsapriori der Welt schlechthin." (Lang, 1998, S. 152) Baut darauf epistemisches Sprechen auf, so ist zwischen „langue" und „parole" zu unterscheiden: „Hinter individueller Aktualisierung wird ein kollektives Relationssystem sichtbar, worin jedes Element durch seine Umgebung und Stellung bedingt ist." (Lang, 1998, S. 170) Und mit Bezug auf Cassirer wird hierbei eine Geometrie des Sozialen konstituiert, wonach alle Elemente ihren Sinn durch die Beziehungen erhalten, die die Elemente im Sinne eines Beziehungsgeflechts bilden (Lang, 1998, S. 185). Es wird dadurch andererseits der Grundstein gelegt für einen transzendentalen Strukturalismus, der das Subjekt durch die Produktivität der sozialen Relationen ablöst, in die das Subjekt jedoch eingelassen ist: „Während aber Kant die Bedingungen für mögliche Erkenntnis in den Brennpunkt der transzendentalen Subjektivität versammelte, verlegt nun der Strukturalismus von Lévi-Strauss diese Bedingungen in eine das Subjekt mit umgreifende Welt der unbewussten Struktur, in deren universalem Code das Subjekt ebenso wie der traditionelle Erkenntnisgegenstand als jeglicher Eigenständigkeit beraubtes Element vorkommt." (Lang, 1998, S. 193) Und diese ganze Ordnung ist symbolischer Art: „Der Mensch ist nur Mensch, sofern er sich in eine symbolische Ordnung einfügt." (Lang, 1998, S. 213) Lacan wird hier im Lichte eines Heidegger gelesen, der seinen Antipoden im transzendentalen Subjektivismus hat (Lang, 1998, S. 266). Zwar wird Cassirer mit einbezogen, um die Anthropologie der symbolischen Ausdrucksweise als unvermeidbar performative Modalität der menschlichen Existenz einzufangen, doch dessen Restbestände transzendentalen Subjektivismus werden nicht mittransportiert (ebd., S. 267). Die Position von Heidegger wird in Überwindung der Husserl'schen gedeutet: „Erst im Rückgang vom intentionalen Bewußtsein auf das Dasein als In-der-Welt-Sein und erst mit der Einbeziehung des transzendentalen Ego in die faktische Existenz konnte eine ‚konkrete' phänomenologische Anthropologie sich entfalten, denn damit (Binswanger zitierend – S.-N.), war an der Stelle der Freilegung der Konstitution des transzendentalen Bewußtseins und des transzendentalen *ego* die apriorische Freilegung des Da-Seins getreten." (Lang, 1998, S. 24; kursiv auch im Original) Zur Konstitution des Selbst in der Meinung des Anderen vgl. auch Ricoeur, 1988, S. 505 ff.

die Sicht von Binswanger (auch die von Bultmann: Hamann, 2009, S. 204), die ich teile. Auf die Problematik der Analogisierung von Heideggers Daseinsbegriff mit Husserls (1859–1938) phänomenologischer „Egologie"[242] verweist Lang selbst (Lang, 1998, S. 25 FN 41, Bezug nehmend auf Theunissen, 1965). Subjektivität ist dann immer relational[243] und überführt

---

[242] *Egologie als Idealismus*? Wobei hier offen bleibt, inwieweit Husserls Spätwerk die Intersubjektivität nicht gerade im Rekurs auf eine transzendentale Wir-Gemeinschaft fundiert. Vgl. Husserl, 1977. Auch darf die Betonung der Ersten-Person-Perspektive und damit der transzendentalen Rolle des Subjekts nicht mit einem idealistischen Transzendentalismus verwechselt werden: „Das Subjekt hat keine Priorität vor der Welt, und die Wahrheit darf nicht im inneren Menschen gesucht werden. Es gibt nämlich keinen inneren Menschen. Ganz im Gegenteil: Der Mensch ist in der Welt und kennt auch sich selbst nur auf Grund seines Verweilens in dieser Welt." (Zahavi, 2007, S. 39) Zur Kritik von Luhmann und Habermas an Husserl sagt Zahavi (2007, S. 68), dass es offensichtlich sei, dass weder Luhmann noch Habermas hinreichende Kenntnisse von Husserl haben.

[243] *Nochmals Lacan*: Dies zeigen auch die psychoanalytischen Fallstudien von Stierlin (1976). Individuation gelingt oder misslingt immer im Kontext spezifischer Konfigurationen des Individuums zur sozialen Welt. Es geht um eine untrennbare dialektische Einheit von Sorge um die Abgrenzung vom Anderen, um den möglichen Verlust der eigenen Individualität, um Anerkennung durch den Anderen. Tief greifender, in mancher Hinsicht aber auch dunkler hat dieses ganze Problem Lacan begriffen. Ich halte mich bei den nachfolgenden Aspekten an die neuere Darstellung der Lacanschen Psychoanalyse von Braun (2007), fasse diese Erkenntnisse aber transformiert in meine eigene philosophisch-anthropologische Sprache. Lacan denkt das Subjekt nicht identitätstheoretisch, sondern alteritätstheoretisch. Dennoch ist das Subjekt bei Lacan nicht tot, aufgelöst. Doch Subjektivität ist nur als Subjektivierung zu verstehen, und diese ergibt sich aus der Verstrickung und Fügung in die symbolische Ordnung, wie die Signifikanten das Andere des werdenden Subjekts repräsentieren. Die ganze Sprache des Unbewussten ist diese Repräsentanz des Anderen. Individuum und Struktur sind also nur in ihrer „Verschlaufung" denkbar: „Strujekt" ist die immer schon vermittelte und vermittelnde Kategorie. Innenwelt und Außenwelt sind in ihrer Gegenüberstellung eine illusionäre Leistung der Abstraktion, die cartesianisch ist. Dagegen richtet sich das Denken von Lacan, der u.a. durch die durch eine Heideggersche Brille rezipierte Phänomenologie des Geistes von Hegel bei Kojéve geprägt ist. Dabei bleibt Lacan stark strukturalistisch orientiert; denn die Subjektivität besteht in der Einschreibung des Subjekts in die vorgängige Struktur der symbolischen Ordnung. Aber dennoch gibt es ein Subjekt bei Lacan. Aber das Unbewusste ist nicht mehr wie bei Freud eine Privatangelegenheit, sondern bleibend ein soziales Phänomen. Die Subjektivierung erfolgt durch Sprechen, doch ist Sprechen an der vorgängigen Welt der Sprache und damit an den Signifikanten des Anderen gebunden. Sprechen ist eine Gabe, ein Austausch; und gesellschaftliche Wirklichkeit ist das Resultat einer Ordnung der Gabe, somit der Sprache. Und ähnlich wie bei Stierlin ist das Subjekt nunmehr topologisch zu bestimmen, aus der sozialen Figuration, die ontogenetisch wirksam war und sich intrapsychisch ablagert. Es geht Lacan folglich um die Dezentrierung des Subjekts „aufgrund seiner signifikanten Abhängigkeit" (Braun, 2007, S. 93). Obwohl Lacan in Hinsicht auf die Einfügung des Subjekts in die symbolische Ordnung strukturalistisch ist, ist er im Verweis auf die Subjekt-Werdung durch Sprechen überraschend phänomenologisch-existenzialis-

eine binäre Ordnung von Innen und Außen (von Individuum und Gesellschaft) in eine „Faltung" (an Gilles Deleuze [1925–1995]²⁴⁴ angelehnt): „Eine Falte bezeichnet ein Verhältnis von Innen und Außen, bei der beide Seiten nur von der Beziehung zur jeweils anderen herzudenken sind. Das Innen ist nichts anderes als ein auf sich selbst zurückgewendetes Äußeres – und umgekehrt." (Bröckling, 2007, S. 34)²⁴⁵

---

tisch (Braun, 2007, S. 234). Das ist aber nur bei oberflächlicher Betrachtung ein Widerspruch. Vielmehr gehört m. E. gerade beides zusammen: Einerseits die unauflösbare Reziprozität von Einfügung des Subjektiven in die Welt der Signifikanten, die erst Subjektivität ermöglicht; andererseits das Sprechen als Akt. Genau das ist ein alteritätstheoretisches Denken: Subjekt-Werdung durch und im Medium des Anderen, aber auch Bewegung zur Loslösung vom Anderen, die niemals völlig gelingt, aber in der Bewegung dahin eben ihre ontogenetische Funktion in der Individuation hat. Freiheit entfaltet sich daher in der „Fuge" der Verstrickung des Subjekts mit der symbolischen Ordnung der Welt.

²⁴⁴ *Falte bei Deleuze*: „Das innere Individuum findet sich in einem ‚moralischen' Wissen kodiert, und vor allem wird es zum Einsatz der Macht, es wird diagrammatisch.", schreibt Deleuze in seiner Abhandlung zu Foucault (Deleuze, 1995, S. 144): „Es ist nicht die Emanation eines ICH, es ist das Immanent-Werden eines stets anderen oder eines Nicht-Ich." (Deleuze, 1995, S. 136) Damit hat sich die Falte entfaltet: „Das fernste wird innerlich, durch eine Umwandlung ins Allernäheste: *das Leben in den Falten*. Das ist der Zentralraum (…), da man dort auf das Selbst trifft." Hier ist man/frau „Herr": „das Schiff als Inneres des Äußeren." (Deleuze, 1995, S. 172)

²⁴⁵ *Habitus, Subjekt und Strukturen*: Insgesamt ist der Theorie der autopoietischen Systeme von Portele zu folgen (Portele, 1999). Portele argumentiert von den Konsequenzen der klassischen Gestaltpsychologie her, transformiert diese in die Logik des modernen Konstruktivismus (vgl. u. a. Maturana/Varala, 1987 sowie Watzlawick, 1978 sowie ders., 1984; ferner Foerster, u. a., 1998 sowie Glasersfeld, 2005 – die Sekundärliteratur ist Legende) und kann in diesem Lichte eine Parallele zu Bourdieus Theorie fundieren. Das Konzept des Habitus fungiert dergestalt als innerer Arbeitsapparat der menschlichen Leiblichkeit (Einheit von Geist, Psyche und Körper – hier als meine Neuformulierung), der notwendig auszuarbeiten ist, wenn die menschliche Person als nicht-triviale Maschine begriffen werden soll. Einen zentralen Mechanismus innerhalb der Funktionsweise innerer psychischer Apparate dürften Framing-Prozesse darstellen (zum Framing vgl. insb. Dahinden, 2006). Ohne hier nun die verschiedenen Fundstellen bei Bourdieu anzugeben (sie stammen aus den geläufigen Publikationen von Bourdieu), rekonstruiert Portele das Habitus-Konzept bei Bourdieu als generative Grammatik von Handlungsmustern (Portele, 1999, S. 86 ff.). Es scheint dabei in der Tat wichtig zu sein festzuhalten, dass diese Grammatik kein System von (externen) Regeln ist, sondern inkorporierte soziale Praxis. Es ist ein Erzeugungsprinzip des Subjekts, aber als Ablagerung des Sozialen (die Kreativitätsfunktion des generativ-grammatischen Habitus betont auch Nickl, 2001, S. 214). M.E. ist hierbei die genealogische Nähe zu Durkheim ebenso konstitutiv wie eine theoriestrukturelle Nähe zu Ricoeur, wie ich ihn rezipiere: als Synthese transzendentaler (produktiv-konstruktiver) Hermeneutik des Subjekts einerseits und der kulturellen Codierung dieses transzendentalen Systems durch die Strukturen des Sozialen andererseits. Und Nahe an Lacan und Deleuze (s.o.) legt Bourdieu diese Zirkularität der sozialen Praxis dar als „Interiorisierung der Exteriorität und

II. Personale Haltung und soziale Praxis

Die Ideologie der Arbeit am eigenen Glück, die Duttweiler (ähnlich wie Bröckling [2007] als neoliberale Regierungstechnologie) in Anlehnung an Foucaults Konzept der Gouvernementalität analysiert, eskamotiert, was die empirische Forschung evident darlegen konnte: Die generative und in diesem Sinne funktionale (hier zeigt sich auch eine Relevanz funktionalistischen Denkens) Bedeutung der Sozialisationsagenturen, deren Qualitätsverteilung auf eine hohe soziale Ungleichheit verweist.

Und so kann z. B., um die allgemeine sozialpolitische Relevanz zu verdeutlichen, mit Textor (in Relation zur Rolle der Schulinstanzen) auf die große Bedeutung der Bildungsfunktion von Familien[246] hingewiesen werden (Textor, 2005); und der Deutsche Verein für öffentliche und private Fürsorge hebt in diesem Lichte auf die Bedeutung der niedrigschwelligen Zugänge zu familienunterstützenden Angeboten in Kommunen hin (Deutscher Verein, 2006; Deutscher Verein, 2008a).[247]

Nach Duttweiler erlaubt der Foucaultsche Begriff der „Problematisierungsformel", „Schnittstellen zwischen Diskurs und Selbstführung aufzufinden und zu untersuchen. Mit dieser begrifflichen und theoretischen Erweiterung des diskursanalytischen Inventars soll die Annahme pointiert werden, dass wir die Weise, uns selbst zu führen, entlang sozial vorgegebener Formen der Selbstproblematisierung organisieren." (Duttweiler, 2007, S. 14) Diese Schemata findet die Person in der Kultur vorgegeben, konkretisiert in seinen sozialen Gruppen und wird nahegelegt oder gar aufgezwungen.

Medizinische Begierde: Auch im Medizinsystem ist die individuelle Handlungsorientierung schematisiert. Die rechtliche Grammatik und die ökonomische Praxis generieren einen Komplex des „Begehrens". Hier ist an Bataille und Girard (Girard, 2007), schwieriger an dem Surrealismus (Nadeau, 2002; Art. „Surrealismus", in RGG, Bd. 7, Sp. 1907 f.), anzuknüpfen, was hier aber nur in einer Fußnote näher erklärt werden soll, damit gleich der Sprung in die Praxis der Sozialpolitik evident wird[248]. Denn

---

Exteriorisierung der Interiorität" (Portele, 1999, S. 89). Das ganze Denken ist relational und bricht mit dem linearen Denken der Kausalität trivialer Maschinen. Es ist gerade auch für die systemische Organisationsentwicklung und für die dort relevante Überwindung von borniertem professionellen Handlungslogiken wichtig zu verstehen, dass diese Professionen einer *Doxa* folgen, einer Selbstverständlichkeit, als Domänen des Alltags wirksam, die es reflexiv aufzubrechen gilt. Zu den Grenzen der Bedeutung des Konstruktivismus für die Organisationsentwicklung vgl. Seyfarth, 2002.

[246] Zum Schulsystem vgl. Brenner, 2006. Zu den Familienkompetenzen vgl. den gleichnamigen Art. von Bartsch, in: Maelicke, 2007, S. 343 f.

[247] Zum Stand der familiensoziologischen Forschung auch Burkart, 2008.

[248] *Identität und Alterität*: Vgl. Bataille (1897–1962), hier Bataille, 2001; Baudrillard, (1929–2007; hier Baudrillard, 1976; Dumouchel/Dupuy, 1999). Auch habe ich

die Thematisierung der Transgression (Mattheus, 1984, S. 355; vgl. auch Köpping/ Leistle/Rudolph, 2006) in der Malerei von Elias Maya herausarbeiten dürfen (Schulz-Nieswandt, 2006i; ders., 2002b). Das faszinierende Denken von Bataille stand dabei Pate (vgl. auch Mattheus, 1988, S. 295). Bataille ist als Theoretiker der sozialen Praxis der Suche nach individueller Souveränität zu verstehen. Menschen suchen Identität nicht immer nur in der gesellschaftlichen Sphäre der Normalität (des *homo sociologicus*), des Homogenen, des Erlaubten, sondern die Menschen überschreiten als *homo religiosus* – wie die religiösen Spezialisten des Schamanismus – auch die Realität, wandern zwischen Realitäten, leben in multiplen Welten (Braun/Dietze, 1999; Funk, 2005; zu Patchwork-Identitäten vgl. auch Keupp u.a., 2002), konstituieren ihre Identität überhaupt erst durch diese Transgressionen. Indem die Realität der Realität durch eigene Entwürfe infrage gestellt wird – also das „ganz Andere" gedacht und erlebt wird –, indem der Homogenität die Heterogenität gegenübergestellt wird, wird erst die ganze Daseinsmodalität des Menschen erschlossen. Die ganze Realität, die ganze soziale Ordnung generiert sich so erst im Gegenüber des Profanen und des Heiligen, des Reinen und des Unreinen, in der Kontrastierung von Leben und Tod. Das Apollinische (vgl. Art. „Apollon" in Roscher, 1993, I.1, Sp. 422 ff.; bei Otto [2002a, S. 85 f., S. 92 f., S. 98] wird eine spezifisch appollinische Musik angedeutet; ihren Gegensatz kann man im [phrygischen: Rohde, o.J., S. 149, S. 163] Flötenspiel den dionysischen Kreis [Rohde, o.J., S. 146] ansiedeln, womit wiederum Pan [Art. „pan" in Roscher 1993, III.1, Sp. 1347 ff.] ebenfalls in diesen Wirkkreis eingebunden wird; weniger Material für eine solche Dichotomisierung finde ich in der Materialaufbereitung von Zschätzsch, 2002) und das Dionysische (Otto, 2002a, S. 99; Rohde, o.J., S. 145 f., S. 158 ff.; Forschungsüberblick zum Teil auch in Baeumer, 2006; Art. „Dionysos" in Roscher, 1993, I.1, Sp. 1029 ff.) konstituieren die binär codierte Daseinsweise des Menschen. Kunst als symbolisches Feld der kreativen Produktion von Anti-Ökonomie, als Bruch mit der positivistischen Autorität des Faktischen stand dabei im Mittelpunkt der Erwägungen. Der Identität den Spiegel der Alterität (heute verkörpert etwa der Urlaub oftmals das ganz Andere des Alltags: Das Strandbaden wird zum eucharistischen Akt; pneumatisch wird das Göttliche aufgenommen im Sinne einer Präsenz des Leibes und Blutes Gottes in Speise und Trank des eucharistischen Aktes – eine Form des Kannibalismus) vorzuhalten, das ist die Logik der Problematik. Das Reisen als Sehnsucht erinnert an die Ikarus-Geschichte. Pegasus war entsprechend eine Figur, die die Fähigkeit zum Fliegen – eine Fähigkeit, die den Göttern vorbehalten war – verkörperte, und dies konstituiert die Kunst. Der Normalität den Spiegel der Alterität (Mattheus, 1988, S. 127 ff.) vorzuhalten, das ist Aufgabe der Kunst, die Elias Maya beherrscht. Indem Identität nur durch die Existenz des Anderen (und umgekehrt) möglich wird, das Sein sich am Denken des Nichts am Leben hält, Sein überhaupt erst durch Endlichkeit bewusst wird, da ist Kunst Fest-artige Transgression, Übergangspraxis, Grenzgängerarbeit im Dasein als zur Existenz kommendes Sein als seiendes Sein des Menschen. Will man jedoch diese Variationen betonen und sodann darlegen, so wird die prozesshafte Auflösung der binär codierten und somit polar strukturierten sozialen Räume und der politischen Geometrie des Menschen evident. Identität wird zum Problem, sofern Eindeutigkeit unterstellt wird. Multiple Identität wäre ein (haltbarer?) Gegenpol zur Dogmatik der Wahrheit, die gerade unvereinbare Pole einer Ellipse dort behauptet, wo es überhaupt erst um die Definition der Skala der Variationen geht. Statt eines binär codierten Gegenübers der Differenz geht es vielmehr um den identitätslogisch schwer lösbaren Tatbestand, dass Identität ohne Alterität nicht möglich ist (wie Luttringer [2000] an Arkadien, an der Sehnsucht nach dem anderen Leben, demonstriert, welches man nie erreicht,

das Sozialrecht transformiert den Menschen zum Sozialbürger; als Sozialversicherter wird er durch die angebotsinduzierte Nachfrage (gesundheitsökonomisch vgl. Breyer/Zweifel/Kifmann, 2004; Schulenburg/Greiner, 2007) der Leistungsanbieter zum Patienten. Patientenkarrieren laufen parallel zu Einkommensströmen.

Wichtig scheint es für das anstehende Thema zu sein, neben der Ordnung der Institutionen – und mit dieser korreliert die zweite Foucault'sche Dimension der „Analytik der Macht" – die „Ordnung der Diskurse" zu erkennen.

Ordnung der Diskurse: Die Ordnung der Diskurse generiert (im vorliegenden sozialen Feld) eine nosologische Ordnung des Begehrens. Der praktisch durch die institutionelle Ordnung konstituierte Patient – an sich rede ich ja existenziell über den Menschen, aber der Diskurs und seine Praktiken koinstituieren die Form, in der der Mensch zum Thema wird – wird im Rahmen des Blicks der nosologischen Ordnung in einem Kontinuum zwischen Inklusions- und Exklusionsneigung[249] der Risikoselektionspraxis

---

aber braucht, aber eben nur gebrauchen kann in diesem Zustand des Nicht-Erreichbaren, um sich die in der Faktizität immer eingeschlossene Selbst-Negation anzudenken, andenken zu können und zu müssen): Wer sich selbst als Selbst denken will, muss den Anderen denken. Identität konstituiert sich nicht nur an der Alterität. Gerinnt Identität zur positivistischen Faktizität, so gewinnt die Alterität die herrschaftskritische Funktion zu demonstrieren, dass alles auch ganz anders sein kann. Kommt nun der Kunst eine derartige Funktion der identitätsermöglichenden, aber auch identitätszerlegenden Kraft zu? Ist Kunst Realitätsdarstellung durch Transgression (vgl. auch Köpping/Leistle/Rudolph, 2006), durch Übergang (Statuspassage) von Realität zur Anti-Realität als Anders-Realität? Ist Kunst – etwa in Analogie zum Fest – das ganz Andere des Alltags? Ist Kunst eine einzige, allerdings formenvielfältige Karnevaleske? (zum Phänomen der Karnevaleske vgl. auch Harst, 2006; Sloterdijk [2002, S. 99]: „Die Klerikerentlarvung gehört zum Katholizismus wie das Lachen zur Satire. Im Gelächter ist alle Theorie vorweggenommen."). Entstrukturiert Kunst den Alltag der funktionalen Identitäten, um so „wahre" Identität in neuen Gestalten überhaupt erst dekonstruktiv zu ermöglichen? Vgl. u. a. Bischof, 1984; Heinrichs, 1999; Neuenhaus-Luciano, 1999. Die Kunsttheorie, die ich (Schulz-Nieswandt, 2006i) vertreten habe, findet ihre breite theoretische Fundierung bei Jauß (1991), der *Poiesis*, *Aisthesis* und *Kartharsis* zusammenbringt, also die produktive Seite, die rezeptive Seite und die kommunikative Leistung der ästhetischen Erfahrung (und insofern über die von der negativen Dialektik geprägte Ästhetische Theorie bei Adorno konstruktiv hinausgeht).

[249] *Taufrituale*: Rituale des Einlasses oder des Ausschließens sind archetypisch alt. An anderer Stelle habe ich dies (Schulz-Nieswandt, 2002, S. 67) am Beispiel des Taufsymbols verdeutlicht: Schweiß ist ein Phänomen mit tiefer Symbolik, wie Zacharias (1997, S. 33 f. mit Bezug auf Ohm [1939, S. 422 f.]) in seiner tanz-, speziell ballettphänomenologischen Arbeit in kulturanthropologischer und tiefenpsychologischer Perspektive entfalten konnte. Der Schweiß gilt dabei als Taufe (Zacharias, 1997, S. 33). Die Taufe (klassisch die religionsgeschichtliche Analyse von Reitzenstein [1929] sowie von Heitmüller [1911]; vgl. auch Art. „Taufe", in RGG, Bd. 8, Sp. 50–91 sowie Art. „Taufe" in TRE, Bd. 32, S. 659 ff.) ist ein Initiationsritual,

(Langer, 2007) klassifiziert und sortiert (vgl. die Darstellungen bei Schulz-Nieswandt, 1996, S. 592; ders., 2006b, S. 88). Zum Raum von Cure zuneigend wird der akut Kranke positional angeordnet. In abgestufter Weise neigen der chronisch Kranke, der Pflegebedürftige, der Behinderte und schließlich der Sterbende[250] zum Raum von Care (bzw. werden – denn der Diskurs schafft sich den Gegenstand, nicht umgekehrt [Mills, 2007] – umgekehrt von diesem her erst konstituiert) hin. Besser gesagt: Sie werden geneigt, passiv: Werden geneigt im Rahmen der sozialen Grammatik.

Im einschlägigen Diskurs wird diese abgestufte Anordnung der Risiken mit einer Tendenz zur kalendarischen Ordnung[251] unterlegt. Der Raum von

---

das die Aufnahme eines Individuums in die Gemeinschaft rituell bzw. kultisch regelt. Zur Göttinger religionsgeschichtlichen Schule vgl. die schöne Darstellung von Lüdemann/Schröder, 1987. Speziell zu Gunkel (Art. „Gunkel, Hermann" in TRE, Bd. 14, S. 297 ff.) die fesselnde Darstellung von Klatt, 1969. Vgl. auch Art. „Formen/Gattungen", in RGG, Bd. 3, Sp. 185 ff. sowie Art. „Dormgeschichte/Formenkritik" in TRE, Bd. 11, S. 271 ff. Zur religionsgeschichtlichen Schule (insbesondere zum dortigen Verhältnis von Kultus [Art. „Kult/Kultus", in RGG, Bd. 4, Sp. 1799 ff.] und Theologie) vgl. Lehmkühler, 1996. Die Mowinckel-Schule der Psalmenforschung wird differenziert beurteilt bei Leuenberger, 2004, S. 226 f. Nun auch umfassend Hjelde (2006) zu Mowinckel und seiner Zeit. Vgl. auch Art. „Kultgeschichtliche Schule", in RGG, Bd. 4, Sp. 1817 f. sowie Art. „Mowinckel, Sigmund", in RGG, Bd. 5, Sp. 1554 f. sowie Art. „Mowinckel, Siegmund (1884–1965)" in TRE, Bd. 22, S. 384–388.

[250] Zur Grenzsituation des Sterbens und der entsprechenden Begleitung in rechtlicher und ethischer Hinsicht vgl. Sahm, 2006.

[251] *Zeitlichkeit des Seins*: Das menschliche Leben ist eine Zeitspanne. Es hat einen Anfang (Geburt) und – abstrahiert man von religiösen Zugängen zum Thema, die im Tod nur eine letzte, eventuell die wichtigste Übergangsphase zum dann ewigen Leben (Braun 1996) sehen – ein Ende (Tod). Anthropologisch gesehen definiert sich die menschliche Existenz geradezu in evolutorisch einmaliger Weise durch das Bewusstsein von dieser Endlichkeit. Dadurch erst erhält die zeitliche Spanne zwischen Geburt und Tod jene Bedeutungsaufladung, die mit Sinnerfüllung gemeint ist. Und mit der wachsenden Lebenserwartung verändert sich auch die Zeitstruktur im Alter, aber auch die der ganzen Gesellschaft: vgl. dazu auch Meyer, 2008. Das Problem der moralischen Ordnung insgesamt resultiert zentral aus dieser Begrenztheit der verfügbaren Zeit; erst durch die Endlichkeit der menschlichen Existenz stellen sich soziale Ordnungsfragen, kristallisiert sich das Thema der sozialen Gerechtigkeit, religionsgeschichtlich tief in der kulturellen Existenzweise des Menschen verankert. Psychologisch gesehen wird die Lebensspanne somit zum Thema für den Menschen, da er sich den An- und Herausforderungen im Lebenslauf stellen, seine Entwicklungsaufgaben erkennen und bewältigen muss. Soziologisch gesehen funktioniert Gesellschaft als Räderwerk der individuellen Laufbahnen; und dies in durch den sozialen Raum und durch die geschichtliche Zeit strukturierte Weise. Diese Zeitspanne des Lebens in der verketteten Abfolge der Generationen folgt einer objektiven, d. h. kollektiv geteilten und kulturell vererbten Zeitordnung. Mag sich auch das subjektive Zeitgefühl oftmals – situativ bedingt – differenzieren, objektiv herrscht eine gesellschaftliche Kalenderordnung. Diese mag geschichtlich verschiedene Varianten auf-

Cure ist ein medizinisches Produktionsregime des Erfolges: Operativ kämpft die Intensivmedizin (im Modus ihrer *alpha*-Kampf-Kultur: empirisch bestätigend: Vogd, 2006a, S. 113) mit dem Tode (ein Aspekt, der metapherologisch nochmals aufzugreifen sein wird: Kapitel B.II.4.). Letztendlich wird das Humankapital wieder der Sozialproduktproduktion[252] zugeführt (Bienstein/Schnell, 2004, S. 139 f.).

Es ist dies die (produktions-ökonomi[sti]sche)[253] Medizin des jungen und mittleren Alters. Die (nicht nur konsumtionsökonomische, sondern auch

---

weisen; ohne kalendarische Ordnung ist gesellschaftliches Leben als kulturelles Dasein auf höherem Niveau kaum denkbar. Wenngleich der heutige Mensch kurz- und mittelfristig zyklisches Zeiterleben kennt (Tages- und Nachtrhythmus, Rhythmik der vier Jahreszeiten: vgl. auch Art. „Neujahrsfest", in RGG, Bd. 6, Sp. 221 ff.), so ist das längerfristige Zeitverständnis doch weitgehend linearer (Art. „Linear/zyklisch", in RGG, Bd. 5, Sp. 379 ff.) Natur: Als Zeitspanne zwischen zwei Punkten (Anfang und Ende) wird jene Strecke definiert, deren Realisierung einerseits höchst individuell Biografie (zur „Biografizität" vgl. Alheit, in Bohnsack/Marotzki/Meuser, 2006, S. 25) genannt wird, andererseits zeitgeschichtlich geprägt und kulturgeschichtlich in langer Weise gebahnt ist. Auch hier – in der langen Dauer – mag es Schwankungen und gewisse Zyklen geben, aber sie sind Konjunkturen um den Trend herum. Zumindest ist die Geschichte der menschlichen Kultur immer eine Gemengelage von Kontinuität und Diskontinuität, von Erbschaft und Pfad und von Bruch, Wandel und Veränderung. So wird auch die Kulturgeschichte der Menschheit kalendarisch angeordnet: v.Chr. bzw. v.u.Z. und n.Chr. bzw. n.u.Z. Die Mythologienwelten haben den Anfang dieser Entwicklung zum Thema und versuchen mit Blick auf diesen Anfang die *conditio humana* zu erfassen: Glück und Freude, Leid und Mühsal – eben die menschliche Existenz in ihrem Wie und Warum schlechthin. Kalendarische Ordnung, obwohl vielgestaltig und historischer Herkunft, erweist sich so ubiquitär, dass eine anthropologische Redeweise von ihr möglich wird.

[252] Vgl. Marx, 1978; ders., 1976; ders., 1974.

[253] *Arbeit und Mythos*: In der modernen Arbeitsgesellschaft (Schulz-Nieswandt, 2004b, S. 125 ff.) liegt eine besondere Problematik in der oftmals geradezu als Eindimensionalität zu bezeichnenden Konstruktion der Altersklassen. Die Erwerbsarbeitsrolle dominiert nicht nur unmittelbar die mittlere Altersklasse des Erwachsenenalters, sondern auch mittelbar die vor- und die nachgelagerte Altersklasse. Während das Alter explizit als nachberufliche und in diesem Rollenbezug als entpflichtete, wenngleich mitunter als (späte) Freiheit apostrophierte Phase klassifiziert wird, ist die Kindheit und Jugend als romantisch geschützte, letztendlich aber doch humankapitaltheoretisch als vorbereitende Entwicklungsphase zu entschlüsseln. Der Lebenslauf der modernen Arbeitsgesellschaft ist kulturell codiert entlang einer Logik, die als pädagogischer Aufbau, produktive Verwertung und konsumtive Ertragsvernichtung eine gerade naturzyklische Symbolqualität (eine Parallele könnte in Metaphern wie der des Baumes [zum Lebensbaum" vgl. gleichnamigen Art. in RGG, Bd. 5, Sp. 149 ff.] gesucht werden: Selbmann, 1993 sowie auch Demandt, 2005; zur Kulturgeschichte des Waldes vgl. Termeer, 2005) annimmt und sich über die Kohortenabfolge in familialen Verwandtschaftssystemen oder in gesellschaftlichen Generationenbeziehungen – etwa im institutionellen Arrangement umlagefinanzierter Sozialversicherungssysteme – in der historischen Zeit realisiert. Nur vor dem Hintergrund dieser kulturellen Blaupause in der „produktionistischen", aus dem

emotionale) Last der Sorgepraxis im Raum von Care zentriert sich auf das fortgeschrittene mittlere Erwachsenalter, dem höheren und sodann dem hohen Alter. Pfade der Frühverrentung (Sing, 2003)[254], die ökonomische Geografie der Altersgrenzen (in „alt-industriellen" Regionen der alten Bundesländer ebenso zu studieren wie mit Blick auf die gesamten neuen Länder nach der Deutschen Einheit: Bangel, 1993) schlechthin konstituieren diese Population der nachberuflichen Lebensphase.[255]

Ordnung der Institutionen: Im Rahmen der institutionellen Ordnung generiert die Ordnung der Diskurse eine soziale Praxis, die haltungsabhängig ist. Die Akteure – der ärztliche Blick (vgl. auch Weiske [2008] mit Bezug auf das Down-Syndrom) und das Tun der helfenden Berufe[256] – konstituieren einen Raum der symbolischen Ordnungen[257], die kritisch zu hinterfragen sind, ob sie den hinreichenden Respekt (Sennett, 2006; ders., 2004)

---

epistemischen Regime eines Ökonomismus resultierenden Konstruktionslogik des Sozialen als überlappende Generationenbeziehungen wird letztendlich verständlich, warum der Tod ein Skandal ist und in diesem Sinne eine Kritik der Politischen Ökonomie der symbolischen Ordnung der Gesellschaft darstellt. Dies gilt insbesondere für den Suizid (dazu umfassend Fenner, 2008), stellt er doch im Spektrum devianten Verhaltens den radikalsten Bruch mit der quasi-natürlichen Zyklusordnung von Gesellschaft in der geschichtlichen Zeit dar: Das Subjekt entzieht sich der Grammatik des Sozialen, dem „Terror" der Ökonomie und der sozialen Reproduktion. (Dieser Terror des Ökonomismus gilt auch für den Kommunismus: Mattheus, 1988, S. 321 mit Bezug auf Bataille.) Die Fänge der Arbeitsgesellschaft sind psychomythologisch alt. Nilsson (1927, S. 39) hat unter dem Titel „*Wie die Arbeit und die Not in die Welt gekommen sind*" aus Hesiod (Opera 42–51, 90–105) übersetzt:
„Ja, es lebten zuvor auf Erden der Menschen Geschlechter
Fern von Sorgen und Not und frei von mühsamer Arbeit (...)
Aber es hob vom Gefäße das Weib (Pandora) den gewaltigen Deckel
Und zerstreute den Inhalt, den Menschen zu traurigem Kummer."

[254] Zur Frühverrentung vgl. ansonsten Teipen, 2003; George, 2000; Gatter, 2003. Vgl. auch Menning/Hoffmann/Engstler, 2007.

[255] *Differentielle Psychologie der Altersgrenze*: Doch die lebensweltliche Rezeption fällt auch hier differentiell aus. Für manche ist die längere Lebensarbeitszeit gleichsam der Verlust einer eigentlichen Lebenszeit jenseits der Erwerbsarbeit; für andere war die gewonnene „späte Freiheit" der nachberuflichen Phase der Entpflichtung eher ein Albtraum, eine erlebte Sinnleere, eine Belastung der unmittelbaren sozialen Netze, eine unerfüllte Zeit. Und die verlängerte Lebensarbeitszeit kommt für diese zweite Teilgruppe gerade richtig. Diese empirische Differentialität ist nicht überraschend; sie ist vielmehr ein höchst plausibler Ausdruck sozial differenzierter biografischer Strickmuster der Lebenslaufbewältigung.

[256] Wobei Kegan diesbezüglich der Meinung ist: „Den Filtern und Linsen, durch die wir unsere Klienten betrachten, kann eine gelegentliche Überprüfung nur gut tun." (Kegan, 1986, S. 21)

[257] Vgl. bereits Cassirer (1996, S. 73 ff.) zu den Transformationen von Wahrnehmungs-, Symbol- und Handlungsräumen. In der Mitte steht die menschliche Erkenntnis; diese ist aber symbolischer Art: „Menschliche Erkenntnis ist wesentlich symbolische Erkenntnis." (Cassirer, 1996, S. 93)

vor dem Menschen wahren (vgl. auch Art. „Achtung", in RGG, Bd. 1, Sp. 98)[258], ob sie auf personale Autonomie im sozialen Mitsein hin ausgelegt sind, oder ob sie (was sicherlich nie völlig vermeidbar sein dürfte) von sozialer Kontrolle und sozialer Disziplinierung (medizingeschichtlich: Eckart/Jütte, 2007, S. 312 ff., 208 ff.) dominiert werden.[259] Das ist wahrlich kein leichtes – normatives – Anliegen, aber berechtigt: als Norm, als normative Referenz.

Oder anders und fragend formuliert: Sind die Institutionen die passungsfähigen Gehäuse einer human orientierten Medizinkultur als gelebter Medizin- und Pflegeanthropologie?[260]

Schlechte Risiken (vgl. auch Freyberger u. a., 2008, am Beispiel sozialpsychiatrischer[261] Versorgung[262]) sind solche, die – oftmals (trotz aller interindividueller Varianz) alterskorreliert/altersassoziiert[263] – chronifizierte[264] Erkrankungen aufweisen, durch Multi-Morbidität (Robert Koch Institut, 2003; dazu auch DZA, Destatis & Robert Koch Institut, 2009)[265] gekenn-

---

[258] *Achtung*: U. a. mit Bezug auf Tugendhat wäre auch die Kategorie der Achtung heranzuziehen. Vgl. etwa Brezina, 1999; vgl. ferner Mauersberg, 2000.

[259] *Anredeformen*: So ist die Anredeform Du vs. Sie in der praktischen Pflege Indikator bzw. Ausdrucksform von wirklichkeitskonstituierenden Vektoren wie Macht, Nähe vs. Distanz sowie Entwürdigung vs. Respekt. Vgl. Meißner, 2004. Zur Ambivalenz von Nähe und Distanz, von Sympathie und Antipathie, von Kompetenz und Abhängigkeit vgl. auch die phänomenologische Studie qualitativer Art von Pohlmann, 2006. Vgl. auch die Anmerkungen von Condrau, 1992, S. 273 f.

[260] *Ich–Du–Wir-Balance*: Selbst dort, wo die Selbstsorge (die aufgabenorientierte Selbstverantwortlichkeit [als Selbst-Entwicklungs-Kompetenz] und die pragmatische Selbstständigkeit [als Selbst-Entfaltungs-Kompetenz] der konkreten menschlichen Persönlichkeit) begrenzt ist, bleibt die nun relativ bedeutsam werdende Fremdsorge des „Anderen" (des „Du" im sozialen Mitsein oder des „Wir" im gesellschaftlichen Solidarkreis) auf den unhintergehbar notwendigen Respekt vor der Personalität des relativ schwachen Dialogpartners im dialogischen Zwischenraum zwischen dem Menschen mit Hilfebedarf als dem Selbst einerseits und den helfenden Berufen als dem Anderen im Du-Modus des sozialen Mitseins oder im Wir-Modus der kollektiven Sorgearbeit andererseits verwiesen und stellt ein unverrückbares Apriori der menschlichen Kommunikationsgemeinschaft dar.

[261] Zum Habitus der Sozialpsychiatrie vgl. Pfefferer-Wolf, 1999.

[262] Zur Lage der Versorgung chronisch psychisch Kranker 30 Jahre nach der Psychiatrie-Enquête: vgl. Adler/Dumke/Peukert, 2007. Es bleiben (nehmen) Versorgungsprobleme (zu), die durchaus mit der Deinstitutionalisierung zusammenhängen mögen. Zu Versorgungsmodellen in der Psychiatrie und der Psychotherapie vgl. Becker u. a., 2008.

[263] Zu den RSA-Altersausgabenprofilen in der GKV: vgl. VdAK-AEV, 2008, S. 50.

[264] Müller-Mundt, 2005; Morof Lubkin, 2002. Vgl. ferner Bodenheimer u. a., 2002 sowie Yach u. a., 2004.

[265] Vgl. zur Entwicklung der Multimorbidität insgesamt: Wiesner, 2003.

zeichnet sind, psychosoziale Begleitbedarfe (vor allem auch im Heimleben: Forbes-Thompson/Gessert, 2006 sowie Black/Rubinstein, 2004)[266] haben, Hilfe- bzw. Pflegebedarfskorrelate infolge funktioneller Beeinträchtigungen (Dibelius/Uzarewicz, 2006) aufweisen u. a. m. (vgl. auch Menning, S., 2006a).

Insofern hat der weiter oben präsentierte Kreis von Erwartungshypothesen hinsichtlich der Rationierungsproblematik bereits auf die Notwendigkeit der Risikoadjustierung von Pauschalvergütungen verwiesen.

Kennzeichen des soeben charakterisierten schlechten Risikos ist die komplexe transsektorale, multiprofessionelle Patientenkarriere (Bedarf an Komplexleistungen: Schulz-Nieswandt u. a., 2006, S. 151 ff.; W. R. Wendt: Art. „Komplexleistung" in: Maelicke, 2007, S. 582). Daher ist zu schlussfolgern: Die kollektive Alterung der Gesellschaft benötigt vermehrt transsektoral integrierte Medizin, also Integrationsversorgung (Schulz-Nieswandt/Kurscheid, 2004).

Trotz aller Bedeutung der dazu im Rahmen des Gründungsmanagements[267] notwendigen technizistischen (vgl. das „Handbuch Integrierte Versorgung": Hellmann, 2006[268]) Klärungen rechtlicher (Rechtsformenwahl[269] als Instrument des Risikomanagements [Hellmann, 2006] der Netzwerkökonomik) Fragen und anreizökonomischer (Baumann, 2006) Fragen (insbesondere Vergütungsfragen[270]) ist die Problematik eine grundsätzlichere[271].[272] Sie ist eine Frage des Kulturwandels.

---

[266] Vgl. Haerter/Koch, 2000; Pauls, 2004; Geissler-Piltz/Mühlum/Pauls, 2005.

[267] Ein eigenes Thema stellt dann die Evaluation der Integrationsversorgung dar: vgl. Schulz, 2007a.

[268] Ähnlich Amelung u. a., 2006 sowie König, 2006.

[269] Vgl. z. B. Attermeyer, 2004. Ferner Müller, 1993; Buse, 2000; Ludemann/ Negwer, 2000 und Kaiser, 2006.

[270] Ferner vgl. vor allem die Dissertation von Güssow, 2007.

[271] Vgl. zur betriebswirtschaftlichen Analyse der (erfolgreichen) Wege in die Integrationsversorgung vgl. auch Wagner/Lenz, 2007.

[272] *Case Management*: Zwar haben auch für Modelle des Case Managements die Anreizeffekte der Vergütungsökonomik sowie die kontextuellen Strukturen des Care Managements (vgl. Art. „Care Management" von Wendt, in Maelicke, 2007, S. 172 f.; Amelung [2007] zum Managed Care) entscheidende Bedeutung (Werthemann, 2006); aber hinter der Implementation von Case Management (vgl. dazu auch Huber, 2007; Art. „Case Management" von Wendt, in Maelicke, 2007, S. 173 ff.) steht zugleich eine kulturelle Wende im medizinischen System. Zum Case Management insgesamt vgl. Ewers/Schaeffer, 2005a. Zum Case Management als Strategie der Optimierung sektorübergreifender Versorgung (hier am Beispiel von Frauen mit Mammakarzinom) vgl. Thorenz, 2007. Zur Pflegeausbildung mit Bezug auf Case Management vgl. Reibnitz, 2006.

2. Soziale Demografie und Medizinwandel

Bezugspunkt der im vorausgegangenen Kapitel skizzierten kultur- und mentalitätsgeschichtlichen „Tiefenbohrungen" ist die aktuelle Debatte der Integrationsversorgung. Es muss nochmals als Referenzpunkt der gesamten Analyse betont werden, dass gerade im Lichte des soziodemografischen Wandels[273] integrierte Formen der Versorgung notwendig sind. Die Versorgungsrealität sieht jedoch – z.T. krass – anders aus. Die deutsche Realität ist vom Optimum einer „home care policy" („home care in the community") ein erhebliches Stück weit entfernt (vgl. Leichsenring u.a., 2004).[274] Vor allem relativ komplexe[275] Formen der transsektoralen Versorgung als Verknüpfung[276] von Akutmedizin, Rehabilitation (Fuchs, H. 2008), Pflege[277],

---

[273] Die Literatur ist nicht mehr zu überschauen. Vgl. Jansen/Priddat/Stehr, 2005; Birg, 2006; Eggen/Lipinski/Walla, 2006; Berger/Kahlert, 2006; Kösters, 2006. Kritisch zur „Demografisierung" der gesellschaftlichen Diskurse: Barlösius/Schiek, 2007.

[274] Vgl. auch Elkan, u.a. 2001.

[275] Zum viel zitierten „prosper"-Projekt vgl. auch Müller/Vössing, 2004.

[276] Vgl. etwa Gellrich, 2005.

[277] *Pflegegesetz und Kultur des Pflegens*: Auf diese implizite Leitbild-Ordnung des SGB XI komme ich wiederholt zurück (vgl. auch die Kapitel B.II.6 und 7). Hier nun herauszustellen, inwieweit das Gesetz das Feld als „Kultur" definiert. Das dem – unterfinanzierten (Häcker, 2007, zur fehlenden Dynamisierung der Leistungen) – SGB XI zu entnehmende Leitbild der Pflegepolitik ist geprägt von folgenden Kriterien: Die Pflegeleistungen sollen abgestuft, „ambulant vor stationär" (vgl. insgesamt Schaeffer/Ewers, 2002) wirksam sein, integriert (pflegerische, medizinische und soziale Dienstleistungen verzahnend), wohnortnah, nach Stand der Künste organisiert sein. Rechtliche Interdependenzen zum Krankenversicherungsrecht (SGB V) und zur Krankenhausplanung (entsprechend Krankenhausfinanzierungsgesetz KHG) bestehen und sollen auf Abstimmung und Integration hin wirken. Im SGB XI wird Pflege als gesamtgesellschaftliche Aufgabe definiert, indem (ganz im Sinne des Konzepts des Wohlfahrtspluralismus: vgl. auch Hank/Erlinghagen/Lemke, 2006; Bubolz-Lutz/Kricheldorff, 2006; Geller/Gabriel, 2004; Ascoli/Ranci, 2002) Pflegekassen (als öffentlich-rechtliche Körperschaften in Selbstverwaltung), Länder und Kommunen sowie Familie (Bubolz-Lutz, 2006; Ecarius, 2007) und Verwandtschaft und die Zivilgesellschaft (Nachbarschaften, Freunde, Selbsthilfegruppen [zur Rolle derartiger Gruppen für die Krankenhausarbeit vgl. Werner u.a., 2006], Ehrenamt etc.) – alles Formen von „informal care" – zusammenwirken sollen. Die Art des Zusammenwirkens ist weitgehend komplementär; die „principle of substitution"-These von Shanas (1979) widerspricht der vorrangigen Bedeutung familialer/verwandtschaftlicher und informeller Netzwerke (vgl. auch Schneider, U., 2006). Die Empirie macht deutlich, dass deren Defizite bzw. Erosion zu professionellen bzw. institutionellen Alternativen führen. Das steht in weitgehender Übereinstimmung mit Befunden der Heimrisikoprädikation (vgl. Schulz-Nieswandt, 1996; ders., 1997b, S. 95 ff.; ders., 1997d, S. 49 ff.; davor schon ders., 1990 sowie ders., 1994a mit Herausarbeitung wichtiger theoretischer Zusammenhänge). Schließlich: Das SGB XI-Gesetz spricht von einer neuen „Kultur des Helfens". Die Beziehungen

komplementären sozialen (hauswirtschaftlichen) Diensten, Beratungen, Verknüpfung mit sozialen Netzen etc. sind eine Antwort auf die Gefahren der Unter- und Fehlversorgung im Alter (Wagner, B., 2004).

a) Zwischenfazit II: Medizinwandel als betriebsmorphologischer Wandel

Transsektorale Integrationsversorgung im Sinne von § 140a–d SGB V in der Medizin – also ambulante Ärzte, Krankenhäuser und (abgestufte) Rehabilitationseinrichtungen (nach dem GKV-WSG [Ballast, 2007; Gerlinger, 2007; Felix, 2008] und der SGB XI-Reform jetzt auch SGB XI-Pflege integrierend) umfassend – muss als Regelversorgung entfaltet werden. Das wäre das große Ziel der Reformpolitik des langen Atems.

Relevanz des morphologischen Denkens: Das ist die Reform-Hypothese, die hier abgeleitet wird aus den Befunden. Es sieht so aus, dass der Gesetzgeber dies auch mit dem neuen GKV-Wettbewerbsstärkungsgesetz anvisiert.

Betriebsförmlich sind[278] dabei, abzugrenzen von Polikliniken gemäß § 311 SGB V, morphologisch die Medizinischen Versorgungszentren gemäß

---

zwischen Medizin, Rehabilitation, Pflege und sonstigen sozialen Dienstleistungen gestalten sich eher fragmentiert und brüchig. Prävention und Rehabilitation sind unterentwickelt. Auch die geriatrische Versorgung, die eng an die Pflegeprozesse gebunden ist, hat in Deutschland Defizite. Teilstationäre Pflegeeinrichtungen sowie Kurzzeitpflegeeinrichtungen (zur Entlastung der Pflegenden [vgl. Holz, 2004; Meyer, 2006], bei Krankheit oder Urlaub: „respite care") sind ebenfalls unterentwickelt. Im Pflegealltag ist die Pflege zu wenig aktivierend; die Kompetenzen der Angehörigen (Hedtke-Becker/Hoevels/Schwab, 2003) und der sonstigen helfenden Netzwerke könnte gezielter gefördert werden. Heimübersiedlung wird zu einem Risiko des höheren und hohen Alters. Die ambulante Pflegeförderung hilft Familien und Netzen, die Hilfe und Pflege häuslich zu gewähren und hat die Zufriedenheit der Menschen gefördert. Dennoch arbeiten die Netze – sofern vorhanden – bis zur Grenze ihrer Erschöpfung und versuchen den Heimeintritt zu vermeiden. Bei schwerer Pflegebedürftigkeit, Auftreten von demenziellen Störungen und Inkontinenz sind die Netze aber zumeist überfordert (BMFSFJ, 2002; Schneekloth/Wahl, 2006). Die ambulante Pflege verzögert so oftmals nur die Heiminanspruchnahme. Bei höherem Sterbealter der Pflegebedürftigen kommt es dann zeitverzögert doch noch zur Heiminanspruchnahme. Das Eintrittsalter nimmt daher zu und die durchschnittliche Verweildauer in Pflegeheimen sinkt. Gerontopsychiatrische Indikationen charakterisieren zu einem erheblichen Anteil die Bewohnerschaft der Pflegeheime. Vgl. zur Pflege als Glied in der komplexen Versorgungskette auch DIP (2005). Dazu später mehr. Zur Kurzzeitpflege vgl. Blass, 2001. Zur ambulanten ärztlichen Heimversorgung vgl. Gaede, 2005. Zu Problemen der medizinischen Versorgung von Menschen mit Behinderungen vgl. Abendroth/Naves, 2003 sowie Bundesvereinigung, 2002. Zu den anspruchsvollen Aufgaben der Entwicklung und Vorhaltung von Versorgungsstrukturen, wenn das Leitbild „ambulant vor stationär" gelingen soll, vgl. Reissmann, 2005. Dass ein Leben im Heim auch mit hoher Zufriedenheit möglich ist: dazu siehe Klingenfeld, 1999.

II. Personale Haltung und soziale Praxis 291

§ 95 SGB V zu fördern und der Integrationsversorgung gemäß § 140a–d SGB V einzubinden. Niedergelassene Fachärzte, aber auch Hausärzte[279]

---

[278] *Naturalistischer Fehlschluss*: Es handelt sich hier explizit um normative Schlussfolgerungen, die aus den empirischen Befunden wissenschaftlich nicht abzuleiten sind. Das wäre ein naturalistischer Fehlschluss. Aber im Lichte philosophisch-anthropologischer Überlegungen zur Rolle der organisierten Sorgearbeit für die personale Lebenslage des chronisch kranken und älteren/alten Menschen sind diese Forderungen als Wechselspiel explikativer Aussagen und normativer Sichtweisen plausibel. Zum wissenschaftstheoretischen Problem vgl. auch Hegselmann, 1979, S. 59 f. Zu Neurath selbst, auf den sich Hegselmann bezieht, vgl. auch Neurath/Nemeth, 1994. Die Kritik an naturalistischen Fehlschlüssen geht auf Hume zurück. Aber die Debatte bei George Edward Moore ist damit eng verknüpft. Insgesamt bleibt die Trennbarkeit von Sein und Sollen umstritten, allein schon aus sprachanalytischer Sicht mit Blick auf die Theoriebildung, wenn es um sprachtransportierte Wertung in der empirischen Analyse geht. Insgesamt ist die Debatte allerdings eine solche der Letztbegründbarkeit von Sollens-Sätzen.

[279] *Positionierung der Hausärzte*: Geriatrisierungsfragen habe ich wiederholt angesprochen. Hier ist nun der Bezug zu den Hausärzten zu betonen (vgl. auch Grüninger, 2005). Im Vordergrund der Analyse stehen hier ja (bevölkerungs- oder auch indikationsbezogene) Formen der transsektoralen Sicherstellung unbrüchiger Versorgungspfade. Ein solches Care Management schließt im Einzelfall Praxisformen des Case Managements keineswegs aus. Vielmehr müssen auch unbrüchige Patientenpfade immer im Lichte der individuellen Bedarfslagen optimal konkretisiert werden. Der Hausarzt muss sich hier positionieren. Dem Hausarzt können hier unterschiedliche, aber eng verzahnte Funktionen zukommen. Diagnostisch ist er ein vorgeschalteter Filter vor der vertiefenden spezialisierten Medizin, er ist „Gate-keeper" für die weiteren Verlaufsformen der Versorgung und er ist lebensweltlich der primäre medizinische Ansprechpartner. Dies setzt erhebliche medizinische, aber auch sozialkompetente Qualifikationsprofile voraus. Hier siedelt sich die Geriatrisierung als Ausbildungsfrage an, aber in dieser doppelten, medizinisch-sozialen Profilbildung auch als Frage nach einer grundlegenden medizinanthropologischen Haltung. Aus Gründen der systematischen Überforderung eines solchen hausärztlichen Leistungsprofils ist allerdings eine stärkere multidisziplinäre Teamorientierung angeraten. Sonst wird der Hausarzt, gerade auch angesichts der Komplexität der Lebenslagen der älteren und alten Menschen, systematisch überfordert und einem Rollenverständnis gesellschaftlich ausgesetzt, das Empathie und soziale Unterstützung, Managementaufgaben sowie klinische Diagnostik und medizinische Therapiewahl unrealistisch addiert zu einem multifunktionalen Berufsbild, das den Arzt als Person überfordert. Es würde nur der alte und überholte Mythos von der gottähnlichen, heldenhaften Medizin auf neuer, breiterer Kompetenzprofilgrundlage reproduziert. (Pflegerisches) Care und (medizinisches) Cure, soziales Helfen, emotionale Unterstützung, beratende Leistungen und organisationale Managementfunktionen würden so zwar den im Gesundheitswesen problematischen Dualismus der geschlechtsspezifischen Rollenzuweisungen überwinden helfen, aber auf Kosten intrapersonaler Überforderungen. Eine stärkere multidisziplinäre Teamorientierung würde entweder die Hausarztpraxis betriebsmorphologisch stärker in integrierte Netze zum Krankenhaus, zur Rehabilitation, zur Pflege und zu komplementären sozialen Diensten eingliedern oder aber zumindest vermehrte kommunikative Kooperation im interprofessionellen und transsektoralen Schnittstellenmanagement aus der Perspektive einer betrieblich-rechtlichen Autonomie heraus abfordern. Es geht um die Bereitschaft zu multidisziplinä-

sind stärker an krankenhausdominierte Gesundheitszentren[280] vertraglich zu koppeln[281], um so bei kurzen Verweildauern die vorgelagerte Diagnostik und durch Anbindung der Hausärzte[282] die post-stationäre Behandlung sicherzustellen.[283] Die ambulante Öffnung der Krankenhäuser ist fortzuentwickeln. Krankenhäuser sollten in Eigenregie (europarechtlich mit Blick auf die unternehmerische Tätigkeit der Gebietskörperschaften, insbesondere der Kommunen gesprochen: gemäß Inhouse-Prinzip: GÖW, 2007a; Krajewski, 2007; Krajewski/Wethkamp, 2006)[284] oder – was komparativ trans-

---

ren, transprofessionellen Kooperationen, um die Bereitschaft zur Geriatrisierung. Dies ist eine fachliche Aus- und Weiterbildungsfrage, aber eben auch eine grundsätzliche Haltungsfrage: Denn Geriatrisierung impliziert den Öffnungswillen an der Schnittfläche zur Pflege (auch zur Advanced Nursing-Richtung: dazu auch de Jong, 2006; Sachs, 2007 sowie Buchan/Calman, 2005) und zu den weiteren Therapieprofessionen, wie sie betriebsmorphologisch z. B. im Rahmen eines Medizinischen Versorgungszentrums zusammenwirken könnten. Vgl. am Beispiel der psychiatrischen Fachpflege: Greetfeld/Einsiedel/Kahl, 2008.

[280] Vgl. auch Klauber/Robra/Schellschmidt, 2009.

[281] *Arbeitsstile*: Wenngleich hier zwei sehr unterschiedliche Arbeitsstile aufeinandertreffen: Casalino/Robinson, 2003.

[282] Die jedoch nicht nur einen erheblichen Geriatrisierungsbedarf haben (Döhner/ Stamm, 2005), sondern auch an vertiefte Kooperationen (etwa mit Pflegeprofessionen) heranzuführen sind (Heil, 1997). Hier siedelt sich auch das Problem des Einsatzes von Advanced Nursing Personal an (Sachs, 2007; de Jong, 2006). Vgl. grundsätzlich, vor allem in rechtlicher Hinsicht, Taupitz/Pitz/Niedziolka, 2008. Zur Delegation ärztlicher Tätigkeiten in der Psychiatrie vgl. auch Spießl u.a., 2008.

[283] Integrierte Versorgung gelingt – meiner Auffassung nach – nicht auf der Grundlage allein der Sicherstellung durch Einzelkassen im Wettbewerb. Hierzu sind modernisierte körperschaftliche Arrangements notwendig. Dazu weiter unten den entsprechenden Abschnitt.

[284] *Inhouse-Geschäfte*: Die Inhouse-Problematik ist kein reines Problem des Gebietes der öffentlichen Wirtschaft. Da die kommunale Daseinsvorsorgearbeit (zum Umfang und zu den Feldern der kommunalen Wirtschaft vgl. Richter, P., 2008a) insgesamt betroffen ist, sind die Überlappungsbereiche zur Sozialpolitik^P bedeutsam. Ein zentrales Argument in der Inhouse-Debatte ist das Örtlichkeitsprinzip im europäischen Binnenmarkt (vgl. auch Wenzl, 2007; vgl. auch Langner, 2008). Im Ergebnis hält Wenzl zunächst die Ortsgebundenheit und eine damit auf die Bedürfnisse der Bewohner orientierte Legitimationsgrenze des kommunalen Wirtschaftens gemäß GG für zwingend. Eine interkommunale Zusammenarbeit bleibt möglich. Kommunales Wirtschaftsrecht, das diese Grenzziehungen überschreiten will, sei verfassungswidrig. Wenzl hält diese geografische Marktaufteilung in Deutschland sodann für wettbewerbsverfälschend und handelshemmend im Sinne des Europarechts. Er konstatiert jedoch die Notwendigkeit einer Einzelfallprüfung nach objektivierten Kriterien, betont dabei insgesamt ferner auch große Gestaltungs- und Beurteilungsspielräume aus deutscher Sicht. Weiter wird darüber hinaus argumentiert, dass das Gemeinschaftsrecht, das hier dominiert, eher zur Lockerung des deutschen Verfassungsrechts mit Blick auf die kommunale Wirtschaft zwingt. Mit dem Inhouse-Geschäfte-Problem setzt sich auch Hardraht (2006) auseinander. Im Lichte der EuGH-Urteile in den Fällen Teckal und Stadt Halle sieht Hardraht kaum Spielräume für

aktionskostenabhängig ist – im Rahmen eines gemeinwesenorientierten Kontraktmodells transsektorale Versorgungsketten (Wagner, B., 2004) sicherstellen.

Modularisierung und Versorgungslandschaft: Als Schlussfolgerung bietet sich die Überlegung an: Der Gesetzgeber sollte diesen Pfad verstärkt ausbauen.

Die alte betriebsförmliche zweipolige Struktur von niedergelassenem Arzt[285] (zur Geschichte der Arzt-Patienten-Beziehung vgl. Schulz u. a., 2006[286]) einerseits und (solitärem) Krankenhaus[287] andererseits ist überholt. Beide Betriebsformen können/sollten auch weiterhin als Einzelmodule in der betriebsförmlichen Versorgungslandschaft bestehen, aber nur im Rahmen eines breiteren Spektrums, wobei vernetzte Strukturen dominieren sollten[288],[289].

---

weite Auslegungen der Ausnahmebereiche zur Umgehung des allgemeinen Ausschreibungswettbewerbsgebotes. Allerdings ist das Vergaberecht der EU dann und insoweit gar nicht relevant, wenn eine funktionelle Identität zwischen dem öffentlichen Auftraggeber und der Einheit, mit der der Vertrag geschlossen wird, gegeben ist. Entgegen dem EuGH ist der Autor dabei der Auffassung, dass die beauftragte Einheit nicht im Wesentlichen ihre Tätigkeit gegenüber dem beauftragenden öffentlichen Auftraggeber erbringen muss. Damit bleiben jedoch Probleme bei gemischtwirtschaftlichen Unternehmen und Zweckverbänden wohl nach wie vor problematisch und in der Diskussion strittig.

[285] Zum Betriebstypus der ärztlichen Gruppenpraxis vgl. Mojon-Azzi, 2001 sowie Hummelbrunner, 2005. Zu ärztlichen Kooperationsformen unter haftungs- und berufsrechtlichen Aspekten vgl. Koller, 2007.

[286] Vgl. auch zur berufsständischen Emanzipation der Ärzte die Arbeit von Balkhausen, 2007. Zwei „Entwicklungen, der Aufbau des Autoritätsgefälles zwischen Arzt und Patient sowie die Etablierung einer ‚medizinischen Kultur', trugen mit dazu bei, dass sich das Arzt-Patient-Verhältnis von einer diffusen Beziehung zu einem klar definierten, funktionalen spezifischen und affektiv neutralen Rollenmuster verschob.", schreibt Balkhausen, 2007, S. 173. Vgl. ferner die klassische Studie von Shorter, 1985.

[287] Historisch: Watzka, 2005 sowie Hübner, 2004; zum aktuellen Wandel vgl. auch Klauber u. a., 2006.

[288] Vgl. auch Braun/Schulz-Nieswandt, 2005; weitere Prognosen in HVB, 2003 sowie in Ernst/Young, 2005.

[289] Hinzu kommt noch die Substitution traditioneller Krankenhausaufenthalte durch „Hospital at Home" (vgl. dazu auch Leff u. a., 2008). Zur einschlägigen Literatur zur Virtualisierung des Krankenhaus (seiner Funktionen) in der komplex vernetzten Versorgung „zu Hause": Schaeffer/Ewers, 2002.

b) Zwischenfazit III: Medizinwandel als kulturelle Mutation

Das Problem ist aber ein tiefer verankertes als zunächst der soziotechnische Blick, der hier in einer Fülle von Spiegelstrich-Argumenten zum Ausdruck kam, nahelegt.

Der soziotechnische Blick vermittelt einen Eindruck von Reformpolitik, wonach die alterungsgerechte Veränderung der Versorgungslandschaften (quasi voluntaristisch) nur eine Willens-Frage der Gesetzgebung sei, die dann – eventuell mit der notwendigen Zeitverzögerung (vgl. Schulz-Nieswandt, 2005) – die Landschaften schon zur Veränderung bringt. Zwar ist jeder Cultural lag auch ein Time-lag, aber nicht jeder Time-lag ist auch ein Cultural lag.

Vielmehr und in Absetzung zu dieser Soziotechnik gilt: Der Wandel der Betriebsformen als Instrument der Gesundheitspolitik (Perspektive des sogenannten unternehmensmorphologischen Ansatzes: Schulz-Nieswandt, 2006, an Theo Thiemeyer anknüpfend: Thiemeyer, 1972[290]) ist eine kulturelle Mutation des Medizinsystems (Schulz-Nieswandt, 2004a).

Kultur und Mutation: Insofern ist hier von Medizin*kultur* die Rede. Es wird bewusst der Begriff der Mutation gewählt.[291]

---

[290] *Unternehmen in einem komplexen gesellschaftlichen Evaluationsraum*: Eine Reihe von sozialpolitischen Fragestellungen sind auch als solche der Unternehmensführung zu verstehen, da die Sozialpolitik[p] als Dienstleistungsökonomik auch mit betriebswirtschaftlichen Managementdimensionen zutun hat. Wenn man die Frage stellt, ob das Management – die Führung eines Unternehmens insgesamt – „gut funktioniert", dann stellen sich die vorgängigen Fragen: Was sind die Ziele des Unternehmens? Woran orientiert sich ein Unternehmen „unternehmensphilosophisch"? Und wie transportiert ein Unternehmen seine teleologische Identität (sein Selbst-Konzept in Analogie zur Individualpsychologie) „unternehmenskulturell" im Sinne der Steuerung interner Ablaufprozesse, immer transaktionalistisch an die Umwelt gebunden. Diese ganze Problematik wird vor allem im Lichte komplexer Stakeholder-Modelle verständlich, wie es für Kontexte öffentlichen oder öffentlich relevanten Wirtschaftens eher üblich ist. Insofern erscheint mir die Frage nach der Bindung an öffentliche Aufgaben und damit die logisch vorgängige Problematik der Semantik der öffentlichen Aufträge als konstitutiv für das Diskussionsfeld von Governance. Die einzelwirtschaftliche Optimierung spiegelt sich dann (etwa im Prisma von Balanced Scorecard-Ansätzen) als genuin politisches Problem: Wie gewichte ich Ziele in einem teleologisch mehr-dimensionalen Handlungsraum? Letztendlich dürfte das Managementproblem angesiedelt sein zwischen dem externen Daseinsvorsorgeauftrag, der internen Human-Resource-Orientierung (MitarbeiterInnen-Orientierung in der permanenten Organisationsentwicklung zur choreografischen Erreichung umweltbezogener optimaler Unternehmensaufstellung) und der ökonomischen Fitness (Orientierung an betrieblichen Entwicklungskennziffern, Liquiditätsmanagement sowie umweltorientiertes strategisches Management).

Verändern muss sich nämlich das Strickmuster, der Code, nach dem das ganze System funktioniert.[292] Es geht um die Frage, welche Medizin praktiziert wird. Und damit sind Berufsprofile, professionelle Selbstverständnisse, Menschenbilder, das Problem des Zielkonflikts zwischen Spezialisierung und Generalisierung, die Hierarchie der Berufsgruppen und Funktionen, die historisch gewachsenen Institutionen usw. – also das ganze überkommene epistemische und institutionelle Regime – hinterfragt (relevant dazu: Vogd, 2006).

c) Institutionen als Kontexte der personalen Identitätsstiftung

Als theoretische Vertiefung der Problematik der (als theoriedimensionale Problematik ja bereits mehrfach gestreiften) Haltungstypiken im Kontext betriebsförmlicher Handlungskontexte seien einige Bemerkungen feldübergreifender Art eingeschoben (vgl. mit Literatur: Schulz-Nieswandt, 2007e).

aa) Funktionalismus versus Generative Grammatik
von Institutionen

In der ökonomischen Theorie, auch in neueren[293] institutionenökonomischen Theorierichtungen[294], die ansonsten durchaus relativ zu würdigen

---

[291] *Wandel der Strickmuster des Handelns und Denkens*: Damit wird eine bewusste Anleihe an die biologische Genetik vorgenommen. Das hier semiotisch verstandene Drehbuch wird in Analogie zur Funktion der DNS verstanden.

[292] *Institutionen verstehen*: Am Beispiel des Feldes der Behindertenarbeit vgl. Schädler (2003, S. 337): Deinstitutionalisierung und neue Formen des Wohnens und Lebens erfordern ein „immaterielles Institutionenverständnis": „Die bedeutet, dass auch die Hilfeformen des neuen Paradigmas notwendiger Weise in einem institutionellen Rahmen arbeiten müssen." (ebd., S. 337) Und daher gilt grundsätzlich: „Auch ambulante Dienste können institutionelle Bedingungen herstellen, die bei Betroffenen Bevormundung, erzwungene Passivität, Kontaktarmut und negative Selbstkonzepte hervorbringen. Der herkömmliche Institutionenbegriff der Heilpädagogik kann dies nicht abbilden." (ebd., S. 338)

[293] *Institutionalismus und Neue Institutionenökonomie*: Wie neu und wie revolutionär ist diese Institutionenökonomie? Diese Frage wird durchaus kritisch diskutiert. Vgl. Feldmann, 1995. Vgl. auch Reuter, 1996.

[294] *Differenzierungen ohne Sprung*: Vor allem die neuere Institutionenökonomie betont dabei die Rolle von Transaktionskosten. Transaktionskosten sind alle Kosten, die entstehen, wenn Menschen Transaktionen eingehen und realisieren wollen (Vertragsbildung, Informationsbeschaffung, Monitorkosten, Verhandlungskosten etc.). Sollten diese Kosten zu hoch sein, unterbleiben Transaktionen. Hier kristallisiert sich die Bedeutung von Vertrauen in der menschlichen Beziehung. Vertrauen reduziert Unsicherheit und andere Formen der Komplexität. Dies spielt z.B. in der Arzt-Patienten-Beziehung eine große Rolle. Auch soziale Netzwerke funktionieren oft-

sind, wird mit den Institutionen hinsichtlich ihrer Rolle sehr lieblos umgegangen. Unter der – mehr oder weniger krypto-normativen – Ägide eines funktionalistischen Denkens werden Institutionen als Restriktionen rationalen Verhaltens beachtet (vgl. kritisch bereits Schulz-Nieswandt, 1995b[295]). Das Eingehen von sozialen Beziehungen ist aber ein menschliches Grundbedürfnis (vgl. auch zur Richtung der Critical Management Studies: Brewis u. a., 2006), „nicht nur ein äußerlich bedingtes Manöver, das man auf sich nehmen muß, um zu ursprünglicheren Zielen zu gelangen." (Kegan, 1986, S. 26) Und (ebd.): „Für diese Theoretiker *ist* das Wesen der Ichaktivität der Aufbau von Objektbeziehungen." (kursiv auch im Original) Oder: „informal norms are not always utilitarian in content as they also embody more intangible states of sentiment and identity that arise from ongoing social relationship." (Nee, 1998, S. 88)

In der epistemischen Tradition des cartesianischen Dualismus (Art. „Cartesianismus", in RGG, Bd. 2, Sp. 75 f.;[296] kritisch dagegenhaltend: Schulz-Nieswandt, 1992a) werden Präferenzen und Institutionen strikt separiert, eine tieferliegende dualistische Struktur damit replizierend, die darin besteht, die Welt des Seins (Faktizität der Präferenzen) und die Welt des Sollens (anreizkompatible Steuerung von externen Regelsystemen als Rahmenbedingungen individueller oder einzelwirtschaftlicher Rationalität) nicht in Wechselwirkung zu bringen[297]. Das ist reine Ontologie (des Sozialen) oder sozialontologische Protosoziologie. Fragt sich nur, ob diese gut konzipiert ist. Die Alternative des Denkens in Wechselwirkung würde denn wohl auch schmerzhaft die Methodologie der Optimierung, in der das zentrale Erkenntnisinteresse dieser sozialen Physik zum Ausdruck kommt, unterlaufen.

Das Rationalitätsverständnis ist hierbei formaler Art. Dies ist – mainstreamorientiert – der Stand der Dinge. Rationalität meint formale Wahlhandlungsrationalität.[298] Die Welt der Institutionen ist charakterisierbar als

---

mals auf dieser Basis. Die Seniorengenossenschaften würden weder entstehen noch über längere Zeit stabil sein und funktionieren, wenn ein gewisses Maß an Vertrauenskapital nicht die Reziprozitätsbeziehungen – das System des Gebens und Nehmens – ermöglichen würde. Die Theorie der Nutzenmaximierung unter Restriktionen hat große Ähnlichkeiten mit der Theorie beschränkter Rationalität, vor allem dann, wenn die neuere Theorie Ergebnisse der kognitionspsychologischen Forschung (oder der evolutorischen Ökonomie) berücksichtigt. Dann spielen Wahrnehmungsfilter, selektive Informationsverarbeitung, Vorausurteile u. v. a. Faktoren der Reduktion von Komplexität eine große Rolle.

[295] Zur kritischen Diskussion der Modellierung der Moral als Restriktion rationalen ökonomischen Handelns vgl. auch Priddat, 2007, S. 163 ff.

[296] Kritisch im Vergleich Indien und die westliche Welt: Kakar, 2006, S. 303.

[297] *Rational choice*: Zu den Varianten der Rational choice-Theorie: Wolf, 2005.

[298] Zu verschiedenen Varianten von Rational choice-Akteurstheorien vgl., wie gesagt, differenziert Wolf, 2005.

Welt der Opportunitätsstrukturen, somit als System von Kosten alternativer Entscheidungen.

Homo oeconomicus: Was bedeutet hier der unwissenschaftlich wirkende, oben genutzte Begriff der „Lieblosigkeit"? Nun, der funktionalistische Institutionalismus in der ökonomischen Theorie – auch in rational choice-zentrierten und utilitaristischen Strömungen in Soziologie und Psychologie oder in der (neoklassisch orientierten) Wirtschaftsethnologie und ökonomischen Anthropologie (Rössler, 2005; Znoj, 1995) – artikuliert nur eine zweistufige und einbahnförmig-lineare Logik der Relation zwischen dem personalen System der wirtschaftlichen Verwendungszwecke einerseits und den Institutionen als Instrumente der optimalen Allokation knapper Ressourcen auf die gegebenen Verwendungszwecke des Wirtschaftssubjekts andererseits.

Was hier dagegen argumentativ vorgeschlagen wird, ist eine gewichtete, dreistufige, nicht lineare, sondern rückkoppelnde und zirkuläre Logik von Person und Institution. In dieser Sichtweise geht es wissenschaftstheoretisch um genetische Kausalität, nicht um funktionalistische Plausibilität. Auch das ist eine sozialontologische Protosoziologie; aber sie ist gegenüber dem cartesianischen Dualismus relativ vorzugswürdig.

Homo institutionalis: Aus der Sozialpsychologie, der Entwicklungspsychologie und der differenziellen Persönlichkeitspsychologie sind Konzepte des personalen Selbst und der Selbstentwicklung im Lebenslauf elaboriert, die es ermöglichen können,

(1) neben dieser ersten analytischen Ebene des Selbst als personaler Existenzmodus des Menschen eine zweite und dritte Ebene der Institutionen zu begründen,

(2) die Institutionen nicht nur als Restriktionen rationalen Verhaltens zu definieren, sondern Institutionen

- als sinnhafte Orientierungskontexte, die soziales Handeln (im Sinne von Weber, 2002) bahnen, zu verstehen und

- die die Sinnorientierungen im biografischen Prozess (im Sinne von Alfred Schütz [1899–1959], hier Schütz, 2004[299]) erst generieren helfen

---

[299] Zu Schütz und den verschiedenen Rezeptionsweisen in der Soziologie vgl. auch Endreß, 2006. Schütz hat allerdings einen deutlichen egologischen Ausgangspunkt. Hanke (2002) referiert daher enge Verwurzelungen im ökonomischen Liberalismus. Erst von dieser egologischen Basis gelangt Schütz zur Intersubjektivität, wenn es bei ihm auch das Denken in der vorgegebenen sozialen Mit-und Sozialwelt gibt.

– und schließlich somit Identität des Menschen als Person (im Sinne von Mead, 2005) transzendentalpragmatisch (also im interaktiv-kommunikativen Austausch zwischen Individuen)[300] überhaupt erst zu verstehen ermöglichen.

Institutionen sind

(3) in dieser Rückkoppelung zu den Identitätskonzepten der Individuen oder gar in transzendentaler Methodik eben nicht zu instrumentellen Strategiematerien der Faktizität der Präferenzen zu reduzieren.

Homo symbolicus: Vielmehr sollen Institutionen – im Sinne von Ernst Cassirer (1996; 2001; 2002; 2002a; vgl. Art. „Cassirer, Ernst", in RGG, Bd. 2, Sp. 79 f.)[301] – als Formen symbolischer Ausdrucksweise, die zur Identität der sinnhaft handelnden Personen gehören, verstanden werden. Sie sind der Kontext der Identitätsfindung und -verwirklichung und mit der personalen Identität selbst – wenn auch vermittelt – identisch.

Cassirer: Einige vertiefende Anmerkungen zu diesem Problemkreis sind wohl angebracht, bedenkt man die hier vorliegende methodologische Nähe zum Forschungsprogramm von Cassirer (2001; 2002; 2002a), von dem wiederum Simonis im Art. „Cassirer, Ernst" (vgl. Nünning, 2004, S. 80) behauptet, es sei ihm „gelungen, so unterschiedliche Strömungen wie die neukantianische Philosophie, die strukturale Semiotik und die neuere Ethnologie und Kulturanthropologie zu verbinden."

Warburg (1866–1929) und Panofsky (1892–1966): Ein Kontext von Cassirers Denken ist auch eine Affinität zu Warburgs historischer Psychologie des menschlichen Ausdrucks, wie sie bei Michels (2007) in ihrer überaus schönen Abhandlung zu Aby Warburg angesprochen wird (Michels, 2007, S. 77). Warburg (RGG, Bd. 8, Sp. 1305 f.) ist daher mit Blick auf meine Thèse der Überlappung biografischer, zeitgeschichtlicher und langer kulturgeschichtlicher Zeithorizonte von Bedeutung, wenn er die Einheit von Antike, Mittelalter und Neuzeit betonte (Michels, 2007, S. 78).[302] Und dieses

---

[300] *Transzendentalität der Praxis*: Es wäre eine wichtige Aufgabe, diesen, von der abstrakten Erkenntnistheorie abgelösten und auf die menschliche soziale Praxis bezogenen Begriff der Transzendentalität vor allem (oder auch u. a.) in Rekurs auf die Kulturtheorie Cassirers zu entfalten. Vgl. auch Knoppe, 1992 sowie Breier, 2006.

[301] Aus der Fülle der Literatur zu Cassirer vgl. zumindest Friedman, 2004 sowie Recki, 2003.

[302] *Vormoderne Individualität*: In der modernen Wissenschaft ist es zum Selbstbild-reproduzierenden, ja – konstituierenden Mainstream geworden, eine scharfe zivilisationsgeschichtliche Differenz zwischen sich selbst (der Moderne) und der vormodernen Welt zu definieren. Heute weiß man, dass dieser dichotome Code höchst problematisch ist: vgl. Schmitt, 2008, S. 7 f. Versteht man die antike (politische) Philosophie richtig, so hat diese die Individualität eben nicht verneint, aber den Ge-

Denken ist nicht einem romantischen Humanismus – dies zu Recht und Unrecht – geschuldet, sondern einer tiefen epistemologischen Einsicht in die existenzielle Verfasstheit des Menschen. Und in diesem Sinne waren kulturelle Phänomene auch für Panofsky[303] psychohistorische Syndrome, in denen sich „Grundprinzipien menschlicher Existenz verdichten." (Michels, 2007, S. 79)

Homo culturalis und homo sociologicus: Diese Identitätsproblematik ist ganz im Sinne der Rollentheorie (nicht im Sinne des *homo sociologicus* von Ralf Dahrendorf [2006], bei dem Gesellschaft a priori eine „ärgerliche Tatsache" ist) in der Tradition von Georg Simmels Soziologie (Simmel, 2001) zu begreifen (vgl. auch Schulz-Nieswandt, 1995a, S. 49 ff.).

Nach Simmel ist es die Wechselwirkung der Individuen im System sich schneidender Rollenkreise (Mertens, 2006, S. 11), die die Identität der Menschen überhaupt erst ermöglicht[304] (vgl. auch Ecker, 1999, S. 206 ff.; zur Hegelschen „konkreten Freiheit" der Institutionen: Hegel, 1976, S. 406, also der § 260 seiner Rechtsphilosophie[305]). Diese Rollensoziologie[306] der

---

meinschaftsbezug als deren Voraussetzung definiert (ebd., S. 382). Schmitt hält daher die diachronisch-zivilisationsgeschichtliche Sequenzlogik von konventioneller und post-konventioneller Moral für problematisch (ebd., S. 385, FN 387, wo er auf die einschlägige Literatur zur Differenz von Scham- und Schuldkultur eingeht. Er zitiert u. a. Rapp, 1995). Vgl. auch seine Ausführungen zu Homer: Schmitt, 2008, S. 385 ff. (insbesondere Literatur dort S. 389, FN 401).

[303] Vgl. den Art. „Panofsky, Erwin" von Collier, in Nünning, 2004, S. 509.

[304] *Simmel und Rollentheorie*: Georg Simmel (1858–1918), auf dessen „Soziologie. Untersuchungen über die Formen der Vergesellschaftung" (1908) sich die Betrachtung bezieht, versteht unter Gesellschaft ein Netz sozialer Wechselwirkungen. Die Identität, die das Individuum als Individuum ausmacht, entfaltet sich nur innerhalb der sozialen Beziehungen, die die Menschen eingehen. In diesem Sinne reflektiert Simmel über „soziale Kreise". Die sozialen Kreise sind die Kreuzungen, an denen die Differenzierung der Gesellschaft auf der Grundlage der Individualisierung des Menschen wieder zusammengeführt wird. Durch die Zugehörigkeit zu sozialen Kreisen wird die personale Einheit des Menschen gestärkt, ja, Personalität konkretisiert die kollektiv vorgängige Kultur in individueller Weise. In diesem Sinne ist das Individuum soziologisch bestimmt; die „Singularität des Subjekts" wird dergestalt überhaupt erst gesellschaftlich ermöglicht. Dies ist vor dem Hintergrund zu sehen, dass Simmel – analog zu Kants Frage nach der Möglichkeit von Erkenntnis überhaupt – fragt, wie Gesellschaft prinzipiell möglich wird. Die Antwort findet Simmel in der Annahme der Wechselwirkung der Individuen. In ihr und durch sie wird soziale Wirklichkeit aufgebaut. Dabei spielen (auf einer sozialpsychologischen Ebene) u. a. Prozesse der kognitiven Repräsentanz des Sozialen in den Köpfen der Individuen ebenso eine grundlegende Rolle wie soziale Typenbildungen der Anderen durch das Individuum. So bilden sich Rollen und Rollenerwartungen aus. Das Individuum ist einerseits im „Fürsichsein", andererseits als „Gliedstellung" im gesellschaftlichen Leben eingebunden.

[305] Zur damit zusammenhängenden Unterscheidung von Sittlichkeit und Moralität (bei Kant) vgl. auch Fellmann, 2009, S. 98 ff.

Individuation ähnelt der philosophischen Anthropologie von Plessner (2003), für den soziale Rollen eine ähnliche Bedeutung haben.[307]

Das Ganze ist in der Perspektive der theaterwissenschaftlichen Tradition, modern: des „performative turn" zu verstehen. Institutionen als Formen, in denen sinnhaft gehandelt wird, sind demnach keine reinen Opportunitätsstrukturen, die im Sinne des cartesianischen Dualismus[308] zur Welt des Au-

---

[306] *Homo sociologicus*: Die soziologische Theorietradition, die den Menschen als Rollenspieler konzipiert, knüpft diesen *homo sociologicus* an die Sozialisierung des Menschen: Rollen sind definiert als ein Bündel von Erwartungen, die Menschen als Inhaber sozialer Positionen zu erfüllen haben. Zentrale Basiskompetenz ist hier die Rollenübernahme, die auch qualitative Verhaltensspielräume bei der Interpretation der Aufgaben(erledigung) zulässt. Hier wird der Mensch eingebettet in kulturelle Normen und soziale Verhaltenscodierungen. Das zentrale Theorem dieser Forschungsrichtung der Soziologie und Sozialpsychologie wird „embeddedness" (kulturelle Einbettung) genannt.

[307] *Gesellschaft als „ärgerliche Tatsache"?* Entgegen spezifischen Metatheorien der Rollensoziologie, die a priori bereits Entfremdungserscheinungen des Menschen von der Gesellschaft im Rollenspiel sehen (Dahrendorfs Definition der Gesellschaft als „ärgerliche Tatsache"), darf hier (im Rückgriff auf Plessner und Simmel) betont werden, dass Rollen das Medium sind, wie Menschen überhaupt sich individualisieren können, Personhaftigkeit ihrer Existenz erlangen und so die im Schnittbereich ontologischer und anthropologischer Überlegungen nachweisbare Daseinsaufgabe der Existenzerhellung durch Selbstkonzeptentwicklung, Selbstentfaltung und Selbstverwirklichung im Balanceakt zwischen Selbstsorge, sozialer Mitsorge und Akzeptanz von Abhängigkeiten der Fremdsorge zu bewältigen versuchen. Wo und wie anders als in sozialen Rollen soll/kann sich der Mensch im Modus des liebenden Mitseins mit anderen Menschen, im dialogischen Miteinander realisieren?

[308] *Wissenschaftlicher und künstlerischer Konstruktivismus*: Das Denken in Analogien ist oftmals hilfreich. Daher werde ich mich nochmals der Kunsttheorie zuwenden. In einem kunsttheoretischen Kontext wird der fluide Charakter der augenblicklichen wissenschafts- und erkenntnistheoretischen Diskurse offensichtlich: Wissenschaft hat nach einem vorherrschenden Verständnis ein eigenes, auf Wissen basierendes Erkenntnisprogramm: Das wissenschaftlich generierte Wissen soll „wahrheitsfähig" sein, d.h., es soll intersubjektiv nachvollziehbar sein und die Realität gültig abbilden bzw. protokollieren. Auch Kunst ist eine Modalität der Weltaneignung. Sie produziert Wirklichkeit im Medium ihrer Objektivationen. Die neuere wissenschaftstheoretische Diskussion deckt jedoch einen verwandten Sachverhalt im Bereich des wissenschaftlichen Schaffens auf. Der Konzeptbegriff des Konstruktivismus deckt diese Sichtweise ab: Demnach ist Realität auch im Rahmen der wissenschaftlichen Realitätsaneignung eine genuine Konstruktion. Es handelt sich um eine nach-cartesianische Weltsicht: Erkenntnissubjekt und Objekt (Realität) stehen sich nicht mehr dual und strikt getrennt gegenüber; Realität ist auch im wissenschaftlichen Erkenntnisprozess ein Konstrukt. Dennoch bleibt eine Differenz zwischen künstlerischem und wissenschaftlichem Konstruktivismus bestehen: Wissenschaft strebt nach einer intersubjektiv geteilten Art der methodisch kontrollierten Produktion von Wirklichkeit. Die Kunst dagegen kann sich hier Idiosynkratien subtilster Art leisten. Der Künstler wird – zumindest seiner modernen Ideologie nach – in seiner Autonomie des Schaffens zum Helden, dem Göttlichen – hier der grie-

ßen gehören und von der Innenwelt des rationalen Subjekts sauber – ganz wie der affektuell-neutrale und hygienebewusste Blick der Medizin auf den von der Seele (Art. „Seele", in RGG, Bd. 7, Sp. 1090 ff.) getrennten Körper (wie Foucault [2004] dies wissenschaftsgeschichtlich [vgl. auch zur Wissenschaftsgeschichte: Koyré {2008} als Quelle von Foucault] herausgearbeitet hat) – separiert sind.[309] Institutionen sind dann auch nicht funktionalistisch auf ihren Beitrag zur Reduktion von Transaktionskosten zu beschränken, weder weltgeschichtlich (wie bei North, 1992; dazu auch Löchel, 1995)

---

chischen Religion nahe und auch akkadisch-babylonischen Schöpfungsmythen entsprechend – zwar nicht zugehörig, aber der Welt der profanen Arbeit (des *homo laborans*) entrückt. Ja, in der Theorie der modernen Kunst und der historisch neuartigen Situation des modernen Künstlers – die eine vormoderne Kunst gar nicht als echte, nämlich freie, d.h. subjektive Kunst gelten lässt, sondern z.B. als Sakralkunst des Mittelalters oder als Kultsymbolik und Ritualtextur archaischer oder prähistorischer Kulturen (Art. „Prähistorische Kunst", in RGG, Bd. 6, Sp. 1555 ff.) einstuft (was kulturanthropologisch und kunstethnologisch durchaus sehr fraglich ist) – wird die Grundlage von Kunst als Kunst gerade in der höchst subjektivistischen Art der Kunstproduktion gesehen.

[309] *Capabilities*: Sens Ansatz (Sen, 2002) wird an verschiedenen Orten, an denen ich mich um eine Definition von Sozialpolitik^{w+p} bemühe, herangezogen. Ich bin hier nun an einer ethischen Dimension des Capability-Ansatzes interessiert. Problematisch ist folglich nämlich auch die Frage der Subjektivierung von Verantwortlichkeit. In einer spezifischen Hinsicht fällt auch hier die Unterscheidung von personengebundenen Verantwortlichkeiten und sozialen Verantwortlichkeiten ontologisch nicht einfach nachvollziehbar aus. Selbstständigkeit und Selbstverantwortlichkeit müssen erlernt sein, sind axiomatische Fluchtpunkte eines Profils empirischer Daseinskompetenz, die auf die generative Bedeutung von Erziehung und Sozialisation verweisen (zur Gesundheitssozialisation vgl. auch Dippelhofer-Stiem, 2008). Bildungskompetenzen sind inkorporierte kulturelle Kapitalien, um mit Bourdieu zu argumentieren; aber erworben werden sie in Institutionen, in sozialen Feldern, die als Bildungswesen eindeutigen Infrastrukturcharakter haben. Zwar ist die Nutzung dieser Strukturen wiederum an das Subjekt gebunden und die Ablaufprozesse innerhalb der als Infrastruktur zu verstehenden Institutionen sind mit Blick auf die Outcomes wiederum nur transaktionalistisch zu begreifen (somit ist das Subjekt in seiner Mit-Produzenten-Rolle nie außerhalb des Geschehens, sondern transzendental eingelassen). Greift man auf den Capability-Ansatz von Sen zurück (vgl. auch Leßmann, 2007), so ist diese generative Sicht höchst wichtig: Capabilities sind Eigenschaften des Individuums, auf die hin diese (darauf ist rechtsphilosophisch gleich noch zurückzukommen) ein grundrechtliches Verhältnis innehaben. Doch bezeichnen personal inkorporierte Capabilities, prozessbezogen, also generativ gesehen, Ablagerungen struktureller Capabilities, also gesellschaftlich sichergestellter bzw. gewährleisteter Infrastrukturen. Dies ist nicht zuletzt für eine ontologisch fundierte Kritik am Neo-Liberalismus des verflachten „enabling state" wichtig: Die Selbstsorge als Gouvernementalität des Subjekts der angeblichen Post-Moderne oder zweiten Moderne ist nicht im Münchhausen-Effekt selbstgenerierbar (zu den seelischen Voraussetzungen vgl. Küchenhoff, 1999). Bezugspunkt auch der Selbststeuerungs-Subjektivität im Kontext der zunehmenden Risiko-Privatisierung bleibt der nicht hintergehbare Befund der Vergesellschaftung als Existenzmodus des Menschen.

noch grundsätzlich: Die Transaktionskostentheorie (Fritz, 2005) der Institutionen(wahl) ist a priori opportunistisch.[310] Ebenso sind die „weak ties" der ökonomischen Sozialkapitaltheorie opportunistisch; „strong ties" (Govers, 2006, S. 14) binden zu sehr. Netzwerke[311] sind dann Instrumente der individuellen Nutzenmaximierung. In einer anthropologisch und entwicklungspsychologisch fundierten rollensoziologischen Sozialkapitaltheorie sind Netze dagegen immer auch Orte bzw. Medien der Individuation, hegelianisch gesprochen: Orte „konkreter Freiheit" (vgl. zum Lernen und Kompetenzerweb Jugendlicher in Engagementformen: Düx u. a., 2008; vgl. ferner zum Kompetenzerwerb in Vereinen: Hansen, 2008).

bb) Die Seinsvergessenheit des funktionalistischen Institutionalismus in der Ökonomie

Denn Institutionen sind in dem hier vorgetragenen Sinne einer sozialontologisch und anthropologisch vergewisserten Relation von Personalität und Institutionen als generative Grammatik des Kontextes keine auf Effizienz reduzierbare Instrumentalfunktion von Menschen, sondern zugleich identitätsstiftende Behausungen des Menschen, daher als Sozialgebilde eigener Wertigkeit, anthropologisch gesehen unabdingbar für die Verwirklichung des Menschen (ich kann mich auch in diesem Punkt an dem ontologischen Personalismus von Pareyson orientieren: Weiß, 1994, S. 43 ff.).

Dies kann im Lichte von Blumenbergs (1920–1996, hier Blumenberg, 1997) Metapher[312] der Höhle[313] als Behausung[314] (wohl auch unter Einfluss der Institutionenlehre von Gehlen [2004][315] ausformuliert) oder im Lichte von Heideggers (2001) Seinsverständnis von Wohnen (Biella, 1998; Hirsch [2006] zur ambivalenten Metapher „Haus") und Bauen verstehbar gemacht werden (vgl. auch Treziak, 1990, S. 207).[316]

---

[310] Zur Kritik der verhaltenswissenschaftlichen Annahmen der Transaktionskostenökonomie vgl. Schramm, M., 2005.

[311] Einen allgemeinen Überblick über Netzwerke gibt Holzer, 2006.

[312] Zur Metaphorik als eigene Denkform, als – wie ich es ausdrücken würde – eigene epistemische Art und Weise der Weltbegegnung und -bewältigung vgl. auch Zimmer, 2003.

[313] In sakralarchitektonischer Perspektive vgl. auch die eindrucksvolle Studie von Möbius, 2008, die allerdings ohne derartige Bezüge zu Blumenberg auskommt und der vielleicht auch eine gewisse mentalitätshistorisch-kritische Distanz zum Raum- und somit Macht-Erleben des religiösen Bewusstseins fehlt.

[314] Auf die Position von Bollnow ist zu verweisen (Bollnow, 2004; zu Bollnow vgl. auch grundlegend Schüz, 2001).

[315] Zur Charakterisierung der Gehlenschen Theorie (im Verhältnis zu der von Freud) vgl. Pagel, 1984. Zu Gehlen vgl. Thies (2007) zur Einführung. Ferner Schmidinger/Sedmak, 2008.

Unter Seinsvergessenheit verstehe ich daher die Kritik des Verlustes der Identitätsbedeutung und somit die Herausstellung der Individuationsfunktion von Institutionen in einem für das Selbstkonzept des Menschen transzendentalen Sinne.

In diesem Sinne fehlt es der Ökonomie (Simon, 2009) an einer anthropologischen Wende. Dieses Defizit ist deutlich zu artikulieren. Im Rahmen der sich seit Jahren anbahnenden und nachhaltig wirksam gewordenen kulturwissenschaftlichen Wende („cultural turn") kann es zu einer solchen Wende kommen (vgl. auch Tanner, 2004a). Solange sich die Ökonomie als ingenieurwissenschaftliches Programm der Optimierung knapper Ressourcen (sie ist in der Regel mehr nicht) bei gegebenen, also bereits vorausgesetzten Verwendungszwecken versteht, wird der eng geführte Bedeutungsraum des funktionalistischen Institutionalismus jedoch nicht verlassen. Insofern benötigt die Ökonomie eine semiotische Wende, die zugleich erweitert wird durch einen „iconic turn" (vgl. Bachmann-Medick, 2006, S. 329 ff.; Tschopp/Weber, 2007; Wulf/Zirfas, 2005). Demnach könnten die Institutionen als Textstruktur symbolischer Ausdruckspraxis gelesen werden, die nicht funktionalistisch reduzierbar, sondern eigenwertig ist.

Medizinkrise: Ich übernehme diese Überlegungen in die Medizin-Debatte.

Der Weg in eine komplexe, alterungsgerechte Integrationsmedizin führt eine – produktiv verlaufende (?) – geistige Umorientierungs"krise" herbei. D.h.: Es muss sich eine andere, gelebte Medizinanthropologie herausbilden, die multi-disziplinär ist, kommunikationskompetenter[317] und kooperationsfähiger ist, erhebliche Empathiekompetenzen (Hojat, 2006) voraussetzt[318] und den technischen Fortschritt der Medizin (Schubert, 2006) beherrscht – d.h. zu kontrollieren in der Lage ist – im primären Lichte der patientenzentrierten Lebensqualität[319].[320]

---

[316] Vgl. auch Leroi-Gourhan, 1995.

[317] Vgl. auch mit Blick auf die Migrationshintergründe: Dreißig, 2005.

[318] Stattdessen Quasebarth (1994, S. 102): „Die universitären Strukturen des Medizinstudiums tragen von den Auswahlverfahren bis hin zur praktischen Ausbildung im Krankenhaus nicht dazu bei, eine ärztliche, kommunikative Kompetenz zu erreichen. Das Gegenteil ist der Fall. Der Zynismus nimmt zu und die Menschenfreundlichkeit ab." Vgl. bereits Depner, 1974. Nicht alle Studien stützen jedoch die altruistische Motivation helfender Berufe. Vgl. etwa Garlichs, 2000.

[319] *Noologie und Lebensqualität*: Wobei eine existenzanalytische Fundierung im logotherapeutischen Sinne der empirischen Lebensqualitätsforschung eine deutliche Klammer bieten könnte: vgl. Görtz (2007), die keine (worauf noch einzugehen sein wird) unkritische Glorifizierung der Franklschen Richtung vornimmt. Herausgearbeitet wird als relevante Basisdimension gelingenden Daseins im Lebenslauf das Vertrauen als Befindlichkeitsdimension. Als Vermittlungsdimension zwischen Physis und Psyche dient die Vitalitätsfunktion (zur Vitalität vgl. auch Schmitz, 2005, Bd. IV, S. 315 ff.). Das Beziehungserleben (in Polarität zum Scheitern) baut darauf

Auf diese Weise kommt auch (angesichts der Demografie) und insbesondere infolge der angesprochenen epidemiologischen Transition die Forderung nach einer Geriatrisierung[321] der Medizin ins Spiel. Die Medizinbetriebe (insbesondere die Krankenhäuser[322], aber ebenso die zukünftig/aktuell neuen Betriebsformen) sind ferner zu enthierarchisieren[323] (zumindest sind optimale Mischungen aus Linienführung, Netzwerksteuerung und Projektmanagement [Littmann/Jansen, 2000] zu erwirken) und haben die Erkenntnisse des Network Governance der modernen Management-, Organisations- und Personalführungsforschung[324] zu berücksichtigen, eine Literaturlandschaft[325], die hier aber nicht weiter zu entfalten ist.[326] Jedoch konnte Rohde 1962 (Rohde, 1962, S. 412) schon empirisch festhalten: „Je stärker und strenger die Schichtung unter dem Krankenhauspersonal ist, desto dürf-

---

auf. Personale Aktivität vs. personale Passivität kommen als Korridore sodann zur Wirkung. In diesem Modell einer hierarchisch aufgebauten Persönlichkeit kumuliert die Architektur im psycho-physischen Selbst.

[320] Zur Bedeutung kognitiver Empathie (Bischoff-Wanner, 2002) und sozialer Handlungskompetenz in Medizin und Pflege vgl. Schilder, 2007, S. 292 f.

[321] *Geriatrische Rehabilitation*: Die Geriatrie wird an verschiedenen Stellen der vorliegenden Arbeit in unterschiedlichen Kontextbeziehungen angesprochen. Hier nun interessiert ihr funktionales Herzstück: die Rehabilitation. Diese Neuorientierungen sind unabhängig davon geboten, wie sich die Geriatrie in den einzelnen Bundesländern aufstellt, insbesondere hinsichtlich der Frage fallabschließender Rehabilitationsversorgung in stationären, teilstationären und ambulanten Betriebsstrukturen. Die geriatrische Rehabilitation folgt hier akuten Versorgungsinterventionen; im Alltag geht es jedoch vor allem um die lebensgeschichtlichen Vorfelder der Genese geriatrischer Erkrankungen, die im Praxishorizont des niedergelassenen Arztes und anderer Betriebsformen der alltäglichen Medizinnutzung der älter werdenden Bevölkerung anfallen, sowie um die begleitende Nachsorge, also um die medizinisch-pflegerisch-soziale Begleitung von Menschen mit bleibenden funktionellen Beeinträchtigungen, Behinderungen, Hilfe- und Pflegebedürftigkeiten, und dies trotz und nach gelungener Rehabilitation. Auf dieser Ebene der weiteren Begleitung geht es um die oben angesprochene Sicherung möglichst hoher Grade der Lebensqualität und der subjektiven Lebenszufriedenheit der menschlichen Person angesichts derartiger existenzieller Daseinserfahrungen.

[322] Zum Themenkreis der klinischen Behandlungspfade vgl. aus der Fülle der Literatur Hellige/Stemmer, 2005 sowie Oberender, 2005. Vgl. sektoral wie intersektoral: Eckardt/Sens, 2006.

[323] Die klassische, quasi-militärische Führungsstruktur in vielen Krankenhausabläufen passt nicht zur Idee einer kooperativen Krankenhauskultur (Cassier-Woidasky, 2007, S. 407). Vgl. dazu auch die Studie von Hermann, 2005.

[324] Zum Coaching in der Pflege vgl. Loffing, 2003. Zum Zusammenhang von Organisationsentwicklung und Supervision vgl. Pühl, 2000.

[325] Vgl. jedoch Wallenczus, 1998 aus der Bourdieuschen Sicht einer Feldanalyse des Krankenhauses als sozialer Raum; vgl. ferner Jedrzejczak, 2006.

[326] Vor allem zeichnet sich so ein integrativer, die Wechselwirkung von externer und interner Entwicklung des Krankenhauses umfassender Ansatz des strategischen Managements von Krankenhäusern ab.

tiger ist die Behandlung der Patienten, besonders was die Kommunikation des Personals mit dem Patienten angeht." Bemerkenswert ist es, wie 40 Jahre später die moderne Managementforschung den vergleichbaren Befund fixiert: „Die Nachteile dieser (hierarchischen – S.-N.) Konstruktion sind in der betriebswirtschaftlichen Literatur ausführlich beschrieben: Durch die berufsständische Gliederung entwickeln die drei Säulen ein Eigenleben; eine horizontale Koordination auf den nachfolgenden Führungsebenen wird erschwert, so dass dort keine Zielkongruenz besteht. (...) Ein solches organisatorisches Gebilde ist kaum in der Lage, als integriertes Dienstleistungsunternehmen zu funktionieren." (Behrends, 2000, S. 398) Und weiter heißt es: „Alle bekannten Nachteile dieser (tayloristischen – S.-N.) Arbeitsteilung treten im Krankenhaus in besonders anschaulicher Weise auf: Schnittstellenprobleme, Ressortegoismen, mangelhafte Kundenorientierung und wertschöpfungsmindernde Aktivitäten." (Behrends, 2000, S. 399) Schließlich: „Aber erst die patientenbezogene Sichtweise öffnet den Blick für doppelte, überflüssige oder unproduktive Leistungen (z.B. zu lange Wartezeiten, abgesetzte Operationen, übertriebene Diagnostik)." (ebd., S. 399) Wie allerdings, das wurde bereits vorgetragen, die qualitative Studie von Pöppel (2008) darlegen kann, sind z.B. Krankenhäuser trotz Leitbildentwicklungen weit davon entfernt, den Übergang vom Paternalismus zu einer philanthropischen Patientenzentrierung durch ein modernes, den wettbewerblichen Umweltanforderungen entsprechendes, organisationales Management der Strukturen und Prozesse abzubilden.

d) Strategisches Krankenhausmanagement zwischen Umwelt- und Ressourcenorientierung

Wenn argumentiert wird, die meisten Interessenkonflikte müssen organisatorisch als Strukturprobleme gelöst werden und nicht durch Moralisieren[327] (Smolka, 2006, S. 211), so trifft das nicht die hier betonte Bedeutung personaler Haltungsweisen.

---

[327] *Selbst-Bindungen*: Eine andere Figur im Mischbereich des Öffentlichen und Privaten ist die freiwillige Selbstbindung von Unternehmen oder ihren Verbänden. Die Initiative der Wahrnehmung quasi öffentlicher Aufgaben, d.h. von Aufgaben, die einen hohen öffentlichen Relevanzgehalt haben, geht hier selbstständig und freiwillig vom privaten Akteur aus. Er erkennt und anerkennt die öffentlich relevante Aufgabe. In der Regel handelt es sich um die Berücksichtigung externer sozialer Effekte des privat(wirtschaftlich)en Handelns. Das dergestalt aktive Unternehmen verhält sich damit partiell widmungswirtschaftlich, d.h., es stiftet sozialen Nutzen durch partielles Ausrichten des eigenen Handelns an die Interessen Dritter oder der Gemeinschaft insgesamt. Anknüpfungspunkte an soziale Stakeholder-Modelle (Hahn, 2005), die dergestalt auf der obersten Ebene einer Balanced Scorecard systematischen Eingang finden würden, sind hier ebenso denkbar wie Anknüpfungen an

Systemtheorie und Tiefenpsychologie: Systemtheoretisch ist es richtig, die Rahmenbedingungen der Akteure so zu spezifizieren, dass das Verhalten in gewünschter Weise gebahnt wird (Smolka, 2006, S. 218). Und dennoch muss gefragt werden, wie Individuen „innerlich" arbeiten, damit diese Wechselwirkung zur Umwelt (Scott, 2001, S. 179) überhaupt funktioniert.

Dazu benötigt eine Organisationsentwicklungstheorie[328] eine Theorie der inneren Arbeitsapparate[329] (Schulz-Nieswandt, 2006b, S. 167 ff.)[330]. Und

---

Theorien des Sozialkapitals (Schulz-Nieswandt u. a., 2006; Schulz-Nieswandt, 2006h; Euler, 2006; Marx, 2005). Der Referenzansatz, an den hier aber vor allem gedacht wird, ist „Corporate (Social) Citizenship" von Unternehmen (vgl. Art. „Corporate Citizenship" von Wendet, in Maelicke, 2007, S. 196 f.; Müller, 2007). Dazu ist die Diskussion ebenso breit wie kontrovers (Schrader, 2003; Laeis, 2005; Habisch, 2002; Habisch u. a., 2001; Wieland/Conradi, 2002; Weiss, 2002; speziell zu Banken: Fabisch, 2004, zu Kreditgenossenschaften: Roth, 2006).

[328] Neumann, 2005, zeigt differenzielle Wahrnehmungsmuster seitens der Nonprofit-Akteure gegenüber den sich wandelnden Umwelten auf.

[329] Die sich als intrapersonale psychische Apparate menschheitsgeschichtlich entwickelt haben: Als nämlich in Überwindung der bikameralen Hirnarbeitsweise (Jaynes, 1988, S. 109 ff.) es möglich wurde, innere Stimmen nicht als fremde (göttliche) Stimmen zu erkennen, sondern als die eigenen Reflexionen.

[330] *Intrapersonale Arbeitsapparate*: Eine der Quellen, neben der Bindungsforschung (Hopf, 2005; Heidbrink/Lück/Schmidtmann, 2009) und mit dieser auch Verknüpfungspunkte aufweisend, ist dabei das Werk von Erikson, der in der vorliegenden Arbeit ausführlicher zu Wort kommt. Denn das Konstrukt des Selbst, nun weitgehend identisch mit dem Ich, ist bei Erikson ein organisierendes Prinzip in der Persönlichkeitsentwicklung und damit in der umweltbezogenen Verhaltensgenese (vgl. auch Marsal, 2004, S. 83). So sehr diese Ich-Identität einerseits kulturell erzeugt und daher in den sozialen Prozess eingelassen ist, so stellt andererseits diese Reifung des Individuums die Voraussetzung für Solidarität und somit für gesellschaftliches Engagement der Personen dar. Insbesondere die Studien von Erik H. Erikson (1988) zum gelingenden Daseinsvollzug im Lebenszyklus haben herausarbeiten können, wie wichtig das Entwickeln und Entfalten einer Orientierung an der Generativität (als pro-soziale Orientierung und als am gemeinen Wohl orientiertes Verhalten) als Entwicklungsaufgabe ist, wenn Menschen ihre Personalität im sozialen Mitsein sinn- und aufgabenorientiert bis ins hohe Alter (ja bis in den Sterbensprozess hinein) realisieren wollen. Vor diesem entwicklungspsychologisch-anthropologischen Hintergrund ist dann auch erst die aristotelische Idee des *homo politicus* (vgl. *Nikomachische Ethik* I 5, VIII 14, IX 9 sowie in der *Politik* I 2 und III 6; vgl. auch Mertens, 2006, S. 13) aus zu verstehen.

Eine andere Quelle für eine Theorie der inneren Arbeitsapparate, die als generative Schemata systematisch entfaltet werden können, ist im Habitus-Konzept von Bourdieu (2005) zu finden: vgl. dazu Jäger, 2005. Es geht Bourdieu gegenüber einem verengten methodologischen Individualismus auch um die Erklärung der Prinzipien, nach denen Akteure überhaupt soziale Realität produzieren. Und diese Prinzipien sind sozialer Art, nicht individueller. Vgl. auch Bourdieu/Wacquant, 2006, S. 26 f. Die Kategorien, nach denen Akteure die Wirklichkeit produzieren, sind von den Akteuren selbst nicht produziert worden (ebd., S. 28). Ich nenne das die soziale Strukturierung des transzendentalen Subjekts – für manche Fachphilosophen weit-

dieser theoretische Rekurs lässt sich nicht als Moralisieren abtun (vgl. auch Parche-Kawik, 2003).

Smolka argumentiert selbst mit einer umweltorientierten Organisationsentwicklung in der vernetzt-kooperativen Versorgung alter Menschen, die sich rückkoppelt zu den internen Ressourcen. Ähnlich argumentiert Warnebier (2007). Gegenüber einer rein systemtheoretischen Ausrichtung der Organisationsberatung (Willke, 1992) „braucht der Organisationsberater eine mit der systemischen kompatible ichpsychologisch-psychoanalytische[331] Orientierung" (Fürstenau, 1992; zum Menschenbild der systemischen Therapie vgl. Moldzio, 2004a).

---

gehend eine Unmöglichkeit (nicht aber z. B. für Ricoeur: Mattern, 1996, S. 9 sowie S. 184 f.). Aber die Kategorien des transzendentalpragmatischen Subjekts sind soziale Kategorien, kulturelle Codes und soziale Normierungen (vgl. Bourdieu/Wacquant, S. 29 FN 20). Zur ähnlichen Position meinerseits vgl. Schulz-Nieswandt, 1997a. Wacquant spricht daher konsequent von einem „methodologischen Relationalismus" (ebd., S. 34 ff.). Insbesondere Schultheis (2007) arbeitet die ethnologischen Forschungswurzeln bei Bourdieu heraus. Epistemologisch unverständlich muss so die nun relevante These von Amrhein/Backes (2007) eingeschätzt werden, die Altersbildforschung sei bisher weitgehend psychologisiert worden. Der über Schroeter (2004a) vermittelte Bezug zu Foucault, der hier erwähnt wird, um zu argumentieren, es gebe auch gesellschaftliche Diskurse, ist kein Argument gegen die bisherige Forschung, die durchaus auch die Skripte der Wissenschaft und der gesellschaftlichen Bildproduktionen behandelt hat. Foucault unterscheidet die diskursiven Praktiken von den institutionellen Praktiken, die wiederum im Lichte der diskursiven Praktiken machtanalytisch zu verstehen sind. Aber – trotz aller Ablagerungen in Texturen etc. – Foucault denkt sich das diskursiv codierte Handeln, auch im institutionellen Setting, natürlich nur über inkorporierte Apparaturen, so dass hier der Anschluss gegeben ist zur eben referierten Kategorie des Habitus als generative Grammatik von Handlungsmustern. Foucaults eigene Studien zur Gouvernementalität legen das dar (vgl. insbesondere Bourdieu, 1974, S. 125 ff.). Wenn hier sehr positiv an Bourdieu angeschlossen wird, bedeutet dies nicht, ihm in jeder Hinsicht zu folgen: seine Heidegger-Rezeption ist mehr als fraglich. Vgl. dazu in Bittlingmayer u. a., 2002. Aber ähnlich unbeholfen wirken neuere Versuche der deutschen Alterssoziologie, Körper-Konzepte als Teil der sozialen Gerontologie aufzunehmen (vgl. etwa Backes, 2008). Hier fehlt die Tiefe der philosophischen Anthropologie; und die soziologische Dogmengeschichtsschreibung, die hier angedeutet wird, ist mehr als flüchtig und zeugt von fehlender Durchdringung.

[331] *Die* Psychoanalyse gibt es längst nicht mehr. Mertens (1997) kann die verschiedenen Strömungen, ihre Divergenzen, aber auch ihre Konvergenz- oder gar Integrationspotenziale differenziert darlegen. Dabei muss man nicht allen Akzentuierungen von Mertens folgen. Vgl. ferner Diem-Wille (2007) zu Freud, Klein und Bion.

aa) Transaktionalistische Sicht
der Organisationsentwicklung des Krankenhauses

An der thematischen Relevanz des Fragens nach optimaler Organisationsentwicklung im Krankenhaussektor ist nicht zu zweifeln. Und in diesem Übergangsgeschehen, das sich im Krankenhauswesen aktuell abzeichnet, sind die MitarbeiterInnen massiv belastet. Ein Bedarf an gekonnter Supervision zeichnet sich ab (Becker-Kontio u. a., 2004).

Strukturwandel des Krankenhaus(sektors): Der Krankenhaussektor befindet sich seit Langem, in den letzten zehn Jahren (infolge der GKV-Strukturgesetzgebung 2000, dem GMG 2003/2004 und nun dem GKV-Wettbewerbsstärkungsgesetz) im intensivierten, geradezu turbulenten Strukturwandel (Eiff, 2000; Franke, 2007).

Einschlägige Strukturprognosen[332] legen die Erwartung nahe, dass der stationäre und der ambulante Sektor in den nächsten Jahren einen nachhaltigen betriebsmorphologischen Wandel durchlaufen werden.

In der Tat lassen die DRGs (vgl. zur bisherigen Bilanz Klauber/Robra/Schmidt, 2007) eine transparente Krankenhauskostenkomparatistik zu, die – falls der Sicherstellungsauftrag immer mehr auf die Kassen im Wettbewerb über geht – zu einem erleichterten kontraktmanagerialen Kündigungsrecht führen muss. Die Transaktionalistik zwischen Krankenhaus und einer sich (auch europarechtlich) zunehmend verändernden Umwelt gewinnt demnach an Intensität (vgl. auch Nagel/Wimmer, 2002, S. 95). Zu entsprechend spezifischen „Realitätseinschätzungen kommt man, wenn man Organisationen als sich selbst organisierende, soziale Systeme eigenen Typs versteht, die ihre spezielle Färbung aus ihrem Eingebundensein in größere gesellschaftliche Funktionszusammenhänge gewinnen" (Nagel/Wimmer, 2002, S. 95). Die Bedeutung strategischer Analyse steigt entsprechend.

Transaktionalismus und Stakeholder-Analyse: Warnebier (2007) nimmt Bezug auf die Theorie strategischer Fitness, die die internen und externen Faktoren in der Krankenhausentwicklung in Wechselwirkung modelliert. In dieser Analyse wird auf verschiedene Beiträge aus der Literatur (u. a. natürlich Porter, 2000) zurückgegriffen. Umfassende Konzepte der Marktorientierung werden diskutiert, sodann das Modell von Miles/Snow (1978) und daraus resultierende Analyseperspektiven.

Wichtig scheint es dabei zu sein, die Interdependenz mit den bisherigen prototypischen Strukturen der Macht (Lameyer, 2000) und den so kanalisierten krankenhausinternen Ablaufprozessen zu verstehen (vgl. auch Heil, 2007). Dabei wird die empirische Prototypik der Dreier-Führung (Verwal-

---

[332] Vgl. Ernst/Young, 2005; HVB, 2003; vgl. auch Klauber u. a., 2006.

II. Personale Haltung und soziale Praxis

tungsdirektion, medizinische Direktion, Pflegedirektion) aufzugreifen sein; vor allem die medizinische Dominanz der ärztlichen Direktion wird herausgestellt.

Wie entfaltet sich nun die Managementproblematik?[333] Bei der Statusquo-Analyse greift Warnebier Stakeholder-Perspektiven auf und analysiert Zielkonflikte, die aus der Situation der Versorgungsauftragsorientierung unter Wettbewerbsbedingungen resultieren (vgl. auch Schmola, 2008). Gerade dann, wenn Warnebier konstatiert, dass im Kontext der Tendenz zu immer mehr Wettbewerb der Staat eine Sicherstellungsfunktion aus Gründen der sozialstaatlichen Daseinsvorsorge nicht abgeben kann (vgl. Warnebier, 2007, S. 57 ff.), ist wiederum anzuknüpfen an die Analyse der Probleme einer solidarisch finanzierten Wettbewerbsordnung durch selektives Kontrahieren der Einzelkassen. Darauf ist später wieder zurückzukommen.

Die Relevanz interner Ressourcen-Orientierungen scheint für die unternehmerische Politik deutscher Krankenhäuser strategisch sehr bedeutungsvoll zu sein. Aus der Organisationsforschung[334] weiß man um die Relevanz der komplexen Lernprozesse, die notwendig sind, um Unternehmen an veränderte Umwelten anzupassen.[335] Insbesondere die Personalführung[336] und die sich daran anschließenden Kommunikationsprozesse stehen im Mittelpunkt. In der Literatur wird immer wieder berichtet, wie schwer es die Unternehmen mit Versorgungsauftrag haben, die komplizierten Wandlungsprozesse erfolgreich zu managen. Für die Sozialwirtschaftslehre (Wendt, 2002; Wöhrle, 2005; Bödege-Wolf/Schellberg, 2005.) sind zwei Zielräume zu unterscheiden: die Sachziele und die Formalziele.[337] Die vorliegende Analyse geht im Lichte der vorangestellten anthropologischen Bezugspunkte von ei-

---

[333] Eine exzellente Analyse einer strategischen Krankenhausführung, die sich komplex stakeholderorientiert im Rahmen einer Balance Scorecard-Politik entfaltet, ist die von Braun von Reinersdorff, 2007.

[334] Die insgesamt das gleiche Spektrum an Theorienlandschaft aufweist wie die Sozialwissenschaften: Weik/Lang, 2005.

[335] Friedrich (2001) verknüpft Ökonomie, Sozialmanagement mit Professionalität und Ethos mit Blick auf die Soziale Arbeit im Markt.

[336] Dabei spielt auch das Alter der Beschäftigten im Personalsektor eine Rolle.

[337] *Morphologie und Stakeholder-Ansatz*: Verschiedene, einzeln bereits eingeführte und genutzte betriebswirtschaftliche Kategorien sind komplex zu verknüpfen. Meine Morphologie, die die topografischen Bewegungen der Gebilde im Mehr-Sektoren-Modell auch in sinn-und verhaltenstransformativer Weise einschließt, hat den Vorteil, gerade auch mit Blick auf die soziale Produktionsfunktion der Gebilde („Dienst am Menschen") einerseits also teleologisch zwar komplexe Stakeholderorientierungen und auch politisches Balanced Scorecard-Denken multidimensional orientierter Unternehmen zu erfassen, andererseits aber auch zuzugestehen, dass der Marktbezug und entsprechende rechtliche Regimefragen in der Interdependenz der Sektoren anzuerkennen sind.

ner zwingenden Sachzieldominanz aus. Formalziele sind zwar keine reinen Nebenbedingungen, sondern weisen ebenfalls Zielcharakter auf. Aber es handelt sich um zweitrangige, logisch nachgeordnete Sekundärziele.[338] In-

---

[338] *Wandlungen der Sozialwirtschaftslehre*: Einige Überlegungen, die die Sozialwirtschaftslehre betreffen, dürfen nochmals gebündelt werden. Im Zentrum des deutschen Steuerungsregimes – also im Kontext öffentlicher und öffentlich-rechtlicher Finanzierung und Steuerung privater („for profit"- und „not-for-profit"-orientierter) Leistungsanbieter – steht die Erfüllung der sozialrechtlich definierten Versorgungsaufträge. Diese sind in der Regel populations- und indikationsbezogen definiert, *in praxi* aber immer als Deckung individuellen Bedarfs zu verstehen. Versorgungsaufträge sind daher immer Elemente einer individualisierten Sorgearbeit an Seele und Körper konkreter Personen, auf die hin die Arbeit „zentriert" sein soll (z. B. als „Patientenzentriertheit": Cassier-Woidasky, 2007, S. 403 ff.). In vielen Kontexten sozialer Dienstleistungen zeigt sich aber sehr schnell, dass sich der Versorgungsauftrag „Stakeholder"-orientiert nicht auf die „Patienten" oder auf das sozialrechtlich unmittelbar definierte Klientel reduzieren lässt: In der Regel ist die – in vielfacher Perspektive relevante – Einbeziehung der Angehörigen (Hedtke-Becker/Hoevels/ Schwab, 2003) und der sozialen Netze insgesamt von ebenso dringlicher Art. Die Qualitätsdebatte im Bereich sozialer Dienstleistungen ist zunehmend outcomesorientiert: Es geht um die Messung nicht nur der harten klinischen Parameter, sondern der Lebensqualität und der Zufriedenheit der betroffenen Personenkreise, der Nutzerkreise und der involvierten Netzwerkkreise. Strategisch liegt hier auch eine zentrale zukunftsbezogene Handlungslogik begründet: Sozialunternehmen müssen im Wettbewerb bei den Kostenträgern outcomeorientierte Kennziffern (Pfaff u. a., 2004) im Kontraktmanagement (Ruflin, 2006) entwickeln und integrieren, also ergebnisorientiert optimale Strukturen und Prozesse der Leistungserstellung definieren und in die Vertragsverhandlungen einbauen. Umgekehrt muss der gewährleistende öffentliche oder öffentlich-rechtliche Kostenträger entregulierte Freiräume für derartig innovative, durch sozialunternehmerische Expertise generierte Produktentwicklungen vorsehen. Auf ein derartig zielorientiertes, dialogisches Kontraktmanagement ist nochmals zurückzukommen. Sozialunternehmen müssen schließlich ihre eigenen Ressourcen, insbesondere das eigene Humanvermögen des Personals „Stakeholder"-orientiert begreifen. Die Nachhaltigkeit der betrieblichen Wertschöpfung, ja die zukunftsbezogene innovative Passungssuche zur dynamisch sich verändernden Umwelt bedarf der einbeziehenden und zu fördernden Pflege der unternehmensinternen Ressourcen. Sozialunternehmen sind „sozial" (soziale Unternehmen), weil sie an dominanten Sachzielen orientiert sind. Aber sie sind in dieser Weise eben auch Unternehmen. Sie sind marktbezogen, dem Wettbewerb ausgesetzt, können als Grenzanbieter aus dem Markt scheiden, können also „scheitern". Letztendlich gibt es klare Liquiditätsgebote. Aber in dynamischer Perspektive geht es um komplexere formale Kennziffern betrieblicher Art. Gemeinwirtschaftlich gesehen geht es um Fragen der Gewinnerzielung, die im Dienste der optimalen Erfüllung der dominanten Sachziele verwendet werden. Nicht die Gewinnerzielung, sondern die Gewinnverwendung ist entscheidend. Es ist wohl zu konstatieren, dass die Steuerfreigemeinnützigkeit, die europarechtlich zunehmend problematisch wird (Nowak, 2007; Helios, 2005), gerade im Lichte der Spielräume strategischen Managements keine Hilfe, sondern eher eine Restriktion darstellen mag (vgl. auch Meyer, 2008, hinsichtlich der grundsätzlichen Legitimationsproblematik am Beispiel der korporatistischen Kinder- und Jugendhilfe), welche mit Blick auf die Notwendigkeit strategischen Managements in Verbindung mit der Bildung von Reinvestitionsfonds die freie Wohlfahrtspflege

II. Personale Haltung und soziale Praxis

sofern mündet die Bedeutung der Komplexitätsbewältigung in einen integrativen Ansatz. Dieser wird vom Warnebier quasi als Empfehlung an deutsche Krankenhäuser positioniert. Dafür wird an Arbeiten von Mintzberg (1990), vor allem von Al-Laham (2002) angeknüpft. Die Hypothesen, die den Einfluss externer Faktoren auf die operativen und strategischen Handlungen/Orientierungen der Krankenhäuser sowie die mediatisierende Bedeutung interner Faktoren betonen, konnten von Warnebier empirisch bestätigt werden.

Die Literatur, insgesamt betrachtet, führt mich dazu, die Relevanz eines transaktionalistischen Modells (Institution-Umwelt-Wechselwirkung) zu bestätigen.[339] Dabei denke ich an eine weitgehende Synthese von Dimensionen der verschiedenen Strömungen in der Theorie strategischen Managements, wie sie bei Mintzberg/Ahlstarnd/Lampel (2004) dargelegt sind. Unternehmenswandel als analytisch-konzeptionell fundierten Prozess zu defi-

---

selbst zunehmend problematisiert. Dies kann gerade unter dem Gesichtspunkt der strategischen Investition in transsektorale Leistungsprozesse, auch in das Sozialgesetzbuch übergreifender Weise, zukunftsbezogen demonstriert werden. Zur Frage der Diskriminierung ausländischer steuerfreigemeinnütziger Unternehmen in Deutschland im Zusammenhang mit dem Stauffer-Urteil vgl. Hippel, 2006.

[339] *Transaktionalismus betrieblicher Organisationen*: Den Transaktionalismus habe ich bislang weitgehend anthropologisch und sozialpolitiktheoretisch dargelegt. Er spielt auch für die betriebliche Ebene meiner Mehr-Ebenen-Analyse eine große Rolle. Es geht insgesamt um die sich wandelnden Umwelten betrieblicher Organisationen im bundesdeutschen Gesundheitswesen. Dabei konzentriert sich die Analyse auf das sozialrechtliche Dreiecksgeschehen zwischen den öffentlich-rechtlichen Kassen der gesetzlichen Krankenversicherung (GKV), den Versicherten als Akteuren innerhalb von Haushaltsbetrieben und den Leistungsanbietern. Diese können sich in öffentlichen, privaten und freien (gemeinwirtschaftlichen) Trägerschaften befinden. Somit kommen sowohl For-profit- als auch Not-for-profit-Zielsetzungen zur Wirkung. Insgesamt handelt es sich unternehmenspolitisch jedoch angesichts der Einbindung in das öffentlich-rechtliche und sozialrechtliche Leistungsgeschehen stakeholderorientiert nur um unterschiedliche Akzentuierungen der Formalziele angesichts der Dominanz der Sachziele. Die sich wandelnden Umwelten der betrieblichen Organisationen sind vorwiegend rechtliche Regimeentwicklungen. In der vorliegenden Analyse stehen die Verflechtungen zwischen Europarecht und nationalem Sozialrecht im Vordergrund. Hinsichtlich der Frage der ökonomischen Steuerungslogiken transportieren diese sich wandelnden rechtlichen Umwelten vor allem Tendenzen der Marktöffnung und der Wettbewerbsorientierung. Die hier nun interessierende Frage ist die nach den Interaktionen (Transaktionalismus) zwischen Umwelt und Organisation (demonstriert am Beispiel der Organisationen der Behindertenhilfe zwischen Europarecht, neuer Steuerung und Empowerment: Schulz-Nieswandt, 2007). Die transaktionalistische Perspektive ist in breiten Theoriestömungen innerhalb der Organisationsforschung dominant. Wie reagieren Organisationen als nicht-triviale Maschinen auf veränderte Umwelten? Wie absorbieren und verarbeiten Organisationen strategisch und letztlich auch mit Blick auf ihre internen Ablaufprozesse und unter Berücksichtigung der eigenen Ressourcenaufstellung systemisch diese exogenen Wirkkräfte?

nieren, dürfte in der Tat zu planerisch-formal sein; dagegen spielen vorausgreifende Visionen, mentale Konstruktionen und die Arbeit an ihrem Wandel als Lernprozesse, aber auch Macht-bezogene Verhandlungskulturen und die Kenntnisnahme, aber wiederum auch die Arbeit an der Kultur als System kollektiv geteilter Normen und Werte, und alles zusammen als Rekonfiguration mit Blick auf sich verändernde Umwelten sicherlich eine Rolle und machen ein synthetisierbares Perspektivenspektrum aus.

So müssen im Anschluss hieran die konkreten krankenhauspolitischen Folgen evident werden. Die Probleme der Organisations- und Personalentwicklung gerade angesichts des Wechselspiels von Umweltentwicklungen und internen Ressourcen sind und bleiben von zentraler und grundlegender Bedeutung.

Diese Organisationsentwicklung entzündet sich an der Dynamik der Umweltveränderungen von Sozialunternehmen, die immer mehr in einem marktorientierten Wettbewerbsumfeld agieren und ein optimales Passungsverhältnis zu dieser sich wandelnden Umwelt finden müssen, indem mit den eigenen Ressourcen eine entsprechende Organisationsentwicklung eingeleitet werden muss (vgl. am Beispiel der Umsetzung des persönlichen Budgets; Göltz, 2008).[340]

Change Management: Transaktionalismus bedeutet hier das als Wechselwirkung zu verstehende Verhältnis exogener Herausforderungen und interner Bewältigungsressourcen (vgl. A. Woehrle: Art. „Change Management", in Maelicke, 2007, S. 182 ff.).

Eine (auch Marketing-orientierte[341]) Beobachtung allein der Umweltzustände und eine daraus abgeleitete Marktorientierung reicht jedoch nicht hin. Es geht vielmehr um passungsfähiges Change Management (Brinkmann, 2006; Stolzenberg/Heberle, 2006)[342]. Im Zentrum steht hierbei eine unternehmensphilosophisch (K. Grunwald: Art. „Unternehmensphilosophie", in Maelicke, 2007, S. 1041 ff.) orientierte endogene Kulturentwicklung des Sozialunternehmens, wobei die Frage der Personalentwicklung im Vordergrund stehen wird (vgl. auch Schieche, 2008). An sich geht es um die Fortentwicklung von Angebotsstrukturen und der darin zur Wirkung kommen-

---

[340] Zur Perspektive der hier relevanten systemischen Organisationsberatung vgl. Königswieser/Hillebrand, 2005. Vgl. ferner Tomaschek, 2006 sowie Baumgartner, 2006. Zur „Choreografie der Veränderungsprozesse" vgl. insbesondere Hochreiter, 2006.

[341] Vgl. etwa Sen, 2006. Zum bedarfswirtschaftlichen Marketing öffentlicher Unternehmen vgl. Stauss, 1987. Zum Sozialmarketing als Stakeholder-Management vgl. Ruck/Noll/Bornholdt, 2006.

[342] In Verbindung zur Sozialkapitaltheorie: Matiaske, 1999; ferner ebenso Lies, 2003.

den Modalitäten der Erbringung sozialer Dienstleistungen für und mit den (nachfragenden, der kompetenzzentrierten Hilfestrukturen bedürftigen [vgl. am Beispiel der Umsetzung des persönlichen Budgets: Göltz, 2008; am Beispiel des persönlichen Budgets in Werkstätten für behinderte Menschen: Böhler, 2009] Menschen und ihren Netzwerken[343]. Vor dem Hintergrund des von ihm konstatierten immer noch bestehenden Mangels an empirischer Forschung zur Methode der individuellen Hilfeplanung (dort allerdings im Gebiet des KJHG) fordert auch Schwabe (2008) die Passungsfähigkeit der „Einstellungen, Haltungen und Konstruktionen" der professionellen Kräfte ein und argumentiert gegen „ungeübte, machtorientierte und ressentimentgeladene KollegInnen" (ebd., S. 9). Das Problem muss mich aus der Sicht einer Care-Ethik der Achtsamkeit (Conradi, 2008; Niehoff, 2008) lösen, denn einen Vertragscharakter hat diese kommunikative Geschehensordnung intersubjektiv nicht[344], auch wenn die neuere kundenorientierte „Philosophie" der individuellen Hilfeplanung die gemeinsame Strukturierungsarbeit zielvereinbarungsökonomisch so interpretiert. Hierbei resultieren eindeutige Weiterbildungsanforderungen für die Personalentwicklung (vgl. auch in Hähner u.a., 2005).

Das Problem besteht nun aber darin, dass die Zielfunktion von Sozialunternehmen komplex und konfliktbeladen ist. In einer obersten abstrakten Ebene der Balanced Scorecard-Betrachtung[345] (K. Grunwald/U. Lapp: Art. „Balanced Scorecard [BSC]", in Maelicke, 2007, S. 80 ff.)[346] wird dies deutlich (vgl. auch Nagel/Wimmer, 2002, S. 316 ff.)[347].

Soweit zunächst meine sozialunternehmenswirtschaftlichen Überlegungen. Ein weiterer Bezugsrahmen der gesamten Problematik des Strukturwandels des Gesundheitswesens ist zu definieren: die Alterung. Transaktionalistisch gesehen ist diese Dimension Teil der Umwelt der sozialwirtschaftlichen Unternehmen. Die Perspektiven sind nochmals im 5. Altenbericht der Bundes-

---

[343] Netzwerkforschung in der Gesundheitswissenschaft ist ein klassisches Feld. Vgl. u.a. Keupp/Röhrle, 1987 oder Badura, 1981.

[344] In der Literatur wird das Kundenmodell unterschieden von Modellen des Empowerments, der Regieassistenz, des selbstbestimmten Lebens, der Selbstvertretung (self advocacy), der Wahlmöglichkeiten und des Trialogs. Vgl. Hähner u.a., 2006. Ob diese Modell-Systematik hinreichend analytisch trennscharf ist, kann kontrovers bleiben. Auch dürften in der sozialen Wirklichkeit Mischformen auftreten.

[345] Zur Anwendung in einer sozialpsychiatrischen Poliklinik vgl. Wichelhaus/Ziegenbein/Elgeti, 2008.

[346] Vgl. Ahn, 2003; Fischbach/Spitaler, 2004; Friedag, 2005; Kortus-Schultes, 2003; Reisner, 2003; Scherer/Alt, 2002. Schließlich Brüggemann, 2007.

[347] Ebenfalls relevant ist das Excellence Modell der EFQM (European Foundation of Quality Management): vgl. Nagel/Wimmer, 2002, S. 328 ff. sowie: Art. „EDQM" von Grundwald, in Maelicke, 2007, S. 273 ff. Zum TQM vgl. Art. „Total Quality Management (TQM)" von Grundwald, in Maelicke, 2007, S. 1023 ff.

regierung skizziert worden (BMFSFJ, 2006[348]).[349] Dieser gerontologische Bezugsrahmen ist notwendig, ist doch der Angebotswandel erst im Lichte des bedarfs- und bedürfnisabhängigen Nachfragewandels angemessen zu klären.

bb) Der öffentliche Non-Profit-Sektor zwischen Anreiz-Regime und intrinsischer Motivation

Steuerungsfragen[350] öffentlichen Wirtschaftens[351] – Fragen des ökonomischen und rechtlichen Umfeldes des öffentlichen Wirtschaftens wie auch Fragen der unternehmensinternen Steuerung[352] – sind in den Debatten der öffentlichen Wirtschaft[353] zentral. Sie bieten im vorliegenden Kontext eine erkenntnisreiche Analogie. Darum geht es nun.

---

[348] Vgl. auch die dazu gehörigen Expertisen: DZA, 2006–2006f.

[349] Es soll keine Diskussion über die Altenberichterstattung als Instrument (Adolph, 2002) oder der Sozialberichterstattung (Krüger/Rauschenbach/Sander, 2007 sowie Mardorf, 2006) insgesamt vorgenommen werden.

[350] Dazu vgl. auch Schulz-Nieswandt (2008b) mit umfassender Literaturdarlegung. Vgl. jedoch auch Brink/Tiberius, 2005.

[351] Ich beginne die Problemdarlegung mit dem Sektor des öffentlichen Wirtschaftens im eigentlichen und engeren Sinne, verallgemeinere dann die Befunde und Perspektiven auf den hier interessierenden Sozialsektor insgesamt.

[352] Insbesondere auch im Spannungsfeld von öffentlicher Trägerschaft und dem Management ausgelagerter Unternehmungen in privatrechtlicher Form.

[353] *Renaissance öffentlichen Wirtschaftens? Und wenn ja, was meint das?* Renaissance kann nicht einfach als authentische Replizierung älterer Strukturen verstanden werden. Dazu haben zu viele Wandlungen des Sektors stattgefunden. Auf welche Formen zielt also eine (gestaltveränderte) Wiedergeburt ab? Wenn Giorgio Vasari 1550 den Begriff benutzte, um die Überwindung der mittelalterlichen Kunst zu bezeichnen, dann stellt sich parallel die Frage, wohin wendet sich der Stil (hier des Wirtschaftens) nach Überwindung der Zwischenepoche (meint diese Entstaatlichung, Privatisierung, Liberalisierung? Aber auch PPPs, neue Kooperationsformen, Gewährleistungs-Staatlichkeit, neue Steuerung etc.? – Vgl. differenziert und kritisch: Crouch, 2008, S. 101 ff.). In der Kunstgeschichte bedeutet die Überwindung der Zwischenepoche ein Zurück zum Altertum. Aber ungebrochen? Ohne Modifikation? Welche Deutungen/Interpretationen (Verständnisse) von der Antike gehen hierbei konstitutiv ein? Angewandt bzw. übertragen: Wie war öffentliches Wirtschaften vor der Liberalisierungs-, Entstaatlichungs- (etc.)-Epoche zu charakterisieren? War diese so effektiv und effizient, dass die Renaissance zu ihr zurückverweist? Oder geht es, geläutert durch die liberalen Effizienzdebatten, um neue Formen? Wie steht es um zeitgemäße Angebotspaletten? Wie steht es um die Modes of Design (die Kultur der Dienstleistungssysteme)? *Wandel des Gegenstandes in den letzten drei Dekaden:* Entscheidend ist die Erkenntnis, dass, wenn es dazu kommen sollte, nicht eine objektive Realität wiedergeboren wird, sondern ein Bild von einer Realität, in der rezeptionsgeschichtlich bereits Konstruktionen des Wünschenswerten eingehen. Renaissance bedeutet, theoretisch analysiert, ein konstruierender Blick auf eine Realität, die angesichts des Niedergangs der eigenen Epoche die sich anbahnende neue Zeit prägen soll. Kurzum: Um über eine Renaissance öffentlichen Wirt-

Governance: Governance (Benz, 2004) ist ein neuer Zentralbegriff geworden (differenziert nachdenkend darüber: Priddat, 2006; guter Überblick bei Schuppert, 2007[354]). Dabei macht es Sinn, einen weiten Begriff zu haben, der auch nicht nur die guten Formen des Regierens/Steuerns einschließt, sondern auch das „Räuberbandenproblem" mit erfassen vermag, in erster Linie analytisch und erst auf dieser Grundlage auch normativ auf Formen gemeinwohl-orientiertem Governance ausgerichtet ist und schließlich auf allen Ebenen (Makro-, Meso- und Mikroebene) nutzbar erscheint. Governance-Probleme sind in vielen Diskursen präsent. Das Thema ist wohl Teil eines umfassenden sozialen Wandels, in dem die Suche nach neuen Formen der Steuerung sozialer Systeme auf verschiedensten Ebenen eingelassen ist. Vermehrte und vertiefte Transparenzbedürfnisse hinsichtlich der privaten wie auch der öffentlichen Unternehmenswirtschaft[355] resultie-

---

schaftens zu sprechen, muss rekonstruiert werden, wie sich die Epochen des Gegenstandes der letzten Jahrzehnte in ihrer Gestalt und in ihren Gestaltwandlungen charakterisieren lassen. Das wäre eine Aufgabe für Historiker.

[354] Mit weiteren Verweisen.

[355] *Intentionalität, Zweck- und Wertrationalität*. Hier ist ein allgemeiner anthropologischer Befund aufzugreifen. Intentionalität kennzeichnet menschliches Handeln, insbesondere dann, wenn spezifische Rationalitätsstandards erwartet werden. Das wiederum lässt sich nicht auf die übliche ökonomische Zweckrationalität (RGG, Bd. 8, Sp. 1931 f.) reduzieren. Auch Wertrationalität (vgl. auch Art. „Gesinnungsethik", in RGG, Bd. 3, Sp. 871 f.) folgt der Logik der Intentionalität. *Wert- und Strukturkonservatismus*: Gerade für das Management in öffentlichen Unternehmen oder Unternehmen im Dienste öffentlicher Aufgaben scheint es eine Kardinalfrage zu sein, ob es gelingt, einen aufgabenorientierten Wertkonservatismus (innere Bindung an den politisch gesetzten Zielen) mit Überwindung des Strukturkonservatismus zu verbinden, also durchaus umweltorientiert flexibel zu sein und modernen Erwartungen an Dienstleistungsmärkten gerecht zu werden. *Haltung*: Das dürfte, gesellschaftspädagogisch gesehen, im Kern eine Haltungsfrage des Managements sein. Haltungen sind auf das identitätsstiftende Selbstverständnis der Akteure bezogene personale Orientierungsmuster (vgl. auch Art. „Orientierungsmuster" von Bohnsack, in Bohnsack/Marotzki/Meuser, 2006, S. 132 f). Sie bringen die rollenbezogenen Handlungsmuster in Abhängigkeit von den Norm- und Werteorientierungen der Akteure. *Strategische Umweltoffenheit, organisationale Bewältigung und Aufgabenorientierung*: Die Darlegungen der Risiken einer solchen politischen Logik öffentlichen Wirtschaftens, die die ältere Theorie als Problem der Instrumentalfunktion öffentlicher Unternehmen thematisiert hat und die in der neueren Institutionenökonomie, insbesondere im Rahmen der Principal-Agent-Theorie verhaltenswissenschaftlich z.T. gründlicher (präziser), zugleich aber eben auch theoretisch verengter analysiert werden, stellen auf den Transaktionalismus ab, der das Governance-Thema fokussiert. Transaktionalismus meint die Wechselwirkung zwischen Organisation und ihrer Umwelt. Die Umwelt öffentlicher Unternehmen oder von Unternehmen im Dienste öffentlicher Aufgaben sind einerseits rechtliche Regulierungsregime angesichts von Marktbezogenheiten (funktioneller Unternehmensbegriff der EU-Rechtsprechung) oder gerade zur Durchsetzung von Marktbezogenheiten, andererseits politische Vorgaben und Erwartungen, die sich in Aufgabenorientierung nieder-

ren aus verschiedenen Entwicklungstrends: Einerseits bewirken zivilgesellschaftliche Kräfte im Kontext gesellschaftlicher Bedürfnisse über die soziale Einbettung des modernen Kapitalismus (der ja nicht leicht intellektuell auf den Begriff zu bringen ist: Sloterdijk, 2006) auch derartige Informationsbedürfnisse; damit sind in enger Weise verbraucherpolitische Bedeutungen[356] verknüpft. Dieses zivilgesellschaftliche Interesse konvergiert andererseits zur Binnenmarktdynamik, die vermehrt ein politisches Interesse – europarechtlich gerahmt – an Verbraucherinteressen (wohlfahrtsoptimale Preise[357], hohe Produktqualität etc.) – im Rahmen einer kompliziert ver-

---

schlagen. Diese exogene Definition der Rollensituation ist innovativ zu absorbieren von dem Management der Unternehmung, die sich hierbei hinsichtlich ihrer organisationalen Bewältigungskompetenz aufstellt. „Good Governance" verknüpft strategische ökonomische Handlungsqualität mit politischer Zieladäquanz und entsprechender werteorientierter Passungsfähigkeit.

[356] Dazu vgl. vor allem auch Kleinschmidt, 2006.

[357] *Affordabilty*: Distributive Aspekte werden selbst zur Basis effizienter allokativer Entscheidungen. Es soll das Problem jedoch nicht auf die Frage mangelnder Kaufkraft für Güter der sozialen Daseinsvorsorge reduziert werden. Dies käme einigen Argumentationslinien der EU-Kommission nahe, das Marktversagen im Bereich der DA(W)I auf das Affordability-Problem (finanzielle Zugänglichkeit, transportiert im Bild möglichst niedriger, theoretisch anspruchsvoller [wohlfahrtsökonomisch] formuliert: „wohlfahrtsoptimaler" Preise) zu reduzieren. Diese Sicht fokussiert sehr auf die Kritik öffentlicher Monopole, die – analog zu privaten Monopolen – schlicht überhöhte (politische) Preise (Cournot-Preise) behauptet. Dies wirkt zwar mit Blick auf Transparenz- und Verbraucherschutzdiskurse „betörend demokratisch" (so die Ausdrucksweise von Thiemeyer), weil bürgerfreundlich, reduziert aber das Problem der Daseinsvorsorge letztendlich auf das der Konsumentenrente, wobei mehr oder weniger explizit die alte Metaphysik der „wahren" Preise eines funktionierenden Marktes (und seien es, im Sinne der EU-Kommission, regulierte Quasi-Märkte, konstituiert durch einen obligatorischen Ausschreibungswettbewerb oder [die ganze Debatte ist hier nicht zu paraphrasieren] durch andere Wettbewergssurrogate) wieder betont wird. In einer Welt mit spezifisch öffentlichen Aufgaben gibt es aber keine marktessentialistischen „wahren" Preise. *Infrastruktureigenschaften der Daseinsvorsorge (beyond affordability)*: Gerade auch im Zusammenhang mit dem Problem der Gewährleistungsidee von DA(W)I wird evident, auf die Infrastrukturmerkmale der Daseinsvorsorge(güter) zu verweisen. Es geht um die Sicherstellung der Zugänglichkeit, der Verfügbarkeit, der Erreichbarkeit (sozialräumliche Dimension der Angebotssteuerung von Dienstleistungen) und der Akzeptabilität sowie des Bewusstwerdens (Awareness) im Sinne (des meritorischen Aspekts) der Präferenzbildung (sozialpsychische Dimension der Inanspruchnahme von Dienstleistungen). Diese Sichtweise spielt insbesondere auf der Ebene der Lokalitätsdebatte der Daseinsvorsorge eine große Rolle. Dienstleistungen mit Daseinsvorsorgecharakter beziehen sich (nicht nur im Fall der sog. Komplexleistungen etwa im Gesundheitswesen [Medizin, Rehabilitation, Pflege, komplementäre Dienstleistungen, Beratung etc.] als Integrationsprobleme sektoraler, funktionaler und professioneller sowie kostenträgerschaftlicher Art: vgl. exemplarisch mit Bezug auf die §§ 67, 68 SGB XII: Dragala, 2008) auf die Örtlichkeit der alltäglichen Daseinssorgearbeit der Menschen, haben hier ihren lebensweltlichen Fixpunkt und bedürfen daher einer sozialräumlichen Verdichtung. Inwie-

schlungenen Sozialmodell-Debatte (vgl. auch Herrmann, 2009; Puetter, 2009, S. 31 ff.) erwirkt.[358]

Gerade das öffentliche Wirtschaften (Mühlenkamp/Schulz-Nieswandt, 2008; vgl. auch Edeling/Stölting/Wagner, 2004), die Dienstleistungen von allgemeinem (wirtschaftlichem) Interesse (DA[W]I) insgesamt, stehen zunehmend (vgl. auch den Diskurstrendbericht von Fecher/Lévesque, 2008) im Fokus der Neuadjustierungen der Modalitäten der Verwirklichung öffentlicher Interessen.

Recht und Moral: Neben Fragen der Ausgestaltung der rechtlichen Rahmenbedingungen (Regelwerke) passt sich auch der moralisch-normative Diskurs – hier ist auch auf die Perspektive einer Governanceethik von Wieland (2007; dazu auch Priddat, 2006, S. 121 ff.) zu verweisen – in diesen Entwicklungskontext ein.

Stellen diese EU-Rechts- und EU-Politikentwicklungen, getragen und angetrieben durch die EU-Kommission und durch die Rechtsprechungen des EuGH[359], eine Praxis geteilter Kompetenz im Bereich der Daseinsvorsorge

---

weit sich hiervon mittlerweile Einrichtungen der kommunalen Wirtschaft (etwa die Sparkassen [zu deren ursprünglichen institutionellen Sinn: vgl. Peters, 2006, S. 79 ff.; zu verschiedenen Sinnschichten im Handeln vgl. Nohl, 2006, S. 8 ff.], aber auch die Kreditgenossenschaften) entfremdet haben, darf dahingestellt bleiben.

[358] *Dritter Sektor und „added values"*: So kann mit Blick auf binnenmarktkomplementäre Fragen der Entwicklung Europas als Sozialmodell die Funktion der vielfältigen Gebilde eines Mehr-Sektoren-Modells für den wirtschaftlichen und sozialen Zusammenhalt Europas betont werden. Im Dritten Sektor (Schulz-Nieswandt, 2008e) werden „added values" produziert. Lokale Entwicklungen sind nachhaltig von diesen Funktionalitäten geprägt (vgl. auch Albrecht, 2008). Die Analyse wäre hier anschlussfähig zu diversen Konzepten und empirischen Befunden in der Social capital-Forschung.

[359] *Binnenmarkt und Rechtsangleichungsdruck*: Auch wenn ich nun dies bereits mehrfach formuliert und dargelegt habe: Die auf Anpassung und Übereinstimmung hin zu gestaltende Lücke, die sich zwischen der Dynamik des Binnenmarktes einerseits und den nationalen Rechtssituationen und institutionellen Arrangements andererseits aufgetan hat, ist nun der Grund, warum und wie der Europäische Gerichtshof die Rechtsprechung nur in Form der (demokratietheoretisch strittigen) Rechtsschöpfung leisten kann: Er muss die Antwortskizzen liefern, wie die Lücken zu füllen sind. Insofern ist der EuGH zum Motor der Entwicklung in vielen Rechtsund damit in der Folge auch Lebensbereichen geworden. Das ist rechtswissenschaftlich und politisch strittig, resultiert aber aus dieser Entwicklungslücke zwischen wirtschaftlichem Integrationsgrad und sonstigen Integrationsstufen Europas in sozialer, politischer und kultureller Hinsicht und zwar angesichts eines nur begrenzt existierenden supranationalen Politiksystems der EU. Da die nationalen Regierungen von sich aus nicht die Lücke zu schließen bereit und geneigt sind, geht die Schließung von der supranationalen Ebene aus. Zur Ambivalenz zwischen inhaltlicher Relevanz und formaler Kompetenz(zuständigkeits)fraglichkeit des EuGH vgl. etwa am Beispiel des Gesundheitswesens Dettling, 2006.

(P. Herrmann: Art. „Daseinsvorsorge" in Maelicke, 2007, S. 212)[360] dar, indem nationale Praxis und EU-Recht auf Kompatibilität hin abgefragt werden müssen und stellen sie insofern, als Praxis einer geteilten Kompetenz, die Governance-Strukturen im europäischen Mehr-Ebenen-System[361] vertikaler und horizontaler Verschachtelungen selbst in den Vordergrund, so ist die Frage der unternehmensinternen Governance-Strukturen von eben diesem Transparenztrend eines europäisierten Wirtschafts- und Sozialraumes mitgetragen.

Es verschachteln sich also Governance-Entwicklungen in der unternehmerischen Umwelt mit den unternehmensinternen Organisationsentwicklungen: Auf der Makroebene geht es um den Diskurs des Gewährleistungsstaates[362]

---

[360] *Verständnisse von Daseinsvorsorge*: Vom Daseinsvorsorgeprinzip war schon mehrfach die Rede. Es wird Zeit, das Begriffsproblem etwas zu vertiefen. Vgl. auch Boysen/Neukirchen, 2007. Die Kontroverse um die (Begrifflichkeit von) Daseinsvorsorge ist in der Literatur mitunter eine exegetische Angelegenheit zu Forsthoff geworden (Kersten, 2006). Alles dreht sich um implizite Autoritarismusprobleme. Das greift aber zu kurz. Es geht nicht um Forsthoff; es geht um die Problematik (vgl. auch ertragreich klärend: Ringwald, 2007). Und insofern neige ich fast dazu, den vorwurfsvoll-kritisch eingebrachten Eindruck von Kemmerer (2007), Daseinsvorsorge sei ein existenzialphilosophischer Begriff (dazu auch einige Hinweise bei Kersten [2006, S. 544] mit Bezug u. a. auf Jaspers), positiv aufzugreifen und produktiv zu wenden. Natürlich geht es um die „Staatsbedürftigkeit" moderner Gesellschaft (eine Diagnose von Vogel [2007], die Kemmerer heftig attackiert; wesentlich differenzierter dagegen Kersten, 2007). Richtig ist, dass nun erst die eigentliche Aufgabe ansteht: Staatlichkeit zu definieren und morphologisch zu konkretisieren. Auch in Anlehnung an Rinken/Kellmer (2006, S. 17) ist der Kern der öffentlichen Daseinsvorsorge die „Sorge", die auf einem Allgemeininteresse beruht, das in den EG-Kontexten heute normativ anerkannt wird, vielleicht nicht auf dem Niveau eines Vertragszieles im Sinne von Art. 2 EGV, aber als Gemeinschaftsstrukturprinzip. Es handelt sich um einen Meilenstein auf dem Weg zur Formulierung eines europäischen Sozial- bzw. Gesellschaftsmodells. Fragen der Organisation dieser Sorge betreffen die Grundgüter der menschlichen Lebensführung. Und daher sollte, was das EG-Recht an sich auch anerkennt, die diesbezügliche historisch gewachsene Kultur der Länder wirksam werden. Die Kompetenzfrage bleibt, denn zuglich neigt die EU-Kommission dazu, die öffentlichen Aufgaben, nicht jedoch die Modalitäten ihrer Erledigung als für gegeben anzusehen. Und insofern taucht wiederum die Einsicht auf, dass national Sozialstaatlichkeit nur im Kontext europäischer Interdependenz zu entwickeln ist (Rinken/Kellmer, 2006, S. 22). Nochmals den richtigen, nur normativ falsch bewerteten Vorwurf aufgreifend, der Diskurs sei existenzialistisch: So wie ontologisch und anthropologisch *sum* vor *cogito* kommt, so das Gemeinwohl (*salus publica*) in einer Markt und Politik umfassenden *res publica*, so kommt das Gemeinwohl ex ante ins Spiel, nicht erst als Summe der individuellen Nutzenkalküle oder als fremdartige Ergänzung dort, wo das individuelle Nutzenstreben versagt.

[361] Vgl. auch Leuffen, 2007. Vgl. auch Plecher-Hochstrasser, 2006 sowie (mit Bezug auf die Alterssicherung) Sommer, 2008.

[362] *Gewährleistung und Konstruktion eines mehrdimensionalen Evaluationsraumes*: Notwendig ist (mit Blick auf das redundant anmutende Thema der Gewährleis-

II. Personale Haltung und soziale Praxis

(Franzius, 2007). Insbesondere das EU-Recht, hier – binnenmarktzentriert – das Wettbewerbs-, Beihilfe- und Vergaberecht[363] der EU, aber auch endogene Modernisierungsprozesse treiben eine Neuausrichtung der Art und Weise der Wahrnehmung/Erfüllung öffentlicher Aufgaben voran. Die Kontroversen drehen sich um die Fragen eines obligatorischen Ausschreibungswettbewerbs, um Fragen alternativer Wettbewerbssurrogate sowie um Fragen der verbleibenden Spielräume für ein Inhouse-Prinzip[364] (insbesondere im Kontext der kommunalen Selbstverwaltungswirtschaft[365]; zu verweisen wäre auf die alten munizipalsozialistischen Traditionen: Kühl, 2005; Ambrosius, 1984, S. 22 und S. 40). Auf der Mesoebene handelt es um Corporate Governance. Auf der Mikroebene dreht es sich um neue Modalitäten der Mikropolitik (Neuberger, 2006), d. h. um das Konfliktmanagement und

---

tungsstaatlichkeit) eine konstruktivistische Sichtweise, die eine gewisse kulturwissenschaftliche Perspektivität in die Ökonomie einführt und die die Konzepte ökonomischer Rationalität von vorgängigen kulturellen Codes und sozialen Normierungen abhängig macht. Sie ist von entscheidender Bedeutung für die Definitionen, die die Gewährleistungsaufträge des politischen Systems ermöglichen. Der Diskurs des Gewährleistungsstaates, der die EU-Rechtsentwicklung immer mehr in Richtung auf Marktkonstituierung und Marktregulierung im Bereich der DA(W)I treibt bzw. integrierter Teil eben dieser Marktöffnung und Wettbewerbssteuerung der Dienstleistungserstellung ist, ist teleologisch offen gegenüber der Frage der vorgängig zu klärenden Kriterien: Soziale Zugangschancen, Qualität und Nachhaltigkeit, Transparenz, Verbraucherschutz und Bürgerorientierung, Diskriminierungsfreiheit und ökonomische Effizienzkonzepte (wobei die Bildung integrierter Preis-Qualitäts-Beurteilungs- bzw. Messkonzepte und die Zusammenhangsanalyse zwischen Struktur-, Prozess- und Ergebnisqualität ein besonderes Problem darstellen: Mühlenkamp, 2007, S. 710 f.) etc. konstituieren einen potenziell multidimensionalen Merkmalsraum der politischen Evaluation der Erstellungspraxis von Dienstleistungen.

[363] *Konzessionswesen und Vergaberecht*: Sormani-Bastian (2007) kann zeigen, dass das deutsche Gesundheitswesen gemäß SGB V, aber auch andere SGB-Bereiche, nicht unter das europäische Vergaberecht fällt (fallen), da weitgehend – terminologisch problematisch – Konzessionsmodelle praktiziert werden. Allerdings, das wird hier betont, ist das marktgeschlossene Zulassungsmodell der berufsständischen Organisationen der KVen ein Problem, sowohl auf der Basis der eigenen verfassungsrechtlichen Vorgaben im Zusammenhang mit Art. 12 GG als auch europarechtlich. Durch deutliche Veränderungen in der Steuerungslandschaft (etwa Wettbewerb durch Einkaufsmodelle der öffentlich-rechtlichen Kassen) können die Systeme aber in Konstellationen hineinwachsen, die eine Rechtsrelevanz des EU-Vergaberechts induzieren mögen (Sichert, 2007). Zur rechtlichen Behandlung der Dienstleistungskonzessionen im Schnittbereich zum Vergaberecht und als Teil einer Privatisierungspolitik vgl. auch EU-rechtlich Ruhland, 2006.

[364] Vgl. auch dazu Panetta, 2007; Hardraht, 2006; Konstas, 2004; Müller, 2006 (zu Zweckverbänden). An gemischt-wirtschaftlichen Unternehmen der öffentlichen Hand hängt aus Sicht der EU offensichtlich a priori ein „Beihilfeanfangsverdacht" (Koenig, 2006, S. 208).

[365] Vgl. die diesbezügliche Aspektvielfalt in der FS für Heiko Faber: Frank/Langrehr, 2007.

allgemein um die Ablaufsteuerung auf der Ebene der – von sozialer Nähe gekennzeichneten – interpersonellen Interaktionen. Auf einer intrapersonalen Ebene geht es um die Selbst-Steuerung der Handlungsakteure, also um die Gouvernementalität (vor allem des Selbst-Managements), wie sie Michel Foucault forschungslogisch und gesellschaftskritisch entfaltet hat (Pfannkuchen, 2000, S. 64).[366]

Corporate Governance: Was meint nun Corporate Governance (vgl. A. Zobel: Art. „Corporate Governance", in Maelicke, 2007, S. 200 ff.)? Bedeutet das Hantieren mit diesem Konzeptbegriff nicht, altbekannte Zusammenhänge (alter Wein) in einem neuen Sprachspiel (neue Schläuche) zu präsentieren?

Mit Blick auf den Gegenstandsbereich der öffentlichen Unternehmen bzw. des öffentlichen Wirtschaftens wurden zentrale Fragen bereits in den 1970er und 1980er Jahren diskutiert, z. B.: Brauchen öffentliche Unternehmen Mitbestimmung? Brauchen öffentliche Unternehmen eine externe Kontrolle durch den Verbraucherschutz? Sind öffentliche Unternehmer immer die Vorbilder/Vorreiter betrieblicher Sozialpolitik[P]? Managementprobleme (etwa im Sinne verstärkter Kontrollbedürfnisse) – breit diskutiert im Kontext der Theorie der Instrumentalfunktion[367] – sind also klassische Problemthemen[368] auch in der öffentlichen Wirtschaft bzw. in der Non-for-

---

[366] *Pädagogisierung der Gesundheit*: Die Studie zur Eigenverantwortung als Kategorie des Verantwortungsdiskurses im Gesundheitswesen von Schmidt (2008) bringt die argumentativen Landschaften des Diskurses sehr strukturiert und nachvollziehbar zur Darstellung, doch fehlt es ihr an theoretischer Tiefe. Der Bezug zu dem zentralen Ansatz von Foucault fehlt, wenn man von der Zitation von Foucaults Schrift zum ärztlichen Blick absieht. Aber auch der Beitrag von Unterhaslberger (2008) zur Gesundheitspädagogik der gesundheitsbezogenen Selbsthilfeaktivitäten kommt, trotz eines Exkurses zur Ideengeschichte der Gesundheit als pädagogisches Aufgabenfeld seit der Aufklärung (ebd., S. 6 ff.), ohne jeden Bezug auf die Foucaultsche Forschung und die Foucault-Rezeption aus. Die solidarische Finanzierung der Krankenversorgungsindustrie hat (auch angesichts begrenzter Ressourcen) den Diskurs über die Mitverantwortung der Person für die konkrete Gesundheit gesteigert. Das Thema hat viele Facetten. Die „Pflicht zur Gesundheit" ist wohl eine der Gefahren, die der Diskurs hervorbringen kann. „Präventionsterror", als falsch, weil überzogen verstandene gemeinwohlorientierte Praxis der öffentlichen Sozialdisziplinierung der Lebensstile, der sozialen Verhaltenskontrolle und der moralischen Stigmatisierung der Normabweichungen haben eine anthropologische Grundproblematik schlicht vergessen: Das menschliche Leben ist keine reine Vernunfts-Ökonomie, es ist auch dionysisch angelegt und erhält angesichts der als solche auch bewussten Endlichkeit der menschlichen Existenz ein partielles, d.h. in die Waagschale zu werfendes Recht auf Ineffizienz, ein Recht auf Faulheit, ein Recht auf Alterität (Heteronomität) angesichts der Norm der Normalität. Zum Dualismus des Apollinischen und Dionysischen bei Bataille: Mattheus, 1984, S. 173, 141 f.

[367] Vgl. auch Thiemeyer, 1990.

Profit-Wirtschaft, in der sich heute das Thema des Corporate Governance intensiv entfaltet. Im Prinzip handelt es sich um klassische Fragen „Stakeholder"-orientierter (Bender, 2007) Unternehmenspolitik, die früher als „Kunst der Führung öffentlicher Unternehmen im marktwirtschaftlich geordneten Staat" diskutiert worden sind.[369] Das Governanceproblem wird heute im Lichte einer mehrstufigen Prinzipal-Agent-Relation definiert, die, durchaus in der älteren Tradition der Instrumentalfunktionstheorie stehend, die Governanceproblematik charakterisiert. Die komplexen Zielsysteme werfen zudem erhebliche Rollenambigutäten der Akteure auf. Daher muss um Gewichtungen in einem multiplen Zielsystem politisch gerungen werden. Ich betone daher die theoretische Sichtweise auf den politischen Raum, in dem öffentliche Unternehmen positioniert sind, als einen Raum vielfältiger Ansprüche (vgl. auch Dietrich/Struwe, 2006 sowie Lenk/Rottmann, 2007).

---

[368] *Krypto-Normativität, Neo-Normatismus, Ziel-Realismus*: Erneut will ich eine von mir bereits angesprochene, von mir allerdings als grundlegend definierte wissenschaftstheoretische Frage aufgreifen: Der gesamte Fragenkomplex von Governance ist ohne eine Inbeziehungsetzung zu Zielstrukturen des organisationalen Handelns gar nicht abzuhandeln. Es spiegelt eine analytisch-logische Prämisse, dass man über Effizienz, Optimalität und letztendlich über Effektivität überhaupt nur sprechen kann, wenn die Frage „In Bezug auf was?" vorabgeklärt ist (Das gilt ja volkswirtschaftlich [und hat die ganze wohlfahrtsökonomische Debatte ausgelöst], das gilt auch einzelwirtschaftlich [was in der Unternehmensmorphologie reflektiert wird.]). Das spiegelt eine lange wissenschaftstheoretische Kontroverse um den normativen Gehalt bzw. über die normativen Voraussetzungen effizienzzentrierter ökonomischer Wissenschaft, um Krypto-Normativismen zu überwinden. Im Fall von öffentlichen Unternehmen oder, funktionalistisch betrachtet, von Bewirtschaftung öffentlicher Dienstleistungen in verschiedenen institutionellen Arrangements wird dies unmittelbar evident. Folgt man dem europarechtlichen bzw. europapolitischen Sprachgebrauch, so ist bei derartigen Dienstleistungen (DA[W]I) das allgemeine Interesse zu bestimmen. Was sind die öffentlichen Aufgaben, auf die hin geklärt werden muss, in welchen institutionellen Arrangements die Leistungserstellung erfolgen soll? Diese Frage ist ein grundlegendes Thema einer bereits langen Theoriegeschichte, die hier nicht skizziert werden kann/soll. Wenn man nicht neo-normativistisch vorgehen will und eigene Ziele normativ setzt (entweder als Referenzen im Hypothesenstatus oder bekenntnismäßig), dann bietet es sich an, (exemplarisch) auf dokumentierte Bestimmungen (in Gesetze, Satzungen etc.) einzugehen (empirischer Ziel-Realismus). Zentrale Prämisse im Lichte der bekannten Leerformelhaftigkeit derartiger faktischer Normierungen kann es dabei sein, das *Produktive* derartiger Leerformeln zu verstehen: Bestimmungen öffentlicher Ziele müssen sehr allgemein gehalten werden, um im sozialen Wandel handlungsfähig zu bleiben, sie bieten aber immer einen diskursiv nutzbaren Referenzpunkt, um Mutationen, sinnverletzende, also zielkontraditorische Transformationen des Managements (Governancepraxis), als Konvergenz zu erwerbswirtschaftlichen Vergleichsgruppen (hierzu liegt einige empirische Literatur vor) offenzulegen und der öffentlichen Kritik zu unterziehen.

[369] Vgl. zum Governance von Non-Profit-Krankenhäusern auch Klink, 2007.

Nochmals Governance: Was ist unter Governance zu verstehen? Governance ist Ressourcensteuerung von wert- und normorientierten Akteuren in einem spezifischen institutionellen Setting. Es geht also um Entscheidungen über die Verwendung von Ressourcen in Abhängigkeit von Zielsystemen, die auf ihre normativen Orientierungen und wertbezogenen Grundlagen unter Effizienz- und Effektivitätskriterien hin relationiert werden müssen. Diese Definitionsannäherung an einen schwierigen und in der Literatur vielfältig behandelten Themenkreis hat den Vorteil, ökonomische Kernfragen (Effizienz und Effektivität) in einem breiteren kulturellen (Wertsystem und normative Orientierungssysteme) und institutionellen Kontext (Organstruktur, Entscheidungs- und Kontrollmechanismen etc.) zu diskutieren. Das ist passungsfähig zum Rückgriff auf die politikwissenschaftliche Systematik von polity, politics und policy.

Dienstgesinnung: Erinnert werden kann an die Position von Gerhard Weisser (1898–1989; vgl. auch Machura, 1994, S. 167)[370], der für das

---

[370] *Wissenschaftlichkeit und Praxisrelevanz ("Kölner Schule")*: Da gesellschaftspädagogische Fragen innerhalb der Sozialpolitik[W] wiederholt angesprochen worden sind, kann hier noch ein Seitenpfad dieser Problemsicht entfaltet werden. Von Weisser durchaus beeinflusst ist gerade auch die Kölner Richtung der Wirtschafts-, Berufs- und Sozialpädagogik (Twardy, Cox u.a.). Die Etikettierung als „Kölner" Arbeiten bringt spezifische Qualitätskriterien zum Ausdruck: Die Arbeiten sind wirtschaftspädagogisch einschlägig, haben objekttheoretisch also einen fachlichen Fokus, der diese Zuordnung auch legitimiert. Die Arbeiten sind immer auch zugleich wissenschaftstheoretisch reflektiert. Sie sind theoriegeleitet, empirisch gehaltvoll und grundlagenwissenschaftlich relevant, aber immer in ihrer anwendungsbezogenen Relevanz auf den Punkt bringend. Dies kann an der Dissertation von Sloane demonstriert werden. Die Dissertation „Theoretische und praktische Aspekte der Zielbestimmung" (Sloane, 1983) demonstriert diese klassische grundlagenwissenschaftliche Frage der Wirtschafts- und Sozialwissenschaften in ihren erkenntnistheoretischen Bezügen am Beispiel der pädagogischen Weiterbildung von nebenberuflichen Lehrkräften in der beruflichen Weiterbildung. Wirklichkeitswissenschaftliche Analyse und Beschreibung werden hier in pragmatischer Absicht rückgekoppelt zu erkenntnistheoretisch und wissenschaftstheoretisch grundlegenden Fragen der Wirklichkeitsgestaltung, dabei einen handlungssystematischen Bezug ausarbeitend. Die Arbeit bezieht Position, setzt sich dabei mit kontroversen Positionen zwischen dem „kritischen Rationalismus" einerseits und phänomenologischen sowie hermeneutischen Ansätzen andererseits auseinander, ein breites Spektrum von Theorien wie die von Myrdal oder Nohl und Bollnow (zu Bollnow vgl. auch Hamann, 2005, S. 16–18) etwa anführend. Insgesamt wird man die Arbeit als eine Auseinandersetzung mit den Möglichkeiten eines Neo-Normativismus innerhalb der empirischen Wissenschaften charakterisieren können. Ein Verbindungsstück zwischen dieser grundlagenwissenschaftlichen Ebene und dem objekttheoretischen Fragenkreis der beruflichen Weiterbildung ist die Didaktik und die Curriculumtheorie. Dazu dienen subtile begriffstaxonomische Untersuchungen und konzeptionelle Strukturierungen der Analyseschemata als Mehr-Ebenen-System. Die Habilitation „Modellversuchsforschung. Überlegungen zu einem wirtschaftspädagogischen Forschungsansatz" (Sloane, 1992) ist ebenso in einer solchen Tradition einer Mehr-Ebenen-Analyse-

II. Personale Haltung und soziale Praxis

Funktionieren öffentlichen Wirtschaftens bzw. gemeinwirtschaftlichen Handelns eine grundlegende Dienstgesinnung als funktional notwendig erachtete. Weisser (1964, S. 360) argumentierte: „Von demjenigen, der sich in freier Berufswahl in den Dienst öffentlicher Aufgaben stellt, muß erwartet werden, daß er diese Aufgaben innerlich bejaht und in ihnen den Sinn seiner beruflichen Tätigkeit sieht". Die spätere Literatur sprach von einer entsprechenden „Identitätskrise öffentlicher Manager"; und Katterle (1988) argumentierte, das zur Erwerbswirtschaftlichkeit konvergierende Verhalten des öffentlichen Managements erkläre sich aus einer neoklassischen[371] Sozialisation (wie sie vielfach im Studium der Wirtschaftswissenschaft angelegt ist [zur Selbstselektion der Führungskräfte vgl. auch Frey, 2000, S. 73 ff.], was wiederum an den Ergebnissen experimenteller Forschung ablesbar ist). Ist das alles eine altmodische („verstaubte") Kritik und Theorieorientierung? Empirische Studien zeigen, dass eine ausgeprägte „Serviceethik" durchaus im öffentlichen Sektor, signifikanter als im privaten Bereich des ökonomischen Handelns, möglich ist (Wittmer, 1991). Doch diese personalwirtschaftliche Komponente wird heute in der Governanceliteratur eher übersehen oder vernachlässigt (anders als früher: Siekmann, 1996). Intrinsische Motivation scheint jedoch unabdingbar zu sein (Frost, 2005, S. 260 f.).

Im Bereich der aktuellen Forschung zum Ethischen Management diskutiert man jedenfalls die Grundlagen eines werteorientierten Führungs-Kodex[372] (am Beispiel öffentlicher Unternehmen: Lenk/Rottmann, 2007).

Morphologisch hängt die normativ adäquate unternehmerische Zielverfolgung eben nicht nur von äußeren Strukturmerkmalen der Unternehmung ab (insbesondere von Fragen der Rechtsform), sondern auch von der Sinnbindung der verantwortlichen Akteure. Aus der Transformationsforschung (Kovergenz des Managementverhaltens gemeinwirtschaftlicher bzw. öffentlicher Unternehmen zum privat- und erwerbswirtschaftlichen Verhaltungs-

---

Schematik zu verstehen und setzt die neo-normative Position fort. Auch setzt er sich mit relevanten, anspruchsvollen Theorierichtungen, einerseits in der Organisationsentwicklung, andererseits in der interpretativen bzw. qualitativen Sozialforschung (Chomsky, Soeffner, Cicourel, Oevermann etc.) auseinander, legt also Positionsbestimmungen in Bezug auf Strukturalismus und Ethnomethodologie, subjektiver und objektiver Hermeneutik etc. dar.

[371] Zur neoklassischen Argumentation am Beispiel der Nachhaltigkeitsproblematik vgl. auch Holstein, 2003. Insgesamt ist eine deutlich verfeinerte methodologische Debatte zu verzeichnen: vgl. u.a. Männel, 2002; Reckling, 2002; Herrmann-Pillath, 2000; Reuter, 1996. Zum Verhältnis von Individuen, Institutionen und Märkten unter besonderer Berücksichtigung kognitionswissenschaftlicher Forschungsergebnisse vgl. Mantzavinos, 2007.

[372] Zu einer kulturwissenschaftlichen Perspektive auf die Problematik der Unternehmensverantwortung vgl. Beschorner u.a., 2006.

typus als soziale Bezugsgruppe: Katterle, 1988) sind diese Diskussionen bekannt[373] (zu verschiedenen Sinnorientierungsschichten im Handeln vgl. Nohl, 2006, S. 8 ff.).[374]

Insofern wirft die neuere Corporative Governance-Debatte die traditionsreiche Frage nach dem Verhältnis extrinsischer und intrinsischer Motivationsbedingungen zieladäquaten Verhaltens des Managements in der Unternehmungspolitik auf. Aus der neueren Institutionenökonomik (insbesondere aus der Prinzipal-Agenten-Theorie[375]), überhaupt aus einer Fülle human- und verhaltenswissenschaftlicher[376] Forschungen ist die Bedeutung anreiz-

---

[373] *Zweiseitige Konvergenzen?* Erneut ist das Problem der Dynamik zwischen Erwerbs- und Gemeinwirtschaft aufzugreifen. Während das Social Responsibility/Corporate Social Citizenship-Phänomen deutlich machen kann, wie erwerbswirtschaftliche Unternehmen sich explizit und intentional an der unmittelbaren Produktion gemeinwohlrelevanter Externalitäten beteiligen können (wobei die Marketing- und Reputationsfunktionsaspekte nicht im Widerspruch zum Befund stehen) und Formen stakeholderorientierter Widmungswirtschaft privater Träger zum Ausdruck bringen vermag, so bleibt das Hauptproblem die Konvergenz von der gemeinwirtschaftlichen Orientierung zur erwerbswirtschaftlichen Orientierung. Die öffentlich-rechtlichen Sparkassen können hierbei genauso ins Rampenlicht der Kritik gezogen werden wie das Fehlverhalten von Landesbanken. So wie große Teile der Öffentlichen Wirtschaft das Inhouse-Prinzip als Grundlage des verfassungsrechtlich verbürgten Prinzips der kommunalen Selbstverwaltungswirtschaft entgegen eines verengten Europarechts pflegen wollen, muss aber auch in der kommunalen Wirtschaft darauf geachtet werden, was unter unmittelbarer Daseinsvorsorge für die BürgerInnen im sozialen Raum verstanden werden muss (vgl. insgesamt auch Leder [2008], auch zur Idee der Wettbewerbs- bzw. Fiskalunternehmen: zum öffentlichen Wettbewerbsunternehmen vgl. vor allem auch Walendy, 2008).

[374] *Morphologische Transformationsdynamik*: Dies gilt auch für den Dritten Sektor. Um nun die dynamischen Trends in der topografischen Bewegung einzelner betrieblicher Gebilde darzulegen, muss die vektorielle Analytik flexibler Demarkationslinien verstanden werden. Solche Bewegungsvektoren bezeichnet die einerseits topografisch verschiebbare Grenzziehung zwischen informeller Netzwerklogik und professioneller formalisierter Organisationslogik: Einzelne soziale Selbsthilfegruppen z.B. sind selbstorganisierte Gebilde und arbeiten daher auf der Grundlage einer informellen Netzwerklogik. Von ihren Bundes- und Landesverbänden kann dies nicht gesagt werden. Sie folgen der Logik formalisierter Organisationen, die professionalisiert sind. Andererseits zieht diese systematische Analytik von Vektoren topografisch eine bewegliche Demarkationslinie zwischen gemeinwirtschaftlicher Orientierung des Handelns und erwerbswirtschaftlicher Orientierung des Handelns in den Raum ein.

[375] Vgl. Jost, 2001 sowie Alparslan, 2006.

[376] *Umwelt-Offenheit statt autistischer Solipsismus*: Ich behandel verhaltenswissenschaftliche Perspektiven immer im Horizont humanwissenschaftlicher Offenheit. Zum autistischen Solipsismus vgl. auch Mattheus, 1984, S. 321) des Cartesianismus vgl. auch Mertens, 1997, S. 38 ff. Stattdessen gilt: „Menschen handeln auf dem Hintergrund eines Netzwerks von Bedeutungen, wobei ihnen in der Regel nur ein Bruchteil dieser Bedeutungen bewußt ist." (ebd., S. 45) Die Wissenschaftsentwicklung spiegelt auch ein gutes Stück Neurotizismus der Forscher wider.

kompatibler Rahmenbedingungen für die Generierung, Stabilisierung und (korrigierende) Kanalisierung von (rationalem) Verhalten bekannt und empirisch gesichert. Aber die Insistenz auf diese Rahmenbedingungen bleibt ein epistemisch unvollständiger Zugang zum Verständnis sozialen Handelns (Brink/Eurich/Giersch, 2005).

Gesellschaftspädagogik der Haltung: Fragen der personalen Haltung (Schulz-Nieswandt, 1998e), der Einstellungen und Orientierungen der Akteure, Fragen der allgemeinen und beruflichen bzw. professionspolitischen Sozialisation, also insgesamt die sozialcharakterologisch-persönlichkeitspsychologischen Grundlagen des Managementverhaltens spielen differenziell in die Erfassung der empirischen Zusammenhänge hinein.

Gesellschaftspolitisch und gesellschaftspädagogisch kristallisiert sich die zentrale Frage nach der Rekrutierung sozial verantwortlicher Eliten[377]. Im Lichte der empirischen Befunde zur Rekrutierung der Managementelite muss über die These nachgedacht werden, dass die Besten nicht unbedingt immer die Richtigen sind (zur Elite der Führungskräfte in gemeinnützigen Organisationen empirisch Beher u.a., 2008). Es schließen sich Fragen an: Braucht es in diesen Zusammenhängen einen Kodex? Braucht es eine moralische Kodifizierung der Standards des Corporate Governance? Oder reichen die rechtlichen Regime, die bestehen, eigentlich aus? Ist ein Moralismus überhaupt wirksam? Und wenn, dann auch für alle öffentlichen und Non-for-profit-Unternehmen? Oder gelten Wirkungszusammenhänge u. U. nur für börsennotierte Privatunternehmen, bei denen sich eventuell Kapitalmarktreaktionen einstellen könnten? Damit ist im Kontext verhaltenswissenschaftlicher Diskurse über den funktionalen Wert von Wirtschaftsethik überhaupt die Frage aufgeworfen, ob es sich bei der moralischen Kodifizierung nur um einen wirkungslosen Symbolismus handelt?

Verhaltens- oder Humanwissenschaft?[378] Oder liegt gerade hier – im Symbolismus – eine bedeutsame Funktion verborgen? Kanalisiert eine solche symbolische Ordnung die öffentliche Kritik des Managerkapitalismus? Geht es nur um (folgenlose) Transparenzbedürfnisse? Oder geht von der Transparenz vielmehr doch ein verhaltenslenkender, gar sozialisatorischer Effekt (mittel- bis längerfristig) aus? Geht es um die Glaubwürdigkeit des Kapitalismus in verteilungspolitisch restriktiven Zeiten, in denen Neid-Komplexe[379] emergieren? Oder geht es gerade auch um die besondere ge-

---

[377] Vgl. Imbusch, 2007 sowie Imbusch/Rucht, 2007.
[378] *Handeln und Verhalten*: Es darf hier an die wichtige grundlagenwissenschaftliche Differenz zwischen Handeln und Verhalten erinnert werden. Vgl. auch Graumann, 1980. Vgl. ferner in Gephart, 1998, S. 39 ff. Sehr klärend: Bruder (1998), der den postmodernen Diskurs des Konstruktivismus gegen die Verhaltensforschung darlegt.

sellschaftliche Verantwortung, der sich öffentliche Träger des Wirtschaftens ausgesetzt sehen? Geht es im Kern um Korruption? Ist „public shaming" bei öffentlichen bzw. gemeinwirtschaftlichen Unternehmungen leichter generierbar? Geht es um die Rückgewinnung von Vertrauen? Also um einen „Markt der Reputation"? Oder geht es – eventuell sowohl als auch – primär um Effizienzsteigerungen? Wie sind die Zusammenhänge zwischen Transparenz, Vertrauen, Effizienz und Kontrolle theoretisch und empirisch überhaupt begreifbar? Kann es sein, dass erst der öffentliche Diskurs und die daraus resultierende Implementation einer moralischen Kodifizierung die bestehenden rechtlichen Regime verhaltenswirksam in die kognitiven Apparate der Akteure transportieren, also nachhaltig relevant werden lassen?

Die New Public Management-Literatur (G. Horcher: Art. „New Public Management" in Maelicke, 2007, S. 717) hat (Modellwelt-immanent) die relativen ökonomischen Vorteile einer verstärkten Marktöffnung und Wettbewerbsorientierung in der Erfüllung öffentlicher Aufträge aufgedeckt. Aber innerhalb des sozialen Systems der Unternehmung meint Governance eine Regimepraxis hierarchischer und/oder netzwerkartiger Steuerung.[380] Bedeuten Netzwerke dann immer Intransparenz und somit (u. a. mit Blick auf die Produktion und Akkumulation von sozialer Ungleichheit [Lüdicke/ Diewald, 2007] zu reflektierendes) „bad social capital" (vgl. auch Govers, 2006, S. 12)? Oder können die unternehmensinternen institutionellen Relationen (Geschäftsführung, Aufsichtsrat, Stakeholder etc.) nicht gerade durch das gezielte Zusammenspiel rechtlicher und moralischer Regime geordnet werden?

Unter dem Aspekt der „dark sides" werden die schmutzigen Seiten des Sozialkapitals in der Netzwerkforschung durchaus gesehen (vgl. auch Berg-

---

[379] *Homo mimeticus und Potlatsch*: In besonders kritischer Tradition stehend kann die Vergesellschaftung in der kapitalistischen Marktwirtschaft als grundlegende Verursachung sozialer Erosionen gesehen werden. Vor allem in Anlehnung an die Figur des *homo mimeticus* kann man den gesellschaftlich destruktiven Charakter der Warenproduktionsökonomie herausarbeiten. Das soziologisch implizite „mimetische Begehren" führt zu Prestige-Sucht und Neidkomplexen, produziert destruktive Imitationsketten und Demonstrationseffekte u. a. m., Effekte, die die Logik der Akkumulation des Kapitals in Gang halten, aber zu steigenden sozialen Kosten des Systems. Im Prinzip knüpft die Analyse an das kulturanthropologisch nahezu ubiquitäre *Potlatsch*-Phänomen (Art. „Potlatch", in RGG, Bd. 6, Sp. 1522 f.; vgl. auch Schulz-Nieswandt, 2001d) an. Davon zu unterscheiden ist die *eris*, die die *philia* im antiken Griechenland begleitete. Zum genossenschaftsförmigen risk pooling und sharing im Entwicklungskontext vgl. Rösner, 2008. Zur Kriegsgöttin Eris vgl. Art. „Eris" in Roscher, 1993, I.1, Sp. 1337 ff. Zu „Philia" in Roscher, 1993, III, 2, Sp. 2304 f.

[380] Zum diesbezüglichen Diskussionskreis (über die Theorie der Firma im engeren Sinne hinausgreifend) vgl. Edeling/Jann/Wagner, 2007. Kritisch zu Oliver Williamson: Fritz, 2005.

hoff/Sydow, 2007). Selbst dann, wenn zwei Akteure in ihrer Netzwerkbeziehung eine pareto-superiore Beziehung eingehen, kann dies auf Kosten dritter Akteure geschehen. Die netzwerkinterne Beziehung mag pareto-optimal sein: Bei Einbezug des Dritten liegt keine Pareto-Verbesserung der Gesamtsituation mehr vor. Das dürfte typisch für „bad clubs" sein.

Wenn gilt, dass $SWF = SWF(U_i) > 0$ für alle i, und $i = A, B, C$; dann reicht diese Pareto-Bedingung nicht für A und B, entscheidend ist der externe Effekt auf C:

$$SW = SW(U_A, U_B, U_C).$$

Die kritische Frage ist die nach

$$\partial SW = \partial SW(\partial U_C / \partial U_A, \partial U_B).$$

Zurück aus dem Exkurs und nun wiederum hinwendend zum Krankenhaussektor.

e) Der gerontologische Bezugsrahmen: Das höhere und das hohe Alter

Der Diskurs über das Alter (Schulz-Nieswandt, 2006b, S. 81 ff.; Saake, 2006; Kruse, A., 2007; Thieme [2008], jedoch nicht ohne faktenbezogene Fehler und theoretische Schwächen) ist nicht eindeutig, sondern mehrdeutig, mehrwertig, voller Widersprüche[381].

So hat Schroeter (2004) – ich komme im Schlusskapitel nochmals auf die humanistische (vgl. auch Art. „Humanismus", in RGG, Bd. 3, Sp. 1938 ff. sowie Art. „Humanismus/Humanismusforschung" in TRE, Bd. 15, S. 635 ff.) Gerontologie zurück – die Theorie des erfolgreichen und produktiven Alterns (Rowe/Kahn, 1998[382]) als *Doxa* (vgl. auch Art. „Doxologie", in RGG, Bd. 2, Sp. 962 ff.) der Gerontologie ideologiekritisch angegriffen. Und Schroeter schlussfolgert: „Doch im so genannten vierten oder fünften Alter stößt diese imperative Grammatik an ihre Grenzen" (Schroeter, 2004, S. 54).

Gerontologisches Credo: In der Tat liegt zunächst ein Problem[383] vor, das daraus resultiert, dass einerseits die Alternsforschung mit einer Fülle empirischen Materials darlegen konnte, dass das kalendarische Altern eben diese Alterungsprozesse und somit das Alter selbst in der Varianz und in

---

[381] So schon in der frühgriechischen Dichtung: vgl. Preisshofen, 1977.
[382] Baltes/Carstensen, 1996 sowie Baltes/Baltes, 1990.
[383] Zur generellen Hinterfragung einiger Grundlinien des modernen gerontologischen Forschens vgl. auch Amann/Kolland, 2007 sowie Erlinghausen/Hank, 2008.

seinen Phänotypen kaum erklären kann. Dies führt zur These der Irrelevanz der kalendarischen Ordnung. Andererseits konstatiert der Vierte Altersbericht (BMFSFJ, 2002) explizit die Besonderheit der Situation der „Hochaltrigen".

Mag die genaue Altersklassenfixierung hinsichtlich dieser (kontroversen, aber evidenten) Umkipp-Situation auch umstritten sein; ab ca. 80/85 Jahren scheint sich tendenziell eine besondere Altersgruppe herauszubilden. Die Varianz des Alters bleibt wohl bis weit ins höhere Alter erhalten, aber die besonderen Risikolagen und die spezifischen Vulnerabilitätsprofile werden offensichtlich (vgl. auch Menning, S., 2006). Insbesondere die hohen Prävalenzdaten für demenzielle Erkrankungen werden zum Thema (hierzu kann man auch auf die Daten der Gesundheitsberichterstattung des Bundes [www.gbe-bund.de] zurückgreifen). Kurzum: „Für den Vierten Altenbericht soll pragmatisch der Altersabschnitt von 80 bis 85 Jahren als der Beginn des hohen Alters definiert werden. Hierbei soll aber stets berücksichtigt werden, dass die hohe interindividuelle Unterschiedlichkeit zwischen älter werdenden Menschen alle chronologisch basierten Altersgrenzen fragwürdig macht: Es handelt sich hierbei keineswegs um eine Altersgrenze, ab der bestimmte Entwicklungen mit Gewissheit stattfinden. Zudem muß daran erinnert werden, dass aufgrund der Dynamik von Mortalität und Morbidität diese Altersgrenze in Zukunft höher liegen kann. Allerdings muss konstatiert werden, dass zurzeit die Wahrscheinlichkeit für Multimorbidität, Pflegebedürftigkeit und Demenz jenseits des 80. bis 85. Lebensjahrs deutlich ansteigt. Daher erscheint es sinnvoll, diese Altersgrenze in sozialpolitischer Perspektive in den Blick zu nehmen." (BMFSFJ, 2002, S. 54)[384]

Eine Schlussfolgerung wird sich dann ziehen lassen. Trotz der Kritik der herrschenden gerontologischen Lehre und vereinbar mit den Befunden zur Umkippsituation an dem 80. Lebensjahr (denn die Varianz des Alters bleibt auch im höheren Alter bestehen) gilt: Die Zunahme spezifischer Risikolagen und Vulnerabilitäten lässt immer noch viele Menschen über 80 Jahre in vielgestaltiger Art aktiv am gesellschaftlichen Leben teilnehmen (vgl. auch Robine/Jagger [2004] zur Kompressionsthese sowie Literatur in Kümpers [2008, S. 11]).

Diese Teilnahme muss auch in Zukunft gesichert und gefördert werden. Dann darf aber gesellschaftspolitisch mit Wahl/Heyl (2004) abschließend argumentiert werden: „Eine entscheidende Frage, die sich aus den Überlegungen zum Dritten versus Vierten Alter ergibt, ist jene nach der Verteilungsgerechtigkeit zwischen den Altersgruppen und den Generationen – wahrscheinlich eine der Schlüsselfragen der gesellschaftspolitischen Diskus-

---

[384] Zur Demenzversorgung in der stationären Altenhilfe vgl. die Studie zu Baden-Württemberg von Schäufele u. a., 2008.

sionen der kommenden Jahrzehnten in den meisten Industrieländern." (Wahl/Heyl, 2004, S. 54 f.)

Altersdiskurse: Wie wird überwiegend über das Alter und das Altern der Gesellschaft gesprochen? Der übliche Einstieg (oftmals[385] ökonomisch dominierter) wissenschaftlicher Diskurse zum Altern heute ist ein Diskurs über die demografischen Belastungen unter beschränkten makroökonomischen Rahmenbedingungen. Man kann auch von einer dramatisch inszenierten „Demografisierung" der Diskurse sprechen. Aus gerontologischer Perspektive[386] interessieren aber auch andere Dimensionen (Tesch-Römer/Kondratowitz, 2006). Die ganze Ambivalenz (zur Ambivalenz grundsätzlich, anthropologisch und psychologisch vgl. Otscheret, 1988; vgl. auch Lowenstein, 2007; am Beispiel des Wohnens [Metapher „Haus"] vgl. Hirsch, 2006) ist zu erschließen.

aa) Ambivalenz

Zunächst ist die übliche anti-stereotypische[387] Differenziertheit im Reden über das Alter einzufordern und empirisch in Erinnerung zu bringen. Das scheint jedoch oftmals einer Sisyphusarbeit gleichzukommen. Was weiß man heute (infolge des – nicht hinreichend theoretisch integrierten – Datenreichtums der Alter(n)sforschung) über das Alter und das Altern?

Altersbilder: Relativ bekannt ist der Befund, dass das Alter in kulturgeschichtlicher und kulturvergleichender Betrachtung (vgl. auch Fangerau u. a., 2007; Jenrich, 2008) ambivalent ist (Schulz-Nieswandt, 2008d)[388]. Geradezu ein Klassiker einer Defizit- und Disengagement"theorie" der Altersphase findet sich in Kohelet 11,9–12,8 als „Schilderung des Alterungsprozesses" (Otto, 2007, S. 56). Die Kohelet-Forschung (Schwienhorst-Schön-

---

[385] Einen theologisch fokussierten Blick auf hohem Niveau stellen die Beiträge in Kumlehn/Klie (2009) dar.
[386] Vgl. Wahl/Heyl, 2004; Martin/Kliegel, 2005; Wahl/Tesch-Römer/Hoff, 2006; Schulz-Nieswandt, 2006d.
[387] Theoretisch zum Komplex von Vorurteilsbildung und Stereotypisierung vgl. Hort, 2007 sowie Konrad, 2006.
[388] *Ambivalenz des Alters in der Kulturgeschichte*: Dabei ist, bei allem Respekt vor Rosenmayrs Gesamtwerk, die Darstellung von Rosenmayr (2007, S. 53 ff.) für vormoderne Epochen viel zu undifferenziert. Bereits in seinen älteren Schriften reicht das herangezogene Material nicht zur Verifizierung seiner Thesen. Die Heterogenität des Alters in der Moderne ist als Vielfalt der Statuslagen des älteren/alten Menschen auch in anderen und/oder vormodernen Gesellschaften zu veranschlagen. Vgl. dazu Schulz-Nieswandt, 2008d. Vgl. nun auch die Darlegung des Forschungsstandes zum Status und zur Lage des Alterns im archaischen, klassischen und hellenistischen Griechenland bei Schmitz, 2007.

berger, 1997) weiß ja auch um diese problematischen Weisheiten des Leidens und des Unglücks des Lebens an sich bei Kohelet. Lohfink (1998, S. 27) legt Kohelet existenzialphilosophisch[389] aus: „Kohelet analysiert das menschliche *Dasein* als Sein in der nur im gleitenden Jetzt gegebenen und im Tod für den Einzelnen beendeten *Zeit*." (kursiv auch im Original) Insofern will Lohfink (1998, S. 127) Kohelet wieder für eine Anthropologie zurückgewinnen. Voller Ambivalenzen ist auch die antike Bildproduktion vom Alter insgesamt. Dazu liegen in den letzten Jahren vermehrt Monografien vor (vgl. auch Landschaftsverband Rheinland, 2009).

Man weiß heute, human-, sozial- und organisationskapitaltheoretisch, um die Interdependenz der Altersklassen[390] bzw. Generationen (Zank/Hedtke-Becker, 2008) und versteht die Grammatik des Lebenslaufes (auf die ich nochmals zurückkommen werde) immer besser, sowohl als Sozio- wie als Psychogrammatik, also sowohl als personale Geschehensordnung (zu Pflege-Situationen in erlebnistheoretischer Perspektive: Elsbernd, 2000) wie als Diskursgeschehen und als System institutioneller Praktiken: Einerseits erstrebenswert, oftmals mit Erfüllung und Potenzialen neuer Freiheiten (und volkswirtschaftlich relevanter Kaufkraft als Seniorenmarkt[391]) verknüpft (BMFSFJ, 2006), andererseits (mit Blick auf die Potenzialentfaltung) angstbesetzt, als Verlust verstanden, von Risiken und Vulnerabilitäten charakterisiert (BMFSFJ, 2002).

Für beide Phänomene gibt es empirische Evidenz. Das Problem liegt bekanntlich in der (oben bereits deutlich herausgestellten) intra- und interindividuellen Varianz (Schulz-Nieswandt, 2001; ders., 2004d).[392]

---

[389] Ähnlich auf das menschliche Dasein bezogen interpretierend: Fischer, 1997, S. 229.

[390] Diese Altersklassen werden durch (mitunter kritisch erlebte) Statuspassagen getrennt. Ich orientiere mich daher eher an Kohlis Theorie der wohlfahrtsstaatlichen Strukturierung des Lebenslaufes als an Leiserings (deswegen nicht uninteressante) Theorie der wohlfahrtsstaatlichen Generationen (Leisering, 2000). Zu zentralen Begriffen wie Kohorte, Altersklasse etc. vgl. auch Bengston u.a., 1985.

[391] Dazu auch Mann, 2008.

[392] *Verständigungsprobleme*: Soll man von Senioren/Seniorinnen sprechen? Ist das nicht nur eine scheinbare Respektbezollung, wo sich doch hinterrücks, bei ethnografischer und tiefenpsychologischer Betrachtung, soziale Ausgrenzung und Re-Infantilisierungen („Seniorenteller") einschleichen? Ist die schlichte Kurzformel „Alte" nicht aber auch ein geradezu schäbiger Ausdruck? Sprache ist bekanntlich verräterisch. Darüber kann man sowohl soziolinguistisch als auch psychoanalytisch viel validierte Befunde entfalten. Allerdings habe ich die Erfahrung gemacht, dass alle Begriffsbildungen, alle Konstruktbezeichnungen in diesem sozialpolitischen Feld zum Gegenstand der (mehr oder weniger professionellen) Tiefenanalyse versteckter (kryptischer) oder auch expliziter Diskriminierungspfade gewendet werden können. Das liegt zum Teil an der, und damit bin ich mitten im Thema, phänotypischen Varianz des Alters und (der Verlaufsformen) des Alterns und damit in der

II. Personale Haltung und soziale Praxis 331

Ambivalenz des menschlichen Daseins im Lebenslauf, die hier anthropologisch zum Ausdruck kommt. Denn natürlich lassen sich in der phänomenologischen Kasuistik (und damit für alle Theoriestadien der gerontologischen Dogmengeschichte) empirische Befunde vorlegen. Alt-Sein ist natürlich nicht identisch mit Krank-Sein, Altern ist natürlich nicht ein linearer und progressiver Prozess, der sich als multidimensionaler Vorgang des Verlustes als Funktion der kalendarischen Zeit beschreiben (gar erklären) lässt. Alter und Altern haben auch andere Gesichter. Und dies, weil das Mensch-Sein viele Gesichter hat. Dies gilt sowohl kulturanthropologisch (und somit im Lichte empirisch [historisch wie vergleichend] fundierter Forschung wie auch philosophisch-anthropologisch [vgl. insgesamt auch Art. „Anthropologie", in RGG, Bd. 1, Sp. 521 ff.]), indem im Lichte der Empirie die ontologisch fundierte Frage zu beantworten versucht wird, wie gelingendes Leben diskutierbar ist angesichts der Möglichkeit verfehlten Daseins. Eine Frage, die die Menschheit in der Tat von der gesamten Tierwelt abhebt. In der menschlichen Kommunikation ist es aber unmöglich, immer die ganze Komplexität zu transportieren. Und genau hier schlägt die kommunikative (oder ist es nicht eine anti-kommunikative) Strategie zu, bei Themenakzentuierungen (z. B. eine Fokussierung etwa auf die Demenzproblematik [epidemiologisch am höheren Alter festgemacht] oder auf die zivilgesellschaftlichen Potenziale [soziologisch eher an den „jungen/neuen" Alten festgemacht]) immer auf die Kehrseite des Alters zu verweisen; und zwar vorwurfsvoll mit erhobenen Zeigefinger alter zöglingspädagogischer Lehrtradition. Redet man über einkommensbezogene Armut im Alter, gilt gleiches. Ewig oszilliert der Diskurs der Besser-Wissenden um die bloße Kritik, dabei die Mengenlehre vergessend, dass sich Aussagen auch addieren, ergänzen oder gar in Schnittflächen definieren lassen. Empirisch-methodisch sind die Dinge, über die der Schein-Diskurs verläuft, oftmals noch trivialer. Denn mit dem Verweis auf die statistische Varianz, auf die Verteilungsfunktion von Merkmalsausprägungen in Stichproben oder in der Grundgesamtheit, über methodisch spannende Typenbildungen und Cluster-Analysen könnte man die Vielfalt des Alters, den phänomenologischen Reichtum des Alterns hinreichend abbilden. Ähnliche Eindrücke konsolidieren sich auch mit Blick auf die Konkurrenz der sozialpolitischen Themen, wenn sich diese entlang des Lebenslaufes anordnen lassen. Ich komme damit auf die obige Prämisse zurück, wonach sich nicht isoliert über das Alter sprechen lässt. Individualgeschichtlich gilt dies, weil sich differenzialpsychologische Entwicklungspfade der menschlichen Person über die Phasen der Kindheit, Jugend und der verschiedenen Etappen des Erwachsenenalters hinweg transportieren. Wer über das Alter forscht, wird die Entwicklung des ganzen Lebenslaufes im Blick haben müssen. Gerontologie ist hier immer Erforschung der Ontogenese zwischen Natur und Kultur, Psychologie und Soziologie des „sozialen Schicksals" der Lebensspanne. Und durch die gesellschaftliche (nicht nur wohlfahrtsstaatliche) Strukturierung des Lebenslaufes und die über rechtliche wie ökonomische Regime funktional aneinander gekoppelten Altersklassen ist auch kollektiv das Alter nur im Gefüge der Generationen zu verstehen. Die Problematik der Nachhaltigkeit der gesellschaftlichen Entwicklung hat diesen Blick auf die Interdependenz immer drängender gemacht. Dennoch werden in den Diskursen Kindheit und Alter, Familienpolitik und Bildungspolitik, Arbeitsmarktpolitik andere Ressortpolitiken geradezu fragmentiert diskutiert. Erst langsam wird die soziogenetische wie ökonomisch-funktionale Interdependenz begriffen. Die Phänomenologie des Alters spiegelt doch nur die Prozesse der Interdependenz des Aufwachsens (Kindheit und Jugend), der Schul-, Bildungs- und Berufspolitik und der Arbeitsmarktpolitik, der Familiensituationen und der systematischen Vereinbarkeitsproblematik als ungelöste Genderproblematik (Beckmann, 2008), der Migrationsproblematik und der sozialen Kosten der Desinte-

Das Alter ist im Lichte der aktuellen gerontologischen Datenlandschaft gekennzeichnet von Heterogenität, von einem Kohortenwandel und von einer unvollständigen Architektur des sehr hohen Alters. Entsprechend vielfältig sind auch die Konstruktionen der Typen alter Menschen (vgl. Irmak [2002] für den Zeitraum 1924 bis 1961 in Deutschland sowie die Beiträge in Buchen/Maier, 2008).

bb) Heterogenität

Heterogenität bezeichnet lebenslagenbezogen die eben schon angesprochene Varianz intra- und interindividueller Art.[393] Von Wichtigkeit ist die Problematik eines sehr plausiblen Kohortenwandels.

---

gration, der Langzeitarbeitslosigkeit älterer Arbeitnehmer und einer verfehlten korporatistischen Steuerung in der Wirtschaft sowie falscher Personalpolitik der Einzelunternehmen wider. Die Aufzählung könnte fortgeführt werden.

[393] *Varianz des Alters*: Die lebenslagentheoretisch reformulierten Sichtweisen auf Menschen in allen Phasen ihres Lebenslaufes bieten zunächst mit Blick auf die Gruppe des Alters erst nur eine querschnittliche Betrachtung der Situation. Sie kann dabei die intra- wie interpersonelle Heterogenität des Alters durchaus gut einfangen. Aber bereits der längsschnittliche Perspektivenwechsel auf die Binnen-Differenzierung des Alters in Richtung auf „junge Alte", „alte Alte" und „Hochaltrige" oder gar „Langlebige" macht die intrapersonale Veränderungsdynamik mit Auswirkungen auf die interpersonelle Vielgesichtigkeit des Alters deutlich. Die Kategorie der (kompetenzbezogenen) „neuen Alten" deutet Kohorteneffekte an, die dem sozialen Wandel ursächlich geschuldet sind. Diese intrapersonale Entwicklungsdynamik verändert nun die Ausrichtung gerontologischer Forschung und Theoriebildung. Denn damit wird der Querschnitt der Alters-Heterogenität in die Längsschnittdynamik der Formen des Alterns gestellt, also in die Lebenslaufforschung, die zugleich verständlich macht, warum die Psychologie, insbesondere die Entwicklungspsychologie, mitunter als „Psychologie der Lebensspanne" (etwa bei Kohlberg, 2007) definiert, eine so große – wachsende – Bedeutung innerhalb der Gerontologie (berechtigterweise) hat. Soziale Gerontologie holt weitere Variablen in den Blick und mag auch individualpsychologische Perspektiven zugunsten stärker sozialpsychologischer und mikrosoziologischer Ansätze transformieren und schließlich das Subjekt auch im Kontext makrosozialer Entwicklungen einbetten. Aber innerhalb der Soziologie ist es heute durchaus noch strittig, ob Lebenslaufforschung ein genuines Thema der Soziologie ist oder sein sollte. Jedenfalls knüpft sich die hier vertretende Auffassung von Gerontologie an die Prämisse, die Vielgesichtigkeit des Alters an die Formenvielfalt der Alternsverläufe zu knüpfen. Dahinter steht der Befund, dass Biografien trotz aller Idiosynkratien soziale Schicksale sind. Das ist nicht deterministisch gemeint (was angesichts eines transaktionalistischen Entwicklungsparadigmas auch nicht möglich ist), sondern verweist im Lichte der empirischen Befunde zur Varianz des Alters und der Variabilität der Alternsformen auf die Verstrickungen des Subjekts in die sozialen Prozesse, die (identitätsstiftend [!]) prägen und bahnen, strukturieren und letztendlich als Opportunitätsräume sowohl Optionen als auch Restriktionen generieren, andererseits aber immer auch die Konstruktionen sozialer Praktiken sind und insofern von den Individuen gelebt werden. Die Lebenslagen im Alter sind

II. Personale Haltung und soziale Praxis 333

Kohorteneffekte: Damit ist der Sachverhalt angesprochen, dass ganze Jahrgangsklassen durch historisch gemeinsame Prägefaktoren – das Spektrum ist thematisch offen – in signifikant anderer Weise altern als vorausgegangene Klassen von Jahrgängen.

Es spricht alles dafür, vor allem den Wandel der Bildungsstruktur[394] der Bevölkerung und damit einhergehende Kompetenzprofile und Lebensführungsstile für Kohortenveränderungen in den Verlaufsformen des Alterns und in den Ausdrucksformen des gelebten Alters verantwortlich zu machen.[395]

---

demnach, das ist die zentrale Konsequenz, die Resultate lebenslanger Sozio- und Psychogenesen. Insofern ist die Varianz und Variabilität in einem Spektrum zwischen anthropologisch-ontogentischer Plastizität (bis ins höhere Alter hinein) einerseits und evidenten Befunden zur Relevanz des Theorems „erlernter Hilflosigkeit" andererseits eingelassen.

[394] Zur Bedeutung der Bildung für die Lebenszufriedenheit im Alter siehe auch Albe, 2007. Zum Zusammenhang von sozialer Produktivität und Wohlbefinden vgl. Wahrendorf/Knesebeck/Siegrist, 2006.

[395] *Kompetenz als Ressource*: Die Rolle personaler Kompetenzen ist in der vorliegenden Mehr-Ebenen-Analyse geradezu als ubiquitär zu bezeichnen, aber auch im spezifischen Kontext der gerontologischen Problemdiagnosen wird ihre zentrale Rolle überaus deutlich. Werden diese Reflexionen auf das Alter im ökonomischen und moralischen Gesamtgefüge der Gesellschaft mit dem lebenslagenwissenschaftlich fundierten Verständnis praktischer Sozialpolitik zusammengebracht, so wird die Schnittfläche zwischen sozialpolitischer Intervention und Sozialer Arbeit überaus deutlich. Sozialpolitik bedient sich verschiedener Interventionsmedien. Mit Bezug auf die verschiedenen Ressourcenarten, die den Handlungsspielraum einer Lebenslage transaktionalistisch bestimmen (ökonomische Ressourcen, soziale Ressourcen, Infrastrukturressourcen, technisch-dingliche Ressourcen, autoritative Ressourcen, personale Ressourcen) können die Träger der Sozialpolitik intervenieren mittels Transfers, Netzwerkförderung, Sicherstellung von Einrichtungen und Diensten, wohnbezogener Raumgestaltung und Technikentwicklung (vgl. auch zu Alter und Technik Wolter, 2007), Rechtsentwicklung, Kompetenzgenerierung. Auch im Lichte der Erkenntnis der Bedeutung des Humanvermögens in der doppelten – individuellen wie kollektiven – Funktion von Sozialverhalten und Sozialkapital kommt der Kompetenzentwicklung immer mehr eine Schlüsselfunktion zu. Es ist zu betonen, dass sich der Kompetenzbegriff nicht ökonomistisch auf das Konzept des Humankapitals reduzieren lässt, so wichtig die Arbeitsmarktbefähigung auch sein mag. Der Begriff der Daseinskompetenzen, letztendlich nur aus der Sorgestruktur der menschlichen Existenz als Daseinsarbeit deduzierbar, ist der denkbar weitere Begriff. Dazwischen liegen Konkretisierungsmöglichkeiten. Auf die Empathiekompetenz ist hinzuweisen; die Resilienz (psychische Widerstandsfähigkeit: Heitmann, 2005) stellt ein weiteres Beispiel dar, das zumal sowohl für die Kontexte gelingenden Aufwachsens von Kindern in sich verändernden Umwelten (Hoffmann, 2006) als auch für die Fähigkeit der Aufrechterhaltung einer hohen Lebenszufriedenheit im zunehmend vulnerablen höheren Alter relevant ist (zur Bedeutung von Religiösität [Angel u.a., 2006] für die psychische Gesundheit im Alter vgl. den Forschungssurvey von Klein/ Albani, 2007; zur „ekklesiogenen Neurose" vgl. gleichnamigen Art. in RGG, Bd. 2, Sp. 1182 f.; kulturell [christlich] bedingte religiöse Wahnvorstellungen als Teile des

So können die phänotypische Heterogenität des Alters und der Strukturwandel dieser δ-phänomenologischen Breite sinnhaft verstanden und genotypisch auf die Innovationsschübe der jeweiligen Kohortencluster kausal zurückgeführt werden. Dies wäre äquivalent zu Max Webers (2002)[396] Verständnis von Soziologie, soziales Handeln sinnhaft zu verstehen und dadurch kausal erklären zu können. Offensichtlich wandeln sich über die Kohorteneffekte dispositive Strukturen im Habitus der menschlichen Persönlichkeiten ab.

cc) Unvollständige Architektur des hohen Alters

Die (auf Baltes [1997; 1997a] zurückgehende) These von der unvollständigen Architektur des sehr hohen Alters bezeichnet ein noch bestehendes Defizit in der gesellschaftlichen Sinn- und Deutungs-, aber auch Ressourcenorganisation hinsichtlich der Herausforderung, zivilisationsgeschichtlich mit der in dieser Quantität neuartigen Problematik der massenweisen Zunahme des höheren und sehr hohen Alters umzugehen.

Gerontopsychiatrische Herausforderungen: Die Epidemiologie der Demenzen (Gutzmann/Zank, 2005; Weyerer/Bickel, 2006; Bartholomeyczik, 2005) definiert hierbei wohl den originären Kern dieser sozialen Ratlosigkeit. Neutral (soweit dies hier möglich ist) gesprochen, müsste von Herausforderung[397] die Rede sein (Helmchen u.a., 2006). Eventuell ist es jedoch nicht ausgeschlossen, von Überforderung zu sprechen.[398]

---

schizophrenen Krankheitsbildes fanden Pfaff u.a., 2008) (Zur religiösen Angst im Mittelalter: Dinzelbacher, 1996, S. 16 ff.). Die Kompetenzentwicklung fällt nun in den Schnittbereich zwischen Sozialpolitik einerseits und angrenzenden Disziplinen wie die der Sozialarbeit und Sozialpädagogik sowie psychologisch fundierten (therapeutischen) Arbeitsfeldern andererseits. Eine systematische Darlegung dieser Schnittbereiche ist hier nicht zu leisten. Aber es kristallisiert sich nun der Ort, an dem verständlich wird, wie die individuelle und kollektive Alterung der modernen Gesellschaft vermehrt das Thema der Kompetenzentwicklung im Alter im Lichte des gesamten Lebenslaufes ins Zentrum der Entwicklung rücken lässt. Vgl. auch Mönter, 2007.

[396] Neuere Literatur: Ay/Borchardt, 2006; Kalberg, 2006; Kaven, 2006.

[397] *Ethik der Demenz*: Gerade angesichts derartiger Beeinträchtigungen stellt sich philosophisch anspruchsvoll die Frage nach der Patientenautonomie und der Willensfreiheit: Plunger, 2006. Es resultieren Fragen nach einer „Ethik der Demenz" (Wetzstein, 2005). Vgl. auch mit Blick auf die Bedeutung der Leiblichkeit: Weidert, 2007.

[398] *Demenzdiagnose*: Dabei geht es gar nicht nur um die bisherigen Grenzen kausaler Therapie (vgl. dazu Perrar, 2008); zum Teil fehlt das Verständnis für die Notwendigkeit treffsicherer früher Diagnosen, um die sozialen Netze auf die absehbar eintretende Pflegesituation vorzubereiten. Vgl. auch Langehennig/Obermann, 2006.

Die Demenz wird zum Numinosen. Sie ist daher stark mit Tabus besetzt, die schwer, aber nicht unmöglich (Kaduszkiewicz u. a., 2009) aufzubrechen sind. Dabei transformieren sich ältere Figuren des „ganz Anderen". Der Wahnsinn (klassisch: die Schizophrenie[399] als Objekt der Begierde der Psychiatrie in der Traditionslogik der spezifischen identitätstheoretischen Eindeutigkeitskonzeption klassischer abendländischer Philosophie[400]) oder der kulturell Fremde[401] (in vielfältigen xenophobischen Formen) werden in eine neue Form des nicht oder kommunikativ kaum erreichbaren Anderen transformiert. Fremdartig wird die (eben unzugängliche) Welt des demenzkranken (Arens, 2004; zu den Potenzialen der Kommunikation nach Stand der Forschung: Höwler, 2007; vgl. auch mit Blick auf die Bedeutung der Leiblichkeit: Weidert, 2007) alten Menschen. Seine Sprache spricht niemand. Er scheint nicht erreichbar zu sein. Gewiss, es gibt subtile Zugangsmedien, etwa musikalischer Art[402]. Aber das allgemeine Bild von der Problematik ist anders (zur Fremdheit des geistig behinderten Menschen: Ntourou, 2007).[403]

Dies ist eine verdrängte[404] Form der normalen Alterität der gegebenen Identität des Subjekts. Denn intersubjektiv wird doch, dem wird sich jede Person stellen müssen, nur erlebt, was intraindividuell-intertemporal bei hoher Lebenserwartung doch als Entfaltung des eigenen Selbst als Risiko wahrscheinlich wird. Die Problematik scheint angesichts dieser Verdrängungsleistung tiefenpsychologischer Natur zu sein, ist aber auch kulturevolutionär zu begreifen. Die kulturelle Umgangsweise mit dem Demenzproblem spiegelt, psychoanalytisch betrachtet, nur die Angst vor dem eigenen

---

[399] Vgl. dazu Häfner, 2005.

[400] *Das Fremde*: Kritisch zur Schizophrenie als das ganz Fremde, das ganz Andere: Moldzio, 2004. Zur Frage der Angemessenheit der Deutung mit Blick auf eine gespaltene Realität vgl. Borsche u. a., 2007.

[401] Vgl. zum Fremden im AT: Zehnder (2005). Kulturanthropologisch breiter: Neumann, 2000.

[402] *Musiktherapie*: Zur Musiktherapie liegt ein umfassendes Schrifttum vor: Decker-Voigt, 2001; Aldridge, 1999; Bruhn, 2000; Frohne-Hagemann, 1999; Smeijsters, 1999; Drewer, 2000; Kraus, 2002; Grootaers, 2001; Becker, 2002; Kiewitt, 2005. Zur Musiktherapiefunktion im David-Mythos: Kessler, 2007, S. 87 f.; angesichts des anthropologischen Wissens, das über das Verhältnis von Musik und Mensch vorliegt (vgl. auch aus der Perspektive von Heidegger: Schleiser, 1998) erstaunt es nicht mehr, hier Wege zum demenziell kranken Menschen finden zu können. Vgl. Dobberstein, 2000.

[403] Mag sein, dass die Vergütungsanreize nicht hinreichend sind, damit ambulant tätige Ärzte ein Interesse an der häuslichen Demenzversorgung haben; aber ein großer Teil ist wohl grundsätzlich desinteressiert an solchen Pflegefällen (vgl. auch Grass-Kapanke/Kunczik/Gutzmann, 2008).

[404] Niedergelassene Haus- wie Fachärzte weisen erhebliche Diagnostikmängel hinsichtlich vaskulärer und beginnender Alzheimer-Demenz auf: Stoppe u. a., 2007.

fremden Ich. Letzendlich ist es die Ungewissheit angesichts des Todes, der eigenen Vergänglichkeit.

Das skizzierte gerontologische (ohne überhöhende Zelebrierung zu verstehende) Credo der Vielgestaltigkeit (Varianz) des Alters darf aber wiederum auch nicht darüber hinweg täuschen, was bereits der griechische Mythos über das spezifisch Menschliche vorgelegt hat: Der Mensch ist nicht Gott. Gerade diese Differenz zwischen den Menschen und den Göttern (jedoch anders als der Supranaturalismus etwa bei Barth) ist unüberwindbar (vgl. auch Otto, 2002b, S. 310 f.[405]). Die menschliche Existenz ist endlich, der Mensch muss sterben. Unsterblich (vgl. Art. „Ewiges Leben", in RGG, Bd. 2, Sp. 1760 ff.) sind nur die Götter (Otto, 2002b, S. 164). Vor diesem Hintergrund ist durchaus auch das zutiefst Humane in der zyklischen Vorstellung des Lebens bei den alten Griechen zu verstehen. „Denn was sind die Menschen? Arme Geschöpfe, die nach kurzer Blüte welken und schwinden", schreibt Otto (2002b, S. 165 mit Bezug auf Ilias 21, 464). Oder: „Von der ewigen Herrlichkeit der Himmlischen singen die Musen droben im Göttersaal und stellen sie der Mühsal und Hilflosigkeit des Menschen gegenüber, für den es keine Rettung vor dem Tod und keinen Schutz vor dem Alter gibt" (Otto, 2002b, S. 165 f.). Und: „Das ist es, was auch vom Menschen bleibt. Die Homerische Anschauung beweist ihre Wahrheitsgewalt bis auf unsere Tage. Sie ist die große Überwindung des Todesproblems, die in keiner Zeit überboten, sondern nur wiederholt werden konnte, mag es bewußt oder unbewußt geschehen sein; die echt griechische Überwindung des Todes, denn sie ist zugleich seine vollkommenste Anerkennung." (Otto, 2002b, S. 186)

f) Passungsfähige Angebotsentwicklung: Das Beispiel der Arbeit mit Menschen mit Behinderung

Es ist nunmehr (Schulz-Nieswandt, 2007[406]) zu betonen, dass die Probleme im Sektor der Arbeit mit Menschen mit Behinderungen (Kostorz, 2008; umfassend einführend: Röh, 2009) ähnlich gelagert sind (vgl. etwa

---

[405] Vgl. ebenso Rohde, o.J., S. 142.

[406] *Wandel (der Behindertenarbeit) als Mehr-Ebenen-Problem*: Der Sektor der Arbeit mit Menschen mit Behinderungen ist in einem umfassenden und tiefgreifenden Wandel eingelassen. Exogene Wirkkräfte, insbesondere die europarechtlichen Entwicklungen im Bereich der Neuregelungen der Bedingungen der Erstellung von sozialen Dienstleistungen von allgemeinem (wirtschaftlichem) Interesse, aber auch endogene Trends zur Umsetzung neuer Steuerungsregime, die seit Jahren ebenfalls auf Marktoffenheit und Wettbewerbsorientierung angelegt sind, werfen strategische Orientierungsfragen für die sozialwirtschaftliche Unternehmenspolitik auf. Diese veränderten Umwelten der Sozialunternehmen sind zugleich normativ durch eine stärkere Subjektorientierung der Dienstleistungserstellung fundiert, wenngleich die Semantik hochgradig zwischen anspruchsvollen anthropologischen Personenver-

II. Personale Haltung und soziale Praxis

Hardt-Stremayr, 2007) wie im Fall des SGB V. Auch hier, in diesem Kapitel, suche ich also Analogiefelder auf.

Sektorale und systemische Analogien: Das gilt[407] für den Aspekt der veränderten bedarfs- und nachfrageseitigen Herausforderungen in Richtung auf die Angebotsstruktur; das gilt aber auch für die Entwicklungsbarrieren einer neuen Landschaft des – vom Empowermentgedanken[408] zunehmend getragenen – Lebens[409], des Wohnens[410] und Arbeitens[411], Betreuens und Versorgens.

In allen sozialen Feldern zeichnet sich seit Längerem ein Paradigmenwechsel ab: Die Asymmetrie einer paternalistischen Haltung sozial helfender Berufe soll einer im gegenseitigen personalen Respekt ablaufenden dialogischen Kultur des beruflichen Handelns weichen.[412] Die entscheidende

---

ständnis und schlichter Kundenorientierung streut. Ich (Schulz-Nieswandt, 2007) skizziere diese ambivalenten Entwicklungstrends und werfe strategische Fragen auf.

[407] Das zeigt auch die international vergleichende Studie von Aselmeier (2007) zur Problematik von Community Care für und mit Menschen mit geistiger Behinderung in England, Deutschland und Schweden. Vgl. ferner Maschke (2008). Dazu auch Schablon, 2009.

[408] Vgl. Baudisch, 2000; Dommermuth, 2004; Doose, 2004; Erdin, 2006; Jerg u. a., 2005; Kleine Schaars, 2006; Knuf, 2006; Osbahr, 2003; Pfeil u. a., 2005; Theunissen, 2000.

[409] Vgl. Liedke/Lippstreu, 2004.

[410] Vgl. Drolshagen, 2006; Ernst, 2001; Forster, 2000; Jantzen, 2003; Neuenstein, 2003; Reissmann, 2005; Schott/Tölle, 2006; Skrypzinski, 2004; Thesing, 1998. Ferner Sonnenberg, 2007.

[411] Bieker, 2005; Friedrich, 2006; Lindmeier/Hirsch, 2006; OECD, 2004; Roeder, 2001; Spiess, 2004.

[412] *Empowerment als Paradigmenwechsel*: Das nachfolgend Gesagte ist sicherlich nicht neu und bereits mehrfach gestreift worden. Unter der Kategorie des Empowerments spielt die Diskussion jedoch eine nochmals besondere und gesonderte Rolle in der Behindertenhilfe. Die traditionelle Praxis des sozialen Helfens ist demnach zwar „gut gemeint", in den Formen aber (unbewusst bleibend) zu autoritär, zu bevormundend, zu sehr auf Schaffung und Erhalt von Abhängigkeiten gerichtet. Mitunter zur ökonomischen Kundenorientierung verflacht, stellt der Kern dieses Wandels doch ab auf die Anerkennung, den Erhalt und die Förderung der Selbstbestimmungs- und Selbstverantwortlichkeitspotenziale des Menschen, aber auch auf seine soziale Mitverantwortlichkeit, die er wahrzunehmen hat im Modus des sozialen Miteinanders mit Anderen. „*Hilfe zur Selbsthilfe*" stellt in diesem Lichte einer *dialogisch* argumentierenden philosophischen Anthropologie der Sorgearbeit (als sorgende Praxis der Hilfe für andere Personen als Mitmenschen) ein Fundament dar für eine Logik der Professionen, die die Selbstentfaltung des hilfebedürftigen Menschen fördernd dienen soll. In vielen Diskussionskreisen wird hierbei vom Programm des *Empowerments* gesprochen. Doch die Asymmetrie sitzt tief in diesem Feld sozialer Beziehungen. Dies liegt einerseits an der Ökonomie der professionellen „Begierde". An dem Status der Hilfebedürftigkeit – schon die sprachliche Ausdrucksweise verweist auf geschaffene Abhängigkeiten – knüpften sich ökonomische

Frage lautet feldbezogen nun also: Von welchem *Menschenbild* ist das Handeln einer sozialen Profession gesteuert? Oder anders ausgedrückt: In dem vorliegenden Sachzusammenhang muss konkretisiert werden: Welche Bilder vom Alter steuern die Wahrnehmung der professionellen Akteure und wie ist das soziale Handeln davon gebahnt? (Zu den Auswirkungen positiver Kontrollkompetenzerfahrungen [Heckhausen/Baltes, 1991; Brandstädter, 1992] auf die Gesundheit im Alter vgl. die Longitudinalstudie von Wurm/ Tesch-Römer/Tomasik [2007]; vgl. auch Levy u. a., 2000 sowie Maier/ Smith, 1999.)[413]

Interessen, nicht nur Einkommen, sondern auch Status und Machtpositionen. Doch das Problem der tief sitzenden, zur Asymmetrie neigenden sozialen Hilfeformen entspringt wohl andererseits grundlegenderen Grammatiken (unbewusst bleibenden kulturellen Regeln) der menschlichen Praxis. Ein kurzer Einblick in die Forschung über die Stellung des Menschen zwischen natürlichen und kulturellen Einbindungen kann die Tiefe des Problems besser verdeutlichen. Eine Asymmetrie ist dem Menschen im Zusammenhang mit der Brutpflege evolutionär mitgegeben. Der Status des biologischen Mängelwesens, seiner Instinktreduziertheit lässt den Menschen im oben dargelegten Sinne als ein sehr plastisches Wesen erkennen: Der Mensch ist in diesem Lichte ebenso kulturabhängig wie kulturfähig. Sein Bedarf an Bindungserfahrung führt ihn aber bei gelingender Sozialisation und erfolgreicher Persönlichkeitsbildung und -entfaltung aus der Abhängigkeit (nicht Symbiose, wie die moderne Säuglingsforschung mit Konsequenzen für die Psychoanalyse zeigt: Dornes, 1998) heraus und macht ihn bindungs*fähig*, als zur „Liebe" als Modus des Selbstseins im sozialen Miteinander fähig. Durch bzw. trotz dieses/diesem – aktive(n), interaktive(n), prosoziale(n) (Dornes, 1998) – Sich-Herausarbeiten aus der Abhängigkeit bleibt die menschliche Person jedoch immer spannungsvoll und mitunter ambivalent eingebunden zwischen Ich-Funktion und Du- und Wir-Erwartungen, zwischen Distanz und Nähe.

[413] *Over-protection*: Der hier nun entscheidende (und nochmals später aufzugreifende) Punkt ist der, dass sich in paternalistischen Formen sozialer Praxis helfender Berufe Handlungslogiken durchsetzen, die eben nicht von gegenseitigem Respekt geprägt und von einer dialogischen Kultur charakterisiert sind. Das bedeutet in anderen Worten: Diese soziale Praxis bleibt auf der Stufe einer archetypischen Brutpflege, einer Eltern-Kind-Beziehung stehen. Der ältere/alte Mensch als das Objekt der liebevollen, oftmals im religiösen Motivationskontext barmherzig (aus Gnade) umarmenden Begierde wird infantilisiert (vgl. oftmals die praktizierte Baby-Sprache) und durch „*over-protection*" nicht zur Ausschöpfung seiner Selbsthilfepotenziale gefördert, sondern in seinen verbleibenden Entwicklungschancen gehemmt (Regression). An diesem Punkt habe ich die theoretische Fundierung der Bedeutung der Analyse der prägenden Handlungslogiken sozialer Professionen angeschlossen. Die kurzen kulturgeschichtlichen und auch tiefenpsychologischen Ausführungen mögen auf dem ersten Blick etwas weit hergeholt zu sein. Aber auf einem zweiten Blick wird eher deutlich, wie tief die menschlichen Verhaltensmuster eingebettet sind in kulturelle Strickmuster, die eine lange Vorgeschichte haben. Soll menschliches Verhalten sich ändern, benötigt man jedoch eine angemessene Einschätzung der tief sitzenden Barrieren, die überwunden werden sollen. Eine Verhaltensänderung ist immer auch *Arbeit am eigenen Selbst*, seinen Strickmustern, die man zunächst auch erkennen und eingestehen muss.

II. Personale Haltung und soziale Praxis

Nicht nur sind hier die Schnittbereiche zur medizinischen und (alten-)pflegerischen Arbeit zu betonen, womit die Überlegungen unmittelbar in die Diskursräume zur Integrationsversorgung im SGB V-Bereich münden. Es geht auch um die Problematik der auf die Bedarfe abstellenden leistungsrechtlichen Integration mit Blick auf die in die Behindertenhilfe (umfassend einführend: Röh, 2009)[414] zentral einwirkenden Rechtsbereiche.

---

[414] *Wandel des Sektors der „Behindertenarbeit"*: Die empirischen Befunde zum Alters- und daher Nachfragewandel im Sektor der Arbeit mit Menschen mit Behinderungen ziehen wesentliche strategische Fragen nach sich. Da ich in der vorliegenden Studie mehrfach die Schnittfläche zwischen den Phänomenen der chronischen Erkrankungen, den Formen der Hilfe- und Pflegebedürftigkeit und den Behinderungsformen nosologisch und epidemiologisch angesprochen habe (vgl. auch Deutscher Verein, 2008 sowie Best, 2008) und in normative Beziehungen zum Wandel der Versorgungslandschaften sowie zur Integration des Sozial- und kostenträgerschaftlichen Leistungsrechts gesetzt habe, ist nun der Blick kurz vertiefend auf den Sektor der Behindertenhilfe zu richten. Die Alterungsprozesse in der Population der Menschen mit Behinderungen werfen eine komplexe Heterogenitätsproblematik auf. Dies ist Folge zweier wesentlich unterschiedlicher Inzidenzströme. Einerseits altern Menschen mit angeborenen Behinderungsformen, andererseits erwerben (etwa infolge chronischer Erkrankungen) bereits gealterte Menschen im Lebenslauf kalendarisch spät spezifische Behinderungsformen. Beide Gruppen sind in sich wiederum höchst differenziert. Die nosologischen Problemlagen sind kompliziert: Es kristallisieren sich immer mehr die schwierigen Schnittflächen zwischen Erkrankungen chronischer Art, Behinderungen und Herausbildung von Pflegebedürftigkeiten. In der Folge stellen sich vielerlei Entwicklungsaufgaben in diesem Leistungsgeschehen. Ein großes Problem stellt auch hier die fragmentierte Landschaft des nach dem Kausalprinzip im deutschen Sozialversicherungswesen und Sozialhilfewesen versäulten Leistungsrechts und Kostenträgersystems dar. Dieses gravierende Problem wird dann evident, wenn in komplexen Bedarfslagen Mischfinanzierungen notwendig sind. Vor diesem oftmals unüberwindlich erscheinenden Problem stehen sowohl das Case Management im Fall der verschiedenen Formen eines persönlichen Budgets als auch die institutionellen Leistungsanbieter. Diese müssen als Anbieter im Lichte der Wandlungen der Nachfragestruktur ihre gesamte Angebotslandschaft (mit Blick auf Wohnen, Arbeiten, Betreuen und Versorgen etc.) umbauen, die Angebote also für die Nachfrager des persönlichen Budgets einerseits kleinteilig modularisieren und andererseits wiederum auch (zu Wahlpaketen) „clustern" und gegenüber den Kostenträgern im Kontext des zunehmenden wohlfahrtsstaatlichen Kontraktmanagements innovativ als Angebotspaletten aushandeln. Das bedeutet den Aufbau eines Parallelsteuerungswesens, welches dem Anbieter geradezu einen Spagat abverlangt. Insgesamt zieht dieser Umbau der Angebotslandschaften eine enorme Umstellung und Weiterentwicklung im Personalsystem der Unternehmen nach sich. Mit Blick auf die Schnittflächen zur Altenpflegearbeit, die hier immer bedeutsamer wird, stellen sich erhebliche Ausbildungsprofilfragen, aber auch Teamentwicklungsaufgaben. Diese Probleme sind alles andere als trivial. Die Transformationsnotwendigkeiten in diesem Sektor sind also umfassend: Es geht um die Einrichtung in Kontexten neuer Steuerungsmodalitäten; es geht um einen darin eingelassenen Wandel der Angebotslandschaften; es geht um passungsfähige Personalentwicklung und Ausdifferenzierung interner Arbeitsmärkte; es geht um einen Haltungswandel angesichts des längst noch nicht abgeschlossenen Leitbildwandels hin zur Orientierung

Einige Dimensionen sind nochmals differenzierter hervorzuheben. Herauszustellen sind das Problem des „Herumirrens" des hilfesuchenden und hilfeberechtigten Menschen (und seines Case Managers[415]) im Dickicht u. a. der Sozialgesetzbücher SGB IX, II, XI und V.[416] Und dies, obwohl die moderne Auffassung von sozialen Diensten des SGB I unbrüchige, integrierte Leistungen betont; und so ist auch das Problem des Leistungsanbieters angesichts dieses sozialrechtlichen Kompetenzgewirrs angemessen zu verstehen.

In der fachlichen Diskussion sind dies alles keine neuen Erkenntnisse. Sie spielen aber im Rahmen der Frage nach einer (marktorientierten) Modernisierung des sozialen Sektors eine besondere Rolle. An ihrer Lösung wird sich die Qualität zukünftiger Entwicklungen entscheiden.

Sozialrechtsinterdependenzen: Dabei ist die Schnittfläche zum SGB V ebenso bedeutsam wie bereits seit längerer Zeit die, die Diskussion füllende Schnittstelle zum SGB XII. Aber auch die Neuordnung der bundeslandspezifischen Konstellationen örtlicher und überörtlicher Sozialhilfeträger ist von Bedeutung.[417]

Als problematisch ist diese Diversifizierung der Sozialhilfezuständigkeiten im Rahmen der jeweiligen Bundeslandentwicklungen einzuschätzen. Zum Teil wird die Behindertenarbeit kommunalisiert, zum Teil überörtlichen Trägern zugeordnet, zum Teil bleiben duale Zuständigkeiten bestehen. Für überregional tätige, verzweigt arbeitende Sozialunternehmen ergeben sich mitunter transaktionskostenintensive Konstellationen. Vor allem wirken sich duale Zuständigkeiten als blockierend aus. Für eine Kommunalisierung (Trilling, 2007; vgl. ferner Rüßler, 2007 auf Trends einer eben solchen Kommunalisierung der Altenpflegepolitik im Zuge der Landespflegegesetzgebungen hinweisend) spricht eine verörtlichte Sozialraumbezogenheit[418] der Generierung moderner, vernetzter Angebotslandschaften. Nicht selten sprechen aber historisch gewachsene Kompetenzaspekte für überörtliche Rollenzuschreibungen.

---

am Empowerment-Gedankengut. Hieraus resultieren eindeutige Weiterbildungsanforderungen an die Personalentwicklung (vgl. auch in Hähner u. a., 2005).

[415] Zu dem Bedarf, aber auch zur Konzeptualisierung und zur Finanzierung der Beratung im Rahmen des persönlichen Budgets von Menschen mit Behinderungen vgl. Wessel, 2007.

[416] Vgl. auch zum Problemkreis der Sozialarbeit in der Eingliederungshilfe u. a. Krüger, 2006.

[417] Zur Steuerungslandschaft in Bundesländern vgl. auch grundlegend Wegrich, 2006.

[418] Zur Geografie der Sicherstellung und Erreichbarkeit des Gesundheitswesens vgl. die systematische Darlegung von Dapp, 2008.

Insgesamt bleibt also weiterhin einzufordern, dass unter Integrationsaspekten sowohl das Verhältnis von SGB V und SGB XI als auch das Verhältnis von SGB XI und SGB XII stärker ineinandergreifend gestaltet werden muss. Das GKV-Wettbewerbsstärkungsgesetz verspricht hinsichtlich der Sozialgesetzbücher V und XI einige Innovationen, die aber noch konturlos sind. Das autistische Nebeneinander der relevanten Sozialgesetzbücher mit Blick auf die Komplexbedarfslagen der Menschen mit Behinderungen bleibt weitgehend wohl auch ungeordnet.

Wandel der Sozialunternehmen: Es wurde bereits strategisch betont, dass die zentrale Frage darin besteht, wie sich die Sozialunternehmen im Lichte einer sich zu erarbeitenden Unternehmensphilosophie mit Blick auf die eigenen Ressourcen auf die gravierenden Umweltveränderungen unternehmenskulturell (Eiff/Stachel, 2006; Fredersdorf u. a., 2006; allgemein Rau, A., 2007) einstellen.[419] Das galt oben für Krankenhäuser. Das gilt nun aber für alle Sozialsektoren (Dürr [2004] mit Blick auf die stationäre Altenpflege).

Ziel eines solchen Entwicklungsprogramms ist die Generierung optimaler, zum sozialen Wandel passungsfähiger Angebotssysteme. Ressourcenorientierter Entwicklungskontext ist aber, wie betont, eine Personalentwicklung, die sich unternehmensphilosophisch einfügt.

Der Wandel zum soziodemografisch passungsfähigen und damit optimalen Angebot ist das eigentliche Ziel der ganzen Anstrengungen. Umweltbezogene Analysen und interne Ressourcenevaluierung, Organisationsentwicklung und Personalpolitik sind ja nur mittelbare Anliegen. Sie haben ihren Eigenwert, dienen aber letztendlich dem Sachziel: Bedarfsdeckung für Menschen mit Behinderungen in zeitgemäßen Formen.

Sektorale Morphologie: Nun besteht gerade im Sektor der Arbeit mit Menschen mit Behinderungen betriebsmorphologisch kein Mangel an Komplexität: Es geht nicht nur um Wohnen, sondern um Förderung. Rehabilitationszentriert geht es um Entwicklungsförderung, Kompetenzausbildung, Qualifikationserwerb, Arbeiten in offiziellen Arbeitsmärkten oder „geschützten", alternativen Beschäftigungsformen (vgl. u. a. Krispin, 1997; Wagner-Willi, 2002; Doose, 2006). Es geht um Angebote der lebenslaufspezifischen und vor allem auch lebensphasenspezifischen Kontexte der Entfaltung der Persönlichkeit von Menschen mit Behinderungen (Schäfers, 2008; Eurich, 2008). Dabei ergeben sich epidemiologisch oftmals deutlich akzentuierte Schnittstellen mit den Systemen der Medizin und der Pflege. Bei Kindern und Jugendlichen kommen noch andere rechtliche Bezüge ins

---

[419] Vgl. grundsätzlich zur Bedeutung der Kultur in der Unternehmensentwicklung: Goffee/Jones, 1997. Vgl. ferner Landau, 2007.

Spiel als bei älteren Menschen. Die größte Herausforderung stellen Komplexbedarfslagen dar, die diese vielfältigen Schnittstellen der Sozialgesetzbücher, der Kostenträger und der Einrichtungsformen und Einrichtungsfunktionen aktivieren.

Zwei große Entwicklungslinien, die nicht abgeschlossen sind, dürfen hervorgehoben werden: Einerseits greifen – wie in anderen Bereichen auch (Altenpflege, geriatrische Rehabilitation) – dezentrale Formen des Wohnens (Palm/Bogert, 2007; Iken, 2007[420]) und der Lebensführung, insbesondere stadtteilbezogene Arten des klein-gemeinschaftlichen, betreuten Wohnens[421] im Kontext von Deinstitutionalisierungsprozessen weiter um sich. Es geht um die schwierig herzustellende Möglichkeit, Menschen mit Behinderungen lebenslauforientiert die Möglichkeit der flexiblen Übergänge zwischen Lebens- und Wohnalternativen und dennoch Angebote der Rückkehr zu bieten, auch dann, wenn das Einrichtungsspektrum des Trägers verlassen wird. Im Kontext des zweiten Punktes steht andererseits die Bewältigung der Statuspassagen[422] jeweils an.[423] Statuspassagen sind Übergangsphasen im Lebens-

---

[420] Zum Zusammenhang von Pflege, Wohnen und Umzug im Alter vgl. auch Schulz, 2007.

[421] Zu den dabei noch ungelösten Problemen hinsichtlich des Heimgesetzes vgl. auch Börner, 2008.

[422] Vgl. Schulz-Nieswandt/Kurscheid, 2005a; dort auch vertiefende Literaturhinweise. Vgl. auch dies., 2007.

[423] *Statuspassagen und Rituale*: Ich wende mich kurz vertiefend den δ- und ε-phänomenologisch grundlegenden Kategorien der Statuspassage und des Rituals zu. Aus entwicklungspsychologischer Sicht sind insbesondere diese Übergänge zwischen den Altersklassen potenziell kritische Ereignisse. Daher halten viele Gesellschaften ritualisierte (Art. „Rites de passages", in RGG, Bd. 7, Sp. 534 f.) Praktiken des Managements derartiger Statuspassagen vor (vgl. auch Köpping/Leistle/Rudolph, 2006). Mit erheblichen Individuations- oder Selbstkonzeptproblemen und Kohärenzgefühlskrisen (zur Kohärenztheorie vgl. Lorenz, 2005; Kohärenz [Köppel, 2003, S, 18] setzt sich aus drei Komponenten zusammen: Verstehbarkeit, Handhabbarkeit und Sinnhaftigkeit; an anderer Stelle [Schulz-Nieswandt, 1997d, S. 11] wird zwischen „connectedness", „effectance" und „identity" unterschieden) für die Person sind diese Statuspassagen immer dann verbunden, wenn die Rollenmuster geradezu identitätsstiftend waren. So kommt es, um ein Beispiel anzuführen, gerade mit der Verrentung (Menning/Hoffmann/Engstler, 2007) zu Orientierungskrisen für Männer (Kruse/Schmitt/Maier/Pfendter/Schulz-Nieswandt, 2001; Schulz-Nieswandt, 1999), wenn vorher eine identitätsstiftende Zentrierung um die Erwerbsarbeitsrolle vorlag (die Literatur zu diesem Themenkreis der maskulinen Formen des Alterns ist stark angewachsen). Diese Statuspassagenforschung ist der Ethnologie entnommen. Dort werden vor allem auch (in der Tradition von A. van Gennep und V. Turner: RGG, Bd. 8, Sp. 674 und Sp. 681 f.) die Ritualisierungen solcher Statuspassagen analysiert (Herlyn, 2002; Grimes, 2000; Belliger/Krieger, 2006; Dücker, 2007). Diese Analyseperspektiven werden zunehmend auch in der Soziologie der modernen Gesellschaft nutzbar gemacht, wo sich geradezu eine Renaissance der Ritualforschung abzeichnet, z.B. in der Jugendforschung oder auch in der Krankenhaus- und Alten-

II. Personale Haltung und soziale Praxis 343

lauf von Menschen, die dabei einen – identitätsrelevanten – radikalen Rollenwechsel vornehmen müssen. Wie begleitet man Menschen im Wechsel der Wohn- und Lebensformen, damit diese latent kritischen Ereignisse nicht zu manifesten Problemen führen?

Gouvernementale Aspekte: Der zuerst genannte Themenkreis ist komplexer. Das klassische Anstaltswesen (Foucault, 2005) ist weitgehend am

---

pflegeforschung (z. B. hinsichtlich der Formen des Sterbens und der Sterbebewältigung). Die Übertragung der Statuspassagenethnologie hat so längst Eingang in die sozialpolitikwissenschaftliche Forschung gefunden. (Sie wird auch in die Theologie übertragen, um dort die Sakramentenlehre zu retten: vgl. Benzing [2007] in Bezug auf Turner.) Die Übertragung ist deshalb von grundlegender gesellschaftstheoretischer Bedeutung, weil sich so die Bewältigung von sozialpolitisch relevanten An- und Herausforderungen sowohl als Individuations- und Selbstkonzept-relevante Entwicklungsaufgaben und möglicherweise als Krisen der Person darstellen lässt und zugleich als gesellschaftliche Mechanismen der Regulierung der Lebensläufe der Gesellschaftsmitglieder. Altersklassensysteme und Statuspassagen sowie Rituale der Lebenslaufbegleitung sind somit verknüpfte Elemente eines gesellschaftlichen Regulationsregimes, das der Funktionsfähigkeit und der Reproduktion der sozialen Ordnung dient. Das Regulationsregime ermöglicht dergestalt eine Individuation, also Personwerdung, durch die gesellschaftliche Konstruktion von lebensphasenspezifischen Bündeln von Rechten und Pflichten. Rollen sind dabei definiert als Bündel von gesellschaftlichen Erwartungen, die sich an die Einnahme von sozialen Positionen im Struktur- und Funktionsgefüge der Gesellschaft knüpfen. Gesellschaftliche Erwartungen sind Normen, definiert als soziale Werte, die unter der Androhung von Sanktionen zu erfüllen sind. Soziale Werte sind Konzeptionen des Wünschenswerten (vgl. auch die allgemein-soziologische und sozialisationstheoretische Perspektive von Wurzbacher, 1961). Der Rollenübernahmeprozess kann über Mechanismen intrinsischer oder extrinsischer Motivation verlaufen; Rollen können unterschiedlich gespielt werden. Die Sanktionspotenziale sind in einem breiten Spektrum in unterschiedlichen Graden, vor allem auch in verschiedensten Formen, zu verstehen. Statuspassagen fordern nun vom Individuum eine Umorientierung. Dieses Anforderungsprofil ist ein Rollenwechsel. Der soziale Status ist im Umbruch. Unter Sozialstatus ist die gesellschaftliche Wertschätzung der mit den spezifischen Rollen verbundenen Positionseinnahme zu verstehen. Diese Definition ist deshalb so wichtig, weil sich gesellschaftliche Wertschätzungen und personale Selbstwertgefühle oftmals komplementär verhalten. Daher ist es von entscheidender Bedeutung, ob sich Statuswechsel als Verlustfunktionen oder auch als wertstabilisierende Übergänge in funktional äquivalente Rollenmuster begreifen lassen können. Diese Wechseldramatik ist vor allem hinsichtlich der Situation der nachberuflichen Lebensphase breit erforscht worden. Sogar der Urlaub ist als temporäre Statuspassage zwischen dem Alltag und dem ganz Anderen zu verstehen. Der tiefe menschliche – individuell-psychische wie kollektivpsychische – Ernst dieser Sehnsüchte wird erst bei tiefenpsychologisch-psychoanalytischer Betrachtung (Winterstein, 1912 sowie Sachs, 1912) deutlich. Im Urlaub und durch das Reisen will der Mensch zur Reinheit seiner Kindheit, zur Mutter, zur unverdorbenen Naturerlebniswelt zurückkehren, lebt somit eine (Wieder)Geburtsfantasie aus, zu der er infolge der Enge der symbolischen Ordnung seines Zuhause getrieben wird. Reisen wird zur Rückerinnerung an die Kindheit; Urlaub zum Erlebnis des ursprünglichen Glücks. Dagegen zum Tod als Statuspassage und zu Hermes als Führer in die Totenwelt: Otto, 2002a, S. 144.

Ende. Aber einerseits wird man auch die Chancen des Empowerments in stationären Einrichtungen[424] diskutieren müssen[425]; zum anderen darf die Heilpädagogik[426] keinem unzureichendem Begriff der Institution aufsitzen (Schädler, 2003). Deinstitutionalisierung[427] und neue Formen des Wohnens und Lebens (Palm/Bogert, 2007; Schulz, 2007) erfordern – dies darf hier nochmals wiederholt werden – ein „immaterielles Institutionenverständnis" (vgl. auch Foucault, 2002): „Dies bedeutet, dass auch die Hilfeformen des neuen Paradigmas notwendiger Weise in einem institutionellen Rahmen arbeiten müssen." (Schädler, 2003, S. 337) Und daher gilt grundsätzlich: „Auch ambulante Dienste können institutionelle Bedingungen herstellen, die bei Betroffenen Bevormundung, erzwungene Passivität, Kontaktarmut und negative Selbstkonzepte (gesundheitlich außerordentlich nachteilig im Lichte der Theorie der sozioemotionalen Selektivität: Carstensen/Isaacowitz/Charles, 1999 – Anm. von S.-N.) hervorbringen. Der herkömmliche Institutionenbegriff der Heilpädagogik kann dies nicht abbilden." (Schädler, 2003, S. 338) Und auch die Studie von Hanslmeier-Prockl (2009) kann darlegen, wie selbst bei ambulant betreuten Wohnformen pädagogische, organisatorische und gemeinwesenorientierte Aktivitäten und Entwicklungen zusammenkommen und zusammenwirken müssen, um umfassende Teilhabe zu gewährleisten.

Schädler (2003) formuliert hier deutlich aus, was auch Greving (2000) darlegen konnte: Um heilpädagogische Institutionen zu verstehen, muss sowohl die Dimension der Organisationsmuster als auch die der Interaktionsphänomene analysiert werden – mehr noch, so muss ich ergänzen: die mentalen Modelle der Akteure und ihre habitualisierte Performativität (sofern dies nicht in den Interaktionsphänomenen bereits enthalten ist), wie sie in die Organisationsmuster eingelassen sind. Der entscheidende Punkt ist auch hier, dass Organisationen nicht allein über eine quasi-äußere strukturvariablenbezogene Morphologie zu verstehen sind, sondern Institutionen darstellen, die als epistemische Systeme verstanden werden müssen. Institutionen funktionieren über Sinnorientierungen, Denkweisen, Deutungsmuster, Erfahrungsmuster und generieren performativ in diesem Lichte Interaktionspraxen, die zu Wirkungen führen. Das soziale Gebilde ist auf Dauer ausgerichtet, jedoch zum Wandel infolge der permanenten Austauschrelation zur Umwelt latent angehalten und muss die Ziele über das Handeln der Ak-

---

[424] Einen Überblick zum stationären Sektor gibt auch Göbel, 2007.

[425] *Autonomie im Heimleben*: Zur Möglichkeit geriatrischer Rehabilitation, die leitbildhaft dem Selbstständigkeitsparadigma verbunden ist, in einer „autonomiefördernden Heimumwelt" vgl. auch Kreimer, 2000.

[426] Zur Heilpädagogik und ihrer Theorie- und Ideenentwicklung vgl. Möckel, 2007; Joswig, 2007 (zu Speck); Faust, M., 2007.

[427] Vgl. auch mit Blick auf die Psychiatriereform: Pfannkuch, 2000.

teure und deren Koordination transportieren. Dabei können im Wandel selbst wiederum auch die Zielvorgaben endogenisiert werden, da die intern- wie extern-relationierte dialogische Praxis grundsätzlich auch als generativer Mechanismus verstanden werden muss.

Pflege und Wohnen: Betreffen diese Überlegungen weitgehend den „Geist" der gelebten Formen des Wohnens und Förderns mit Menschen mit Behinderungen (vgl. ferner Hermes/Rohrmann, 2006), so haben die bisherigen Ausführungen sicherlich insbesondere den Reiz, ja die Notwendigkeit zu verdeutlichen versucht, transsektoral zu denken und sozialunternehmerisch zu investieren.

Vor allem ist die Pflege nach SGB XI stärker zu integrieren angesichts des demografischen Wandels. So wie diese Pflege muss sich aber auch die unmittelbare Arbeit mit Menschen mit Behinderungen den integrationsmedizinischen Entwicklungslinien einfügen. Die medizinische Versorgung der Menschen mit Behinderungen weist nicht nur Mängel und Defizite auf (Abendroth/Naves, 2003 sowie Bundesvereinigung, 2002); sie muss durch Teilnahme an Formen der Integrationsversorgung optimiert werden. Angesichts der Multi-Morbiditäten (Robert Koch Institut, 2003) und der Fülle der Begleitbedarfe ist dies evident.

Hinsichtlich der Population der Menschen, die mit Behinderung altern, erscheinen die Angebote der stationären Langzeitpflege wohl kaum der rechte Ort des Wohnens und Lebens. Wenn sich diesbezüglich jedoch keine angemessenen Formen entwickeln, wird der Sog-Effekt der stationären Langzeitpflege aber stark sein.

Wenngleich die Ausdifferenzierung[428] spezialisierter Einrichtungen durchaus Fragwürdigkeiten aufwirft, so wäre eine solche Clusterung doch eher ein Rückschritt in „multi-funktionelle Sammelbecken"[429], wie sie aus der Tradition der vormodernen, vorhospitalen „Armen- und Siechenhäuser"[430] bekannt sind.[431]

---

[428] Zu dieser Ausdifferenzierung vgl. Hiltbrunner, 1968. Verwiesen wird auf die medizinische Versorgung der Sklaven im *Valetudinarium* und auf die Sonderformen/ Sonderbezeichnungen *Nosokomeinon* (Krankenhaus), *Ptochotropheion* (Armenhaus), *Gerontokomeion* (Altersheim), *Brephotropheion* (Säuglingsheim), *Orphanotropheion* (Waisenhaus), *Cherotropheion* (Heim für Witwen).

[429] Das Krankenhaus hat sich erst in moderner Zeit aus dem „multifunktionalen Hospital" zu einer medizinisch ausgerichteten Einrichtung differenziert: Labisch/ Spree, 1995, S. 2. Krankenhäuser entstammten einer allgemeineren, bis auf spätantike christliche Nächstenliebe zurückreichenden kommunalen Armenfürsorge: Spree, 1996, S. 28. Vgl. insgesamt auch Art. „Armenfürsorge", in RGG, Bd. 1, Sp. 753 ff.

[430] *Das Xenodochium*: Die Wurzeln des modernen Krankenhauses gehen also bis ins Altertum zurück und verweisen auf das *Xenodochium* (Schulz-Nieswandt, 2003b,

Personalentwicklungsfragen: Dennoch ist eine Geriatrisierung der Arbeit mit Menschen mit Behinderungen notwendig.

Das betrifft die soeben angesprochene „Integration in die Integrationsversorgung". Das erfordert aber zunehmend Institutionen der Mischung verschiedener Konzeptionen, Kompetenzen und Programme, vor allem die Mischung heilpädagogischer und gerontologischer Expertise. Damit ist die Personalentwicklung angesprochen[432]. Sie verweist zugleich auf den breiteren Kontext der unternehmerischen Leitbildorientierung (Nagerl/Wimmer, 2002, S. 268 ff.).

Das Problem der Personalentwicklung mit Blick auf die passungsfähige Ausrichtung der Angebote auf den soziodemografischen Wandel ist zunehmend erkannt und wird in neuen Praxisideen auch erprobend Lösungen zuzuführen versucht. Pflegekräfte und gerontopsychiatrische Fachkräfte sind in die Arbeit zu integrieren. Längst wird die Reform der heilpädagogischen Berufe erwogen und diskutiert.

Arbeitsmarktentwicklungen: Auf den Sektor wird mehr als bisher die Notwendigkeit multi-professioneller Teamarbeitsorientierung (Balz/Spieß, 2009) zukommen. Wie aus anderen Feldern (etwa Medizin, Pflege, Therapieprofessionen) bekannt ist, verbergen sich hierbei jedoch durchaus nichttriviale Probleme.

Die Beschäftigungsentwicklung wird man ferner im Lichte der Arbeitsmarktliberalisierungen betrachten müssen (Schulz-Nieswandt/Sesselmeier, 2006).[433] Eine zunehmende Dualisierung zwischen den hoch qualifizierten Leitungs- und Anleitungspositionen einerseits und der niederschwellig qualifizierten und entsprechend entlohnten Arbeit im operativen Alltagsgeschehen andererseits ist im Zuge der Arbeitsmarktreformen, der Internationalisierung sowie der EU-Erweiterung zu erkennen.[434]

S. 108 ff.), bevor sich die multifunktionale Institution des Hospitals (primär als Instrument der Armenhilfe: Windemuth, 1995) im Mittelalter entfaltete (vgl. auch Aumüller/Grundmann/Vanja, 2007). Zu den Armen- und Siechenhäusern als Vorläufergebilde des modernen Krankenhauses vgl. Murken, 1998, S. 3 ff. Noch im venezianischen 18. Jahrhundert meinte *Ospedale* Krankenhaus, Waisenhaus, Altenheim und Armenhaus: Over, 1998, S. 14 f.

[431] Zur sozialgeschichtlichen Analyse des Hospitals vom 16. bis zum 19. Jahrhundert vgl. auch Labisch/Spree, 1996. Vgl. ferner dies., 2001.

[432] Damit ist die curriculare Dimension der Heilerziehungspflege (Bentele/Metzger, 1998; Thesing/Vogt, 2006; Thesing, 2006) herausgefordert. Vgl. auch Gerngroß-Haas, 2000.

[433] Vgl. auch das Grünbuch der EU-Kommission zu einem modernen Arbeitsrecht (EU-Kommission, 2006a). Es geht hier um die gesellschaftlichen Konturen des „Flexicurity"-Konzepts (Deutscher Verein, 2007c).

An dieser Stelle kann zu diesem Fragenkreise aber keine Vertiefung der Analyse angeboten werden.

Angebotswandel und Change Management: Der ganze Angebotswandel, der angesprochen wurde und der ja, wie die Analyse systematisch herzuleiten bemüht war, eingelassen ist in die Wirkungskreise der sich rapide wandelnden sozialunternehmerischen Umwelten, bedarf eines Change Managements (Stolzenberg/Heberle, 2006; Brinkmann, 2006; am Beispiel des persönlichen Budgets in Werkstätten für behinderte Menschen: Böhler, 2009), in dem die MitarbeiterInnen-Orientierung[435] (Lüthy/Schmiemann, 2004; Leuzinger/Lutermacher/Umiker, 2000) sicherlich im Mittelpunkt steht.[436]

Wie kann ich mit dem (zum Teil selbst gealterten) Personal in seinen spezifischen Berufsprägungen, in seinen professionellen Handlungslogiken und in seinen institutionellen Orientierungen die neuen Wege gehen? Das ist die Frage, die sich das Management stellt oder stellen muss.

Zumindest darf ein Befund der einschlägigen Literatur besonders eingebracht werden: Die Zufriedenheit der MitarbeiterInnen hängt in beträchtlichem Ausmaß von der Involviertheit in das Veränderungsgeschehen ab. Die MitarbeiterInnen leiden unter fehlender Einbeziehung, Informierung und reagieren mit Enttäuschung und rückläufiger Arbeitszufriedenheit auf Defizite in der Transparenzherstellung. Dies sind aber Defizite in der Personalführung, in der Unternehmensführung insgesamt. Und dies ist wie-

---

[434] *Neue sozialpolitische Koalitionen?* Eine entsprechend segmentierte Mehrausschöpfung des weiblichen Erwerbspersonenpotenzials ist im Lichte der demografischen Entwicklung (Bevölkerungsschrumpfung) wahrscheinlich. Vgl. auch insgesamt Berger/Kahlert, 2006. Doch der Zusammenhang ist ein breiterer: Im Lichte der neuen „Zumutbarkeitskultur" der Arbeitsmarkt- und Rentenreformen für das Altern kristallisiert sich, auch europarechtlich und -politisch angetrieben, eine neue Interessenskoalition von „Gewinnern" der schrumpfenden und alternden Gesellschaft heraus. Frauen und Kinder (Hoffmann, 2006), ältere Arbeitnehmer (Kraatz/Rhein, 2007) und arbeitsfähige Menschen mit Behinderungen. Kinder (besonders vulnerabel: Migrantenkinder) – als nachwachsendes Humankapital – werden mit Blick auf die notwendige Vorhaltung von Umwelten des gelingenden Aufwachsens grundrechtlich aufgewertet; Frauen (Familien) erhalten grundrechtlich verbürgte Rechte auf Vereinbarkeit von Beruf und Familie (Beckmann, 2008); ältere Arbeitnehmer und (arbeitsfähige) Menschen mit Behinderungen dürfen nicht weiterhin vom Erwerbsleben ausgegrenzt werden. Die Logik ist evident: Im Lichte schrumpfender Bevölkerung muss das Erwerbspersonenpotenzial stärker als bisher ausgeschöpft werden. Vgl. auch Deutscher Verein, 2007b. Vgl. auch Scheuer, 2008.

[435] Hierzu könnte in angepasster Weise analytisch auf das Konzept der „mentalen Mitgliedschaft" in der unternehmerischen Organisationsentwicklungsforschung zurückgegriffen werden. Vgl. Hartz, 2004.

[436] Diese Perspektive ist deutlich, wenn auch auf einer kulturwissenschaftlich nicht weiter vertieften betriebswirtschaftlichen Ebene von Kruse (2008) herausgestellt worden. Vgl. ähnlich Batram u. a., 2007.

derum Teil einer Unternehmensphilosophie, die, wenn sie den Namen verdient, die eigenen Ressourcen zu schätzen in der Lage ist, aber eher externe Organisationsentwicklungsberatung bedarf, wenn sie die eigenen MitarbeiterInnen nicht als „stakeholder" der Entwicklung begreift. Diese Perspektive ist, wie schon angedeutet, deutlich, wenn auch auf einer kulturwissenschaftlich nicht weiter vertieften betriebswirtschaftlichen Ebene von Kruse (2008) herausgestellt worden.

Ich kehre also aus dem Analogiefeld der Arbeit mit Menschen mit Behinderungen zurück. Neben dem Alterungsprozess sind auch die Entwicklungen der Generationenbeziehungen von einem großen strategischen Interesse für die Abschätzung der Zukunftsprobleme. Beide Entwicklungen, die Alterung und die Gestalt der Generationenbeziehungen, sind interdependent (Zank/Hedtke-Becker, 2008).

g) Der soziologische Bezugsrahmen: Gesellschaft als Figuration von Generationen

Die Zukunft des Alters ist keine isolierte Problematik einer Altersklasse[437]. Das ist in diesem Abschnitt die zentrale Aussage. Sie ist folgenreich.

---

[437] *Altersklassensysteme*: Viele Gesellschaften, vergleichend wie historisch gesehen, organisieren die Lebensläufe der Gesellschaftsmitglieder und damit das Generationengefüge über Altersklassensysteme. Der Funktionssinn ist ein doppelter und entspricht der ontologisch unverrückbaren Dialektik von Gesellschaft und Individuation. Einerseits wird der Lebenslauf dergestalt strukturiert, dass im Positionsgefüge der Gesellschaft als Abfolge von Generationen, rollensoziologisch gesprochen, die Rechte, Aufgaben und Pflichten der Mitglieder des gesellschaftlichen Zusammenlebens weitgehend klar und deutlich definiert sind. Denn den Individuen kommen so im Lebenslauf lebensphasenspezifisch dominante Rollen zu. Rollen sind hier definiert als Bündel von Erwartungen, die die Gesellschaft an die Personen stellt, die spezifische Positionen im Struktur- und Funktionsgefüge der Gesellschaft einnehmen. Altersklassensysteme stellen daher eine soziale Grammatik des sozialen Mechanismus im subjektiven (wenn man von melancholischen [klassisch: Tellenbach, 1983 sowie Tellenbach, 1988, S. 11 ff.; dazu auch Art. „Schuld" von Vetter, in Thurnherr/Hügli, 2007, S. 219–221, hier S. 221; Wyrsch, 1980] oder manisch-depressiven Zeitgefühlsmutationen absieht: Supprian, 2004; ders., 1988; ders., 1992; zur phänomenologischen Typologie des Zeitverständnisses des ästhetisch, des ethisch und des religiös orientierten Menschen im Rekurs auf Kierkegaard [Art. „Kierkegaard", in RGG, Bd. 4, Sp. 954 ff. sowie Art. „Kierkegaard, Soren Aabye" in TRE, Bd. 17, S. 138 ff.] vgl. Frischmann, 2007 [zur Stufenlehre dieser Orientierungsweisen im Sinne einer Entwicklungstheorie des Menschen vgl. Greve, 1990; zur Mäeutik als Anleitung zur Selbstbesinnung in der Daseinsanalyse vgl. Condrau, 1992, S. 307]; zu den diesbezüglichen Arbeiten von von Gebsattel vgl. Otte, 1996) wie objektiven Fluss der Zeit dar. Altersklassensysteme stiften soziale Ordnung. An-

II. Personale Haltung und soziale Praxis 349

„*Krieg der Generationen?*" – *und ein alternativer Blick:* Ohne die grundlegende Rolle sozialer Netze, in die wiederum intra- wie intergenerationelle Beziehungen eingelassen sind, ist auch der moderne Sozialstaat nicht denkbar und war auch nie denkbar. Die Darlegungen gehen dabei von der Prämisse aus, dass soziale Dienste in ihrer Interdependenz mit den Netzwerken der Gesellschaft eine wichtige Funktion in der Bildung sozialer Kohärenz ausdifferenzierter, pluralistischer Gesellschaften haben. Insofern werden auch die Formen der Generationsgefüge als Grundlage moderner Gesellschaften gewertet. Obwohl ein großer Teil der empirisch[438] orientierten Sozialwissenschaften (wie bei Hondrich [2006] oder Opaschowski [2003]) viel stärker differenzieren und skeptisch bleiben[439], setzten sich massenmedial vermarktete vereinfachte und überzeichnete Visionen eines (drohenden) „Krieges der Generationen" (wie Schirrmachers „Methusalem-Komplott" [Schirrmacher, 2005]) als vordergründige Problemkonstruktionen (Bräuninger/Lange/Lüscher, 1999) durch. Eine solche dramatisierende Inszenierung wird zum Teil gestärkt durch formal modellierte Thesen der Neuen Politischen Ökonomie der Demokratie, wonach infolge des demografischen Wandels die älteren Menschen bald eine strategische Mehrheit in der Wahlbevölkerung bilden, so dass jede nachhaltigkeitsorientierte und an Generationengerechtigkeit[440] orientierte Sozialreform blockiert wird (Sinn/Übelmesser, 2000; auch dies., 2002).[441] Das Modell ist sehr simple: „Um festzustellen, ob die Mehrheit Rentenkürzungen oder Rentenerhöhungen befürwortet, berechnen wir im Folgenden ein ,Medianalter' und ein ,Indifferenzalter'. Das Medianalter ist jenes Alter, das die nach dem Alter geordnete wahlberechtigte Bevölkerung in zwei gleich große Teile spaltet. Die Hälfte der Wahlbevölkerung ist älter als das Medianalter, die Hälfte ist jünger. Bei Rentenreformen, die zwischen den Alterskohorten umverteilen,

---

dererseits können Individuen so in ihrer lebenslangen Sozialisation ihre Individuation als Personalisation erfolgreich bewältigen, denn durch die Einordnung in die funktionalen Imperative der Altersklassen werden Rollen gespielt, die identitätsstiftend sind/sein können und dienen so der aufgabenorientierten Bewältigung der Entwicklungsaufgaben der Person im Lebenslauf.

[438] Vgl. auch für Österreich und eingeordnet in einen größeren historischen Kontext: Wernhart u.a., 2008. Vgl. ferner den Generationenbericht für die Schweiz: Perrig-Chiello/Höpflinger/Suter, 2008.

[439] Vgl. auch Motel-Klingebiel/Tesch-Römer, 2004 sowie Tesch-Römer u.a., 2000. Ferner vgl. Amann, 2004 sowie Arber/Attias-Donfut, 2000.

[440] Vgl. dazu auch die Beiträge von Tesch-Römer u.a., 2002 sowie Motel-Klingebiel/Tesch-Römer, 2004.

[441] Völlig ohne Empirie behauptet auch Merk (2002) die Ausbeutung der Jungen durch die Alten. Zwar ist sein theoretisches Argument, es fehle die nachhaltige Akvokatorik zukünftiger Generationen (vgl. auch Unnerstall, 1999) im Handlungskalkül der aktiven Bevölkerung, höchst relevant, aber die Argumentationsschlüsse seiner Habilitation bleiben höchst einfach gestrikt.

kommt dem Medianalter eine besondere Rolle zu, denn die Stimmenmehrheit gewinnt eine solche Reform genau dann, wenn der Medianwähler zustimmt. Das Indifferenzalter ist demgegenüber so definiert, dass eine Kohorte mit diesem Alter von einer Reform vom Riester-Typ belastungsmäßig gerade nicht berührt wird. Ältere Kohorten verlieren, und jüngere gewinnen. Die Indifferenzkohorte verliert barwertmäßig so viel an Renten, wie sie an Beiträgen einspart. Der Vergleich zwischen Medianalter und Indifferenzalter zeigt, ob eine Mehrheit für eine Reform vom Riester-Typ vorhanden ist. Liegt das Medianalter unter dem Indifferenzalter, haben die Jungen die Mehrheit, und die Reform vom Riester-Typ lässt sich im demokratischen Prozess durchsetzen. Haben die Alten die Mehrheit, ist es umgekehrt. Wir berechnen Medianalter und Indifferenzalter für alternative Kalenderjahre, um festzustellen, wie sich die Chancen für eine solche Reform im Laufe der Zeit verändern." (Sinn/Übelmesser, 2000, S. 22) Und das Ergebnis ist ebenso simple; 2023 ist eine Situation erreicht, die als Gerontokratie bezeichnet werden kann. Dieses Jahr wird „von schicksalshafter Bedeutung" für die „Deutschen" sein. Zwar konstatieren die beiden Autoren einen gewissen Altruismus der Älteren gegenüber den Jüngeren, weil einige schließlich ihre Kinder lieben; und auch eine gewisse ökonomische Klugheit ist da, gesteuert von der Angst vor der Flucht der leistungsstarken jüngeren Menschen ins Ausland. Hinzu kommen noch die Möglichkeit einer gewissen Dummheit der Bevölkerung und eine Cleverness der Politik (gemeint ist die übliche politökonomische Annahme der Informationsverschmutzung). Aber ansonsten strotz das Modell vor Determinismus und Unterkomplexität.

Diese These scheitert allein, es gibt noch eine Reihe weiterer guter Einwände, an der Erkenntnis, dass angesichts der Varianz der Lebenslagen im Alter (fehlende sozio-ökonomische Homogenität höherer Altersklassen) ein einheitliches politisches Verhalten kaum deduziert werden kann[442]. Aus dem Ende der alten (produktionsbezogenen) Klassengesellschaft eine solche des (redistributiven) Klassenantagonismus zwischen „Jung" und „Alt" zu fabrizieren, ist schon eine wissenschaftlich akrobatische Leistung. Aber natürlich sind Verhaltensannahmen für jedes Modell methodisch zwingend notwendig; und Abstraktion gehört zur Wissenschaft. Aber a priori Unplausibles zu konstatieren, ist nicht zweckmäßig. Jedenfalls erfüllt die Formulierung des Modells die wissenschaftstheoretisch gewünschte Möglichkeit der Widerlegung in einem hohen Maße.[443] Doch bleibt diese Kritik natürlich in einem Punkt begrenzt: Letztendlich ist die Zukunft ungewiss.

---

[442] Die empirische Politikwissenschaft zeichnet, auch international vergleichend, in der Tat ein differenziertes und letztendlich anderes Bild: Busemeyer/Goerres/Weschle, 2009; Goerres, 2007; ders., 2007a; ders., 2008.

Mannheim Wissenssoziologie der Generationen: Sinn/Übelmesser hätten sich allerdings bei ihrer Modellierung der Zukunft an die theoriegeschichtlich und forschungsstrategisch unhintergehbaren kategorialen Klärungen der formalen Soziologie von Mannheim (1964) halten müssen[444]. Mannheim konnte darlegen, dass zwischen der Generationslagerung, dem Generationszusammenhang und der Generationseinheit zu unterscheiden ist. Aus einer einfachen verwandten Lagerung von Kohorten kann verhaltensbezogen gar nichts abgeleitet werden. Das wäre reinster Naturalismus. Die Erlebnisschichtung innerhalb einer Generationslagerung muss schon in einem historisch-kulturellen Sinne konstitutiv sein, um von einem Generationszusammenhang sprechen zu können. Will man nun nicht einer kollektiven Zeitgeist-Ausprägung der als diesbezüglich homogen interpretierten Generation das Wort reden, so wird eine allgemeine Generationseinheit unwahrscheinlich. Eher hat man es mit widerspruchsvollen Strömungen innerhalb eines Generationszusammenhangs zu tun. Ein einheitliches Reagieren, ein homogenes Mitschwingen (wie es Mannheim ausdrückt) aller Mitglieder eines Generationszusammenhangs ist kaum zu erwarten: „Im Rahmen desselben Generationszusammenhangs können sich also mehrere, polar sich bekämpfende Generationseinheiten bilden." (Mannheim, 1964, S. 547) Dergestalt können sich auch inter- und transgenerationelle Vernetzungen ergeben. So müssen, und das hat bereits Mannheim in seiner ihm eigenen wissenssoziologischen Sprache darlegen können, die Diskurse, die sozialen Praktiken und die jeweils handlungsleitenden mentalen Modelle herausgearbeitet werden, die bewirken können, dass sich aus Generationslagerungen zunächst ein Generationszusammenhang und schließlich eine facettenreiche Grammatik von Generationseinheiten innerhalb eines Generationszusammenhangs ergeben: „Aus all dem geht hervor, dass man die Auswirkung des Generationsfaktors nicht unmittelbar und direkt feststellen kann, sondern nur im Element des sozial-historischen Geschehens." (Mannheim, 1964, S. 563) Für diese Analysekomplexität hat der triviale Public-Choice-Ismus von Sinn aber keinen Sinn. Sinn muss implizit zur Metaphysik einer Entelechie neigen, um zu konstatieren, die Generation der Älteren würde sich zu einer homogen handelnden Klasse entwickeln. Damit wird eine Transformation

---

[443] Auf dieser Ebene deckt sich das Vorgehen noch mit der Philosophie des „Als ob" von Vaihinger (1986).

[444] Man wird sich kritisch fragen dürfen, warum Ökonomen, die sich mit der Gerontokratie-These an die Generationenbeziehungen heranwagen, keinerlei Kenntnisse von der (diachronen wie synchronen) kulturwissenschaftlichen Forschung haben. Man wird sich ebenso kritisch fragen müssen, wie man im Lichte dieser Uninformiertheit den Mut (und die Legitimität) hat (herholt), sich an der Performativität der dramatischen Inszenierung von kollektiven Krisen- und Erosions-Epiphanien zu beteiligen. Was ist das für ein (fehlendes) praxeologisches Selbstverständnis? Was ist das für eine (fragwürdige) wissenschaftsethische Haltung?

und Ausreifung einer Möglichkeit (der Generationslagerung) zu einer manifesten Form (der Generationseinheit) unterstellt und real für wahrscheinlich gehalten, hinsichtlich der Mannheim gerade dargelegt hat, wie sozial, kulturelle und historisch voraussetzungsvoll eine solche Entwicklung wäre. Sinn/Übelmesser legen aber keine Theorie und Empirie des Zusammenspiels von Real- und Idealfaktoren vor, die diese Transformation erklären und somit wahrscheinlich machen können.

Die verfügbaren aktuellen Datensätze – ich verweise nur auf den Alters-Survey (Kohli u. a., 2000; Kohli/Künemund, 2005; Tesch-Römer u. a., 2006); andere Datensätze wären ebenso zitierbar (Motel-Klingbiel/Kondratowitz/Tesch-Römer, 2002a), wie etwa die international vergleichende OASIS-Studie vom Deutschen Zentrum für Altersfragen in Berlin (vgl. unter www.dza.de) – bieten keine Evidenz für die behaupteten kriegsrhetorischen Szenarien; im Gegenteil: Die älteren und die jüngeren Generationen stehen in einem intensiven sozialen Austauschverhältnis (Marbach, 1994; Attias-Donfut, 2000; zur juristischen Interpretation des Generationenvertrages: Richter, 1997) und unterstützen sich gegenseitig. Instrumentelle und emotionale Unterstützung werden hier ebenso intensiv geleistet wie soziale Dienste (Erziehung, Pflege etc.).[445] Hier wären Bibliotheken zur häuslich-privaten Pflegesituation anzuführen. Soziale Netze mögen so weiterhin unter Modernisierungsdruck stehen (z. B. das Zerreißen von sozialen Netzen durch die berufliche und regionale Mobilität[446]) und strukturell ungelöste Vereinbarkeitsfragen (Crespo, 2007) aufwerfen (die wiederum auf überholte und nun erst langsam und verspätet abgebaute oder im Abbau befindliche Traditionalismen des deutschen Wohlfahrtsstaates [Pfau-Effinger, 2006; Beckmann, 2008] verweisen; vgl. auch Eichhorst u. a., 2008). Auch die international zahlreich anführbaren Studien zu den Heimrisiken und ihren Prädikatoren[447] verweisen auf Netzwerklücken und auf die Grenzen überlasteter Netzwerke (auch angesichts von Demenz, Inkontinenz (vgl. ZfGG 41 (4) 2008 zum Schwerpunkt Harninkontinenz) und schwersten Pflegebedürftigkeiten).

Die SHARE-Studie: Als international vergleichender Datensatz ist auch die SHARE-Studie (Survey of Health, Ageing and Retirement in Europe: www.share-project.org/) aus Mannheim (Mannheim Research Institute for the Economics of Aging: mea) anzuführen. In diesem Forschungskontext

---

[445] Albertini/Kohli/Vogel, 2007; Kohli, 1999 sowie Litwin, u. a. 2008.
[446] Greenwell/Bengston, 1997. Hier kristallisiert sich das Phänomen der Multilokalität moderner intergenerationeller Familienbeziehungen: Lauterbach, 1998 sowie Marbach, 1994a. Zur Rolle von Scheidungen vgl. Spitze u. a., 1994.
[447] Ich darf hier auf meine ältere Studie (Schulz-Nieswandt, 1994a) verweisen. Die dort herausgearbeiteten Zusammenhänge dürften nach wie vor gültig sein.

II. Personale Haltung und soziale Praxis

wäre selektiv etwa die Studie von Hank/Buber (2007) zu den Hilfen der Großeltern gegenüber den Enkelkindern anzuführen oder auch Studien zu den Zusammenarbeitspotenzialen informeller Hilfe der Kinder gegenüber pflegebedürftigen Eltern und den professionellen Leistungssystemen. Börsch-Supran hat mit diesen Daten zeigen können (Börsch-Supran, 2007), dass die sozialpolitischen Ausgaben für die älteren Menschen die sozialpolitischen Ausgaben für die jüngeren Menschen nicht reduziert haben; beide Ausgabenarten wachsen gemeinsam.

Es gibt daher keine aktuelle Evidenz für einen sozialtheoretisch definierbaren Verteilungskampf der Generationen („Krieg der Generationen"), da angesichts der Varianz der Lebenslagen das Alter keine konstitutiv polarisierende Kategorie für die Politik ist. Der „Krieg der Generationen" kann aber (massenmedial multipliziert) „herbei geredet" werden: Da menschliches Handeln nicht mit der objektiven Realität, sondern mit der interpretativ wahrgenommenen Wirklichkeit variiert, muss die Gesellschaft nur an das Konstrukt glauben und wird sich entsprechend rational verhalten. Im Lichte des soziodemografischen Wandels (Zank/Hedtke-Becker, 2008 sowie Lettke/Lange, 2006) ist das auch nicht all zu sehr überraschend; immer mehr wird das Thema der intergenerationellen Gerechtigkeit, aber auch der intergenerationellen Solidarität zu einer Schlüsselfrage des sozialpolitischen Praxisgeschehens (Grieswelle, 2002; Veith, 2006).

Das Verhältnis zwischen den Generationen (Künemund/Szydlik, 2009) ist von einer Gabe- und Tauschbereitschaft gekennzeichnet. Das schließt Spannungen und Konflikte gar nicht aus; beides (positive Zuneigung und kritisches Abstand-Nehmen) kennzeichnet die Beziehungen zwischen den Generationen (Eisentraut, 2007) wie grundsätzlich alle sozialen Beziehungen. Und dies wird in Anthropologie, Soziologie und Psychologie als Ambivalenz menschlicher Beziehungen überhaupt eingeschätzt, resultierend aus einer Dialektik von Nähe und Distanz.

Zu diesem spannungsvollen Person-Sein, dieser personalen Individuation, gehört auch die Wahrnehmung von Daseinsaufgaben im Generationengefüge, seien diese privat-intim in Familien- und Verwandtschaftsbeziehungen, seien diese abstrakt-anonymer in sozialen Relationen in Arbeitswelt, Sozialversicherungssystemen oder Steuerstaatszusammenhängen. Generationengefüge sind daher Orte moralischer Ökonomie, da hier Gabemechanismen und darauf aufbauende Wechselwirkungen aufbauen. Insofern ist, wie Esposito in der Abhandlung zu „Communitas" (Esposito, 2004) darlegen konnte, Gemeinschaft keine Eigenschaft, die als Gemeinsames von Individuen geteilt wird und dies charakterisiert, sondern ein System von Schulden, die aus Gaben resultieren. Es geht um Ämter, Aufgaben, Rollen und Verpflichtungen.

Ein Befund ist von strategischer Bedeutung in praktischer Absicht: Bedeutsam in diesem ganzen Problemzusammenhang ist es zu erkennen, dass die sozialpolitische Korrekturarbeit im Rahmen vielfältiger Rahmengestaltungen und Interventionen nur die eine Seite des sozio-genetischen und wirkungsfunktionalen Geschehens ist; die andere Seite stellt die Chancenverteilung und Wirklichkeitskonstruktion durch die moralische Ökonomie der informellen Netzwerke und ihren Unterstützungsleistungen dar. So wirkt das Schulwesen ja gerade nicht isoliert, sondern erst im Zusammenhang mit der sozialen Herkunft, den jeweils aktuellen Familienverhältnissen und den alltäglichen Praktiken dieser sozialen Lebenslagen zusammen auf den Schulerfolg. Auch bei den Gesundheitschancen und deren Verteilung weiß man heute wissenschaftlich um die Bedeutung sozialer Herkunft und sozialer Unterstützung[448]. Genau hier zeigt sich jedoch auch, dass soziale Herkunft eine Frage der Generationenbeziehungen ist. Eine der zentralen, aber bislang nicht hinreichend beantworteten Fragen ist daher die nach den Mechanismen der intergenerationellen, kulturellen Weitergabe von Chancen und Risiken bzw. Benachteiligungen. Wird jedoch die Interaktion mit den vorgängigen Lebenswelten, den kulturellen Mechanismen der intergenerationellen Chancenverteilung, Risikentransmission[449] und Unterstützungsarbeit sozialer Netze ausgeblendet, wird Sozialstaatspolitik jenseits der sozialen Wirklichkeit praktiziert.

Es ist daher eine der entscheidenden Fragen, ob sich die Generationenbeziehungen primär aus der Perspektive nutzenorientierter, strategischer Klugheitsethik heraus motivierend gestalten, oder ob sich eine überschüssige Form der solidarischen Logik des Gebens und Nehmens aufweisen lässt. Es ist evident, dass diese Frage der empathischen Perspektivenübernahme also auch für die Frage der sozialen Austauschbeziehungen zwischen Generationen höchst relevant ist. Eine zentrale Frage dürfte sein: Nach welchem Modus oder nach welcher Gemengelage verschiedener Reziprozitäten sind die Generationsbeziehungen charakterisierbar? Das ganze Problem ist demnach auch eincs, dass in der Generationenabfolge gesehen werden muss (Fietze, 2009). Kohärenz muss kulturell (als kollektive Gedächtnisleistung) vererbt werden. Wenn Generationsverträge auseinanderfallen, dann vererben Gesellschaften diese Kohärenz nicht weiter und das wäre ein existenzielles kollektives Problem. Grundlagenwissenschaftlich betrachtet ist ein anthropologisch-ontologisches Fazit angebracht: Individualität ist ontologisch dann

---

[448] Zur diesbezüglichen Gender-Dimension vgl. auch Hahn, D., 2008.

[449] Zur Problematik der transgenerationellen Weitergabe in Familien vgl. u. a. Zinnecker, 2008 sowie Schubert, I., 2005. Vgl. auch die biografischen Studien zur Konstruktion von Geschlechterrollen von Thon, 2008. Mit Bezug auf Religiösität vgl. Schwab, 1995. Vgl. ferner Diefenbach (2000) zur Transmission von Scheidungsrisiken, Albert (2007) zur Transmission von Werten.

II. Personale Haltung und soziale Praxis 355

aber auch nie anders zu denken als ein Konstrukt im Knotenpunkt der intergenerationellen Austauschbeziehungen.

Ambivalenz: Ambivalenz ist das eigentliche, anthropologisch verbürgte Problem (kritisch Connidis/McMullin, 2002): Erkennbar sind entsprechende Spannungen zwischen Generationen (Eisentraut, 2007).[450] Das ist aber nicht das Problem, da es der unausweichlichen Ambivalenz des Menschen zwischen Vereinzelung und Gemeinschaftsbildung entspricht. Soziale Konflikte gehören zum Mensch-Sein konstitutiv dazu, auch Generationenkonflikte, klassisch im Freudschen Mythos vom Vatermord verkörpert. Die entscheidende Frage ist vielmehr, wie sich über die Lösung sozialer Konflikte eine soziale Kohärenz ergibt. Diese anthropologische Ambivalenz ist nicht zu eliminieren; der Versuch wäre totalitär. Entscheidend wird es sein, wie die spannungsreichen Generationenbeziehungen in Zukunft vom politischen Gemeinwesen im Lichte des rapiden soziodemografischen Wandels „gelebt" werden. Dazu benötigt die Gesellschaft eine Kultur der Generationenbeziehungen, die ebenso alters- wie jugendgerecht[451] ist.

Sozialkapital und Verstrickung: Überhaupt ist also davon auszugehen, dass der Mensch in seiner apriorischen Vernetzung (Schulz-Nieswandt, 2006g) sozialkapitaltheoretisch[452] (Schulz-Nieswandt, 2006h) zu konzipie-

---

[450] Vgl. u. a. Bengston, u. a. 2002; Lettke/Lüscher, 2001; Lüscher/Pillemer, 1998 sowie Lüscher, 2000 und Pillemer/Lüscher, 2004.

[451] Zur Problematik des gelingenden Zusammenlebens zwischen den Generationen stärker aus der Perspektive der Jugend (des Jungseins) vgl. Hoffmann/Schubarth/Lohmann, 2008.

[452] *Sozialkapitaltheorien*: Überblickt man die vielen Ansätze einer Theorie des Sozialkapitals (vgl. auch Schulz-Nieswandt, 2007e; zur Übersicht vgl. auch Euler, 2006; Matiaske, 1999; Twickel, 2002; Riemer, 2005; Schechler, 2002; Marx, 2005), so zeigt sich auch hier eine hegemoniale Dominanz der utilitaristischen Forschungsrichtung. In der Coleman-Granovetter-Richtung (Coleman, 1991; ders., 1992; ders., 1994; Granovetter, 1985; ders., 1990; ders., 2005) werden Netzwerke unter dem Aspekt der Investition aus der Perspektive strategischer Klugheit konzipiert. Ist dieser Aspekt als empirische Relevanzstruktur auch nicht zu leugnen, so bedeutet die Reduktion auf die strategische Klugheit doch zugleich eine ökonomistische Engführung. Folgt man der Definition von Robert Putnam, so setzt sich das Sozialkapital aus drei Dimensionen zusammen: dem Klima des Vertrauens, dem sozialen Engagement der Bürger sowie den Reziprozitätserfahrungen. Unter dem Prinzip der Reziprozität ist das Gegenseitigkeitsprinzip des Gebens und Nehmens zu verstehen. Nun kann man dieses Verständnis des Sozialkapitals auf ganz verschiedene Forschungsfelder übertragen: auf zivilgesellschaftliche Zusammenhänge der Demokratieentwicklung, auf die soziale Wohlfahrtsproduktion des bürgerschaftlichen Engagements und des „Dritten Sektors", auf regionalökonomisch relevante Netzwerkbildungen usw. Greift man auf die Sozialkapitaltheorie von Robert Putnam zurück (dazu auch Helmbrecht, 2005; Keller, B., 2007; Koob, 2007), so bedeutet ein Leben im Sozialkapital als verörtlichte Mesoebene der Sorgearbeit des Individuums also a) vernetzt leben, b) Reziprozitätserfahrungen machen und c) in einem Vertrauensklima leben

ren ist. Philosophisch ist (das weist eine gewisse semantische Differenz auf) die „Verstrickung" des Menschen in Geschichten zu betonen.

Mit dem Begriff der Verstrickung habe ich nicht völlig theorielos einen um Anschaulichkeit bemühten Begriff gewählt – im Gegenteil. Er geht auf das vor über 50 Jahren erschienene Buch „In Geschichten verstrickt" von

---

(aufwachsen). Haften diesen Dimensionen der Konzeptualisierung von Sozialkapital auch ökonomisch-funktionale Aspekte an, wie etwa die Funktion von Vertrauen als Reduktion von Unsicherheit (Komplexität) und ist Putnams Arbeit nicht frei von der Betonung der Externalitäten der Motivation zur Netzwerkinvestition und des Blicks auf die Reduktion von Transaktionskosten, so kann die Bedeutung von Netzwerken auf diese Funktionalität nicht beschränkt werden. Netzwerke sind das Leben; der Mensch lebt als Selbst nur im Mitsein mit dem Anderen. Es ist dies seine Lebenswelt und seine einzige Form der Verwirklichung des personalen Existenzmodus. Dies meint „embeddedness": kulturelle Einbettung. Es ist das auf Heidegger (2001) zurückverweisende Apriori des Geworfenseins des Menschen in die Welt, das sich nicht auf die Motive und Netzwerkbildung strategischer Klugheit reduzieren lässt. Granovetter hat die Differenz verdeckt, als er von „embeddedness" sprach, aber strategisches „connectedness" (Verkettung) meinte, eine Differenz, die oftmals verloren geht (und Beckerts These [Beckert, 2007], Polanyi's Konzept von „embeddedness" benötige in der modernen ökonomischen Soziologie [zum Überblick zur Wirtschaftssoziologie: Baecker, 2007] eine entsprechende koordinierungstheoretische Wende, kann angesichts der hier behaupteten Notwendigkeit einer non-utilitaristischen kulturellen Wende der ökonomischen Kooperationsforschung kritisiert werden). Die spieltheoretische Modellierung non-kooperativer Spiele (zur Spieltheorie vgl. Rieck, 2005 sowie Schimank, 2007) versucht gerade unter Abwesenheit von kultureller Einbettung der Akteure die Regelbildung über strategische Verkettung zu generieren. Die ökonomische Tradition des *homo oeconomicus* denkt längst schon nicht mehr den isolierten, nur eng eigennutzorientierten Akteur (*homo clausus*). Allerdings wird keine vorgängige Annahme der kulturellen oder intersubjektiven Einbettung formuliert. Vielmehr wird der Mensch eigensinnig und selbstbezogen definiert und gelangt erst durch strategische Verkettung („connectedness") zur sozialen Interdependenz. Dies hat vor allem die (experimentelle) Spieltheorie ausgearbeitet. Menschen verhalten sich demnach nutzenoptimierend unter Berücksichtigung der Art und Weise des Verhaltens der anderen Menschen. In diesem Sinne von Erwartungs-Erwartungen sind *Ego* und *Alter Ego* (vgl. auch Art. „Alter ego", in RGG, Bd. 1, Sp. 366) dann interdependent. Der Mensch verhält sich zielorientiert; und das optimale Erreichen von solchen selbst gesetzten Zielen (Nutzenmaximierung unter Restriktionen, wie z. B. Budgetgrenzen, Zeitgrenzen, Informationsbeschaffungskosten etc.) gilt als Rationalitätsstandard. Die besondere Berücksichtigung von Restriktionen und anderen Rahmenbedingungen rationalen Handelns hat dieser Theorie den Namen „constrained rational choice"-Theorie eingebracht. Die Differenz zwischen Einbettung und Verkettung bleibt jedoch in dieser Modellierungswelt bestehen. Das kennzeichnet die inneren Widersprüche zwischen utilitaristischen und non-utilitaristischen Sozialkapitaltheorien ebenso wie die neuere Debatte um Gabeanthropologie und die Soziologie und Ökonomik der Reziprozität (die hier nicht differenziert dokumentiert werden soll; vgl. in Schulz-Nieswandt, 2006c; ders. u. a., 2006; Komter, 2007). Trotz aller empirischen Evidenz, die Stehr (2007) zusammenträgt, bleibt dessen These der Moralisierung der Märkte als Theorie der kulturellen Einbettung weitgehend theorieunscharf und unspezifisch.

II. Personale Haltung und soziale Praxis   357

Wilhelm Schapp (2004) zurück. Heute erfreut sich (allerdings nur in fachlich eingeweihten Kreisen) diese „konkrete Phänomenologie der Lebensweltgeschichten von Menschen" einer großen Aufmerksamkeit (Lembeck, 2004; Pohlmeyer, 2004; Wälde, 1985). Die ganze forschungslogische Perspektive ist für die vorliegende Thematik von grundlegender und weitreichender Bedeutung.

Es gibt keine individuelle Existenz außerhalb des gesellschaftlichen Strukturgitters. Individuation (im Sinne einer Personwerdung) erfolgt nur innerhalb der kollektiven Bahnungen[453], die Weltbilder und Sozialordnungen vorhalten und in denen sich materielle und non-materielle Interessen entfalten.[454]

Insofern ist, das hatte ich bereits argumentiert, dem *homo sociologicus* die Erfahrung der Gesellschaft als mitunter „ärgerliche Tatsache" (Dahrendorf, 2006) immanent. Die Autonomie des Individuums ist daher im Lebenszyklus (Art. „Lebenszyklus", in RGG, Bd. 5, Sp. 166 ff.) immer nur relativ.

Der anthropologische Konzeptbegriff der Person, der Personalität oder des personalen Daseinsmodus erfasst das bereits. Eine Identitätsfindung jenseits des ontologischen Datums des Transaktionalismus (Kreislauf von Wirkwelt und Merkwelt[455] im Sinne von J. v. Uexküll: Rasini, 2008) von Person und (sozialer wie technisch-dinglicher) Umwelt ist (nämlich bzw. jedoch) anthropologisch mit Blick auf die Ontik des konkreten Daseins nicht argumentierbar (Schulz-Nieswandt, 2006d). Der Kerngedanke des Transaktionalismus bedeutet: Innere Reifung eines Menschen findet im Formrahmen einer Person-Umwelt-Interaktion statt (Kegan, 1986, S. 26).

Gesellschaft und/als Generationengefüge: Das gesellschaftliche Strukturgitter ist immer auch eine intergenerationelle Figuration[456]: „Generationen gibt es nie an sich und isoliert, sondern nur im Zusammenhang und in Differenz zu anderen Generationen sowie einem Bewusstsein darüber, wie dieser Zusammenhang aussieht." (Zirfas, 2004, S. 131) Insofern ist die neuerliche Thematisierung der Generationenbeziehungen aufgrund dieser anthropologischen Evidenz notwendig (vgl. auch Liebau/Wulf, 1996).

---

[453] Zur Verstrickung *in* der Geschichte und zur „exzentrischen Positionalität" des Menschen *vor* der Geschichte vgl. auch Hohmann, 2005.
[454] Das ist der Theorieansatz bei Max Weber.
[455] Dazu bereits auch Cassirer, 1996, S. 47 ff. mit Bezug auf von J. v. Uexküll. Dazu auch Meuter, 2006, S. 100 f., wiederum mit Blick von Uexküll bis zu Plessner.
[456] Worauf später nochmals zurückzukommen sein wird; vgl. auch Jureit, 2006; Jacobs, 2006 sowie Veith, 2006. Eine interessante Streiflichter-Wanderung durch die Theorien der Generationenverhältnisse und -beziehungen unter besonderer Würdigung der pädagogischen Zusammenhänge bietet Ecarius, 2008.

Volkswirtschaftliche Theoreme über die unausweichliche Generationenabhängigkeit: Das, also die Differenz innerhalb der Interdependenz, gilt auch volkswirtschaftlich. Im Fall einer demografischen Alterung der Gesellschaft kann, ohne hier nun die ganzen Kontroversen zur Alterssicherung aufgreifen zu können (Bucerius, 2003; Glootz, 2005; Hartig, 2002; Ehrentraut, 2006; Sommer, 2008; Wehlau, 2009) gezeigt werden, dass sowohl das Umlagefinanzierungssystem wie auch ein Kapitaldeckungsverfahren[457] strukturell anfällig sind. Die Abhängigkeit des Umlagefinanzierungsverfahren von der Struktur der Bevölkerungsentwicklung ist bekannt; das sog. „asset meltdown-Theorem" besagt aber, dass auch bei einem Kapitaldeckungsverfahren mit sinkenden Alterseinkommen unter der Bedingung einer rapiden Bevölkerungsalterung zu rechnen ist, da die im Alter zur monetären Liquidität zu transformierenden Kapitalanlagen (etwa Wohnimmobilien) angesichts einer beschränkten Nachfrage der disproportional nachwachsenden jüngeren Bevölkerung einen Wertverlust hinnehmen müssen. Die Modellierung offener Volkswirtschaften wirft nicht Lösungen, sondern nur neue Probleme auf. Analog verhält es sich im Fall der Geldvermögensbildung. Die Kaufkraft sinkt infolge der Inflation. Diese muss unter der Bedingung der Alterung der Gesellschaft infolge der in der Quantitäts-Gleichung (sog. Fisher-Gleichung) dargestellten Zusammenhänge eintreten:

$$M v = p y.$$

Ist die Geldmenge (M) und die Umschlagsgeschwindigkeit des Geldes (v) konstant, und sinkt das Volkseinkommen (y) infolge der sinkenden Erwerbspersonenpotenziale, so muss das Preisniveau (p) ansteigen.

Im Fall des Umlagefinanzierungsverfahrens tragen zunächst (politische c.p.-Klauseln gesetzt) nicht die älteren Menschen, sondern die nachrückenden Erwerbstätigen die Nachteile. Hier ist das Theorem der sinkenden Renditen (vgl. im SGB XI-Bereich: Häcker, 2008) in der Kohortenabfolge unter der Bedingung der rapiden demografischen Alterung darzulegen.

Es gilt:

$$E_t b_t w_t = R_t p_t.$$

Das Gleichgewicht aus dem Produkt aus Erwerbstätigenzahl E, Beitragssatz (b) und Durchschnittseinkommen (w) sowie dem Produkt aus Rentner-

---

[457] Die Teil-Privatisierung der Alterssicherung, gestützt durch Teile der Wissenschaft, ist durchaus auch durch den Lobbyismus der Finanzdienstleistungsbranche fundiert: Wehlau, 2009.

zahl (R) und Rentenhöhe (p) ist zu wahren. Löst man die Gleichgewichts-Gleichung zum Beitragssatz b hin auf:

$$b_t = R_t/E_t p_t/w_t.$$

Es wird deutlich, dass bei einem anvisierten stabilen Beitragssatz b und einem steigenden Rentnerlastquotienten R/E (Verhältnis der Zahl der Rentner R zu der Zahl der Erwerbstätigen E) das Rentenniveau p/w sinken muss.

Kapitaldeckungs- und Umlagefinanzierungsverfahren sind in querschnittlicher Analyseperspektive allokativ analog zu beurteilen; beansprucht wird immer das jeweilige Volkseinkommen. Der laufende Sozialaufwand (SA) muss immer aus dem jeweiligen Sozialprodukt erwirtschaftet werden, so lautet der diesbezüglich berühmte Mackenroth-Satz (vgl. dazu auch Schmähl, 1981). In längsschnittlicher Perspektive sind die Zusammenhänge kontrovers(er). Der Mackenroth-Satz

$$Y_t = SA_t + I_t.$$

gilt weiterhin. Jedoch muss gefragt werden, was mit dem Volkseinkommen Y (konsumtiv: SA/investiv: I) in der Periode t gesellschaftlich gemacht wurde, und zwar mit Blick auf die Zukunft $t + n$. Es könnte quasi ein Neo-Mackenroth-Satz formuliert werden:

$$Y_{t+1} = SA_{t+1} + I_{t+1}(I_t).$$

Hiermit ist eine intertemporale Interdependenz temporärer Mackenroth-Gleichgewichte formuliert. Die Investitionen von heute beeinflussen somit (c.p.) durchaus die volkswirtschaftlichen Produktivitätsgrundlagen für die Generierung von Volkseinkommen in Zukunft. Allerdings gilt auf dieser Grundlage eines Niveau-Effekts die Mackenroth-These unweigerlich erneut. Umstritten sind jedoch die Mechanismen und Effekte hinsichtlich der Abhängigkeit der Investitionen in $t + 1$ von den Investitionen in t, wenn komplexere Betrachtungen angestellt werden.

Zurück zur *Kultursoziologie der Generationenbeziehungen*: So sehr jede Generation auch ihre intragenerationellen Aufgaben zu erledigen hat, so sehr stehen diese Generationen in einem (normativ-rechtlich, etwa grund-, arbeits- und sozialrechtlich regulierten) Verkettungszusammenhang (Schulz-Nieswandt, 2007a), der selbst wiederum kulturell eingebettet ist[458]: In Bil-

---

[458] *Elterngebot*: Ob das Problem der Wertschätzung des Alters (als Elterngeneration) allerdings durch Rückgriff auf eine nicht nur methodisch traditionelle Exegese (altorientalisch kontextualisierter) alttestamentlicher Gebote (Jungbauer, 2002) mög-

der vom Alter[459], in Bilder von der Jugend, in Bilder von den Beziehungen zwischen den Generationen.[460]

In diesen Bildern geht es um Motive und/oder Haltungstypen (wie Liebe, Respekt, Pietät[461], Autorität, Autonomie: vgl. klassisch Scheler, 2006) und um soziale Mechanismen: Geben und Nehmen, ökonomische Vererbungen, intertemporale Verpflichtungszusammenhänge und Externalitäten, Vertrauen[462] (vgl. insbesondere Bosshardt [2001] zum *homo confidens*) und Reputation[463], (generationell zu denkendes: Fietze, 2009) kollektives Gedächtnis und kulturelle Vererbung[464].

Es handelt sich bei den Generationenbeziehungen also um normierte, meist auch rechtlich kodifizierte, kulturell (über Bilder und Haltungen, also über kognitive und motivationale Dispositionen) codierte Figurationen, die die Allokation und Distribution von Ressourcen regulieren.

Regulationsregime und personaler Eigensinn: In diesem Regulationsregime ist – mit großen Spannungspotenzialen verbunden – der relative Eigensinn jedes Individuums, ganzer Kohortencluster eingelassen.

Der Eigensinn – auch des Alters (Schulz-Nieswandt, 2007f)[465] – ist damit eingelassen in einen komplizierten Koordinationsraum von Rechten und

---

lich ist, muss mehr als fraglich bleiben. Denn die konstatierte alte Sippenpädagogik, die selbst patriarchalismuskritisch kaum hinterfragt wird, kann ja unmöglich revitalisiert werden. Das ist anthropologisch und soziologisch wie psychologisch unter den Bedingungen der Moderne nicht denkbar und auch, wissenschaftstheoretisch, im Lichte eines praktizierten normativistisch verdrehten naturalistischen Fehlschlusses (bei den Nomaden war die Welt richtig normiert, und so sollte sie auch heute geordnet sein) nicht haltbar. Bar jeder tieferen sozialpolitischen Kenntnis helfen da auch nicht schwammige wenige Seiten des Aktualisierungsausblicks (Jungbauer, 2002, S. 372 ff.), die sich um Differenzierung bemühen.

[459] Oder von Menschen mit Behinderungen. Vgl. auch Bosse, 2006; Goebel, 2002 sowie Riess, 2003.

[460] Vgl. bereits alttestamentlich: Biberger, 2003.

[461] Art. „Pietas" in Roscher, 1993, III.2, Sp. 2499 ff.

[462] Vgl. auch Herger, 2006.

[463] Vgl. dazu auch Held/Kubon-Gilke/Sturn, 2005.

[464] Klassisch: Halbwachs, 1985.

[465] *Motive in Seniorengenossenschaften*: Zum Phänomen des genossenschaftlichen Engagements (Köstler, 2006) von Senioren und den komplexen diesbezüglichen Motivlagen (Köstler, 2006b) vgl. empirisch, aber im Lichte der Gabe- und Reziprozitätsökonomik betrachtet (Köstler, 2007a): Köstler, 2006b, dies., 2007; zur Ambivalenz der „neuen Alten" als „Retter des Sozialen" (im Sinne einer zivilgesellschaftlichen Reservearmee) vgl. auch Aner/Karl/Rosenmayr, 2007. Eine Stichprobenanalyse beruflicher und ehrenamtlicher Helfer in Organisationen zeigt, wie komplex und bunt der Einfluss verschiedener Faktoren (Situationen, Persönlichkeitsaspekte, affektuelle und normative Faktoren etc.) auf das Commitment ist. Vgl. Schülken, 2007.

Pflichten (Art. „Pflicht" in RGG, Bd. 6, Sp.1246 ff.)[466], Ressourcen und Bildern.[467]

Alterung und Generationenbeziehungen betreffen unausweichlich alle Menschen. Das gilt auch für einen weiteren grundlegenden Bezugspunkt der gesellschaftlichen Entwicklungsprobleme, der nun aufzugreifen ist.

h) Der fundamentale Bezugspunkt: Das Leben vom Tod her denken

Das Leben ist vom Tod (Kellehear, 2007) her zu denken[468]. Das mag verdrängt werden, ist aber so. Die Studie von Gulde (2007) hat dies anhand von figürlichen[469] Bildsprachen (des Menschen als *homo pictor*) in Ugarit[470] (RGG, Bd. 8, Sp. 688 ff.) und im alttestamentlichen[471] Israel eindrücklich demonstrieren können.[472] Der Tod beherrscht, wie das Thema der Liebe, die Weltliteratur (Gulde, 2007, S. 1; vgl. auch die Studie von Macho, 1992). Paläoanthropologisch sieht Gulde dies in evolutionär vererbten Urängsten (etwa vor Fressfeinden) verwurzelt: Der Mensch hat Angst vor dem Tod (Gulde, 2007, S. 9). Gulde (2007, S. 247) fasst ihre Studie zusammen (kursiv auch im Original): „Alle Figuren des Todes, wie sie in den vorgestellten Textcorpora begegneten, haben eines gemeinsam: Die Texte zeigen durchgehend, dass der Tod dem Menschen unfassbar bleibt, dass er

---

[466] Zum Pflichtgefühl von Töchtern hinsichtlich der Pflege ihrer Mütter: Geister, 2005.

[467] *Klugheitsethik*: So kann spieltheoretisch (zur Spieltheorie vgl. Rieck, 2006 sowie Schimank, 2007) die Ökonomik der strategischen Klugheit durchaus – bis zu einem gewissen Punkt – das Verständnis der Problematik (der Genese der) sozialen Normen klären helfen: Bicchieri, 2006. Das Phänomen der Moral lässt sich aber nicht vollständig durch diese Ökonomik strategischer Klugheit erklären: Bayertz, 2004. Zu einer spieltheoretischen Interpretation der Bibel vgl. Brams, 2003 und ders., 1983.

[468] Vgl. Schulz-Nieswandt, 2006b, S. 201 ff.; Schumacher, 2004; Harrison, 2006; Theunissen, 1991, S. 197 ff.

[469] *Figur*: Der Begriff der Figur ist, wenngleich als „Gebilde" aus dem lateinischen *figura* stammend, polyvalent. In diesem Zusammenhang betone ich die Auftretensart eines Menschen, somit eine spezifische Wirkungsweise der menschlichen Person auf die Umgebung. Insofern ist eine gewisse Synonymität mit der Kategorie der sozialen Rolle gegeben. So passt diese Auffassung auch zur Figur in der Literatur oder im Theater. Eine schematische Analogie findet sich in der Schachfigur. Die sozialen Konfigurationen, somit die relative Positionierung einer Person im Gefüge des ganzen Spieles, erinnern auch an die Figuren im Tanz.

[470] Einführend zur Geschichte von Ugarit: Cornelius/Niehr, 2004.

[471] Zum Forschungsstand zum Thema Tod in der altorientalischen und alttestamentlichen Forschung vgl. Gulde, 2007, S. 57 ff.

[472] Sie referiert, wenn auch nicht immer theoretisch besonders klärend, ausführlich die neuere methodologische Debatte um Symbolismus, Metaphorik, Mythos etc.

sich nie beeinflussen lässt und immer eine Gefahr darstellt. Man kann daher in *beiden* Motivkomplexen, nicht nur bezüglich des Todes als Fresser und König über sein (Toten-)Reich, sondern auch bezüglich des Todes als heimlicher schleichender Dieb und Räuber festhalten, dass der Tod als Herrscher dasjenige Bildwort ist, das am besten wiedergibt, was den Menschen hinsichtlich dieses Komplexes immer wieder beschäftigt, umgetrieben und beunruhigt (hat)." Das dürfte plausibel sein, wenn man es erst akzeptiert hat. Dagegen wirkt jedoch ein tief sitzender Verdrängungsmechanismus.

Ja, der Tod ermöglicht durch seine Bewußtwerdung in Form der Endlichkeit (vgl. auch Art. „Endlichkeit" in RGG, Bd. 2, Sp. 1273 ff.) überhaupt erst Kultur (und damit die individuelle Selbstbehauptung: Becker, 2000), argumentiert auch Gadamer (1993, S. 86[473], 88 sowie 119): „Einer hat Zukunft, solange er nicht weiß, daß er keine Zukunft hat. Die Verdrängung des Todes ist der Wille des Lebens." (Gadamer, 1993, S. 88)[474] Insofern konstituiert der Tod als das ganz Andere des Seins das Sein überhaupt erst (Bauman, 1994, S. 8): „(…) und so schafft der Tod die Kultur, jene riesige, stets emsige Fabrik der Dauer." (Bauman, 1994, S. 12) Trotzdem, oder gerade deshalb, beunruhigt der Tod den Menschen – und dieser ist diesbezüglich weitgehend untröstlich. Hier liegt die anthropologische (oder auch ontologische) Quelle einer tiefen Dialektik von Düsternis und Schöpfertum des Menschen in Form seiner kulturellen Daseinsmodalität verborgen.

Kulturschöpfung durch Todesbewusstsein: Das Bewusstsein von der Endlichkeit wirft überhaupt erst die Möglichkeit, die Notwendigkeit, aber auch die diskursfähige Problematik auf[475], den Lebenslauf unter Aspekten des Gelingens bzw. des Scheiterns[476], sozialpolitisch auch unter dem Aspekt

---

[473] Gadamer, 1993, S. 86: „Dabei nimmt die Erfahrung des Todes in der Geschichte der Menschheit eine ganz zentrale Stellung ein. Man darf vielleicht sogar sagen: Sie leitet seine Menschwerdung ein."
[474] Ähnlich Schipperges, 1968, S. 17.
[475] Auf Erikson komme ich später zurück; vgl. auch Kirschner, 2000.
[476] *Ökonomische Schulden und moralische Schuld*: Das Beispiel der Überschuldung privater Haushalte (Schulz-Nieswandt/Kurscheid, 2005; dies., 2005a), das ich als Analogie aufgreife, lässt sich nicht abstrakt als Logik des geldwirtschaftlichen Systems der Konsumökonomie hinreichend beschreiben. Das Individuum als verantwortliche (aber eben auch unvollkommene) Person ist verstrickt; mehr noch: Die Person ist in der Mitte des Geschehens. Die Überschuldung hat – um hier einen alttestamentlich-exegetischen Methodenbegriff nutzbar werden zu lassen – ihren „Sitz im Leben" in dem konkreten Lebenslauf als Bewältigung der Entwicklungsaufgaben, der lebenszyklischen An- und Herausforderungen der menschlichen Persönlichkeit (Schulz-Nieswandt, 2006d). „Schulden *haben*" „verschuldet *sein*" bedeutet mehr als eine ökonomische und soziale, hoch verrechtlichte – sondern vielmehr eine gouvernementale – Beziehung und ist auch mehr als die Aufdeckung einer moralischen Sinnordnung, die hinter dem Schuldbegriff (Grätzel, 2004; Ricoeur,

der Hilfebedürftigkeit (der Ressourcenabhängigkeit) des einerseits prinzipiell zwar selbstständigen und selbstverantwortlichen, auch sozial mitverantwortlichen, aber andererseits immer auch sozial bedürftigen Menschen zu denken (Kruse, 2006).

Kultur des Sterbens: Die Probleme, die individuell wie kollektiv im Zusammenhang mit der Kultur des Sterbens (Art. „Arts moriendi", in RGG, Bd. 1, Sp. 795 f.) existenziell und mit dem Faktum der menschlichen Endlichkeit als Daseinsproblem bestehen, werden in der Literatur zunehmend zu einer These der diesbezüglichen kulturellen Unfähigkeit verflacht und gehen meines Erachtens dabei fehl. Denn implizit wird hierbei behauptet, es hätte – kulturgeschichtlich gesehen und als selbstständiger Mythos hypostasiert – einmal ein „goldenes Zeitalter" des Sterbens und der Todesbewältigung oder – kulturvergleichend gesehen – andere „vorzeigefähige" Kulturen gegeben, in denen diese existenziellen, fundamental das Dasein des Menschen schlechthin betreffenden Herausforderungen in quasi-geglückter Weise bewältigt worden seien. Das ist nicht haltbar.

Ohne „Suche nach dem verlorenen Zeitalter" müssen die richtigen Fragen (vgl. auch Pott, 2007) gestellt werden: Wie wird das zukünftige Verhältnis von Medizintechnik und „Sterben-lassen-Können" – auch und gerade in der Langzeitpflege – bestimmt (zur Sterbebegleitung vgl. auch Beleites, 1998)?

2002) in der Kulturgeschichte steckt. *Haben* und *Sein* deuten die existenzielle Dimension der Verschuldungsproblematik auf. Psychologisch ist die Verschuldung, insbesondere die Überschuldung, eine personale Geschehensordnung: Sie wird – mit allen Sinnen – erlebt, sie geschieht um und daher (leiblich gesehen) *am* und letztendlich (kognitiv gesehen) *im* Menschen. Mit dem Leiden des Menschen an seiner (monetären) Schuld bin ich voll in der „Arbeit am Menschenbild": Wie ist seine Selbst- und Mitverantwortung zu verstehen? Wie bleibt der Mensch – subsidiär – auf die Hilfe von Staat, Gesellschaft und Gemeinschaft angewiesen? Wie gestaltet sich diese Hilfe? Auf welchen Ebenen? Mit welchen Instrumenten? In welcher Handlungslogik? Mit welchen Motiven? Vgl. dazu ausführlich Schulz-Nieswandt/Kurscheid, 2007. In seiner Abhandlung „Wirtschaftspädagogik als Theorie sozialökonomischer Erziehung" (Sloane, 2001) behandelt Sloane ein hier nun relevantes, nicht nur wissenschaftsgeschichtlich, sondern auch wissenschaftssystematisch und hochschulpolitisch relevantes Thema. Wie stehen Theorie der beruflichen Ausbildung und Sozialpädagogik als Wissenschaft der gesellschaftsbezogenen Erziehung zueinander? Ist eine integrative Sicht der Wirtschaftspädagogik als sozialökonomische Erziehung möglich? Konzentriert man Wirtschaftspädagogik, so die Argumentation, auf die Berufsfelder, die gegenstandslogisch im Ausbildungsprofil der Hochschule weitgehend vorgegeben sind, auf die Berufs- und Betriebspädagogik, auch, wenn dann lerntheoretisch und lernpsychologisch noch das ganze Gebiet der Lehr- und Lernforschung hinzukommt, verkürzt sich das disziplinäre Selbstverständnis trotz der eigenen Reichhaltigkeit: Sozialökonomische Felder wie z.B. Konsumerziehung (insbesondere wäre auch die Kreditpädagogik im Lichte der Forschung zur Überschuldung privater Haushalte zu nennen) oder Umwelterziehung bleiben damit außen vor.

Wie will die Gesellschaft z. B. mit der Problematik der künstlichen Ernährung – die z. B. in der Schweiz so nicht praktiziert wird – umgehen (Beleites, 1998)? Geht es hier in „reiner" Form nur um moralische Dilemmata oder auch um die Politische Ökonomie des entsprechenden medizintechnischen Industriezweiges? Ist die Alternative einer Patientenverfügung (May/Charbonnier, 2005; Ambrosy/Löser, 2006) eine Selbst-Rationierung? Und wenn ja, ist das ein Problem?

Von zentraler Perspektive dürfte demnach insgesamt eine verstärkte Enttabuierung des Themas des „Sterben-lassen-Könnens" sein (vgl. ferner Pfeffer, 2005). Grundsätzlich geht es um neue Wege, eine humane Praxis[477] des „Sterben-lassen-Könnens" zu entfalten, die nicht ökonomisch motiviert ist (Rationierungsverdacht) und auch nichts mit faschistoider Euthanasie zu tun haben. Es ist schwer, sich heute argumentativ in diesen Themenkreisen zu positionieren (vgl. auch Riecker, 2000).

i) Zwischenfazit IV und Übergang zur weiteren Argumentation

Es reicht nicht hin, als Ergebnis der Gerontologie (Schulz-Nieswandt, 2006) der letzten Jahrzehnte die höchst differenzierten, unterschiedlich verlaufenden Arten und Weisen des Alter(n)s zu betonen und infolgedessen die Änderung gesellschaftlicher Altersbilder (Slaby, 2006) einzufordern.[478]

---

[477] Institutionell, aber auch als leitbildgetragene Praxis der Interaktionen ist hier die Hospizbewegung anzuführen: Hayek, 2006; Breuckmann-Giertz, 2006; Everding/Westrich, 2004. Zum Alltag im Hospiz als alternativer Pflegeeinrichtung vgl. Dresske, 2005.

[478] *Thema des Sechsten Altenberichtes*: Auf der Homepage findet sich auch eine Erklärung zu den Themen des sechsten Altenberichts: „Das Thema ‚Altersbilder in der Gesellschaft' ist sehr vielseitig, dementsprechend ist auch die 14-köpfige Kommission interdisziplinär zusammengesetzt: In ihr sind sowohl Expertinnen und Experten aus den für Altenberichte klassischen Disziplinen wie Gerontologie, Psychologie, Soziologie und Gesundheitswissenschaften vertreten. Es sitzen aber auch Sachverständige aus den Bereichen Bildung, Medien und Kommunikationswissenschaften, aus der Politik-, Rechts- und Wirtschaftswissenschaft wie auch Vertreterinnen und Vertreter aus den Bereichen Ethik, Ethnologie, Geschichte und Theologie in der Kommission. Die Sachverständigenkommission stellt sich dem Auftrag, die Altersbilder in Wirtschaft und Gesellschaft sowie in Politik und Kultur zu untersuchen. Dafür soll sie aufzeigen, inwieweit sich in diesen Bereichen eine differenzierte Darstellung des Alters sowie eine differenzierte Ansprache älterer Menschen finden lässt. Ferner soll dargelegt werden, in welcher Hinsicht sich diese Altersbilder auf die Teilhabe älterer Menschen am gesellschaftlichen und kulturellen Fortschritt sowie auf die Beziehungen zwischen den Generationen auswirken. Besonderes Gewicht ist auf die Beantwortung der Frage zu legen, wie sich Altersbilder bereits gewandelt haben bzw. wie sich diese in Zukunft verändern könnten.
Der Sechste Altenbericht soll maßgeblich dazu beitragen, moderne, realistische und zukunftsgerichtete Altersbilder in der Gesellschaft zu verankern und eine ent-

Wandel der Altersbilder: So können damit zwar die stereotypischen Vereinfachungen („Altsein ist Kranksein" etc.) überwunden werden. Selbst wenn das – was sich partiell[479] abzeichnen mag (Hartung, 2005; Proes-Kümmel, 2005; Walter u. a., 2006; Filipp/Mayer, 2005; zu Geschlecht und Alter: Hartung u. a., 2007)[480] – hinreichend gelingt und sich entsprechend verhaltensleitende Wahrnehmungen und Einstellungen der Gesellschaft ver-

sprechende öffentliche Debatte zu initiieren. Der Bericht soll spätestens Anfang 2010 dem Bundesministerium vorgelegt und – nach Abfassung einer Stellungnahme der Bundesregierung – Mitte 2010 der Öffentlichkeit vorgestellt werden. Seine Erarbeitung wird durch verschiedene Workshops und Tagungen begleitet." (entnommen aus www.dza.de)

[479] Mehrheitlich herrschen aber nach wie vor negative (Korthase/Trenholme, 1983) Altersbilder vor: Kite u. a., 2005.

[480] *Altersbilder im Wandel?* Eine breite Forschung informiert über gesellschaftliche Altersbilder. Der zentrale Trendbefund ist stabil: Obwohl sich gewisse Differenzierungen in den verschiedenen medialen Feldern (Werbung [hierzu vgl. Femers, 2007], Film und Fernsehen, Zeitungen, Illustrierte, Literatur, Schulbücher etc.) abzeichnen, sind die überwiegend nachweisbaren Altersbilder immer noch deutlich negativ und an Defizitbildern des Alters orientiert. Nun liegt das Problem nicht in der Existenz von Stereotypisierungen. Allen Bildern liegen ja gewisse empirische Beispiele zugrunde. Angesichts der außerordentlich hohen interpersonellen Varianz des höheren und auch des hohen Alters haben alle stereotypischen Bilder eine exemplarische Evidenz. Aber es fehlt solchen Stereotypen natürlich die Abbildung der differenzierten Vielfalt der Altersgestalten. Problematisch wird es nun immer dann, wenn solche Stereotypen sich verselbstständigen und handlungsleitend werden. Massenmedial vermittelte negative Stereotypen können so ganze Diskurse (etwa über die Kosten der Alterung und entsprechende sozialpolitische Reaktionsmuster) prägen. Der im vorliegenden, nun auch politisch bedeutsam werdenden Zusammenhang – gerade auch im Lichte der oben skizzierten theoretischen Herleitung der Rolle der Beschäftigung mit Fragen der Altersbildkonstruktionen von Akteuren – relevante Befund besteht darin, dass sich solche negativen Stereotypen nicht nur in den verschiedenen *kollektiven* Medien finden lassen, sondern auch in den *individuellen* kognitiven Konstruktionen professioneller Akteure im sozialen Feld der Arbeit mit älteren/alten Menschen, in Medizin und Pflege sowie komplementären sozialen Dienstleistungen. Vor diesem Hintergrund besteht eine folgenschwere Gefahr darin, dass soziale Berufe, die von negativen Altersbildern geleitet sind, *nicht* dazu neigen, kompetenzzentrierte und kompetenzfördernde Arbeit zu leisten, *sondern* im Gegenteil dazu neigen, im oben beschriebenen Sinne Selbsthilfepotenziale zu verkennen, Kompetenzen der älteren/alten Menschen zu missachten und Regressionen herbeizuführen – letztendlich „over-protection" zu praktizieren. Diese Praxis wäre nicht nur zerstörerisch gegenüber dem Potenzial der älteren/alten Menschen. Sie wäre nicht der Würde des älteren/alten Menschen entsprechend (vgl. in diesem Gesamtkontext auch die „Charta der Rechte hilfe- und pflegebedürftiger Menschen" [BMFSFJ & BMG, 2006]). Das Alter wird quasi reinfantilisiert. Für diese Praxis gibt es zahlreiche Befunde. Vgl. auch Abt-Zegelin (2004) zu den Immobilisierungsfolgen pauschal verordneter Bettlägerigkeit. Zu den Auswirkungen positiver Kontrollkompetenzerfahrungen auf die Gesundheit im Alter vgl. die Longitudinalstudie von Wurm/Tesch-Römer/Tomasik, 2007. Vgl. breit das Phänomen der Altersdiskriminierung entfaltend: Rothermund/Mayer, 2009.

ändern, bleibt die fachlich begründete Notwendigkeit, sich der quantitativ ansteigenden Teilgruppe des abhängigen und hilfe- bzw. versorgungsbedürftigen Alters interdisziplinär und durch feld- und ressortübergreifende integrierte Politik zuzuwenden.

Hier werden tatsächlich – und es ist legitim, das anzuführen – erhebliche volkswirtschaftliche Belastungen und vor allem Opportunitätskosten der Bevölkerung – und das bei steigender Jahres- und Lebensarbeitszeit einer schrumpfenden Bevölkerung – zu klären sein. Versorgungspolitisch sind (und das ist alles andere als trivial) neue Formen der kollektiven wie der individuellen Problembewältigung (Schulz-Nieswandt, 2006b) gefragt.

Sozialstaatsumbau: Allerdings sind zum besseren Verständnis der Veränderungsnotwendigkeiten der sozialstaatlichen Rahmenbedingungen einige allgemeine typische Einschätzungen zum deutschen Sozialstaat in Erinnerung zu rufen:

– Der deutsche Sozialstaat hat sozialrechtlich (System der Sozialgesetzbücher und weitere Rechtsregelungen) die verschiedenen Leistungsbereiche (etwa Gesundheit, Pflege, Behinderung[481]) leistungsrechtlich und auch kostenträgerschaftlich sehr gegliedert (oftmals nach dem sog. Kausalprinzip[482]). In der Folge entstehen frustrierende Verantwortungs- bzw. Zuständigkeitsfragen, Integrations- und Kooperationsprobleme, hohe Intransparenzen und Transaktionskosten für die Bürger.

– Auch galt der deutsche Sozialstaat bis zu Beginn der 1990er Jahre als transferorientierter Sozialstaat (Schulz-Nieswandt, 1993, S. 32; vgl. zur diesbezüglichen Wohlfahrtsstaatentypus-Forschung instruktiv: Bambra, 2008), der relativ wenig Gewicht auf den Ausbau sozialer Dienste (Ausnahme: Medizinsystem, dort aber immer schon mit einer relativ hohen Zahl an Ärzten im Vergleich zu Pflegekräften: Haug, 1995) legte. Dies hat sich geändert, etwa im Bereich der Einführung der Pflegeabsicherung[483]. Der demografische Diskurs, aber auch der Trend einer post-traditionalistischen Neu-Orientierung in einer zunehmend querschnittlich verschachtelten Familienpolitik (unter Gender-, Arbeitsmarkt-, Bildungs- und Generationsfragen: Schulz-Nieswandt, 2004b[484]; Ecarius, 2007) hat

---

[481] Grundrechtlich: Welti, 2005; vgl. ferner Wansing, 2005. Ferner Strassmair, 2002; Theunissen/Schirbort, 2006; Weisser, 2005; Leder, 2006; Hans/Ginnold, 2001.

[482] Vgl. Brück, 1976, S. 58 f. sowie Badelt/Österle, 2001, S. 19.

[483] Zur Entwicklung der Pflegeabsicherungssituation 1995–2005 vgl. Paslack, 2008. Zur Reformdebatte vgl. auch Igl/Naegele/Hamdorf, 2007.

[484] *Vereinbarkeit und Nachhaltigkeit*: Dass Kompetenzen der SchülerInnen (hier ist angesichts des sozialen Wandels auf das Problem der Resilienz [vgl. auch mit Bezug auf das Alter: Heitmann, 2005] der Kinder [Welter-Enderlin/Hildenbrand,

eine dienstleistungsorientierte Wende im deutschen Sozialstaat herbeigeführt.

- Das politische System Deutschland[485] ist gerade mit Blick auf die hoch verrechtlichte Sozialpolitik[P] kompliziert. Der Föderalismus (Anderson, 2008)[486] und das Zwei-Kammer-System (dazu auch Burkhart, 2008) sowie die konsensorientierte Einbindung des ausdifferenzierten Verbändewesens macht nicht nur die Reform, sondern auch die Praxis der Sozialpolitik schwerfällig.

- Auf der Seite der Leistungsanbieter gibt es einen Trägerpluralismus[487] und eine Fülle verschiedenster Angebotsformen und Betriebsformen. Neben regionalen Differenzierungen bestehen erhebliche Probleme in der Integration, der Vernetzung und der Kooperation der Leistungsanbieter. Auch dies führt zu Intransparenzen und hohen Transaktionskosten der Bürger.

- Nicht nur transsektoral, sondern auch innerhalb der Einrichtungen existieren sehr viele Kommunikationsprobleme, die zum Teil Geschlechter-Hierarchien widerspiegeln (in Medizin und Pflege: Hofmann, 2001), zum

---

2006; Opp/Fingerle, 2007; dass eine solche kompetenzorientierte Interventionstheorie systemische Perspektiven nicht ausschließt, ergibt sich bei einem entsprechenden Einblick in die systemische Soziale Arbeit mit Familien: Ritscher, 2006; vgl. ferner Armbruster, 2006] hinzuweisen) als nachwachsendes Human-, Kultur- und Sozialkapital der Gesellschaft auch abhängig sind von optimalen Umwelten gelingenden Aufwachsens, rückt die Sozialisationsinstanzen des Schulsystems, des Freizeitsystems und der Familienformen in den Vordergrund. Hier geht die Problematik der Arbeitsmarktpolitik gleitend über in die Fragen des Sektors der Kinderbetreuung (Child care). Das Problem stellt sich in Deutschland dahin gehend verschärft, dass diese Verbesserung der Aufwachsbedingungen gleichzeitig mit einer die Geschlechterdiskriminierung betreffenden Lösung des Problems der Vereinbarkeit von (weiblicher) Berufstätigkeit und höherer Fertilität anzugehen ist (Schulz-Nieswandt, 2004b). Diese Problematik verschachtelt Fragen der Familien-, der Bildungs-, der Arbeitsmarkt-, der Geschlechterpolitik mit Grundsatzfragen der Organisation des Sozialschutzsystems und wirft insbesondere die Frage nach flächendeckenden Ganztagsbetreuungen für alle Altersstufen von Kindern auf. Positiv ist zu beobachten, dass diese Problematik nicht nur als staatliche Gestaltungsaufgabe begriffen wird, sondern z. B. auch die Unternehmen in die Verantwortung mit einbezieht (vgl. die Debatte über Corporate citizenship; zu Coporate social responsibility vgl. den gleichnamigen Art. von Wendt, in Maelicke, 2007, S. 211). Auch diese lernen den Nutzen einer investiven Sozialpolitik kennen, der produktive Schnittflächen zu einer nachhaltigen Wachstumsorientierung darlegen hilft. Ein interessantes Phämomen stellen ethische Investments dar. Diese stellen offensichtlich einen wachsenden (und erfolgreichen) Markt dar (vgl. Kempf/Osthoff, 2007).

[485] Beyme, 2004; Hartmann, 2004; Schmidt, M. G., 2005; Rudzio, 2006.
[486] Vgl. Sturm/Zimmermann-Steinhart, 2005; Reutter, 2007; Broschek/Lindner/Schultze, 2007.
[487] Schulz-Nieswandt, 1993, S. 24; ders., 1993a, S. 117 ff.

Teil ökonomische und diskursive Hierarchien sind, die sich aus der Geschichte der Professionen, aus den unterschiedlichen Verwissenschaftlichungsgraden (vgl. auch im Fall der Pflege: Winter, 2005)[488], aus den geschlechtsspezifischen Arbeitsmarktsegmenten und den unterschiedlich entwickelten Industriekomplexen[489], die hinter den Teilsektoren stehen, erklären lassen.

– Hinzu kommt sicherlich eine in Deutschland ausgeprägte Tradition paternalistischer Sozialpolitik[p] und entsprechender Sozialarbeit, Medizin[490] und Pflege, die sich erst neuerdings auflöst zugunsten – allerdings wiederum kontrovers bleibender – anderer Positionen (Kundenorientierung[491], Nutzersouveränität, dialogisch-partnerschaftliche[492] Modelle der Co-Produktion zwischen Bürger und Professionen [vgl. auch mit Blick auf behinderte Menschen: Hahn, M. Th., 2008][493] etc.).

„Demografisierung" des Diskurses: Vor diesem Hintergrund zurück zum Demografie-Diskurs. Eine erste Schlussfolgerung ist zu ziehen.

Wissenschaft, Politik und Medien sind angehalten, umfassende, komplexere und differenzierte Altersbilder zu veröffentlichen (Filipp/Mayer, 2005 mit einschlägiger englischsprachiger Literatur; Kruse/Schmitt, 2005).[494] Es darf mit Blick auf die Einsichten der die Politik beratenden Gerontologie jedoch nicht unstatthaft sein, die außerordentlichen Belastungen und Bedarfslagen zu betonen, die auf Wirtschaft und Gesellschaft zukommen (vgl. BMFSFJ, 2006).

---

[488] Vgl. zu der daraus resultierenden Macht-Figuration im Krankenhaus: Pillen, 1997. Vgl. ferner Raatikainen, 1996.

[489] Vgl. auch die Kritik von Payer, 1992.

[490] Die Debatte um die ärztliche Aufklärungspflicht gegenüber dem Patienten/der Patientin in der Zeit nach 1945 (positioniert zwischen den Diskurspolen der Fürsorge und der Autonomie als Prinzipien) vgl. Gratzel, 2002. Vgl. auch (zur Darstellung medizinethischer Konflikte in Filmen) Schmidt, 2000.

[491] Der Realismus des Theorems des souveränen Konsumenten ist umstritten: Bömmel, 2003; Heissel, 2002; Reibnitz u. a., 2001. Vgl. unter den Aspekten von Werbeverbot (vgl. auch Kretschmer, 2006) und Patienteninformationen: Barth, 1999.

[492] Zum Patienten als Partner vgl. Landgraf/Huber/Bartl, 2006. Zum Management kundenorientierter Arztpraxis vgl. Obermüller, 2007.

[493] Vgl. auch die eingehende Studie von Weigl, 2006.

[494] Dependeny-support-script: Einen geriatrischen Nihilismus als Hintergrund für die Bevorzugung jüngerer Patienten durch die Hausärzte konstatieren Brendebach/Piontkowski (1997). Die Beziehungsqualität sowie das fachliche Wissen können die Altersbilder jedoch deutlich differenzieren und akzentuieren (vgl. auch Erlemeier u. a., 1997). Nachteilig wirkt sich das von Baltes (1995) herausgestellte „dependeny-support-script" heraus: Dem alten Menschen wird demnach Unselbstständigkeit unterstellt und es wird dergestalt eine sich selbst erfüllende Prophezeiung generiert. Vgl. bereits Baltes/Kindermann/Reisenzein, 1986. Vgl. auch Schulz-Nieswandt, 2008h.

II. Personale Haltung und soziale Praxis

Es ist kein Widerspruch, sich einerseits im Lichte einer angemessenen philosophischen Anthropologie, die die zentralen Merkmale des menschlichen Seins herausarbeitet, dem Alter insgesamt mit der Perspektive des Rechts auf Selbstbestimmtsein zu nähern, andererseits aber zu konstatieren, dass dies (technisch) *in praxi* den Tatbestand der Vulnerabilität (der Verletzbarkeit, der Gefährdung, der hohen Eintrittswahrscheinlichkeit von Hilfebedarfen und der pflegerischen Abhängigkeiten) des Alters (*in praxi* moralisch und politisch) nicht ausschließt. Der *homo patiens* darf thematisch kein Tabu sein, nur weil die Angst vor (dem Vorwurf) der Verbreitung negativer Altersbilder besteht. Oder anders gesagt: Die Diskussion muss sich der Analyse jener personalen Lebenslagen zuwenden, denen einerseits mit dem anthropologisch unverfügbaren Maß an Respekt begegnet werden muss[495]. Andererseits muss akzeptiert werden, dass diese Lebenslagen *de facto* Formen der begrenzten Selbstbestimmbarkeit, der Hilfe- und Pflegebedürftigkeit und weitere Formen existenzieller Einengung aufweisen (BMFSF, 2002).

3. Medizinausbildung als Haltungswandel

Radikalere Reformen der Medizinausbildung sind notwendig.

Anthropologisierung: Diese Ausbildung muss stärker von einer anthropologisch fundiert reformulierten Zielverständigung (Allert, 2002) der Medizin in der Gesellschaft ausgehen.

Geradezu zentral dürften sein eine neue und nachhaltige Medizinanthropologisierung, der Erwerb von sozialen Kommunikationskompetenzen, insbesondere das Erlernen multi-disziplinärer, transmedizinischer Fallkonferenzen[496], eine Ausbildung in partnerschaftlich-dialogischen[497] Arzt-Patienten-

---

[495] Vgl. Bensch/Klicpera, 2003; Bosch, 2005; Fehndrich, 2003; Greving, 2002; Lage, 2006; Niedecken, 2003; Pörtner, 2004; Schultebraucks, 2006.

[496] Zu ethischen Fallkonferenzen in der Palliativpflege vgl. Warnken, 2007, S. 28 f.

[497] *Personalismus und Dialogik*: Vgl. Kampits, 1996. Obwohl das Thema noch später analytisch breiter aufgegriffen wird, darf ich bereits an dieser Stelle einige Ausführungen machen. Die tieferen Wurzeln in diversen Strömungen einer Philosophie der Person (Personalismus) und des Dialogs können hier nicht skizziert werden. Vgl. insgesamt Kapitel D.I.2. Insbesondere im Schnittbereich philosophischer und theologischer Anthropologie finden sich ausgearbeitete Positionen der dialogischen Existenz des Menschen im personalen Daseinsmodus. Ich verweise auf Löwith und Scheler, auf Buber, Rosenzweig, Ebner (1882–1931; dazu auch Jagiello, 1997; Art. „Ebner, Ferdinand", in RGG, Bd. 2, Sp. 1044 f.), Gogarten (Han, 2001; Thyssen, 1970; Art. „Gogarten, Friedrich", in RGG, Bd. 3, Sp. 1071 f. sowie Art. „Gogarten, Friedrich", in TRE, Bd. 13, S. 563 ff.), auf Sartre (vgl. auch Marotzki, 1987; zum Existenzialismus insgesamt vgl. Flynn, 2006), Tillich, Lévinas, Theunissen (Theu-

Beziehungen (Peters, 2008)[498], in der Vertrauen eine konstitutive Rolle spielt (wie die Empirie zeigt: Hall u. a., 2001) und für die erlebte (aber auch objektive: Di Blasi u. a., 2001) Qualität mitentscheidend ist (Clausen u. a., 2006; Stewart u. a., 2000; Thom u. a., 1999), das Erlernen des Managements von Zielkonflikten (Schmola, 2008; Böckmann, 2008) zwischen Medizintechnik (Schubert, 2006), Ethik und ökonomischen Budgetrestriktionen (Hunstorfer, 2006), eine geriatrische Basisausbildung[499].

Sozialkompetenzen: Dabei darf die Empathiefähigkeit (Maoz u. a., 2006; Hojat, 2006) des Menschen in der Rolle des Arztes auch nicht überfordert werden. Sonst treibt man die Ärzte noch tiefer in die Burnout-Gefahr (Bergner, 2006). Aber der Zusammenhang dürfte hermeneutisch auch eher umgekehrt erschlossen werden (Anschütz, 1987, S. 193 f.): Eine stärker kommunikativ orientierte Medizin würde die Medizin – also das medizinische Personal – entlasten.[500] Eine solche Umorientierung der Medizinpraxis liegt demnach letztendlich auch im Interesse der Menschen, die medizinisch tätig sind. Nicht nur im Lichte der signifikant höheren Suizidrate[501] dieser Berufsgruppe[502] dient eine solche Umorientierung somit der psy-

---

nissen, 1965). Vgl. auch Langemeyer, 1963. Vielleicht sind auch Brunner (Art. „Brunner, Emil" in TRE, Bd. 7, S. 236 ff.; Han, 2001 sowie umfassend Jehle, 2006) und Guardini (zu Guardini vgl. Pauly, 2000; Hamann, 2005, S. 94 ff.; vgl. auch Bentz, 2008, S. 47 FN 30) zu nennen (zu Guardini umfassender: Brüske, 1998; Knoll, 1994; Gerl-Falkowitz, 2005; Pelz, 1998). Ähnlich wie im Fall von Tillich, so ist auch das personalistische Verständnis zu Gott bei Brunner nur vor dem Hintergrund der Erfahrungen des 1. Weltkrieges verstehbar (Salakka, 1960, S. 11). Auch Rahner ist anzuführen, da er in seiner „anthropologischen Wende" das existenzielle Sein des Menschen transzendentalphilosophisch (RGG, Bd. 8, Sp. 545 ff.) elaborierte und damit eine merkliche Differenz zum Supranaturalismus von Karl Barth aufweist. Nur erwähnt werden sollen die (faszinierend-schwierigen und umstrittenen) Studien von Ferdinand Ulrich (1998), der Ontologie und Anthropologie zusammenführt (Oster, 2004).

[498] Platt u. a., 2001. Vgl. auch Kao u. a., 1998; Keating u. a., 2004.
[499] Vgl. aus der Fülle der Literatur Döhner/Stamm, 2005.
[500] Vgl. auch Gadamer, 1993, S. 52 f.
[501] Vgl. Sonneck, 1995; Moesler, 1994; Amrein, 1999; Goehring u. a., 2002; zur US-amerikanischen Literatur vgl. Silverman, 2000. Ferner Plewina, 1999.
[502] *„Der verwundete Held"*: Vgl. auch – psychomythologisch auf die Figur des verwundeten Helden rekurrierend – die Studie von Gathmann/Lininger, 2000. Ausführlich auch bei Schulz-Nieswandt, 2003. Die Kulturanthropologin Rösing analysiert (Rösing, 2007) die Metapher des verwundeten Heilers als archetypische Figuration, also dyadische Konstellation zwischen Arzt und Patient, wobei wechselseitig Übertragungen und Gegenübertragungen stattfinden müssen, wenn die Arzt-Patienten-Beziehung ergebnisorientiert gelingen soll: Der Arzt muss die Perspektive des Patienten im Sinne von dessen Verwundung zum Teil übernehmen, und der Patient muss die Perspektive des Heilers im Sinne des Selbst-Heilens zum Teil einnehmen. So findet eine partielle wechselseitige Rollenübernahme statt. Dabei muss die Mitlei-

chisch-geistigen und letztendlich auch moralischen Entlastung der Medizin (Kreß, 2003; für die Pflege: Schwerdt, 1998[503]). Diese wird zunehmend durch die gesellschaftlichen Erwartungen überfordert und gerät angesichts der Scherenentwicklung zwischen dem medizintechnisch Möglichen (Schubert, 2006) einerseits und dem ökonomisch Machbaren andererseits in ethische Dilemmata: „Was soll ich tun?" Was ist heute „gute Medizin"? Eine Fülle von Fragen tut sich hier auf (Riecker, 2000).

Rechtliche Unsicherheiten schließen sich an. Auch der Bürger (in der – „parsonsianischen" – Rolle des Patienten[504]: Ebert, 2003[505]) ist angesprochen, wenn es um die Überforderung der Medizin geht.

Daher sind die Schlussfolgerungen evident. Die quälende Frage einer seit Jahrzehnten nicht wirklich vorankommenden Ausbildungsreform in der Medizin (vgl. auch Tellenbach, 1988, S. 158 ff.) wird aus demografischen Gründen dringlicher denn je. Was pädagogisch im Zuge der natürlichen Kohortenabfolgen nicht mehr zur rechten Zeit verändert werden kann, muss im Rahmen seriöser Weiterbildung zur Wirkung gebracht werden.

Organisationsentwicklung und Personalführung: Die überzogenen hierarchischen Strukturen in den Medizinanstalten (Stratmeyer, 2002; Grahmann/ Gutwetter, 2002) müssen – dem Stand des Wissens in der Organisations-, Personal- und Managementforschung entsprechend – abgeflacht werden. Verantwortungsstrukturen sind in horizontal vernetzte Organisations- und Ablaufsysteme einzubauen. Das klingt technisch bzw. wirkt, wie eine technische Anleitungstextur. Aber da die Systeme keinen Maschinencharakter haben, handelt es sich um schwierige Veränderungen menschlicher Sozialgefüge auf der Basis der jeweiligen mentalen Modelle und habituellen Handlungsmuster.

Bürgerkompetenzen: Schließlich ist aber auch noch – ganz im Sinne des Denkens in Stakeholder-Modellen – die bleibende Ambivalenz im Diskurs des „mündigen Patienten"[506] herauszuarbeiten (vgl. Dieterich, 2006).

---

denserfahrung des Arztes begrenzt bleiben, soll er sich nicht tatsächlich verwunden, also überfordern. Dann ist der Arzt nicht einseitig mächtig und der Patient schwach.

[503] Mit interessanten Ausführungen zu Buber. Zu Bedeutung Bubers für die medizinische Psychologie vgl. Roßmanith, 2006.

[504] Zur traditionellen Patientenrolle gehört z.B. auch die konforme Erwartung der Anspruchsreduktion (im Krankenhaus): vgl. Steffen, 2009.

[505] Vgl. deutschsprachig von Parsons: Parsons, 2005; ders., 1994. Parsons wird auch in der üblichen Lehrbuchliteratur zur Medizinsoziologie nach wie vor produktiv integriert. Vgl. Stollberg, 2001 und Bauch, 1999. Vgl. ferner Begenau/Schubert/ Vogd, 2005.

[506] Zur Typologie von Patientenmündigkeit vgl. auch Dietz, 2006.

Die Einschätzungen dieses, sich in einem allgemeinen Modernisierungsprogramm einfügenden Normbildes, vor allem des Patienten als Kunden (Dietz, 2006), sind heterogen. Es geht um vielerlei Aspekte und Dimensionen. Vor allem: Den neuen Freiheiten stehen auch nicht nur neue Risiken, sondern auch neue Zwänge zur Seite: Selbstverantwortung und Selbstständigkeit der Lebensführung als erzwungene Risikoprivatisierung.[507] Und insgesamt: der Zwang zum effizienten Selbst-Management.

Analogien in der Pflege: Parallelfragestellungen zur neuen Dialogik in der Medizin stellen sich ebenso in der Pflege. Hier figuriert die Diskussion unter dem Titel „humanistische Altenpflege" (Höppner, 2007). Das ist wohlmeinend, aber tief kritisch zu verstehen. Denn auch die Pflege ist ein Machtsystem. Auch sie ist herrschaftskritisch zu hinterfragen. Auch sie betreibt gouvernementale Modelle. Auch hier mag ein ontischer Kern nicht eliminierbar sein. Doch was ist mit den kulturellen Überschüssen? Und wo will sich die sich professionalisierende Pflege hinbewegen?[508] Will sie sich medizinalisieren? Will sie sich in die informelle Räumlichkeit bewusstselbstbewusster „verlängerter Mütterlichkeit", die der maskulinen Technikmedizin fürsorgeethisch abgeht, zurückziehen?

Die mit kollektiven Ereignissen und Strukturen verwobenen individuellen Lebensgeschichten (Maurer, 19981; Blimlinger u. a., 1996; ausführlicher: Schilder, 2007, S. 84 ff.) sind in der Pflege abzurufen, aufzunehmen und zu integrieren und sind dergestalt der Ausgangspunkt für eine Zielerreichung im Pflegeprozess: „Die Zielerreichung im Pflegeprozess ist lediglich dann möglich, wenn die Akteure ihre jeweiligen Wahrnehmungen der Situation zusammenführen und gemeinsam im Sinne des Abgleichs der jeweiligen Erwartungen an der Erreichung der Ziele zusammenwirken. Werden die lebensgeschichtlichen Erfahrungen ausgeklammert, die die Situationswahrnehmung mitbestimmen, können Ziele im Rahmen des Pflegeprozesses nicht erreicht werden." (Schilder, 2007, S. 19)

Von diesem Gelingen hängen aber die Akzeptanz der Heimübersiedlung (skeptisch: Tse, 2007) ebenso ab wie die aus den Vorstellungen von Pflege

---

[507] *Neo-Liberalismus und Schuld-Rhetorik*: Erste Versuche einer Analyse der mentalen Haltung des Neo-Liberalismus (definiert als Neo-Konservatismus: dazu auch Volkert, 2006) habe ich an anderer Stelle versucht: Schulz(-Nieswandt), 1987. Vgl. auch Girkinger, 2005. Das gilt auch für die Präventionsdebatte: Aus dem alten „Recht auf Gesundheit" wird eine „Pflicht zur Gesundheit". Der „moral hazard"-Verdacht im Sinne des risikofaktorentheoretischen Verweises auf die Formen verhaltensinduzierter Morbidität wird zur quasi-theologisierten Schuldmetapher im Alltag des menschlichen Miteinanders.

[508] Einige treffsichere δ-phänomenologisch-empirische Befunde finden sich in Napiwotzsky, 1998.

geprägten Zufriedenheiten und Lebensqualitäten (vgl. auch die Studien von Pietrukowicz/Johnson, 1991 sowie Clarke, 2000, auch Büssing u.a., 2003).

Totale Institutionen: Die ethnografische Studie von Koch-Straube (1997) kommt zu dem Befund, dass es an dieser Verständigung oftmals fehlt. Hier bleibt die Kritische Theorie[509] Referenz der Analyse. Gerade darin wurzelt eine zentrale Eigenschaft „totaler Institutionen"[510]: Fremdbestimmung und Verlust von Identität. Rohrmann (2007) deutet den Individualisierungsdiskurs auch in der Behindertenhilfe (umfassend einführend: Röh, 2009) als reflexive Moderne und somit als Grundlage einer Überwindung des stationären Bias der Behindertenhilfe und somit als Grundlage zur Weiterentwicklung offener Unterstützungsangebote, die im normativen Lichte individueller Teilhabechancen zu deuten sind. Diese stationäre Arbeit analysiert Göbel (2007) in kritischer Auseinandersetzung mit Goffmans Theorie (zu Goffman vgl. auch Raab, 2008[511]) totaler Institutionen und Mannonis Institutionentheorie.

Aber was, wenn nicht jedes Heimleben substituierbar ist? Zumal dann, wenn ambulant betreutes Leben in privat-individuellen (oder klein-gemeinschaftlichen) Wohnformen[512] auch im Geist des Paternalismus praktiziert werden können? Die Vertrautheit im Heimleben hängt aber von der Abholung der sozialen Biografie der Pflegebedürftigen (Bosch [1998] am Beispiel von Demenzkranken) ab. Die Forschungsliteratur zeigt dabei: „Das Berufsverständnis sowie das Wissen, das Können und die Werte Pflegender scheinen Einfluss darauf zu nehmen, wie sie das Verhalten pflegebedürftiger Personen wahrnehmen und wie sie darauf reagieren." (Schilder, 2007, S. 29) Es ist demnach auch eine Frage der Haltung (vgl. auch Kleinschmidt [2004]

---

[509] Die m.E. allerdings keinen Höhepunkt in Menasses „Frankfurter Poetikvorlesungen" erfährt (Menasse, 2006).

[510] *Totale Institution*: Zur Charakterisierung der „totalen Institution" bei Goffman im Vergleich zu Elias und Bourdieu vgl. Willems, 1997, S. 250 ff. Zur Konvergenz bzw. Divergenz in Hinsicht auf Foucault vgl. ebd., S. 130 ff. sowie ebd., S. 288 f. Vgl. auch Arnold (1996) zu Foucault und die totale Institution der Pflege. Das Panopticum (vgl. Art. „Panoptes", in Roscher, 1993, III.1, Sp. 1540 ff.: „der Allsehende, ein Epitheton, das jedem Gott eignet, der von seinem Sitz auf Bergeshöhen oder vom Himmel herab auf die Menschen schaut." [Sp. 1540]) ist hierbei nicht nur eine Architektur, sondern ein mentales System habitualisierter Fremd- und Selbstüberwachung. Zu totalen Institutionen gibt es eine Reihe weiterer grundlegender Studien bereits älteren Datums: Caudill, 1958; Stanton/Schwartz, 1954; Rubenstein/Lasswell, 1966.

[511] Mit Blick auf die Gefängnisse ist Hentig (1955) ebenso spannend zu lesen.

[512] Und auch die Studie von Hanslmeier-Prockl (2009) zur Behindertenhilfe kann darlegen, wie selbst bei ambulant betreuten Wohnformen pädagogische, organisatorische und gemeinwesenorientierte Aktivitäten und Entwicklungen zusammenkommen und zusammenwirken müssen, um umfassende Teilhabe zu gewährleisten.

zum Krankenhaus), also der habituellen Inkorporierung einer zur Performativität neigenden impliziten Pflegeanthropologie.

Es gibt aber auch Hinweise, dass „totale Institutionen"[513] dennoch[514] in der Lage sein können, bedürfnisgerecht zu arbeiten (Bartholomeyczik, 2004; Darmann, 2000 zum Krankenhaus; Näthke, 2009).

4. Maskulinität, Medizin, Tod:
Die Genderdimension angesichts des Heldenmythos der Medizin in daseinsanalytisch-tiefenpsychologischer Sicht

Es ist ja nun keine exotische Fragestellung[515], kritisch nach den Geschlechterverhältnissen in Organisationen, insbesondere im Management

---

[513] Schilder, 2007, S. 110: „Die ersten Erkenntnisse weisen darauf hin, dass in totalen Institutionen Interaktionsprozesse zwischen den am pflegerischen Handlungsprozess beteiligten Personen zuungunsten der Erwartungen der pflegebedürftigen Personen verlaufen. Dieses führt zu asymmetrischen Beziehungen zwischen den Pflegenden und den pflegebedürftigen Personen. Somit besteht die Wahrscheinlichkeit, dass pflegebedürftige Personen existenzbelastende oder gar gefährdende Erfahrungen machen."

[514] Zur fördernden Prozesspflege: Krohwinkel, 1993.

[515] *Genderfragen*: Es geht weniger um Sex als um Gender. In der englischen Sprache wird hier ein Unterschied gemacht. Sex bezeichnet eine biologische Zuordnung. Gender bezeichnet stattdessen eine soziale Zuschreibung sozialer Selbstverständnisse, von Rollenmustern und spezifischen Identitätsprofilen, zugespitzt als duale, also binär codierte Geschlechter(merkmals)ordnung (Schulz-Nieswandt, 2006b, S. 137 ff. sowie ders., 2004b, S. 53 ff.), z. B. als männliche Gerechtigkeitsethik und weibliche Fürsorgepraxis, als technischer *homo faber* einerseits und als verlängerte Mütterlichkeit in Pflege und Erziehung andererseits. Die männliche Welt ist die Welt des Maschinenbaus und des Helden (etwa in der Medizin); die Welt des Weiblichen ist die Welt der Sorge, des Einfühlens (Hackermeier, 2008) sowie Mitleidens (etwa in der Pflege) und des Häuslichen. Aus Sicht einer Gender-sensiblen Gouvernementalitätsanalyse, die sich mit der Queer theory (Moebius, 2003, S. 280 ff.) verbindet, ist ein Pflegearrangement noch viel mehr: Pflegearrangements sind Definitionsfelder von Kräften normativ-kultureller, wissenssystemischer, politischer und rechtlicher Regimes, die das Feld vor allem auch binär codieren: Die Vektoren sind Gleichheit versus Differenz, Moral versus Subjektivität, Verantwortung versus Autonomie, Sorge versus Begehren, Öffentlich versus Privat, Staat versus Individuum. Vgl. grundlegend Becker, 2008. Dies ist kein kulturgeschichtliches Produkt der bürgerlichen Moderne und folgt einfach der Logik der Trennung von Arbeiten und Wohnen, der Außenorientierung des Männlichen und der Innenorientierung des Weiblichen, des starken Helden und des schutzbedürftigen, wenngleich im Umkreis des warmen Herdes kompetenten Weiblichen, zur Aufopferung neigenden „Muttertieres" als Produkt der Industrialisierung und Urbanisierung, quasi begleitet von einer psychischen Typtransformation im Parallelogramm zur Genese der bürgerlichen Kleinfamilie (Opitz, 2005). Die Wurzeln reichen – bei Konzentration auf den eurozentrischen Fragenkreis – bis in die Antike und damit in das vorchristliche Altertum zurück. Das Weibliche ist also ein kulturelles Konstrukt. Kann man dann

von Organisationen zu fragen (Lange, 1998; Albrecht, 2007; Gherardi/ Poggio, 2007).

a) Männliche Medizin versus weibliche (mütterliche) Pflege

Eine umfassende Literaturdarlegung kann jedoch an dieser Stelle unterbleiben, hat Sewtz (2006; vgl. auch Miers, 2001) nun eine breite Literaturanalyse zu den Karrieremustern und zu den Geschlechterverhältnissen in Medizin und Pflege (zur ambulanten Altenpflege vgl. auch die Studie von Klement, 2006) vorgelegt.[516] Ich verweise auch[517] auf meine einschlägigen (aber noch oberflächlichen) Vorarbeiten zur Ethnologie[518] und Tiefenpsychologie der Medizin und Pflege (Schulz-Nieswandt, 2003).[519]

---

aber von einer Anthropologie der Geschlechter sprechen? Nun, die binäre Logik des Männlichen und Weiblichen ist geradezu ubiquitär. Ob es in sehr frühen halb-agrarischen Gesellschaften vor der neolithischen Revolution einmal anders war, ist nach wie vor kontrovers, aber auch irrelevant. Die Befundlage zur Matriarchatsthese ist nicht gut, eher ist Falsifikation angezeigt. Das Pochen auf ein „goldenes Zeitalter" der Frau ist darüber hinaus nicht ganz ohne innere Ambivalenz: Feministische Kritik möchte doch wohl nicht die Matriarchatsidee im Gewand jüdisch-christlicher Eschatologie (Art. „Eschatologie", in RGG, Bd. 2, Sp. 1542 ff.) vor dem Hintergrund einer impliziten, aber dennoch nicht zu übersehenden Ur-Sündenlehre eine Entfremdungstheorie des Paradiesverlustes kolportieren? Braucht es ein – vorzeitliches (!) – Paradies, um eine Kritik der herrschenden Verhältnisse zu rechtfertigen? Das Paradies ist eine Figur in der ewigen „Wahrheit des Mythos", die als „Arbeit am Mythos" zu verstehen ist. Sie deutet an, was den unvollkommenen Menschen kennzeichnet, wodurch er erst als leidender Mensch verständlich wird. Es geht dieser Anthropologie um verallgemeinerungsfähige Aussagen zum historischen Wandel und zur kulturellen Vielfalt der Geschlechter. Dennoch stellt Napiwotzsky (1998) in ihrer Arbeit eine Handvoll eher fachfremder Bestseller-Studien aus dem feministischen Forschungskreis zusammen, um historisch die Genealogie der Mütterlichkeit vor und im Umkreis des Neolithikums bis hin zum 4. Jahrtausend v. Chr. zu belegen.

[516] Vgl. auch Martin, 2001 sowie Bollinger u. a., 2005; Scholbeck, 2002; grundsätzlich auch Bischof-Köhler, 2006.

[517] *Zwischen maskuliner Chef-Visite und pflegerischer Mutterliebe*: Vgl. auch den historischen Rückblick von Steppe, 2000. Die angeführten Quellen machen nicht nur die dienende Rolle der weiblichen Pflege deutlich. Höhepunkt jeden Tages in der Klinik ist die ärztliche Visite und die ist männlich. Pflege war im Übergang vom 19. zum 20. Jahrhundert eine Arbeitsmarktemanzipation der Frauen der mittleren bürgerlichen Sozialschicht (Klindt, 1998); insofern sickerte das Weiblichkeits-, d. h. das Mütterlichkeitsideal der bürgerlichen Familien in dieses Segment ein (vgl. auch Arnold, 1995). Weibliches Sein ist hier „Da-sein für andere" (Bartjes, 1995). Die Mutterliebe wird (vgl. auch Frevert, 1986), so zeigen die historischen Quellen, explizit von dem familialen Haus auf die öffentliche Gemeinde übertragen. Dem männlichen Pfleger wird heute immer noch von Außen durch Ekel und Abscheu gesteuertes Unverständnis entgegen gebracht (Bartjes, 1995, S. 48).

Ärztliche Laborwerte und pflegerische Fälle: Hartmann (1984, S. 165) bringt die Differenz mit Blick auf die Bilder vom Patienten auf den Punkt: „Schwestern denken in ‚sozialen Verhaltenstypen' so wie Ärzte in ‚Fällen' denken." Und damit ist auch die Pflege nicht aus der Kritik: Auch die Schwestern schaffen Konstrukte vom Patienten: Patienten werden etikettiert als „gut und schlecht, normal und abweichend, dankbar und undankbar, mitarbeitend und sperrig, folgsam und widerborstig, aufgeschlossen und renitent, freundlich und mißmutig, problemlos und schwierig, duldsam und klagend."[520]

Anima und Animus: Insgesamt ist aber – hier der These von Erich Neumann[521] folgend (Schulz-Nieswandt, 2003, S. 62 f.) – die Frage nach der Komplementarität des Männlichen und des Weiblichen, hier nun in der medizinisch-pflegerischen Praxis, einzufordern.

Eventuell könnte eine Entwicklung von großer Bedeutung werden, die hier als Trendthese vorgestellt werden soll: Die Zunahme der Frauen in Medizinberufen wird zu einer „Feminisierung" der Medizin (Vetter/Buddeberg, 2003[522]) führen und diese Umorientierungen verstärken[523].

Männlichkeitskultur und Feminisierung: Dies hat zwei Teilhypothesen zur Voraussetzung:

(1) das Hierarchieproblem hat eine männlichkeitskulturelle[524] (Schulz-Nieswandt, 2006b, S. 135 ff.; Martschukat/Stieglitz, 2005[525]) Wurzel im Medizinbetrieb[526], die

---

[518] Vgl. etwa Weidmann (1996) zur Chef-Visite (ebd., S. 245). Vgl. auch Wettreck, 1999, S. 58 f. Vgl. zu Ritualisierungen im Krankenhaus ferner Moser, 1997. Den rationalen Kern der Visite rettend: Ott, 1996 sowie Vogt, 2003.

[519] Historisch vgl. zur Entstehung weiblicher Arbeitsmarktsegmente Frevert, 1986 sowie Wikander, 1998.

[520] Zur Wirksamkeit impliziter Theorien in den Köpfen von Pflegenden vgl. Büssing/Herbig/Latzel, 2004.

[521] Zu Neumanns Werk vgl. auch Dieckmann/Meier/Wilke, 1980.

[522] *Teamarbeit*: In dieser Diskussion wird deutlich hervorgehoben, wie sehr die Berufsgruppenzugehörigkeit, gekreuzt mit den Gender-Effekten, die Teamorientierung erschwert. Die Teamarbeit wird schwierig, weil mit dem Caring- und dem Curing-Konzept Machtfragen berührt sind: Curing-Medizin ist männlich orientiert; die ganze Macht ist männlich. Männliche Studierende sollten jedoch stärker auch die Caring-Perspektive beherrschen und wertschätzend akzeptieren lernen.

[523] Dies ist natürlich im Zusammenhang mit der Verweiblichung der Kompetenz zur Pflege zu sehen. Siehe zu diesem Zusammenhang auch Piechotta (2000) und ferner Ummel (2004). Vgl. auch Scholbeck, 2002.

[524] *Helden, Ruhm, Unsterblichkeit*: Es kann hier nicht eine eigene Kulturgeschichte auch nur ansatzweise skizziert werden. Vgl. jedoch (mit Blick auf den europäischen Zeitraum von 1450 bis 2000) Schmale, 2003. Einschlägig: Hnilica, 2006. Dass Heldentum mit Ruhm und Ruhm wiederum mit Unsterblichkeit zu tun

II. Personale Haltung und soziale Praxis 377

(a) auf den (psychomythologisch näher darlegbaren) Mythos des heldenhaften[527] Kampfes mit dem Tod zurückgeht[528] und

(b) mit dem metaphernhaften Selbstbild der Medizin als einer dominant naturwissenschaftlichen Maschinenbauwissenschaft (Plewina, 1999) zu tun hat (ausführlicher in Schulz-Nieswandt, 2003, auch mit psychomythologischen Argumentationen – dazu gleich mehr);

(2) die Feminisierung der Medizin wird möglich, da Frauen eine stärkere Sorge-Orientierung (Care-Ethik[529]: Schulz-Nieswandt, 2004b, S. 59 f.) in die Medizin einbringen als Männer (Cure-Orientierung).

---

hat (Thiele-Dohrmann, 2000), verweist auf tiefere psychologisch zu begreifende Zusammenhänge, die wiederum mit dem Faktum des Todes in der menschlichen Existenz zu tun hat. Vgl. soziologisch allgemein zur Männlichkeit mit Blick auf soziale Konstruktionen und kulturelle Deutungsmuster Meuser, 2006.

[525] *„Heilige Hochzeit"*: Zum AT vgl. Jost (2006). Eine kulturgeschichtlich lange zurückliegende Verwiesenheit des Mannes auf die Frau drückt sich noch in der mythischen Figur der „Heiligen Hochzeit" (Schmökel, 1956; vgl. auch Art. „Hohes Lied", in RGG, Bd. 3, Sp. 1838 ff. sowie Art. „Hoheslied" in TRE, Bd. 15, S. 499 ff.) aus. Vgl. ferner die differenzierenden Ausführungen zum Aus- und Einschreiben des Weiblichen in der Geschichte bei Geary, 2006.

[526] Es ist nur gerade 100 Jahre her, als den Frauen von Natur aus das Fehlen der notwendigen Intelligenz zur Ausübung des ärztlichen Berufes nachgesagt worden ist: Brinkschulte, 1993.

[527] Zur „Geburt des Helden" vgl. auch Rank, 2000.

[528] *Drachentöter*: Die oben bereits angesprochene männliche Welt ist die Welt des Helden, etwa zurückverweisend auf den Mythos des Drachentöters (vgl. auch Campbell, 1999, S. 100), auch wenn man, mit Schmidbauer (2001, S. 142 ff.) Kritik an Erich Neumanns psychohistorische Kulturgeschichte (auf den ich an anderer, entscheidender Stelle positiv eingegangen bin: Schulz-Nieswandt, 2003, S. 62 f.) haben kann und muss. Duerr (1999) hat die Enteignung der Macht der Frau, wie sie im Kult der großen Mutter (vgl. das Wandrelief der Venus von Laussel: dazu auch James, E. O. [2003, S. 64]) mit Blick auf die Tatsache beschrieben, dass damit auch die Macht über den Tod der Frau verloren ging und, wie ich nun ergänze, auf männliche Rollen überging.

[529] *Weibliche Fürsorgeehtik?* Dazu umfassend und grundlegend: Conradi, 2001. Vgl. ferner Remmers, 2000, S. 241 ff. Die Theorie weiblicher Fürsorgeethik geht insbesondere auf die Erikson-Schülerin Carol Gilligan (1991) zurück. In nicht ganz transparenter Weise taucht dieses Motiv einer gesellschaftlich nicht-instrumentalisierten Mütterlichkeit, die sich als authentisch und nicht als pathologisch hingabevoll und selbstverleugnend versteht, bei Napiwotzky (1998) konzipiert auf. Wenn man auch vielen Passagen der Dissertation nur zustimmen kann, bleibt diese eigentümliche Konstruktion einer neuen, sozial anerkannten Mütterlichkeit, die auch von Männern geleistet werden kann, schwierig. Allein begriffsstrategisch fehlt es an hinreichender Differenzbildung, damit an transparenter Nachvollziehbarkeit. Vor allem werden geschlechtspezifische Rollenzuweisungen kritisiert, natürliche Mütterlichkeit doch bejaht, die von Männern zwar, aber doch nicht ganz originär erlernt werden können und letztendlich in eine Variante jetzt nun doch endlich anerkannter Mutterrolle von vorwiegend Frauen münden wird. Zu Gilligan (1991), aber auch zu Nod-

Diese zweite These (2) ist zwar im Lichte der theoretischen und empirischen Forschung[530] in dieser Zuspitzung (ohne weiteres) nicht zu halten, sollte aber die Diskussion (vgl. auch Gathmann/Lininger, 2000, S. 41 ff.)[531] um die notwendigen kulturellen Neuorientierungen der Medizinbetriebe anregen. Es geht also um die Problematisierung dualer Geschlechter(merkmals)ordnungen.[532]

---

dings (1984), Leininger/Watson/Fry/Benner/Wrubel u. a. vgl. die Literaturaufarbeitung von Kohlen/Kumbruck, 2008.

[530] Vgl. u. a. Sommer, 2003; Biller-Andorno, 2001; Neumann in Helmchen u. a., 2006; Overlander, 2001. Vgl. ferner aus theologischer Sicht Schnabl, 2005.

[531] Gathmann/Lininger, 2000, S. 183: „Zu bedauern ist (...) die Einseitigkeit und die Überbetonung des männlichen, analytisch-eingreifenden Elements. Wir haben (...) eine cartesianische Medizin, sonst wäre der Schrei nach der Ganzheitsmedizin nicht so laut. Ob der vielzitierte Paradigmenwechsel gelingt, wissen wir nicht."

[532] *Binäre Codes und duale Ordnungen*: Dies ist Thema bereits an anderer Ordnung geworden (vgl. in Schulz-Nieswandt, 2004b sowie ders., 2006b). In einem Gespräch mit Cassirer (Michels, 2007, S. 92; vgl. auch S. 99) hat Warburg in der Ellipse (mit iher polaren Struktur) das existenzielle Prinzip des Menschen im Kosmos anthropologisch erkannt. Auch in einem kunsttheoretischen Kontext ist dies von mir dargelegt worden (Schulz-Nieswandt, 2002b). Ich habe an dortiger Stelle die Verarbeitung binärer Codes in der Anthropologie (Schulz-Nieswandt, 2002a) im Rahmen der Malerei von Elias Maya nachgezeichnet. Eine substanzreiche Zusammenfassung soll hier unterbleiben; der Verweis auf die Quelle ermöglicht den Nachvollzug. Aber einige kurze Worte scheinen doch notwendig. „Frausein" ist kein neues Thema bei Elias Maya (vgl. auch Schulz-Nieswandt, 2006i). Die Geschlechter sind in seiner Malerei ebenso ein dialektisches Thema wie andere Dualismen, deren dialogische Inbeziehungsetzung Themen der Bilder und isomorphe Themen philosophischer Anthropologie (durchaus im Lichte der Befundelage empirischer – diachronischer wie synchronischer – Kulturanthropologie und Ethnologie) darstellen: Leben und Tod, Jugend und Alter, Liebe und Haß, Gut und Böse, Oben und Unten, Links und Rechts, Freude und Trauer, Lachen und Weinen etc. Der zentrale dialektische Dualismus ist der von Kultur und Natur, von Tier und Mensch. Elias Maya hat diese Themenfigurationen menschlicher Existenz, Existenzerhellung und Existenzbewältigung variantenreich malerisch verarbeitet, dabei eine Symbolsprache eingearbeitet, die ohne Wörter (neuerdings arbeitet er in Bilder auch Wörter ein) archetypische Wurzeln des Menschlichen, seinen Hiatus zwischen Natur und Kultur zum ästhetischen Ausdruck brachte. Mag der Mensch auch in der Stufenevolution des Organischen die Position der exzentrischen Positionalität einnehmen (können), mag er also sich selbst und das Verhältnis seines Selbst zur Welt, in der er geworfen ist und steht, zum Gegenstand seiner Reflexionen machen (können), er bleibt immer verwurzelt in der Evolution, trägt Pan (Walter, 2001, S. 108 f.: „Daß Pan und die anderen sozusagen irdischer handeln als früher, dafür liegen die Wurzeln in der Einsicht des Menschen in seine eigenen inneren Befindlichkeiten und Möglichkeiten. Wer wollte da vom Verlust des Mythischen sprechen.") in sich, neben dem Apollinischen immer auch das – sympathische, aber auch ausrastend-rasende – Dionysische (Art. „Apollinisch/Dionysisch", in RGG, Bd. 1, Sp. 608 sowie Art. „Dionysos/Bacchus", in RGG, Bd. 2, Sp. 863 f.); die Entstehungsgeschichte des Dionysischen ist umstritten, so ob etwa die Wurzeln kretisch-kleinasiatisch sind, mit Umwegen über Trakien. Hier bestehen große Kontroversen bei Kerényi mit Bezug auf Rohde,

Eine empirische Studie von Kim u.a. (2005) hat allerdings einen professionsseitigen Gender-Effekt in der Qualität der Diabetis-Versorgung gefunden. Es wird vermutet, dass dies mit einer stärkeren weiblichen Empathieneigung und einer entsprechend höheren Kommunikationskompetenz, auch mit einer ausgeprägteren Präventionshaltung der Ärztinnen zusammenhängen kann. Die bisherige Forschung[533] war in Hinsicht auf einen solchen Gender-Effekt uneindeutig, zum Teil fehlte es auch an hinreichenden methodischen Standards der bisherigen Studien (vgl. die zitierte Literatur bei Kim u.a., 2005).

Metaphernsprache: Studien zu Sprache der Metaphern in der Medizin verdeutlichen die Dominanz des Männlichen[534], und zwar vermittelt über die praktizierte Mythologie des Helden, des Kampfes (mit dem Tod) (vgl. Schiefer, M., 2006 mit breiter Literatur). „Dabei ist ‚Heilung', als das Verdrängen des Todes, besonders in der Akutversorgung oberstes Ziel. Wenn es jedoch in den Einrichtungen, insbesondere in der stationären Altenpflege, um Sterbebegleitung und palliative Pflege (Jentschke, 2007 – Einschub von mir) gehen soll, muss ein Paradigmenwechsel stattfinden, in dem nicht Heilung und unbedingte Lebensverlängerung oberstes Ziel sind, sondern Begleitung, Linderung und Lebensqualität." (Warnken, 2007, S. 15 sowie S. 27 mit Bezug auf Ewers/Schaeffer, 2005)[535]

Und Klement (2007, S. 253) konstatiert: „Die soziale Anerkennung der ambulanten Pflegearbeit wird dabei vor allem durch deren Nähe zur Laienarbeit erschwert. Zudem fehlt der ambulanten Altenpflege die Nähe zum Tätigkeitsbereich des Arztes, sie erlaubt keine große Apparateversorgung und bietet ihren Klienten zwar Symptommilderung, jedoch oftmals keine wirklich dauerhaften Genesungschancen. Diese Tatsache beeinträchtigt ebenfalls die gesellschaftliche Anerkennung des Berufs." Ja, aber? Soll die Pflege deshalb den Weg der nachholenden Medizinalisierung und Medizintechnisierung gehen? Dies ist eine der zentralen Strategiefragen in der neue-

---

Wilamowitz, M.P. Nilson und Otto. Die Götter-Polarität ist natürlich sehr nietzschesianisch vermittelt) in sich. Er ist nicht angemessen über eine negative Anthropologie zu fassen; genauso gut ließen sich die Potenziale einer Philosophie der Liebe und der Gabe, des Unbedingten im bedingten Sein artikulieren und in die diskursive Waagschale der Geschichtsdeutung und kollektiven Existenzerhellung sowie der individuellen Logotherapie einbringen. Eine äußerst anregende Aktualisierung der Existenz Pans fundiert Hillman (1995). Traditioneller: Herbig, 1949.

[533] Ich verweise u.a. auf die Studien von Bertakis/Franks/Azari, 2003; Bertakis u.a., 1995; Hall u.a., 1994; Cooper-Patrick u.a., 1999; Roter/Hall/Aoki, 2002.

[534] Zum Forschungstand über die Zusammenhänge von Sprache, Kommunikation und Geschlecht insgesamt vgl. auch Ayaß, 2008.

[535] In der frühen griechischen Kultur ist medizinische Heilung oft an die Kenntnis der Zukunft geknüpft (Rohde, o.J., S. 76). Hier zeichnet sich die Vorform der Prognose ab, die zur ärztlichen Kunst gehört.

ren Professionalisierungsdebatte der Pflege (vgl. insgesamt auch Müller, C. W., 2001).[536]

Altenpflege macht nicht wieder gesund, überlistet[537] operativ nicht den Tod. Denn der Tod ist grundsätzlich nicht zu überlisten (Körtner, 1997, S. 10 f.). Das dürfte eine der Ursachen für das tiefe Minderwertigkeitsgefühl der Pflege gegenüber der Medizin sein. Sie ist damit dankbar anzunehmen, aber eben eine Liebesarbeit (Art. „Liebestätigkeit", in RGG, Bd. 5, Sp. 363 ff.; historisch zur Pflege: Eckart/Jütte, 2007, S. 286 ff.), weit entfernt davon, dem männlichen Helden des medizinischen Drachentöters (zum ritterlichen Drachentöten: Ossowska, 2007, S. 114) nahe zu kommen. Die Medizin ist dagegen nahe am Göttlichen. Pflege symbolisiert, von der Medizin abgesetzt, geradezu die Vergänglichkeit des Menschen, seine leidende Kreatürlichkeit. Obwohl die Medizin längst schon an diesem Normbild gescheitert ist und im Prinzip an dieser unerreichbaren Normsetzung leidet, wird der Mythos immer wieder neu kreiert (in der Biomedizin, der Genforschung, der Nanotechnologie etc. etc.) und in medialen Räumen (Film und Literatur) entgegen aller angebrachten Ernüchterung dramatisch immer wieder neu inszeniert. Mit menschlichen Urträumen wird eben Geld gemacht.

Medizinische Helden und weibliche Dienerinnen: Medien-, insbesondere Fernseh(serien)analysen zeigen nach wie vor[538] (Reuter, 1997) den Befund der romantisch-glorifizierenden „Vergötterung" des (dominant männlichen: Kalisch/Kalisch, 1984) Arztberufes (Rossmann, 2002; vgl. insgesamt auch Plewnia, 1999).

Die weibliche – empathische (Bischoff-Wanner, 2002) – Pflege ist nur dienender Natur[539] und spielt eine Neben-, insbesondere eine zuarbeitende Rolle. Wenngleich einige Differenzierungen, auch hinsichtlich der kreativen und qualifizierten Rolle der weiblichen Pflege im Kontext spezifischer (genossenschaftlicher) Organisationsformen der weiblichen Krankenpflege in der Geschichte (Weber-Reich, 2003), wohl angebracht sind (Igersky/Schma-

---

[536] Krampe (2009) rekonstruiert diskursanalytisch, wie die Professionalisierung der Pflege nicht gelingen konnte, da die Auseinandersetzung mit der Medizin unterblieb und sich die Pflege anderen Diskursen subsummiert, insbesondere den Ökonomisierungsdebatten in der Gesundheitsreform.

[537] Listigkeit gilt als Kennzeichen des homerischen Helden Odysseus: vgl. Offermann, 2006, S. 72 und S. 74.

[538] Hurth (2008) kann zwar zeigen, wie dieses Bild einerseits bröckelt, andererseits doch wieder celebriert wird, so dass die Einschätzung der Situation als ambivalent angemessem erscheint.

[539] Hier ist grundlegend die Theorie der Märtyerinnen von Landweer (1990) anzuführen.

cke, 2000; Pfau u.a., 1995; Turow, 1989), ist dieser Kernbefund offensichtlich stabil und nach wie vor gültig.

In der Regel kommen in diesen Wirklichkeitskonstruktionen auch nur akute, nicht-lebensgefährliche Krankheiten vor. Chronische Krankheiten oder gar tödliche Krankheiten (Krebs etc.) spielen kaum eine Rolle: „Das Überleben mit der Krankheit ist für die Fiktion nicht von Belang." (Gottgetreu, 2001, S. 13) Dies würde auch das Bild des heldenhaften Heilers, das zum Teil auch (dazu wäre ein breites Material darzulegen) im Christusbild wurzelt (Schmidt, 2001, S. 71), erodieren (Maio, 1995; Plewnia, 1999; Speirer u.a., 1984). Wenn das Arztbild Fragilitäten aufweist, dann in der Sphäre des Privatlebens; im Beruf ist der Berufene nur für die Welt der Patienten dar (Rosenthal/Töllner, 1999; Weiderer, 1995).[540]

Restbestände mystischer Fähigkeiten mag auch noch die Pflege als Aura zum Teil umgeben. Wettreck (2001) hat in seiner überaus materialreichen qualitativ-δ-phänomenologischen Studie darlegen können, wie sehr auch die Pflege sich im Sumpf ihrer selbstbemitleidenden Alltäglichkeit immer wieder kämpferisch-mythisch überhöht. Dennoch wird die hierarchische Differenz zum besser gelingenden Heldentum der Medizin systematisch deutlich.

Im Zentrum des Arzt(selbst)bildes (zum Ethos: Hunstorfer, 2006) steht immer noch der Einzelkämpfer-Heldentyp.[541] Daran koppelt sich auch die Berufsautonomie, die sich als Therapiefreiheit definiert. Leitlinienorientierte Medizin[542] muss demnach prinzipiell als narzisstische Kränkung des ärztlichen Selbst[543] erfahren werden, wenngleich die Ärzte als konkrete Individuen auf diese Herausforderung sicherlich sehr differenziell (Cabana u.a., 1999) reagieren und Leitlinien nicht grundsätzlich abgelehnt werden (Hasenbein u.a., 2003b[544]). Diese Haltung mag ein[545] Faktor sein, der erklären hilft, wieso Leitlinien nicht angemessen[546] beachtet werden.

Cordes (1994) konnte mit Blick auf das archaische und klassische Griechenland bis ins 4. Jahrhundert v.Chr. hinein die Widersprüchlichkeit und

---

[540] Eine ganz andere – neuere – Arena der Medizin-Performance sind die Medizinsendungen und Talkshows: vgl. Lalouschek, 2005.

[541] *Asklepiaden*: Die u.a. ikonographisch orientierte Studie von Droste (2001) konnte zeigen, wie mit Blick auf die Asklepiaden in der griechischen Geschichte die Gemengelage zwischen Medizin zwischen Wissenschaft und Handwerk, Heroentum und den göttlichen Ursprüngen evolutiv gegeben war.

[542] Zur Leitlinienproblematik vgl. auch Aust/Ohmann, 2000; Schneider u.a., 2001; Ollenschläger u.a., 2002.

[543] Professionssoziologisch vgl. Vogd, 2002. Sozialpsychologisch vgl. Koller, 2005.

[544] Vgl. neben Hasenbein u.a., 2003a auch Karbach u.a., 2007.

[545] Vgl. auch Hoppe, 2003. Ferner Kirchner u.a., 2001.

[546] Die Befunde sind aber sehr differenziert: vgl. etwa Wenzel u.a., 2001.

auch die Schwankungen und Wandlungen im Sozialstatus und im öffentlichen Ansehensbild des Arztes nachzeichnen. Die Medizin galt einerseits als hohe Kunst und wurde als Ausdruck des menschlichen Machen-Könnens im Kontext des sich entwickelnden humanen Selbstbewusstseins hervorgehoben; andererseits zeigten sich eben auch die Grenzen der Machbarkeit, entweder noch als Schicksalshandeln der Götter oder als grundsätzliche Begrenztheit menschlichen Handelns. Die Differenz zwischen Menschsein und Göttern wurde offensichtlich. Damit wurde das Bild des medizinischen Helfens und Heilens selbst zum Inbegriff einer ersten philosophischen Anthropologie des Humanen zwischen Schaffen und Können einerseits und Versagen und Ergeben-Müssen andererseits. Diese Einsicht wird heute noch mit dem klassischen Mythos geteilt. Die christologischen Kontexte des Verständnisses von Heilen lasse ich hier außer Acht. Gleichwohl ist dies ein breit diskutiertes Thema, wenn man die ganzen Handlungen in Mt 14,17-21, Mr 4,24; 21,14; Joh 5,1-16, Mt 12,22; 21,14, Lk 7,21, Lk 17,11-19, Mk 5,25-34, Mt 4,24, Mk 1,34, Lk 4,33-37, Lk 6,18, Mk 3,1-5 anschaut.

Gegen den Helden-Mythos des Heilers argumentierte Hartmann (1984, S. 29)[547]: „Unser Selbstverständnis als Heiler ist nicht in Übereinstimmung zu bringen mit den Grenzen unserer Möglichkeiten, jenseits der wir ‚nur' Helfer sein können oder Zuschauer, wenn auch sachkundige." Und Hartmann bezieht sich auf die chronischen Erkrankungen (vgl. auch Schaeffer, 2006; Menning, S., 2006a). Er schlussfolgert: „Mehr als bisher muß und wird ärztliche Ausbildung und Einstellung sich auf die chronisch Kranken einstellen müssen." (Hartmann, 1984, S. 31)

Widersprüche und Reifeprobleme der Pflege: Aber auch die Pflege hat ihre eigene sprachliche Performativität, bei der die Metaphernwelt eine beträchtliche Rolle spielt (Abt-Zegelin/Schnell, 2006).

Dabei sind Metaphern als Konstitutionsprinzipien sozialer Wirklichkeit zu verstehen. Erneut zeigt sich, wie eine transzendentale Praxis codiert ist über eine soziale Grammatik kultureller Codes: Wirklichkeit konstituieren die Subjekte und ihre Pragmatik; aber diese Konstitution ist wiederum programmiert[548,549].

---

[547] Vgl. auch Anschütz, 1987, S. 168.

[548] *Charaktermasken*: Damit liegt nun eine bemerkenswerte, allerdings auch verwickelte Analogie zur Kategorie der „Charaktermaske" bei Marx vor. Ein genaues Eingehen auf die Fundstellen bei Marx ist hier nun nicht nötig (orientierend ist die Fetischismusanalyse [Art. „Fetischismus", in RGG, Bd. 3, Sp. 101 f.] bei Marx durch Böhme, 2006, S. 307 ff.). Interessant zur Aufdeckung der Verdrehtheiten der Analogien ist die Darlegung von Hörisch, 1979. Er zieht eine Parellele zwischen Marx und Jean Paul (Ortheil, 2005; vgl. die Lesart von Ich statt Subjekt bei Paul durch Kaiser [1995], die nahe an einer personologischen Perspektive ist). Implizit rehabilitierte Marx ein transzendentalphilosophisches Subjektverständnis, denn die

II. Personale Haltung und soziale Praxis   383

Die Zeichensprache dieser Praxis transportiert normative Leitsysteme und eine eigene Ethik. Insbesondere spielen (wissenschaftlich vermittelte) Patientenklassifikationen in der pflegerischen Praxis eine zentrale, konstruktivistisch zu verstehende Rolle.

Greife ich auf die später noch zu entfaltende Medizinanthropologie insbesondere von Binswanger vor, so wäre es angemessener, in die je eigene Ausdruckswelt der Pflegebedürftigkeit vor- oder einzudringen. ε-phänomenologisch-biografische Ansätze des Verstehens der Pflegebedürftigkeit wären hier angemessen (Friesacher, 1999). Auf die Bedeutung biografisch orientierter Abholung, definiert als Themenabgleichung zwischen den Bedürfnissen der pflegebedürftigen Menschen und den Pflegenden, war bereits an verschiedenen Stellen der Arbeit die Rede. Hier nun wird die tiefere anthropologische Relevanz dieser Perspektive deutlich.

Existenzielle Angst als Angelpunkt der Gesamtproblematik: Beide Sektoren, die Medizin wie die Pflege, drücken sich selbst (als Funktion einer unbewussten Habitualität) in der Performativität von identitätsstiftenden Metaphern aus.

Akteure sind handelnde Erzeuger der sozialen Wirklichkeit. Da diese aber eine entfremdete, verdinglichte Welt darstellt, bleibt das Subjekt – fast wie bei Heidegger – ein uneigentliches. Der Mensch in seiner Charaktermaskierung ist somit eine Metapher für eine soziale Inskription: Das Subjekt wird zur Marionette der Funktionsimperative des Systems. Von diesem Ideologieverdacht unabhängig betont Hörisch aber die Seinsverbundenheit des Subjekts: „Unentrinnbar aber steht Subjektivität im Zeichen der Konjunktion von Sein und Zeit, die als Bestimmtheitsbedingung des Selbst wie der Dinge fungiert." (Hörisch, 1979, S. 91; zur Prägekraft der „Dinge" in der Selbstfindung der Subjekte vgl. die Auseinandersetzung von Böhme [2006, S. 72 ff.] mit Latour) Bei Jean Paul findet Hörisch, wenn ich ihn richtig verstehe, über Marxens Ideologieverdacht gegenüber dem Subjekt hinaus eher die Ontologie der Verwandlung von Ich ins Du, Er, Ihr und Sie (Hörisch, 1979, S. 94). Diese Ontologie geht allen historischen Derivationen voraus, wohl auch den entfremdeten Formen. Die Bestimmtheitsbedingung des Selbst ist damit zugleich dessen Möglichkeitsbedingung.

[549] *Goffman, Bourdieu, Oevermann*: Die mit diesen Namen verbundenen Positionen sind bereits mehrfach tangiert worden. Es interessieren nunmehr die möglichen inneren Zusammenhänge. Willems (1997, S. 275 f.) hat dies in seiner Abhandlung über Goffman im Kontext seiner Auseinandersetzung mit einem möglichen hermeneutischen Strukturalismus hinsichtlich Konvergenzen und Divergenzen zu Bourdieu und Oevermann klar formuliert: Diese Autoren stimmen darin überein, „daß die subjektiven Erzeugungsgrundlagen der sozialen Praxen in sozialen Praxen mit je eigenen, den Sozialisationsprozeß programmierenden Sinnimplikationen erzeugt werden. Subjektiviät erscheint in jedem Fall als praxisspezifisches und praxisvermitteltes Produkt (Ensemble von Produkten), dessen Produktivität sozusagen vorgeschlüsselt ist." Das ist die Zentralformel: vorgeschlüsselte erzeugende Subjektivität. Auf einen Punkt gebracht: tiefenhermeneutischer Strukturalismus (vgl. auch Willems, 1997, S. 316).

Diese Identitätsstiftung geht endogen aus dem professionellen Selbstverständnis aus, wird aber auch gesellschaftlich zugeschrieben, zumal die Selbstkonzeption von Professionen ohnehin Ausdruck ihrer längerfristigen historischen Konstitution ist. Und diese Konstitutivität ist beides, selbstbezogen wie sozial zugeschrieben, eben ein verschlungener, dialektischer Prozess.

Ich vertiefe an dieser Stelle diese Selbstkonzeption der Medizin. Zentraler Angelpunkt dieser Selbstkonstitution ist die existenzielle Angst[550] (vgl. auch Art. „Angst/Furcht", in RGG, Bd. 1, Sp. 496 ff.), die Urangst des Menschen vor dem Tod.[551] Ich hatte weiter oben diesem Bezugspunkt bereits ein eigenes, allerdings knappes Kapitel gewidmet.

Die Endlichkeitsproblematik ist eine *conditio humana* (Art. „conditio humana", in RGG, Bd. 2, Sp. 444 f.), da nur der Mensch ein Bewusstsein von seiner Endlichkeit hat. Wäre das Leben ewig, wäre die Problematik nicht relevant. Es gäbe keine Philosophie, da diese im Bewusstsein des Todes,

---

[550] *Vitale und existenzielle Angst*: Diese dürfte von der mit den Tieren geteilten vitalen Angst zu unterscheiden sein (Blankenburg, 1996). Ins Sein *gestellt*, existiert automatisch eine vitale Angst. Aber existenzielle Angst resultiert aus der Möglichkeit des Scheiterns an der Arbeit am *aufgegebenen* Sein als sinnhafte Existenz. Vgl. insgesamt zu der grundlegenden Kontroverse über Angst den Sammelband von Lang/Faller, 1996. Zur Angst im Zusammenhang mit Riemanns Theorie vgl. auch Jung, 2009, S. 67 ff.

[551] *Urangst und Urvertrauen*: In Parallelität zu Heideggers Insistenz auf die Fundamentalontologie der Sorge, der dann das Prinzip der Liebe bei Binswanger konstruktiv korreliert (um so eine Korrespondenz von Urangst und Urvertrauen herbeiführen zu können), könnte der Urangst in der historischen Kulturpsychologie bei Aby Wartburg (folgt man hier der Rezeption von Böhme [2006, S. 237 ff.]) die Prämisse der „Gefühle freundlicher Zuversicht" von Durkheim korrespondieren. Wenn es einen, wie von Böhme konstatiert, Einfluss von Nietzsche auf Wartburg gibt, dann liegt er in einer Parallelogrammformulierung der Dialektik des Apollinischen und des Dionysischen; und der zu findende Balancakt ist eine Haltungs- und Stilfrage der menschlichen Person. Diese Gegenüberstellung der beiden Prinzipien ist in dieser Weise von Nietzsche (2000) auf mich gekommen (vgl. auch Böhmer, 2004, S. 55 f. sowie Frenzel, 2006, S. 40 ff.) und spielt in den Schriften von Leo Kofler (1973) eine zentrale Rolle. Ausgangspunkt ist die universale Urangst des Menschen. Symbolische und rituelle Prozesse schaffen Raum zur Bewältigung dieser Urangst. Die Magie (vgl. zur Kontroverse um die Magie: Kippenberg/Luchesi, 1995; Art. „Magie", in RGG, Bd. 5, Sp. 661 ff. sowi Art. „Magie" I ff. in TRE, Bd. 21, S. 686 ff.) dient hier ebenso wie die Mathematik. Kulturtheoretisch – und hier spannen sich die Parallelen im Argumentieren von Gehlen bis zu Blumenberg auf – ist das Polaritätsspektrum definiert über eine Skala zwischen magischem Bann und rationaler Beherrschung (Böhme, 2006, S. 241). Der hierbei angedachte „Denkraum der Besonnenheit" ist eine personale Haltungsfrage. Es kristallisiert sich eine pathische wie distanzierende *Sophrosyne* (besonnene Gelassenheit: vgl. auch Otto, 2002, S. 84). Zumindest darf darauf hingewiesen werden, dass wohl in der Gelassenheit auch eine pädagogische Konsequenz bei Heidegger angedeutet ist.

II. Personale Haltung und soziale Praxis 385

der Endlichkeit der menschlichen Existenz wurzelt (oder es gäbe eine Philosophie der Langeweile[552]). Denn erst durch die Endlichkeit bildet sich mit dem Bewusstsein der Lebensspanne (zwischen Geburt und Tod) die Relevanz der Suche nach der Sinnhaftigkeit (Mattheus, 1984, S. 412 mit Bezug auf Bataille), der Wertigkeit des Lebens heraus.[553] Die Fragilität der Existenz des Menschen, seine Gefährdung und Gebrechlichkeit, könnte Anlass geben zu einer Philosophie des Elends (Rentsch, 1990, S. 168), aber: „Die Modi der Fragilität sind im Kern nicht defiziente und tilgbare Mißgestalten des Lebens." (Rentsch, 1990, S. 168) „Die Modi der Fragilität sind Konstituenten der menschlichen Situation." (ebd., S. 168) Und im Horizont von Sinnentwürfen werden diese Konstituenten bewusst und generieren Fragen nach Heimat und Nähe sowie Gemeinsamkeit, nach Kommunikation und Gerechtigkeit. Daraus erwachsen Formen der Hilfe und des Beistandes, Anteilnahme, tätiges Mitleid, Trost und Verzeihung sowie Gestalten der Liebe (Rentsch, 1990, S. 173).

Das Denken dieses Denkens der Endlichkeit, die reflexiver Teil der menschlichen Kultur (angesichts der menschlichen Endlichkeit) überhaupt ist, kann mit Heidegger auf den Punkt gebracht werden. Und ich kann durchaus auf die Lesart von Heideggers „Sein und Zeit" in Sloterdijks „Kritik der zynischen Vernunft" (Sloterdijk, 2004a, S. 369 ff.) zurückgreifen.

b) Quellen des kritischen Denkens

Heidegger, Binswanger, Tillich, Frankl: Gleichwohl zeigt sich hier[554], das Sloterdijks ganze Argumentation bereits in Binswangers Kritik an Heideggers Konzept der Sorge als Zentrum der Daseinsarbeit[555] des Menschen,

---

[552] Den Zusammenhang kann man philosphiesystematisch auch anders herstellen: Große, 2008. Hier zeichnet sich eine hermeneutische Transformation ab: Die um den Sinn entleerte Zeit wird umgekehrt zur Zeit als Medium der Sinnproduktion. Mein alltäglich-lebensweltliches Vorverständnis ist jedoch anders: Langeweile als Sinnentleerung der Zeit, die drückt und nicht behoben wird – denn dann wäre die Langeweile vorbei. Vgl. auch Mattheus, 1984, S. 305.
[553] *Lebensspanne und Mentalität*: Zum Bedeutsamkeitswerden der Erkenntnis der begrenzten Lebensspanne und in der Folge die entstehende Bedürftigkeit nach Sicherheit und Beschleunigung (um „nichts zu versäumen") vgl. auch die Studie von Gronemeyer, 1993. Liest man dies im Lichte von Ariés (1976, S. 69), so hängt dies mit der Grundlegung einer Todesauffassung im Hochmittelalter des 12. bis 15. Jahrhunderts (als Fundierung der modernen Zivilisation) zusammen, in der der Tod als bittere Erkenntnis der Sterblichkeit in Verbindung mit dem Gefühl des Scheiterns des Lebenslaufes, der besorgten Unruhe, nicht genug gelebt zu haben, empfunden wird.
[554] Wenngleich ich nicht das ganze Werk von Sloterdijk (vgl. auch Tuinen, 2006) überblicke und er, Sloterdijk, es auch dadurch schwer macht, da er entgegen wissen-

d. h. in Binswangers Forderung der Ergänzung der Sorgearbeit[556] durch die Praxis der Liebe[557] (Condrau, 1992, S. 266), fundiert ist (zu Heidegger und Freud, dargelegt im Lichte der daseinsanalytischen Psychiatrie: Condrau, 1992).[558]

Heideggers Zwang zur Sorge ist in der systematischen Theologie bei Tillich (zu Tillich vgl. auch Schüßler/Sturm, 2007) eben auch in Auseinandersetzung mit Heidegger durch die Idee des „Mut(es) zum Sein" ebenso liebesontologisch reformuliert worden. Auf diese Theorieentwicklungen gehe ich später im Rahmen der Skizzen zur philosophischen Anthropologie noch näher ein. Es zeigt sich hier nur, wie m. E. breite Argumentationslinien bei Sloterdijk in der Theoriegeschichte bereits konturiert worden sind.

Parallelstrukturen würden sich auch zur Bedeutung des Sinns der menschlichen Lebensführung angesichts der Endlichkeit bei Frankl[559] aufdecken lassen.[560] Doch ich bleibe zunächst bei Sloterdijks Heidegger.

---

schaftlicher Geflogenheiten, die Quellen der Genese seines Argumentierens nur höchst selektiv angibt.

[555] *Dasein*: Damit wird der Mensch primär von seiner aktiv verstandenen Seinsart her definiert: Steinmann, M.: Art. „Dasein", in Thurnherr/Hügli, 2007, S. 39–41, hier S. 39. Dasein ist im Sinne der „Jemeinigkeit" immer „Ausdruck für den Geschehenscharakter der einzelnen Existenz" (ebd., S. 39). Zu den Existenzialen und den Daseinsformen des Menschen vgl. auch Seubold, G.: Art. „Existenzial", in Thurnherr/Hügli, 2007, S. 92.

[556] *Sorge*: Dabei ist Sorge der existenziale Sinn des menschlichen Selbst des Daseins: Frischmann, B.: Art. „Sorge", in Thurnherr/Hügli, 2007, S. 235–237, hier S. 235. Vgl. auch Srubar, 2007, S. 43.

[557] Vgl. dazu auch Berthold, J.: Art. „Unbedingte, das", in Thurnherr/Hügli, 2007, S. 266–268, hier S. 267: Liebe ist dabei definiert als der bejahende Grundzug zur Welt.

[558] *Boss*: Enger als die Beziehung zwischen Heidegger und Binswanger war die zwischen Heidegger und Boss im Rahmen der Zollikoner Seminare (vgl. Riedel/Seubert/Padrutt, 2003). Die Position von Boss wiederum ist ein eigenes, komplexes Thema. Vgl. sein zentrales Lehrbuch Boss, 1999. Einführend vgl. auch Helting, 1999. Vgl. ferner Condrau, 1989.

[559] *Frankl zwischen Epigonentum und Kritik*: Auf Frankl wird noch an verschiedenen Stellen einzugehen sein. Eine neuere Einführung von Riemeyer (2007) ist recht instruktiv, gibt auch kurze Einführungen in Fortentwicklungen der Logotherapie bei Lukas, Böschemeyer u. a. Bei der Kritik der Kritik von Günther Anders wirkt Riemeyer dagegen geradezu naiv und versteht nicht die gesellschaftstheoretische Kritik. Ein Studium der Kritischen Theorie könnte hier abhelfen. Mit einer gewissen produktiv-didaktischen Redundanz führt er in das zentrale noologische Denken von Frankl ein. Schwächer fallen dagegen die Skizzen der theoriegeschichtlichen Bezüge aus. Über Freud kann man wie immer unterschiedlicher Meinung sein, aber das Verständnis von Alfred Adler ist völlig verkürzt und verzerrt (genauso Christian, 1952, S. 91 ff.). Von Heidegger hat der Verfasser wenig Ahnung, andere philosophiegeschichtliche Bezüge (zu Husserl etc.) wirken wie aus Lexika erworbenes Wissen. Die theologischen Bezüge (Buber, Ebner) sind sehr oberflächlich. Die

II. Personale Haltung und soziale Praxis 387

Ich will mich ja zur Genese menschlicher kultureller Praxis angesichts des Bewusstseins von der Endlichkeit vorarbeiten, um so nicht nur einen

Bezüge zu Binswanger und der „Daseinsanalyse" sind oberflächlich. Zumindest Hinweise zu Camus (vgl. einführend Sändig, 2000; philosophisch vergleichend: Treiber, 2000; Art. „Camus, Albert", in RGG, Bd. 2, Sp. 50 sowie Art. „Camus, Albert" in TRE, Bd. 7, S. 606 ff.) sind recht interessant (S. 57). Auch die Rezeption von Sartre bleibt schwierig. Aber sie ist nicht so flach, wie Schönherr-Manns Versuch, Sartre als Vordenker des soziologischen Essayismus von Ulrich Becks Hypostasierung von Individualisierung zu verbiegen (Schönherr-Mann, 2005). Kenntnisse der Literatur zur Falsifizierung von Becks Individualisierung durch die Befunde der empirischen Sozialforschung und der modernen Sozialstrukturanalyse gehen dabei Schönherr-Mann ebenso ab wie eine tiefere philosophische Auseinandersetzung, etwa mit dem mehrfach angeführten Gabriel Marcel als Vertreter eines katholischen Existenzialismus (eng verwandt zum Denken von Marcel ist das von Peter Wust: vgl. die Beiträge in Blattmann, 2004). Fundierter und kritischer als Riemeyer ist die Einführung von Raskob (2005). Zwei Jahre vor Riemeyers Arbeit erschienen, kann man sich fragen, warum das Buch von Riemeyer überhaupt geschrieben worden ist. (Auch die Darstellung von Batthyány [2006] anlässlich des 100. Geburtstages von Frankl legt Frankls Weg angesichts der Trennungen erst von Freud und dann von Adler als „Schuld" der Anderen dar. Es wäre ein Kampf gegen alle Orthodoxien gewesen.) Raskob ist philosophisch fundierter, wesentlich kritischer und kann vor allem auch interessant (dagegen viel flacher: Nurmela, 2006) in der Herausarbeitung des autoritären Gottesbegriffs bei Frankl überzeugen (Dienelt [1955, S. 15] hebt selbst die Auffassung vom Über-Ich als Du des transzendenten Gottes bei Frankl hervor; vgl. auch Böschemeyer, 1977, S. 92 zum Du-Charakter der Transzendenz; auf S. 97 arbeitet Böschemeyer die typische supranaturalistische Gottesauffassung dieser Haltung einer Offenbarungs- und Gnadetheologie heraus: Der Mensch fragt nach dem Sinn; Gott ist dabei der „Auftraggeber des Lebens"). Referenzpunkt hierzu ist vor allem Tillich (dessen Werk wiederum auch noch tiefer hätte rezipiert werden können: vgl. auch Schüßler/Sturm, 2007). Raskob kann auch zeigen, wie wenig Frankl und Rahner zusammenkommen. In Bezug auf Rahner bietet Rogers schon mehr an Kommunikationsraum: vgl. Deister, 2007. Dagegen hat Rogers (so Groddeck [2006, S. 110 f.] gegenüber einer soft skill-orientierten Instrumentalisierung in der kirchlichen Seelsorgepraxis) deutlich kritisch eingewandt, seine Theorie sei nicht vereinbar mit dem autoritären Kirchentum des Katholizismus. Nochmals zurück zur allgemeinen Rezeption und Präsentation von Hauptdenkern („Meistern") in der Sekundärliteratur: Das eigentliche Problem der psychoanalytischen Psychiatrie ist in ihrer allzu traurigen Geschichte verborgen: „Traurig deshalb, weil sie geprägt ist von persönlich-narzistischen Ambitionen, Vorurteilen, Intrigen, Intoleranz, Konkurrenzverhalten und Missverständnissen." (Condrau, 1989, S. 10) Die Arbeit von Zsok (2005) ist eine reine Huldigung an Frankl und daher wissenschaftlich nicht bedeutsam, wenngleich die Kennzeichnung des Personenbegriffs (Zsok, 2005, S. 210, S. 212) gut ist. Religiöse Dimensionen (in der Konstellation von Ruf und Antwort) werden auch in der Darstellung bei Dienelt (1999, S. 20 und S. 25) deutlich.

[560] *Daseinsfragen*: Dabei darf aber die Abgrenzung zu sonstigen Richtungen der tiefenpsychologischen Psychotherapie betont werden: „Auf existenzphilosophischer Grundlage werden Themen wie Sinn und Werte, Freiheit und Verantwortung, Leiden und Tod, Schuld und Angst nicht in erster Linie als lebensgeschichtlich bedingte, sondern als dem menschlichen Dasein innewohnende Herausforderungen begriffen.

(wenn man hinreichend belesen ist: nicht unbedingt innovativen) Beitrag zur philosophischen Anthropologie schlechthin, sondern vor allem um auch einen Beitrag zum Verständnis der Medizin im Kontext dieser philosophisch-anthropologisch definierten Existenzproblematik des Menschen im Lichte der modernen Politischen Ökonomie des Medizinbetriebs in der Gesellschaft[561] zu fundieren.

Gegenüber der Uneigentlichkeit des Daseins des „Man" setzt Sloterdijk mit Heidegger die bewusste, gewollte Daseinsart der sinnhaften (vgl. auch Art. „Sinn", in RGG, Bd. 7, Sp. 1335 ff.) Existenz. Das setzt die Akzeptanz des Endlichen voraus. Es geht Heidegger um den Mut zur Angst vor dem Tode: *„Das Man läßt den Mut zur Angst vor dem Tode nicht aufkommen."* (Heidegger, 2001, S. 254; kursiv auch im Original) Sloterdijk schlussfolgert: „Dem Sinnlosen ist nicht nur die Verzweiflung und der Alptraum eines bedrückten Daseins zugeordnet, sondern auch sinn*stiftende* Lebensfeier, energetisches Bewußtsein im Hier und Jetzt und ozeanisches Fest." (Sloterdijk, 2004a, S. 383; kursiv auch im Original)

Erikson: Dies ist die Funktion, die dem Sinn auch bei Frankl und in der Entwicklungs- und Selbstpsychologie bei Erikson zukommt.

Der Ausgangspunkt, die Verzweiflung, ist eine der Dimensionen der Urangst des Menschen bei Tillich. Und dass die Sinnlosigkeit des Daseins bedrückend ist, ist bei Tillich typisch für die Psychologie der menschlichen Kreatur in der Entfremdung (vgl. Art. „Entfremdung", in RGG, Bd. 2, Sp. 1322 ff. sowie Art. „Entfremdung" in TRE, Bd. 9, S. 657 ff.)[562], von der auch Sloterdijk spricht (Sloterdijk, 2004a, S. 379). Wenn aber die Sinnhaftigkeit bereits auch im „Man" wurzelt, so wird jene dialektische Differenz von Potenzialität und Aktualität wirksam, die Sloterdijk im Regelfall als dialektische Geschichtsphilosophie kritisch ablehnt. Aber, man höre (oder lese): „Das ‚Eigentliche' wird immer etwas anderes sein. Du musst wissen, wer du bist. Bewußt mußt du das Sein zum Tode erfahren als höchste Instanz deines Seinskönnens; in der Angst fällt es dich an, und dein Augenblick ist gekommen, wenn du mutig genug bist, der großen Angst standzuhalten." (Sloterdijk, 2004a, S. 387)

Sich diesen Lebensfragen zu stellen und darauf Antworten zu finden ist aus der Sicht einer existenziell orientierten Psychotherapie die vorrangiste Aufgabe." (Stumm, 1999, S. 64)

[561] Wie auch Sloterdijk Heideggers Existenzialontologie eben nicht nur als (un-historische) Ontologie, sondern zugleich als „Sozialpsychologie der Moderne" (Sloterdiejk, 2004a, S. 381) lesen möchte.

[562] *Heidegger und Marx*: Mit Blick auf diese Seinsproblematik des Menschen mögen sich auch Heidegger und Marx treffen: Eldred, 2000. Zur Entfremdung der Existenzmodi vgl. auch Großheim, M.: Art. „Entfremdung (Heimatlosigkeit)", in Thurnherr/Hügli, 2007, S. 63–68.

II. Personale Haltung und soziale Praxis 389

Canetti: Diese Heidegger-Rezeption Sloterdijks der 1980er Jahre führt Sloterdijk in seinen neueren Studien in Form der Topologie des Seins, der Sphärenlehre, fort (Tuinen, 2006, S. 48 ff.). Denn nun wird räumlich, nicht zeitlich, gedacht (für den späten Heidegger ebenfalls nicht fremd[563]), dass menschliche Existenz immer Mitsein ist.

Dass die so gesuchte (und gefundene) Nähe auch wieder zu eng sein kann, verweist auf eine (explizite) Nähe von Sloterdijk zu Canetti, auf die noch medizinanthropologisch zurückzukommen sein wird. Insgesamt konstituiert sich die Daseinsauffassung bei Sloterdijk nunmehr grundsätzlich relational[564]; und gerade mit Blick auf dieses Mitsein als Seinsverfassung des Menschen ist Binswangers Liebesprinzip erneut in Erinnerung gerufen.

Scheler und Plessner: Aufgerufen ist damit auch Schelers Zentrierung um den liebenden Menschen[565]. Tuinen konstatiert gute Kenntnisse Sloterdijks von Plessners Werk (Tuinen, 2006, S. 160, FN 19). Wie steht es bei Sloterdijk um die Kenntnisse Schelers, und angesichts der Heidegger-Kenntnisse, um die bekannten Affinitäten zwischen Heidegger und Binswanger?

---

[563] *Raum- und Zeiterleben*: Gerade aus der psychiatrischen Forschung wurde in der klassischen daseinsanalytischen Tiefenpsychologie (vgl. auch Wyss, 1973) auf die Veränderung des Raum- und Zeiterlebens im nosologischen Bereich etwa der Angstneurosen, der Phobien und der manisch-depressiven Erkrankungen phänomenologisch (Condrau, 1996) hingewiesen (vgl. auch Csef, 1996, der nicht nur auf den von mir noch aufzugreifenden von Gebsattel [zu Gebsattel vgl. auch Tellenbach, 1988, S. 215 ff.] verweist, sondern auch auf die im Umkreis von Binswanger [Tellenbach, 1988, S. 217 ff.] im Wengener Kreis angesiedelten Straus [1930; ders., 1960; zu Straus vgl. auch Tellenbach, 1988, S. 201 ff.] und Minkowski [1931; ders., 1971 sowie 1972; zu Minkowski vgl. auch Tellenbach, 1988, S. 213 ff.] hinweist). Zu Minkowskis phänomenologischer Analyse der raumzeitlichen Strukturen des lebenden Ichs als Grundlagen der Struktur der Geistesstörungen vgl. auch Langlitz, 2005, S. 44 ff.

[564] *Der Mensch im Knotenpunkt sozialer Beziehungen*: Wenn Sloterdijk den Menschen nicht als autonome Innenwelt, sondern als Knotenpunkt von Netzwerken sieht (Tuinen, 2006, S. 141), dann wird auch deutlich, wie Sloterdijk in Verbindung zu Saint-Exupéry gebracht werden kann (Tuinen, 2006, S. 103). gl. auch Schulz-Nieswandt, 1997a, S. 109 ff. (dort mit Bezug auf Rentsch, 1992; hierzu auch Slaby, 2006, S. 53 ff.).

[565] *Person bei Scheler*: Die Zentrierung um den liebenden Menschen bedeutet nicht, dass in der Subjektivität der Angelpunkt seiner Anthropologie zu suchen ist: „Der Begriff ‚Person' hat bei Scheler keine philosophisch-systematische Grundlagenfunktion im Sinne des ‚absoluten Egos' eines transzendentalphilosophischen Ansatzes. Zum einen ist Schelers Philosophie systematisch und methodisch nicht auf einen subjektiven Brennpunkt angelegt, aus dem hier die Philosophie entfaltet wird. Darüber hinaus ist das souveräne Erkenntnissubjekt seiner Meinung nach ein Phantom. Wo im Cartesianischen Paradigma die apodiktische Evidenz des ‚Ego' ins Spiel kommt, findet man bei Scheler eine Leerstelle." (Sander, 2001, S. 88 f.)

Buber (1879–1965) und Rosenzweig (1886–1929): Diese dogmengeschichtlich-genealogisch anmutenden Fragen sind von systematischem Wert. Denn indem sich Sloterdijk sehr an die Epistemologie der „Falte" bei Deleuze anlehnt, bestimmt er eine Anthropologie des Relationalen, ein Binnenraum-Denken (ein „Zwischen"[566]), das wiederum sehr an die Theorielinie[567] der Dialogik (vgl. auch Art. „Dialog", in RGG, Bd. 2, Sp. 815 ff. sowie Art. „Dialogphilosophie", in RGG, Bd. 2, Sp. 822 ff. und Art. „Dialogik" in TRE, Bd. 8, S. 697 ff.) anknüpft.[568]

Und obwohl der Bezug zur Ich-Du-Problematik[569] bei Sloterdijk explizit ist, bleibt eine namentliche Auseinandersetzung mit Buber (Art. „Buber, Martin", in RGG, Bd. 1, Sp. 1807 ff. sowie Art. „Buber, Martin" in TRE, Bd. 7, S. 253 ff.)[570] und Rosenzweig (Art. „Rosenzweig, Franz", in RGG, Bd. 7, Sp. 637 f.) etc. aus. Der Bezug zu Lévinas (1906–1995; Art. „Lévinas, Emmanuel", in RGG, Bd. 5, Sp. 296 f.) ist natürlich da; eine tiefere Auseinandersetzung unterbleibt aber. Sloterdijk gilt ja als einer der zutiefst französisch geprägten deutschen Philosophen (auch wenn der zunftsartige Stand der Universitätsphilosophie diese Einordnung zum Teil vehement ablehnt[571]).

Es mag Sloterdijks prägnanter Opposition gegenüber der Apparatekirche geschuldet sein, dass er wenig aus der Schnittfläche von Theologie und Philosophie, von philosophischer und theologischer Anthropologie aufzugreifen wohl bereit ist. Bezüge etwa zu Ricoeur sind da, aber nur dünn platziert.[572]

Implizit Blumenberg und Gehlen, nochmals Binswanger und Canetti, Bataille: Aber in der Metapher der „Lichtung", die Sloterdijk raumontologisch

---

[566] Hinter dessen ontologische Problematik die Argumentation von Tietz (2002) weit zurückfällt. Sollte die relativ kurze Literaturliste bei Tietz ein Hinweis auf Selektion sein, so ist diese dann allerdings problematisch.

[567] *Dialogizität bei Bachtin*: Zu nennen wäre auch die Position von Bachtin (Bachtin, 2008), auf den ich mich bislang nur ethnologisch mit Blick auf die Alteritätsproblematisch der weltweiten Kanevalesken bezogen habe. Die personologische Anthropologie der Dialogizität arbeitet schön Wutsdorff (2006) heraus. Weniger explizit Demski (2000), allerdings mit Bezug auf Martin Buber (Demski, 2000, S. 13).

[568] Vgl. auch die Studie von Coenen, 1985.

[569] Vgl. auch B. N. Schumacher: Art. „Andere, der", in Thurnherr/Hügli, 2007, S. 22–25, hier S. 25: „Liebe und Freundschaft bekunden, das ‚Ich' wird vom ‚Du' gewollt, es wird in seinem Sein bestätigt, seine flüchtige Existenz wird als etwas Wertvolles betrachtet. Es fühlt sich berechtigt, zu sein."

[570] Zu Buber vgl. auch als erste Orientierung: Bloch/Gordon, 1983.

[571] Zur Rezeption der „Kritik der zynischen Vernuft" vgl. auch Kallscheuer, 1987.

[572] Ähnlich oberflächlich bleibt sein Bezug etwa zu Kristeva. Zu Kristeva vgl. auch Angerer, 2007.

gerne nutzt, wird gerade diese Nähe zur philosophischen Anthropologie deutlich, die eine theologische Anthropologie (säkularisiert zur reinen Immanenzontologie[573]) weiter denkt. Und indem Sloterdijk innerhalb dieser Immanenz die ekstatische (vgl. auch Art. „Ekstase", in RGG, Bd. 2, Sp. 1186 f.) Existenz des Menschen als Praxis des Überschreitens denkt, ist wiederum das diesbezügliche Vordenken von Binswanger augenfällig (Schmidt, M., 2005). Bezüge etwa zu Bataille müssten erst tiefer erschlossen werden.[574]

Menschliche Praxis ist in diesem Lichte des Werkes von Binswanger immer Existenz als Bewegung. Präsenz ist Ankommen, Eintreten, Hervorbringen, ist dramatisch inszeniert. Und insofern ist Präsenz (des Menschen als „Schwebewesen") immer auf Transzendenz angelehnt.

Mit dieser ganzen, auf Transzendenz angelegten Ontologie der „Innenraumverdichtung" knüpft Sloterdijk so sehr an Blumenbergs Metapher der Höhle und des Austritts aus der Höhle im Lichte der Existenzproblematik des Absolutismus der Wirklichkeit an, dass auch hier eine Referenz besteht. Mag aber wiederum der Bezug zu Gehlen bei Blumenberg der Grund sein, warum angesichts von Sloterdijks Vorbehalten gegenüber dieser Art von Ethologie die Referenz nicht explizit wird. Ein Bezug zu Canetti scheint für Sloterdijk dagegen wohl eher machbar zu sein.

Canetti, vertieft, und der homo sacer bei Agamben: Canetti ist nunmehr eine wichtige Schaltstelle, um den Zusammenhang dieser Sloterdijk-Rezeption mit Fragen der Medizinanthropologie zu erstellen.

Wenn es richtig ist, dass der Tod derart im Zentrum der existenziellen Selbstreflexion des Menschen und seiner Kultur steht, dann kann dieser ontologische Tatbestand an der Rolle der Medizin in der Gesellschaft nicht spurlos vorbei gehen.

Canetti hat in „Masse und Macht" (Canetti, 2003) den Tod ebenfalls ins Zentrum der Daseinsanalyse des Menschen gestellt.[575] Mit dem Moment, in dem der Mensch merkt, dass seine Existenz endlich ist, bekommt das Überleben den zentralsten Stellenwert: Überleben als das Leben selbst. Über-

---

[573] Was eine solche Immanenz des göttlichen Sakralen meinen kann, hat Max Raphael am Beispiel eines Kopfes der Osterinsel zeigen können: vgl. H.-J. Hinrichs, Vorwort zu: Raphael, 1988, S. 21.

[574] Das Ekstatische (an den Propheten des AT) hatte bereits Gunkel entdeckt: dazu Klatt, 1969, S. 207. Vgl. Mattheus, 1988, S. 14.

[575] *Tod als Geburt der Kultur*: Canetti orientiert sich dabei sehr am kulturanthropologischen bzw. ethnologischen Material. Vgl. zur Urangst vor dem Tod als Geburt von Kultur: de Marchi, 1988. Vgl. auch meine Ausführungen in Schulz-Nieswandt, 2006b, S. 201 ff.; ferner Harrison, 2006.

leben-Können angesichts des Anderen kann durch Schaffung von Distanz geschehen, aber auch im Kontext der Verdichtung des Raumes durch Töten.

Töten steht damit am Anfang der menschlichen Existenz. Und auf den *homo sacer* von Agamben (vgl. auch mit Bezug auf Bataille: Mattheus, 1988, S. 305) ist auch noch sogleich zurückzukommen. Aber es geht dabei nicht um eine Theorie des Opfers (der Gabe[576]) angesichts der Schuld, die aus dem Töten resultiert (vgl. zu meinen diesbezüglichen Arbeiten: Schulz-Nieswandt, 2003b, S. 35 ff.[577])[578].

Es geht bei Canetti (und bei Agamben) um die Genese (der politischen) Macht angesichts der Ontologie des Todes. Die Betonung liegt auf diesem Bezugspunkt: dem Tode. Dadurch, dass Menschen sterben müssen, gewinnt die Macht die zentrale Rolle in der politischen Existenzweise des Menschen. Denn Macht bedeutet nunmehr, über den Menschen mit Blick auf sein Überleben oder sein mögliches Sterben zu herrschen. Machtstreben bedeutet eine Strategie des Überlebens, eventuell durch Töten. Politik bedeutet Macht, da nunmehr über das Leben der Menschen entschieden werden kann. Hier sind Agamben und Canetti nahe aneinander. Denn der *homo sacer* ist im Kontext römischer Antike eine Figur des Vor-Politischen und des Vor-Religiösen (Agamben, 2006). Erst diese Aussonderung konstituiert das „nackte Leben" des *homo sacer* und konstituiert so das Politische überhaupt. So gesehen geht es um politische Anthropologie. Der *homo sacer* darf nämlich nicht geopfert werden, aber er darf beliebig getötet werden, da er vogelfrei ist. Politik – und somit die Macht – konstituiert sich dergestalt

---

[576] Es gibt jedoch eine ganze Reihe von Opfertheorien (die Eberhart [2002] u.a. im Rückgriff auf die Studie von Drexler [1993] darlegt und auf das alte Testament bezieht). Überblick auch in Negel, 2005. Vgl. ferner die Beiträge in Janowski/Welker, 2000. Vgl. auch Braun/Wulf, 2007.

[577] Vgl. vor allem die beiden Aufsätze Schulz-Nieswandt (2001c) sowie ders. (2001d).

[578] *Tod und Kultur*: Ich teile hier nicht die globale Ablehnung der *homo necans*-Idee bei Böhme, 2006, S. 423 ff. Aber ich kann Böhmes These teilen, nicht einen monistischen Ursprung der Kultur im Kausalnexus von Töten, Schuld und Opfer zu sehen, sondern die Ambivalenz der menschlichen Existenz (vgl. zur Ambivalenz im Menschenbild der biblischen Urgeschichte im Kontext altorientalischer Parallelen: Kim, 2007) als Kultur gerade in der Gleichursprünglichkeit von *homo necans* und *homo sociatus* zu erblicken, eine Ambivalenz, die zugleich die Geburtsstunde des *homo religiosus* ist. Für die Frage der tiefenpsychologischen Bestimmung des Verhältnisses von der klinischen Medizin zum Tod ist jedoch die Klärung des Sachverhaltes wichtig, wie das Heldentum der Medizin dazu zu vermitteln ist, dass das kulturgeschichtlich ursprüngliche Heldentums (des Jägers) daran geknüpft ist, wie Jensen (1992) zeigen konnte, dass der Mann erst zum Mann wird, wenn er getötet hat. Die maskulinisierte Medizin ist nur dann als Heldenmythos zu dechiffrieren, wenn die Verdrängungs- und Umkehrungsleistung begriffen wird, die darin besteht, schuldgetrieben aus dem Töten die Überwindung (die Besiegung) des Todes abzuleiten.

gerade in der Verfügung über den Menschen. Denn nunmehr ist er geschützt vor dem Mord, aber eben als Gegenstand der politischen Macht: als Untertan, als Bürger.

Macht bedeutet demnach die Verfügbarkeit über das – nackte – Leben des Menschen durch Schaffung einer („Schwelle" zur: Geulen, 2005a, S. 61) Ordnung des Zusammenlebens: Insofern arbeitet Agamben an einer Theorie des Politischen überhaupt.

Und ebenso ging es Canetti um das Verständnis des Archaischen selbst noch im modernen Menschen und seinen Gesellungsformen. Agamben fragt, „wie Recht und Staat dieses Verhältnis (des nackten Lebens – meine Anmerkung) allererst stiften, um es dann zu verwalten." (Geulen, 2005a, S. 58)

Die nosologische Ordnung (Schulz-Nieswandt, 2006b, S. 88) ist, um nunmehr auf die medizinische Macht zu kommen, nicht anders zu topologisieren. Und hier wird durch die Brille von Foucault argumentiert; diese Brille ist aber bei Agamben, ebenso bei Sloterdijk, deutlich präsent.

c) Medizinzynismus

Ich greife, um die (Ordnung der) Dinge auf den Punkt zu bringen, erneut auf Sloterdijk zurück, nunmehr auf seinen zweiten Band der „Kritik der zynischen Vernunft" (Sloterdijk, 2004b).

Von Interesse ist im Rahmen seiner δ-Phänomenologie der Abschnitt über den „Medizinzynismus" (ebd., S. 489 ff.), hierbei gibt es bemerkenswerte Parallelen zur Metaphernkritik der Krankheit bei Susan Sontag (1978). Genau diese Kritik von Sontag, die darlegt, wie sehr der Mensch durch die militärische Feindessprache das natürliche Verhältnis zur Krankheit als Teil des Seins verliert, entspricht auch Gadamers These des Normalitätsverlustes und damit des Seinsverlustes der medizintechnischen Utopie der Todesbesiegung durch Krankheitszerstörung. Auf Gadamer wird noch zurückzukommen sein. Nach Sloterdijk hat sich der Arzt aus seiner frühhochkulturellen Funktions- und Gestaltsynthese mit dem Priester (Art. „Priestertum", in RGG, Bd. 6, Sp. 1644 ff.; dazu auch die Position von Thure von Uexküll: vgl. Goldbach, 2006, S. 120 f.) getrennt. Mag aufgrund dieser ursprünglichen Gemengelage (vgl. auch Anschütz, 1987, S. 177) noch der Restbestand magischer Aura erklärbar sein, so ist die Trennung entscheidend: Der Priester akzeptiert den Tod; er ist ja der Sinnstifter angesichts des Todes. Der Arzt will/soll aber den Tod nicht akzeptieren; er soll ihn bekämpfen: „Er definiert sich dadurch, daß er die Partei des Lebens ergreifen muß." (Sloterdijk, 2004b, S. 490)

Und nun kommt die Canetti-Agamben-Position, die oben referiert wurde, bei Sloterdijk ins Spiel: „Weil die lebenden Körper die Quelle aller Macht sind, wird der Helfer des Körpers ein Mann der Macht." (Sloterdijk, 2004b, S. 491) Und: „Insofern wird aus dem Helfer selbst eine Art Machthaber, da er Anteil gewinnt an der zentralen Verfügungsgewalt aller Vormächte, der Macht über Leben und Tod anderer." (ebd., S. 491)

Damit beginnt die Geschichte der dramatischen Inszenierung des Medizinsystems, des Medizinzynismus. Kennzeichnend (vgl. auch Hunstorfer, 2006) für diesen Zynismus sei es, so Sloterdijk, dass er sich mehr für die Krankheiten als für den kranken Menschen (vgl. auch Böschemeyer, 1977, S. 17; bereits Christian, 1952) insgesamt interessiert (Sloterdijk, 2004b, S. 498).[579] Daraus resultiert nicht nur der „ärztliche Blick" (vgl. auch Weiske, 2008) als Diskurs, sondern auch die Praxis der Gesundheitstechnologien als Inventar eines politikökonomischen Domänen-Komplexes in der Gesellschaft. Die ärztliche Ständeideologie ist nur das organisatorische Bindestück zwischen der diskursiven und der institutionellen Macht über den (weiblichen[580]) Körper (und – psychiatriegeschichtlich – dem Geist bzw. der Seele).

Metaphernorientiert gehört zum Medizinzynismus daher auch seine Technik der Spionage: Der Körper wird ausspioniert, durchleuchtet, auf seine geheimen – inneren – Feinde durchkämmt. „Und wie die Agenten setzen die Mediziner großen Ehrgeiz in die Verschlüsselung ihrer Informationen" (Sloterdijk, 2004b, S. 629 f.): „Codierung und Geheimhaltung kennzeichnen den medizinisch-geheimdienstlichen Stil" (ebd., S. 630).

Nun – Wissen ist Macht; und die Macht ist verloren, wenn man das Wissen (oder den systematischen Zugang zu ihr) teilt. Dort, wo die Profession und die Laienwelt im Modus partnerschaftlicher Symmetrie zu kommunizieren versuchen, ist die Macht der asymmetrisch-hierarchischen Paternalität zu Ende. Sie erodiert. Über die Maskulinität der ganzen Rede von der

---

[579] *Hygiene und Polizei*: Wenn Sloterdijk mit Bezug auf Foucault in einer Fußnote (Sloterdijk, 2004b, S. 630) konstatiert, dass dergestalt polizeistaatliche Ursprünge des modernen Medizinsystems auszumachen sein, dann überrascht das nicht angesichts der Kenntnisse von dem Ursprung der sanitärisch-hygienischen Praxis der Gesundheitspolitik im Absolutismus: Schulz(-Nieswandt), 1987a sowie ders., 1988 (herauszustellen ist vor allem auch die Rolle von Lorenz von Stein [1815–1890]: Blasius, 2007; dort nicht erwähnt: Schulz-Nieswandt, 1992b). Vgl. auch meine Studie zu Johann Peter Frank: Schulz-Nieswandt, 1999a. Aus dem Bereich neuerer Studien vgl. Balkhausen, 2007 (zu Virchow; 1821–1902), Weyer von Schoultz, 2005 (zu Pettenkofer) und breiter zur Hygienebewegung des 19. Jahrhunderts: Hardy, 2005 sowie Schulz(-Nieswandt), 1987b, S. 229.

[580] Vgl. dazu die Studie zur Verdinglichung des Menschen im Rahmen medizinischer Experimente von Sabisch, 2007.

Medizin und den Medizinmännern wird gleich noch zu reflektieren sein. Hier nun interessiert der Herrschaftscharakter der Medizin, die mit dem Militär den Begriff der Operation gemein hat. Der Körper wird zum „Schlachtfeld der präventiven und operativen Medizin" (Sloterdijk, 2004b, S. 632). Die Logik dieser professionellen Politik hält der modernen Gesellschaft ihren (im Sinne von Canetti und Agamben: archaisch überlieferten) Spiegel vor: „darin erscheinen, in modernisierter Form, aber archaisch treibend, die existentiellen Ängste einer Zivilisation, in der offen oder insgeheim jeder den gewaltsamen Tod fürchten muß." (Sloterdijk, 2004b, S. 632 f.)

Dies, die Angst vor dem Tod, begründet im Kontext des Verblassens der christlich-metaphysischen Tradition, so Sloterdijk, die zugespitzte Rolle des modernen Medizinzynismus. Es ist ein Denken der polizeilichen Sekurität, der Sanitärideologie, der Hygiene. Archaische Berührungsängste (die noch auf die früh-hochkulturelle Synthese von Heilen und sakralem Kultusbereich verweisen[581]) transformieren sich in Eliminierungswünsche, die die diskursive Macht und die Politische Ökonomie des Medizinsystems fundieren und sichern (vgl. die induktive Feldstudie eines Insiders: Wiseman, 1989; ferner Steger, 2008, S. 96). Hier finden heuristische Modelle der Komplexbildungen von Basis und Überbau eine gewisse Berechtigung.

Der Pflege (und damit auch der Geriatrie) – so meine These – kann diese Macht nie zukommen: Sie kämpft nicht mit dem Tod, sie lässt ihn vielmehr ritualisiert zu; sie heilt nicht, sie sorgt sich um den chronischen Schmerz; sie operiert nicht, sie lässt wohnen, bewegen, ernähren, kommuniziert und trauert letztendlich.[582]

Sloterdijk ist ganz nahe an Canetti, wenn er schreibt: „Alle primären Verfeindungen leiten sich von der Abspaltung des Todes vom Leben her." (Sloterdijk, 2004b, S. 634) Die Menschen geraten so unter das „Gesetz" der Medizin, den Tod „buchstäblich mit *allen* Mitteln zu vermeiden." (ebd., S. 634; kursiv auch im Original) Von daher ist die lange Debatte kulturkritisch zu verstehen, ob die Kultur es verlernt oder überhaupt gelernt hat, zu sterben oder sterben zu lassen[583].

---

[581] Die Ausdifferenzierung eines eigenen Berufes Arzt bedurfte Zeit. Sie mag im alten Israel zunächst gegen die Idee der alleinigen Macht Gottes gestanden haben: vgl. so Nordheim, 1998. Zur magischen Rolle von Ärzten bei Kulten im althethitischen Kontext vgl. Otten/Soucek, 1969, S. 105 f. Zur hethithischen Sozialstruktur weiß man nicht viel (Klinger, 2007, S. 84 ff.). Klassisch zu den Hethitern: Bryce, 2004 sowie ders., 2005.

[582] Zu den Umgangsproblemen der professionellen Altenpflege mit dem Tod vgl. auch die ethnologische Studie von Salis Gross, 2003.

[583] Vgl. auch Gehnke, 2004 sowie Freese, 2001. Mit Blick auf die Altenpflege siehe Hoh, 2002 und Terno, 2001.

Wenngleich gerade Sloterdijk, wie die meisten DiskussionsteilnehmerInnen auch, Probleme hat, zu definieren, was denn eine human(isiert)e Art des Sterben-Könnens ausmacht, so konstatiert er: „Das Nicht-Sterben-Können unterwirft die Welt, in ihren sichtbaren wie unsichtbaren Bereichen, einer radikalen Verwandlung." (ebd., S. 635) Der Befund mag korrekt sein. Die Perspektiven einer besseren Kunst bleiben jedoch gestaltlos.

Der Tod in der Medizin als Ambivalenz von Mysterium tremendum und Mysterium fascinosum: Das Verhältnis der klinischen Medizin zum Tod[584] ist durch eine paradoxe Ambivalenz gekennzeichnet. Der Tod fasziniert und er schreckt ab[585]. Er soll auf jeden Fall gebannt werden (Bergmann, 2004, S. 11): „Die moderne Medizin gilt als diejenige Instanz, die uns im Zeichen des medizinischen Fortschritts in eine Welt führen kann, in der körperliches Leid und die menschliche Sterblichkeit in ihre Schranken verwiesen sind, in der wir uns vor dem Tod immer mehr geschützt meinen."[586]

---

[584] *Tod, Maschinenbau und Medizin*: Im Lichte der Methodologie der Geschichtsschreibung der „langen Dauer" in der Tradition von Fernand Braudel rekonstruiert Bergmann (2004) die Geschichte der modernen Medizin. Dass die ganze Maschinenbaulogik (Bergmann, 2004, S. 23 und S. 109) cartesianisch ist und ihre Wurzeln in der Anatomie hat, ist weniger überraschend; faszinierend dagegen ist die Rekonstruktion der opferlogischen Wurzel der Medizin in der Tradition der sakral, zeremoniell und dramatisch inszenierten (öffentlichen) Hinrichtungen: „Aus der mit dem vormodernen Opferkult verbundenen Strafpraxis ging das anatomische Erkenntniszeremoniell originär hervor, und es fügte sich in die opferlogischen Gesetze der Hinrichtung ein." (Bergmann, 2004, S. 17 f.) Bergmann (2004, S. 318): „Das Leitmotiv der Hinrichtungsrituale – die gesellschaftliche Reinigung vom Tod – lag auch der Leichenzergliederung im Anatomischen Theater (Eckart/Jütte, 2007, S. 43 f. – mein Einschub) zugrunde. Über die Gemeinsamkeit hinaus stammte das Erkenntnisobjekt der modernen Medizin aus dem religiösen Opferkult, der den Ablauf einer neuzeitlichen Exekutionszeremonie bestimmte und über mehrere Jahrhunderts hinweg die Voraussetzung für die empirische Erkenntnisgewinnung schuf." Die geradezu archetypischen Wurzeln liegen in dem Massensterben und den traumatischen Erlebnissen der Epidemien und kollektiven Gewaltformen im Mittelalter. Die diesbezügliche Angstforschung von Delumeau u. a. (etwa Duby, 1996) sollen jedoch nicht rekonstruiert werden (Bergmann, 2004, S. 20). Bergmann nimmt hier (an die bekannten Forschungen von Assmann u. a. [Assmann, 1999; Erll, 2005; systemtheoretisch vgl. Esposito, 2002; zur Verknüpfbarkeit von Luhmann und Assmann/Assmann vgl. auch Holl, 2003] anknüpfend) Prozesse kultureller Vererbung durch kollektive Gedächtnisfunktionen an (Bergmann, 2004, S. 23): „So gesehen, kann die Entstehung der Moderne als eine kollektivpsychologische Reaktion auf traumatische Todeserfahrungen gedeutet werden, als Versuch, dem Ursprung von Krankheit, Tod und Naturkatastrophen jenseits von Metaphysik und Religion auf den Grund zu gehen." (Bergmann, 2004, S. 98)

[585] Bergmann, 2004, S. 212: „Die inszenierte und gleichsam die Todesangst reduzierende Nähe zum Tod kam auch in der Dekoration der Anatomischen Theater zum Ausdruck: In exponierter Positur umzingelten menschliche und tierische Skelette das Publikum und die Anatomen."

Bei der (erneuten) Lektüre von Pfallers „Die Illusionen der anderen. Über das Lustprinzip in der Kultur" (Pfaller, 2001) wurde das libidoökonomische Problem nochmals in einem anderen Kontext verdeutlicht. Pfaller untersucht, u. a. im kritischen Diskurs mit Caillois (1988), die paradoxe Bestimmung des „heiligen Ernstes" des Spieles in der diesbezüglichen Theorie von Huizinga (1997; vgl. auch Art. „Huizinga, Johan" in TRE, Bd. 15, S. 635 ff.).[587] Die Ambivalenz besteht in der Gleichzeitigkeit von Anziehungskraft („Anhänglichkeit") und Abwehr („Verachtung") (Pfaller, 2002, S. 128 ff.). Strukturell entspricht diese Ambivalenz der Theorie des Heiligen (des „Numinosen") bei Otto (1869–1937; hier Otto, E., 1997)[588], denn hier ist die Ambivalenz von *Mysterium tremendum* und *Mysterium fascinosum* gegeben. Diese Problematik des Heiligen bei Otto ist breit bekannt, noch breiter diskutiert und interessiert seine Theorie hier nur insofern, da sie übertragbar scheint auf das Verhältnis der Medizin zum Tod. Nun ist der thematische Kontext ein anderer: nämlich Theorie des Spieles und der damit verbundenen symbolischen Austauschprozesse; gleichwohl wird mich dies opfertheoretisch nochmals beschäftigen. Dennoch habe ich an dieser Stelle diese Ausführungen integriert, da demonstrierbar ist, wie relevant, ja geradezu ubiquitär relevant der ambivalente Charakter von (heiligen) Dingen ist, sowohl anziehend als auch abstoßend zu sein. Ambivalenz ist eine zentrale Problematik, die in vielen Bezügen der vorliegenden Arbeit immer wieder auftaucht. Auch wird deutlich, wie attraktiv es sein kann, die soziale Praxis mit religionsphänomenologischer Brille zu durchleuchten. So wie dies in der Arbeitsmarktanalyse möglich ist (ebenso in der Konsumforschung), da sich hier binäre Codes von Insider-Outsider-Relationen als Duplizierung von Profanität vs. Sakralität abzeichnen, Einlassliturgien des Marktzutritts ebenso abzeichnen wie Ausgrenzungen des Schmutzes als Verunreinigung der Logik des sozialen Mechanismus, so zeichnen sich gerade auch in medizinsoziologischer Sicht heilige Strukturen des Betriebes ab, eine symbolische Praxis des Sakralpersonals und hierokratische Architekturen, die verständlicher machen können, inwieweit und wieso gerade der moderne Medizinbetrieb in dieser erstaunlich ambivalenten Weise sowohl anzieht als auch abstößt. Dies repliziert den ambivalenten Charakter

---

[586] Der „Triumpf über den Tod" sei (so Bergmann, 2004, S. 12) „‚zum ärztlichen Ethos schlechthin geworden'". Damit findet eine „‚Vergottung' der Medizin" (Bergmann, 2004, S. 12) statt, von der die Redeweise der „Götter in Weiß" nur die populärpoetisch verbrauchte Oberfläche darstellt. In der Literatur ist von einer „Thanatokratie" der Medizin die Rede (Bergmann, 2004, S. 13). Bergmann spricht (ebd., S. 13) vom „Phantasma der Sterblichkeitsüberwindung".

[587] Die kleine Arbeit von Kónya (2004) hat wenig kritische Distanz zu einer (Pfallerschen) Theorie der Lust-Gesellschaften in Abgrenzung zu Tabu- und Über-Ich-Gesellschaften. Zum *homo ludens* vgl. auch Mattheus, 1988, S. 91.

[588] Zum Numinosen und zu den Erfarungsmodi des Religiösen: Leidhold, 2008.

des Todes, der der klinischen Medizin letztendlich in konstitutiver Weise inhärent ist. Da den Patienten die Wirkungsweise etwa der Medikamente (der Prototyp der geheimnisvollen Macht abgehobener Eliten) letztendlich nicht klar ist, wird die magische Aura des Medizinzynismus in dieser Perspektive immer wieder reproduziert. Das wiederum repliziert jene Form der Dankbarkeit im Falle des klinischen Erfolges, vor allem bei existenziellen, mortalitätsnahen Geschehen, die die Analogien zum Dankritual gegenüber dem benevolenten Gott religionsphänomenologisch möglich machen. Und so versteht sich auch das Quasi-Theodizeeproblem im Alltag der betroffenen Menschen im Fall der nicht erfolgreichen medizinischen Intervention. Wer in der Lage ist, nach der natürlichen Geburt nochmals das Leben (in Form eines weiteren Lebensabschnittes) zu schenken, figuriert wie eine Fruchtbarkeitsgöttin – nur dass diese Göttin in Form maskulinen Heldentums auftritt, auch dann, wenn es sich um Ärztinnen handelt, weil die Grammatik des ritualisierten ernsten Spieles maskulin ist, genealogisch/archäoligisch re- und dekonstruiert.

Medikamentalisierung und Mana: „Gott essen": Und noch eine andere Parallele lässt sich religionsphänomenologisch ziehen (vgl. auch Attali, 1981, S. 47 ff.). Ich gehe dabei von einer These bei Whitehead (1990, S. 23) aus: „ist der Held eine Person, dann nennen wir das Ritual mit seinem Mythos ‚Religion'; ist der Held eine Sache, dann nennen wir es ‚Magie'." Damit wird der Arzt zum Helden einer religiösen Haltung, das Medikament dagegen ist Teil eines magischen Praxiszusammenhangs. Das Medikament als Instrument der modernen klinischen Medizin ist auf einen *Mana*-Gehalt (zur „Kraft" vgl. gleichnamigen Art. von Wolf, in Auffarth/ Bernard/Mohr, 2005, Bd. 2, S. 244 ff. sowie Art. „Mana", in RGG, Bd. 5, Sp. 722 ff.)[589])[590] hin zu definieren. Eine solche eucharistietheoretische Interpretation liegt angesichts der „Gott essen" (Kott, 1975, S. 198 ff.; Heinz, 1986, S. 161 ff.)[591]-Charakterisierbarkeit der heiligen Messe (mit Literatur-

---

[589] Vgl. auch Art. „Mana und Tabu" in TRE, Bd. 22, S. 13 ff.
[590] Zur Kraft in der Magie vgl. Favret-Saada, 1979, S. 278 ff.
[591] *Mana und heilige Kommunion*: Vgl. kritisch Snaith (1957). Snaith ist kritisch mit Blick auf den klassischen Beitrag von W. Robertson Smith (1846–1894). Der katholische Ethnologe Wilhelm Schmidt (Schmidt, 1929) sah in Freuds These, in der heiligen Kommunion (vgl. auch die verschiedenen Bedeutungs- und Praxisdimension in Art. „communio", in RGG, Bd. 2, Sp. 435 ff.) sei eine Wiederholung der Ermordnung und Einverleibung des Urvaters, einen Gipfelpunkt des Kulturzerfalls, eine „Ausgeburt des intellektuell und gefühlsmäßig gleich Unerträglichen." (Yerushalmi, 1999, S. 55) In der Tat ist die These Freuds – „Religion entsteht, wenn der Urvater der ödipalen Aggression seiner Söhne zum Opfer fällt, welche ihn ermorden und auffressen, die Erinnerung an die Untat zwar verdrängen, dann aber aus unbewußter Reue den Vater in Gestalt des Totemtiers verehren und in Form der periodisch wiederkehrenden Totemmahlzeit in verdecktem Schuldbewußtsein eine

hinweisen[592] in Hörisch, 1997, S. 93 ff.; Art. „Kannibalismus" von Hensel, in Auffarth/Bernard/Mohr, 2005, Bd. 2, S. 157 ff., hier S. 159[593] sowie in RGG, Bd. 8, Sp. 539 zur Transsubstantiation; vgl. auch Winkels, 1983) nahe: „Wir erkennen, daß die christliche Eucharistie die vorläufig letzte religiöse Entwicklungsform ist, die sich aus der alten Totemmahlzeit ableiten lässt.", schreibt Reik (1975, S. 194)[594].

Männlichkeit der Helden: Dass eine Medizin in Kooperation mit anderen Professionen gerade den Schnittbereich zur Aufgabe des qualifizierten Lebens mit nicht-heilbaren Beeinträchtigungen des Lebens und letztendlich zum Sterben-Können zu ihrem zentralen Bereich zählen kann, zeigt die

---

Gedenkfeier des Mordes veranstalten." (Yerushalmi, 1999, S. 45) – in der klassischen Kulturanthropologie (und Soziologie: Brauns, 1981, S. 42 ff.) auf wenig Akzeptanz gestoßen (Kroeber, 1920; ders., 1939). Damit ist aber das Potenzial nicht erschöpft, das in Freuds Hermeneutik des Mythos liegt. Freud macht ja nur deutlich, wie intraseelische Konflikte Spiegelbild gesellschaftlicher Beziehungskonflikte sind, wie diese sich im Seelenhaushalt ablagern und dort ausgetragen werden. Es geht nicht um kulturhistorische Faktizität, sondern um Plausibilität einer dekonstruktiven Lesart der Textur im Lichte aktueller Daseinsbewältigung. Das dürfte nahe an Foucaults Kritik an Freud sein (im Kontext französischer Übersetzung von Binswanger [Näf, 2004, S. 190]), wonach Freud die epistemologische Bedeutung der Mythologie(rezeption) nicht erkannt habe.

[592] Die These wird bei Freud in „Totem und Tabu" (Freud, 1991) vorgetragen. Er konnte dabei wiederum auf die These der „Verspeisung der Götter" bei Frazer (1854–1941, hier Frazer, 2004) zurückgreifen. Freuds Thesen werden in der älteren und auch aktuellen Ethnologie nach wie vor verworfen; gleichwohl hält man seine Ideen für heuristisch inspirierend. Einblick in den Stand der Totem-und-Tabu-Forschung gibt Stubbe (2008), wenn die Arbeit nicht zugleich grottenschlecht Korrekturfehler aufweisen würde, die das Lesen verärgert.

[593] Vgl. auch Bammel, 1950, S. 165 – überhaupt eine wunderschöne kulturgeschichtliche und kulturvergleichende Funktionsanalyse des heiligen Mahls in religionsphänomenologischer Art.

[594] *Totem und Kannibalismus*: Dabei ist mir der ethnologische Anachronismus des Totemismus (RGG, Bd. 8, Sp. 489 ff. sowie Art. „Totem/Totemismus" in TRE, Bd. 33, S. 683 ff.) in seinem Universalismusanspruch vollständig bewußt. Dennoch ist die Analyseperspektive hier fruchtbar: Denn im Verzerren des Gottes inkorpiert der Mensch eine Kraft, die heilt. Dieser Funktionalismus findet sich strukturgleich in der Magie (zur Kontroverse um die Magie vgl. Kippenberg/Luchesi, 1995) der Medikamentalisierung (zum magischen Moment in der modernen Medizin vgl. auch Bergmann, 2004, S. 16). In der Regel werden auch die Tabletten nicht gekaut, sondern geschluckt, manche Halstabletten gezielt aufgelutscht. Der Kannibalismus ist also nicht so rabiat in der Essmethode. In der Sache bleibt das Phänomen aber unverändert. Kircher (1910) kann in seiner materialreichen Abhandlung zur sakralen Bedeutung des Weines (RGG, Bd. 8, Sp. 1357 ff.) nicht nur erneut die Bedeutung genossenschaftlicher Organisationsformen des Kultes herausarbeiten (Kircher, 1910, S. 29, S. 31 und S. 53), sondern auch den Weinkonsum als Ersatz für blutige Bindungskulte darstellen (ebd., S. 82 ff.). Zur modernen gerontologischen Debatte um den Wein vgl. auch Aust, 2007.

Geriatrie.[595] Gerade deshalb ist ihr Status in der Hierarchie der medizinischen Fächer wohl so niedrig oder umstritten. Sie fügt sich eben so schlecht in die Mythologie der Medizin als Bezwingerin des Todes. Der Kampf mit dem Tod bedient sich der militärischen Logik der Operation, die den Feind besiegt, und sei es auch die einer medikamentösen Eliminierung der bakteriell-virologischen Struktur feindlicher Handlungspraxis. Damit ist auch die maskuline Typik der Macht[596] angesprochen.

Dass der Frau in der (vergleichenden) Kulturgeschichte mitunter auch einschlägige Machtrollen zukamen (Art. „Frau" in TRE, Bd. 11, S. 417 ff.), ändert nichts an der Dominanz des Männlichen in der Verteilungsfunktion der Rollen in Raum und Zeit. Der homerische Held[597], der mittelalterliche Ritter[598] und der bürgerliche Universitätsprofessor in der Medizingeschichte (trotz Marie Curie[599]) sind nur verschiedene sozialgeschichtliche Gestalten,

---

[595] *Patient, Mensch, Laborwert oder Fall?* Vgl. dazu die Studie von Pott, 2004. Der Werbetext des Verlages trifft den Aussagewert der Studie sehr gut: „Den Patienten ganzheitlich zu erfassen und zu behandeln hat sich vor allem die Palliativmedizin zur Aufgabe gemacht. Palliativmedizin ist schützende, umsorgende, vor allem subjektive Medizin, die dann im Vordergrund steht, wenn das Leiden des Patienten nicht mehr zu kurieren ist und er voraussichtlich in absehbarer Zeit sterben wird. Aber wie stellt die Palliativmedizin den Patienten in den Mittelpunkt, wie erfaßt er ihn? Auf diese Frage versucht das Buch eine Antwort zu geben: Vor lauter technischen Bildern ‚übersehen' die Mediziner ihre Patienten. Der Blick der Mediziner ist geschult an technischen Bildern, deren Patientenferne, Geruch- und Klagelosigkeit und deren Serialität sie in eine künstliche Welt führen, die es ihnen unmöglich macht, die Aura des kranken Patienten, seine Verarbeitung der Krankheit usw. zu erfassen. In Art einer Epikrise werden die Gründe für die ‚Flut' der technischen Bilder in der Medizin angegangen. Neben der erwähnten Distanzierung vom Leiden des Patienten sind Forscherdrang, merkantile Vorteile, aber auch Warencharakter, Analogiezauber und Fetischcharakter des Bildes mögliche Gründe."

[596] „Eingebettet in eine patriarchalische Kultur, welche die Katastrophe und die menschliche Sterblichkeit in der von der Theologie erfundenen Figur der tödlichen Hexe auf die Frau projizierte, wurde das Verlangen nach einem neuen Weltvertrauen durch männliche Selbstermächtigung und Naturbeherrschung zu erringen versucht." (Bergmann, 2004, S. 98) Auf die ganze Forschungslage zur Enteignung des Weiblichen in der Hexenverfolgung (Honegger, 1978; Blauert, 1995) soll hier nicht tiefer eingegangen werden; das Problem der europäischen Hexenverfolgung erweist sich als vielgestaltig und multifaktoriell bedingt (vgl. Levack, 2003).

[597] *Geschichtlichkeit bei Homer?* Homers Fähigkeit, in geschichtlicher Zeit zu denken, ist umstritten (vgl. Dux, 1992, S. 261 ff.). Vgl. zu diesem wichtigen Zusammenhang Otto, 2002a, S. 217 ff. Eine Parallele findet sich in der Debatte zur altttestamentlichen Anthropologie, wo es um den Zusammenhang von Person und Handeln, Geschehenszusammenhang und Schicksal geht. Kaiser (1985, S. 63 f.) formuliert, es handele sich um die Tatsache, „daß der Mensch nicht uneingeschränkt über sich selbst verfügen und zu seiner vollen Selbstverwirklichung gelangen kann, sondern ein im Blick auf sein Wesen wie seine Situation schicksalsbedingtes Leben führen muß." Vgl. zum alttestamentlichen „Tun-Ergehen-Zusammenhang" (RGG, Bd. 8, Sp. 654 ff.) auch die Studie von Freuling, 2004.

die, jeweils typusgeprägt durch die epochalen Rahmenbedingungen (vgl. auch Viefhues, 1990), in der „langen Dauer" der Genealogie der modernen Medizin über die Logik der Besiegung des Todes (des Feindes) definiert sind. Es ist dieser, um den Tod zentrierte Heldenmythos, der der Medizin die Macht zukommen lässt, die seit Heidegger ontologisch begriffen worden ist.

Biografisch gesehen mag es zu einer geradezu selbstzerstörerischen Belastung des Arztes oder der Ärztin, deren Geschlecht hier in der Wirksamkeit der kulturgeschichtlichen Logik der Profession (zunächst) keine Differenz macht[600], werden, wenn sich die medizinische Praxis nicht von dieser selbst und gesellschaftlich zugeschriebenen göttlichen Rolle im nachmetaphysischen Zeitalter zu lösen vermag. Der klinische Befund des Burnouts (Driller, 2008) ist nur eine Performativität sozialer Berufe, die sich den ontologischen Grenzen menschlicher Praxis nicht stellen. Doch sind auch die soziologisch begreifbare Angst vor dem Statusverlust und die ökonomische Angst vor der Erosion der Domäne wirksam. Aber hier wäre ein sozialer Wandel denkbar, der eher wieder zur hohen Wertschätzung und zu angemessener Vergütung führen könnte, wenn das reziproke, oftmals sich kumulativ-zirkulär aufschaukelnde Kartell von Angebot und Nachfrage (Arztdominanz und Patientenwünsche) ein Ende finden könnte.

5. Bausteine einer zeitgemäßen Medizinanthropologie

Die Morphologie des Systems des Gesundheitswesens, in dessen Rahmen sich die Patientenkarrieren abspielen, ist – eingefügt zwischen den Fluchtpunkten von Cure and Care – über zwei Raumvektoren zu analysieren: Die funktionale Differenzierung und die professionellen Handlungslogiken. Dies soll hier skizziert werden, um erste Anknüpfungspunkte zur Anthropologie der Medizin und Pflege und ihrer ontologischen Grundlegung anzubieten. Weiterführende und vertiefende Überlegungen zur Medizinanthropologie und Pflegeontologie werden in Kapitel D. vorgelegt.

Differenzierung und Fragmentierung: Eine Hypothese kann aufgestellt werden: Ist der Grad der funktionalen Differenzierung (Spezialisierungstiefe verschiedener Professionen) hoch und sind die professionellen Handlungslogiken hochgradig differenziell, so werden die pathologisch definierten

---

[598] Vgl. allgemein Ehlers, 2006 sowie Le Goff, 2005. Insbesondere siehe aber Wieland, 1998.

[599] Vgl. auch Quinn, 1999 sowie Vögtle/Ksoll, 2003.

[600] Zur Inszenierung männlicher Macht in der Medizin im Lichte frühmoderner Literatur vgl. Hnilica, 2006. Zur Männlichkeit in sozialer Arbeit siehe Strohmaier, 2003. Insgesamt zur Kulturgeschichte der Männlichkeit in Europa: Schmale, 2003.

Fragmentierungsgrade in verschiedenen Handlungssphären ebenfalls hoch sein.

Als Handlungssphären sind zu unterscheiden:

- die intrainstitutionellen Ablaufprozesse (z. B. klinische Behandlungspfade im Krankenhaus: Kahla-Witzsch/Geisinger, 2004; Bartz, 2006)[601],
- die intrasektoralen Ablaufprozesse (z. B. Verweisungsketten zwischen Krankenhäusern verschiedener Versorgungsstufen oder auch die Patientenströme zwischen Haus- und verschiedenen Fachärzten des ambulanten Sektors) und
- die inter- bzw. transsektoralen Ablaufprozesse (z. B. die Patientenpfade bei Schlaganfall zwischen Akutaufnahme und postrehabilitativer Rückkehr nach Hause).

Existenzielle Kategorien und subjektive Dispositionen: Infolge einer starken Betonung existenzieller Kategorien wie Scham, Ekel[602] und Tabus[603] (Gröning, 2004; Ringel, 2003), aber auch infolge einer gegenüber der Medizinforschung[604] in der Pflegeforschung[605] stärker entwickelten ethnografischen Perspektive (Roper/Shapira, 2004; Rosenthal, 2005; Morse/Field)[606] entfaltet sich langsam eine anthropologische Fundierung der Pflege (Uzarewicz/Uzarewicz, 2005; Duppel, 2005). Sie knüpft sich an ausgewählte Strömungen (vgl. auch in Schulz-Nieswandt, 2006b, S. 21 ff., S. 33 ff.) der philosophischen Anthropologie und der ε-Phänomenologie an, wobei Heideggers[607] existenzielle Daseinsontologie (2001) in der Regel eine besondere Rolle spielt.

---

[601] Zur Problematik der Übergabegespräche im Krankenhaus vgl. Walter, 1997.

[602] Vgl. dazu auch die Studie zur Körperbild-Wandlung bei Patienten mit Ulcus cruris venosum sowie die diesbezügliche Bedeutung sozialer Unterstützung: Uschok, 2008.

[603] *Tabu, Scham, Ekel*: Wenngleich die Tabu-Forschung hier (Kuhlmey u.a., 2005) weit hinter der einschlägigen kulturwissenschaftlichen Tabu-Forschung hinterher hinkt. Vgl. etwa Kraft, 2004 sowie Kubik, 2007; Shattuck, 2003; Menninghaus, 2002. Zu Ekel und Scham bei Canetti vgl. Friedrich, 1999, S. 13 ff. Ein schönes Beispiel für das tiefere psychologische Verständnis der kulturellen Grammatik der medizinisch-pflegerischen Institutionen ist die Praxis der Ventilsitte des Humors: Bischofberger, 2002; Lotze, 2003. Auch Sprachanalysen gehören dazu: Sachweh (2000 sowie 2005). Vgl. ferner Abt-Zegelin/Schnell, 2005 sowie Weinhold, 1997. Vgl. auch die kommentierte Bibliographie von Walther, 2003. Vgl. auch Art. „Tabu" von Jödicke, in Auffarth/Bernard/Mohr, 2005, Bd. 3, S. 428 f.

[604] Vgl. Beil-Hildebrand, 2003; Götz, 2005; Pohlmann, 2005; insgesamt Schulz-Nieswandt, 2003 mit Literatur.

[605] Vgl. etwa Koch-Straube, 1997.

[606] Zur Bedeutung der qualitativen Sozialforschung in diesem Bereich: Schulz-Nieswandt, 2006b, S. 179 ff. Vgl. auch Schaeffer/Müller-Mundt, 2002.

II. Personale Haltung und soziale Praxis

Ontologie der Pflege: Uzarewicz/Uzarewicz (2005) knüpfen darüber hinaus unmittelbar an das System der neuen phänomenologischen Anthropologie (des Leibes) von Hermann Schmitz (2005)[608] an.

Die Grundlegung bei Uzarewicz/Uzarewicz (2005) ist sicherlich erst ein erster Anlauf (oder Schritt), bedenkt man – neben anderen Beiträgen zu einer phänomenologischen Anthropologie des Leibes (Fuchs, 2000) – eine Fülle von Beiträgen aus der philosophischen Anthropologie, die die „Ontologie des Zwischen" des Menschen (Fassbind, 1995, S. 40 ff.; Coenen, 1985) im Mitsein zum Anderen (bis hin zu einer Ökonomik der Gabe im Lichte einer fundamentalen Liebesethik: Schulz-Nieswandt, 2006c[609]) klären helfen, aber noch nicht berücksichtigt werden.

Das Thema ist archetypisch. Hatte schon Platon im Symposium (Platon, 2006, S. 65; Jaeger, 1989, S. 760 ff., insbesondere S. 772 f.[610]) Aristophanes erklären lassen, Liebe verweise auf die einst verlorene Ganzheit des Selbst mit der Welt[611], die – so würde ich das modern und existenzialphilosophisch fortführen[612] – in der Begegnung mit dem Anderen nun wieder aufscheint.[613]

Bausteine einer Philosophie der Pflege(wissenschaft): Eine erste philosophische, letztendlich zur Metaphysik neigende Grundlegung einer Philosophie der Pflege findet sich bei Watson (1996). Bei Jean Watson wird ein personales Seinsverständnis entfaltet, das von Liebe im Modus des sozialen

---

[607] Auch an dieser Stelle zeigt sich: Die Philosophie des 20. Jahrhunderts ist ohne Heidegger nicht verstehbar. Das begonnene 21. Jahrhundert wohl ebenso nicht.

[608] Ein sicherlich innovatives und viel zu wenig rezipiertes, aber in mancher Hinsicht auch nicht leichtes Werk: vgl. Soentgen, 1998; Kozljanic, 2004, S. 211 ff.

[609] Unter Einfluss von Paul Tillichs (1987) theomomer Kulturphilosophie geschrieben. Vgl. auch Art. „Kairologie", in RGG, Bd. 4, Sp. 739 f.

[610] Vgl. ferner Specht, 1977.

[611] *Libido und Eros*: Insofern ist Freuds Gleichsetzung seines Libido-Konzepts mit Eros im Sinne des Symposiums verzerrt und instrumentell motiviert, da Freud so den Vorwurf des Pansexualismus von sich weisen wollte: Traverso, 2003, S. 20 sowie S. 190 f. mit Literatur: „Daß Freud wiederum *eros* und *philia* miteinander vermengt hat – und mit und nach ihm seine Schüler – ist unbestreitbar. Dies geht aus seiner Gleichsetzung des psychoanalytischen *Libido*-Begriffes mit Platons Eros-Theorie noch deutlicher hervor als aus seiner Interpretation des Sophokles-Dramas." (Traverso, 2003, S. 35; kursiv auch im Original)

[612] Das Thema ist wohl bei Freud mißverstanden worden, bei Foucault hat es dann eine spezifische Rezeption erfahren.

[613] Das Problem der Pflege – als Wissenschaft und als soziale Praxis der menschlichen Zuwendung (wie es Watson [1996] im Buchtitel führt) – ist eben die Verwissenschaftlichung angesichts einer Vorgeschichte der strategischen Unwissenschaftlichkeit.

Mitseins geprägt ist. Pflege wird in diesem Kontext als „Zuwendung" (so der ins Deutsche gewendete Begriff von Care) definiert.

Die Nutzung der Kategorie der Sorge findet sich dagegen stärker bei Nerheim (2001). Bei Nerheim werden kurze Exkurse u. a. in die Philosophien von Heidegger (Nerheim, 2001, S. 433 ff.) und Ricoeur (ebd., S. 447 ff.) unternommen, um so pflegewissenschaftlich angemessene Verständnisse von „Fürsorge" zu gewinnen. Es geht Nerheim um eine hermeneutische Zugangsweise zur Pflege. Die Exegese von Heideggers einspringender und vorausspringender Fürsorge (vgl. auch Condrau [1992, S. 269 f.] im Kontext der Arzt-Patienten-Beziehung) kann gut den fachlichen Diskurs über paternalistische Abhängigkeiten und Empowerment einfangen.

Auch die Beiträge zum Verhältnis von Pflege und Philosophie, die Schnell (2002) als interdisziplinäre „Studien über den bedürftigen Menschen" herausgegeben hat, sind wegweisend. So fehlt hier z. B. nicht der Bezug zu Lévinas oder zu Buber. Mit Eicher (2002) liegt ein eigener Beitrag zu dem Geschlechterdualismus in diesem Feld vor.

Aber damit zeichnet sich eventuell sogar stärker die Klärung einer zeitgemäßen anthropologischen Grundlegung der Pflegepraxis ab als es in der Medizinforschung – etwa auch bei Franke (2006), der jede medizinanthropologische Fundierung der Diskussion der „Modelle von Gesundheit und Krankheit" weitgehend abgeht – der Fall ist.

Medizinanthropologische Klassik: Und dieser Befund muss überraschen, sind doch a) mit der Pathosophie und der Lehre vom *homo patiens* bei Viktor von Weizsäcker (1886–1957, hier Weizsäcker, 2005[614])[615], aber auch b) durch Bausteine in der Lehre von Thure von Uexküll (1963)[616], c) durch die Beiträge von Karl Jaspers (1999)[617], d) aber auch durch die Ansätze bei Viktor Frankl (in dessen Lehre vom „leidenden Menschen": Frankl, 2005a[618]), e) ferner durch das Denken von Ludwig Binswanger[619] und von V. E. von Gebsattel (Gebsattel, 1954[620]) und anderen, auch jüngeren Vertre-

---

[614] Wobei mir ein besonders fruchtbarer Bezug Weizsäckers zur Sozial(versicherungs)politikdebatte (wie in Benzenhöfer [1994] behauptet) verschlossen bleibt.

[615] Den wiederum die Krankheit von Rosenzweig zu eben diesen verbindet: Benzenhöfer, 2006, auch in Benzenhöfer, 2007, S. 48 ff.

[616] Vgl. auch Uexküll/Geigges/Plassmann, 2002; zu Uexküll vgl. ferner Otte, 2001. Vgl. ferner Goldbach, 2006.

[617] Der später noch im Lichte seiner Existenzphilosophie (Jaspers, 1973) aufzugreifen sein wird. Zu Jaspers vgl. auch Weidmann, 2004; Burkard, 1985; Schüßler, 1995; Bassler, 1990. Zum ärztlichen Ethos bei Jaspers vgl. Baars, 2007.

[618] Frankl (2005) ist aber auch mit Blick auf die in der vorliegenden Arbeit ebenfalls interessierenden Problematik der werteorientierten Unternehmensführung von Bedeutung: vgl. Huber, 2005. Für eine Managementtheorie wird Frankl auch auf-

II. Personale Haltung und soziale Praxis

terInnen der daseinsanalytischen[621] Psychiatrie und Tiefenpsychologie[622], f) und durch Bausteine bei Rudolf Bilz (1973; 1974)[623] u. a. wie auch g) bei Gadamer (auf den noch gesondert eingegangen wird), Umrisse einer (allerdings noch auf Konsistenz hin zu synthetisierenden) Medizinanthropologie[624] gegeben, die passungsfähig erscheinen zur alternden Gesellschaft

---

gegriffen bei Scharnowske, 2007. Zur logotherapeutischen Anthropologie insgesamt siehe auch orientierend Kaesler, 1999.

[619] Zu dessen Phänomenologie der Liebe (Binswanger, 1953) als Reaktion auf die Defizite der sorge-zentrierten Daseinsontologie bei Heidegger (2001) vgl. Schmidt, M., 2005; Riem, 1987; Holzey-Kunz, 2001.

[620] Der Blick in die Aufsatzsammlung „Prolegomena einer medizinischen Anthropologie" von Gebsattel (1954) macht in der Tat die daseinsontologische und anthropologische Orientierung an und die Nähe zu Heidegger und Binswanger deutlich. Aber auch andere Bezüge werden explizit. In seinen Beiträgen zur Psychopathologie macht Gebsattel die Differenzierung der Formen der personalen Daseinsbewältigung deutlich, auch Formen des Scheiterns.

[621] Eine der tiefgreifensten Darstellungen ist die von Condrau, 1992. Zum Zugang zur Welt des Geisteskranken vgl. auch Storch, 1965.

[622] *von Gebsattel*: Zu Gebsattel vgl. Passie, 1995 sowie Springer, 1996. Instruktiv Berger, M., 2007. Vgl. auch Rother (1996), die auch die nicht unproblematischen Bezüge zur mittelalterlich-christlichen ORDO-Lehre von Gebsattel darlegt. Eine auf die Theorie des Zeitgefühls (zur zentralen Bedeutung von Zeit in der Humanentwicklung über den Lebenslauf hinweg vgl. Brandstädter/Rothermund, 2003) abstellende Studie von Gebsattel stellt die Arbeit von Otte (1996) dar: „v. Gebsattel zielt in der Therapie seiner Patienten darauf hin, daß das persönliche Werden der Person aus der Hemmung gelöst wird und wieder in Bewegung kommt. Das Leben soll wieder auf der ausgerichteten Lebenslinie in Fluß kommen." (Otte, 1996, S. 203) Auf Seite 178 klärt Otte auf: „Zeit besteht für v. Gebsattel nicht an sich, sondern Zeit ist die Verfassung des menschlichen Lebens. Ausgehend von der starken Betonung der Zukunft steht v. Gebsattel in der von der Tradition bestimmten Auseinandersetzung um Zeiterfahrung und Zeitbegriff. Dabei kennt er das zielorientierte bis auf das Judentum zurückgehende christliche Zeitverständnis und den Zeitbegriff der griechischen Klassik, der in der Perspektive der linearen Zeit und des Nach-vorn-Lebens von der Lebensphilosophie" (Art. „Lebensphilosophie", in RGG, Bd. 5, Sp. 158 ff.; Art. „Lebensphilosophie" in TRE, Bd. 20, S. 580 ff.) „aufgegriffen wird und in der Existenzphilosophie im Zeitbegriff des Von-Vorn-Lebens weitergedacht wird. So führt die Zeit wesentlich zur Erfahrung: mit der Vergangenheit aus der Gegenwart in die Zukunft leben." Otte verweist auch auf die Beziehung zwischen Gebsattel und Guardini (zu Guardini vgl. auch kurz Mahr, 1976 sowie Hamann, 2005, S. 94 f.). Die Gegenwartspräferenz von Bataille weicht hier von meinem Denken ab: Mattheus, 1995, S. 76 f.

[623] Zu Bilz vgl. die Studie von Peters, 2003.

[624] *Wengener Kreis*: Die Grundidee der phänomenologisch-anthropologischen Psychiatrie und Psychologie des „Wengener Kreises" hat Passie (1992, S. 5) zusammengefasst: „Durch dieses Verständnis wurde der Kranke – mehr als bisher – als ein mit dem Vermögen zu Sinnstiftung und selbständigem Handeln sowie einer ‚Rückordnungstendenz' zur Wiederherstellung einer ihm meist in der Krankheit verlorengegangenen ‚Ordnung' ausgestattetes Subjekt begriffen. Ein anderer wichtiger

(und die so auch von der theologischen Anthropologie aufgegriffen werden: Beck, 2003). Dazu habe ich bislang aber auch nur randständige Ausführungen vorgelegt (Schulz-Nieswandt, 2004, S. 405).

Lassen Sie mich aber zunächst noch vertiefend zentrale Module in der komplexen Integrationsmedizin analysieren.

6. Integrationsmodul „Sorgearbeit der Altenpflege"

Mit Blick auf die DRG-bedingt kurze Verweildauer im Krankenhaussektor wäre im Kern der Pflegebedürftige an der Schnittstelle zwischen Krankenhaus und nachstationärer Versorgung zu diskutieren (vgl. so auch Brandt, 2005). Die Literatur ist dazu umfassend. Einige weitere Akzente sollen hier nun dargelegt werden.

Pflege und Medizin zwischen Abgrenzung und Zueinander: Die Pflege[625] muss sich – bei aller pflegewissenschaftlichen Ausdifferenzierung (Etzel,

---

Aspekt, der in den Untersuchungen der anthropologischen Psychiater auf neue Art Eingang gefunden hat, ist die überragende Bedeutung der Mitmenschlichkeit bzw. mitmenschlicher Kommunikation für das Verständnis sowohl der Genese wie der Aus- und Rückwirkungen seelischer Erkrankungen. Im Zusammenhang damit steht ein weiterer wichtiger Aspekt ihres Forschungsstrebens, nämlich der Versuch, aufzuzeigen und nachvollziehbar zu machen, inwieweit das ‚Verrückt-Sein' oder ‚Verrückt-werden-können' auf eine allen Menschen gemeinsame Möglichkeit verweist. Ein solcher Ansatz geht von der These aus, daß man es auf dem Felde der Psychopathologie mit regelhaften Abwandlungen zu tun hat, die sich mehr oder weniger aus dem Wesen des Menschen selbst heraus verstehen lassen. Wenn sich dies – zumindest approximativ – zeigen läßt, so können auch viele dieser ‚Abwandlungsformen des Menschseins' in neuer Weise – etwa als biographische Krisen, Reaktionen auf drastische Umstrukturierungen lebensweltlicher Realitäten, ‚verunglückte' Bewältigungsversuche sozialer, lebensgeschichtlicher, familiärer Realitäten usw. – verstanden werden." Ich nenne den ersten Aspekt die Subjekt-Realität der Krankheit, den zweiten Aspekt den Liebes-Charakter der medizinischen Noesis, den dritten Aspekt den daseinsmodalen Charakter des Krankseins. Bringt man diese drei Aspekte so auf den Punkt, dann scheinen die medizinsoziologischen und -psychologischen Konsequenzen transpsychiatrisch auf der Hand zu liegen. Es geht um Grund- und Kerneinsichten einer Medizinanthropologie überhaupt.

[625] *Rolle der Pflege*: Trotz des Vorwurfs der Redundanz will ich auch hier nochmals replizieren: Im Lichte vieler geriatrischer Erkrankungen, aber auch hinsichtlich der Entwicklung funktioneller Beeinträchtigungen in der alltäglichen selbständigen Lebensführung infolge chronifizierter Erkrankungen im Lebenslauf lässt sich die Pflegebedürftigkeit im höheren und sodann im hohen Alter (zum Überblick vgl. Röttger-Liepmann, 2007) als Glied eines sektorübergreifenden Geschehens beschreiben (Schulz-Nieswandt/Kurscheid, 2004). Das wertet die Pflegeproblematik im Alter nicht als selbständiges Thema der Wissenschaft wie der praktischen Sozialpolitik (mitunter ist Pflege die beste Medizin: fundiert: Maisonneuve, 2000; zur Bedeutung der Pflegediagnostik: Fischer, W., 2006) ab, aber die rechtlichen, ökonomisch-finanziellen, institutionell-sektoralen, fachlich-professionspolitischen Zusammenhänge

2003) als Strategie der Identitätssicherung – stärker verschachteln mit der Medizin einerseits und mit der sozialen Arbeit andererseits (Kaba-Schönstein/Kälble, 2004; Görres/Martin, 2004). Sie muss sich also trotz der historisch noch nicht vollzogenen wissenschaftlichen Identitätssicherung und Konsolidierung (also trotz ihres Kindheitsstadiums) bereits interprofessionell und damit aus einer Position der Reife heraus (wieder) öffnen.[626] Ihre Aufgabe, die sie kompetent spielen kann, lautet: „The mission of nursing is described as helping individuals, families and social groups to determine and achieve their physical, mental and social potential, within the environments in which they live and work. This requires nurses to develop and perform skills that prevent ill health and promote and maintain health." (Asp/Fagerberg, 2002, S. 115)

Fragmentarismus der Kostenträger und des Leistungsrechts: Zentral dürfte aus externer Sicht die leistungsrechtliche und kostenträgerschaftliche Integration von Medizin, medizinischer (geriatrischer) Rehabilitation (Fuchs, H., 2008) und Pflege sein.

Das ist ein Dauerthema der gesetzgebungsbezogenen Fachdiskussion, aber bislang nicht wirksam geworden. Fragen der Steuerungswirkung (auch trägerübergreifender [Finke, 2006] bzw. integrierter) persönlicher Budgets[627] (Arntz/Spermann, 2006) sind angesichts des experimentellen Stadi-

---

zwischen Medizin und Pflege sowie hinsichtlich komplementärer sozialer (etwa hauswirtschaftlicher, aber auch psychosozialer) Dienstleistungen sind eng. Damit ist Pflege nicht einfach ein Unterthema von Gesundheit i. S. der (technischen) Krankenversorgungsindustrie, wohl aber Teil der Gesundheitsarbeit, somit interpretiert als Teil der Gesundheitswissenschaft. Und der Pflegesektor ist somit kein untergeordnetes oder nachrangiges Feld im medizinisch dominierten Gesundheitsversorgungssystem. Aber die Veränderungen in der Steuerung und in den (auf den sich ausdifferenzierenden Betriebsformen aufbauenden) Versorgungslandschaften im Gesundheitswesen (Geltungsbereich des Krankenversicherungsrechts des SGB V und weiterer, etwa die Krankenhausfinanzierung und -planung betreffender Gesetze) sind gravierend und wirken auf die Pflege ein.

[626] *Betriebspolitische Gestaltung*: Pflegerische Einrichtungen müssen sich gerade im Schnittbereich zur Medizin jedoch deutlich normativ, strategisch und operativ aufstellen (Bekel, 2002). Dazu benötigt die Einrichtung jeweils auf der normativen, der strategischen und der operativen Ebene der Gestaltungsprozesse ein Pflegeleitbild, ein betriebliches Pflegekonzept sowie Methodenkonzepte.

[627] *Normalisierungsparadigma zwischen Risiken und Freiheiten*: Anthropologisch – und mit der Kategorie des „Mut zum Sein" greife ich zurück auf die Theologie von Paul Tillich (1991) – betrachtet könnte man die Dramatik aber auch entschärfen: Fehlende Treffsicherheit – sowie die eventuell daraus resultierende Unter- oder Fehlversorgung – ist eben der Preis der Freiheit. Es wäre auch ein Stück Normalisierungsparadigma: Menschen mit Behinderungen können ebenso durch Fehlverhalten scheitern wie Menschen, die nicht unter das Definitionsregime eines Behinderungsbegriffs fallen. Dieses Scheitern-Können gehört zum Menschsein dazu. Die Installierung des Case Managements (Kleve u. a., 2006) reagiert hierbei bereits als

ums dieses Instruments noch nicht zu beantworten (Eggers u. a., 2006 zu Assessment und Hilfeplan).[628] Die Abschlussberichte zu den Begleitforschungsprojekten zur Erprobung der Pflegebudgets nach § 8 Abs. 3 AGB XI sowie zum persönlichen Budget gemäß § 17 SGB IX, auch trägerübergreifend und in Weiterentwicklung zum integrierten Budget (vgl. Siebert/ Klie, 2008), machen deutlich, dass eine nüchterne, aber positive Bilanz gezogen werden kann (Klie, 2008a).

Relevante Nutzerkreise: Für Subgruppen der relevanten Population, die eine Netzwerkschwäche und relativ schwierige Bedarfslagen empirisch aufweisen, scheint das auf Sachleistungsniveau angesiedelte Pflegebudget at-

---

Form eines Risiko(minderungs)managements. Zu den Budgets vgl. auch Wacker u. a., 2005 sowie Baumgartner, 2002. Ferner AHA & Windisch, 2006; Herzog/Müller, 2002; Jerg u. a., 2005; Klie/Spermann, 2004; Schäper, 2006; Steffen u. a., 2006; Schmidt, N., 2005; Windheuser/Ammann/Warnke, 2006. Der Bericht der Bundesregierung (BMAS, 2006) zu den persönlichen Budgets nach § 17 SGB IX fällt weitgehend trivialisierend aus. Die Grenzen dieses Instruments bei Komplexlagen werden angedeutet, aber nicht ernst genommen. Vgl. ferner: Deutscher Verein (2007).

[628] *Sozialgemeinde*: Insgesamt kann man sagen, dass die Reformideen in Richtung auf eine Analogie zum Kern eines auch von der EU vorangetriebenen europäischen Sozialmodells (Schulz-Nieswandt u. a., 2006) gehen: Soziale Dienste sollen aus der Sicht einen Gewährleistungsstaates (Reichard, 2006; Schuppert, 2005; Franzius, 2006) über mehr Wettbewerb und Marktorientierung dem Bürger angeboten werden, wobei insbesondere die Qualitätssicherstellung ins Zentrum rückt. (Insbesondere die Entwicklung der Beziehung zwischen Konzessionsmodellen und Ausschreibungsrecht wird in Zukunft ein zentrales Thema sein.) Die Unterfinanzierung der Pflegeabsicherung deutet aber ökonomische Grenzen der allgemeinen Sicherstellung des freien Zugangs zu Diensten und Einrichtungen nach Stand der pflegerischen Künsten an. Hier bestehen Affordability-Probleme. Ein in der wettbewerblichen Marktorientierung jedoch ungelöstes Problem bleibt mit Blick auf die Wohnortnähe die Sicherstellung integrierter Komplexleistungen. Das Zusammenspiel von öffentlicher Letzt-Gewährleistung und qualitätsregulierter Markterstellung müsste um Fragen sozialräumlicher Moderation dieser Komplexleistungsintegrationen – Medizin, Rehabilitation, Pflege und sonstige (psycho-)soziale Dienste, Beratungsleistungen und Kompetenzförderung, Einbezug der Netzwerke als Sozialkapital etc. (Schulz-Nieswandt/Kurscheid, 2004) – umfassend ergänzt werden. In Deutschland wird dies mit Blick auf die Kommunen diskutiert. Aber von derart budgetär wie leistungsrechtlich und förderpolitisch integrierten „Sozialgemeinden" ist – trotz neuerer Trends zur Kommunalisierung der Altenpflegepolitik im Zuge reformierter Landes-Pflegegesetze – die soziale Wirklichkeit weit entfernt. (Vor neuen Omnipotenz-geleiteten Steuerungsphantasien wäre allerdings auch zu warnen.) Nur so könnten aber weitere Wettbewerbsorientierungen und Marktöffnungen in der Angebotserstellung zugleich ökonomisch effizient(er) und versorgungspolitisch akzeptabel sowie kulturell eingebettet entfaltet werden. Hier zeigt sich die große Relevanz der Elemente, die Dienstleistungen von allgemeinem Interesse definieren: accessibility, availibilty, universality, territorial coverage, continuity, affordability, user protection and transparency. Vgl. auch die Debatte bei Cramer, 2007; Cordts/Cramer, 2007 sowie Wendt, 2007.

traktiver zu sein als das Pflegegeld. Das Pflegegeld ist für netzwerkstarke Lebenslagen offensichtlich vorzugswürdig, da hier die geringere Verwendungskontrolldichte größere Freiheitsgrade eröffnet. Da das Case Management nicht nur advokatorische und Gate-keeping-Funktionen, sondern auch Qualitätssicherungsaufgaben im Fall der Budgets übernimmt, liegt hier der Schlüssel für diesen fiskalischen Effekt.

Fiskalische Effekte und Kosten-Effektivität: Dieser fiskalische Effekt sagt noch gar nichts über die betriebliche (Produktions-)Effizienz oder über die (Kosten-)Effektivität aus. Die Befunde legen zwar nicht nahe, dass die Versorgungssituation der hilfebedürftigen Menschen einen Qualitäts-Shift aufweist; aber die Belastung der Netze nimmt ab, zu einem Crowding-out[629] der Netze kommt es allerdings nicht, wie auch neuere Literatur darlegen kann (Haberkern, 2009 sowie Brandt, 2009), sich in eine lange Liste ähnliche Befundlagen produzierender Forschung einreihend. Da nun Pflege (auch die alltägliche Sorge für Menschen mit Behinderungen) immer eine soziale Relation (zumindest dyadischer Art) ist, ist mit der Entlastung der Netze ein Nachhaltigkeitseffekt im Sozialkapital der hilfebedürftigen Menschen verbunden. Stellt man diesen in Rechnung, ist mit den fiskalischen Mehrausgaben wohl ein positiver Shift in der Kosten-Effektivität verbunden.

Aspekte individueller Freiheit und sozialer Kontrolle: Die Case Management-Dimension der Budget-Implementation zeigt auch, welche tiefergreifende mentale und sozial-habituelle Problematik mit dem Projekt verbunden ist. Budgets sind Instrumente einer Mutation in der modernen Gouvernementalität des Sozialwesens. Menschen sollen im Lichte der sozialen Differenzierungen und insbesondere angesichts begrenzter kollektiver Risikoabsicherungschancen immer mehr zu Technologien des Selbstmanagements ermächtigt werden. Dies ist keineswegs trivial und verweist angesichts der ausgeprägten Milieu- und Kompetenzdifferenzierungen einer Gesellschaft, die eben nicht „jenseits von Stand und Klasse" stratifiziert ist, auf erhebliche Erfordernisse und Aufwendungen der Gesellschaft in die Notwendigkeit von Sozialinvestitionen in die „Infrastruktur" der Ermächtigung von Personen. Gerade auch an diesem Punkt wird die zentrale Bedeutung der

---

[629] *Die Crowding-out-These*: Die These besagt, dass der Ausbau professioneller, sozialstaatlich finanzierter (und eventuell bereitgestellter) Sozialleistungen (Dienstleistungen) die Selbsthilfe der Menschen in Form von Eigenarbeit und sozialer Selbstorganisation motivational und sodann faktisch verhaltenswirksam reduziere. So würde die familiale Selbsthilfe im Fall der Altenpflege durch die solidarischen Systeme sozialstaatlich (mit-)organisierter Dienstleistungen zurückgedrängt. Die Empirie zeigt das Gegenteil: den „crowding-in"-Effekt: Informelle (private) Hilfesysteme und professionelle (öffentliche) Hilfesysteme sind komplementär, greifen koproduktiv ineinander und steigern die Lebensqualität in schwierigen Lebenslagen.

Weiterentwicklung der Kommunen und der Länder zu einer Gewährleistungs-Staatlichkeit, die ihren Namen rechtsmateriell und interventionsinstrumentell verdienen, deutlich. Das veränderte Wertschöpfungsketten-Management, das mit dem Steuerungszentrum „Kunde" verbunden ist, braucht einen Enabling-Prozess, der weit über die neo-liberalen Varianten des „Enabling state" hinausreicht. Mit Blick auf die Subgruppenspezifizierung der Instrumentenrelevanz des Budgets werden insgesamt aber auch die Grenzen individualisierter und reprivatisierter Steuerungskompetenzen überaus deutlich. Das besagt aber nicht, dass nicht gerade im normativen Lichte grundrechtlich definierter Teilhabechancen ein Capability-Approach wo immer möglich auch im Kontext der Implementation neuer Steuerungsinstrumente realisiert werden sollte.

Konkretes institutionelles Design von Geldleistungs- und Sachleistungsprinzip: Dabei wird auch deutlich, dass die Geldleistungs- versus Sachleistungs-Debatte nicht allzu abstrakt und sektorübergreifend theorieverdünnt geführt werden sollte. Sachleistungssysteme verunmöglichen eine höhere Nutzersouveränität keineswegs a priori; und Geldleistungssysteme sind ebenso wenig a priori ein Garant für eine hohe „Konsumentensouveränität". Es kommt jeweils auf das institutionelle Detaildesign an. Im SGB V-Bereich ist das Sachleistungsprinzip zunehmend mit Wahlfreiheiten hinsichtlich der Versorgungsformen und mit entsprechenden Wahltarifen verbunden; und ein Geldleistungssystem (wie in Österreich), das nicht mit modernisierten Anbieterlandschaften (Ausdifferenzierung von Betriebsformen, Modularisierung und flexible Angebotsvernetzungen modularisierter Elemente im Sinne einer Episoden- bzw. Kaskaden-Vernetzungs-Management) verknüpft ist, führt nicht zu einer realen Veränderung in der Nutzersouveränität. Sachleistungssysteme, die auf Care Management basieren, schließen Formen individualisierenden Fall-Managements ebenso nicht aus, wie ein Geldleistungssystem, das mit einem qualitätskontrollierendem Case Mangement verbunden ist, letztendlich, mikroökonomisch gesehen, den Konsummöglichkeitsraum der Nutzer vor-strukturieren und damit den Raum möglicher Nutzenoptimierung normieren.

Heimpflegerisiken: Die fiskalischen Analysen zeigen daher zwar Substitutionseffekte zwischen Pflegefeld und Pflegebudget und lassen so Mehrausgaben erwarten, deren Beitragssatzeffekte allerdings eher marginal sind. Die Erwartungen einer Heimpflegesubstitution sind jedoch nicht eingetreten. Dass solche Wirkungen überhaupt als Hypothesen berücksichtigt worden sind, hängt strategisch wohl mit der Finanzierung durch die Spitzenverbände der Pflegekassen zusammen. Die traditionsreiche Evidenz der internationalen empirischen Heimrisiko-Prädikatoren-Analyse hätte es nahelegen lassen müssen, dass im Kontext komplexer multifaktorieller Kausalität der

Netzwerkschwäche in Verbindung mit den Grenzen der Netzwerkbelastbarkeit (Janssen, 2008, S. 14 mit Bezug auf die alttestamentliche Kultur) bei schwerster Pflegebedürftigkeit, Demenz und Inkontinenz nicht-stationäre Pflegearrangements nicht oder kaum mehr möglich sind. Die empirische Evidenz zeigt zwar Möglichkeiten der Kompression des Heimsog-Effekts durch innovative Sozialinvestitionen in die nicht-stationären Arrangements, aber das Heimrisiko bleibt im hohen Alter signifikant und steigt an, erfordert daher innovative Heimkonzepte im ganzen wohnmorphologischen Spektrum zwischen dem Typus des klassischen Privathaushalts einerseits und dem ebenso klassischen Typus der stationären Anstalt andererseits. Liegt die Zukunft für die schwierigen Bedarfslagen netzwerkschwacher Menschen des hohen Alters demnach im Heimleben, so schließt dieser Prognosebefund nicht aus, dass das mentale wie architektonische Modell der Einrichtungsanstalt überwunden werden muss. Nicht-stationäre Formen des Wohnens und Lebens schließen a priori allerdings paternalistisch-regressive (zur personalen Regression vgl. Schmitz, 2005, Bd. IV, S. 14 sowie S. 105 ff.) Modelle mental-habitueller Art einerseits ebenso nicht aus wie es andererseits auch Möglichkeiten des Empowerments in stationären Arrangements gibt, wenn es die organisationskulturelle Aufstellung und ein entsprechend eingebettetes Personal erlauben.

Komplementarität von Case und Care Management: Die Analysen zur Effektivität des Case Managements erlauben erneut die Schlussfolgerung, dass es wesentlich einfacher wäre, komplexe Bedarfslagen abzudecken, wenn die Angebotslandschaft im Rahmen gelingenden Care und Pathway Managements dem träger- und sektorübergreifendem Case Managements komplementär wirken könnte. Genau an diesem Punkt der Problemsicht wird deutlich, dass die Einführung von Geldleistungssystemen allein nicht reicht, um eine höhere Versorgungs- und Lebensqualität zu induzieren. Die betonierten Angebotslandschaften müssen sich verändern. Dazu müssen sich aber auch die mental und habituell oftmals betonierten Anbieter als Leistungserbringer und damit auch die in diesen Organisationen tätigen Professionen kulturell neu aufstellen. Gleiches gilt für die Kostenträger. Ein neues Kontraktmanagement auf der Makro- und Meso-Ebene (Steuerungszentrum Kostenträger) wie auch auf der Mikro-Ebene (Steuerungszentrum Kunde) reicht nicht hin; Bedürfnis- und Bedarfszentriertheit durch Ausrichtung der Leistungen auf die „personale Mitte" der betroffenen Menschen und ihren Sozialnetzen bedeutet mehr. Es bedeutet eine systemische Organisationsentwicklung als Change Management kultureller Art, wovon das System insgesamt noch weit entfernt ist.

Stakeholder und Implementationsmilieus: Überhaupt hat die Begleitforschung erneut gezeigt, wie schwierig das Implementationsmilieu in der komplexen Stakeholder-Landschaft des Sozialsektors (hier der Pflege und der Eingliederungshilfe) ist. Auch die kommunalen Kontexte zeigen eine Vielfalt unterschiedlicher Implementationsmilieus. Aussagen über Stadt-Land-Kausalitäten oder auch Ost-West-Differenzen lassen sich in dem kleinen Sample sicherlich nicht treffen.

Lassen sich, von der begrenzten empirischen Aussagekraft der Begleitforschung in methodologischer und methodischer Hinsicht abgesehen, insgesamt zentrale Ergebnisse formulieren, so dürften diese Befunde der zentralen Bedeutung der kulturellen Barrieren in einem komplexen Stakeholder-Feld der Implementation hervorzuheben sein. Von einer theoriefähigen Verallgemeinerung solcher Erfahrungen ist dies jedoch noch weit entfernt.

Arbeitsmarkt-bezogene Fragen: Bedeutsam sind auch die Erfahrungen, die mit den deutlich ausgeprägten Schwierigkeiten der Legalisierung der Beschäftigungsformen unterer Einkommenssegmente in der Entwicklung der pflege-komplementären (haushaltsbezogenen) Sozialdienstleistungen gemacht werden konnten. Dies ist vor dem Hintergrund der von Migrationen betroffenen Schattensegmente des Arbeitsmarktes in Europa von Bedeutung, wie sich überhaupt an dieser Stelle nicht nur die Schnittstelle zwischen Pflege-, Gender- und Familienpolitik, sondern auch mit dem SGB II abzeichnet.

Altern als soziales Schicksal: Insgesamt zeigt die Begleitforschung, dass das Altern, das durchaus als ein soziales Schicksal definiert werden kann, durch neue Instrumente der Steuerung an Gestaltungs- und Freiheitsspielräume gewinnen kann. Das Instrumentarium des modernen Sozialstaates gehört mit zum Spektrum kultureller Einflussfaktoren auf die Verlaufsformen des Alterns und auf die Lebensqualität im Alter. Doch muss die Bilanz in der Wirksamkeitsanalyse von Interventionsinstrumentarien der praktischen Sozialpolitik immer nüchtern, d. h. differenziert bleiben. Das Budget ist kein Thema einer Theoriedebatte post-moderner Visionen. Die Passungsfähigkeit des Instruments muss kontextsensibel und auf die Vielfalt der Lebenslagen, damit auch auf die Vielfalt der personalen Ressourcen, abstellen. In diesem Rahmen sollte das Instrument eine Zukunft haben.

Nosologische Schnittfläche zwischen Krankheit, Pflegebedürftigkeit und Behinderung: Die Optimierung der Schnittstellen zwischen medizinischer Versorgung chronischer Erkrankungen (Schlette u. a., 2005; Schaeffer, 2006), Behinderung (dazu gleich mehr; vgl. Krüger/Degen, 2006; Schulz-Nieswandt, 2006k) und Pflegebedürftigkeit[630] ist ein erst langsam begriffe-

---

[630] Hierbei ist rechtssystematisch und pflegewissenschaftlich auf die komplexe Problematik des Begriffs der Pflegebedürftigkeit des § 14 SGB XI hinzuweisen: vgl. dazu Roller, 2007. Zur neueren Debatte um die Fassung des Pflegebedürftig-

II. Personale Haltung und soziale Praxis

nes, aber zunehmend bedeutsames Problem (Lüßenhop, 2008) und betrifft auch die neuere Debatte um die Fassung des Pflegebedürftigkeitsbegriffs (Deutscher Verein, 2008; ders., 2007d; Best, 2008).[631]

Insgesamt ist für den Pflegesektor die verstärkte gebietskörperschaftliche Integration sozialrechtlich und kostenträgerschaftlich sowie leistungsanbieterschaftlich fragmentierter Prozesse notwendig. Ein Modul dabei wäre auch der Ausbau präventiver – lebenslauforientierter – Hausbesuche, insbesondere auch der Hausbesuch ab 70. Hierzu liegt vermehrt evidentes Wissen vor (vgl. etwa DIP, 2008; Maier-Baumgartner/Anders/Dapp, 2005).[632] Auf der vorgeschalteten Ebene der lebensgeschichtlichen Problemgenesen geht es demnach um eine stärker präventionsorientierte Praxis, wobei deutlich wird, wie Fragen einer multiprofessionellen Teamorientierung (Balz/Spieß, 2009) und der Erarbeitung neuer Interventionsformen, die auch andere professionelle und betriebliche Handlungsmodelle hausärztlicher Tätigkeit bedeuten können, in den Vordergrund der Betrachtung treten.

Gerontopsychiatrisierung der Bedarfslagen, Personalentwicklung und Arbeitsmarktpolitik: Es ist eine noch offene Problematik, wie diese Pflege in die (mit der Zunahme des hohen Alters verbundene) Gerontopsychiatrisierung der Bewohnerschaft in der Langzeitpflege hineinwachsen soll. Denn die arbeitsmarktpolitisch (Schulz-Nieswandt/Sesselmeier, 2006) bedeutsamer werdende, niederschwellige Qualifikationsstruktur des operativen Personals in der Pflege[633] wird mit zunehmend komplizierteren Bedarfs-

---

keitsbegriffs vgl. auch Deutscher Verein, 2008 sowie Best, 2008. Zum Assessment von Pflegebedürftigkeit und Rehabilitation vgl. auch Garms-Homolová/Gilgen, 2000.

[631] Zu einem kulturwissenschaftlichen Blick auf das Phänomen der Behinderung: Dederich, 2007; zu den komplexen Verschachtelungen zwischen SGB V, IX und XI vgl. Liebold, 2007.

[632] Vgl. Meier-Baumgartner/Anders/Dapp, 2005; Rentelen-Kruse u.a., 2004; Ströbel/Weidner, 2003; Bundesvereinigung für Gesundheit, 2005. Vgl. auch Vass u.a., 2007 sowie Stuck u.a., 2002.

[633] *Arbeitsmarktentwicklungen*: Zu betonen ist der Tatbestand, dass die Entwicklung der sozialen Dienstleistungszweige zugleich Fragen der Entwicklung sektoraler Arbeitsmärkte betreffen. Altenpflege, Bildungswesen und Kinderbetreuung stellen wichtige Teilarbeitsmärkte dar. Angesichts der hier anstehenden Aufgaben werden ganz unterschiedliche Qualifikationen nachgefragt, die wiederum die Arbeitsmarktentwicklung insgesamt betreffen. Zum Teil geht es um hochqualifizierte Professionen, die einer Verwissenschaftlichung bedürfen (Etzel, 2003), zum Teil geht es um niederschwellige Qualifikationen, die entsprechende Niedriglohnsegmente nach sich ziehen werden. Damit ist das Problem der Qualifizierungssysteme ebenso angesprochen wie das der Lohnspreizung; und im Lichte der EU-Ost-Erweiterung kommen, zumindest räumlich (etwa in Grenzregionen) verdichtet, Fragen der Arbeitsmarktliberalisierung und -differenzierung hinzu (Schulz-Nieswandt/Sesselmeier, 2006).

lagen konfrontiert: Ein Beispiel ist die Kommunikation mit demenzkranken alten Menschen (Arens, 2004; Höwler, 2007).[634]

Pflege – Glied einer Versorgungskette oder Problem-Container? In Zukunft wird sich zeigen, ob die Pflege in der Versorgungskette unter diesen Regimebedingungen nur ein Problem-Container darstellen wird oder sich zu einem evidenzfundierten (Behrens/Langer, 2006) Produktionsprogramm entwickeln kann.[635]

Die Dogmatik des Kausalprinzips im gegliederten Sozialrecht wird hier zunächst die Hierarchien zementieren.[636]

Vgl. auch Deutscher Verein (2007a) mit Bezug auf das Grünbuch der Europäischen Kommision zur Modernisierung des Arbeitsrechts.

[634] So stellt sich hier die Frage, was die Sprachheilpädagogik helfend anbieten kann: vgl. Vorderwülbecke, 2005.

[635] Wichtig scheint vor allem auch die Nutzung der Pflegediagnostikpotenziale zu sein. Vgl. auch Fischer, W., 2006. Vgl. dazu vor allem auch die Arbeit von Brieskorn-Zinke (2007) zu „Public Health Nursing". Zur pflegerische Demenzversorgung vgl. den Literaturbericht von Rieckmann u. a., 2009.

[636] *Pflege und Gesundheitsarbeit*: Die transsektorale Einbeziehung der Pflegeversicherung, die 2006 18,03 Mrd. Euro ausgegeben hat (VdAK-AEV, 2008, S. 102), ist wichtig, da so mit Blick auf die Förderung der Potenziale der selbständigen Lebensführung im Alltag älterer/alter Menschen zentrale diagnostische Blickwinkel berücksichtigt werden, die im klinischen Praxis sonst unterbelichtet bleiben. Dies kann sich in der Tat auf die Hinausschiebung von pflegerischen Abhängigkeitssituationen positiv auswirken. Die morbiditätsorientierte Kompressionsthese (Fries, 2005) wäre so mit Blick auf die persönlichen Autonomiegrade und auf die damit verbundene Lebenszufriedenheit und -qualität, nicht nur hilfebedürftiger Menschen, sondern auch hinsichtlich der Netzwerkbelastbarkeit breiter fundiert. Insgesamt kann nur eine Integrationsversorgung, die Sozialgesetzbuch-übergreifend ausgestaltet ist, die im Alter sich abzeichnende nosologische Schnittfläche zwischen chronischen Erkrankungen, Hilfe- und Pflegebedürftigkeiten, Behinderungsformen und alltagsbezogenen Funktionsbeeinträchtigen konzeptionell aufgreifen, die Menschen also da abholen, wo sie lebenslagenbezogen betrachtet, tatsächlich (in ihrer unverkürzten Komplexität) stehen. Damit würde die Versorgungslandschaft outcomesorientiert besser. Kosteneffektivitätssteigerungen müssen dabei nicht unbedingt mit absoluten Einsparungen verbunden sein, aber mit besseren Input-Output-Relationen (Effizienz) und mit höherer (zielorientierter) Effektivität. Gerade wegen dieser Bedarfsgerechtigkeit stärker integrierter, also sektoral, professionell, leistungsträgerschaftlich, funktional vernetzter „Gesundheitsarbeit" ist die begleitende reflexive Evaluation in fachlicher und kultureller Hinsicht (die im Schlusskapitel nochmals aufgegriffen wird) hoch relevant. Denn die diesbezüglichen Projekte leben von der multiprofessionellen Teamorientierung, leben von der Überwindung fragmentierter Sektorsichtweisen, von der Überwindung bislang als Sicherheit der Handlungssituationen erlebter Abgrenzungen (Domänenbildungen). Das gilt auch für den Versicherten in der Rolle des Patienten (sowie für die Angehörigen): Auch neue Betriebsformen müssen dort erst schätzen gelernt werden, als angemessen, ja sinnvoll erkannt und sodann akzeptiert werden. Das ist eine „versorgungskulturelle Arbeit am Kunden".

II. Personale Haltung und soziale Praxis

Pflegestützpunkte und Fallmanagment: Das Pflege-Weiterentwicklungsgesetz (PfWG)[637] – am 14. März 2008 im Bundestag verabschiedet (zum 1. Juli 2008 in Kraft getreten) – sieht (vgl. Bundstags-Drucksache 16/7439 vom 7. Dezember 2007) im normativen Kontext der Stärkung der ambulanten, auf persönliche Bedarfslagen abgestellten Versorgung, die Funktion der Pflegestützpunkte (vgl. dazu auch die Überlegungen von Lang, 2007) beraterisch, gerade im Zusammenhang mit einer integrierten wohnortnahen Versorgung (zum Stand der Dinge vgl. auch Richter, E. 2008). Vertragstypisch sollen hier Kranken- und Pflegekassen, Kommunen[638] und Leistungserbringer zusammenkommen. Im Rahmen dieser Pflegestützpunkte können die Pflegekassen die Pflichtaufgabe der Vorhaltung von Fallmanagern[639] realisieren. Das Pooling abrufbarer Pflegekräfte im Bereich ambulant betreuter Wohneinrichtungen kommt hinzu.

In der beginnenden Diskussion war es aber wohl strittig, ob den Pflegestützpunkten nur beratende (bzw. koordinierend-lenkende: Klie/Monzer, 2008) Funktion zukommen soll (Pogadl/Pohlmann, 2008) oder ob diese

---

[637] Hier interessieren nur die integrationsorientierten Managementstrukturen. Andere Aspekte werden nicht vertieft, etwa die monetären Anreize zur aktivierenden Pflege und zur Rehabilitation, die die Pflegeklasseneinstufung reduzieren sollen.

[638] Zur Rolle der Kommunen in der Neugestaltung der Altenhilfe vgl. auch Rüßler, 2007 sowie Deutscher Verein, 2008a. Insbesondere dem öffentlichen Gesundheitsdienst wird immer wieder die Rolle eines Koordinators im fragmentierten Gesundheitswesen normativ zugewiesen. Über die Bedingungen des Funktionierens einer solchen Modernisierung ist empirisch relativ wenig bekannt. Vgl. jedoch Müller, P., 2002.

[639] *Fallmanagement*: Das aus den USA stammende Konzept des Fallmanagements hat zunehmend auch in Deutschland Eingang gefunden in die Sozialarbeit, vor allem spielt es im Rahmen der Umsetzung der Hartz IV-Gesetze (vgl. auch insgesamt die Bilanz von Klute/Kotlenga, 2008) zur arbeitsmarktbezogenen Integration der ALG-II-Empfänger eine zentrale Rolle. Es stellt normativ auf Selbstmanagement und Empowerment ab, leistet selbst aber vor allem auch Koordination von Sach- und Dienstleistungen und dient dem Aufbau von Kooperationsbeziehungen. Die Ablaufstrukturen orientierten sich idealtypisch an einem Kreislauf von Beratung (Fallaufnahme, Profiling und Assessment) und Planung (Zielvereinbarungen und Hilfeplanung), Intervention (Steuerung der Leistungen), Monitoring (optimierende Kontrolle) sowie Evaluation (Ergebnisbeurteilung und Dokumentation). Das notwendig erwartbare Kompetenzprofil des Fallmangers ist entsprechend komplex. Vgl. Kleve u.a., 2006 sowie Ewers/Schaeffer, 2005a. Die sich an der Öffnung von Tätigkeiten ohne Berufsvorbehalt abzeichnende Entmonopolisierung der Ärzte in der Krankenversicherung dürfte wohl ein sehr langfristiger Prozeß werden. Neue Berufsbilder wie „nurse practioners" zeichnen sich ab. Dies wird im hausärztlichen Bereich eine besondere Rolle spielen, besonders dort, wo sich, eventuell alterungsbedingt, Unterversorgungen abzeichnen. Ähnliches gilt für die in neuen Bundesländern modellhaft erprobten Gemeindeschwestern/„AGnES". Insbesondere im Rahmen von Hausbesuchen kann es zu Entlastungen durch neue Kooperationsformen von hausärztlichen und pflegerischen Kräften kommen.

nicht auch zu komplexen Versorgungszentren, einschließlich der Angliederung von komplementären sozialen Diensten, fortentwickelt werden sollten (Schaeffer/Kuhlmey, 2008). Die Schnittstellenmanagementproblematik zur Integrationsperspektive des SGB V ist beträchtlich. Hirsch (2008) weist vor allem auf die Zuständigkeits-, zumindest Vermittlungsprobleme mit Blick auf § 73 (1) SGB V („Einleitung und Durchführung präventiver und rehabilitativer Maßnahmen sowie die Integration nichtärztlicher Hilfen und flankierender Dienste in die Behandlungsmaßnahmen") sowie mit Blick auf § 11 (4) SGB V („Entlassungsmanagement zur Gewährleistung eines nahtlosen Übergangs von der Krankenhausbehandlung in die ambulante Versorgung, zur Rehabilitation oder Pflege") hin.

Der Einbezug des (geschulten) bürgerschaftlichen Engagements soll forciert werden[640]. Ferner soll die ärztliche Versorgung (z. B. durch eigene Heimärzte) verbessert, die Krankenhausentlassung und die Überleitung in ambulante Medizin, in Rehabilitation und Pflege durch Schnittenstellenmanagementkompetenz, insbesondere durch Pflegefachkräfte, verbessert werden.

---

[640] *Bürgerschaftliches Engagement als mobilisierbares Potenzial?* Bürgerschaftliches Engagement blüht. Dennoch ist nicht ganz klar, wie die verschiedenen Strömungen eines diesbezüglich komplexen gesellschaftlichen Diskurses diesen Befund konstruktiv verarbeiten (vgl. auch Schulz-Nieswandt/Köstler, 2009). Muss das soziale Engagement doch erst so richtig induziert und zum Wachstum (Potenzialausschöpfung) geführt werden, kann es in allokativ erwünschte Bahnungen geführt werden, um es gezielt als Ressource zur Bewältigung der kollektiven Probleme zu nutzen? Oder sollte auf derartige Kolonialisierungen der Lebenswelten nicht eher verzichtet werden und das vor solchen Instrumentalisierungen geschützte Engagement quasi im vor-staatlichen Verborgensein verbleiben und eventuell nur sehr passiv gepflegt, gefördert und zur Anerkennung geführt werden? Da das Engagement deutlich bildungskorreliert ist und hinsichtlich der Motivbildung wie auch der Sektorzuordnung deutliche Gender-Effekte aufweist, stellt sich auch eine eindeutige Ungleichheitsproblematik. Doch selbst wenn all diese kritischen Reflexionsvorbehalte Beachtung gefunden haben und eine sehr sensible Förderkulturpraxis des bürgerschaftlichen Engagements eröffnet ist, beginnen die jetzt erst richtig relevanten Fragen, nicht mehr des Ob, sondern des Wie. Mit Blick auf die existenziell stark belastende Situation der Pflegebedürftigkeit und der Demenzversorgung stellen sich neben infrastrukturellen Rahmenbedingungen vor allem auch Fragen der Kompetenzentwicklung, der Organisationsfähigkeiten und des Qualitätsmanagements. Hier beginnt die eigentliche, die in der Praxis aneinander gekoppelten Menschen tiefgreifend interessierende Frage nach Erfahrungen und möglichen Entwicklungspfaden. Der Beitrag hat hierzu aber nochmals den gesellschaftlichen Kontext der Deutung und Umgangsweise mit dem freiwilligen Engagement problematisiert. Denn die Praxis, gerade weil sie als tief im Alltag eingelassene Praxis kaum noch zum Durchatmen kommt, muss auch die Kontexte ihres Handelns immer wieder kritisch hinterfragen. Auch das muss gelernt sein.

II. Personale Haltung und soziale Praxis 417

„Ambulant vor stationär" – *ja, aber auch ökonomisch vorteilhaft?* Das Leitbildelement „ambulant vor stationär" (Schaeffer/Ewers, 2002) ist (international vergleichend betrachtet, stark verbreitet: Dittmann, 2008, S. 5 f.) Konsens. Es stellt ein Theorem (vgl. die impliziten theoretischen und empirischen Zusammenhänge bereits in Schulz-Nieswandt, 1994a) dar, wonach behauptet wird, diese Strategie fördere die personale Autonomie, sei humaner, steigere die Qualität der Dienste und sei wirtschaftlicher. Vor allem scheinen Leistungs- bzw. Kostenträger immer nur dann für bestimmte versorgungsstrukturelle Wege zu gewinnen zu sein, wenn es sich in Form von Kosteneinsparungen darstellen lässt. Wie so oft ist alles doch etwas differenzierter zu beurteilen. Das bedeutet keine Empfehlung der Abkehr von diesem Konsens, wohl aber die Notwendigkeit, sich die Zusammenhänge etwas differenzierter darzulegen. Dabei können hier keine Modellrechnungen vorgelegt werden. Dazu müssten außerordentlich komplexe Zusammenhänge modelliert werden. Aber es sind im Lichte einiger empirischer Erkenntnisse und Befunde grundlegende Wirkungszusammenhänge transparent zu machen, die ausgabenrelevant sind und daher für die strategisch-politische Debatte wertvoll sind.

Ich verdeutliche zunächst einmal einen Zusammenhang, der allgemein in der Literatur akzeptiert wird: Im Laufe der nächsten Jahre und Jahrzehnte werden der Hilfebedarf und die helfenden Netzwerkpotenziale zunehmend auseinanderfallen. Der steigende Hilfebedarf ist ein Korrelat des demografischen Wandels, dem ein Wandel des Krankheitspanoramas und Veränderungen in den Hilfe- und Pflegebedarfen korrespondieren, wohl auch die Zunahme spät (im Alter) erworbener Behinderungsformen. Die Netzwerkpotenziale, zu analysieren unter den Gesichtspunkten ihrer Verfügbarkeit, ihrer Erreichbarkeit, ihrer Belastbarkeit[641] und auch der Bereitschaft, werden im Zuge eines komplexen (und keineswegs vordergründig zu moralisierenden) sozialen Wandels rückläufig sein. Eine entsprechende Diskrepanz zwischen Hilfebedarf und informellem Hilfepotenzial zeichnet sich ab bzw. wird sich in Zukunft abzeichnen. Unter der Bedingung einer solchen Diskrepanz wird sich die Frage stellen lassen müssen, wie überhaupt nicht-stationäre Pflegearrangements möglich sein werden. Denn ambulante Arrangements definieren sich über die Zusammenarbeit professioneller und informeller Ressourcen.

Bis zu einem mittleren Komplexitätsgrad der Hilfe- und Pflegebedürftigkeit liegen die Kosten stationärer Arrangements oberhalb der Kosten ambulanter Arrangements. Es gibt dann aber einen Umkipp-Bereich. Danach lie-

---

[641] Hieran entzündete sich auch die Kontroverse um die „Sandwich"-Generationen: Dazu vgl. Borchers, 1997 sowie Borchers/Miera, 1993. Ferner Hörl/Kytir, 1998 und Künemund, 2002.

gen die Kosten ambulanter oberhalb der Kosten stationärer Arrangements. Hier liegen Betriebsgrößenvorteile vor, die in diese Richtung wirksam sind. Es muss ferner herausgestellt werden, dass mit diesem Umkipp-Effekt auch dann gerechnet werden muss, wenn alternative Heimkonzepte berücksichtigend modelliert werden. Alternative Heimkonzepte mit anderen Qualitätsstandards heben die Kostenkurve an. Empirisch müsste natürlich ein ganzes wohnmorphologisches Spektrum im Kontinuum zwischen ambulant gestützten privat-häuslichen Arrangements über verschiedene Formen des Service-Wohnens und der betreuten Wohngruppen bis hin zur klassischen Form der stationären Langzeitversorgung durchdekliniert werden.

Berücksichtigt werden müssen sodann die Kosten ambulanter Arrangements plus der informellen Pflege. Oftmals werden bei den Kostenmodellierungen die privaten Opportunitätskosten (Einkommensverluste alternativer Zeitbudgetverwendung der informellen Kräfte) sowie die sozialen Kosten, die in den Marktpreisen der professionellen Arbeitsmärkte der Pflege und Hilfeleistungen gar nicht bewertet werden und so im Sozialprodukt gar nicht auftauchen, unterschlagen. Eine solche erweiterte Kostenrechnung der nicht-stationären Arrangements bewirkt eine Verschärfung der Umkipp-Effekte.

Diese betriebswirtschaftlichen Überlegungen sind wichtig, wenn man sich die realen Kosten leitbildorientierter humaner Pflegesicherstellung vergegenwärtigen will.

Das Modell der Verbesserung der Versorgungs-, hier der Pflegelandschaften verknüpft das Argument der Effizienz von Input und Output mit dem der Effektivität: effizient ein hohes Outcomes-Niveau (Ergebnisqualität) als Zielerreichungsgrad zu bewirken. Das Verhältnis von Input und Output ist ein Argument allein der betrieblichen (Produktions-)Effizienz. Kosten-Effektivität ist nun auf zweierlei Wegen zu erreichen: Eine Prozessoptimierung vom Typ I erzielt bei einem als gegeben unterstellten Input ein höheres Outcomes-Niveau. Eine Prozessoptimierung vom Typ II erreicht ein als gegeben unterstelltes Outcomes-Niveau mit sinkendem Input. Worauf will die Analyse hinaus? Ich halte es für fraglich, einen dritten Typus III zu realisieren: Bei sinkendem Input ein höheres Outcomes-Niveau zu erreichen. Die Versorgungs- bzw. Pflegelandschaft deutlich qualitativ zu verbessern und gleichzeitig die Input-Kosten merklich zu senken, gehört zum Bereich frommer Wünsche, die in der fachwissenschaftlichen Debatte jedoch selten Unterstützung finden.

Damit habe ich einen zentralen kritischen Blick auf die Strategie „ambulant vor stationär" vorbereitet. Ich gehe davon aus, dass zu einem bestimmten Zeitpunkt mit einer gewissen Vorgeschichte und einem bestimmten Verlaufsmuster ein medizinisch und/oder pflegerisch relevantes kritisches Ereignis eintritt. Die Darstellung ist höchst stilisierend; ich weiß um die beschränkte Vorhersagekraft des kalendarischen Alters angesichts der ausgeprägten Varianz des Alter(n)s. Welche Arrangements zur Bewältigung des eingetretenen Hilfe- und Pflegebedarfs zeichnen sich nun ab?

Die Gesellschaft hält nun gleichzeitig ambulante und stationäre Kapazitäten vor. Ein nicht-stationäres Pflegearrangement[642] ist eine Co-Produktion von professionellen ambulanten Kräften und dem Einbezug (Crowding-in) informeller Netze (familiar-verwandtschaftlicher und freundschaftlicher Art) und des bürgerschaftlichen Engagements. Von diesem Arrangement-Potenzial können nun zwei Effekte ausgehen: Einmal kann es bei gegebener Vorhaltung stationärer Kapazitäten zu einer Substitution sonst drohender Heimpflege kommen. Zum anderen könnte ein (gestärkt ausgebauter?) ambulanter Sektor die stationäre Kapazität kompressionsartig „nach hinten" verschieben.[643] Das heißt, und das lässt sich auch empirisch beobachten, dass die Sicherstellung angemessener Strukturen nicht-stationärer Pflegearrangements die Heiminanspruchnahme zunächst (über die Zeitachse) hinausschiebt (verzögert), das Heimeintrittsalter erhöht und bei gegebener sterbealterabhängigen Verweildauer den Heimaufenthalt verkürzt. Dieser soziale Mechanismus ist von einer Fülle empirischer Studien zu den Heim-Inanspruchnahme-Prädikatoren gestützt. Hierbei ist allerdings auch zu berücksichtigen, dass humane Konzepte „nach hinten" komprimierter stationärer Versorgung ein Einbeziehen (Crowding-in) extra-stationärer Ressourcen (vor allem der Angehörigen und des bürgerschaftlichen Engagements) ebenso benötigen.

Nun stellt sich, im Lichte der weiter oben vorbereiteten Argumente, jedoch die Frage, ob dieser temporäre Substitutionseffekt stationärer durch ambulante Arrangements und das Verschieben des Zeitpunkts des Heimeintritts (entsprechende Sterbealter vorausgesetzt) tatsächlich zu einer fiskalischen Einsparung der Kostenträger führt. Und ich lasse die komplizierten Fragen der Mischfinanzierung bei komplexen Bedarfslagen angesichts einer fragmentierten Leistungsträgerlandschaft (vgl. dazu auch exemplarisch Drgala, 2008) der Sozialhilfeträger und der Sozialversicherungszweige außer Acht. Investitionsaufwand und Nutzenrückfluss können hier in der Verteilung auf verschiedene Kostenträger sehr differenziert ausfallen.

---

[642] Aus Sicht einer gendersensiblen Gouvernementalitätsanalyse ist ein Pflegearrangement noch viel mehr: Pflegearrangements sind Definitionsfelder von Kräften normativ-kultureller, wissenssystemischer, politischer und rechtlicher Regime, die das Feld vor allem auch binär codieren: Die Vektoren sind Gleichheit versus Differenz, Moral versus Subjektivität, Verantwortung versus Autonomie, Sorge versus Begehren, öffentlich versus privat, Staat versus Individuum. Vgl. grundlegend: Becker, 2008.

[643] Schulz-Nieswandt, 1995c.

Die Darstellung setzt die Kosten stationärer Arrangements in Beziehung zu den Kosten nicht-stationärer Arrangements. Dabei müssen die individuellen Fallkosten und die Fallzahlen unterschieden werden. Die Fallzahlen insgesamt sind Ausdruck der umfassenden demografisch-epidemiologischen Entwicklung in der Bevölkerung. Wie sich die Gesamtfallzahlen aufteilen auf die ambulanten und die stationären Arrangements hängt von einer Fülle von Erfolgsfaktoren und Barrieren ambulanter Arrangements und der Heim-Inanspruchnahme-Prädikatoren ab. Im Zentrum stehen dabei die Netzwerkentwicklungen und ihre Belastbarkeit (etwa angesichts von Demenz und Inkontinenz [vgl. ZfGG 41 (4) 2008 zum Schwerpunkt Harninkontinenz] bei Pflegebedürftigkeiten). Die Fallkosten im Einzelfall hängen vom Komplexitätsgrad der Bedarfslage, von der Lebenserwartung (und folglich, davon abhängig, von den Verweildauern, wodurch das Zusammenspiel von Inzidenz und Prävalenz verständlich wird) und von den gesellschaftlich gewünschten und gesetzlich normierten Qualitätsstandards und Konzeptinnovationen, die dann allerdings auch finanziert werden müssen, ab.

Was ist relativ kostengünstiger und ausgabensparend? Die Summe der Ausgaben für nicht-stationäre Arrangements oder die Summe der Ausgaben für die stationären Arrangements? Dabei werden die beiden Typen der stationären Kapazitätsvorhaltung differenziert. Entsprechend muss auch die Kapazität nicht-stationärer Pflegearrangements differenziert werden, falls die Verschiebung der stationären Kapazität entlang der kalendarischen Zeitachse eine Veränderung auch der ambulant-informellen Pflegelandschaften erforderlich macht (etwa in Form eines deutlichen Ausbaus und einer passenden Förderpolitik und Unterstützungskultur).

Diachronische Perspektiven: Als politisch relevante Schlussfolgerung ist hier zu ziehen, dass man sich den erwünschten Substitutionsprozess „ambulant statt stationär" nicht zu trivial vorstellen kann. In leichten Bedarfsfällen ist dieser Effekt verbreitet. In schwierigen Bedarfslagen zeigt die Netzwerkforschung vor allem zukunftsbezogen Skepsis an. Doch selbst dann, wenn auch in schwierigen Fällen der Pflegebedürftigkeit mit begleitenden kognitiven Beeinträchtigungen mit einem synchronen (zeitlich: querschnittlichen) Substitutionseffekt zu rechnen ist; diachronisch (zeitlich: längsschnittlich) verschieben sich die stationären Kapazitäten „nach hinten". Nicht unbedingt epidemiologisch, wohl aber in der Nutzungsdichte stationärer Versorgung lege somit ein Kompressionseffekt vor. Das bedeutet, dass in längsschnittlicher Analyse- und somit Politikperspektive man damit rechnen muss, ambulante und stationäre Kapazitäten parallel vorhalten zu müssen. International vergleichende Analysen zeigen genau dies. Im Lichte der Zunahme des höheren Alters und der Rückläufigkeit der Netzwerkpotenziale wird man auf stationäre Kapazitäten gar nicht verzichten können. Die Debatte verlagert sich daher immer mehr auf Fragen der zukünftigen Heimkonzeptionen, sofern der Begriff Heim dann unbedingt noch Sinn macht, weil es nicht einfach nur um Betriebsgröße und anstaltsförmige Architektur geht, sondern um Prozessgestaltung, individuelle Hilfeplanungen und Pflegekonzepte, mentale Modelle und professionelle Selbstverständnisse angesichts von aktivierendem, kompetenzzentriertem Pflegeverständnis im Lichte von Empowerment-Fragen, die prinzipiell auch in ambulanten Arrangements anstehen.

Man wird daher selbst schon mit Blick auf die Idee eines langfristigen Moratoriums stationärer Kapazitäten (bei gleichzeitiger Modernisierung dieser stationären Kapazitäten) angesichts der dargestellten Gegenläufigkeit (des epidemiologisch kritischen höheren Alters einerseits und der Netzwerkpotenziale andererseits) skeptisch sein müssen; die Frage ist demnach nicht, wie kann die Pflegelandschaftsplanung oder -steuerung gleichzeitig die Qualität steigern und Sozialausgaben (Input) einsparen, sondern allenfalls, wie kann mit steigenden Inputs eine zur bisherigen Pflegelandschaft überproportional steigende Outcomes-Qualität erzielt werden? Unter Pflegelandschaft verstehe ich hierbei einerseits eine Optimierung des Mixes von stationären und nicht-stationären Arrangements, wie dargelegt, unter besonderer Berücksichtigung der diachronischen Nutzungsdichten sowie eine bessere Umsetzung des gesamten wohnmorphologischen Spektrums zwischen Privathaushalt und „totaler Institution". Andererseits ist unter Pflegelandschaft eine Optimierung des transsektoralen Zusammenspiels von Medizin, Rehabilitation, Pflege und komplementären sozialen Diensten bis hin zur Beratung, der Pflegeprävention, der Wohnformoptimierung etc., um Kosten-Effektivitäten zu steigern, zu verstehen.

Dies sind leitbildorientierte, versorgungskonzeptionelle Parameter, die sicherlich auch mit vielen anthropologischen und ethischen, aber auch mit pflegewissenschaftlichen Überlegungen kompatibel sind. Entscheidend ist aber auch die Wahl geeigneter Steuerungsmechanismen, um solche Konzepte umzusetzen, also Landschaften zu verändern und kosteneffektive Strukturen zu implementieren. Die Überzeugungskraft dieses Konzepts ist keine Frage des „Ob", sondern des „Wie". Das Leitbild integriert wesentliche anthropologische Überlegungen, die in der Literatur Konsens sind, und knüpft auch steuerungstheoretisch an dem Mainstream der Literatur an. Dennoch hat die Literatur wesentlich auch „nur" zur Ausformulierung des ordnungspolitischen Leitbildes erfolgreich beigetragen; die Umsetzungsvisionen tragen bislang der Komplexität der Alltagskultur der politischen Landschaften, der Akteurskonstellationen, der Sozialgesetzbuch-, Träger- und Zuständigkeits-, der Ressorts- und Budgetfragmentierungen wenig Rechnung.

7. Vernetzte intra- und intergenerationelle Lebenswelten der Pflege in Rheinland-Pfalz

In Rheinland-Pfalz (www.menschen-pflegen.de)[644] ist seit einigen Jahren ein multidimensionales, aspektreiches Programm „Menschen pflegen" aufgelegt worden. Es setzt komplex die SGB XI-bezogene Landespflegegesetzgebung sowie begleitende Gesetzesinitiativen und Maßnahmen um (dazu auch MASGFF, 2008). Ausgangspunkt ist das Landespflegegesetz zur Sicherstellung und Weiterentwicklung der pflegerischen Angebotsstruktur (LPflegeASG) vom 25. Juli 2005 (Fundstelle: GVBL 2005, S. 299), 2006 wirksam geworden sowie die Landesverordnung zur Durchführung des Landesgesetzes zur Sicherstellung und Weiterentwicklung der pflegerischen Angebotsstruktur (LPflegeASFDVO) vom 7. Dezember 2005 (Fundstelle: GVVl 2005, S. 525), wirksam geworden ebenfalls 2006.

In der LPflegeASGDVO werden (auf der Grundlage des § 9 LPflegeASG) mit Blick auf die Pflegestrukturplanung (§ 1) vor allem in den §§ 2 ff. die Beratungs- und Koordinierungsstellen geregelt, die im LPflegeASG (§ 5) aufgenommen worden sind. Die aktuellen Pflegestützpunkte (im Rahmen von Modellvorhaben) gehen (im Sinne von „Beko+") konzeptionell über diese Beko hinaus (vgl. Informationen unter www.menschen-pflegen.de), da zugehende Beratung, Bündelung von Beratung, Optimierung der Zusammenarbeit, quantitative Verbesserung im Bereich des Fallmanagements und Optimierung der Versorgungsstrukturen durch eine „Integrierte Versorgung" anvisiert werden. Die Beko sind nach § 4 LPflegeASF in die Arbeit der regionalen Pflegekonferenzen, auf die das Land zentral setzt (so auch eine Broschüre des Landes „Regionale Pflegekonferenzen in Rheinland-Pfalz"[645]), integriert.

---

[644] Dieses Kapitel steht im Zusammenhang mit einem Gutachten für das Ministerium für Arbeit, Soziales, Gesundheit, Familie und Frauen des Landes Rheinland-Pfalz unter dem Titel „Pflege und Betreuung im Wohnquartier", angefertigt von Frank Weidner, Hermann Brandenburg, Frank Schulz-Nieswandt u.a. Vgl. aber auch: Netzwerk: Soziales neu gestalten, 2008a.

[645] *Konferenzen statt Planung*? Die kleinräumige Netzwerke-Vernetzung informeller Pflegearrangements mit professionellen Leistungen muss mit einer zweiten, höheren Ebene verknüpf werden, die in der Politik in RLP ebenfalls zentral angedacht ist. Gemeint sind die Regionalen Pflegekonferenzen. Die Entwicklungsszenarien, die durch die Konferenzen dialogisch „am runden Tisch" erzeugt werden, müssen kleinräumiger runtergebrochen werden; und hier verbindet sich diese Ebene mit der Vernetzung der Netzwerkressourcen. Im Lichte neuerer international vergleichender Forschungen am WZB (Susanne Kümpers), aber auch die eigenen Forschungs- und Begleitberatungserfahrungen in Zürich („Gesundheitsnetz 2025" der Stadt Zürich) zeigen jedoch, dass es keine triviale Angelegenheit ist, diese Netzbildungen zu erreichen und von kommunalen Konstellationen struktureller und kultureller Art abhängen. Ältere Studien zu NRW zeigen (Rosendahl, 1999) zudem, dass

II. Personale Haltung und soziale Praxis

Die ganz Initiative (vgl. Menschen pflegen. Gemeinsam weiter! Eine Initiative von Malu Dreyer, Ministerin für Arbeit, Soziales, Familie und Gesundheit des Landes Rheinland-Pfalz. Mainz: www.menschen-pflegen.de) basiert auf sechs Säulen: Qualitätssteigerung der Pflege, bedarfsgerechte fachliche Qualifikationen quantitativ sicherstellen, Demenzversorgung verbessern, familien- und netzwerkzentrierte Unterstützung ausbauen, mehr Informationen und Mitsprache für die Menschen, finanzielle Nachhaltigkeit der Pflege und der Pflegeausbildung.

Leitbild: Das Leitbild von „Menschen pflegen" im Bundesland Rheinland-Pfalz (RLP) ist normativ deutlich zentriert um die „personale Mitte", d.h. um die betroffenen Menschen, ihre Kompetenzen (Selbsthilfepotenziale) und ihre Netzwerke (ähnlich das Projekt „Zukunft Quartier – Lebensräume zum älter werden": www.zukunft-quartier.de). Einbezogen (auch europarechtlich und europapolitisch relevant) werden Fragen familiärer Vereinbarkeit[646] und nachhaltiger, gelingender Generationenbeziehungen. Die sah und sieht bereits das SGB XI (vgl. auch zum SGB XI: Gerlinger/Röber, 2009) explizit vor, aber pointiert bereits sodann durch die § 45d des Gesetzesentwurfes zum Pflege-Weiterentwicklungsgesetz („Förderung ehrenamtlicher Strukturen sowie der Selbsthilfe") sowie dort durch § 82b („Ehrenamtliche Unterstützung").[647] Diese müssen nicht immer familial-verwandtschaftlich verstanden werden, sondern auch gesellschaftlich mit Bezug auf

---

die Effektivität von regionalen Konferenzen fraglich ist und zugleich transaktionskostentheoretisch erhebliche Effizienzprobleme aufwerfen. Hier wird genau zu schauen sein, was als mögliche Erfolgsfaktoren zu identifizieren ist (so auch Meier, 1995; eine solche Forschung blieb aber weitgehend aus; daran ändern auch Knesebeck u.a. [2001] nichts). Die Literatur zu diesem Thema ist allerdings eher schmal; ansonsten gibt es noch einzelne Studien zu policy-Zyklen mit Bezug auf regionale Gesundheitskonferenzen (vgl. Wilhelmi, 2006 sowie Heinemann, N., 2007). Dabei knüpft der Theorie nach dieses Instrument der Gesundheitspolitik unmittelbar an die hier konstatierten Probleme an: Die Segmentierung der Versorgung, die Expertodominanz und die fehlende Konsumentenorientierung (dabei dürfte die Aufgabe, sich ein nüchternes Bild von der kommunalen Bürgerbeteiligung zu machen, eine nicht triviale Problematik sein: Kachel, 2001), die Dominanz der kurativen Medizin und die Dominanz der Verbände (Renner/Brandenburg/von Ferber, 1999, S. 183).

[646] Zur Feminisierung der häuslichen Pflegelasten vgl. empirisch auch Jabsen/ Blossfeld, 2008.

[647] *Informelle Netze und Pflegelandschaft*: Die Integration verschiedener Formen des bürgerschaftlichen Engagements (wobei mit Blick auf das klassische, wenn auch heute posttraditionell motivierte Ehrenamt auch soziale, selbstorganisierte Selbsthilfegruppen genossenschaftlicher Art, die also auf dem Prinzip der Gegenseitigkeit arbeiten, nicht zu vernachlässigen sind) ist eine zentrale Aufgabe in der Entwicklung sozialräumlich gedachter, in die Fläche gehender, aber differenziert kleinräumig passungsfähiger, moderner Hilfe- und Pflegelandschaften. Ohne die vernetzte Integration dieser Ressourcen der Netzwerksysteme wird die Zukunftsaufgabe der Pflege- und Hilfensicherstellung nicht zu bewerkstelligen sein. Dies wird auch

Nachbarschaftshilfen und Selbsthilfegruppen auf der Grundlage des Gegenseitigkeitsprinzips. Teilhabe und Selbstbestimmung, aber auch Selbstorganisation und soziale Mitverantwortung prägen dieses Leitbild. Betont wird in „Menschen pflegen" in RLP aber auch die Gestaltung der Umwelten und Infrastrukturen für das Gelingen dieser normativen Ausrichtung.[648] Damit steht im Lichte eines Ressourcen- und Akteurs-Mix die Vernetzung, Integration und Kooperation verschiedener Professionen, Sektoren, Einrichtungen und Dienste und den lebensweltlich verankerten Ressourcen der Menschen und ihren Netzwerken im Vordergrund einer Betrachtung, die vor dem Hintergrund eines nicht leicht ineinandergreifenden ausdifferenzierten, z.T. fragmentarisch versäulten Sozialrechts (und somit der Leistungs- bzw. Kostenträger) den Fokus auf eine flächendeckende sozialräumliche Vernetzung[649] im kommunalen Raum legt. Das ganze Anliegen erweist sich als eine komplexe Organisationsentwicklung mit angekoppelten Personalentwicklungsfragen, die Ausdifferenzierungen in den entsprechenden Arbeitsmärkten (auf der Grundlage von SGB II) nach sich ziehen (vgl. das Modellprojekt „Homepower"). Auch diese Aspekte integriert „Menschen pflegen" in RLP. Zu verweisen ist etwa auf die „Förderung komplementärer Angebote" in § 6 LPflegeASG. Aber auch regionaler Fachkräftebedarf wird prognostiziert (vgl. den Abschlussbericht „Fachkräftesituation und Fachkräf-

---

international so gesehen. Teil der Angehörigenförderung ist das Angebot an Pflegekursen durch die Pflegekassen gemäß SGB XI: vgl. DIP, 2006.

[648] *Heimpflege und häuslich-private Potenziale*: Die Zahl der Heime hatte in Rheinland-Pfalz mit einem Anstieg von 5,1 % zwischen 2001 und 2003 eine geringere Zuwachsrate als in anderen Bundesländern aufzuweisen. Der prognostizierte Bedarf an Heimplätzen ist abhängig einerseits von einem erwartbaren Rückgang der familialen Pflegepotenziale („Rund 70 Prozent der Pflegebedürftigen werden heute von nahen Verwandten versorgt. Jedoch haben die zuvor beschriebenen soziodemographischen und sozialstrukturellen Entwicklungen maßgeblichen Einfluss auf das Inanspruchnahmeverhalten der Pflegebedürftigen gegenüber formellen Netzwerken bzw. auf die Pflegebereitschaft und -fähigkeit familiärer Pflegepersonen. Angesichts der erwartbaren Entwicklungen ist Skepsis angebracht, was die künftige Versorgung von Pflegebedürftigen angeht. Wir können jedenfalls nicht mehr damit rechnen, dass diese in der gleichen Weise wie bisher durch die von Angehörigen geleistete häusliche Pflege erfolgen kann." [Bertelsmann Stiftung, 2006, S. 7]) und andererseits von dem sich abzeichnenden hochaltrigkeitsbedingten Anstieg von Demenzerkrankungen. Ferner wird in diesem Funktionskontext als Konsequenz des Vorrangs ambulanter vor stationärer Pflege die Versorgung von Schwerstpflegebedürftigen in Heimen zunehmen. Zugleich werden im Lande RLP etwa 3,1 % mehr pflegebedürftige Menschen in privaten Haushalten versorgt als in anderen Bundesländern. Vgl. insgesamt Statistisches Bundesamt, 2007. Dabei spielt die Frage der Vereinbarkeit von Altenpflege und Beruf zunehmend eine Rolle: Dallinger, 1996.

[649] Zur Geographie der Sicherstellung und Erreichbarkeit des Gesundheitswesens vgl. die systematische Darlegung von Dapp, 2008.

tebedarf in der Pflege in Rheinland-Pfalz" in Menschen pflegen. Berichte aus der Pflege Nr. 2 vom August 2005).

Dies ist der Ausgangsbefund. Er wird gleich nochmals unter dem Aspekt der integrierten Versorgung aufzugreifen sein. Zunächst geht es um die Frage, welche Perspektiven die Nutzung des sozialrechtlich neuen Instruments des persönlichen Budgets für die gelingende Umsetzung des Leitbildes in RLP bietet.

Persönliche Budgets: Zunächst sind die Pflegebudgets, wie sie gemäß § 8 Abs. 3 SGB XI erprobt wurden, aufzugreifen.[650]

Die langsame Auflösung unnötiger paternalistischer Praktiken der Behandlung, Versorgung und Betreuung im Sozial- und Gesundheitswesen hat die verschiedenen Formen der Budgets für Menschen mit Unterstützungs- und Hilfebedarf hervorgebracht. Davon erhofft sich die Reformpolitik neue Steuerungsergebnisse, die zu präferenzgerechteren und somit effizienteren Outcomes führen. Doch nicht nur die Mesoebene der Steuerung der Angebotslandschaften würde sich so verändern; auf der Mikroebene verdrängen dialogische Formen der Bedürfnisartikulation und Bedarfsdefinition die älteren asymmetrischen und hierarchischen Kommunikationsprozesse zwischen den Professionen und den hilfebedürftigen Bürgern. Diese Veränderungen erfolgen langsam, verlaufen nicht ohne Widersprüche und schwierigen Lernprozessen und sind mit Ambivalenzen verbunden. Die korporatistischen Strukturen flexibilisieren sich nur schwerfällig, zumal ihnen nicht nachgesagt werden kann, dass sie in jeder Hinsicht nur nachteilig sind. Der Ausbau der sozialen Leistungen in vielen Teilsektoren des Sozial- und Gesundheitswesens war durch die korporativen Aushandlungen und Planungen fundiert und bildete die Grundlagen für den sozialen Fortschritt in Quantität, räumlicher Dichte und Qualität der Leistungen. Doch die modern anstehenden weiteren Fortschritte in Richtung selbstständiger Lebensführung, Wahlmöglichkeiten gegenüber den Angebotslandschaften, Flexibilisierungen der Arrangements der Lebensführung, des Wohnens und der Leistungsinanspruchnahme erfordern weitergehende Reformen der Steuerung. Alle involvierten Akteure tun sich hierbei schwer; dies kann allerdings auch als Basis für eine reflektierte Veränderungsdynamik akzeptiert

---

[650] In den nachfolgenden Ausführungen spreche ich von individuellem Budget, da sich ein großer Teil der Überlegungen über die verschiedenen Sozialgesetzbücher hinweg allgemein stellt und nicht nur jeweils allein und spezifisch die Pflegebudgets im Sinne des SGB XI oder der Budgets in die Eingliederungshilfe betrifft. Wo notwendig, werden diese Differenzierungen natürlich berücksichtigt. Meine Betrachtung geht dabei von den Prämissen aus, dass a) die Frage der quartiersbezogenen Vernetzung in der Pflegepolitik die Perspektiven der Behinderungsproblematik einbeziehen muss, und dass b) die Perspektiven der behinderungsbezogenen Eingliederungshilfe nicht von der Pflegepolitik dominiert oder verdrängt werden.

werden (Batram, 2007; Doherr, 2007). Das veränderte Anbieterverhalten, die Neuorientierungen zwischen Kostenträgern und Leistungsanbieter, die Umstellungen der Professionen auf eine deutlich veränderte Kultur der individuellen Hilfeplanung, der dialogischen Entwicklungsplanungen, des Shared Decision Making in der Medizin (Caspari, 2007; Scheibler, 2004; Scheibler/Pfaff, 2003) etc. weisen alle Widersprüche und Ambivalenzen auf, die für solche Wandlungsprozesse typisch sind (Erdin, 2006; Göbel, 2007, Röh, 2009; Schädler, 2003).

Das Problem stellt sich nicht leichter, wenn gerade auf die Notwendigkeit der Integration medizinischer, altenpflegerischer und eingliederungsorientierter Leistungen hinzuweisen ist. Die mit der demografischen Veränderung einhergehende, epidemiologisch definierbare Veränderung, also das sich wandelnde Krankheitspanorama, weist zunehmend Bedarfslagen im Schnittbereich mit Hilfe- und Pflegebedürftigkeit und Behinderungsformen auf. Sollen sich die Leistungsmöglichkeiten zur Findung optimaler Hilfe- und Wohnarrangements um den konkreten Menschen in der Mitte optimal aufstellen, so erfordert dies Integrationen, Vernetzungen und Kooperationen zwischen den verschiedenen Kostenträgern, den Anbietern sowie den jeweiligen Professionen. Theoretisch soll dieses Problem sowohl als Handlungsbedarf in der transsektoralen Versorgungsintegration (als Problem der Versorgungskette zwischen dem Wirkbereich der verschiedenen Sozialgesetzbücher) und als Problem hoch individualisierten Case Managements (als Fall-Steuerung über die Sektoren hinweg) behandelt werden. Und es ist davon auszugehen, dass die anstehende Reform des Pflegebedürftigkeitsbegriffs diese Schnittflächen stärker als bislang berücksichtigt. Systematisch betrachtet ist es kaum einzusehen, warum das Budget-Instrument in den Leistungsbereichen der Behinderung, aber nicht im Pflegebereich als Wahlmöglichkeit zur Verfügung stehen soll. Im Gegenteil: So vergibt sich die Praxis die Möglichkeit, gerade über das Budget-Instrument die Bedarfsdimensionen der Pflegebedürftigkeit und der Behinderung zu integrieren.

Strukturell muss bedacht werden, welche Komplexitätssteigerung das Instrument, das hier auch in der trägerübergreifenden und integrierten Art von besonderem Interesse ist, herbeiführt. Das bisherige sozialrechtliche Dreiecksverhältnis wird geöffnet, aber nicht vollständig ersetzt durch die vom Budget ausgehende Steuerungslogik (wie etwa in Österreich). Vielmehr kommt es zu einer doppelten – parallel wirkenden – Steuerungsstruktur: stakeholderorientierte[651] Sozialunternehmen mit Sachzieldominanz halten auf der Basis des sozialrechtlichen Dreiecksverhältnisses einerseits Ange-

---

[651] Zum Verhältnis von Stakeholder-Theorie und Organisations-Ethik vgl. auch Phillips, 2003.

botsstrukturen vor und versuchen diese in einem (auch europarechtlich zunehmend veränderten) Kontraktmanagement innovativ weiterzuentwickeln; andererseits müssen sich die Sozialunternehmen den konkreten Bedürfnisartikulationen von „Kunden" (flankiert durch Case Management) kleinteiliger, flexibler und modularisierend stellen (vgl. am Beispiel der Umsetzung des persönlichen Budgets: Göltz, 2008). In Anbetracht dessen wird es Aufgabe der Politik sein, hier – vor dem Hintergrund der bisherigen Erfahrungen – in den Modellprojekten Aussagen darüber zu treffen, wie sich die Vernetzungsproblematik im lokalen Raum (Schmälzle u. a., 2008) der Menschen bedürfnis-, aber auch bedarfsgerecht entwickeln kann. Gerade hier spielen die Konzeptentwicklungsfragen der Pflegestützpunkte bzw. der Beratungs- und Koordinierungsstellen in RLP eine zentrale Rolle. Hinzu kommen im Rahmen dieser individuellen „Einkaufsmodelle" um so mehr Fragen niedrigschwelliger, haushaltsbezogener Dienstleistungen mit entsprechenden Qualifikations- und Entlohnungsstrukturen, die im Kontext von „Menschen pflegen" in RLP eine Rolle spielen. Es wird in der Praxisentwicklung eine zentrale Frage sein, ob sich die Parallelsteuerungsstruktur (Budgetsteuerung und klassische Steuerung im sozialrechtlichen Dreiecksverhältnis) nicht spiegelbildlich zur Differenzierung einfacher und komplexer Risiken entwickeln wird, was eventuell auf Grenzen der Budgetsteuerung bei komplexen Bedarfslagen (vgl. exemplarisch mit Bezug auf die §§ 67, 68 SGB XII: Magdala, 2008) verweisen kann.

Hier ist es von großer Bedeutung, dass „Menschen pflegen" in RLP nicht nur die Demenzproblematik deutlich einbezieht, sondern offensichtlich auch die (nosologisch wie sozialrechtlich schwierige: Lüßenhop, 2008) Schnittfläche zwischen chronischen Erkrankungen, Hilfe- und Pflegebedürftigkeit und Behinderungen (seien diese nun spät erworben oder im Rahmen der dynamischen Alterung von Menschen mit angeborenen Behinderungen definiert) beachtet. Damit kommt neben dem Pflegebudget des SGB XI natürlich auch das persönliche Budget des § 17 SGB IX (vgl. § 57 SGB XII mit Bezug auf die Eingliederungshilfe) zur Wirkung. Zu diesem persönlichen Budget für Menschen mit Behinderungen kommen demnach noch Geldleistungen aus dem SGB XI hinzu. Somit handelt es sich um ein integriertes Budget. Je nach Bedarfslage können noch andere Träger rechtlich infrage kommen und es entwickelt sich somit komplex ein trägerübergreifendes Budget.[652] Infrage kommen Kranken- und Pflegeversicherung, die Bundesagentur für Arbeit, Träger der gesetzlichen Unfallversicherung, Träger der gesetzlichen Rentenversicherung, Jugend- und Sozialhilfeträger u. a. m.

---

[652] Trägerübergreifende persönliche Budgets sind selten. Die Komplexität der Realisierung solcher Steuerungsinstrumente erscheint bislang zu hoch. Vgl. Metzler u. a., 2007.

Nicht nur aufgrund der bereits angesprochenen Schnittfläche, sondern unabhängig davon, gilt auch für die Eingliederungshilfe insgesamt das ähnliche Leitbild der Gemeindenähe, der Vernetzung und der Kooperation wie in der Pflege. Das hat ebenso steuerungspolitische Konsequenzen wie versorgungspolitische Aspekte. Steuerungspolitisch werden auf der Einzelfall- wie auf der Vertragsrechtsebene in sektorspezifischer Passung einige Elemente von New Public Management eingeführt, insbesondere ein Teilhabemanagement, das eine Kontrolle der Leistung, der Qualität und der Wirksamkeit ermöglicht. Dabei dürfte im Bereich der Verbesserung der Teilhabe am Arbeitsleben sicherlich die Bedeutung von Kennziffern der Inklusion relevant sein. Doch müssen komplexe Outcomes-Größen definiert und operationalisiert werden. Der Fokus darf nicht nur auf der Arbeitsmarktintegration liegen; dort, wo dies nicht erfolgreich ist, zählen andere personenzentrierte Entwicklungserfolge in der Lebenslage und in der Persönlichkeits- und Kompetenzentwicklung der Menschen mit Behinderungen (Schäfers, 2008; Eurich, 2008). Über den Bereich der arbeitsmarktbezogenen Teilhabeproblematik hinaus gehend muss im Zentrum der Teilhabe-orientierten Arrangements der Förderung, Hilfe und Integration im Kontext der Gemeinde-Orientierung ein Fallmanagement stehen. Dazu gehört auch die Positionierung individueller Teilhabeplanungen in die Teilhabekonferenzen. Damit verändert sich die dominant Einrichtungs-zentrierte Politik zur personenzentrierten Politik. Dazu gehört auch die Sicherstellung rechtlicher Systematiken, die die Vorrangigkeit der Sozialversicherungsansprüche vor der Sozialhilfe umfassend gewährt, so dass sich die Sozialhilfe auf fachliche Zentralaufgaben (also insbesondere die §§ 75 SGB XII mit Blick etwa auf die § 37 SGB V und § 43a SGB XI) konzentrieren könnte. Somit wird allerdings auch eine rechtliche Leistungsfragmentierung gebildet, die dann erforderlich macht, dass Sozialversicherungsträger und Sozialhilfeträger personenzentriert zusammenarbeiten. Die soziale Realität dieses Zusammenwirkens zeigt allerdings erhebliche Defizite an. Nach wie vor erscheinen die fehlende finale Orientierung (Finalprinzip) und die Dominanz des Kausalprinzips als nicht optimal. Realistisch wird man jedoch hier wohl die rechtssystematischen Pfadabhängigkeiten des Korpus der deutschen Sozialgesetzbücher und die Vorrangigkeit des Versicherungs- vor dem Fürsorgeprinzip akzeptieren müssen. Gemeindenähe eines personenzentrierten Teilhabemanagements setzt die Weiterentwicklung der Infrastrukturen voraus, ohne dabei die Individualisierungsgrundsätze im Fallmanagement aus den Augen zu verlieren. Hier kommen Strukturplanung und Case Management, wie bei der Pflege, zusammen (vgl. auch Schlüter/Vogdt, 2007, S. 29 sowie S. 39).

Letztendlich setzt ein Teilhabemanagement jedoch auch vereinheitliche Diagnosegrundlagen, ganzheitlicher gesprochen: vergleichbare und transparente Methoden individueller Hilfeplanung voraus. Über die praktizierte Kunst dieser dialogischen Entwicklungsplanung ist empirisch relativ wenig bekannt (Bensch/Klicpera, 2003). Selbst die Leitbilder sind facettenreich und wenig trennscharf: Selbstbestimmung, Self advocacy, Regieassistenz, Kunden- und Vertragslogik, Dialogik, Trialogik etc. (Hähner u.a., 2005; Hähner u.a., 2006). Die immer noch tief verankerten Strukturen der Hilfen im Geist von Mitleid und gut gemeinter Fürsorge müssen modernen Formen einer „Ethik der Achtsamkeit" weichen. Hier orientiert sich die Hilfe an der Person, setzt viel fallverstehende Responsitivität, aber auch Selbstsorgeorientierte Reflexivität der Professionen voraus. Dadurch können nicht eliminierbare Asymmetrien in nicht-paternalistischer Weise gelebt werden. Aber was weiß man über die Personalentwicklung in den Sozialunternehmen, aber auch über die praktizierte curriculare Situation in der Ausbildung der Professionen, damit gesichert ist, dass diese dialogische Kunst nach Möglichkeit in der Praxis ausgeschöpft wird? Die Zukunft wird, konzentriert man sich auf die gelebten Strukturen, in alternativen, dezentralen und ambulanten Wohnformen liegen. Die Zukunft kann nicht in überregionalen Sonder- und Spezialeinrichtungen liegen. Es geht, und das verbindet das Thema der Modernisierung der Eingliederungshilfe mit dem der Pflegestrukturpolitik, um den Ausbau und die vernetzte Vertiefung der Verbundstrukturen, um die konkreten Bedürfnisse vor Ort bedarfsgerecht und dezentral zu befriedigen. Mit Blick auf die Professionen möchte ich dennoch, trotz oder gerade angesichts der Fortschritte in der Diffusion des paradigmatischen Leitbildwandels, vertiefte Arbeit an der beruflichen „Haltung" im Alltag einfordern. Das Problem wird sicherlich für die Sozialunternehmen dadurch nicht leichter, dass die individuelle Hilfeplanung gleichzeitig steuerungs- und finanzierungspolitisch zunehmend mit anreizkompatiblen Formern der Outcomes-Vereinbarungen verknüpft wird. Das wirft ökonomische Risiken für die Unternehmen auf, aber auch Gestaltungsspielräume in der eigenen Arbeit.

Da die ganze Problematik auch strategische Fragen zur gelingenden Steuerung im kommunalen Raum einschließt und insbesondere auf die regionalen Pflegekonferenzen (vgl. § 4 LPflegeASG) verweist, scheint es angebracht, beide Ebenen der Potenzialabschätzung des Steuerungsinstruments persönliches Budget politisch zu beachten: die Parallelstruktur der Steuerung auf der Mesoebene wie auch die Mikroebene des „Einkaufs" vernetzter, qualitätsgestützter Angebote. Dabei werden auf der Mikroebene Fragen nach Bedürfnisartikulation, Beratung und Information, die Problematik advokatorischer Treuhändermodelle der Orientierungshilfe sowie Fragen partnerschaftlicher Dialogkulturen der Kommunikation (parallel zur „Shared decision-making"-Logik in der Arzt-Patienten-Beziehung: Caspari, 2007; Scheibler, 2004; Scheibler/Pfaff, 2003) eine ganz wesentliche Rolle spielen;

sie müssen einer aspektreichen Abschätzung zugeführt werden. Hier kommt der Debatte um das Case Management im Kontext der konkreten Strukturen in RLP eine zentrale Bedeutung zu.[653] Die Fragen der gesteuerten Vernetzung im kommunalen Raum und ihre Interpretation sowie ihre effektive Praxis spielen auch in die Frage der darüber hinausgehenden Verknüpfung mit der Integrationsversorgung gemäß SGB V (in der Fassung des GKV-WSG i. V. M. mit dem Pflege-Weiterentwicklungsgesetz [PfWG]) hinein. § 92c des Entwurfes des Gesetzes (Pflege-Weiterentwicklungsgesetz) behandelt die Pflegestützpunkte, § 92b die Einbeziehung der Pflege in Verträge der Integrationsversorgung, damit § 12 SGB XI verändernd.

Einbezug der Integrationsmedizin nach SGB V: Das SGB XI sah immer schon eine Abstimmung der Krankenhausversorgung und der Entwicklung der pflegerischen Versorgungsstrukturen vor, ähnlich der § 7 LPflegeASF unter dem Titel „Zusammenarbeit mit Krankenhäusern und Rehabilitationseinrichtungen".[654] Leitbild des SGB XI war von Anbeginn, die medizi-

---

[653] *Wer managed die Vielfalt der Case Manager?* Hier kristallisiert sich aber eine dritte Problematik: Wie verhält sich das Case Management des persönlichen Budgets zum Fallmanagement der Pflegestützpunkte und zum individualisierten Patientenpfad-Management der Integrationsversorgung gemäß § 140a–d SGB V i. V. m. weiteren Ansatzpunkten des SGB V und den neuartigen Möglichkeiten des Einbezugs der Pflege nach SGB XI? Es erscheint als typisches Problem der deutschen Reformpfade, richtige Veränderungsideen aufzugreifen, sie aber in der zergliederten, teilweise geradezu fragmentierten Landschaft polyzentrisch und daher in einem gewissen Sinne redundant einzubauen. Damit reduzieren sich nicht gerade die Abstimmungsprobleme; ungelöst bleibt im Gerangel der vielfältigen (legitimen) Interessen und Domänen die Frage, wo in einem durchdacht-systematischen und zugleich ökonomisch und steuerungstheoretisch anreizoptimalen Sinne die Gatekeeping-Mechanismen und Lotsenfunktionen installiert werden sollen. So treffen zunehmend – nach Funktion, Logik, Reichweite und Qualifikationsprofil – verschiedene Case Management-Systeme aufeinander. Wenn chronische Krankheit, Pflege und Behinderung als Lebenslage zusammenkommen, so stellt sich die Frage nach dem Steuerungszentrum. Case Management gemäß persönlichen Budgets, Pflegestützpunkte gemäß SGB XI und zunehmende Strukturen des Patientenpfad-Managements im SGB V, wo Case Management und Care Mangement verknüpft werden, treffen also aufeinander. Eine Reihe weiterer strategischer Fragen schließen sich an. Welche Qualifikation sollten die Akteure des Case Managements aufweisen? Wo sollte das Case Management angesiedelt sein? Hier können sonst mehrschichtige Prinzipal-Agent-Probleme auftreten. Der Agent (der Case Manager) ist einerseits dem „Kunden" treuhänderisch verpflichtet, aber auch an den Vorgaben seiner Institution gebunden. Kann in diesem Lichte ein Kostenträger (auf Krankenkassen- wie auf Pflegekassenseite) der Arbeitgeber sein? Müssen die diversen Case Manager in den Leistungsinstitutionen (etwa der Sozialdienst im Krankenhaus) nicht von beschränkter Funktionsreichweite sein und ihre Legitimation an den institutionellen Interessen der Einrichtung (zu) eng gebunden bleiben? Auch hier spricht die theoriegestützte Erfahrung für die Anbindung übergreifenden Case Managements an die Kommune.

II. Personale Haltung und soziale Praxis 431

nischen, die pflegerischen und die sozialen Dienstleistungen und Einrichtungen personenzentriert und damit abgestuft-integriert, wohnortnah und netzwerkbezogen im Rahmen moderner pflegerischer Infrastrukturen und Versorgungslandschaften nach Stand der Künste, qualitätsgesichert und bedürfnisgerecht zu entwickeln. Insofern konkretisiert „Menschen pflegen" in RLP nur konsequent dieses Leitbild. Das Hauptproblem bestand bislang darin, dass in Abkehr von der Planungskultur des Gesundheitswesens nach SGB V (dort liegt ein marktgeschlossenes Zulassungswesen vor) im Geltungsraum von SGB XI ein marktoffenes, trägerpluralistisches Lizenzmodell vorliegt (der Konzessionsbegriff ist hier rechtlich strittig: Ruhland, 2006). Es besteht keine Bedarfsplanung (etwa auf der Basis eines Zulassungswesens), sondern nur ein Sicherstellungsauftrag der Kassen im Einzelfall (vgl. insgesamt zur öffentlichen Bereitstellungsverantwortung: Lischitzki, 2004). Daher ist – und das rückt die Rolle regionaler Pflegekonferenzen in RLP in den Mittelpunkt der Problemsichtung – hier abzuschätzen, welche Effektivitäten nicht-planerischer, aber steuernder Arrangements im Sinne der Moderierung im kommunalen Raum zukommen.

Auf der anderen Seite hat sich über die letzten Gesundheitsreformgesetze im Geltungsbereich des SGB V der Bereich der auf selektiven Verträgen der Einzelkassen im Wettbewerb beruhenden Integrationsversorgung eine neue Dynamik aufgetan. Der Trend geht von der indikationsbezogenen zur populationsbezogenen, flächendeckenden Integrationsversorgung als wachsende Regelversorgung im Sinne transsektoraler Sicherstellung unbrüchiger Versorgungsketten. Soziodemografisch und, damit korreliert, epidemiologisch erscheint diese Entwicklung eine zwingende Antwort auf den sozialen Wandel zu sein. Die Umsetzungsprobleme sind aber beträchtlich. Bislang haben sich die Debatte und die strategische Praxis auf rechtliche und ökonomische Anreizfragen fokussiert, mit weitgehender Berechtigung. Unterschätzt wird allerdings die Thematisierung der Integrationsversorgung als

---

[654] Im Prinzip enthält das SGB XI dieses Leitbild; und es wird in diesem Sinne von der Landesgesetzgebung in Rheinland-Pfalz auch zukunftsweisend konkretisiert. Es geht um die optimale Vernetzung medizinischer, pflegerischer und sozialer Dienstleistungs- und Ressourcen-„Landschaften". Die Landschaft soll wohnortnah und netzwerkzentriert gestrickt sein. Ich bringe dies fachlich in der Quartiersbezogenheit auf den Begriff. Wenn auch der Ausgangspunkt einer Optik, die konzentrische Kreise zieht, in der Pflegebedürftigkeit angesiedelt ist, so sind positiv-konstruktive Ausdehnungen auf den Medizin- und medizinischen Rehabilitationsbereich ebenso notwendig, wie die Suche nach der Schnittfläche zu Fragen der Politik der Eingliederungshilfe im Fall der Behinderungen. Hier soll es nicht um fachliche „Übergriffe", nicht um Konkurrenzeffekte oder gar um „Dominanzstreben" gehen. Im Interesse der Menschen mit ihren konkret-komplexen Bedarfslagen und im Interesse der stark engagierten, dadurch aber auch belasteten Netzwerke geht es um Kulturen des zielbewußten und zielgerichteten Zusammenwirkens, des Ineinandergreifens und der Bündelung der Ressourcen.

systemische Organisationsentwicklung, der passungsfähigen Personalentwicklung und vor allem der Veränderung professioneller Haltungen angesichts der erforderlichen Multidisziplinarität und der Teamorientierung (Balz/Spieß, 2009) in völlig veränderten Betriebsformen. Das Ganze erweist sich als ein komplexes Problem des Wandels der Medizinkultur, da eine alterungsgerechte, entsprechend passungsfähige Veränderung der Betriebsformen und der Versorgungslandschaften auch einer deutlich veränderten Medizinanthropologie bedarf. Dies gilt umso mehr, da nunmehr, auch infolge der jüngsten Gesundheitsreform, die Pflege gemäß § 92b SGB XI (Pflege-Weiterentwicklungsgesetz [PfWG]) in die transsektorale Versorgungssicherstellung integriert werden kann. Davon wird auch die Entwicklung der Pflegestützpunkte betroffen sein. Es darf daher auch in diesem exemplarischen Entwicklungskontext nochmals der zentrale Problembefund in Erinnerung gerufen werden: Hinsichtlich einer gelingenden, nachhaltigen Integration von klinischer Medizin und Pflege sowie komplementärer sozialer Dienstleistungsprofessionen muss bislang von einer ausgeprägten Störung der Kommunikationskompetenzen und der Kooperationskultur ausgegangen werden. Die Professionen arbeiten doch weitgehend fragmentiert, von selbstreferentiellen Handlungslogiken, professionellen Selbstkonzepten und Berufsbildern geprägt. Auch lagern sich hier Gender-Konflikte oftmals infolge der geschlechtsspezifischen Berufsgruppen (dazu auch Krabel/ Stuve, 2006) und Laufbahnstrukturen ab. Insofern erweist sich der Wandel zur Integrationsversorgung als Problem eines Kulturwandels, eines tiefgreifenden Einstellungs- und Haltungswandels. Natürlich sind die Geschlechterverhältnisse wahrnehmbar in einem Wandel begriffen; Typik und Ausmaß des Wandels sind aber kontrovers (Thon, 2008, S. 17 ff.).

Vor dem Hintergrund dieser Befundelandschaft wird in RLP politisch zu analysieren sein, wie sich die neuen Möglichkeiten aus dem SGB V, nunmehr das SGB XI einbeziehend, auf die Potenziale wohnortnaher vernetzter Pflege- und Hilfelandschaften gemäß des Leitbildes „Menschen pflegen" in RLP entwickeln können. Die Potenziale und Entwicklungsszenarien sind unter Einbezug der Empirie der bisherigen Entwicklungen der Integrationsversorgung, unter Beachtung der einschlägigen rechtlichen und ökonomischen Fragen primär zu beziehen auf die Frage der strategischen institutionellen Arrangements der Moderierung der Vernetzung (regionale Pflegekonferenzen, Pflegestützpunkte, Beratungs- und Koordinierungsstellen) im kommunalen Raum, der hier den Rahmen der lebensweltlichen Einbettung abgibt. Hier ergeben sich die weiter oben angedeuteten Verschachtelungen auch zu dem neuen Steuerungsinstrument der persönlichen Budgets (hierzu praxisnah: Trendel, 2008).

II. Personale Haltung und soziale Praxis 433

Professionsbezogen – ähnlich der Teildimension von „Menschen pflegen" in RLP, wo es kampagnenhaft um den Abbau von Demenz-bezogenen Vorurteilen geht – wird vor allem an der Einstellung und Haltung der relevanten Professionen zu arbeiten sein. Aber aus Sicht der Steigerung der Lebensqualität und der Zufriedenheit der betroffenen Menschen und ihren meist stark belasteten Netzwerken geht es um die informations-, somit beratungs- und kompetenzzentrierte Organisation konkreter Pflegearrangements. Viele Elemente von „Menschen pflegen" in RLP gliedern sich hier (Schulungen für Heimbeiräte, Informations- und Beschwerdetelefon „Pflege", Qualitätskriterien für neue Formen betreuter Wohngemeinschaften, Familien- und Intergenerationenbezug der Arrangementsfindung, finanzielle Förderung von regulär beschäftigten Haushaltshilfen, Pflegekursinanspruchnahmen, Nutzung von Selbsthilfegruppen als Coping-Instrument etc.) ein. Integrationsversorgung stellt zwar ein riesiges Problem auf der Mesoebene der Steuerung dar, auch ein Organisations- und Personalentwicklungsproblem der Einrichtungen (Arbeiten an der Unternehmensphilosophie und -kultur, Arbeit an der internen Optimierung der Ablaufprozesse etc.) – das wurde oben deutlich herausgestellt –, letztendlich geht es aber auf der Mikroebene um gelingende Findung lebbarer Arrangements der Menschen. Dabei ist die Verfügbarkeit, aber auch die Belastbarkeit und die Bereitschaft von Netzwerken zu beachten, ihre Kompetenz und ihre Entwicklungsfähigkeit in Rechnung zu stellen.

Wenngleich (wie auf Bundesebene) auch das LPflegeASG in § 1 Abs. 2 Ziffer 6 den „Vorrang der ambulanten vor den stationären Leistungen" betont, wird dennoch auch der Bedarf an stationärer Pflege anerkannt. Aber auch gerade dort soll mehr selbstbestimmtes Wohnen möglich sein, wie die Studie „Optimierung der Versorgung von Menschen mit Demenzerkrankungen in stationären Pflegeeinrichtungen in Rheinland-Pfalz" (Menschen-Pflegen. Berichte aus der Pflege Nr. 6 vom März 2007) zeigt.

Steuerungstheoretisch im Zentrum stehen die regionalen Pflegekonferenzen, operativ – in diese integriert – die Bekos oder Bekos+. RLP setzt auf den Dialog (vgl. Menschen pflegen. Gemeinsam weiter! Eine Initiative von Malu Dreyer, Ministerin für Arbeit, Soziales, Familie und Gesundheit des Landes Rheinland-Pfalz. Mainz, S. 10).[655]

---

[655] *Altenhilfestrukturen der Zukunft*: Dies entspricht den Schlussfolgerungen des Bundesmodellprogramms „Altenhilfestrukturen der Zukunft" (BMFSFJ, 2004, S. 10): Die „gemachten Erfahrungen belegen, dass eine systematisch angelegte Kooperation und Vernetzung von verschiedenen Leistungsanbietern Synergien schafft, die zu qualitativ besseren Leistungen bei einem rationelleren Ressourceneinsatz führen können. Erfolg versprechend sind solche Ansätze, die darauf abzielen, vorhandene Kooperationsstrukturen schrittweise zu lokalen Qualitätsverbünden auszubauen.

Die Kommune – der soziale Raum gelingenden Miteinanders, Ort des Selbstseins der Individuen, aber auch Ort der Sorgearbeit im sozialen Mitsein: Kommunalität, die Ebene des lokalen Daseins als Ort der Verwirklichung des Menschen (Deutscher Verein, 2008a; Schmälzle u. a., 2008) ist eine uralte Idee. Der Mensch will sich individualisieren und drängt zum Person-Werden, definiert als Status der Autonomie, als Praxis seiner Selbstbestimmung und Selbstverantwortung. Er kann dies jedoch nur im Modus des Mitseins mit anderen Menschen. Er ist als Ich am Du im Dialog gebunden. Die tiefste Form dieses Mitseins, in dem der Mensch zugleich sich selbst vollkommen entfaltet, nennt man in der Philosophie und in der Theologie das Prinzip der Liebe. Da die Menschen dies aber nicht zu allen anderen Menschen empfinden können, entwickeln sich andere Formen und Ebenen der Solidarität, die politisch definiert werden: Als altruistische Gebilde der Hilfe auf Gegenseitigkeit und der freiwilligen Fremdhilfe für Dritte. Darin wurzelt auch die praktische Sozialpolitik des Sozialstaates. Generationenbeziehungen, also die Umgangsweise der Menschen im Gefüge der Generationen bzw. das konkrete Miteinander der verschiedenen Altersklassen, gehören in den Kernbereich der sich so ergebenen politischen Daseinsaufgaben.

Gerade auch als Antwort auf Internationalisierung und Globalisierung, insbesondere auf die wettbewerbliche und marktorientierte Dynamik des EU-Binnenmarktes und somit als Reaktion auf das europäische System der

---

Hierbei hat es sich bewährt, zur Herstellung der notwendigen Verbindlichkeit formale Kooperationsvereinbarungen abzuschließen. Dies lässt sich am besten vor dem Hintergrund von gemeinsam erarbeiteten Leitbildern und Qualitätsstandards realisieren. Zur Leistungsplanung und Steuerung sollte im Sinne der gewünschten Mobilisierung von Synergien auf Elemente von Case Management zurückgegriffen werden. Während dies in eher kleinräumigen Strukturen, bei denen (interdisziplinäre) Teams miteinander kooperieren und dabei die erforderlichen Hilfen für die Klienten unmittelbar abstimmen, die Methode der Wahl ist, ist dies in komplexeren Verbünden schwerer zu realisieren und eher als Entwicklungsziel zu betrachten. In diesen Fällen sollte aber als Mindeststandard die Durchführung von gemeinsam abgestimmten Assessmentverfahren sowie eine dokumentierte Überleitung innerhalb des Verbundes realisiert werden. Die Netzwerkkoordination schließlich sollte im Sinne einer ‚regionalen Moderation, Planung und Steuerung' begriffen werden. Die Zuständigkeit hierfür kann sowohl bei der Kommune als traditionell planender Instanz als auch bei einem sonstigen Träger liegen, der vor Ort über das entsprechende Potenzial und die Erfahrung verfügt und bei den Akteuren anerkannt ist. Entscheidend ist, dass die Instanz neutral gegenüber den verschiedenen Einzelinteressen insbesondere der Leistungsanbieter agiert sowie über ein hohes Maß an kommunikativer Kompetenz verfügt. Im Rahmen des Modellprogramms liegen hierzu unterschiedliche Lösungen vor. Besonders interessant sind die Ansätze, bei denen die regionalen Koordinationsaufgaben zwischen einer von den Verbundpartnern im Umlageverfahren selbst finanzierten Koordinationsstelle sowie einer kommunalen Instanz aufgeteilt werden."

Grundfreiheiten, der liberalisierenden Wirkungen des Wettbewerbs-, insbesondere Vergabe- und Beihilferechts, hat sich im Diskurs des Gewährleistungsstaates im wohlfahrtsstaatlichen Regime der obligatorischen Ausschreibung und der effizienten Betrauung die Idee der Daseinsvorsorge eher verstärkt als abgeschwächt.[656] Die Modernisierung (vgl. auch Hervey, 2008 zur „modernization agenda") bezieht sich mehr auf die Modalitäten der Umsetzung; die Verantwortung des Staates für die Sicherstellung und Gewährleistung von Dienstleistungen von existenzieller Bedeutung für die alltägliche Lebensführung der Bürger hat sich als europäisches Sozialmodell (zum Sozialmodell vgl. auch Puetter, 2009, S. 31 ff.) gestärkt. Die Grundrechte der Charta von Nizza bestätigen und fundieren diese Vergrundrechtlichung des Bürgers (nun auch als Unionsbürger).

Auch innerhalb der bundesdeutschen Gesellschaft haben Kräfte auf diese Entwicklung hin gewirkt. Die Modernisierung bezog sich primär auf Modelle neuer Steuerung (New Public Management), auf einen Wohlfahrtsmix zwischen Staat, Markt und Familie/Verwandtschaft sowie auf den intermediären Bereich der Non-for-Profit[657]-Wirtschaftsgebilde.

Hinzu kam eine immer stärkere Raumbewusstheit (vgl. auch Barlösius, 2009) der sozialpolitischen Interventionen in Theorie und Praxis. Der Sozialraumbezug und die lebensweltlichen Kontexte (das Denken in Settings) wurden immer evidenter. Sozialraumorientierung ist nunmehr eine Methode (Deinet, 2009). Insbesondere das Ausland machte und macht positive Erfahrungen mit kommunalen Prozessen der Gestaltung der Hilferegime angesichts soziodemografisch anwachsender Bedarfe.

---

[656] Hier nun wird deutlich, wozu in der vorliegenden Arbeit auch auf die Debatten um die öffentliche Wirtschaft (nicht nur im EU-Kontext) intensiv eingegangen wird. Die Schnittstelle zur sozialpolitischen Problematik ist die Kommune und mit ihr die Idee und Praxis der kommunalen Daseinsvorsorge.

[657] *NPO-Forschung*: Das beste Nachschlagewerk zu den NPOs und zu den Wechselwirkungen von nicht-erwerbswirtschaftlichen Unternehmen in ihrer Umwelt ist das von Badelt/Meyer/Simsa herausgegebene „Handbuch der Nonprofit Organisationen. Strukturen und Management" (2007). Es liegt hiermit in der 4., überarbeiteten Auflage vor. Gegenüber der 3. Auflage von 2002 sind alle Beiträge überarbeitet und aktualisiert worden. So sind die empirischen Abschnitte auf den Stand der Dinge gebracht worden. Auch der europäischen Dimension ist mehr Platz eingeräumt worden. Zwei sehr wichtige Beiträge sind neu aufgenommen worden. Zeitgerecht beschäftigen sich diese mit Governanceproblemen einerseits und mit Aspekten der Kommunikation in den Organisationen im Lichte der Ökonomisierungsprozesse. Im Vorwort charakterisieren die Herausgeber zu Recht selbstbewußt das Werk als Standardwerk, resultierend aus der „Wiener Schule" der NPO-Forschung und heben die interdisziplinäre Bearbeitungsweise positiv heraus: „Wir meinen nämlich, dass gerade NPOs nicht lediglich aus betriebswirtschaftlicher Sicht verstanden werden können, allerdings auch nicht gänzlich ohne diese." (ebd., S. V)

Im Ausland (vgl. etwa Klie [2008] zu Norwegen) macht man allerdings immer dann bessere Erfahrungen in einer regionalisierten, auf Integration und Vernetzung abstellenden Entwicklung, Pflege und Fortentwicklung moderner Versorgungslandschaften, wenn die Kommunen dazu die notwendige politische Macht haben, ausgedrückt etwa in einem zentralen, die Fragestellungen übergreifenden Budget. In der Schweiz z.B., im Engagement der Stadt Zürich in der Politik des „Gesundheitsnetzes 2025" (www.gesundheitsnetz2025.ch; vgl. auch Auerbach/Imhof, 2009) spielt sicherlich die Tatsache eine entscheidende Rolle, dass die Stadt selbst Spitäler vorhält und die (autonomen, aber von den Krankenversicherungen und öffentlich [Kantone, Gemeinde] über Auftragsvergabe[658] finanzierten, in föderaler Vielfalt organisatorisch aufgestellten) Spitex-Dienste (Spitalexterne Hilfe und Pflege: Gmür/Rüfennacht, 2007) stärker einbinden kann.[659] In Deutschland ist man auf eine mögliche Moderationsrolle reduziert, der es oftmals auch an Moderationskompetenz fehlt. Doch könnte man in Deutschland auch fragen, warum die kommunalen Krankenhäuser nicht stärker zum Initialmodul komplexerer integrierter Versorgung werden. Hier hätten die Kommunen doch ein ökonomisches Instrument in der Hand, um derartige Entwicklungen, nun gemäß § 92b SGB XI i.V.m. §140a–d SGB V, der Vorhaltung von Komplexleistungen vor Ort zu generieren. Die rechtlichen Rahmenbedingungen sind vorhanden. Nicht allein der Wille fehlt, vielleicht auch die soziale Fantasie. Es fehlt aber wohl auch am politischen Bewusstsein, dass die Kommune gerade dafür im Rahmen der Daseinsvorsorge (vgl. auch Deutscher Verein, 2006b sowie ders., 2008a) zuständig ist. Dennoch gibt es insgesamt mehr Perspektiven, doch müssen dazu die aufgezeigten Blockaden überwunden werden.

Zunächst wird man dafür jedoch der Einschätzung folgen müssen, dass es nicht beliebig viele Lösungen für anstehende komplexe Probleme gibt. Das deutsche System ist hochgradig fragmentiert. Das auf dem Kausalprinzip aufbauende System der Sozialgesetzbücher stellt ein versäultes/gegliedertes Kostenträgersystem dar, das sektorübergreifendes Arbeiten schwer macht. Die gesetzlich vorgesehenen Arbeitsgemeinschaften (etwa im Rehabilitationsbereich) können nicht darüber hinweg täuschen, dass das sektor-

---

[658] Damit ist explizit ein Spitex-Kontraktmanagement gemeint.

[659] Hinzu kommt noch, dass die Spitex-Organisationen auch (aktivierend und rehabilitierend ausgerichtete) Pflegezentren (www.stadt-zuerich.ch/pflegezentren) vorhalten, die nicht nur Leistungen der stationären Langzeitpflege darstellen, sondern auch Formen der Übergangspflege vorhalten. Diese Strukturen sind auch in der Schweiz mit Blick auf die geplante Einführung von DRGs im Hospitalsektor weiterzuentwickeln. Ärztlich betreut werden die Menschen in den Pflegezentren wiederum von dem stadtärztlichen Dienst, der in Zürich selbst wiederum Teil der städtischen Gesundheitsdienste des Gesundheits- und Umweltdepartments der Stadt ist.

II. Personale Haltung und soziale Praxis 437

übergreifende Leistungsgeschehen allein schon aufgrund der fehlenden Zugehstrategien und der ökonomisch motivierten Verschiebebahnhof-Praktiken in der Regel ineffektiv ist und eher dem Reich symbolischer Politik zugeordnet werden muss – gemessen an den bestehenden Aufgaben. Die Leistungsanbieter sind ebenfalls schwer transsektoral zu integrieren. Und in den Einrichtungen und Betrieben hat man es mit erheblichen Kommunikations- und Kooperationsproblemen zwischen den verschiedenen Professionen, aber auch zwischen diesen und den bedürftigen/nachfragenden Bürgern und ihren Netzen/Angehörigen zu tun. Die zahlreichen schwierigen Schnittstellen sind längst erkannt. Und in Form einer Fülle von Varianten des Case- und des Care Managements wird versucht, dem Problem zu begegnen. Die Pflegestützpunkte gemäß § 92b SGB XI und der Anspruch auf ein Versorgungsmanagement beim Übergang zwischen verschiedenen Versorgungsbereichen gemäß § 11 (4) SGB V sind die zwei herausragenden neueren Beispiele. Dennoch muss es eine übergreifende Integration geben. Die Bereiche der Medizin, der Rehabilitation, der Altenpflege, der Hilfen für Menschen mit Behinderungen und der komplementären sozialen Dienstleistungen sind insgesamt zu vernetzen. Die soziodemografischen und die damit einhergehenden epidemiologischen Verschiebungen in der Bevölkerung machen dies dringend erforderlich. Kein einzelner Kostenträger, weder die Kranken- noch die Pflegeversicherung oder ein Rehabilitationsträger, auch nicht örtliche oder überörtliche Sozialhilfeträger, sofern sie sich immer nur auf Sparten beziehen (Altenhilfe oder Eingliederungshilfe z. B.), können zu dem Akteur der übergreifenden Integration und Moderation werden. Alle ökonomischen und verhaltenswissenschaftlichen Erkenntnisse sprechen dafür, dass die eigene Interessengebundenheit zu ausgeprägt ist, um die übergreifende Gemeinschaftsaufgabe hinreichend im Auge zu haben. Hinzukommt noch, dass die Aufgabenaufteilung in den Bundesländern nicht optimal verläuft und weitgehend nicht fachlichen Kriterien folgt, sondern interessenbedingten Pfadabhängigkeiten. Zum Teil (wie in NRW) wird die Altenpflegepolitik zwar weitgehend kommunalisiert, die Behindertenpolitik überlässt man jedoch den überörtlichen Sozialhilfeträgern. Damit kommen nur neu die alten Abstimmungsprobleme auf. Für die moderne Behindertenhilfe, die sich immer mehr im Schnittbereich zur Altenpflegepolitik entwickeln muss, ist dies eher hinderlich.

Empfohlen wird dagegen eine Neuordnung, die eine radikale Kommunalisierung einleitet und somit die moderne Gewährleistungskommune (vgl. auch Deutscher Verein, 2006b) strukturell ermöglicht. Die Kommune muss die Möglichkeit haben, zumindest die Sozialhilfeausgaben für die Alten- und Behindertenpolitik gemäß SGB XII und SGV IX zu bündeln (Deutscher Verein, 2008a), teilweise auch die Instrumente der Arbeitsmarktpolitik gemäß SGB II (vgl. auch § 92c [2] SGB XI zu der Einbindung der Arbeitsförderung), um ein kommunales Budget weniger kausal-, sondern vielmehr finalorientiert gebündelt zu verausgaben, um somit auch Lenkungsaspekte versorgungsstruktureller Art mit Blick auf die infrastrukturellen Landschaften realisieren zu können. Damit ist das Thema einer integrierten kommunalen Finanz- und Sozialplanung angesprochen (Hartwig, 2008). Das Land bzw. überörtliche Träger sollten sich als Kostenträger zurückziehen, die Ressourcen auf die Kommunen übertragen und nur als rechtliche Rahmensetzer fungieren. Die Rahmensetzung sollte sich auf die Ermöglichung der kommunal gebündelten Politik konzentrieren.

Sofern Fragen der Entwicklung von Versorgungslandschaften entstehen, die jeweilige Verwaltungsgrenzen von Kommunen überschreiten, müssen sich entsprechende interkommunale Zusammenarbeiten ergeben. In Bereichen der ökonomischen Daseinsvorsorge sind interkommunale Gemeinschaften schließlich üblich, also machbar.

Sofern die Bereitstellung von Leistungen der Altenpflege und der Behindertenhilfe nicht über (trägerübergreifende, integrierte) Budgets laufen, sondern im Rahmen eines sozialrechtlichen Dreiecksverhältnisses, sollten die rechtlichen Rahmenbedingungen entreguliert und entbürokratisiert mehr Angebotsinnovationen seitens privater und freigemeinwirtschaftlicher Sozialunternehmen zulassen.

Die Kommune muss sich bewusster werden, dass ihr hier eine eminent wichtige Gestaltungsaufgabe zukommt (Deutscher Verein, 2008a). Sie hat dafür zu sorgen, dass eine moderne Versorgungslandschaft entfaltet wird, die auch kosteneffektiver ist als bisher. Eine Ausgabeneinsparung im Trend wird angesichts der wachsenden Bedarfe nicht erwartet werden können. Aber die Ausgaben können bessere Ergebnisqualitäten produzieren. Dazu müssen die Strukturen gut aufgestellt sein und die Prozesse, die in diesen Strukturen ablaufen, müssen optimiert werden.

Hierzu muss eine Kommune eine „Agentur für kommunale Sozialkapitalentwicklung" einführen. Sie schließt die zentrale Stelle für die institutionell-politische Netzwerkbildung im kommunalen Raum mit Blick auf Medizin, Rehabilitation, Pflege, Behindertenpolitik und komplementäre soziale Dienste ebenso ein wie eine zentrale Kontaktstelle für das personenzentrierte transsektorale Einzelfallmanagement. Sie muss (neben der Förderpraxis für das klassische Ehrenamt) die Schaltstelle sein für die Generierung und Pflege von sozialen Selbsthilfegruppen, ihren Kontaktstellen (vgl. auch Vogelsanger, 1995) und ihren Selbsthilfe-Organisationen.[660] Sie muss eine

---

[660] Selbsthilfegruppen werden im Gesundheitswesen nach dem § 20c SGB V (früher § 20 Abs. 4 SGB V) gefördert; aber auch gemäß § 29 SGB IX werden sie im Rahmen der Definition der Pflege als gesamtgesellschaftliche Aufgabe in § 8 (2) SGB XI angeführt.

integrierte Gesundheits- und Pflegekonferenz (GesPfle-Konferenz) organisieren. Sie muss vor Ort Kranken- und Pflegekassen zur integrierten Arbeit anhalten und kann ein Management im Nicht-Versorger-Status vor Ort antreiben, um Anbietervernetzungen voranzubringen. Sie kann (gerade auch die) kommunale(n) Krankenhäuser und ambulante Ärzteschaften zusammenbringen. So können neue Strukturen induziert werden, um in diesen die Prozesse zu optimieren. Dabei ist es angeraten, endlich die fachlich und wissenschaftlich seit vielen Jahren angefragte Modernisierung der Gesundheitsämter zu integrieren.

Diese Idee könnte an die rechtliche Möglichkeit der Pflegestützpunkte gemäß § 92c SGB XI anschließen, sofern das Kassen-Kommune-Modell der Deutschen Gesellschaft für Care und Case Management dgcc (Frommelt u. a., 2008, S. 40) aufgegriffen wird (vgl. auch Frommelt u. a., 2008a, S. 12).

Es geht dabei im Trend nicht um Sozialhilfeeinsparungen, sondern um die Steigerung der Kosten-Effektivität. Die gesundheits- und pflegepolitischen Ziele sollen besser als bislang erreicht werden – im Kontext einer nunmehr breiten Konzeption der lebensqualitätsbezogenen Sozialraumentwicklung (Deinet, 2009), durch wohnortbezogener und netzwerkzentrierter, abgestuft-integrierter Entwicklung der (medizinischen, pflegerischen, sozialen) Angebote, der quartiersbezogenen Konkretisierung und milieuspezifischen Sicherung der Zugangschancen.

Für die Akteurslandschaft einer Kommune bedeutet das jedoch eine Organisationsaufstellung, die einer entsprechenden Organisationsentwicklung bedarf. Diese ist als ein kulturelles Change Management zu verstehen. Rahmenbedingungen und Anreizstrukturen gehören zu einem entsprechenden Setting; wichtig wird aber die kulturelle Haltungsarbeit der Akteure an sich selbst, die initiiert werden muss. Es stellt eine der zentralen Einsichten dar, dass die Arbeit an den individuellen Haltungen, Einstellungen und Verhaltensmustern wohl die Schlüsselfrage im Veränderungsprozess ist.[661]

Diese kommunale Organisationskulturarbeit wird die schwierigste, aber grundlegende Aufgabe einer kommunalen Agentur für Sozialkapitalentwicklung sein.

8. Integrationsmodul
„Sorgearbeit mit Menschen mit Behinderungen"

Das integrations- und rehabilitationszentrierte Behindertenrecht (Archiv für Wissenschaft und Praxis der sozialen Arbeit, 2006)[662] des SGB XI – trotz des § 8 Abs. 3 SGB XI – ist arbeitsmarktfokussiert und regelt am al-

---

[661] Dies völlig übersehend: Franz, 2008.

ten Menschen vorbei, bezieht sich wesentlich auf die §§ 53–60 SGB XII (Kapitel 6 des SGB XII) und dies trotz § 14 SGB XII: „Vorrang von Prävention und Rehabilitation".[663]

Alterungsprozesse: Das Problem der Alterung (Skiba, 2006) von Menschen mit (angeborener oder früh erworbener) Behinderung und das Problem der Lebenslage von Menschen mit im Alter erworbenen Behinderungen (vgl. auch Berlin-Institut, 2009) – zwei lebenslagenwissenschaftlich völlig unterschiedliche Herausforderungstypen – wird zwar zunehmend gesehen (vgl. die Beiträge in Krüger/Degen, 2006; Schulz-Nieswandt, 2006k), aber ist in seiner ganzen verschachtelten Eigenart noch gar nicht angemessen begriffen und dargelegt[664].

Der soziale Wandel der Population der Menschen mit Behinderungen ist – auch mit meinen eigenen sozialpolitischen Schlussfolgerungen – an anderer Stelle dargelegt worden (Krüger/Degen, 2006; Schulz-Nieswandt, 2006k). Herausgestellt worden ist neben vielerlei weiterer Details vor allem die Heterogenität der Lebenslagen der Menschen, die mit Behinderungen altern und den Menschen, die im Alter Behinderungen erwerben.

Komparativität, Normalität und Plastizität: Insgesamt zeichnen sich zentrale Herausforderungen (Schulz-Nieswandt, 2007) ab:

– Grundlage einer jeden Analyse der Alterung behinderter Menschen muss demnach die Erkenntnis der bis in das hohe Alter erhaltenen Verände-

---

[662] Ich hatte oben die Relevanz des Themas des Sektors der Arbeit mit Menschen mit Behinderungen bereits betriebswirtschaftlich und steuerungstheoretisch vorbereitet.

[663] Zur allgemeinen theoretischen Grundlegung der Heilpädagogik soll an dieser Stelle keine vertiefende Debatte erfolgen. Vgl. jedoch Dederich u. a., 2006; Joswig, 2007; Faust, M., 2007; Jakobs, 1997; Haeberlin, 2005.

[664] *Die INA-Studie*: Vgl. den Bericht zur primärempirischen Studie „Altersstruktur, Lebenserwartung, Netzwerkpotentiale und Belastbarkeiten der Netzwerke älter werdender körperlich, seelisch und geistig behinderter Menschen" (INA-Studie), durchgeführt unter der Leitung von Holger Pfaff (Medizinische Fakultät der Universität zu Köln) und mir (vgl. Driller/Alich/Karbach/Pfaff/Schulz-Nieswandt, 2008). Die empirischen Befunde der INA-Studie werden in strategischer Hinsicht aus der theoretischen Perspektive des Modells der organisationalen Bewältigung (vgl. in Pfaff u. a., 2004) diskutiert. Im Abschlussbericht der INA-Studie wird argumentiert: „Ob kritische Zustände bewältigt werden können, hängt nach dem Konzept der organisationalen Bewältigung nicht allein vom finanziellen Kapital und einer technischen Infrastruktur ab, sondern von einheitsstiftenden Werten, funktionierenden Strukturen und insbesondere vom Human- und Sozialkapital in Organisationen." Humankapital bezeichnet dabei das im Unternehmen vorhandene Arbeits- und Wissensvermögen; Sozialkapital bezeichnet die Ressourcen, die aus Netzwerken resultieren. Die Argumentation ist stakeholderorientiert (Freeman, 1984).

rungspotenziale (die Plastizität [vgl. auch in Brandstädter/Lindenberger, 2007][665]) sein.

– Zu dieser Grundlage gehört die Erkenntnis, dass die Alterungsprozesse bei Menschen mit Behinderung nicht grundsätzlich anders verlaufen als bei Menschen ohne Behinderung. Somit ist also von einer prinzipiell gegebenen Vergleichbarkeit von Menschen mit und ohne Behinderungen in zentralen Dimensionen des Alterungsprozesses auszugehen.

– Das bedeutet auch, dass auch im Fall der Menschen mit Behinderung durch den historischen Wandel mit Kohorteneffekten zu rechnen sein wird. Die Population bleibt nicht zeitlich stabil in ihrem Profil an Defiziten und Kompetenzen und Ressourcen, sondern verändert sich. Auch für einen großen Teil der Menschen mit Behinderung gilt das Theorem, wonach Altern ein soziales Schicksal (Art. „Schicksal", in RGG, Bd. 7, Sp. 884 ff.[666]; Kott, 1975, S. 248, S. 321.) und nicht einfach einen genetisch völlig vorprogrammierten und dann biologisch ablaufenden Prozess als Funktion der Zeit darstellt.

– Die allgemeine gerontologische Erkenntnis der Heterogenität der Altersformen und der Varianz des Alters (sowie der Plastizität bis ins hohe Alter: vgl. Brandstädter/Lindenberger, 2007) gilt auch für viele Menschen mit Behinderung.

Es kann also der Erkenntnis gefolgt werden, wonach jegliche ontogenetische Betrachtung von einem Wechselspiel biologischer und kultureller Prozesse und Faktoren auszugehen hat.

Lebenserwartung und Varianz: In diesem Lichte ist die These der Angleichung der Lebenserwartung vieler Behinderter an die Lebenserwartung der Bevölkerung insgesamt nicht unplausibel oder gar überraschend.

Aber es passt zur Heterogenitätsthese, wenn auch innerhalb der Population der Behinderten eine Subgruppen-Differenzierung vorgenommen wird. Und auch auf interpersonaler Ebene ist die Inhomogenität bei diagnostizierter Hauptbehinderungsform festzustellen und festzuhalten. So schließt dieser differenzielle Blick eine vorzeitige Alterung mit früher Sterblichkeit für bestimmte Subgruppen keineswegs aus. Die Literatur hat dafür nicht nur ätiologische Ursachen ausmachen können, sondern auch korrelative Risikofaktoren, seien es Komorbiditäten oder Organfunktionsdefizite, seien es

---

[665] Vgl. auch Rockstroh, 2001. Insgesamt ist hier der Blick in die einschlägige Grundlagenliteratur der Entwicklungspsychologie weiterführend. Vgl. u. a. Filipp/Staudinger, 2005; Staudinger/Lindenberger, 2003; Orter/Montada, 2002. Ferner Staudinger/Baumert, 2007.

[666] Vgl. auch Art. „Schicksal" I ff. in TRE, Bd. 30, S. 102 ff.

funktionelle Einschränkungen mit Blick auf die Möglichkeiten der selbstständigen Alltagsführung. Auch Defizite in der Förderumwelt spielen eine Rolle.

Schließlich bedeutet Annäherung an die Altersstrukturprofile der Bevölkerung insgesamt nicht, dass die Abstände in der Lebenserwartung völlig angeglichen werden. Abstände bleiben bestehen, wiederum differenziert nach Subgruppen. Dennoch gilt insgesamt, dass mit einer Zunahme der Gruppe der über 65-jährigen insgesamt zu rechnen sein wird. Allerdings wird in der Gesamtgruppe keine „Demokratisierung" des Sterbealters eintreten. Die ätiologischen Differenzierungen und folglich die interindividuellen Varianzen sind beträchtlich. Für einen Teil der behinderten Menschen „demokratisiert" sich die Lebenserwartung aber sehr wohl; sie holen gegenüber der Bevölkerung insgesamt auf. Wenngleich der Schweregrad bzw. das Vorliegen von Mehrfachbehinderung hier deutliche Differenzierungen induzieren, so verändert sich in sozialpolitischer Perspektive diese Population.

Auch hier kristallisiert sich der mitunter sozialpolitische Interventionsspielraum durch eine soziale Förderkultur und durch die gesellschaftliche Umgangsweise mit Menschen mit Behinderung insgesamt.

Praktisch-sozialpolitische Schlussfolgerungen sind zu ziehen: Es kristallisiert sich der sozialpolitische Interventionsspielraum durch eine soziale Förderkultur und durch die gesellschaftliche Umgangsweise mit behinderten Menschen insgesamt heraus. Die Bilder vom Menschen mit Behinderung müssen sich ändern. Die steigende Lebenserwartung zwingt zu Innovationen in der Entwicklung passungsfähiger Wohn- und Lebensformen, einschließlich integrierter Versorgungs- und Betreuungsstrukturen.

Die notwendige Fortentwicklung der Versorgungssysteme gilt generell für die ältere Population. So beruht die intensive Debatte um die Notwendigkeit vermehrt integrierter Behandlungs-, Versorgungs- und Betreuungslandschaften auf einem mit der Demografie korrelierten anderen epidemiologischen[667] Bild vom Alter: Im Zentrum steht der chronisch und/oder multimorbide kranke Mensch (Robert Koch Institut, 2003) mit nachfolgender funktioneller Beeinträchtigung, Hilfe- und Pflegebedürftigkeit oder Behinderung.[668] Am Ende der Versorgungskette stehen das Pflegeheim als gerontopsychiatrische Einrichtung, die Palliativmedizin und -pflege (Jentschke,

---

[667] *Die Kompressionsthese in ihrer antiken Form*: Vgl. auch zu dieser ganzen Debatte (Lebenserwartung, Morbiditätskompression [Fries, 2005], Ausgabendynamik etc.) Cischinsky, 2007. Die Idee einer behinderungsfreien Alterung, die dann am Ende zu einer nur kurzen – komprimierten – Phase negativer Lebensqualität führt, hat die griechische Antike vorgedacht, indem die Idee eines kurzen/schmerzfreien Todes gedacht worden ist: vgl. Otto, 2002b, S. 96 mit Bezug auf Ilias 24, 757 ff. sowie Odyssee (15, 409 ff.). Vgl. ferner Otto, 2002b, S. 114.

II. Personale Haltung und soziale Praxis 443

2007), insgesamt der anthropologisch begründete Ruf nach einer neuen Organisationskultur des Sterbens.

Nochmals: Nosologie und fragmentiertes Sozialrecht: Ein ungelöstes Problem ist insgesamt die Vielfalt der Kostenträger und die Fragmentierung des Sozialrechts.[669]

Aber dies spiegelt nur die eigentliche Problematik einer ungelösten nosologischen Frage wider (Schulz-Nieswandt, 2006b, S. 88[670]): Die Unbestimmtheit des Konstrukts (vgl. auch Kiuppis [2008] zur soziokulturellen Konstruktion von Behinderung im Lichte der ICF-Systematik) der Behinderung[671] im Verhältnis zu chronischen Erkrankungen und Pflegebedürftigkeiten (Lüßenhop, 2008)[672]. Zu denken ist etwa an die Schizophrenie, an Multiple Sklerose, im Prinzip auch an die Demenzen (Gutzmann/Zank, 2005; Weyerer/Bickel, 2006) usw.

---

[668] Gerade angesichts derartiger Beeinträchtigungen stellt sich philosophisch anspruchsvoll die Frage nach der Patientenautonomie und der Willensfreiheit: Plunger, 2006. Es resultieren Fragen nach einer „Ethik der Demenz" (Wetzstein, 2005).

[669] Vor diesem Problem bleibt auch das Case Management des persönlichen Budgets (sektoral oder gar transsektoral) gestellt.

[670] Nochmals zu einem kulturwissenschaftlichen Blick auf das Phänomen der Behinderung: Dederich, 2007; zu den komplexen Verschachtelungen zwischen SGB V, IX und XI vgl. Liebold, 2007.

[671] *Konstrukte und Diskurse*: Wahrscheinlich kommt keine Kultur ohne Konstrukte der Behinderung aus: „Kultur erzwingt immer eine Ordnung der Phänomene, welche über diese Ordnung erst lesbar werden." (Graf/Weisser, 2006a, S. 6 in Anlehnung an Castoriadis, 2009) Und: „Dieser Differenz ist empirisch praktisch nicht zu entkommen." (Graf/Weisser, 2006a, S. 8) Doch der konkrete Gebrauch der Differenz ist kritiserbar, denn dieser ist bestimmt vom sozialen „Diskursuniversum": „Die Resultante dieser Einsicht ist nicht Apathie, sondern eine kritisch-konstruktive Perspektive auf die Gestaltbarkeit unserer Verhältnisse." (ebd., S. 8)

[672] Vgl. Goebel, 2002; Hirschberg, 2003; Längle/Rühl, 2001; Meyer, 2004; Müller, 1996; Neubert/Cloerkes, 2001; Palmowski/Heuwinkel, 2002; Rentsch/Bucher, 2005; Riegler, 2006; Riess, 2003; Schuppener, 2005; Scupin, 2003; Wendt, 2002.

C. Ökonomie und Recht

Ökonomie und Recht[1] greifen ineinander. Es sind regulative Regime, die sich verschachteln, um das „System der Bedürfnisse" der Menschen zu regeln. Beide Subsysteme der Gesellschaft sind epistemische Regime, bilden aber als solche diskursive Systeme entsprechende Institutionen aus, die die Diskurse in Praktiken übersetzen.[2]

I. Ordnungskontext und soziale Praxis

Das System der verhaltensgenerierenden Haltungen, resultierend aus der beruflichen Sozialisation[3] der Professionen, indem so spezifische Handlungslogiken ausdifferenziert werden, ist eingebettet in einen ökonomischen Steuerungsrahmen.[4] Das ganze Kapitel C. legitimiert sich also im Lichte der Mehr-Ebenen-Analyse meiner Themenverschachtelungen. Daher erklären sich nicht nur (im Text wie in den Fußnoten) gewisse Redundanzen. Je nach Ebene (Makro-, Meso-, Mikro-Ebene) und je nach Themendimension (im Sinne meiner Verschachtelungsarchitektur) sind zentrale Aspekte immer wieder neu aufzugreifen und anders akzentuiert und perspektiviert darzulegen und zu diskutieren.

Eine neue Medizinkultur ist also nicht losgelöst vom Ordnungsrahmen[5] zu sehen. Aber wie sieht der funktional passungsfähige Ordnungsrahmen aus?

---

[1] Zur Rechtstheorie vgl. Kunz/Mona, 2006; Winkler, 1990; Kaufmann/Hassemer/Ulfrid, 2004.

[2] So sehr die vorliegende Arbeit auf die Relevanz des Wandels des ärztlichen Ethos (Hunstorfer, 2006) abstellt, so deutlich muss herausgestellt werden, dass (ähnlich der Problematik im pädagogischen Feld: Ofenbach, 2006) für die Herausbildung eines Ethos ebenso die sozialen, ökonomischen, juristischen und kulturellen Faktoren als kompliziertes Geflecht eine Rolle spielen.

[3] Zur Theorie beruflicher Sozialisation vgl. allgemein Lempert, 2002 sowie Heinz, 1995. Zur Sozialisation insgesamt vgl. auch Wagner, H.-J., 2004a; Geulen, 2005; Grundmann, 2006; Garz, 2006.

[4] Eine Studie zum medizinischen Habitus, angelehnt an Bourdieus Konzept des Habitus, bietet Luke (2003); aber es finden sich dabei keine medizinanthropologischen Überlegungen, sondern eher eine Analyse der strategische Orientierungen junger Ärzte in einem hierarchischen Karrierefeld.

[5] Abgrenzungen zu einem rein akteurszentrierten Ordnungs-Institutionalismus (vgl. Märkt, 2004) sind mir hierbei wichtig.

I. Ordnungskontext und soziale Praxis 445

1. Der ordnungspolitische Rahmen der Integrationsversorgung: Die solidarische Wettbewerbsordnung

Das institutionelle Arrangement, in dessen Rahmen sich die Integrationsversorgung seit dem GKV-Strukturreform-Gesetz von 2000 vor allem, aber nicht nur, im Rahmen des damaligen § 140a-h SGB V (dann gemäß GMG der § 140a–d SGB V: Schulz-Nieswandt/Kurscheid/Wölbert, 2004) entfaltet, ist der Vertragssystemwettbewerb (Schulz-Nieswandt, 2006; Knappe/Schulz-Nieswandt/Kurscheid/Weissberger, 2003[6]).

Vertragssystemwettbewerb: Neben der Regelversorgung gemäß der Kollektivverträge liegt der Sicherstellungsauftrag für innovative Formen integrierter Versorgung bei den Einzelkassen im Wettbewerb, die Individualverträge (Sundmacher, 2006) mit Netzanbietern abschließen (Klauber u. a., 2006).

Dieser Vertragssystemwettbewerb ist jedoch ein hybrides Steuerungsgebilde[7], für Kritiker (Cassel/Sundmacher, 2005; Jasper/Sundmacher, 2005) ohnehin nur definiert als evolutives Intermezzo auf dem Weg zu Ordnung des solidarischen Wettbewerbs.

---

[6] Vgl. Cassel/Sundmacher, 2005 sowie Schönbach, 2008.

[7] *Strukturvergleich zum SGB XI*: Das Pflegefeld (das auch an anderen Stellen der Gesamtanalyse relevant ist) ist wettbewerblich organisiert, jedenfalls wettbewerblicher als es im Wirkbereich von SGB V der Fall ist. Dort sorgt die weitgehend kollektivvertragliche Niederlassungsplanung der KVen sowie die Landeskrankenhausbedarfsplanung für eine Infrastruktursicherstellung, die unter den Kriterien der Verfügbarkeit, der Erreichbarkeit, der Zugänglichkeit und der Akzeptanz zu beurteilen ist. Der Weg in die Integrationsversorgung, aber auch die DMP-Experimente, die hausärztlichen Modelle sowie die Öffnungsklauseln für die Krankenhausversorgung haben jedoch den Sicherstellungsauftrag immer mehr auf die Einzelkassen im Wettbewerb gelenkt. Damit zeichnet sich der Entwicklungspfad einer „solidarischen Wettbewerbsordnung" ab, bei dem sich auf der Basis eines einheitlichen, zunehmend evidenzgeprüften Leistungskataloges und auf der Basis eines RSA vermehrt Wettbewerbsparameter abzeichnen, demnächst auch verschiedene Tarifzonen im Beitragsrecht. Dieser Weg in die wettbewerbliche Steuerung hängt einerseits mit Erwartungen hinsichtlich der Effizienz der Ressourcensteuerung zusammen, andererseits ist er dadurch motiviert, dass (u. a. im Lichte der soziodemographischen Veränderungen, die mit einer Verschiebung im Krankheitspanorama der Bevölkerung verbunden sind) vom korporatistischen Akteurssystem keine wirkliche strukturelle Umbauarbeit in der Versorgungslandschaft erwartet wird oder werden kann. Schaut man sich nun im Vergleich das Wirkfeld des SGB XI an, so ergeben sich hier dagegen erhebliche Fragen hinsichtlich der Entwicklung moderner Pflegelandschaften unter Vernetzungs- und Kooperationsaspekten, da zwar ein Sicherstellungsauftrag der Pflegekassen im personalen Einzelfall besteht, aber die flächenbezogene, sozialräumliche Gewährleistung integrierter Pflegelandschaften unter lebensweltlichem Bezug schwierig ist, da es keine Planungsinstanz für das Gesamtgeschehen gibt.

In dieser Ordnungskonzeption liegt der Sicherstellungsauftrag für die gesamte Versorgung bei den Einzelkassen im Wettbewerb. Dies würde ferner eine monistische (Betriebskosten und Investitionskosten umfassende) Finanzierung durch die Kassen nach sich ziehen. Also müsste auch die planerische Krankenhauspolitik vertragsmanagerial auf die Kassen übergehen. Zwar spezifizieren diese heute schon mit den Krankenhäusern den konkreten Versorgungsauftrag, aber die Vorgabe der Krankenhausbedarfsplanung der Länder bewirkt, dass, vereinfacht gesagt, automatisch alle Plankrankenhäuser auch Vertragskrankenhäuser sind.

Läge der Sicherstellungsauftrag bei den Kassen, so müsste sich das Kündigungsrecht massiv liberalisieren. Die Grenzen zwischen ambulanter und stationärer Medizin wären aus der Perspektive der Steuerung und Finanzierung aufgehoben. Morphologisch könnten sich dann auch die Betriebsformen – in einem originären Gestaltsinne[8] – transsektoral entfalten (Gesundheitszentren: Klauber u. a., 2006).

Strukturpolitik: Die aktuelle Gesundheitsreform des Gesetzgebers – das GKV-Wettbewerbsstärkungs-Gesetz: (Ballast, 2007; Gerlinger, 2007) – sieht vor, den Wettbewerb zu stärken. Seit Langem ist Gesundheitsreformpolitik in Deutschland keine reine oder vorwiegend als solche zu klassifizierende Kostendämpfungspolitik mehr, sondern enthält auch Versuche der Herbeiführung neuer Strukturen: Der Finanzierung, der Steuerung und der Versorgung. Doch welche Strukturen sind erwünscht? Welche sind zielorientiert effizient?

Welche können verantwortungsvoll experimentiert werden? Die nachfolgenden Ausführungen (angelehnt an Schulz-Nieswandt, 2006a) diskutieren die vermehrte Einführung von Wettbewerb in die GKV-finanzierte und -gesteuerte Gesundheitsversorgung. Doch was bedeutet das?[9]

2. Ordnungsdiskurs im Wandel

Der ordnungspolitische Diskurs hat – meiner Auffassung nach insbesondere seit der GKV-Strukturreform 2000 – seine zentralen Konturen nachhaltig verschoben. Die große ideologische Dichotomie der Epoche des „Kalten Krieges" – (freier) Markt versus (planender) Staat (geografisch: West versus

---

[8] Ob morphologisches Denken automatisch konservatives Denken sein muss, wie es bei Wilsmann (2004, S. 87 ff.) anklingt, mag bezweifelt werden.

[9] Vgl. zur Typik, zum Tempo, aber auch zu den Blockaden des Sozialstaatswandels in Deutschland (die kontroverse Arbeit von) Lessenich, 2003. Vgl. auch Grieswelle, 2006.

I. Ordnungskontext und soziale Praxis 447

Ost) – ist vorbei.[10] Die diversen institutionalistischen[11] und institutionenökonomischen Theorieentwicklungen haben das Denken in einem breiten

---

[10] *Neue Steuerung*: Seit vielen Jahren sind die Modalitäten der Steuerung sozialer Leistungen in allen Teilgebieten der deutschen Sozialpolitik in der Veränderung begriffen (vgl. auch Bogumil u.a., 2007). Insbesondere dort, wo soziale Leistungen in Form sozialer Dienstleistungen in ambulanter Art und in stationären Einrichtungen erbracht werden, haben sich die Rahmenbedingungen, die Modalitäten der Sicherstellung und Produktion verändert. Die Logik sozialer Sicherung und der Bereitstellung sozialer Dienste hat sich stärker Fragen ökonomischer Anreizkompatibilität geöffnet. Der Einfluss neuer (mikro)ökonomischer Forschungen (Institutionenökonomie und verwandte Theorieentwicklungen, New Public Management) ist nachhaltig wirksam geworden (vgl. etwa auch Holzer/Bauer/Hauke [2007] zur Perspektive wirkungsgeleitetes Ressourcenmanagement im öffentlichen Gesundheitswesen). Insofern ist aus deutscher Sicht eher eine Entsprechung zu den Modernisierungsbestrebungen der EU (EU-Kommission) im Sektor der Dienstleistungen von allgemeinem (wirtschaftlichem) Interesse zu beobachten (Schulz-Nieswandt u.a., 2006). Und die vorherrschenden Konzessionsmodelle haben die vergaberechtlichen Zwänge, die sonst auf ein obligatorisches Ausschreibungsregime hinwirken (würden), (noch) nicht relevant werden lassen. Geht es der EU um die mit dem Binnenmarkt kompatible und insgesamt EU-rechtskonforme Neuausrichtung der Modalitäten der Erstellung sozialer Dienstleistungen, so entwickelt sich auch die inner-deutsche Reformpolitik immer mehr in Richtung auf die Idee eines Gewährleistungsstaates, der die Erstellung sozialer Dienstleistungen regulierten Quasi-Märkten überlässt. D.h., dass die sozialen Daseinsaufgaben teleologisch von der Politik gesetzt werden, die Erfüllung aber vermehrt über Wettbewerbssurrogate (Ausschreibungen, Betrauungen [Rechtsache C-280/00, Urteil vom 24.7.2003, Altmark Trans] mit Benchmarking [Twardowski, 2006] etc.) und durch Zielvereinbarungsökonomik, Qualitätsmanagement und ergebnisorientierter Steuerung realisiert wird. Die EU-Rechtsentwicklung (EuGH-Rechtsprechung) sowie die Initiativen der EU-Kommission (Mitteilungen, Grün-, Weißbücher etc.) haben diesen Trend zum Teil exogen ausgelöst, zum großen Teil die endogenen Entwicklungen in Deutschland jedoch nur verstärkt.

[11] *Was ist Institutionalismus?* Der Neo-Alt-Institutionalismus (vgl. auch Reuter, 1996) kann am Beispiel von Karl William Kapp erläutert werden (vgl. auch Schulz-Nieswandt, 2000b; Schulz-Nieswandt/Maier-Rigaud, 2008a). Die dabei relevante Theorie der kumulativ-zirkulären Kausalitäten ist bislang kaum hinreichend beachtet worden (allerdings dazu Berger, S., 2007, auch mit Bezug auf Lowe, Myrdal, Polanyi etc.). Kapp's Theorie der sozialen Kosten (der Marktwirtschaft) ist ein Klassiker. Dennoch muss man wohl davon ausgehen, dass den meisten Studierenden der Wirtschafts- und Sozialwissenschaften die Theorie (nicht nur der Begriff) der sozialen Kosten kaum geläufig sein dürfte. Eventuell wird er noch im Kontext der Umwelt(ökonomik)debatte rezipiert. Stattdessen arbeiten die meisten Studierenden (wie die Forschung auch) mit der Theorie der Externalitäten. Deren Relevanz ist auch kaum zu schmälern; nur hatte Kapps Theorie der sozialen Kosten immer schon einen Bedeutungsüberschuss, was auch darin begründet ist, dass seine Kategorie in einen größeren institutionalistischen Theorierahmen (nicht zu verwechseln mit der neuen Institutionenökonomie) deutsch-US-amerikanischer Tradition eingebettet ist. Verwandtschaftseigenschaften weist Kapps Werk mit anderen Werken wie etwa denen von Galbraith (Kahle, 2000; Meier, 1989), Myrdal, Lowe (Schulz-Nieswandt, 1991) oder Hirschman (Hirschman, 1995) auf. Die Theorie der sozialen Kosten hat vielleicht auch rezeptionsgeschichtlich darunter gelitten, dass die sog. Sozialindikatoren-

Spektrum von institutionellen Arrangements vorangebracht. Auch komplexe Mischungen von Steuerungsmechanismen sind jenseits idealtypischer (zum Idealtypus vgl. auch Gerhardt, 2001) Normmodelle in den Vordergrund der Erwägungen gerutscht. Wissenschaftstheoretisch[12] ist deutlich erkannt wor-

---

Bewegung das Konzept empiristisch verflacht hat (frühe Korrekturanmahnung bei Schulz-Nieswandt, 1996b, sodann ders., 2003d). Ähnlich verflacht hat sich im deutschen Kontext das Lebenslagenkonzept. Prekäre sozioökonomische Dimensionen werden oftmals nur oberflächlich abgehandelt, ohne anthropologische Klammer und ohne transaktionalistische Sicht auf die Positionierung der Person in der sozialen Welt. Die erneuerte Relevanz der Theorie sozialer Kosten zeichnet sich vor allem durch die kulturwissenschaftlichen Herausforderungen an die moderne Ökonomie ab. Aus sozialkonstruktivistischer (vgl. auch Burr, 1995) Perspektive (die kognitiven Dimensionen im Werk von Kapp, vor allem hinsichtlich der sozialen Definition relevanter sozialer Kosten, sind bislang nicht hinreichend gewürdigt worden) steht die paretianische Ökonomie, sieht man von Teilen der Evolutionsökonomie ab, vor dem Problem, wie vor dem Hintergrund der Ubiquität externer Effekte in verschiedensten Formen (Caring, Altruismus, Reziprozität und Gabebereitschaft, Liebe, Neid, Hass etc.) überhaupt noch öffentliche Interventions- und Regulierungsregime sinnvoll zu deduzieren sind. Definiert man Externalitäten als direkte Interdependenzen der Nutzenfunktionen der Menschen, so wird deutlich (Gresser, 2007), dass der *homo oeconomicus* heute methodologisch als *homo figurationis* (Elias, 2003; ders., 2004) grundsätzlich in sozialen Relationen kontextualisiert werden muss, sei dies nun mehr in Form strategischer Rationalität (spieltheoretisches connectedness-Theorem) oder in Form semiotischer Theorien der kulturellen Codierung und sozialen Normierung (embeddedness-Theorem). Jedenfalls hat die moderne Ökonomie epistemologisch von der ubiquitären sozialen Interdependenz der Akteure auszugehen. Ich ordne Kapps Werk also institutionalistisch und evolutorisch in die Tradition normativer Wissenschaft ein, wobei es um die Überwindung von Krypto-Normativismen geht und (von neo-normativen, non-platonistischen Aspekten abgesehen) die normative Fundierung der Ökonomik objekttheoretisch in explikativer Hinsicht in dem sozialen Setting und in der kulturellen Einbettung der Wirtschaftssysteme, hier auch des modernen Kapitalismus, zu lokalisieren ist (wobei die Werkähnlichkeit etwa zu Polanyi überaus deutlich wird). Es geht aber nicht um eine reine apologetische Kapp-Rezeption. Wichtige globale Megatrends sozialen Wandels fordern die ökonomische Forschung policy-orientiert heraus. Und diese Perspektiven gehen über das politische Management in der Tradition von Pigou und Coase hinaus, weil es generell um die Erosion der institutionellen (kulturellen und sozialen) Einbettung des Wirtschaftens geht. Und dieser paradigmatische Einwand gilt unabhängig von möglichen Varianten des Skeptizismus gegenüber staatlicher Intervention und Regulierung. Mit der Einführung sozialer Präferenzen (bzw. gesellschaftlicher Ziele mit Präferenzenstatus) kann das Theorem des apriorischen Trade-offs zwischen Effizienz und sozialen Anliegen nicht mehr behauptet werden. Allokatives Marktversagen – und damit Ineffizienz – kann gerade mit Bezug auf soziale Präferenzen vorliegen. Damit werden auch Parallelen zu Sens Theorie der Capabilities (Sen, 2002) als Endogenisierung von Demokratie in die Ökonomie evident. Die theoretischen Bezugssysteme einer angemessen Diskussion des Werkes von Kapp bzw. der Beiträge, die von Kapp inspiriert sind, erscheinen, wie man sehen kann, komplex.

[12] Ohne dies hier weiter auszuführen. Zur Wissenschaftstheorie vgl. Schurz, 2006.

I. Ordnungskontext und soziale Praxis   449

den, dass komparativ nur unvollkommene institutionelle Lösungen realisiert werden können.

Institutional choice: Die Herausforderung für Wissenschaft und Gesellschaft lautet: Suche jene unvollkommenen Arrangements, die im Vergleich zu anderen unvollkommenen Arrangements die am wenigsten unvollkommenen Lösungen darstellen.

Dies ist keineswegs eine triviale Erkenntnis. Sie ist eine grundlagenwissenschaftlich fundierte Absage an idealtypische Normmodelle. In diesem Variantenreichtum institutioneller Steuerungsmechanismen rückt in erstaunlicher Weise das Zusammenspiel von Markt- und Wettbewerbsorientierung einerseits und staatlicher Regulierung andererseits in das Zentrum der gutachtenden Wissenschaft wie der Reformgesetzgebung (vgl. etwa Cassel u. a., 2006). Die lange Zeit vorherrschende Idee einer zentralen Rolle einer dritten Ordnungsfigur, nämlich die in alter deutschrechtlicher Tradition[13] stehende Idee der (gemeinsamen) Selbstverwaltung öffentlich-rechtlicher Körperschaften (oder Anstalten[14])[15] hat an Akzeptanz verloren.[16] Trotzdem

---

[13] Vgl. Schulz-Nieswandt (2000) über Gilden; ders. (2003b, S. 19 ff.) über Gierke.

[14] *Anstalt des öffentlichen Rechts und Instrumentalfunktion*: Relevant wird neuerdings auch die Anstalt des öffentlichen Rechts für kommunale Krankenhäuser: Rinken, 2008. Die öffentliche Anstalt als selbstständiges Kommunalunternehmen präsentiert Rinken in seiner Studie und kann überzeugend demonstrieren, wie das selbständige Kommunalunternehmen in dieser Organisationsform erfolgreich einerseits die Instrumentalfunktion des öffentlichen Krankenhauses im Rahmen der kommunalen sozialen Daseinsvorsorge und andererseits eben die Versorgungsaufgaben wirtschaftlich und wettbewerbsfähig im Rahmen der rechtlich hier möglichen strategischen Unternehmensführungsspielräume realisieren kann. Europarechtlich und -politisch hoch relevant ist diese Perspektive gerade angesichts der dogmatisch verengten Präferenz der EU-Kommission der der Rechtsprechung des EuGH für Ausschreibungswettbewerbsmechanismen und im Lichte der daraus resultierenden Marginalisierung der Einsatzmöglichkeiten von Inhouse-Mechanismen. Gerade auch die öffentlichen und kommunalen Krankenhäuser bleiben ja dem marktorientierten, wettbewerbsregulierenden Eifer der EU weiterhin ausgesetzt: „Mit dem selbständigen *Kommunalunternehmen* steht ein flexibles öffentlich-rechtliches Handlungsinstrument zur Verfügung, dass die Wahl von privatrechtlichen Gesellschaftsformen in weitem Umfang überflüssig und danach nach dem Regel-Ausnahmeprinzip unzulässig macht. Ein detaillierter Rechtsformenvergleich zwischen Kommunalunternehmen und privatrechtlicher GmbH macht deutlich, dass das Kommunalunternehmen unter den meisten Vergleichsgesichtspunkten der GmbH gleichwertig, in einer Reihe von Punkten deutlich überlegen ist; nur bei der Beteiligung eines Privaten ist die Wahl einer privatrechtlichen Gesellschaftsform zur Zeit alternativlos." (Rinken, 2008, S. 291 f.; kursiv auch im Original) Rinken plädiert angesichts dieser Rechts- und somit Organisationsformenwahl zur strategisch kompetenten und wirtschaftlichen Erfüllung der öffentlichen Aufgabe weiterhin für die Gewährleistung der Trägervielfalt öffentlicher, freier und privater Krankenhäuser.

ist die Möglichkeit in Rechnung zu stellen, dass die Bürger „ihre Sache" im Rahmen einer „Kommunalrepublik" selbst organisieren wollen (Rinken/ Kellmer, 2006, S. 15).

Suche nach funktionalen Äquivalenten: Abwägende Kritiker dieser politischen Abschaffungstendenz von nicht-marktlichen Steuerungsmechanismen – so auch meine Position – gestehen allerdings das Problem zu, dass diese körperschaftlichen Institutionentraditionen große Probleme haben, vor allem (wie oben dargelegt) solche, soziodemografisch und epidemiologisch notwendig veränderte Versorgungslandschaften sowie die dazu notwendigen Sektor-, Kapazitäts- und Einkommensverschiebungen herbeizuführen. Das Problem ist weniger die fehlende Bereitschaft zur Gemeinwohlorientierung der Verbände (Außenfunktion), sondern die Aufgabe der Optimierung der (heterogenen) Mitgliederinteressen (Innenfunktion[17]). Strukturverwaltung können solche Korporationen kompetent erreichen; Strukturwandel mag sie überfordern.

Was sind Alternativen zum Status quo? Eine behutsame, aber zugleich nachhaltige Modernisierung der Sicherstellung durch selbstverwaltende Körperschaften des öffentlichen Rechts wird im Mainstream des Denkens und Beratens kaum erwogen. Die politische Frustration über als sklerotisch[18] definierte Strukturen ist sehr ausgeprägt. Doch wie ist die Strukturalternative zu verstehen, zu veranschaulichen und einzuschätzen?[19]

Zu den Folgen der Privatisierung von Landeskrankenhäusern (in der Psychiatrie) vgl. auch Weig, 2009, S. 43–45. In bestätigend-kritischer Erwiderung darauf Engelmann, 2009, S. 97.

[15] Vgl. etwa Seeringer, 2006. Zur historischen Genese vgl. Bieback, 1976 sowie Eichler, 1986.

[16] Vgl. Lee, 1997; Hsu, 2004; Kluth/Goltz, 2003; Hellermann, 2000. Ferner Klenk, 2006.

[17] *Clubgebilde und externe Widmungswirtschaften*: Dieses Problem liegt auch bei sozial engagierten Genossenschaften vor: Denn bereits die Frage möglicher Widersprüche zwischen Mitgliederorientierung und Gemeinwohlorientierung wirft im Lichte wirtschafts- und sozialwissenschaftlicher Kontroversen über Clubtheorien, öffentliche Güter und soziale Externalitäten systematische Fragen auf. Mitunter können gemeinwirtschaftliche Funktionen als Typus einer genossenschaftlichen Widmungsorientierung behandelt werden.

[18] Im Lichte der Theorie von Mancur Olson vgl. Goltz, 2006 sowie Bischoff, 2001.

[19] Zu den Grenzen verstärkter wettbewerblicher Orientierung im Gesundheitswesen vgl. auch Kumpmann, 2008.

3. Europarechtliche und -politische Kontexte

Das Europäische Recht (jetzt als Vertrag von Lissabon) wirkt massiv auf die Art und Weise der Erstellung der Gesundheits- und Dienstleistungen in Deutschland zurück. Dies hat einen politisch-institutionellen Kontext. In der politik- und rechtswissenschaftlichen Literatur ist es nach wie vor kontrovers, ob das europäische politische System (nur) völkerrechtlich als Vertragssystem oder (schon) herrschaftlich als Supranationalisierung zu interpretieren ist. Tendiert Europa zum Staatenbund oder zum Bundesstaat? Gemischte Interpretationsformeln bieten sich an: So der Begriff des Verfassungsvertragsverbundes. Doch was ist das rechtsmaterielle Resultat? Trotz der Subsidiaritätsklausel in Art. 5 (2) EGV und entgegen Art. 136 und 152 EGV erzwingt die Herbeiführung der Übereinstimmung einerseits der Art und Weise mietgliedstaatlicher Modalitäten der Erstellung von Gesundheits- und Sozialdienstleistungen, definiert als Dienstleistungen von allgemeinem (wirtschaftlichem) Interesse, mit andererseits den Prinzipien des Binnenmarktes (Freizügigkeiten der Nachfrager wie der Anbieter als Grundfreiheiten) eine schleichende Konvergenz der Steuerungsmechanismen. Damit ist „Sozialpolitik", zu der hier die Gesundheitspolitik gezählt wird, bereits heute schon eine „geteilte Kompetenz" (vgl. hierzu explizit auch Schulz-Nieswandt/Mann, 2009a).

Trotz aller bleibenden Kontroverse ist aus europa- und/oder wettbewerbsrechtlicher Sicht kein letztendlich schlagendes Argument gegen den „funktionsfähigen Wettbewerb" der öffentlich-rechtlichen Kassenseite als „weites Oligopol mit mäßiger Produktdifferenzierung" anzuführen. In der abgestuftkumulativen Beweisführung des EuGH führt letztendlich insbesondere der RSA (Pitschas, 2007) dazu, das GKV-System nicht als Markt-Wettbewerb auf der Grundlage eines funktionellen Unternehmensbegriffs[20] zu verstehen.

---

[20] *Öffentliche Aufgaben – Dienstleistungen im öffentlichen Interesse*: Im Fall von öffentlichen Unternehmen oder, funktionalistisch betrachtet, im Fall der Bewirtschaftung öffentlicher Dienstleistungen in verschiedenen institutionellen Arrangements wird eine Grundlagenproblematik unmittelbar evident. Folgt man dem europarechtlichen bzw. europapolitischen Sprachgebrauch, so ist bei derartigen Dienstleistungen (DA[W]I) das allgemeine Interesse zu bestimmen. Was sind die öffentlichen Aufgaben, auf die hin geklärt werden muss, in welchen institutionellen Arrangements die Leistungserstellung erfolgen soll? Das bedeutet für die vorliegende Fragestellung auch, dass die Frage nach der Existenz und dem Charakter spezifisch öffentlicher Aufgaben noch grundlegender ist als die nach der Wahl von sozialen Mechanismen zur Erstellung entsprechender Dienstleistungen. Wieso? *Comparative institutional approach und die logische Vorgängigkeit politischer Zielbestimmungen*: Die „Modernisierung" der Theorie und Praxis öffentlichen Wirtschaftens, die als „Shift" vom traditionellen institutionellen (trägerschaftlichen, mitunter rechtsformenbezogenen) Standpunkt zum funktionalen (aufgabenbezogenen) Standpunkt definiert wird, ist demnach in einem zwingenden wissenschafts-, ja er-

Wettbewerbsrechtlich und -politisch zwingt daher nichts zu einer Abschaffung des Systems der GKV. Worauf kann sich dann zwingend der Bedarf an wettbewerblicher Steuerung und Marktorientierung beziehen? Das liegt weitgehend in der konzessionsartigen[21] Sicherstellung der Versorgung.

Das Konzessionswesen (vgl. auch Engler, 2007) ist in der ambulanten Altenpflege gemäß SGB XI allerdings deutlicher und anders ausgeformt (vgl. auch Neumann, 2007) als im berufsständischen Zulassungswesen des SGB V, das weitgehenden Planungscharakter hat. Mit dem selektiven Kontraktwesen von Einzelkassen im Wettbewerb kann sich durchaus die rechtliche Auffassung Raum schaffen, obligatorische Ausschreibungswettbewerbsregime durchzusetzen. Damit wäre die Sicherstellung marktorientiert ausgerichtet.

Das praktizierte Konzessionswesen unterscheidet sich jedoch deutlich zwischen SGB V und SGB XI. Im Geltungsbereich des SGB V liegt ein marktschließendes Konzessionsmodell vor, das die Zulassung über die berufsständische Niederlassungsplanung modelliert. Im Geltungsbereich des SGB XI liegt ein marktöffnendes Konzessionsmodell vor. Es sieht keine regionale Niederlassungsplanung vor, welche etwa als bevölkerungsbezogenes Bedarfsplanungssystem arbeiten würde. Die Konzession basiert auf den Kontrahierungszwang der Pflegekassen, ohne dass damit Mengenverhandlungen verbunden wären (vgl. auch kritische Anmerkungen mit Blick auf die duale Finanzierung bei Neumann, 2007).

Gewährleistung statt Inhouse: Die EU-Kommission favorisiert in ihrer Politik der Modernisierung der Modalitäten der Erstellung der (öffentlichen[22]/sozialen) Dienstleistungen (Schulz-Nieswandt u. a., 2006)[23] ein

---

kenntnistheoretischen Sinne grundlegender als die Programmatik: Suche das im Vergleich zu anderen institutionellen Arrangements am wenigsten unvollkommene institutionelle Arrangement zur – und das ist nun entscheidend – Erfüllung öffentlicher Aufgaben. Die Suche nach diesem institutionellen Arrangement im Rahmen dieses Comparative institutional approach ist ein Institutional choice-Programm (vgl. auch Cox, 2008), dem aber die Frage der sozialen Konstruktion sozialer Themenkomplexe in Form von öffentlichen Aufgaben teleologisch vorangeht. Grenzt man sich von der gängigen Lehrbuchtradition „öffentlicher" oder kollektiver Güter ab, so ist hier in Anlehnung an Thiemeyer von einer „Theorie politischer Güter" zu sprechen (vgl. neuerdings, durchaus verwandt, Priddat, 2008). Vgl. auch Mühlenkamp/Schulz-Nieswandt, 2008, und auch Edeling/Stölting/Wagner, 2004.

[21] Damit ist bereits die Fraglichkeit dieser Begriffsbildung angedeutet. Eine Konzession ist an die Möglichkeit gebunden, dass der Betreiber des Angebots ökonomisch scheitern kann, aber auch das Recht auf die ökonomische „Ausbeutung" hat.

[22] Vgl. auch zum Wandel der öffentlichen Dienstleistungen: GÖW, 2007.

[23] *DA(W)I und PPP*: Die sich verändernden EU-rechtlichen und EU-politischen Rahmenbedingungen sind in den letzten fünf Jahren intensiv in Deutschland rezi-

Modell des Gewährleistungsstaates (Franzius, 2007)[24], der zur Erfüllung der Daseinsvorsorgeaufgaben[25] – neben einem eng ausgelegten Inhouse-

---

piert worden. Kommissionsmitteilungen, Grün- und Weißbücher, Richtlinien – nicht nur die soziale Dienste betreffend, auch angrenzende Themen: der Entwurf eines Vertrages über eine EU-Verfassung, EU-Einschätzungen zur Demographie (vgl. EU-Kommission, 2006 im Kontext eines Follow-up zu dem entsprechenden Grünbuch der EU-Kommission vom Juli 2005) oder zu Public Private Partnership etc. aufgreifend – sind von der Regierung intensiv in den Diskurs mit den Sozial- und Wohlfahrtsverbänden und mit der Zivilgesellschaft insgesamt eingebracht worden. PPP (Budäus, 2006; GÖW, 2004; Bolz/Rosenfeld, 2007) gilt in Deutschland aber eher als Konzeptbegriff im Bereich der „services of general economic interest" selbst (vgl. Schulz-Nieswandt, 2007b). Umstritten war und ist jedoch diese Anwendung des europäischen Wettbewerbsrechts, insbesondere des Beihilfe- und Vergaberechts auf den Sozialsektor (Schulz-Nieswandt u. a., 2006; vgl. zum Monti-Paket [Kingreen, 2006, S. 198] übersichtlich Deutscher Verein, 2006 sowie, breiter angelegt, Spitzenorganisationen, 2006). Dabei ist die Frage, ob die sozialen Dienstleistungen vor allem des von freien, gemeinnützigen Trägern geprägten Sozialsektors (social economy) wirtschaftliche oder nicht-wirtschaftliche Dienstleistungen sind, nach wie vor umstritten. Das Problem resultiert daraus, dass es sich hier um Sozialunternehmen handelt, die als Non-Profit-Unternehmen einerseits eine nicht-erwerbswirtschaftliche soziale Produktionsfunktion haben, andererseits aber in einem klaren Marktbezug stehen. Dieses Problem wurde innerhalb der freien Wohlfahrtspflege schon seit Jahren, auch schon vor der intensivierten Debatte über die Rückwirkungen des EU-Rechts (im Sinne von „Europäisierung": Knill/Winkler, 2006) auf die spezifische soziale Arbeit in den Sozialsektoren, diskutiert, vor allem als Konflikt von Marktökonomik und Ethik innerhalb der stakeholderorientierten Unternehmensführung. Dennoch lässt sich beobachten, dass das EU-Recht weitgehend nur endogene Trends verstärkt, die sich schon seit den 1980er, verstärkt in den 1990er Jahren, im Wohlfahrtssektor in Deutschland abzeichneten: Projektförderung statt pauschale öffentliche Förderung, Auslagerungen von Funktionen (Neuordnung von Geschäftsfeldern) und Gründung von Tochterunternehmen in anderer Rechtsform, neuerdings vermehrt Leistungsvereinbarungen (mit Kostenträgern und MitarbeiterInnen), Ausschreibungswesen und Vertragsmanagement etc.

[24] *Staat und Europäisierung*: Das ganze Thema des Staatswandels ist im Rahmen der Analyse der institutionellen Architektur der EU im Zusammenhang mit dem Mehr-Ebenen-Charakter Europas sowie der „Europäisierung" mit Bezug auf kontroverse Supranationalitätseffekte (die sich etwa auch an einer eigenen EU-Steuer festmachen können: vgl. Wartha, 2007) bzw. Konstitutionalisierungsprozesse zu verstehen. „Europäisierung" ist im Rahmen möglicher architekturbezogener Perspektivenverschränkung zwischen Vertrag (Völkerrecht) und Verfassung (Staatsrecht), zwischen Horizontalität des Inter-Gouvernementalismus und Vertikalität der Herrschaft (Trend zur Governance-Logik geteilter Kompetenzen im Mehr-Ebenen-System Europas) zu verstehen. Relevant wird sodann die Frage nach den nationalen Anpassungsprozessen angesichts neuer Governance-Mechanismen. Transaktionalistisch ist diese Fragenperspektive insofern, als sie die Trends der nationalen Entwicklung zwar als adaptive Reaktion auf die EU-Ebene auffasst, aber diesen Prozess auch konstruktiv-kognitiv modelliert. Schließlich interessieren die strukturellen Folgen, u. a. die Harmonisierungs-Konvergenz-Kontroverse.

[25] Vgl. auch Boysen/Neukirchen, 2007.

Prinzip[26] – regulierte (Quasi-)Märkte oder Wettbewerbssurrogate nutzt (rechts- wie sozialwissenschaftlich höchst differenziert: Franzius, 2006).[27]

Teleologie der Re-Regulierung: Die grundlegenden Zielparameter eines so modernisierten Dienstleistungsproduktionsregimes sind a) freier Zugang zu den Sozialschutzsystemen und den sozialen Dienstleistungen, b) hohe Qualität der Produkte und Dienste und c) wohlfahrtsoptimale Preise[28] sowie d) die systemische Nachhaltigkeit.

Meine Hypothese im Kontext dieses spezifischen Kapitels ist, dass sich analog zu diesem Modernisierungsprogramm (Schulz-Nieswandt u. a., 2006; Schulz-Nieswandt, 2006b, S. 65 ff.) die vorherrschende Position in der Politik der Wettbewerbsorientierung im GKV-System (Böckmann, 2008; Schmola, 2008) charakterisieren lässt.

---

[26] Die zitierte Position des Wissenschaftlichen Beirates (GÖW, 2007a) plädiert ausdrücklich für ein Wahlrecht mit Blickt auf Ausschreibungswettbewerb oder Inhousepraxis. Im Lichte der ÖPNV-Neuordnungsdebatte in der EU vgl. auch Mietzsch, 2006. Vgl. ferner Berschin/Fehling, 2007. Es bleibt aber noch fraglich, ob und wie die ÖPNV-Verordnung der EU (EU-Verordnung 1370/07) rechtssicher in Deutschland durch Änderung des Personenförderungsgesetzes (PBedF) aufgegriffen und umgesetzt wird. Die Gefahr ist, dass nicht die kommunale Daseinsvorsorge, sondern die staatliche Genehmigungsbehörde gestärkt würde, wenn private Betreiber im Rahmen der Politik der Vergabe von Linienverkehrsgenehmigungen bevorzugt werden. Vgl. zum Übertrag aus der ökonomischen öffentlichen in die soziale öffentliche Daseinsvorsorge im Lichte des EU-Rechts Pielow, 2006.

[27] Zur Möglichkeit, im Fall öffentlicher Krankenhäuser die Anstalt des öffentlichen Rechts zu nutzen, vgl. Rinken, 2008.

[28] *Gewährleistungsstaatlichkeit*: Mehrfach werde ich erläuternd auf diese Kategorie zurückkommen. Wie angemerkt, tauchen solche Kategorien als Kategorien einer realen Verdichtung und somit als Elemente der Regimeentwicklung angesichts der Mehr-Ebenen-Analyse aus verschiedenen Perspektiven immer wieder in erneut relevanter Weise auf. Der Staat zieht sich auf den Status eines Gewährleistungsstaates (Reichard, 2006; Schuppert, 2005) zurück. Die Produktion erfolgt durch private und freie Träger. Ein solcher subsidiärer Vorrang der freien und privaten Leistungsanbieter reduziert die Produzentenrolle des Staates auf residuale Gebiete des völligen Marktversagens im Sinne des Nicht-Zustandekommens freier und privater Anbieter. Zwei Ebenen der impliziten Markt- und Wettbewerbsorientierung dieser Modernisierung sind zu unterscheiden: Einerseits geht es wettbewerbsrechtlich um die Mechanismen der nicht diskriminierenden Ausschreibung und Betrauung, also um beihilferechtlich unbedenkliches öffentliches und öffentlich-rechtliches Kontraktmanagement als Rahmen von – was analytisch nicht sauber differenziert ist – Lizenzvergaben (Versorgungsaufträgen), Projektmanagement und Zielvereinbarungen (insgesamt betrachtet im Lichte der Theorie regulierter Quasi-Märkte und der Wettbewerbssurrogate). Andererseits geht es um den Wettbewerb zwischen den freien und privaten Anbietern. Ziel dürfte es sein, Marktorientierung in der Steuerung zu implementieren, um so – aus der Sicht der Evolution von Wettbewerbsparametern – einen integrierten Preis-Qualitäts-Wettbewerb zu ermöglichen.

I. Ordnungskontext und soziale Praxis 455

Ich werde die weitere Analyse mit der vertiefenden Betrachtung der europarechtlichen und -politischen Entwicklung fortführen[29]. Immer zu bedenken bleibt, dass sich die verschiedenen Umweltveränderungen verschachteln und sich dergestalt auch verstärken. Ich gehe in der Tat davon aus, dass sich das gesamte Ineinandergreifen verschiedener Entwicklungskräftefelder, also das Europarecht, die nationale Politik „neuer Steuerung" und die normative Orientierung am Konsumenten, an dem souveränen (kompetenten) Nutzer bzw. am „ermächtigten" Subjekt[30], wodurch sich die Idee dialogischer Erstellung und Nutzung sozialer Dienstleistungen entwickelt, als epistemisch geschlossenes, aber trotzdem zutiefst ambivalentes und entsprechend spannungsreiches Modernisierungskonzept erweist.

Ökonomisch gesehen handelt es sich um eine deutliche Markt- und Wettbewerbsorientierung in der Erstellungspraxis sozialer Dienstleistungen von allgemeinem (wirtschaftlichem) Interesse.

Wer sich den neueren[31] Entwicklungen und Diskursen des Wechselverhältnisses europäischer und nationaler Politik im Rahmen des europäischen Mehr-Ebenen-Systems (vgl. auch Heinelt/Knodt, 2008) zuwendet, muss im Lichte der bereits mehrfach herausgestellten endogenen Evolution der „neuen Steuerung" allerdings deutlich davon absehen, in Brüssel die „Epiphanie des Bösen" zu erblicken. Mitunter wird in der rechts- und politikwissenschaftlichen Literatur die Position vertreten, die Grundfreiheitsdogmatik des EGV dominiere nicht die Zuschreibung der nationalen Kompetenz in Fragen der Sozialpolitik. Unabhängig, ob dies im Lichte spezifischer sozialstaatlicher Entwicklungsszenarien sympathisch erscheinen mag oder nicht; das Binnenmarktrecht überrollt die Vielfalt nationaler Gepflogenheiten und fordert unter der Regie eines „Modernisierungs"-Mottos erhebliche Anpassungen seitens der Mitgliedstaaten ab. Dies trifft oftmals identitätsrelevante Traditionen im „kulturellen Erbe" der Staaten. Doch aus Kommissionssicht mögen das alles nur Pfadabhängigkeiten sein, die effizientere Arrangements blockieren. Es ist im Augenblick noch nicht abzusehen, ob die hier zu skizzierenden Probleme der Entwicklungen der sozialen und gesundheitsbezogenen Dienstleistungen im Kontext einer Rahmenrichtlinie für alle Dienstleistungssektoren geregelt werden oder ob es sektorspezifische Richtlinienlösungen geben wird. Generelle sektorielle Ausnahmen

---

[29] Schulz-Nieswandt, 2005b bis e; ders., 2006j sowie Schulz-Nieswandt/Maier-Rigaud, 2005.

[30] Wobei in diesem Zusammenhang deutlich betont werden muss, welche gesellschaftliche Aufgabe hier in der Vorhaltung der Chance des Erlernens entsprechender Daseinskompetenzen besteht. Vgl. Liebau, 2001; Krappmann, 2005; Youniss, 1994.

[31] Vgl. auch Bühler, 2005; Bührle, 2006; Hentschel, 2006; Jachmann, 2006; Kresse, 2006; Peters, 2006; Ritzer, 2006; Rüger, 2006; Scholl, 2006; Stachel, 2006; Strohmayr, 2006.

wird es mit Sicherheit nicht geben. Dafür ist die europäische Modernisierungspolitik selbst bereits zu pfadabhängig geworden.

a) Die Relevanz der europäischen Politik-Architektur

Die Politik der „neuen Steuerung" ist seit ca. 25 Jahren wirksam im Werden: Sie ist kein exogen induzierter Brüssel-Effekt.

Natürlich gibt es Rückwirkungen des Europarechts (im Sinne von „Europäisierung": Knill/Winkler, 2006; Überblick bei Schlegel, 2007) auf nationales Arbeits- und Sozialrecht[32]. Insbesondere ist auch an das koordinierende Sozialrecht zu erinnern (Schulte, 2007)[33]. Die eindeutige Linie des EuGH in Fragen grenzübergreifender Inanspruchnahme medizinischer Leistungen[34] oder im Fall der Leistungsexports von SGB XI-Leistungen (vgl. auch BMG, 2008, S. 52 f.) im Fall der dauerhaften grenzüberschreitenden Altenmigration macht dies deutlich (vgl. auch Dietrich, 2003)[35]. Der § 140e

---

[32] Zum Vergaberecht mit Blick auf das SGB V: Sormani-Bastian, 2007.

[33] *Europäisierte Sozialpolitik-Felder*: Neben dem koordinierenden (Arbeits- und) Sozialrecht, das ja z.B. den Leistungsexport der Altersrentenanwartschaften geregelt hat, ist der Europäische Sozialfonds (ESF) unmittelbar sozialpolitisch wirksam, da er personenzentriert an der Employability ansetzt und durch Humankapitalmaßnahmen die Reintegration besonders gefährdeter Bevölkerungsgruppen in den Arbeitsmarkt im Lichte des wirtschaftlichen Strukturwandels fördert. Hat diese Sozialpolitik wirtschaftspolitische Aspekte, da Humankapital zugleich eine wachstums- und wettbewerbspolitische Bedeutung hat, so ist der Europäische Fonds für die regionale Entwicklung (EFRE) primär regionale Wirtschafts- und Strukturpolitik, weist durch die Erwirkung infrastruktureller Impulse aber auch sozialpolitische Aspekte auf, da die Lebenslagen der Wohnbevölkerung von den Potenzialen der Region abhängen. Der Fonds wird, zunehmend kontrovers, mit Blick auf den Abbau regionaler Disparitäten diskutiert. ESF und EFRE wirken ferner zusammen. Das Herzstück des vorliegenden Themas sind nun jedoch die Dienstleistungen von allgemeinem (wirtschaftlichem) Interesse, die DA(W)I. Das „Europäische Sozialmodell", das nach Auffassung der EU-Kommission aus dem Binnenmarkt erwächst und zu diesem passungsfähig ist, sieht eine Marktöffnung und eine wettbewerbliche Steuerung der sozialen Dienstleistungsmärkte vor, allerdings auf der Grundlage des freien Zugangs des Unionsbürgers zu den Dienstleistungen und den Sozialschutzsystemen. Dies ist als Grundrecht auch in der Grundrechtscharta von Nizza verbürgt. Die weitere Primärverrechtlichung hing mitunter vom Schicksal des zweiten Versuchs einer europäischen konstitutionellen Vertragsreform ab. Hinzu kommen noch die Ziele einer hohen Produktqualität und einer fiskalischen Nachhaltigkeit der Ziele. Dies sind zugleich die obersten Ziele der Offenen Methode der Koordinierung (OMK).

[34] Vgl. auch Fahlbusch, 2006 zur Problematik von Europarecht und ambulanter ärztlicher Tätigkeit. Vgl. auch die Position von Becker, 2008. Zur Internationalisierung der Dienstleistungen (zur WTO-Ebene [Senti, 2007] vgl. auch Böhm, 2007 und Rode, 2006) am Beispiel der Gesundheitsdienstleistungen vgl. auch Lindl, 2005. Vgl. ferner (mit Bezug auf die Niederlande) Gronden, 2007.

SGB V des GMG erweist sich bereits als nicht europatauglich in der Regelung der grenzüberschreitenden Einzelvertragsbildung (Iungareva, 2009). Materiell gesehen wirken demnach die europäische Ebene und die nationale Ebene der Mitgliedstaaten also bereits zusammen in der Praxis verschiedener sozialer Felder. Die EU-Ebene wirkt hier nicht einfach nur ergänzend oder förderlich, sondern gestaltend. Die Freizügigkeiten als Grundfreiheiten des Binnenmarktes erzwingen, und das meint die soeben betonte Rolle der Gestaltung seitens der EU-Ebene, immer mehr eine definitiv „geteilte Kompetenz", denn: Die Art und Weise des Funktionierens der Erstellung von Dienstleistungen im Gesundheits- und Sozialsektor muss mit dem europäischen Recht übereinstimmen. Und dieses Recht ist im Kern ein Binnenmarktrecht.

Die Gesundheitsreformen der letzten Jahre erweisen sich nur als Etappen in einer europäisierten Einkaufsoligopollandschaft von Krankenkassen, in der auch der Unionsbürger in der Rolle des Versicherten/Patienten die Grundfreiheit der transnationalen Mobilität vermehrt nutzen wird. Damit wird die eingangs wertgebundene Perspektive auf die Solidarlogik immer mehr zu einer Frage des freien Zugangs zu den Sozialschutzsystemen und zu den sozialen Diensten (von allgemeinem [wirtschaftlichem] Interesse), der nicht zuletzt auch in der Grundrechtscharta von Nizza geregelt und von quasi-konstitutioneller Bedeutung ist. Zugleich, hierbei den Zielen der Offenen Methode der Koordinierung folgend, ist eine hohe Produkt- bzw. Dienstleistungsqualität und die Nachhaltigkeit der Systeme geboten. Die EuGH-Rechtsprechung ist, und dies angesichts der unbedingten Binnenmarktkompatibilität nationaler Praxis nicht überraschend, eindeutig hinsichtlich der Grundfreiheit der grenzüberschreitenden Patientenmobilität.

Es liegt nunmehr ein Vorschlag zu einer Richtlinie „über die Ausübung der Patientenrechte in der grenzüberschreitenden Gesundheitsversorgung" (EU-Kommission, 2008a; dazu auch EU-Kommission, 2008) vor. Die Regelungsvorstellungen sind jedoch umstritten. Die Richtlinie wird demnach noch Entwicklungszeit benötigen.

Die Rechtsurteile zu dieser Problematik sind bislang zahlreich und längst populär (vgl. auch Zimmermann, 2008). Dennoch besteht ein allgemeiner Regelungsbedarf, wie die Debatte um den diesbezüglichen „Gemeinschaftsrahmen" zeigt. Die Anpassungsprobleme für die Mitgliedstaaten können aber erheblich sein. Im Kern geht es im Kontext des Sachleistungsprinzips und der Gesamtvergütungsverhandlungen im ambulanten ärztlichen Bereich

---

[35] Zur Problematik der von grenzüberschreitender Inanspruchnahme betroffenen Sachleistungslogik vgl. juristisch differenziert: Udsching/Harich, 2006. Ferner Fahlbusch, 2006. Schließlich Rauchmann, 2007.

und in der Krankenhausbedarfsplanung der Länder um Probleme der Kapazitätsplanung und Kapazitätsauslastung. Je nach kollektivvertraglicher Vergütungspraxis im ambulanten Sektor kann es zu doppelten Finanzströmen für die Kassen kommen. Und in der einschlägigen rechtswissenschaftlichen Literatur wird die Europarechtstauglichkeit des mit der GMG-Reform des SGB V eingeführten 140e SGB V als Problemlösung in Richtung auf grenzüberschreitende Vertragsbildung hinterfragt. Auch ist die Genehmigungspflicht seitens der Kassen im stationären Behandlungsfall gegenüber einer im ambulanten Behandlungsfall so nicht vorgesehenen Genehmigungspraxis im Lichte neuerer EuGH-Rechtsprechung ins Wanken geraten. Investitionsaufwand und Kapazitätseffekte gibt es auch in der vertragsärztlichen ambulanten Niederlassungsplanung; und Grundfreiheiten gelten grundsätzlich und nicht nur für Teilsektoren.[36]

---

[36] *EU-Recht und Wandel des Gesundheitswesens*: Die ganze Entwicklungsdynamik ist im Kontext des sozialrechtlichen Dreiecksverhältnisses zu betrachten. Die Debatte konzentrierte sich daher bislang vor allem auf die Frage der Freizügigkeitsrechte des Versicherten sowie auf die Situation der öffentlich-rechtlichen Krankenversicherungen des GKV-Systems mit Blick auf die Zukunft des Sachleistungsprinzips im Binnenmarkt (Udsching/Harich, 2006). Die Frage der strategischen Optionen der Anbieter kommt erst in Folge der an diesem Punkt der Analyse als Haupthypothese vorgestellten Entwicklung in den Vordergrund der Betrachtung, wenn sich die Sicherstellungspraxis auf die Einzelkassen im Wettbewerb verlagert, denn mit einem System des selektiven Kontrahierens fällt das ganze berufsständische Zulassungswesen sowie die hoheitliche Krankenhausbedarfsplanung (auch die duale Finanzierung müsste dann in konsequenter Weise einer Monistik durch die Kassen weichen) fort. Seit den bekannten Leitentscheidungen Kohll (Rechtsache C-158/06 Kohll [1998] ECR I-1931) und Decker (Rechtsache C-120/95 Decker [1998] ECR I-1831) aus dem Jahre 1998 (Udsching/Harich, 2006) hat sich diese Rechtsprechung bestätigt und differenziert. Die Frage der geradezu grundrechtlich verbürgten Grundfreiheit auf grenzüberschreitende Inanspruchnahme medizinischer Leistungen ist prinzipiell eindeutig geklärt. In der Folge waren aber zentrale Fragen zu klären: Die Gebundenheit an den Leistungskatalog des Herkunftslandes (was vom EuGH bestätigt wurde), die Frage der Höhe der Kostenerstattung (gemäß Herkunfts- oder gemäß Zielland, was vom EuGH zugunsten des Herkunftslandes entschieden worden ist), die Frage der Vorab-Genehmigungspflichtigkeit durch die Kassen des Herkunftslandes (dazu gleich mehr). Unterschieden wird durch die Rechtsprechung des EuGH allerdings zwischen ambulanten und stationären Leistungen. Ökonomisch ist dies umstritten. Denn das zentrale Argument, es ginge um die Planbarkeit von Kapazitäten (vgl. auch bei Kingreen, 2006a), gilt wohl, wenn es gilt, sowohl für die ambulante wie auch für die stationäre Versorgung. Aber der bundesdeutsche Gesetzgeber hat durch die Reform des SGB V durch das GMG das Zustimmungserfordernis allein auf den Fall der Krankenhausbehandlung fixiert und folgt somit mit dem § 13 Abs. 4, 5 SGB V dieser EuGH-Rechtsprechung. Hintergrund für diese EuGH-Rechtsprechung war die Gefahr der erheblichen finanziellen Gleichgewichtsstörung nationaler Gesundheitssysteme. Genau dieses finanzielle Gleichgewicht ist jedoch ein schwerwiegendes Allgemeininteresse. Probleme ergeben sich im Fall nationaler Praxis einer (kopf)pauschalen Vergütung von ärztlichen Leistungen (Udsching/Harich,

2006, S. 804 f.), da es bei Kostenerstattung (zum inländischen Erstattungssatz) zu Doppelzahlungen der Kassen kommen kann. Die Kostenerstattungen für EU-Auslandsbehandlungen müssten entsprechend im Rahmen der Gesamtvergütungsverhandlungen berücksichtigt werden. Dennoch bleibt das Problem der europaweiten Anbieterdiskriminierung durch die national abgeschotteten Mechanismen der Niederlassungs- und Krankenhausbedarfsplanung. Grenzüberschreitende Ausdehnungen des Vertrags- und somit des Sachleistungsprinzips sind mit dem § 140e SGB V – europarechtlich aber wiederum umstritten (Iungareva, 2009) – möglich. Der Aspekt der bislang begrenzten Masse der Patientenmigrationen ist rechtlich irrelevant. Das Europarecht kann insgesamt so ausgelegt werden, dass nationale Anpassungen infolge der Binnenmarktgrundfreiheiten selbstverständlich als notwendig erachtet werden (Dettling, 2006 mit Bezug auf Art. 152 EGV) und nicht unbedingt die nationale Souveränität beeinträchtigen. Das Problem bleibt angesichts der Einheit von Sachleistungs- und Vertragssystem eine Frage der Angebotssteuerung. In der Rechtsprechung entzündete sich die Frage insbesondere im Fall der Angebotsverknappung als Instrument der Kostensteuerung, womit in der Regel Wartelisten verbunden sind (vgl. auch Wunder, 2007). Nimmt ein Versicherter angesichts einer bestehenden Warteliste (im Fall der Krankenhausbehandlung) die Auslandsbehandlung wahr, so, folgt man der EuGH-Rechtsprechung (Udsching/Harich, 2006, S. 809), bleibt diese Praxis bei der Kasse genehmigungspflichtig, ist aber von dieser nicht ablehnungsfähig, wenn die Warteliste rein wirtschaftlich begründet ist. Die Warteliste muss auch medizinisch unbedenklich sein. Zwar ist die EuGH-Kompetenz für die Gesundheitssystementwicklung in der einschlägigen Literatur heftig umstritten (Dettling, 2006), aber das implizite ethische Leitbild ist bemerkenswert: Demnach ist Kostenerstattung von grenzüberschreitender Krankenhausbehandlung in Länder mit stark budgetierten Gesundheitssystemen dann nicht zulässig (vgl. auch die Problemdarstellung von Rationierung und Patientenschutz bei Vosteen, 2001), wenn sich die Wartezeiten nur wirtschaftlich begründen. Der Stand des medizinisch-technischen Fortschritts, die Beurteilung des klinischen Zustandes des Betroffenen, seiner Vorgeschichte, seiner voraussichtlichen Entwicklung, seiner Schmerzzustände etc. sind zu berücksichtigen. Es geht demnach um die Berücksichtigung „internationaler Standards des medizinisch Vertretbaren" (Dettling, 2006, S. 521). Damit untergräbt der EuGH allerdings die mit Art. 152 Abs. 5 Satz 1 EGV ausformulierte Autonomie der Mitgliedstaaten in Fragen der Gesundheitssystementwicklung. Nach Art. 152 Abs. 5 Satz 1 EGV hat die EU hier keine Kompetenz. Es entspricht aber der in der vorliegenden Analyse dargelegten Tendenz zur geteilten Kompetenz, dass sich nationale Rechts- und Rechtspraxisanpassungen aus Binnenmarktimperativen heraus zwingend ergeben. So stellt sich hier die Frage, ob sich durch diese EuGH-Praxis im Kern die Schaffung gemeinschaftsweiter Mindestniveaus bei der Krankenhausversorgung und somit eine gewisse Harmonisierung des Leistungsumfangs der Krankenversorgung ergeben; und dies alles trotz des Harmonisierungsverbotes gemäß Art. 137 Abs. 2 lit. a EGV sowie Art. 137 Abs. 4 EGV. Das Thema „Ausländische Patienten für deutsche Krankenhäuser gewinnen" (Braun, 2004) kennzeichnet im stationären Sektor die dynamische Debatte um die Eröffnung neuer Geschäfts- und somit Erlösfelder. Im Lichte der vorliegenden Fragestellung ist jedoch zunächst nach den Möglichkeiten bzw. Grenzen im Rahmen des zunehmend verschachtelten EU-Rechts und nationalen Sozialrechts zu fragen. Denn angesichts der Investitionsförderung durch die Länder und angesichts der Mengenverhandlungen mit den Kassen auf der Basis der DRG-Finanzierung stellt sich natürlich die Frage der klaren Zurechnung von inländischer Solidarfinanzierung und Kapazitätsnutzung durch EU-weite „Patientenmobilität" (vgl. auch KOM [2004] 301 vom 20. April 2004 sowie KOM [2008] 414 endg.

Primäre endogene Kräfte, Emergenzen[37], *sekundäre Exogenisierung*: Aber angesichts (Schulz-Nieswandt, 2006j) des völkerrechtlichen Vertragscharakters der EG bzw. der EU und angesichts der im politikwissenschaftlichen Lichte deutlichen intergouvernementalen Entscheidungsstrukturen des politischen Systems der EU[38] sind genetisch die Mitgliedstaaten souveräne „Herren der Verträge". Das gilt, auch wenn sich verfassungsähnliche Herrschaftsstrukturen (Dominanz des EU-Rechts auch gegenüber dem nationalen Verfassungsrecht[39]) und staatsähnliche Aspekte (im Zusammenhang mit der Unionsbürgerschaft) ergeben und Teile der Rechtswissenschaft (wie ich auch) diese komplizierte Architektur Europas folgerichtig in hybriden

---

vom 2. Juli 2008; dazu auch Deutscher Verein, 2008b). Auch an die oben angeführten Doppelzahlungen für den eigenen Versichertenkreis (Gesamtvergütungen an Anbieter und die Summe alle Kostenerstattungen an EU-Auslandsanbieter bei Mobilität des eigenen Versichertenkreises) ist zu erinnern. Die Debatte über mögliche konkrete Lösungen innerhalb des korporatistischen Systems steht hier eher noch am Anfang. Breiter ist die Debatte im Bereich der ambulanten ärztlichen Behandlung in Europa (Junge, 2007). Zulassung, Bedarfsplanung und Vergütung sind auf die nationale Bevölkerung zugeschnitten: „grenzüberschreitende Sachverhalte müssen somit außerhalb des kollektivvertraglichen Rahmens abgewickelt werden." (Kingreen [2007, S. 413] mit Bezug auf Fahlbusch [2006]) Basis einer systematischen Lösung wären grenzüberschreitende Einzelverträge gemäß § 140e SGB V. Hier eröffnet sich das ganze strategische Feld, das theoretisch unter Rückgriff auf die evolutions- und transaktionskostenökonomischen Analyse (vgl. Hartweg [2007] mit Bezug auf Netzwerkbildungen im Gesundheitswesen) aber noch am Anfang steht. Eine Fülle von Fragen- und Problemkreisen bleiben aber noch ungeklärt. Dazu gehört die Realisierung einer Dienstleistungsrichtlinie, die das Verhältnis zu den Gesundheits- und Sozialdienstleistungen insgesamt klärt (vgl. etwa auch die Position von Becker, 2008). Nationale Allgemeininteressen sind hier gegen Diskriminierungs- und Beschränkungsverbote des Europarechts abzuwägen. Umstritten war vor allem das Herkunftslandprinzip in der Dienstleistungsrichtlinie (Albath/Giesler, 2006), die in diesem Punkt dann auch geändert worden ist. Es geht im Kontext der bisherigen Ausführungen genau um die Frage der Gewährleistungsstaatlichkeit marktoffener und wettbewerbsorientierter Dienstleistungserstellung. Denn es wurde ja argumentiert, die nationale Souveränität wurde hinsichtlich der Zielsetzung nationaler Versorgungsstandards nicht berührt; nur die Modalitäten der Dienstleistungserstellung müssten binnenmarktkompatibel angepaßt werden. Soll man aber auf die Qualität der Herkunftslandstimmungen innerhalb der EU schlicht vertrauen und EU-Auslandsanbieter gegenüber Inlandsanbieter nicht nur nicht diskriminieren, sondern überhaupt alles unterlassen, was EU-ausländische Anbieter vom Inlandsgeschäft abhält, so geht genau diese teleologische Freiheit des Gewährleistungsstaates verloren.

[37] Unter Emergenz versteht man die Entstehung (Herausbildung) neuer Phänomene auf einer Makroebene eines Systems, wobei die Elemente des Systems zwar zusammenspielen, aber das neue Phänomen nicht aus den Eigenschaften dieser Elemente resultieren.

[38] Vgl. Wessels, 2007 sowie Tömmel, 2005. Zur EU insgesamt vgl. auch Herz, 2007.

[39] Vgl. dazu auch Vedder/Folz, 2007. Vgl. ferner Plecher-Hochstrasser, 2006.

Sprachformen etwa des Verfassungsvertragsgefüges zu fassen versuchen (vgl. auch Häberle [2006, S. 789 f.] zu konstitutiven Elementen des Europarechts).

Binnenmarkt-Kompatibilität – der epistemische Kern der EU-Kommission: Die EU-Kommission (vgl. auch die Beiträge in Fischer/Karrass/Kröger, 2007), die institutionell hinter der oftmals „kafkaistisch"[40] orientierten Metapher von Brüssel als bürgerfeindliche Bürokratie personalisiert wird, ist in diesem Rahmen nur die „Hüterin der Verträge" und prüft in diesem Kompetenzgefüge das, was sie eben prüfen muss.

Sie prüft die Übereinstimmung (Kompatibilität) nationaler Praxis mit dem EU-Recht, etwa dem Binnenmarktrecht, somit die Kompatibilität nationaler Praxis mit dem Anti-Diskriminierungsrecht von EGV und EUV, den Freizügigkeitsgeboten der Grundfreiheiten, den Wettbewerbs-, Beihilfen- und Vergabe- sowie Transparenzregelungen usw.[41] Daran ändert auch die Subsidiaritätsklausel nach Art. 5b EGV nichts. Denn die nationale Politik muss in den entsprechend relevanten Feldern und Rechtsmaterien mit den Unionszielen und den Integrationszielen der EG übereinstimmen. Die Mitgliedstaaten haben dementsprechende Verpflichtungen. Ansonsten und letztendlich müsste über die Exit-Möglichkeit[42] nachgedacht werden. Oder über unterschiedliche Integrationsstufen. Aber diese Strategie, die im Kontext der Heterogenitäts-steigernden Erweiterungsrunden der EU immer wieder diskutiert und im Fall der Währungsunion auch praktiziert wird, betrifft nicht die konstitutiven – Grundwerte-fundierten – Elemente des europäischen Vertragsgefüges.[43]

b) Sozialpolitik als „geteilte Kompetenz"

Vor diesem Hintergrund entwickelt sich die praktische Sozialpolitik[44] mit allen ihren Teilfeldern in der Tat immer mehr zu einer „geteilten Kompetenz" (vgl. hierzu explizit auch Schulz-Nieswandt/Mann, 2009a).[45]

---

[40] Zu Kafkas Institutionen vgl. auch Höcker/Simons, 2007.

[41] An den am Vergaberecht sich knüpfenden Grundfreiheiten hängen durchaus grundrechtliche Erwägungen: Franz, 2006.

[42] Exit und Voice sind Reaktionsstile in der Theorie von Hirschman. Zu diesem vgl. auch Pies/Leschke, 2006. Hirschman vertritt eine heterodoxe Sozialökonomik und wird oftmals bruchstückhaft verarbeitet und dem „mainstream" der Ökonomie gerne einverleibt.

[43] Zur sozialgeschichtlichen Analyse von Heterogenität und Konvergenz der europäischen Gesellschaften, insbesondere nach 1945 vgl. auch Kaelble, 2007.

[44] *Nochmals zum Gegenstandsbereich einer europäischen Sozialpolitik*: vgl. Thalacker, 2006 sowie Vahlpahl, 2007. Vgl. vor allem auch Eichenhofer, 2007. Vgl. ferner (unter besonderer Berücksichtigung des sozialen Dialoges) Zheng, 2007. Was

Der Vertrag über die europäische Verfassung hätte dies auch so explizit vorgesehen. Auch ohne ratifizierte Verfassung unterliegt die Sozialpolitik[p]

Ribhegge (2007) unter europäische Sozialpolitik vorlegt, ist ökonom(ist)isch verkürzte Wirtschaftspolitik, insbesondere Arbeitsmarkt- und Lohnpolitik. Vielmehr sind viel weitere Themenkreise zu beachten: Neben dem koordinierenden (Arbeits- und) Sozialrecht, das ja z.B. den Leistungsexport der Altersrentenanwartschaften geregelt hat, ist (vgl. auch Schulz-Nieswandt, 1996c; ders., 1992d) der Europäische Sozialfonds (ESF) unmittelbar sozialpolitisch wirksam, da er personenzentriert an der Employability ansetzt und durch Humankapitalmaßnahmen die Reintegration besonders gefährdeter Bevölkerungsgruppen in den Arbeitsmarkt im Lichte des wirtschaftlichen Strukturwandels fördert. Hat diese Sozialpolitik wirtschaftspolitische Aspekte, da Humankapital zugleich eine wachstums- und wettbewerbspolitische Bedeutung hat, so ist der Europäische Fonds für die regionale Entwicklung (EFRE) primär regionale Wirtschafts- und Strukturpolitik, weist durch die Erwirkung infrastruktureller Impulse aber auch sozialpolitische Aspekte auf, da die Lebenslagen der Wohnbevölkerung von den Potenzialen der Region abhängen. Der Fonds wird, zunehmend kontrovers, mit Blick auf den Abbau regionaler Disparitäten diskutiert. ESF und EFRE wirken ferner zusammen. Das Herzstück des vorliegenden Themas sind nun jedoch die Dienstleistungen von allgemeinem (wirtschaftlichem) Interesse, die DA(W)I. Das „Europäische Sozialmodell", das nach Auffassung der EU-Kommission aus dem Binnenmarkt erwächst und zu diesem passungsfähig ist, sieht eine Marktöffnung und eine wettbewerbliche Steuerung der sozialen Dienstleistungsmärkte vor, allerdings auf der Grundlage des freien Zugangs des Unionsbürgers zu den Dienstleistungen und den Sozialschutzsystemen. Dies ist als Grundrecht auch in der Grundrechtscharta von Nizza verbürgt. Die weitere Primärverrechtlichung hängt mitunter vom Schicksal des zweiten Versuchs einer europäischen konstitutionellen Vertragsreform ab. Hinzu kommen noch die Ziele einer hohen Produktqualität und einer fiskalischen Nachhaltigkeit der Ziele. Dies sind zugleich die obersten Ziele der Offenen Methode der Koordinierung (OMK).

[45] *Kritik und Apologetik der Europäisierung*: Die Spannung zwischen den binnenmarktzentrierten Grundfreiheiten und der dem Art. 152 Abs. 5 S. 1 folgenden Kompetenzverteilung im Gesundheitswesen stellt die Arbeit von Wunder (2008) dar. Hier kommt jene institutionelle und rechtliche Regimekomplexität ins Spiel, die bei Cischinsky (2007) in deren oberflächlich-apologetischen Binnenmarktorientierung fehlt. Dabei ist die Arbeit von Wunder alles andere als juristisch trocken: „Die Grundfreiheiten bilden als Instrumente der negativen Integration das Einfallstor des Gemeinschaftsrechtes in das nationale Recht.", lautet eine zentrale These (Wunder, 2008, S. 16). Die Autorin behauptet nun die Gleichrangigkeit der Grundfreiheiten und der Kompetenznormen. Die Dominanz der binnenmarktorientierten Grundfreiheiten wird daher als Demokratiedefizit definiert. Und im antreibenden Hintergrund hat sich der EuGH vom Vertragsgericht zum Verfassungsgericht transformiert. So kommt es zunehmend durch eine richterrechtliche Harmonisierung zur schleichenden Aushöhlung nationaler Kompetenzen (ebd., S. 17). Diese Ausgangsposition bekräftigt die Autorin am Ende der Arbeit als evidenten Befund (ebd., S. 201). Diese Kritik an der Konstitutionalisierung Europas übersieht allerdings m.E. die bereits realisierte Entwicklung einer „geteilten Kompetenz" im EU-Mehr-Ebenen-System, weil die Mitgliedschaft in der EU und im Regime des EG-Verfassungsvertragsverbund zur Kompatibilität nationaler Praktiken der Steuerung sozialer Dienstleistungssysteme mit dem EU-Wirtschaftsrecht zwingt. Das Subsidiaritätsprinzip liegt so gesehen auf einer ganz anderen Ebene. Die Arbeit besticht in ihrer ganz klar geführten

bereits seit längerer Zeit diesem Trend.[46] Diese gemeinsame Kompetenzwahrnehmung überrascht auch nicht angesichts der Binnenmarktrelevanz vieler sozialpolitischer Strukturen, Prozesse und Wirkungen. Dieser Binnenmarkt kennt keine tarifären und nicht-tarifären Handelshemmnisse. Er ist geprägt von den wirtschaftlichen Freizügigkeiten (Kapital, Arbeit, Güter und Dienstleistungen), die immer mehr geradezu vergrundrechtlicht werden. Im Kern besteht ein allseitiges Anti-Diskriminierungsrecht. Der Integrationsprozess in Bezug auf diesen gemeinsamen Binnenmarkt ist weit vorangeschritten und er zieht weitere Rechts- und Regelungsbereiche des gesellschaftlichen Lebens der Mitgliedstaaten in einen entsprechenden Anpassungs- und Modernisierungsdruck hinein. Vor diesem Hintergrund wird kontrovers diskutiert, ob Europa bereits einen eigenen Staatscharakter oder zumindest staatsähnliche Eigenschaften erworben hat oder ob die Mitglied-

---

Argumentation mit eindeutigen demokratietheoretischen Prämissen. Die vielfältigen und komplizierten Details der emergierenden Interdependenzen von Binnenmarkt und nationaler Steuerungspraxis aus Sicht der Anbieter- und der Nachfragerdynamik, auf die Cischinsky noch weitgehend oberflächlich-apologetisch fokussierte, übergeht die Autorin aber weitgehend in der von ihr eingenommenen Analyse- und Abstraktionsebene. Die Konkretionsebene der Theorie und Empirie der DA(W)I wird nicht hinreichend einbezogen.

[46] *Kompetenzverteilung als Machtbalance in der EU*: Ich gehe vor dem Hintergrund dieser Einschätzungen also davon aus, dass Europa *de facto* bereits eine geteilte Kompetenz im Bereich der Sozial-, einschließlich der Gesundheitspolitik betreibt. Europa praktiziert dies unabhängig davon, ob es im Zuge des vollzogenen, zweiten Versuchs einer Verfassungsgebung dergestalt rechtlich geregelt werden würde. Diese Teilung einer Kompetenz, d.h. die Praxis einer gemeinsamen Kompetenzausübung widerspricht nicht der Subsidiaritätsidee des Art. 5 b EGV; und auch die Art. 137 i.V.m. Art. 152 EGV stehen nicht unbedingt im Widerspruch zu dieser Kompetenzregelung im europäischen Mehr-Ebenen-System, da die souveräne Gesetzgebung und Politik der Mitgliedstaaten trotzdem immer die Übereinstimmung des eigenen nationalen Handelns mit dem EU-Recht zu prüfen und zu beachten hat. Die EU-Mitgliedstaaten sind demnach einerseits souverän und an sich zuständig für die Sozial- und Gesundheitspolitik, aber eben nur bedingt: Sie müssen nämlich andererseits ihre Rechtsentwicklung und Politik in Übereinstimmung mit dem EU-Recht gestalten. Dass diese Übereinstimmung wiederum definiert und konkretisiert werden muss, macht deutlich, dass es hierbei durchaus Freiheitsgrade gibt oder geben kann. Insofern ist dieses juristische Problem keineswegs frei von Macht und von Fragen der Machtbalance im Mehr-Ebenen-System und nicht frei von politischen Güterabwägungen zwischen der Binnenmarktdimension einerseits und anderen wertgeschätzten historischen, kulturellen und sozialen Merkmalen Europas und seiner Mitgliedstaaten andererseits. Dabei ist aber nochmals zu betonen, wie stark gerade der Binnenmarkt zum Kernprozess und zum Motor der (sich vertiefenden, aber auch erweiterten) europäischen Integration geworden ist. Vor diesem Hintergrund wird „Brüssel" oftmals eine Föderalismusfeindlichkeit, ein tiefes kulturelles und politisches Unverständnis für historisch gewachsene Institutionen und insgesamt für die Vielfalt der Kulturen Europas vorgeworfen. Und dies, obwohl doch das primäre Recht Europas diese kulturelle Vielfalt explizit achtet und wertschätzt.

staaten weiterhin souverän sind und im Prinzip sich nur durch einen horizontalen völkerrechtlichen Vertrag gebunden haben. Die Mitgliedstaaten sind schließlich „Herren der Verträge", die EU-Kommission *nur* „Hüterin der Verträge". Unterschiedliche Varianten der Interpretation der EU als Staatenbund oder Bundesstaat konkurrieren miteinander. Das Wörtchen „*nur*" in Bezug auf die Funktion der Kommission als „Hüterin der Verträge" ist aber zentral: Wie werden die Verträge ausgelegt? Hier kommt die zentrale Rolle des EuGH[47] zur Wirkung. Was für Konsequenzen müssen in der Folge dieser Auslegung gezogen werden? Wie auch immer dieses Problem rechtswissenschaftlich und praktisch-juristisch gesehen wird, die politische Architektur Europas als politisches System ist jedenfalls als ein Mehr-Ebenen-System (aus deutscher Sicht: EU-Ebene, bundesstaatliche Ebene – föderale Untergliederungen: Länder, Kommunen) zu verstehen. Dabei kommt es einerseits zu Kompetenzaufteilungsfragen, aber auch zu vertikalen Verschachtelungen und zu horizontalen Verflechtungen.

War die Forderung nach einer anreiz-kompatiblen Marktkonformität immer schon endogener Bestandteil nationaler Diskurse (etwa im ORDO-Liberalismus: Evers, 2003; Ptak, 2003[48]), so ist die EU-Rechts-Kompatibilität nationaler Sozialpolitikpraxis eine zwingende – aus der gesamten Idee der europäischen Integration erwachsende – Norm, die auf Modernisierungsprozesse im Sinne der Adaption hinauslaufen kann.[49]

---

[47] Zum EuGH als Verfassungsgericht vgl. auch Bauer, 2008.

[48] Wie viele andere Studien vor ihr hat Hotze (2008) erneut nachweisen können, wie bei Rüstow, Röpke und Müller-Armack wesentliche Menschenbilddimensionen weit über den *homo oeconomicus* hinausreichen. Kritisch zum (angeblichen) Liberalismus der ORDO-Richtung vgl. Manow, 2008a. Überhaupt ist es die Frage, was konstitutiv ist für den ORDO-Liberalismus und wer daher zum Kern gerechnet werden darf. Rüstows Konzeption der sozialen Marktwirtschaft (Maier-Rigaud/Maier-Rigaud, 2009) geht jedenfalls weit über die liberale Wettbewerbsordnung hinaus. Das dürfte wohl auch hinsichtlich der „irenischen Formel" von Muller-Armack gelten. Schließlich dominiert auch hier das Religiös-Geistige über das Ökonomische. Insofern ging es ihm um die Darlegung und Fundierung eines Wirtschaftsstiles. Solche Stilphänomene mögen zwar schwer sichtbar zu machen sein; aber sie existieren.

[49] Das Problem besteht, dies wird bei Zapka (2007) nicht so recht deutlich, darin, dass natürlich bereits jeder Nationalstaat als Wohlfahrtsstaat das Problem des Konflikts re-distributiver (Solidaritäts-)Logik mit der Leistungs-Gerechtigkeits-Logik wettbewerblicher Systeme (des eigenen marktwirtschaftlichen Basissystems) politisch leben muss, ausgedrückt in divergierenden Akzentuierungen zwischen „politics against markets" oder als anreizkompatible Markt-Konformität sozialer Politik. Was also horizontal innerhalb des nationalen Gehäuses wirtschafts- und wohlfahrtskulturell gestaltet werden muss, repliziert sich im Mehr-Ebenen-System nun auch vertikal als Problem des Gleichgewichts von Wirtschaftsraum- und Sozialraum-Orientierung in der europäischen Politik und Rechtsprechung.

c) Die DA(W)I als Rechtsmaterie geteilter Kompetenz im europäischen Mehr-Ebenen-System

Insbesondere im Bereich der Dienstleistungsmärkte (vgl. EU-Kommission, 2006b) wird dies evident.

Wie kontrovers Teile eines solchen binnenmarktkompatiblen Regelungsbedarfs sein können, zeigte die Debatte (vgl. etwa auch die Position von Becker, 2008) um die Dienstleistungsrichtlinie (KOM[2004] 2 vom 13.1.2004; Löber, 2007[50]), die in Hinsicht auf das Herkunftslandprinzip ja auch schließlich revidiert wurde (KOM[2006] 160 vom 4.4.2006).[51] Auch die Umsetzung der EU-Richtlinien in Form eines nationalen Anti-Diskriminierungsgesetzes verdeutlichte die Konfliktpotenziale. Insbesondere ging es in Verbindung mit dem Herkunftslandprinzip um die vermutete Gefahr des Qualitätsdumpings, von der Schwartz sagt, es könne sich nur um einen „Abwärtsdruck" handeln (Schwartz, 2007, S. 200).

aa) Nationale Sozialstaaten als lernende Organisationen? Harmonisierung, Konvergenz – oder was?

Die Aktivitäten der EU-Kommission, aber auch die parallele und damit verknüpfte Rechtsprechung des EuGH im Bereich der Dienstleistungen von allgemeinem (wirtschaftlichem) Interesse (DA[W]I) – also Kommissionsbezogen die Mitteilungen[52], das Grün- und sodann das Weißbuch (KOM[2004] 374 vom 12.5.2004) sowie die dadurch induzierten (konsultativen) Diskurse mit den nationalen Regierungen (dazu die Stellungnahmen des Deutschen Vereins in NDV 2003, S. 452 ff. sowie in NDV 2004, S. 397 ff.) und den jeweiligen Zivilgesellschaften[53] – verdeutlichen geradezu plastisch die Transformation nationaler praktischer Sozialpolitik in eine (oben angesprochene) geteilte Kompetenz im Rahmen der Architektur der EU als Mehr-Ebenen-System zwischen (der Vertikalität einer) Verfassung und (der Horizontalität eines) Vertrag(es). Von zentraler Bedeutung ist die Mitteilung der Kommission zu den Sozialdienstleistungen aus dem Jahre 2006 (EU-Kommission, 2006). Es folgte die Mitteilung der Kommission „Dienstleistungen von allgemeinem Interesse unter Einschluß von Sozialdienstleistungen: Europas neues Engagement" (EU-Kommission, 2007).

---

[50] Juristisch höchst subtil: Albath/Giesler, 2006. Aspekte auch bei Lemor, 2007.
[51] Vgl. auch Deutscher Verein, 2005 sowie ders., 2006c.
[52] Die rechtsdogmatisch durchaus umstritten sind.
[53] Vgl. – z.B. – das Wirken des Deutschen Caritasverbandes in Europa: Köhler, 2005.

Systemwettbewerb: Es muss jedoch deutlich herausgestellt werden, dass diese gemeinsame Kompetenzwahrnehmung wohl nichts an der Vielfalt der Sozialstaatssysteme (auf die längere Frist betrachtet: Bettio, 2004) ändern wird (anders Glootz, 2005; zur Harmonisierungsproblematik vgl. auch Schulz-Nieswandt/Maier-Rigaud, 2008b[54]). Es gibt sicherlich auf der Basis dieser Systemvielfalt einen „Wettbewerb der Systeme" (vgl. auch Schwartz, 2007), da es empirisch offenbar Evidenz für Zusammenhänge zwischen volkswirtschaftlicher, insbesondere arbeitsmarktpolitischer Performance einerseits und den typologisch fassbaren Sozialstaatsregimen andererseits gibt (Alber, 2006). Dabei kommen die Sozialversicherungs-dominierten kontinentaleuropäischen Staaten (vgl. auch Palier/Martin, 2007) offensichtlich relativ schlecht weg.

Aber diese makroökonomischen und systemspezifischen Zusammenhänge sind im vorliegenden Diskussionskontext nicht von zentralem Interesse. Aus der international vergleichenden Forschung wird evident, dass es ohnehin fruchtbarer ist, einzelne Politikfelder (Interdependenzen allerdings beachtend) statt ganze nationale Systeme zu analysieren (vgl. auch Bambra, 2008).

Schleichende Harmonisierung? Die OMK (vgl. auch Hervey, 2008), die Offene Methode der Koordinierung (vgl. auch Lamping, 2006), auf die nochmals zurückzukommen sein wird, verdeutlicht jedoch, dass, obwohl die OMK eine intergouvernementale Praxis ist, sehr wohl teleologisch durchaus eine schleichende Harmonisierung angedacht ist (Schulz-Nieswandt/Maier-Rigaud, 2005), wenngleich sie auch anders ausgelegt werden kann (vgl. etwa Büchs [2007] aus der Sicht einer Dilemmasituation der EU zwischen nationalen Souveränitätsansprüchen[55] einerseits und Funktionsanforderun-

---

[54] *Harmonisierung*: Was meint Harmonisierung? Diese Frage bezieht sich (morphologisch) auf die Eigenschaftsstruktur eines Gegenstandes. Erst im Vergleich von mindestens zwei oder mehreren Gegenständen kann dargelegt werden, wann sich diese Gegenstände in Bezug auf die zur „Gestalt" verdichteten Eigenschaftskataloge als harmonisiert verstehen lassen. Damit wird ein Verständnis von Harmonisierung deutlich, das auf eine „Gestalt-affine" Entwicklung der nationalen Systeme hindeutet: Harmonisierung bedeutet dann grammatisch, dass die Systeme in der gleichen Weise „gestrickt" sein müssen. Unter Grammatik verstehe ich ein Regelwerk, das die Systeme steuert. Eine grammatische Harmonisierung der Gesundheitsysteme umfasst daher alle drei Dimensionen der Semiotik: die Syntaktik (struktureller Aufbau des Systems), die Semantik (Bedeutungsgehalte bzw. Inhalte) und die Pragmatik (die Handlungsabläufe). Eine semiotisch verstandene Harmonisierung würde demnach eine Institutionenangleichung, eine leistungsrechtliche Angleichung und eine Angleichung der Ablaufprozesse umfassen.

[55] *Europäische Integration als verfassungswidriger Verlust staatlicher Souveränität?* Zur These des Verlustes an Staatlichkeit und somit der Erosion der Souveränität vgl. Haack, 2007. Die Arbeit knüpft an die breite europawissenschaftliche Konstitutionalisierungsdebatte an. „Inhaltlich beansprucht die (...) Untersuchung, Zulässig-

gen gelingender Binnenmarktintegration andererseits; vgl. dazu auch Ambrosius, 1996, S. 155 ff.).

Denn wenn Indikatorsystem-gestützt im „peer-review"-Verfahren ein Benchmarking (Twardowski, 2006) in einzelnen sozialpolitischen Feldern (Alterssicherung, Beschäftigung [mit Blick auf ältere Arbeitnehmer: Kraatz/ Rhein, 2007], Armutspolitik, Gesundheitswesen, Langzeitpflege [Schneider u. a., 2007] – die Entwicklung wird wohl weiter gehen: Migration, Wohnungspolitik etc.) versucht wird, um so Lernprozesse zu induzieren, so macht die beabsichtigte Politik des „public shaming" (dazu ausführlicher mit Bezug auf die europäische Beschäftigungspolitik: Stephan, 2007[56])

---

keit und Erkennbarkeit eines Beitritts der Bundesrepublik Deutschland zu einem gesamteuropäischen Bundesstaatsganzen zu klären." (Haack, 2007, S. 3) Um die damit verbundene Reihe von Forschungsfragen (vgl. auch ebd., S. 4) aufzunehmen und einer (vorläufigen) Klärung zuzuführen, muss der Autor empirische Stoffsicherung, geisteswissenschaftliche Systembildung und juristische Normexegese zusammenführen (ebd., S. 19). Die Arbeit stellt somit den Versuch dar, „den Verlust der souveränen Staatlichkeit durch den europäischen Integrationsprozeß in seinen juristischen Konsequenzen zu erfassen" (ebd., S. 21). Staatlichkeit wird hierbei als eine Form des politischen Gebundenseins entworfen, die vom Gewilltsein der Individuen zur gegenseitigen Letztverantwortung für die Zusammenhänge von individuellem Verhalten und gesellschaftlicher Ordnung zeugt. Dieser Zusammenhang wird durch die Verfassung ausgeprägt. „Verfassungsrecht ist demnach, seinem Wesen zufolge, höchstes und unabgeleitetes Recht, aus dessen rechtlichem Wesen alle anderen Normen, dies es beanspruchen, hoheitlich-rechtsverbindlich zu gelten, ihr Vorhandensein ableiten müssen." (ebd., S. 479) Vor diesem Hintergrund kann der europäische Integrationsprozeß nur zwingend Demokratiedefizite aufweisen; „alle Versuche, die EU zum Bundesstaat zu fassen", müssen daher als „Verfassungsverletzung" angesehen werden (ebd., S. 482). Der Autor verweist selbst auf den Purismus dieses Konstruktes (ebd., S. 483) der Staatlichkeit als „Realität der Ideen (und [...] damit zugleich eine Realität des Geistes) in der politischen Sphäre" (ebd., S. 486), eine Position, die am Ende des Buches in eine Perspektive mündet, in der Staatsrechtsdogmatik und Staatstheorie (als Klärung der vorjuristischen Gründe des Verfaßtseins) als untrennbare gegenseitige Bedingtheit von „Sein und Gelten" behauptet wird, ohne diesen integrierten Dualismus von Sein und Sollen angesichts des immer noch aktuellen Neu-Kantianismus in Staatslehre und Rechtsphilosophie einem klärenden wissenschafts- und erkenntnistheoretischen Diskurs zuzuführen.

[56] *OMK als Governance-Methode*: Die OMK wird hierbei als Governance-Methode definiert (Stephan, 2007, S. 23 ff.). Die OMK wird gesehen als eingebettet in ein Spannungsfeld zwischen (dominanter) liberaler Binnenmarktpolitik und einem (moderaten) regulierten Kapitalismus (ebd., S. 32 f. sowie S. 318 als Fazit). Die Arbeit Stephans kommt zu dem Ergebnis, dass die OMK prozedural, aber nicht ergebnisorientiert ein Erfolg ist. Dies liegt, allerdings ist dieser Befund aus der Literatur nicht gerade überraschend, an dem soften Charakter dieser Governance-Methode, also an der sanktionslosen Strategie des *peer review/pressure*, des *naming* und *shaming*, also des *policy learning* durch *management by objectives*. Diese Ergebnisse sind nun allerdings im Lichte der insgesamt bereits vorliegenden OMK-Forschungsliteratur nicht neuartig. Interessant ist die Arbeit im vorliegenden Besprechungskon-

funktional doch nur Sinn, wenn es beabsichtigt ist, dass sich die Systeme des sozialen Schutzes und der sozialen Integration verändern sollen. Aber von einem Europa des einheitlichen Sozialstaatstypus ist eben dieses Europa im Sinne einer historischen Zeitmodalität[57] sehr weit entfernt (vgl. auch Pestieau, 2006). Harmonisierung (Schulz-Nieswandt/Maier-Rigaud, 2008b) dürfte eher ein Thema ökonomischer Modellierungen der perfekten Normwelten sein.[58]

Angesichts der multiplen Zielfunktion des Benchmarking – darauf wird noch zurückzukommen sein – ist es auch unwahrscheinlich, ein nationales Beispiel für ein in jeder Hinsicht eindeutiges Optimum zu finden. Die nationale Bilanz ist meist gemischt. Und umso mehr dürfte es unwahrscheinlich sein, den politikfeldübergreifenden Benchmarker zu finden. Kein Land wird in toto, also in jeder Hinsicht, die „beste Welt" sein oder: die im Vergleich zu anderen unvollkommenen Welten die am wenigsten unvollkommene darstellen bzw. darstellen können.

Die Beurteilungsziele der OMK werden, wie gesagt, gleich nochmals zentrale Bedeutung für die DA(W)I erhalten. Doch will ich mich zunächst

---

text deshalb, weil natürlich auch nach Transfereffekten in anderen OMK-Felder gefragt werden kann; und hier kommen wieder die DA(W)I ins Spiel. Ferner ist hinsichtlich der Theorie der Europäisierung als Supranationalisierung der Befund zu formulieren, dass die Architektur des EU-Mehr-Ebenen-Systems angesichts vertikaler und horizontaler Verschachtelungen sich doch als differenzierter und komplizierter erweist als vielfach dichotom definierende Problemsichtungen (Zentralisierung versus nationale Souveränitäten) nahelegen.

[57] Die hier allerdings unterhalb der „langen Dauer" (Burke, 2004) geschätzt wird.

[58] *Europäisierung und funktionale Teilbereiche des Gesundheitswesens*: Schmidt am Busch (2007) fügt das Gesundheitswesen in das europäische Mehr-Ebenen-System ein. Im Zentrum stehen Fragen der Kompetenzverteilung. Die Arbeit ist im vorliegenden Diskussionszusammenhang deshalb besonders interessant, da verschiedene funktionale Teilbereiche des Gesundheitswesens (Prävention, Kuration, Rehabilitation und Sterbebegleitung (damit aber auch eine ganze transsektorale Versorgungskette) behandelt werden und auf den intermediären Bereich zwischen Markt und Staat (der „Dritte Sektor") fokussiert wird. Produktbezogene Fragen der Gesundheitsversorgung und auf epidemiologisch relevante soziale Lebensverhältnisse bezogene Interventionen folgen nun im EU-Mehr-Ebenen-System unterschiedlichen Logiken. Die produktbezogenen Gesundheitsfragen werden in der Regel gesetzgeberisch, die verhältnisbezogenen Gesundheitsfragen organisatorisch-institutionell angegangen. Im produktbezogenen Fragenkreis zeichnet (binnenmarktbedingt) sich immer mehr eine Zentralisierung sowie eine Harmonisierung durch Rechtsangleichung ab. Typisch für verhältnisbezogene Fragenkreise ist eher eine dezentrale Praxis auf lokaler Ebene. Hier sieht die Autorin vor allem eine zunehmende Koordinationspraxis sich entwickeln. Auch etwa PPPs und Aufgabenübertragungen von den öffentlichen Händen in nicht-öffentliche (private oder halb-private: Schmidt am Busch, 2007, S. 11) Hände sind hier anzusiedeln.

I. Ordnungskontext und soziale Praxis 469

der Frage zuwenden, wie die EU die DA(W)I überhaupt konzeptionell und definitorisch zu fassen versucht (Herrmann/Brandstätter/O'Connell, 2007).

Im Fall der sozialen Dienstleistungen ist der Diskurs zwischen der EU-Kommission, den Mitgliedstaaten, der Zivilgesellschaft und der involvierten wissenschaftlichen Expertise durchaus noch offen und im Fluss.

bb) DA(W)I und die Idee eines europäischen Sozialmodells

Die EU-Kommission versteht[59] die DA(W)I als – neben anderen Aspekten (Alber/Lenarz, 2008) – wichtigen Kernbestandteil eines „europäischen Sozialmodells" (zum Problem des Sozialmodells vgl. auch Puetter, 2009, S. 31 ff.). Die oben nur kurz angerissene Debatte um die Vielfalt der Sozialsysteme und zur abhängigen Frage über Harmonisierung und Konvergenz der (im Wettbewerb stehenden) Systeme hat bereits deutlich gemacht, dass damit kein einheitlicher Typus des Sozialstaates gemeint ist und im Lichte eines historischen Zeitverständnisses gemeint sein kann.

Epistemische Reinheit der EU-Kommission: Sicherlich zeigt sich das Denken der EU-Kommission[60] ganz geprägt von der neoklassischen Ökonomie und ist daher um die Betonung (und reformpolitische Beachtung) der Anreiz-Kompatibilität der Sozialschutzsysteme ideenpolitisch bemüht.

---

[59] *Lissabon-Strategie*: Bisher (2008/9) ist zu konstatieren, dass sich in der europarechtlichen und europapolitischen Neuadjustierung der Gesundheitsdienstleistungen nicht viel neues getan hat. Auch die Mitteilung der Kommission „Umsetzung des Gemeinschaftsprogramms von Lissabon. Die Sozialdienstleistungen von allgemeinem Interesse in der Europäischen Union" (EU-Kommission, 2006b) hat keine abschließenden Klärungen gebracht, ob und wie hier mit einer sektorübergreifenden Rahmenrichtlinie, mit sektoriellen Bestimmungen, mit welchen Ausnahme- oder Sonderregelungen im Bereich Gesundheit und Soziales zu rechnen sein kann. Trotz der Mitteilungen von 2007 (EU-Kommission, 2007) hat die Entwicklung im Jahr 2008 stagniert. Das Verhältnis zur Dienstleistungsrichtlinie und zum Arbeitnehmerentsenderecht (vgl. auch Eichhorst [2000] zum Problem der Arbeitnehmerentsendung) bleibt unterbestimmt. Nach wie vor zeichnet sich eine verstärkte Marktöffnung und Wettbewerbsorientierung in den sozialen Dienstleistungsmärkten ab (GÖW, 2007a), die aus Gründen der EU-Rechtskompatibilität als Anpassungsleistung europäischer Wohlfahrtsstaaten binnenmarktorientiert von der EU-Kommission und vom EuGH als erforderlich angesehen wird. Der Schnittbereich ergibt sich dabei zur Verbraucherpolitik, da die Ziele, die der gewährleistende EU-Mitgliedstaat im Rahmen der Marktöffnung und Wettbewerbsorientierung in der Bereitstellung der Dienstleistungen berücksichtigen soll, u.a. die Qualitätssicherung auf der Basis eines freien Zugangs des Bürgers zu den Dienstleistungen umfasst.

[60] Übrigens ähnlich dem Denken der OECD: Schulz-Nieswandt/Maier-Rigaud, 2007.

Die EU-Kommission weist hier Züge eines relativ einheitlichen wissenschaftlichen Denkstils auf (Schulz-Nieswandt/Maier-Rigaud, 2005; dies., 2007a, S. 154) und ist auf zentrale Ideen als „epistemische Gemeinschaft" fixiert (vgl. Maier-Rigaud, 2008; ders., 2009). Sie rekrutiert ihr Personal wohl auch entsprechend ökonomisch und juristisch. Aber als reine und radikal neo-liberale Doktrin[61] kann man diesen reformorientierten Denkstil[62] und Modernisierungskurs wohl nicht unbedingt bezeichnen. Die Eindrucksbildung kann hier allerdings oftmals schwanken. Die Betonung eines (hier durchaus zu den USA abgesetzten) Sozialmodells der EU durch die Kommission drückt diese differenzierte Entwicklung aus.[63]

Der Vertrag von Lissabon hat auch hier diesen Charakter der DA(W)I als Kernelement eines europäischen Sozialmodells explizit gestärkt.[64]

cc) Die diskursive Konstruktion der DA(W)I

Es müssen nun verschiedene Aspekte des schwierigen Definitionsprozesses der DA(W)I kurz rekonstruiert werden: Was ist allgemeines Interesse? Was ist Wirtschaftlichkeit? Wann sind Dienstleistungen zwar von allgemeinem Interesse, aber nicht-wirtschaftlicher Natur?

All das ist mit Blick auf die Rolle des Marktes und mit Blick auf die wettbewerbliche Steuerung zu sehen. Es wird sich schließlich das oben bereits angesprochene Zusammenspiel von Gewährleistungsstaatlichkeit (Franzius, 2007) und Marktorientierung sowie Wettbewerbssteuerung zeigen.

(1) Daseinsvorsorge und Infrastruktureigenschaften

Man kann unter DA(W)I die Gebiete des öffentlichen Wirtschaftens, der öffentlichen Gewährleistung oder der öffentlichen Regulierung privater (bzw. freier[65]) Träger des Wirtschaftens – also ein breites Spektrum des

---

[61] Dazu auch Ulrich, 1997 aus diskursethischer Sicht der Wirtschaftsethik.
[62] Überhaupt ist hier die Begrifflichkeit schwierig. Vgl. meine frühen Beiträge dazu: Schulz(-Nieswandt), 1984, 1984a sowie 1985b.
[63] Vgl. auch insgesamt zu der Frage: „Wie sozial ist Europa?": Dittrich, 2007.
[64] Wenn Pester (2006) angesichts der Globalisierung die Bedeutung sozialer Grundrechte auf europäischer Ebene positiv betont, so stellt die EU-Verfassung nach Wehr (2006) nur eine Verkörperung des puren Neo-Liberalismus dar – so kontrovers sind die Wahrnehmungs- und Interpretationsprozesse. Vgl. auch Herrmann, 2009.
[65] Zur Kritik der Privilegien freigemeinnütziger Krankenhäuser vgl. Nowak, 2007 sowie Helios, 2005.

marktersetzenden oder marktsteuernden Governance-Regimes des Staates zwischen Leistungs- und Gewährleistungsstaatlichkeit – verstehen, die staatsrechtlich (in der terminologischen Tradition von Forsthoff) als „Daseinsvorsorge" (Schulz-Nieswandt, 2005b) in Deutschland definiert werden. Es schließt sich die (ebenfalls auch europapolitisch geführte) Problematik der PPP[66] (Budäus, 2006; Budäus/Grüb, 2007 sowie Grüb, 2007; Bolz/Rosenfeld, 2007[67])[68] an.[69]. Bei Rügemer wird PPP als eine Variante von Pri-

---

[66] *PPP*: Nicht zum letzten Mal zu PPP: Hierzu liegt nunmehr eine kleine „Zwischenbilanz" von Gerstlberger/Schneider unter Mitarbeit von Von Schäwen (2008) vor. Nach 20 Jahren PPP-Diskussion und -Praxis wird die (begrifflich fundierte Analyse der) Quantität der Entwicklung in den Funktionsbereichen Organisation und Finanzierung skizziert, aber auch die Frage nach Lernprozessen gestellt. Mit Blick auf die Ergebnisse (der Fallstudien) ist es in der Tat überraschend, dass die fiskalischen Einsparungen, die durch PPP erzielt werden, vielleicht gar nicht von so zentraler Bedeutung in der Diskussion sein sollen. Primär scheint PPP als ein Weg in die Marktöffnung und Wettbewerbsorientierung in der Erstellung öffentlicher (kommunaler) Dienstleistungen zu sein (ebd., 2008, S. 79). PPP ist und bleibt ein Dauerthema in den komplizierten und vielgestaltigen Wandlungen der Staatlichkeit. Die Übertragung von PPP-Modellen auf den Sozialsektor, insbesondere auf die Gesundheitsdienstleistungen ist aber noch ein weitgehend unterentwickeltes und daher noch nicht breit analysiertes und diskutiertes Phänomen. In ihrer Arbeit „Public Private Partnership in der Investitionskostenfinanzierung öffentlicher Krankenhäuser" behandelt Frauke Cording (2007) „Eine Analyse des Leasingmodells unter Einschluß institutionenökonomischer Aspekte", so der Untertitel. Die Arbeit nimmt faktisch-normativ die bedarfsgerechte Versorgung der Bevölkerung mit Krankenhausleistungen in Deutschland zum Ausgangspunkt (ebd., S. 11). Ausgangsbefund ist auch der chronische Investitions- und Modernisierungsstau im Krankenhaussektor. Die Probleme und Grenzen der dualen Finanzierung werden damit offensichtlich. Die vorliegende Analyse behandelt in diesem Kontext eine Alternative zur Privatisierung. Leasingmodelle im Rahmen von PPP-Regimen sieht die Autorin als „Einbindung Privater in die Erfüllung öffentlicher Aufgaben" an (ebd., S. 14). Dabei bleiben die faktisch-normativen Bezugsrahmen der Prüfung dieser Alternative die Instrumentalfunktion öffentlicher Krankenhäuser und die spezifischen Sachzieldominanzen (ebd., S. 16). Finanz- und leistungswirtschaftliche Aspekte werden ebenso einbezogen wie verhaltenswissenschaftliche Aspekte der Akteursanalyse aus der Perspektive der Neuen Institutionenökonomik. Damit reicht die Analyse über die übliche öffentlich-betriebswirtschaftliche Perspektive auf der Basis der Erörterung von Prinzipal-Agenten-Problemen in die ökonomische Vertragsbildungsanalyse hinein. In ihrem Fazit der Analyse gibt die Autorin eine positive Bilanz der Perspektiven. PPP durch Leasingmodelle ermögliche nicht nur finanzwirtschaftliche Kooperationen, sondern auch Lernprozesse in Governance-Kompetenzen auf der weiterhin gültigen gemeinwirtschaftlichen Basis, was durch die erfolgten konzeptionell-begrifflichen Erarbeitungen von PPP (ebd., S. 21 f.) möglich ist. Die finanzwirtschaftliche Vorteilhaftigkeit wird im Vergleich zur Strategie der Aufnahme von Kommunalkrediten dargelegt. Kostenprobleme werfen allerdings (ebd., S. 150 ff.) die schwierigen Prinzipal-Agenten-Probleme (Agency costs) auf (ebd., S. 178).

[67] Hier arbeiten Budäus/Grüb die theoretischen Hintergründe heraus und verweisen auf die Neue Institutionenökonomie (hier Principal-Agent-Theorie und Transaktionskostentheorie), auf die Vertragstheorie und auf die Sozialkapitaltheorie (im

vatisierung definiert (Rügemer, 2008, S. 8) und die gesellschaftliche Privatisierungsbilanz sei international weitgehend negativ[70]: „Privatisierung und PPP zerstören den öffentlichen Raum." (ebd., S. 9)

In der Regel (klassisch bereits im § 188 der „Grundlinien der Philosophie des Rechts" von Hegel [1976, S. 346] angesprochen) handelt es sich um Infrastrukturgüter, also um Dienste und Einrichtungen im Raum[71], die durch die besondere Bedeutung der Verfügbarkeit, der Erreichbarkeit, der Zugänglichkeit und der Akzeptanz definiert sind (differenziert: Kersten, 2007).

Damit handelt es sich um anthropologisch grundlegende Güter, die die elementaren alltäglichen Daseinsfunktionen der Menschen und die gerade

---

Prinzip müsste insgesamt eher im jeweiligen Plural gesprochen werden, da die Binnendifferenzierungen innerhalb dieser Theoreareas erheblich sind).

[68] *Nochmals PPP*: Die Debatte um Public-Private-Partnership (PPP: Schulz-Nieswandt, 2007b; Hoffer/Piontkowski, 2007) kristallisierte sich im Kontext der Reform des öffentlichen Wirtschaftens heraus. Hintergrund ist ein schon längerer Trend des Wechsels von der institutionellen zur funktionalen Betrachtung in der Theorie öffentlichen Wirtschaftens: Nicht die Frage der Trägerschaft öffentlicher Aufgaben ist relevant, sondern die öffentliche Aufgabe selbst, die hinsichtlich der Frage optimaler institutioneller Arrangements zur Erfüllung eben dieser öffentlichen Aufgaben institutionenökonomisch geklärt werden muss: Suche die am wenigsten unvollkommene institutionelle Form der Wahrnehmung und Erfüllung öffentlicher Aufgaben, lautet die grundlegende Frage. PPP ist in diesem Kontext eines Spektrums von Kooperationsformen zwischen Markt und Staat (Budäus, 2006; GÖW, 2004) theoretisch wie praktisch anzusiedeln. Der Diskurs dreht sich um die Frage eines obligatorischen Ausschreibungsgebots aus europarechtlicher Sicht bzw. um alternative Wettbewerbssurrogate. Dieser Diskurs erstreckt sich nunmehr zunehmend auch auf die Sektoren der sozialen Dienstleistungsproduktion. Hierbei wird die Frage nach der Wirtschaftlichkeit, d.h. nach der Marktbezogenheit der sozialen Dienste auf der Grundlage eines funktionellen Unternehmensbegriffs, also abstrahierend von Aspekten der Trägerschaft, der Rechtsform oder der Wirtschaftsgesinnung, gestellt. Die EU-Kommission betrachtet PPP-Formen sehr positiv. Allerdings ergibt sich im Kontext des EU-Wettbewerbs-, Beihilfe- und Vergaberechts eine Fülle von Kompatibiltätsfragen nationaler Praxis mit dem EU-Recht. Jüngst spielt dieses Problem von PPP, nunmehr als Formen gemischtwirtschaftlichen (Berger [2006] zur Staatseigenschaft gemischtwirtschaftlicher Unternehmen) Handelns, im Kontext des öffentlichen Wirtschaftens der kommunalen Selbstverwaltungswirtschaft eine brisante Rolle. Denn es geht auch hier – im Lichte einschlägiger Urteile des EuGH („Teckal", „Stadt Halle" [Rechtsache C-26/03, Urteil vom 11. Januar 2005], „Carbotermo SpA") um die Möglichkeiten des Inhouse-Prinzips angesichts des Diskurses um den obligatorischen Ausschreibungswettbewerb.

[69] Zu PPP in der Investitionsförderung öffentlicher Krankenhäuser vgl. Cording, 2007.

[70] Vgl. dazu auch das entsprechende Schwerpunktheft der WSI-Mitteilungen, 2008.

[71] Zur Geographie der Sicherstellung und Erreichbarkeit des Gesundheitswesens vgl. die systematische Darlegung von Dapp, 2008.

unter der Bedingung hochgradig funktional (und räumlich) ausdifferenzierter Gesellschaften grundlegende Fragen der Systemintegration und der sozialen Integration betreffen, etwa Wohnen und Verkehr (zur Barrierefreiheit im ÖPNV: Mygo, 2007), Energie, Wasser etc., Bildung/Kompetenzen, Wissen und Information, Gesundheit, Pflege, soziale Dienste der Haushaltswirtschaft, Sicherheit und Transparenz u. a. m.[72]

Der EU-Diskurs hat diese Komplexität ansatzweise, aber nicht vollständig verstanden. Diesen Eindruck gewinnt man, wenn man die Dokumente studiert und öfters mit der EU-Kommission zu tun hat. Es geht bei der – auch marktorientierten – Sicherstellung sozialer Dienstleistungen um Fragen der Verfügbarkeit, Erreichbarkeit und Zugänglichkeit, der Kontinuität und Universalität, der Territorialität/Lokalität, der Wohnortbezogenheit und der Netzwerknähe, der Integration, der Komplexleistung, der Transparenz, Sicherheit und Bürgernähe, der Konsumentenaktivierung und der Qualitätssicherung und um viele weitere Aspekte, die insgesamt hohe Anforderungsprofile definieren hinsichtlich der Produktion, Distribution und Konsumtion der Dienstleistungen.

Der Druck auf die EU-Rechtskompatibilität der Organisationsmodi der nationalen Sozial- und Gesundheitsdienstleistungen bleibt hoch. Dies zeigt auch die Studie von Lehmann (2008) zur Frage der Vereinbarkeit des Krankenhausfinanzierungsrechts in Deutschland mit den Art. 87 ff. EGV. Im Rahmen der dualen Krankenhausfinanzierung können die Investitionsförderungen durch die Länder zwar einerseits als Betrauungsakt-ähnliche Abgeltung gemeinwirtschaftlicher Aufgaben (flächendeckende, bevölkerungsbezogene Versorgungsaufträge) definiert werden; aber die fehlende Transparenz macht den Vorgang beihilfeähnlich.

(2) Evaluierungsziele und die OMK

Ich komme an dieser Stelle auf die angesprochene mehrdimensionale Zielfunktion der OMK (Schulz-Nieswandt/Maier-Rigaud, 2005) zurück. Dabei kann auch der Trend zur (sozialen) Vergrundrechtlichung[73] in der EU in

---

[72] *Bevölkerungsrückgang und Rückbau der Infrastrukturen*: Auf das Thema des demographischen Wandels ist auch hier deshalb einzugehen, da sich in letzter Zeit die Literatur zum demographischen Wandel als Anpassungsherausforderung für den öffentlichen Sektor, vor allem auch für die Infrastrukturleistungen der Daseinsvorsorge, verdichtet. Dabei geht es weniger um die allseits diskutierte Alterung der Bevölkerung, sondern um die damit verknüpfte Schrumpfung der Bevölkerung und entsprechende Anpassungsbedarfe im öffentlichen Sektor, auch in der kommunalen Daseinsvorsorge. In diesem Zusammenhang ist auf Sackmann/Jonda/Reinhold (2008) zu verweisen.
[73] Vgl. auch Arnim, 2006.

die Betrachtung integriert werden (mit Bezug auf das Alter: Townsend, 2006).[74] Sodann kann sich die Analyse der Frage des wirtschaftlichen Charakters dieser Dienstleistungen zuwenden.

Die OMK geht davon aus, dass die Evaluierung[75] der sozialen Schutzsysteme im Kern drei Kriterien berücksichtigen muss: (a) freier Zugang zu den Einrichtungen und Diensten, zum Teil bei der EU-Kommission allerdings[76] reduziert zum Kriterium wohlfahrtsoptimaler Preise bzw. erschwinglicher Preise, (b) hohes Qualitätsniveau (aus verbraucherschutzpolitischer Sicht[77]: Schulz-Nieswandt/Maier-Rigaud, 2007a; auch dies., 2008) und (c) fiskalische Nachhaltigkeit.

Nun zum Problem der Wirtschaftlichkeitseigenschaften von Dienstleistungen.

---

[74] *Soziale Vergrundrechtlichung*: In diesem Zusammenhang ist auf das Beiheft 1 der Zeitschrift „Europarecht (EuR)" von 2007 zu verweisen. Mit dem Titel „Unionsbürgerschaft und soziale Rechte" geben Hatje/Huber (2007) dieses Beiheft heraus. Das Beiheft umfaßt vier Aufsätze (von Christian Callies, Thorsten Kingreen, Wolfram Cremer und von Ulrich Becker). Die Beiträge sind wichtig und rezeptionsbedürftig. Callies skizziert den langen Wandel vom Marktbürger zum Unionsbürger. Der Trend ist nunmehr europarechtlich, d. h. anti-diskriminierungspolitisch ernst zu nehmen. Spannend ist die Formulierung vom „geteilten Unionsbürger" (ebd., S. 38), um die Schnittfläche des Gemeinschafts- und des nationalen Rechts zu veranschaulichen. Dieser Befund knüpft sich an eine Kritik der unklaren Rechtsprechungsdogmatik des EuGH, insbesondere auch in sensiblen Bereichen wie die der Sozialpolitik, auch mit Blick auf die EU-Erweiterung. Der Beitrag von Kingreen skizziert fundiert das sozialpolitische Potenzial der Grundfreiheiten und ebnet den Weg für eine Problemwahrnehmung eines europäischen Sozialmodells, das sich funktional mit dem Binnenmarktkern der EU verknüpft, diesen Zusammenhang aber auch zunehmend übersteigt. Cremer skizziert systematisch die EG als Sozial- und Bildungsunion, konstatiert aber auch den Prozesscharakter der längerfristigen Evolution und damit die Vorläufigkeit und Unvollkommenheit des Erreichten. Ähnlich geht Becker auf den Zusammenhang von Migration und sozialer Sicherheit ein. Dorfmann (2006) ist in diesem ganzen Zusammenhang besonders herauszuheben, da es ihr mit besonderem Bezug zur Grundrechtscharta von Nizza darum geht, auf den Zusammenhang der sozialen Grundrechte mit staatlichen Gewährleistungsfunktionen (verschieden ausformulierter Art) im Kontext einer positiven Staatsauffassung („Freiheit durch den Staat" [Dorfmann, 2006, S. 301]) einzugehen und diesen darzulegen und zu diskutieren.

[75] Zur methodischen Problematik von Evaluation (am Beispiel von gesundheitsbezogenen Interventionen) vgl. auch Ovretveit, 2002. Vgl. auch Art. „Evaluationsforschung" von Chr. Lüders, in Bohnsack/Marotzki/Meuser, 2006, S. 55–56.

[76] Und das zeigt den mainstream-ökonomischen Marktansatz im Denken der EU-Kommission.

[77] Zur europäischen Gesundheitspolitik als Querschnittsaufgabe vgl. auch Kment, 2007.

(3) Wirtschaftlichkeit und Marktbezogenheit

Die Diskussion um die Frage der Relevanz des europäischen Wettbewerbsregimes für die Sektoren der sozialen Dienstleistungen zentriert sich zum Teil um die Frage, ob dieser Sektor zwar als DAI, aber nicht als DAWI zu definieren sei. Der entscheidende Differenzpunkt ist also das (fehlende) „W". Den Infrastrukturbereichen (Kersten, 2007) der technischen Daseinsvorsorge (Elektrizität, Wasser, Verkehr, Abfall und Entsorgung etc.) sowie dem Kreditsektor (hier insbesondere mit Blick auf Sparkassen und Landesbanken[78] [wo sich erst vor einiger Zeit[79] eine europarechtlich bedingte Entkoppelung ergeben hat[80]] sowie Kreditgenossenschaften[81]) – also

---

[78] Die Debatte hat bereits eine längere Geschichte: Immenga/Rudo, 1997; Kinzl, 2000; Stöss, 2000; Hasselmann, 2001; Weinkamm, 2004; Seubert, 2005; Staats, 2006.

[79] Bevor die globale Finanzkrise 2008 einige Landesbanken erneut in eine tiefe Krise geführt hat. Im Zentrum der Verursachung der Mitbetroffenheit durch die Finanzkrise stehen falsche Geschäftsmodelle, eventuell aber auch die Infragestellung der Existenzberechtigung der Landesbanken, die früher als Girozentralen nur die „Bank der Banken" der Sparkassen waren.

[80] *Beispiel Sparkassen und Landesbanken*: Das dreigliedrige Bankenwesen in Deutschland ist stark in der Veränderung begriffen. Dafür sind endogene Wettbewerbsprozesse ebenso verantwortlich wie die Rückwirkungen des EU-Rechts auf die kommunale Selbstverwaltung (vgl. auch die Kölner Forschungen von Hobe u. a.: Hobe/Biehl/Schroeter, 2004; dies., 2003; Schroeter, N. R., 2005), die hier u. a. das Verhältnis zwischen Sparkassen und Landesbanken mit Blick auf Anstaltslast und Gewährträgerhaftung nachhaltig verändert haben, indem die Beihilferegelungen des EGV auf Wettbewerbsverzerrungen hinwiesen (Sommerfeld, 2005). Das ganze Thema der Markt- und Wettbewerbsöffnung vs. „Inhouse"-Prinzip bewirkt eine Veränderung der Praxis öffentlichen Wirtschaftens bzw. des Wirtschaftens angesichts öffentlicher Aufgaben (GÖW, 2007a). Man nehme das Beispiel der Sparkassen und Landesbanken. Die regen Diskussionen zentrieren sich auch genau um diese Fragen nach dem öffentlichen Auftrag, gerade auch angesichts zunehmender Internationalisierungsprozesse, die einen Wettbewerbsdruck auslösen, der wiederum strategische Entwicklungen im Bereich der Landesbanken und der Sparkassen bewirkt, die ein kritisches Augenmerk auf Mutationen und Konvergenzerscheinungen erforderlich machen. Ein Thema, das aber angesichts der Literatur zum Managerverhalten in öffentlichen Unternehmen keineswegs eine modisch-neuere Diskussion darstellt. Die apologetische Literatur leitet einen gewissen Bedarf an Internationalisierung der kreditären und serviceorientierten Komplexgeschäfte öffentlicher bzw. kommunalwirtschaftlicher Banken auch aus der Internationalisierung der mittelständischen Wirtschaft ab. In dieser Bindung an die Förderung des Mittelstandes kann man einen besonderen öffentlichen Auftrag vorliegend sehen, dem die Landesbanken und die Sparkassen nachkommen. Das Verbundsystem von Landesbanken und Sparkassen kombiniert dann den Vorteil der Sparkassen, der in der dezentralen Verörtlichung liegt, mit dem Unterstützungspotenzial der Landesbanken angesichts der Komplexitätssteigerung der Geschäfte infolge der Internationalisierung. Es ist in der Diskussion heftig umstritten, wie der öffentliche Auftrag angemessen zu bestimmen ist und ob er sich in der angesprochenen Mittelstandsförderung erschöpfe. Auch der

Konzeptbegriff des Mittelstandes ist methodisch (mit Blick auf Definition und Messung) umstritten. Mit der Befundelandschaft zur Internationalisierung wird in der Diskussion das Regionalprinzip der Sparkassentätigkeit kritisch hinterfragt; die aktuell auch europarechtlich relevante Argumentation der Produktion öffentlicher Dienstleistungen im Kontext der kommunalen Selbstverwaltung unmittelbar für die Bürger (wobei eine zweckverbandliche Berücksichtigung interregionaler Interdependenzen denkbar ist: Müller, 2006) wird ins Zentrum der Debatte gerückt. Wenn vor allem auch die Förderung des Mittelstandes (sowie privater Haushalte) im Kontext raumwirtschaftlicher Erwägungen angesprochen wird, so stellt sich die Frage nach der Kompatibilität regionaler und internationaler Geschäftsfelder im Kontext des öffentlichen und kommunalwirtschaftlichen Kreditwesens. Teile der Diskussion betonen das Marktversagen von Großbanken in den hier angesprochenen Geschäftsfeldern und interpretieren die Rolle des dreigliedrigen Kreditsystems nochmals in diesem Lichte. Diese Debatte um die gesetzliche und/oder satzungsförmige Fixierung des öffentlichen Auftrages ist in der Theoriegeschichte des öffentlichen (und gemeinwirtschaftlichen) Wirtschaftens nicht neu, eher konstitutiv; und die Diskussion greift auf diese Traditionslinien zurück und debattiert die Probleme auf einer solchen grundsätzlichen Ebene. Weite Teile der breit gestreuten Diskussion heben das Spannungsverhältnis von Internationalisierung und strategischer Neuausrichtung (mit der Möglichkeit zur schleichenden teleologischen Mutation zum normalen Geschäftsbankensektor) einerseits und den angesprochenen regionalisierten strukturpolitischen Aufgaben andererseits heraus. Es wird auch die Position zumindest angedeutet, dass derartige strukturpolitische Aufgaben sich eventuell auch historisch (vgl. die neu aufgelegte, klassische Studie von Wysocki, 2005. Noch weiter historisch zurückblickend: Peters, 2006) überholt haben bzw. nicht mehr unfraglich ausreichend sind, um Sonderstellungen im Markt zu begründen. Darüber hinaus wird auch die Verifizierbarkeit eines sektoralen Marktversagens hinterfragt: Wie würde die Wirklichkeit (die ökonomische und gesellschaftliche Performance) aussehen, wenn es keine öffentlichen und öffentlich-rechtlichen Akteure im Sinne des gegliederten Sektors gäbe? Und sind die Differenziale in den Zielsetzungen und Marktverhaltensmustern zwischen den verschiedenen Säulenakteuren wirklich so signifikant? In der Diskussion wird deutlich, dass für manche Diskutanten eine methodisch belastbare Theorie des Marktversagens für die Begründungsdiskurse einer Rolle des öffentlichen Wirtschaftens ausreichend wäre, während andere Diskutanten eher wieder eine Rückgewinnung echter Politik des strukturellen Gestaltens über Instrumente öffentlichen Wirtschaftens einforderten, eine Dominanz des Politischen, die sich nicht in ökonomische Modelle des Marktversagens reduktionistisch fügen lässt.

[81] *Historische Reformtraditionen und gegenwärtige Normalitätsinklusion*: Natürlich sind in Deutschland Kredit- und Wohnungsgenossenschaften in historischer Sicht elementare Kräfte einer Sozialreformbewegung gewesen; ebenso offensichtlich sind aber auch die morphologischen Transformationsprozesse, die den Sozialreformgehalt kaum noch erkennbar werden lassen. Organisatorisch mit Bezug auf die Governanceprozesse ragt selbstverständlich das Demokratieprinzip heraus; und verbleibende strukturpolitische Aufgaben sind hervorzuheben. Aber die Kreditgenossenschaften stellen eine Säule in einem gegliederten Kreditwesen in Deutschland dar und weisen hohen Marktbezug auf, so dass man dem Management wohl kaum allzu weitreichende gesellschafts- und sozialpolitische Zielsetzungen im gesellschaftlichen Gestaltungsprozess zuschreiben sollte. Der empirische Befund gibt hierzu jedenfalls wenig Evidenz. Anders sieht die Situation bei selbstorganisierten kleinen Sozialge-

insgesamt dem Funktionsbereich der kommunalen Selbstverwaltungswirtschaft[82] – wird der Charakter als Dienstleistungen von allgemeinem wirtschaftlichen Interesse zugeschrieben. Gerne ziehen sich einige Teile der Zivilgesellschaft auf die Position zurück, der Sektor der sozialen Dienstleistungen (Gesundheitswesen, Langzeitpflege, Jugendpolitik, Armutsbekämpfung etc.) sei zwar von allgemeinem Interesse, also Gegenstand von Gemeinwohlerwägungen und ein Gebiet von höchstem öffentlichen Interesse, aber eben nicht-wirtschaftlicher Art.

Sozialkapital und Marktbezug: Trotz grundsätzlicher Sympathie für die Aufgaben der freien Träger, die hier als Teil des (noch mehrfach aufzugreifenden) Dritten Sektors verstanden werden[83], vertrete ich die These, dass

---

nossenschaften aus. Dies wird im Rahmen der morphologischen Erwägungen zum Dritten Sektor deutlich. Es überrascht aber auch nicht, dass vielfache Selbsthilfegruppen die Rechtsform gemeinnütziger Vereine annehmen. Die soziologisch fassbare Hilfe auf Gegenseitigkeit kann so außerhalb genossenschaftsrechtlicher Strukturen gelebt werden. Produktivgenossenschaften spielen in Deutschland kaum eine Rolle, wenn, dann im Grenzbereich der Alternativökonomie. Gegenseitigkeitsvereine (etwa im Versicherungsbereich) spielen in Deutschland ebenfalls keine z. B. mit Frankreich vergleichbare Rolle.

[82] *Kommunale Krankenhäuser*: Vgl. Rinken/Kellmer (2006) mit Blick auf die europarechtliche Problematik kommunaler Krankenhäuser. Dabei argumentieren beide ganz in meinem Sinne, dass Art. 2 EGV Europa als nicht nur wirtschaftliches, sondern auch soziales und politisches Gemeinwesen bahnt. Damit kommt es aber nicht nur zu Sach-, sondern auch zu Kompetenzkonflikten. Einseitig wettbewerbsrechtlich dürfe daher die ganze Problematik nicht angesehen werden. Kommunale Krankenhäuser können als Instrumente öffentlicher Gesundheitspolitik angesehen werden; es liegen Eigenheiten des Regelungsbereiches vor; die Bedeutung der Daseinsvorsorge sei ja im EG-Recht gegeben; die kommunale Ebene müsste in der EU stärker Beachtung finden.

[83] *Morphologie des Dritten Sektors*: Auf diese Vierfelder-Matrix konzentriert sich mein Blick: Das bürgerschaftliche Engagement kann inter- oder auch intragenerationell orientiert sein und es kann auf dem Gegenseitigkeitsprinzip bzw. auf der asymmetrischen freiwilligen Fremdhilfe beruhen. Ich konzentriere mich dabei auf soziale Engagementfelder, hier bedarfsdiagnostisch zentriert auf die Lebenslagen der Hilfe- und Pflegeabhängigkeiten des höheren Alters, wozu auch die demenziellen Formenkreise zählen. Damit grenze ich mich auch von den demokratietheoretischen Diskursen der Zivilgesellschaft ab. Wenngleich es auch hier darum geht, zwischen Staat und Marktgesellschaft, und gerade auch losgelöst von privaten, also familialistischen bzw. verwandtschaftlichen Sozialkapitalien, Formen der sozialen Artikulation, der Konfliktaustragung und damit des gesellschaftlichen Entwicklungsmanagements zu diskutieren. Morphologisch (d. h. als Struktur- und Sinngebilde eigener Art) gesehen handelt es sich um Sozialgebilde selbstorganisierter oder fremdinduzierter artifizieller Hilfeformen, die Non-profit-orientiert sind und sich durch die Dominanz der Sach- über die Formalzielorientierung in der Regel an sozialpolitisch relevanten und insoweit gemeinwohlbezogenen Stakeholder-Erwartungen ausrichten. Die Tätigkeiten in solchen Gebilden stiften für die Akteure selbstbezogenen Nutzen (soziale Anerkennung, rollengestützte Sinnorientierung, entwicklungsfördernde thematische

die spezifische soziale Wohlfahrtsproduktionsfunktion nicht hinreicht, diesen Sektor aus dem Regelungsbereich des EU-Wettbewerbsregimes herauszunehmen.[84] Daher sind hier wohl auch keine Sektorausnahmen zu erwarten. Aber es bleibt offen, ob es zu einer sektorbezogenen Richtlinie kommt oder zu einer Rahmenrichtlinie. Die vielfältigen Konsultationsbemühungen der EU (vgl. z. B. in KOM[2006] 177 endg. {Sek(2006) 516}) lassen noch keine abschließenden Konturen einer Entscheidungslinie erkennen.

Zweifelsohne ist die (sozialkapitaltheoretisch begründbare) Betonung des „sozialen Mehrwertes" der freigemeinnützigen[85] Tätigkeit der organisierten

---

Identifikationen, soziale Integration etc.: Sing, 2001, S. 34 f.; vgl. auch Düx u. a., 2008 zu Jugendlichen in Engagementformen), basieren aber auf prosozialen Einstellungen und dem Motiv, im Modus des sozialen Miteinanders *uno actu* sich selbst zur Personalität zu bringen und Mitverantwortung für Alter Ego, den Anderen, den Mitmenschen zu tragen. Weit verbreitet ist die Haltung, wonach die Tätigkeit von ihrer inhaltlichen Seite her gesehen von sozialer Wichtigkeit sein muss. Prozessnutzenorientierungen („particpation utility". Mau, 2002, S. 355) substituieren also keineswegs die bislang konstatierten altruistischen Motive. Vielmehr wird die soziale Orientierung zum bewußten und integrierten Teil des Selbstkonzepts. Dass das Engagement auch Spaß machen muss, macht vielmehr deutlich, wie bedeutsam Selbstgestaltungs- und Mitwirkungsaspekte geworden sind. Der zum Ausdruck kommende Wertwandel stellt eine Reifung gemischter Motive aus Autonomieanspruch und Selbstentfaltung einerseits und Aufgabenorientierung, prosozialer Rollenübernahme und Solidarhaltungen andererseits dar.

[84] Ob die Produktion von Wohlfahrt durch derartige Organisationen, nach innen betrachtet, immer den offiziellen kulturellen Ansprüchen genügt, ist eine andere (weitere) Frage: vgl. etwa Kubisch (2008) zur habituellen Konstruktionspraxis von sozialen Differenzen und Diversity innerhalb der Organisationen der freien Wohlfahrtspflege.

[85] *Gemeinnützigkeit und Vergaberecht*: Eine Arbeit von Stürz (2008) trifft in der Problemformulierung den Kern der vorliegenden Diskussion der Vereinbarkeit nationaler Gemeinnützigkeitsförderung und europäischem Wettbewerbs-, insbesondere Vergabe- und Beilhilferecht (vgl. Stürz, 2008, die „Einleitung" S. 17–19). Dabei wird deutlich, dass die Problematik (einer möglichen Einstellung staatlicher Finanzförderungen der Caritas) nicht die in der EU anerkannten Grundrechte der Religionsfreiheit bzw. das Kirchenrecht beeinträchtigen würde. Im Bereich der sozialpolitischen Betätigungsfelder der Kirchen sieht die Autorin das Beihilferecht in großen Teilen der sozialen Betätigungspraxis als gar nicht relevant an (u. U. aufgrund der *de minimus*-Regelungen). Allerdings sieht sie dies in den Kernbereichen der Kranken(haus)versorgung und der Altenpflege(einrichtungen) anders. Und hier werden erhebliche Rückwirkungen des Europäischen Rechts konstatiert. Die Autorin gibt insofern einerseits teil-sektoral „Entwarnung" (ebd., S. 129), andererseits empfiehlt sie eine stärkere Wettbewerbsorientierung und Marktöffnung. Sollte die frei-gemeinwirtschaftliche Dienstleistungserstellung aus diesen Gründen erodieren, müsste der Staat, so die Autorin (ebd., S. 129) wieder die Lücke füllen – dies stellt eine theoretische Rückbesinnung auf den Sachverhalt der bisherigen Praxis der Delegation öffentlicher Aufgaben an nicht-staatliche Verbände und ihren Sozialunternehmen dar.

Sorgearbeit zu schätzen. Auf die Theorie(n) des Sozialkapitals ist in vielfachen Bedeutungskontexten hinzuweisen. Hier interessiert nun allerdings ein spezieller Aspekt: In der Regel wird auf die Produktion von „Sozialkapital" durch die freie Wohlfahrtspflege verwiesen. Damit sind verörtliche Effekte vertiefter sozialer Integration und sozialer Kohärenz verbunden, die auch die individuelle Lebensqualität und Lebenszufriedenheit steigern. In der ökonomischen Theorie ist verwandt von positiven externen Effekten die Rede. Aber auch diese Perspektive einer wohlfahrtsökonomischen (vgl. auch Kleinewefers, 2008) Betrachtung führt nicht vereinfacht zur Ablösung von Markt- durch Staatsproduktion, sondern u. U. nur zu Formen der Regulierung von Märkten. Doch ließen sich soziale Externalitäten – also die Stiftung eines sozialen Nutzens – im Rahmen eines kreativen Kontraktmanagements ebenfalls realisieren. Allerdings müssen (wie die Problematik des selektiven Kontrahierens im Gebiet des SGB V [dazu auch Nebling, 2008] zeigt) hier erhebliche (neue) Transaktions- und Regulations(regime)kosten berücksichtigt werden, was bislang im einschlägigen Diskurs nicht hinreichend geschieht.

Auf europarechtlicher Ebene zeichnet sich aber genau dies ab: Zwar wird es, wie schon gesagt, keine sektorielle Ausnahmeregelung geben in dem Sinne, dass ganze Zweige sozialer Dienste aus dem Geltungsbereich der europäischen Wettbewerbsregimelogik herausgenommen werden; aber aus transaktionskostentheoretischen Überlegungen heraus gibt es infolge des Monti-Paketes *de minimus*-Regelungen für die allgemeine (europaweite) Ausschreibungspflicht und für entsprechende Notifizierungspflichten. Hier spielt die (keinesfalls triviale und operational unproblematische) Lokalitätsgebundenheit der Dienste bzw. Angebote argumentativ maßgeblich hinein. Dies rückt meiner Auffassung nach die Ökonomik der Betrauungsakte in den Vordergrund (vgl. auch Rosner, 2006). Auch dies ist ein Wettbewerbssurrogat, wird hier in die bilaterale Betrauungsbeziehung zwischen (öffentlichen/öffentlich-rechtlichen) Kostenträgern einerseits und Leistungsanbietern andererseits ein Benchmarking (Nachweisbarkeit zumindest des marktdurchschnittlichen Wirtschaftens) zwingend einzubauen sein, um Effizienzsteigerungen zu erzielen.

Marktbezug als Funktionalismus: Damit ist implizit bereits das zweite Problemkriterium im Diskurs um den wirtschaftlichen Charakter von DAI angesprochen: Die Marktbezogenheit der Dienstleistung.

Der wirtschaftliche Charakter der Tätigkeit hängt nicht von der Non-Profit-Orientierung, daher auch nicht von der Trägerschaft oder der Unternehmensrechtsform (Rechtssachen C-189/98 bis C-184/98, Pavlov u. a.) ab. Die EU – d. h., die EU-Kommission und der EuGH – vertritt die Position eines funktionalen Unternehmensbegriffs. Wenn es Konkurrenten (eventuell im Moment einer Konkurrentenklage vor dem EuGH) gibt, dann gibt es auch einen Markt. Dann hat die einzelwirtschaftliche Tätigkeit definitiv einen (wettbewerblichen) Marktbezug und ist eine Dienstleistung von allgemeinem und wirtschaftlichem Charakter.

Sozialmodell des wohlfahrtsstaatlichen Kontraktmanagements: Mit Blick auf die Debatte um ein europäisches Sozialmodell (vgl. auch Eichenhofer, 2007, S. 95 ff.) darf an dieser Stelle nochmals in Erinnerung gerufen werden, dass – immerhin – die EU die Dienstleistungen von allgemeinem Interesse anerkennt und somit prinzipiell Gemeinwohlfragen – eine theoretisch alles andere als triviale und geklärte Problematik – nicht (in alter utilitaristischer Tradition) auf privatisierte Einzelinteressen (und Formen ihrer Addierung) reduziert.

Das zieht, wie bereits skizziert, die Gewährleistungsstaatlichkeit (Franzius, 2007) als modernisierten Governance-Modus des Wohlfahrtsstaates nach sich, einzelwirtschaftlich als wohlfahrtsstaatliches Kontraktmanagement. Gleichwohl zwingt das europäische Recht zu einer marktoffenen Ökonomisierung, da die Modalitäten der Erstellung sozialer Dienste markt- und wettbewerbskonfom in der Logik des Binnenmarktes ausgestaltet sein müssen. Kurzum: *Teleologisch* (Zielausgerichtetheit) lässt die EU die Wohlfahrtsstaatlichkeit (zu den Wohlfahrtsstaaten in der EU vgl. Pestieau, 2006[86]) zu[87]; *modal* (Art und Weise) erzwingt sie Marktoffenheit und Wettbewerbssteuerung.[88] Das kann, identitätstheoretisch formuliert, für einzelne EU-Staaten schmerzhaft genug sein.[89]

---

[86] Zu der Frage der über Esping-Andersen hinausreichenden Typenbildung vgl. auch Arts/Gelissen, 2002 sowie Bambra, 2008.

[87] Zu den Problemen vergabefremder Kriterien vgl. auch Eikel, 2006.

[88] *Vergabefremde Kriterien und daseinsvorsorgende Vergabepraxis*: Ein seit langem immer wieder neu aufgegriffenes Thema im Kontext des Vergaberechts ist die Frage nach der Zulässigkeit sozialer Vergabekriterien. Wiedmann (2007) argumentiert, dass nach der EuGH-Rechtsprechung die Zulässigkeit eindeutig gegeben sei. Solange Transparenz und Chancengleichheit im Ausschreibungswettbewerb garantiert sind, liegt eben kein Widerspruch zum europäischen Recht vor. Gerade diese Transparenz macht die Kompatibilität mit dem Beihilferecht aus; auch das Vergaberecht kennt weite Spielräume bei der Definition des Leistungsgegenstandes. Hier ist der Altmark-Katalog zentral entscheidend. Die Definitionsmacht liegt bei den Auftraggebern. Damit kommt es subsidiaritätstheoretisch gesehen zu einer harmonischen Beziehung zwischen einem europarechtlichen Anforderungskatalog einerseits und nationalen Umsetzungssouveränitäten andererseits. In einigen Diskursbereichen ist von der Figur des „wohlfahrtsstaatlichen Kontraktmanagements" die Rede, die hier das Ausschreibungsregime als europarechts-kompatiblen Typus des Wohlfahrts- und Daseinsvorsorgestaat darlegen helfen soll. Van den Eikel (Eikel, 2006) kommt zu dem Ergebnis: „Ja, aber." (ebd., S. 581) Wie Wiedmann führt auch Van den Eikel die Kriterien der Transparenz, der Objektivität und der Chancengleichheit an, um die Kompatibilität zwischen nationalen Politikzielsetzungen ei-

I. Ordnungskontext und soziale Praxis 481

nerseits und dem europäischen Binnenmarktrecht, insbesondere dem Vergabe- und Beihilfenrecht andererseits zu bewirken und somit auch eine Integration wirtschaftlicher und gesellschaftlicher bzw. politisch erwünschter Ziele zu ermöglichen. Doch hat der Autor wohl recht: „Ein Ende der Diskussion ist noch lange nicht in Sicht." (ebd., S. 585) Aber: „Der ablehnenden Haltung in der Literatur zum trotz, geht die Rechtswirklichkeit und die Praxis dahin, vergabefremde Kriterien zu berücksichtigen." (ebd., S. 585)

[89] *Gewährleistungsstaatlichkeit und Folgeprobleme einer solchen Perspektive*: Insgesamt muss man mit Blick auf diese Wechselwirkung europäischer (und somit supranationaler) und nationaler Modernisierungsimpulse von einem Trend zum „wohlfahrtsstaatlichen Kontraktmanagement" sprechen. Auch im Lichte der (sozialen) Vergrundrechtlichungstendenzen in der EU bleibt es dem diesbezüglich souveränen Mitgliedstaat unbenommen, in Hinsicht auf die Setzung von daseinsvorsorgeorientierten Zielen die Sicherstellung der Zugangschancen zu den sozialen Infrastrukturen von hoher gesellschaftlicher Bedeutung zu gewährleisten (Gewährleistungsstaatlichkeit). Aber die Modalitäten der Erstellung der Dienstleistungen soll im Rahmen eines Delegationsprinzips marktbezogenen Anbietern überlassen werden. Hierzu dienen die angesprochenen Formen der Quasi-Marktöffnung oder der Wettbewerbssteuerung, und seien diese auch nur Annäherungen an Marktlösungen angesichts der oben angesprochenen Unvollkommenheiten von Markt- und Nicht-Markt-Allokationen im Vergleich. Der deutschen Typus der Erstellung von Dienstleistungen im Rahmen der Sozialgesetzbücher ist diesem europäischen Regime durch die Vorrangstellung freier (frei-gemeinwirtschaftlicher) und privater (erwerbswirtschaftlich orientierter) Träger weitgehend nahestehend, doch ist das Ausmaß der Bildung von regulierten Quasi-Märkten noch nicht völlig binnenmarkt(rechts)konform durchgestaltet. Und hier eröffnen sich die anstehenden Konflikte um die Enge oder Weite in der Auslegung und der Umsetzung notwendiger Binnenmarktübereinstimmungen der nationalen Praxis der Steuerung von Dienstleistungsmärkten im Sozial- und Gesundheitssektor. Dies wird Thema der nächsten Jahre bleiben. Die EU-Kommission fokussiert sehr auf den Aspekt „wohlfahrtsoptimaler" Preise und legt diesen (theoretischen) Begriff weitgehend im Sinne möglichst niedriger Preise aus, läuft damit jedoch Gefahr, komplexere, integrierte Preis-Qualitäts-Parameter in der Wettbewerbsorientierung auszublenden oder zu marginalisieren. Aus sozialpolitischer Perspektive ist diese Verengung durch Ausblendung relevanter Aspekte und Problemdimensionen gravierend. Marktlösungen scheinen vor allem bei komplexen Bedarfslagen „schlechter Risikolagen" von Menschen schwierig zu sein. Zu denken ist etwa an eine Mischung von chronischer Erkrankung, Hilfe- und Pflegebedürftigkeiten und Behinderungen, bei gleichzeitig vorliegenden Netzwerkdefiziten, insbesondere im Fall älterer und alter Menschen. Für einfache Risikolagen mag die Situation anders sein. Erneut ließe sich noch ein ausführlicherer sozialpolitischer Diskurs über die Probleme der Entwicklung und Sicherstellung angemessener (z. B. transsektoral und multiprofessionell integrierter) Versorgungslandschaften anführen. Für sozialräumliche, sozialmilieu- und quartiersbezogene Fragen der Sicherstellung von komplexen Leistungen im Sinne von Zugänglichkeit, Erreichbarkeit, Verfügbarkeit und Akzeptanz scheint die sich in den ökonomisch-technischen Kernbereichen der Daseinsvorsorge besser auszukennenden Kommission wenig Verständnis zu haben. Sie vermutet doch weitgehend nur politische Marktmachtinteressen der staatsmittelbar etablierten Sozialwirtschaft. Auch die steuerrechtliche Sonderstellung der gemeinnützigen Unternehmen wird weit verbreitet als wettbewerbsverzerrend eingestuft. Hierbei kristallisieren sich Fragen der steuerlich diskriminierungsfreien Aner-

Rahmenbedingungen statt Trägerfrage: Ein großer Teil der theoretischen Literatur in der Ökonomie (vor allem im Umkreis der neuen Institutionenökonomie) geht davon aus, dass die Trägerfrage in der Tat nicht entscheidend ist für die (effiziente und effektive) Erfüllung öffentlicher bzw. öffentlich relevanter Aufgaben[90] (Wandel von der institutionellen zur funktionel-

---

kennung der Gemeinnützigkeit von EU-Auslands-Unternehmen im Zusammenhang mit grenzüberschreitenden Tätigkeiten, aber auch Fragen im Rahmen diskriminierungsfreien Ausschreibungs-, Vergabe- und Betrauungsrechts. Die Diskussion ist diesbezüglich nicht abgeschlossen. Insgesamt wird in der europäischen Rechts- und Politikentwicklung die Frage der Transaktionskosten der induzierten Regulationsregime (zur Bildung und Eröffnung von marktnahen Erstellungsweisen) weitgehend ausgeblendet. Diesen Wohlfahrtsgewinnen einer vermehrt effizienzorientierten Marktöffnung und Wettbewerbssteuerung sind die Kosten der dazu nötigen Regulationsbehörden und ihrer Regulierungspraxis gegenüber in Rechnung zu stellen. Hier täte ein Blick in die Telekommunikations- oder Energiemärkte gut. Denn auch im Fall einer weitgehenden Wettbewerbsordnung in der Gesundheitsversorgung, etwa in Form von Modellen des Einkaufs von Anbietern und Versorgungsnetzen durch einzelne Sozialversicherungskassen im Wettbewerb, wird angedacht, die Qualität (auch die räumliche Versorgungssituation) von Landesregulierungsbehörden beaufsichtigen zu lassen.

[90] *Soziale Konstruktion öffentlicher Relevanzen*: Notwendig ist ein systemtheoretischer Blick, der aber offen ist für das ganze genuin politische Kommunikationsgeschehen, das hinter der sozialen Konstruktion von Gütern (der Daseinsvorsorge) steht, die als „öffentlich hochgradig relevant" klassifiziert werden. Es soll hier genügen, unter sozialem Konstruktivismus ein theoretisches Analyseparadigma zu verstehen, wonach soziale Realität intersubjektiv erzeugt und insofern gebunden bleibt an dem Konsens über die Relevanz dieser Konstrukte im Sinne kollektiv geteilter Normen. Das ist die epistemische Besonderheit solcher Güter des öffentlichen Relevanzraumes: Es gibt sie, aber es gibt sie nur als Konstrukte sozialer Definition des „politisch Gewollten". Daher unterliegen sie auch keiner unhistorischen Ewigkeitsgeltung. Was öffentliche Aufgaben sind, hängt somit nicht schlicht von empirischen Fakten ab, sondern von den sozial wahrgenommenen, normativ beurteilten und in dieser Weise als relevant deklarierten „sozialen (oder ökonomischen) Tatsachen". In diese Beurteilungs- und Bewertungsschemata, die soziale (ökonomische) Befunde zu öffentlich relevanten Angelegenheiten (Agenda-Bildung, in einer „Arena", die nicht auf das politische System [des Staates] im engeren Sinne reduziert werden kann) werden lassen, also öffentliche Güter als solche erst durch ein Klassifikationsprogramm konstituieren, gehen Philosopheme ein, also ontologische oder anthropologische Annahmen über die menschliche Existenzweise, über die Sozialität im kulturellen Raum und in der historischen Zeit, über die politische Kommunalität (vgl. auch Ostrom, 1990), ethische Konzepte und erkenntnistheoretische und wissenssoziologische Prämissen. *Epistemologie des binären Code „privat – öffentlich" (Markt – Politik)*: Die soziale Klassifikation privater Güter und öffentlicher (öffentlich relevanter) Güter nimmt daher die Gestalt eines epistemischen Regimes (im Sinne von Foucault) an. Was einer Gesellschaft wichtig ist, welche Güter in Bezug auf die Daseinsbewältigung in der menschlichen Alltagsexistenz als bedeutsam (öffentlich relevant) herausgehoben werden, so dass sich Ideen über Sicherstellungs- oder Gewährleistungsaufgaben herauskristallisieren (die auch in eine öffentliche Produktionsregie [Staat als Eigentümer] münden können [nicht müssen]), ist den so-

len Sicht öffentlicher Aufgabenwahrnehmung), sondern die Rahmenbedingungen, also vor allem das rechtliche Regulationsregime.

Dennoch dürfen zumindest zwei – aus meiner Sicht – gefahrvolle Effekte in Erinnerung gerufen werden: Einerseits ist unter dem Aspekt des wettbewerbsrechtlich noch forcierten Marktbezugs von Non-Profit-Unternehmen[91] der strukturelle Druck zur Konvergenz (in Richtung auf erwerbswirtschaftliches Management) zu beachten; hierdurch können schleichende unternehmenskulturelle Sinn- und Verhaltenstransformationen ausgelöst werden, die eine Erosion eines frei-gemeinwirtschaftlichen Sektors herbeiführen (können). Es wäre gesellschaftsordnungspolitisch zu fragen, ob dies erwünscht ist (zur diakonischen Unternehmenskultur vgl. auch Claß, 2008). Andererseits wird auch unabhängig vom Verbleibeschicksal der Frei-Gemeinwirtschaftlichkeit fraglich, wie lange sich die Dominanz der Sachziele gegenüber den Formalzielen wird halten können. So könnte ein Verlust komplexer Stakeholder-Orientierungen erfolgen. Auch dies müsste gesellschaftsordnungspolitisch bedacht werden, zeichnet sich derzeit doch eher die Diskussion ab, wie es der Gesellschaft gelingen könnte, insgesamt ein Denken in Stakeholder-Orientierungen auf allen Ebenen (Mikro-, Meso- und Makroebene: Einzelverhalten, Unternehmensverhalten, Gruppen- und Generationenverhalten) der Gesellschaft zu pflegen.

Wenngleich das Schicksal der EU-Verfassung bekannt ist, bleibt eine Analyse der Verfassung hochgradig relevant, da sich in der Verfassungsbildung Konturen sozialpolitischer Diskurse abgelagert haben.

d) Der Vertrag über eine Europäische Verfassung

Alles an diesem Thema[92] der Verfassung (bzw. des nachfolgenden Reformvertrages) war und ist umstritten: Was ist eine Verfassung? Braucht Europa eine Verfassung? Wie muss, wenn diese vorgängige Frage positiv beantwortet wird, eine Verfassung für Europa aussehen? Was ist überhaupt Europa?

Die Unterbrechung, dann das endgültige „Aus" der Ratifizierung wirft die Frage auf: „Aus der Traum?" (Rüger, 2006). Aber bereits die Frage, ob

---

zialen Diskursen überlassen, die als „struggle about ideas" (im Sinne von Nancy Fraser: Fraser, 1989) ordnungsbildend wirksam sind. Die institutionellen Arrangements der Erstellung öffentlicher bzw. öffentlich relevanter Dienstleistungen sind dann institutionelle Praktiken, die von mentalen Modellen (Handlungslogiken), aus kohärenten Gefügen von impliziten Philosopheme resultierend, gesteuert werden.

[91] Zu den Grundproblemen von Non-profit-Unternehmen vgl. auch Hippel, 2007.
[92] Vgl. dazu Schulz-Nieswandt, 2007c. Vgl. auch rekonstruierend zur EU-Verfassung Hesse, 2007.

es denn ohnehin ein Albtraum war, ist kontrovers. Richtig war es, dass die Unterbrechung als endgültiger Abbruch der Ratifizierung zu deuten war, wenngleich im Frühjahr 2007 weitere Ideen aus der EU zu erwarten waren. Es hatten 16 von 25 Mitgliedstaaten die EU-Verfassung ratifiziert, damit hatten mehr als die Hälfte der 454,3 Mio. EU-Einwohner zugestimmt (vgl. http://www.cap-lmu.de/themen/eu-reform/ratifikation/index.php; Zugriff vom 6.1.2007).

Chimären der europäischen Kulturgeschichte: Von der Frage, was unter Europa gegenstandslogisch überhaupt zu verstehen ist, hängt wohl die Konkretisierung der Verfassungs-Auffassung ab.

Im Kern ist Europa – die Rede ist vom Europa des EGV und des EUV – weder historisch noch geografisch (Deger/Hettlage, 2007) leicht, wenn überhaupt konsensfähig zu bestimmen. Die Verstrickungen dieses wissenschaftlichen Anliegens mit politisch-normativen Modellen der kulturellen Historiografie sind überaus komplex. Sie werfen grundsätzlich wissenschaftstheoretische Probleme auf. Bis in die orientalischen Verwurzelungen des Christentums hinein zeichnet sich Europa als komplexer Kultursynkretismus ab (Schulz-Nieswandt, 2003b; Art. „Synkretismus", in RGG, Bd. 7, Sp. 1959 ff.). Die kontroversen Disputationen über die Rolle der christlichen Religion im Grundwertebezugssystem des Verfassungstextes verweisen auf starke Vereinfachungen, die kontinuitätsstiftenden Achsen „langer Dauer" mit der Komplexität der Geschichte selbst verwechseln.[93] Das Christentum und das christliche Anstaltskirchenwesen haben Europa als soziales System (Wirtschaft, Politik, Kultur und das personale System) in vielfältiger Weise nachhaltig geprägt, mitunter mit bleibenden Ambivalenzen. Aber Europa erschöpft sich nicht als Geschichte des Christentums und der entsprechenden Kirchengeschichte (vgl. auch Schlicht, 2008).

Viele Entwicklungstrends und langfristige Wirkkräfte sind Korrelate, gehen ein Strukturmuster ein und haben dazu geführt, was Europa heute strukturtypisch eben ist (Hettlage/Müller, 2006; Immerfall, 2006). Aber

---

[93] *Menschenbilder in der EU-Verfassung*: Thalmair (2007) macht es sich mit seiner ansonsten sehr verdienstvollen Frage nach den Menschenbildaspekten im Vertrag über eine Verfassung für Europa doch etwas einfach, den Verlust der Nennung des Christlichen zu bedauern. Überhaupt ist das philosophische Niveau der Analyse begrenzt. Im Kontext der völlig anachronistischen Auseinandersetzung im Rahmen einer Dichotomie von Individualismus und Kollektivismus stellt folgender Satz (der aber folgenlos, weil unvertieft bleibt) immer noch die beste Stelle dar: „Eine mögliche Alternative ist der Mensch (wesenhaft) als Mitmensch, obgleich die Relation konstitutiv für seine Selbständigkeit gedacht wird (in ontologischem Sinne)." (Thalmair, 2007, S. 143) Ansonsten legt der Autor die Verfassung dominant liberalistisch und utilitaristisch aus; er erkennt zwar die sozialgrundrechtlichen und sozialpolitische Aspekte, hällt sie aber für deutlich unterakzentuiert (ebd., S. 144 ff.).

auch dann, wenn ein komplexer, synkretistischer Kern normativer Art europadefinierend geklärt werden könnte, bleibt doch die gesellschaftsgeschichtliche Varianz und die Streubreite akzentuierter Kulturmuster in Europa bestehen. Aus der langen Geschichte heraus verstanden, streuen die merklichen Varianzen in den Gesellschaftssystemen, den kulturellen Mustern und den Mentalitäten, mitunter korreliert mit sozioökonomischen Strukturbildungen des Gesamtraums der Wohlstandszentren, der Semiperipherien und Peripherien.[94]

Der aktuelle Schein der Vielfalt in der Einheit: Die Erweiterungsgeschichten der EU haben diese Vielfalt trotz zwischenzeitlicher partieller Konvergenzen eher verstärkt.

Über die Varianz hinweg scheint die Aufnahme der Türkei (vgl. auch Atac/Kücük/Sener, 2008) wiederum der systemtheoretischen Logik binärer Codes zu folgen: An der Andersheit des Anderen schärft sich die Identität des eigenen Selbst, mag dies intern auch polyzentrische Strukturen und multiple Identitätsdifferenzierungen nicht ausschließen. Gleichwohl (Schulz-Nieswandt, 2006b) wirft die vergleichsweise schnelle Aufnahme südosteuropäischer Länder (Rumänien und Bulgarien)[95] angesichts der defizitären Ausprägungen grundlegender normativer Skripte[96] der EU in diesen Ländern (im Lichte von Eurobarometer-Daten und des European Social Survey [EES]) die Frage auf, wie es politisch mit den Homogenitätsansprüchen von politischer Korrektheit in der Integrations- und Erweiterungspolitik der EU steht.[97]

aa) Finalitätsoffenheit Europas und Konstitutionalisierung

Es ist demnach gar nicht einfach, Europa zu bestimmen. Das EU-Projekt selbst ist sicherlich ein binnenmarktgetriebenes und binnenmarktzentriertes Projekt.[98] Und nicht zu vergessen ist auch, welche große Bedeutung der

---

[94] Schulz-Nieswandt, 1996a aus transformationsökonomischer Sicht (mit Verweis auf weitere eigene, diesbezügliche Publikationen). Vgl. auch Bönker/Wielgohs, 2008.

[95] Zu den sich herauskristallisierenden Typen von Wohlfahrtsstaaten in Zentral- und Osteuropa vgl. auch Cerami, 2006. Vgl. auch Schulz-Nieswandt u.a., 2006a. Vgl. zur Problematik auch Opfer-Klinger, 2007.

[96] Zum historischen und aktuellen Patriarchalismus in der Türkei und im Balkan vgl. Kaser, 2008.

[97] Zur kulturhistorischen Einschätzung der Region Süd- und Südosteuropas: Schenk/Winkler, 2007. Zu den Patronageproblemen des heutigen Südosteuropas vgl. auch Georgiev, 2008.

[98] *Werte und Wirtschaftskulturen*: Dabei zeigen, plausibilisierbar im Lichte von Modernisierungstheorien, die empirischen Studien von Hölscher (2006), dass sich

Befriedung Europas als Korrelat dieser europaweiten Marktwirtschaftsverpflechtung zuzuweisen ist, wenn man die Kriegsgeschichten seit den Reformationskriegen bis zum 2. Weltkrieg in Erinnerung bringt.

Doch hinsichtlich der weiteren Entwicklung Europas mit Blick auf die soziale Einbettung der Marktwirtschaft und der Demokratisierung der EU als eigenes politisches System bleiben die Auffassungen kontrovers, die Perspektiven unbestimmt und die weitere Europäisierung des gesamten sozialen Systems (Wolfswinkler [2006] zum Beispiel der Beschäftigungspolitik[99]) jedenfalls finalitätsoffen.

Positionsfindungen ohne Konsens: In diese Finalitätsoffenheit gehört auch die Konstitutionalisierung Europas gestellt.

Die Problematik hängt von der jeweils eingenommenen Position hinsichtlich der explikativ wie normativ hybriden Frage ab, ob Europa ein Staatenbund oder ein Bundesstaat sei oder werde bzw. zu werden habe. Die Positionsfindung hängt weiterhin von theoretischen Klärungen der Architektur Europas als Mehr-Ebenen-System ab (Schulz-Nieswandt, 2006j), wie ich es weiter oben bereits angesprochen hatte: Ist Europa aus der Tradition des Völkerrechts heraus nur als System horizontaler Verträge – also vertragstheoretisch – zu definieren? Oder zeichnen sich nicht auch vertikale Strukturen ab, die – herrschaftstheoretisch gesehen – der EU Strukturelemente eigener Staatlichkeit zukommen lassen?

Die Souveränität[100] der modernen Staatlichkeit (über dessen Grenzen [Vasilache, 2007] und über dessen Verantwortungen [Heidbring/Hirsch, 2007] breit gestritten wird[101]), wie sie sich nationalistisch seit den Reformationskriegen abzeichnete, kann im horizontalen System des Vertragsdenkens besser tradiert werden als im Fall der Kristallisation vertikaler Strukturen der Herrschaft in einem Mehr-Ebenen-System der Kompetenzaufteilungen und Kompetenzverschachtelungen.

---

durchaus verschiedene – genauer: drei – Cluster von Wirtschaftskulturen in Europa kristallisieren, die sich hinsichtlich der Dimensionen Marktöffnung, Leistungsorientierung und Staatsrollenverständnis unterscheiden. Damit ist durchaus eine gewisse wirtschaftskulturelle Heterogenität Europas gegeben, die wiederum auch nicht zu dramatisieren ist. Aber eine Berücksichtigung der differentiellen Wertekulturen ist angebracht. Der Wirtschaftsraum Europa muss sich so in die sozialen Welten und Sozialraumbedürfnisse einpassen. Vgl. auch Goldschmidt/Zweynert, 2006.

[99] Vgl. Wasner (2005) zur Alterssicherung; Schmidt (2002) zu den Grenzen am Beispiel der Arbeitsbeziehungen; Kohler-Koch/Knodt (2001) grundsätzlich zur Europäisierung.

[100] Zu dieser Kategorie modernen Staatsverständnisses vgl. auch Haltern, 2007. Zur Souveränität im Lichte von Foucault und Agamben vgl. auch Rottgardt, 2004.

[101] Zum neueren Wandel der Staatlichkeit vgl. auch Schulz-Nieswandt, 2008f sowie Schulz-Nieswandt/Mann, 2009.

bb) Konstitutionalisierung und symbolische Integration

Es stellt sich sogar die Frage, ob Europa nicht sogar besser architektonisch verstanden werden kann, wenn analytisch gezielt eine morphologische Hybridizität gedacht wird: Europa ist ein sowohl horizontal (inter-gouvernementalistisch) als auch ein vertikal verschachteltes System. Eine Terminologie im Wortfeld des „Verfassungsvertragssystems" wäre dann zwar zunächst befremdend, aber morphologisch angemessen.

Teile der einschlägigen Rechtswissenschaft stellen z.T. heraus, dass Europa in einem materiellen Sinne bereits und längst eine Verfassung besitzt, also verfasst ist. Die vertraglichen Grundlagen lassen sich in Gestalt eines Staaten- und Verfassungsverbundes angemessen lesen (dazu Callies, 2007). Es gab eben keinen „urknallähnlichen Akt des pouvoir constituant". Europa sei das Ergebnis eines langen historischen Entwicklungsprozesses, eine Sichtweise, die auch von Historikern getragen wird. Verfassungsgebung stellt eben keine punktuelle Angelegenheit, sondern ist vielmehr als kontinuierlich voranschreitender Prozess zu verstehen.

Die Frage der Notwendigkeit einer Verfassung für das europäische Vertragssystem war von Anbeginn umstritten. Es kann argumentiert werden, dass die Beschwörung der symbolischen Integrationskraft der Verfassung politisch-argumentativ riskant war. Im Fall des Scheiterns ist die Niederlage umso tiefgreifender. Und genau das ist geschehen. Daher ist erst von „Krise" die Rede. Materiell hätte die Verfassung durchaus als grundlegende Vertragsfortentwicklung definiert werden können.

Kafkaismus Europas: Wie dem auch sein mag. Im Kern betraf die Kritik die soeben angeführte Souveränitätsproblematik. Die sich angeblich abzeichnende Verlustfunktion, kognitiv bereits forciert durch die Globalisierungstrends[102], hat „Brüssel" schnell im Rahmen einer Metaphernsprache verdinglicht, die sich kafkaistisch[103] an Vorstellungen einer „Epiphanie des Bösen", der Bürokratisierung, der Regulierung, der paternalistischen Intervention etc. orientierte.

Die EU sei daher als föderalismusfeindlich einzuschätzen (vgl. auch Baier, 2006) und erodiere regionale Identitäten, ginge arrogant über nationale Gepflogenheiten, kulturelle Erbschaften und über historisch gewachsene Institutionenlandschaften insgesamt hinweg (zur Europafeindlichkeit vgl. kritisch Krolzik, 2007).

---

[102] Zum kontrovers bleibenden Zusammenhang zwischen Globalisierung und Sozialpolitikentwicklung vgl. Brady u.a. (2005) und Tanz, 2002 sowie Korpi, 2003.

[103] Zu Kafkas Institutionen vgl. auch Höcker/Simons, 2007.

Dies trifft auch zum Teil zu. Aber eben nur zum Teil. Der EU-Ebene, nicht zu Unrecht, oftmals aber etwas vereinfachend, wurde ein allgemeines Demokratiedefizit zugesprochen. Die neuere massenkommunikationswissenschaftliche Forschung hat auch deutliche Probleme der Entwicklung einer „Öffentlichkeit" und damit Probleme der Ermöglichung von Transparenz und Bürgernähe konstatieren können (Trenz, 2005; Esser, 2005). Politik und Medien waren nicht erfolgreich in der Bildung einer europäischen Öffentlichkeit. Über die Motivlagen im Hintergrund müsste eigens reflektiert werden. Jedenfalls scheint Europa, vorangetrieben von Eliten (Haller, 2009), den Bürgern weitgehend entfremdet zu sein, fernzuliegen, nicht im Identitätskonzept nationalstaatlich verfasster Mentalitäten und Gesellschaftsverständnisse verankert zu sein. Sofern Empirie hierzu vorliegt, scheint sich genau dieser Befund abzuzeichnen.[104]

Dieser Befund kann nicht als günstige sozialklimatische und psychogrammatische Grundlage zur Entwicklung und Implementierung einer europäischen Verfassung gelten. Im Gegenteil: Gerade die Kompetenzordnung (Strohmayr, 2006; Ritzer, 2006) und die institutionelle Architektur Europas wurden im Verfassungsrahmen als zu ungeklärt kritisiert, als demokratisch[105] unterentwickelt eingestuft und somit eher als vertiefenden Schritt in der anomischen Distanz von Brüssel und Bürger gedeutet (vgl. insgesamt dazu Schulz-Nieswandt u. a., 2006).

Unverstandene Potenziale der Verfassung? Es bestehen nun jedoch auch durchaus „konstruktivistische" Ansätze, die in der Verfassungsgebung – zu diesem eben referierten Befund diametral positioniert – ein sozial und politisch integrativ wirkendes symbolisches Ordnungsgeschehen verstehen (vgl. Schulz-Nieswandt u. a., 2006; Scholl, 2006; zum Überblick über die Gesamtproblematik vgl. auch Leiße, 2009).

Eine Konstitutionalisierung würde in diesem Lichte die ganze Dynamik Europas kulturell codieren und einbetten, kollektiv identitätsstiftend wirken und so auch im weltweiten Blick „alteuropäische" Identität durch geschärfte Abgrenzung von anderen Varianten (auch westlicher) gesellschaftlicher Entwicklungspfade bewirken.

---

[104] Zu Geschichte und Zukunft europäischer Identität Schmale, 2008.

[105] *Was heißt Demokratie auf Europaebene?* Wenngleich nicht immer klar ist, welches normative Demokratiemodell denn (konsensfähig für die ganze EU) vor dem Hintergrund des jetzigen Mehr-Ebenen-Systems vertikal wie horizontal verschachtelter Strukturen angedacht ist. Würde eine Stärkung des supranationalen Parlamentes (mit welcher Mehrheitsregel?) die Akzeptanz europaweit stärken? Welche Kompetenzen würden an das supranationale Parlament abgegeben? Vgl. auch Huget, 2007 sowie Kotte, 2004.

Doch diese Position hat sich weder im interdisziplinären Wissenschaftsdiskurs noch in der politisch-öffentlichen Debatte eine dominante Rolle im kollektiven Deutungsprozess erarbeiten können. Dies überrascht gerade im Kontext der sozialpolitischen Diskursarena. Konnte sich doch diese konstruktivistische Position der symbolischen Funktion einer Konstitutionalisierung verknüpfen mit der These, gerade die Verfassung stärke das Sozialmodelldenken als Komplementaritätsdimension zur Binnenmarktdynamik und würde so einen wesentlichen Beitrag zur sozialen Überformung und kulturellen Einbettung des europäischen Kapitalismus leisten (vgl. auch Herrmann, 2009).

Sozialpolitischer Gewinn der Verfassung? Die EU würde, wie der Entwurf eines Verfassungsvertrages formuliert hatte, dergestalt als „wettbewerbsfähige soziale Marktwirtschaft"[106] konstituiert.

Die EU basiere auf einem radikalen Axiom der sozialen Inklusion (Schulte, 2008), und verstünde das Unionsbürgerkonzept[107] somit trinitarisch mit Blick auf den Menschen als Staats-, Wirtschafts- und eben auch als (grundrechtlich fundierten: Schulz-Nieswandt, 2005e; ders., 2006f) Sozialbürger (Schulz-Nieswandt u. a., 2006; Pester, 2006; Winner, 2005).

Doch die Ablehnung, wie sie sich dann in den gescheiterten Ratifizierungen in Frankreich und den Niederlanden beginnend vollzog, speiste sich vor allem aus der Interpretation, die Verfassung verkörpere in überzogener Weise eine neo-liberale Doktrin (Wehr, 2006). Die Debatte um die Dienstleistungsrichtlinie (Löber, 2007) folgte ähnlichen Diskurskonturen (Bsirske/Deppe/ Skarpelius-Sperk, 2006). Angesichts der angedeuteten sozialen Konzeption der Marktwirtschaft und der Aufnahme der Grundrechtscharta von Nizza als Teil II der Verfassung (Mohr, 2007) muss diese stereotypische Einschätzung als höchst fraglich eingeschätzt werden; zumal die entsprechenden Teile der Verfassung die marktwirtschaftliche Ausrichtung weitgehend durch Rückgriff auf den ohnehin geltenden EGV und den EUV verkörperte.

Aus sozialpolitischer Sicht muss, das darf hier festgehalten werden, konstatiert werden, dass die Verfassung das Denken eines Europas auch als Sozialraum gestärkt und nicht geschwächt hätte.[108] An dem langfristigen „Wettbewerb der Sozialstaatssysteme" hätte sich – trotz der OMK und der Forcierung des Lissabon-Programms (SEK[2005] 981 vom 9.2.2005;

---

[106] Zu den klassischen Positionen des Sozialstaatszieles des deutschen GG vgl. auch Ambrosius, 2001, S. 89 ff.
[107] Zur Unionsbürgerschaft, die weit über die Grundfreiheiten des Marktes in der EU hinausgeht vgl. auch Wollenschläger, 2007.
[108] Ein spezielles Thema in diesem Kontext ist die Projektpolitik „Soziale Stadtentwicklung" in Europa. Vgl. dazu im Überblick Güntner, 2007.

Schulz-Nieswandt/Maier-Rigaud, 2005; vgl. auch Puetter, 2009, S. 131 ff.) – nichts geändert. Aber die Idee des europäischen Sozialbürgers (Schulz-Nieswandt u. a., 2006) hätte sich vertiefend verbreiten können. An der Debatte um die „Dienstleistungen von allgemeinem (wirtschaftlichem) Interesse" (DA[W]I) kann gerade diese Dynamik abgelesen werden, zugleich auch eben jene interpretativen Fehlentwicklungen, die oben mit Blick auf den neo-liberalen Kurs der EU-Kommission (und mancher Rechtsprechung des EuGH) angedeutet worden sind.

cc) Prospektiver Rückblick: Quo vadis – Europäische Verfassung?

Es wird, das wurde deutlich, die – wertgebundene – These vertreten, dass aus sozialpolitischer Sicht die EU-Verfassung ein Fortschritt gewesen wäre.

Die Zielkonflikte zum Binnenmarkt sind nicht neu. Sie sind auch unvermeidbar. Sie liegen in der Logik des Zusammenspiels von Markt und Sozialstaat (als materialisierte Form des Rechtsstaates) begründet und können nur als Balanceakt politisch und kulturell gelebt werden. Dies gilt auch intranational und ist kein Spezifikum der Europäisierung.

Es wurde weiterhin die These vertreten, dass die Verfassung einen Beitrag zur symbolischen Integration eines heterogenen, aber im Kern verwandten, Europas geleistet hätte. Somit bleibt die Notwendigkeit, nach den weiteren Stufen der Integration Europas im Ökonomie-komplementären Raum des Politischen, Sozialen und Kulturellen zu fragen. Das mag holistisch klingen: Aber eine reine Ökonomie hat noch nie kulturell integrierte Gesellung gestiftet. Ökonomie ist und bleibt ein gesellschaftliches Subsystem (Simon, 2009).

Viele der historischen, juristischen und politikwissenschaftlichen Analysen und Blickwinkel auf die EU-Verfassung sind facettenreiche Perspektivitäten. Sie konvergieren aber nur zum Teil in einer letztendlichen, im Kern positiven Auffassung über die Konstitutionalisierungen. Sie haben aber keine deterministische Vorstellung von der Stufen-Evolution. Im Gegenteil: Devolutionen werden aus historischer wie politikwissenschaftlicher Sicht für möglich gehalten. Allerdings kann eine ganze Typologie von Pfaden gedacht werden.

So blieb und bleibt die weitere Entwicklung offen. Sie lief und läuft – wie *Norbert Elias* im Sinne seiner historischen Soziologie sagen würde – nicht geplant, aber strukturiert ab. Die Literatur liefert Analysen für mögliche Entwicklungsmuster. Die passungsfähige Denkweise muss evolutiv sein, nicht deterministisch. Pfadabhängigkeiten[109] spielen eine Rolle, aber die Prozesse sind doch mit erheblicher Kontingenz ausgestattet. Insofern zeigen die Diskussionen auch eine Erfolgsmöglichkeit konvergierender interdisziplinärer Perspektiven. Diese Multi-Perspektivität muss das Projekt Europa wohl aber auch erhalten, soll es, wenn hier *Max Weber* Pate stehen darf, angemessen sinnhaft verstanden und dadurch ursächlich erklärt werden soll.

dd) Der Europäische Reformvertrag – Ausblick

Bei dem Europäischen Reformvertrag (Fischer, J., 2008) – der Entwurf trug den Titel „Entwurf eines Vertrags zur Änderung des Vertrags über die Europäische Union und des Vertrags über die Gründung der Europäischen Gemeinschaft" – handelt sich nicht mehr sprachlich um einen Verfassungsvertrag. Genauer gesagt ist es der „Vertrag von Lissabon zur Änderung des Vertrags über die Europäische Union und des Vertrags zur Gründung der Europäischen Gemeinschaft, unterzeichnet in Lissabon am 13. Dezember 2007" (ABl 2007/C 306/01). Neuerungen betreffen materiell vor allem die Architektur der institutionellen Entscheidungsfindung und der Arithmetik der Abstimmungsverhältnisse. Das ist hier nun nicht von primärem Interesse. Herauszustellen ist, dass nun die Grundrechtscharta nicht aufgenommen wird. Sie wird jedoch genannt. Rechtlich wäre sie damit ohnehin wirksam und verbindlich. (Feierlich von den Staats- und Regierungschefs erklärt wurde sie am 7. Dezember 2000, am 12. Dezember 2007 erfolgte die Proklamation). Ebenso gehören die Protokolle zum Vertrag. Großbritannien will ausgeklammert werden und keinen Rechtsschutz gewähren. Gleiches gilt für Polen.

Trotz des Vertrags-Charakters kann der Vertrag auch als Schritt in Richtung auf die Herausbildung einer Europäischen Verfassungsordnung beurteilt werden (Lengauer, 2008).

Im Zentrum einer erneuten Krise stand das Nein der Iren, aber auch das der Bürger von Polen und Tschechien. Aber viel ideell-symbolisches Rahmenwerk fällt weg. Ob dieser Reformvertrag ratifiziert wird, blieb lange offen.

Die nachstehende Diskussion bezieht sich (vgl. nun Amtsblatt der EU vom 9.5.2008) auf die Bundestags-Drucksache „Gesetzentwurf der Bundesregierung. Entwurf eines Gesetzes zum Vertrag von Lissabon vom 13. Dezember 2007" (Deutscher Bundestag, 2008).

---

[109] Zur Pfadabhängigkeit vgl. auch Becker, 2007 sowie Beyer, 2006. Schäcke (2006) behandelt das Phänomen gezielt im Kontext von unternehmerischen Reorganisationsprojekten.

So lautet es in Artikel 6 „Grundrechte. Die Union erkennt die Rechte, Freiheiten und Grundsätze an, die in der Charta der Grundrechte vom 7. Dezember 2000 in der (...) 2007 angepassten Fassung niedergelegt sind; die Charta der Grundrechte hat dieselbe Rechtsverbindlichkeit wie die Verträge." Zudem wird ein Artikel 2 eingefügt und der bisherige Artikel 2 wird Artikel 3: Artikel 2 lautet: „Die Werte der Union. Die Werte, auf die sich die Union gründet, sind die Achtung der Menschenwürde, Freiheit, Demokratie, Gleichheit, Rechtsstaatlichkeit und die Wahrung der Menschenrechte einschließlich der Rechte der Personen, die Minderheiten angehören. Diese Werte sind allen Mitgliedstaaten in einer Gesellschaft gemeinsam, die sich durch Pluralismus, Nichtdiskriminierung, Toleranz, Gerechtigkeit, Solidarität und die Gleichheit von Frauen und Männern auszeichnet." Und Artikel 2, der Artikel 3 wird, erhält folgende Fassung „Die Ziele der Union. 1. Ziel der Union ist es, den Frieden, ihre Werte und das Wohlergehen ihrer Völker zu fördern. 2. Die Union bietet ihren Bürgerinnen und Bürgern einen Raum der Freiheit, der Sicherheit und des Rechts ohne Binnengrenzen, in dem in Verbindung mit geeigneten Maßnahmen in Bezug auf die Kontrollen an den Außengrenzen, das Asyl," (vgl. Art. „Asyl", in RGG, Bd. 1, Sp. 864 ff.) „die Einwanderung sowie die Verhütung und Bekämpfung der Kriminalität der freie Personenverkehr gewährleistet ist. 3. Die Union errichtet einen Binnenmarkt. Sie wirkt auf die nachhaltige Entwicklung Europas auf der Grundlage eines ausgewogenen Wirtschaftswachstums und von Preisstabilität, eine in hohem Maße wettbewerbsfähige soziale Marktwirtschaft, die auf Vollbeschäftigung und sozialen Fortschritt abzielt, sowie ein hohes Maß an Umweltschutz und Verbesserung der Umweltqualität hin. Sie fördert den wissenschaftlichen und technischen Fortschritt. Sie bekämpft soziale Ausgrenzung und Diskriminierungen und fördert soziale Gerechtigkeit und sozialen Schutz, die Gleichstellung von Frauen und Männern, die Solidarität zwischen den Generationen und den Schutz der Rechte des Kindes. Sie fördert den wirtschaftlichen, sozialen und territorialen Zusammenhalt und die Solidarität zwischen den Mitgliedstaaten. Sie wahrt den Reichtum ihrer kulturellen und sprachlichen Vielfalt und sorgt für den Schutz und die Entwicklung des kulturellen Erbes Europas."

Hier dürfte die Betonung der „wettbewerbsfähigen sozialen Marktwirtschaft" von zentralem Belang sein, ebenso auch die Betonung der Politik der Entmarginalisierung (Inklusionsprinzip: Schulte, 2008), die grundrechtlich zu verstehen ist.

Die Union teilt dabei ihre Zuständigkeit mit den Mitgliedstaaten in der Sozialpolitik[p] hinsichtlich der in diesem Vertrag genannten Aspekte.

Mit Blick auf die DA(W)I-Problematik wird der Artikel 14 durch den bisherigen Artikel 16 ersetzt, der nun wie folgt geändert wird: a) In die

Aufzählung der Artikel am Anfang wird eine Bezugnahme auf Artikel [I-5] des Vertrags über die Europäische Union eingefügt. b) Am Ende des Satzes 1 werden die Worte „und Bedingungen für das Funktionieren dieser Dienste so gestaltet sind, dass sie ihren Aufgaben nachkommen können" ersetzt durch die Worte „und Bedingungen, insbesondere jene wirtschaftlicher und finanzieller Art, für das Funktionieren dieser Dienste so gestaltet sind, dass diese ihren Aufgaben nachkommen können". c) Der nachfolgende neue Satz wird angefügt: „Diese Grundsätze und Bedingungen werden durch das Europäische Parlament und den Rat nach dem ordentlichen Gesetzgebungsverfahren unbeschadet der Zuständigkeit der Mitgliedstaaten festgelegt, diese Dienste im Einklang mit den Verträgen zur Verfügung zu stellen, in Auftrag zu geben und zu finanzieren."

Mit Blick auf die DA(W)I ist das Protokoll Nr. 26 über Dienst von allgemeinem Interesse relevant. In den beiden diesbezüglichen Artikeln werden die DAWI und die DAI weitgehend als im Zuständigkeitsbereiche der Mitgliedstaaten definiert. Das Problem bliebt aber die Definition (bzw. die Verteilung der Definitionsmacht), was DAI und was DAWI sind; letztere stehen angesichts der Betroffenheit der Binnenmarktprinzipien eben unter der Ägide eines gemeinsamen Gewährleistungsauftrages, der als Gewährleistungsverbund im Mehr-Ebenen-System zu verstehen ist. Wenn die meisten Bereiche, was plausibel wäre, als DAWI und nicht als DAI definiert werden, ist das Protokoll ohne relevanten Gegenstandsbereich in der sozialen Wirklichkeit. Artikel 2 lautet: „Die Bestimmungen der Verträge berühren in keiner Weise die Zuständigkeit der Mitgliedstaaten, nichtwirtschaftliche Dienste von allgemeinem Interesse zur Verfügung zu stellen, in Auftrag zu geben und zu organisieren." Aber sie berühren eben die nichtwirtschaftlichen Dienste. Artikel 1 bezieht sich auf die DAWI. Hier wird gesprochen von einer wichtigen Rolle und einem weiten Ermessensspielraum der nationalen, regionalen und lokalen Behörden „in der Frage, wie Dienste von allgemeinem wirtschaftlichem Interesse auf eine den Bedürfnissen der Nutzer so gut wie möglich entsprechende Weise zur Verfügung zu stellen, in Auftrag zu geben und zu organisieren sind". Vor der Situationsvielfalt werden auch die „unterschiedlichen geografischen, sozialen oder kulturellen Gegebenheiten" angeführt. Und es werden wiederum „ein hohes Niveau in Bezug auf Qualität, Sicherheit und Bezahlbarkeit, Gleichbehandlung und Förderung des universellen Zugangs und der Nutzerrechte" eingefordert. Ist das eine tendenzielle Abkehr vom Primat des Wettbewerbsrechts nach Art. 86 Abs. 2 EGV? Der Art. 16 EGV wird jedenfalls gestärkt. Ist dies eine Abkehr vom obligatorischen Ausschreibungswettbewerb zugunsten anderer wählbarer Formen nicht nur der allgemeinen Gewährleistung und der Finanzierungsgewährleistung der öffentlichen Hände, sondern auch der Vollzugs- und der Auffangverantwortung?

4. Das Theoriekonzept der solidarischen Wettbewerbsordnung

Ich kehre nun von der Makro-Ebene der europäischen Trends zurück zur Meso-Ebene der nationalen Steuerungsmodalitäten.

Ein großer Teil der deutschen Gesundheitsökonomen und Gesundheitspolitikberater orientiert sich ordnungspolitisch am Modell der solidarischen Wettbewerbsordnung. Darunter ist eine duale Strukturauffassung zu verstehen.

Dualität heißt (Schulz-Nieswandt, 2006): Einerseits wird, was theoretisch schwieriger ist als es gemeinhin leicht dahin gesagt wird, Ordnungspolitik von Prozesspolitik streng unterschieden, andererseits wird die Systemfinanzierung[110] und die Frage der Versicherungsfähigkeit (Schulz-Nieswandt, 2002a) der Bevölkerung (Versicherungspflicht bis zur Pflichtversicherungsgrenze, Kassenwahlfreiheit: Schulz-Nieswandt [1997], kassenseitiger Kontrahierungszwang, morbiditätsorientierter RSA, einheitlicher und evidenzgestützter Leistungskatalog) solidarisch ausgestaltet, während im Wettbewerb der Einzelklassen eine Vielfalt wählbarer Versorgungsformen sich marktevolutorisch entfalten soll.

Re-Regulation – Steuerungsfantasien in einem neuen Gewand? Die erst noch zu schaffenden Landesregulierungsbehörden[111] – denkbar wäre auch ein Gesundheits-TÜV, eine Versicherten- und/oder Patientenschutzzentrale – würden das selektive Vertragswesen beaufsichtigen. Ein neuer (die bisherigen Verbände der Kassen und die KVen ablösender) Verband könnte an der Festlegung von Mindest-Qualitätsstandards und Versorgungsrichtwerten, etwa mit Blick auf sozialräumliche Gleichwertigkeit[112] im gesamten Regulierungsregime beteiligt werden.

---

[110] Zur gerechtigkeitstheoretischen Einschätzung unterschiedlicher Finanzierungsmodelle des Systems vgl. auch Golly, 2006. Vgl. insgesamt auch Penske, 2006. Zur Ausgaben-Einnahmen-Situation der GKV vgl. Schulze Ehring, 2007. Zur verfassungsrechtlichen Diskussion verschiedener Reformdimensionen vgl. Eykmann (2006), jedoch weitgehend marktliberal und wettbewerbsorientiert verfahrend.

[111] Zur grundsätzlichen rechtswissenschaftlichen Betrachtung von Regulierungsbehörden vgl. auch Pielow, 2007.

[112] *Gleichwertigkeit der Lebensverhältnisse im Raum*: Eine Orientierung an dem Begriff der „gleichwertigen Lebensverhältnisse" als zentrale Leitbilddimension von Bund und Ländern liegt nahe (vgl. dazu auch die elaborierte Darlegung bei Kersten, 2007). Dies ist in Deutschland angesichts der verfassungsrechtlichen Vorgabe einer „Gleichwertigkeit der Lebensverhältnisse" im Raum ein grundlegendes Argument. Insofern war es immer schon ein politisches Anliegen, die medizinische Versorgung, aber auch abgestimmt mit der pflegerischen Versorgung, mit der allgemeinen Raumentwicklung (Siedlungsstrukturen etc.) integriert zu gestalten. Bezugspunkt rechtlicher Art muss der Art. 72 GG sowie Art. 106 Abs. 3 GG sein. Die Zusamenhänge mit den Finanzausgleichsregelungen, der Raumordnungsgesetzgebung (vgl. vor al-

I. Ordnungskontext und soziale Praxis 495

Der geschäftsstrategische und -operative Sicherstellungsauftrag läge also versichertenorientiert bei den gegenüber den Leistungsanbietern selektiv kontrahierenden Einzelkassen im Wettbewerb, eingeordnet in einem dominant behördlichen, wahrscheinlich auf der Landesebene angesiedelten Regulationsregime.

Eine Fülle von Konkretisierungs- und Folgefragen ergibt sich. Einige sollen hier nur aufgeführt werden.

Zunächst zur Solidaritätsseite. Wie soll nun die am (wie definierten?) Leistungsfähigkeitsprinzip orientierte und zugleich volkswirtschaftlich anreiz-kompatible und allokationseffiziente Beitragsbemessung aussehen? Ist eine weitgehende Morbiditätsorientierung des RSA (Göpffarth u. a., 2006; Pitschas, 2007) zu erwarten? Was heißt einheitlicher Leistungskatalog? Das SGB V sieht einen kurzen Katalog an Leistungsansprüchen vor. Ist das institutionelle Regime der Definition eines evidenz-gestützen Leistungskataloges durch untergesetzliche Normierungsinstanzen (vgl. auch Seeringer, 2006; Hällsig, 2001; Ziermann, 2007) effektivitätsgesichert? Verhindert dieses System – und verhindert das gesetzgeberische Reformmodell – Risikoselektion im Versicherungsmarkt? Sichert es einen gesundheitszielorientierten Wettbewerb zwischen Einzelkassen, der sich um einen verknüpften Preis-Qualitäts-Wettbewerb dreht?[113] Strittig muss auch die Festlegung ei-

---

lem § 2 Abs. 2 Nr. 1 ROG), den Länderverfassungen und den Landesplanungsgesetzen sind zu beachten. Natürlich meint Gleichwertigkeit nicht „Gleichheit" (hier Rohlfs [2008] folgend). Wieso deshalb das ganze Prinzip verfassungsrechtlich nicht als Prinzip verstanden werden soll (so Rohlfs, 2008), bleibt schleierhaft.

[113] *Gesundheitsfonds, Risikoselektion und Qualitätsdumping*: Mit dem GKV-Wettbewerbsstärkungsgesetz zum 01.04.2007 wurde mit der Wirkung ab Januar 2009 der Gesundheitsfonds zur Bündelung der Finanzströme eingesetzt. Aus Sicht einer Solidarlogik kann es durch Einführung des Gesundheitsfonds, betrachtet man die Problematik aus der Perspektive einer sinnadäquaten Betriebsmorphologie der GKV als Sozialversicherung, adverse Anreizeffekte geben, die zu unerwünschten Risikoselektionen führen können. Die Gefahr besteht, dass hier – trotz der Evolution von Qualitätsverbesserungen durch neue innovative Versorgungsformen (u. a. die Integrationsversorgung nach § 140a–d SGB V) und evidenzgestützter Patientenpfade (Qualitätswettbewerb) – mit den kassenindividuellen Beitragsanhebungen zur Sicherung der Finanzlage als Abweichungen vom Einheitsbeitragssatz ein Preiswettbewerb einsetzt, der entweder Kassen zu Grenzanbietern am Kassenmarkt werden läßt, Konkurse herbeiführt bzw. zu weiteren (VdAK-AEV, 2008, S. 20 zur sinkenden Zahl der Krankenkassen) Fusionen und zum Betriebsgrößenwachstum zwingt oder negative Risikoselektionen im Versichertenmarkt erzwingt. Dabei ist wiederum morphologisch zu bedenken, dass der bisherige RSA (trotz seiner Unvollkommenheiten) dazu diente, kassenseitige Versichertenselektionen zu minimieren, da das spezifische institutionelle Setting der Kassenwahlfreiheit und des Kontrahierungszwanges der Kassen gerade diese ökonomisch rationalen, sozialversicherungsmorphologisch aber unerwünschten betriebspolitischen Reaktionsmuster plausibel werden läßt. So laufen Preiswettbewerb und Qualitätswettbewerb unvermittelt – desintegriert – nebeneinan-

nes einheitlichen Beitragssatzes mit Blick auf den Kassenmarktwandel bleiben. Der Einheitsbeitragssatz dient als Instrument der Wettbewerbssteigerung in der Kassenlandschaft. Nun werden kassenindividuelle Varianzen eintreten, die wiederum zu Selbstselektionen (Exit-Verhalten) der Versicherten auf Basis der Wahlfreiheit führen werden, die wiederum die Fiskalsituation von Kassen mit schlechter Risikostruktur (trotz RSA) beitragsatzbezogen kumulativ unter Druck setzen. Das längerfristige Ergebnis wird eine weitere Fusionswelle und ein Betriebsgrößenwachstum der Kassen sein. Mag sein, dass genau dies gewollt ist (parallel zur Neuordnung der Spitzenverbände im GKV-Bereich): Die Herausbildung einer Oligopolsituation. Es wird von der Ausdifferenzierung der wählbaren Versorgungsformen auf der Grundlage eines (noch) gemeinsamen und einheitlichen (evidenzgestützten) Leistungskataloges abhängen, ob hier ein funktionsfähiger Wettbewerb eines weiten Oligopols bei mäßiger Produktdifferenzierung entsteht, der für Innovationen offen ist. Auf dieses Problem der Herausbildung einer oligopolistischen Einzelkassenlandschaft wird gleich nochmals zurückzukommen sein, wenn es um die Frage der Mindestgrößen von Kassen geht, die auf der Basis selektiven Kontrahierens („Einkaufsmodelle") im Wettbewerb stehen. Das betrifft nicht nur, aber insbesondere die Verlagerung des Sicherstellungsauftrages auf die Einzelkassen.

Oder kommt es – in Verwechselung von Vorstellungen wohlfahrtsoptimaler Preise und (versorgungsqualitätszerstörenden) Niedrigpreisen – zu einem reinen Kostenpreiswettbewerb? Was ist überhaupt – im Gesundheitskontext – Effizienz? Betrieblich-technische Produktionseffizienz? Systemische allokative Effizienz? Outcomesorientierte Effektivität?[114] Was ist Wirtschaftlichkeit der Kassen und der Anbieter im Sinne des SGB V?

Balanced Scorecard der Gesundheitspolitik: Die Gesundheitsversorgung ist über ein komplexes Bündel zum Teil konfligierender Ziele definiert. Man könnte es (analog zur betriebswirtschaftlichen Methode der Balanced

---

der her. Es kann sogar zum kumulativen Zirkel kommen: Fiskalisch begünstigte Kassen mit guter Risikostruktur gewinnen zunehmend qualitätsbezogene Wettbewerbsvorteile. Umgekehrt verhält es sich bei fiskalisch schwachen Kassen. Das Gesundheitswesen ist damit weit von einem integrierten Preis-Qualitäts-Wettbewerb entfernt. Es wird mitunter von der Neuregelung des RSA abhängen, inwieweit hier die Erosionen der Kassenlandschaft und die Risikoselektionszwänge der Kassen im Versichertenmarkt kompensiert werden. Genau diese Gefahr wird potenziert durch das weitere, neu eingeführte Instrument der Wahltarife, die als monetäre (Prämienzahlungen o.ä.) oder versorgungsbezogene (Therapierichtungen) Wahltarife den Kassen als Wettbewerbsparameter angeboten werden. Die Problemkette ist jetzt vom anderen Ende her zu denken: Die Möglichkeit von versorgungsbezogenen Wahltarifen bietet für die Kassen eine Form des Qualitätswettbewerbs.

[114] Vgl. in grundsätzlicher theoretischer Perspektive: Schulz-Nieswandt, 2001a.

Scorecard[115]) als Regime einer Sachzieldominanz bei Anerkennung wichtiger formaler Nebenziele definieren (vgl. auch Kaganskaya, 2007).

Die Gefahr besteht, dass die Gesundheitsreform das GKV-System in den reinen Preiswettbewerb drängt. Aber: Sind wirklich alle methodischen und institutionellen Probleme gelöst, um die Alternative – qualitätsorientierte, sachzieldominant-versorgungspolitische und zugleich allokations- und betriebseffiziente Steuerung – umzusetzen?

Ich möchte mich nunmehr dem anderen zentralen Wettbewerbsparameter der Reformdebatte zuwenden: Dem betriebsmorphologischen Wandel der Versorgungslandschaften. Damit habe ich im Rahmen der vielen Umwege, die die komplexe Themenverschachtelung meiner Mehr-Ebenen-Analyse aufweist, zum Kern der Arbeit zurückgefunden.

a) Wettbewerb der Versorgungsformen

Aus meiner Sicht erscheint eine radikale Veränderung der Versorgungslandschaften zwingend erforderlich. Nochmals: Vor allem der demografische und damit korrelierte epidemiologische Wandel der Gesellschaft erfordert vermehrt eine transsektorale Integrationsversorgung, die medizin- und pflegeanthropologisch ganzheitlicher (biopsychosozial: Egger, 2005) ausgerichtet ist, multiprofessionell arbeitet, also Medizin, Pflege und soziale

---

[115] *Steuerung (in) der Sozialwirtschaft*: Hier ist eine Bemerkung zur „politischen Ontologie der Balanced Scorecard" (zur BSC: Brüggemann, 2007) angebracht (vgl. auch Schulz-Nieswandt, 2007e zu einer Ontologie der BSC). Der Rückgriff der Sozialwirtschaftslehre auf die ältere betriebswirtschaftliche Konzeptterminologie (der Dominanz) von Sachzielen und (der – durchaus bedeutsamen – Zweitrangigkeit) von Formalzielen hat die Möglichkeit eröffnet, Sozialunternehmen (auch in regulierten Quasi-Märkten) unter dem Aspekt der wettbewerbsfähigen sozialen Produktionsfunktion relativ komplex unternehmenskulturell zu definieren und entsprechend angepasste Systeme der Führung, des Managements, des Controllings und des Marketings (Stauss, 1987) zu entwickeln, auch Konzepte des transsektoralen Angebotskettenmanagements, entweder in Eigenregie oder in trägerübergreifenden Kontraktmodellen in kooperativer Form. Der entscheidende Punkt ist die Einsicht in die unabdingbare Notwendigkeit der politischen Güterabwägung in nicht lösbare, sondern politisch nur lebbare Zielkonfliktstrukturen einer Unternehmenskultur, die auf der obersten abstrakten Struktur einer Balanced Scorecard, bevor es gelingt, operational-quantitative und validierte betriebliche Kennziffern zu entwickeln, erkennt, wie sich Sachziele und Formalziele in komplexen internen (Patienten und MitarbeiterInnen) und externen (Verbraucher und weitere Stakeholder) personalen Referenzsystemen konfigurieren. Die eigene Institution wird zur sozialen Figuration, zur Mischung von kultureller Einbettung und strategischer Verkettung, zur diskursiven wie institutionellen Praktik von Selbstsorge, sozialer Mitsorge und Fremdsorge, von Eigensinn und Gemeinsinn, von Identitätsfindung und Identitätspraxis zwischen Selbst-Sein als Konfiguration von Ich-Sein, Mit-Sein und Wir-Sein.

Dienste umfasst, stärker geriatrisiert ist und (daher) neben der Akutmedizin die Rehabilitation und Prävention deutlicher als bisher akzentuiert.

aa) Dualismen und Pluralismen

Es hat in Deutschland langsam (Schulz-Nieswandt, 2005), aber nun doch auch spürbar, die Evolution der Integrationsversorgung (Hamdad, 2006; ders., 2006a; Stüve u. a., 2006) im Rahmen eines Vertragssystemwettbewerbs zwischen Kollektivvertrag und Individualvertrag auf der technischen Grundlage einer Budgetbereinigung (bzw. einer Anschub-Finanzierung) begonnen.[116]

Und dennoch: Wird auch (in der Integrationsversorgung nach § 140 a–d SGB V ebenso wie in den damit verknüpfbaren Regelungen zu MVZs und DMPs: Stock/Redaèlli/Lauterbach, 2005; Kranzer, 2007) der stationäre Sektor einbezogen, so bleibt es doch bei den strikten Sektortrennungen.

Eine stärkere ambulante Öffnung der Krankenhäuser ändert unter statusquo-Bedingungen nichts an dem inkonsistenten Zusammenspiel von Kassen, KBV, KVen und der Identitätslogik von Plan- und Vertragskrankenhäusern, die aus der (wenn sich auch wandelnden und sich ausdifferenzierenden) Krankenhausbedarfsplanung der Länder resultiert.

Betriebsformendifferenzierung und totale Institutionen: Aber immerhin: Der Weg zu einem zweckmäßigen Pluralismus der Betriebsformen ist geebnet.

Der versorgungspolitisch überholte alte Dualismus vom niedergelassenen Arzt als Betriebstypus einerseits und dem anstaltsartig organisierten, in der auf Goffman (2006a; vgl. auch Raab, 2008) zurückgehenden Tradition der Theorie totaler Institutionen (Heinzelmann, 2004) stehenden Betriebstypus

---

[116] *Integration der Pflege in die Integrationsversorgung*: Demnach gehe ich davon aus, dass die Entwicklung voranschreiten wird. Die Reform des SGB V durch das GKV-WSG hat dabei nicht nur (wenn auch m. E. wenig hinreichende) monetäre Anreize zur Stärkung der geriatrischen Rehabilitation angesichts der vielfach beklagten budgetären und somit wenig anreizkompatiblen Trennung von Kranken- und Pflegekassen gebracht; hervorzuheben ist vor allem der Anspruch auf schnittstellen- und sektorenübergreifendes Versorgungsmanagement als adäquate Anschlussversorgung mit der dabei notwendigen Kooperation für die Leistungserbringer gemäß § 11 (4) SGB V. Von großer Bedeutung ist der § 92b SGB XI, der es den Pflegekassen ermöglicht, mit zugelassenen Pflegeeinrichtungen und den weiteren Vertragspartnern nach 140b (1) SGB V Verträge zur integrierten Versorgung abzuschließen. Damit werden die rechtlichen Voraussetzungen geschaffen, den fachwissenschaftlich schon lange beklagten Mangel der Desintegration von SGB V und SGB XI im Bereich des transsektoral integrierten Leistungs- und Versorgungsgeschehens zu überwinden. Mehr als ein rahmenrechtlicher Anfang ist damit aber nicht gemacht.

des Krankenhauses andererseits wird zu einem Betriebstypenpluralismus ausdifferenziert, der eine optimalere Versorgungslandschaft ergibt. Allein die dazu notwendige Steuerungslogik ist noch umstritten und nicht entwickelt.

Ich halte eine ausdifferenzierte Betriebsformenlandschaft für präferenzgerecht angesichts des sozialen Wandels[117], der erhebliche Schicht- und Sozialmilieuunterschiede, Geschlechter- und Altersdifferenzen sowie ethischkulturelle Differenzierungen erkennen lässt (Schulz-Nieswandt, 2005).

bb) Steuerung als Generierung neuer Medizinkultur

Ich bin der Auffassung, dass sich innerhalb dieses betriebsmorphologischen Spektrums gute Gründe für eine neue personen- und dialogzentrierte Medizinkultur im Rahmen einer transsektoralen, integrierten, multiprofessionellen, weniger hierarchischen, sondern horizontal vernetzten Gesundheitsversorgung ergeben.

Doch die kulturelle Mutation des Medizinsystems (als unternehmenskulturelles und professionspolitisches System von Haltungen, Einstellungen und Praktiken: vgl. auch das Beispiel der Ergotherapie bei Marotzki, 2004[118]) ist hier nur ein Teil des Themas. Soll und wenn ja, wie kann ein Wettbewerb zwischen Angebots- und Betriebsformen, ein Wettbewerb zwischen alternativen Versorgungsformen herbeigeführt und die Gesundheitsversorgung auf dieser Differenzierungsgrundlage dauerhaft gesteuert werden?

b) Differenzierung, Ungleichheit, Risiken

Eine ganze Reihe von Fragen schließt sich an. Zunächst ist die Solidaritätslogik (zum Verhältnis von distributiver und redistributiver Sozialstaatslogik: Schulz-Nieswandt, 2006f) des GKV-Systems berührt: Ist ein System von einheitlichem Leistungsanspruchskatalog einerseits und Wahlfreiheiten der Versorgungsformen als Modalitäten der Erfüllung eines Leistungsanspruchs andererseits tatsächlich widerspruchsfrei? Führen verschiedene Versorgungsformen nicht zu Ungleichheiten in der Versorgungspraxis[119]

---

[117] Vgl. einschlägige Literatur zur Sozialstruktur, etwa Klein, 2005 sowie auch Klinger/Knapp/Sauer, 2007.

[118] Einen sehr instruktiven Überblick über die Professionalitätsforschung bietet Schämann, 2006, zugleich mit dem hier relevanten Befund, dass sich die zunehmend akademisch geformte Physiotherapie (zu) sehr an dem Vorbild der Medizin ausrichtet.

[119] Fragen der sozialen Ungleichheit spielen zunehmend auch in der Pflegeforschung eine Rolle: Bauer/Büscher, 2008 sowie Theobald, 2008. Allgemein ist die

und damit zu qualitativ verschiedenen Ergebnissen? Würde eine Ausdifferenzierung der Beitragssätze in Koppelung an wählbare Versicherungspakete (Wahltarife) zu einer Erosion der solidarischen Risikovergemeinschaftung der GKV[120] führen, so kann – so lautet die hypothesenartige Anfrage an die Befürworter der solidarischen Wettbewerbsordnung – eine Wahlfreiheit der Betriebstypen und der Versorgungsformen zu einer Ungleichheit der Gesundheitsversorgung führen.

Einige Argumentationsdifferenzierungen sind nötig. Grundsätzlich muss anerkannt werden, dass jede Ungleichheit eine Differenzierung bedeutet, aber nicht jede Differenzierung muss im gesellschaftlichen Diskurs[121] zur Ungleichheit erklärt werden (Schulz-Nieswandt, 2006a; ders., 2006f).

Umkipp-Effekte: Der Ungleichheitsbegriff ist normativ aufgeladener als der Differenzierungsbegriff, der zwar nicht jenseits ideologischer Nutzung steht (wie diverse Modernisierungsdiskurse und -praktiken verdeutlichen), aber als funktionales Basiskennzeichen moderner Gesellschaften prinzipiell nicht wegzudenken ist.[122]

Die gesellschaftlich zu diskutierende und dann politisch auszuhaltende Frage ist vielmehr: Wann kippt ein Ausmaß an Differenzierung in soziale Ungleichheit (Schwinn, 2007) um, die als problematisch empfunden wird (vgl. auch Christoph/Ullrich, 2006)?[123]

Verantwortbarkeit von Experimenten: Die Kritik an der Gefahr einer „Zwei-Klassen-Medizin" darf im Lichte einer grundsätzlichen Bejahung einer solidarischen Risikovergemeinschaftung von über 90% der Bevölkerung im Rahmen einer GKV als System genossenschaftsartiger Bedarfsdeckung[124] der Mitglieder auf Gegenseitigkeit (Schulz-Nieswandt, 2002) als

---

Frage nach der Produktion und Akkumulation sozialer Ungleichheit durch Sozialkapital relevant: vgl. Lüdicke/Diewald, 2007.

[120] Zur Selbstbeteiligung im Gesundheitswesen vgl. auch Klieber, 2007.

[121] Zum Beitrag der Massenmedien in diesem Diskurs vgl. Volkmann, 2006.

[122] Das sieht wohl auch die Bevölkerung so, wie die Studie von Sachweh (2008) zeigt. Die Kritik gilt problematischen Ausmaßen an Ungleichheiten, nicht der Differenzierung. Zum normativen Problem der differentiellen Klassifikation von Ungleichheit und Differenzierung vgl. auch Barlösius, 2005.

[123] Zur Repräsentation von Ungleichheit durch die Ungleichheitsforschung vgl. die Studie von Barlösius, 2005.

[124] *Wandel des Sozialversicherungscharakters durch Steuerfinanzierung von Leistungskomponenten*: Morphologisch darf noch angemerkt werden, dass auch die Auslagerung des Familienlastenausgleichs in der GKV in den Steuerhaushalt gemäß GKV-WSG eine deutliche Veränderung des Sozialversicherungscharakters bedeutet. Aus wertgebundener morphologischer Perspektive ist die implizite Familienpolitik nicht sozialversicherungsfremd, sondern nur atypisch für die Privatversicherung. Der stark ausgeprägte genossenschaftsartige (auf Mutualität bzw. Reziprozität basierende) Solidaritätscharakter der GKV als Versichertengemeinschaft löst sich partiell

grundsätzlich berechtigt gelten. Aber diese Kritik darf nicht als Tabu-Mechanismus fungieren, um jede soziale Neuerung zu blockieren.

Auch ist zu bedenken, dass die Pluralisierung der betriebsmorphologisch eingebetteten Versorgungsformen zunächst als Zwischenprodukt eines finalitätsoffenen Entdeckungswettbewerbes zu begreifen ist. Welche Landschaft sich letztendlich quasi als neue flächendeckende Regelversorgung durchsetzen wird, wird der Prozess zeigen (Schulz-Nieswandt, 2006; Amelung, 2007a).

Grundsätzlich spricht die Gesamtlage in Deutschland dafür, verantwortbare soziale Experimente einzuleiten. Die Konzeptidee einer solidarischen Wettbewerbsordnung könnte einen Handlungsrahmen für die innovative Fortentwicklung des GKV-Systems bieten; aber eine Menge offener Fragen besteht.

Keines der maßgeblichen Gutachten, die die Politik eingeholt hat, hat diese Fragen auch nur angemessen aufgegriffen, geschweige denn einer Beantwortung zuführt. Der Gesamtveränderungsprozess muss vom demokratischen System getragen werden und er kann nicht als platonistische 1 zu 1-Übertragung wissenschaftlicher Gutachten in soziale Wirklichkeitsgestaltung linear extrapoliert werden. Das überfordert nicht nur die demokratische Politik; das ist auch wissenschaftstheoretisch wie wissenschaftsethisch ein Fehlverständnis der Möglichkeiten und Grenzen wissenschaftlicher Gesellschaftsgestaltung.

c) Offene Fragen des Versorgungsangebotswettbewerbs im Rahmen selektiven Kontrahierens der Einzelkassen

Ein großer Teil der offenen Fragen und Fragenkreise resultiert aus der weiter oben herausgestellten Erkenntnis, dass auch alternative Steuerungsmechanismen in notwendiger Weise unvollkommene Systeme sein werden. Einige Aspekte seien angeführt: Wie entwickeln die Kassen eine hinreichende Vertragsmanagementkompetenz? Welche Mindestgrößen müssen

---

auf. Die Inzidenz quer- und längsschnittlicher solidarischer Austauschprozesse zwischen Nettozahler- und Nettoempfänger-Personen oder -Gruppen wird durch die partielle Steuerfinanzierung nicht transparenter. Der Weg in Richtung auf einen dem SGB VI verwandten Bundeszuschuß zur GKV bleibt natürlich im Gegensatz zur Zweckbindung der (allerdings strukturell erodierenden) Grundlohnsummen der parafiskalischen Körperschaften des öffentlichen Rechts gemäß SGB IV politisch unsicher: Sehr groß ist die Konkurrenz der Verwendungszwecke des Steueraufkommens des Bundes auf der Basis des Non-Affektations-Prinzips der öffentlichen Finanzwirtschaft. Insofern hat sich auch sehr schnell eine verfassungsrechtliche Debatte um die Sicherung der Steuerfinanzierung des Familienlastenausgleichs in der GKV im Bundeshaushalts ergeben.

Kassen haben, um regionale Netzstrukturen zu entwickeln? Wie generieren sich die Netze selbst? Was sind die kulturellen Barrieren der Evolution neuer Betriebsformen und Versorgungslandschaften (Schulz-Nieswandt, 2006)? Gemeint ist die notwendige Entwicklung neuer – für Multidisziplinarität und Hierarchie- und Dominanzabbau offener – Haltungen, Einstellungen und Sozialkompetenzen der fragmentierten, mitunter geradezu autistischen Professionen. Was sind die – viel zu selten und ernsthaft diskutierten – Transaktionskosten[125] des selektiven Vertragsregimes? Was sind die Barrieren, aber auch Zeithorizonte der Entwicklung neuer Anbietersysteme (Schulz-Nieswandt, 2004; ders., 2005)? Stimmen die ökonomischen Anreizsysteme aufseiten der Kassen und aufseiten der Anbieter? Wie stellt man sich die qualitäts- und versorgungszielorientierte (behördliche) Regulierung des selektiven Vertragswesens vor? Was sind die – in der Diskussion weitgehehend bis völlig ausgeblendeten – Kosten dieses Regulationsregimes? Reicht eine Konkurrenz zwischen größeren Einzelkassen, um einen sozialräumlichen (Klauber u.a., 2006) Sicherstellungsauftrag zu verwirklichen? Besteht hier nicht ein körperschaftliches „Post-KVn-Defizit"? Ist das so induzierte neue Gesundheitswesen der Zukunft weniger ausgabenintensiv und zugleich qualitativ hochwertiger? Oder wäre es nicht realistischer, davon auszugehen, dass bei nicht sinkenden Ausgaben eine relativ bessere Versorgungsqualität herbeizuführen ist (Schulz-Nieswandt/Kurscheid, 2004, S. 111 ff.)?

5. Ordnungstheoretisches Zwischenfazit und Entwicklungsszenarium der Sozialwirtschaft

Das Gesundheitswesen braucht neue Versorgungslandschaften und entsprechend neue Steuerungsmechanismen. Auf die Verknüpfung beider Satzteile ist hier hinzuweisen. Es geht jetzt nicht mehr nur unmittelbar um neue Versorgungslandschaften, die normativ im Lichte gerontologischer Befunde formulierbar sind. Es geht auch mittelbar um die Frage nach neuen geeigneten Steuerungsmechanismen, um diese neuen Versorgungslandschaften zu induzieren.

Verständnis für Politik – Eifer der wissenschaftlichen Politikberatung: Die Konzeption einer solidarischen Wettbewerbsordnung ist ein ernst zu nehmender Ansatz. Sie ist jedoch überhaupt nicht zu Ende gedacht. Die zögerliche Haltung der Politik ist zu verstehen. Kein verantwortlicher, risikoaverser Akteur tauscht unvollkommene, aber routinierte Situationen gegen riskante, ungewisse Strukturen.

---

[125] Zu den Verwaltungskosten des US-amerikanischen Gesundheitssystems vgl. Wagner, 2003.

Die Protagonisten der neuen Ordnung müssen sich ernsthafter den offenen Fragenkreisen stellen. Dann ist auch die Frage zu beantworten: Wie viel und welchen Wettbewerb und folglich Differenzierung braucht und verträgt das Gesundheitswesen eines solidarischen GKV-Systems?

Es wird nunmehr zum Abschluss der steuerungstheoretischen Erörterungen nicht darum gehen, neue Aspekte einzuführen. Es soll vielmehr nochmals fokussiert werden. Dabei darf ein wenig von den (oftmals überzogenen, wenngleich nicht in ihrem Grundwert geleugneten) sozialrechtlichen und regulationsbürokratischen Realitäten abstrahiert werden.

*a) Marktbezogene Sozialunternehmen
zwischen Gewährleistungsstaat und Wettbewerb*

Die öffentlichen bzw. öffentlich-rechtlichen Kostenträger werden sich immer mehr auf die Position eines Gewährleistungsstaates (Reichard, 2006; Schuppert, 2005; Franzius, 2007) zurückziehen. Die Hintergrundtrends (Michell-Auli, 2007) sind oben skizziert worden. Und es müssen die europarechtlich diskutierten Kategorien hier erneut und neu konfiguriert aufgegriffen werden.

Zusammenbruch des sozialrechtlichen Dreiecksverhältnisses? Bricht sogar das sozialrechtliche Dreiecksverhältnis weg, weil der Staat sich nur noch als (begrenzter) Finanzierer im Rahmen von Budgetvergaben an private Haushalte (und ihren Treuhänderakteuren; Kleve u.a., 2006) versteht, müssen sich die Sozialunternehmen nicht nur auf den Wettbewerb im Rahmen von Lizenzvergaben, Projektausschreibungen etc. einstellen, sondern müssen sich dem Markt der Nachfrager unmittelbar stellen. Die Regulierung würde sich auf ein Qualitätsmanagement reduzieren, positiver: konzentrieren.[126]

Parallelsteuerung und Selbstselektionen: Aber ich gehe von einer dualen, quantitativ keineswegs symmetrischen Steuerungsstruktur aus: Die „einfachen Risiken" werden sich des persönlichen Budgets bedienen. Hier rutscht die traditionelle Sozialwirtschaft in einen Nachfragermarkt hinein. Die Sozialwirtschaft wird sich in diesem Zusammenhang modular kleinteilig und kombinationsflexibel entwickeln müssen. Der große Bereich „schwieriger Risiken", die in der Regel Komplexbedarfe aufwerfen, wird

---

[126] Gerade diese Koppelung der Idee des Instruments des Budgets an ein fachlich qualifiziertes Case Management, wie überhaupt die Idee der Assistenz im Sozialwesen, bringt doch die Ernsthaftigkeit zum Ausdruck, mit der die Politik neue Wege der Steuerung gehen will, aber Aspekte der bedingten Konsumentensouveränität, der Komplexität der Steuerungsaufgabe, der Asymmetrie der Informationsverteilungen und der Markttransparenzen verbraucherschutzorientiert bedenkt.

individuelle Nachfrage mit höherem Anspruchsniveau und mit mehr Mitsprachewillen und -recht im Rahmen modernisierter sozialrechtlicher Dreiecksverhältnisse artikulieren.

Im verbleibenden Raum des sozialrechtlichen Dreiecksverhältnisses entwickelt sich ein relativ dynamisches Feld des wohlfahrtsstaatlichen Kontraktmanagements (Ruflin, 2006). Im Rahmen von Ausschreibungsregimes, aber auch im wettbewerblich geschärften Betrauungsaktregime wird viel stärker als bislang ziel- bzw. ergebnisorientiert auszuhandeln sein, was bisher bürokratisch und standardisiert finanziert wurde.

Im Prinzip werden die Sozialunternehmen im Rahmen einer effizienzorientierten Ökonomik der Zielvereinbarungen tätig (vgl. gleich in Kapitel C.I.6.). An die Aufgaben kommt man nur als wettbewerblicher Gewinner heran; die konkrete Aufgabe wird ausgehandelt, ebenso die leistungsorientierte Vergütung.

b) Kontraktmanagement mit outcomesorientierten Qualitätskennziffern

Eine zugegebenerweise technokratisch wirkende Antwort auf die Fragen nach der zukünftigen Steuerungsmodalität könnte – zum Teil (mehr nicht!) – in der Logik liegen, in ergebnisorientierten Qualitätskennziffern[127] die soziale Akzeptanz des Wettbewerbsprinzips in der Erstellung sozialer Dienste an Seele und Körper der Menschen zu steigern.

Kennziffern und anthropologische Performance: Wenn, so die Vision, das liberalisierte Kontraktmanagement des gewährleistenden Wohlfahrtsstaates (Ruflin, 2006) im Sinne von Zielvereinbarungen die Anbieter steuert, dann benötigt diese soziale Praxis angemessene Kennziffern des Erfolges.

Strukturqualität reicht hier nicht hin. Outcomes-Qualität hängt stärker von der Prozessqualität der Erstellung sozialer Dienstleistungen ab. Doch wie soll der Erfolg der Sozialwirtschaft gemessen werden? Wie sieht die „anthropologische Performance" aus? Letztendlich dienen alle Prozesse des sozialwirtschaftlichen Handelns der Steigerung der Lebensqualität der Menschen, ihrer Lebenszufriedenheit. Das gilt auch für den medizinisch-klinischen Bereich, wo es nicht nur um die klinischen Outcomes geht, sondern auch um die kommunikative Beziehungsqualität (Laine u.a., 1996).

---

[127] Zur Qualitätsdebatte im Sozialsektor am Beispiel der Arbeit mit Menschen mit Behinderungen vgl. auch Drechsler, 2005; Dworschak, 2004; Egger u.a., 2003; Lambers, 2004; Leibold, 2005; Miller, 2005; Neuenstein, 2003; Niedecken, 2003; Puchberger, 2005; Seifert u.a., 2001; Seifert, 2002; dies., 2002a; dies., 2003; Wagner-Willi, 2002.

Könnte sich der „Wille zum Person-Sein des eigenen Selbst" auch im Umgang mit Menschen mit Behinderungen (umfassend einführend: Röh, 2009) entfalten? Die philosophischen Probleme der Konkretisierung dieses normativen Bezugspunktes sind beträchtlich. Aber immerhin liegt hiermit ein humaner Fixpunkt vor, um deutlich einzufordern, dass ein marktorientiertes und wettbewerblich steuerndes Kontraktmanagement dem Menschen dienen muss.

Gouvernementale Aspekte: Die soziale Arbeit, die aus diesem Steuerungsmodus resultiert, muss gewährleisten, dass dem Menschen – z. B. Menschen mit Behinderungen – im je eigenen Lebenslauf mit Respekt begegnet worden ist (Kostorz, 2008; Schäfers, 2008; Eurich, 2008; umfassend einführend: Röh, 2009). Er ist nur mittelbar (außer er wäre als Ökonom universitär sozialisiert worden) – wie jeder andere normale Mensch auch – an der Effizienz des Wirtschaftens interessiert. Ihn interessiert sein Glück, also die Frage nach dem Glücken seines Lebens und somit letztendlich das geglückte Altern.

Diese „kundenzentrierte" Philosophie der Ökonomisierung der sozialen Arbeit (kritisch auch Dederich, 2008)[128] darf jedoch auch nicht vergessen, die Lebensqualität und die Zufriedenheit der operativen Produzenten der sozialen Dienstleistungen im Auge zu behalten. Die neuen Effizienzregime werden gerade auch für die MitarbeiterInnen „neue Zumutbarkeitskulturen" generieren. Im Sinne von Foucault (2004) stellt die Ökonomik des Kontraktmanagements eine neue Form der „Gouvernementalität" dar (Kessl, 2005; Urban, 2004). Das Subjekt wird gestärkt, als kompetentes Steuerungszentrum des Lebens und des Arbeitens.[129] Das klingt gut. Aber das Subjekt darf auch nicht überfordert werden. Die sozialen Risiken dürfen in kulturgeschichtlich problematischer Weise nicht wieder reprivatisiert werden. Die Selbstsorge des Subjekts bleibt nur eine Kategorie der Daseinsanalyse. Soziale Mitsorge und die Wir-Sorge in abstrakten kollektiven Risikogemeinschaften sind ebenso Dimensionen eines schwierigen Balanceaktes der Personwerdung des Menschen. Der „enabling state" (Maydell u. a., 2005), der das Subjekt als Steuerungszentrum installiert, verflacht im Lichte einer im Vergleich anspruchsvollen Anthropologie der dialogischen[130] Exis-

---

[128] Vgl. auch Krauß/Möller/Münchmeier, 2007 sowie Albert, 2006. Schließlich vgl. Speck, 1999. Zur Jugendhilfe vgl. Hensen, 2006.

[129] Und an diesem Punkt darf die Frage nach sinnhafter Orientierung im Kapitalismus gestellt werden: Gibt es nicht auch ein Recht auf (relative) Ineffizienz? Vgl. dazu Schramm, H., 2005.

[130] Dialogische Existenz wird der Verfehlung des Daseins als monologische Form entgegengehalten: Wolzogen, Chr. v.: Art. „Dialog", in Thurnherr/Hügli, 2007, S. 47–50, hier S. 47.

tenz des Menschen als Person schnell zu einer Variante neoliberaler Ideologie (Girkinger, 2005)[131]. Das dürfte das beherrschende Thema der augenblicklichen Diskurse in der Philosophie, insbesondere in der philosophischen (theologischen) Anthropologie, sein (Budka, 2006; Graumann u.a., 2004; Riegler, 2006; Rösner, 2002).

Wenn das marktbezogene Sozialunternehmen entweder im Kontext eines Kontraktmanagements im Rahmen eines entsprechend modernisierten sozialrechtlichen Dreiecksverhältnisses oder im Kontext eines Nachfragermarktes (mit unklaren nachgeschalteten Qualitätsregulationen) eingelassen ist, so wird es kein triviales Problem sein, die Bedürfnisperspektiven des Konsumenten, die Bedarfsperspektiven professioneller Expertise, die Interessen der MitarbeiterInnen, die unternehmerischen Ziele und die normativ-rechtlichen Vorgaben sozialstaatlichen Denkens (die sich zwar in ihrer Erstellungs-Praxis modernisieren sollen, aber in ihrer Wertestruktur Anspruch auf Konservierung haben) optimal zu vermitteln.

6. Kritik des Regimes des *homo telos contractus*

In allen Bereichen infolge hausgemachter Trends (New Public Management [Holzer/Bauer/Hauke, 2007 zur Perspektive wirkungsgeleitetes Ressourcenmanagement im öffentlichen Gesundheitswesen], neuer Steuerung [Bogumil u.a., 2007][132] etc.) und internationaler Determinanten (Globalisierung; EU-wettbewerbsrechtlicher Art: vgl. Schulz-Nieswandt u.a., 2006) kristallisiert sich ein neues Effizienzregime heraus: die Anreizlogik (Wilkung, 2005) des *homo telos contractus*.

Gemeint ist die Diffusion der Zielvereinbarungsökonomik (Klammer/Schulz-Nieswandt, 2006 zum SGB II; vgl. auch Schulz-Nieswandt, 2006e).[133]

---

[131] Die Vielfalt der ideologischen Strömungen kennzeichnete bereits die Situation zu Beginn der bundesdeutschen Selbsthilfedebatte und -praxis Anfang der 1980er Jahre: Schulz(-Nieswandt), 1985a.

[132] Diese Prozesse erfassen auch andere Felder, etwa die Jugendhilfe: vgl. Hensen, 2006 sowie Grohs, 2007. Vgl. auch Art. „Neue Steuerung" von Horcher, in Maelicke, 2007, S. 715 ff.; ferner Bogumil u.a., 2007.

[133] Vgl. auch Keller, 1997; Schmidt/Kleinbeck, 2006; Tondorf/Bahnmüller/Klages, 2004.

a) Zur Themenkreis-übergreifenden Ambivalenz der Sozialpolitik

Als Trend in der Neuordnung des Sozialhilferechts in Deutschland lässt sich feststellen, dass das Leitbild „Fördern und Fordern"[134] nicht zu einem Ende einer einseitigen paternalen Gabe des Staates in Form des Fürsorgeprinzips[135] führt (zur Ambivalenz der Gabe: Starobinski, 1994), sondern

---

[134] *Fordern und Fördern*: Lange Zeit galt die deutsche Arbeitsmarktpolitik als passiv. Die Kosten der Arbeitslosigkeit wurden durch Transfers an Arbeitslosen getragen oder durch (in West-, und dann geradezu flächendeckend in Ostdeutschland) Frühverrentungspfade (Menning/Hoffmann/Engstler, 2007) in anderen Sozialversicherungszweige verschoben. Aktive Arbeitsmarktpolitik hatte keine Priorität und galt (weitgehend in berechtigter Weise) als uneffektiv (organisiert). Diese Orientierung in der Arbeitsmarktpolitik hat sich in den letzten fünf Jahren deutlich verändert. Unter der Maxime „Fordern und Fördern" fand – wenngleich es eine entsprechende Praxis auch schon vor „Hartz IV" gab (Kolbe/Reis, 2005) – eine ideologische Umorientierung statt (Klammer/Schulz-Nieswandt, 2006), die mehrdimensional ist und sich auf unterschiedlichen Ebenen auswirkt. Auf der institutionellen Ebene der Arbeits- und Sozialverwaltung kam es zu behördlichen Umorientierungen (ARGEn vs. Modellkommunen). Ob die Praxis der Arbeit der „persönlichen Ansprechpartner/-innen" nach § 14 SGB II qualifiziert funktioniert, darf empirisch bezweifelt werden (Ames, 2008). Zur massiven Kritik der Praxis des Fallmanagements vgl. Kolbe/Reis, 2008 (vgl. grundsätzlicher zur philosophischen Anthropologie des Fallmanagements: Dern/Hauser, 2008). Und es ging um grundlegende leistungsrechtliche sowie leistungsorganisatorische Änderungen. Anreiz-Kompatibilitätserwägungen wurden sowohl leistungsrechtlich mit Blick auf den Bürger als auch im Bereich neuer Verwaltungsstrukturen einbezogen. Die Verwaltung wurde (entsprechend den Ideen von New Public Management) modernisiert. Die Arbeitsmarktpolitik wird bürgerorientiert verstärkt als moderne soziale Dienstleistung im Rahmen von Zielvereinbarungslogiken praktiziert. Angesichts der schlechten bundesdeutschen Arbeitsmarktperformance (Schulz-Nieswandt/Sesselmeier, 2006) lockern sich das Arbeitsrecht und die Arbeitsmarktverfassung, Niedriglohnsegmente werden gefördert, verstärkte Lohnspreizungen immer mehr für funktional erforderlich gehalten. Auch hier zeichnen sich Analogien zur EU-weiten Logik von Lissabon (vgl. auch Puetter, 2009, S. 131 ff.) ab. Insbesondere zeichnet sich ein Denken in Interdependenzen ab. Angesichts der Alterung und auch Schrumpfung der deutschen Bevölkerung richtet sich die Politik verstärkt aus auf die Ausschöpfung des Erwerbspersonenpotentials bei gleichzeitiger Stärkung der Humankapitalinvestitionen. So rücken die gerade in Deutschland (Schulz-Nieswandt, 2004b) bildungspolitisch deutlich benachteiligten Migrantenkinder ebenso in den Blick wie die Frage der effektiven Arbeitsmarktintegration von Menschen mit Behinderungen (gerade hier zeigten die Schwierigkeiten der Umsetzung der EU-Richtlinien in ein nationales Anti-Diskriminierungsgesetz die besonderen Problemlagen in Deutschland), die europaweit sehr niedrige Arbeitsmarktpartizipationsrate älterer Arbeitnehmer sowie die insgesamt niedrige Altersgrenze der Verrentung. Insbesondere ist (auch verknüpft mit der schlechten Schulerfolgsbilanz in unteren sozialen oder kulturell schwierigen Segmenten der Schülerpopulation) die Vereinbarkeit von Berufstätigkeit und Familienleben deutlich ins Zentrum der Diskurse und der Politik, ansatzweise auch schon in die Gesetzgebung gerückt.

[135] Zur Entstehung des BSHG von 1961 vgl. Föcking, 2006.

zu einer neuen Asymmetrie: Gewährung und Folgebereitschaft (medizinisch: Compliance[136]).

Psychologie des Wohlfahrtsstaates[137]: Es ist dies der Möglichkeit nach eine neue Form lehnsrechtlicher[138] Konstruktion, zu dem sich das Regime von „Fördern und Fordern" als Praxis der Leistungsvereinbarungen im SGB II und im SGB XII (vgl. § 12 SGB XII) entwickeln kann.[139]

Unklar bleibt aus psychologischer Sicht die personale Erlebnisqualität des neuen Wohlfahrtsstaates: Wird er – im Feld der Arbeitsmarktintegration – als demütigende Stigmatisierung oder als reintegrative Tagesstrukturierung empfunden? Aus differenzieller Sicht ist natürlich beides möglich – und wahrscheinlich.[140] Die Ambivalenz der Sozialpolitik^p kommt zum Ausdruck.

---

[136] Vgl. auch Petermann, 1998.

[137] Diese ist eine spezielle Sicht einer Psychologie des Wohlfahrtsstaates. Zu einer Darlegung der verschiedensten psychologischen Zugangsweisen zum Wohlfahrtsstaat vgl. Fetchenhauer/Fischer, 2007.

[138] Klassisch zur Feudalgesellschaft: Bloch, 1999.

[139] *Modernisierung der Arbeitsverwaltung?* Zur Praxis des SGB II im Lichte qualitativer Sozialforschung vgl. das Schwerpunktheft „Innenansichten eines Umbruchs: Qualitative Untersuchungen zur Reform der Arbeitsmarktpolitik" der ZSR, 54 (1) 2008 (Zeitschrift für Sozialreform, 2008). Sicherlich haben Kissler/Greifenstein/Wiechmann für ihre Arbeit den Titel „Großbaustelle Arbeitsverwaltung" (2008) gut gewählt, um, so der Untertitel, „Arbeitbedingungen und -beziehungen im Schatten der Arbeitsmarktreform" zu analysieren. Fragen die Evaluationsstudien zu den Hartz IV-Reformen und somit zum SGB II nach den sozialpolitischen Wirkungen aus der Perspektive der Langzeitarbeitslosen (vgl. auch insgesamt die Bilanz von Klute/Kotlenga, 2008), so fragt diese Studie nun nach den veränderten Arbeitsbedingungen der Beschäftigten in den ARGEn und in den Optionskommunen. Dies erweist sich als eine wichtige Forschungsergänzung im Rahmen der „Modernisierung" des Sozialstaates auf der Grundlage eines angemessen Stakeholder-Ansatzes. Die Studie beruht auf vier Fallstudien (je zwei zum Kooperations- und zum Optionsmodell) und auf einer bundesweiten Befragung von Personalräten. Arbeitsbelastungen und auch reformzielorientierte Ausreifung der Institutionenmodernisierung werden dabei untersucht. Offensichtlich kommt das Optionsmodell im Vergleich zum Kooperationsmodell günstiger in der Beurteilung weg. Die Gründe sind weitgehend organisations- bzw. verwaltungskulturelle Unterschiede, die sich psychologisch gesehen in unterschiedlichen Belastungs- und Erfolgsbilanzen ausdrücken. Die Studie ist trotz ihres explorativen Charakters bedeutsam für das Verständnis der Binnenprozesse von Verwaltungsmodernisierungen als Organisationsentwicklungen, die mit erheblichen Dramaturgien der psychischen Erlebnisordnungen des Personals verbunden sind. Auch das, neben der Sicht des sozialstaatlichen Klientels oder der „Kundenperspektive", ist eine Dimension der Psychologie des ge- und erlebten Wohlfahrtsstaates, der hier Züge des Kontraktmanagements und der Zielvereinbarungsökonomik annimmt.

[140] Zur Frage der Selbstachtung im Wohlfahrtsstaat vgl. auch Steinforth, 2001.

I. Ordnungskontext und soziale Praxis

b) Zielvereinbarungsökonomik: Kosten-Dumping oder soziale Dialogpraxis?

Mit der Zielvereinbarungsökonomik (Schulz-Nieswandt, 2006e; ders., 2006b, S. 73 ff.) wird in einer kernhaft-berechtigten Weise auf Modernisierungsnotwendigkeiten in der Praxis der Ressourcensteuerung in allen Sozialsektoren hingearbeitet: Es geht darum, mehr Anreize zu setzen, mehr Wettbewerbsorientierung und mehr Flexibilität einzuleiten.

Wie so oft im Kontext radikaler Organisationswandlungen geht die Entwicklung wahrscheinlich jedoch über das Maß des Sinnvollen hinaus: Nichts – auch nicht Lebensweltliches – wird mehr außerhalb der Logik der regulierten Wettbewerbssurrogate organisiert. Sozialunternehmen in Quasi-Märkten handeln Zielvereinbarungen mit Kostenträgern aus, die Sozialunternehmen entsprechend mit ihren betriebsinternen Profitcentern und den MitarbeiterInnen, das operative Personal mit dem Klientel, das jetzt Kundenstatus erhält. Top-down – von der Makro- über die Meso- hin zu Mikroebene – wird der *homo telos contractus* (der „Zielvereinbarungsmensch") geklont und installiert.

Nun darf der Problemsichtung die Fülle der aspektreichen Literatur zur Zielvereinbarungsökonomik zur Seite gestellt werden.[141] In grundsätzlicher Perspektive sollen vielmehr die Chancen und Gefahren einer Ökonomik der Zielvereinbarung erwogen werden.

Zielvereinbarungen erobern das Leben, ja geradezu alle Lebensbereiche. Im Kontext des Sozialsektors der sozialen Einzelwirtschaftsunternehmen stellt sich die Logik der neuen Steuerung als ein Mehr-Ebenen-Problem dar: Es entwickeln sich Zielvereinbarungen a) zwischen Kostenträgern und Sozialunternehmen, b) zwischen der Leitung des Sozialunternehmens und den MitarbeiterInnen, einzelnen Funktionsbereichen (Profitcentern) und c) zwischen dem Personal und dem Klientel (Urban, 2004).

Je nachdem, ob sich das sozialrechtliche Dreiecksverhältnis durch die Implementierung der neuen Instrumente der persönlichen Budgets weitgehend auflösen wird, wird das Steuerungszentrum entweder beim Kostenträger liegen oder beim letztendlichen Produkt-Nachfrager.

Es ist mikroökonomisch leicht zu demonstrieren, dass diese neue Steuerungsmodalität der Zielvereinbarungen Effizienzvorteile verspricht. Vor allem aus der gestärkten Sicht des Konsumenten liegen Effizienzvorteile allokativer Art nahe. Auf die Frage, ob eine soziale Welt ohne Ineffizienzen überhaupt lebenswert ist, habe ich bereits hingewiesen; das Argument ist gleich nochmals aufzugreifen.

---

[141] Vgl. u. a. Kiunke, 2005.

Doch ergeben sich auch neue bzw. neuartige Transaktionskosten. Allein auf den nunmehr sich als „informierten Bürger" (empirisch zur Information der Versicherten: Schnitzer u. a., 2008 sowie Hanker u. a., 2008) entwickelnden, aber der Förderung und der Hilfe bedürftigen Menschen kommen erhebliche Kosten zu (vgl. auch Dieterich, 2006). Es ist ein nicht unbedenklicher Weg, den Konsumenten[142] zunehmend an der Erstellung des Produktes in vielen Lebensbereichen zu beteiligen. Damit werden nicht nur Kosten verlagert; auch am Risiko wird der Kunde beteiligt. Dies ist aus Sicht einer Anthropologie des Seins-Mutes noch anzudiskutieren. Es soll hier auch nicht mehr geleistet werden als auf das Problem schlechthin zu verweisen. Eine solche Reflexion setzt sich in der Regel dem Vorwurf aus, die Bürger zu bevormunden und ihn offensichtlich für dumm zu halten. Aber es geht hier um die Risiko-Privatisierung (Hacker, 2004) als Rückverlagerungen von Belastungen, die nicht ohne erhebliche Ambivalenz einfach als Freiheit argumentativ „verkauft" werden. Risiko-Privatisierung bedeutet daher zugleich einen Verlust an Entlastungsfunktionen des Menschen im Daseinsalltag. Liberal gesprochen handelt es sich um kulturtechnische Arbeitsteiligkeiten.

Und dass unter diesen Liberalisierungstendenzen verstärkt Regulierungskosten entstehen[143], muss wohl mit Blick auf die stärker bedeutsame Problematik der Setzung von Qualitätsstandards und der Einführung und Praxis eines entsprechenden Qualitätsmanagements für künstliche, also rechtlich und somit transaktionskostenintensiv erzeugte und der Regulation bedürftige Märkte, als plausibel angenommen werden.

Vom homo buerocraticus zum homo regulationis? Markt-liberalisierte Welten können sehr schnell beträchtliche Regulierungsbürokratien nach sich ziehen.

Mag der ältere Sozialtypus des *homo buerocraticus* auch bedürfnisblind gewesen sein[144]; der neue Typus des *homo regulationis* wirft neuartige Probleme auf. Seine Erfinder weisen nicht selten eine gewisse Transaktionskosten-Blindheit auf (vgl. auch den Überblick über empirische Transaktionskostenstudien zum Gewährleistungsstaat bei Obermann, 2007).

Homo telos contractus – oder: Gibt es auch ein Recht auf Ineffizienz? Jedenfalls könnte eine Welt des *homo telos contractus*, in der alles nur noch effizienzorientiert ausgehandelt wird – bis hinein in die „Mikropolitik der

---

[142] Zum Konzept der Patientensouveränität vgl. auch Dierks/Flick, 2005. Zur Problematik der Patientenrechte vgl. Kranich/Böcken, 1997 sowie insgesamt auch Reibnitz/Schnabel/Hurrelmann, 2001.

[143] Das zeigt sich in vielen Bereichen der Marktliberalisierung öffentlicher Dienstleistungen (Energie, Telekommunikation). Vgl. u. a. Griller/Breuss/Fink, 2007.

[144] Zur Theorie der Bürokratie vgl. Roschmann, 1999. Zur Problematik des Change Managements bürokratischer Organisationen vgl. auch Niehaves, 2006.

Familienkonferenzen" (vgl. zu *family negotiations* auch Finch/Mason, 1993) – eine systemische „Kolonialisierung der Lebenswelten" bedeuten. Man vertraut nicht mehr auf (z. B. moralische) Haltungen, auf (pro-soziale) Einstellungen, auf unbedingte Gabebereitschaften, auf intrinsische Motivationen. Das soziale Selbstverständnis von Leistung kann dergestalt sogar erodieren (Faßauer, 2008). Quasi-behavioristisch wird nur noch auf die Setzung anreizkompatibler Rahmenbedingungen fokussiert. Vertrauen sei gut, Kontrolle aber besser.[145] Daher darf ein radikaler Gedanke zum Ausdruck gebracht werden: Ist eine effiziente Welt wirklich eine sympathische humane Welt?

Aber in diesem Lichte sind grundsätzliche Fragen zu stellen: Gibt es nicht auch ein Recht auf (relative) Ineffizienz (dazu Schramm, H., 2005)? Ist wirklich die ganze Lebenswelt des Menschen zu ökonomisieren (Knechtel, 2005)?[146]

An dem verhaltenswissenschaftlich gut abgesicherten Wert von Anreiz-Kompatibilitäten der Handlungssituationen ist auch nicht zu zweifeln. Aber lässt sich die ganze soziale Wirklichkeit strategisch auf „win-win-Situationen" hin modellieren?[147] Wo bleibt das tiefere Verständnis der Sorgearbeit als (liebendes) Interesse am Anderen im Modus des sozialen Mitseins?

Diese Themendimension einer Anthropologie der Sorge soll hier noch nicht aufgenommen werden. Aber es musste zumindest bereits vorgreifend angeführt werden.[148]

---

[145] Vgl. zur Problematik prosozialer Haltungen auch Fetchenhauer u.a., 2006 sowie Harbach, 2006. Die differentialpsychologische Studie von Moschner (1994) zu den Motiven und der Engagementbereitschaft ehrenamtlich tätiger Personen hat gezeigt, dass hier generalisierte Bereitschaften zur Verantwortungsübernahme bestehen, die jedoch nicht als moralische Verpflichtung der Gesellschaft gegenüber verstanden werden. Der Gerechtigkeitssinn gegenüber sozialen Problemen ist jedoch ausgeprägt. Und diese Bereitschaften sind verhaltenswirksam.

[146] *Ökonomie und Ethik*: Ökonomie der Effizienz und Ethik schließen sich überhaupt nicht unbedingt aus. Vielmehr gilt: Institutionelle Arrangements, die von Menschen eingegangen werden, müssen sowohl ökonomisch effizient in der Umgangsweise mit knappen Ressourcen sein als auch fair. Damit kann zur Theorie des rationalen Altruismus zurückgekehrt werden. Wenn die Nutzenfunktion von Menschen interdependent ist (Ausdruck von empathiegetragenen Beziehungen oder auch nur Ausdruck kluger erweiterter Rationalität, wonach der Akteur in einer Welt lebt, in der er beim Handeln immer auch die Reaktionen des *Alter Ego* auf sein Handeln einkalkulieren muss), dann kann auch Teilen und Umverteilen rational sein. Somit garantiert die ökonomische Theorie ein Minimum an moralischen Regeln, die jedoch als strategische Klugheitsethik zu qualifizieren sind. Kritisch ist bleibend zu fragen: Reicht das für die Lösung der anstehenden gesellschaftlichen Probleme?

[147] Besonders kritisch Schulz-Nieswandt, 2003a.

[148] *Kontraktmanagement und Philosophie der Sorgearbeit*: Wenn der soziale Sektor im Wandel begriffen ist, so bleibt der (kulturgeschichtlich überkommene: Hamman/Wolf, 2003) normative Bezugspunkt dennoch stabil. Es geht um einen Sektor,

Potenziale des homo dialogicus: An sich birgt die Ökonomik der Zielvereinbarung auch ein wertvolles Potenzial dialogischer Kultur. Der *homo telos contractus* könnte auch als *homo dialogicus* dechiffriert werden. Die Frage ist, ob eine solche abstrakt-universale Theorie des rationalen Aushandelns angesichts der empirischen Diversität von Handlungskompetenzen und -kapazitäten nicht höchst selektiv ausfällt (so Riegraf, 2007).

Und auch hier werde ich die philosophiegeschichtlichen Hintergründe an dieser Stelle nicht näher entfalten können, sondern erst weiter unten. Die Dialogik von Ich und Du, die Ontologie des dialogischen Zwischenraums, wie sie vor allem (aber nicht nur) im Kontext jüdisch-christlicher theologischer Anthropologie rekonstruierbar wäre[149], betrifft die Chance, über den

---

dessen Arbeit geprägt ist von einer sozialen Wohlfahrtsfunktion, die ihren Grund in der Sorge im sozialen Mitsein findet. Insofern geht die vorliegende Analyse davon aus, dass die Sozialwirtschaft eine organisierte Sorgearbeit ist, die ihre letztendliche, unhintergehbare und unverfügbare Axiomatik in einer Liebesethik – in der dialogisch gelebten Existenz des Zwischenmenschlichen – findet. Diese Liebesethik, also die Sorge als Interesse am Anderen als Modus des sozialen Mit-Seins, muss sich jedoch transformieren lassen in eine wettbewerbsfähige Sozialunternehmenswirtschaft. Wie ist also die normative Axiomatik in ein neues Regime des „wohlfahrtsstaatlichen Kontraktmanagements" (Ruflin, 2006) hinüberzutragen? Oder muss man kritischer fragen: hinüberzuretten? Liegt hier also nur eine höchst problematische Form der „Ökonomisierung" vor (Herzog/Müller, 2002; Schäper, 2006; Eisenreich/Peters, 2006; Heinen/Tönnihsen, 2002; Schubert, 2000)? Geht die pädagogisch-zuneigende Subjektverbundenheit der axiomatischen Theorie des Helfens verloren? Eine breite und tiefe Entfaltung einer philosophischen Anthropologie der Sorgearbeit ist an dieser Stelle nicht möglich. Es sind nur knapp jene Ausgangspunkte des Denkens und Handelns in Erinnerung zu rufen, die notwendig sind, um die großen Herausforderungen des sozialen Sektors gerade angesichts unverrückbarer normativer Bezugspunkte angemessen zu verstehen. Mit Martin Heidegger (2001) ist zunächst zu argumentieren, dass das Dasein des Menschen als Existenz zu verstehen ist und somit als eine Praxis, die im zentralen Kern als Sorge gekennzeichnet ist. Gelingendes Dasein ist in diesem Lichte eine lebenslaufbezogene Entwicklungsaufgabe der menschlichen Person, die darin besteht, die An- und Herausforderungen des Lebenszyklus zu bewältigen. Dazu benötigt die menschliche Person Ressourcen. Und an diesem Punkt kristallisiert sich die praktische Sozialpolitik als organisierte Sorgearbeit heraus. Diese ganze Problematik einer derartig hergeleiteten Wissenschaft von der Sozialpolitik ist an dieser Stelle nicht zu rekonstruieren. Es reicht, allein den Befund herauszustellen, dass gelingendes Person-Sein ein Balanceakt zwischen individuellem Selbst-Sein, sozialem Mit-Sein und kollektivem Wir-Sein bedeutet. Ohne hier diese ganze philosophische Anthropologie der Personalität im sozialen Mitsein diskutieren zu müssen, bleibt mit Blick auf Heidegger jedoch zumindest der Einwand des daseinsanalytischen Psychiaters Ludwig Binswanger (1953; Schmidt, M., 2005) zu betonen, bei Heidegger fehle die Überführung der Sorge in die Liebe. Liebe meint hier sorgendes soziales Mitsein, also Selbstsorge im (identitätsstiftenden [!]) Kontext sozialen Mitseins mit dem Anderen.

[149] Aber auch die Städtebauarchitektur des 20. Jahrhunderts beeinflußt hat: vgl. Huse, 2008, S. 83 f.

I. Ordnungskontext und soziale Praxis

Dialog überhaupt erst zur personalen Identität, damit zur Zielorientierung des Handelns zu gelangen. Sinn- und Ausgabenorientierung würden sich so erst im Dialog zwischen Ich und Du ergeben. Dieser Dialog einer Zielvereinbarung erschöpft sich nicht in der spieltheoretischen Logik strategischen Handelns.[150] Sozialwirtschaftstheoretisch gedreht: Es geht im Dialog darum, gemeinsam die Ziele und Zielerreichungswege zu erarbeiten. Die grundlegenden Fragen sind: Was will ich/wollen wir tun? Was will ich/wollen wir erreichen? Was will ich/wollen wir bewirken? Was soll(en) ich (wir) tun?[151]

Es wird wohl augenblicklich nicht als realistisch einzuschätzen sein, dass diese dialogische Philosophie der Zielvereinbarungsökonomik die wahrscheinliche Entwicklung der nächsten Jahre kennzeichnen wird. Aber als Möglichkeit ist sie dem ganzen Schema – als tiefere Grammatik einer humanen sozialen Praxis – eingeschrieben.

Und so komme ich zu der eingangs anvisierten und sich quer zur ganzen Arbeit aufdrängenden Fragestellung zurück: Wie kann ich die liebende Sorge im personalen Daseinsmodus des sozialen Mitseins transformieren zu einer dominant an Sachzielen orientierten sozialen Einzelwirtschaft, die, und das war der zentrale Punkt, zunehmend im Wettbewerb steht, also eher zur Dominanz der Formalziele betriebswirtschaftlichen Handelns strukturell gezwungen wird?

Sozialtechnologie, Macht und Dialog: Es bleibt also zu erwägen, ob das neue ökonomische Denken die gewollte Effizienz und Qualität generiert (zur Relevanz vgl. die Studie von Deinet/Szlapka/Witte [2007] zum kommunalen Raum). Geht das notwendige Maß an Dialog und Kommunikation, an gemeinsamer Zielfindung und Situationsdefinition in dieser Sozialtechnologie der Zielvereinbarungsökonomik gelingend auf?

Die kritische These zur Beantwortung der Frage ist: Es bleibt keine Zeit für Dialog und Besinnung.

Im Prinzip sieht diese ökonomische „Philosophie" vor, die soziale Arbeit stärker von den sozial gewollten, politisch vereinbarten Zielen her zu orga-

---

[150] Zur Spieltheorie vgl. Rieck, 2005 sowie Schimank, 2007.

[151] Insofern weist Change Management, darstellbar auch im Trend von New Public Management, eine erhebliche moralische Dimension auf. Denn der Wandel ist ja nicht machtfrei und produziert im sozial-relationalen Gefüge (das wiederum geprägt ist von einem jeweils verstrickten Muster von Autonomie, Abhängigkeit, Freiheit und Toleranz, Liebe und Verantwortung) ebenso Ohnmacht wie neue Ermächtigungen, ist von Widersprüchen und Ambivalenzen geprägt, von Reflexionen in den verschiedensten Bildsprachen und läßt alles als Spiel von sowohl Macht als auch von Identitätsfindungen verstehen. Vgl. auch Kaiser-Probst, 2008.

nisieren und die Leistungserstellung zu effektivieren. Das wäre eine inhaltlich offene, teleologische Fundierung von Effizienz. Es ist jedoch zu vermuten, dass der Schwerpunkt in der Kostendrückung (Schädler, 2003, S. 345) und in der Herauspressung von Personalleistungen liegen wird. Und so wird es eben – auf allen Ebenen (Kostenträger und Sozialunternehmen, Unternehmensleitung und Betriebseinheiten, Personal und „Kunde") – keine Zeit zur angemessenen Situationsdeutung, zur Zielfindung, zur Aushandlungskultur, zur gemeinsamen dialogischen Selbstfindung und zur Selbstreflexion usw. geben (Zutter Baumer, 2003).

Und aus der Verhaltensforschung ist auch noch abschließend ein weiterer kritischer Punkt zu beachten: Intrinsische Motivationen können durch monetäre Anreizpolitiken zerstört werden (vgl. Illies, 2006, S. 277 ff.).[152]

II. Soziale Praxis als sozioökonomisches Prozessgeschehen: DRG-Regime und Phänomenologie der Risikoselektion

Es geht hier um eine δ-Phänomenologie, die aber existenziell und somit ε-phänomenologisch relevant werden kann.

„Sicherung der Dienstleistungsqualität des Krankenhauses für ältere und alte Menschen durch integrierte Versorgung auf der Grundlage der DRG-Finanzierung" (Schulz-Nieswandt, 2003a und die dort angegebenen älteren Vorarbeiten meinerseits, etwa ders., 2000c) ist eine Analyseperspektive, die ich erstmals im Rahmen meiner Mitarbeit im Dritten Altenbericht der Bundesregierung (BMFSFJ, 2001, S. 155 ff.) entfaltet habe.[153]

Das Thema hat an Bedeutung nichts verloren, im Gegenteil.

1. Kurze Verweildauer und ökonomische Rationalität

DRGs (insgesamt: Kölking, 2007) führen zu einer Verkürzung der Verweildauer.[154] Dies muss überhaupt kein Problem sein (Raffel u.a., 2004). Aber es kann zu einem Problem werden, wenn der Patient nicht integriert

---

[152] Zum Verhältnis intrinsischer (Tugend) und extrinsischer Motivation (Anreize) vgl. auch Brink/Eurich/Giersch, 2005.

[153] Die Expertisen zum Dritten Bericht sind publiziert in DZA, 2001–2001d.

[154] *Krankenhaus als Ort des Wohnens*? So verschieben sich die Relevanzen: Bei langer Verweildauer stellte sich die Frage nach dem Krankenhaus als Ort des Wohnens und damit auch solche der kulturellen Gestaltung. Kunst im Krankenhaus wurde ein Thema (Heeck, 1997). Das dürfte nun weitgehend irrelevant geworden sein. Zur zukünftigen Architekturentwicklung im Krankenhaussektor vgl. auch Nickl-Weller, 2007.

aufgefangen wird. Von daher stellen sich erst die relevanten Fragen.[155] Allerdings kommt es sehr auf die institutionelle Ausformung an, ob Care Management die Qualität sichern kann. Die bisherige Literatur (etwa auch Neumann/Hellwig, 2003) zeigt doch sehr gemischte Ergebnisse hinsichtlich des Zusammenhangs von Managed Care und Versorgungsqualität (Hellinger, 1998 sowie Miller/Luft, 1998 sowie dies., 2002 und Rau/Roeder/Hensen, 2009).

Die Zeitvergessenheit der Effizienzregime: Die zeitliche Spanne zwischen Aufnahme (Klapper, 2003) und Entlassung (Wingenfeld, 2005) wird zu einer in ihrer Kompression hoch problematischen Phase des Handelns und Organisierens und stellt die Krankenhäuser vor großen Organisationsentwicklungsaufgaben (vgl. auch Faust, 2003).

Die Reserviertheit des gesundheitsökonomischen Mainstreams für diese kritischen Fragen musste in der Tat zunächst überraschen, stellt doch die (auf Theo Thiemeyer zurückreichende: Müller, S., 2001, S. 27 ff.) allgemein akzeptierte Vergütungs- bzw. Honorierungslehre die verhaltenswissenschaftliche Basis dieser Erwartungshypothesen dar (zum heutigen Stand der Arzthonorierung vgl. Staffeldt, 2008 sowie Grabow/Kaiser, 2008). Denn: Nicht oder nicht hinreichend risikoadjustierte Pauschalen induzieren c.p. Risikoselektion und Qualitätsdumping[156].

Diese auf ökonomische Rationalität abstellende Verhaltenshypothese gilt trotz gewisser Verfeinerungen im DRG-Regime (Co-Morbiditäten etc.) und trotz der fachpolitisch erwirkten Ausdifferenzierungen der DRGs im Formenkreis geriatrischer Erkrankungen.

2. Problem-Phänomenologie

Folgende Problemkreise (umfassend, wenn auch von der Literatur her gesehen nicht erschöpfend: Raupach, 2006[157]) lassen sich δ-phänomenologisch ausmachen (vgl. auch die Befunde bei Klinke, 2008, S. 234 ff.):

– klinisch instabile frühe Entlassung sozial isolierter Menschen ohne hinreichende Sicherstellung häuslich vernetzter Versorgung,

---

[155] Gittler-Hebestreit (2006) diskutiert die Pflegeberatung im Entlassungsmanagement gerade im Lichte der durch DRG bedingten kurzen Verweildauer im Krankenhaus. Gerade jetzt wird (propädeutisch: Hahn, 1988) die Kunst der Anamnese (Anschütz, 1992) hoch zu schätzen sein (vgl. bereits Anschütz, 1987, S. 184).

[156] Zu den qualitätsbezogenen Implikationen des DRG-Vergütungssystems im Krankenhaus vgl. auch Freitag, 2007.

[157] Einen instruktiven, auf die internationale Literatur zurückgreifenden Überblick geben Lenk u.a., 2005.

- Fehlplatzierung[158] hilfebedürftiger älterer/alter Menschen in der stationären Langzeit-Altenpflege,
- sehr frühe Überleitung in die (geriatrische) Rehabilitation[159],
- Drehtüreffekte (Garms-Homolová, 2008) zwischen Krankenhaus und Privathaushalt,
- Weiterverweisungsketten innerhalb eines Krankenhauses oder zwischen Krankenhäusern verschiedener Versorgungsstufen.

In der DRG-Finanzierung[160] in kritischer Absicht durchaus systematische Risikoselektionsvorgänge angelegt zu sehen, die insbesondere für ältere und alte Menschen Gefahren bergen, war zunächst in der überwiegenden gesundheitsökonomischen Literatur nicht akzeptiert.

Heute ist der Verweis auf derartige Risiken infolge der deutlichen Absenkung der Verweildauer im Krankenhaus eine übliche Argumentationsweise.[161]

3. Ausstehende Wirkungsforschung

Dieses Kapitel resultiert aus dem soeben vorausgegangenen Kapitel C.II.2. und muss nun im Lichte des entsprechenden Kapitels C.II.1. gesehen werden.

Fragmentiertes Wissen: Umfassende – empirische – Evaluationen liegen zu diesen komplizierten Zusammenhängen meines Wissens nach nicht vor. Gleichwohl wird das Krankenhaus insgesamt kritisch diskutiert mit Blick auf Fragen sozialer Gerechtigkeit (vgl. Krukemeyer/Marckmann/Wiesing, 2006).

Nur wenige Studien sind anführbar (Kühn/Klinke, 2006, S. 7; Klauber u. a., 2006). Gemessen an der Bedeutung des Finanzierungsregimewechsels muss der Verzicht auf die Begleitforschung überraschen.

---

[158] Ein stark mit Angst besetztes Thema. Zur Aufnahme in die Pflege vgl. Lotz, 2000 sowie Backs/Lenz, 1998.

[159] Zu den DRG-Auswirkungen auf die Rehabilitation vgl. auch die Münsteraner REDIA-Studie (Eiff/Klemann/Middendorf, 2005 sowie Eiff/Klemann/Meyer, 2007).

[160] Vgl. Rosenbrock/Gerlinger, 2006, S. 170 ff.; einschlägige Literatur zum DRG-Regime (Kölking, 2007) in Schulz-Nieswandt/Kurscheid, 2004; Peters-Alt, 2005. Ferner Simon, 2005, S. 208 ff.; Busse/Riesberg, 2005, S. 189 ff.

[161] Vgl. etwa bei Bühler, 2006. Zur Versorgungskontinuität aus der Perspektive der Pflegeüberleitung: Schönlau u. a., 2005; aus der Sicht der Patienten/Angehörigen: Uhlmann u. a., 2005. Ferner Smolka, 2006, S. 220 f. mit Literatur; vgl. ferner umfassend, wenn auch mit Blick auf die Literatur nicht erschöpfend: Raupach, 2006; Nickel, 2006 in Parallelität zur kurzstationären Versorgung; vgl. ferner Vogd, 2006. Das Problem der Patientenselektion diskutieren Schulte/Schulz (2006) im Zusammenhang mit den MVZ.

Zu verweisen ist (vgl. auch Buhr u. a., 2008) auf die Studie am Bremer Zentrum für Sozialpolitik („WAMP: Wandel von Medizin und Pflege im DRG-System": vgl. auch http://www.wamp-drg.de). Die Veröffentlichungen (vgl. auch Klinke, 2008, S. 234 ff.) dieser ansatzweise als Pre-Post-Studie angelegten Analyse mit einem multidimensionalen Längsschnittdesign (mit allen Problemen von Befragungsdaten) sind nicht ganz unproblematisch: Einerseits zeigen die Ergebnisse eine Entdramatisierung der Problematik (der Auswirkungen der DRG-Umstellung auf die Versorgungsqualität) an (vgl. insbesondere Braun/Müller, 2006); andererseits werden – gerade – durchaus Qualitäts- und Versorgungsprobleme bei chronisch kranken und multimorbiden (Robert Koch Institut, 2003) Patienten konstatiert (Braun/Buhr/Müller, 2006).

Wahrscheinlich geben die qualitativen Tiefenanalysen mehr kritische Befunde her (Buhr/Klinke, 2006) als die standardisierten Befragungen (etwa der Ärzte: Klinke/Kühn, 2006).

Offensichtlich, das zeigen diese ersten Studien, wird eine ganzheitliche Versorgung schwieriger (vgl. auch Wilmsen-Neumann, 2005; Flintrop, 2006); auch die Pflegeintensität wird innerhalb des Krankenhauses reduziert[162], während der Pflege- und Hilfeaufwand post-stationär externalisiert und somit privatisiert wird (Hausner u. a., 2005).

Die psychosoziale[163] Versorgung[164] leidet unter der Ökonomisierung (Buhr/Klinke, 2006a, S. 27).[165]

Lernende Organisationen? Es bleibt zu hoffen, dass es dem Krankenhaus als lernende Organisation (Pfaff, 1997; Merchel [2005, S. 144 ff.] mit Bezug auf die soziale Arbeit; grundlegend: Argyris/Schön, 1999) gelingt, die Prozesssteuerung interdisziplinär zu optimieren (vgl. Wieteck, 2005).

Dass es der Geriatrie sowie der Pädiatrie[166] besser gelingt, kooperative Integrationen zu praktizieren, überrascht nicht, da sich diese Medizinbereiche immer schon kulturell als multidisziplinär und multiprofessionell aufgestellt haben. Insgesamt muss von einer gewissen kulturellen Heterogenität

---

[162] Stattdessen wäre die stärkere Nutzung der pflegediagnostischen Potenziale zu fordern: Fischer, K., 2006.

[163] Zur Bedeutung psychosozialer Orientierung in der ambulanten Gerontorehabilitation vgl. Kleiner, 2001.

[164] Vgl. zum Überblick Pawils/Koch, 2006. Ferner Gödecker-Geenen/Nau/Weis, 2003 sowie Kottler, 2004 (mit Bezug auf die klinische Sozialarbeit). Vgl. ferner Geisen/Mühlbauer (2003) aus christlich-kirchlicher Sicht.

[165] Zur allgemeinen Kritik der „Ökonomisierung" des Krankenhauses vgl. auch Sturm, 2002 sowie Ulshöfer u. a., 2004.

[166] Vgl. DRG Research Group Münster, 2006.

der Ärzteschaft ausgegangen werden, die sich auch im reaktiven Habitus auf die DRG-Regime zeigt (etwa Chirurgie versus Internistik: Vogd, 2006).

Unter lernenden Organisationen verstehe ich solche, denen es gelingt, dass die Individuen „ihre wechselseitigen Wahrnehmungen und Zuschreibungen zu hinterfragen und dadurch die Organisation insgesamt lernt, ihre interne und externe Kommunikations- und Informationspraxis reflexiv und offen zu gestalten" (Brentel/Klemisch/Rohn, 2003, S. 10).

Strittig bleibt, auf welcher Ebene welche zentralen Handlungsperspektiven theoriefundiert eröffnet werden müssen: Kommt es zum Lernen, indem neue Strukturen in die Handlungsfelder eingeschrieben werden? Oder müssen sich, psychologisch gesehen, Persönlichkeitsveränderungen einstellen, weicher formuliert: personale Umorientierungen normativer und kognitiver Art? Ist die Mikropolitik der Macht die entscheidende Blockade (oder auch Bewegungsmaschine)? Oder geht es um dialogische (Fatzer, 2003) Kommunikationskultur als Schlüsselgröße?[167]

In Rechnung zu stellen wäre die Überlegung, dass beobachtbaren Verhaltensmustern, die sich aus Zwängen und Abhängigkeiten gewohnheitsmäßig ergeben, immer explizite, bewusste und strategische Machtmotive zugeschrieben werden. Das kann ein hermeneutischer Fehlschluss der Rational choice-Modellen sein: Weil sich rationale Strategen so verhalten, müssen im Umkehrschluss entsprechende Muster auch rational-strategisch motiviert sein. Aus der wissenschaftstheoretisch bekannten Strukturumkehrung von Erklärung in Prognose[168] wird schnell ein hermeneutischer Fehlschluss.

Externe Evidenz aus internationalen Studien scheitert in der Regel an der jeweiligen nationalen Kontextabhängigkeit und an der Komplexität spezifischer Randbedingungen und Pfadbesonderheiten.

Modellwissen bietet keine Evidenz: Es handelt sich insgesamt ja auch nur um plausible, weil verhaltenswissenschaftlich systematisch deduzierbare Erwartungshypothesen.

Modellgestützt kann Lang (2006) durchaus die Gefahren der Risikoselektion und des „supply-side moral hazard" darlegen.

Die diesbezüglich engagierte Sozialpolitikwissenschaft und Versorgungsforschung wäre glücklich, wenn sich hier falsifikatorische Befunde (bei Raupach [2006] angedeutet) einstellen würden (vgl. ferner Rutz, 2006).

---

[167] Vgl. dazu auch Brentel/Klemisch/Rohn, 2003, S. 15.
[168] Vgl. etwa Giesen/Schmid, 1977, S. 56 f. Zum Hempel-Oppenheim-Schema vgl. Kelle, 2007, S. 81 ff.; zu Hempel vgl. auch Jaeger/Straub, 2004, dort S. 144, S. 157 ff.

D. Philosophische Anthropologie sozialer Praxis

Nach einem Fazit widmet sich dieses Kapitel dem Entwurf einer philosophischen Anthropologie, die anwendungsfähig ist in der Analyse der Systeme sozialen Helfens in Medizin, Pflege usw.

I. Fazit (Befund zum Medizinwandel) und Ausblick (Philosophische Anthropologie der Sorgearbeit als Desiderat der Forschung)

Kapitel D.I.1. stellt mehr als ein kurzes Abrundungskapitel dar. Zunächst soll ein Fazit gezogen werden. Dabei werden die herausgearbeiteten europarechtlichen[1] Rahmenbedingungen nicht nochmals voll zu entfalten sein. Es

---

[1] *Zwischenfazit Europa*: Jedoch sei nochmals pointiert herausgestellt: Im europäischen Mehr-Ebenen-System entwickelt sich die Kompetenzverteilung (dazu auch Kühling, 2006) je nach Politikfeld unterschiedlich. Im Bereich der Neuordnung der Daseinsvorsorge, also jener Teile der Dienstleistungssektoren, die von der EU als „Dienstleistungen von allgemeinem (wirtschaftlichem) Interesse" (DA[W]I) benannt werden, wird deutlich die Politik einer geteilten Kompetenz praktiziert. Dies ist letztendlich tief begründet in der Binnenmarktdynamik und in der Folge, dass jede wirtschafts- und sozialpolitische Praxis des Nationalstaates als EU-Mitgliedstaates EU-Rechts-kompatibel ausgestaltet sein muss. Die europäische Integration ist im Kern ein binnenmarktzentriertes und binnenmarktgetriebenes Projekt. In diesem Lichte wird die nationale Praxis aller Mitgliedstaaten von der EU-Kommission (als „Hüterin der Verträge") – und flankiert durch die (z.T. rechtsschöpferische) Rechtsprechung des EuGH – auf ihre Binnenmarktkompatibilität überprüft. Im Bereich der DA(W)I kommen insbesondere das Wettbewerbs-, Beihilfe- und Vergaberecht zur Wirkung, aber grundsätzlich das ganze Anti-Diskriminierungs-Denken der EU sowie die damit verbundenen bürgerorientierten Transparenzanliegen der EU. Im Bereich der als DA(W)I definierten Daseinsvorsorge – technische Infrastruktur, Kredit- und Geldsektor sowie soziale Dienste – konstatiert die EU-Kommission im Rahmen ihrer Mitteilungen, Grün- und Weißbücher, Konsultationen sowie der Richtlinien das Recht der Mitgliedstaaten, eine Daseinsvorsorgepolitik zu betreiben. Die Nationalstaaten sollen diese Daseinsvorsorge jedoch im Modus eines Gewährleistungsstaates betreiben, demnach die Produktion, also die Erstellung der Dienstleistungen aber den Märkten überlassen bzw. eine Marktorientierung und Wettbewerbssteuerung im Rahmen der Leistungserstellung implementieren. Unter „Modernisierung" der Erstellungspraxis von Dienstleistungen von allgemeinem (wirtschaftlichem) Intereresse versteht die EU-Kommission also eine möglichst marktkonforme Art und Weise der Wahrnehmung/Erfüllung öffentlicher Aufgaben durch Private (sowohl For-Profit- als auch Not-for-Profit-Unternehmen). Hier siedelt sich nun der

wurden ja vor allem die DA(W)I-Problematiken[2] herausgearbeitet, aber auch einige spezifische Probleme der Rückwirkungen auf das Gesundheits-

---

zentrale Diskurs über den obligatorischen Ausschreibungswettbewerb und anderer effizienzorientierter Regime (Betrauungsakt mit Benchmarking etc.) an. Die aus deutscher Sicht spezifische und engere Kontroverse zur (verfassungsrechtlich fundierten) kommunalen Selbstverwaltungswirtschaft mit Blick auf die Möglichkeiten und Grenzen des Inhouse-Prinzips insbesondere der Kommunen in der Wahrnehmung öffentlicher Aufgaben fügt sich in diesen breiten und tief gestaffelten Modernisierungsprozess systematisch ein. In der Regel wird diese Neuadjustierung der Dienstleistungssektoren durch die EU als neo-liberale Modernisierung (teils apologetisch, teils kritisch) eingestuft. Die Modernisierungsstrategie der EU ist jedoch komplexer. Das Zusammenspiel von Gewährleistungsstaatlichkeit und Marktöffnung wird von der EU-Kommission als Kernelement eines europäischen Sozialmodells verstanden. Das spiegelt sich auch in den Zielsetzungen der Offenen Methode der Koordinierung wider, in der es um die Optimierung der freien Zugangschancen der Bürger zu den sozialen Schutzsystemen und den sozialen Diensten, der Förderung der Produktqualitäten und der Erwirkung wohlfahrtsoptimaler Preise für den Bürger geht. Genau dieses Zielsystem charakterisiert das Modernisierungsbemühen der EU im Bereich der DA(W)I insgesamt. Das Ziel der Sicherstellung der freien Zugangschancen der Bürger zu den Dienstleistungen verdeutlicht eine grundlegende wohlfahrtsstaatliche Gewährleistungspflicht der EU-Staaten: Die Art und Weise der Erfüllung soll aber immer mehr den freien Märkten oder der Nutzung von Wettbewerbssurrogaten bzw. regulierten Quasi-Märkten überlassen bleiben. Die genauen Regeln werden augenblicklich von der EU im Diskurs mit den Mitgliedstaaten gesucht. Insofern schätzt die EU die DA(W)I als Kernelement der europäischen Integrationsidee. Sogar die Grundrechtscharta von Nizza aus dem Jahre 2000 betont die Bedeutung des freien Zugangs als Grundrecht des Unionsbürgers. Die Grundrechtscharta hatte als Teil II in den „Vertrag über eine Verfassung für Europa" Eingang gefunden: Im Titel IV (Solidarität) formuliert der Art II – 96 zum „Zugang zu Dienstleistungen von allgemeinem wirtschaftlichen Interesse": „Die Union anerkennt und achtet den Zugang zu Dienstleistungen von allgemeinem wirtschaftlichen Interesse, wie er durch die einzelstaatlichen Rechtsvorschriften und Geflogenheiten im Einklang mit der Verfassung geregelt ist, um den sozialen und territorialen Zusammenhalt der Union zu fördern." Damit werden die konfliktreichen Ambivalenzen dieses Balanceaktes deutlich. Der Staat ist souverän, aber nur im Rahmen der europäischen Spielregeln. Er ist in seinen gesellschaftlichen Zielsetzungen, eine Daseinsvorsorge zu betreiben, weitgehend frei, nicht aber in der Art und Weise, wie er dies europarechtlich passungsfähig kann. Hier erst kristallisiert sich die Frage nach den Spielräumen nationaler Politik.

[2] *Binnenmarkt und Sozialschutzsysteme*: Es zeigt sich, welche tiefgreifenden Anpassungserfordernisse aus der Binnenmarktdynamik resultieren, aber auch, wie spannungsreich die offensichtliche Verkürzung der Idee der europäischen Integration allein auf Fragen des Wirtschaftsraumes ist. Vor diesem Hintergrund stellen sich Fragen nach der Vielfalt der Sozialschutzsysteme in Europa und ihres Wettbewerbs. Hier spielt die OMK eine grundlegende Rolle, da mit Blick auf die Kriterien der Zugangschancen, der Qualität und der Nachhaltigkeit die Suche nach besseren Lösungen die Mitgliedstaaten unter Lernprozessdruck setzen und insofern schleichend harmonisierende, zumindest verändernde Prozesse auslösen. Die Neugestaltung der DA(W)I, allerdings auf der Basis der Anerkennung einer grundrechtlich gedachten

I. Fazit und Ausblick

wesen insgesamt. Einige Aspekte dürfen nochmals in Erinnerung gebracht werden, da diese Makroebene eine wichtige und notwendige Hintergrundsfolie darstellt für die Entwicklungen, die auf der Mesoebene beschrieben und analysiert werden müssen, wobei diese Mesoebene wiederum der einzubeziehende Kontext für die mich eigentlich interessierende Mikroebene sowie für die dort ablaufenden Prozesse darstellt. Mein Regime- und Dispositiv-Verständnis setzt jedoch vor allem auch die Verschachtelung aller dieser Ebenen voraus. Darin liegt geradezu die besondere Heuristik des analytischen Rahmens begründet.

Allein die grenzüberschreitende Patientenmobilität (Deutscher Verein, 2008b) hat Anpassungen des deutschen Gesundheitswesens, einschließlich des Pflegewesens erfordert. Bei einem größeren Ausmaß der Patientenmobilität könnten sich auch Probleme in der gängigen Praxis der Kapazitätsplanung im ambulanten und stationären Bereich ergeben. Auch fiskalische Mehrbelastungen können sich für die Krankenversicherungen ergeben. Das hängt mit Details der Vergütungspraxis in Deutschland zusammen. Grenzüberschreitende Vertragsbildungen müssten wiederum europarechtlich diskriminierungsfrei ablaufen.

Grundsätzlich bleiben auch die deutschen Traditionen der berufsständischen Zulassung von Vertragsärzten und die Art der Investitionsförderung der Krankenhäuser im Rahmen der Bedarfsplanung der Bundesländer ein verfassungs- wie europarechtlich kontroverses Thema. Hierbei bestehen weiterhin noch ungeklärte (wettbewerbs- und vergaberechtliche [Egger, 2008][3]) Fragen[4] mit Blick auf die, terminologisch relativ freizügig formu-

---

sozialen Gewährleistungsstaatlichkeit, gehört in diesem Rahmen zu den Kernelementen der Diskussion eines „europäischen Sozialmodells".

[3] *Nochmals europäisches Vergaberecht*: Das europäische Vergaberecht ist angesichts seiner wachsenden grundlegenden Bedeutung Gegenstand zahlreicher systematischer Darlegungen und Reflexionen. Regler (2007) ist in verschiedenster Hinsicht von Interesse. So klassifiziert der Autor das Vergabewesen nicht als funktionelle Privatisierung, weil keine Rechtsmacht abgegeben wird. Dies ist im Zusammenhang mit der These, ein Ausschreibungsregime nach europäischem Recht beließe die Definitionsmacht hinsichtlich gesellschaftlicher bzw. politisch wünschenswerter Zielsetzungen bei dem öffentlichen Auftraggeber, von großem Interesse. Umgekehrt bedingen funktionelle Privatisierungen die Vergabepflichtigkeit. Das Vergaberechtsverhältnis hat öffentlich-rechtlichen Charakter und ist europarechtlich überformt. Es berührt staatliche Fürsorgepflichten und tangiert erheblich Grundrechtsrelevanzen bei der Eröffnung und Steuerung der betroffenen Märkte. Es handelt sich um Leistungsverwaltung, bei Berücksichtigung vergabefremder Kriterien um Lenkungsverwaltung. Bungenberg (2007) nimmt die Ökonomisierung des Staates, ihr Streben nach seiner Effizienzsteigerung im Lichte des Veränderungsdrucks durch Europäisierung und Internationalisierung in Form eines Systemwettbewerbs zum Ausgangspunkt der Betrachtungen. Völlig treffsicher charakterisiert Bungenberg die so anstehenden Fragen einer Aufgabenaufteilung zwischen Staat

lierten Lizenzierungs- und Konzessionsmodelle, die hierbei wirksam sind. Hier zeichnen sich rechtliche und politische Güterabwägungskonflikte zwischen Grundfreiheiten, Freizügigkeitsrechten, nationalen Rechten auf Sicherung der finanziellen Nachhaltigkeit und der Freiheit zur Gewährleistungsstaatlichkeit mit Blick auf die Daseinsvorsorgegüter ab. Das war aber auch bereits unabhängig von der Dynamik des rückwirkenden Europarechts in Deutschland ein Thema der (unabgeschlossenen) Rechtsprechung durch das Bundessozialgericht und das Bundesverfassungsgericht.

Der Anpassungsdruck des deutschen Sozial- und Gesundheitswesens mit Blick auf die europäischen Vorgaben im Bereich des Wettbewerbs-, Beihilfe- und Vergaberechts wird aber noch in naher Zukunft zunehmen. Insbesondere im Gesundheitswesen zeigt sich (vorangetrieben vor allem [aber nicht nur] im Bereich der Integrationsversorgung nach § 140a–d SGB V) der Trend des Übergangs zu einem Individualvertragswesen, also zum selektiven „Einkauf" von Anbietern und Versorgungsstrukturen durch die Einzelkassen, die im Wettbewerb zueinander stehen. Damit lösen sich die Traditionen eines berufsständischen Zulassungswesens und einer entsprechenden Niederlassungsplanung im ambulanten Bereich auf. Käme es zu einer (seit Langem angedachten, aber kontrovers bleibenden) Auflösung der dualen Krankenhausfinanzierung zugunsten einer Monistik (Finanzierung der betrieblichen und der investiven Kosten der Krankenhäuser „aus einer Hand" der Kassen), würde auch die Kapazitätsplanung an die Einzelkassen übergehen (müssen). Im Rahmen eines solchen „Einkaufsmodells" würde das einschlägige binnenmarktzentrierte Europarecht nochmals einen Bedeutungszuwachs für das deutsche Gesundheits- und Sozialwesen erhalten.

Allerdings führt die bisherige Praxis der Solidarfinanzierung bislang zur Einschätzung seitens des EuGH, wonach die Kassen keine wirtschaftlichen Unternehmen sind. So dürfen sie z.B. Festbeträge für Arzneimittel gemeinsam festlegen, was unter anderen Umständen ein Missbrauch von Marktmacht wäre und kartellrechtlich untersagt werden müsste.

---

und Privaten nicht als Frage nach dem „Ob" staatlicher Aufgaben, sondern als Frage nach dem „Wie" (ebd., S. 331). Staatliche Eigenerbringung ist eine Ausnahme zum Markt im Fall des Marktversagens. Alternativen zu dieser öffentlichen Produktionsregie sind Auftrags- und Konzessionsvergabe. Dies bedeutet einen Wechsel zur Gewährleistungsstaatlichkeit: „Vergaberecht wird zum Instrument staatlicher Daseinsvorsorge." (ebd., S. 332) Dazu muss das Vergabewesen selbst aber effizient sein. Hier ist im Rahmen des Mehr-Ebenen-Systems die europarechtliche Überformung und die Nachrangigkeit des nationalen GG zu betonen. Der nationale Gestaltungsspielraum ist jedoch bleibend erheblich. Wird Wettbewerb zum europäischen Verfassungsprinzip, so spielen Transparenz und Chancengleichheit im Ausschreibungswesen die zentrale Rolle. In diesem Rahmen sind vielfältige politische Ziele von gesellschaftlicher Wertschätzung implementierbar.

[4] Diese sind terminologischer, aber auch rechtsstrategischer Art.

I. Fazit und Ausblick

An dieser augenblicklichen rechtlichen Einschätzung des nicht-wirtschaftlichen Unternehmenscharakters der Sozialversicherungskassen ändert auch die neuere Reform[5] nichts, die die Bildung eines Gesundheitsfonds mit (zunächst) einheitlichen Beitragssätzen und eine Veränderung des Risikostrukturausgleichs (RSA) zwischen den Kassen vorsieht. Dennoch treibt das deutsche Gesundheitswesen im Sog der nationalen Reformgesetzgebung immer mehr auf den Typus einer „solidarischen Wettbewerbsordnung" zu, die die Relevanz des europäischen Wettbewerbs-, Beihilfe- und Vergaberechts gravierend erhöhen wird. Das betrifft nicht die Tatsache, dass das deutsche[6] System der Delegation öffentlicher Aufgaben an öffentlich-rechtliche Körperschaften in staatsmittelbarer Selbstverwaltung und die sozialrechtlich verankerte Vorrangigkeit nicht-öffentlicher Leistungsanbieter (einschließlich der Gleichrangigkeit freier [gemeinnütziger] und privater Träger) im Prinzip, aber nicht in der Konkretisierung, immer schon an einem Public-Private-Partnership-Modell[7] im Sinne der Gewährleistungsstaatlichkeit orientiert war.

---

[5] Gemeint ist das GKV-Wettbewerbsstärkungs-Gesetz (GKV-WSG).

[6] Zu einem koreanisch-deutschen Vergleich der Einbeziehung Privater in die Erfüllung öffentlicher Aufgaben vgl. auch Seok/Ziekow, 2008.

[7] *PPP und AIDS-Bekämpfung*: Der PPP-Begriff kann mit Blick auf Kooperationsformen zwischen Staat und Gesllschaft sehr weit gefaßt werden. Transnational wird die PPP-Strategie am Beispiel der Umgangsweise mit HIV und AIDS in Südafrika in der Studie von Brunne (2008) demonstriert. Ausgangsbefund ist die soziale Tatsache, dass AIDS nicht nur die Erkrankung an den Folgen eines Virus ist, sondern AIDS in einem komplexen Geflecht sozioökonomischer, politischer und kultureller Mechanismen, insbesondere unter der Prägekraft spezifischer Gender-Ordnungen, eine extreme Ausbreitung findet. Südafrika ist von AIDS massiv betroffen. Da nun traditionelle Akteurskonstellationen in der Gesundheitspolitik angesichts dieser komplizierten Kausalverstrickungen versagen, kommt das PPP-Modell ins Spiel. Die starke Betroffenheit der Arbeitskräfte von dieser Krankheit motivierte zu einem Pilotprojekt der GTZ mit der Niederlassung von Daimler-Chrysler in Südafrika. Die Untersuchung ist analytisch als Mehr-Ebenen-Systemansatz (vgl. anschaulich auch Brunne, 2008, S. 69 und S. 467) angelegt und beruht im Rahmen des Feldforschungsaufenthaltes auf Experteninterviews mit teilstrukturierten Leitfadeninterviews. Die Antwortfindung hinsichtlich der Erfolgsbilanz der PPP-Projekte ist nicht einfach mit Ja oder Nein zu beantworten. Die Studie arbeitet vielmehr entscheidende Faktoren auf der Mikroebene heraus, die angesichts des Einflusses der südafrikanischen Makroebene auf die Mikroebene kritisch fragen läßt, welche Faktoren auf der Makroebene zu gestalten sind, damit die Projekte auf der Mikroebene funktionieren. Südafrika ist in einer nachholenden „Nation-building"-Modernisierung begriffen, wobei jedoch die Widersprüche derart hoch sind und eine Fülle von Ambivalenzen produzieren, so dass sich die durchaus ausgeprägten Tradition generalisierter Solidar- und Reziprozitätsnormen nicht fruchtbar in vielfältige Kooperationsformen partnerschaftlicher Art umformen lassen. Vor diesem Hintergrund werden detailliert Faktoren auf der Mikroebene benannt und auch die Rolle der internationalen Ebene einbezogen. Politische Empfehlungen werden abgeleitet. Interessant ist der wissenschaftliche Ausblick, in dem die Fokussierung der PPP-Forschung auf die

Soweit nochmals zur europäischen Dimension des Wandels des Gesundheitswesens.

Der Ausblick (I.2.) skizziert sodann mögliche Konturen einer philosophischen Anthropologie, die aus meiner Problembetrachtung heraus für das gestellte Thema zwingend erforderlich scheint.

1. Fazit: Befunde zum Medizinwandel

Im Lichte des soziodemografischen Wandels und des damit korrelierten epidemiologischen Transitionsprozesses erscheint eine neue Versorgungslandschaft im Lichte der gerontologischen Basiseinsichten[8] zur personalen Autonomie der Lebensführung im Alter dringend notwendig.[9]

Managementprobleme kritisiert wird. *Politikwissenschaftliche PPP-Forschung*: Insbesondere sind die Versuche bedeutsam, die Möglichkeiten, aber auch die klaren Grenzen von Rational choice-fundierten PPP-Analysen im Lichte der Mehr-Ebenen- und Netzwerkanalysen darzulegen. Relevant ist die Arbeit von Sack (2009), die über die vorwiegende praxeologische Literatur ökonomischer und juristischer Provenienz hinausgehen will und hinausgeht. Diese politikwissenschaftliche Analyse fragt nämlich nach den Gründen in den machtbasierten Entscheidungsprozessen, die die Institutionalisierung von PPP vorantreiben. Der Zusammenhang mit Governance ergibt sich aus dem Befund, dass Politik nicht mehr dominant staatszentriert als Regierungslehre diskutiert werden kann, sondern komplexe, interaktive Abhängigkeiten in der Steuerung mit Blick auf die Produktion öffentlicher Leistungen wirksam sind. Es interessieren jene Politics-Entwicklungen, die zur Implementation dieser neuen Governance-Modi in Form von PPP geführt haben, wobei zahlreiche Einflussfaktoren analysiert werden müssen: Leitbilder und Deutungsinnovationen, fachöffentliche Diskurse, administrative Praktiken, transnationale Policy-Transfers, strategisches Akteurshandeln und institutionelle Konflikte etc. Hinsichtlich der Wirkungen ist die Studie überaus kritisch: privatwirtschaftliche Oligopolbildungen, intransparente organisatorische Polyzentralismen, Kontrollprobleme (Vertragsbildungen, personelle Zusammensetzungen, Beteiligungscontrolling etc.). Die Leitidee der Daseinsvorsorge würde so tendenziell geschwächt, wenngleich Subsidiarität und Pluralismus zunächst aufgewertet erschienen. Die Studie produziert im Ergebnis eine „gehörige Portion Skepsis" (Sack, 2009, S. 282). Methodologisch wertvoll ist die Arbeit, weil sie nicht nur nicht im Praxeologischen verbleibt, sondern auch über den gängigen Funktionalismus hinausgeht. Sie stellt nämlich auch, im Gefüge äußerst komplexer multifaktorieller Wirkkräfte (und auf der Basis einer beträchtlich umfassend aufgearbeiteten internationalen Literatur), jene narrative Identitätsstiftung durch diskursive Praktiken heraus, die institutionelle Leitbilder mit ihren sinnvollen Rationalitätskriterien, Logiken der Angemessenheit, Formungen von Interessen etc. umfassen (vgl. auch ebd., S. 283). Kernthema, gleichsam tiefengrammatisch auch hinter diesem konkreten Thema aufgedeckt, ist somit die (transfunktionalistische Analyse der) autoritative(n) Normenallokation im gesellschaftlichen Streit (ebd., S. 291).

[8] Vgl. Wahl/Heyl, 2004 sowie Martin/Kliegel, 2005.
[9] *Empfehlungen zur Integrationsversorgung*: Die zentralen Aussagen sind auch normativ zu wenden: Es ist daher 1. zu empfehlen, die Möglichkeiten, die die Re-

formen des SGB V mit Blick auf die geriatrisch relevante Modernisierung der Versorgungslandschaften bietet, aufzugreifen und praktisch zu realisieren. Zu empfehlen ist eine positive Einstellung zur Pluralisierung der Betriebsformen (z.B. Versorgungszentren, Formen der transsektoralen, horizontal wie vertikal ablaufenden Integrationsversorgung). *De jure* besteht die Möglichkeit einer soziodemografisch wie epidemiologisch passungsfähigen Fortentwicklung der Versorgungslandschaften. Es wird daher empfohlen, im Rahmen des permanenten Gesundheitssystemreformprozesses dem Betriebsformenpluralismus eine spezielle geriatrische Ausrichtung zu geben. 2. Um eine strategische Marktdominanz des Krankenhaussektor als Gesellschafter in Versorgungszentren und Formen der Integrationsversorgung zu vermeiden, bietet sich eine Gegenmacht-Strategie an: Der ambulante Sektor selbst muss verstärktes Interesse zeigen, auch in anderen als den überkommenen Versorgungsformen seine Kompetenz einzubringen. Das erfordert ein grundlegendes, medizinanthropologisch unterfüttertes Umdenken des Arztberufes. Insbesondere die Hausärzte müssen sich angesichts gesteigerter Erwartungen (Generalisten- und Gatekeeper-Funktionen) verstärkt einer transdisziplinären Teamorientierung öffnen. Hier wäre eine Gerontologisierung einzubauen. 3. Es wird empfohlen, strategisch nicht nur auf der Ebene rechtlich herbeigeführter Änderungen des Vertragswesens und der ökonomischen Anreizmechanismen neue Versorgungsformen, die rehabilitationszentriert, pflegeverbunden und an der Entfaltung von Präventionspotentialen motivational interessiert sind, zu induzieren; vielmehr muss öffentlich dafür geworben und letztendlich gesetzgeberisch und politisch dafür gesorgt werden, dass sich neue (medizinanthropologisch und pflegeontologisch evidente) medizinkulturelle Haltungen, Einstellungen und Werte entfalten. Auch wenn die soziale Herkunfts- und Berufssozialisation der Ärzteberufe gesellschaftspolitisch letztendlich nicht gelenkt werden kann (was in einer liberalen Gesellschaft weder möglich noch wünschenswert wäre), müssten doch andere Rahmenbedingungen in der universitären und klinischen Ausbildung und Weiterbildung gesetzt werden, damit sich der Arztberuf den neuen Anforderungen einer soziodemografisch und migrationskulturell (Uzarewicz/Piechotta, 1997) nachhaltig verändernden und veränderten Gesellschaftswirklichkeit passungsfähig entwickeln kann. Es ist zu empfehlen, dabei nicht einer neo-romantisch überhöhten Arztidealität zu folgen, sondern den haltungsveränderten Arztberuf verstärkt mit Blick auf Teamorientierung in seinen Basiskompetenzen zu fördern. 4. Es ist ferner zu empfehlen, hierbei sowohl innerhalb der Medizin wie auch vor allem im Verhältnis von Medizin und anderen sozialen Berufen anachronistische Geschlechterdualismen zu überwinden. Es ist zu empfehlen, dies auch als Aufgabe innerhalb der Unternehmenskultur und der Betriebs- und Personalführung in Krankenhäusern zu verstehen. 5. Die Reformen des SGB V bauen verstärkt Einkaufsmodelle (selektives Kontrahieren unterhalb einer Schwelle des Kollektivvertragsrechts oder der öffentlichen Daseinsvorsorge) ein. Dies reflektiert die Einsicht, dass Wettbewerb Veränderungen induziert, die sonst infolge institutioneller Sklerosen alt gewordener Verbandsstrukturen nicht möglich wären. Ein solcher Einstieg in die „solidarische Wettbewerbsordnung" birgt aber auch Risiken hinsichtlich der Solidarordnung und der Sicherstellung der Versorgung. Insofern empfiehlt es sich, den Wettbewerb nicht verstärkt und insofern radikal in das bisherige Nicht-Markt-System zu implantieren, sondern die Chancen des reformierten SGB V zu nutzen: gemeint ist der Vertragssystemwettbewerb, d.h. der Dualismus Kollektivvertragswesen (in großen Teilen der ambulanten Versorgung) versus Individualvertragswesen (in der Integrationsversorgung und ansatzweise in der Hausarztversorgung [kritisch Schulteis, 2007] und in der Qualitätsorientierung, etwa durch DMPs). 6. Die Trennung des SGB V und des SGB XI bleibt ein Problem. Es ist zu empfehlen, gerade mit Blick auf die

In der vorliegenden Abhandlung wurde eine transsektorale, multi-professionelle Sicherstellung von Versorgungsketten als Antwortstrategie abstrakt dargestellt. Geantwortet wird damit zugleich auf den zusätzlichen Problemdruck, der durch die ökonomische Rationalität pauschaler Vergütungen – auch und gerade der DRGs im Krankenhaussektor – entsteht.

a) Medizinwandel: Extrinsische und intrinsische Faktoren

Die strukturellen Hindernisse der Evolution einer neuen Versorgungslandschaft sind jedoch nicht rein (gesetzgeberisch veränderbarer) rechtlicher und ökonomischer Art, die verhaltenswissenschaftlich[10] in anreiztheoretischer Hinsicht verstanden werden können. Integrationsversorgung erfordert eine neue Medizinkultur (Schulz-Nieswandt, 2004a; Simoens/Scott, 2005), also a) ein System neuer einstellungsrelevanter, verhaltenswirksamer personaler Haltungen, die mit den fragmentierten Sektoren, mit den quasi-autistischen[11] Professionssozialisationen bricht und b) neue Menschenbilder[12] (Walter u. a.,

---

Potentialentfaltung der geriatischen Rehabilitation als Glied optimaler transsektoraler Versorgungsketten eine leistungsrechtlich-kostenträgerschaftliche (zumindest Partial-)Integration von SGB V und SGB XI herbeizuführen. Allokativ ist dies zwingend. (Das GKV-WSG bietet hierzu nur allererste Ansätze.) Die wissenschaftliche Politikberatung sollte sich, so kann empfohlen werden, vielmehr auf die konkrete Konzeptentwicklung und auf die Detailausarbeitung konzentrieren. Vgl. dazu auch Beske, 2008.

[10] Zur Verhaltensökonomie vgl. Bräutigam, 2005.

[11] *Alexithymie*: Natürlich ist die Verwendungsweise des Autismus-Begriffs (Remschmidt, 2000) hier provokativ gemeint. Das klinische Bild ist in diesem Zusammenhang nicht wirklich) heranzuziehen. Zurückgreifen könnte man auch auf das Konzept der Alexithymie (vgl. auch Gruber, 2008), ein Krankheitsbild, das nunmehr auch in der kritischen Gesellschaftsanalyse Eingang findet. Gemeint ist damit die Unfähigkeit, Gefühle (anderer) lesen zu können. Auch hier sind die möglichen klinisch-somatischen Korrelate umstritten. Das Konzept bietet jedoch eine interessante Heuristik zur theoriegeleiteten Erforschung neurobiologischer Grundlagen der (defizitären) Emotionalität. Aber es geht hier nun um metaphorische Übertragung. Auch der Ökonomie wird mitunter ein gewisser Autismus nachgesagt: vgl. Dürmeier/Egan-Krieger/Peukert, 2006.

[12] *Praxeologie und Menschenbilder*: Die Frage nach impliziten Menschenbildern (etwa mit Blick auf das Alter) innerhalb der professionellen Handlungsmuster (Remmers, 1997) ist insgesamt für das Verständnis (Art. „Praxeologische Wissenssoziologie" von R. Bohnsack, in Bohnsack/Marotzki/Meuser, 2006, S. 137–138) des Sozialsektors von grundlegender Bedeutung. Vgl. Zünd, 2006 sowie Schilling, 2000. Die Analyse der Menschenbilder in ausgewählten Pflegemodellen von Kampen/Sanders (2000) hilft aber wenig weiter. Wo sie normative Orientierung für die Pflege fordern, desorientieren sie selbst. Denn am Extremfall der Euthanasie kann ein positives Menschenbild nicht hinreichend generiert werden. Sie explizieren nicht positiv und praxeologisch (Praxeologie meint hier die Ausarbeitung orientierender Handlungsempfehlungen für die praktische Ausgestaltung einer Intervention aus der Sicht

I. Fazit und Ausblick

2006) in den klinisch-pflegerisch-sozialen Praxisalltag transportiert, also eine veränderte Medizin- und Pflegeanthropologie darstellt, letztendlich Ausdruck einer neuen gelebten philosophischen Anthropologie des Gesundheitswesens ist.[13]

Ich fasse nochmals zusammen.

Evolutionsgeschehen: Schaut man sich die Evolution neuer Betriebsformen im Geltungsbereich des SGB V an, so muss das Potenzial selbstorganisierter Marktevolution (von der die Theorie der Katallaxie ausgeht) auch in ihren Grenzen und in ihren Blockaden betrachtet werden.

Das SGB V sieht nach dem GMG vor allem mit dem § 140a–d sowie in Verschachtelung mit den MVZ[14] gemäß § 95 SGB V nunmehr erhebliche rechtliche Entwicklungsspielräume idealiter auf der Grundlage einer Budgetbereinigung des Regelversorgungsbudgets vor. In Abweichung von dem Kollektivvertragswesen ermöglicht hier ein selektives Kontraktmanagement erhebliche Veränderungen in den Versorgungslandschaften.

Ohne hier nochmals in die Details gehen zu können oder zu müssen, ist die Entwicklung zu anspruchsvollen, also komplexen, transsektoralen Formen der Integrationsversorgung sehr schleppend. Und dies, obwohl beispielsweise Krankenhäuser ein strategisches Interesse an allen (dem Krankenhaus vor- und nachgelagerten) Episoden der Versorgungskette haben (müssten) und auch – anders als der Betriebstypus des niedergelassenen Arztes[15] – über entsprechende strategische Managementkompetenz verfügen.

Kontraktmanagement und Gründungsmanagement: Fehlt es den Kassen als Kostenträgern vor allem an Kontraktmanagementkompetenz, um nicht nur „Payer", sondern auch – wie von diesen eingefordert – „Player" zu sein, so ist Gründungsmanagement von Netzwerken kein Selbstläufer.

Natürlich ist eine Fülle ökonomischer Rahmenbedingungen anreiz-kompatibel zu klären. Und alle diese Fragen erweisen sich als juristisch gehaltvoll. Aber, wie an anderer Stelle gezeigt worden ist, handelt es sich über diese institutionenökonomischen Fragen hinaus offensichtlich um kompli-

---

wissenschaftlicher Evidenz) brauchbar eine Pathosophie, eine Praxis für den *homo patiens*. Der Aufsatz behandelt nicht Menschenbilder in Pflegemodellen insgesamt, sondern ist eine übliche Kritik des Tötens.

[13] Eine enneagrammatische Charakterbestimmung als Basis einer typologischen, aber nicht naturalistischen Charakterlehre, die für das Selbst- wie Fremdverständnis der Menschen in der sozialen Arbeit relevant ist, nimmt Harms (2006) vor. Vgl. auch aus logotherapeutischer Sicht: Riemeyer, 2007, S. 324 ff.

[14] Vgl. auch Baden-Württembergische Krankenhausgesellschaft e.V., 2007.

[15] Zum Praxismanagement vgl. Menning, M., 2006 sowie Kern/Küchen, 2002 sowie Thill, 2002.

zierte, grammatisch tiefer liegende Probleme eines kulturellen Wandels der Medizin, gerade auch im Verhältnis zu anderen Professionen.

Psychologie der Autismen und Politische Ökonomie: Sicherlich erweist sich dieses interprofessionelle Konfliktfeld relativ autistischer Professionen[16] auch als Paradebeispiel einer Politischen Ökonomie der Domänenbewirtschaftung: der sektoralen Abschottung, der Budgetpartikularismen, der Verteidigung historisch gewachsener Kapazitäten und damit korrelierter Einkommensströme.

Die vorliegenden ethnografischen Studien zur Medizin und Pflege und angrenzender Leistungsfelder demonstrieren aber, dass es sich um unterschiedliche professionelle Selbstverständnisse, um unterschiedliche Menschen- und Weltbilder handelt, die sich zum Teil auch als Gender-Konflikte transportieren. Kurzum: Unterschiedliche Institutionen des gleichen Sektors oder auch verschiedener Sektoren (im Geltungsbereich verschiedener Sozialgesetzbücher), unterschiedliche Professionen und unterschiedliche Funktionen zusammenzubringen, ist keine triviale Systementwicklungsaufgabe.

Organisationswandel von Mikrokosmen: Intrainstitutionell stellt eine solche Systementwicklung erhebliche Anforderungen an die interne Organisationsentwicklung. Dies trifft vor allem zu, weil diese Institutionen (z. B. ein Krankenhaus) selbst komplexe (symbolisch gesteuerte) Mikrokosmen darstellen, die interne Systementwicklungsaufgaben – z. B. in Form von klinischen Behandlungspfaden (Hellige/Stemmer, 2005) – aufweisen.

Handlungslogiken von Professionen und kooperativer Wandel: Die aktuelle Situation ist vor dem pfadbildenden Hintergrund kulturgeschichtlich sedimentierter Handlungslogiken blockiert. Blockiert sind damit massiv die Kooperationsprozesse[17]. Die Kosten einer Reintegration ausdifferenzierter Systeme sind hoch.

Was sind die Determinanten der Kooperationsblockade?[18] Ich hebe zunächst vier Variablen hervor:

---

[16] Mit Blick etwa auf die Beziehung von Ärzten und Managern im Krankenhaus wird mitunter von einem „Zusammenprall der Kulturen" gesprochen (Vera, 2007, S. 300, dabei auf Abernethy/Stoelwinder [1995] Bezug nehmend).

[17] *Professionalität*: Hierzu besteht eine unübersehbare Flut an Literatur. Ergänzend zum bislang angeführten Schrifttum: Lorenz, 2000 sowie Kaba-Schönstein/Kälble, 2004. Die autistische Neigung dürfte Teil eines Verständnisses von Professionalität (Pfadenhauer, 2003; Schämann, 2006) sein, die darunter zunächst auch die eigene Darstellungskompetenz versteht: Eine institutionalisierte Kompetenzdarstellungskompetenz. Und diese grenzt aus, baut Marktzutrittsbarrieren auf und kommuniziert nur interprofessionell, wenn es unvermeidbar erscheint, immer aber angstbesetzt, der kindliche Klammerung um die eigenen Spielsachen gleichkommend.

[18] *Transaktionskosten und kulturelles Klima einer Region*: Die ökonomische Analyse des kollektiven Handelns und der vergleichenden Analyse der verschiedenen

(1) den Autismusgrad der Professionen – dieser dürfte wiederum abhängen

   (a) von dem Spezialisierungsgrad infolge des wissenschaftlich-technischen Fortschritts und

   (b) vom Grad der ideologischen Distanz der verschiedenen Professionen zueinander;

(2) die Anzahl der Professionen;

(3) die innere Kohärenz (Homogenität) der Berufsgruppen und

(4) die Kapazitätsstrukturen und die Verteilung der Einkommensdomänen des Leistungssystems.[19]

Es kann vermutet werden, dass insbesondere der Grad der ideologischen Distanz der Professionen die Kommunikation und die Kooperation multiprofessioneller Art erschwert, vor allem dann, wenn diese Struktur der Distanzen korreliert ist mit einer Hierarchie von Einkommen und Asymmetrien

---

institutionellen Arrangements hat hier eindeutig gezeigt, dass die Transaktionskosten ganz erheblich sind. Sind diese zu hoch – und angesichts der Komplexität der Akteurslandschaft, angesichts der Komplexität der Materie und angesichts fehlender Zwangsinstrumente und erheblicher Exit-Chancen der Akteure ist dies der Fall –, so hebt die Ökonomie vor allem Anreizsituationen als bedeutsam hervor, die Win-Win-Ergebnisse (im Sinne des Pareto-Prinzips) ermöglichen. Hier soll aber zunächst die Erkenntnis eingebracht werden, dass in der Tat die Forschung zeigt, dass derartige ökonomische Anreizsysteme eine notwendige Voraussetzung für kooperative Pfade darstellen. Die Forschung hat jedoch zugleich gezeigt, dass dies nicht hinreichend ist. Eine hinreichende Bedingung ist wohl auch, dass die Region über ein kulturelles Klima verfügen muss, in dem diese Kooperationspotenziale dann auch zur Entfaltung kommen. Tatsächlich kommt es in einem entsprechenden kulturellen Klima zur Bildung von Vertrauenskapital, das die Transaktionskosten der Kooperationspfade senkt. Die resultierenden Netzwerke, definiert als Sozialkapital, das einen sozialen Raum der Handlungsfelder der Akteure kennzeichnet, sind von positiven Reziprozitäten (Systeme des Gebens und Nehmens zum beiderseitigen Nutzen) gekennzeichnet. Da in einem handlungstheoretischen Sinne aber nur immer konkrete Personen handeln, hängt diese Produktion von Sozialkapital und die Generierung von Vertrauensklimata wiederum von den entsprechenden Kompetenzen, Haltungen und Einstellungen ab; was nur verkürzt als Humankapital bezeichnet werden kann, weil es nicht nur um fachliche Qualifikationen geht. Es geht vielmehr auch um Persönlichkeitseigenschaften und Verhaltensmuster. Nun setzen sich koperationswillige, prosoziale Verhaltensmuster, die von den Persönlichkeitsstrukturen getragen werden, situativ und vor allem nachhaltig nur dann durch, wenn neben den ökonomischen Win-Win-Situationen auch das kulturelle Klima vielversprechend förderlich ist. Die experimentelle Forschung hat gezeigt, dass Akteure auch mit prosozialen Einstellungen ihr Verhalten rational anpassen, wenn das Handlungsfeld, in das die Kommunikationen eingebettet sind, nicht förderlich ist oder gar adverse Anreize setzt.

[19] Die Darstellung greift auf die Veto-Spieler-Theorie von Tsebelis (1995; 2000; 2002) zurück. Vgl. auch Strohmeier, 2003 sowie Merkel, 2003. Vgl. auch die Anwendung auf Legitimationsfragen des Sozialstaates bei Köppe/Nullmeier/Wiesner, 2007.

in den sektoralen Kapazitäten: „Eine kooperative Versorgungsgestaltung scheitert vielerorts nicht selten an der Hierarchie und dem Statusgefälle der Professionen." (Schädle-Deininger, 2006, S. 365)

Die terminologische Fremdheit von Disziplinen, auch der differenzielle fachliche Blick auf den gleichen Gegenstand, kann durch Lernprozesse überwunden werden. Die Zahl der Professionen erhöht natürlich die Transaktionskosten. Und der Grad der inneren Kohärenz lässt verschiedene strategische Konstellationen (intra- und intersektorale Koalitions- bzw. Allianzbildungen etc.) zu. Entscheidend dürfte also ein sozialpathologischer Effekt des professionellen Autismus sein. Spätestens an diesem Punkt wird deutlich, wie stark der Medizinwandel als (Notwendigkeit eines) Kulturwandel(s) zu verstehen ist.

Entscheidende intermediäre Variable, um das gesamte Prozessgeschehen in Richtung einer Evolution einer die Pflege einschließenden integrierten Landschaft der Versorgung, Betreuung, Behandlung, Beratung etc. zu entwickeln, ist das Change Management. Dieses Change Management entscheidet darüber, ob unter der Bedingung der Anvisierung eines optimalen Kooperationsgrades (das wird als Leo Boos-Theorem [Boos, 2002] gleich noch erläutert) die beiden Hauptdeterminanten der IV-Evolution erfolgreich gestaltet werden können.

Als die beiden Haupt-Determinanten sind die bereits angeführten notwendigen Voraussetzungen und hinreichenden Bedingungen dargelegt. Rechtliche Rahmenbedingungen und ökonomische Anreize sind notwendig. Die rechtlichen Rahmenbedingungen existieren im SGB XI und im SGB V; die ökonomischen Anreizbedingungen können hier als Individualvertragsgegenstände selbst variabel entgeltet werden. Schwieriger, aber als überaus bedeutsam, erweist sich die Arbeit an den professionellen Selbstkonzepten. Aber gerade dann, wenn sektorübergreifend im Lichte der Ansprüche der Multidisziplinarität und der Teamorientierung (Balz/Spieß, 2009) verschiedenste Professionen zusammenwirken sollen, ist es wichtig, die Selbstbezüglichkeit der Denk- und Handlungsorientierung hochspezialisierter Funktionen zu überwinden. Das berufsständische Selbstverständnis, verknüpft mit der Funktion der ökonomischen Marktzutrittsbarrieren und der defensiven Domänenbewirtschaftung, wirkt hier jedoch ebenso hemmend. Es ist hier nicht falsch, den berühmten subjektiven Faktor zu verorten.

Personologische Momente, also personengebundene Kompetenzen und Persönlichkeitsprofile, spielen eben eine geradezu weichenstellende Rolle bei der Frage, ob strukturell gegebene Möglichkeiten aktiviert und zur Entfaltung gebracht werden können. Wenn es eine Kernaussage der hier favorisierten systemischen Sichtweise der Organisationsentwicklung ist, dass man nur mit den Menschen, den Humanressourcen, gemeinsam bestimmte Wege gehen kann, sofern diese Pfade nachhaltig erfolgreich sein sollen, so muss demnach nicht nur an den rechtlichen und ökonomischen Rahmenbedingungen gearbeitet werden, sondern auch und ernsthaft an dem Selbstkonzept der involvierten Stakeholder. Das bringt eine tiefgreifende psychologische Dimension der Organisationsentwicklung ins Spiel. Diese kulturelle Dimension, nämlich durch Kommunikation in einem vieldimensionalen Sinne an den Haltungen und Einstellungen, Sichtweisen und Wahrnehmungen, Zielsetzungen, aber auch Menschen- und Weltbildern zu arbeiten, hat selbst wiederum eine ökonomische Grenze.

Leo Boos (2002) hat in seiner Arbeit darlegen können, dass die Generierung von Kooperationskulturen in Institutionen (z.B. Krankenhäusern) zwei Kostenarten gemeinsam bzw. gleichzeitig minimieren muss. Und in der gemeinsamen Minimierung beider Kostenarten ist das Optimum zu bestimmen. Der Spezialisierungsgrad der Professionen bringt Spezialisierungskosten mit sich; ich nenne sie hier bewusst provozierend Autismuskosten. Die hochgradige Spezialisierung führt nämlich zur übermäßigen Reduzierung der Kommunikation einer Profession mit anderen (ebenfalls spezialisierten) Professionen (oder auch Kunden, Klientel etc.). Die Menge gemeinsam verfügter Information sinkt. Daraus entstehen kostenträchtige Defizite, Ineffizienzen, ja Gefahren. Will man diese autistischen Professionen zu einer sinnvollen höheren Stufe der Kooperation und Kommunikation (wieder) heranführen, so ist diese Arbeit selbst aber auch nicht kostenfrei. Es entstehen Integrationskosten. Der optimale Grad der Kooperation liegt dort, wo beide Kostenarten gemeinsam minimiert werden. Anders (ökonomisch) ausgedrückt: Das Optimum liegt dort, wo der Grenznutzen einer weiteren Stufe des Autismusabbaus ($A^{-\text{Red}}$) gleich den Grenzkosten einer weiteren Stufe der vertieften Integration ($Int^{-\text{Stei}}$), beide Größen bezogen auf die Investition von Integrationsressourcen ($Int^{-\text{Res}}$), ist:

$$\partial A^{-\text{Red}}/\partial Int^{-\text{Res}} = \partial Int^{-\text{Stei}}/\partial Int^{-\text{Res}}.$$

Die wichtigsten Schlussfolgerungen, die aus dieser erfahrungsgestützten Modellbildung (Boos, 2002) resultieren, beziehen sich auf die Professionalisierung des Change Managements. Das bezieht sich auf die Konzeption der Beratung und Organisationsentwicklung, aber auch auf die Qualifikationsprofile der Change Manager.

b) Eigenschaften einer neuen Medizinkultur

Dieses Gesundheitswesen wäre, wenn der Kulturwandel gelingen würde, dann mehr als eine Krankenversorgungsindustrie[20]. Sie ist nicht im Praxisrahmen „totaler Institutionen" (Heinzelmann, 2004) denkbar; ihre zentralen Topoi sind Lebensqualität, Zufriedenheit und sinnorientierte Lebenslaufbewältigung (Corbin/Strauss, 2004; Fitzgerald Miller, 2003), dialogische interpersonale Dienstleistungsethik, ganzheitlicher Umgang mit chronischen Leiden, eine angemessene Geriatrisierung auch der Akutmedizin, Akzentuierung von Prävention (Sambale, 2005) und den verschiedenen Stufen der Rehabilitation, auch einer Reha-zentrierten Pflege (salutogenetisch: Brieskorn-Zinke, 2000), Wandel der Sterbens- und Todesbewältigung (Schulz-Nieswandt, 2006a, S. 201 ff.; Pfeffer, 2005; Hermann, 2005) und Sicherstellung einer angemessenen Palliativ-Medizin und -pflege (Ewers/Schaeffer, 2005; Student/Mühlum/Student, 2004). Reitinger u.a. (2004, S. 31) fordern eine „palliative Kultur" der Altenpflegeeinrichtungen ein: „Mit dem Begriff der ‚palliativen Kultur' ist gemeint, dass sich die Einrichtungen nicht allein an den Konzepten einer aktivierenden und rehabilitativen Pflege ausrichten, sondern Sterben und Tod als Teil ihrer Arbeit und Aufgaben ansehen." Dies wird als Organisationsentwicklung gesehen!

c) Neu-Codierung der Genderdimension des Problems

Das neue Gesundheitswesen überwindet den binären Code[21] (Schulz-Nieswandt, 2006b, S. 135 ff.; ders., 2004b, S. 53 ff.) von männlichem Heldentum einer technikintensiven Medizin (Hunstorfer, 2006) einerseits und vorwissenschaftlicher (Käppeli, 2004) Pflege als Ideologie der verlängerten Mütterlichkeit[22] andererseits (vgl. auch die grundlegende Studie von Miers, 2001).[23]

---

[20] Schon in den 1970er Jahren stellte Christian von Ferber (1971) die Frage: Haben wir eine Gesundheitspolitik? Er verneinte dies und er argumentierte: Wir haben nur eine Krankenversorgungsindustrie.

[21] *Kollektive Denkstile (Fleck)*: Ich unterstelle hier die Wirksamkeit eines berufsgruppen- und wissenschaftsdisziplinspezifischen „Denkstiles". Die Wurzeln dieser Theorie liegen bei Fleck (1980), den ich auch in anderem Kontext epistemologisch aufgreifen konnte (Schulz-Nieswandt/Maier-Rigaud, 2005 zur OMK; dies., 2007 zur OECD). Vgl. auch Douglas, 1991. Zu Fleck vgl. auch Pöffel, 2000 sowie Rheinberger, 2006a, S. 21 ff. und auch Egloff, 2005. Zur Anwendung von Flecks Theorie der Denkstile in der Pflegeforschung vgl. auch Brühe/Rottländer/Theis, 2004. Vgl. auch Anschütz, 1987, S. 63. Vgl. ferner Eckart/Jütte, 2007, S. 141–143. Grundsätzlich epistemologisch auch Rheinberger, 2007.
Warburg: Zur Stilgeschichte als Sozialgeschichte im Sinne einer Geschichte der Wahrnehmungsformen und damit unpersönlich-abstrakter „Sehformen" bei Aby Warburg vgl. auch Villhauer, 2002, S. 56.

I. Fazit und Ausblick

Und die Kluft ist beträchtlich, aus unterschiedlichen Gründen.

Das Männlichkeitssyndrom: Diese Gründe können professionsgeschichtlicher Art sein und arbeitsmarktbezogene Domänen zum Ausdruck bringen. Aber die tiefenpsychologische Grammatik ist ebenso evident: „Es gilt dem Mann als Tugend, weibliche Züge möglichst zu verdrängen" (Jung, C. G., 2001, S. 74). Männlichkeit nimmt die Form einer archetypischen Mana[24]-Persönlichkeit an, den „Archetypus des mächtigen Mannes in Form des Helden, des Häuptlings, des Zauberers, Medizinmannes und Heiligen, des Herrn über Menschen und Geister, des Freundes Gottes." (Jung, C. G., 2001, S. 113) Deshalb passt der Prometheus-Mythos (Kott, 1975, S. 11 ff.; vgl. Art. „Prometheus" von Weis, in Auffarth/Bernard/Mohr, 2005, Bd. 3, S. 66 ff.[25]) besonders zur modernen Medizintechnikwelt: „Die Mana-Persönlichkeit entwickelt sich historisch zur Heldenfigur und zum Gottmenschen, dessen irdische Figur der Priester ist. Wie sehr der Arzt noch Mana-Persönlichkeit ist, davon können die Analytiker etwas erzählen." (Jung, C. G., 2001, S. 118)

Wenn es stimmt, und davon gehe auch ich aus, dass kein Zweifel besteht, „daß die Erfahrung der Gefährdung, der Vergänglichkeit, der Endlichkeit des Lebens am Anfang aller Erfahrungen gestanden hat, die mit Bewußtseinsvorgängen" (Kaempfer, 1996, S. 72) einhergingen, dann gilt auch, dass der Heroismus hier, in diesem Kontext, inspiriert worden ist.

Der sozialreformerische Ausweg: Die Alternative zu diesem historischen Erbe lautet: Medizinisch-pflegerische Diagnostik und Therapiewahl, Social Support und Empathieleistungen (Hojat, 2006) gehen den Weg einer dialogischen, wohl nicht völlig asymmetrischen, aber deutlich enthierarchisierten und vor allem weitgehend entsakralisierten Kommunikationskultur (Scheibler, 2004; Scheibler/Pfaff, 2003).[26]

---

[22] Zur Mädchensozialisation mit Blick auf die Berufssozialisation der Krankenschwester vgl. Leusch-Moraga/Wittig-Brackelmann, 1997. Die klassische arbeitsmarkt-sozialgeschichtliche Studie: Sachße, 2003.

[23] Einen verdichteten Überblick über Fragen, Aspekte, Probleme und Befunde im Themenkreis „Gender in der Pflege" geben Backes/Amrhein/Wolfinger (2008), ohne besonders bereit zu sein, wirklich theoretisch in die Problematik einzusteigen.

[24] Zum Mana vgl. Lehmann, 1922 sowie Mauss, 1999, S. 140 ff.

[25] Art. „Prometheus" in Roscher, 1993, III.2, Sp. 3032 ff.

[26] *Totale Institutionen und Empowerment*: Dies hat die Schlussfolgerung zu bedenken, dass auch ohne stärkere Marktorientierung, also im Steuerungskontext eines sozialrechtlichen Dreiecksverhältnisses, sogar in der dergestalt geordneten stationären Arbeit, die nicht automatisch die strukturtypischen Eigenschaften einer „totalen Institution" (zur stationären Altenpflege vgl. Schilder, 2007, S. 108 ff.) annehmen muss, ein „Empowerment" als dialogische Erzeugung von wechselseitiger Personalität möglich sein muss. An den Debatten um SDM (Shared Decision Making) in der Arzt-Patienten-Beziehung, um „Informt Consent" (in der Medizinethik [historisch:

d) Laborwerte und „personale Mitte":
Unromantische Ganzheitsorientierung

In dieser neuen Welt haben Laborwerte[27] nach wie vor einen zentralen Stellenwert. Und nicht die Sozialarbeit operiert, sondern die Medizin.

Allein an den Investitionen im Personalbereich der klinikinternen Sozialarbeit (Dieplinger, 2008)[28] wird sich das Problembewusstsein von Krankenhäusern im DRG-Zeitalter jedoch messen lassen können (Greuèl/Mennemann, 2006).

Der Mensch steht im Mittelpunkt: Aber die Phrase von dem im Mittelpunkt stehenden Menschen erhält in dieser neuen Welt einen gewissen Wirklichkeitsgehalt (zur derzeitigen Wirklichkeit: Schaeffer, 2004; stattdessen Uexküll/Geigges/Plassmann, 2002; Adler, 2000). Aus integrationsversorgungskonzeptioneller Sicht ist vor allem zu betonen, dass nur auf einer kooperativen Interessens- besser: Haltungsbasis von Medizin und Pflege

---

Bergdolt, 2004; systematisch: Kreß, 2003 sowie Pöltner, 2006; Gethmann-Siefert/ Thiele, 2006] der Therapieentscheidung; zur Medizinethik vgl. auch Schöne-Seifert, 2007) etc. wird diese Möglichkeit evident. Asymmetrien – etwa in der (schwer reversiblen) Informationsverteilung, in den (temporal nicht spontan veränderbaren) Kompetenzprofilen etc. – müssen jedoch nicht entpersonalisierend gelebt werden. Eine unvermeidbare Abhängigkeit kann „angenommen", akzeptiert werden (auch das mag eine Entwicklungsaufgabe der Person im Lebenslauf sein); Hilfe kann relativ einseitig sein, eine Gabe kann relativ unbedingt sein, auf Reziprozität verzichtend. Der überholte Paternalismus beginnt ja erst dort, wo die Passungsfähigkeit fehlt, wo der Respekt verloren gegangen ist, wo Empathiekompetenzen fehlen, wo Perspektivenwechsel und Rollenverständnis defizitär sind – letztendlich, wo die liebende Einnahme der Perspektive des Anderen fehlt. Wo diese Hinwendung – etwa durch (als Schuld neurotisch gefühlte) Dankbarkeit – erst Abhängigkeiten schafft (Urban, 2004 zur sozialen Arbeit zwischen Hilfe und Kontrolle), die die, eine Gnade empfangende, menschliche Kreatur infantilisiert oder gar in die psychodynamische Regression treibt, dort ist die „Kultur des Helfens" deformiert. Sie dient dann eher den sakralen Bedürfnissen der Seher, Heiler, Helden, „Muttertieren" und erdrückenden Vaterbildern, der Expertokratie und den systemischen (ökonomischen) Interessen der hierarchischen Ordnung. Diese Befunde sind aus der Soziologie, Psychologie und Ethnographie der Krankenhäuser (Schulz-Nieswandt, 2003; ferner Szabo, 1998), der Altenpflegeheime und anderen Gebilden institutioneller und diskursiver Ordnung bekannt. Vgl. zur psychodynamischen Organisationsanalyse grundsätzlich Kinzel, 2002.

[27] Vgl. auch die Studie von Streckeisen (2001) über differenzielle fachspezifische Umgangsweisen mit dem Tod zwischen Klinik und Pathologie. Vgl. ferner Pott, 2004.

[28] Lipski, 2004; Bienz/Reinmann, 2004; Thierau, 1997; Mühlum/Gödecker-Geenen, 2003. Historisch vgl. Reinicke, 1998; ders., 2001; ferner Ansen/Gödecker-Geenen/Nau, 2004 sowie allgemeiner Lützenkirchen, 2005. Zum Kölner Modell vgl. Bostelaar, Pape u. a., 2008.

eine nachhaltige und fundierte Patientenorientierung möglich wird (Dahlgaard/Stratmeyer, 2005; Cassier-Woidasky, 2007, S. 405 f.).

Die „personale Mitte" des Geschehens, die somit im Lichte einer philosophischen Anthropologie der Medizin und Pflege in pragmatischer Absicht gewonnen wird, weiß um den nicht-individualistischen Charakter der Situation: Krankheit und Pflege sowie Hilfe sind immer Phänomene einer „Ontologie des Zwischen", soziologisch zu begreifen (Coenen, 1985) als ein Mitsein zwischen dem Selbst und den Anderen, etwa dann, wenn die Rolle der Angehörigen[29] erkannt wird (vgl. zur Kritik der Laborwerte-Medizin bereits Anschütz, 1987, S. 230 ff.).

Krankheit ist immer ein soziales Konstrukt (ebenso wie Gesundheit); Pflege ist immer eine soziale Relation. Das ganze Geschehen ist eben ein Geschehen am und durch den Menschen als Knotenpunkt sozialer Relationen (zu Simmel: Schulz-Nieswandt, 1995a, S. 49 ff. sowie ders., 1997a).

e) *Gadamers „Apologetik des Schmerzes":*
   Die Entbergung des Verborgenden

Ich leite diesen Abschnitt mit einem Zitat von Angehrn ein, ein Lieblingszitat von mir, das zwar nicht die gesamte, aber wesentliche Teile der „Wahrheit des Mythos" philosophisch-anthropologisch auf den Punkt bringt: „Der Komplex aus Erschaffensein, Selbstbehauptung, Schuld und Mühsal ist in der conditio humana von Anbeginn an mitgesetzt." (Angehrn, 1996, S. 332)[30] Und vor diesem Hintergrund wird auch Böhmes (2008, S. 191) Satz verständlich: „Souveränität dagegen charakterisiert ein Selbstbewusstsein, in dem die pathischen Weisen der Existenz anerkannt und in das Selbstbewusstsein des Menschen aufgenommen" werden müssen.

Hinzu kommen noch die Dimensionen der Bedürftigkeit des Menschen, des Mitleidens und somit der Liebe. Ich bin dann mit dem Mythos mitten in dem Herzstück einer allgemeinen Theorie der Sozialpolitik[p] angelangt. Hinzu kommt dann noch die politische Einsicht in praktische Vernünftig-

---

[29] Etwa in der Pflege: Geister, 2004; Gröning u.a., 2004; Heusinger/Klünder, 2005; Schneekloth/Wahl, 2006; Tesch-Römer u.a., 2006. In der Arbeit mit Menschen mit Behinderungen ist die Familienorientierung zu betonen: vgl. auch Heckmann, 2004 sowie Haberthür, 2005; Achilles, 2005. Zur Problematik der geistigen Behinderung in der Geschwisterbeziehung vgl. auch die Studie von Fietkau, 2007. Zum Tod der Eltern als kritisches Lebensereignis für ältere geistig behinderte Menschen vgl. die Studie von Birkemeyer, 2007. Zur Familienmedizin bei chronischen Erkrankungen vgl. Hedtke-Becker/Hoevels/Schwab, 2003.

[30] Zur verwandten Einschätzung der impliziten Anthropologie im klassischen griechischen Mythos (bei Vernant, Kerényi etc.) vgl. Schulz-Nieswandt, 2003, S. 85 ff.

keit: Diese ist nie solipsistische Kompetenz und Verfügbarkeit, sondern eine Frage der sozialen Verständigungspraxis, also auch wieder nur im Modus des sozialen Mit-Seins mit Anderen zu generieren.

Praktische Sozialpolitik, wenn sie in dieser Art kognitiv (Daseinsverständnis), emotiv-motivational (Mit-Leiden-Können) und pragmatisch (soziale Praxis der verständigen Vernünftigkeit) fundiert ist, knüpft existenziell unmittelbar an die Normalität[31] des Leidens, von der Eliade (Reschika, 1997[32]) spricht (Eliade, 1994, S. 107 ff.), an.

Dass die Dichotomie Gesundheit – Krankheit epistemisch höchst fraglich ist, ist eine Grundeinsicht anthropologischer Forschung. Der Mensch bewegt sich in einem Kontinuum. Und Gesundheit mag hierbei zwar der utopische Fluchtpunkt sein. Aber im Prinzip ist eine Gleichzeitigkeit gesunder und kranker Kräfte in ihrer Mischung eine normale reale Lage. Und mag dies auch nur als diffuses Unwohlsein[33] zum Ausdruck kommen.

Affinität zum salutogenetischen Denken: Ich bin damit nahe an dem salutogenetischen Ansatz, wie er auf Antonovsky (1997) zurückgeht[34].

Auch hier ist der Mensch mit einem inneren (intrapersonalen) Arbeits-[35] vor allem auch Bewertungsapparat der Umwelt transaktionalistisch einge-

---

[31] *Normalität*: Definitionen von Gesundheit und Krankheit werfen schwerwiegende Fragen eines wissenssoziologischen Problems von Normalität auf. Die Cauguilhem-Devereux-Debatte (zu Canguilhem vgl. Eckart/Jütte, 2007, S. 137–139 sowie Muhle, 2008) überwindet einerseits die Dominanz einer Kulturnorm in diesem Konstitutionsprozess, andererseits bleibt der Verweis auf die Anpassungsfähigkeit im jeweiligen Milieukontext nicht trivial. Vgl. Diskussionen in Duerr, 1987. Ob das Problem der Normalisierung und die damit verbundene Ausgrenzung des devianten Verhaltens in der Psychiatrie allerdings so einfach ist, wie es bei Hopton (1997) im Rekurs auf die Ansichten von Szasz (1997) beschrieben wird, darf gütlich bezweifelt werden. Zur Kritik der humanistischen Psychologie (hier in Gestalt der Position von Carl Rogers; vgl. insgesamt Hamann, 2005, S, 79 ff.) vgl. Köhler-Weisker/ Horn/Schülein, 1993. Dabei dürfte Rogers wiederum trotz aller Fraglichkeiten zu schlecht weggekommen sein. Hinsichtlich philosophischer und theologischer Anthropologie bietet Rogers mehr, wie Deister (2007) systematisch in Bezug auf Rahner zeigen kann. Deister arbeitet die Konvergenz der impliziten Menschenbilder heraus: Allgemeine Charakterisierung des Menschen, Bezogenheit des Menschen als Person, Möglichkeiten und Entwicklung, Grenzen und Gefährdetheit, Bedingungen und Wege der Heilung, Zielbild des Menschseins – das sind dabei komparative anthropolische Kategorien der Analyse.

[32] Vgl. auch die Biographie von Turcanu, 2006.

[33] Zum Wohlsein als Kriterium in der Bestimmung der Gesundheit vgl. Gadamer, 1993, S. 100, S. 115, S. 143, S. 164.

[34] Vgl. auch Lorenz, 2005; Wydler/Kolip/Abel, 2006; Hafen, 2006.

[35] *Transaktionalistische Lebenslauftheorie*: Unter anthropologischem Gesichtspunkt konvergieren salutogenetische, bindungstheoretische und viele andere Ansätze in eine transaktionalitische Ressourcentheorie der Aufgabenbewältigung im Lebens-

fügt. Und der Drang zur Kohärenz verdeutlicht die sich abarbeitende Produktion von relativer Gesundheit bzw. Krankheit im Lebenslauf. Daran kann der Mensch scheitern.

Mit der Korrelation von Ressourcen der Widerstandsfähigkeit und dem Kohärenzgefühl wird jedoch deutlich, wie prozesshaft das ganze Sein des Menschen unter dem epidemiologischen Aspekt ist: „Kranksein ist ein menschliches Phänomen. Es verweist durch sein konstantes Dasein auf die gefährdete, verletzliche Rolle des Menschen in der Welt, die immer schon begrenzt ist." (Röscheisen-Hellkamp, 2003, S. 96 f.)

Das Mischungsverhältnis von Gesundheit und Krankheit (von der auch Tellenbach [Tellenbach, 1988, S. 153] spricht)[36] kann einen Bias bekommen, bis hin zu Grenzsituationen (Art. „Grenzsituation", in RGG, Bd. 3, Sp. 1275), wie sie Jaspers[37] zum Zentrum seiner existenzialphilosophischen Überlegungen gemacht hat (Gadamer, 1993, S. 106).

Gadamers Nähe zu Weizsäcker: Hier ist auch das Denken von Gadamer über die „Verborgenheit der Gesundheit" (Gadamer, 1993) anzusiedeln (Engelhardt [1999] übersieht dies bei seiner Darlegung der Philosophiegeschichte der Schmerzsinngebung völlig). Eine Nähe zu Viktor von Weizsäckers Denken ist evident; so führten Weizsäcker und Gadamer auch entsprechende Gespräche. Geht man von Weizsäckers pathosophischen Lehre aus, wonach Krankheit eine „Weise des Menschseins ist" (Achilles/Jacobi, 1999, S. 114), dann ist die gestaltkreistheoretische Auffassung von Gegenseitigkeit (Christian, 1952, S. 141 ff., S. 146, S. 98 ff.) im sozialen Miteinander konstitutiv für eine Ethik: „Die cyclomorphe Verknüpfung von Subjekt und Objekt, Subjekt und Subjekt im Gestaltkreis bezeichnet Weizsäcker scheinbar wertneutral beschreibend als Gegenseitigkeit, unter sozialethischem Aspekt nennt er sie Solidarität und mit Anspielung auf die ethi-

---

lauf. Neben externen Ressourcen, auf die der Mensch dabei zurückgreifen können muss, ist den theoretisch entwickelten Ansätzen gemeinsam, dass intrapersonal ein generativer Verarbeitungs- und Bewältigungsapparat notwendig ist. Vgl. insgesamt Eppel 2007.

[36] *Gadamers Position*: Gadamer (1993, S. 142): „Am Ende unserer Überlegungen wird herauskommen, daß Gesundheit immer in einem Horizont von Störung und Gefährdung steht." Denn: „Kann man sich ein Zustand beständigen Behagens überhaupt vorstellen?" (ebd., S. 164) Das Bewußtsein erwacht überhaupt erst angesichts des Gestörtseins, des Unwohlseins oder gar des Schmerzes als Ausdruck von Krankheit und Verletzlichkeit. Götter kennen dieses „Erwachen" gar nicht (Gadamer, 1993, S. 165). Das ist zweifelsohne die uralte „Wahrheit des Mythos". „Am Ende gehört beides Zusammen, Störung und ihre Überwindung." (ebd., S. 171) Gesundheit, schreibt Gadamer (1993, S. 144), „ist Dasein, In-der-Welt-Sein, Mit-den-Menschen-Sein, von den eigenen Aufgaben des Lebens tätig und freudig erfüllt zu sein."

[37] Zum ärztlichen Ethos bei Jaspers vgl. Baars, 2007. Zur Psychopathologie als Werkthema von Jaspers vgl. auch Rinofer-Kreidl/Wiltsche, 2008.

sche Qualität menschlichen Miteinanders nennt er sie Umgang." (Achilles/Jacobi, 1999, S. 115)

Wie bei Gadamer bedeutet dann „Krankheitsarbeit" „nichts anderes, als sich und seine Welt neu zu bestimmen und abzugrenzen." (Achilles/Jacobi, 1999, S. 116) Hier kristallisiert sich die „Teilhabe am Tode" des Lebens. Wie bei Heidegger wird das gelingende Leben vom Tode her gedacht.

Anthropologie des Schmerzes: Mit Bezug auf Gadamers kurze Rede zum Schmerz (Gadamer, 2003) hat Lang (2003a) die Zusammenhänge sehr transparent machen können. Wenn Gadamer sagt, der Schmerz sei eine große Chance (Gadamer, 2003, S. 27) und bringe die Dinge zur Sprache (ebd., S. 29), so geht es nicht darum, der ärztlichen Kunst die Möglichkeit zu begrenzen oder gar zu berauben, den Schmerz zu nehmen. Nur soll der Schmerz vom Menschen auch begriffen werden (so auch Böhme, 2008, S. 197).

Es geht (mit Jaspers [1973] argumentierend) um die Erweckung der personalen Existenz durch das Leiden: „Leiden, und das heißt in unserem Kontext Schmerz, führt in eine Grenzsituation, worin sich menschliches Dasein existenziell als endliches und verletzbares begegnet. Deshalb gilt es auch, das Leiden am Schmerz in den eigenen Lebensvollzug verstehbar einzubauen, und kann es existenzerhellend zur Lebenssituation, zur Lebensbewältigung selbst beitragen." (Lang, 2003, S. 51)

Und Gadamer ist in der Lage, den zentralsten Befund, der meine gesamte Analyse leitet, auf den Punkt zu bringen: „Die moderne Medizin hat sich folgerichtig vor allem mit den chronischen Krankheiten konfrontiert gesehen, in denen sich andere Aufgaben stellen. Da kommt es auf Krankenpflege an, in der das Seelische zu pflegen mitverlangt ist." (Gadamer, 1993, S. 102)

2. Ausblick: Philosophische Anthropologie der Sorgearbeit als Desiderat der Forschung

Es wird hier (vgl. auch Schulz-Nieswandt, 2006i) eine existenzialdialogische Position eingenommen, die Ontologie und Anthropologie integriert. Ich knüpfe u. a. an obige Überlegungen zu Medizin und Tod an (vgl. Kapitel B.II.4.).

Ich werde zunächst versuchen, zugleich zurückblickend und zusammenfassend wie auch vorausschauend und auf Integration bedacht, auf knappstem Raum mein Verständnis von Sozialpolitik[P] wiederzugeben und dadurch auf dieser Grundlage darzustellen, welche Rolle den sozialen Diensten (in einem thematisch bzw. sektoral möglichst breit gefassten Sinne) hinsichtlich des Ausgangsproblems zukommt. Es geht bei tieferer Betrachtung um die Frage, welches Menschenbild (organisationstheoretisch vgl. Heindl, 2007, S. 204) die Logik sozialer Dienste und sozialer Arbeit steuert. Es geht auf dieser Grundlage um die Folgefrage, wie soziale Dienste entsprechend modern gestaltet werden müssen. Über die explizierende Darlegung des oftmals nur impliziten Menschenbildes werden die Wertgrundlagen der Handlungslogik sozialer Dienste transparenter. Die Darlegungen gehen dabei von der Prämisse aus, dass soziale Dienste eine wichtige Funktion in der Bildung sozialer Kohärenz ausdifferenzierter, pluralistischer Gesellschaften haben.

a) Lebenslauf und Scheitern

Philosophische Anthropologie personalen Seins: Endliches Sein als Lebensaufgabe eines zum Scheitern fähigen Menschen: Das Konzept der Person hat im Lichte philosophischer Anthropologie eine anspruchsvolle Vorstellung von Individualität und Individuation (Personwerdung) zur Grundlage. Juristisch gesehen sind Personen mit (politischen, wirtschaftlichen und sozialen) Grundrechten ausgestattet. Das schließt die Interpretation der sozialen Grundrechte ein, dass der Mensch in seiner sozialen Existenz teilhabetheoretisch gefasst werden muss: Der Mensch ist Teilhaber an den ökonomischen, sozialen, kulturellen und politischen Ressourcen der Gesellschaft. Der begründende Zugang zu dieser Sicht ist entwicklungspsychologischer Art: Eine Person muss erfolgreich (gelingend) durch ihren Lebenslauf gehen. Dieser Lebenslauf (Art. Lebenslauf, von P. Alheit, in Bohnsack/Marotzki/Meuser, 2006, S. 109 f.) ist letztendlich nichts anderes als die Abfolge von Entwicklungsaufgaben der menschlichen Person. Die menschliche Person muss die Herausforderungen, die der Lebenslauf stellt, bewältigen können. Das ganze Dasein ist, wie Heidegger sagt, ein Sein zum Tode. Die Menschen werden geboren und die daraus resultierende Existenz ist endlich. Die anthropologisch gesehen grundlegende (existenzielle) Herausforderung besteht nun darin, diese Endlichkeit zu durchlaufen und zwar sinn- und aufgabenorientiert, um vielleicht am Ende rückblickend zu sagen: Das war ein gelungenes Leben. Nicht fehlerfrei – dafür ist die menschliche Kreatur nicht gebaut und entworfen (vgl. Honneth im Nachwort zu Kolnai, 2007, S. 162). Sie ist geprägt von vielerlei Unvollkommenheiten. Und diese Unvollkommenheit und Fehlerhaftigkeit wird mich weiter unten noch gerechtigkeitstheoretisch und mit Blick auf eine Bestimmung von Solidarität beschäftigen. Dennoch, also trotz ihrer Unvollkommenheiten, sollte die menschliche Persönlichkeit sagen können wollen, dass sie erfolgreich, produktiv, gelingend, gelebt und gealtert ist. Das ist der anthropologische Entwurf. Das bedeutet, dass der Mensch als Person durch Personwerdung einen menschlichen Lebenslauf gelingend zu durchwandern versucht.

Dieses geht nicht ohne Ressourcen. Die sich durch das Geworfensein des Menschen stellenden Herausforderungen und die gesetzten Aufgaben (also die ganze Sorgestruktur des menschlichen Daseins) müssen bewältigt werden. Es stellt sich die Frage nach der Verfügbarkeit solcher Ressourcen. Und an diesem Punkt der Darlegungen meiner Überlegungen wird deutlich, wie und wieso die oben nur sehr knapp und oberflächlich skizzierten Überlegungen zu einer philosophischen Anthropologie des Menschen als Person, die seine Seinsverfasstheit deutlich macht, sozialpolitikwissenschaftlich, also hinsichtlich einer Theorie praktischer Sozialpolitik und somit mit Blick auf eine Klärung der Rolle sozialer Dienstleistungen, hoch relevant sind.[38]

Lebenslaufbewältigung und praktische Sozialpolitik: Eine Ressourcenfrage: Menschen durchwandern, da der Lebenslauf in (von Statuspassagen abgegrenzten und oftmals geradezu identitätsstiftende) Altersklassen aufgeteilt wird, verschiedene Lebensphasen (Abels/Honig/Saake/Weymann, 2008), die sich als jeweils durch spezifische Lebenslagen geprägt charakterisieren lassen. Lebenslagen sind Konfigurationen und Bündel von Ressourcen angesichts der sich stellenden Aufgaben. Lebenslagen lassen sich dergestalt mehrdimensional und sozialräumlich konzeptionell fassen. Menschen sind in der Folge dieses konzeptionellen Zugangs sozialpolitisch zu betrachten mit Blick auf ihre Lebenslage, d.h. hinsichtlich ihrer ökonomischen Ressourcen (Einkommen und Vermögen[39]) und ihrer sozialen Ressourcen,

---

[38] *Nochmals neue Phänomenologie nach Schmitz*: Und nochmals darf daher auf die Relevanz der neuen Phänomenologie bei Schmitz verwiesen werden. Vor dem Hintergrund der Vergangenheit und die Räumlichkeit einbindend, stellt Schmitz (2005, Bd. I) die Gegenwart, besser: die Appraestenz von Gegenwart und Zukunft (ebd., S. 438, S. 460), als unhintergehbaren Ausgangspunkt der philosophisch begriffenen menschlichen Existenz heraus: „Jeder Mensch findet sich in einer Umgebung. *Umgebung* eines Menschen soll heißen: das Ganze dessen, was in seinem Sichfinden mitgefunden wird." (ebd., S. 1; kursiv auch im Original) „Jeder Mensch findet sich in einer Umgebung." (ebd., S. 14) *„Philosophie ist: Sichbesinnen des Menschen auf sein Sichfinden in seiner Umgebung.*" (ebd., S. 15; kursiv auch im Original) Diese Umgebung ist sozial und lebensgeschichtlich (ebd., S. 34).

[39] *Ökonomische Ungleichheiten im Alter*: Zur Einkommensdifferenzierung im zukünftigen Alter vgl. auch Motel-Klingebiel/Krause/Künemund, 2004, S. 26: „Zusammenfassend können wir festhalten, dass die demographische Entwicklung hinsichtlich der Anzahl der Älteren sehr gut prognostizierbar ist, sehr unsicher sind hingegen die Entwicklungen der sozialen Sicherungssysteme und vor allem an den Arbeits- und Kapitalmärkten. Trotz dieser Unsicherheiten, die z.B. Rentenniveaus und -anwartschaften sowie die altersspezifische Kapitalentwicklung betreffen, kann plausibel vermutet werden, dass es auch künftig zu deutlichen preisbereinigten Anstiegen der Alterseinkommen kommen wird, die allerdings im Mittel kaum mit der Entwicklung der Erwerbseinkommen Schritt halten dürften, und dass zugleich eine

I. Fazit und Ausblick

z. B. ihrer Netzwerke (Verfügbarkeit, Erreichbarkeit, Belastbarkeit [z. B. eine wichtige Heimrisikodeterminante: Nolan/Dellasega, 2000; Buhr/Kuchibhatla/Clipp, 2006; Gaugler u. a., 2003; Schulz u. a., 2004], Bereitschaft zur Unterstützung). Ferner haben Menschen Kompetenzen (personale Ressourcen) verschiedenster Art: kulturelle, berufsbezogene (Humankapital), psychische etc. Das Thema der Resilienz (Heitmann, 2005) in der Kinder- bzw. Kindheitsforschung (Zander, 2008) ebenso wie in der Alter(n)sforschung knüpft hier an. Die Frage, über welche, wie viele und wie gebündelte Ressourcen Personen verfügen, prägt die Lebenslagen und somit letztendlich die Lebensqualität und die Lebenszufriedenheit. Objektiver Befund und subjektive Einschätzungen müssen dabei nicht immer in Übereinstimmung stehen. Die Lebenslage[40] ist im Grunde diese Interaktion zwischen Person und den (leiblich spürbaren) Anforderungen der sozialen Mitwelt und der technisch-dinglichen Umwelt (das ist die Sichtweise des Transaktionalismus). Menschen verfügen (differenziell) über diese Ressourcenkonfigurationen, um die jeweils anstehenden Entwicklungsaufgaben ihrer Lebensphase im Lebenslauf erfolgreich zu bewältigen. An dieser existenziellen Aufgabe können Menschen scheitern, wenn die Ressourcen und die Aufgaben auseinanderfallen. Unverschuldetheit, Mitverschuldung und Selbstverschuldung gehen dabei in explikativer wie in normativer Hinsicht komplizierte, auch kompliziert zu bewertende Mischungen ein. Es ist eine primäre Aufgabe der Sozialpolitik, also der praktischen Sozialpolitik, im Sinne der Bereitstellung von Ressourcen dergestalt zu intervenieren, dass Menschen diesen auf ein Gelingen hin definierten Lebenslauf gestalterisch schaffen können (ansatzweise in Dollinger, 2007). Und diese Gestaltbarkeit selbst spüren bzw. erfahren zu können, ist im Sinne von Integritäts- und

---

gewisse für die Alterseinkommen relevante Konzentration der Vermögen ansteht: Vermögenszuwächse und große Erbschaften treffen vor allem Personen mit höheren Einkommen und – aufgrund der Kumulation von Vermögen über den Lebenslauf sowie aufgrund der Verschiebung der Erbschaftszeitpunkte aufgrund der zunehmenden Lebenserwartung – im fortgeschrittenen Lebensalter. Die wachsende Gruppe der Älteren schließt also aller Wahrscheinlichkeit nach auch eine deutlich wachsende Zahl von vermögenden und gut situierten Älteren ein. Obwohl die Tendenzaussage plausibel zu formulieren und zu begründen ist (...), besteht über die exakte langfristige Veränderung des Anteils dieser Gruppe an allen Älteren freilich erhebliche Unklarheit."

[40] Neuere Versuche (vgl. etwa Amrhein, 2008), die Konstruktion von Wirklichkeit älterer Menschen durch Kompilation verschiedener Theorieansätze zu bewirken, leiden einerseits darunter, zwar (m. E. eher zufällig) ausgewählte Theorieansätze zu rezipieren, aber dabei doch erstaunlich über ganze relevante Theorietraditionen (phänomenologisch-hermeneutischer, tiefenpsychologisch-anthropologischer Art usw.) mit offensichtlicher Unkenntnis hinwegzugehen und bestimmte Kategorien (wie die der Lebenslage) verkürzt zu rezipieren. Stattdessen wird modisch auf den Mainstream gesetzt und ein Bias zu (modifizierten) Rational choice-Ansätzen produziert.

Kontroll-Kompetenzerlebnissen psychodynamisch (auch salutogenetisch) von außerordentlich großer Bedeutung. Damit bin ich natürlich auch sehr nahe an der Frage angelangt, welche Bedeutung soziale Dienste und die soziale Arbeit insgesamt in diesem ganzen komplexen Zusammenhang haben. Meine Deduktionen führen mich zu der Prämisse, dass soziale Dienste als Teil einer (instrumentell wie trägerschaftlich) vielgestaltigen praktischen Sozialpolitik im Sinne einer freiheitsliebenden Sozialpolitik[P] eine Voraussetzung dafür sind, dass Menschen überhaupt in die Lage gesetzt werden, ihrem Lebenslauf und ihren Entwicklungsaufgaben als menschliche Person in von Chancenwahrscheinlichkeit geprägter, gelingender Weise nachzukommen.

Eigensinn und Gemeinsinn: Eine Balance-Frage der psychischen Entwicklung, zugleich die Basis gelingenden Zusammenlebens: Was ist die Person? Ich definiere, und das habe ich breit dargelegt, die Person hier als einen Entwurf eines schwierigen Balanceaktes zwischen der Selbstsorge, der Mitsorge und der Fremdsorge: Die Ich-Perspektive, die Du-Perspektive, die Wir-Perspektive müssen eine gestalthafte Beziehung zueinander eingehen. Das ist entwicklungspsychologisch nichts anderes als das, was ich oben bereits, nur etwas anders formuliert, knapp entfaltet habe: Eine im Lebenslauf erfolgreiche Person wächst zwischen Eigensinn und Gemeinsinn heran zu einer reifen Daseinsform. Dabei gilt: „Ich" zu sagen ist keine kulturelle Erosion kohärenten Zusammenlebens[41] und kein „autistisches" oder unproduktiv-narzisstisches Verhalten, sondern eine unabdingbare ontogenetische Voraussetzung, sich als psychisch gesunde Person zu entwickeln. Wer nicht „Ich" sagen kann, ist psychisch nicht gesund. Die Frage ist natürlich, ob Menschen die Balance finden, gleichzeitig den Daseinsaufgaben (z. B. im Generationsgefüge) nachzukommen, also eine für sich spezifische Balance zwischen Eigensinn und Gemeinsinn zu realisieren.

---

[41] *Zur Lebenslage von Singles im Alter*: Die Forschungs(lücken)übersicht von Baas/Schmitt/Wahl (2008) zu den Singles macht überaus deutlich, wie differentiell man dieses Phänomen sehen muss. Die meisten Menschen sind in irgendwelchen Lebensphasen mal Single; begrifflich-δ-phänomenologisch ist damit nichts über Prekarität und soziale Erosionen gesagt. Amtliche Haushaltsstatistik ersetzt keine Netzwerkforschung, die es in dieser Hinsicht längsschnittlich aber auch kaum gibt. Sozialpolitischen Handlungsbedarf kann man aber auch nur definieren, wenn mehr biographisches Wissen über Belastungs-Ressourcen-Relationen von Singles vorliegen. Vgl. auch die Berechungen der Alleinlebendenquoten von Menning (2007). Über das kalendarische Alter hinweg zeigen sich in den Querschnittsdaten wechselnde Muster. Im höheren Alter erklärt sich der hohe Frauenanteil demografisch, wenngleich sich im Zeitvergleich der kriegsbedingt höhere Anteil der Frauen allmählich abschwächt. Auch hier ist zu betonen, dass es sich nicht um Längsschnittanalysen handelt. Und über die wirklichen Netzwerkverhältnisse sagen diese Daten morphologisch auch nichts aus.

Entscheidend ist in diesem Zusammenhang wohl, wie aus der entwicklungspsychologischen Forschung bekannt, ob Kinder positive Bindungserfahrungen machen. Dann sind sie später selbst bindungsfähig oder auch, anders formuliert, liebesfähig. Sie wären damit bei aller gesunder Selbstbezüglichkeit[42] gerade erst dadurch auf dem Weg zu einem reifen personalen Selbst[43], weil und insoweit sie fähig und willens sind, an dem Wohlsein anderer Menschen, den Mitmenschen, ein Interesse zu finden. Sie gehen dann ihren eigenen Lebenslauf nicht nur selbstständig und selbstverantwortlich an, sondern sind in ihrem Daseinsmodus sozial mitverantwortlich. Sie nehmen die Du-Perspektive an, sind fähig zur Mitsorge und Fremdsorge, z. B. auch in großen kollektiven Solidargebilden. Dabei geht es nicht mehr nur um den (oftmals angesichts der Dialektik von Hilfe und sozialer Kontrolle ambivalenten) Nahraum von Familie und Verwandtschaft oder Freundschaft, mit denen sie eine solidarische Risikogemeinschaft eingehen, sondern es sind anonyme Fremde (nationalstaatliche definierte MitbürgerInnen oder auch MigrantInnen: Mau/Burkhardt, 2008), auf die sich die Perspektivenübernahme („fremdensozialrechtlich" oder gastfreundschaftsanthropologisch definiert: vgl. Art. „Gastfreundschaft", in RGG, Bd. 3, Sp. 473 ff.; auch Art. „Fremde", in RGG, Bd. 3, Sp. 339 ff.) bezieht (vgl. auch nochmals Puzicha [1976] zur alten Kirche).

b) Eine entwicklungspsychologische Theorie der Sozialpolitk

Diese Argumentation von mir ist als ein entwicklungspsychologischer Zugang zur praktischen Sozialpolitik und zu sozialen Diensten der sozialen Arbeit charakterisierbar. Dieser Zugang ist nicht gängig in der einschlägigen Literatur. Ich bin jedoch der Ansicht, er erweist sich als besonders fruchtbar. Sozialpolitik^P dient in diesem Lichte dazu, Ressourcen bereitzustellen und Kompetenzen zu entwickeln, so dass Menschen den Aufgaben

---

[42] *Formel der ungeselligen Geselligkeit von Kant*: Und diese psychodynamische Sicht mit ihrer Betonung der Persönlichkeitsbildung ist kompatibel mit jener Ambivalenz, die Kant in seiner „Idee zu einer allgemeinen Geschichte in weltbürgerlicher Hinsicht" verfaßt hat. Die Formel von der „ungeselligen Geselligkeit" läßt die Problematik verstehen, wonach der Mensch, wenn er vereinzelt ist, zur Gemeinschaft strebt und sich wiederum vereinzelt, wenn er in der Gemeinschaft eingebunden ist. Psychologisch ist dies als Dialektik von Nähe und Distanz heute gut erforscht. An dieser Ambivalenz kommt man auch nicht vorbei; sie ist nicht eliminierbar. Kant sprach davon, dass der Mensch von knorriger Gestalt ist, die man nicht einfach geradebiegen kann. Hinter diesen Humanismus kann man nicht zurück.

[43] In diesem Sinne mag es sein (vgl. auch Franzmann/Pawlytta, 2008), dass in der modernen Gesellschaft Solidarität starke Ich-Leistungen voraussetzt und damit der Solidarität sozialisatorisch bedingte psychische Einschränkungen der Subjektautonomie voraussetzt.

in der Ich-Du-Wir-Figuration angemessen nachkommen können. Das ist ein Aspekt von nicht zu unterschätzender Kulturbedeutung. Im Modus des sozialen Miteinanders muss sich, das darf hier nochmals betont werden, um eventuellen Missverständnissen vorzubeugen, auch eine gesunde Ich-Funktion der Person entfalten. Die Sozialpolitik^p resultiert in diesem Verständnis aus einem bestimmten Verständnis vom Menschen als Person und als politischer Bürger.

Grundrechte und Teilhabechancen: Dabei orientiere ich mich sehr stark an einer rechtlichen und politischen Entwicklung, die zunehmend auch europarechtlich unter dem Stichwort „Vergrundrechtlichung" diskutiert wird. Hier verschachtelt sich die weitere Analyse mit meinen auf Europa bezogenen Kapiteln.

Die Grundrechtscharta von Nizza, die im EU-Reformvertrag namentlich benannt wird, wird zum Primärrecht, da es zur Ratifizierung gekommen ist. Der Mensch wird „trinitarisch" definiert: Der Mensch ist (als Unionsbürger) zugleich Wirtschaftsbürger, Staatsbürger und Sozialbürger. Die Politik beruht auf der Wahrnehmung der Staatsbürgerrollen. Der Staatsbürger ist jedoch auch Wirtschaftsbürger, der die Freizügigkeit in Europa, der sein Recht auf Berufsausübung, seine Berufsfreiheit (Richtlinie 2005/36/EG über die Anerkennung von Berufsqualifikationen, Abl. L 255 vom 30.9.2005, S. 22–143) und ähnliches nutzt. Er ist ferner und schließlich Sozialbürger. Die Menschen sind mit sozialen Grundrechten ausgestattet.

Die Politik hat, vereinfacht gesagt, zwei Wege, auf diese Ressourcenbereitstellung im Lebenslauf einzuwirken. Entweder nimmt sie a) Einfluss auf die Produktion durch Regulation (das könnten z.B. Qualitätsstandards im Bereich der sozialen Dienste sein, wie man es in vielen Sozialsektoren kennt) oder sie nimmt b) Einfluss durch Redistribution, also durch Umverteilung. Was mich nun interessiert ist das, was ich den „normativen Programmcode" der staatlichen Intervention (wobei Staat hier abstrakt angeführt wird, wohl wissend, dass das politische System komplexer ist und gerade in Deutschland im Rahmen vertikaler und horizontaler Politikverflechtung eine Reihe staatsmittelbarer[44] Akteure kennt) nenne.

---

[44] *Genossenschaftliche Herrschaft*: Dies ist im Fall der Sozialversicherungen ein Thema der komplexen Theorietradition der genossenschaftlichen Herrschaft (Gierke: vgl. Schulz-Nieswandt, 2003b), staats- oder öffentlich-rechtlich ausformuliert als staatsmittelbarer Sektor der Körperschaften der Selbstverwaltung, mitunter ausgeformt in berufsständischen Traditionen bzw. der Verkammerung. Grundsätzlich steht im Hintergrund das Prinzip der Delegation öffentlicher Aufgaben an die Verbände, aber auch an Private insgesamt, womit auch der morphologisch und funktional vielfältige Phänomenenbereich der PPPs (Public Private Partnerships) angesprochen wird. Bereiche wie das Konzessions- und Lizenzrecht etc. schließen sich an, nunmehr zunehmend auch europarechtlich eingebettet.

I. Fazit und Ausblick

Normative Programmcodes sozialer Politik: Was sind denn die Zielkonzepte, die hinter Regulierung und Umverteilung stehen? Was versteht man heute noch unter Solidarität, unter Gerechtigkeit, unter Gleichheit? Wie stehen diese Programme im Spannungsfeld zur Freiheit? Das sind keine einfachen Fragenkreise, keine trivialen Zusammenhänge. Ich will vor allen Dingen die Problematik verständlich machen, dass Solidarität, eine klassische und bleibend zentrale normative Bezugsfigur engagierter sozialer Arbeit und Politik, keine einfache Kategorie ist. Was ist heute ihre zeitgemäße Semantik? Nach welcher Grammatik sozialer Praxis läuft sie skriptmäßig ab? In welchen pragmatischen Formen menschlicher Interaktion helfender Beziehungen ist sie aufzuweisen?

Auch auf der europäischen Ebene ist zunehmend diese, soeben akzentuiert herausgestellte, soziale Vergrundrechtlichung des Sozialbürgers zu sehen. So ist auch der Binnenmarkt, zu dem sich Deutschland durch die EU-Mitgliedschaft bekennt, in seiner ganzen angestrebten Diskriminierungsfreiheit kein Selbstzweck. Wäre er Selbstzweck, spräche man von so etwas wie einem Essenzialismus, einer verdinglichten Verselbstständigung des Marktes. Der Markt ist eines der höchsten Kulturerrungenschaften, die die Menschheit sich erarbeitet hat. Aber er ist kein Selbstzweck. Er ist ein Mechanismus zur Erzielung guter Ergebnisse. Die Gesellschaft ist mehr als der Markt. Und die Wirtschaft ist ein Subsystem der Gesellschaft, und das muss man immer wieder systematisch herausstellen. Ich denke, dass es auch europarechtlich klare Vorgaben gibt, was man unter Unionsbürgerschaft zu verstehen hat. Die Menschen der EU leben in einer wettbewerbsfähigen, aber sozialen Marktwirtschaft. Eine deutliche Übernahme aus der Präambel des ursprünglichen Entwurfes eines Vertrages über eine europäische Verfassung ist das Rawlsianische Inklusionsgebot. Dies bedeutet, dass im Rahmen des sozialen Fortschritts und des ökonomischen Wandels auch der zunächst schlecht Gestellte in den Sog des sozialen Fortschritts einbezogen werden soll. Das ist semantisch mehr als die Prämisse, dass es denen, denen es bereits gut geht, es in normativ zu akzeptierender Weise immer relativ besser gehen kann, sofern dadurch andere nicht schlechter gestellt werden (Pareto-Prinzip). Das nach Pareto (1848–1923) benannte Prinzip lautet, wird eine soziale Wohlfahrtsfunktion vom Bergson-Typ unterstellt,

$$SWF = SWF(U_1, U_2, U_3, ..., U_n)$$

in einer n-Personen-Gesellschaft:

$$\partial SW/\partial U_i > 0 \quad \text{für alle} \quad i = 1 \text{ bis } n.$$

Ziel ist es gemäß des auf Rawls (1921–2002) zurückgehenden Wohlfahrtskriteriums vielmehr, dass alle Menschen im Sinne einer „Win-Win Situation" merklich in den sozialen und ökonomischen Fortschritt einbezogen werden. Daraus resultiert die Inklusion (Schulte, 2008), also das Vermeiden von dauerhafter Marginalisierung, von dauerhafter Ausgrenzung (Exklusion).

Soziale Kohärenz und Sozialpolitik: Das damit angesprochene Ziel ist eine soziale Kohärenz. Und das ist damit zugleich an dieser Stelle auch mein Thema: Was hält Gesellschaften zusammen? Was treibt sie auseinander? Was bewirkt, dass Gesellschaften bei aller pluralistischer Ausdifferenzierung und Heterogenität in ökonomischer, kultureller und politischer Hinsicht doch eine gewisse Kohärenz aufweisen? Was bewirkt, dass sich Menschen bei aller (unhintergehbaren) Betonung von individuellen Entwicklungschancen nicht zu sehr auseinanderleben? Es geht also um die Suche nach den Mechanismen von Zentripedal- und Zentrifugalkraft, um hier eine (nicht ganz sachgemäße) Anleihe in der Physik zu suchen.

Die Frage der Sozialpolitik[P], die hieraus resultiert, kann man sozialpolitiktheoretisch so formulieren: „Warum oder wer bekommt was, wie und warum?" Das „Warum?" verweist auf die skizzierte und entwicklungspsychologisch hergeleitete Grundrechtsproblematik der menschlichen (personalen) Existenz. Die Menschen haben ein Grundrecht darauf, sich zu entfalten. Jedoch: Bei Artikel 2 des Grundgesetzes – das Grundrecht auf freie Entfaltung der Persönlichkeit – wird meist der zweite Satz nicht mit zitiert. Dieser verweist auf eine Bedingung, die hinsichtlich der Selbstentfaltung von Ego die Restriktion fixiert, dass die Freiheit Anderer, also von Alter Ego (vgl. auch Art. „Alter ego", in RGG, Bd. 1, Sp. 366), dadurch nicht verletzt wird. Dies ist die eigentliche spannungsreiche anthropologische Frage des Grundgesetzes: Wie können sich alle Personen gleichzeitig als Persönlichkeit gemeinsam frei entfalten? Das ist zunächst nichts anderes als die Formulierung des „Win-Win-Prinzips". Das klingt spieltheoretisch trivial. Es handelt sich jedoch um eine spannungsreiche anthropologische Problemstellung einer politischen (verrechtlichten) Ordnung des guten sozialen Zusammenlebens.

Dazu benötigt die soziale Praxis des guten Zusammenlebens eine Materialisierung der Grundrechte in Form des Sozialrechts. Entscheidend ist sodann ökonomisch die Frage: Wie organisiert man institutionelle (allokative) Arrangements, z. B. die Dienstleistungsmärkte? Das sind einerseits Fragen nach geeigneten Instrumenten, beispielsweise Geldleistung (etwa in der Form von persönlichen Budgets [bzw. der individuellen Hilfeplanung im Rahmen von dialogischem Fallmanagement oder als „Shared decision making" in der Arzt-Patienten-Beziehung] mit oder ohne Case Management:

Neuffer [2007] zur Sozialen Arbeit mit Familien und Einzelnen) oder Sachleistung (mit allen Implikationen einer dann zwingend daraus resultierenden Angebotssteuerung). Aber insgesamt sind die Modes of Design gefragt. Ich nehme z. B. die Gesundheitsversorgung in den Blick: Wie sollen die sozialen (hier medizinisch-pflegerischen) Dienste organisiert werden? Klassisch in den Betriebstypen des niedergelassenen Arztes, des Krankenhauses oder innovativ (demografisch und epidemiologisch passungsfähig) in transsektoralen, am Patientenpfad ausgerichteten Versorgungsketten, unter Einbezug von medizinischen Versorgungszentren bzw. von Polikliniken? Hierbei geht es um Fragen des Schnittstellenmanagements und der Reintegration hochgradig fragmentierter Sektoren, Funktionen, Professionen (und Handlungslogiken) und Sozialgesetzbücher (Kostenträger). Dies spiegelt historisch gewachsene Hierarchien und Genderkonflikte wider.

Wie und mit welchen institutionellen Arrangements sollen die Sachleistungen an Bedarfslagen, an Lebenslagen herangebracht werden und für/auf wen sind die Versorgungslandschaften betriebstypisch zugeschnitten? Wer ist der Personenkreis der Nutzungschancen? Im Fall der Sozialversicherungen wäre es der Versichertenkreis. Was ist dann der Leistungskatalog, bezogen auf eine Sozialversicherung? Die verschiedenen Modalitäten der Erstellung von sozialen Dienstleistungen und selbst die Betriebsformen sind hier von entscheidender Bedeutung. Wenn der Gesetzgeber z. B. die Idee hat, quartiersbezogene sozialmedizinische Versorgungszentren einzurichten, dann ist das natürlich etwas anderes als der klassische Direktzugang zum Facharzt. Es gibt verschiedene Arten, wie die soziale Praxis einen Leistungskatalog an einen Versichertenkreis heranträgt. Das gleiche gilt für die Organisation der sozialen Dienste und der sozialen Arbeit insgesamt. Wie sollen die sozialen Dienste, aus welchem Programmcode heraus, in Bezug auf welche Bedarfslagen organisiert sein?

Capabilities: Individuelle Handlungskompetenzen und Institutionen ihrer Generierung: Es gibt einen sehr modernen Ansatz, der die skizzierte Vorstellung, dass soziale Dienste der Entfaltung der Menschen dienen, theoretisch gut fundiert. Der Nobelpreisträger Amartya Sen (2002) hat den Begriff der „Capabilities" geprägt. Er hat dies zwar vor allem ursprünglich am Beispiel der Entwicklungsländer getan, aber der Ansatz wird heute zunehmend auch auf die Lebenslagenforschung und die Armutsforschung (Sanders/Weth, 2008) in modernen Gesellschaften übertragen. „Capabilities" sind Fähigkeiten des Individuums und induzieren Freiheitsgrade. Mit Capabilities ausgestattet, sind die Menschen in der Lage, aufgrund personengebundener Kompetenzen sich nicht nur in der Welt zu orientieren, also zurechtzufinden, sondern die sich im Lebenslauf einstellenden Entwicklungsaufgaben zu bewältigen. Das meint ein lebenslagentheoretisch genutztes

Verständnis von Capabilities. Capabilities sind zunächst individuell zu verstehen. Sie sind erworbene Eigenschaften der Person. Die Betonung muss nun aber auf das Erwerben gelegt werden. Z. B. ist damit das Humankapital, die berufsbezogene, arbeitsplatzbezogene bzw. allgemein arbeitsmarktbezogene Qualifikation gemeint. Damit ist eine von der Person inkorporierte Chance gegeben, in den offiziellen Arbeitsmarkt einzutreten[45]. D. h., dass Capabilities die Voraussetzung für (hier: erwerbsarbeitszentrierte) Inklusionschancen der Menschen sind. Zu verweisen ist auf die höchst restriktive Entwicklungschance der Kinder, insbesondere von Migrantenkindern im Segregationskontext der deutschen Hauptschule. Hier entstehen nur begrenzt „Capabilities". Capabilities fallen jedoch nicht vom Himmel. Und Kompetenzen sind nur zu einem (nicht irrelevanten) Teil genetisch angelegt. Die Capabilities müssen generiert werden. Es gibt strukturelle Capabilities und das sind die Institutionen der Erziehungs-, Bildungs- und Sozialisationsagenturen. Strukturelle Capabilities sind nicht Eigenschaften des Individuums, sondern Eigenschaften der Umwelt der Individuen. Für diese trägt die Gesellschaft Verantwortung. Dem Staat kommt hier eine Gewährleistungsfunktion zu.

Ein Zertifikat erhalten Schüler nur, wenn sie in ein Bildungssystem erfolgreich involviert worden sind. Das klingt trivial, ist es aber angesichts der sozialen Selektivitäten im System nicht. Oder: Eine gewisse Wiederherstellung von Gesundheit bekommen Patienten nur, wenn sie freien Zugang zu den speziellen Institutionen der Gesundheitsherstellung haben und entsprechend optimal (Evidence-based Medicine/Nursing[46]) versorgt werden. D. h., die individuellen Capabilities werden über die Inanspruchnahme von Institutionen generiert.

Daher ist die institutionelle Folge definierter sozialer Grundrechte genau das, was auch in der Verfassung des EU-Reformvertrags stehen wird: Das Grundrecht auf freie Zugangschancen zum Sozialschutzsystem und zu den sozialen Einrichtungen, zu den sozialen Diensten. Das, was die EU-Kommission und der EuGH, als Dienstleistungen von allgemeinem (wirtschaftlichen oder [eventuell] nicht wirtschaftlichen) Interesse im Kontext des Diskurses eines europäischen Sozialmodells bezeichnen, beruht auf dem sozialen Grundrecht, davon nicht ausgeschlossen zu werden. Denn wenn die Menschen keinen Zugang zu den Infrastrukturen haben, dann haben sie keine Chance auf die Generierung von personalen Handlungskompetenzen. Das würde sich letztendlich in der Verteilungsfunktion der Outcomes (Morbidität, Mortalität, ökonomischer Status sowie Lebensqualität und Zufrie-

---

[45] Zur diesbezüglich radikalen Schulkritik von Illich vgl. auch Siemers, 2004.

[46] Zu evidenzbasierter Sozialarbeit vgl. Meng, 2006. Kritisch insgesamt Strech, 2008.

denheit) niederschlagen (soziale Ungleichheit in der sozialen Differenzierung). Wenn die Menschen sodann wiederum nicht oder nur in einem begrenzten Ausmaß über diese Handlungskompetenz verfügen, sind sie also systematisch von wichtigen sozialen Mechanismen der Wohlfahrtsentwicklung ausgeschlossen. Die Chancen, erfolgreich den Anforderungen im Lebenslauf in einer modernen Gesellschaft nachzukommen, sind dann reduziert und sinken in sozialpolitisch bedenklicher Weise.

Empowerment und Wandel der Sozialwirtschaft: Im Lichte dieser theoretischen Erwägungen eines Wirkungskreislaufes von individuellen Capabilities, inklusionsbedingter Partizipation an der sozialen Wohlfahrtsentwicklung und der Nutzung generierender Institutionen sind soziale Dienstleistungen kompetenzorientiert und damit auch autonomiefördernd. Das wird paradigmatisch nicht nur deutlich in der Theorie der Sozialarbeit und Sozialpädagogik diskutiert. Empowerment ist heute zu einer teleologischen Schlüsselkategorie aller Gesundheits- und Sozialdienstleistungen geworden. Manche Akteure nennen es schlicht auch Kundenorientierung. Ich sehe das etwas komplizierter. Die Kundendimension ist eine Dimension des ganzheitlichen personalen Verständnisses von Autonomie, aber dafür braucht die soziale Praxis eben effektive und effiziente Institutionen. Und das berührt zum großen bzw. erheblichen Teil auch den sozialwirtschaftlichen Wandel. Im Wettbewerb stehend trotzdem „organisierte Liebesarbeit" (unromantisch als Sachzieldominanz definiert) zu praktizieren, auf die Menschen zugehen, die von ihrer Lebenslage her einen relevanten Bedarf haben und *mit* den Menschen, nicht einfach *für* sie, sondern mit ihnen die Lebenslage so zu verändern, dass die Menschen wieder in die Lage kommen, dass sie kompetenter ihre Autonomiespielräume realisieren können: Das ist das Ziel der sozialen Praxis. Dazu benötigt sie Managementkonzepte, die stakeholderorientiert die Sachzieldominanz auch in zunehmend kompetitiven Umwelten sichern.

Ökonomische Theorie des Altruismus: Ökonomisch gesehen hat eine solche Vorstellung von moderner sozialer Infrastruktur und sozialen Diensten etwas mit dem zu tun, was die ökonomische Theorie als Externalität[47] be-

---

[47] *Externalitäten und Pareto-Prinzip*: Externe Effekte, wie sie in der paretianischen Ökonomietradition formuliert werden, sind als zentral in der Debatte um Formen des Marktversagens anzusehen. Externalitäten werden als direkte Interdependenzen der Nutzenfunktionen der Bürger definiert. Pareto-Effizienz setzt daher voraus, dass keine interpersonellen Wohlfahrtsbeeinträchtigungen durch derartige Interdependenzen bestehen. Denn sonst beruht die Wohlfahrtsverbesserung einer Person auf einer dadurch bedingten Wohlstandsverschlechterung einer anderen Person. Im Prinzip geht es um die Optimierung einer sozialen Wohlfahrtsfunktion, die die individuellen Nutzenfunktionen eben über das Pareto-Kriterium als Wohlfahrtskriterium verknüpft, um so zu Entscheidungen über die relative Vorzugswürdigkeit kol-

lektiver Wohlstandssituationen zu gelangen. Dabei ist in transaktionskostentheoretischer Sicht zu beachten, dass von der Einstimmigkeitsregel, die hinter dieser puristischen Form der Pareto-Verbesserungslogik steckt, abgewichen werden kann/muss, wenn realistische Lösungen erreichbar sein sollen. Externe Effekte können entweder (interpersonell) kompensiert (Ausgleichsprinzip) werden oder (intrapersonal) internalisiert werden (Verursacherprinzip). Dies beruht auf dem Nachweis, dass externe Effekte „soziale Kosten" (Kapp) darstellen, die zu „falschen" Angebots- und Nachfragekurven, allgemeiner (verhaltenswissenschaftlich) formuliert: zu suboptimalen Reaktionsstilen der Akteuren im sozialen Miteinander führen (etwa zur Unterproduktion von Gemeinschaftsgütern im Kontext von kollektivem Handeln bei Gütern mit sozialer Nutzendiffusion). *Das Ubiquitätsproblem*: Die Methode der sozialen Interdependenz von Nutzenfunktionen hat nun die ökonomische Analyse zu dem Problem geführt, wie überhaupt noch Eingriffs- bzw. Regulationstatbestände eindeutig spezifizierbar sein sollen, wenn die Bürger über verschiedenste – auch moralische – Themen ubiquitär interdependent sind. Denn die Forschung (etwa auch die historisch-soziologischen Beiträge von Ewald [1993] und von de Swaan [1993]) hat dazu geführt (vgl. auch in Schulz-Nieswandt, 1995a), dass auch moralische Interdependenzen (etwa Caring externalities, [rationaler] Altruismus, Reziprozitätsneigung etc.), überhaupt eine Fülle von sozialen Verkettungsmotiven (Liebe, Gabebereitschaft, Neid etc.), die Frage aufwerfen, welche Externalitäten nun denn wohlfahrtstheoretisch (d. h. paretianisch) relevant oder non-relevant sein sollen. Wer entscheidet wie (in welchen institutionellen Arrangements) nach welchen Kriterien oder Argumentationsgebäuden über regulationstheoretisch relevante Externalitätstatbestände? Die Relevanzbestimmung hinsichtlich Externalitätsphänomenen verweist auf die konstruktivistisch dargelegte Sichtweise, dass öffentliche Relevanzen Konstruktcharakter haben und auf Klassifikations- und Definitionsprozessen der intersubjektiven Praxis beruhen (so auch, wenn auch beliebiger als subjektive und politische Einschätzungen definierend: Mühlenkamp, 2007, S. 707). Abgesehen von Teilen der sog. Evolutionsökonomie hat sich die wirtschaftswissenschaftliche Disziplin insgesamt bislang diesem kulturwissenschaftlichen Kardinalproblem der Ökonomik noch nicht tiefgreifend geöffnet. *Soziale Karriere externer Effekte*: Wann ist eine soziale Tatsache (ein Befund; vgl. auch Durkheim, 2007) ein soziales Problem, wird Agenda-bildend in der politischen Arena aufgegriffen und zum Gegenstand öffentlicher Regulierung? Diese Frage ist der Gegenstand wissenssoziologisch fundierter Forschungen über die „soziale Karriere sozialer Probleme" (Kokon-Prinzip) geworden. Externe Effekte sind Wertschätzungsprodukte gesellschaftlicher Güterbeurteilungen und beruhen auf mentalen Klassifikationsschemata binärer Art (privat vs. öffentlich, irrelevant vs. relevant, gut vs. böse, sauber vs. schmutzig etc.), die zu Regelungs- bzw. insbesondere Regulierungs- oder Schutzbedürftigkeiten (etwa die oben angesprochenen instrumentellen Implementationen der Kompensations- oder Verursachenprinzipien) führen. Bedenkt man, dass externe Effekte eine der stärksten theoriefundierten Argumente in der Diskussion über Marktversagen, Regulierung, öffentliche Aufgabenverantwortung etc. darstellen, bringen das Ubiquitäts- und das Konkon-Problem die politische Charaktereigenschaft des Marktversagens besonders evident und explizit zum Ausdruck. Es gibt kein „natürliches" Marktversagen. Damit gerät die „normale" Ökonomie an sich in eine tiefe Krise. *Iatrogene Eigenschaften der Staatsintervention*: Lange Zeit sind diese Phänomene der sozialen Interdependenz auch als sog. Anomalien des generalisierten und „normalisierten" Rationalitätsstandards der Ökonomik marginalisiert, pathologisiert und exotisiert worden. Normalitätsorientierte Pathologisierungen sind verbreitete binäre Codes zur Differenzierung von Regelfall und Ausnahme und bedeuten implizit eine realitätskonstru-

zeichnet. Es ist wichtig zu erkennen, wie die moderne ökonomische Theorie heute über Altruismus denkt. Bedeutsam ist zunächst die Unterscheidung zwischen privater Wohlfahrt und sozialer Wohlfahrt. Und es gibt eine Schnittfläche zwischen beiden Dimensionen, die über die Kategorie der externen Effekte definiert wird. Demnach handeln Individuen rational im Eigensinn und die Folgen des Handelns beeinflussen die Wohlfahrtssituation eines anderen Menschen. Umweltverschmutzung, Gesundheitsgefährdung und andere „social costs", aber im Grunde jede Form von moralischer Interdependenz kommen damit in den Blick. Betroffen ist somit die Logik des bereits oben angeführten Art. 2 des GG: Handle so, dass du dich frei entfalten kannst, sofern dadurch nicht die Freiheit anderer Mitmenschen zur eigenen personalen Entfaltung beeinträchtigt ist. D. h., dass die Menschen immer in Relation zu anderen Menschen stehen (*homo figurationis* im Sinne der Soziologie von Norbert Elias; vgl. auch Schulz-Nieswandt, 1995b). Die Menschen sind mit anderen Menschen (strategisch) verkettet oder (kulturell) in die soziale Mitwelt eingebettet, interdependent und daraus entstehen externe Effekte. Ein Teil der Moral (der Moralökonomie) der sozialen Dienste und der sozialen Arbeit können demnach auch ökonomisch geklärt werden, nämlich durch die Annahme, dass es rational ist, in Grenzen Altruist zu sein. Weil bzw. sofern Menschen erkennen, dass, wenn sie kooperieren, sie sich nur deshalb selbst besser stellen können, indem sie die anderen Menschen auch besser stellen, kommt es zu Formen rationalen Altruismus (Hochman/Rodgers, 1969). Das nennt sich Klugheitsethik oder rationaler Spielertrag der Win-Win-Situationen. Es gibt demnach eine Menge von Handlungssituationen, in denen man argumentieren kann, es sei ökonomisch klug (rational), altruistisch zu sein. In älteren Debatten zum *homo oeconomicus* wurden Altruismus und Rationalität in der Regel antagonistisch polarisiert. Heute ist theoretisch wie auch empirisch-experimentell evident, dass der Nutzen einer Person oft von der Nutzensituation der anderen Person(en)

---

ierende Ordnungsleistung mentaler Art, die aber auf einem kulturellen Code beruht. Staatseingriffe werden zu einer Medikalisierungsmetapher (z. B. die „Sozialpolitik als Arzt am Krankenbett des Kapitalismus"; vgl. auch noch ansatzweise in Sienknecht, 2008, u. a., S. 12), von der auch Lukács schrieb, sie sei eine „schwächliche Vermittlungsidee" (Lukács, 1974, S. 98), die deutlich macht, wie leicht nicht nur eine allgemeine Übermedikalisierung möglich wird, sondern vor allem falsche Diagnosen und falsche Therapiepläne Schaden produzieren (iatrogene Effekte). Und im Theorem des Staatsversagens (später dann auch in Varianten des Versagens „dritter [intermediärer] Wege", etwa öffentlich-rechtlicher Selbstverwaltungen, verbandlicher bzw. berufständischer Selbstbindungen etc.) ist das Institutional choice-Programm (Suche komparativ die relativ am wenigsten unvollkommenen Institutionen) dann in einem schwer entscheidbaren Kreislauf von Markt-, Staats- und Regulierungsversagen eingemündet. Dennoch bleibt es bei der Erkenntnis, dass Marktversagen eine notwendige, aber keine hinreichende Bedingung für staatliche Eingriffe und Korrekturen darstellt (Mühlenkamp, 2007, S. 708).

abhängt. Die Menschen sind (spieltheoretisch modellierbar) strategisch so aneinander gekoppelt, dass sie lernen sollten, nachhaltig zu kooperieren, damit sie sich gemeinsam besser stellen können. Das sichert eine gewisse evolutionäre Mindestmoral mit Blick auf die Frage, was moderne Gesellschaften zusammenhält. Für die Frage: „Was hält Gesellschaften zusammen, was treibt sie auseinander?" wird es in der Regel, das ist die hier von mir vertretende Prämisse, aber nicht reichen, sich auf dieser strategischen Klugheitsethik auszuruhen. Der spieltheoretische Modellierungsrahmen wird gesprengt. Aber mit der skizzierten Sichtweise ist in der modernen ökonomischen Theorie zumindest schon ein Minimum moralischer Interdependenz gesichert. Ein Club von Autisten wird nicht langfristig überlebensfähig sein. Insofern ist das die Perspektive, wonach sich die Chancen optimaler Nutzenrealisierung an der Orientierung an gemeinsam geteilten Regeln knüpfen. Insofern ist die moderne Ökonomie heute nicht amoralisch konzipiert. Rationaler Altruismus (Lumer, 2000) ist gut deduzierbar (Hochman/Rodgers, 1969).

c) Normative Programmcodes der Sozialpolitik

Wege zur Solidarität: Von der Chancengleichheit über die Leistungsgerechtigkeit zur Gabe der Gnade – und zurück zur gelingenden Selbstsorge: Vor dem Hintergrund muss man – über diese Klugheitsethik hinaus – allerdings fragen, was man heute unter Gerechtigkeit und unter Solidarität verstehen kann. Es gibt einen Variantenreichtum von Gerechtigkeitskonzepten. Ferner: Gerechtigkeit und Solidarität fallen nicht einfach zusammen. Und schließlich: Solidarität geht über rationalem Altruismus hinaus.

Die Argumentationslandschaft im Bereich der sozialphilosophischen, human- und verhaltenswissenschaftlichen Forschung ist nicht einfach zu überblicken und erst gar nicht auf engstem Raum angemessen zu skizzieren. Zu unterscheiden sind zunächst eine regelorientierte Ethik und eine ergebnisorientierte Ethik. Regelorientiert ist die klassische (deontologische: vgl. Art. „Deontologie", in RGG, Bd. 2, Sp. 668 f. sowie Art. „Pflichtenethik", in RGG, Bd. 6, Sp. 1249 f.) Variante bei Kant. Bei Kant ist der kategorische Imperativ (Art. „Kategorischer Imperativ", in RGG, Bd. 4, Sp. 874 f.) im Zentrum der praktischen Philosophie stehend. Erstens: Menschen sind immer nur Selbstzweck[48] und nie Instrument; und zweitens: „Handele so, dass du in die Maxime deines Handelns auch dann noch einwilligen kannst, wenn du in der Rolle derer schlüpfst, die von deinem Handeln betroffen sind". Versetzt sich eine Führungsperson in die Lage der von ihr gemobbten

---

[48] Im Lichte dieser Selbstzweckeigenschaft des Menschen löst sich das Prinzip der Reziprozität auch vom Ökonomismus des Tausches: Mattheus, 1988, S. 170.

MitarbeiterInnen, dann wird sie sagen, dass das keine allgemeine Regel guten Handelns sein kann. Allgemein gesprochen: Versetzen sich Menschen in die Rolle derer, die von ihrem Handeln im Sinne negativer externer Effekte betroffen sind, so werden sie sagen, sie können sich grundsätzlich bzw. dauerhaft (im Sinne des Arguments der wiederholten Spiele angesichts der Strategie des tit-for-tat im Kontext des Gefangenen-Dilemmas) nicht so verhalten.

Nun gibt es viele Theoretiker, die mit regelorientierter Ethik (aus unterschiedlichen Erwägungen heraus) nicht einverstanden sind und die utilitaristisch sich eher an den Konsequenzen für die Wohlfahrt der Individuen (Welfarism) orientieren.[49] Gut geordnet ist eine Gesellschaft dann, wenn nach Vorgabe bestimmter Wohlfahrtskriterien der Nutzen der Menschen gesteigert wird.

Es gibt nun zunächst zwei Formen von Gerechtigkeit, die (idealtypisch) zu unterscheiden sind. Eine distributive Gerechtigkeit ist die Gerechtigkeit im Sinne der Chancengleichheit (etwa ab der Geburt gesehen). Ab Geburt haben alle Menschen die gleichen Chancen, sie erhalten z. B. die gleichen Bildungskredite, haben ein Grundrecht auf freien Zugang zum Gesundheitswesen usw. Und auf dieser Basis überlässt man es aber der Arbeit[50] der Individuen (und somit dem Markt), was sie aus ihren Chancen machen. Die Vielfalt der Wohlfahrtslagen ist dann eine allgemein akzeptierbare, von allen frei gewählte soziale Differenzierung, die (Neid-Test-robust) nicht als problematische soziale Ungleichheit (Schwinn, 2007) erfahren wird (vgl. auch Romanus, 2008; Krebs, 2008). Aber so ideal funktioniert die soziale Wirklichkeit in der historischen Zeit und im kulturellen Raum – also nie – natürlich nicht, weil denkbare Gesellschaften keine exakte Chancengleichheit ex ante realisiert bekommen. Es gibt eine intergenerationell wirksame soziale Herkunft, es gibt genetische Unterschiede. Gesellschaften werden so Menschen mit angeborener Behinderung z. B. immer ein Stück mehr positiv diskriminieren, also dauerhaft fördern müssen (vgl. auch Eurich, 2008).

Es wird also nicht ohne redistributive Gerechtigkeit gehen. Das bedeutet, es muss immer wieder umverteilt werden, egal in welcher Phase des Lebenslaufs sich der Bedarf kristallisiert: Die Politik wird in unvollkommenen Welten angesichts der Marktergebnisse intervenieren müssen. (Dass Umver-

---

[49] *Externe Effekte als Sittlichkeitsproblem*: Wobei die sittliche Theorie der externen Effekte eigentlich ja auf eine Konsequenz des individuellen Handelns hinweist, so dass zumindest in diesem Punkt die Unterscheidung von Deontologie und Konsequenzialismus problematisch wird. Allerdings liegt die moralische Beurteilung eben nicht mehr in den intraindividuellen Wohlfahrtseffekten (Individualnutzen) begründet, sondern in einer interindividuellen Entität, die eine sozialnutzentheoretische Betrachtung emergiert.

[50] Somit auch der Fehlbarkeit des Menschen.

teilungssysteme aber nicht die Anreizstrukturen des ökonomischen Systems unterminieren dürfen, darf hier jedoch als unfragliche, wenngleich empirisch-operational schwer messbare Restriktion zumindest in Erinnerung gerufen werden.) Die Frage ist: wie, warum bzw. wozu, wie viel? In diesem Sinne bedeutet Chancengleichheit zunächst eine Orientierung an einer Regel (distributive Gerechtigkeit). Eine Politik der (reinen) Chancengleichheit setzt nicht an den Wohlfahrtsergebnissen (Welfarism) an, sondern an den individuellen Capabilities. Die Regel lautet: Alle Menschen sollen die gleichen (Zugangs-)Chancen haben. Demnach sollen alle Menschen die gleichen Möglichkeiten haben, sich zu entfalten. Was sie jedoch aus dieser garantierten Chance machen, gehört zur Freiheit des Menschen, auch formulierbar als Freiheit des Scheiterns. Risiken sind die Kehrseite der Freiheit.

Unabhängig davon, ob man nun von einem christlichen Menschenbild ausgeht oder von einem atheistischen Bild des Menschen: In der Unvollkommenheit der menschlichen Kreatur liegt nun mal diese Chance des Scheiterns begründet (vgl. Honneth im Nachwort zu Kolnai, 2007, S. 162). Davon hat jede humanistische philosophische Anthropologie auszugehen. Doch wie soll die Gesellschaft mit gescheiterten Menschen umgehen? Hart, aber gerecht (im Lichte der Chancengerechtigkeit)? Selber schuld? Entscheidend ist natürlich zunächst, ob die Gesellschaft allen die gleichen Chancen gegeben hat. Ausgehend von der Regel, dass alle den gleichen Zugang zu den Bildungs- und Sozialschutzsystemen haben, d.h. die Gesellschaft strukturelle Capabilities vorgehalten und die Zugangschancen sichergestellt hat, bleibt die Frage nach dem sozialen Umgang mit den gescheiterten Menschen. Und nun wird eine angemessene Reaktion wohl nicht ohne redistributive Gerechtigkeit auskommen, wenn man sich der gescheiterten Kreatur – aber aus welchen Motiven heraus? – zuwendet.

Das leitet über zu einer wohlfahrtsorientierten Perspektive. Umverteilung in der Krankenversicherung oder ein steuerfinanzierter Zugang zu bestimmten sozialen Dienstleistungen im Bereich der sozialen Arbeit orientieren sich natürlich an der Wohlfahrt, an der Lebenszufriedenheit, der Lebensqualität, am Mortalitätsalter, an der Beseitigung von Morbidität, der Vermeidung von Pflegebedürftigkeit, der Vermeidung/Hinauszögern von Behinderung etc. Das sind konkrete (konkretisierbare, messbare) Ergebnisdimensionen, orientiert an der Logik der Lebenslagen.

Es gibt viele Formen von Gerechtigkeit: Leistungsgerechtigkeit, Bedarfsgerechtigkeit, Chancengerechtigkeit, Verfahrensgerechtigkeit etc. Vielfach kombinieren soziale Systeme auch die verschiedenen Formen von Gerechtigkeit. Wenn die Gesellschaft von dem Menschenbild der selbstständigen und selbstverantwortlichen Existenz ausgeht, spricht vieles für eine Orientierung an der Leistungsgerechtigkeit. Aber angesichts der unvollkommenen

I. Fazit und Ausblick

menschlichen Kreatürlichkeit kommt eine Gesellschaft nicht umhin, auf die Chancengleichheit zu achten, und sie kann angesichts der nicht vollständigen Herstellbarkeit von Chancengleichheit wiederum auf bedarfsorientierte Interventionen nicht verzichten. Die gescheiterte Person bedarf einer Solidarität, die nicht unbedingt von jeder Form von Gerechtigkeit gedeckt ist, sondern mit Barmherzigkeit und Gnade (Art. „Gnade/Gnade Gottes", in RGG, Bd. 3, Sp. 1022 ff.) zu tun hat. Doch auch diese Formen der Gabe haben ihre Schattenseiten: Sie produzieren mitunter unerträgliche Abhängigkeiten, Demut (vgl. Art. „Demut", in RGG, Bd. 2, Sp. 653 ff. sowie Art. „Demut" in TRE, Bd. 8, S. 459 ff.)[51], die in Demütigung mündet und Dankbarkeit (vgl. auch Art. „Dank", in RGG, Bd. 2, Sp. 562 f.; Art. „Gnadenbilder", in RGG, Bd. 3, Sp. 1038 f.), zu der man dauerhaft gezwungen wird. Gaben schaffen eben Obligationen. (Das war immer schon als Zentralproblematik in der Theorie der Gabe von Mauss [2007] erkannt worden.) Scham kommt auf, das Selbstwertgefühl kann geschädigt werden. Die „gut gemeinte" Hilfe mag die materielle Lücke an Ressourcen stopfen, aber immateriell stigmatisieren (Armut und Behinderung), infantilisieren (im Krankenhaus), immobilisieren (im Pflegeheim) etc.

Es darf hier nochmals verständlich gemacht werden, warum ich mich so stark gegen Barths Offenbarung der Gnade ausgesprochen habe. Seine Apologeten können noch so oft behaupten, bei ihm sei alles ganz anders (Hunsinger, 2009). Tatsächlich (vgl. insgesamt aber auch Waap, 2008) ist seine monistische Theologie eine Entmündigung des Menschen, denn alles geht von Gott aus, der nicht von dieser Welt ist und auch nicht zu erschließen ist. Der „ganz Andere" erlaubt den Glauben, schenkt die Gnade als Gnade Gottes. Die Eigenständigkeit (einer Leistung) der menschlichen Kreatur schwindet dahin. Warum dies noch personalistisch sein soll, wird nicht mehr verständlich. Das Problem besteht für mich nun, denn an sich kann mir diese Theologie völlig egal sein, dass diese vertikale Gnaden-Gabe in der Horizontalität der menschlichen Sozialinteraktionen als barmherziges soziales Helfen und Heilen repliziert wird. Barths Offenbarungsobjektivismus und Gnadensupranaturalismus (Barth, 2006) gibt jedoch die prototypische Blaupause für die paternalistischen Sackgassen moderner Dienstleistungen im sozialen Feld ab.

Grundsätzlich muss es der Gesellschaft gelingen, durch Umwelten des gelingenden Aufwachsens die Menschen so zu sozialisieren, dass diese so-

---

[51] An dieser Auslegung wird sich die Leserschaft brechen. Es geht hier allein um die Gefahr der Mutation des Mitleids zu einer Erhöhung über den Anderen – so Tillich (vgl. Kleffmann, 2008, S. 45). Stattdessen geht es um die Transformation von Mitleid in die Gestaltung gesellschaftlicher Verhältnisse: Ramminger, 1998, S. 264.

mit fähig werden, prosoziale Einstellungen durch die Entwicklung von Empathie zu entwickeln (vgl. auch explizit Meuter, 2006, S. 369 f. sowie S. 372 ff.). Empathie ist die Fähigkeit, sich in die Rolle anderer zu versetzen, Perspektivenwechsel zu übernehmen, Mitgefühl zu zeigen, weinen und lachen[52] zu können, also mitleiden zu können. Empathie ist somit eine Art von transzendentaler Basis der Sympathie. Man kann sie auch als kulturelle Transzendentalbasis verstehen, weil sie selbst wiederum eine Transzendentalbasis im neurologischen System der Spiegelneuronen aufweist. Diese wiederum wären so etwas wie eine biologische Transzendentalbasis.

Wenn dies der Gesellschaft nicht gelingt, dann wird die Gesellschaft Gefahr laufen, auseinanderzufallen, weil sie bei der Erstellung eines funktionalen Zusammenhangs zwischen dem Entwicklungsgeschehen auf der Mikro-, der Meso- und der Makroebene der Gesellschaft soziogenetisch scheitert. In diesem Sinne können nicht nur Individuen scheitern, sondern ganze Gesellschaften. Die Gesellschaft wird dabei versagen, auf der Basis reifer Individuation (psychodynamischer Raum der Intraindividualität) eine soziale Kohärenz (interindividueller Raum der Interaktionen und Kommunikation) zu erzeugen. Der Gesellschaft muss es daher gelingen, bindungserfahrene Menschen zu bindungsfähigen Menschen zu machen, die bei allem gesunden Eigensinn in die Umverteilungsgemeinschaften einwilligen. Und zwar nicht als „ärgerliche Tatsache der Gesellschaft", wie Dahrendorf (2006) es mit Blick auf seine Konzeption des *homo sociologicus* genannt hat (und den Rollencharakter der menschlichen Existenz a priori als Entfremdungsproblem [als soziologisierter *homo patiens*] klassifizierte), sondern als die Erkenntnis, dass gelingende Selbstsorge nur im Modus des sozialen Miteinanders mit anderen möglich ist. D.h., dass die Selbstentfaltung gebunden ist an ein bestimmtes Maß der Mitsorge und Fremdsorge.[53] Entweder, dass

---

[52] Ich lache, also bin ich: Mattheus, 1988, S. 87 mit Bezug auf Bataille.

[53] *Motive des neuen und alten Ehrenamts*: Greife ich nur auf die Theorie des Ehrenamts zurück, so existiert hier eine spezifische Debatte. Sie zentriert sich um die These vom Strukturwandel des älteren zum neuen Ehrenamt. Die ganze Diskussion läßt sich auf die These reduzieren, dass heute das freiwillige Engagement auch Spaß machen muss, sonst lassen es die Menschen sein. Hierfür gibt es eine Reihe von Befragungsbefunden. Und insgesamt ist der Befund auch nicht überraschend. Fraglich bleibt nur wieder der etwas dick aufgetragene Paradigmenwechsel vom alten zum neuen Ehrenamt, der der Diskussion inhärent ist. Allzusehr wird in der Tradition der Soziologie von Ferdinand Tönnies die *traditionelle Gemeinschaft* der *modernen Gesellschaft* dichotomisch kontrastiert. Hatte Tönnies diese Dichotomie schon selbst nicht so einfach evolutionär verstanden, so zeigt heute die Forschung zum europäischen Mittelalter auch ein differenziertes Bild, wenn es um naturwüchsige Rollenmuster, Verpflichtungszusammenhänge und normative Selbstverständlichkeiten geht. Insofern, wenn man einer modernisierungstheoretischen Dichotomie von Gemeinschaft und Gesellschaft folgen wollte (obwohl sie historisch falsch ist), sind wir nie modern gewesen. Im Kern der Funktionslogik auch moderner Gesell-

schaften stehen verschiedene Formen von Reziprozität, wobei neben marktlichen Austauschbeziehungen auch solidarträchtige Altruismusformen der Gabebereitschaft in asymmetrischen Reziprozitätsformen nach wie vor bedeutsam sind. Davon sind intra- und intergenerationelle Netzwerke geprägt.

Und eine Aushandlungskultur, die man aktuell eher als Spezifikum der Moderne oder, angesichts verlorengegangener eindeutiger Wahrheiten, der Postmoderne ansieht, sind vormodernen Gesellschaften keineswegs so fremd wie im Bild der modernen utilitätsgesteuerten Vertragsgesellschaft oftmals stilisiert wird. Die griechisch-römische Antike kannte im Euergetismus durchaus eine Praxis gemeinwohlorientierter Stiftungen, die (im Kontext von Patron und Klientel) primär mit Sozialstatus und politischen Amtsambitionen rational zu tun hatte und insofern humanwissenschaftlich nicht vereinfacht einem Modell traditioneller Normbindungspraxis subsummiert werden kann. Aus der modernen human- und verhaltenswissenschaftlichen Forschung ist die Debatte um die analytisch-empirische Fassung von Eigennutzmotiven und Altruismusneigungen höchst differenziert geworden. Die Prämisse, wonach interdependente Nutzenfunktionen spezifische Formen rationalen Altruismus generieren können, führt die Ökonomie dazu, diese entsprechend zu modellieren. So kann für einen Armen A und einen Reichen R jeweils angenommen werden:

$$U_A = U_R(Y_R, X_R, X_A) \quad \text{und} \quad U_A = U_A(Y_A, X_A).$$

Und die Optimierungsregeln für R ist auf der Basis des Pareto-Prinzips

$$\partial SW/\partial U_i > 0 \quad \text{für alle} \quad i = A, R$$

eindeutig (wenn entsprechende Ableitungen f_1 und f_2 unterstellt werden):

$$|\partial U_R/\partial Y_R| \leq \partial U_R/\partial X_A.$$

Doch wie kommt X_A in U_R? Wie ist die generative Grammatik dieser Interdependenz zu verstehen? Und welche Motive bewirken, dass X_A in U_R kommt (Angst, Mitleid, Liebe, Respekt – oder was)? Bei offenen Nutzenfunktionen, die sich der Prozessanalyse der Präferenzgenese nicht verschließen, ist Eigennutz nicht mehr krypto-normativ als Egoismus zu moralisieren, wenn thematische Außenorientierung bzw. Aufgabenorientierung des Subjekts, Übernahme von Rollen und Orientierung an Bezugsgruppen, kollektiv geteilte Leitbilder usw. parametrisch Teil der personalen Zielfunktion sozialen Handelns werden. Soziales Handeln ist dabei sinnhaftes Handeln, das in eben dieser Sinnorientierung am Handeln anderer Personen in seinem Ablauf orientiert ist (um Max Weber zu paraphrasieren). Die ökonomische Verhaltensforschung hat lange gebraucht, um die einfachsten, aber fundamentalen Einsichten der klassischen Soziologie (von Georg Simmel bis zu Norbert Elias) zu verstehen und zu akzeptieren, nämlich dass menschliches Verhalten als soziales Handeln immer und zwar struktural aus Ich-Du-Wir-Figurationen heraus zu verstehen und dadurch kausal zu erklären ist. Und ein großer Teil tiefen-, entwicklungs- und persönlichkeitspsychologischer Forschung kreist letztendlich um Fragen der gelingenden Personalisierung des Menschen mit Blick auf diese zu verwirklichende Balance zwischen Selbstsorge, Mitsorge und Fremdsorge, zwischen Eigensinn und Gemeinsinn. Bürgerschaftliches Engagement ist daher – entgegen den Formulierungen im 5. Altenbericht (BMFSFJ, 2006, S. 201) – vereinfacht im Kontrast zwischen Pflicht (Tradition) und Spaß (Individualisierungsprogramm) *nicht* gut zu konzeptua-

der Mensch an der Fremdsorge gebend beteiligt ist oder, dass er auch z. B. im hohen Alter in die Abhängigkeit, Gabe erfahrend, einwilligen kann. Auch die Einwilligung in Abhängigkeit gehört somit in einer bestimmten Phase der Selbstentwicklung im Lebenslauf, vor allem in der Hochaltrigkeit häufiger, zum autonomen Vollzug von Personalität. Dieses Gleichgewicht zwischen Selbstsorge, Mitsorge und Fremdsorge muss erlernt sein. Ich habe das Problem weiter oben bereits als Problem einer Ich-Du-Wir-Balance des *homo figurationis* thematisiert. Daran scheitern eventuell viele Individuen und somit die Gesellschaft insgesamt. Die entscheidende Frage ist zu stellen: Sind die Familien und andere Sozialisationsagenturen im Durchschnitt dazu heute hinreichend in der Lage? Wie kann man deren Kompetenz erhöhen und pflegen? Welche Rolle kommt den offiziellen Bildungseinrichtungen zu? Welche den Medien? Welche der Politik? „Wer leistet wie" diese Organisation von Umwelten des gelingenden Aufwachsens, damit die Gesellschaftsmitglieder Menschen, die im gesunden Sinne „Ich" sagen können und gleichzeitig (verhaltenswirksam) prosoziale Einstellungen haben, erziehen und sozialisieren können und selbst in dieser Weise geprägt und gebahnt werden?

Gelingt dies, dann entsteht positives Sozialkapital. Unter positivem Sozialkapital versteht man eine bestimmte Art des vernetzten Lebens: In einem Klima des Vertrauens aufwachsen und leben, Reziprozitätserfahrungen machen und das Leben also als ein Geben und Nehmen (Erfahrenswelt des *homo reciprocus*) verstehen. Gesellschaft sollte ferner als ein Netzwerk erfahrbar sein, das von zivilgesellschaftlichem Engagement geprägt ist, also nicht nur von Familie, Markt und Staat, sondern eben auch von der Vernetzung der Bürger, wie es klassisch als Bürgertum in einer Polis-Idee immer wurde.

„Crowding-in" des Sozialkapitals durch soziale Dienstleistungen: Sozialkapital sind Netzwerke. Diese identitätsstiftende Funktion kann sich im Beruf entfalten oder sie kann sich in der Familie realisieren. Aufgabenorientiertes, und damit in der Regel wiederum netzwerkorientiertes Altern ist später die hohe Kunst des gelingenden Alterns. Die erfolgreiche Sozialisation der Kinder gelingt nur, wenn sie kulturell eingebettet ist, wenn Kinder also in einer Welt aufwachsen, die genauso charakterisiert ist durch Vertrauen, durch Reziprozitätserfahrung und vernetztes Engagement. Dazu braucht es aber auch (auf der Mesoebene des verörtlichten Daseins im lokalen/kommunalen Kontext) ein System moderner sozialer Dienstleistungen.

---

lisieren, jedenfalls nicht, wenn man Theorieansprüche hat, die nicht nur Prämissen zur Ontologie der menschlichen Existenzweise und den Perspektiven moderner philosophischer Anthropologie gerecht werden, sondern die auch im Lichte empirischer Forschung validiert sind. Insgesamt kann so manche These zum Wandel (und zum Rückgang) des Ehrenamtes kritisch hinterfragt werden: Stricker, 2007.

I. Fazit und Ausblick

Aus der Forschung ist bekannt, dass der Sozialstaat das bürgerschaftliche Engagement, Familie und insgesamt die intergenerationelle Solidarität nicht verdrängt hat (Crowding-out-Hypothese: Künemund/Rein, 1999; zur Ambivalenz: Lowenstein, 2007)[54]. Sozialstaat, Wohlfahrtspflege und Dritter Sektor[55] (Schmidt-Trenz/Stober, 2006) sind vielmehr komplementär und arbeiten/wirken ergänzend (Börsch-Supan u. a., 2009, S. 112, wie auch neuere Literatur darlegen kann [Haberkern, 2009 sowie Brandt, 2009], sich in eine lange Liste ähnliche Befundlagen produzierender Forschung einreihend).[56] Sie arbeiten sehr ineinandergreifend; dies ist eine wichtige Voraussetzung, dass überhaupt eine kohärente soziale Welt entsteht, in der z. B. Kinder die Chance haben, erfolgreich zur Person heranzuwachsen (Hoffmann, 2006) und der alte Mensch in Würde, d. h. sozial integriert, kulturell, ökonomisch und politisch partizipierend lebt.

Reziprozität und unbedingte Gabebereitschaft: Noch eine Bemerkung zum System des Geben und Nehmen des *homo reciprocus*. Vielfach sind die Gerechtigkeitsempfindungen von einer gewissen Fairness geprägt. Damit meint man in der Regel die Form der tendenziell ausbalancierten Reziprozität: Geben und Nehmen stehen quantitativ bzw. wertäquivalent[57] aus-

---

[54] *Gleichzeitigkeit von Crowding-in und Crowding-out*: Natürlich kann es auch partielle Crowding-out- und Crowding-in-Effekte gleichzeitig geben. Problematisch ist die Begrifflichkeit, die ja im Fall des Out-Effekts negative Konnotationen hat, wenn ärmere Schichten ihre Mitglieder nicht mehr unterstützen, wenn diese von der öffentlichen Hand gestützt werden. Dann ist vielmehr doch erreicht, was armutspolitisch erreicht werden sollte: Ärmere Schichten werden von der Last befreit, aus ihren begrenzten Mitteln auch noch Umverteilungen vorzunehmen. Vgl. insgesamt Reil-Held, 2005. Diesen ambivalenten Befund hinsichtlich der kryptischen Normativität der Verdrängungsthese vermerkt man auch bei Bolin/Lindgren/Lundborg, 2008. Differenziert auch Haberkern/Szydlik, 2008 sowie Brandt u. a., 2008. Kumlin/Rothstein (2005) zeigen empirisch, dass universalistische Regime Sozialkapital fördernd wirken, während liberale Praxisformen der Bedürftigkeitsprüfung Sozialkapital erodieren helfen. Vgl. auch Börsch-Supan u. a., 2009, S. 112.

[55] *Staats-, Markt- und Familienversagen*: In meiner Morphologie ist der Dritte Sektor (Schulz-Nieswandt, 2008e) ein dynamischer Raum von Transformationen inter-mediärer Art zwischen den institutionellen Polen von Staat, Markt und Familie und folgt theoretisch in beträchtlichem Ausmaß aus Formen des Staats-, Markt- und Familienversagens (zu verweisen wäre natürlich auch auf die Johns Hopkins Nonprofit Sector-Studien [Salamon/Anheier, 1996; Anheier/Seibel, 2001; Anheier/Toepler, 2002]). Und entgegen dem sozialromantischen Mythos der vormodernen Groß- und Mehrgenerationenfamilie scheint die mehrgenerationelle Beziehung eher ein sehr neues Phänomen zu sein: vgl. auch Bengston, 2001 sowie Lauterbach, 1995.

[56] Das zeigt sowohl die historisch ausgreifende und ethnologisch aufgeklärte Studie von Rosenbaum/Timm (2008) als auch die wohlfahrtsstaatskomparative Studie von Blome/Keck/Alber (2008).

[57] Die Literatur der Reziprozitätsforschung trifft hierzu die Unterscheidung von homo- und heteromorphen Rückflüssen des Gebens.

balanciert im Gleichgewicht (vgl. auch Mau/Burkhardt, 2008). Dann fühlt sich das Individuum nicht ausgebeutet, sondern fair behandelt. Das Gleichgewicht des Geben und Nehmen kann zeitnah angelegt oder auch, was (vertrauenskapitaltheoretisch bzw. rechtstheoretisch) voraussetzungsvoller ist, zeitfern sein. Je zeitferner der Zusammenhang ist, desto größer wächst die Unsicherheit und zieht in der Regel Verrechtlichungen (der Vertragsbildungen) und ökonomisches Risikomanagement nach sich, sollte die Kooperation nicht unterbleiben.

Was man aber aus vielen Studien weiß, ist, dass Menschen (als *homo donans*) durchaus bereit sind zu einer generalisierten Form der Reziprozität. Diese generalisierte Form beinhaltet, dass ich auch dann gabebereit bin, wenn ich nicht sicher bin und es vielleicht auch gar nicht erwarte, alles, ob zeitnah oder zeitfern und in der gleichen Währung[58] und in einem gleichen Volumen, zurückzuerhalten, was ich gegeben habe. Der Mensch weist damit im Denken wie im Handeln einen Gabeüberschuss (gegenüber erwarteten Rückflüssen) auf. Das nennt die Soziologie der Gabe die Einwilligung in die Norm des Gebens, also die Bereitschaft, auch dann zu geben, wenn die Person gar nicht beabsichtigt oder gar nicht sicher ist, dass sie die Gabe zurückerhält. Und es gilt, dass Gesellschaften nur funktionieren, wenn nicht alle Akteure darauf pochen, in ökonomisch ausbalancierter Form die Reziprozität zu erleben. Denn sonst bewegen sich die Menschen utilitaristisch im Raum der klassischen Marktkontrakte. Aber es ist nicht möglich, die gesamte Welt über voll spezifizierte Verträge tauschlogisch und marktförmig sicherzustellen. Wenn Menschen nicht bereit sind, auch ein Stück unbedingter Gabebereitschaft (und das nennen die Theologen meist die Liebe: vgl. insgesamt dazu auch Hoffmann, 2009) zu praktizieren, wird ein personales Sein im Modus des sozialen Mitseins kaum nachhaltig möglich sein. Deswegen wird es immer eine Umverteilungsbereitschaft geben müssen. Und d.h. wiederum, dass moderne Gesellschaften nur dann (in einem post-traditionellen, nicht naturwüchsig-selbstverständlichen Sinne) kohärent[59] sind, wenn alle Menschen sich zwar als (relativ autonome) Individuen entfalten

---

[58] Die Literatur der Reziprozitätsforschung spricht von homo- und heteromorphen Rückflüssen.

[59] *Soziale Kohäsion, Moralkommunikation und Staatsinteresse*: Zur konstruktivistischen Sicht der sozialen Kohäsion als Moralkommunikation der Macht und als Ausdruck des Interesses des Staates an sich selbst vgl. Fischer, K., 2006. Die auf semantische Dominanz und strategische Metapherndiskurse abstellende Studie ist kritisch. Ihre nicht weiter hergeleitete (und anthropologisch sowie sozialontologisch nicht reflektierte sowie mit Blick auf eine sozialpsychologische Empirie nicht dokumentierte) Abschlussprämisse, moderne Gesellschaften brauchen weit weniger soziale Koäsion und Inklusion als behauptet, mag dahingestellt bleiben. Oder sollen die USA auch hier zum Vorbild der Weltpolitik werden?

können, aber gleichzeitig in einer unvollständig ausbalancierten Form solidarische Reziprozität praktizieren.

Zwischenfazit: Was ist meine Auffassung von Solidarität, die heute noch die Logik sozialer Dienste und sozialer Arbeit programmatisch steuern sollte? Liebe bedeutet, der philosophischen Anthropologie von Scheler folgend: Ich bin so interessiert an dem Wohlsein anderer Menschen, dass das ein Stück meiner personalen Identität ist. Die Sorge des Selbst wird so an die Mitsorge und die Fremdsorge geknüpft. Dies war das Prinzip, das der Psychiater Ludwig Binswanger im Rahmen seiner Daseinsphilosophie gegenüber der Kategorie der Sorge bei Heidegger einforderte. Diese Form von Solidarität macht die Menschen nicht zu Göttern. Denn ihre Unvollkommenheit grenzt sie, die Menschen, ja gerade von den Göttern ab. Das ist ja die „Wahrheit des Mythos", von der der Philosoph Hans Blumenberg sagte, sie sei dem Menschen als ständige Arbeit aufgegeben: Als Arbeit am Dasein angesichts der eigenen Unvollkommenheit. Wie Binswanger in seinen Krankheitsstudien darlegen konnte, kann der Mensch sein Sein systematisch verfehlen. Der Theologe Paul Tillich sprach von der Entfremdung des Menschen (Murmann, 2000). Tillich zog die Schlussfolgerung, der Mensch müsse in seinem „Mut zum Sein" gestärkt werden. Tillich war zu sehr religiöser Sozialist (Art. „Religiöse Sozialisten", in RGG, Bd. 7, Sp. 409 ff., hier Sp. 411)[60], um nicht zu erkennen, dass dafür eine angemessene Sozial- und Gesellschaftspolitik notwendig war, wenngleich er nie ausgeführt hat, was er unter einer solchen genau verstehen würde, ebenso wie er keine konkrete Theorie der Sozialpädagogik skizziert hat (sondern nur eine begegnungs- bzw. dialogphilosophische Fundierung der Erziehung), obwohl er Sozialpädagogik einmal in Frankfurt am Main gelesen hat (Tillich, 2007). Denn dieser „Mut zum Sein" ist auch eine Ressourcenfrage. Letztendlich darf eine praktische Sozialpolitik aber auch nicht oberflächlich nur die Bedeutung der materiellen Ressourcen diskutieren. Das organisierende Zentrum einer Lebenslage ist die menschliche Person. Sie muss die Kraft für eine aufgaben- und sinnorientierte Lebensführung entwickeln. Die soziale Arbeit der Zukunft bleibt somit um diese Freiheit des Individuums teleologisch und normativ zentriert. Sofern der Sozialstaat eine Form des Rechtsstaates ist, ist Gerechtigkeit der Kern jeden Rechts. Aber soziale Arbeit wird in ihrer Hinwendung zur menschlichen Kreatürlichkeit mit einem

---

[60] *Religiöser Sozialismus bei Tillich*: Einige hier passungsfähige Ausführungen (vgl. auch die ältere Studie von Ulrich [1971] zu Tillich und Carl Mennicke) zur Theonomie im Lichte seines religiösen Sozialismus finden sich in Tillich (1999): „Sein Ziel ist Theonomie" (ebd., S. 466). Es geht im Rahmen einer Form-Inhalts-Ontologie um die Form-Gebung; Leben im Sinn ist echtes Sein, bedarf dazu aber passungsfähiger Formen, die das Nichts überwinden, so dass selbst Machtformen noch von Liebe durchtränkt sind und die Dämonie des Kapitalismus überwinden.

Überschuss zur (wie auch immer definierten) Gerechtigkeit solidarisch sein müssen.

Das ganze Problem ist auch eines, das in der Generationenabfolge gesehen werden muss. Kohärenz – und all ihre komplexen Voraussetzungen, die ich oben nur dicht skizziert habe – muss kulturell (als kollektive Gedächtnisleistung) vererbt werden.

Soziale Arbeit und soziale Dienstleistungen transportieren immer ein Menschenbild (organisationstheoretisch vgl. Heindl, 2007, S. 204). Sie transportieren immer Vorstellungen über Konzepte des guten Lebens, das sie zugleich versuchen, als Akteur mitzugestalten. Wenn Generationsverträge auseinanderfallen, dann vererben Gesellschaften diese Kohärenz nicht weiter und das wäre ein existenzielles kollektives Problem.

Sozialpolitik[P] und speziell soziale Dienste sind einerseits die Voraussetzung gelingender Personalisierung von Menschen und auf der anderen Seite wird eine Gesellschaft nur dauerhaft nachhaltig akzeptable soziale Dienste organisieren und finanzieren können, wenn die Menschen genau das mitbringen, was ich soziogenetisch wie funktional dargelegt habe, nämlich ein Verständnis von der Personenhaftigkeit als Existenzgrundlage des Menschen. Die Menschen müssen höchst differenziert sagen können, was sie wollen und was ihre Lebensentwürfe sind (und tragen diese Freiheit zur Verantwortung automatisch) und trotzdem in implizite Kontrakte oder in implizite Gabemechanismen einwilligen, weil sie wissen, dass es außerhalb des Miteinanders keinen Vollzug von Individualität gibt. Individualität ist ontologisch nie anders zu denken als ein Konstrukt im Knotenpunkt sozialer Beziehungen. Das ist der Stand der philosophischen und theologischen bis hin zur human- und verhaltenswissenschaftlichen Forschung. Es gibt nur im Miteinander Individualitäten. Das ist das Projekt eines Balanceaktes, und es gibt keine einfachen harmonischen Lösungen, sondern sie müssen politisch gelebt werden. Ganz ohne Kakophonien wird es daher nicht gehen. Damit sind Spannungen verbunden. Und die Probleme sind auch nicht dogmatisch zu lösen. Katechismen waren immer schon für Kinder gedacht und sind entsprechend top-down stilisiert. Wenn man die angemessene Komplexität erkennt, sind einfache Katechismen überholt. Erkennbar sind polare Spannungsbögen zwischen Freiheit und Zwang, zwischen Sicherheit und Eigensinn. Sozialpolitik[P] ist eine Voraussetzung kohärenter Entwicklung. Ihre Programmlogik ist eine Mischung von unterschiedlichen Gerechtigkeitsideen mit Auswirkung auf ein Mindestmaß unabdingbarer und unbedingter, auf Gabebereitschaft beruhender Solidarität. Die Gesellschaft muss Gerechtigkeit zum Programm machen, muss aber auch definieren, welche Form von Gerechtigkeit wo und warum und in welcher Form praktisch wirksam werden soll. Nicht jede Gerechtigkeit führt auch zur Solidarität.

I. Fazit und Ausblick

Ich kenne auch „bad (schmutziges, sozial unerwünschtes) social capital". „Solidarität wofür?" – das ist die entscheidende Frage.[61] Und in diesem normativ ausdefinierten Raum ist Solidarität eine Voraussetzung von Freiheit, definiert als freie Entfaltung unter der Bedingung, dass alle Menschen die gleiche Chance haben, sich frei zu entfalten. Anders formuliert: Solidarität ist eine Voraussetzung, den Menschen die Chance zu geben, ihr Grundrecht auf freie Entfaltung zu realisieren.

Diese Überlegungen sollen nun noch vertieft und anthropologisch geschärft auf den Punkt gebracht werden.

Die sozialen Beziehungen der Sorgearbeit (der Risikogemeinschaften, der sozialen Hilfebeziehungen etc.), in die eine praktische Sozialpolitik letztendlich mündet, beruhen auf einem ontologisch vorauszusetzenden, als solchen empirisch nicht fassbaren, aber transzendentallogisch immer mitzudenkenden Zwischenraum, einer vorausgesetzten Seins-Mitte der wechselseitigen Objektivierung des *homo creativus* (als konkretes transzendentales Subjekt) mit seinem leiblich (Meuter, 2006, S. 25 ff.)[62] fundiertem System der Sinne (Coenen, 1985).[63]

Das Ich *ist* nicht; es *ergibt* sich, als Person-Sein in der Beziehung. Person-Sein ist dialogische Existenz.

---

[61] Hinzu kommt noch die Frage nach der Produktion und Akkumulation sozialer Ungleichheit durch Sozialkapital: vgl. Lüdicke/Diewald, 2007.

[62] *Ethik der Leiblichkeit*: Das Leiblichkeitsproblem kann auf eine breite Erörterung verweisen (Thürnau u.a., 1999; Reichold, 2004; theologisch, u.a. mit Bezug auf Tillich: Aussermair, 1997), ist aber innerhalb des Medizindiskurses praxisrelevant noch nicht angekommen. Zur Ethik der Leiblichkeit als Existenzfokus des Menschen vgl. Böhme, 2008. Dabei sei angemerkt, dass Böhmes Unterscheidung zwischen Individualethik und Sozialethik problematisch sein muss, rückt man gerade mit der leiblichen Existenz die grundsätzliche Relationalität der Person ins Zentrum. Jedes Verhalten ist relational; deshalb gibt es auch keine von der Sozialethik getrennte Individualethik: Ethik ist immer Ethik der sozialen Relationen von Subjekten. Denn ein dialogischer Existenzbegriff, der dem *homo socialis* als *homo relationis* eigen ist, konstituiert angesichts der Andersheit des Anderen im notwendigen Prozeß des Verstehens die ethische Notwendigkeit, sich im eigenen Selbstentwurf mit dem Entwurf des Anderen zu verständigen. Dies scheint auch eine (moral-)pädagogische Implikation des Existenzialismus zu sein: vgl. dazu auch Wehner, 2002. Anschlussfähig zu einer Reihe von sinnzentrierten Ansätzen anthropologischer Medizin wird die existenzialphilosophisch fundierte Pädagogik dann, wenn sie fundamentalnoetisch argumentiert. Damit ist das Apriori des „Denkend-In-der-Welt-Sein" fundiert: Wehner, 2002, S. 205 ff.

[63] Schließlich bleibt mitunter die Möglichkeit, in Heideggers Sorge-Ontologie das Fundament des ewig wirtschaftenden Menschens zu erblicken: Harbach, 2008.

d) Dialogische Existenz

Die menschliche Praxis ist ein dialogisch gelebter Zwischenraum. Sie ist das gelebte Feld einer dialogischen – nicht unbedingt nur verbal-kommunikativen[64] – Existenz der intersubjektiv verschränkten Personen. Diese personale Verschränkung beruht auf der konkreten Aktualisierung eines Raumes gestalt-haften Seins, der als objektivierter Zwischenraum da ist, aber immer nur in der Form (oder: im, nicht unbedingt flüchtigen Moment) seiner Erschließung, seiner Gestaltwerdung im Dialog.

In diesem Sinne ist das Sein als Dasein der Person ein Aktualisierungsprogramm. Der *homo symbolicus*[65] – kognitiv sowohl als aktiver Produzent

---

[64] *Ethnographie der Chef-Visite*: Das ist natürlich gegen Habermas und Apel gemünzt. Doch allein eine ethnographische Analyse einer prototypischen Chef-Visite im Akutkrankenhaus zeigt die Relevanz eines Neo-Cassirer-Ansatzes der Praxis symbolischer Ausdrucksformen, die nicht nur über das Medium und im Medium der verbalen Sprache als Kommunikation ablaufen. Die Prozession der Professionenhierarchie und die räumliche Anordnung der personalen Körper, die doppelte Struktur der Sprache (die medizinische Herrschafts- und die Alltagssprache des Patienten), die Kleidungsordnung (weiße, blaue, grüne etc. Kittel als statushierarchisierte Uniformen), eventuell der heilige Schrein des Aktenwagens etc. – all das ist eine mehrdimensionale transzendentale Praxis der Konstruktion des symbolischen Mikrokosmos des Krankenhauses.

[65] *Cassirer*: Vgl. u. a. Schmidinger/Sedmak, 2007. Nach Cassirer ist der Mensch ein *homo symbolicus* (bzw. ein *animal symbolicum*: Cassirer, 1996, S. 52; Art. „Sinn" von Gladigow, in Auffarth/Bernard/Mohr, 2005, Bd. 3, S. 311 ff., hier S. 315), da sich der Mensch seine Identität durch den Gebrauch von Symbolen schafft (Paetzold, 1993, S. 10). Cassirer spricht von „symbolische(r) Ideation" (Paetzold 1993, S. 82 mit Vergleichen zu Gehlen und Plessner): „Der Mensch ist ein Wesen, das über Symbole verfügt und das sich sein Selbstverständnis und seine Ansicht der Welt durch den Gebrauch von Symbolen verschafft. Wir schauen der Welt nicht unmittelbar ins Gesicht, sondern zwischen die Wirklichkeit und uns schalten wir Symbole. Wie bewegen uns in vielfältigen Netzen von Symbolen." (Paetzold, 1993, S. 88) Es ist wohl dem Einfluss der theoretischen Biologie von J. von Uexküll (Uexküll, 1956) zuzurechnen, wenn Cassirer das Symbol-System zwischen „Merknetz" und „Wirknetz" ansiedelt (Rückgriffe in dieser Gestalt auf die Biologie unternahm auch Piaget: Piaget, 2003, darin die Einleitung von Fatke, S. 11.). Der entscheidende – und hier an Kant anknüpfende, aber auch über ihn hinausgehende – Aspekt bei Cassirer ist nun die Annahme verschiedener Modalitäten, in denen die Erfahrung durch symbolische Aktivität organisiert ist. Erfahrung ist somit Sinngebung und führt zur symbolischen Prägnanz. Die „Energie des Geistes" transformiert sich so in „symbolische Formen." (Kein Wunder, dass Bourdieu später hierauf seine Soziologie der [Kapitalien in den verschiedenen] symbolischen Formen [Praxisfelder] aufbauen konnte.) Um an andere Theoriebestände anzuknüpfen: Damit wird zwischen Sprache und Sprechen, zwischen Kompetenz und Performance, zwischen Grammatik und Aktualisierung bedeutungsvoll unterschieden.
Wittgenstein: Grundlegend ist an dieser Stelle der Beitrag des Spätwerks von Wittgenstein (Wuchterl/Hübner, 1991, S. 117 ff.). Sprache wird in ihrer Aktivierung

als auch als passiver Konsument akzentuiert – lebt nur in diesen interpersonalen Zwischenräumen, die nicht leer, sondern vielmehr Ort der symbolischen, aber objektiviert symbolischen Ausdrucksformen (Cassirer, 1996; ders., 2001; ders., 2002; ders., 2002a; Breier, 2006) der Personen sind, die als Form immer als Formung von zum Ausdruck strebenden Gaben sind. Dabei muss immer mitbedacht werden, dass die Felder der existenzerhellenden Ausdrucksweise vielfältig sind: Religion, Kunst, Wissenschaft, Moral und Politik (vgl. auch Köck, 2008, S. 98). Es ist nicht entschieden, dass stufentheoretisch die Religion die höchste Form ist.

aa) Ontologie der Gabe

Gabe ist ein „Urwort der Theologie" (RGG, Bd. 3, Sp. 445 f.). Gaben (vgl. auch δ-phänomenologisch differenzierend: Haeffner, 1995; ebenso Esterbauer, 1992; Starobinski [1994] zur Ambivalenz der Gabe)[66] sind Angebote, sich als Person mit anderen Personen zu verschränken, sich gegenseitig zur Existenz zu bringen, Existenz der Person im Mitsein zu erhellen, Sein nur als Dasein des seienden Menschen in seiner wechselseitigen Individuation am und im Anderen wesenshaft zu erkennen. Soziale Praxis ist kommunikatives Dasein, aber nicht gegenstandsloses Dasein, sondern an die Gestaltwerdung im Zwischenraum der Objektivationen gebunden.

Homo symbolicus und Existenzerhellung: Die soziale Praxis ist ein Feld des *homo symbolicus*. Und insofern ist die vorliegende Betrachtung von Sozialpolitik^p als Sozialpolitik^w eine angewandte philosophische Anthropologie.

Aber hier schließen sich eine existenzerhellende (Jaspers, 1973[67]) Ontologie und eine Anthropologie nicht aus. Es geht nicht um traditionelle Metaphysik, sondern um eine nicht seinsvergessende philosophische Anthropologie des Menschen, der außerhalb einer Ontologie der dialogisch überbrückten Differenz der Gestalt-Zwischenräume nicht angemessen zu verstehen ist.

---

zur Ausdrucksform einer Lebensweise, bleibt also sinnhaft in die Kontexte der Praxis eingebunden. Zur hier durchaus relevanten Sprechakttheorie vgl. Austin (2005) sowie Searle (1969). Zur Figur des *homo symbolicus* im Schnittbereich zum *homo religiosus* bei Eliade vgl. die Darstellung von Reschika, 1997, S. 52 ff. Vgl. insgesamt Gebauer, 2009.

[66] Statt der Fülle der Literatur zur Gabe vgl. an dieser Stelle Moebius/Papilloud, 2006.

[67] Jaspers hat Existenzerhellung vom Gottesbeweis abgekoppelt. Damit – und insofern von Karl Barth verachtet – thematisierte Jaspers die Transzendenz innerhalb der Immanenz. Zu Jaspers vgl. auch Salamun, 2006. Zur Kritik an Barth bereits Schulz-Nieswandt, 1995a, S. 71 FN 71 aus dialogphilosophischer Sicht.

Es geht also um eine durch die Dekonstruktion aufgeklärte Anti-Antihermeneutik[68], die konstruktivistisch ist, ohne seinsvergessen die Welt der Objektivationen nicht auch als Orte des Wohnens bzw. der Behausung, des Sich-Ausdrückens, der Individuation, der Person-Werdung zu verstehen. Ich knüpfe damit gleichzeitig an die oben skizzierte Kritik des opportunistischen Funktionalismus der neuen ökonomischen Institutionentheorie an.

Botschaft der Gabe: Die soziale Praxis der praktischen Sozialpolitik spricht den Menschen an, jedoch müssen diese jene auch annehmen. Sie ist (vgl. auch Schulz-Nieswandt, 2006i) eine Gabe und insofern objektiv da; aber nur im Moment der bejahenden Annahme, nämlich als Geschenk, dem sich der Mensch öffnen muss.

---

[68] *Dekonstruktion, das Beispiel der Kunst*: Ich habe die Problematik in einem kunsttheoretischen Zusammenhang an anderer Stelle (Schulz-Nieswandt, 2006i) skizziert: Im Zeitalter der postmodernen Dekonstruktion – auch dann, wenn man die selbst schon zur dramatischen Selbstinszenierung neigenden Formen eines „Derridadadaismus" nicht ernst nimmt, zur Seite legt und sich nur den wissenschaftstheoretisch ernst zu nehmenden Formen der Dekonstruktion zuwendet – ist es fraglich geworden, einen objektiv geronnenen Sinn der Objektivationen des künstlerischen Schaffens zu behaupten und auf der Basis dieser Annahme die Verstehbarkeit des Sinns zu praktizieren. Ist es nicht vielmehr so, dass es vielfältige erschließende Sinn- und Verwendungskontexte gibt? Müssen Texte – wenn Kunst so als Textur definiert wird – nicht erst in Relation zu anderen Kontexten selbst erst kreativ erschlossen werden (Gebot der Inter-Textualität). Das wäre das Ende einer Wahrheitsfunktion der Hermeneutik. Texte sind zu destruieren, um sie zu sinnhaften Gestalten neu zu konstruieren. Gestalt kommt dem interpretierten Produkt nicht in Form der Form eines zunächst verborgenen, aber objektiv seienden und daher dem Prinzip nach methodisch durchaus aufdeckbaren Inhalts zu. Die Gestaltwerdung geht – cartesianisch – vom Betrachter aus; es ist seine Leistung – jedenfalls dann, wenn das transzendentale Subjekt, das hier aufscheint, kunstpsychologisch verstanden wird. Der Kunst-Konsument macht ein Ding zum Kunstwerk, weil er einen Zugang findet, der so erst das Objekt sprechen lässt. Ökonomistisch zugespitzt: Wo keine Nachfrage, da auch kein Angebot. Die Nachfrage schafft sich das Angebot: Wenn nicht inhaltlich, so doch ästhetisch, eventuell nur in dekorativer Verwendung. Ist das nun die ganze – konstruktivistische – Wahrheit – als Wahrheit der Postmoderne? Denn die Vielfalt der Konsumenten führt zur multiplen Wahrheit der Dinge, die ihre Ordnung erst durch nicht mehr normierte Nutzungsweisen erhalten. Die Dinge haben keine innewohnenden Perspektiven, sie erhalten multiple Perspektiven zugeschrieben, eingeschrieben, um sie sodann zu explizieren: ein Syllogismus des modernen Subjekts. Es ist das Ende einer Ontologie der Kunstwerke und der Onto-Hermeneutik des Künstlers und der Beginn einer Anthropologie des *homo creativus consumens*. Ist damit die Frage nach impliziten Themen im Kunstschaffen des Künstlers in der nach-ontologischen Epoche der Postmoderne anachronistisch? Ist das pädagogische Programm der Frage: „Was sagt uns der Künstler?" obsolet? Und könnte dieses kulturpädagogische Diskursprogramm nur in der Variante: „Was könnte das Kunstwerk uns sagen?" – wenn man es im Lichte variierender sinnhafter Verweisungshorizonte dekonstruiert – noch als ordnungsloses Diskutieren jenseits einer objektiven Substanz Zustimmung finden?

I. Fazit und Ausblick

Als Gabe hat die Gabe Gestalt und ist in dieser Gestalt eine Gestaltwerdung der Daseinsarbeit des Menschen, ein Stück Botschaft, die ist, aber erst da ist, wenn die Menschen sie verstehen.[69] Der Mensch legt sie aus im Horizont seiner je eigenen Daseinsarbeit, der Sorge, der er nachkommt im Lebenszyklus als Entwicklungsaufgabe der Person in der personalen Existenzwerdung. Man kann die Gestalt der sozialen Praxis als Transporter einer Botschaft nicht aufgehen lassen in der transzendentalen Konsumtion des Betrachters; aber: Ohne dieses dialogbedürftige und dialogfähige Subjekt geht es auch nicht (Ricoeur, 2006).

Gabe und Gnade, Zwischenräume und Bedingtheiten: Die Gabe der Gabe lässt sich nicht als reine Konstitution des Erkenntnissubjekts auffassen.

Umgekehrt, außer ich wende mich der Theologie der Gnade Gottes als das ganz Andere (wie bei Rahner [1904–1984; Rahner, 2005; Hardt, 2005], dogmatisch zugespitzt bei Barth [Art. „Barth, Karl" in TRE Bd. 5, S. 251 ff. sowie Art. „Dialektische Theologie" in TRE, Bd. 8, S. 683 ff.][70])

---

[69] *Metamorphose*: Zum Gestaltbegriff bei Goethe vgl. auch Azzouni, 2005. Bei Goethe ist die Morphologie eine Lehre von der Dynamik, der Metamorphose. Anders der Gestaltbegriff der Wahrnehmungspsychologie: Albrecht, 2000, S. 230 f.; ferner Chang, 1999. Metamorphose bezeichnet bei Ovid (Holzberg, 2007) in „neue Gestalten verwandelte Wesen" (Ovid, 2005, S. 5). Das paßt noch zu Hegels Vorstellung, die er in seiner Vorrede zur „Phänomenologie des Geistes" formuliert hat, dass der Geist nie zur Ruhe kommt, sondern immer in Bewegung ist: „Zwar ist er nie in Ruhe, sondern in immer fortschreitender Bewegung begriffen." (Hegel, 1977, S. 18)

[70] *Kritik des Supranaturalismus von Barth – die Relevanz von Tillichs Denken*: Es ist diese Einheit von Leben und Licht (als Offenbarung), die die „dramatische Denkform" von Karl Barth bestimmt, die Pietz (1998) herausgearbeitet hat. Aber genau in dieser impliziten Hierarchie liegt das Autoritäre kirchlicher Dogmatik verborgen. Religionswissenschaftlich ist das Ganze tiefenpsychologisch noch als das Numinose allgemein begriffen worden; nur muss hier phänomenologisch die spezifische Vertikalisierung von Mensch und Himmelsgott der Kirchenreligion begriffen werden. Das diastatische Denken – Gott ist Gott, und Mensch ist Mensch – lässt sich auch im Kontext der Traumdeutungen bei Barth (Schildmann, 2006) erkennen. Diese kritischen Verweise erscheinen mir notwendig, geht es nun im Rahmen der philosophischen Anthropologie doch um eine Dialogik, die horizontal, möglichst symmetrisch, ent-paternalisiert ist. Dann muss sich auch das Kommunikationsgeschehen loslösen von geradezu archetypischen Traditionen. Pietz (2006, S. 50 ff.) arbeitet selbst die dramatisch inszenierte Differenz zwischen Himmel (vgl. auch Ebner u.a., 2006) und Erde heraus. Und es geht hier nicht um die Erneuerung des Spottes über die Engel als „metaphysische Fledermäuse" (ebd., S. 50). Aber im Lichte einer metaphorisch aufgeklärten philosophisch-anthropologischen Reflexion ist die ganze Engelogie kaum nachzuvollziehen. Es darf auf Pannenbergs (vgl. neuerdings auch Waap, 2008) wissenschaftstheoretische Erörterung der Scholz-Barth-Kontrovere der 1930er Jahre verwiesen werden (Pannenberg, 1987, S. 266 ff.). Pannenberg schließt diesen Abschnitt mit dem Befund einer „Unhaltbarkeit einer offenbarungspositivistischen Auffassung von Theologie" (ebd., S. 277; zur Kritik

oder einer theonomen Kulturlehre (vgl. die systematische Theologie von Tillich, 1987; Haigis, 1998; Danz, 2000) zu, ist die Botschaft des objektivierten Zwischenraums nicht nur bedingt. Das Bedingte muss behausender Gestaltort des Unbedingten (RGG, Bd. 8, Sp. 718 ff.)[71] sein, einer Wahrheit[72], ohne die die Welt nur Imagination wäre in einer Art, die nicht mehr eine Antwort auf die Frage geben kann, ob die Imagination nur eine Imagi-

---

wiederum an Pannenberg vgl. Lange, 2003). Nicht, dass die Diastase von Himmel und Erde in Mythologie und Religionsgeschichte nicht anthropologisch aufzuweisen und daher nachzuvollziehen wäre (vgl. mit Bezug auf Studien von Eliade: Schulz-Nieswandt, 2003, S. 88, dort in FN 27), aber ihre theologische Darbietung bei Barth muss für den durchschnittlichen Leserkreis psychisch erdrückend wirken. Insofern überrascht es nicht, dass Barth im Himmel den Thron Gottes aufgestellt sieht (hier wäre mittlerweile eine breite ikonographische Analyse alttestamentlicher Bildsprachen und Wortfelder anzuführen). Gott ist Majestät. Barmherzigkeit „von oben" wird zu einem sozialen Drama (vgl. auch Scoralick, 1999). Aber es ging Barth um eben diese Gotteslehre, nicht um Religion. Pannenberg (1987, S. 320 ff.) hat gerade in der Differenz zwischen Barth und Tillich herausarbeiten können, dass das wissenschaftstheroretische Pendel jedoch eher zu der Position neigt, wonach die Menschen von Offenbarung „überhaupt nur durch Vermittlung von Menschen" (ebd., S. 321) Kenntnis haben können. Die Besonderheit der supranaturalistischen Gottesauffassung bei Barth wird in der Differenz zu Tillichs Symboltheorie (Schwöbel, 2007) deutlich. Schon in dessen frühen Schriften stand Gott nur als Stellvertretung des im religiösen Akt letztendlich tatsächlich Gemeinten. Es ist dieser implizite Atheismus, der die Religion ausmacht. Und mag auch bei Tillich die Offenbarung eine Art und Weise sein, in der das aufnehmende Bewußtsein im religiösen Akt etwas aufnimmt, so ist dieses Etwas das Unbedingt-Transzendente (und insofern argumentiert Tillich theologisch), aber dieses Letztgemeinte wird im Begriff Gott symbolisiert. Und diese Symbolweise des Religiösen des Menschen lässt Tillich hier ontologisch argumentieren, insgesamt also eine theologische Ontologie vertreten. Dies hat Tillich später im Rahmen seiner Korrelationsmethode in seiner systematischen Theologie entfaltet: Diese „gibt eine Analyse der menschlichen Situation, aus der die existentiellen Fragen hervorgehen, und sie zeigt, daß die Symbole der christlichen Botschaft die Antworten auf diese Fragen sind." (Tillich, 1987, Bd. I/II, S. 76) Diese existenzialphilosophische Orientierung führt Tillich zu einer ontologischen Auffassung: Gott ist die Struktur des Seins (Tillich, 1987, Bd. II, S. 276). Gott ist die Symbolisierung des gelingend-versuchenden Daseins des Menschen als Existenz. Gott ist Offenbarung als Bewußtwerdung dieser Existenz des Menschen, Gott ist kommunikatives Sein des Menschen als Verwirklichung von Leben und Geschichte.

[71] Vgl. dazu auch Berthold, J.: Art. „Unbedingte, das", in Thurnherr/Hügli, 2007, S. 266–268.

[72] *Hebräischer Humanismus*: Oder Weisheit als Weisheit des hebräischen Humanismus (von Buber): „In allen Religionen geht Buber zunächst dem Urmythos von der Verwirklichung des Göttlichen durch den Menschen nach – Mythos ist für ihn ‚ewige Funktion der Seele', die immer neu zu leistende schöpferische Antwort des Menschen an das Unbedingte." (Schaeder, 1966, S. 3) Oder: „Gott hat (…) das erste Du gesprochen, der Mensch darf es ihm nachsprechen und auf den Mitmenschen übertragen – das Personalpronomen wird zum Symbol für die Zusammengehörigkeit von Gottesliebe und Nächstenliebe" (Schaeder, 1966, S. 3). Insofern schließt das Absolute mit dem Konkreten einen Bund (dazu Bloch, J., 1977, S. 40).

nation ist: „Sich fragen, ob die Welt wirklich ist, heißt sich selber nicht verstehen, was man sagt.", argumentiert Merleau-Ponty (1908–1961, hier: 1966, S. 396) in seiner „Phänomenologie der Wahrnehmung".

Aber ein Sein muss es schon geben, um Sein zu erzeugen; aus dem Nichts kann kein Sein entstehen: *Ex nihilo nihil fit*.[73] Das Nichts ist nur als Seinsbestandteil des immanenten Seins zu verstehen. Ein Nichts außerhalb der Immanenz des Seins ist nicht denkbar (Sötemann, 2006, S. 127). Am Nichts kann das Sein des Seins als Seiendes demonstriert werden. Aber das muss als kompatibel gedacht werden mit dem Satz, dass das Sein nur als Seiendes im Moment der Praxis des Menschen, die als Arbeit am Dasein (als Daseins-Werdung des Menschen als Existenz) begründbar ist.

bb) Transzendentale Sozialpraxis

Von transzendentaler Qualität ist die Praxis, also die Dialogik des menschlichen Seins, des *homo dialogicus*. Diese Seinsqualität wurzelt anthropologisch in einer Positionalität des Menschen in der Welt, die Geworfensein, aber auch Möglichkeit der Exzentrik, der Seinsreflexion, der Reflexion der Beziehung des Menschen zu sich selbst und zur Welt, in der er steht, ist.[74]

e) Praktische Sozialpolitik im Lichte einer Ontologie der Kategorien der Sorge, der Gabe und der Liebe

Es wird hier[75] die These vertreten, dass die Sozialpolitik^{w+p} in ihrer allerletzten normativen Begründung eine bedingte, im Raum des unvollkommenen menschlichen Handelns realisierte Praxis der Gabeethik in Form einer unvollkommenen, empirischen Gegenseitigkeitsökonomik darstellt (vgl. auch Schulz-Nieswandt, 2006 f.).

Im Lichte der durch kulturanthropologisches Material fundierten Position einer philosophischen Anthropologie[76], wonach personales Selbst-Sein nur

---

[73] Die moderne Erkenntnistheorie geht allerdings davon aus, dass dieser Grundsatz weder bewiesen noch widerlegt werden kann: Anschütz, 1987, S. 71.
[74] Dieses Verhältnis von historischem Eingebettetsein einerseits und Eigenverantwortung andererseits prägt auch einen Kern des ganzen literarischen Schaffens von Wolfdietrich Schnurre (vgl. Bauer, 1996).
[75] Vgl. Schulz-Nieswandt, 2006c im Lichte von ders., 2006b, S. 21 ff. und S. 33 ff.; Schulz-Nieswandt u. a., 2006, S. 171 ff.
[76] *Normen und Anthropologie*: Für Tugendhat (2007, S. 47) liegt die Differenz zwischen der philosophischen und der empirischen Anthropologie (Kulturanthropologie bzw. Ethnologie) gerade in der Hinterfragung der der Empirie impliziten

im Balanceakt zum sozialen Mit-Sein und zum universellen Wir-Sein (Christian, 1952, S. 136 und 152) existieren kann, Selbstsorge, Mitsorge und Fremdsorge ein balanciertes Zueinander finden müssen und im Balanceakt zwischen Eigensinn und Gemeinsinn sich personales Sein als menschlicher Existenzmodus lebenszyklisch erst entfalten kann, wird die praktische Sozialpolitik zu einer institutionellen Praxisform, die die Logik der ausgeglichenen Reziprozität als bedingte Form des fairen Austausches nicht nur funktionalistisch, sondern auch transzendental zurückverweist auf die Unbedingtheit der Gabe (Hoffmann, 2009; vgl. zu Ferdinand Ulrich, 1998[77]: Feiter, 1994 sowie Oster, 2004; vgl. auch teilweise Bieler, 1991).

Unbedingtheit – Transzendentalismus der Tauschlogik: Mit der unbedingten Gabebereitschaft ist eine generalisierte Norm des Gebens gemeint, die sich nicht nutzenorientiert[78] an der Erwartung der Gegengabe oder Rückgabe ausrichtet. Die unbedingte Gabebereitschaft ermöglicht im kulturellen Raum und in der historischen Zeit ein empirisches System des Gebens und Nehmens, also einen sozialen Raum der Obligationen. Dieses System der Obligationen birgt jedoch auch eine Tauschlogik in sich und ist als einer solchen Logik oftmals – wie im Markt – explizit.

Es darf diese Position einer Unbedingtheit der Gabe als transzendentale Voraussetzung von empirischen Reziprozitätsformen nochmals (vgl. Schulz-Nieswandt u.a., 2006, S. 171 ff. mit der dort angeführten Literatur) dargelegt werden:

Neuere Reziprozitätsforschungen: Die Forschungen und Diskussion in den letzten Jahren[79] in ganz unterschiedlichen wirtschafts- und sozialwissen-

---

Faktizität der Normen (kraft Tradition oder Autorität): „Der Rekurs auf das Menschsein und somit auf das Anthropologische hatte ja sowohl in der griechischen wie in der modernen Aufklärung gerade den Sinn, daß wir in der Frage, wie es gut ist zu leben, von ihren bloß traditionellen und d.h. autoritären Rechtfertigungen zurückverwiesen werden auf uns selbst und d.h. auf uns als Menschen." Und was gut ist, regelt sich nicht im Rekurs auf ein Unbedingtes (welches doch nur Derivationen des Göttlichen letztendlich sein kann), sondern durch symmetrischen Kontraktualismus – sofern hinreichend viel Reflexion dabei am Werke ist.

[77] *Ferdinand Ulrich (geb. 1931)*: In seiner Besprechung zu Ulrichs „homo abyssus" von 1961 muss Kern allerdings auch konstatieren: „Daß es ein Muster an Lesbarkeit darstelle, wird jedenfalls niemand behaupten wollen. Auch der Rezensent meint nicht, daß er jeden Satz dieser spekulativen Gigantomanie verstanden habe." (Kern, 1962, S. 404) Bösartig dagegen Endres (1964, Sp. 247): Ulrichs „Absicht, anderen von seinen tiefen Einsichten mitzuteilen, wäre es dienlicher gewesen, er hätte eine andere sprachliche Ausdrucks- und Darstellungsform gewählt und die tatsächlich angewandte etwa R. M. Rilke überlassen."

[78] Zur Kontroverse um den *homo oeconomicus* vgl. auch Rolle, 2005 sowie Dietz, 2005. Zu den verschiedenen Varianten von Rational choice-Theorien vgl. differenziert Wolf, 2005.

schaftlichen Disziplinen haben zur Rückvergewisserung der großen Bedeutung der Anthropologie der Gabemechanismen und der Reziprozitätsökonomik auch für (das Verständnis der) moderne(n) Markt-Gesellschaften geführt. Die Debatte hat es hierbei mit einer der zentralen Universalien menschlicher Existenz zutun: „Das Leben ist ein Geben und Nehmen". Schon als Prinzip des Gottesverhältnisses des Menschen (im Gebet [Art. „Gebet", in RGG, Bd. 3, Sp. 483 ff. sowie Art. „Gebet" in TRE, Bd. 12, S. 31 ff.], im Klagelied [mit Bezug auf die „Alterslast": Janssen, 2008, S. 14] oder, grundlegend, im religiösen Opferkult), religionsgeschichtlich und religionsphänomenologisch darlegbar bzw. dort verwurzelt, stiftet die teilende Mahlgemeinschaft[80] (oftmals im Kontext der Feste [Art. „Feste und Feiertage" in TRE, Bd. 11, S. 93 ff.]) als Tischgenossenschaft Gesellung, Inklusion und Solidarbeziehungen auf Gegenseitigkeit. „Unser täglich Brot gib uns heute!" hat als Sorgemotiv δ- wie auch ε-phänomenologisch einen kulturgeschichtlichen Urtypus in der bittenden Opfergabepraxis aufzuweisen.[81]

Das Problem der unbedingten Gabe: Ist die Minimierung bzw. Begrenzung der negativen Reziprozität („Nehmen, ohne zu geben") ein ökonomisch hinreichend begriffenes Problem in der ökonomischen Analyse effizienter institutioneller Arrangements von Kollektivgutsituationen, so zeigt die neuere Forschung zunehmend deutlich, dass das individuelle Insistieren auf eine ausbalancierte Form der Reziprozität (ausgeglichene Bilanz des Gebens und Nehmens sowohl in zeitnaher als auch in zeitferner Perspektive) unter realen Bedingungen der unvollkommenen Welt nicht funktionieren kann[82]. Die Möglichkeit des sozialen Zusammenlebens ergibt sich erst,

---

[79] Vgl. z. B. Marten/Scheuregger (2007) mit interessanten Aspekten, die jedoch alles andere als eine erschöpfende Rezeption der breiten multidisziplinären Diskussion leisten.

[80] Theologische Aspekte der Gemeinschaftsidentifikationsfindung stehen in der Studie von Stein (2008) zu den frühchristlichen Mahlfeiern im Vordergurnd, wenn im Lichte des kulturgeschichtlichen Kontextes die Mahlgemeinschaften typologisch zwar in organisationssoziologischer Sicht stark differenziert werden, die Sättigungsfunktionen aber deutlich als nachrangig behandelt werden, so dass die sozialpolitischen Aspekte der frühen Gemeinschaftsbildung der Christen marginalisiert werden. Ebenso gestreift, aber nicht grundlegend beachtet werden die sozialpolitischen Aspekte des Mahles bei Smit (2008), wobei auch die bruderschaftsgenossenschaftlichen Aspekte unterbelichtet bleiben.

[81] *Opfertheorien*: Eine hilfreiche und gelungene Klassifikation der Opfertheorien im Umfeld historisch-anthropologischer und kulturgeschichtlicher Forschungen kann von der Unterscheidung zwischen a) dem historisch-funktionalen Ansatz des Opfers als vitaler Lebensakt, b) der Theorie des Opfers als sozialpolitische Ordnungsgröße und c) der Theorie des Opfers als archaische Wirtschaftsform ausgehen.

[82] Was ähnlich schon im rabbinischen Judentum gesehen wurde, wenngleich hier die nicht auf utilitätsorientierte Gegengabe insistierende Liebe zunächst als Merkmal Gottes (in seinem Verhältnis zum Menschen) verstanden, dann aber auch – als so-

wenn und indem ein gewisses Maß an generalisierter Reziprozitätsneigung vorhanden ist, wodurch sich so überhaupt erst die Chance auf Akzeptanz einer unvollständig ausbalancierten Reziprozitätsökonomik entwickelt. In dekonstruktiver Perspektive wird die generalisierte Form der Gabebereitschaft jenseits einer Praxis der Utilitätsbewertung, die auf die Verpflichtung zur Gegengabe hinwirkt, zur unbedingten Voraussetzung realer, unvollständig balancierter Formen des Gebens und Nehmens (vgl. auch Hoffmann, 2009).[83]

Es ist diese Unbedingtheit der Gabe, die im Rahmen einer philosophischen Anthropologie – letztendlich eventuell nur im Rahmen einer theologischen Anthropologie (Hoffmann, 2009) – zu denken ist, um überhaupt die unvollkommenen und ökonomisierten Derivationen der realen Reziprozitätspraktiken möglich werden zu lassen. In diesem Sinne ist die Rede vom transzendentalen Charakter der Gabe. Erst auf dieser Basis sind empirische Reziprozitätsformen möglich.

Diese Analyseaspekte setzen eine Diskussion mit Derrida (1930–2004) und Lévinas voraus. Ausgangspunkt ist der transzendentale Status einer „minimalen" Gemeinschaft, die durch die Rezeption von Derrida vorausgesetzt werden muss, indem sie im Sinne von Lévinas als „Epiphanie der Zweiheit" zu formulieren ist. Unhintergehbare Setzung dieser transzendentalen Sphäre der Theorie der reinen Gabe und ihrer realen Derivationen im Kontext einer Ökonomik der Reziprozität ist also die Unbedingtheit der Gabe, die bei Derrida im Urtypus der Gastfreundschaft (zur Freundschaft bei Derrida vgl. Vogt/Silverman/Trottein, 2003) gedacht ist (zu einem solchen Urtypus-Derivationen-Modell vgl. auch Jensen, 1906, S. 298; vgl.

---

ziale Aufgabe im Leben – auf die Beziehung von Mensch zu Mensch appliziert wurde, letztendlich sogar intergenerationell gedacht wird.

[83] *Caillé*: Nirgends ist dieses Problem in seiner Tiefe derart verständlich dargelegt worden wie von Eena Pulcini (2004). Sie hat den Vorteil, sprachlich nicht nur die besondere französische Tradition (vgl. auch Godelier, 1999), sondern auch italienische Theorieentwicklungen berücksichtigen zu können. Ausführlich wird das Werk von Gotbout sowie Caillé (vgl. Caillé, 2005) berücksichtigt. Zu der anti-utilitaristischen Gabe- und Reziprozitätsforschung von M.A.U.S.S. („Mouvement Anti-Utiliariste en Sciences Sociales"), in Verbindung mit der Geschichte des „Collège de Sociologie" in den Jahren 1937 bis 1939, vgl. auch die äußerst verdienstvolle Studie von Moebius, 2006a. Leitend auch für mich ist die auf die moderne (die eigene) Gesellschaft bezogene Prämisse, sakrale Symbolismen auch in der heutigen sozialen Wirklichkeit auszumachen, ihre Genealogie zu verstehen und somit ihren Funktionen auf die Spur zu kommen. Das Werk von Caillé war mir bisher wegen begrenzter Sprachkenntnisse nicht umfassender zugänglich. Vgl. auch Caillé, 2000 (mit Bezug zum Assoziationswesen). Nunmehr liegt aber die verdienstvolle und weitgehend gut eingeleitete Übersetzung der Anthropologie der Gabe durch Adloff und Papilloud vor: Caillé, 2008; auch wenn ich dabei einiges anders sehe als Caillé (so die Frage des Ursprungs der Gabe im Opfer, eine These, die Caillé umdreht).

auch Hoffmann, 2009). Diese reine Gabe induziert nichts an Verpflichtung, keine Logik der Gegengabe, keine Abhängigkeit. Sie ist nur im Lichte einer vorausgesetzten „minimalen" Gemeinschaft denkbar. Eine Zweiheit der Situation muss transzendentalisiert werden. Somit umgehe ich auch den Verdacht, den Urtypus soziogenetisch für die Derivationen verantwortlich zu machen; es geht allein um den Befund äquifunktionaler, im Kern homologer Derivatstrukturen.

Bei Ricoeur scheint sich noch eine andere Variante abzuzeichnen. Er (Ricoeur, 2006) lehnt zwar auch die vollständige Reduktion der Gabe auf einen Typus des ökonomisch-rationalen Tauschverständnisses von Reziprozität ab und betont den symbolischen Charakter der Gabe; andererseits denkt er aber diese reine Gabe nicht im Lichte eines Dritten, das vorausgesetzt werden muss, lehnt also eine Ontologie des Zwischen als transzendentale Voraussetzung der reinen Gabe ab. Er versucht (im Rahmen einer Rezeption des Problems der intersubjektiven Anerkennungsproblematik, vor allem, aber nicht nur mit Blick auf Hegel und vor dem Hintergrund des Hobbes'schen Problems) im Kontext der Anerkennung zu bleiben. Da er den Streit um egologische Perspektiven und solche, die das Apriori vorgängiger Gemeinschaft betonen, hinsichtlich der Anerkennungsproblematik für müßig hält, bleibt angesichts der Ablehnung der Ontologie des Zwischen als Epiphanie eines vermittelnden Zwischen etwas unklar, wie er sich diese Anerkennungskultur vorstellt.

Gabe angesichts der „bittenden Kreatur": In der historisch-kulturellen Realität hat es die Gesellschaft mit dem Problem der Generierung, der kulturellen Weitergabe und der Modernisierung von ausdifferenzierten Praxisformen des sozialen Tausches und der dabei impliziten Gerechtigkeitsnormen zutun. Hier kann, je nach Risiko, nach Bedarf oder nach Leistung um-, ver- und aufgeteilt werden. Oder es können die Chancen im Sinne einer Ausgangslage verteilt werden. Auch sind die Probleme der Asymmetrie in den sozialen Tauschbeziehungen zu beachten. Und die Solidarbeziehungen, die aus der Reziprozität der Menschen erwachsen, können vertikaler Art sein. Archetypische Wurzeln für die hierarchisierte Liebe liegen religionsgeschichtlich in der Figur des „bittenden Menschen" begründet. Die einschlägige Forschung hat mit ihrer Analyse des Phänomens des „Vorwurfs gegen Gott" als religiöses Motiv im Alten Orient (Ägypten und Mesopotamien) deutlich herausarbeiten können, wie die Bitte der menschlichen Kreatur an Gott im Lichte eines empirischen Zerfalls gesellschaftlicher Solidarität oder im Kontext sozialer Ungleichheit zu sehen ist. Die Dominanz des Starken gegenüber dem Schwachen ist es, die oftmals die Kritik an der politischen Herrschaft auslöste. In diesem Kontext wird Gott angerufen. Königskritische Traditionen, die sonst eher (oder ausschließlich) typisch sind für die alttestamentliche Tradition, werden zum Motiv der Anrufung Gottes oder gar der Königsprädikation Gottes. Aber auch dort, wo das Gottesverhältnis eher partnerschaftlich angedacht ist, gilt die prinzipielle Vertikalität der Solidarleistung.

Nochmals: Alttestamentliche Spurensuche: Es können also die alttestamentlichen Wurzeln der Kulturgeschichte sozialer Politik betont werden. Dabei geht es auch um die mental-kognitiven Korrelate hierarchischer Barmherzigkeit: „Höre, Israel!" Dieser autoritär-direktionale Aufruf (kann man theologisch natürlich auch anders sehen: Otto [2008a], S. 11) konstituiert den Bund zwischen Gott und Israel, neutestamentlich durchaus auch christologisch weitertransportiert in die europäische Geschichte hinein. Denn Hören ist eine passive Haltung, die die Asymmetrie des Bundes in seiner vertikalen Struktur auch in kognitiver Hinsicht manifestiert, ein Gefüge, das als intergenerationelles Schuldkontinuum definiert ist. Der Bund selbst ist durch Eltern-Kind-Metaphern oder auch durch Ehe-Metaphern ausgedrückt, zum Teil untermauert durch Garten- und Fruchtbarkeitsmotive. Gott ist in diesem Bund metapheralisiert über Vater-, eventuell und in Grenzen über Mutter-Bilder, ausgeprägt metapheralisiert über Königs-Bilder. In diesem patriarchalischen Bundessystem kommt Israel die bildhafte Rolle eines Sohnes oder einer Tochter, gar eines Knechtes zu. Die Vertikalität dieser Asymmetrie ist über die Relationen stiftende Polarisierung von Hirt und Herde dargelegt.

Barmherzigkeit und Gnade, Agape und Polydoria: Die solidarischen Beziehungen werden wohl zugleich oftmals (vor allem in der modernen Zeit) in horizontaler Art verstanden. Es muss hier, ohne das kulturgeschichtliche Material dazu hier auszubreiten, allerdings darauf hingewiesen werden, dass Reziprozität dagegen durchaus Hierarchien begründen hilft, gerade dort, wo die Gabezyklen statusorientiert sind, Prestigegüter zirkulieren lassen und Macht demonstrieren sollen. In der neueren Forschung zur sozialen Evolution und in der politischen Ethnologie wird vor allem im Häuptlingstum und in funktional äquivalenten Gebilden (Big Man etc.) eine Übergangsfigur gesehen (zum Potlatsch vgl. Schulz-Nieswandt, 2001d). Die Diskussion ist jedoch höchst kontrovers, soll hier auch nicht weiter entfaltet werden. Wird in der vertikalen sozialen Figuration die proskynetische Motivhaltung der Barmherzigkeit bzw. der Gnade dispositional dominant ausgebildet, so in der ekklesiatischen[84] Figuration die Motivhaltung der

---

[84] Ausgeklammert bleiben hier die Perspektiven der Reflexion einer politischen Theologie der Ekklesia in Verbindung mit eschatologischen Aspekten angesichts des Seins der Christen in der geschichtlichen Zeit bei Panattoni (2006). Zumindest ist evident, dass die apokalyptischen Erwartungen die Emergenz einer starken Gruppensolidarität ermöglichten: Tilly (2006).

Bruderliebe, eventuell universalisierbar zur Nächstenliebe. Als redistributive Arrangements werden die Agape (vgl. auch Art. „Agapen" I ff. in TRE, Bd. 1, S. 748 ff.) und die Polydoria unterschieden. Die Polydoria ist eine altpersische Einrichtung: Die öffentliche Speisung. Sie fügte sich in die sakralkönigliche (Otto, 2005), zumindest vertikale Typik sozialer Politik (Otto, E., 1997), während die Agape (Liebesmahl) als Mahlgemeinschaft tischgenossenschaftliche Züge annahm und *uno actu* der Sättigung aller, auch der armen Gemeindemitglieder diente[85]. Die Agape war insofern als ein Stück gelebter Kommunalität[86] in gegenseitiger Solidarität gedacht (zur Frage der Eucharistie in kulturanthropologisch-tiefpsychologischer Sicht vgl. auch Negel 2005, S. 563 ff.).

aa) Liebesethik und eine Theologisierung der Sozialpolitikbegründung?

Nicht zuletzt also im Lichte der neueren Philosophie der Liebe (Literatur in Schulz-Nieswandt, 2006c[87]), vor allem angesichts der Problemerörterungen der Unmöglichkeit einer reinen Gabe im menschlichen Miteinander[88], wird zwingend deutlich, wie sehr es notwendig erscheint, die unvollkommene empirische Ökonomik des Gebens und Nehmens transzendental im Lichte der apriorischen Kategorie der Gabe als Liebe zu begreifen.

Erst so kann der empirische Raum des Sozialen als Raum der Gegenseitigkeitsökonomik δ-phänomenologisch in ε-phänomenologischer Relevanz erschlossen werden.[89]

---

[85] Theologische Aspekte der Gemeinschaftsidentifikationsfindung stehen in der Studie von Stein (2008) zu den frühchristlichen Mahlfeiern im Vordergurnd, wenn im Lichte des kulturgeschichtlichen Kontextes die Mahlgemeinschaften typologisch zwar in organisationssoziologischer Sicht stark differenziert werden, die Sättigungsfunktionen aber deutlich als nachrangig behandelt werden, so dass die sozialpolitischen Aspekte der frühen Gemeinschaftsbildung der Christen marginalisiert werden.

[86] Zur Kommunalität als alt-europäische Vorgeschichte der Moderne vgl. Blickle, 2008.

[87] Vgl. vor allem Wolf, 2006.

[88] Vgl. Waldenfels, 1997 in Auseinandersetzung mit Derrida (Wetzel/Rabaté, 1993); vgl. auch Körner, 2004.

[89] *Recht und Gerechtigkeit*: Die Theorie der sozialen Wirklichkeit, einschließlich des Wirtschaftssystems, ist maßgeblich geprägt von den Konzeptionen des menschlichen Verhaltens. Schon in rechtstheoretischer Hinsicht gilt ja: Der Kern einer jeden Theorie des Rechts ist die soziale Gerechtigkeit (vgl. auch komplex und materialdicht die rechtshermeneutischen Studien zum Alten Testament von Otto, 2008a). Soziale Gerechtigkeit sind aber Soll-Aussagen über soziale Relationen, also über die Art und Weise des Miteinanderlebens. Verschiedene Formen der Gerechtigkeit – Bedarfsgerechtigkeit, Leistungsgerechtigkeit, Äquivalenzgerechtigkeit, Chancengleichheit, Verfahrensgerechtigkeit etc. – betreffen immer die Relation, die Menschen in

Zwingt die philosophische Anthropologie des Mitseins deshalb zur Theologisierung der Gabe[90] und damit der Sozialpolitik[w+p]?[91]

Jean-Luc Marion (geb. 1946): Dies ist eine Frage, die auch z.B. (und hier zu demonstrativen Zwecken) angesichts der ε-Phänomenologie von

---

wohlfahrtstheoretisch bedeutsamer Weise zueinander eingehen. Dies betrifft den Umgang mit Risiken, aber auch mit sozialen Schwächen.

[90] *Opfer, Gabe, Geben-Nehmen*: Ein wichtiger Themenkreis ist die Gabe im opfertheoretischen Kontext der Theorie des „Do et des" von Geradus van der Leeuw (1890–1959: Art. „Leeuw, Gerardus van der", in RGG, Bd. 1, Sp. 174 ff.). Vgl. dazu Negel, 1996. Insgesamt vgl. auch Goldammer in der „Formenwelt des Religiösen. Grundriss der systematischen Religionswissenschaft": „Die Praxis des Gaben- und Geschenkopfers, das einen persönlichen Empfänger voraussetzt, hat dann die reichste Entwicklung in der Geschichte der höheren Religionen erlebt. Aus ihr sind besonders zahlreiche Formen der Vergeistigung und der Versittlichung des Opfers hervorgegangen. Denn die Idee eines Verzichts zugunsten eines anderen, konnte ja erst an Hand des Gaben- und Darbringungsopfers gebildet werden." (Goldammer, 1960, S. 338 sowie S. 341 zum Gegenseitigkeitscharakter des Opfers) „‚Opfer' wird dann aber ein Ausdruck für alles Mögliche an Hingabe und Einsatzbereitschaft für altruistische und überindividuelle Zwecke: es gibt ein Opfer für die Idee, für die große und gute Sache, für die Gemeinschaft" (Goldammer, 1960, S. 343). Liegt im Opferkultus das Teilen als sozialpolitischer Kern begründet, so konstituiert sich Gemeinschaft eben auch als Kreis der Partizipation (ebd., S. 363): Teilen ist Handlung, ist Geben und Nehmen, Teilen ist gesellschaftliche Praxis. In diesem Sinne schreibt auch Goldammer (1960, S. 23): „Diese ursprungshafte Gemeinschaftsbindung, die Du-Bezogenheit der religiösen Erfahrung und Übung, die bis zum Kollektiven reicht, hat dann auch jenes Klima brüderlicher Herzlichkeit, ‚sozialer' Hilfsbereitschaft und warmer Opferwilligkeit entstehen lassen, das viele hohe Religionen, vornehmlich das Christentum, auszeichnet." Die Horizontalisierung der vertikalen Gott-Mensch-Beziehung wirft auch nochmals ein anderes, spezifisches Licht auf die *Kenosis*. Das Leer-Sein als Offenheit zur Aufnahme in der Vertikalen wird dann horizontalisiert als zwischenmenschliches Liebesprinzip, also als Offenheit im horizontalen Wechselspiel der Menschen.

[91] *Nochmals Ferdinand Ulrich*: Man kann zu den Arbeiten von Ulrich stehen, wie man will. Es bleibt aber bemerkenswert, dass im Rahmen einer so einschlägigen Arbeit wie der von Knauber (2006) zur Liebe/Agape als fundamentalontologischer Kategorie ein Bezug zu Ulrich völlig fehlt. Aber vielleicht liegt das auch daran, dass sich Knauber offensichtlich das Liebesprinzip nur theologisch fundiert vorstellen kann, Scheler als schlicht unzulänglich, d.h. rein philosophisch abhakt und ansonsten einige interessante Passagen zur existenziellen Ungeborgenheit des Menschen darlegt, ansonsten nur einen Gott-Existenz-Notwendigkeitsbeweis praktiziert – mit den üblichen vielen Barth-Referenzen. Zum Ausgleich kommt auch einmal Tillich gut weg. Stattdessen zur Liebe in der dynamischen Grundstruktur immanenter Transzendenz: Tugendhat, 2007, S. 26 f.: Es geht dabei um eine „Steigerung im Sichöffnen für die Realität und im Lernen, etwas gut und besser zu machen." (Tugendhat, 2007, S. 30) Insgesamt geht eine philosophische Anthropologie (Tugendhat, 2007) wiederum weiter als historisch-anthropologische Studien (vgl. etwa Bilstein/Uhle, 2007). Und eine entsprechende Philosophie stellt, wie bei Ricoeur (Hoffmann, 2007), eine Herausforderung an die Theologie dar.

I. Fazit und Ausblick

Jean-Luc Marion (vgl. auch Gabel/Joas, 2007) auftaucht (Marion/Wohlmuth, 2000, S. 7 f., S. 63).[92]

Insgesamt ist dies eine komplizierte Frage innerhalb der Philosophie der Liebe. Wenn man mit Marion vom „Verdanktsein" ausgeht, also von einer Faktizität, die *vor* dem (transzendentalen) Ego ist, als Ruf, so ist das Hören *vor* der Existenz des Heideggerschen (2001) Daseins. Dem Menschen kommt so eine Ur-Passivität zu, die eine Parallele auch zu meiner Argumentation aufwirft. Will man die Gabe und die Liebe schlechthin als reine, unbedingte Faktizität denken, so kann sie nicht empirisch sein, sondern ist nur transzendental (Marion/Wohlmuth, 2000, S. 62, S. 66) zu denken. Dann ergeben sich dergestalt jedoch wichtige Folgefragen: Doch wer ist Träger dieser transzendentalen Praxis? Muss es sein, hier zwingend einen Träger zu denken?[93] Oder ist es die Geschichtlichkeit als vorgegebene Praxis des Menschen und seiner Personwerdung?

Dann bin ich doch wieder bei Heidegger (2001) – sofern man nicht (wie in der spezifischen Literatur mitunter behauptet wird) meint, er wäre über Husserls bilaterale, transzendentale Intersubjektivität[94] gar nicht hinaus-

---

[92] Diese Perspektive durchzieht auch den „Grundriß Theologischer Anthropologie" von Dirschel (2006), der erstaunlich bibelbezogen ist und relativ wenig Auseinandersetzung mit (moderner) Philosophie bietet.

[93] *Gabe der Gabe*: Wenn wenige Zeilen vorher davon die Rede war, das Hören sei *vor* der Existenz, so stellt sich nun dieses „vor" als Problem. Vor – in einem ontischen Sinne? Wer ist dann der Träger? Wie ist dieses „Vor" sonst zu denken? An anderer Stelle, in einem kunsttheoretischen Zusammenhang, habe ich (Schulz-Nieswandt, 2006i) das Problem bereits angesprochen: Man kann die Gestalt als Transporter einer Botschaft nicht aufgehen lassen in der transzendentalen Konsumtion des Betrachters, aber ohne dieses dialogbedürftige und dialogfähige Subjekt geht es auch nicht. Die Gabe der Gabe lässt sich nicht als reine Konstitution des Erkenntnissubjekts auffassen. Umgekehrt – außer ich wende mich der Theologie der Gnade Gottes (als das ganz Andere) oder einer theonomen Kulturlehre zu – ist die Botschaft des objektivierten Zwischenraums nicht nur bedingt. Das Bedingte muss Gestalt-Ort des Unbedingten sein, einer Wahrheit, ohne die die Welt nur Imagination wäre in einer Art, die nicht mehr eine Antwort auf die Frage geben kann, ob die Imagination nur eine Imagination ist. Aber ein Sein muss es schon geben, um Sein zu erzeugen; aus dem Nichts, das hatte ich bereits einmal herausgestellt, kann kein Sein entstehen. Aber das muss als kompatibel gedacht werden mit dem Satz, das Sein nur als Seiendes im Moment der Praxis des Menschen, die als Arbeit am Dasein als Daseins-Werdung des Menschen als Existenz begründbar ist. Von transzendentaler Qualität ist die Praxis, also die Dialogik des menschlichen Seins des *homo dialogicus*. Diese Seinsqualität wurzelt anthropologisch in einer Positionalität (ein Begriff, der sich schon bei Fichte findet: Grossheim, 2002, S. 58) des Menschen in der Welt, die Geworfensein, aber auch Möglichkeit der Exzentrik, der Seinsreflexion, der Reflexion der Beziehung des Menschen zu sich selbst und zur Welt, in der er steht, ist.

gekommen. Auch hier ergeben sich gravierende Nachfragen: Ist das geschichtliche Geworfensein des Menschen die (strukturalistisch gelesene) Marxsche Idee der Gesellschaft als Praxisgrammatik? Ist die Praxis somit soziologisierter absoluter Geist (Steinherr, 1992) der Hegelschen Geschichtsphilosophie?

Es verwundert nicht, dass Marion auf sein Verhältnis zu Barth oder Rahner (Art. „Rahner, Karl", in RGG, Bd. 7, Sp. 23 f.) hin, auch zu Lévinas, befragt wird.[95] Wie ist „Ruf" und menschliches Erleben/Erkennen/Erfahren und letztendlich das Antworten des Menschen vermittelbar?

Der Theologisierungseffekt der Problemstellung liegt nahe. Im Prinzip ist Tillichs Korrelationsmethode (Clayton, 1980) angesprochen. Dennoch argumentiert Marion: „Der Ruf hat keine theologische Dimension, er ist ganz neutral." (Marion/Wohlmuth, 2000, S. 63) Ich denke nicht, dass damit das letzte Wort gesagt ist; ich kann es, das letzte Wort, aber auch nicht geben.[96]

Religiöser Atheismus: Daher folger ich (vgl. auch Bataille: Mattheus, 1988, S. 335): Es kann hier[97] (um das Ergebnis vorläufig zu fixieren) unbeantwortet bleiben, ob eine solche philosophische Anthropologie zwingend nur als theologische Anthropologie (Schoberth, 2006; Freyer, 2001; Christian, 1952, S. 132) gedacht werden kann.[98] Zweifelsohne kann aber eine

---

[94] Und nochmals: Wobei hier offen bleibt, inwieweit Husserls Spätwerk die Intersubjektivität nicht gerade im Rekurs auf eine transzendentale Wir-Gemeinschaft fundiert. Vgl. Husserl, 1977.

[95] *Rosenzweig*: Zu klären wäre auch das Verhältnis zu Rosenzweig (Rosenzweig, 1988), also zu dessen „Stern der Erlösung". Denn Schmied-Kowarzik konstatiert mit Bezug auf Rosenzweig. „Das Herzstück (...) bildet dabei die existentielle Erfahrung des liebend Gerufenseins durch Gott, die der dadurch zum Ich gewordene Mensch nur zu erwidern und zu bewähren vermag in der liebenden Hinwendung zum Du des Nächsten." (Schmied-Kowarzik, 1991, S. 182)

[96] Zwischen Barth und Tillich vermittelt (vergeblich) Gallus (2007). Nicht ganz nachvollziehbar ist die Kritik von Gallus an Tillich (Gallus, 2007, S. 208 ff.), wenn es um seine ontologische Immanenzauffassung Gottes geht. Gott als das letztendlich unaussprechbare Unbedingte allen Seins ist transzendent, aber innerhalb dieser ontologisch gedachten Immanenz. In der Tat ist dies zu Barth nicht zu vermitteln. Hier liegt Tillich näher an Jaspers und von diesem ist Barth ebenso weit entfernt.

[97] Diese Spannung wird auch im Werk von Guardini äußerst spürbar: vgl. Gerl-Falkovitz, 2005.

[98] *Siewerth*: Die ganze Problematik wird evident, wenn man sich das Werk von Gustav Siewerth anschaut: Auch nach der Lektüre von Siewerth durch den Filter der Studie von Remenyi (2003) kristallisiert sich der Eindruck, anthropologische und ontologische Kernstücke bei Siewerth auch ohne theologische Metaphysik Gottes aufgreifen zu können. Zumal noch ein zweiter Eindruck hinzukommt: Seine „Metaphysik der Kindheit" (Siewerth, 1957) überzeugt, wie sein ganzes Werk, in der eindringlichen zentralen Positionierung des Prinzips der Liebe als sorgendes Dasein im Modus des sozialen Mitseins. Wie aber auch Remedyi (2003) explizit

I. Fazit und Ausblick

theologische Anthropologie die Basis für eine diakonische Ethik (vgl. auch zur Theologie [postmoderner] sozialer Arbeit: Singe, 2006) abgeben, die höchst relevant ist etwa zur Frage der Ablaufsteuerung und Lebensweltausgestaltung in Krankenhäusern (vgl. etwa Körtner, 2007; zur diakonischen Kultur vgl. auch Claß, 2008).

Fest steht jedoch[99]: Erst im Mitsein kommt das Selbst zu sich selbst. Erst am Anderen konstituiert sich der Mensch im dialogischen Existenzmodus des Menschen (Buber, 2006; mit Blick auf die Psychiatrie: Tellenbach, 1988, S. 265 ff.)[100]. Vielleicht ist die Idee Gottes nur eben die Liebe aus gelebtem Zwischenraum von Ich und Du[101] (und von daher wundert es nicht, dass Barth Vorbehalte hatte, Buber deutlicher zu würdigen, als er es tat: Becker, 1986), was dann nicht ohne Konsequenzen für die gebetstheologische (Art. „Gebet/Fluch" von Oberlies, in Auffarth/Bernard/Mohr, 2005, Bd. 1, S. 442 ff.) Theorie der Gott-Mensch-Beziehung[102] sein kann.[103] Doch auch unabhängig von theologischen Erwägungen: Es ist anthropologisch nicht falsch, gerade in der Klage (des bittenden Menschen) ein Apriori der menschlichen Kreatürlichkeit zu sehen.[104]

Es soll also einerseits dahingestellt bleiben, ob diese Entwicklungslinien philosophischer Anthropologie zur theologischen Anthropologie zwingen. Andererseits ist die jeweilige Bindung der Theorieentwicklungen an katholische und/oder protestantische Milieus (und insgesamt im christlich-jüdischen Kontext) kaum zu übersehen (Langemeyer, 1963). Marcel nimmt eine sehr tolerante Position ein: „Es ist wohl möglich, daß das Vorhandensein der christlichen Grundtatsachen *in der Tat* erforderlich ist, um den

---

argumentieren konnte, kommen jedoch starke hierarchische, frauenfeindliche, maskulin-paternale, hinsichtlich der Familie völlig anachronistische Strukturen zur Wirkung, die schwer zu erklären sind. Aber m. E. könnte das gerade in der einseitigen Deduktion des erfüllt-personisierenden Mensch-Seins aus der Absolutheit Gottes begründet sein, so wie die Kategorie des Himmels in seiner sozialordnungsstiftenden Topografie von „oben" und „unten" immer schon höchst ambivalent war: Ebner u. a., 2006.

[99] Brunnhuber, 1993; Casper, 2002; Wucherer-Huldenfeld, 1985; Langemeyer, 1963; Theunissen, 1965, S. 330 ff.

[100] Buber wird auch kommunitaristisch rezipiert: Etzioni, 1999. Zum Kommunitarismus insgesamt vgl. Honneth, 2002; Reese-Schäfer, 2001; Haus, 2003.

[101] Für Dobbeler (1987) resultiert die liebende Beziehung zwischen Menschen aus der Liebe von Gott zum Menschen: Dies ist die übliche Art, Anthropologie in der Theologie durch Theologie unterzuordnen.

[102] Vgl. etwa bei Tillich: Kauer-Hain, 2005 sowie Reimer/Schüßler, 2004.

[103] Zur Reziprozität im Kontext der reformatorischen Rechtfertigungslehre von Luther vgl. Holm, 2006. Zu Gebet und Gabe: Casper, 1998, S. 27 ff.

[104] Aus der Fülle der einschlägigen Literatur vgl. auch Hinterhuber/Scheuer/Van Heyster, 2006.

Geist gewisser Begriffe erfassen zu lassen (...); man kann aber gewiß nicht sagen, daß diese Begriffe in Abhängigkeit von der christlichen Offenbarung stehen; *sie setzen sie nicht voraus.*" (Marcel, 1992, S. 85; kursiv auch im Original) Das Christentum spielt also „nur die Rolle eines befruchtenden Prinzips." (ebd., S. 85)

Paul Tillich: Besonders deutlich gilt dies im Protestantismus, hatte doch die katholische Theologie die anthropologische Wende (etwa bei Rahner[105]) erst als späte, nachholende Modernisierung (vgl. auch Bentz, 2008, S. 41 ff.) und entgegen starke reaktionäre Kräfte[106] (vgl. auch mit Bezug auf Frankreich: „Art. „Nouvelle Théologie", in RGG, Bd. 6, Sp. 414 f.; zu Maurice Blondel: Schwind, 2000) begonnen. Im Protestantismus wurde früh schon – und in grundlegender und zentraler Weise bei Paul Tillich (1886–1956; vgl. Schüßler/Sturm, 2007) – eine Hinwendung zur Anthropologie der kulturell-historischen Existenzialität des Menschen verwirklicht, die mit der existenziellen Daseinsontologie von Martin Heidegger (1889–1976) eine zentrale Bezugsgröße aufwies. Die Existenzphilosophie (Art. „Existenzphilosophie", in RGG, Bd. 2, Sp. 1814 ff. sowie Art. „Existenzphilosophie/Existentialismus" in TRE, Bd. 10, S. 714 ff.) und der Existenzialismus wurden hier als Glücksfall für die (Modernisierung der) Theologie empfunden. Tillich hat dies auch explizit so dargelegt.[107]

Die Herausstellung von Tillich in seiner Hinwendung zum religiösen Sozialismus (Schulz-Nieswandt, 2006c; Schüßler/Sturm, 2007, S. 95 ff.) ist

---

[105] Auch in Hinsicht auf die Frage des Jenseits, in Fragen von Himmel und Hölle ist Rahner offener als Barth. Für Rahner ist es zumindest nachvollziehbar, dass Menschen nach Auschwitz nicht mehr zu Gott finden. Viele Theologen sind dagegen hartherzig und drohen die ewige Höllenpein an. Vgl. Lang, 2003, S. 118.

[106] Noch heute paart sich die Wertschätzung gegenüber Rahner mit dicken Fragezeichen, wenn aus „gottunmittelbarem Denken" die „kirchenamtliche Theologie" ihren Zeigefinger heben muss: so Eppe, 2008.

[107] *Schelling*: Tillich hat sich ideengeschichtlich immer deutlich auf Schelling (Art. „Schelling, Friedrich Wilhelm Joseph", in RGG, Bd. 7, Sp. 877 ff.) bezogen (vgl. auch Gabriel, 2006, S. 10 f.). Zur Entdeckung der Spätphilosohie Schellings durch Tillich vgl. Schüßler/Sturm, 2007, S. 4 ff. Schelling selbst kann ich hier aber nicht zum Gegenstand ausführlicher Erörterung machen. Vgl. Frank, 1993. Wichtig scheint mir aber der Anschluß an die Interpretation von Gabriel (2006), wonach das (nicht leicht zu umreißende) Spätwerk Schellings Heideggers Umkehrung der idealistischen Hierarchie von Bewußtsein und Seins zugunsten der Vorgängigkeit des Seins zu sein, nur eben ontotheologisch gedreht als Ontonomie, die zugleich Theonomie ist: Die Vernunft findet das absolut Andere außerhalb von sich selbst und kann dieses Andere eben nicht selbst erzeugen. So gibt es ein unvordenkliches Sein, das sich das Bewußtsein erst *post festum* aneignen kann. Und so kann Sein ins Bewußtsein absorbiert, angeeignet werden – und eine fortschreitende Freiheitsgeschichte als Selbstwerdung des Menschen kann möglich werden. Und dergestalt folgt der „Philosophie der Mythologie" die „Philosophie der Offenbarung".

I. Fazit und Ausblick

nicht zufällig. Bei ihm ist die Kategorie der Unbedingtheit in einer Weise gedacht, wie sie zum Verständnis der Transzendentalität der reinen Gabe für die Soziologie und Ethnologie der Gegenseitigkeitsökonomik denknotwendig ist. Die menschliche Seinsweise bleibt immer eine bedingte, kontingente, unvollkommene Sorgearbeit.

Es geht um die Sinnorientierung (Frankl, 2005; Wiesmeyr/Batthyány, 2006) des Menschen, der einerseits mit der existenziellen Angst vor der Verzweiflung angesichts von Sinnleere, Tod und Endlichkeit zu kämpfen hat[108], andererseits aber auch mit einem Urvertrauen (wie bei Erikson, auf den nochmals zurückzukommen sein wird; vgl. auch in RGG, Bd. 8, Sp. 855 f.) ausgestattet ist, das im „Mut zum Sein" (Tillich, 1991) wirksam – „erhellend" (Jaspers, 1973) – wird.

Leztendlich wurzeln theologische Vorbehalte gegenüber Tillichs Korrelationsphilosophie in einer Ambivalenz, die er symboltheoretisch zu leben versucht (Luscher, 2008): Denn in Abweichung zu E. Ottos (1997) Religionsbegriff versteht Tillich das Heilige und das Profane eben nicht (strikt) getrennt: „Das Heilige und das Profane können nicht voneinander getrennt werden." (Tillich, 1987, Bd. I/II, S. 254)

Ob dies die personale Begegnung mit Gott voraussetzt (so wie Ulrich [1998] meint, „daß die innere Dynamik menschlichen Mit-seins auf eine göttliche Tiefe verweist": Haeffner, 1976, S. 120), soll – wie gesagt – dahingestellt bleiben.

bb) „Wahrheit des Mythos" als „Arbeit am Mythos"

Der Mythos[109] hat immer die Unvollkommenheit des Menschen thematisiert.[110] Insofern ist er, wie Kerényi am Prometheus-Mythos[111] demonstrierte, eine Darlegung der menschlichen Existenz[112] (Kerényi, 1959).[113]

---

[108] Mit Leroi-Gourhan (1995, S. 395) gehe ich davon aus, dass der Mensch nicht nur ein Bedürfnis nach materieller, sondern auch nach metaphysischer Gewissheit hat.

[109] *Mythostheorien*: Zu verweisen ist auf den wegweisenden Beitrag von Jamme (1999) sowie auf Jamme, 2005. Er versucht, philosophische Mythos-Theorie im Lichte kulturanthropologischer Befundelandschaften zu reflektieren. Dabei kommt die Arbeit von Angehrn (1996) nicht ganz so gut weg, da Angehrn (nach dem Geschmack von Jamme) sehr im Bereich der Philosophie verbleibt. Mag sein. Dennoch ist die Arbeit von Angehrn für mich sehr ertragreich, trägt sie doch zur Hermeneutik des Mythos dergestalt bei, dass das Leidensproblem des Menschen verständlich wird. Das eigene, moderne Denken wird so freigelegt. Zu fokussieren ist auf die Bewältigung der existenziellen Herausforderungen des menschlichen Daseins. Dadurch gelingt auch die ontologische Absicherung der modernen Existenz (etwas besser). Damit berührt der Mythos die hier interessierenden anthropologischen Aspekte

An Gott (als das Vollkommene oder – in griechischer Tradition[114] – als das zwar nicht völlig dem Menschen entrückte, aber dennoch andersartige Sein) gemessen, ist der Mensch unvollkommen, fehlerhaft (sündhaft), zum Guten wie zum Bösen[115] (vgl. Art. „Dämonische, das", in RGG, Bd. 2, Sp. 544 ff. sowie Art. „Böse, das" in TRE, Bd. 7, S. 8 ff. und Art. „Dämonen", in TRE, Bd. 8, S. 270 ff.[116]) fähig[117], widersprüchlich, wenn auch (humanistisch: Jaeger, 1989) förderfähig.

---

und er wird kognitiv relevant als lebensweltliche Existenzerschließung. Subjektgenese und Weltaneignung fallen somit an diesem Punkt zusammen. Meine eigene Rezeption der Mythendeutung legt zwar eine strukturale Sichtweise nahe, doch schließt dies eine inhaltliche Lektüre nicht aus. Denn auch die ewige Wiederkehr formaler Strukturen erfordert in der zeitgemäßen Lektüre eine Tiefenhermeneutik. Dies ist meine Leseart des Poststrukturalismus (Stäheli, 2000; Art. „Poststrukturalismus", in RGG, Bd. 6, Sp. 1518 f.). So verdichten sich Strukturalismus und konstruktive Tiefenhermeneutik z.B. am Thema der Ur-Angst als menschliche Grundbefindlichkeit. Sie ist da, immer, aber aktualisierbar nur in ihren Derivationen, die hermeneutisch aufzuschlüsseln sind. Zur Befindlichkeit als ontologisches Existenzial und zu Stimmungen als ontische Derivationen vgl. Art. „Befindlichkeit" von Thurnherr, in Thurnherr/Hügli, 2007, S. 31–32, hier S. 31.

[110] *Mythos und Aufklärung*: Der Mythos ist eine Arbeit der Selbstaufklärung des Menschen über sich selbst, seinem „Wesen", der *conditio humana*. Eng verknüpft, aber nicht identisch mit der Genese von religiösen Deutungssystemen ist der Mythos die Geburtsstunde früher/erster Formen der philosophischen Anthropologie, die sich der Frage widmet, was der Mensch sei. Der Mythos bescheinigt dem Menschen seine Zerbrechlichkeit, sein Scheitern-Können, seine unvermeidbare Schuldhaftigkeit, die sich an das Versagen knüpft. Der Mensch wird in seiner Endlichkeit konstituiert. Im Todesbewußtsein generiert sich die Kultur des Menschen: Die sinnhafte Besetzung der Lebensspanne und mit dieser auch die Selbstkonstituierung des Menschen als Selbst. Mit der Endlichkeit und dem Tod kommen das Altern, die Krankheit und alle anderen Formen mühevoller Lebensführung auf den Menschen: Vor allem die Arbeit. Der *homo culturalis* als *homo symbolicus* reflektiert sich von Anbeginn an als *homo laborans*. Vgl. auch Angehrn (1996) mit Bezug auf die bekannten Studien von Pettinato (1971) und Luginbühl (1992) zu den altorientalischen, insbesondere sumerisch-akkadischen Schöpfungsmythen. Vgl. auch Jeremias, 1904; auch Schrader, 1903.

[111] Vgl. auch Art. „Pandora" in Roscher, 1993, III.1, Sp. 1520 ff.

[112] Leidhold (2006; aber auch ders., 2007) stellt die Kristallisation der Ordnung durch den Mythos heraus, dabei die Dynamik von *Theogonie, Kosmogonie, Anthropogonie, Historiogenesis* und *Politogenese* betonend.

[113] Vgl. zu den Tragödien des Euripides die Studien von Hose, 2008.

[114] Vgl. u.a. Kerényi, 1992.

[115] Vgl. auch die Studie von Dalferth, 2008.

[116] Art. „Daimon" in Roscher, 1993, I.1, Sp. 938 f.

[117] *Die Chimären von Notre-Dame*: Und als Erinnerung an das Potenzial des Bösen in sich selbst hat Peter Wust eine Ausgabe einer Chimäre von den Türmen von Notre-Dame in Paris erworben und auf seinen Schreibtisch gestellt. Ob die Semantik dieser Figuren dem Touristen klar ist, wenn dieser an den Bücher- und Souvenir-

I. Fazit und Ausblick 583

Hier hat die Sozialpolitik^p ihren anthropologisch systematischen Stellenwert im Sein als Dasein der Existenz des Menschen.

Die Korrelation von Immanenz und Transzendenz – vielleicht auch die Transzendenz als Phänomen in(nerhalb) der Immanenz (grundlegend zu dieser Perspektive: Tugendhat, 2007, S. 13 ff.) – kann mit Blick auf die Korrelation des Zwangs zur Sorge mit dem „Mut zum Sein" auch als „Wahrheit des Mythos" rekapituliert werden.[118] Daraus würde keine Theologie[119], welche die Dramaturgie der Gerechtigkeit am Unendlichen festmacht (Bartsch, 2002, S. 215), und damit auch kein Zwang zu jenem Verständnis des Christentums, wohl aber eine „Arbeit am Mythos" resultieren. Der griechischen Religion wird somit das Höhere der Schöpfung aus Gnade und Barmherzigkeit entgegengesetzt; und diese Liebe sei „intentionslos und unbedingt." (Bartsch, 2002, S. 216)

Wenn (Schulz-Nieswandt, 2006c) somit an Hans Blumenberg (1920–1996)[120] angeknüpft wird (Blumenberg, 2006), dann repliziert sich hier – in akzentueller Umkehrung zur vorwurfsvollen Einstufung Tillichs als theologievergessener Kulturphilosoph – nun bei Blumenberg der mehr oder weniger explizite Vorwurf des krypto-theologischen Philosophierens.[121]

Was heißt nun „Arbeit am Mythos"? Der „Zwang zur Sorge" und der „Mut zum Sein" können anthropologisch rein immanent gedacht sein. Diese

---

Klappläden an der Seine (von denen auch ich meine Karten habe, die in der Bibliothek aufgestellt sind) Schwarz-Weiß-Postkarten von den Chimären erwerben kann?

[118] Eine differenzierte Analyse der Mythos-Rezeption (und damit zugleich eine produktive Auseinandersetzung mit Bultmanns Verständnis von Entmythologisierung) bietet Huppenbauer, 1992.

[119] *Mythos und Alterität*: Eine Analogie findet sich im kunsttheoretischen Kontext: Kunst ist ebenso eine Form der „Arbeit am Mythos". Was ist der Mensch? Wo kommt er her? Wo steht er im Kosmos? Kunst arbeitet am Mythos, da so die Grenzen des Menschen, seine Ambivalenzen, seine Einbindungen und seine Geschichtlichkeit, letztlich seine Schuld als Daseinseigenschaft thematisiert werden, aber auch seine Potenziale, seine grenzüberschreitenden Kräfte, seine transzendierenden Fähigkeiten, seine „exzentrische Positionalität" als Modus des Daseins, nämlich in Wechselwirkung zur Umwelt zu stehen, von ihr geprägt zu werden, aber auch auf sie einzuwirken, sinnhaft sich eine Position zu erarbeiten, um sich damit selbst zu konstituieren, in Anbetracht der Endlichkeit sich dem Leben zu stellen, somit sich dem Anderen – dem Mitmenschen – zu öffnen, um sich in dieser Begegnung selbst erst als Selbst zu erfahren, letztendlich diese Liebesfähigkeit zu entfalten.

[120] Zu Blumenberg vgl. auch Wetz, 2004; Heidenreich, 2005.

[121] Zum Verhältnis von Theologie und Philosophie bei Blumenberg vgl. auch Behrenberg, 1994 sowie Stoellger, 2000. Zu Blumenberg insgesamt vgl. Timm/Wetz, 2006; Müller, 2005; Heidenreich, 2005. Wie kompliziert die Dinge sind und entsprechend anspruchsvoll reflektiert werden müssen, das zeigt die Studie von Pöggeler (2007) in ihrer Mischung aus systematischen und biographischen Nachzeichnungen.

These wird hier vertreten. Diese Argumentation antwortet auf die Herausforderung der oben angeführten Überlegung, wonach die Sozialpolitik^p eine bedingte, im Raum des unvollkommenen menschlichen Handelns realisierte Praxis der Gabeethik in Form einer empirischen Gegenseitigkeitsökonomik darstellt.

Homo patiens: Das wissenschaftliche wie politische Ringen um die praktische Sozialpolitik bleibt somit Teil der ewigen menschlichen/gesellschaftlichen „Arbeit am Mythos", geht es doch (vgl. auch Grätzel, 2005; vgl. auch Jaeger, 2009, S. 21 f. zu Hesiod) um die Deutung des Menschen im Lichte seiner Endlichkeit, der Arbeit, von Krankheit und Altern (etwa als medizin- oder pflegeanthropologische[122] Lehre vom *homo patiens*)[123].

Schon deshalb – also angesichts der Kreatürlichkeit des Menschen – stehen Fragen der Gerechtigkeit der sozialen Organisation der Lebensspanne im Zentrum, geschichtlich geradezu am Anfang der Daseinsfragen des Menschen (Schulz-Nieswandt, 2003b; ders., 2007g).

Geworfen ins Sein, seinsgebunden, ist das Sein des Menschen die Arbeit am Sein, Daseinsarbeit, deren konstitutive Kategorie die Sorge ist. Daseinsarbeit ist somit Daseinsaufgabe – in einem unverfügbaren, nicht hintergehbaren Sinne.

Exzentrische Positionalität und Transaktionalismus: Gemeinsam ist dieser Ontologie und den verwandten Einsichten in der philosophischen Anthropologie und in der empirischen Kulturanthropologie die transaktionalistische Sicht (Schulz-Nieswandt, 2006d, S. 33 ff.) auf den Menschen, der zur Umwelt in einem Kreislauf-Verhältnis steht. Und der Mensch kann im Sinne von Helmuth Plessners (1892–1985) These der „exzentrischen Positionalität" (Plessner, 1975; ders., 2003a) zu eben dieser Wechselwirkung ein reflektierendes Verhältnis eingehen.[124]

---

[122] Mit Blick auf die einschlägige Literatur kann konstatiert werden, dass die deutsche Pflegewissenschaft erst allmählich auf dem Weg ist, qualitative Forschung auf einer philosophischen Basis zu entfalten. Vgl. auch Gaidys/Fleming, 2005.

[123] Eine der wenigen Anwendungen der Perspektive Viktor von Weizsäckers (Weizsäcker, 2005) auf hier relevante Krankheitsbilder (Schlaganfall) findet sich bei Raabe, 2000. Zur Rezeption von Weizsäcker in der (anthropologisch-ethischen) Theoriefundierung der Pflegewissenschaft: Remmers, 2000, S. 115 ff. Zum Kontrollverlust der Person infolge der Aphasie bei Schlaganfall vgl. die Studie von Tacke, 2006.

[124] *Person und Ressourcen*: Die Ressourcen sind einerseits (hingewiesen werden darf auf den leiblichkeitstheoretischen Einwurf, dass die Trennung analytisch ist, typisch cartesianisch eine Subjekt-Objekt-Dualität postuliert, die phänomenologisch nicht haltbar ist) personengebunden, also personale Ressourcen, andererseits umweltliche Ressourcen. Bezeichnet man die personologisch zentrierten Ressourcen als Kompetenzen, so stellen die externen Ressourcen Kapazitäten für das soziale Handeln dar. Am Beispiel von sozialen Infrastrukturen (Einrichtungen, Dienstleistungen,

I. Fazit und Ausblick

Damit ist das Leben als Entwicklungsaufgabe zu verstehen. Das wiederum konstituiert den Menschen in seiner Personalität, vor allem dann, wenn neben der technisch-dinglichen Umwelt – ich streife damit Bubers Ich-Es-Beziehung – die soziale Welt des Menschen als Mitsein (Bubers Ich-Du-Beziehung) angesichts des Anderen begriffen wird.[125]

„social support" der sozialen Netzwerke [Antonucci, 1990; ders., 2001], technisch-dingliche Wohnsituationen etc.) wird der Kapazitätseffekt schnell evident. Fragen der Dichte, der Belastbarkeit, der Qualität und der motivationalen Bereitschaft von Netzwerkökonomiken differenzieren zwar die Perspektive der Ressourcenvorhaltung, ändern aber nichts am externen Status der Ressource unter dem Aspekt der Verfügbarkeit. Aber bereits der Aspekt der Zugänglichkeit oder gar der Akzeptanz verweist auf die Interaktion von umweltlichen handlungssituativen Kapazitäten und der Nutzungskompetenz des Individuums und verweist auf die Kompetenzprofil-abhängigen Aktivitätsmuster des latenten bzw. manifesten Nutzers, der im Akt der Inanspruchnahme zugleich kreativer Konstrukteur z.B. der Dienstleistung als kommunikativ vermitteltes Leistungsgeschehen wird. Lebenslagen sind also personale Geschehensordnungen in der wirklichkeitsproduzierenden Interaktion von Person und Welt, in der die Person gestellt ist, diese in exzentrischer Positionalität als Transaktionalismus aber auch selbst reflektieren kann. Der Lebenslauf ist eine einzige Abfolge von Anforderungen, die sich an die menschliche Persönlichkeit stellen. Es bilden sich immer wieder neue An- und Herausforderungen heraus, die bewältigt werden müssen. Diese Daseinsherausforderungen bedeuten Stresssituationen. Entscheidend für das Gelingen des Lebenslaufes, auch in gesundheitlicher Hinsicht, ist das Vorhandensein, die Schaffung, Mobilisierung und Nutzung von Bewältigungsressourcen. Eine zentrale Ressource ist sozialer Art: Die Verfügbarkeit, aber auch Zugänglichkeit und schließlich Belastbarkeit von Netzwerken zur Unterstützung der Menschen. Es dürfte aber wichtig sein zu betonen, dass damit zugleich die Kompetenzen der Menschen im Mittelpunkt stehen. Das Geben und Nehmen in Netzwerkbeziehungen bedeutet für alle beteiligten Personen Möglichkeiten der sozialen Integration und der Personalisation durch Aufgabenorientierung und Rollenausübung. Die einschlägige Forschung hat den deutlichen Zusammenhang zwischen sozialer Unterstützung und Gesundheit aufzeigen können. Auf das schon mehrfach herangezogene Thema der sozialen Selbsthilfegruppen z.B. bezogen bedeutet dies, die fundamentale Rolle dieser Aktivitäten gesundheitswissenschaftlich als evident darzulegen. Damit wird die Förderung von sozialen Selbsthilfeaktivitäten zu einer zentralen Dimension einer Gesundheitspolitik. Diese sozialepidemiologische Analyseperspektive wird man jedoch auch, und das scheint mir wichtig zu sein, psychologisch und anthropologisch vertieft einschätzen müssen: Die salutogenetische Forschungsrichtung in der Tradition von Antonovsky (1997) betont die Bedeutung von Unterstützung und des Kohärenzgefühls der Menschen, auf der Basis eines Selbstkonzepts die Realität in Beziehung zu sich selbst strukturiert und kontrollierbar zu erleben einerseits und dem psychischen, psychosozialen und psychosomatischen Wohlergehen der Menschen andererseits. Auch die Frankl'sche Richtung der logotherapeutischen Existenzanalyse (Frankl, 2005) ist dieser Sichtweise sehr verwandt. Diese gesundheitsfördernden personalen Bewältigungsweisen müssen aber immer zugleich als eingebettet in soziale Beziehungen verstanden werden: Kompetent die Beziehung der Person zur Welt zu erfahren und sinnhaft Identität zu erleben durch Aufgabenorientierung und Rollenübernahme kann der Mensch nur im Modus des sozialen Mitseins mit anderen Menschen.

Reine Gabe und der Andere: Ich fasse zusammen: Die Argumentation diskutiert praktische Sozialpolitik im Lichte einer philosophischen Anthropologie von Gabemechanismen, deren letztendliche transzendentale Urform nur liebesethisch zu verstehen ist.

Von der Kulturanthropologie werden somit in diesem Lichte ausschließlich empirische Praxisformen analysiert, da als soziale Wirklichkeit δ-phänomenologisch eben nur derartige Praxisvarianten vorliegen, nie die transzendental verbürgte Logik selbst. Diese reine Form der unbedingten Gabe muss als empirisch unmögliche, aber transzendental unabdingbare Voraussetzung immer mitgedacht werden (vgl. auch Hoffmann, 2009). Daher gelangt das Prinzip der Liebe, der Teilhabe am Anderen (vgl. auch Art. „Andere/Andersheit", in RGG, Bd. 1, Sp. 464 ff.), als Grundeinsicht philosophischer Anthropologie, zumindest in der dem unvollkommenen Menschen möglichen Reichweite zur Geltung.

So bleibt noch ein wichtiger Folgeaspekt.

cc) Wie umgehen mit dem Scheitern der Person?

Wenn praktische Sozialpolitik letztendlich im Axiom der Liebesethik wurzelt, wie soll mit dem Phänomen des Scheiterns der geförderten Person umgegangen werden?

Chancengleichheit und Scheitern: Angenommen, eine distributive praktische Sozialpolitik würde ein historisch einmaliges Ausmaß an Chancengleichheit[126] realisieren. Diese Gesellschaft wäre (Schulz-Nieswandt, 2006d, S. 62 f.) zunächst einmal „Neid-Test-robust". Jede erreichte soziale Differenzierung – also die Verteilung der interpersonell unterschiedlich gelungenen Lebensverläufe – wäre von den Personen selbst verantwortet und damit akzeptabel und stünde nicht zur politischen Ergebniskorrektur an. Jeder redistributive Eingriff wäre nicht anreiz-kompatibel.

Diese soziale Welt wäre in einem spezifischen Sinne „hart, aber gerecht". Mehr noch: Würde die erreichte soziale Differenzierung ex post korrigiert,

---

[125] *Buber und Lévinas*: Wenngleich es (wie bei Theunissen, 1965) umstritten ist, ob Buber (anders dagegen evt. Lévinas, 1999; ders., 1995) den Anderen als Anderen wirklich erfasst hat oder nicht doch (wie auch mit Blick auf Heidegger mitunter konstatiert wird) letztendlich transzendental vom Ich her denkt, womit nicht über Husserls Intersubjektivität von Ego und Alter-Ego als wechselseitige Transzendentalität hinausgegangen worden wäre. Zu Lévinas vgl. auch Taureck, 2006; Sandherr, 1998; Delhorn, 2000; Budka, 2006 (mit Bezug auf die Problematik des Menschen mit Behinderung). Vgl. Krause (2009, S. 59 ff.) zu Levinas mit Bezug auf die Arzt-Patienten-Beziehung.

[126] Mit diesem Verständnis von distributiver Gerechtigkeit nehme ich eine klarere Position ein als etwa Dobner, 2007, S. 45 ff.

I. Fazit und Ausblick

wäre die Logik der Chancengleichheit unterlaufen. Es wäre systematisch der Anreiz gesetzt, dass sich der einzelne Mensch um die Verwertung der Chancen nicht zu bemühen bräuchte, da ja der Mensch im Lebenslauf als gescheiterter Mensch dennoch gesellschaftlich aufgefangen würde.

Zwei Überlegungen (insgesamt vgl. auch Romanus, 2008; Krebs, 2008) sind hier einzubringen: Zum einen ist der Nirwana (Art. „Nirwana", in RGG, Bd. 6, Sp. 344 f.)[127]-Gedanke (Schulz-Nieswandt, 2006d, S. 96) in die Erinnerung zu rufen: Eine vollkommene Welt der Chancengleichheit gibt es nicht und wird es zukünftig nicht geben. Insofern ist empirisch immer mit der Notwendigkeit der gesellschaftlichen Ergebniskorrektur durch praktische Redistribution normativ zu rechnen. Jedes Gesellschaftsmitglied müsste im Lichte einer Axiomatik der Barmherzigkeit den Test antreten zu prüfen, ob es nicht auch ihm selbst hätte passieren können, selbstverschuldet zu scheitern – trotz weitgehender apriorischer Chancengleichheit (Schulz-Nieswandt, 2006d, S. 62 f.).

Aus der Sicht einer barmherzigen Haltung einer Liebe des/zum Nächsten wird man wohl dann um die Vergabe einer „zweiten Chance" (quasi als Vergebung) nicht herumkommen.

Die zweite Chance: Im Falle der selbstverschuldeten Misere würde man selbst auf diese „Vergebung" als Gabe (Feiter, 1994; Oster, 2004, beide zu Ulrich, 1998) der Gesellschaft hoffen (zur Spannung von Gnade und Recht/Gerechtigkeit vgl. Ecker, 1999, S. 272, S. 274 f.). Am Beispiel der Verschuldung privater Haushalte ließe sich das Problem anschaulich demonstrieren (Schulz-Nieswandt/Kurscheid, 2005; dies., 2007).[128]

Anreizökonomisch dürfte diese „zweite Chance" sicherlich nicht zu generös sein (Schulz-Nieswandt, 2006d, S. 129 f.), sonst würde das ganze Normsystem von Chancengleichheit und Barmherzigkeit unterlaufen. Auch müsste diese „zweite Chance" aktivierend sein: Hilfe als Hilfe zur Selbsthilfe, ein Prinzip, das jedoch sehr unterschiedlich eng (oder weit) ausgelegt wird und ausgelegt werden kann.

Dabei wird man aber auch den punitiven Elementen dieses Regimes Beachtung schenken müssen (vgl. auch Klammer/Schulz-Nieswandt, 2006).

---

[127] *Nirwana-Begriff*: Nirvana (Sanskrit) ist zu definieren als ein Loslassen von allen der realen Welt anhaftenden Bedingungen. Damit befreit das Nirvana von aller geistigen Unruhe; und genau dies ist methodologisch hier anzuführen: Überabstrakt gebastelte Modellwelten sind nicht nur irrelevant. Sie sind – oftmals infolge ihrer Krypto-Normativität – reine Konzepte des Wünschenswerten, die aber von allen realitäts-bezogenen Denknotwendigkeiten abstrahieren. Die Welt wird so nicht mehr erklärt, sondern es erfolgt ein epistemischer Bruch mit der Welt.

[128] Zur Fähigkeit der Vergebung vgl. Weingardt, 2003. Mit Blick auf die Medizinpraxis vgl. Tausch, 1993.

Gemeint ist mit der „Hilfe zur Selbsthilfe" eine soziale Praxis der Rekonstitution des selbstverantwortlichen und dazu jedoch auch fähigen (somit selbstständigen) Menschen in seinem personalen Existenzmodus, der nun auf seine soziale Mitverantwortung angesichts der ihm zugekommenen Hilfe zur Selbsthilfe als soziale Fremdhilfe reflexiv verwiesen ist.

f) Emanzipatorischer Essenzialismus

Begründungslogisch wäre das reformulierbar als ein emanzipatorischer Essenzialismus (vgl. Kunze, 2005), um an Martha Nussbaum (1999) u. a. anzuknüpfen (vgl. auch Nass, 2006). Mitunter spielen thomistische Strömungen (RGG, Bd. 8, Sp. 369 ff.) hinein (apologetisch zum Thomismus: Berger, 2001; differenzierter: Forschner, 2006).

Das menschliche Individuum soll sich zu seiner relativ autonomen personalen Daseinsweise emanzipieren. Dazu braucht es aber die gesellschaftliche Hilfe zur Selbsthilfe. Alles andere wäre Ideologie des Münchhausen-Effekts[129]: Sich am eigenen Schopfe aus dem Sumpf ziehen zu können oder zu müssen. Das Problem des normativen Individualismus liegt darin, dass er sich selbst nicht individualistisch begründen kann (Nass, 2008, S. 179).

Und die Begründung zu dieser entwicklungsorientierten Sozialpolitik^{w+p} liegt letztendlich im „Wesen des Menschen" verwurzelt. Dieses Wesen konstituiert sich über Freiheit, Sorge und Verantwortung, aber auch durch Scheitern, Anerkennung von Abhängigkeit[130] und Gabe als Vergeben (Ulrich, 1998).

Anthropologie der Liebe statt Utilitarismus: Das ist utilitaristisch nicht zu begründen. Praktische Sozialpolitik braucht eine Anthropologie der Liebe.

Eine Wissenschaft der Sozialpolitik, wenn sie sich mit der Axiomatisierung der praktischen Sozialpolitik durch Rückgriff auf Prinzipien der Gerechtigkeit und der Solidarität bemüht, wird auf eine Ontologie des Menschen nicht verzichten können, eventuell auch nicht um eine theologische Anthropologie (s. o.) herumkommen können. Diese ist jedoch derart existenzbezogen anthropologisiert (auch bei Bultmann, 2002; vgl. dazu Huppenbauer, 1992 sowie Art. „Existentiale Interpretation", in RGG, Bd. 2, Sp. 1810 f. sowie Art. „Bultmann, Rudolf" in TRE, Bd. 7, S. 387 ff.; Hammann, 2009), dass in der Regel das philosophische Nachdenken zwar nicht

---

[129] Zum Münchhausen-Trilemma (in der Wissenschaftstheorie: vgl. etwa Albert, 1968, S. 13) vgl. auch Schwind, 2000, S. 49.

[130] Vgl. Kruse/Schmitt, 2005, S. 12 und insbesondere Kruse, 2005 (dazu auch Slaby, 2006, S. 56 ff.).

I. Fazit und Ausblick

auf die Absolutheit der Menschenrechte verzichten kann, wohl aber auf einen Supranaturalismus (gemünzt gegen Karl Barth[131]).

g) Welchem figurativen Typus werden die Generationenbeziehungen folgen?

Der Ausblick muss noch einen kurzen Blick auf die gesellschaftlichen Solidaritätsbeziehungen zwischen den Generationen[132] werfen.

---

[131] *Balthasar*: Auch Hans Urs von Balthasar (insgesamt vgl. dazu grundsätzlich: Reifenberg/Van Hooff, 2001) betonte den Gehorsam (Art. „Gehorsam" in TRE, Bd. 12, S. 148 ff.) des Menschen gegenüber Gottes Wort, wobei es zu bezweifeln ist, ob die Kritik an diesem Autoritarismus damit vom Tisch ist, wenn Löser (1979, S. 420) argumentiert: „Gehorsam aber meint hier keinesfalls eine ich-schwache Servillität, sondern die Bereitschaft, die Liebe (Gottes) sich als Liebe erweisen zu lassen." Dennoch bleibt der Eindruck, die Wende ins Anthropologische, die Entdeckung der Person dient nur der Erhellung des Absoluten (Art. „Absolute, das", in RGG, Bd. 1, Sp. 80 ff.), des Un-bedingten, eben Gottes. Dieser Eindruck bleibt auch nach der Lektüre von Meuffels (1991) bestehen: „Die Seinsfrage wird zur entscheidenden Heilsfrage." (Meuffels, 1991, S. 12) Und: „Danach muß nicht nur alles ins unterscheidend Christliche einmünden, sondern darüberhinaus muß dieses letzte der Anfang jedes theologischen Denkweges sein – und nicht eine vergleichende Erhellung der religiösen Situation des Menschen." (ebd., S. 25) Das ist der „Primat der Offenbarung" bei Hans Urs von Balthasar. Damit lehnt Balthasar auch die „männlich-faustische Anthropologie" ab: Es geht nicht darum, wie der Eros zu Gott aufsteigt; es geht um die weiblich-empfangene Anthropologie: Wie Gott und Geist von oben ins Menschliche eindringen. Dabei kann Meuffels (1991, S. 58 ff.) deuten und deuten, so viel, wie man (besser: er) will: Die Dynamik kommt von oben. Sie integriert zwar, was von unten kommt. Aber die Dominanz und die hegemoniale Richtung ist klar: „Die christologisch gewonnene Liebes-Beziehung Gott-Welt als Formprinzip ist die Struktur, in die sich der Eros einfügen muß. Gefordert ist nach Balthasar eine Agape-Anthropologie, die von Oben das Unten einholt und währt vollendet." (ebd., S. 60) Das ist traditionelle Metaphysik; sie liebt das Mysterium des Seins (ebd., S. 104). Sie liebt auch das Prinzip der Autorität. Dramatisch ist nun das Sein (ebd., S. 115 f.), weil der Mensch nur transzendierend in Richtung auf Gott lebt. Das ganze Drama liegt in der Fragmentierung der menschlichen Existenz, die dennoch bejaht wird durch Gott, begründet. Doch: Die Stipulierung des Göttlichen spaltet die Welt, um dieser dann anschließend wieder die Versöhnung anzubieten.

Marion und Ricoeur: Der Entwurf der Offenbarung bei Jean-Luc Marion stellt sich ebenfalls der philosophischen Rationalitätsprüfung (vgl. umfassend Alferi, 2007). Gabetheoretisch fokussiert sich das zentrale Problem auf das der Unbedingtheit des ursprünglichen, nicht ableitbaren und nicht-funktionalen Gebens (vgl. auch Alferi, 2007, S. 417 f.). Auch Ricoeur geht es um die Erstgabe. Diese ist phänomenologisch angemessen zu entfalten. Die sich (Alferi, 2007, S. 428) bei Ricoeur sodann ergebene wechselseitige Anerkennung von Gabe und Rückgabe sei ein Raum „Zwischen den Menschen"; und dies sei mehr, als alle kulturell-ökonomischen Reziprozitätsansätze zum Ausdruck bringen können.

[132] Aus der neueren Literatur vgl. Lettke/Lange, 2006. Diese Erstgabe wird bei Marion nun als „reiner Akt" gedacht. Und – damit hätte Alferi (2007, S. 437) en-

Der Diskurs um die „sinkenden Renditen" (vgl. Häcker [2008] zum SGB XI-Bereich) der aufeinander abfolgenden Kohorten der Sozialversicherung (hier der Alterssicherung gemäß SGB VI) infolge der demografischen Verwerfungen im umlagefinanzierten System sozialer Sicherung argumentiert aus der Perspektive paretianischer Effizienz und utilitaristischer Tauschgerechtigkeit als Typus fairer Reziprozität. Diese ökonomistische Reduktion der Reziprozitätslogik stellt nur eine Form der geregelten intergenerationellen Beziehungen dar. Es sind weitere zu unterscheiden[133]: (1) Autonomie auf Gegenseitigkeit (amerikanische und asiatische Semantiken; vgl. dazu noch weiter unten), (2) faire Partnerschaft, (3) asymmetrische[134] Abhängigkeit [(a) die ausgebeutete Jugend, (b) das ausgegrenzte Alter].

Ähnlich gelagert und sehr fruchtbar ist auch die Typologie von Höpflinger (vgl. http://www.hoeplinger.com/fhtop/fhgenerat 1C.html, Zugriff vom 10.9.2009), in der unterschieden wird zwischen (1) negativer Interdependenz (Generationenkonflikt), (2) positiver Interdependenz (Generationensolidarität), (3) Interdependenz/Unabhängigkeit (Segregation der Generationen) und (4) Ambivalenz von Generationenbeziehungen (vgl. auch Roux u. a., 1996, S. 36 ff.).

Die nordamerikanische Kultur versteht unter Autonomie selbstreferentielle Selbstständigkeit. Der asiatische Kulturkreis[135] versteht unter Autonomie, anderen Personen nicht zur Last zu fallen. Aus beiden Haltungen heraus entstehen Gegenseitigkeitsbeziehungen, aber offensichtlich mit jeweils ganz anderen Haltungen und aus ganz anderen Motivkomplexen (Schulz-Nieswandt, 1996, S. 25 ff., 239 ff.; Shimada/Tagsold, 2006) heraus.

Faire Partnerschaft ist ein System gleichgewichtiger Transaktion zwischen wechselseitig[136] sich respektierenden Generationen[137]. Diese Partner-

---

den müssen – dieser Urakt ist nur als identisch mit der Liebe Gottes (vgl. auch Art. „Liebe Gottes und Liebe zu Gott", in RGG, Bd. 5, Sp. 350 ff.) zu verstehen.

[133] Vgl. – die nun wieder neu aufgelegte Schrift von – Mead (1901–1978), hier Mead, 1974; vgl. auch Rosenmayr, 1993; Jureit, 2006; zur Theorie intergenerativer Pädagogik: Jacobs, 2006. Kruse/Schmitt (2005, S. 13): „Es geht darum, dass wir das Alter in die Mitte der Gesellschaft (polis) holen und nicht an den Rand der Gesellschaft drängen."

[134] Zu asymmetrischen Austauschbeziehungen in intergenerationellen Familienbeziehungen in Italien vgl. auch Barbagli, 1995.

[135] Wobei, blickt man in die ausgewiesene Konfuzianismus-Forschung (Van Ess, 2003, S. 112 ff.), über den Meta-Konfuzianismus eines asiatischen Typus von Wohlfahrtsstaat wohl auch viel Unsinn produziert wird. Differenzierter Schulz-Nieswandt u. a., 2006, S. 121 ff.; Lee, 2007. Zur neueren Sozialpolitikentwicklung in Ost- und Südostasien vgl. Husa/Jordan/Wohlschlägl, 2008.

[136] Diese Reziprozität ist eine Theoriefortentwicklung im Forschungskontext zur transgenerationellen Weitergabe im Familienkontext. Diese theoretische Fortent-

I. Fazit und Ausblick

schaft ist abzugrenzen von Systemen der einseitigen Ausbeutung: Entweder in der Form der Ausbeutung der Jugend durch das Alter oder – umgekehrt

wicklung betont neben der kulturellen Weitergabe die Rückwirkung der jüngeren auf die ältere Generation. Vgl. auch Zinnecker, 2008.

[137] *Status des Alters*: Es wird hier die Prämisse vertreten, dass das Alter im Kontext seiner Teilhaberechte nicht freigestellt ist von Verpflichtungs- und Rollenzusammenhängen. Man kann nicht einerseits im gerontologischen Diskurs die Sprechpraxis vom „Ruhestand" (vgl. auch die regressiv-infantilisierende Babysprache in der Langzeitpflege) als altersdiskriminierend sozio-linguistisch klassifizieren und andererseits das Alter doch wiederum als „verdiente" Freiheit jenseits der Reziprozität der Generationen einfordern (vgl. auch Hank/Stuck, 2007, S. 16). Das ist weder anthropologisch noch rechtsphilosophisch hinreichend durchdacht und erweist sich als Widerspruch im politischen Argumentieren. Eingelassen in diese Figurationen der Generationen, der Ich-Du-Wir-Balancen des Menschen in seinen inter- wie intragenerationellen Beziehungen und angesichts seiner kulturellen Einbettungen, strategischen Orientierungen und psychischen Ich-Funktionen hat der Mensch im Alter ebenso wie alle anderen Altersklassen-Mitglieder wirtschaftliche, politische und soziale Grundrechte. Denn das Recht auf selbstständige Lebensführung und die Vision der selbstverantwortlichen Lebenspraxis ist an keine Altersgrenze gebunden, wenngleich aus der Sicht der Kindheit diese Wertstruktur der menschlichen Existenzweise teleologisch eine Entwicklungsaufgabe darstellt, sich an der Dialektik von Bindung/Abhängigkeit und Ablösung/Autonomie knüpft und im hohen Alter, im Lichte der epidemiologischen Datenlage über kognitive Beeinträchtigungen, gehäuft zu schwierigen ethischen Grenzsituation führt. Diese Sicht auf den grundrechtlich verbürgten Eigensinn des Menschen bis ins hohe Alter kann aber die anderen konstitutiven Dimensionen des bereits oben skizzierten Menschenbildes nicht eskamotieren: Gesunder Eigensinn entfaltet sich nur im liebenden Modus des sozialen Miteinanders. Daraus kristallisiert sich die soziale Mitverantwortung, zum Teil auch die Entwicklungsaufgabe der bewussten Akzeptanz von Abhängigkeiten, wo sie unvermeidbar geworden sind, so dass die fremde Hilfe nicht zum unerträglichen Modus der demütigenden barmherzigen Gnade wird, als Verlust der eigenen personalen Würde und als respekterodierende Asymmetrie hierarchisierter paternaler/maternaler Generösität erlebt wird. Dies ist aber nicht nur eine Entwicklungsaufgabe des „empfangenden" bedürftigen Menschen, sondern auch des gebenden Akteurs, der seine Gabe nicht im Modus der Vergebung symbolisch überhöhen sollte. Das gilt für informelle Relationen ebenso wie für professionelle. Der Diskurs, der sich in diesem Lichte für die Modernisierung der sozialen Professionen der Dienstleistungsmärkte anschließt, ist bekannt. Insgesamt ist zu schlussfolgern, dass das Alter keine Rückzugsposition aus der gesellschaftlichen Figuration bedeuten kann. Rechte und Aufgaben (Rollen, mitunter Pflichten) sind komplementär. Auch die Kritik am sozialen Autismus bzw. am Narzissmus der Akteure ist altersunabhängig. Die Daseinsaufgaben enden nicht mit der gesetzlichen Altersgrenze. Die Empirie der soziologischen Forschung zeigt ja auch, dass diese Einbindung in die sozialen Austauschbeziehungen im und vom Alter vielfältig gelebt wird. Konkretes ist jedoch auf diesem Abstraktionsniveau einer sich anthropologisch und ontologisch vergewisserten Gesellschaftslehre der individuellen Existenz nicht zu erwarten. Die Konkretisierung ist selbst wiederum Gegenstand sozialer Verhandlungen. Der Sozialvertrag, der hierbei angedacht ist, ist aber nicht einfach eine (einmal gebildete und dann wirksame) Grundlage des menschlichen Miteinanders der Gesellschaft, sondern im Kontext des sozialen Wandels ihr permanenter Gegenstand. (Das ist zugleich die fundamentale

– in der Form der sozialen Ausgrenzung des Alters durch die Jugend als Art sozialer Tod (Hasenfratz, 2002, S. 63 ff.[138]).

Anthropologische Perspektiven – Die Sicht der Vielfalt: Die Kulturanthropologie erforscht unterschiedliche Gesellschaften mit Blick auf Kulturunterschiede, einerseits um identische oder ähnliche Strukturen aufzudecken, andererseits um im Vergleich auch die Unterschiede und den Variationsreichtum darzulegen.

Der Schwerpunkt in diesem Einerseits-Andererseits-Spektrum kann unterschiedlich gesetzt werden. In der historischen Anthropologie legt man eher den Schwerpunkt auf Wandel und Vielfalt, löst dabei aber durch einen mentalitätsgeschichtlichen Alltagsbezug die ältere Kulturgeschichte ab. In der strukturalen Anthropologie versucht man dagegen, universelle Strukturen des menschlichen Geistes und somit der sozialen Beziehungen aufzudecken.

Gerade die kulturanthropologische (oder auch ethnologische) Alter(n)sforschung (Schulz-Nieswandt, 2001) zeigt nun, dass beide Schwerpunktbildungen ihr Recht haben. So zeigen kulturvergleichende (vgl. auch Kagitcibasi, 1996) Forschungen (etwa europäische Länder [europäisch vergleichend: Attias-Donfut/Ogg/Wolff, 2005] im Vergleich zu asiatischen Ländern[139]) erstaunlich ähnliche Netzwerkstrukturen zwischen den Generationen.[140] Auch sind Altersklassensysteme keine Eigenheit des europäischen Wohlfahrtsstaates (das zeigen Studien zur römischen Antike z.B.). Aber die Motivstrukturen[141], mit denen die intergenerationellen Netzwerke oder Austauschbeziehungen gestrickt sind, können recht unterschiedlich ausfallen. Das Alter kann hoch geschätzt werden, indem die Autonomie des Alters betont wird (oder auch die reziproke Autonomie der Generationen, durchaus passungsfähig zu dem Theorem der „Intimität auf Distanz"), oder indem dem Alter autoritätsfundiert Respekt entgegengebracht wird, oder das Alter in seiner Würde betont wird. Es liegen aber auch Studien vor, die deutlich machen, dass man die originären Kulturunterschiede im Familien- und Verwandtschaftsleben auch nicht überzeichnen sollte (vgl. etwa Baykara-Krumme, 2007a zu Migranten und Einheimischen).

Kritik an der ökonomischen Public-choice-Theorie.) Zu einer anderen, nämlich parallelen statt sequenziellen Logik verschiedener Tätigkeitsbereiche (Arbeit, Bildung, Freizeit) vgl. auch das Modell von Riley/Riley, 1992.

[138] Vgl. auch die religionsphänomenologische Studie zum sozialen Tod in archaischen (im knappen Vergleich zu modernen) Gesellschaften von Hasenfratz, 1982.

[139] Vgl. auch Nauck/Suckow, 2006.

[140] Haberkern/Szydlik, 2008 sowie Höllinger/Galler, 1993. Vgl. dazu auch Schulz-Nieswandt, 1996, S. 25 f.; ferner Yi/Farrel, 2006.

[141] Zu den Handlungsmotiven des Engagements vgl. auch Clary/Snyder, 1999 sowie Penner, u.a. 2005.

I. Fazit und Ausblick 593

Strukturelle Ähnlichkeit im Kulturvergleich schließt hier motivische Differenzierungen nicht aus.

Mythenbildungen und falsche Akzentsetzungen: Manche Kulturunterschiede erweisen sich auch nur als Akzentuierungen im Mischungsverhältnis verschiedener, aber überall vorhandener Komponenten.

So erweist sich die Theorie des Familialismus (Daatland/Motel-Klingebiel, 2007, S. 349) in Pflegerelationen kulturvergleichend als relativ. Weisen einige Gesellschaften, die deutlich patriarchalisch geprägt sind, signifikante Effekte der familiären Risikoprivatisierung im Verbund mit dominanten geschlechtsspezifischen Rollenzuweisungen auf (Japan[142], Korea, Griechenland, oder auch katholische Länder wie Irland und Polen), so fehlt es – abgesehen von den in diesen Ländern einsetzenden oder forcierten Prozessen „nachholender" Modernisierung – in entwickelten Wohlfahrtsstaaten nicht an familiärer Verantwortung und an Netzwerkökonomiken, die kulturgeschichtlich älter sind und heute nach wie vor, zum Teil sogar intensive, tragende Säulen des Wohlfahrtsproduktionsgeschehens sind, als es im modischen Import des US-amerikanischen Kommunitarismus (vgl. W. R. Wendt: Art. „Kommunitarismus" in Maelicke, 2007, S. 580 ff. sowie „Art. „Kommunitarismus", in RGG, Bd. 4, Sp. 1530 ff.)[143] oder im Import von Elementen der britischen Sozialdemokratie erscheinen mag.

Dritter Sektor und Wohlfahrtspluralismus: In entwickelten Wohlfahrtsstaaten ist Wohlfahrtsproduktion immer schon ein Zusammenspiel von Markt, Staat, Familie (Ecarius, 2007) und Drittem Sektor[144] (Boeßenecker, K.-H.: Art. „Dritter Sektor" in: Maelicke, 2007, S. 259 ff.; Schmidt-Trenz/

---

[142] Vgl. auch Coulmas, 2007.

[143] Vgl. auch zum Kommunitarismus unter Einbezug neuerer experimenteller Verhaltensforschung zum Kooperationsproblem die Arbeit von Rentrop, 2007. Auch hier wird festgestellt, dass prosoziale Verhaltensmuster und Kooperationsbereitschaften keine Anomalien und damit Ausnahmen in den bleibenden Verifikationen des neoklassischen Modells ökonomischer Entscheidungen darstellen, sondern mit Evidenz auf andere Gleichgewichte zwischen Ich- und Wir-Paradigma des menschlichen Handelns verweisen.

[144] *Polymorphie des Dritten Sektors*: Der Dritte Sektor ist polymorph und ist topographisch zwischen Staat, Markt und Familie/Verwandtschaft angesiedelt. Polymorphie meint hier die Annahme eines Raumes einer betrieblichen Gebildevielfalt. Dieses sich somit ergebene Vier-Sektoren-Modell der Wohlfahrtsproduktion ist nicht ohne Verlegenheiten. Es besteht einerseits eine gewisse theoretische Kontingenz: Vieles könnte man auch ganz anders sehen. Auf der anderen Seite sind wissenschaftliche Klassifikationssysteme Fragen der Zweckmäßigkeit. Und ich behaupte, dass diese sektorale Morphologie ertragreich ist. Analytische Klassifikationssysteme, selbst alles andere als frei von Krypto-Normativitäten, schaffen (soziale) Ordnung, hier: Ordnung in der Wirklichkeit gemischter Wirtschaftsgesellschaften. Ob diese Ordnung sodann für eine internationale Komparatistik beitragen kann, muss sich zeigen. Vgl. Schulz-Nieswandt, 2008e.

Stober, 2006) der intermediären[145] Freigemeinwirtschaftlichkeit[146] gewesen. Die Akzente verschieben sich oder sind international bzw. kulturvergleichend unterschiedlich. Am ubiquitären Tatbestand des Wohlfahrtspluralismus selbst ändert dies nichts (Priller, 2007).[147]

Die sozialwissenschaftliche Diskussion kommt leicht daher mit der Formel vom „Wandel des Staatsverständnisses vom fürsorgenden Wohlfahrtsstaat zum vorsorgenden und aktivierenden Gewährleistungs- und Verantwortungsstaat" (Zeman, 2007, S. 2). Die rechtswissenschaftliche Literatur macht es sich nicht ganz so leicht mit diesem Wandel. Insgesamt ist doch die ganze

---

[145] Also im Mittelpunkt steht der Dritte Sektor. Er ist intermediär, da er topographisch im Vektorsystem zwischen den Polen Staat, Markt und Familie (Verwandtschaft) angesiedelt ist. Die vier Sektoren sind idealtypisch (und zwar ganz im Sinne der Max Weberschen Merkmalsstilisierung) zu verstehen.

[146] Wobei sich hier komplizierte Fragen der kommunalen Förderung ergeben. Vgl. (mit Transfercharakter) Grotendorst, 2007.

[147] *Regimetypus und Engagementkultur*: Offensichtlich gibt es auch Zusammenhänge gerade der bürgerschaftlichen Engagementmuster mit Regimetypen, die unterschiedliche Opportunitätsräume bieten: vgl. Pichler/Wallace, 2007. Als Zusammenfassung ist der Studie zu entnehmen: „Studies of social capital have concentrated upon either formal associative behaviour or informal social relations (networks). This article looks at the relationship between these two types of social capital by examining social networks, social and family support (informal social capital) on the one hand and associational behaviour along with social trust (formal social capital) on the other. Using the Eurobarometer 62.2 covering a representative sample of 27 countries the analysis found that with this approach, regions in Europe can be grouped according to the two dimensions, whether they are high on both forms of social capital (complementarity) or whether informal social capital substitutes for formal social capital (substitution). The Scandinavian countries and the Netherlands had the highest levels of all forms of social capital. In the South and East of Europe informal social capital was more important, but whilst in the South this was mainly in the form of family support, in the East informal support outside the family was also important. Thus, we can speak of ‚social capital regimes' to better understand the various cultures of participation and cohesion across Europe." Vgl. auch Salamon/Sokolowski, 2003 sowie Smith/Shen, 2002: Als Zusammenfassung ist anzuführen: „Based on a literature review, a theory of voluntary association prevalence in nations of the world is proposed. Greater associational prevalence is hypothesized to result from certain societal background factors (greater population size, and more favorable historical/cultural/environmental interface), aspects of basic societal structure (more permissive political control, greater modernization, more developed non-associational organizational field, and greater ethno-religious heterogeneity), and societal mobilization factors (aggregate resource mobilization for associations, aggregate social cohesion). Archival data on larger contemporary nations strongly confirm most of the model independently for two separate time periods, the 1970s and early 1990s. The ethno-religious heterogeneity variable is not confirmed as significant. No suitable data were available to test aggregate social cohesion as part of the empirical model tested. The results have important policy implications for the roots of civil society, political pluralism, and participatory democracy, partially as manifestations of social capital in a society."

I. Fazit und Ausblick

Problematik der Daseinsvorsorge nicht neu, wenn der Kern in der Frage liegt, wie die Menschen, gerade auch die „jungen Alten" in die kommunale Daseinsvorsorgearbeit aktivierend involviert werden können, zumal ihr Engagement bereits Befund ist (Breithecker, 2007, S. 13) und nicht Zielvariable eines erst noch zu forcierenden paradigmatischen Wandels des Sozialstaates.

Aber dieser Paradigmenwechsel des Sozialstaates wird unter dem Titel eines Wohlfahrtsmixes (vgl. auch mit Quartiersbezug: Netzwerk: Soziales neu gestalten, 2009 sowie 2009a) oder Wohlfahrtspluralismus von einer breiten und einschlägigen Literatur als Entwicklungsaufgabe dargelegt. Dass, bis auf die Theorieentwürfe des 19. Jahrhunderts zurückreichend, die staatswissenschaftliche Literatur nicht dualistisch und bipolar (Staat vs. Markt) war (Gretschmann, 1981; vgl. dazu auch die Besprechung von Thiemeyer, 1985), sondern eben auch den freigemeinwirtschaftlichen Sektor betont hat, ist mangels dogmenhistorischer Kenntnisse wohl als Erkenntnis verloren gegangen. Der Dritte Sektor[148], der dynamisch[149] zwischen Staat,

---

[148] Zu verweisen wäre natürlich auch auf die Johns Hopkins Nonprofit Sector-Studien (Salamon/Anheier, 1996; Anheier/Seibel, 2001; Anheier/Toepler, 2002).

[149] *Interdependenz von Staat, Markt und Familie*: Zunächst ist (vgl. auch Schulz-Nieswandt, 2008e) die dual-strukturelle und d.h. die strikte Separierung von Staat und Gesellschaft zu differenzieren. Eine Regierungslehre des Staates ist theoretisch überholt. Mit Blick auf komplexe, oftmals als Mehr-Ebenen-Systeme etablierte Governance-Strukturen ist vielmehr von einem politischen System zu sprechen. Der Staat ist Teil des politischen Systems. Aber z.B. die Verbände sind ebenso wie die Medien Teil der Arena und tragen zur Agenda-Bildung (Karriere von Themen und Transformation von Themen in interventionsrelevante Probleme) ebenso konstitutiv bei wie (im Fall der Verbände) umgekehrt zur Problemlösung im Rahmen der Implementation der Gesetze. In der Politischen Ökonomie (bzw. Public choice-Literatur) wird der Einfluß der Marktökonomie auf den Staat als Gesetzgeber im Rahmen von Rent-seeking-Theorie(n) betont. Ferner: Das politische System nimmt durch die Regulation und die Redistribution eben nicht nur Einfluß auf die Marktökonomie, sondern auch auf die primären Lebenswelten (Familien, Haushalte, Siedlungsstrukturen etc.). Das Marktgeschehen wiederum wirkt sehr stark ökonomisierend auf die primären Lebenswelten. Vielleicht sollte mit Blick auf eine ja durchaus sinnvolle Ökonomisierung angesichts des Problems des verantwortungsvollen, zielorientierten Umgangs mit knappen Ressourcen besser von einem Ökonomismus-Problem (Verselbständigung des ökonomischen Prinzips) gesprochen werden oder gar von einer Kommerzialisierung menschlicher Beziehungen, um Perspektiven einer Kritischen Theorie aufzugreifen. Staat, Markt und Familie sind also keineswegs getrennt: Die Trennung war nur die Funktion einer analytischen Klassifikation, die notwendig wurde, um den Raum des Intermediären zu konstituieren. Aus Foucaultscher Sicht ist, dies war weiter oben bereits einmal angedeutet worden, sogar davon auszugehen, dass die Interdependenz, also die funktionslogischen Verklammerungen morphologisch unterschiedlicher Sektoren, das Resultat eines ubiquitär diffusen epistemischen Regimes ist, das rechtlich, ökonomisch, wissenschaftlich, medial und letztendlich auch intrapsychisch und mental habiltualisierend ein Dispositiv durchsetzt: Selbstentfaltung des Individuums in einer auf Konsumgüter zentrierten Lebenswelt.

Markt und Familie/Verwandtschaft angesiedelt ist, ist demnach keine historisch neue, zumal aktuelle Erscheinung. Er umfasst doch morphologisch sehr differenzierte Sozialgebilde, deren Gemeinsamkeit wohl nur in der Abgrenzung liegt: zur Logik des Marktes, zur Herrschaft des Staates und zur primären Solidarität familialer Systeme[150]. (1) Die (relativ staatsnahe, etwa über das sozialrechtliche Dreiecksverhältnis begründete) organisierte Sorge- und Liebesarbeit der freien Wohlfahrtspflege weist im Lichte des europarechtlichen funktionellen Unternehmensbegriff einen klaren Marktbezug auf und ist daher Produzent von Dienstleistungen von allgemeinem wirtschaftlichen Interesse. Mit dem Einbezug großer Teil des bürgerschaftlichen Engagements (Schulz-Nieswandt/Köstler, 2009) weist sie jedoch einen erheblichen lebensweltlichen Bezug zur verörtlichten Lebensweise der Menschen auf und ist somit tief verankert im Alltag der Haushalte, der sozialen Netze und der Nachbarschaften (vgl. auch Albrecht, 2008). (2) Soziale Kleingenossenschaften, in der Regel rechtlich als Vereine organisiert, seien es soziale Selbsthilfegruppen im Gesundheitswesen (gemäß § 20 Abs. 4 SGB V, jetzt § 20c SGB V[151]) oder Seniorengenossenschaften, die genossenschaftsartig auf der Basis von Sozialgutscheinmodellen erfolgreich arbeiten, stellen

---

[150] Die Arbeit von Follmar-Otti (2007) behandelt mit ihren beiden Fallstudien zur ambulanten sozialen Arbeit in Berlin und Hamburg nicht nur morphologisch den „Dritten Sektor" im Lichte der einschlägigen Theorien, wobei die Theorie der linearen Sequenzlogik von Marktversagen, Staatstätigkeit, Staatsversagen, lückenfüllende Emergenz des Dritten Sektors in ihre explikativen Grenzen verwiesen wird und die Sachverhalte (wenn auch nur kursorisch) auch historisch zurechtgerückt werden. Insgesamt wird auch die Spezifität der Verantwortungsteilung zwischen Staat und den Organisationen des Dritten Sektors strukturell herausgearbeitet. Die Arbeit knüpft damit thematisch wieder an die klassisch diskutierten Mechanismen der Delegation öffentlicher Aufgaben an freie Träger an und diskutiert kritisch die steuerungstheoretischen und -politischen Debatten über die diesbezügliche Rollenverteilung im Lichte sowohl kommunitaristischer und zivilgesellschaftstheoretischer Perspektiven als auch aus Sicht von New Public Management. Dabei konkretisiert sie die Wirkung von NPM auf der Ebene der Zuwendungsfinanzierungsmodalitäten und -praktiken. Die Arbeit ist außerordentlich lesenswert aufgrund der Theorieaufarbeitungen zum Dritten Sektor; sie liefert aber auch wertvolle Zugänge zur Steuerungsdebatte aus verwaltungs- und rechtswissenschaftlicher Sicht. Die Arbeit macht ferner erneut deutlich, dass aus europarechtlicher Perspektive, und d.h. aus Sicht des Wettbewerbs-, Beihilfe-, Vergabe-, Betrauungs- und Konzessionsrecht die historisch gewachsenen Mechanismen des Zusammenspiel öffentlicher Hände und freier und privater Träger ohnehin nahe am Europäischen Sozialmodell der Dienstleistungen von allgemeinem (wirtschaftlichem) Interesse (DA[W]I) sind. Die Differenzen liegen im Detail der praktizierten Aufgabendelegation, also mit Blick auf Ausschreibungswettbewerb, transparenten Betrauungsakten usw. Nun konvergiert das deutsche Gesundheitswesen infolge der seit vielen Jahren implementierten neuen Steuerungsideen ohnehin endogen zur Marktöffnung und zur Wettbewerbssteuerung. Diese endogenen Trends treiben die Konvergenz weiter voran.

[151] Zur Selbsthilfeförderung vgl. auch Nakos, 2007 sowie ders., 2007a.

I. Fazit und Ausblick

eine morphologisch eigenständige Teilmenge des Dritten Sektors (Priller/ Zimmer, 2006) dar. Stiftungen und andere Formen sozialen Engagements von Unternehmen erwachsen zwar aus der (Logik des) Marktes, sind durch diese widmungswirtschaftlichen Aktivitäten jedoch aufgrund der Produktion gesellschaftlich wertgeschätzter Externalitäten durchaus diesem Sektor zuzuordnen.

Diese drei Formen, die nicht mit einem Anspruch auf vollständige Klassifikation aller Phänomene differenziert werden, machen deutlich, wie sehr die analytisch zunächst getrennten Wohlfahrtsproduktionslogiken Markt, staatliche Herrschaft und familiäre Solidarität im Dritten Sektor zu Funktionsverschränkungen und Hybridisierungen führen können. Duale Vektorbildungen (wie Erwerbswirtschaft vs. Gemeinwirtschaft, Formalisierung und Professionalisierung vs. Informalität) machen analytisch Sinn, müssen aber empirisch in ihrer Dynamik[152] gesehen werden. So bilden z.B. Selbsthilfegruppen (Vogelsanger, 1995) heute selbst Landes- und Bundesverbände und gehen Kooperationsformen mit den Gebietskörperschaften ein. Versorgungspolitisch (im Gesundheitswesen) können sie funktional als Glied in transsektoralen Versorgungsketten betrachtet werden und werden dergestalt in komplexe Steuerungsprozesse zwischen Markt- und Wettbewerbsorientierung einerseits und staatlichen Gewährleistungspflichten und Sicherstellungspraxis andererseits einbezogen und dies zunehmend im Horizont geteilter Kompetenzen in einem europäisierten Mehr-Ebenen-System. Damit dürfte wohl deutlich werden, wie dynamisch und somit auch immer mehr ineinandergreifend die Analytik der vier Sektoren der Wohlfahrtsproduktion zu sehen ist.

Auch bestätigt die neuere Forschung, dass wohlfahrtsstaatliche Institutionen – entgegen der These von Wolfe (1989) – die informellen Wohlfahrtsproduzenten nicht substituieren (Crowding-out-Theorie: Motel-Klingebiel/ Tesch-Römer, 2006; Motel-Klingebiel/Tesch-Römer/Kondratovitz, 2005)[153].

---

[152] Die interessanten Themen der Einbettung sozial verantwortlichen Handelns in die erwerbswirtschaftliche Logik des Wirtschaftens ebenso wie die umgekehrte Transformation von bürgerschaftlichen Engagement durch Ökonomisierung (Verbetriebswirtschaftlichung und Wirksamkeit des wettbewerblichen Umfeldes) in der Aufsatzsammlung, die von Bode/Evers/Klein herausgegeben wird (2009), bleiben auf der Ebene von Problemanzeigen stehen; vertiefende Theoriebildungsangebote bleiben aus. Gerade in diese Richtung wird aber eine kritische Forschung arbeiten müssen. Mitunter wird man auch den Eindruck nicht los, dass theoriegeschichtlich bereits erreichte Entwicklungen in der betriebswirtschaftlichen Theoriebildung, etwa in der genossenschaftswissenschaftlichen Forschung, nicht mehr Eingang finden bei „neu entdeckten" Themen in den Sozialwissenschaften.

[153] *Die OASIS-Studie*: Vor allem die Daten der OASIS-Studie (Motel-Klingebiel/ Kondratowitz/Tesch-Römer, 2002 sowie dies., 2003 und Tesch-Römer, 2001 sowie Tesch-Römer/Motel-Klingebiel/Kondratowitz, 2002) können die Verdrängungs-

Vielmehr handelt es sich um Koproduktionen oder Komplementärfunktionen (Hoff/Tesch-Römer, 2007, S. 77; vgl. jedoch auch Schneider, H., 2006)[154].

Falsche Dichotomisierungen: Allgemein wird man in kulturvergleichender Perspektive, gerade auch mit Blick auf das Alter(n) und mit Blick auf die Generationenbeziehungen auf vereinfachte Dichotomisierungen verzichten müssen.

Ein Beispiel ist die Theorie von der Schamkultur im Kontrast zur Schuldkultur. Insbesondere maskulin-patriarchalische Kulturen (Asien wird traditionell als Beispiel herangezogen, aber auch Südamerika oder Südosteuropa) würden sich verhaltensbezogen über Schameffekte des Statusverlustes (Gesichtsverlust bei abweichendem Verhalten) definieren. Dementsprechend wäre gerade despektierliches Verhalten gegenüber dem Alter durch Ansehensverlust sanktioniert. Die jüdisch-christliche Kultur dagegen – im Wiener Milieu (Girkinger, 2007, S. 24 ff.)[155] der Psychoanalyse ihren kulturellen Höhepunkt erfahrend – lenkt das menschliche Verhalten über die schuldgefühlsproduzierende Verinnerlichung der sozialen Normen, die so in der Tiefe des psychischen Apparates verankert werden. Auch das prägt das Thema des Generationenverhältnisses und das Thema des Verhältnisses zwischen Eltern und Kindern, das früh schon choreografisch aufgestellt ist (Stern, 1979).

Sollte aber der psychische Apparat weltweit nicht identisch funktionieren – oder gar vorhanden sein? Wohl kaum. Vielmehr geht es auch hier um Mischungsverhältnisse und vor allem auch um situative Differenzierungen. Die soziologische und psychologische Arbeitslosigkeitsforschung in westlichen Sozialstaaten hat deutliche Schamkulturen aufgedeckt. „Verschämte Armut" ist ein gängiges Theorem geworden. Dagegen hat die Forschung über Heimeinweisungsrisiken im Alter gezeigt, mit welchen Schuldgefühlen die Kindergeneration oder der Partner belastet sind, wenn es – etwa infolge der chronischen Überlastung[156] und der fehlenden Bewältigungskompetenz der

---

effekte nicht stützen (Daatland/Herlofson, 2003 sowie Daatland/Lowenstein, 2005 sowie dies., 2006). Den Einfluss von Regimetypen auf die Rolle von informellen Engagementformen analysiert auch der „Survey of Health, Aging and Retirement in Europe" (SHARE). Vgl. Hank/Erlinghagen/Lemke, 2006 sowie Börsch-Supan/Hank/Jürges, 2005.

[154] Zur nach wie vor stabilen, aber belasteten Rolle der Familie in der Altenpflege vgl. die Ergebnisse der Studie „Möglichkeiten und Grenzen selbständiger Lebensführung" (MuG III) von Schneekloth, 2006. Vgl. aber auch Schneider, H., 2006.

[155] Dazu gehörte im Kern Freuds Auseinandersetzung mit der Religion, mit dem Judentum und dem Anti-Semitismus. Vgl. Gay, 1988.

[156] Zum Problem der (strukurellen) Gewalt gegen Pflegende vgl. die Studie von Grond, 2007. Vgl. auch Rabold/Görgen (2007) am Beispiel ambulanter Pflegedienste.

I. Fazit und Ausblick

Angehörigen (vgl. auch Kurz u. a., 2005 sowie Maier u. a., 1999) bzw. der häuslichen Netze – zur Heimübersiedlung[157] kommt.[158] Umgekehrt pflegen ältere Töchter ihre noch älteren Mütter aus geradezu neurotischen Schuldgefühlen[159], obwohl sie eventuell kompetenz- und ressourcenbedingt die Pflege nicht auf optimalem Qualitätsniveau vorhalten können. Wiederum andererseits haben Menschen gelernt, mit den Mechanismen einer Schamkultur umzugehen: „Ist der Ruf erst ruiniert, lebt es sich völlig ungeniert."

Historische Zerrbilder: Herrschen oftmals vereinfachte Dichotomisierungen im Kulturvergleich vor, so Mythen in der gesellschaftlich je eigenen Kulturgeschichte:

– *Familie*: Mythen[160] des goldenen Zeitalters der alten Menschen in familienzentrierten, großfamilial oder mehrgenerationell geprägten vormodernen Gesellschaften finden sich noch in vielen Lehrbüchern. All das ist in der historischen Familienforschung[161] längst gründlich falsifiziert worden (entmythologisierend mit Blick auf Migrantenmilieus: Baykara-Krumme, 2007; ausführlicher Baykara-Krumme, 2007a).

– *Alter*: Aber die Suche nach einer wechselvollen langfristigen Kulturgeschichte soll wohl spezifisches Licht auf krisenhaft empfundene aktu-

---

[157] *Heimbewohner und andere Stakeholder*: Haider (2006) kann auf der Grundlage der Literatursichtung und seinen eigenen qualitativen Studien deutlich herausarbeiten, wie stark die erlebnisweltliche Perspektive der Angehörigen der Heimbewohner im gesamten Pflegeprozess vernachlässigt wird. Dies kann betriebswirtschaftlich als fehlende bzw. defizitäre Stakeholder-Orientierung formuliert werden. Pflegewissenschaftlich verletzt diese mangelnde Berücksichtigung der Angehörigen, die zuvor privat gepflegt haben, dann aber aus Überlastung doch die Rolle „abgeben" müssen, die soziologische Tatsache, dass Pflege immer eine soziale Relation ist, psychologisch gesehen mit Blick auf Belastungen also nicht nur der Pflegebedürftige im Mittelpunkt steht, sondern immer die soziale Dyade (oder sogar komplexere soziale Netze).

[158] *Heimrisiko und Kausalität*: Rein deskriptive Analysen der Statistik können aber nicht die von Simon (2003) konstatierten Kausalitäten begründen helfen. Den wahrscheinlichen Kausalitäten kommt man nur mit komplexen Modellen bei. Vgl. stattdessen Warnken, 2007, S. 19. Außerordentlich wichtig erscheint die Art und Weise des Heimeintritts. Sie ist mitverantwortlich für die erlebte Lebensqualität und für die weitere psychische Entwicklung des Pflegebedürftigen. Vgl. Voges, 1993; Reed/Payton, 1996; Düx, 1997; Lensing, 1999; Schläpfer, 2000. Zum Zusammenhang von verschiedenen Formen der stationären Altenhilfe und der Lebenszufriedenheit (insbesondere bei Vorliegen von Demenz) vgl. auch die Studie von Dühring, 2007.

[159] Zum Pflichtgefühl der Töchter in der Pflegerolle gegenüber ihren Müttern vgl. Geister, 2005.

[160] Demontiert u. a. von Beuys, 2006.

[161] Zur Differenzierung selbst im relativ homogenen Arbeitermilieu des frühen 20. Jahrhunderts vgl. Rosenbaum, 1997.

elle Lagen und Situationen werfen. Doch eine eindeutige Entwicklungsgeschichte des sozialen Status des Alters ist nicht zu schreiben. Die Situation hing oftmals von ökologischen Kontexten und vor allem von ökonomischen Ressourcensituationen ab. Altersbilder und Generationenbeziehungen wechselten sich durchaus ab, waren mal positiver, mal negativer, im Prinzip immer schon ambivalent.

– *Kinder*: Ähnliches wäre zu sagen zur Psychohistorie der Kindheit.[162]

Auch die Geschlechterbeziehungen schwankten durchaus im klimatischen Ausmaß der Asymmetrien und Hierarchien, wenngleich die Dominanz des Maskulinen, im Rahmen einer paternalen Ordnung früh in der Kulturgeschichte des Menschen verwurzelt, sehr langfristige, bis heute aktuelle Bahnungen vorgezeichnet hat.

Mythos des bürgerschaftlichen Engagements als Neuentdeckung: Nicht zuletzt der Freiwilligensurvey (mit seinen Befragungswellen 1999 und 2004) hat zeigen können, dass das Engagement und auch das Engagementpotenzial zunehmen und auf einem erheblichen Niveau lebendig sind (34–35% der über 14-jährigen Menschen sind freiwillig engagiert: Gensicke/Picot/Geiß, 2006). Der soziale Bereich ist dabei eine Teilmenge und weist ebenfalls Partizipationsanstiege auf. Ebenso nimmt das Engagement in der Gruppe der älteren Menschen zu. Dass das Engagement in der Gruppe der über 75-jährigen Personen nicht so ausgeprägt ist, darf trotz der bis ins höhere und sehr hohe Alter bestehenden interindividuellen Varianz in der Gesundheit und der gesamten Ressourcensituation nicht überraschen und reflektiert auch intrapersonale Veränderungen im weiteren Alterungsprozess. Insgesamt scheint die Gruppe der 40–59-jährigen Personen wie bisher auch weiterhin die tragende Gruppe des Engagements darzustellen. Das Engagement korreliert mit Berufstätigkeit und Bildungsniveau und führt oftmals eher zu kumulativen Belastungssituationen als zu substitutiven Effekten (etwa in der Form Ehrenamt statt privatem familiärem Engagements).

Der mit diesen Daten korrelierte gesellschaftspolitische Befund ist der (vgl. auch Schulz-Nieswandt/Köstler, 2009), dass es ohne ein solches Engagement in der Geschichte des Sozialstaates diesem noch nie möglich war, zu funktionieren.[163] Professionelle soziale Dienstleistungen waren immer schon angewiesen auf die Koproduktion der betroffenen Personen (als Pa-

---

[162] Zur Kindheitsforschung gibt es seit Jahren eine breite, mitunter polarisierende Forschung. Vgl. auch Backe-Dahmen, 2008. Zu Ariés und DeMause vgl. Schulz-Nieswandt, 2004b.

[163] Vgl. nun auch die historische, Deutschland und die USA 1880–1940 im Vergleich behandelnde Studie zu Wohlfahrtsgesellschaft und Wohlfahrtsstaat von Gräser, 2009.

tienten oder als Klientel allgemein), ihren Angehörigen bzw. in einem erweiterten Sinne ihren haushaltsübergreifenden Netzwerken.[164] Diese Sicht auf die korrespondierenden sozialen Ressourcen umfasst sodann, spinnt man das Muster im Sinne eines Systems konzentrischer Kreise (vgl. auch Govers, 2006, S. 266 f.) weiter, das Ehrenamt als Kern eines Handlungsfeldes bürgerschaftlichen Engagements. Ohne eben bürgerschaftlichen Engagements wäre der formalisierte und professionalisierte Sozialstaat in seiner Delegation öffentlicher Aufgaben an Organisationen und Unternehmen des staatsmittelbaren Sektors öffentlich-rechtlicher Selbstverwaltung, in seinen neueren Formen regulierter Quasi-Märkte und in seinen vielfältigen Public-Private-Partnerships, die für das deutsche System der Leistungserstellung im Gesundheits- und Sozialsektor typisch sind, nie funktionsfähig gewesen. Das ist keine neue Einsicht. Neu ist jedoch, diesen Sektor des bürgerschaftlichen Engagements eine zunehmend akzentuierte Rolle in einer multisektoralen und sektorinterdependenten Wohlfahrtsproduktion (Zusammenspiel von Markt, Staat und Familie: Schulz-Nieswandt, 2008e) zuzuordnen (vgl. etwa den Gesamtduktus der Enquete-Kommission, 2002).[165]

Nicht an seiner Bedeutung ist zu zweifeln. Die differenzialpsychologische Studie von Moschner (1994) zu den Motiven und der Engagementbereitschaft ehrenamtlich tätiger Personen hat gezeigt, dass hier generalisierte Bereitschaften zur Verantwortungsübernahme bestehen, die jedoch nicht als moralische Verpflichtung der Gesellschaft gegenüber verstanden werden. Der Gerechtigkeitssinn gegenüber sozialen Problemen ist jedoch ausgeprägt. Und diese Bereitschaften sind verhaltenswirksam.[166] Es bedarf der Anerkennung, der Pflege und der Förderung. Aber die Gefahr liegt in der Überschätzung, vor allem wenn diese Überschätzung Ausdruck sozialwissenschaftlicher Visionen über eine postmoderne Gestaltgebung des als überholt eingeschätzten, autoritär-paternalistischen Sozialstaates ist. Vor allem die damit verbundene Prämisse, der Staat können sich bei der Entwicklung zum Netzwerk-Governance zu einem nur moderierenden und aktivierenden Gewährleistungsstaat entfalten, legt den Verdacht sozialwissenschaftlicher Steuerungsfantasien neuer Art nahe. Selbsthilfe und Selbsthilfeförderung

---

[164] Das kann wohnmorphologisch auch bedeuten, dass die Generationen multilokal intensive haushaltsübergreifende Netzwerkbeziehungen pflegen. Vgl. auch Bertram, 2000 sowie ders., 2003.

[165] Zum Verhältnis der freigemeinwirtschaftlichen Organisationen und dem öffentlichen Politikrahmen vgl. auch Osborne/Chew/McLaughlin, 2008.

[166] Die Empirie von Corsten/Kauppert/Rosa (2008) zeigt (in einem anderen theoretischen Formulierungskontext), dass das Engagement durch Wir-Sinn in Verbindung mit biographischen Foci erklärt werden kann. Die Empirie entspricht nicht den Thesen, Sozialkapital sei im Verfall und die Individualisierung müsse wieder in Verpflichtungsorientierungen überführt werden.

können, wenn sie sich nur als Chiffren einer Risiko-Privatisierung[167] erweisen, selbst zu strukturbildenden Elementen einer sozial disziplinierenden Gouvernementalität neo-liberaler Post-Modernität avancieren (vgl. auch zu einem entsprechenden Wandel der Gesundheitspolitiksemantik bei Bechmann [2007] mit Blick auf die Krankenversicherungsreformen). Im Kontext einer gesellschaftlichen Förderung der Selbsthilfepotenziale stellen sich alle klassischen Fragen, die scheinbar als eben durch diese neueste soziale Bewegung als überwunden gelten: Fragen der sozialen, auch sozialräumlichen Ungleichheit der Verfügbarkeit, aber auch der Nutzbarkeit dieser Potenziale, Fragen der Kompetenzentwicklung, Fragen der Qualitätsentwicklung und -sicherstellung, Fragen der Beziehung dieses Sozialkapitals zu anderen Kapitalsorten (kulturelles und ökonomisches Kapital), Zusammenhang mit inter- und intragenerationellen Kohäsionsaspekten, Fragen der habituellen Strukturen des Engagements (insbesondere Motivhaltungen mit Blick auf Asymmetrieprobleme sozialer Dienste, mit Blick auf die kulturellen Codes ihrer Funktionsweise etc.) usw. Umgekehrt kann aber Selbsthilfeengagement auch zu signifikanten Erhöhungen der sozialen Integration (Sozialkapitalaustattung) führen (vgl. Folgheraiter/Pasini, 2009).

Wenn also eine Kultur der Förderung und Anerkennung bürgerschaftlichen Engagements diskutiert wird, und dem wird man zustimmen können, so muss aber kritisch bedacht werden, im Lichte welcher ideellen Systeme dieses Gesellschaftsprojekts gefahren wird. Weder darf es im Geiste sozialtechnologischen Denkens mechanistisch konzipiert werden, noch darf es unkritisch ohne Dekonstruktion der Diskurse als institutionelle Praktiken, vor allem sicherlich kommunaler Sozialpolitik[P] (aber mit vielen horizontalen und vertikalen Politikverflechtungen), gefeiert werden.[168]

Der Diskurs über das bürgerschaftliche Engagement ist ein Selbstmanagement der modernen Gesellschaft. Selbstmanagement ist hierbei aber eine deutliche Verflachung dessen, was Gadamer noch als *phronesis* in aristotelischer Tradition als praktisches Wissen in der Sorge um die eigene Existenz bezeichnete (dazu auch Grondin, 2000, S. 8). Die moderne Gesellschaft versteht sich als höchst ausdifferenziert und individualisiert, hat aber kollektiv geteilte Probleme zu bewältigen, u.a. die demografische Alterung. Was liegt näher, *entgegen* (legt man Individualisierung sozialpathologisch aus) oder gerade *auf der Grundlage* der Individualisierung (legt man Individuation als ontogenetische Basis sittlicher Reife aus) nach dem Engagement der Bürger hinsichtlich der Problembewältigung zu fragen? Bürgerschaft-

---

[167] Vgl. etwa befürwortend auch Becker (2001) mit Blick auf die Grenzen öffentlicher Alterssicherung.

[168] Hinzu kommt noch der Befund der sozialen Ungleichheit: Engagement korreliert mit höherer Bildung, auch bereits in der Jugend: Düx u.a., 2008, S. 275.

I. Fazit und Ausblick

liches Engagement erscheint vielen Diskursteilnehmern geradezu als (mobilisierend-instrumentalisierbare) soziale Reservearmee für die Probleme, die als Modernisierungsfolgen zu bewältigen sind, wobei Markt, Staat und Familie/Verwandtschaft (aus unterschiedlichen Gründen) an ihre Grenzen gestoßen sind.[169] Macht es daher keinen Sinn, vom Markt zum Staat (Etatismus) und wieder zurück (Neo-Liberalismus) oder vom Staat zu Markt und Familie (Neo-Konservatismus) argumentativ zu wandern und die anstehenden Funktionsverantwortungen hin- und herzuschieben, so muss es theoretisch wie praktisch höchst attraktiv erscheinen, im bürgerschaftlichen Engagement einen analytisch eigenständigen, empirisch mit den anderen Sektoren (Staat, Markt und Familie) jedoch in komplizierten Beziehungen stehenden Organisationsmodus der sozialen Bewältigung sozialer Probleme zu sehen. Dabei kann dieses soziale Engagement sowohl intergenerationell (vgl. Klie/Pindl [2008][170] zum Bundesmodellprogramm Generationsübergreifende Freiwilligendienste [dazu BMFSFJ, 2007] als Lernorte für Bürgerschaftliches Engagement; vgl. auch Hansen, 2008.) als auch intragenerationell ablaufen (Schulz-Nieswandt 2007a, S. 33 ff.). Im Falle der Intragenerationalität (ältere Menschen helfen älteren Menschen, etwa in Form von genossenschaftsartiger Hilfe auf Gegenseitigkeit oder in Form der klassischen Figur des Ehrenamts, welches professionell eingeordnete, verplante „freiwillige Fremdhilfe" [Schulz-Nieswandt, 1989][171] darstellt: Lotz, 1999) liegen somit sogar eine eigene Vergesellschaftsform des Alters oder Vergesellschaftsangebote im Rahmen entsprechender politischer Förderprogramme vor (Naegele/Rohleder, 2001; Künemund, 2006 auf der Grundlage der Alterssurvey-Daten). Struktureller Hintergrund ist hierbei die sozialwissenschaftliche Konstruktion der „neuen Alten" (Aner/Karl, 2007, S. 3). So kommen den älteren Menschen im Kontext bislang niedriger Altersgrenzen der Verrentung und eines durchschnittlich verbesserten Gesundheitszustandes neuartige gesellschaftlich zugeschriebene Rollenverantwortlichkeiten zu. Passungsfähig dürfte dies wohl nur sein, wenn die älteren Menschen diese Angebote (Zuschreibungen machen stärker den Verhaltensdruck deutlich) als selbstbestimmte Formen erkennen und annehmen können. Und in diesem Sinne ist das Thema auch wissenschaftlich zu behandeln und als Herausforderung der Gesellschaftspolitik anzuerkennen.

---

[169] Dieser Lückenbüßer-Funktionalität scheint der Bericht von Nexus Institut u. a. (2008) weitgehend unkritisch gegenüberzustehen, während Hill (2008) eine sehr differenzierte Reflexion einnimmt.

[170] Der Abschlussbericht zur Begleitforschung liegt vor: Alt u. a., 2008.

[171] Der Dritte Sektor lässt offen, ob hier Formen philantropischer Hilfe traditionell paternalistischer Art oder partizipativer, auf Dialog und Inklusion sowie Empowerment basierender Art vorliegen. Beides findet sich phänomenologisch vielgestaltig im Dritten Sektor als intermediärer Raum.

Auch so manche Missverständnisse – etwa zu Gerontokratien – herrschen vor. So werden aus Ältestenräten (vgl. auch Art. „Älteste: Altes Testament", in RGG, Bd. 1, Sp. 371) oftmals kalendarisch definierte Alterszusammensetzungen von Institutionen primitiv-demokratischer Art gemacht, obwohl mitunter Versammlungen waffentragender freier Männer gemeint sind oder die Rekrutierung des Rates vornehmlich aus der Gruppe des fortgeschrittenen mittleren Erwachsenenalters erfolgte (vgl. auch in Schulz-Nieswandt, 2003b; ferner in Oswald, 2009; vgl. auch Wagner, 2002).

Vielmehr ist mit Blick auf die heutigen Kohorten der altersbedingten Transferempfänger der nachberuflichen Phase in einkommensökonomischer Sicht begründet von einem goldenen Zeitalter des Alters zu reden – jedenfalls im Lichte der historischen Vergleichsmöglichkeiten.

Kohorteneffekte: Mag sein, dass das in Zukunft aufgrund der sinkenden Alterssicherungsrenditen im Kohortenvergleich differenzierter zu beurteilen sein wird. Kulturvergleichende[172] Forschungen zum Sozialstatus im Alter haben aber zeigen können, dass ökonomische Unabhängigkeit (vgl. auch Schulz-Nieswandt, 1999d) eine ausreichende, aber keine hinreichende Bedingung für einen hohen Sozialstatus des Alters ist. Entscheidend ist auch der Grad der Partizipation an den politischen, sozialen und kulturellen Gütern der Gesellschaft.[173] Damit gelangt die Analyse zu aktuellen Fragen des Altersklassensystems im modernen Wohlfahrtsstaat.

Wahrheit des homo reciprocus: Mit diesen Fragen wird implizit deutlich, dass die grundsätzliche Daseinsproblematik erkannt worden ist: Nämlich die Wahrheit des *homo reciprocus*.[174]

Das bedeutet, dass das doppelt konstituierte – sowohl personale wie auch gesellschaftliche – Problem das folgende ist: Gelingende Entwicklungen des Individuums zur Personwerdung einzuleiten sowie eine intraindividuelle Genese von dispositiven (zum Dispositiv vgl. auch Agamben, 2008) Prakti-

---

[172] Zur Situation der Altenpflege außerhalb Europas vgl. Jenrich, 2008.

[173] Zu erinnern ist auch nochmals an die Charta der Rechte hilfe- und pflegebedürftiger Menschen: „Jeder Mensch hat uneingeschränkten Anspruch auf Respektierung seiner Würde und Einzigartigkeit. Menschen, die Hilfe und Pflege benötigen, haben die gleichen Rechte wie alle anderen Menschen und dürfen in ihrer besonderen Lebenssituation in keiner Weise benachteiligt werden. Da sie sich häufig nicht selbst vertreten können, tragen Staat und Gesellschaft eine besondere Verantwortung für den Schutz der Menschenwürde hilfe- und pflegebedürftiger Menschen." (BMFSFJ & BMG, 2006, S. 4 [Präambel])

[174] Die Entdeckung des *homo reciprocans* in der neueren ökonomischen Theorie (Falk, 2001 und Fehr/Gächter, 1988 sowie Sudgen, 1984) produziert jedoch erhebliche Niveauunterschiede zwischen dem verhaltenstheoretischen Teil dieser Entdeckung und sozialpolitischen Schlussfolgerungen, die gezogen werden (vgl. etwa zur „workfare"-Politik bei Bonin/Falk/Schneider, 2007).

ken der Selbstsorge, der sozialen Mitsorge und der Fremdsorge (als Balance-Gleichgewicht) zu ermöglichen.[175] Das scheint die zentrale Entwicklungsaufgabe des Menschen im Lebenslauf zu sein, wobei sich diese Aufgabe als die ontogenetische Voraussetzung sozialer Nachhaltigkeit[176] (vgl. auch mit Blick auf die Dimensionen Integrität, Gerechtigkeit und Lebensqualität: Renn u. a., 2007) abzeichnet. Ontologisch betrachtet ist das „bin" vor dem Ego (Treziak, 1990, S. 222; vgl. auch Christian [1952, S. 69] zum Axion: Das *sum* kommt vor dem *cogito*): „Eine ‚bin'-Analyse zeigt per se auf Subjektgenese und als solche auf so etwas wie eine Urgeschichte des Subjekts." (Treziak, 1990, S. 204) Dies ist semiotisch auch Jaspers entgegenzuhalten, wenn dieser die Daseinsanalyse zur Bewusstseinsanalyse erklärt (Jaspers, 1932, S. 7). Eine Vermittlung zu Blochs Diagnose: „Ich bin. Wir sind. Das ist genug. Nun haben wir zu beginnen." (Bloch, E., 1977, S. 11; dazu auch Münster, 2004, S. 69 ff.) muss hier außen vorbleiben.

Es ist hier der Punkt, abschließend nochmals auf Erik Erikson zu verweisen (vgl. auch Hofmann/Stiksrud, 2004; Conzen, 1996).

Erikson: Erikson hat in seinen lebenszyklischen Studien gezeigt, wie bedeutsam eine gesunde Ich-Stärke als Fundament der Sorge-Motivation und des daraus resultierenden prosozialen Verhaltens ist.

Ich habe in vielen meiner Publikationen auf Erikson immer als Theoretiker dieser entwicklungspsychologischen Problematik hingewiesen: Nämlich gesellschaftliche Kohärenz aus gelingender Sozialisation[177] abzuleiten, wobei gelingende Sozialisation auf eine kohärente Streubreite der gesellschaftlichen Verteilung von subjektgeschichtlichen Balanceakten zwischen Ich-, Mit- und Wir-Sein verweist (Kakar, 2006, S. 30).

Ich greife zur Verdeutlichung nur auf zwei Hauptschriften von Erikson zurück. Zum einen auf „Kindheit und Gesellschaft" (Erikson, 1982) sowie zum anderen auf „Der vollständige Lebenszyklus" (Erikson, 1988).

Erikson betont die „nötige Ich-Grundlage ..., um ein Gebender zu werden" (Erikson, 1982, S. 70). Fundiert durch die Erfahrung eines Urvertrauens generiert das starke Ich in einem weiten Sinne ein Sorge-Gefühl, einen Drang, zu helfen, zu lehren, zu heilen, zu schaffen, insgesamt zum Allgemeinwohl beizutragen. Im modernen Sinne kann diese Problematik verkoppelt werden zu einer nicht-konservativen (d. h. nicht frauenfeindlichen: vgl. auch Weiland, 2008) Bindungstheorie (Heidbrink/Lück/Schmidtmann,

---

[175] Vgl. dazu auch die auf sinnhaftes Dasein orientierte tiefenpsychologische Studie von Rattner/Danzer, 2006.

[176] Evolutionsanthropologisch zur Nachhaltigkeits(erziehung) vgl. Schmidt, 2009.

[177] Zur Sozialisationstheorieforschung vgl. Grundmann, 2006; Geulen, 2005; Wagner, B., 2004; Wagner, H.-J., 2004.

2009)[178], die auf den Empathieerwerb (Hojat, 2006; Bischof-Köhler, 1993) als ontogenetische Basis prosozialen Verhaltens hinweist, zu einer Sozialkapitaltheorie in Verbindung mit einer Theorie kollektiven Gedächtnisses[179], wodurch die Notwendigkeit analysiert wird, dass dieses wohl biologisch (nämlich in der Elternschaft und der Brutpflege [Baudler, 1995, S. 26 ff.][180] evolutiv[181]: Vgl. Voland, 2000)[182] verankerte Ur-Motiv von Generation zu

---

[178] Vgl. Schulz-Nieswandt, 2004b; ferner Grossmann/Grossmann, 2006 sowie Bovenschen, 2006. Ferner Fonagy, 2006 sowie Mertens, 1997, S. 78 f.

[179] Definiert als Prozess kultureller Vererbung: Erll, 2005; Echterhoff/Saar, 2002.

[180] *Sozialkapital und Generationen*: Insbesondere für sozialpolitische Diskurse ist ein enger Zusammenhang zwischen der Sozialkapitaldebatte und der Diskussion der Generationenbeziehungen evident. Generationenbeziehungen sind Netzwerke und stellen sowohl in der Form abstrakter gesellschaftlicher (z.B. in den Sozialversicherungen) wie auch konkreter, lebensweltlich verankerter familial/verwandtschaftlicher Beziehungen erhebliche Sozialkapitalien dar. Hinzu kommen noch, das darf wiederholt werden, Formen intergenerationeller „künstlicher" Solidargebilde, etwa die Seniorengenossenschaften, die auf Sozialgutschein-Mechanismen aufbauen und Formen gegenseitiger (mutualer) Hilfesysteme darstellen. Entgegen vielfältiger öffentlicher, mitunter massenmedial inszenierter Bilder indizieren die verfügbaren soziologischen Datensätze keinen „Krieg der Generationen". Neben diesem empirischen Befund spricht auch theoretisch vieles gegen die implizite These, (kalendarisches) Alter als konstitutive Kategorie von Verteilungskonflikten zu modellieren. Dazu ist u.a. die Heterogenität des Alters zu groß. Von dieser falsifikatorischen Einschätzung (differenziert auch Streeck, 2007) abgesehen, ist aber eine grundlegende Ambivalenz in den Generationenbeziehungen ein geradezu ubiquitäres Phänomen. Denn über die Dialektik von Nähe und Konflikt, von Zuneigung und Spannung, von Intimitätsneigung und Distanzbedürfnis psychisch ausgeglichener Menschen ist nicht hinwegzusehen. Das macht sich nicht nur an der Räumlichkeit des Wohnens fest, sondern liegt bereits grundsätzlich in der Interaktion von Menschen in der Einbettung in Ich-Du-Wir-Balancen (Figuration) begründet. Das bedeutet, dass mit dem Sozialkapital der Generationenbeziehungen einerseits weiterhin zu rechnen ist; es gibt gute evolutionspsychologische Gründe, hier optimistisch zu sein. Menschen sind „von Natur aus" mit einer gewissen Altruismusneigung ausgestattet. Die Weitergabe (kulturelle Vererbung) in Form eines kollektiven Gedächtnisses ist an der „empfangenden" Erfahrung von „Brutpflege" tendenziell gebunden (wie die neuere, post-konservative Bindungsforschung [Heidbrink/Lück/Schmidtmann, 2009] zeigt: Fonagy, 2006), aber nicht unbedingt an der eigenen „gebenden" Erfahrung von Brutpflege. Erikson hat entsprechend die Daseinskompetenz der Generativität in einem engeren (familial-generativen) und einem gesellschaftlich weiteren (transfamilial-altruistischen) Sinne differenziert definiert. Anderseits – und das darf hier besonders betont werden – spricht die Theorie und Empirie der Generationenbeziehungen nicht für eine romantische Verklärung der Netzwerke. Sie sind spannungsreich, konfliktbeladen; und natürlich kann es zu anomischen Formen (an Freuds Mythos des Vatermordes durch die Urhorde ist zu erinnern) kommen. Generationenbeziehungen sind dialogisch immer wieder auszuhandeln, sind motiv- und haltungsbezogen zu pflegen, einstellungsorientiert zu regenerieren. Quasi-automatische Selbstläufer-Mechanismen über Raum und Zeit hinweg und angesichts des von diesen Vektoren koordinierten kulturellen Wandels hinweg sind menschliche Beziehungen sicherlich nicht.

Generation weitergegeben werden muss und durch Sozialisationsprozesse[183] in Ich und Über-Ich[184] verankert werden muss.[185]

---

[181] *Sozialbiologie und Kulturtheorie*: Als kritische Einführung in die Soziobiologie vgl. Weber, 2003. Die Theorie des *homo biologicus socialis* argumentiert aus der Forschungsperspektive der Evolutionsbiologie bzw. der Soziobiologie. Diese Richtung kann rationalen Altruismus plausibel machen. Wenn der Wohlstand der Menschen interdependent ist (was auch spieltheoretisch gezeigt werden kann), dann liegt es im klugen, wohlverstandenen Eigeninteresse, auch die Wohlstandssituation von *Alter Ego*, also den anderen, fremden Menschen zu fördern. Im Sinne der evolutionsbiologischen Verhaltensforschung kann dies eine rationale Überlebens- und Optimierungsstrategie sein. So ist der Altruismusgrad, also die Bereitschaft, Ressourcen an bedürftige Personen abzugeben, bei engem Verwandtschaftsgrad nachweislich sehr hoch. Die neuere Theorie hat nochmals eindringlich die gesellschaftstheoretisch brisante Frage aufgeworfen, wieso fremde Menschen dazu kommen, intensive Transfer- oder Risikogemeinschaften einzugehen. Offensichtlich bietet die evolutionäre Stellung des Menschen zwischen Natur und Kultur gerade der Einflussnahme der Kultur große Prägespielräume. So bilden sich Wohlfahrtskulturen heraus, die durch unterschiedlich große Ausmaße an Umverteilungsbereitschaft gekennzeichnet sind. Vor allem können auch die Motivlagen und Begründungsdiskurse recht vielfältiger Art sein. Es darf betont werden, wie diese Kulturleistung abhängig ist von einer geglückten Sozialisation des einzelnen Menschen, der durch Bindungserfahrungen zur Bindungsfähigkeit gelangt, und der auf der Basis einer grundsätzlichen Liebesfähigkeit auch zur Kompetenz der Perspektivenübernahme und des Rollenwechsels bzw. zur Empathiefähigkeit gelangt. Der in dieser Weise von der praktische Philosophie Kants (1724 bis 1804) beeinflusste Adam Smith (1723 bis 1790), dem wohl berühmtesten Stammvater der liberalen Wirtschaftstheorie, war dieser Zusammenhang klar. Den (marktgetragenen) „Wohlstand der Nationen" hat er im Rahmen seiner „Theorie der moralischen Gefühle" eingebettet in die personale Kompetenz zur Sympathie. In die Terminologie der modernen Sozialpsychologie übersetzt bedeutet dies die Fähigkeit zur Empathie. Entsprechend müsste der „kategorische Imperativ" von Immanuel Kant übersetzt werden: Handle so, dass Du in Dein Handeln auch dann noch einwilligen kannst, wenn Du in die Lebenslage der Menschen schlüpfst, die von Deinem Handeln betroffen sind. Hier reformuliert sich der externe Effekt, über den bereits ausführlicher im Rahmen der Diskussion der ökonomischen Wohlfahrtstheorie gesprochen worden ist, als Sittengesetz (vgl. auch Art. „Sittengesetz", in RGG, Bd. 7, Sp. 1356 ff.). Und die theoriegeschichtlichen Linien lassen sich von Kant hier auch wiederum zu Gerhard Weisser (dem Begründer der Kölner Sozialpolitiktheorie: Schulz-Nieswandt, 2007d) ziehen. Als Gerechtigkeitstest taucht eine ähnliche Argumentationsfigur auch wieder bei Rawls auf. Diese Rezeption der schottischen Aufklärungsphilosophie (Rühl, 2005) ist in den letzten Jahren überaus intensiv betrieben worden: Meß, 2007; Fricke/Schütt, 2005; Luterbacher-Maineri, 2008; Andree, 2003. Schon in den 1980er Jahren gab es eine derartige Rezeption. Doch schon damals musste sich diese Rezeption vorwerfen lassen, die einschlägige ältere dogmengeschichtliche Literatur zu Smith nicht zu kennen: Schulz(-Nieswandt), 1985.

[182] In dieser wundersamen Rolle der Mutter für das Kind sieht James in seiner klassischen religionsgeschichtlichen Studie jene Numinosität verwurzelt, die zu frühen Mutter-Göttinnen-Kulturen geführt habe (James, E. O., 2003, S. 289). Vgl. auch Otto, 2002a, S. 112.

[183] Zur „historischen Sozialisationsforschung" vgl. auch instruktiv Gestrich, 1999.

Diese Prozesse, die ich an verschiedenen Stellen (mit Blick auf Empathiekompetenz, Sozialkapital und gesellschaftlicher Kohärenz als Wechselspiel von Makro-, Meso- und Mikroebene) herausgearbeitet habe[186], können kollektiv scheitern, die Individuen können in diesem Prozess das Ziel verfehlen.

Folge dürfte dann eine Pathologisierung des Sozialen als Interaktionseffekt von (unproduktiv-destruktiven[187]) Narzißmen sein (Kernberg, 1983; Kohut, 1976).

Ganz im Sinne der Portmann-Gehlen-Tradition (Portmann, 1956; Gehlen, 1963; insgesamt dazu Hamann, 2005, S. 59 ff.) sieht Erikson in den Tugenden u. a. und insbesondere in der Liebe und in der Fürsorge (in der Orientierung an der „goldenen Regel": Bellebaum/Niederschlag, 1999; Art. „Goldene Regel", in RGG, Bd. 3, Sp. 1076 f. sowie Art. „Goldene Regel" in TRE, Bd. 13, S. 570 ff.) das humane Äquivalent zur tierischen Instinktgebundenheit. Im Zentrum steht die kulturelle Leistung der Erziehung zu Ich-Stärke und Solidarverhalten. Totalitär kann diese Solidarität nicht verordnet werden.

Bindungsforschung und Erikson: Anders als in der heute wieder aktualisierten, aber weitgehend post-traditionalistischen Bindungsforschung (Heidbrink/Lück/Schmidtmann, 2009; vgl. auch Schulz-Nieswandt, 2004b; ferner Grossmann/Grossmann, 2006 sowie Bovenschen, 2006[188]) kommt bei Erikson in dessen Theorie der Modus-Bestimmtheit des männlichen und weiblichen Erlebens dem Fürsorgeprinzip des Weiblichen nach wie vor eine besondere Bedeutung zu. Aber bei Erikson wird dies rollentheoretisch oder gar charakterologisch nicht an die Privatisierung des Weiblichen geknüpft.

In bemerkenswerter Schnittfläche zu Teilen feministischer Diskurse haben Frauen vielmehr – so die hier implizite Hypothese – einen bleibenden Mehrwert gegenüber den Männern.

---

[184] Wobei Kittsteiner (1995) das Gewissen (vgl. auch Art. „Gewissen", in RGG, Bd. 3, Sp. 899 ff. sowie Art. „Gewissen" in TRE, Bd. 13, S. 192 ff.) für nach-homerisch, also für christlich fundiert auslegt und sich diskursanalytisch auf den Zeitraum von 1500 bis 1800 verlegt, um die kulturellen Hintergründe des Gewissens auszuloten.

[185] Wyss, der das System von Geben und Nehmen als gemeinschaftsbildenden Faktor „allerersten Ranges" ansieht, schätzt bereits die primäre Beziehung der Mutter zum Kind als ein Geben und Nehmen ein (Wyss, 1973, S. 103).

[186] Vgl. Schulz-Nieswandt, 2004b, 2006b, 2006d, 2006g, 2006h.

[187] Zum Überblick vgl. insgesamt Kernberg/Hartmann, 2005.

[188] Vgl. ferner Hopf, 2005 sowie Zingeler, 2005. Zu verweisen ist ferner auf Strauss/Buchheim/Kächele, 2002; Spangler/Zimmermann, 2004; Fonagy, 2006. Der Klassiker ist Bowlby (vgl. Holmes, 2006; bedeutsam ist auch seine Schülerin Ainsworth: vgl. Grossmann/Grossmann, 2003).

I. Fazit und Ausblick

Generativität bezeichnet aber insgesamt bei Erikson der tiefe, biologisch angelegte, aber kulturell entfaltete Drang zur liebenden und sozial engagierten Sorgearbeit. Dieser Drang ist geschlechtsunspezifisch, wenn auch, wie eben angedeutet, dennoch etwas ungleich verteilt.

Insbesondere in seiner Theorie des vollständigen Lebenszyklus kann Erikson (1988) zeigen, dass eine so aus der Generativität erwachsene Aufgabenorientierung in der Lebensführung eine Sinnhaftigkeit der personalen Existenz (Böschemeyer, 1977, S. 85 ff.) fundiert, die es auch dem Alter ermöglicht, ein Integritätsgefühl zu entfalten[189]. Urvertrauen und Selbstidentität können noch im Alter eine letzte Konsolidierung erleben.

Ähnlichkeit zu Tillich: Ähnlich wie Tillich in seiner Schrift „Mut zum Sein" (1991) kann so der ältere und alte Mensch mit Blick auf die Endlichkeit seiner Existenz ohne Leere, Langeweile[190] (Fenichel, 1934) und Entfremdung (vgl. Murmann [2000] statt Mugerauer [1996 und 2003]) leben und letztendlich ohne Verzweiflung sterben (Kirschner, 2000). Das Leben im Mitsein, in der engagierten Sorge ermöglicht es in dieser Weise dem gesunden Ich, erfolgreich das Leben zu führen. Das Gegenteil, und somit das Ergebnis des Scheiterns an dieser Entwicklungsaufgabe, wäre die „Stagnation". Daraus resultiert das Gefühl, nichts auf Dauer, also bleibend erreicht, nichts vollbracht, sinnlos gelebt zu haben. Resignation, Depression (Bramesfeld/Schwartz, 2007) und Todesfurcht sind die Folgen.

Anthropologisch muss eben am Ende jene Einsicht stehen, die Sperber dargelegt hat (und weiter oben in einem anderen Kontext bereits angeführt worden ist). Alfred Adlers (1870–1937) Schüler Manés Sperber (1981, S. 9) schreibt: „Nach wie vor denke ich (...), daß die unvermeidliche Vergesellschaftung ebenso sicher des Menschen Schicksal ist wie der Tod, der ihm ein Ende bereitet. Sein Körper macht ihn einzig, sein Ich-Bewußtsein vereinzelt ihn, aber das Ich setzt das Wir voraus. Nur dank seiner Bezogenheit auf andere erlangt der Mensch die Einheit und Ganzheit als Individuum – dank der Bezogenheit auf jene, die vor ihm da waren, auf alle, die mit ihm die Gegenwart teilen, und schließlich auf jene, die ihn überleben werden."

---

[189] Vgl. auch zur Selbst-Entfaltung im Lebenszyklus: Hartmann u.a., 1998.
[190] Dazu auch Decher, F.: Art. „Langeweile", in Thurnherr/Hügli, 2007, S. 144–145.

II. Schluss: Erträge der Multidisziplinarität und ihrer kulturwissenschaftlichen Klammer

Es geht nun darum, nochmals abschließend nach den Erträgen (theoretischer, eventuell theoriesynthetischer, empirischer und forschungslogischer Art) der vorliegenden Ausarbeitung zu fragen. Dabei ist die Frage nach den Erträgen einerseits in einem engeren Sinne auf die Medizinforschung bezogen, andererseits allgemeiner mit Blick auf eine philosophische Anthropologie und praktische Sozialpolitik und eine Ontologie der sozialen Hilfe im Rahmen von Dienstleistungsorganisationen.

Es kann strittig bleiben, welchen Wert man der kulturwissenschaftlichen Methode beim tieferen Verständnis der Medizin zuordnen will (wie etwa bei Karenberg [2005, S. 1] mit Bezug auf Roelcke [1998] deutlich wird).[191]

Vielleicht begnügt man sich mit der Angabe von Wurzeln[192], die dann nicht unbedingt auch noch heute wirksame Determinanten oder[193] prägende Hintergrundsfolien im semiotischen Sinne sein müssen (vgl. Karenberg [2005, S. 72] mit Bezug auf Sobel [1990]). Ich habe mitunter den kulturgeschichtlichen Wurzeln der Medizin mehr Bedeutung für das Verständnis aktueller Konturen zukommen lassen, ganz im Sinne von Kerényi (1948, S. 5), der schreibt: „Die religionsgeschichtlichen Betrachtungen, die hier unter dem Titel ‚Der göttliche Arzt' veröffentlicht werden, berühren sich eng mit der Geschichte der Medizin. Die Überlieferungen über Asklepios," (vgl. ferner Art. „Asklepios", in RGG, Bd. 1, Sp. 842 f.)[194] „in dem die griechischen Ärzte ihren Urvater verehrten, über Apollon, seinen Vater, über Chiron, seinen Lehrer, und über Machaon, den Sohn des Asklepios; all das, was wir von diesen und mit ihnen verwandten Ärzte-Göttern und Heroen aus der Mythologie und durch die Kultdenkmäler wissen, gehört zu einem Grenzgebiet zwischen Mythenforschung und Archäologie, Religionspsychologie und Psychologie der Medizin, das den Versuch, gleichsam in ‚prähistorische Schichten' des ärztlichen Berufes vorzudringen, ermöglicht."

---

[191] Vgl. insgesamt enzyklopädisch: Gerabek u.a., 2004. Vgl. ferner Seidler/Leven, 2003 sowie Porter, 2003.

[192] *Zum Hippokratischen Eid*: So noch der Hippokratische Eid (dazu in Eckart, 2005 sowie in Steger, 2008, S. 30 ff.; Lichtenthaeler, 1984; Schubert, Ch., 2005; zur Verbindung von Medizin mit Christentum in der Spätantike und im frühen Mittelalter vgl. die Studie von Schulze, Chr., 2005; vgl. auch Art. „Eid des Hippokrates", in RGG, Bd. 2, Sp. 1128 ff.), beginnend mit: „Ich schwöre bei Apollon dem Arzt und bei Asklepios, Hygeia und Panakeia sowie unter Anrufung aller Götter und Göttingen als zeugen." Zur Bedeutung von Apollon für den Zusammenhang von Heilkunst und Reinigung: Otto, 2002a, S. 86.

[193] Weniger verhaltens- und mehr humanwissenschaftlich ausgedrückt.

[194] Art. „Asklepios" in Roscher, 1993, I.1, Sp. 615 ff.

II. Schluss

Archaische Spuren im modernen medizinischen Denken: In die „‚prähistorischen Schichten' des ärztlichen Berufes" vorzudringen, hat hier nun einen analytischen, semiotischen Funktionswert.

Es geht um das Aufspüren der kulturellen Codes der Medizin und in den anderen sozialen Professionen. Meine Prämisse war, dass dies hoch relevant ist zum tieferen Verständnis der Probleme des Wandels des Gesundheitswesens, wie es heute strukturell herausgefordert ist.

Psychologie sozial helfender Berufe: Schon an anderer Stelle hatte ich herausgestellt, wie sich die kulturgeschichtlich tief eingelassenen Asymmetrien und Hierarchien im Krankenhausalltag, in der Medizin überhaupt, in Form von entpersonalisierenden[195] Infantilisierungen (Baby-Sprache, Stripping etc.)[196] und Regressionen darstellen (Schulz-Nieswandt, 2003, S. 45 ff.; Schmitz, 2005, Bd. IV, S. 14).[197] Das hat sich hier nun vertiefend bestätigt.

Insgesamt ist es bemerkenswert, wie wenig sich die Kommunikationsproblematik im prototypischen Krankenhaus seit Rohdes klassischer Soziologie[198] des Krankenhauses (Rohde, 1962; Schulz-Nieswandt, 2003, S. 49 ff.) verändert hat.

Praxeologische Ergebnisse: In praxeologischer Perspektive lassen sich einige grundlegende Schlussfolgerungen formulieren.

Das ganze Feld der Projekte der Integrationsversorgung benötigt eine interne oder externe reflexive Begleitung, die die Sozialkapitalqualität, also die Qualität der netzwerkbezogenen Kommunikation im Sinne einer Kooperationskultur, im Prozessverlauf evaluiert und eventuell interventionsgestützt sicherstellt (insgesamt eher skeptisch im Sinne eines Sisyphos-Effekts: Gröning, 2004). Es geht also um die Sicherstellung des *organisationellen Lernens*.

---

[195] Insgesamt geht es auch um die Verletzungen der Privatsphäre der Patienten im Krankenhaus: Bauer, Irm. 1996.

[196] Vgl. auch Teising (2004) mit Bezug auf die Psychodynamik der Pflegebeziehungen.

[197] Zu neueren Forschungsbefunden zum „over-protection" in der Altenpflege vgl. Filip/Mayer, 2005, S. 29 f.; vgl. auch Abt-Zegelin (2004) zu den Immobilisierungsfolgen pauschal verordneter Bettlägerigkeit. Zu den Auswirkungen positiver Kontrollkompetenzerfahrungen auf die Gesundheit im Alter vgl. die Longitudinalstudie von Wurm/Tesch-Römer/Tomasik, 2007.

[198] *Struktur, Interaktion und Orientierungen*: Rohde gelingt es, strukturfunktionalistische Rollentheorie mit dem Ansatz des symbolischen Interaktionismus zu verknüpfen. Daher kann Rohde auch an anderer Stelle argumentieren: „Patientenzentriertheit ist eine Frage der Struktur des sozialen Systems und nicht eine der bloß subjektiven Caritas und Humanitätsorientierung des Personals." (Rohde, 1975, S. 195) Vgl. auch ders., 1973, S. 82 f.

Netzwerkbildung: Netzwerkbildung, gelingende Kommunikationen (zwischen Professionen und Nutzer und anderen Stakeholdern, wie z. B. Angehörigen, aber auch zwischen den verschiedenen Professionen mit ihren verschiedenen Interessen, aber auch berufsspezifischen Handlungslogiken) ist nicht nur Gegenstand der Integrationsforschung selbst, sondern ebenso die Achillessehne der Netzwerkgründung wie der verlaufsorientierten Netzwerkpflege im Prozess der Implementation eines innovativen Projekts der integrierten Versorgung.

Durch die Komplexitätssteigerung im Sinne der transsektoralen Einbeziehung der Pflege wird dieser Befund eher noch bedeutsamer. Die Handlungssituation wird ebenso komplizierter.

Gelingende Kommunikation: Integrationsversorgung, in der entstehungswie in der routinemäßigen Arbeitsphase, hängt von dem Gelingen der Kommunikationsprozesse ab.[199] Die Ausgestaltung der rechtlichen Rahmenbedingungen sind ebenso wie die Setzung ökonomischer Anreizsysteme wesentliche Funktionsvoraussetzungen. Es wäre dennoch verkürzt zu glauben, mit den Settings Recht und Ökonomie sei das Gelingen der Projekte gesichert. Integrationsversorgung ist eine kulturelle Entwicklungsaufgabe. Zum Gelingen der versorgungsbezogenen Ideen müssen notwendige Haltungen und Einstellungen der Akteure gegeben sein. Die Aussicht auf ökonomische Win-Win-Situationen, so wichtig diese auch sein mögen, reicht nicht aus. Leitbildorientiert muss ein mengenmäßiger Satz von normativen Orientierungen, arbeitskulturellen Wertvorstellungen und zielorientierten Handlungsprämissen geteilt werden. Daran muss permanent reflexiv gearbeitet werden. Entsprechende Handlungskompetenzen müssen vorhanden oder generiert, sodann gepflegt, vor allem gegenseitig geschätzt werden. All das muss bewusst sein (H. Bassarek: Art. „Berufliche Handlungskompetenz" in Maelicke, 2007, S. 105 ff.).

---

[199] *Gesundheitsreform im Lichte der Psychologie der Organisationsentwicklung*: Die Organisationsentwicklung im Gesundheitswesen hängt dabei nicht nur von der politischen Herbeiführung rechtlicher Rahmenbedingungen und der strategischen Ermöglichung ökonomischer Win-Win-Situationen (um ökonomische Veto-Spieler-Situationen zu überwinden) ab. Die veränderten Anforderungsprofile der Professionen (aber auch des mitwirkenden Bürgers, in der Rolle des Versicherten oder des Patienten) bedürfen der Überwindung geradezu ubiquitär beobachtbarer Blockaden, die aus tiefsitzenden (Veränderungs-)Ängsten und selbstbildbezogenen Kränkungen der Professionen resultieren. Ein solcher tiefenpsychologischer Blick auf die Organisationsentwicklung des Gesundheitswesens mag hier überraschen (angesichts der Dominanz der ökonomischen Reformpolitikberatung). Der ergänzende Blick resultiert aber mit empirischer Evidenz aus der validierten Erkenntnis, dass die Professionen ihre Identität an berufsbezogenen kulturellen Skripten festmachen, deren Veränderungen oder Überwindungen oftmals geradezu strukturreformresistent erscheinen.

Organisationsentwicklung und organisationale Bewältigung: Diese Einsichten sind aus feldspezifischen, aber auch übergreifend verallgemeinerungsfähigen Forschungen zur Organisationsentwicklung und zum Stakeholder-orientierten Change Management sowie aus den Forschungen über leitbildfundierten Managementkonzepten mit entsprechender MitarbeiterInnen-orientierten Führungskompetenz bekannt. Fundiert durch eine Reihe eigener Feldforschungen konstatiere ich: Ob kritische Zustände bewältigt werden können, hängt nach dem Konzept der organisationalen Bewältigung[200] nicht allein vom finanziellen Kapital und einer technischen Infrastruktur ab, sondern von einheitsstiftenden Werten, funktionierenden Strukturen und insbesondere vom Human- und Sozialkapital in Organisationen. Humankapital bezeichnet dabei das im Unternehmen vorhandene Arbeits- und Wissensvermögen; Sozialkapital bezeichnet die Ressourcen, die aus Netzwerken resultieren. Die Argumentation ist Stakeholder-orientiert. Sichert man diese kulturelle Evaluationsschiene innerhalb der mehrdimensionalen Begleitreflexion interner oder externer Art nicht, so ist die Wahrscheinlichkeit hoch, dass Projekte nicht wegen ihrer fehlenden fachlichen Notwendigkeit und wegen der ökonomischen und rechtlichen Rahmenbedingungen scheitern, sondern wegen blockierter Kooperationskultur, defizitären Kommunikationskompetenzen und insgesamt wegen der unterentwickelten Kultur organisationellen Lernens.[201]

1. Gerontologie und Humanismus

Humanistische Gerontologie, Theoriesynthese und praktische Sozialpolitik: Ich komme nochmals von der Praxeologie des Medizinwandels zurück zur Theoriebildung. Meine Analyse war als Theoriesynthese angelegt. Der Fokus auf das Alter als strukturelle Herausforderung für Wirtschaft, Politik, Gesellschaft, Kultur und Person machte deutlich, welcher Veränderungsdruck auf die Gesellschaft individuell wie kollektiv zukommt. Dennoch bleibt die Perspektive prinzipiell optimistisch. Dies liegt daran, dass im Hintergrund ein humanistisches gerontologisches Verständnis vorherrscht. Es ist abschließend nochmals zu skizzieren, um zugleich die Theoriesyn-

---

[200] Zum Konzept der Organizational capabilities vgl. unternehmensgeschichtlich Chandler, 1992; vgl. ferner Loasby, 1998 sowie Leonard-Barton, 1992; der Capability approach muss als Ergänzung/Erweiterung des anreizökonomischen Ansatzes in der Organisationsentwicklung gesehen werden: Langlois/Foss, 1999; das Ganze mündet in eine Theorie des Organizational advantage: Nahapiet/Ghoshal, 1998.

[201] Diese Perspektive ist deutlich, wenn auch auf einer kulturwissenschaftlich nicht weiter vertieften betriebswirtschaftlichen Ebene, von Kruse (2008) am Beispiel der Behindertenhilfe herausgestellt worden. Vgl. auch Batram, 2007. Am Beispiel des persönlichen Budgets in Werkstätten für behinderte Menschen: Böhler, 2009.

these auf den Begriff zu bringen. Die Schlussfolgerungen für die Notwendigkeit praktischer Sozialpolitik werden dann evident.

a) Humanistische Gerontologie

Humanismus: Unter „humanistischer" Orientierung versteht man eine (multidisziplinär orientierte) Gerontologie, die sich im Lichte der empirischen Evidenz von der Varianz und der Plastizität des Menschen bis ins höhere Lebensalter (vgl. Brandstädter/Lindenberger, 2007) leiten lässt. Sie hat die ältere Verfallsmetaphorik des Alterns überwunden, sieht in der Explikation von Funktionsdefiziten und Disengagementformen des älter werdenden Menschen keine allgemeine, die Varianz erklärende Theorie des Alter(n)s begründet, ohne jedoch Einbußen im Verlauf (aber nicht als einfach-kausale Funktion der Zeit) zu übersehen und ohne jedoch Rückzugserscheinungen des Menschen als Typus personaler Daseinsbewältigung angesichts des Alterns oder auch als soziale Ausgrenzungsregime zu verkennen (sonst wäre auch das Phänomen der Alterssuizidalität [vgl. auch die Beiträge in der Zeitschrift für Gerontologie und Geriatrie 41, 1 zum Themenschwerpunkt „Suizidalität im Alter"][202] ausgeblendet). Humanistisch ist eine Gerontologie dann (Schulz-Nieswandt, 2008c), wenn sie die soziale Architektur der Umwelt des Menschen berücksichtigt, aber vor allem im theoretischen Kontext des Transaktionalismus von Person und Welt (als soziale Mitwelt wie als technisch-dingliche Umwelt) die Lebensspanne als Aneignungs-, Selbstentfaltungs- und Bewältigungsprozesse des personalen Menschen versteht. In diesem Sinne ist die humanistische Gerontologie auch im Prozess der Überwindung der älteren Defizit- und Disengagementtheorien des Alter(n)s nicht im (zunächst beobachtbaren) Stadium einer voluntaristischen (oftmals trivial anmutenden) Aktivitätstheorie stecken geblieben. Die humanistische Gerontologie hat sich heute als kompetenzzentrierte Theorie der Wechselwirkung von Person und Welt entfaltet. Kompetenzen sind zum Schlüsselbegriff geworden. Sie müssen erworben werden, bedürfen der gesellschaftlichen Aneignungsbefähigung (der pädagogischen Sorge um die Ermöglichung individueller Bildungsprozesse: Mertens, 2006, S. 14) und verweisen letztendlich auf gelingende Umwelten des Aufwachsens und der weiteren Erwachsenenentwicklung. Sie verweisen gesellschaftstheoretisch also auf die familialen, schulischen und beruflichen Sozialisationsagenturen, aber auch auf die stillheimlichen Curricula der Gesellschaft, die sich nicht nur als Arbeits-, sondern, damit interdependent, als Konsum-, Freizeit-,

---

[202] Vgl. Plitt (2006) sowie Greune (2007) zum Alterssuizid in nationaler und internationaler, in erklärender und präventiver Hinsicht. Vgl. ferner Schulz-Nieswandt (1997d) sowie ders., 2002c.

II. Schluss

Wissens- und Informationsgesellschaft entpuppt.[203] Kompetenz meint daher je nach Bezugsthema (arbeitsweltbezogenes) Humankapital[204], aber auch das ganze Spektrum an Daseinskompetenzen, die der Mensch zur gelingenden Bewältigung der An- und Herausforderungen des Lebenslaufes, also seiner personalen Entwicklungsaufgaben bedarf.[205] Diese Kompetenz zum

---

[203] Das Beispiel der Überschuldung privater Haushalte kann als prototypisches Analysebeispiel für die Wechselwirkung exogener (gesellschaftlicher, schicksalshafter) und endogener (personaler, also kompetenzbezogener, zum Teil intergenerationell kulturell vererbter) Risikolagen, Prädikatoren und Auslöser begriffen werden.

[204] Zur Theorie der Meritokratie vgl. auch Hadjar, 2008.

[205] *Über die Differenz von Humankapital und Humanvermögen*: Die Differenz liegt nicht im Lichte einer Ökonomismus-Kritik im Investitionscharakter des Humankapital. Auch Humanvermögen muss generiert werden: Und es entstehen keine Ressourcen, wenn in die Genese keine Ressourcen gesteckt werden. Das Problem liegt eher darin begründet, dass das Humankapital eine personengebundene Qualifikation ist, die im Bezug auf die Employability, die Inklusionschance in den Arbeitsmarkt, definiert wird. In mindestens zweierlei Hinsicht geht das Verständnis von Humanvermögen über diese arbeitsmarktbezogene Qualifikationsstruktur und ihrem Erwerb hinaus: a) Der Aufbau einer Erwerbsbiographie hängt auch von weiteren Kompetenzprofilen ab, die eng mit der Persönlichkeitsentwicklung des Menschen insgesamt korrelieren und b) bestehen grundlegende Entwicklungsaufgaben der Person, die unabhängig von einer erkenntnisleitenden Fixierung auf die Humankapitalgenese und auf die Arbeitsmarktkarrieren, die daran geknüpft sein mögen, existenziell bedeutsam sind. Es geht grundsätzlich um die Fähigkeit des Menschen, die Daseinsaufgaben im Lebenslauf zu bewältigen. Der Erwerb und die „Verwertung" des Humankapitals ist daher nur als (wenngleich wichtiger) Teil der Arbeit der Person am eigenen Selbstkonzept und am Verhaltenspotenzial zu verstehen. Es kristallisiert sich hier eine noologische Anthropologie des Lebenszyklus, des Alterungsprozesses. Dies meint die Verantwortung, die der Mensch übernehmen muss. Er muss die Herausforderung seines eigenen Lebenslaufes aufgreifen. Er muss das Geschenk dieser Aufgabe annehmen. Das ist seine Seinsverfassung. Diese Verantwortung hat der Mensch – automatisch. Es scheint wichtig zu sein zu erkennen, dass diese Seinsgebundenheit Freiheit bedeutet. Denn der Mensch hat die Freiheit, zu dieser Seinsverfassung, ja innerhalb seiner Seinsverfassung zu eben dieser Seinsverfassung ein entwerfendes (vgl. Art. „Entwurf", in RGG, Bd. 2, Sp. 1341 f.) Verhältnis einzugehen, dass existenzialphilosophisch als Freiheit bezeichnet wird. Anthropologisch gesehen ist der Mensch dieser Aufgabe prinzipiell (nicht unbedingt auch empirisch) gewachsen, da er die Fähigkeit zur Einnahme der exzentrischen Positionalität hat. Er kann der absolutistischen Macht der Umwelt eigene Lebenswelten abringen, indem er Kulturräume generiert, metaphorisch definierbar in jenem Übergang von der Höhle zum Wohnen durch Bauen, die eben soziale Existenz ausmacht. Diese Kulturraumgenese resultiert aus dem Humanvermögen des Menschen (und das ist oben als reflexiver Kernbestandteil der noologischen Anthropologie bezeichnet worden), aufgabenorientiert zu leben, zu altern und zu wachsen bzw. zu reifen. Die Aufgabenorientierung ist die Praxis der Zielsetzungsfähigkeit des Menschen. Die Intentionalität des menschlichen Daseinsvollzuges ist aber nicht rein transzendental; sie ist selbst wiederum seinsgebunden, weil an der Seinsverfassung des Menschen unweigerlich geknüpft. Es wurde in der vorliegenden Studie breit dargelegt, dass diese Aufgabenorientierung (sei es im ökonomischen, im politischen oder im privaten

gelingenden Altern, die Fähigkeit, seinen Entwicklungsaufgaben als Person nachzukommen, die Arbeit am Selbst als Teil gelingenden Mit-Seins mit anderen Menschen ist als zentraler Referenzpunkt humanistischer Gerontologie anzusehen. In diesem Sinne hat Gadamer über die Bedeutung des Schmerzes für die Bewusstwerdung von Krankheit gesprochen, nicht um den Schmerz klinisch nicht eliminieren zu wollen (Illhardt, 2004), sondern um Krankheit und Gesundheit daseinsbewusst verstehen zu lernen. Und in diesem Sinne ist auch zu begreifen, warum Jaspers mit dem Begriff der Grenzsituation (der Krankheit, des Verlustes[206], des Sterbens etc.) nicht geometrisch, sondern anthropologisch deutlich gemacht hat, wie von der Grenze her das ganze Leben zu begreifen ist. Hartmann (2003, S. 32) bietet eine angemessene Definition dafür, was vor und in diesem Kontext gelingendes Sein bedeuten kann: „Gesund ist ein Mensch, der mit oder ohne ihm wahrnehmbare oder nachweisbare Mängel seiner Leiblichkeit alleine oder mithilfe anderer Gleichgewichte findet, entwickelt und aufrecht erhält, die ihm ein in seinem Daseinsverständnis sinnvolles, auf die Entfaltung seiner persönlichen Anlagen und Lebensentwürfe eingerichtete Existenz und die Erreichung von Lebenszielen ermöglicht, so dass er sagen kann: Mein Leib, mein Leben, meine Krankheit, mein Sterben."

Existenz und Politik: Eine humanistische Gerontologie geht in der Folge dieser Sichtweise davon aus, dass Lebensläufe gestaltet werden können (etwa durch Gesundheitsprävention; dazu pädagogisch-anthropologisch: Mertens, 2006, S. 34 ff.) und dass das Alter selbst primär unter dem Aspekt der Aneignungs- und Bewältigungsressourcen des Menschen, seiner Plastizität bis ins höhere Alter (Brandstädter/Lindenberger, 2007) zum normativen Fluchtpunkt der Gestaltung gesellschaftlicher Rahmenbedingungen wird. Somit ist die humanistische Gerontologie nicht unpolitisch, sondern existenziell. Dadurch wird die Selbstständigkeit der Lebensführung, aber auch die Selbstverantwortung des Menschen bis ins höhere Lebensalter akzentuiert, ohne seine soziale Mitverantwortung und seinen letztendlich subsidiären (Art. „Subsidiarität", in RGG, Bd. 7, Sp. 1822 ff.) Status zu vergessen.[207] Der subsidiäre Status des Menschen verweist auf die Notwendig-

---

Raum) eine Entwicklungsaufgabe in Richtung auf eine Ich-Du-Wir-Balance der Person als individuelle Existenz darstellt. Damit wird Individualität als Form der Person zu einem Selbst-Sein im Modus des sozialen Miteinanders.

[206] Verlust spielt bei Benjamin (1892–1940) eine konstitutive Rolle in der menschlichen Existenz. Dabei kombiniert er in eigenwilliger Weise jüdischen Messianismus und historischen Materialismus, um mit Blick auf die Verlierer, auf die Besiegten sich noch erneute Rettungen zu vergegenwärtigen. Vgl. dazu Nebelin, 2007.

[207] Dass soziale Hilfe eine kollektive Aufgabe ist, die somit das einzelne Individuum überfordern würde, hat bereits Spinoza gesehen. Zu Spinoza vgl. Vries, 2004.

keit der sozialen Hilfe zur personalen Selbsthilfe. Denn der Münchhausen-Effekt ist real nicht machbar[208], weil die kreative Kraft des kompetenzzentriert definierten Menschen einer Infrastruktur bedarf (differenziert auch Kersten [2007] mit Blick auf die Daseinsvorsorge), einer Interaktion mit der Welt (definiert als interpersonaler Raum: Fuchs, 2004), in der sie steht. Erst im Modus des sozialen Miteinanders entfaltet sich das menschliche Selbst. Hier kristallisieren sich durchaus auch existenzialphilosophische Aspekte des Konzeptes der Daseinsvorsorge in seiner anthropologischen Fundierung (Kersten, 2006, S. 544 u.a. mit Bezug auf Jaspers). Autonomie ist ontologisch gesehen immer an diesen ontischen Status des Transaktionalismus von Selbstsorge, Mitsorge und Fremdsorge, der figurativen Balance zwischen Ich, Du und Wir gebunden. Sonst wird aus dem Postulat der Autonomie, der Selbstständigkeit einer selbstverantwortlichen Lebensführung (dem Mythos des modernen, anti-bürgerlichen Künstlers nachgebildet: Menger, 2006) eine Form von Willensfreiheit als Wirksamkeitssicherheit, die man, um die „Wahrheit des Mythos" zu Wort kommen zu lassen, eigentlich immer nur den Göttern, nie den von diesen dramatisch geschiedenen Menschen, zukommen ließ. Oder die Selbstverantwortung wird zur Chiffre eines neo-liberalen Diskurses, der noch dort Risikoprivatisierung fordert, wo Menschen bereits an die Grenzen ihrer Selbsthilfe gestoßen sind. Auch die Forschungsbefunde zur Salutogenese (Mertens, 2006, S. 43 ff.) und damit zur Bedeutung des Kohärenzgefühls (Mertens, 2006, S. 83 ff.), das sich in der Regel von der Einbettung in soziale Stützsysteme kaum trennen lässt (vgl. dazu auch Schmidt, 2007), lassen keine voluntaristische Lesart menschlicher Willensfreiheit zu. Gleiches gilt für die Resilienzforschung (W. Schuhmann: Art. „Resilienz" in Maelicke, 2007, S. 840 f.; insbesondere auch Heitmann, 2005).

Praktische Sozialpolitik: Ich vertrete die These, dass eine solche humanistische Gerontologie theoretisch anschlussfähig ist zu einer modernen wissenschaftlichen Definition von praktischer Sozialpolitik. Ich darf nochmals wiederholen: Diese ist definiert als ressourcenorientierte Intervention der sozialpolitischen Träger in die Lebenslagen von Personen, damit diese eine Chance auf Bewältigung der An- und Herausforderungen im Lebenslauf erhalten. Dadurch wird die grundrechtliche Problematik (freie Entfaltung der menschlichen Persönlichkeit) im Lichte distributiver und redistributiver Gerechtigkeit unter angemessener Berücksichtigung der Eigenverantwortlichkeit des Menschen – natürlich immer nur im Kontext der historischen Zeit und des kulturellen Raumes – sozialstaatspragmatisch materialisiert. Mit Blick auf die Eigenverantwortlichkeit ist dabei die Effizienz

---

[208] Und hier kommt auch die logotherapeutische Existenzanalyse durch ihre Dominanz der noogenen Kräfte an ihre Grenze.

des sozialpolitischen Instrumentariums (als ökonomische Evaluationsdimension) ebenso zu berücksichtigen, wie die kollektive Nachhaltigkeit der sozialen Systeme. Primärer anthropologischer Bezugspunkt einer solchen ressourcentheoretisch definierten, sozialpolitischen Interventionslehre ist jedoch die Personalität als Existenzmodus des Menschen. Meine eigene Position einer philosophischen Anthropologie der Person betont dabei das Prinzip der Liebe als Seinsmodus des Miteinanders mit dem Anderen. Dialogisch definieren sich Ego und Alter Ego (vgl. auch Art. „Alter ego", in RGG, Bd. 1, Sp. 366) somit reziprok. Entwicklungspsychologisch sind zur Annäherung an einer solchen, ontisch nicht verfehlten Seinsweise des Menschen erhebliche Bindungserfahrungen und Bindungsfähigkeiten, eine erlernte Empathiekompetenz, aber auf der Grundlage einer psychisch starken, gesunden Ich-Funktion notwendig (vgl. auch Weiland, 2008).[209]

Kritik des Humanismus: Es gibt nun in der neueren Literatur eine breite Palette von kritischen Anfragen an die (kompetenzzentrierte) Gerontologie. Offensichtlich ist die in ihrem Ausmaß seriöse Entdramatisierung der Demografisierung (Barlösius/Schiek, 2007) des sozialen Wandels, die der humanistischen Gerontologie gelungen ist, einigen Theorierichtungen wiederum zu unkritisch. Sollte das Alter als verkanntes Paradies schleichend-normativ transportiert werden? Altern – kein Problem!? Altern – nur ein Potenzial? Das Alter als ehrenamtliche (Gensicke/Picot/Geiß, 2006) Reservearmee? Ist diese Potenzialschätzung nur eine versteckte, ja verlogene Instrumentalisierung des Alters (Aner/Karl/Rosenmayr, 2007)? Ist der Diskurs der Potenziale, humanistisch motiviert, letztendlich von der Wirkung her nur eine neue disziplinierende Form der Vergesellschaftung (Blüher u.a., 2004; Schroeter/Zängl, 2006) des Alters (Erlinghausen/Hank, 2008)?

Ein Teil der Kritik ist eine Kritik seitens einschlägiger Alterssoziologien (vgl. auch Thieme, 2008), die sich im Schnittbereich sozialer Gerontologie definieren. Disziplinengeschichtlich handelt es sich mit Blick auf die deutsche Nachkriegsgeschichte der Gerontologie um einen unterschwelligen, nie völlig beigelegten Streit um die Dominanz der Psychologie in der (deutschen) Alter(n)sforschung, vor allem dann, wenn es der alter(n)ssoziologischen Kritik um die Betonung der Bedeutung praktisch-sozialpolitischer Maßnahmen geht. Die bisherigen Ausführungen zur humanistischen Gerontologie lassen wohl erahnen, dass diese Kritik kaum berechtigt sein kann, führt der Transaktionalismus doch eher zwingend zur sozialpolitischen Interventionslehre.

---

[209] Ob diese Position einer professionellen philosophischen Analyse mit Blick auf die Rückgriffselemente bei Husserl und Heidegger, Binswanger, Scheler u.a. oder auch der neueren, vor allem französischen Philosophie konsistent ist, darf hier im Lichte des sozialpolitikwissenschaftlichen Erkenntnisinteresses sekundär bleiben.

II. Schluss

Interessant ist es auch, dass diese Alter(n)soziologie nicht – das wäre noch eine Alternative – unbedingt aus der Perspektive radikaler Postmodernität argumentiert, also dekonstruktiv von der epistemisch radikalen Dezentrierung des Subjekts ausgeht. Diese philosophische Tiefenstruktur lässt sich bei ihr jedoch nicht entdecken. Eher scheint ihre krude Betonung der sozialen Verhältnisse, die es zu gestalten gilt, an einem cartesianischen Dualismus des klassischen Empirismus zu erinnern. Denn kaum wird die Wechselwirkung von Person und Welt ontologisch betont, auch nicht anthropologisch die Frage, inwieweit der soziale Raum, in dem das Individuum aktiv-dynamisch positioniert ist, containertheoretisch oder konstruktivistisch modelliert wird. Oder wie zwischen beiden die These einer doppelten Konstitution sozialer Wirklichkeit vermittelnd wirken könnte, damit die Soziologie von der unlösbaren „Ei-versus-Henne"-Problematik loskommt.

b) Neuronale Voraussetzungen und generative Praxis symbolischer Interaktionen

Und an dieser Stelle kann die neuere neurowissenschaftliche Debatte nochmals aufgegriffen werden. Denn für all diese Selbst-Realisierung gilt die Einsicht, dass die Körperlichkeit des Menschen verdeutlicht, dass dieses personale System an der Organstruktur des Menschen gebunden bleibt. In einem gewissen Sinne trifft zu, dass das Selbst der Person nur ein Konstrukt des Gehirns ist. Aber das heißt nur, dass die emotionalen und affektuellen Dispositionen, die aus dem limbischen System resultieren, ebenso wie die kognitiven Repräsentanzen des Selbst in Form des Bewusstseins Korrelate in der Schaltung der neuronalen Netze aufweisen. Die ganze Selbstkonzeption der Person ist an die neurologischen Systeme und die Hirnfunktionen gebunden, korreliert mit neuronalen Vorgängen, findet im ganzen neuronalen System ihre transzendentale Basis (Fuchs, Th., 2008). Aber das Gehirn erzeugt nicht die Persönlichkeit. Vielmehr ermöglicht das neuronale Netz den Aufbau der menschlichen Persönlichkeit. Der Aufbau selbst wird aber in der Interaktion zwischen Personen generiert. Das personale System findet in der Interaktion mit anderen Personen seine symbolische Ausdrucksform; und die Gesellschaft, also die Erwartungen der anderen Personen, lagert und lagern sich im personalen System als symbolische Repräsentanz des Sozialen ab. Deshalb ist die Interaktion der Personen als Skriptanalyse möglich. Die Interaktionsstrukturen sind ein eigenständiger Forschungsgegenstand. (Sie sind Gegenstand der Sozialwissenschaften im weitesten Sinne.) Denn so erzeugt sich die soziale Wirklichkeit. Durch diese soziale Konstruktion des personalen Selbst im Modus seines Engagements in den sozialen Interaktionen kommt dem Gehirn und seinen neuronalen Schaltungen im Körper eine Transporterfunktion zu. Aber die Kategorie der Leiblichkeit macht deutlich, dass Körperlichkeit immer nur eine Basis für das symbolische Austauschsystem zwischen der menschlichen Person und ihrer technisch-dinglichen und sozialen Umwelten ist, die so ihre Welten darstellt (Fuchs, Th., 2008). Dieses Weltverhältnis begründet ja erst den dramatischen Charakter der menschlichen Existenzweise – und wirft erneut die klassischen Fragen der Verantwortung auf (vgl. auch Seidel, 2009). Weil der Übergang von der Höhle zur subtilen Wohnarchitektur mit ihren sozialen Funktionalitäten und seelischen Spiegelbildeigenschaften immer wieder neu in den Lebensläufen gelingen muss, der Mensch aber im Alltag genau diese Uraufgabe des Menschen schlechthin dramatisch erlebt und praktiziert, ist die soziale Existenz der Person immer auch eine kulturelle Inszenierung.

Homo symbolicus und Faltung: Die Einschätzung ist nahe an der Anthropologie von Cassirer. Der Mensch ist nur innerhalb seiner symbolischen Ausdrucksformen (die verallgemeinerte Sprache als Medium des Menschen) existierend, daher auch textlich (semiotisch) zu entschlüsseln. Zugleich ist dieser Modus des Existierens selbst nur existent durch symbolische Formen transzendentaler Art. Es ist die seinsmäßige Verallgemeinerung transzendentalen Erkenntnisvermögens: Eine Verallgemeinerung des transzendentalen Subjekts zur Transzendentalpragmatik der schöpferischen sozialen Praxis. Und dass sich in dieser Transzendentalpragmatik die Bahnung der schöpferischen Praxis durch kulturelle Codes infolge der Geschichtlichkeit der Person abzeichnet, zeigt zugleich, wie Cassirer in dieser Synthese zwischen Heidegger und Kant ein wissenssoziologisches Problem (in der langen Entwicklungslinie von Marx, Mannheim u. a.) aufgreift und Grundlagen schafft für einen methologischen Individualismus, der nichts mit dem heute gängigen methologischen Individualismus zutun hat: Denn nun ist das transzendentale Subjekt in seiner genialen Schöpferfähigkeit kulturell codiert und sozial normiert. Diese Faltung, die ich dargelegt habe, des Individuellen und des Kollektiven ist nur durch die Setzung einer Prämisse eines generativen psychischen Apparats des Menschen plausibilisierbar. Das war für mich zentral. Dieser funktioniert aber nicht wie ein Automat. Und auch das war für mich zentral. Und seine Blaupause ist an die Organstruktur des Menschen gebunden, aber die inhaltliche Blaupause wird in der symbolischen Kommunikation der menschlichen Interaktion erzeugt.

Leiblichkeit: Die neurologische Forschung hat diese leibliche Bindung des Selbst an die soziale Welt nur reduziert, aber immerhin zum Ausdruck gebracht als Betonung der bedeutsamen Prägungseffekte. Die Varianz der Ontogenese kommt etwa in der Zwillingsforschung zum Ausdruck. Diese beweist einerseits die Existenz von genetischen Dispositionalhaushalten des Menschen, aber auch das Vorliegen relevanter Varianzen. Ferner wird die strukturierende Relevanz der frühkindlichen Erziehungsphasen evident. Ist die menschliche Persönlichkeit erst ausgereift, verliert sich zwar nicht die Plastizität, aber grundlegende Veränderungen sind schwer herbeizuführen. Sie sind nicht unmöglich; die neurowissenschaftliche Forschung belegt eher die Machbarkeit psychotherapeutischer Interventionen. Aber diese Veränderungen sind nicht trivial, etwa im Zuge voluntaristischer Akte, herbeizuführen. Selbstmanagement ist keine Knetmassenveranstaltung.

c) Theoriesynthese und System der Transzendentalien

Die Perspektive einer post-kantischen und trans-cartesianischen Theoriesynthese: Überhaupt scheint wenig aufgegriffen zu werden, dass sich in der neueren Literatur eine Vermittlung einer Theorie der Person (als ein transzendentalpragmatisches Subjekt) und der Theorie der sozialen generativen Grammatik (als Theorie des normativen Skripts und der kulturellen Codierung des konstruktiven Subjekts[210]) abzeichnet. Eine solche Theorievermittlung wäre in Bezug auf die reinen Paradigmen sowohl post-kantianisch als auch post-strukuralistisch. Es wäre eine auch für die (qualitative) Sozialforschung nutzbare Theorie, menschliches Handeln sowohl hermeneutisch als auch strukturalistisch, vielleicht als strukturale Tiefenhermeneutik, zu verstehen. Sie wäre nicht auf der Linie eines methodologischen Individualismus, wie er heute vor allem in Rational-Choice-Varianten modelliert wird, angesiedelt. Es wäre ein Personalismus (Art. „Personalismus", in RGG, Bd. 6, Sp. 1130 ff.), aber ein kontextueller Personalismus, der auch nicht auf der Linie der Strukturationstheorien[211] der individuellen Rationalität (etwa von Giddens) liegt, da diese Theorievarianten immer noch cartesianisch verfahren (vgl. auch die Darstellungen zum Makro-Mikro-Ebenen-Problem mit Bezug auf Giddens, Coleman, Esser bei Kelle, 2007, S. 73 ff.: „Duale Struktur" sowie ausführlicher S. 81 ff.).

Ein System der Transzendentalien: An dieser Stelle soll versucht werden, das mehr oder weniger implizite strukturale „System der Transzendentalien", das sich in der vorliegenden Arbeit herausgebildet hat, zusammenfassend darzulegen:

(1) Das Subjekt wurde als transzendental bezeichnet.

(2) Allerdings funktioniert die transzendentale Praxis als kulturell codierter Vorgang nach einer generativen Grammatik, die die gelebte Pragmatik dieser Tiefengrammatik selbst als transzendental erkennen lässt.

---

[210] Vgl. auch Schmidinger, 2007, S. 10 mit Bezug auf Cassirers Kritik der statischen Transzendentalphilosophie von Kant.

[211] Dieses Problem existiert auch im Rahmen verschiedener neuerer Institutionalismen: Hall/Taylor, 1996 sowie Ingram/Clay, 2000.

(3) Es handelt sich also, will ich Lacansche Wortspiele aufgreifen, um eine aus Struktur (*Struk*) und Subjekt (*jekt*) zusammengesetzte Mehr-Ebenen-Problematik, die ich als *strukjektiv* bezeichnen will.

Im Prinzip ist das eine methodologische Übersetzung spezifischer leiblichkeitsphilosophischer Überlegungen und Erkenntnisse. Es verbindet die Theorie eines psychischen Arbeitsapparates mit der Tiefen-Kultur der Arbeitsweise dieses Arbeitsapparates, um die pragmatische Oberflächenkultur menschlicher Interaktionen (etwa in Organisationen) zu verstehen und dadurch zu erklären. Dieses wiederum an Max Webers Soziologie sozialen Handelns angelehnte Sprachspiel positioniert mich wissenschaftstheoretisch. Es verbinden sich (nicht naive, sondern mehrfach reflexive) hermeneutische Ansprüche mit der δ- wie ε- Phänomenologie einer chronotopisch-leiblichen Existenzweise in Verbindung mit einer interaktionistischen Soziologie. Die performative Analyse symbolischer Praktiken in Krankenhäusern – etwa das Ritual der Chef-Visite – bringt diese Sichtweise zur Veranschaulichung. Doch wieder zurück zum System der Transzendentalien.

Nochmals (3) Die *strukjektive* Mehr-Ebenen-Verschachtelung bezeichnet die zentrale Auffassung einer Transzendentalität in meiner Arbeit.

(4) Die Biologie (Biochemie) des Körpers und seine Physiologie, insbesondere im Lichte der neueren Neurowissenschaften, das neuronale System und das Hirnzentrum wurden als biotranszendentale Voraussetzung der sozialen, also mitmenschlichen Sinn-Welt verstanden.

Doch funktioniert diese biologische Transzendentalität nur im Mechanismus ihrer ontogenetischen und phylogenetischen kulturellen Aktivierung. Es ist eine falsche Vorstellung von Evolution, die Biologie (und damit die Genetik) als Basis auch der Kultur-Evolution zu verstehen. Ich orientierte mich u. a. an Dupré (2009). Dies gilt einerseits (auf der klassischen Gehlen-Portmann-Blumenberg-Schiene argumentierend) schon, weil die Kultur funktional und sozialmorphologisch so interpretiert werden kann, als ob sie das biologische Mängelwesen Mensch konstruktiv-kreativ kompensiert. Andererseits aktiviert der Kulturzusammenhang, also sowohl die epistemischen Regime der Wissenssysteme als auch die institutionellen Praktiken des Sozialen im Sinn der Interaktionen, Rituale, Zeremonien, Bräuche, Gewohnheiten etc., überhaupt erst die neuronalen Basissysteme des menschlichen Organismus. Das Hirn entwickelt sich grundsätzlich nur im Prozess der erzieherischen Aktivierung und in der gelebten Praxis der Sozialisation, also im Zuge der sozialen Sinn-Welt in Form der Interaktionen. In diesem Sinne sind die Spiegelneuronen transzendental für die Empathie-Kompetenz. Da es aber interindividuelle und auch in synchron wie diachron definierter Perspektive interkulturelle Differenziale in der gelebten Empathie gibt, wird die Praxis der kulturellen Aktivierung hirnfunktionaler Voraussetzungen überaus plastisch.

Die unter Punkt (4) bezeichnete Bio-Transzendentalität ist demnach als *formale Voraussetzung* chronotopischer und leiblicher Daseinsweise des Menschen zu verstehen, bedarf aber eben der gelebten, sich darin entfaltenden Sinn-Welt des Sozialen als Kulturpraxis des Menschen, um aktiviert und erst somit wirksam zu werden.

(5) Somit gibt es eine interne architektonische Ordnung im System der Transzendentalien. Im generativen Zentrum steht die Strukjektivität. Sie basiert voraussetzungslogisch formal auf der Bio-Transzendentalität. Leibliche Existenz ist bereits die „kultivierte", chronotopisch vergesellschaftlichte Form des Zusammenspiels von Bio-Transzendentalität und Strukjektivität. Körperkonzepte z. B. sind performative Typen dieses Zusammenspiels. Das Zusammenspiel in der Evolution ist somit ein solches von generativem Zentrum und neuro-biologischer Voraussetzung. Im evolutorischen Zusammenspiel verändert sich die Voraussetzung ebenso wie die Strukjektivität. Damit habe ich insgesamt einen *transzendentalen Mechanismus evolutorischer Art* bezeichnet.

(6) Damit glaube ich berechtigt zu sein, nun vom *Prinzip eines „methodologischen Personalismus"* als Oberbegriff für diesen Mechanismus zu sprechen. Damit werden auch die theologisch-philosophischen Diskurse zur ontologisch-ontischen Vorgängigkeit des Wir vor dem Ich-bin neu verständlich. Das *jektive*-Element des Konstrukts der Strukjektivität kann es nur auf der Basis des *Struk*-Elements geben. Dies bezeichnet eine interne architektonische Hierarchie der Komponenten dieses Konstrukts. Das korrespondiert gut mit dem post-strukturalistischen Theorie-Programm der Dezentrierung des Subjekts, ohne die Miss- bzw. Falschverständnisse eines Endes oder Todes des Subjekts sogleich mitzutransportieren. Im Zentrum eines methodologischen Personalismus bleibt die Person, aber eben nicht das Subjekt. Das scheint mir hinreichend *post-kantisch* und *trans-cartesianisch* zu sein, ohne gleich das „Kinde mit dem Bade auszuschütten". Deshalb bezeichne ich meinen methodologischen Personalismus auch als *Neo-Post-Strukturalismus*.

Verwandt, und auf die Foucaultsche Perspektive verweisend, ist die Ausformulierung der „Subjektivation" (vgl. dazu Distelhorst, 2009, S. 49 ff.) bei Butler (vor allem in ihrer Schrift „Psyche der Macht": Butler, 2001).

(7) In ethischer Perspektive ist dieser Personalismus die Grundlage für einen Post-Paternalismus, ohne zugleich auf einen postmodernen Selbstbestimmungs-Gouvernementalismus abzufahren. Ich plädiere daher für ein spezifisches Verständnis einer „*Ethik der Achtsamkeit*", die dia- oder trialo-

gisch und damit wiederum polypersonalistisch in einem interaktionistischen Sinne ist.

(8) Foucaults Dispositiv-Analyse gouvernementaler Regime kann nun als archäologisch-genealogische Anwendung dieses evolutorischen Mechanismus verstanden werden, nämlich als jeweils *epochal konkretisierte Modalitäts- oder Stil-Analyse der Strukjektivität.*

Gerade in dieser Theorietradition ist die Person das Organisationszentrum sozialer Wirklichkeit, aber eben über die Inkorporierung gesellschaftlicher Skripte und kultureller Codes, die sich im transzendentalpragmatischen Subjekt ablagern und erst über diese psychische Apparatur arbeiten. Eine solche Theorie der sozialen generativen Grammatik transzendentaler Akteure ist aber etwas ganz anderes als die alterssoziologische Kritik der Gerontopsychologie bieten kann. Denn der Verweis auf ein Lebenslagenkonzept, das dort oftmals nicht mehr ist als die Oberflächenreliefstruktur sozialer Indikatoren (vgl. auch Noll/Weick, 2008), kommt auch nicht in die Nähe einer neuen Synthese aus Hermeneutik und Strukturalismus, aus Transzendentalsubjektivität und Semiotik sozialer Praxis. Daran ändert im Grunde auch der Blick auf Lebensformen und Lebensführung im Alter (Backes/Clemens/Künemund, 2004) nichts, wenn den objektiven dergestalt die subjektiven Lebensbedingungen gegenübergestellt werden (vgl. auch Schulz-Nieswandt, 2008c). Das ist nach wie vor cartesianisch, einer Subjekt-Objekt-Dualität (Art. „Subjekt/Objekt", in RGG, Bd. 7, Sp. 1814 ff.) folgend, die keine generative Theorie (wissenssoziologischer, letztendlich ontologischer Art) darüber aufweist (vgl. auch Kelle, 2007, S. 219[212]), wie sich das Subjekt zu seinen sozialen Objektivationen vermittelt und wie das In-der-Welt-Sein dazu führt, dass sich die soziale Welt ihren eigenen Konstrukteur generiert.

Qualitative Sozialforschung über soziale Deutungsmuster: Methodologisch greift dieser Ansatz auf Debatten über die zentrale Funktion[213] kollektiver bzw. sozialer Deutungsmuster zurück, die es ermöglichen, die subjektive Konstruktion und die emergente[214] Objektivität sozialer Wirklichkeit

---

[212] Man benötigt also tieferliegende Kausalprinzipien für oberflächliche Kausalmuster: Kelle, 2007, S. 220.

[213] Denn es geht um die traditionelle wissenssoziologische Problemstellung der Seinsgebundenheit des Denkens. Vgl. auch Goldthorpe, 2001. Ob diese nun wiederum im Sinne von Goldthorpe nur eine reine echte Handlungstheorie bedeutet, muss dahingestellt bleiben. Das Moment des Narrativen bietet hier epistemologisch komplexere Möglichkeiten.

[214] Unter Emergenz ist die Entstehung (Herausbildung) neuer Phänomene auf einer Makroebene eines Systems zu verstehen, wobei die Elemente des Systems zwar zusammenspielen, aber das neue Phänomen nicht aus den Eigenschaften dieser Elemente besteht und entsprechend zurückzuführen ist.

genetisch zu vermitteln (vgl. die Theoriediskussion bei Kassner, 2003). Methodisch (Art. „Deutungsmusteranalyse" von M. Meuser, in Bohnsack/ Marotzki/Meuser, 2006, S. 31–33) knüpfen sich hier verschiedene Formen der qualitativen Sozialforschung an (Helfferich, 2005, S. 27), seien es Interviews (leitfadengestützte, rekonstruktive oder auch subsummtionslogische, die mit externen Kategorienschemata ans Material herangehen[215]) und diskursorientierte Dokumentenanalysen. Zentral dürften die älteren Überlegungen aus den 1970er Jahren von Oevermann sein (Oevermann, 2001), die er erst spät publiziert und aktualisiert hat (Oevermann, 2001a; methodisch zur objektiven Hermeneutik: Wernet, 2006; Art. „Objektive Hermeneutik", von M. Wohlrab-Sahr, in Bohnsack/Marotzki/Meuser, 2006, S. 123–128). Ich würde ergänzen: Deutungsmuster sind über Biografien hinausweisende und diese strukturell einbindende zeitgeschichtliche oder gar epochengebundene Modelle. Sie können auf einer Makro-, einer Meso- und einer Mikroebene wirksam sein, also durchaus als massenmedial vermittelte Konstrukte wirken oder aber auch lebensweltlich generiert und verankerte interpretatorische Handlungsorientierungen darstellen. Sie können (Mesoebene) aber auch institutionenbezogene, etwa leidbildverankerte und auf Ethos und Loyalität abstellende, organisationskulturelle (Art. „Organisationskultur", von K. Grundwald, in Maelicke, 2007, S. 745 ff.) Philosopheme darstellen.

2. Professionen, Ethik, philosophische Anthropologie

Professionelle Künste: Ich greife nochmals eine zentrale Ausgangsfrage der gesamten Studie heraus. Ich fragte – an den Forschungen über „praktische Künste" (gemeint sind Deutungsmuster und Wissensformen kulturellen [nicht nur medizinischen oder pflegerischen] Handelns[216]) orientierend – nach der Notwendigkeit, dass das professionelle Handeln in konkreten Handlungsfeldern kritisch dahingehend hinterfragt werden muss, durch welche Wahrnehmungen und bildproduzierenden Beurteilungsschemata menschliches Handeln bestimmt ist: Wie wird der Mensch im praktischen Umgang mit dem Menschen konstruiert? Welche Folgen haben verschiedene Bilder vom Menschen und die entsprechenden Umgangsformen? Wie

---

[215] Hier gibt es verschiedene Wege, auch abhängig von den Erkenntnisinteressen, aber auch von der Orientierung an einer Oevermann-Bourdieu-Linie oder an eher subjekt-seitigen Konstruktivismen. Vgl. Kassner, 2003. Vgl. als eine eher etwas vermittelnde Position: Ullrich, 1999; wobei ich tendenziell zu Oevermann neige. Ob Oevermanns Programm als strukturalistische Metaphysik kritisiert werden kann (Kelle, 2007, S. 129 ff: Reichertz, 1988), darf problematisiert sein. Qualitative Methoden schließen, entgegen einem verbreitetem Mißverständnis (Amrhein/Backes, 2008, S. 383 f.), quantitative Auswertungen keineswegs aus. Das Problem ist eher das von kleinen versus großen Stichproben (das „n"-Problem).

[216] Vgl. auch Pankoke/Quenzel, 2006.

muss die soziale Interventionspraxis im weitesten umfänglichen Sinne (Medizin, Pflege, Psychologie, soziale Arbeit[217] etc.) personell, konzeptionell und ressourcenbezogen aufgestellt sein, damit diese Arbeit ihre Wirkung entfalten kann. Dann ergeben sich Folgefragen. Eine zentrale Frage ist hierbei die Ausbildung und die Haltung des professionellen Personals, das die Intervention durchführt. Sie wird über den Erfolg des Interventionsprogramms im Kontext des gesamten *Settings* entscheidend mitwirken. In einem in diesem Sinne praxeologisch fundierten wissenschaftlichen Blick auf die soziale Praxis kommt den Menschenbildern daher eine Schlüsselrolle zu. Und in der Entfaltung der guten Gründe für diese starke Behauptung einer solchen Schlüsselstellung der Frage nach den Kompetenzprofilen des Personals liegt bereits ein wichtiger, praxisrelevanter Teil der Substanz des Beitrages ausgebreitet vor. Aufgabe dieser Analyse war und ist es, den Zwang zur verhaltenskritischen und somit auch moralischen Selbstreflexion in berufspädagogischer Absicht zum Ausdruck zu bringen.

Angewandte Ethik und Verschleifung einer doppelten Reflexions-Schleife: Genau diese Selbstreflexion des eigenen Tuns müsste zum Konzept der Professionalität gehören. Der Studie von Veit (2004) zufolge scheitern Professionen weniger an der fachlichen Expertise, sondern an der Fähigkeit zur Hermeneutik des Fallverstehens. Das dürfte vielfach auch gerade für die Medizin zutreffen. Gerade in der defizitären Du-reflexiven Schleife des eigenen, professionellen Prozesses der auf die Bedürfnisartikulation des Patienten bezogenen Bedarfsdefinition fehlt die ich- oder selbstbezogene reflexive Schleife, das eigene Tun zu hinterfragen. Diese Verschleifung der beiden Schleifen macht aber wahre Professionalität aus. Die ichbezogene Responsivität resultiert ebenso wie die dubezogene Empathie aus der anthropologischen Möglichkeit zur exzentrischen Positionalität. Und die Arbeit an der eigenen beruflichen Identitätskonzeption ist durch die Plastizität des Menschen gegeben. Doch vielfach scheitern Professionen an dieser Verschleifung der beiden Schleifen der Reflexion. Die abstrakte Orientierung an der deontologischen Ethik des Kantschen Sittengesetzes reicht berufssozialisatorisch eben nicht hin. Angewandte Ethik muss im Lichte der unvollkommenen Natur des Menschen generiert werden durch Kompetenzent-

---

[217] Vgl. etwa auch die Studie von Michel-Schwartze, 2002. Sie fragt nach den Deutungsmustern, die Eingang finden in die Fallarbeit. Die Studie von Streckeisen/Hänzi/Hungerbühler (2007) fragt (professionalisierungstheoretisch orientiert und mit Blick auf die Gewinnung von Typologien angesichts von Orientierungs- und Handlungsdilemmata) nach den Deutungsmustern von Lehrpersonen hinsichtlich des Problems von Fördern und Auslesen. Die Arbeit von Uhlendorff/Cinkl/Marthaler (2006) analysiert die Problematik, wie sich im Rahmen individueller Hilfeplanungen und in der Hilfeausgestaltung in der Praxis sozialpädagogische Familiendiagnosen anschließen (lassen) an die Selbstbeschreibungen von Familien (Deutungsmuster, Konfliktthemen und subjektive Hilfepläne umfassend).

II. Schluss

wicklung, die curricular fundiert und ausbildungsstrategisch implementiert und letztendlich in den Sozialunternehmen unternehmensphilosophisch gewollt und unternehmenskulturell gelebt werden müssen.

Philosophische Anthropologie statt naturalistischer Fehlschlüsse objektivistischer Lebenslagenforschung: Das Problem ist von weitreichender Bedeutung hinsichtlich der normativen Kritik an den Normativismen der gerontologischen Wissenschaft eines gelingenden Lebens: Ist der Mensch mit seiner Geburt auf den Tod hin seiend, also von Endlichkeit gekennzeichnet, dann ist die liebende Sorge mit Blick auf den sinnhaften Entwurf eben des eigenen Daseins die *conditio humana*, von der eine Theorie des Alterns (ob als Lebenszyklus-Stufentheorie oder anders: Mertens [2006, S. 58 ff.] mit Blick auf E. H. Erickson: 1902–1994) auszugehen hat, weil sie fundamentalontologisch gar nicht anders kann. Aus der Perspektive einer Existenzanalyse ist die Frage nach dem Gelingen – oder umgekehrt des Verfehlens – die entscheidende anthropologische Frage. Man kann Wortdiskussionen führen, ob Kategorien wie die des Produktiven und des Erfolgreichen angemessen sind. Aber ohne eine Perspektive auf das Gelingen des Lebenslaufes wird eine Gerontologie nicht auskommen. Und dass Antwortfindungen nicht durch naturalistische Fehlschlüsse auf der Grundlage objektiver Lebensumstände getroffen werden können, ist wissenschaftstheoretisch unstrittig. Objektive lebensweltliche Strukturen – wie die technisch-dinglichen Umwelten des Mikrokosmos des Wohnens, des Wohnumfeldes aber auch der Region in ihrer verkehrstechnischen Erschließung – hatte bereits[218] der Zweite

---

[218] *Die Themenbreite der ersten fünf Altenberichte*: Fünf Altenberichte liegen, erarbeitet von multidisziplinären Fachvertretern wissenschaftlicher Disziplinen, unter Berücksichtigung des Deutschen Zentrums für Altersfragen (DZA) und dem Kuratorium Deutsche Altershilfe (KDA) vor (BMFSFJ, 1993; 1998; 2001; 2002; 2006). Sie bezeichnen sich selbst jeweils als „Bericht zur Lage der älteren Generation" und bieten alternierend entweder breite Überblicksanalysen (Erster, Dritter, Fünfter Bericht) oder Spezialthemen (Zweiter Bericht zum Wohnen im Alter, Vierter Bericht zur Situation der Hochaltrigkeit u.b. B. der Demenz, Sechster, aktuell laufender Bericht zum Themenkreis Altersbilder). Der Homepage der Geschäftsstelle der Altenberichtskommission(en) im Deutschen Zentrum für Altersfragen in Berlin (DZA) ist eine kurze Selbstbeschreibung der Themenschwerpunkte der bislang insgesamt fünf Altenberichte zu entnehmen: „Der 1993 vorgelegte Erste Altenbericht hatte allgemeinen Charakter und zeichnete ein Gesamtbild der Lebenssituation älterer Menschen im kurz zuvor vereinten Deutschland. Der Zweite Altenbericht (1998) widmete sich dem Thema ‚Wohnen im Alter'. Der Anfang 2001 erschienene Dritte Altenbericht enthält eine allgemeine Bestandsaufnahme der Lebenssituation Älterer (einschließlich der Entwicklung seit der Wiedervereinigung Deutschlands), entwirft Zukunftsperspektiven und gibt Handlungsempfehlungen für jene Politikfelder, die für die Lebenssituation älterer Menschen besonders relevant sind. Der Dritte Altenbericht betont die Bedeutung individueller und gesellschaftlicher Ressourcen für ein selbstständiges, aktives und produktives Leben im Alter. Der Vierte Altenbericht (2002) trägt den Titel ‚Risiken, Lebensqualität und Versorgung Hochaltriger – unter

Altenbericht[219] zum Schwerpunktthema „Wohnen im Alter" analysiert (BMFSFJ, 1998). Und der Dritte Altenbericht (BMFSFJ, 2001; DZA, 2001–2001d) hat viel Wert auf die versorgungswissenschaftliche, auch sozialökonomische Analyse von Ressourcen im Sinne der Vorhaltung sozialer Infrastrukturen, Einrichtungen und Diensten etc. gelegt. So wurde dort etwa mit Blick auf die Verweildauerkürzungen im Krankenhaussektor infolge des DRG-Finanzierungsregimes die Entwicklung transsektoral integrierter Versorgungsketten (zwischen Medizin, Rehabilitation, Pflege, sozialen Diensten) gefordert (Kurscheid/Schulz-Nieswandt, 2007). Die Versorgungssituationsanalyse prägte auch den Vierten Altenbericht (BMFSFJ, 2002)[220], mit zentralem Fokus auf die Risikolagen und Vulnerabilitäten der Hochaltrigkeit (Heinemann, 2002; Adolph, 2002a sowie Heinemann/Adolph, 2002). Der Fünfte Altenbericht (BMFSFJ, 2006) arbeitet mehrdimensional (Heinemann, 2006; Adolph, 2006 sowie ders., 2006a; Schwitzer, 2007 sowie ders. u. a., 2006) u. a. die ökonomischen, aber auch wissensbasierten Potenziale des Alters heraus, dabei aber auch nicht die neuen Risiken übersehend, die sich als relative Einkommensarmut angesichts zunehmender Spreizungen in der ökonomischen Ressourcenentwicklung abzeichnen werden. Aber im Lichte welcher Referenzsysteme werden solche Befundelandschaften diskutiert?

Altersbildbezogene implizite Anthropologie in sozialpolitischer Absicht: Als altersbildbezogene implizite Anthropologie in sozialpolitischer Absicht würde ich folgende Punkte festhalten wollen:

---

besonderer Berücksichtigung demenzieller Erkrankungen'. Er befasst sich eingehend mit den besonderen Bedürfnissen hochaltriger Menschen mit dem Ziel, ein realistisches Bild dieses Lebensabschnitts zu zeichnen und eine Basis für zukünftig notwendige Planungen und Entscheidungen zu schaffen. Ein Schwerpunkt wurde auf die Erarbeitung von Vorschlägen zur Verbesserung der Versorgungssituation Demenzkranker gelegt. Der Fünfte Altenbericht trägt den Titel ‚Potenziale des Alters in Wirtschaft und Gesellschaft – Der Beitrag älterer Menschen zum Zusammenhalt der Generationen'. Im Zentrum des Berichts stehen die Potenziale älterer Menschen, die in den Feldern Erwerbsarbeit, Bildung, Einkommenslage, Seniorenwirtschaft, Familie und private Netzwerke, Engagement und Teilhabe sowie für ältere Migrantinnen und Migranten untersucht werden.

Die Altenberichte der Bundesregierung bilden heute, neben aktuellen wissenschaftlichen Studien, anderen Berichten auf Bundesebene (z. B. Berichte der Enquete-Kommission ‚Demografischer Wandel', Alterssicherungsberichte, Pflegeberichte usw.) und den Altenberichten der Länder, Kommunen und Verbände, eine der wichtigsten Quellen für die öffentliche Diskussion zu Fragen der Politik für das Alter. Die bislang erschienenen Altenberichte der Bundesregierung haben darüber hinaus zur allgemeinen Verbreitung des Wissens über Alternsprozesse und die Situation älterer Menschen beigetragen." (entnommen aus www.dza.de)

[219] Die Expertisen zum Zweiten Bericht sind publiziert in DZA, 1998–1998d. Der hier nicht weiter angeführte Erste Bericht (BMFSFJ, 1993) hat die Expertisen publiziert in DZA, 1993–1993s; DZA, 1994.

[220] Die Expertisen zum Vierten Bericht sind publiziert in DZA, 2002–2002b.

II. Schluss

(1) Anthropologische Dimension: Das Menschenbild ist ein solches der dualen Spannung: zwischen Selbst- und Weltbezug. Der Mensch ist einerseits (Selbstsorge) selbstständig und selbstverantwortlich, andererseits (Mitsorge) mitverantwortlich und oftmals (Fremdsorge) angewiesen auf die Vorgängigkeit des Sozialen. Entwicklungspsychologisch gesehen bedeutet dies für den konkreten Menschen die Bewältigung der Aufgabe der Individuation (Personalisation) als Balanceakt zwischen diesen Daseinspolen.[221]

(2) Sozialpolitische Dimension: Der Mensch wird lebenslaufbezogen definiert. Er bedarf der personengebundenen und kontextuellen Ressourcen, damit er seine Daseinsaufgaben bewältigen kann. Sozialpolitik^p ist Intervention in Lebenslagen, die jeweils als Ressourcenkonfigurationen verstanden werden. Die Person ist das Organisationszentrum einer Lebenslage, steht dabei aber transaktionalistisch in der Welt. Relevante Ressourcen sind: Personale Ressourcen (einschließlich Gesundheit als Ressource), rechtliche Ressourcen, ökonomische Ressourcen, soziale Ressourcen (Netzwerke), Ressourcen der infrastrukturbezogenen sozialen Daseinsvorsorge (Kersten, 2007), technisch-dingliche Ressourcen, Wohnressourcen u.a.m. In der Prämisse einer Wechselwirkung von Person und Handlungsspielraum vertritt die Altenberichterstattung ein modernes Lebenslagenkonzept.

(3) Lebenslauftheorie: Der Mensch ist ontogenetisch von hoher Plastizität bis ins höhere Alter gekennzeichnet. Die Varianz des Alters ist Resultante der Varianz der Biografien als soziales Schicksal. Entwicklung ist ein Wechselspiel von Biologie und Kultur. Das kalendarische Alter hat eine geringe Kraft der Varianzaufklärung. Epidemiologische Umkippeffekte sind im vierten Lebensalter (80 u.m. Jahre) wahrscheinlicher. Eine hohe Varianz bleibt aber auch in der Hochaltrigkeit bestehen. Der Lebensverlauf ist von Potenzialen wie von Risiken geprägt. Prinzipiell ist der Mensch vulnerabel, aber auch resilient (psychisch wie pragmatisch in der Sozialpraxis).

(4) Generationentheorie: Die Beziehungen der Menschen in (familial-verwandtschaftlichen wie in gesellschaftlichen) Generationenbeziehungen sind von Ambivalenz (Lüscher/Pillemer, 1998; Connidis/McMullin, 2002) geprägt. Empirisch bestätigt sind weder verallgemeinerungsfähige Erosions- und Entfremdungstheorien in der Sozialkapitalentwicklung[222], noch[223] harmonieorientierte Leitbilder der Konfliktlosigkeit. Prägend ist vielmehr die Ambivalenz, die unausweichlich aus der Dialektik von Nähe und Distanz

---

[221] Ich habe in der vorliegenden Arbeit ansatzweise versucht, die Genealogie dieser Prämissen kulturgeschichtlich aufzuzeigen.

[222] Der Forschungs(lücken)übersicht von Baas/Schmitt/Wahl (2008) zu den Singles macht überaus deutlich, wie differentiell man dieses Phänomen sehen muss.

[223] Immer wieder konstatiert wird die These von der moralischen Erosion durch den Wohlfahrtsstaat: Heinemann, F., 2007.

resultiert und hier ihre symbolischen Ausdrucksformen findet. Netzwerkforschung bedeutet, nicht nur nach der Netzwerkdichte (Verfügbarkeit), sondern auch reziprok nach der Belastbarkeit, Zumutbarkeit und Fähigkeit sowie Bereitschaft in der Netzwerkarbeit zu fragen. Das resultiert aus der Anthropologie der Balance zwischen Eigensinn und Gemeinsinn.

(5) Soziale Ethik: Es wird ein grundsätzlich personenzentriertes Leitbild der Sozialordnung vertreten. Aber angesichts der Interdependenz des menschlichen Daseins als soziales Miteinander wird eine Ethik der Mitsorge formuliert. Diese drückt sich sowohl als zivilgesellschaftliches Engagement und als System des Gebens und Nehmens in dem Generationengefüge aus; auch die (weitgehend staatlich organisierte) Sozialpolitik^p hat sich angemessen auf die Lebenslagen des Alters zu beziehen, dies aber immer im Gefüge einer Sozialpolitik für alle Lebenslagen aller Altersklassen.

(6) Rechtliche Dimension: Die Analyse transportiert die Grundauffassung, Menschen sind mit (sozialen) Grundrechten ausgestattet, die sich sozialwissenschaftlich als Teilhabechancen der Menschen an den ökonomischen, politischen, sozialen und kulturellen Gütern der Gesellschaft definieren und konkretisieren lassen.

In der humanistischen Gerontologie sind nicht nur zahlreiche relevante empirische Befunde in hoch verdichteter und strukturierter Weise verfügbar gemacht worden; wertvolle Elemente einer philosophischen Anthropologie und Ethik der Sozialpolitik^{w+p} einer alternden Gesellschaft sind den Analysen zu entnehmen.[224] Die Personhaftigkeit in den Mittelpunkt des sozialen Geschehens zu rücken, bedeutet nicht, den sozialpolitischen Interventionsbedarf zu verkennen und einen gesellschaftspolitischen Gestaltungswillen zu verlieren oder ihn gar nicht erst zu entfalten. Im Gegenteil: Erst im Lichte der Sorge der Person ist existenziell zu verstehen, warum es einer engagierten praktischen Sozialpolitik und Gesellschaftsgestaltung bedarf.

Und abschließend darf herausgestellt werden, dass das Streben nach einer mehr eingebetteten Autonomie trotz und auf der Basis des kritischen Foucaultschen Blicks die Hintergrundsfolie der Analysen war. Auch wenn die Existenz des Menschen immer eine vergesellschaftete Form ist, so muss doch die Idee der „konkreten Freiheit" das Ziel jeder Analyse und Reflexion bleiben. Sonst fällt man zurück auf eine Kulturkritik, die auch beim Meister der Kulturkritik[225], bei Adorno[226], vorhanden war: Da die Welt ver-

---

[224] Dazu ausführlicher: Schulz-Nieswandt, 2008c.

[225] Dessen Kritik an der empirischen Sozialforschung, angesichts von Adornos völliger Unkenntnis derselben, schon bemerkenswert ist: Fleck, 2007, S. 264 ff. An sich ähnlich kritisch: Dahms, 1994, S. 259 ff.

[226] Oder war Benjamin der wahre Meister? Vgl. Buck-Morss, 2000. Dabei wäre auch Kracauer in Rechnung zu stellen: vgl. Holste, 2006.

blendet ist, die Menschen in diesem Verblendungszusammenhang integriert sind, kommt niemand aus dem Käfig heraus – mit dem Paradox, das Adorno selbst betrifft: Wie war dann seine Kritik überhaupt möglich? Sozialpolitik^{w+p} ist eben nicht nur, würde man entsprechend Foucault ohne jeden Humanismus auslegen und nutzen, soziale Kontrolle, soziale Disziplinierung und Mentalitäts-Governance (so auch Schulz-[Nieswandt], 1986, S. 753 f.). Sozialpolitik^{w+p} soll Menschen die Chance verbessern, ihr Leben zu führen. Hier darf nochmals auf den „ontologischen Personalismus" von Pareyson verwiesen werden (Weiß, 2004, S. 17). Demnach ist der Mensch ontologisch intentional, aber sein Selbstbezug ist immer gebunden an den Bezug zum Anderen, verwiesen zum Horizont des Seienden als seiendem Sein im Sinne von Heidegger, dessen ontologische Differenz hier wirksam wird (Weiß, 1996, S. 26 ff.). In soziologischer Propädeutik muss man daher an dieser Stelle die Zusammengehörigkeit der Aktivität und Rezeptivität des Menschen beachten und betonen. Der Mensch ist daher immer „initiierte Initiative" (Weiß, 1994, S. 74). Das bringt die oben angesprochene Problematik der „konkreten Frage" nach-hegelianisch, heideggerianisch geprägt, nun aber als „ontologischer Personalismus" auf den Punkt. Heidegger sprach bekanntlich vom „Dasein als geworfener Entwurf", wobei die Differenz zum Existenzialismus von Sartre sicherlich nochmals deutlich wird.

* * *

„… immer bleibt noch ein dunkler Rest …"

(Schelling, Sämtliche Werke, Stuttgart 1856–1861, hier Bd. VII, S. 433)

Literaturverzeichnis

Abels, H. (2006): Identität. Wiesbaden: VS Verlag für Sozialwissenschaften.

Abels, H./*Honig*, M.-S./*Saake*, I./*Weymann*, A. (2008): Lebensphasen. Wiesbaden: VS Verlag für Sozialwissenschaften.

Abendroth, W. (2003): Schopenhauer. 20. Aufl. Reinbek bei Hamburg: Rowohlt.

Abendroth, M./*Naves*, R. (2003): Die gesundheitliche Versorgung von Menschen mit geistigen und mehrfachen Behinderungen – Potentiale und Defizite in Rheinland-Pfalz. Bochum: Evangelische Fachhochschule Rheinland-Westfalen-Lippe.

Abernethy, M. A./*Stoelwinder*, J. U. (1995): The role of professional control in the management of complex organizations. Accounting, Organizations and Society 20 (1), S. 17–31.

Abteilung für Gesundheits- und Klinische Psychologie (Hrsg.) (2006): Impulse für Gesundheitspsychologie und Public Health. Achtsamkeit als Lebensform und Leitbild. Tübingen: dgvt-Verlag.

Abt-Zegelin, A. (2004): Bettlägerigkeit. Alltagsbegriff und unbekanntes Terrain, in: Schnell, M. W. (Hrsg.), Leib, Körper, Maschine. Interdisziplinäre Studien über den bedürftigen Menschen. Düsseldorf: Verlag selbstbestimmten Leben, S. 193–217.

– (2005): Die Sprachen der Pflege. Interdisziplinäre Beiträge aus Pflegewissenschaft, Medizin, Linguistik und Philosophie. Hannover: Schlütersche.

Abt-Zegelin, A./*Schnell*, M. W. (Hrsg.) (2005): Sprache und Pflege. 2., vollst. überarb. u. akt. Aufl. Bern u. a.: Huber.

– (Hrsg.) (2006): Die Sprachen der Pflege. Interdisziplinäre Beiträge aus Pflegewissenschaft, Medizin, Linguistik und Philospohie. Hannover: Schlütersche.

Achenbach, R./*Arneth*, M./*Otto*, E. (2007): Tora in der hebräischen Bibel. Studien zur Redaktionsgeschichte und synchronen Logik diachronischer Transformationen.Wiesbaden: Harrasowitz.

Achilles, I. (2005): … und um mich kümmert sich keiner. Die Situation der Geschwister behinderter und chronisch kranker Kinder. München: Ernst Reinhardt.

Achilles, P./*Jacobi*, R.-M. E. (1999): Die Anthropologie der Gegenseitigkeit. Viktor von Weizsäckers Beitrag zur medizinischen Ethik, in: Kröger, F./Petzold, E. R. (Hrsg.): Selbstorganisation und Ordnungswandel in der Psychosomatik. Hamburg: VAS, S. 111–121.

Ackroyd, P. (1988): T. S. Eliot. Eine Biographie. Frankfurt am Main: Suhrkamp.

Adam, K.-P. (2001): Der Königliche Held. Die Entsprechung von kämpfendem Gott und kämpfendem König in Psalm 18. Neukirchen-Vluyn: Neukirchener Verlag.

Adelhoefer, M. (1990): Wolfdietrich Schnurre – ein deutscher Nachkriegsautor. Pfaffenweiler: Centaurus.

Adkins, W. H. (1960): Merit and Responsibility: A Study in Greek Values. Oxford: Oxford University Press.

Adler, A. (1973): Über den nervösen Charakter. Frankfurt am Main: Fischer.

Adler, L./*Dumke*, H.-O./*Peukert*, R. (Hrsg.) (2007): Chronisch psychisch krank – chronisch schlecht versorgt? Zur Lage der chronisch psychisch Kranken 30 Jahre nach der psychiatrie-Enquéte. Regensburg: Roderer.

Adler, R. H. (2000): Psychosomatik als Wissenschaft. Integrierte Medizin gedacht und gelebt. Stuttgart/New York: Schattauer.

Adler, R. H. u. a. (Hrsg.) (2008): Uexküll. Psychosomatische Medizin. Modelle ärztlichen Denkens und Handelns. 6. Aufl. München/Jena: Urban & Fischer.

Adloff, F./*Mau*, S. (Hrsg.) (2005): Vom Geben und Nehmen. Zur Soziologie der Reziprozität. Frankfurt am Main/New York: Campus.

Adlung, R. (2002): Health services in a globalising world. Eurohealth 8 (3), S. 18–21.

Adolph, H. (2002): Nationale Altenberichterstattung als Instrument der Politikberatung, in: Tesch-Römer, C. (Hrsg.), Gerontologie und Sozialpolitik. Stuttgart: Kohlhammer, S. 251–268.

– (2002a): Der Vierte Altenbericht – „Ausgewählte Befunde und Empfehlungen", in: Informationsdienst Altersfragen 29 (9 + 10), S. 2–6.

– (2006): Bildung im Alter – Bildung für das Alter. Altenberichtskommission, in: Bundesarbeitsgemeinschaft der Senioren-Organisationen e. V. (Hrsg.), Potenziale des Alters. Strategien zur Umsetzung der Empfehlungen der Fünften Altenberichtskommission. Die Dokumentation der Fachtagung vom 7. November 2005. Bonn: BAGSO, S. 32–37.

– (2006a): Der Fünfte Altenbericht – „Potenziale des Alters in Wirtschaft und Gesellschaft" (Teil 1), in: Informationsdienst Altersfragen 33 (4), S. 2–6.

Adorno, Th. W. (1996): Einleitung, zu: Durkheim, E. Soziologie und Philosophie. 3. Aufl. Frankfurt am Main: Suhrkamp.

– Studien zum autoritären Charakter. 6. Aufl. Frankfurt am Main: Suhrkamp.

Agamben, G. (2006): Homo sacer. Die souveräne Macht und das nackte Leben. 6. Aufl. Frankfurt am Main: Suhrkamp.

– (2007): Die Beamten des Himmels. Über Engel. Frankfurt am Main/Leipzig: Verlag der Weltreligionen im Inselverlag.

– (2008): Was ist ein Dispositiv? Zürich/Berlin: diaphanes.

AHA e. V./*Windisch*, M. (Hrsg.) (2006): Persönliches Budget. Wasserburg/Bodensee: Verein zur Förderung der sozialpolitischen Arbeit.

Ahn, H. (2003): Effektivitäts- und Effizienzsicherung. Controlling-Konzept und Balanced Scorecard. Frankfurt am Main: Lang.

Ahrens, Th. (2008): Vom Charme der Gabe. Frankfurt am Main: Lembeck.

Al-Laham, A. (2002): Strategieprozesse in deutschen Unternehmungen. Verlauf, Struktur und Effizienz. Wiesbaden: Gabler.

Albath, L./*Giesler*, M. (2006): Das Herkunftslandprinzip in der Dienstleistungsrichtlinie – eine Kodifizierung der Rechtsprechung? Europäische Zeitschrift für Wirtschaftsrecht 17 (2), S. 38–42.

Albe, Y. (2007): Der Einfluß der Bildung auf die Lebenszufriedenheit im Alter. Saarbrücken: VDM: Verlag Dr. Müller.

Alber, J. (2006): Überlegungen und Daten zur Idee eines „Europäischen Sozialmodells", in: BMFSFJ & Observatorium für die Entwicklung der sozialen Dienste in Europa (Hrsg.), Dokumentation der Tagung „Die Zukunft des Europäischen Sozialmodells". Frankfurt am Main/Berlin: ISS-DV, S. 63–90.

Alber, J./*Lenarz*, Ph. (2008): Wachsende soziale Ungleichheit in Europa. ISI 39 (Januar), S. 1–5.

Albert, H. (1968): Traktat über kritische Vernunft. 3., erw. Aufl. Tübingen: Mohr (Siebeck).

Albert, I. (2007): Intergenerationelle Transmission von Werten in Deutschland. Lengerich: Pabst Science Publishers.

Albert, M. (2006): Soziale Arbeit im Wandel. Hamburg: VSA.

Albertini, A./*Kohli*, M./*Vogel*, C. (2007): Intergenerational Transfers of Time and Money in European Families: Common Patterns – Different Regimes? Journal of European Social Policy 17 (4), S. 319–334.

Albrecht, J. (2000): Europäischer Strukturalismus. 2., völlig überarb. u. erw. Aufl. Tübingen/Basel: A. Francke.

Albrecht, P.-G. (2008): Professionalisierung durch Milieuaktivierung und Sozialraumorientierung? Wiesbaden: VS Verlag für Sozialwissenschaften.

Albrecht, V. (2007): Geschlechterdifferenz in der Arbeitswelt. Frankfurt am Main: Lang.

Aldridge, D. (1999): Musiktherapie in der Medizin. Bern u.a.: Huber.

Alexander, J. C./*Smith*, Ph. (2002): The Strong Program in Cultural Theory. Elements of a Structural Hermeneutics, in: Turner, J. H. (Hrsg.), Handbook of Sociological Theory. New York: Kluwer, S. 135–150.

– (Hrsg.) (2005): The Cambridge Companion to Durkheim. Cambridge: Cambridge University Press.

Alferi, Th. (2007): „Worüber hinaus Größeres nicht ‚gegeben' werden kann ...". Phänomenologie und Offenbarung nach Jean-Luc Marion. Freiburg/München: Alber.

Allert, G. (Hrsg.) (2002): Ziele der Medizin. Zur ethischen Dimension neuer Perspektiven medizinischer Ausbildung und Praxis. Stuttgart/New York: Schattauer.

Alparslan, A. (2006): Strukturalistische Prinzipal-Agent-Theorie. Wiesbaden: Deutscher Universitäts-Verlag.

Alt, N. u. a. (2008): Die wissenschaftliche Begleitung des Bundesmodellprogramms Generationenübergreifende Freiwilligendienste, durchgeführt im Auftrag des BMFSFJ. Abschlussbericht September 2008. Zentrum für zivilgesellschaftliche Entwicklung. Freiburg i. Br.

Althans, B. (2007): Das maskierte Begehren. Frauen zwischen Sozialarbeit und Management. Frankfurt am Main/New York: Campus.

Althusser, L. (1968): Für Marx. Frankfurt am Main: Suhrkamp.

– (1977): Ideologie und die ideologischen Staatsapparate. Hamburg/Berlin: VSA.

Amann, A. (2004): Die großen Alterslügen. Generationenkrieg – Pflegechaos – Fortschrittsbremse? Wien: Böhlau.

Amann, A./*Kolland*, F. (Hrsg.) (2007): Das erzwungene Paradies des Alters? Fragen an eine kritische Gerontologie. Wiesbaden: VS Verlag für Sozialwissenschaften.

Ambrosius, G. (1984): Der Staat als Unternehmer. Göttingen: Vandenhoeck & Ruprecht.

– (1996): Wirtschaftsraum Europa. Frankfurt am Main: Fischer.

– (2001): Staat und Wirtschaftsordnung. Stuttgart: Steiner.

Ambrosy, H./*Löser*, A. P. (2006): Entscheidungen am Lebensende. Hannover: Schlütersche.

Ameln, F. v. (2004): Konstruktivismus. Tübingen/Basel: Francke (UTB).

Amelung, V. E. (2007): Managed Care. 4., überarb. u. aktualis. Aufl. Wiesbaden: Gabler.

– (2007a): Integrierte Versorgung – von Pilotprojekten zur „wirklichen" Regelversorgung. Gesundheits- und Sozialpolitik 61 (1 + 2), S. 10–13.

Amelung, V. E. u. a. (2006): Integrierte Versorgung und Medizinische Versorgungszentren. Berlin: MVW.

– (2009): Managed Care in Europe. Berlin: MBV.

Ames, A. (2008): Arbeitssituation und Rollenverständnis der persönlichen Ansprechpartner/-innen nach § 14 SGB II. Nachrichtendienst des Deutschen Vereins (7), S. 294–300.

Amrein, J. (1999): Der Arztsuizid: Annäherung an ein Tabuthema. Schweizerische Aerztezeitung 80, S. 556–558.

Amrhein, L. (2008): Drehbücher des Alter(n)s. Die soziale Konstruktion von Modellen und Formen der Lebensführung und -stilisierung älterer Menschen. Wiesbaden: VS Verlag für Sozialwissenschaften.

Amrhein, L./*Backes*, G. M. (2007): Alter(n)sbilder und Diskurse des Alter(n)s. Zeitschrift für Gerontologie und Geriatrie 40 (2), S. 104–111.

- (2008): Alter(n) und Identitätsentwicklung: Formen des Umgangs mit dem eigenen Älterwerden. Zeitschrift für Gerontologie und Geriatrie 41 (5), S. 382–393.

Andermatt, A. (2007): Semiotik und das Erbe der Transzendentalphilosophie. Würzburg: Königshausen & Neumann.

Andersen, P./*Heinlein,* M. (2002): „Hat bestens geklappt heute, oder?" – Miteinander reden und miteinander auskommen im Altenheim. Pflegemagazin 3 (2), S. 24–29.

Anderson, G. (2008): Föderalismus. Opladen & Farmington Hills: Barbara Budrich (UTB).

Andree, G. J. (2003): Sympathie und Unparteilichkeit. Adam Smiths System der natürlichen Moralität. Paderborn: mentis.

Andresen, S. (2005): Einführung in die Jugendforschung. Darmstadt: Wissenschaftliche Buchgesellschaft.

Aner, K./*Karl,* F. (2007): Die immer wieder neuen Alten – Chancen und Grenzen ihres Engagements. informationsdienst altersfragen 34 (4), S. 2–5.

Aner, K./*Karl,* F./*Rosenmayr,* L. (Hrsg.) (2007): Die neuen Alten – Retter des Sozialen? Wiesbaden: VS Verlag für Sozialwissenschaften.

Angehrn, E. (1996): Die Überwindung des Chaos. Zur Philosophie des Mythos. Frankfurt am Main: Suhrkamp.

Angel, H.-F. u. a. (2006): Religiösität. Anthropologische, theologische und sozialwissenschaftliche Klärungen. Stuttgart: Kohlhammer.

Angerer, E. (2007): Die Literaturtheorie Julia Kristevas. Wien: Passagen.

Anheier, H. K./*Seibel,* W. (2001): The Nonprofit Sector in Germany. Manchester. Manchster University Press.

Anheier, H. K./*Toepler,* St. (2002): Bürgerschaftliches Engagement in Europa. Aus Politik und Zeitgeschichte B 9, S. 31–38.

Anschütz, F. (1987): Ärztliches Handeln. Grundlagen, Möglichkeiten, Grenzen, Widersprüche. Darmstadt: Wissenschaftliche Buchgesellschaft.

- (Hrsg.) (1992): Anamneseerhebung und allgemeine Krankenuntersuchung. 5. Aufl. Berlin/Heidelberg: Springer.

- (2001): Gesellschaftliche Emanzipationsstreben und Arzt-Patienten-Beziehung um die Jahrtausendwende, in: Huth, K. (Hrsg.), Arzt – Patient. Zur Geschichte und Bedeutung einer Beziehung. Tübingen: Attempto, S. 21–29.

Ansen, H./*Gödecker-Geenen,* N./*Nau,* H. (Hrsg.) (2004): Soziale Arbeit im Krankenhaus. München: Reinhardt (UTB).

Antes, P. (2006): Grundriss der Religionsgeschichte. Stuttgart: Kohlhammer.

Antonovsky, A. (1997): Salutogenese. Tübingen: dgvt-Verlag.

Antonucci, T. C. (1990): Social Characteristics, Social Support and Social Behavior, in: Binstock, R. H./Shanas, E. (Hrsg.), Handbook of Aging in the Social Sciences. New York: Van Nostrand Reinhold, S. 205–228.

- (2001): Social relations. An examination of social networks, social support, and sense of control, in: Birren, J. E./Scheie, K. W. (Hrsg.), Handbook of the psychology of aging. San Diego u.a.: Academic Press, S. 427–453.

Anzenberger, H. (1987): Der Mensch im Horizont von Sein und Sinn. St. Ottlien: EOS.

Apel, K. O. (1999): Transformation der Philosophie. Das Apriori der Kommunikationsgemeinschaft. 6. Aufl. Frankfurt am Main: Suhrkamp.

- (2002): Transformation der Philosophie. Sprachanalytik, Semiotik, Hermeneutik. 6. Aufl. Frankfurt am Main: Suhrkamp.

Arbeitsgruppe „Berufsbilder" der SAMW (2007): Die zukünftigen Berufsbilder von Ärztinnen/Ärzten und Pflegenden in der ambulanten und klinischen Praxis. Schweizerische Ärztezeitung 88 (46), S. 1942–1952.

Arber, S./*Attias-Donfut*, C. (Hrsg.) (2000): The Myth of Generational Conflict – The Family and the State in Ageing Societies. London: Routledge.

Archiv für Wissenschaft und Praxis der sozialen Arbeit (2006): Teilhabe am Leben in der Gesellschaft. Perspektiven der Eingliederungshilfe für behinderte Menschen. 37 (3).

Arens, F. (2004): Kommunikation zwischen Pflegenden und dementierenden alten Menschen. Frankfurt am Main: Mabuse.

Argyris, Chr./*Schön*, D. A. (1999): Die Lernende Organisation. Stuttgart: Klett-Cotta.

Ariés, Ph. (1976): Studien zur Geschichte des Todes im Abendland. München/Wien: Hanser.

Armbruster, M. (2006): Eltern-AG. Das Empowerment-Programm für mehr Elternkompetenz in Problemfamilien. Heidelberg: Carl-Auer.

Armstrong, K. (2006): Die Achsenzeit. Vom Ursprung der Weltreligionen. München: Sieder.

Arneth, M. (2000): „Sonne der Gerechtigkeit". Studien zur Solarisierung der Jahwe-Religion im Lichte von Psalm 72. Wiesbaden: Harrassowitz.

Arnim, D. v. (2006): Der Standort der EU-Grundrechtscharta in der Grundrechtsarchitektur Europas. Frankfurt am Main u.a.: Lang.

Arnold, D. (1996): Krankenpflege und Macht – Anwendung sogenannter poststrukturalistischer Theorie auf die Analyse der Machtverhältnisse im „Frauenberuf" Krankenpflege. Pflege 9 (1), S. 72–79.

- (2008): „Aber ich muß ja meine Arbeit schaffen!" Ein ethnografischer Blick auf den Alltag im Frauenberuf Pflege. Frankfurt am Main: Mabuse.

Arnold, E. (2007): Edvard Munch. 9. Aufl. Reinbek bei Hamburg: Rowohlt.

Arnold, H. L. (2004): Die Gruppe 47. Reinbek bei Hamburg: Rowohlt.

Arnold, R. (2007): Pauschalprämien für Deutschland, einkommensabhängige Beiträge für Indien. Sozialer Fortschritt 56 (9 + 10), S. 243–252.

Arnold, Th. C. (2001): Rethinking Moral Economy. American Political Science Review 95, S. 85–95.

Arntz, M./*Spermann,* A. (2006): Soziale Experimente mit dem Pflegebudget (2004–2008). Sozialer Fortschritt 55 (8), S. 181–191.

Arts, W./*Gelissen,* J. (2002): Three worlds of welfare capitalism or more? Journal of European Social Policy 12 (2), S. 137–158.

Ascoli, U./*Ranci,* C. (Hrsg.) (2002): Dilemmas of the Welfare Mix. New York u. a.: Springer US.

Ascough, R. S. (1997): Translocal Relationships Among Voluntary Associations and Early Christianity. Journal of Early Christian Studies 5, S. 223–241.

Aselmeier, L. (2007): Community Care und Menschen mit geistiger Behinderung. Gemeinwesenorientierte Unterstützung in England, Schweden und Deutschland. Wiesbaden: VS Verlag für Sozialwissenschaften.

Asmuth, Chr. (Hrsg.) (2007): Transzendentalphilosophie und Person. Bielefeld: transcript.

Asp, M./*Fagerberg,* I. (2002): The woven fabric – a metaphor of nursing care: the major subject in nursing education. Scandinavian Journal of Caring Sciences 16, S. 115–121.

Aspinwall, M. D./*Schneider,* G. (2000): Same menu, seperate tables: The institutionalist turn in political science nd the study of European Integration. European Journal of Political Research 38, S. 1–36.

Assmann, A./*Assmann,* J. (Hrsg.) (2000): Einsamkeit. Archäologie der literarischen Kommunikation VI. München: Fink.

Assmann, J. (1999): Das kulturelle Gedächtnis. München: Beck.

Assmann, J./*Janowski,* B./*Welker,* M. (Hrsg.) (1998): Gerechtigkeit. Richten und Retten in der abendländischen Tradition und deren altorientalischen Ursprüngen. München: Fink.

Atac, I./*Kücük,* B./*Sener,* U. (Hrsg.) (2008): Perspektiven auf die Türkei. Münster: Westfälisches Dampfboot.

Attali, J. (1981): Die kannibalische Ordnung. Von der Magie zur Computermedizin. Frankfurt am Main/New York: Campus.

Attermeyer, E. (2004): Die ambulante Arztpraxis in der Rechtsform der GmbH. Berlin: Springer.

Attias-Donfut, C. (2000): Familialer Austausch und soziale Sicherung, in: Kohli, M./Dlik, M. (Hrsg.), Generationen in Familie und Gesellschaft. Opladen: Leske + Budrich, S. 222–237.

Attias-Donfut, C./*Ogg,* J./*Wolff,* F.-C. (2005): European patterns of intergenerational transfers. European Journal of Aging 2, S. 161–173.

Auerbach, H./*Imhof,* D. (2009): Integrierte Versorgung in der Schweiz – zwei unterschiedliche Herangehensweisen im Kanton Zürich: GeWint und Gesundheitsnetz

2025 Zürich, in: Amelung, V. E. u. a. (2009): Managed Care in Europe. Berlin: MBV, S. 221–230.

Auerbach, H./*Metzger,* K./*Roos,* A. (2008): GeWint – Gesundheitsregion Winterthur. Care Management 1 Nr. 4, S. 39–44.

Auerbach, W. (1957): Sozialplan für Deutschland. Berlin/Hannover: Dietz.

Aufderheide, D./*Dabrowski,* M. (Hrsg.) (2007): Markt und Wettbewerb in der Sozialwirtschaft. Berlin: Duncker & Humblot.

Auffarth, Chr. (1991): Der drohende Untergang. „Schöpfung" in Mythos und Ritual im Alten Orient und in Griechenland. Berlin/New York: Walter de Gruyter.

Auffarth, Chr./*Bernard,* J./*Mohr,* H. (Hrsg.) (2005): Metzler Lexikon Religion. 4 Bde. Stuttgart/Weimar: Metzler.

Aumüller, G./*Grundmann,* K./*Vanja,* Chr. (Hrsg.) (2007): Der Dienst am Kranken. Krankenversorgung zwischen Caritas, Medizin und Ökonomie vom Mittelalter bis zur Neuzeit. Marburg: Elwert.

Ausfeld-Hafter, B. (Hrsg.) (2007): Medizin und Macht. Die Arzt-Patienten-Beziehung im Wandel: Mehr Entscheidungsfreiheit? Bern: Lang.

Aussermair, J. (1997): Konkretion und Gestalt. „Leiblichkeit" als wesentliches Element eines sakramentalen Kirchenverständnisses am Beispiel der ekklesiologischen Ansätze Paul Tillichs, Dietrich Bonhoeffers und Hans Asmussens unter ökumenischem Gesichtspunkt. Paderborn: Bonifatius.

Aust, B./*Ohmann,* Chr. (2000): Bisherige Erfahrungen mit der Evaluation von Leitlinien. Zeitschrift für ärztliche Fortbildung und Qualitätssicherung 94, S. 365–371.

Aust, K. (2007): Wein im Alter. Saarbrücken: VDM Verlag Dr. Müller.

Austin, J. L. (2005): Zur Theorie der Sprechakte. Stuttgart: Reclam.

Ay, K. L./*Borchardt,* K. (Hrsg.) (2006): Das Faszinosum Max Weber. Die Geschichte seiner Geltung. Konstanz: UVK.

Ayaß, R. (2008): Kommunikation und Sprache. Stuttgart: Kohlhammer.

Azzouni, S. (2005): Kunst als praktische Wissenschaft. Köln u. a.: Böhlau.

Baars, Th. (2007): Der Arzt-Philosoph. Wissenschaftstheoretische und philosophische Implikationen eines ärztlichen Berufsethos nach Karl Jaspers. Berlin: LIT-Verlag.

Baas, St./*Schmitt,* M./*Wahl,* H.-W. (2008): Singles im mittleren und höheren Erwachsenenalter. Stuttgart: Kohlhammer.

Bachmann-Medick, D. (2006): Cultural Turns. Reinbek bei Hamburg: Rowohlt.

Bachtin, M. M. (2008): Autor und Held in der ästhetischen Tätigkeit. Frankfurt am Main: Suhrkamp.

– (2008a): Chronotopos. Frankfurt am Main: Suhrkamp.

Backe-Dahmen, A. (2008): Die Welt der Kinder in der Antike. Mainz: Philipp von Zabern.

Backes, G. (2008): Von der (Un-)Freiheit körperlichen Alter(n)s in der modernen Gesellschaft und der Notwendigkeit einer kritisch-gerontologischen Perspektive auf den Körper. Zeitschrift für Gerontologie und Geriatrie 41 (3), S. 188–194.

Backes, G./*Amrhein,* L. (2008): Alter und Lebenslauf. Zeitschrift für Gerontologie und Geriatrie 41 (5), S. 331–333.

Backes, G./*Amrhein,* L./*Wolfinger,* M. (2008): Gender in der Pflege. Herausforderungen für die Politik. Expertise im Auftrag der Friedrich-Ebert-Stiftung. Bonn.

Backes, G. M./*Clemens,* W./*Künemund,* H. (Hrsg.) (2004): Lebensformen und Lebensführung im Alter. Wiesbaden: VS Verlag für Sozialwissenschaften.

Backhaus, K./*Häfner,* G. (2007): Historiographie und fiktionales Erzählen. Zur Konstruktivität in Geschichtstheorie und Exegese. Neukirchen-Vluyn: Neukirchener.

Backs, St./*Lenz,* R. (1998): Kommunikation und Pflege. Eine Untersuchung von Aufnahmegesprächen in der Pflegepraxis. Wiesbaden: Ullstein Medical.

Badelt, Chr./*Meyer,* M./*Simsa,* R. (Hrsg.) (2007): Handbuch der Nonprofit Organisationen. Strukturen und Management. 4., überarb. Aufl. Stuttgart: Schäffer-Poeschel.

Badelt, Chr./*Österle,* A. (2001): Grundzüge der Sozialpolitik. Sozialökonomische Grundlagen. Allgemeiner Teil. Unter Mitarbeit von Trukeschitz. Wien: Manz.

Baden-Württembergische Krankenhausgesellschaft e. V. (Hrsg.) (2007): Das Medizinische Versorgungszentrum am Krankenhaus. Stuttgart: Kohlhammer.

Badura, B. (1981): Soziale Unterstützung und chronische Krankheit. Zum Stand sozialepidemiologischer Forschung. Frankfurt am Main: Suhrkamp.

Baecker, D. (2007): Wirtschaftssoziologie. Bielefeld: transcript.

– (2007): Form und Formen der Kommunikation. Frankfurt am Main: Suhrkamp.

Bäcker, G. u. a. (2008): Sozialpolitik und soziale Lage in Deutschland. 4., grundlegend überarb. u. erw. Aufl. Wiesbaden: VS Verlag für Sozialwissenschaften.

Baeumer, M. L. (2006): Dionysos und das Dionysische in der antiken und deutschen Literatur. Darmstadt: WBG.

Baier, Chr. (2006): Bundesstaat und Europäische Integration. Berlin: Duncker & Humblot.

Balder, H. (2007): Glauben ist Wissen. Soteriologie bei Paulus und Barth in der Perspektive der Wissensstheorie von Alfred Schütz. Neukirchen-Vluyn: Neukirchener.

Balint, M. (1983): Der Arzt, sein Patient und die Krankheit. Stuttgart: Klett.

Balkhausen, I. (2007): Der Staat als Patient. Rudolf Virchow und die Erfindung der Sozialmedizin von 1848. Marburg: Tectum.

Ballast, Th. (2007): Das GKV-Wettbewerbsstärkungsgesetz ist da – aber noch nicht ganz. Ein Blick in die Vertrags- und Versorgungswelt. Die Ersatzkasse (4), S. 152–154.

Baltes, M./*Carstensen,* L. (1996): The process of successful ageing. Ageing and Society 16, S. 397–422.

Baltes, M. M. (1995): Verlust der Selbständigkeit im Alter: Theoretische Überlegungen und empirische Befunde. Psychologische Rundschau 46, S. 159–170.

Baltes, M. M./*Kindermann,* Th./*Reisenzein,* R. (1986): Die Beobachtung von unselbständigem und selbständigem Verhalten in einem deutschen Altersheim: Die soziale Umwelt als Einflußgröße. Zeitschrift für Gerontologie 19 (1), S. 14–24.

Baltes, P. B. (1997): On the incomplete architecture of human ontogenesis: Selection, optimization, and compensation as foundations of developmental theory. American Psychologist, 52, S. 366–380.

– (1997a): Die unvollendete Architektur der menschlichen Ontogenese: Implikationen für die Zukunft des vierten Lebensalters. Psychologische Rundschau, 48, S. 191–210.

Baltes, P. B./*Baltes,* M. M. (Hrsg.) (1990): Successful Aging: Perspectives from the Behavorial Sciences. New York: Cambridge University Press.

Balz, H.-J./*Spieß,* E. (Hrsg.) (2009): Kooperation in sozialen Organisationen. Stuttgart: Kohlhammer.

Bambra, C. (2008): Cash Versus Services: „Worlds of Welfare" and the Decommodification of Cash Benefits and Health Care Services. Journal of Social Policy 34 (2), S. 195–213.

Bammel, F. (1950): Das heilige Mahl im Glauben der Völker. Eine religionsphänomenologische Untersuchung. Gütersloh: Bertelsmann.

Bangel, N. (1993): Geographie der Altersgrenzen: Frühverrentung im regionalen Strukturwandel. Berlin: edition sigma.

Bangerl, W. J. (2006): Das Nichts als Ab-Grund der Freiheitsgeschichte. Wien/Berlin: LIT-Verlag.

Barbagli, M. (1995): Asymmetry in intergenerational family relationships in Italy, in: Hareven, T. K. (Hrsg.), Aging and generational relations over the life course: A historical and cross-cultural perspective. Berlin: de Gruyter, S. 191–207.

Bargatzky, Th. (1997): Ethnologie. Hamburg: Buske.

Barlösius, E. (2005): Die Macht der Repräsentation. Common Sense über soziale Ungleichheiten. Wiesbaden: VS Verlag für Sozialwissenschaften.

– (2009): Der Anteil des Räumlichen an sozialer Ungleichheit und sozialer Integration: Infrastrukturen und Daseinsvorsorge. Sozialer Fortschritt 58 (2 + 3), S. 22–28.

Barlösius, E./*Schiek,* D. (Hrsg.) (2007): Demographisierung des Gesellschaftlichen. Wiesbaden: VS Verlag für Sozialwissenschaften.

Barr, N. (2004): Economics of the Welfare State. 4. Aufl. Oxford: Oxford University Press.

Barth, D. (1999): Mediziner-Marketing: Vom Werbeverbot zur Patienteninformation. Berlin: Springer.

Barth, K. (2006): Dogmatik im Grundriß. 6. Aufl. Zürich: TVZ.

Barth, Th. (2002): Alltag in einem Waisenhaus der frühen Neuzeit. Regensburg: Pustet.

Barthelmeß, M. (1999): Systemische Beratung. Eine Einführung für psychosoziale Berufe. Weinheim/Basel: Beltz.

Barthes, R. (1964): Mythen des Alltags. Frankfurt am Main: Suhrkamp.

Bartholomeyczik, S. (2004): Pflege und Betreuung in der stationären Altenpflege. Ergebnisse aus einer Untersuchung in Frankfurter Altenpflegeheimen. Die Schwester/Der Pfleger 43 (10), S. 780–785.

– (2005): Fokus: Epidemiologie und Pflege. Hannover: Schlütersche.

Bartholomeyczik, S. u. a. (2008): Lexikon der Pflegeforschung. München: Urban & Fischer in Elsevier.

Bartjes, H. (1995): Frauen, das „hilfreiche Geschlecht" – und Männer? Die Schwester/Der Pfleger 34 (1), S. 46–50.

Bartsch, E. (2002): Dramaturgie der Gerechtigkeit. Tragödienerfahrung im Lichte alttestamentlichen Geschichtsdenkens. Münster: LIT-Verlag.

Bartz, M. (2006): Patientenpfade. Saarbrücken: VDM Verlag Dr. Müller.

Bassie, A. (2008): Expressionismus. London: Sirocco (deutsche Ausgabe).

Bassler, W. (1990): Psychiatrie des Elends oder Das Elend der Psychiatrie. Karl Jaspers und sein Beitrag zur Methodologie in der klinischen Psychologie und Psychopathologie. Würzburg: Königshausen & Neumann.

Bataille, G. (2001): Die Aufhebung der Ökonomie. 3., erw. Aufl. München: Matthes & Seitz.

Bateson, G. (1996): Ökologie des Geistes. 6. Aufl. Frankfurt am Main: Suhrkamp.

Bathke, S. (2004): Beschäftigte im Arbeitsfeld ambulante Pflege auf dem Weg zum personenbezogenen Arbeitskraftunternehmen? Freiburg i. Br.: Lambertus.

Batram, S. u. a. (Hrsg.) (2007): Selbstbestimmt lernen – Personalentwicklung der Fachkräfte in Werkstätten für behinderte Menschen. Berlin: LIT-Verlag.

Batthyány, A. (2006): „Immer schon war die Person am Werk". Viktor E. Frankls Weg zur Logotherapie und Existenzanalyse, in: Wiesmeyr, O./Batthyány, A. (Hrsg.), Sinn und Person. Beiträge zur Logotherapie und Existenzanalyse. Weinheim/Basel: Beltz, S. 10–35.

Bauch, J. (1999): Medizinsoziologie. München/Wien: Oldenbourg.

Baudisch, W. (Hrsg.) (2000): Selbstbestimmt leben trotz schwerer Behinderungen? Schritte zur Annäherung an eine Vision. Münster: LIT-Verlag.

Baudler, G. (1995): Gott und Frau. Die Geschichte von Gewalt, Sexualität und Religion. 5. Aufl. München: Kösel.

Baudrillard, J. (1976): Der symbolische Tausch und der Tod. Berlin: Matthes & Seitz.

Bauer, A. (2004): Camus' „Sisykos" als Sinnbild der Sinnlosigkeit im Kommunikationszeitalter, in: Sändig, B. (Hrsg.), Albert Camus – Autnomie und Solidarität. Würzburg: Königshausen & Neumann, S. 192–217.

Bauer, I. (1996): Wolfdietrich Schnurre. „Ein schuldloses Leben gibt es nicht". Paderborn: Igel Verlag.

Bauer, Irm. (1996): Die Privatsphäre des Patienten. Bern: Huber.

Bauer, K.-O. (1998): Pädagogische Handlungsrepertoire und professionelles Selbst von Lehrerinnen und Lehrern. Zeitschrift für Pädagogik 44 (3), S. 343–359.

Bauer, L. (2008): Der Europäische Gerichtshof als Verfassungsgericht? Wien: facultas.

Bauer, U./*Büscher*, A. (Hrsg.) (2008): Soziale Ungleichheit und Pflege. Wiesbaden: VS Verlag für Sozialwissenschaften.

Bauman, Z. (1994): Tod, Unsterblichkeit und andere Lebensstrategien. Frankfurt am Main: Fischer.

Baumann, M. (2006): Medizinische Versorgungszentren und Integrationsversorgung. Beiträge zur effizienten Leistungserbringung im Gesundheitswesen? Bayreuth: P.C.O.

Baumgarten, M. O. (2000): The Right to Die? Bern: Lang.

Baumgartner, E. (2002): Assistenzdienste für behinderte Personen. Sozialpolitische Folgerungen aus einem Pilotprojekt. Frankfurt am Main: Lang.

Baumgartner, M. (2006): Gestaltung einer gemeinsamen Organisationswirklichkeit. Heidelberg: Carl-Auer.

Baur, D. (1997): Chor und Theater. Zur Rolle des Chores in der griechischen Tragödie unter bes. Berücksichtigung von Euripides' *Elektra*. Poetica 29, S. 26–47.

Bayer-Pörsch, K. (2003): Kommunikation und Kooperation in der Interaktion von Gesundheitssystem und Patienten. Eine Untersuchung am Beispiel der Behandlung des Diabetes mellitus im Raum Frankfurt am Main. Diss. Justus-Liebig-Universität Gießen.

Bayertz, K. (2004): Warum überhaupt moralisch sein? München: Beck.

Baykara-Krumme, H. (2007): Migrantenfamilien: Nicht so anders. WZB-Mitteilungen (117), S. 36–39.

– (2007a): Gar nicht so anders: Eine vergleichende Analyse der Generationenbeziehungen bei Migranten und Einheimischen in der zweiten Lebenshälfte. WZB Discussion Paper Nr. SP IV 2007-604. Berlin: WZB.

Bechmann, S. (2007): Gesundheitssemantiken der Moderne. Berlin: edition sigma.

Beck, K. (2007): Mehr Forschung zu Effizienz und Qualität. Managed Care (1), S. 22–24.

Beck, M. (2003): Seele und Krankheit. Psychosomatische Medizin und theologische Anthropologie. 3. Aufl. Paderborn u. a.: Schöningh.

Beck, St. (Hrsg.) (2008): Alt sein – entwerfen, erfahren. Ethnografische Erkundungen in Lebenswelten alter Menschen. 2. Aufl. Berlin: Panama.

Becker, Chr. (2001): Verantwortung und Verantwortungsbewußtsein. Über Solidarität zwischen den Generationen. Köln u. a.: Heymanns.

Becker, D. (1986): Karl Barth und Martin Buber – Denker in dialogischer Nachbarschaft? Göttingen: Vandenhoeck & Ruprecht.

Becker, G. (1997): Philosophische Probleme der Daseinsanalyse von Medard Boss und ihre praktische Anwendung. Marburg: Tectum.

Becker, K. (2005): Philadelphia und Agape bei Paulus. Diplomarbeit am Seminar für Sozialpolitik (Prof. Dr. Frank Schulz-Nieswandt). Universität zu Köln.

Becker, Kry. (2007): Ereignisse in der Pfadabhängigkeit: Theorie und Empirie. Marburg: Metropolis.

Becker, M. (2002): Begegnung im Niemandsland – Musiktherapie mit schwermehrfachbehinderten Menschen. Weinheim: Beltz.

Becker, R. (2008): Beratung von pflegenden Angehörigen: Eine queer-feministische Diskursanalyse. Kassel: Kassel University Press.

Becker, R./*Lauterbach,* W. (Hrsg.) (2008): Bildung als Privileg. Wiesbaden: VS Verlag für Sozialwissenschaften.

Becker, T. (2008): Die Inanspruchnahme ausländischer Ärzte zu Lasten der gesetzlichen Krankenkassen in Deutschland. Hamburg: Kovac.

Becker, Th. u. a. (2008): Versorgungsmodelle in Psychiatrie und Psychotherapie. Stuttgart: Kohlhammer.

Becker, U. (2005a): Von der Staatsreligion zum Monotheismus. Ein Kapitel israelitisch-jüdischer Religionsgeschichte. Zeitschrift für Theologie und Kirche 102, S. 1–16.

– (2005b): Exegese des Alten Testaments. Tübingen: Mohr Sibeck: UTB.

– (2008): Psalm 72 und der Alte Orient, in: Berlejung, A./Heckl, R. (Hrsg.), Mensch und König. Studien zur Anthropologie des Alten Testaments. Freiburg u. a.: Herder, S. 123–140.

Becker, U./*Oorschot,* J. van (Hrsg.) (2006): Das Alte Testament – ein Geschichtsbuch? Geschichtsschreibung oder Geschichtsüberlieferung im antiken Israel. 2. Aufl. Leipzig: Evangelische Verlagsanstalt.

Becker, W. (2000): Das Dilemma der menschlichen Existenz. Die Evolution der Indvidualität und das Wissen um den Tod. Stuttgart: Kohlhammer.

Becker-Kontio, M. u. a. (Hrsg.) (2004): Supervision und Organisationsberatung im Krankenhaus. Weinheim/München: Juventa.

Becker-Lenz, R./*Müller,* S. (2009): Der professionelle Habitus in der sozialen Arbeit. Bern: Lang.

Beckert, J. (2007): The Great Transformation of Embeddedness. Karl Polanyi and the New Economic Sociology. MPI für Gesellschaftsforschung. Discussion paper 07/1. Köln: MPI.

Beckmann, S. (2008): Geteilte Arbeit? Männer und Care-Regime in Schweden, Frankreich und Deutschland. Münster: Westfälisches Dampfboot.

Beckschäfer, H. (2008): Die Wahltarife nach § 53 SGB V – Bilanz und Ausblick aus der Sicht des Bundesversicherungsamtes. Die Ersatzkasse 88 (11), S. 438–440.

Begenau, J./Schubert, C./Vogd, W. (2005): Medizinsoziologie der ärztlichen Praxis. Bern u. a.: Huber.

Beher, K. u. a. (2008): Die vergessene Elite. Führungskräfte in gemeinnützigen Organisationen. Weinheim/München: Juventa.

Behrenberg, P. (1994): Endliche Unsterblichkeit. Studien zur Theologiekritik Hans Blumenbergs. Würzburg: Königshausen & Neumann.

Behrends, B. (2000): Krankenhäuser im Wettbewerb. Zeitschrift für Sozialreform 46 (5), S. 390–410.

Behrens, J./Langer, G. (2006): Evidence-based Nursing and Caring. 2., vollst. überarb. u. erg. Aufl. Bern u. a.: Huber.

Beier, K. M. (2006): Willy Hellpach (1877–1955). Medizinische Psychologie im Rahmen integraler Anthropologie, in: Huppmann, G./Fischbeck, S. (Hrsg.), Zur Geschichte der medizinischen Psychologie. Würzburg: Königshausen & Neumann, S. 84–94.

Beil-Hildebrand, M. B. (2003): Institutional Excellence im Krankenhaus – Rhetorik und Realität. Eine ethnographische Studie. Bern u. a.: Huber.

Bekel, G. (2002): Systemdynamische Organisationsentwicklung in der Pflege durch die strategische Umsetzung theoriebasierter Pflegediagnostik. www.PrinterNet. info. Die wissenschaftliche Fachzeitschrift für die Pflege (10), S. 161–169.

Beleites, E. (1998): Sterbebegleitung. Wegweiser für ärztliches Handeln. Deutsches Ärzteblatt 95 (39), A2365–2367.

Bellebaum, A./Niederschlag, H. (Hrsg.) (1999): Was Du nicht willst, dass man Dir tu'. Die Goldene Regel – ein Weg zum Glück? Konstanz: UVK.

Belliger, A./Krieger, D. J. (Hrsg.) (2006): Ritualtheorien. 3. Aufl. Wiesbaden: VS Verlag für Sozialwissenschaften.

Belschner, W. u. a. (Hrsg.) (2007): Achtsamkeit als Lebensform. Hamburg: LIT-Verlag.

Belting, H. (2008): Florenz und Bagdad. Eine westöstliche Geschichte des Blicks. München: Beck.

Belwe, A. (2000): Ungesellige Gesellickeit. Würzburg: Könighausen & Neumann.

Bender, D. (2007): Stakeholder-Management im Sozialunternehmen. Saarbrücken: VDM Verlag Dr.Müller.

Benedict, R. (1955): Urformen der Kultur. Hamburg: Rowohlt.

Bengston, V. L. (2001): Beyond the nuclear family. The increasing importance of multigenerational bonds. Journal of Marriage and the Family 63, S. 1–16.

Bengston, V. L. u.a. (1985): Generations, cohorts, and relations between age groups, in: Binstock, R./Shanas, E. (Hrsg.), Handbook of aging and the social sciences. New York: Van Nostrand Reinhold, S. 304–338.

– (2002): Solidarity, conflict, and ambivalance. Complementary or competing perspectives on intergenerational relationship? Journal of Marriage and the Family 64, S. 568–576.

Benhabib, S. (2002): Selbst im Kontext. 3. Aufl. Frankfurt am Main: Suhrkamp.

Benjamin, W. (1963): Das Kunstwerk im Zeitalter seiner technischen Reproduzierbarkeit. Frankfurt am Main: Suhrkamp.

Benner, D./*Kemper,* H. (2009): Theorie und Geschichte der Reformpädagogik. Teil 2. 2. Aufl. Weinheim/Basel: Beltz.

Bensch, C./*Klicpera,* Ch. (2003): Dialogische Entwicklungsplanung. Ein Modell für die Arbeit von BehindertenpädagogInnen mit erwachsenen Menschen mit geistiger Behinderung. 2. erw. Aufl. Heidelberg: Winter.

Bentele, P./*Metzger,* Th. (1998): Didaktik und Praxis der Heilerziehungspflege. 3. Aufl. Freiburg i.Br.: Lambertus.

Bentz, U. (2008): Jetzt ist noch Kirche. Grundlinien einer Theologie kirchlicher Existenz im Werk Karl Rahners. Innsbruck/Wien: Tyrolia.

Benz, A. (Hrsg.) (2004): Governance – Regieren in komplexen Regelsystemen. Wiesbaden: VS Verlag für Sozialwissenschaften.

Benzenhöfer, U. (Hrsg.) (1994): Anthropologische Medizin und Sozialmedizin im Werk Viktor von Weizsäckers. Frankfurt am Main: Lang.

– (2006): Ärztliche Wahrheit – patientliche Wahrheit. Franz Rosenzweig, seine Krankheit und seine Ärzte (unter besonderer Berücksichtigung von Richard Koch und Viktor von Weizsäcker). Münster: Klemm & Oelschläger.

– (2007): Der Arztphilosoph Viktor von Weizsäcker. Leben und Werk im Überblick. Göttingen: Vandenhoeck & Ruprecht.

Benzing, T. (2007): Ritual und Sakrament. Liminalität bei Victor Turner. Frankfurt am Main: Lang.

Bergdolt, K. (2004): Das Gewissen der Medizin. Ärztliche Moral von der Antike bis heute. München: Beck.

– (2006): Die Pest. München: Beck.

Berger, A. (2006): Staaseigenschaft gemischtwirtschaftlicher Unternehmen. Berlin: Duncker & Humblot.

Berger, D. (2001): Thomismus. Köln: Books of Demand (Ed. Thomisticae).

Berger, M. (2007): Gebsattel, Viktor (Victor) Emil von, in: Biographisch-Bibliographisches Kirchenlexikon. Bd. XXVI (2006), Sp. 443–457. http://www.bautz.de/bbkl/g/gebsattel_v_e_k_f.shtml. Zugriff vom 24.2.07.

Berger, P./*Luckmann,* Th. (1980): Die gesellschaftliche Konstruktion der Wirklichkeit. Frankfurt am Main: Fischer.

Berger, P. A./*Kahlert,* H. (Hrsg.) (2006): Der demographische Wandel. Chancen für die Neuordnung der Geschlechterverhältnisse. Frankfurt am Main/New York: Campus.

Berger, S. (2007): Europäischer Institutionalismus. Frankfurt am Main: Lang.

Berghahn, W. (2004): Robert Musil. Reinbek bei Hamburg: Rowohlt.

Berghoff, H./*Sydow,* J. (Hrsg.) (2007): Unternehmerische Netzwerke. Stuttgart: Kohlhammer.

Bergmann, A. (2004): Der entseelte Patient. Die moderne Medizin und der Tod. Berlin: Aufbau-Verlag.

Bergner, Th. M. H. (2006): Burnout bei Ärzten. Stuttgart/New York: Schattauer.

Bergson, H. (2005): Zeit und Freiheit. Berlin: Philo Fine Arts.

Berlin Institut für Bevölkerung und Entwicklung (2009): Alt und behindert. Berlin: Berlin Institut für Bevölkerung und Entwicklung.

Berman, H. J. (1995): Recht und Revolution. Die Bildung der westlichen Rechtstradition. Frankfurt am Main: Suhrkamp.

Bermes, Chr. (2004): Maurice Merleau-Ponty zur Einführung. 2., vollst. überarb. Aufl. Hamburg: Junius.

Bernat, Y./*Krapp,* St. (2005): Das narrative Interview. Landau: Verlag Empirische Pädagogik.

Berndt, F./*Drügh,* H. J. (Hrsg.) (2009): Symbol. Frankfurt am Main: Suhrkamp.

Berne, E. (2007): Was sagen Sie, nachdem Sie „Guten Tag" gesagt haben? Psychologie des menschlichen Verhaltens. 20. Aufl. Frankfurt am Main: Fischer.

Berner, F. (2009): Der hybride Sozialstaat. Frankfurt am Main/New York: Campus.

Berning, V. (2007): Die Idee der Person in der Philosophie. Paderborn: Schöningh.

Berschin, F./*Fehling,* M. (2007): Beihilfenrecht und Gundrechte als Motor für Wettbewerb im ÖPNV? Europäische Zeitschrift für Wirtschaftsrecht 18 (9), S. 263–268.

Bertakis, K. D. u. a. (1995): The Influence of Gender on Physicians Practice Style. Medical Care 33 (4), S. 407–416.

Bertakis, K. D./*Franks,* P./*Azari,* R. (2003): Effects of Physicians Gender on Patient Satisfaction. Journal of the American Medical Women's Association 58 (2), S. 69–75.

Bertelsmann Stiftung (Hrsg.) (2006): Demographischer und Sozialer Wandel: Zentrale Leitlinien für eine gemeinwesenorientierte Altenhilfepolitik und deren Bedeutung für soziale Organisationen. Gütersloh: Bertelsmann Stiftung. Netzwerk: Soziales neu gestalten. Policy-Paper.

Bertram, G. W. u. a. (2008): In der Welt der Sprache. Frankfurt am Main: Suhrkamp.

Bertram, H. (2000): Die verborgenen familialen Beziehungen in Deutschland: Die multilokale Mehrgenerationenfamilie, in: Kohli, M./Szydlik, M. (Hrsg.), Generationen in Familie und Gesellschaft. Opladen: Leske + Budrich, S. 97–121.

– (2003): Die multilokale Mehrgenerationenfamilie, in: Feldhaus, M./Logemann, N./Schlegel, M. (Hrsg.), Blickrichtung Familie. Vielfalt eines Forschungsgegenstandes. Würzburg: Ergon, S. 15–32.

Beschorner, Th. u. a. (Hrsg.) (2006): Unternehmensverantwortung aus kulturalistischer Sicht. Marburg: Metropolis.

Beske, F. (2008): Integration von Sozialer Pflegeversicherung und medizinischer Rehabilitation der Gesetzlichen Rentenversicherung in die Gesetzliche Krankenversicherung. Kiel: Schmidt & Klaunig.

Best, G. (2008): Zur Leistungsbeschränkung der Pflegeversicherung bei Unterbringung behinderter Menschen in einer vollstationären Einrichtung der Behindertenhilfe (§43 a SGB XI). Nachrichtendienst des Deutschen Vereins für öffentliche und private Nachfrage 88 (8), S. 335–339.

Bettenworth, A. (2004): Gastmahlszenen in der antiken Epik von Homer bis Claudian. Göttingen: Vandenhoeck & Ruprecht.

Bettio, F. (2004): Comparing care regimes in Europe. Feminist Economics 10 (1), S. 85–115.

Beuys, B. (2006): Familienleben in Deutschland. Neue Bilder aus der deutschen Vergangenheit. München: Piper.

Beyer, J. (2006): Pfadabhängigkeit. Frankfurt am Main/New York: Campus.

Beyme, K. von (2004): Das politische System der Bundesrepublik Deutschland. Wiesbaden: VS Verlag für Sozialwissenschaften.

Biberger, B. (2003): Unsere Väter und wir. Unterteilung von Geschichtsdarstellungen in Generationen und das Verhältnis von Generationen im Alten Testament. Berlin/Wien: Philo.

Bicchieri, C. (2006): The Grammar of Society. The Nature and Dynamics of Social Norms. New York: Cambridge University Press.

Bieback, K. J. (1976): Die öffentliche Körperschaft. Ihre Entstehung, die Entwicklung ihres Begriffs und die Lehre vom Staat und den institutionellen Verbänden in der Epoche des Konstitutionalismus in Deutschland. Berlin: Duncker & Humblot.

Bieker, R. (2005): Teilhabe am Arbeitsleben. Wege der beruflichen Integration von Menschen mit Behinderung. Stuttgart: Kohlhammer.

Bieler, M. (1991): Freiheit als Gabe. Freiburg i. Br. u. a.: Herder.

Biella, B. (1998): Eine Spur ins Wohnen legen. Entwurf einer Philosophie des Wohnens nach Heidegger und über Heidegger hinaus. Berlin: Parerga.

Bienstein, Chr./*Schnell,* M. W. (2004): Pflegewissenschaft als Leibwissenschaft und die Herausforderung durch die Biothechnologie, in: Schnell, M. W. (Hrsg.), Leib, Körper, Maschine. Interdisziplinäre Studien über den bedürftigen Menschen. Düsseldorf: Verlag selbstbestimmtes Leben, S. 139–143.

Bienz, B./*Reinmann,* A. (2004): Sozialarbeit im Krankenhaus. Bern: Haupt.

Bierl, A. (2001): Der Chor in der Alten Komödie. Ritual und Performativität. München/Leipzig: K. G. Saur.

Biller-Andorno, N. (2001): Gerechtigkeit und Fürsorge. Frankfurt am Main/New York: Campus.

Bilstein, J./*Uhle,* R. (2007): Liebe. Zur Anthropologie einer Grundbedingung pädagogischen Handelns. Oberhausen: Athena.

Bilz, R. (1973): Wie frei ist der Mensch? Frankfurt am Main: Suhrkamp.

– (1974): Studien über Angst und Schmerz. Frankfurt am Main: Suhrkamp.

Bimson, J. I. (2004): Die Akte „Exodus". Abenteuer Archäologie (4), S. 22–28.

Biniossek, C./*Betz,* D./*Fetchenhauer,* D./*Lüngen,* M. (2007): Fairneß ohne Eigennutz. Sozialer Fortschritt 56 (9 + 10), S. 252–258.

Binswanger, L. (1953): Grundformen und Erkenntnisse menschlichen Daseins. 2. Aufl. Zürich: Niehans.

Bion, W. R. (1992): Elemente der Psychoanalyse. Frankfurt am Main: Suhrkamp.

Birchall, J./*Simmons,* R. (2004): What Motivates Members to Participate in Cooperative and Mutual Businesses? Annals of Public and Cooperative Economics 75 (3), S. 465–495.

Birchler-Argyros, U. B. (1983/84). Byzantinische Hospitalgeschichte. Historia Hospitalium 15, S. 51–80.

Birg, H. (2006): Die ausgefallene Generation. Was die Demographie über unsere Zukunft sagt. München: Beck.

Birkemeyer, M. (2007): Der Tod der Eltern als kritisches Lebensereignis für ältere geistig behinderte Menschen. Saarbrücken: VDM Verlag Dr. Müller.

Bischof, R. (1984): Souveränität und Subversion. Georges Batailles Theorie der Moderne. München: Matthes & Seitz.

Bischof, S. (2005): Gerechtigkeit – Verantwortung – Gastfreundschaft. Ethik-Ansätze nach Jacques Derrida. Freiburg i. Br.: Herder.

Bischofberger, I. (Hrsg.) (2002): „Das kann ja heiter werden". Humor und Lachen in der Pflege. 2., unveränderter Nachdruck der 1. Aufl. 2002. Bern u. a.: Huber.

Bischoff, C. (1992): Frauen in der Krankenpflege. Zur Entwicklung der Frauenrolle und Frauenberufstätigkeit im 19. und 20. Jahrhundert. Frankfurt am Main/New York: Campus.

Bischoff, I. (2001): Interessenverbände in der Demokratie – Verursacher rückläufiger Wachstumsraten? Hamburg: Kovac.

Bischoff, U. (1999): Edvard Munch. 1863–1944. Bilder vom Leben und vom Tod. Köln: Taschen.

Bischof-Köhler, D. (1993): Spiegelbild und Empathie. Die Anfänge der sozialen Kognition. Bern u. a.: Huber.

– (2006): Von Natur aus anders. Die Psychologie der Geschlechterunterschiede. 3. Aufl. Stuttgart: Kohlhammer.

Bischoff-Wanner, C. (2002): Empathie in der Pflege. Bern u. a.: Huber.

Bittlingmayer, U. H. u. a. (Hrsg.) (2002): Theorie als Kampf? Zur politischen Soziologie Pierre Bourdiues. Opladen: Leske + Budrich.

Black, H. K./*Rubinstein,* R. L. (2004): Themes of suffering in later life. Journal of Gerontology: Social Sciences 59, S. 17–24.

Blanke, U./*Wildt,* B. te (2007): Lebens- und Krankheitsgeschichten depressiv erkrankter Menschen im historischen Kontext – Erfahrungen aus der Sicht einer Psychiatrischen Institutsambulanz. Psychiatrische Praxis 34 (S3), S. S269-S272.

Blankenburg, W. (1996): Vitale und existentielle Angst, in: Lang, H./Faller, H. (Hrsg.), Angst. Pathologie, Genese und Therapie. Frankfurt am Main: Suhrkamp, S. 43–73.

Blasius, D. (2007): Lorenz von Stein. Kiel: Lorenz-von-Stein-Institut für Verwaltungswissenschaften.

Blass, K. (2001): Die Kurzzeitpflege. Ein unverzichtbarer Bestandteil einer integrierten Versorgungskette. Saarbrücken: ISO.

Blattmann, E. (Hrsg.) (2004): Peter Wust. Aspekte seines Denkens. Münster: LIT-Verlag.

Blauberger, M. (2008): Staatliche Beihilfen in Europa. Wiesbaden: Verlag für Sozialwissenschaften.

Blauert, A. (Hrsg.) (1995): Ketzer, Zauberer, Hexen. Die Anfänge der europäischen Hexenverfolgungen. 6. Aufl. Frankfurt am Main: Suhrkamp.

Blaukopf, K. (1996): Musik im Wandel der Gesellschaft. Grundzüge der Musiksoziologie. 2., erw. Aufl. Darmstadt: Wissenschaftliche Buchgesellschaft.

Blencke, K. (2003): Wolfdietrich Schnurre. Eine Werkgeschichte. Frankfurt: Lang.

Bleuler, R. (1910): Die Psychoanalyse Freuds. Verteidigung und kritische Anmerkungen. Jahrbuch für psychoanalytische und psychopathologische Forschungen 2, S. 623–730.

Blickle, P. (2008): Das Alte Europa. München: Beck.

Blimlinger, E. u. a. (1996): Lebensgeschichten. Biographiearbeit mit alten Menschen. 2., überarb. u. erw. Aufl. Hannover: Vincentz.

Bloch, E. (1977): Geist der Utopie. 2. Aufl. Frankfurt am Main: Suhrkamp.

– (1977a): Subjekt – Objekt. Frankfurt am Main: Suhrkamp.

Bloch, J. (1977): Die Aporie des Du. Probleme der Dialogik Martin Bubers. Heidelberg: Lambert Schneider.

Bloch, J./*Gordon*, H. (Hrsg.) (1983): Martin Buber. Bilanz seines Denkens. Freiburg i. Br. u. a.: Herder.

Bloch, M. (1999): Die Feudalgesellschaft. Stuttgart: Klett-Cotta.

Block, W. (1966): Der Arzt und der Tod in Bildern aus sechs Jahrhunderten. Stuttgart: Enke.

Blome, A./*Keck*, W./*Alber*, J. (2008): Generationenbeziehungen im Wohlfahrtsstaat. Wiesbaden: VS Verlag für Sozialwissenschaften.

Blonski, H. (2008): Wohnen im Alter. Frankfurt am Main: Mabuse.

Blüher, St. u. a. (Hrsg.) (2004): Neue Vergesellschaftungsformen des Alter(n)s? Wiesbaden: VS Verlag für Sozialwissenschaften.

Blum, E./*Lux*, R. (Hrsg.) (2006): Festtraditionen in Israel und im alten Orient. Gütersloh: Gütersloher Verlagshaus.

Blumenberg, H. (1997): Höhlenausgänge. Frankfurt am Main: Suhrkamp.

– (2006): Arbeit am Mythos. Frankfurt am Main: Suhrkamp.

BMAS (2006): Material zur Information. Bericht der Bundesregierung über die Ausführung der Leistungen des Persönlichen Budgets nach § 17 des Neunten Buches Sozialgesetzbuch (SGB IX). Berlin, 20. Dezember.

BMFSFJ (Hrsg.) (1993): Erster Altenbericht der Bundesregierung. Bonn.

– (Hrsg.) (1998): Zweiter Altenbericht der Bundesregierung. Bonn.

– (Hrsg.) (2001): Dritter Bericht zur Lage der älteren Generation. Berlin.

– (Hrsg.) (2002): Vierter Bericht zur Lage der älteren Generation. Berlin.

– (Hrsg.) (2004): Altenhilfestrukturen der Zukunft. Abschlußbericht der wissenschaftlichen Begleitforschung zum Bundesmodellprogramm. Lage: Hans Jacobs.

– (Hrsg.) (2006): Fünfter Bericht zur Lage der älteren Generation in der Bundesrepublik Deutschland. Berlin.

– (Hrsg.) (2006a): Aktuelle Forschung und Projekte zum Thema Demenz. Berlin.

– (Hrsg.) (2006b): Familie zwischen Flexibilität und Verläßlichkeit. Perspektiven für eine lebenslaufbezogene Familienpolitik. Siebter Familienbericht. Bundestagsdrucksache 16/1360 vom 26.04.2006. Berlin.

– (2007): Zivilgesellschaft stärken – Engagement fördern. Generationenübergreifender Freiwilligendienst. Berlin.

BMFSFJ & BMG (Hrsg.) (2006): Charta der Rechte hilfe- und pflegebedürftiger Menschen. Berlin.

BMG (2008): Vierter Bericht über die Entwicklung der Pflegeversicherung. Unterrichtung durch die Bundesregierung. Bundestags-Drucksache 16/7772 vom 17.01.2008.

Bode, I./*Evers,* A./*Klein,* A. (Hrsg.) (2009): Bürgergesellschaft als Projekt. Eine Bestandsaufnahme zu Entwicklung und Förderung zivilgesellschaftlicher Potenziale in Deutschland. Wiesbaden: VS Verlag für Sozialwissenschaften.

Bodenheimer, Th. u. a. (2002): Improving primary care for patients with chronic illness: the chronic care model, Part 2. Journal of the American Medical Association 288 (15), S. 1909–1914.

Böcken, J. u. a. (Hrsg.) (2007): Neue Versorgungsmodelle im Gesundheitswesen. Gestaltungsoptionen und Versichertenpräferenzen im internationalen Vergleich. Gütersloh: Verlag Bertelsmann Stiftung.

Böckmann, R. (Hrsg.) (2008): Gesundheitsversorgung zwischen Solidarität und Wettbewerb. Wiesbaden: VS Verlag für Sozialwissenschaften.

Bödege-Wolf, J./*Schellberg,* K. (2005): Organisationen der Sozialwirtschaft. Baden-Baden: Nomos.

Böhler, M. (2009): Persönliches Budget in Werkstätten für behinderte Menschen. Hamburg: Diplomica.

Böhm, F. (2007): Strukturen internationalen Subventionsrechts. EG-Beihilfenrecht und WTO-Subventionsrecht aus rechtsvergleichender Perspektive. Frankfurt am Main u. a.: Lang.

Böhme, G. (2008): Ethik leiblicher Existenz. Frankfurt am Main: Suhrkamp.

Böhme, H. (2006): Fetischismus und Kultur. Eine andere Theorie der Moderne. Reinbek bei Hamburg: Rowohlt.

Böhmer, F. (2001): Multimorbidität. Ein Charakteristikum des geriatrischen Patienten. Bewältigungsstrategien am Beispiel der hüftgelenksnahen Fraktur. Wuppertal: Verlag Holger Deimling.

Böhmer, O. A. (2004): Warum ich ein Schicksal bin. Das Leben des Friedrich Nietzsche. Leipzig: Reclam.

Boehringer, D. (2001): Heroenkulte in Griechenland von der geometrischen bis zur klassischen Zeit. Berlin: Akademie Verlag.

Böker, W. (2003): Der fragmentierte Patient. Deutsches Ärzteblatt 100 (1 + 2), A24-A27.

Böllert, K. (Hrsg.) (2007): Von der Delegation zur Kooperation. Bildung in Familie, Schule, Kinder- und Jugendhilfe. Wiesbaden: VS Verlag für Sozialwissenschaften.

Bömmel, H. v. (2003): Konsumentensouveränität. Neue Gestaltungsoptionen des Konsumenten in der Postindustriellen Wirtschaft. Marburg: Metropolis.

Bönker, F./*Wielgohs,* J. (Hrsg.) (2008): Postsozialistische Transformation und europäische (Des-)Integration. Marburg: Metropolis.

Börner, K. (2008): „Betreutes Wohnen" in Abgrenzung zum Heimgesetz. Berlin: LIT-Verlag.

Börsch-Supan, A. (2007): European Welfare State Regimes and Their Generosity Towards the Elderly. Mea – Mannheim Research Institute for the Economics of Aging 128–2007. Mannheim.

Börsch-Supan, A. u. a. (Hrsg.) (2009): 50plus in Deutschland und Europa. Wiesbaden: VS Verlag für Sozialwissenschaften.

Börsch-Supan, A./*Hank*, C./*Jürges*, H. (2005): A new comprehensive and international view on ageing: introducing the „Survey of Health, Ageing and Retirement in Europe". European Journal of Ageing 2, S. 245–253.

Börschlein, W. (2000): Häsäd – Der Erweis von Solidarität – als eine ethische Grundhaltung im Alten Testament. Frankfurt am Main: Lang.

Bösch, M. (1996): Der kultische Ursprung der Kultur: zum Opferbegriff in Ernst Cassirers „Philosophie der symbolischen Formen". Theologie und Glaube 86, S. 488–502.

Böschemeyer, U. (1977): Die Sinnfrage in Psychotherapie und Theologie. Berlin/New York: de Gruyter.

Bogumil, J. u. a. (2007): Perspektiven kommunaler Verwaltungsmodernisierung. Berlin: edition sigma.

Bohn, C. (2006): Inklusion, Exklusion und die Person. Konstanz: UVK.

Bohnsack, R. (2007): Die dokumentarische Methode in der Bild- und Fotointerpretation, in: ders./Nentwig-Gesemann/Nohl, A.-M. (Hrsg.), Die dokumentarische Methode und ihre Forschungspraxis. 2., erweiterte u. akt. Aufl. Wiesbaden: VS Verlag für Sozialwissenschaften, S. 69–91.

Bohnsack, R./*Marotzki*, W./*Meuser*, M. (Hrsg.) (2006): Hauptbegriffe Qualitativer Sozialforschung. 2. Aufl. Opladen-Farmington Hills: Barbara Budrich (UTB).

Bohnsack, R./*Nentwig-Gesemann*, I./*Nohl*, A.-M. (Hrsg.) (2007): Die dokumentarische Methode und ihre Forschungspraxis. 2., erweiterte u. akt. Aufl. Wiesbaden: VS Verlag für Sozialwissenschaften.

Bolin, K./*Lindgren*, B./*Lundborg*, P. (2008): Informal and formal care among single-living elderly in Europe. Health Economics 17 (3), S. 411–433.

Bollinger, H. u. a. (Hrsg.) (2005): Gesundheitsberufe im Wandel. Frankfurt am Main: Mabuse.

Bollnow, O. F. (2004): Mensch und Raum. 10. Aufl. Stuttgart: Kohlhammer.

Bolz, U./*Rosenfeld*, M. (2007): Public Private Partnership – ein Lösungsansatz für NPO? Verbands-Management 33 (3), S. 6–13.

Bomsdorf, E./*Babel*, B./*Schmidt*, R. (2008): Zur Entwicklung der Bevölkerung, der Anzahl der Schüler, der Studienanfänger und der Pflegebedürftigen. Sozialer Fortschritt 57 (5), S. 125–132.

Bonazzi, G. (2008): Geschichte des organisatorischen Denkens. Wiesbaden: VS Verlag für Sozialwissenschaften.

Bonin, H./*Falk*, A./*Schneider*, H. (2007): Workfare – praktikabel und gerecht. Ifo-Schnelldienst 60 (4), S. 33–37.

Boos, L. (2002): Soziales Dilemma und die Organisation des Krankenhauses. Zürich: Schweizerische Gesellschaft für Gesundheitspolitik. SGGP-Schriftenreihe 69.

Booth, W. J. (1993): Note on the Idea of the Moral Economy. American Political Science Review 87, S. 949–954.

– (1994): On the Idea of the Moral Economy. American Political Science Review 88, S. 653–667.

Borchers, A. (1997): Die Sandwich-Generation. Ihre zeitlichen und finanziellen Leistungen und Belastungen. Frankfurt am Main/New York: Campus.

Borchers, A./*Miera*, St. (1993): Zwischen Enkelbetreuung und Altenpflege. Die mittlere Generation im Spiegel der Netzwerkforschung. Frankfurt am Main/New York: Campus.

Borck, C. (Hrsg.) (1996): Anatomien medizinischen Wissens. Frankfurt am Main: Fischer.

Borgetto, B. (2002): Gesundheitsbezogene Selbsthilfe in Deutschland. Stand der Forschung. Baden-Baden: Nomos.

– (2004): Selbsthilfe und Gesundheit. Bern u.a.: Huber.

– (Hrsg.) (2004a): Gesundheitswissenschaften und Gesundheitsselbsthilfe. Freiburg i.Br.: Deutsche Koordinierungsstelle für Gesundheitswissenschaften. Universität Freiburg.

– (2008): Gesundheit und Krankheit. Hamburg: Merus.

Borgetto, B. u.a. (2008): Selbsthilfe und Ehrenamt in der rheumatologischen Versorgung. Berlin: LIT-Verlag.

Borgetto, B./*Kälble*, K. (2007): Medizinsoziologie. Weinheim/München: Juventa.

Borgetto, B./*Troschke*, J. von (Hrsg.) (2001): Entwicklungsperspektiven der gesundheitsbezogenen Selbsthilfe im deutschen Gesundheitswesen. Freiburg i.Br.: Deutsche Koordinierungsstelle für Gesundheitswissenschaften. Universität Freiburg.

Borsche, J. u.a. (2007): Ein Irrtum der Gebildeten? Gespaltene Persönlichkeit und Schizophrenie. Psychiatrische Praxis 34 (8), S. 383–387.

Bosch, C. F. M. (1998): Vertrautheit. Studie zur Lebenswelt dementierender alter Menschen. Wiesbaden: Ullstein Medical Verlagsgesellschaft.

Bosch, E. (2005): „Wir wollen nur euer Bestes!" Die Bedeutung der kritischen Selbstreflexion in der Begegnung mit Menschen mit geistiger Behinderung. Ein Arbeitsbuch. 2., verb. Aufl. Tübingen: dgvt-Verlag.

Bosong, E. (2008): Does informal care from children to their elderly parents substitute for formal care in Europe? CREEP Working Papers 2008/01. Abgerufen am 10.8.2008 unter www.share-project.org/.

Boss, M. (1999): Grundriß der Medizin und Psychologie. 3., gegenüber der 2. unveränderte Aufl. Bern u.a.: Huber.

Bosse, I. (2006): Behinderung im Fernsehen. Gleichberechtigte Teilhabe als Leitziel der Berichterstattung. Wiesbaden: Deutscher Universitäts-Verlag.

Bosshardt, Chr. (2001): Homo Confidens. Eine Untersuchung des Vertrauensphänomens aus soziologischer und ökonomischer Perspektive. Bern: Lang.

Bostelaar, R. A. (Hrsg.)/*Pape*, R. u. a. (2008): Case Management im Krankenhaus. Aufsätze zum Kölner Modell in Theorie und Praxis. Hannover: Schlütersche.

Bourdieu, P. (1974): Zur Soziologie der symbolischen Formen. Frankfurt am Main: Suhrkamp.

– (1988): Die politische Ontologie Martin Heideggers. Frankfurt am Main: Suhrkamp.

– (2005): Sozialer Sinn. 5. Aufl. Frankfurt am Main: Suhrkamp.

Bourdieu, P./*Wacquant*, L. J. D. (2006): Reflexive Anthropologie. Frankfurt am Main: Suhrkamp.

Bovenschen, I. (2006): Bindungsentwicklung im Vorschulalter. Hamburg: Kovac.

Bowden, H. (2005): Classical Athens and the Delphic Oracle. Cambridge: Cambridge University Press.

Boysen, S./*Neukirchen*, M. (2007): Europäisches Beihilferecht und mitgliedstaatliche Daseinsvorsorge. Baden-Baden: Nomos.

Braach, R. (2003): Eric Voegelins Politische Anthropologie. Würzburg: Königshausen & Neumann.

Brady, F. u. a. (2005): Globalization and the Welfare State in Affluent Democracies 1975–2001. American Sociological Review 70 (6), S. 921–948.

Bräuninger, N./*Lange*, A./*Lüscher*, K. (1998): „Alterslast" und „Krieg zwischen den Generationen"? Generationenbeziehungen in aktuellen Sachbuchtexten. Zeitschrift für Bevölkerungswissenschaft 23 (1), S. 3–17.

– (1999): „Krieg zwischen den Generationen"? Die Darstellung von Generationenbeziehungen in ausgewählten Sachbuchtexten. www.ub.uni-konstanz.de/kops/volltexte/12999/369/, abgerufen am 10.8.2008.

Bräutigam, G. (2005): Verhaltensökonomie. Kreatur – Persönlichkeit – Gruppe. Aachen: Shaker.

Bramesfeld, A./*Schwartz*, F. W. (2007): Volkskrankheit Depression: Bestandsaufnahme und Perspektiven. Psychiatrische Praxis 34 (S3), S. S247-S251.

Brams, St. J. (1983): Superior Beings. If they exist, how could we know? New York u. a.: Springer.

– (2003): Biblical games: Games Theory and the Hebrew Bible. Cambridge/Mass.-London: MIT Press.

Brandstädter, J. (1992): Personal control over development: Some development implications of self-efficacy, in: Schwarzer, R. (Hrsg.), Self-Efficacy: Thought control of action. London: Taylor & Francis, S. 127–145.

Brandstädter, J./Lindenberger, U. (Hrsg.) (2007): Entwicklungspsychologie der Lebensspanne. Stuttgart: Kohlhammer.

Brandstädter, J./Rothermund, K. (2003): Intentionality and time in human development and aging: Compensation and goal adjustment in changing developmental contexts, in: Staudinger/U. M./Lindenberger, U. (Hrsg.), Understanding human development. Boston: Kluwer, S. 105–124.

Brandstätter, H. (1983): Sozialpsychologie. Stuttgart u. a.: Kohlhammer.

Brandstätter, H./Schuler, H./Stocker-Kreichgauer, G. (1974): Psychologie der Person. Stuttgart u. a.: Kohlhammer.

Brandstetter, G./Wulf, Chr. (2007): Einleitung. Tanz als Anthropologie, in: dies. (Hrsg.), Tanz als Anthropologie. München: Fink, S. 9–13.

Brandt, F. (2005): Pflegeüberleitung – Patientenüberleitung – Entlassungsmanagement. Pflegebedürftige an der Schnittstelle zwischen Krankenhaus und nachstationärer Versorgung. Saarbrücken: iso.

Brandt, M. (2009): Hilfe zwischen Generationen. Ein europäischer Vergleich. Wiesbaden: VS Verlag für Sozialwissenschaften.

Brandt, M. u. a. (2008): Reziprozität zwischen erwachsenen Generationen: Familiale Transfers im Lebenslauf. Zeitschrift für Gerontologie und Geriatrie 41 (5), S. 374–381.

Braudel, F. (1998): Das Mittelmeer und die mediterrane Welt in der Epoche Philipps II. Bd. 1. Frankfurt am Main: Suhrkamp.

Braun, B./Buhr, P./Müller, R. (2006): Immer kürzer, immer schneller? DRG-System, Verkürzung der Liegezeiten im Krankenhaus und Folgen für die Patienten und die Behandlungsabläufe. Gesundheits- und Sozialpolitik 58 (9 + 10), S. 10–17.

Braun, B./Müller, R. (2006): Versorgungsqualität im Krankenhaus aus der Perspektive der Patienten. St. Augustin: Asgard-Verlag.

Braun, Chr. (2007): Die Stellung des Subjekts. Lacans Psychoanalyse. Berlin: Parodos.

Braun, Chr. von/*Dietze,* G. (Hrsg.) (1999): Multiple Persönlichkeit. Krankheit, Medium oder Metapher? Frankfurt am Main: Neue Kritik.

Braun, Chr. von/*Wulf,* Chr. (Hrsg.) (2007): Mythen des Blutes. Frankfurt am Main: Campus.

Braun, G. E. (Hrsg.) (2004): Ausländische Patienten für deutsche Krankenhäuser gewinnen. Neuwied: Luchterhand (in Wolters Kluwer Deutschland).

Braun, G. E./Güssow, J. (2006): Integrierte Versorgungsstrukturen und Gesundheitsnetzwerke als innovative Ansätze im deutschen Gesundheitswesen, in: Braun, G. E./Schulz-Nieswandt, F. (Hrsg.), Liberalisierung im Gesundheitswesen. Baden-Baden: Nomos, S. 65–93.

Braun, G. E./Schulz-Nieswandt, F. (Hrsg.) (2005): Gesundheitsunternehmen im Umbruch. Baden-Baden: Nomos.

Braun, H.-J. (1996): Das Leben nach dem Tod. Jenseitsvorstellungen der Menschheit. Frechen: Komet.

Braun von Reinersforff, A. (2007): Strategische Krankenhausführung. 2. Aufl. Bern u. a.: Huber.

Braun-Holzinger, E. A. (2007): Das Herrscherbild in Mesopotamien und Elan. Spätes 4. bis frühes 2. Jz. v. Chr. Münster: Ugarit-Verlag.

Brauns, H.-D. (1981): Die Rezeption der Psychoanalyse in der Soziologie im deutschsprachigen Raum bis 1940, in: Cremerius, J. (Hrsg.), Die Rezeption der Psychoanalyse. Frankfurt am Main: Suhrkamp, S. 31–133.

Breidenbach, S. (2000): Frauen gestalten Soziale Arbeit. Soziale Arbeit zwischen Geistiger Mütterlichkeit und Professionalität. Münster: LIT-Verlag.

Breier, I. (2006): Dimensionen menschlicher Sinnstiftung in der Praxis. Zwischen Erkenntnis und Kulturtheorie: Zur Poiesis, Ethik und Ästhetik in Cassirers Philosophie der symbolischen Formen und Wittgensteins Sprachspielbetrachtungen. Münster: LIT-Verlag.

Breithaupt, F. (2009): Kulturen der Empathie. Frankfurt am Main: Suhrkamp.

Breithecker, R. (2007): Was Seniorinnen und Senioren in ihren Kommunen leisten: Erste Ergebnisse des Modellprojekts „Selbstorganisation älterer Menschen". Informationsdienst Altersfragen 34 (2), S. 9–13.

Breitling, A. (2007): Möglichkeitsdichtung – Wirklichkeitssinn. Paul Ricoeurs hermeneutisches Denken der Geschichte. München: Fink.

Bremer, H. (2004): Von der Gruppendiskussion zur Gruppenwerkstatt. Münster: LIT-Verlag.

Bremmer, R. H. (1996): Giving. Charity and Philanthropy in History. New Brunswick, USA – London: Transaction Publishers.

Brendebach, C./*Piontkowski*, U. (1997): Alte Patientinnen in der Hausarztpraxis: ein Beitrag zur gerontologischen Einstellungsforschung. Zeitschrift für Gerontologie und Geriatrie 30, S. 368–374.

Brenner, P. J. (2006): Schule in Deutschland, Eine Zwischenbilanz. Stuttgart: Kohlhammer.

Brentel, H./*Klemisch*, H./*Rohn*, H. (Hrsg.) (2003): Lernendes Unternehmen. Wiesbaden: Westdeutscher Verlag.

Breuckmann-Giertz, C. (2006): „Hospiz erzeugt Wissenschaft". Eine ethisch-qualitative Grundlegung hospizlicher Tätigkeit. Münster: LIT-Verlag.

Brewis, J. u. a. (Hrsg.) (2006): The Passion of Organzising. Kopenhagen: Copenhagen Business School Press.

Breyer, F./*Buchholz*, W. (2006): Ökonomie des Sozialstaats. Berlin/Heidelberg: Springer.

Breyer, F./*Zweifel*, P./*Kifmann*, M. (2004): Gesundheitsökonomik. 5. Aufl. Berlin: Springer.

Brezina, F. F. (1999): Die Achtung. Ethik und Moral der Achtung und Unterwerfung bei Immanuel Kant, Ernst Tugendhat, Ursula Wolf und Peter Singer. Frankfurt am Main: Lang.

Brieskorn-Zinke, M. (2000): Die pflegerische Relevanz der Grundgedanken des Salutogenese-Konzepts. Pflege 13, S. 373–380.

– (2007): Public Health Nursing. Der Beitrag der Pflege zur Bevölkerungsgesundheit. Stuttgart: Kohlhammer.

Brink, A. u. a. (Hrsg.) (2006): Gerechtigkeit im Gesundheitswesen. Berlin: Duncker & Humblot.

Brink, A./*Eurich*, J./*Giersch*, Chr. (Hrsg.) (2005): Anreiz versus Tugend? Merkmale moderner Unternehmensethik. Hamburg: Kovac.

Brink, A./*Tiberius*, V. A. (Hrsg.) (2005): Ethisches Management. Bern: Haupt.

Brinkmann, D. (1944): Neue Gesichtspunkte zur Psychologie der Panik. Schweizerische Zeitschrift für Psychologie 3, S. 3–15.

Brinkmann, V. (Hrsg.) (2006): Case Management. Organisationsentwicklung und Change Management in Gesundheits- und Sozialunternehmen. Wiesbaden: Gabler.

Brinkschulte, E. (Hrsg.) (1993): Weibliche Ärzte. Die Durchsetzung des Berufsbildes in Deutschland. 2. Aufl. Berlin: Edition Hentrich.

Brock, D. (2006): Leben in Gesellschaften. Von den Ursprüngen bis zu den alten Hochkulturen. Wiesbaden: VS Verlag für Sozialwissenschaften.

Bröckling, U. (2007): Das Unternehmerische Selbst. Soziologie einer Subjektivierungsform. Frankfurt am Main: Suhrkamp.

Broschek, J./*Lindner*, J./*Schultze*, R. O. (2007): Föderalismus im Vergleich. Wiesbaden: VS Verlag für Sozialwissenschaften.

Brosius-Gersdorf, F. (2005): Bindung der Mitgliedsstaaten an die Gemeinschaftsgrundrechte. Berlin: Duncker & Humblot.

Brown, P. (1995): Die letzten Heiden. Frankfurt am Main: Fischer.

– (1995a): Macht und Rhetorik in der Spätantike. München: dtv.

Bruder, K.-J. (1982): Psychologie ohne Bewußtsein. Die Geburt der behavioristischen Sozialtechnologie. Frankfurt am Main: Suhrkamp.

– (1998): Subjektivität und Postmoderne. 6. Aufl. Frankfurt am Main: Suhrkamp.

Bruder-Bezzel, A. (1999): Geschichte der Individualpsychologie. Göttingen: Vandenhoeck & Ruprecht.

Brück, G. W. (1976): Allgemeine Sozialpolitik. Köln: Bund.

Brüggemann, C. (2007): Entwicklung einer Balanced Scorecard in der Altenpflege. Grundlagen und Ziele. Saarbrücken: VDM Verlag Dr. Müller.

Brüggenbrock, Chr. (2006): Die Ehre in den Zeiten der Demokratie. Das Verhältnis von athenischer Polis und Ehre in klassischer Zeit. Göttingen: Vandenhoeck & Ruprecht.

Brühe, R./*Rottländer,* R./*Theis,* S. (2004): Denkstile in der Pflege. Pflege 17 (5), S. 306–311.

Brüske, G. (1998): Anruf der Freiheit. Anthropologie bei Romano Guardini. Paderborn: Schöningh.

Bruhn, H. (2000): Musiktherapie. Geschichte – Theorien – Methoden. Göttingen u. a.: Hogrefe.

Brunkhorts, H. (2002): Solidarität. Frankfurt am Main: Suhrkamp.

Brunnbuber, St. (1993): Der dialogische Aufbau der Wirklichkeit. Gemeinsame Elemente im Philosophiebegriff von Martin Buber, Martin Heidegger und Sigmund Freud. Regensburg: Roderer.

Brunne, V. (2008): HIV und AIDS in Südafrika. Die Public-Private Partnership-Strategie. Baden-Baden: Nomos.

Bruns, I. (2008): Von der jüdischen Sekte zur Staatsreligion. Machtkämpfe im frühen Christentum. Düsseldorf: Patmos.

Bryce, T. (2004): Life and Society in the Hittite World. New York: Oxford University Press.

– (2005): The Kingdom of the Hittites. New York: Oxford University Press.

Bsirske, F./*Deppe,* F./*Skarpelius-Sperk,* S. (2006): Die EU-Dienstleistungsrichtlinie. Hamburg: VSA.

Buber, M. (2006): Das dialogische Prinzip. 6. Aufl. Gütersloh: Gütersloher Verlagshaus.

Bublitz, H. von u. a. (Hrsg.) (2002): Das Wuchern der Diskurse. Frankfurt am Main/ New York: Campus.

Bubolz-Lutz, E. (2006): Pflegen in der Familie. Freiburg i. Br.: Lambertus.

Bubolz-Lutz, E./*Kricheldorff,* C. (2006): Freiwilliges Engagement im Pflegemix. Freiburg i. Br.: Lambertus.

Bucerius, A. (2003): Alterssicherung in der Europäischen Union. Düsseldorf: Hans-Böckler-Stiftung.

Buchan, J./*Calman,* L. (2005): Skill-Mix and Policy Change in the Health Workforce: Nurses in Advanced Roles. OECD Health Working Papers 17. DELSA/ ELSA/WD/HEA(2004)8. 24.2.2005.

Buchanan, D./*Huczynski,* A. (2004): Organizational Behaviour. 5. Aufl. Harlow: Prentice Hall.

Buchen, S./*Maier,* A. S. (Hrsg.) (2008): Älterwerden neu denken. Interdisziplinäre Perspektiven auf den demografischen Wandel. Wiesbaden: VS Verlag für Sozialwissenschaften.

Buchhester, St. (2002): Der Patient als Kunde. Patientenzufriedenheit als Dienstleistung im Gesundheitsmanagement. Saarbrücken: VDM Verlag Dr. Müller.

Buck-Morss, S. (2000): Dialektik des Sehens. Walter Benjamin und das Passagen-Werk. Frankfurt am Main: Suhrkamp.

Budäus, D. (Hrsg.) (2006): Kooperationsformen zwischen Staat und Markt. Baden-Baden: Nomos.

Budäus, D./*Grüb*, B. (2007): Public Private Partnership: Theoretische Bezüge und praktische Strukturierung. Zeitschrift für öffentliche und gemeinwirtschaftliche Unternehmen 30 (3), S. 245–272.

Budka, D. (2006): Der Andere. Mit Emmanuel Levinas die gesellschaftliche und schulische Integration behinderter Menschen neu denken. Marburg: Tectum.

Büchs, M. (2007): New Governance in European Social Policy. The Open Method of Coordination. Houndmills u. a.: Palgrave.

Bücker, Th. (2006): Teamorganisation mit Primary Nursing. Hannover: Schlütersche.

Bühler, E. (Hrsg.) (2006): Überleitungsmanagement und Integrierte Versorgung. Stuttgart: Kohlhammer.

Bühler, M. (2005): Einschränkung von Grundrechten nach der Europäischen Grundrechtscharta. Berlin: Duncker & Humblot.

Bühlmann, J. (1995): Patienten akzeptieren und verstehen. Eine Studie über Erleben und Verhalten von Pflegenden in menschlich anspruchsvollen Pflegesituationen. Pflege 8 (2), S. 121–129.

Bührle, F. (2006): Gründe und Grenzen des „EG-Beihilfenverbots". Tübingen: Mohr Siebeck.

Bührmann, A. D./*Schneider*, W. (2008): Vom Diskurs zum Dispositiv. Eine Einführung in die Dispositivanalyse. Bielefeld: transcript.

Büssing, A./*Giesenbauer*, B./*Glaser*, J. (2003): Gefühlsarbeit. Beeinflussung der Gefühle von Bewohnern und Patienten in der stationären und ambulanten Altenpflege. Pflege 16 (6), S. 357–365.

Büssing, A./*Glaser*, J. (2003): Mitarbeiter- und Klientenorientierung im Gesundheitswesen. Zeitschrift für Arbeits- u. Organisationspsychologie 47 (4), S. 222–228.

Büssing, A./*Herbig*, B./*Latzel*, A. (2004): Implizite Theorien – Die Probleme der Gedankenökonomie. Pflege 17 (2), S. 113–122.

Buhr, G. T./*Kuchibhatla*, M./*Clipp*, E. C. (2006): Caregivers' Reasons for Nursing Home Placement: Clues for Improving Discussions with Families Prior to the Transition. The Gerontologist 46, S. 52–61.

Buhr, P. u. a. (2008): G-DRG und Patienten – Entlassung und Entlassungsmanagement, in: Güntert, N. J./Thiele, G. (Hrsg.), DRG nach der Konvergenzphase. Heidelberg u. a.: economica – Heidelberg: MedizinRecht.deVerlag, S. 3–29.

Buhr, P./*Klinke*, S. (2006): Versorgungsqualität im DRG-Zeitalter. ZeS-Arbeitspapier Nr. 6/2006. Bremen: Zentrum für Sozialpolitik.

– (2006a): Qualitative Folgen der DRG-Einführung für Arbeitsbedingungen und Versorgung im Krankenhaus unter Bedingungen fortgesetzter Budgetierung. WZB SP I 2006-311. Berlin: WZB.

Bultmann, R. (2002): Neues Testament und christliche Existenz. Theologische Aufsätze. Tübingen: Mohr Siebeck (UTB).

Bundesvereinigung für Gesundheit (Hrsg.) (2005): Experten-Hearing „Präventiver Hausbesuch im Alter". Bonn: BVFG.

Bundesvereinigung Lebenshilfe für Menschen mit geistiger Behinderung (Hrsg.) (2002): Eine behinderte Medizin? Zur medizinischen Versorgung von Menschen mit geistiger Behinderung. Marburg: Bundesvereinigung Lebenshilfe für Menschen mit geistiger Behinderung.

Bungenberg, M. (2007): Vergaberecht im Wettbewerb der Systeme. Tübingen: Mohr Siebeck.

Burgi, M. (2004): Die Dienstleistungskonzession ersten Grades. Baden-Baden: Nomos.

Burkard, F. P. (1985): Karl Jaspers. Einführung in sein Denken. Würzburg: Königshausen & Neumann.

Burkart, G. (2008): Familiensoziologie. Konstanz: UVK (UTB).

Burke, P. (2004): Die Geschichte der Annales. Berlin: Wagenbach.

Burkert, W. (2003): Die Griechen und der Orient. München: Beck.

Burkhart, S. (2008): Blockierte Politik. Ursachen und Folgen von „Divided Government" in Deutschland. Frankfurt am Main/New York: Campus.

Burr, V. (1995): An Introduction to Social Constructivism. London: Routledge.

Buse, H. R. (2000): Geeignete Rechtsformen für kommunale Krankenhäuser. Köln: Heymanns.

Busemeyer, M. R./*Goerres,* A./*Weschle,* S. (2009): Attitudes towards redistributive Spending in an Era of Demographic Aging. The Rival Pressures from Age and Income in 14 OECD Countries. Journal of European Social Policy 19 (3), S. 195–212.

Busse, R./*Riesberg,* A. (2005): Gesundheitssysteme im Wandel. Deutschland. Berlin: MWV.

Butler, J. (2001): Psyche der Macht. Frankurt am Main: Suhrkamp.

Butler, R. (2006): Slavoj Zizek. Hamburg: Junius.

Cabana, M. D. u. a. (1999): Why Don't Physicians Follow Clinical Practice Guidelines? Journal of the American Medical Association 282 (15), S. 1458–1465.

Caillé, A. (2000): Gift and association, in: Vandervelde, A. (Hrsg.), Gifts and Interests. Leuven: Peeters, S. 47–55.

– (2005): Die doppelte Unbegreiflichkeit der reinen Gabe, in: Adloff, F./Mau, St. (Hrsg.), Vom Geben und Nehmen. Zur Soziologie der Reziprozität. Frankfurt am Main: Campus, S. 157–184.

– (2006): Weder methodologischer Holismus noch methodologischer Individualismus – Marcel Mauss und das Paradigma der Gabe, in: Pappiloud, Chr./Moebius,

St. (Hrsg.), Gift. Marcel Mauss' Kulturtheorie der Gabe. Wiesbaden: VS Verlag für Sozialwissenschaften, S. 161–214.

- (2008): Anthropologie der Gabe. Frankfurt am Main/New York: Campus.

Caillois, R. (1988): Der Mensch und das Heilige. München/Wien: Hanser.

Calame, C. (1986): Facing Otherness. The Tragic Mask in Ancient Greece. History of Religions 26, S. 125–142.

Calliess, Chr. (Hrsg.) (2007): Verfassungswandel im europäischen Staaten- und Verfassungsverbund. Tübingen: Mohr Siebeck.

Campbell, J. (1999): Der Heros in tausend Gestalten. Frankfurt am Main/Leipzig: Insel.

- (2002): Die Masken Gottes, 4 Bde., München: dtv.

Camporeale, G. (2003): Die Etrusker. Geschichte und Kultur. Düsseldorf/Zürich: Artemis & Winkler.

Camus, A. (2008): Der Mythos des Sisyphos. 10. Aufl. Reinbek bei Hamburg: Rowohlt.

Canetti, E. (2003): Masse und Macht. 23. Aufl. Frankfurt am Main: Fischer.

Carigiet, E./*Eisenring,* C. (2009): Oszillierende Organisationen – kommunikative und kulturelle Herausforderungen für das Gesundheitswesen. Zeitschrift für öffentliche und gemeinwirtschaftliche Unternehmen 32 (1), S. 91–102.

Carstensen, L. L./*Isaacowitz,* D. M./*Charles,* S. T. (1999): Taking time seriously. A theory of socioemotional selectivity. American Psychologist 54, S. 165–181.

Casalino, L./*Robinson,* J. C. (2003): Alternative models of hospital-physician affiliation as the United States moves away from tight managed care. Milbank Quarterly 81 (2), S. 331–351.

Caspari, C. (2007): Shared Decision Making zwischen Wunsch und Wirklichkeit. Saarbrücken: VDM Verlag Dr. Müller.

Casper, B. (1998): Das Ereignis des Betens. Freiburg/München: Alber.

- (2002): Das Dialogische Denken. Franz Rosenzweig, Ferdinand Ebner und Martin Buber. Freiburg/München: Alber.

Cassel, D./*Sundmacher,* T. (2005): Systemtransformation durch Systemwettbewerb im Gesundheitswesen? Diskussionsbeiträge des Fachbereichs Betriebswirtschaft – Mercator School of Management (MSM) – der Universität Duisburg-Essen, Campus Duisburg, Nr. 311.

Cassel, D. u. a. (2006): Weiterentwicklung des Vertragswettbewerbs in der gesetzlichen Krankenversicherung. Vorschläge für kurzfristig umsetzbare Reformschritte. Gutachten im Auftrag des AOK-Bundesverbandes.

- (2008): Vertragswettbewerb in der GKV. Bonn: WIdO.

Cassier-Woidasky, A.-K. (2007): Pflegequalität durch Professionsentwicklung. Frankfurt am Main: Mabuse.

Cassirer, E. (1996): Versuch über den Menschen. Einführung in eine Philosophie der Kultur. Hamburg: Meiner.

– (2001): Philosophie der symbolischen Formen, Bd. 1. Die Sprache. Hamburg: Meiner.

– (2002): Philosophie der symbolischen Formen, Bd. 2. Das mythische Denken. Hamburg: Meiner.

– (2002a): Philosophie der symbolischen Formen, Bd. 3. Phänomenologie der Erkenntnis. Hamburg: Meiner.

Castel, R. (2000): Die Metamorphosen der sozialen Frage. Eine Chronik der Lohnarbeit. Konstanz: UVK.

Castoriadis, C. (2009): Gesellschaft als imaginäre Institution. Entwurf einer politischen Philosophie. 4. Aufl. Frankfurt am Main: Suhrkamp.

Caudill, W. A. (1954): The psychiatric hospital as a small society. Cambridge/Mass.: Havard University Press.

Cauguilhem, G. (2006): Wissenschaft, Technik, Leben. Beiträge zu einer historischen Epistemologie. Berlin: Merve.

Cerami, A. (2006): Social Policy in Central and Eastern Europe. The Emergence of a New European Welfare Regime. Münster: LIT-Verlag.

Chandler, A. D. (1992): Organizational Capabilities and the Economic History of the Industrial Enterprise, in: Journal of Economic Perspectives 6 (3), S. 79–100.

Chang, H. (1999): Goethes Morphologie und Kafkas Denken. Frankfurt am Main: Lang.

Cheal, D. (1996): Moral Economy, in: Komter, A. (Hrsg.), The Gift. Amsterdam: University of Amsterdam, S. 93–128.

Chirichigno, G. C. (1993): Debt-Slavery in Israel and the Ancient Near East. Sheffield: JSOT Press.

Christian, P. (1952): Das Personverständnis im modernen medizinischen Denken. Tübingen: Mohr Siebeck.

– (1962): Ludolf Krehl und der medizinische Personalismus. Heidelberger Jahrbücher (6), S. 207–210.

Christoph, B./*Ullrich,* C. G. (2006): Die GKV in den Augen der Bürger: Wahrnehmung des Lastenausgleichs und Bewertungen von Reformoptionen. Sozialer Fortschritt 55 (4), S. 75–83.

Christophers, H./*Görike,* M. (2006): Rehabilitationsleistungen in der EU nach § 140e SGB V. Zeitschrift für europäisches Sozial- und Arbeitsrecht (9), S. 349–354.

Christophersen, A. (2008): Kairos. Protestantische Zeitdeutungskämpfe in der Weimarer Republik. Tübingen: Mohr Siebeck.

Cischinsky, Chr. (2008): Auswirkungen der Europäischen Integration auf das deutsche Gesundheitswesen. Frankfurt am Main: Lang.

Cischinsky, H. (2007): Lebenserwartung, Morbidität und Gesundheitsausgaben. Frankfurt am Main u. a.: Lang.

Clark, G. (2004): Christianity and Roman Society. Cambridge: Cambridge University Press.

Clarke, A. (2000): Using biography to enhance the nursing care of older people, in: British Journal of Nursing 9 (7), S. 429–433.

Clarus, I. (1997): Odysseus. Wege und Umwege der Seele. Leinfelden-Echterdingen: Bonz.

Clary, J. E./*Snyder,* M. (1999): The motivations to volunter: Theoretical and practical considerations, in: Current Directions in Psychological Science 8, S. 156–159.

Claß, G. (2008): Herausforderung Diakonische Unternehmenskultur. Berlin: LIT-Verlag.

Clausen, G. u. a. (2006): Patientenzufriedenheit in der Geriatrie, in: Zeitschrift für Gerontologie und Geriatrie 39 (1), S. 48–56.

Clayton, J. P. (1980): The Concept of Correlation: Paul Tillich and the Possibility of a mediating Theology. Berlin/New York: de Gruyter.

Clemens, E. S./*Cook,* J. M. (1999): Politics and institutionalism: Explaining Durability and Change, in: Annual Review of Sociology 25 (1), S. 441–466.

Cloos, P. (2008): Die Inszenierung von Gemeinsamkeit. Eine vergleichende Studie zu Biographie, Organisationskultur und beruflichem Habitus von Teams in der Kinder- und Jugendhilfe. Weinheim/München: Juventa.

Coenen, H. (1985): Diesseits von subjektivem Sinn und kollektivem Zwang. Schütz – Durkheim – Merlau-Ponty. Phänomenologische Soziologie im Feld des zwischenleiblichen Verhaltens. München: Fink.

Cohen, W. M./*Levintahl,* D. A. (1990): Absorptive Capacity: A New Perspective on Learning and Innovation, in: Administrative Science Quarterly 35, S. 128–152.

Coleman, J. S. (1991): Handlungen und Handlungssysteme. München/Wien: Oldenbourg.

– (1992): Körperschaften und die moderne Gesellschaft. München/Wien: Oldenbourg.

– (1994): Die Mathematik der sozialen Handlung. München/Wien: Oldenbourg.

Collins, R. (2004): Interaction Ritual Chains. Princeton: Princeton University Press.

– (2005): The Durkheimian Movement in France and in World Sociology, in: Alexander, J. C./Smith Ph. (Hrsg.), The Cambridge Companion to Durkheim. Cambridge: Cambridge University Press, S. 101–135.

Combe, A./*Helsper,* W. (1996): Einleitung: Pädagogische Professionalität, in: dies. (Hrsg.), Pädagogische Professionalität. Untersuchungen zum Typus pädagogischen Handelns. Frankfurt am Main: Suhrkamp, S. 9–48.

Condrau, G. (1989): Daseinsanalyse. Philosophisch-anthropologische Grundlagen. Die Sprache. Bern u. a.: Huber.

- (1992): Sigmund Freud und Martin Heidegger. Daseinsanalytische Neurosenlehre und Psychotherapie. Freiburg/Schweiz: Universitätsverlag – Bern u. a.: Huber.
- (1996): Zur Phänomenologie der Angst, in: Lang, H./Faller, H. (Hrsg.), Angst. Pathologie, Genese und Therapie. Frankfurt am Main: Suhrkamp, S. 32–42.
- (1998): Daseinsanalyse. 2. Aufl. Dettelbach: Röll.

Connidis, I. A./*McMullin,* J. A. (2002): Sociological ambivalence and family ties: A critical perspective, in: Journal of Marriage and Family 64, S. 558–567.

Conradi, E. (2001): Take Care. Grundlagen einer Ethik der Achtsamkeit. Frankfurt am Main/New York: Campus.

- (2008): Was ist Achtsamkeit?, in: Orientierung. Fachzeitschrift für Behindertenhilfe (3), S. 1–4.

Conzen, P. (1996): Erik H. Erikson. Stuttgart: Kohlhammer.

Cooper-Patrick, L. u. a. (1999): Race, Gender, and Partnership in the patient-physician relationship. Journal of the American Medical Association 282 (6), S. 583–589.

Corbin, J. M./*Strauss,* A. L. (2004): Weiterleben lernen. Verlauf und Bewältigung chronischer Krankheit. 2., vollst. überarb. u. erw. Aufl. Bern u. a.: Huber.

Cordes, P. (1994): Iatros. Das Bild des Arztes in der griechischen Literatur von Homer bis Aristoteles. Stuttgart: Franz Steiner.

Cording, F. (2007): Public Private Partnership in der Investitionskostenfinanzierung öffentlicher Krankenhäuser. Frankfurt am Main u. a.: Lang.

Cordts, S./*Cramer,* S. (2007): Die Einzelfallsteuerung in der kommunalen Sozialplanung. Nachrichtendienst des Deutschen Vereins für öffentliche und private Fürsorge 87 (8), S. 319–322.

Cornelius, I./*Niehr,* H. (2004): Götter und Kulte in Ugarit. Mainz: Philipp von Zabern.

Corsten, M./*Kauppert,* M./*Rosa,* H. (2008): Quellen bürgerschaftlichen Engagements. Die biographische Entwicklung von Wir-Sinn und fokussierten Motiven. Wiesbaden: VS Verlag für Sozialwissenschaften.

Cortekar, J./*Hugenroth,* S. (2006): Managed Care als Reformoption für das deutsche Gesundheitswesen. Marburg: Metropolis.

Coulmas, F. (2007): Die Gesellschaft Japans. Arbeit, Familie und demographische Krise. München: Beck.

Coulter, A./*Mage,* H. (2005): Zentrale Bedürfnisse von Patientinnen und Patienten in Europa, in: Badura, B./Iseringhausen, O. (Hrsg.), Wege aus der Krise der Versorgungsorganisation. Bern u. a.: Huber, S. 37–62.

Cox, H. (2008): Public enterprises and service providers in institutional competition and undergoing structural change. Annals of Public and Cooperative Economics 79 (3 + 4), S. 527–547.

Cramer, U. (2007): Planung und Steuerung der kommunalen sozialen Versorgung. Nachrichtendienst des Deutschen Vereins für öffentliche und private Fürsorge 87 (8), S. 318.

Cremerius, J. (Hrsg.) (1995): Die Zukunft der Psychoanalyse. Frankfurt am Main: Suhrkamp.

Crespo, L. (2007): Caring for Parents and Employment Status of European Mid-Life Women. Abgerufen am 10.8.2008 unter www. share-project.org/.

Crouch, C. (2008): Postdemokratie. Frankfurt am Main: Suhrkamp.

Crüsemann, F. (2003): Maßstab: Tora. Israels Weisung für christliche Ethik. Gütersloh: Gütersloher Verlagshaus.

Csef, H. (1996): Die Bedeutung der Angst in der anthropologisch-integrativen Psychotherapie, in: Lang, H./Faller, H. (Hrsg.), Angst. Pathologie, Genese und Therapie. Frankfurt am Main: Suhrkamp, S. 228–244.

Cunningham, H. (2006): Die Geschichte des Kindes in der Neuzeit. Düsseldorf: Artemis & Winkler.

Curtius, F. (1961): Das Individualprinzip im Denken Ludolf von Krehls. Deutsche Medizinische Wochenschrift (51), S. 2494–2497.

D'Angelo, A. (2005): Elias Canetti. Sein dichterisches Selbstverständnis in Konfrontation zu Friedrich Nietzsche. München: Utz.

Daatland, S. O./*Herlofson,* K. (2003): „Lost solidarity" or „changed solidarity"? A comparative view on normative family solidarity. Ageing & Society 23, S. 537–560.

Daatland, S. O./*Lowenstein,* A. (2005): Intergenerational solidarity and the family-welfare state balance. European Journal of Aging 2, S. 174–182.

– (2006): Filial norms and family support in an comparative cross-national context: evidence from the OASIS study. Ageing & Society 26, S. 203–223.

Daatland, S. O./*Motel-Klingebiel,* A. (2007): Separating the local and the general in cross-cultural ageing research, in: Wahl, H.-W./Tesch-Römer, C./Hoff, A. (Hrsg.), New Dynamics in Old age: Individual, environmental and societal perspectives. Amityville/New York: Baywood Publishing, S. 343–358.

Därmann, I. (2009): Figuren des Politischen. Frankfurt am Main: Suhrkamp.

Dahinden, U. (2006): Framing. Eine integrative Theorie der Massenkommunikation. Konstanz: UVK.

Dahlgaard, K./*Stratmeyer,* P. (2005): Patientenorientiertes Management der Versorgungsprozesse im Krankenhaus. Pflege & Gesellschaft 10, S. 142–150.

Dahlmanns, C. (2008): Die Geschichte des modernen Subjekts. Michel Foucault und Norbert Elias im Vergleich. Münster u. a.: Waxmann.

Dahms, H.-J. (1994): Positivismusstreit. Frankfurt am Main: Suhrkamp.

Dahrendorf, R. (2006): Homo Sociologicus. 16. Aufl. Wiesbaden: VS Verlag für Sozialwissenschaften.

Dalferth, I. U. (2008): Malum. Tübingen: Mohr Siebeck.

Dalferth, I. U./*Hunziker,* A./unter Mitarbeit von *Anker,* A. (Hrsg.) (2007): Mitleid. Tübingen: Mohr Siebeck.

Dalhoff, M. (2008): Einheitliche Leistungsansprüche und differenzierte Leistungsangebote in der gegenwärtigen und zukünftigen GKV-Versorgung. Sozialer Fortschritt 57 (4), S. 99–109.

Dallinger, U. (1996): Pflege und Beruf – ein neuer Vereinbarkeitskonflikt in der späten Familienphase. Ein Literatur- und Forschungsüberblick. Zeitschrift für Familienforschung 8 (2), S. 6–42.

Damus, M. (2000): Kunst im 20. Jahrhundert. Reinbek bei Hamburg: Rowohlt.

Danninger, G. (1998): „... daß sie auch vor den Krancken-Betten müßten das Maul halten ...". Frauen zwischen „traditioneller Heiltätigkeit" und „Gelehrter Medizin" um 1800 anhand Salzburger Quellen. Wien: Österreichischer Kunst- und Kulturverlag.

Danz, Chr. (2000): Religion als Freiheitsbewusstsein. Eine Studie zur Theologie als Theorie der Konstitutionsbedingungen individueller Subjektivität bei Paul Tillich. Berlin/New York: de Gruyter.

Danzer, G. (1995): Psychosomatische Medizin. Konzepte und Modelle. Frankfurt am Main: Fischer.

Dapp, U. (2008): Gesundheitsförderung und Prävention selbständig lebender älterer Menschen. Eine medizinisch-geographische Untersuchung. Stuttgart: Kohlhammer.

Darmann, I. (2000): Kommunikative Kompetenz in der Pflege. Stuttgart: Kohlhammer.

De Jong, A. (2006): Nurse Practitioner: Pflege zwischen care und cure. Die Schwester – der Pfleger 45 (9), S. 698–701.

De Marchi, L. (1988): Der Urschock. Unsere Psyche, die Kultur und der Tod. Darmstadt: Luchterhand.

De Swaan, A. (1993): Der sorgende Staat. Frankfurt am Main/New York: Campus.

Deal, T. E./*Kennedy,* A. A. (1982): Corporate Cultures: The Rites and Rituals of Corporate Life. London: Pinguin.

Deck, R. (1999): Erwartungen und Motivationen in der medizinischen Rehabilitation. Lage: Lippe Verlag.

Decker-Voigt, H. H. (Hrsg.) (2001): Schulen der Musiktherapie. München: Reinhardt.

Deckers, J. G. (2007): Die frühchristliche und byzantinische Kunst. München: Beck.

Dederich, M. (2007): Körper. Kultur und Behinderung. Eine Einführung in die Disability Studies. Bielefeld: transcript.

– (2008): Die Universalisierung der Ökonomie – Ursachen, Hintergründe und Folgen. Vierteljahresschrift für Heilpädagogik und ihre Nachbargebiete 77 (4), S. 288–300.

Dederich, M. u.a. (Hrsg.) (2006): Inklusion oder Integration? Heilpädagogik als Kulturtechnik. Gießen: Psychosozial-Verlag.

Dederich, M./*Jantzen*, W. (Hrsg.) (2009): Behinderung und Anerkennung. Stuttgart: Kohlhammer.

Deger, P./*Hettlage*, R. (2007): Der europäische Raum. Die Konstruktion europäischer Grenzen. Wiesbaden: VS Verlag für Sozialwissenschaften.

Deinet, U. (Hrsg.) (2009): Methodenbuch Sozialraum. Wiesbaden: VS Verlag für Sozialwissenschaften.

Deinet, U./*Slapka*, M./*Witte*, W. (2007): Qualität durch Dialog. Bausteine kommunaler Qualitäts- und Wirksamkeitsdialoge. Wiesbaden: VS Verlag für Sozialwissenschaften.

Deister, B. (2007): Anthropologie im Dialog. Das Menschenbild bei Carl Rogers und Karl Rahner im interdisziplinären Dialog zwischen Psychologie und Theologie. Innsbruck/Wien: Tyrolia.

Deleuze, G. (1995): Foucault. Frankfurt am Main: Suhrkamp.

Delhorn, P. (2000): Der Dritte. Lévinas' Philosophie zwischen Verantwortung und Gerechtigkeit. München: Fink.

Demandt, A. (2005): Über allen Wipfeln. Der Baum in der Kulturgeschichte. Düsseldorf: Patmos.

Dembski, T. (2000): Paradigmen der Romantheorie zu Beginn des 20. Jahrhunderts. Würzburg: Königshausen & Neumann.

Demirovic, A. (1999): Der nonkonformistische Intellektuelle. Die Entwicklung der Kritischen Theorie zur Frankfurter Schule. Frankfurt am Main: Suhrkamp.

Denier, Y. (2007): Efficiency, Justice and Care. Philosophical Reflections on Scarcity in Health Care. Dordrecht: Springer Netherland.

Depner, R. (1974): Ärztliche Ethik und Gesellschaftsbild. Eine soziologische Untersuchung zur Entwicklung des Selbstverständnisses von Medizinstudenten und Ärzten. Stuttgart: Enke.

Deppermann, A. (2008): Gespräche analysieren. 4. Aufl. Wiesbaden: VS Verlag für Sozialwissenschaften.

Dern, W./*Hauser*, F. (2008): Was ist Fallmanagement? Nachrichtendienst des Deutschen Vereins für öffentliche und private Fürsorge 88 (3), S. 101–104.

Derrida, J. (2002): Politik der Freundschaft. Frankfurt am Main: Suhrkamp.

Descombes, V. (1981): Das Selbe und das Andere. Fünfundvierzig Jahre Philosophie in Frankreich 1933 – 1878. Frankfurt am Main: Suhrkamp.

Deter, H.-Chr. (Hrsg.) (2007): Allgemeine Klinische Medizin. Ärztliches Handeln im Dialog als Grundlage einer modernen Heilkunde. Göttingen: Vandenhoeck & Ruprecht.

Detienne, M. (2000): Die Adonus-Gärten. Darmstadt: Wissenschaftliche Buchgesellschaft.

Dettling, H.-U. (2006): Ethisches Leitbild und EuGH-Kompetenz für die Gesundheitssysteme? Europäische Zeitschrift für Wirtschaftsrecht 17 (17), S. 519–524.

Deutscher Bundestag (2008): Gesetzentwurf der Bundesregierung. Entwurf eines Gesetzes zum Vertrag von Lissabon vom 13. Dezember 2007. Bundestags-Drucksache 16/8300 vom 28.2.2008.

Deutscher Verein für öffentliche und private Fürsorge (2005): Stellungnahme des Deutschen Vereins zum Vorschlag für eine Richtlinie des Europäischen Parlaments und des Rates über Dienstleistungen im Binnenmarkt („Dienstleistungsrichtlinie") KOM(2004) endg. Nachrichtendienst des Deutschen Vereins 85 (2), S. 33–35.

– (2006): Arbeits- und Orientierungspapier des Deutschen Vereins für öffentliche und private Fürsorge zum europäischen Beihilferecht vom 24.11.2006. Nachrichtendienst des Deutschen Vereins 87 (1) 2007, S. 7–12.

– (2006a): Niedrigschwelliger Zugang zu familienunterstützenden Angeboten in Kommunen. Nachrichtendienst des Deutschen Vereins 86 (2), S. 77–87.

– (2006b): Empfehlungen des Deutschen Vereins zur Gestaltung der sozialen Infrastruktur in den Kommunen mit einer älter werdenden Bevölkerung. Nachrichtendienst des Deutschen Vereins 86 (12), S. 529–537.

– (2006c): Stellungnahme des Deutschen Vereins zum geänderten Vorschlag der Europäischen Kommission für eine Richtlinie des Europäischen Parlaments und des Rates über Dienstleistungen vom 4. April 2006 (KOM)[2006] 160 endgültig). Nachrichtendienst des Deutschen Vereins 86 (6), S. 317–318.

– (2007): Empfehlende Hinweise des Deutschen Vereins zur Umsetzung des Persönlichen Budgets nach SGB IX. Nachrichtendienst des Deutschen Vereins 87 (4), S. 105–111.

– (2007a): Stellungnahme des Deutschen Vereins zum Grünbuch der Europäischen Kommission „Ein modernes Arbeitsrecht für die Herausforderungen des 21. Jahrhunderts". Nachrichtendienst des Deutschen Vereins 87 (4), S. 118–129.

– (2007b): Stellungnahme des Deutschen Vereins zur Mitteilung der Kommission „Die demografische Zukunft Europas – von der Herausforderung zur Chance", KOM(2006)571 endg., vom 12. Oktober 2006. Nachrichtendienst des Deutschen Vereins 87 (5), S. 173–176.

– (2007c): Stellungnahme des Deutschen Vereins zur „Mitteilung der Kommission an das Europäische Parlament, den Rat, den Europäischen Wirtschafts- und Sozialausschuss und den Aussschuss der Regionen. Gemeinsame Grundsätze für den Flexicurity-Ansatz herausarbeiten: mehr und besser Arbeitsplätze durch Flexibilität und Sicherheit" [Kom(2007) 359 endgültig). Nachrichtendienst des Deutschen Vereins 87 (12), S. 485–486.

- (2007d): Empfehlungen des Deutschen Vereins zur Weiterentwicklung zentraler Strukturen in der Eingliederungshilfe „Verwirklichung selbstbestimmter Teilhabe behinderter Menschen!" Nachrichtendienst des Deutschen Vereins 87 (7), S. 245–255.
- (Hrsg.) (2007e): Fachlexikon der sozialen Arbeit. 6. Aufl. Baden-Baden: Nomos.
- (2008): Diskussionspapier des Deutschen Vereins zur Abgrenzung der Begriffe und Leistungen in einem neuen Verständnis der Pflegebedürftigkeit. Nachrichtendienst des Deutschen Vereins 88 (11), S. 435–444.
- (2008a): Eckpunkte des Deutschen Vereins zur sozialräumlichen Ausgestaltung kommunalen Handelns. Nachrichtendienst des Deutschen Vereins 88 (9), S. 377–384.
- (2008b): Stellungnahme des Deutschen Vereins zum Vorschlag für eine Richtlinie des Europäischen Parlaments und des Rates über die Ausübung der Patientenrechte in der grenzüberschreitenden Gesundheitsversorgung, KOM (2008) endg. vom 2. Juli 2008. Nachrichtendienst des Deutschen Vereins 88 (11), S. 445–449.

Devereux, G. (1987): Nachwort, in: Duerr, H. P. (Hrsg.), Die wilde Seele. Zur Ethnopsychoanalyse von Georges Devereux. Frankfurt am Main: Suhrkamp, S. 446–467.

- (1992): Angst und Methode in den Verhaltenswissenschaften. 3. Aufl. Frankfurt am Main: Suhrkamp.

Di Blasi, Z. u. a. (2001): Influence of context effects on health outcomes. A systematic review. Lancet 357 (10), S. 757–762.

Dibelius, O./*Uzarewicz,* Ch. (2006): Pflege von Menschen höherer Lebensalter. Stuttgart: Kohlhammer.

Dick, R. van/*West,* M. A. (2005): Teamwork, Teamdiagnose, Teamentwicklung. Göttingen u. a.: Hogrefe.

Dieckmann, H./*Meier,* C./*Wilke,* H. J. (Hrsg.) (1980): Kreativität des Unbewussten. Zum 75. Geburtstag von Erich Neumann (1905–1960). Analytische Psychologie 11 (3 + 4).

Diefenbach, H. (2000): Intergenerationale Scheidungstransmission in Deutschland. Würzburg: Ergon.

Diem-Wille, G. (2007): Die frühen Lebensjahre. Psychoanalytische Entwicklungstheorie nach Freud, Klein und Bion. Stuttgart: Kohlhammer.

Dienelt, K. (1955): Erziehung zur Verantwortung. Die Existenzanalyse V. E. Frankls und ihre Bedeutung für die Erziehung. Wien: Österreichischer Bundesverlag für Unterricht, Wissenschaft und Kunst.

- (1999): Pädagogische Anthropologie. Köln u. a.: Böhlau.

Dieplinger, A. M. (Hrsg.) (2008): Soziale Dienstleistungen für PatientInnen und Angehörige. Studien und Konzepte zur Orientierung von Sozialarbeit im Krankenhaus. Wien u. a.: Böhlau.

Dierks, M.-L. (2001): Empowerment und die Nutzer im deutschen Gesundheitswesen. Habilitation. Medizinische Hochschule Hannover.

Dierks, M.-L. u. a. (2001): Patientensouveränität. Der autonome Patient im Mittelpunkt. Arbeitsbericht Nr. 195. Akademie für Technikfolgeabschätzung in Baden-Württemberg. Stuttgart.

Dierks, M.-L./*Flick*, U. (Hrsg.) (2005): Patientensouveränität. München: Reinhardt.

Diesel, A. A. (2006): „Ich bin Jahwe". Der Aufstieg der Ich-bin-Jahwe-Aussage zum Schlüsselwort des alttestamentlichen Monotheismus. Neukirchen-Vluyn: Neukirchener.

Dieterich, A. (2006): Eigenverantwortlich, informiert und anspruchsvoll ... Der Diskurs um den mündigen Patienten aus ärztlicher Sicht. WZB SP I 2006-310. Berlin: WZB.

Dietrich, Chr. (2008): Asyl. Vergleichende Untersuchung zu einer Rechtsinstitution im Alten Israel und seiner Umwelt. Stuttgart: Kohlhammer.

Dietrich, M./*Struwe*, J. (2006): Corporate Governance in der kommunalen Daseinsvorsorge. Zeitschrift für öffentliche und gemeinwirtschaftliche Unternehmen 29 (1), S. 1–23.

Dietrich, V. (2003): Auswirkungen einer europaweiten Wahlfreiheit bei Gesundheitsleistungen. Aachen: Shaker.

Dietz, A. (2005): Der homo oeconomicus. Theologische und wirtschaftsethische Perspektiven auf ein ökonomisches Modell. Gütersloh: Gütersloher Verlagshaus.

Dietz, B. (2006): Patientenmündigkeit. Messung, Determinanten, Auswirkungen und Typologie mündiger Patienten. Wiesbaden: Deutscher Universitäts-Verlag.

Dietz, G./*Kick*, H. A. (2005): Grenzsituationen und neues Ethos. Heidelberg: Winter.

Dilger, H. (2005): Leben mit Aids. Krankheit, Tod und soziale Beziehungen in Afrika. Eine Ethnographie. Frankfurt am Main/New York: Campus.

Dinzelbacher, P. (1996): Angst im Mittelalter. Paderborn u. a.: Schöningh.

DIP (Hrsg.) (2005): Überleitung und Case Management in der Pflege. Hannover: Schlütersche.

– (Hrsg.) (2006): Pflegekurse im Blickpunkt. Hannover: Schlütersche.

– (Hrsg.) (2008): Präventive Hausbesuche bei Senioren. Hannover: Schlütersche.

Dippelhofer-Stiem, B. (2008): Gesundheitssozialisation. Weinheim/München: Juventa.

Dirschel, E. (2006): Grundriss Theologischer Anthropologie. Regensburg: Pustet.

Distelhorst, L. (2009): Judith Butler. München: Fink (UTB).

Dittli, D. (2007): Fachlichkeit in der Begleitung von Erwachsenen mit geistiger Behinderung. Schweizerische Zeitschrift für Heilpädagogik (10), S. 18–23.

Dittmann, J. (2008): Deutsche zweifeln an der Qualität und Erschwinglichkeit stationärer Pflege. ISI 40 (Juli), S. 1–6.

Dittrich, E. (2007): Wie sozial ist Europa? Wiesbaden: VS Verlag für Sozialwissenschaften.

DIW (Hrsg.), Armut und Reichtum. Vierteljahreshefte zur Wirtschaftsforschung 75 (1).

Dobbeler, A. von (1987): Glaube als Teilhabe. Tübingen: Mohr Siebeck.

Dobberstein, M. (2000): Musik und Mensch. Grundlegung einer Anthropologie der Musik. Berlin: Reimer.

Dobelmann, A. (2006): Diagnosis Related Groups. Umbruch in der stationären Krankenhausfinanzierung. Saarbrücken: VDM Verlag Dr. Müller.

Dobeneck, H. Freiherr von (2006): Das Sloterdijk-Alphabet. 2., stark erw. Aufl. Würzburg: Königshausen & Neumann.

Dobner, P. (2007): Neue Soziale Frage und Sozialpolitik. Wiesbaden: VS Verlag für Sozialwissenschaften.

Doderer, K. (2002): Erich Kästner. Lebensphasen – politisches Engagement – literarisches Wirken. Weinheim/München: Juventa.

Döhner, H./Stamm, Th. (Hrsg.) (2005): Geriatrische Qualifizierung für Hausärzte. Münster: LIT-Verlag.

Dörfel, D. (2005): Ethik in Medizin und Pflege. Christliches Profil in der Spannung zwischen klinischer Verantwortung und ökonomischen Zwängen. Münster: LIT-Verlag.

Döring, J./Thielmann, Z. (Hrsg.) (2008): Spatial Turn. Bielefeld: transcript.

Dörnemann, H. (1997): Freundschaft als Paradigma der Erlösung. Würzburg: Echter.

Dörner, K. (2003): Der gute Arzt. Lehrbuch der ärztlichen Grundhaltung. 2. Aufl. Stuttgart/New York: Schattauer.

Doherr, S. (2007): Die Professionalisierung der Behindertenpädagogik. Oldenburg: Isensee.

Dollinger, B. (2007): Sozialpolitik als Instrument der Lebenslaufkonstitution – Argumente für eine Perspektivenveränderung. Zeitschrift für Sozialreform 53 (2), S. 147–164.

Dolnicar, S./Randle, M. (2007): What Motivations Which Volunteers? Psychographic Heterogenity Among Volunteers in Australia. Voluntas. International Journal of Voluntary and Nonprofit Organizations 18 (2), S. 135–155.

Dommermuth, R. (2004): Dürfen was ich möchte. Selbstbestimmungsrecht geistig Behinderter. Freiburg i. Br.: Lambertus.

Doose, St. (2004): „I want my dream!" Persönliche Zukunftsplanung. Neue Perspektiven und Methoden einer individuellen Hilfeplanung mit Menschen mit Behinderungen – einschließlich Materialien zur Persönlichen Zukunftsplanung. 7., überarb. Neuaufl. Kassel: Netzwerk People First Deutschland.

- (2006): Unterstützte Beschäftigung: Berufliche Integration auf lange Sicht. Marburg: Bundesvereinigung Lebenshilfe für Menschen mit geistiger Behinderung e.V.

Dorfmann, J. (2006): Der Schutz der sozialen Grundrechte – eine Untersuchung aus völkerrechtlicher und europarechtlicher Sicht. Innsbruck: innsbruck university press (auch Nomos und Schulthess).

Dornes, M. (1998): Die frühe Kindheit. Entwicklungspsychologie der ersten Lebensjahre. Frankfurt am Main: Fischer.

Dosse, F. (1999): Geschichte des Strukturalismus. 2 Bde. Frankfurt am Main: Fischer.

Douglas, M. (1991): Wie Institutionen denken. Frankfurt am Main: Suhrkamp.

Drechsler, Ch. (2005): Zur Lebensqualität Erwachsener mit geistiger Behinderung in verschiedenen Wohnformen. Luzern u. a.: Edition SZH.

Dreißig, V. (2005): Interkulturelle Kommunikation im Krankenhaus. Bielefeld: transcript.

Dreitzel, H. P. (1972): Die gesellschaftlichen Leiden und das Leiden an der Gesellschaft. Vorstudien zu einer Pathologie des Rollenverhaltens. Stuttgart: Enke – München: dtv.

Dressel, G. (1996): Historische Anthropologie. Wien: Böhlau.

Dresske, St. (2005): Sterben im Hospiz. Frankfurt am Main/New York: Campus.

Dressler, St. (1989): Viktor von Weizsäcker. Medizinische Anthropologie und Philosophie.Wien/Berlin: Ueberreuter Wissenschaft.

Drewer, M. (2000): Gestalt – Ästhetik – Musiktherapie. Argumente zur wissenschaftlichen Grundlegung der Musiktherapie als Psychotherapie. Münster: LIT-Verlag.

Drexler, J. (1993): Die Illusion des Opfers. Ein wissenschaftlicher Überblick über die wichtigsten Opfertheorien ausgehend vom deleuzianischen Polyperspektivismusmodell. München: Akademischer Verlag.

DRG Research Group Münster/BKJPP (Hrsg.) (2006): Behandlungspfade in der Kinder- und Jugendpsychiatrie. Münster: Schüling.

Drgala, J. (2008): Die Wirksamkeit des Hilfesystems für Personen mit besonderen sozialen Schwierigkeiten (§§ 67, 68 SGB XII). Zürich/Berlin: LIT-Verlag.

Driller, E. (2008): Burnout in helfenden Berufen – am Beispiel pädagogisch tätiger Mitarbeiter der Behindertenhilfe. (Diss. Medizinische Fakultät der Universität zu Köln). Berlin: LIT-Verlag.

Driller, E. u. a. (2008): Die INA-Studie. Inanspruchnahme, soziales Netzwerk und Alter am Beispiel von Angeboten der Behindertenhilfe. Freiburg i.Br.: Lambertus.

- (2009): Ambient Assisted Living. Technische Assistenz für Menschen mit Behinderung. Freiburg i.Br.: Lambertus.

Drolshagen, M. (2006): „Was mir fehlt, ist ein Zuhause". Fehlplatzierung jüngerer Behinderter in hessischen Altenhilfe-Einrichtungen. Berlin: Frank & Timme.

Droste, M. (2001): Die Asklepiaden. Untersuchung zur Ikonographie und Bedeutung. Aachen: Shaker.

DRV (Hrsg.) (2008): Europa in Zeitreihen 2008. DRV-Schriften Bd. 78. Berlin: DRV.

Duby, G. (1996): Unseren Ängsten auf der Spur. Vom Mittelalter bis zum Jahr 2000. Köln: DuMont.

Dücker, B. (2007): Rituale. Formen – Funktionen – Geschichte. Stuttgart/Weimar: Metzler.

Dühring, A. (2007): Macht das „Setting" einen Unterschied? Der Beitrag der verschiedenen Formen der stationären Altenhilfe zur Lebenszufriedenheit dementiell erkrankter Menschen. Saarbrücken: VDM Verlag Dr. Müller.

Dülmen, R. van (1997): Die Entdeckung des Individuums 1500–1800. Frankfurt am Main: Fischer.

– (2001): Historische Anthropologie. 2., durchges. Aufl. Köln: Böhlau (UTB).

Dünne, J./*Günzel*, St. (Hrsg.) (2006): Raumtheorien. Frankfurt am Main: Suhrkamp.

Dürmeier, Th./*Egan-Krieger*, T./*Peukert*, H. (Hrsg.) (2006): Die Scheuklappen der Wirtschaftswissenschaft. Postautistische Ökonomik für eine pluralistische Wirtschaftslehre. Marburg: Metropolis.

Duerr, H. P. (Hrsg.) (1987): Die wilde Seele. Zur Ethnopsychoanalyse von Georges Devereux. Frankfurt am Main: Suhrkamp.

– (1999): Traumzeit. Über die Grenze zwischen Wildnis und Zivilisation. Frankfurt am Main: Suhrkamp.

Dürr, O. (2009): Der Engel Mächte. Systematisch-theologische Untersuchung: Angelogie. Stuttgart: Kohlhammer.

Dürr, U. (2004): Organisationsentwicklung in den Einrichtungen der stationären Altenpflege. Marburg: Tectum.

Düx, H. (1997): Lebenswelten von Menschen in Alten- und Pflegeheimen. Köln: KDA.

Düx, W. u. a. (2008): Kompetenzerwerb im freiwilligen Engagement. Wiesbaden: VS Verlag für Sozialwissenschaften.

Dumouchel, P./*Dupuy*, J. P. (1999): Die Hölle der Dinge. René Girard und die Logik der Ökonomie. Thaur u. a.: Druck- und Verlagshaus Thaur-Münster: LIT-Verlag.

Duppel, S. (2005): Nähe und Distanz als gesellschaftliche Grundlegung in der ambulanten Pflege. Hannover: Schlütersche.

Dupré, J. (2009): Darwins Vermächtnis. Frankfurt am Main: Suhrkamp.

Durkheim, E. (1993): Schriften zur Soziologie der Erkenntnis. Frankfurt am Main: Suhrkamp.

- (1998): Physik der Sitten und des Rechts. Frankfurt am Main: Suhrkamp.
- (2006): Erziehung, Moral und Gesellschaft. 5. Aufl. Frankfurt am Main: Suhrkamp.
- (2007): Die Regeln der soziologischen Methode. 7. Aufl. Frankfurt am Main: Suhrkamp.

Duttweiler, St. (2007): Sein Glück machen. Arbeit am Glück als neoliberale Regierungstechnologie. Konstanz: UVK.

Dux, G. (1992): Die Zeit in der Geschichte. Frankfurt am Main: Suhrkamp.

- (1997): Die Spur der Macht im Verhältnis der Geschlechter. Über den Ursprung der Ungleichheit zwischen Frau und Mann. Frankfurt am Main: Suhrkamp.
- (2005): Historisch-genetische Theorie der Kultur – Studienausgabe. Velbrück. Weilerswist.

Dworschak, W. (2004): Lebensqualität von Menschen mit geistiger Behinderung. Theoretische Analyse, empirische Erfassung und grundlegende Aspekte qualitativer Netzwerkanalyse. Bad Heilbrunn: Klinkhardt.

Dynowski, St. (1992): Barmherzigkeit im Neuen Testament – ein Grundmotiv caritativen Handelns. Freiburg i. Br.: HochschulVerlag.

DZA (Hrsg.) (1993): Aspekte der Alterssituation im Osten und Westen der Bundesrepublik. Expertisen zum ersten Altenbericht der Bundesregierung – Band II, Berlin: DZA Eigenverlag.

- (Hrsg.) (1993a): Aspekte der Lebensbedingungen ausgewählter Bevölkerungsgruppen. Expertisen zum ersten Altenbericht der Bundesregierung – Band III, Berlin: DZA Eigenverlag.
- (Hrsg.) (1993b): Angebote und Bedarf im Kontext von Hilfe, Behandlung, beruflicher Qualifikation. Expertisen zum ersten Altenbericht der Bundesregierung – Band IV, Berlin: DZA Eigenverlag.
- (Hrsg.) (1993c): Ansätze der Rehabilitation und Modelle der Pflegefallabsicherung in der Bundesrepublik und in Europa. Expertisen zum ersten Altenbericht der Bundesregierung – Band V, Berlin: DZA Eigenverlag.
- (Hrsg.) (1994): Expertisen zum Ersten Teilbericht der Sachverständigenkommission – Band I, Berlin: DZA Eigenverlag.
- (Hrsg.) (1998): Wohnbedürfnisse, Zeitverwendung und soziale Netzwerke älterer Menschen. Expertisenband 1 zum Zweiten Altenbericht der Bundesregierung. Frankfurt/New York: Campus.
- (Hrsg.) (1998a): Regionales Altern und Mobilitätsprozesse Älterer. Expertisenband 2 zum Zweiten Altenbericht der Bundesregierung. Frankfurt/New York: Campus.
- (Hrsg.) (1998b): Wohnformen älterer Menschen im Wandel. Expertisenband 3 zum Zweiten Altenbericht der Bundesregierung. Frankfurt/New York: Campus.
- (Hrsg.) (1998c): Wohnverhältnisse älterer Migranten. Expertisenband 4 zum Zweiten Altenbericht der Bundesregierung. Frankfurt/New York: Campus.

- (Hrsg.) (1998d): Betreutes Wohnen und Wohnen im Heim. Rechtliche Aspekte. Expertisenband 5 zum Zweiten Altenbericht der Bundesregierung. Frankfurt/ New York: Campus.

- (Hrsg.) (2001): Personale, gesundheitliche und Umweltressourcen im Alter. Expertisen zum Dritten Altenbericht der Bundesregierung. Band 1. Wiesbaden: VS Verlag für Sozialwissenschaften.

- (Hrsg.) (2001a): Erwerbsbiographien und materielle Lebenssituation im Alter. Expertisen zum Dritten Altenbericht der Bundesregierung. Band 2. Wiesbaden: VS Verlag für Sozialwissenschaften.

- (Hrsg.) (2001b): Lebenslagen, soziale Ressourcen und gesellschaftliche Integration im Alter. Expertisen zum Dritten Altenbericht der Bundesregierung. Band 3. Wiesbaden: VS Verlag für Sozialwissenschaften.

- (Hrsg.) (2001c): Gerontopsychiatrie und Alterspsychotherapie in Deutschland. Expertisen zum Dritten Altenbericht der Bundesregierung. Band 4. Wiesbaden: VS Verlag für Sozialwissenschaften.

- (Hrsg.) (2001d): Versorgung und Förderung älterer Menschen mit geistiger Behinderung. Expertisen zum Dritten Altenbericht der Bundesregierung. Band 5. Wiesbaden: VS Verlag für Sozialwissenschaften.

- (Hrsg) (2002): Das hohe Alter – Konzepte, Forschungsfelder, Lebensqualität. Expertisen zum Vierten Altenbericht der Bundesregierung. Band I. Hannover: Vincentz Verlag.

- (Hrsg) (2002a): Ökonomische Perspektiven auf das hohe Alter. Expertisen zum Vierten Altenbericht der Bundesregierung. Band II. Hannover: Vincentz Verlag.

- (Hrsg.) (2002b): Hochaltrigkeit und Demenz als Herausforderung an die Gesundheits- und Pflegeversorgung. Expertisen zum Vierten Altenbericht der Bundesregierung. Band III. Hannover. Vincentz Verlag.

- (Hrsg.) (2006a): Beschäftigungssituation älterer Arbeitnehmer. Expertisen zum Fünften Altenbericht der Bundesregierung. Band 1. Münster: LIT-Verlag.

  (Hrsg.) (2006b): Förderung der Beschäftigung älterer Arbeitnehmer – Voraussetzungen und Möglichkeiten. Expertisen zum Fünften Altenbericht der Bundesregierung. Band 2. Münster: LIT-Verlag.

- (Hrsg.) (2006c): Einkommenssituation und Einkommensverwendung älterer Menschen. Expertisen zum Fünften Altenbericht der Bundesregierung. Band 3. Münster: LIT-Verlag.

- (Hrsg.) (2006d): Produkte, Dienstleistungen und Verbraucherschutz für ältere Menschen. Expertisen zum Fünften Altenbericht der Bundesregierung. Band 4. Münster: LIT-Verlag.

- (Hrsg.) (2006e): Gesellschaftliches und familiäres Engagement älterer Menschen als Potenzial. Expertisen zum Fünften Altenbericht der Bundesregierung. Band 5. Münster: LIT-Verlag.

- (Hrsg.) (2006f): Lebenssituation und Gesundheit älterer Migranten in Deutschland. Expertisen zum Fünften Altenbericht der Bundesregierung. Band 6. Münster: LIT-Verlag.

DZA, Destatis & Robert Koch Institut (2009): Gesundheit und Krankheit im Alter. Gesundheitsberichterstattung des Bundes. Berlin: Robert Koch Institut.

Ebel, E. (2004): Die Attraktivität frühchristlicher Gemeinden. Die Gemeinde von Korinth im Spiegel griechisch-römischer Vereine. Tübingen: Mohr Siebeck.

Eberhart, Chr. (2002): Studien zur Bedeutung der Opfer im Alten Testament. Neukirchen-Vluyn: Neukirchener.

Ebert, M. (2003): Talcott Parsons – Seine Theoretischen Instrumente in der Medizinsoziologischen Analyse der Arzt-Patienten-Beziehung. Aachen: Shaker.

Ebner, M. u.a. (Hrsg.) (2001): Klage. Jahrbuch für Biblische Theologie. Bd. 16. Neukirchen-Vluyn: Neukirchener.

- (Hrsg.) (2006): Jahrbuch für Biblische Theologie. Bd. 10: Der Himmel. Neukirchen-Vluyn: Neukirchener.

Ecarius, J. (Hrsg.) (2007): Handbuch Familie. Wiesbaden: VS Verlag für Sozialwissenschaften.

- (2008): Generation, Erziehung und Bildung. Eine Einführung. Stuttgart: Kohlhammer.

Ecarius, J./*Wigger*, L. (Hrsg.) (2006): Elitebildung – Bildungselite. Opladen: Barbara Budrich.

Echterhoff, G./*Saar*, M. (Hrsg.) (2002): Kontexte und Kulturen des Erinnerns. Maurice Halbwachs und das Paradigma des kollektiven Gedächtnisses. Konstanz: UVK.

Eckardt, J./*Sens*, B. (Hrsg.) (2006): Praxishandbuch Integrierte Behandlungspfade. Heidelberg: Economica.

Eckart, W. U. (2005): Geschichte der Medizin. 5. Aufl. Berlin: Springer.

Eckart, W. U./*Jütte*, R. (2007): Medizingeschichte. Eine Einführung. Köln u.a.: Böhlau (UTB).

Ecker, L. (1999): Zwischen Recht und Vergebung. Der Beitrag der Theorie René Girards zur Beschreibung der christlichen Existenz. Linz: Wagner.

Eco, U. (1977): Das offene Kunstwerk. Frankfurt am Main: Suhrkamp.

- (1977a): Zeichen. Einführung in einen Begriff und seine Geschichte. Frankfurt am Main: Suhrkamp.

Edeling, Th./*Jann*, W./*Wagner*, D. (Hrsg.) (2007): Modern Governance. Wiesbaden: VS Verlag für Sozialwissenschaften.

Edeling, Th./*Stölting*, E./*Wagner*, D. (2004): Öffentliche Unternehmen zwischen Privatwirtschaft und öffentlicher Verwaltung. Wiesbaden: VS Verlag für Sozialwissenschaften.

Effinger, H. (2006): Lachen erlaubt. Witz und Humor in der Sozialen Arbeit. Regensburg: edition buntehunde.

Eggen, B./*Lipinski*, H./*Walla*, W. (Hrsg.) (2006): Der demographische Wandel. Stuttgart: Kohlhammer.

Egger, A. (2008): Europäisches Vergaberecht. Wien: Facultas (auch Nomos und Helbing Lichtenhahn Verlag).

Egger, J. W. (2005): Das biopsychosoziale Modell. Psychologische Medizin 16 (2), S. 3–12.

Egger, M. u. a. (2003): Total Quality Management (TQM) in Werkstätten für behinderte Menschen. Hamburg: Kovac.

Eggers, S. (2006): Vom Assessment zum Hilfeplan. Case Management und Pflegebudget. Case Management 2 (1), S. 25–30.

Egloff, R. (Hrsg.) (2005): Tatsache – Denkstil – Kontroverse: Auseinandersetzungen mit Ludwig Fleck. Zürich: Collegium Helveticum. H. 1.

Ehlers, J. (2006): Die Ritter. Geschichte und Kultur. München: Beck.

Ehrentraut, O. (2006): Alterung und Altersvorsorge. Frankfurt am Main: Lang.

Eichenhofer, E. (2007): Geschichte des Sozialstaats in Europa. München: Beck.

Eicher, M. (2002): Geschlecht anders begreifen. Zur Relevanz der Thesen Judith Butlers für die Pflege, in: Schnell, M. W. (Hrsg.), Pflege und Philosophie. Interdisziplinäre Studien über den bedürftigen Menschen. Bern u. a.: Huber, S. 35–79.

Eichhorst, W. (2000): Europäische Sozialpolitik zwischen nationaler Autonomie und Marktfreiheit. Frankfurt am Main/New York: Campus.

Eichhorst, W. u. a. (2008): Vereinbarkeit von Familie und Beruf im internationalen Vergleich. 2. Aufl. Gütersloh: Bertelsmann.

Eichler, H. (1986): Die Verfassung der Körperschaft und Stiftung. Berlin: Duncker & Humblot.

Eick, D. (2006): Drehbuchtheorien. Eine vergleichende Analyse. Konstanz: UVK.

Eiff, W. von (2000): Führung und Motivation in Krankenhäusern: Perspektiven und Empfehlungen für Personalmanagement und Organisation. Stuttgart: Kohlhammer.

Eiff, W. von/*Klemann*, A./*Meyer*, N. (2007): REDIA-Studie II. Analyse der Auswirkungen der DRG-Einführung auf die medizinische Rehabilitation. Münster: LIT-Verlag.

Eiff, W. von/*Klemann*, A./*Middendorf*, C. (2005): REDIA-Studie. Analyse der Auswirkungen der DRG-Einführung auf die medizinische Rehabilitation. Münster: LIT-Verlag.

Eiff, W. von/*Stachel*, K. (2006): Unternehmenskultur im Krankenhaus. Gütersloh: Bertelsmann Stiftung.

Eikel, A. von der (2006): Die zulässige Implementierung „vergabefremder" Kriterien im europäischen Vergaberecht. Hamburg: Kovac.

Eisenreich, Th./*Peters,* A. (Hrsg.) (2006): Kostenmanagement. Erfolgreich steuern in Sozialwirtschaft und Behindertenhilfe. Marburg: Lebenshilfe-Verlag.

Eisentraut, R. (2007): Intergenerationelle Projekte. Baden-Baden: Nomos.

Eldred, M. (2000): Kapital und Technik. Marx und Heidegger. Dettelbach: Röll.

Eliade, M. (1994): Kosmos und Geschichte. Frankfurt am Main/Leipzig: Insel.

– (2002): Geschichte der religiösen Ideen. 4 Bde. Freiburg i. Br. u. a.: Herder.

Elias, N. (2003): Die Gesellschaft der Individuen. Frankfurt am Main: Suhrkamp.

– (2004): Was ist Soziologie? 10. Aufl. Weinheim/München: Juventa.

Elkan, R. u. a. (2001): Effectiveness of home based support for older people: systematic review and meta-analysis. BMJ 324, S. 719–724.

Ellebracht, H./*Lenz,* G./*Osterhold,* G./*Schäfer,* H. (2004): Systemische Organisations- und Unternehmensberatung. Praxishandbuch für Berater und Führungskräfte. 2., überarb. Aufl. Nachdruck. Wiesbaden: Gabler.

Ellenberger, H. F. (1996): Die Entdeckung des Unbewußten. Geschichte und Entwicklung der dynamischen Psychiatrie von den Anfängen bis zu Janet, Freud, Adler und Jung. 2., verb. Aufl. Zürich: Diogenes.

Elsaesser, Th./*Hagener,* M. (2007): Filmtheorie. Hamburg: Junius.

Elsbernd, A. (2000): Pflegesituationen. Bern u. a.: Huber.

Empter, St./*Vehrkamp,* R. B. (Hrsg.) (2007): Soziale Gerechtigkeit – eine Bestandsaufnahme. Gütersloh: Bertelsmann.

Emrich, H. M./*Dietrich,* D. E. (2007): Das depressive Selbst, Neurobiologie und Schicksal: Betrachtungen anhand des Theaterstücks von Sarah Kane: „4.48 Psychose". Psychiatrische Praxis 34 S3, S. 243-S246.

Enderwitz, U. (1991): Reichtum und Religion. Der religiöse Kult. Freiburg i. Br.: ça – ira.

Endres, J. (1964): Besprechung zu F. Ulrich „Homo abyssus". Theologische Revue 60 (4), Sp. 245–247.

Endreß, M. (2006): Alfred Schütz. Konstanz: UVK.

Engelhardt, D. von (1999): Krankheit, Schmerz und Lebenskunst. Eine Kulturgeschichte der Körpererfahrung. München: Beck.

– (2001): Das Bild des Arztes in medizinhistorischer Sicht, in: Huth, K. (Hrsg.), Arzt-Patient. Zur Geschichte und Bedeutung einer Beziehung. Tübingen: Attempto, S. 31–47.

Engelmann, I. (2009): Weig W. Privatisierung der Niedersächsischen Landeskrankenhäuser und ihre Folgen, in: Psychiatrische Praxis, 36 (2), S. 97.

Engelmann, K. (2008): Keine Geltung des Kartellrechts für Selektionsverträge der Krankenkassen mit Leistungserbringern. Die Sozialgerichtsbarkeit 55 (3), S. 133–149.

Engler, U. (2007): Die Anwendung von Vergaberecht auf die Erbringung von Sozialleistungen – eine fragwürdige Praxis der öffentlichen Kostenträger. Theorie und Praxis der sozialen Arbeit (1), S. 10–17.

Englisch, F. (2003): Transaktionsanalyse. 7. Aufl. Salzhausen: iskopress.

Enquete-Kommission (Hrsg.) (2002): Bericht. Bürgerschaftliches Engagement: Auf dem Weg in eine zukunftsfähige Bürgergesellschaft. Wiesbaden: VS Verlag für Sozialwissenschaften.

Enste, D. H./*Haferlamp*, A./*Fetchenhauer*, D. (2009): Unterschiede im Denken zwischen Ökonomen und Laien – Erklärungsansätze zur Verbesserung der wirtschaftspolitischen Beratung. Perspektiven der Wirtschaftspolitik 10 (1), S. 60–78.

Epoc (2009): Epoc. Geschichte, Archäologie, Kultur. H. 1. Heidelberg: Spektrum der Wissenschaft Verlag.

Eppe, P. (2008): Karl Rahner zwischen Philosophie und Theologie. Aufbruch oder Abbruch? Berlin: LIT-Verlag.

Eppel, H. (2007): Stress als Risiko und Chance. Grundlagen von Belastung, Bewältigung und Ressourcen. Stuttgart: Kohlhammer.

Ercolani, A. (Hrsg.) (2002): Spoudaiogeloion. Form und Funktion der Verspottung in der aristophanischen Komödie. Stuttgart/Weimar: Metzler.

Erdin, G. (2006): Paradigmenwechsel in der Behindertenhilfe. Münster/Westf.: Monsenstein und Vannerdat.

Erdwien, B. (2005): Kommunikationsstrukturen in der Arzt-Patient- und Pflege-Patient-Beziehung im Krankenhaus. Berlin: dissertation.de.

Erikson, E. H. (1982): Kindheit und Gesellschaft. Stuttgart: Klett-Cotta.

– (1988): Der vollständige Lebenszyklus. Frankfurt am Main: Suhrkamp.

Erkens, F. R. (2006): Herrschersakralität im Mittelalter. Von den Anfängen bis zum Investiturstreit. Stuttgart: Kohlhammer.

Erlemeier, N. u.a. (1997): Altersbilder von Fachkräften in der Altenpflege. Pflege 10, S. 206–214.

Erlinghausen, M./*Hank*, K. (Hrsg.) (2008): Produktives Altern und informelle Arbeit im modernen Gesellschaften. Wiesbaden: VS Verlag für Sozialwissenschaften.

Erll, A. (2005): Kollektives Gedächtnis und Erinnerungskulturen. Stuttgart/Weimar: Metzler.

Ernst & Young (2005): Konzentriert. Marktorientiert. Saniert. Gesundheitsversorgung 2020. Eschborn/Frankfurt am Main.

Ernst, K. (2000): Psychiatrische Versorgung im europäischen Vergleich. Krankenhauspsychiatrie 11, S. 39–45.

– (2001): Psychiatrische Versorgung heute. Konzepte, Konflikte, Perspektiven. 2. Aufl. Sternenfels: Verlag Wissenschaft und Praxis.

Erny, N. (2005): Konkrete Vernünftigkeit. Zur Konzeption einer pragmatischen Ethik bei Charles S. Peirce. Tübingen: Mohr Siebeck.

Esposito, E. (2002): Soziales Vergessen. Formen und Medien des Gedächtnisses der Gesellschaft. Frankfurt am Main: Suhrkamp.

Esposito, R. (2004): Communitas. Ursprung und Wege der Gemeinschaft. Berlin: Diaphanes.

Esser, S. (2005): Europas Suche nach einer gemeinsamen Öffentlichkeit. Marburg: Tectum.

Estang, L. (1994): Saint-Exupéry. 24. Aufl. Reinbek bei Hamburg: Rowohlt.

Esterbauer, R. (1992): Zu einer Phänomenologie des Gebens. Salzburger Jahrbuch für Philosophie 37, S. 89–112.

Ette, O. (1998): Roland Barthes. Eine intellektuelle Biographie. Frankfurt am Main: Suhrkamp.

Etzel, B. S. (2003): Auswirkungen einer verwissenschaftlichen Pflege auf die Praxis. Pflege 16 (5), S. 245–255.

Etzioni, A. (1999): Martin Buber und die kommunitarische Idee. Wien: Picus.

EU-Kommission (2006): Mitteilung „Die demographische Zukunft Europas – von der Herausforderung zur Chance". KOM(2006) 571 endg. vom 12. Oktober 2006.

– (2006a): Grünbuch „Ein modernes Arbeitsrecht für die Herausforderungen des 21. Jahrhunderts". KOM(2006) 708 endg. vom 22.11.2006.

– (2006b): Mitteilung „Umsetzung des Gemeinschaftsprogramms von Lissabon. Die Sozialdienstleistungen von allgemeinem Interesse in der Europäischen Union". KOM(2006) 177 endg. vom 26. April 2006 – SEK (2006) 516.

– (2007): Mitteilung „Dienstleistungen von allgemeinem Interesse unter Einschluß von Sozialdienstleistungen: Europas neues Engagegment". KOM(2007) 725 endg. vom 20. November 2007.

– (2008): Mitteilung „Ein Gemeinschaftsrahmen für die Ausübung der Patientenrechte in der grenzüberschreitenden Gesundheitsversorgung". KOM(2008) 415 endg. vom 2. Juli 2008.

– (2008a): Vorschlag für eine Richtlinie des Europäischen Parlaments und des Rates über die Ausübung der Patientenrechte in der grenzüberschreitenden Gesundheitsversorgung. KOM(2008) 414 endg. vom 2. Juli 2008.

Euler, M. (2006): Soziales Kapital. Ein Brückenschlag zwischen Individuum und Gesellschaft. Oldenburg: BIS-Verlag.

Eurich, J. (2008): Gerechtigkeit für Menschen mit Behinderung. Frankfurt am Main/New York: Campus.

Everding, G./*Westrich*, A. (Hrsg.) (2004): Würdig leben bis zum letzten Augenblick. Idee und Praxis der Hospiz-Bewegung. München: Beck.

Evers, M. (2003): Die institutionelle Ausgestaltung von Wirtschaftsordnungen. Eine dogmengeschichtliche Untersuchung im Lichte des Ordoliberalismus und der Neuen Institutionenökonomik. Berlin: Duncker & Humblot.

Evers, S. (2006): Traditionale Hermeneutik. Der Traditionsbegriff Alasdair MacIntryres als Beitrag zur theologischen Hermeneutik. Leipzig: Evangelische Verlagsanstalt.

Ewald, F. (1993): Der Vorsorgestaat. Frankfurt am Main: Suhrkamp.

Ewers, M./*Schaeffer*, D. (Hrsg.) (2005): Am Ende des Lebens. Versorgung und Pflege von Menschen in der letzten Lebensphase. Bern u. a.: Huber.

– (Hrsg.) (2005 a): Case Management in Theorie und Praxis. Bern u. a.: Huber.

Eykmann, M. P. (2006): Verfassungsrechtliche Anforderungen an die öffentlich-rechtlichen Gewährleistungen im Gesundheitswesen. Hamburg: Kovac.

Fabisch, N. (2004): Soziales Engagement von Banken. München/Mehring: Hampp.

Fahlbusch, K. (2006): Ambulante ärztliche Behandlung in Europa. Baden-Baden: Nomos.

Falk, A. (2001): Homo Oeconomicus Versus Homo Reciprocans: Ansätze für ein Neues Wirtschaftspolitisches Leitbild? Institute for Empirical Research in Economics University of Zurich. Working Paper Series. Working Paper No. 79. Zürich.

Fallend, K. (Hrsg.) (2006): Witz und Psychoanalyse. Innsbruck: StudienVerlag.

Faller, H./*Lang*, H. (2006): Medizinische Psychologie und Soziologie. 2., völlig neu bearb. Aufl. Heidelberg: Springer.

Fangerau, H. u. a. (Hrsg.) (2007): Alterskulturen und Potentiale des Alter(n)s. Berlin: Akademie Verlag.

Faßauer, G. (2008): Arbeitsleistung, Identität und Markt. Wiesbaden: VS Verlag für Sozialwissenschaften.

Fassbind, B. (1995): Poetik des Dialogs. München: Fink.

Fatzer, G. (2003): Dialog – eine neue Kommunikationsform in Teams und Unternehmen, in: Brentel, H./Klemisch, H./Rohn, H. (Hrsg.), Lernendes Unternehmen. Wiesbaden: Westdeutscher Verlag, S. 226–236.

Faust, M. (2007): Aktuelle theoretische Ansätze in der deutschen Heilpädagogik. Leverkusen/Opladen: Barbara Budrich.

Faust, Th. (2003): Organisationskultur und Ethik: Perspektiven für öffentliche Verwaltungen. Berlin: Tenea.

Faust, W. (2007a): Abenteuer der Phänomenologie. Philosophie und Politik bei Maurice Merleau-Ponty. Würzburg: Königshausen & Neumann.

Favret-Saada, J. (1979): Die Wörter, der Zauber, der Tod. Der Hexenglaube im Hainland in Westfrankreich. Frankfurt am Main: Suhrkamp.

Fawcett, J. (1996): Pflegemodelle im Überblick. Bern u. a.: Huber.

Fecher, F./*Lévesque*, B. (2009): The Public Sector and the Social Economy in the ANNALS (1975–2007): Towards a New Paradigm. Annals of Public and Cooperative Economics 79 (3 + 4), S. 679–727.

Fehndrich, G. (2003): Konzeption und Praxis des Betreuungsrechts und sein Beitrag zur Integration von erwachsenen Menschen mit Behinderungen. Aachen: Mainz.

Fehr, E./*Fischbacher*, U. (2003): The nature of human altruism. Nature 425, S. 785–791.

Fehr, E./*Gächter*, S. (1998): Reciprocity and Economics: The Economic Implications of „Homo Reciprocans". European Economic Review 42, S. 845–859.

Feil, E. (2005): Die Theologie Dietrich Bonhoeffers. 5. Aufl. Berlin: LIT-Verlag.

Feiter, R. (1994): Zur Freiheit befreit. Apologie des Christlichen bei Ferdinand Ulrich. Würzburg: Echter.

Felder, St./*Fetzer*, St. (2007): Der Gesundheitsfonds und der Weg zu einer geringeren Belastung künftiger Generationen in der GKV. Die Betriebskrankenkasse (4), S. 140–142.

Feldmann, H. (1995): Eine institutionalistische Revolution? Zur dogmenhistorischen Bedeutung der modernen Institutionenökonomik. Berlin: Duncker & Humblot.

Felix, D. (Hrsg.) (2008): Auswirkungen des GKV-WSG auf Versorgungsstruktur und Wettbewerbsordnung. Berlin: LIT-Verlag.

Fellmann, F. (2009): Philosophie der Lebenskunst zur Einführung. Hamburg: Junius.

Femers, S. (2007): Die ergrauende Werbung. Altersbilder und werbesprachliche Inszenierungen von Alter und Altern. Wiesbaden: VS Verlag für Sozialwissenschaften.

Fenichel, O. (1934): Zur Psychologie der Langeweile. IMAGO XX, S. 270–281.

Fenner, D. (2008): Suizid – Krankheitssymptom oder Signatur der Freiheit? Eine medizinethische Untersuchung. Freiburg/München: Alber.

Ferber, Chr. von (1971): Gesundheit und Gesellschaft: Haben wir eine Gesundheitspolitik? Stuttgart u.a.: Kohlhammer.

Fetchenhauer, D. u.a. (Hrsg.) (2006): Solidarity and Prosocial Behavior. Berlin: Springer.

Fetchenhauer, D./*Fischer*, L. (Hrsg.) (2007): Psychologie des Wohlfahrtsstaates. Wirtschaftspsychologie 9 (4).

Fetzer, St. (2006): Zur nachhaltigen Finanzierung der gesetzlichen Krankenversicherung. Frankfurt am Main: Lang.

Feuerstein, G./*Kuhlmann*, E. (1999): Neopaternalistische Medizin. Der Mythos der Selbstbestimmung im Arzt-Patient-Verhältnis. Bern: Huber.

Fietkau, S. (2007): Die geistige Behinderung in der Geschwisterbeziehung. Saarbrücken: VDM Verlag Dr. Müller.

Fietze, B. (2009): Historische Generationen. Über einen sozialen Mechanismus kulturellen Wandels und kollektiver Kreativität. Bielefeld: transcript.

Filip, S.-H./*Mayer*, A.-K. (2005): Zur Bedeutung von Altersstereotypen. Aus Politik und Zeitgeschichte (B 49–50), S. 25–31.

Filip, S.- H./*Staudinger*, U. M. (Hrsg.) (2005): Entwicklungspsychologie des mittleren und höheren Erwachsenenalters. Göttingen: Hogrefe.

Finch, J./*Mason*, J. (1993): Negoiating family responsibilities. London/New York: Tavistock-Routledge.

Fingerman, K. L. (1998): The Good, the Bad, and the Worrisome: Emotional Complexities in Grandparents' Experiences with Individual Grandchildren. Family Relations 47 (4), S. 403–414.

Finke, B. (2006): Das trägerübergreifende persönliche Budget aus Sicht der überörtlichen Träger der Sozialhilfe. Behindertenrecht 45 (3), S. 57–64.

Finkelstein, I./*Silberman*, N. A. (2004): Keine Posaunen vor Jericho. Die archäologische Wahrheit über die Bibel. München: dtv.

– (2006): David und Salomo. Archäologen entschlüsseln einen Mythos. München: Beck.

Finsterbusch, K. (2007): JHWH als Lehrer der Menschen. Neukirchen-Vluyn: Neukirchener.

Fintz, A. S. (2006): Die Kunst der Beratung. Jaspers' Philosophie in Sinn-orientierter Beratung. Bielefeld-Locarno: Sirius.

Firus, Chr. (1992): Der Sinnbegriff der Logotherapie und Existenzanalyse und seine Bedeutung für die Medizin. Pfaffenweiler: Centaurus.

Fischbach, P./*Spitaler*, G. (2004): Balanced Scorecard in der Pflege. Stuttgart: Kohlhammer.

Fischer, A. A. (1997): Skepsis oder Furcht Gottes? Studien zur Komposition und Theologie des Buches Kohelet. Berlin/New York: de Gruyter.

Fischer, J. (2001): Weshalb hat die Medizin Probleme? Schweizerische Ärztezeitung 82 (4), S. 114–119.

Fischer, Joa. (2008): Philosophische Anthropologie. Freiburg i. Br.: Alber.

Fischer, K. (2006): Moralkommunikation der Macht. Politische Konstruktion sozialer Kohäsion im Wohlfahrtsstaat. Wiesbaden: VS Verlag für Sozialwissenschaften.

Fischer, K. H. (2008): Der Vertrag von Lissabon. Baden-Baden: Nomos.

Fischer, R./*Karrass*, A./*Kröger*, S. (Hrsg.) (2007): Die europäische Kommission und die Zukunft der EU. Opladen/Farmington Hills: Barbara Budrich.

Fischer, W. (2000): Sozialmarketing für Non-Profit-Organisationen. Zürich: Orell Füssli.

Fischer, Wol. (2006): Die Bedeutung von Pflegediagnosen in Gesundheitsökonomie und Gesundheitsstatistik. Herisau/Schweiz: ZIM-Verlag.

Fitzgerald Miller, J. (2003): Coping fördern – Machtlosigkeit überwinden. Hilfen zur Bewältigung chronischen Krankseins. Bern u. a.: Huber.

Fitzi, G. (2002): Soziale Erfahrung und Lebensphilosophie. Georg Simmels Verhältnis zu Henri Bergson. Konstanz: UVK.

Flach, W. (2002): Die Idee der Transzendentalphilosophie. Würzburg: Könighausen & Neumann.

Flaig, E. (1998): Ödipus. Tragischer Vatermord im klassischen Athen. München: Beck.

Flam, H. (2002): Soziologie der Emotionen. Konstanz: UVK.

Fleck, Chr. (2007): Transatlantische Bereicherungen. Zur Erfindung der empirischen Sozialforschung. Frankfurt am Main: Suhrkamp.

Fleck, L. (1980): Entstehung und Entwicklung einer wissenschaftlichen Tatsache. Einführung in die Lehre vom Denkstil und Denkkollektiv. Frankfurt am Main: Suhrkamp.

Flessa, St. (2005): Gesundheitsökonomik. Berlin: Springer.

– (2006): Helfen hat Zukunft. Herausforderungen und Strategien für karitative und erwerbsorientierte Sozialleistungsunternehmen. Göttingen: Vandenhoeck & Ruprecht.

Flick, U. (2007): Qualitative Sozialforschung. 2., vollst. überarb. u. erw. Aufl. Reinbek bei Hamburg: Rowohlt.

Flintrop, J. (2006): Die ökonomische Logik wird zum Maß aller Dinge. Deutsches Ärzteblatt 103 (46), A. 3082–3085.

Floer, B. u. a. (2004): Shared Decision Making. The Perspective of Practicing Physicians. Medizinische Klinik 99 (8), S. 435–440.

Flynn, Th. R. (2006): Existentialism. A Very Short Introduction. New York: Oxford University Press.

Föcking, F. (2006): Fürsorge im Wirtschaftsboom. Die Entstehung des Bundessozialhilfegesetzes von 1961. München/Wien: Oldenbourg.

Fögen, M. Th. (1997): Die Enteignung der Wahrsager. Studien zum kaiserlichen Wissensmonopol in der Spätantike. Frankfurt am Main: Suhrkamp.

Foellinger, S. (2003): Genosdependenzen. Studien zur Arbeit am Mythos bei Aischylos. Göttingen: Vandenhoeck & Ruprecht.

Foerster, H. von u. a. (Hrsg.) (1998): Einführung in den Konstruktivismus. München u. a.: Piper.

Folgheraiter, F./*Pasini*, A. (2009): Self-help Groups and Social Capital: New Directions in Welfare Policies? Social Work Education 28 (3), S. 253–267.

Follmar-Otti, P. (2007): Kooperation von Sozialverwaltung und Organisationen des Dritten Sektors. Frankfurt am Main: Lang.

Fonagy, P. (2006): Bindungstheorie und Psychoanalyse. 2. Aufl. Stuttgart: Klett-Cotta.

Forbes-Thompson, S./*Gessert,* C. E. (2006): Nursing Homes and Suffering: Part of the Problem or Part of the Solution? Journal of Applied Gerontology 25, S. 234–251.

Forschner, M. (2006): Thomas von Aquin. München: Beck.

Forst, R. (1990): Endlichkeit, Freiheit, Individualität. Die Sorge um das Selbst bei Heidegger und Foucault, in: Erdmann, E./Forst, R./Honneth, A. (Hrsg.), Ethos der Moderne. Foucaults Kritik der Aufklärung. Frankfurt am Main/New York: Campus, S. 146–186.

Forster, R. (2000): Die vielen Gesichter der Deinstitutionalisierung – soziologisch gedeutet. Psychiatrische Praxis 27 SH 2, S. 39–43.

Foucault, M. (1974): Die Ordnung der Dinge. Frankfurt am Main: Suhrkamp.

– (1981): Archäologie des Wissens. Frankfurt am Main: Suhrkamp.

– (2002): Die Geburt der Klinik. Eine Archäologie des ärztlichen Blicks. Frankfurt am Main: Fischer.

– (2004): Geschichte der Gouvernementalität, Bd. I und II. Frankfurt am Main: Suhrkamp.

– (2005): Wahnsinn und Gesellschaft. 16. Aufl. Frankfurt am Main: Suhrkamp.

– (2007): Die Anormalen. Frankfurt am Main: Suhrkamp.

Fox, R. C. (1989): The sociology of medicine. New York: Prentice Hall.

Frank, C. (1983): Ganzheitliches Menschenverständnis am Beispiel Binswanger. Diss. Würzburg.

Frank, G./*Langrehr,* H.-W. (Hrsg.) (2007): Die Gemeinde. FS zum 70. Geburtstag von Heiko Faber. Tübingen: Mohr Siebeck.

Frank, J. D. (1981): Die Heiler. Wirkungsweise psychotherapeutischer Beeinflussung. Stuttgart: Klett-Cotta.

Frank, M. (1984): Was ist Neostrukturalismus? Frankfurt am Main: Suhrkamp.

– (1993): Einleitung, zu: Schelling, F. W. J. Philosophie der Offenbarung 1841/42. Frankfurt am Main: Suhrkamp, S. 7–84.

– (2007): Auswege aus dem Deutschen Idealismus. Frankfurt am Main: Suhrkamp.

Franke, A. (2006): Modelle von Gesundheit und Krankheit. Bern u. a.: Huber.

Franke, D. H. (2007): Krankenhaus-Management im Umbruch. Stuttgart: Kohlhammer.

Franke, S. (1995): Königsinschriften und Königsideologie. Die Könige von Akkade zwischen Tradition und Neuerung. Münster/Hamburg: LIT-Verlag.

Frankemölle, H. (2006): Frühjudentum und Urchristentum. Stuttgart: Kohlhammer.

Frankl, V. E. (2005): Der Wille zum Sinn. 5., erw. Aufl. Bern u. a.: Huber.

– (2005a): Der leidende Mensch. 3. Aufl. Bern u. a.: Huber.

Franz, St. (2008): Erfolgsfaktoren der Zusammenarbeit in der Integrierten Versorgung im Gesundheitswesen. Aachen: Shaker.

Franz, W. (2006): Grundrechte und Vergaberecht. Europäische Zeitschrift für Wirtschaftsrecht 17 (24), S. 748–752.

Franzen, A./*Freitag,* M. (Hrsg.) (2007): Sozialkapital. Wiesbaden: VS Verlag für Sozialwissenschaften.

Franzius, C. (2006): Die europäische Dimension des Gewährleistungsstaates. Der Staat 42 (4), S. 547–581.

– (2007): Der Gewährleistungsstaat. Manuskript. Berlin.

Franzmann, M./*Pawlytta,* Chr. (2008): Gemeinwohl in der Krise? Fallanalysen zur alltäglichen Solidaritätsbereitschaft. Frankfurt am Main: Humanities Online.

Fraser, N. (1989): Unruly Practices: power discourse and agenda in contemporary social theory. Cambridge: Polity Press.

Fraser, N./*Honneth,* A. (2003): Umverteilung oder Anerkennung? Frankfurt am Main: Suhrkamp.

Frazer, J. G. (2004): Der Goldene Zweig. Das Geheimnis von Glauben und Sitten der Völker. 5. Aufl. Reinbek bei Hamburg: Rowohlt.

Fredersdorf, F. u.a. (Hrsg.) (2006): Wahrnehmende Unternehmenskultur. Personal- und Organisationsentwicklung in Vorarlberger Einrichtungen der Altenpflege. Wien: Facultas.

Freeman, R. E. (1984): Strategic Management. A Stakeholder Approach. Boston: Pitman.

Freese, S. (2001): Umgang mit Tod und Sterben als pädagogische Herausforderung. Münster: LIT-Verlag.

Freitag, M./*Bühlmann,* M. (2005): Politische Institutionen und die Entwicklung generalisierten Vertrauens. Ein internationaler Vergleich. Politische Vierteljahresschrift 46 (4), S. 575–601.

Freitag, Ph. M. (2007): Qualitätssicherung in der stationären Versorgung. Hamburg: Kovac.

Frenzel, I. (2006): Friedrich Nietzsche. 4. Aufl. Reinbek bei Hamburg: Rowohlt.

Freud, A. (1990): Das Ich und die Abwehrmechanismen, in: Die Schriften der Anna Freud. Bd. I. München: Kindler, S. 193–355.

Freud, S. (1971): Das Ich und das Es, in: Sigmund Freud Studienausgabe. Bd. III: Psychologie des Unbewußten. Frankfurt am Main: Fischer, S. 273–330.

– (1991): Totem und Tabu. Frankfurt am Main: Fischer.

Freuling, G. (2004): „Wer eine Grube gräbt ..." Der Tun-Ergehen-Zusammenhang und sein Wandel in der alttestamentlichen Weisheitsliteratur. Neukirchen-Vluyn: Neukirchener.

Frevert, U. (1986): Frauen-Geschichte. Zwischen Bürgerlicher Verbesserung und Neuer Weiblichkeit. Frankfurt am Main/New York: Campus.

Frey, B. S. (2000): Leistung durch Leistungslohn? Grenzen marktlicher Anreizsysteme für das Managerverhalten, in: ZfbF-SH 44. Das Unternehmen im Spannungsfeld von Planung und Markt, hrsg. v. E. Frese & H. Hax, S. 67–95.

Freyberger, H. J. u. a. (2008): Am Rande sozialpsychiatrischer Versorgungsstrukturen – Untersuchung zur „Systemsprengerproblematik" in Mecklenburg-Vorpommern. Fortschritte der Neurologie – Psychiatrie 76 (2), S. 106–113.

Freyer, J. B. (2001): Homo Viator: der Mensch im Lichte der Heilsgeschichte. Kevelaer: Butzon & Butzon.

Frick, E. (2008): Psychosomatische Anthropologie. Stuttgart: Kohlhammer.

Fricke, Chr./*Schütt,* H. P. (Hrsg.) (2005): Adam Smith als Moralphilosoph. Berlin/ New York: de Gruyter.

Friedag, H. R. (2005): Die Balanced Scorecard als ein universelles Managementinstrument. Hamburg: Kovac.

Friedman, M. (2004): Carnap. Cassirer. Heidegger. Frankfurt am Main: Fischer.

Friedrich, E. Ch. (2001): Soziale Arbeit – Berufsethos – Sozialmanagement. Weinheim: Deutscher Studien Verlag.

Friedrich, J. (2006): Orientierung im Entscheidungsprozess: Menschen mit geistiger Behinderung und der allgemeine Arbeitsmarkt. Eine qualitative Studie zum Entscheidungsverhalten im Übergang von der WfbM auf den allgemeinen Arbeitsmarkt. Hamburg: Kovac.

Friedrich, P. (1999): Die Rebellion der Masse im Textsystem. München: Fink.

Fries, J. (2005): The Compression of Morbidity. The Milbank Quarterly 83 (4), S. 801–823.

Friesacher, H. (1999): Verstehende, phänomenologisch-biographische Diagnostik. Eine Alternative zu „traditionellen" Klassifikations- und Diagnosesystemen in der Pflege? Mabuse 120, S. 54–60.

– (2004): Foucaults Konzept der Gouvernementalität als Analyseinstrument für die Pflegewissenschaft. Pflege 17, S. 364–374.

– (2008): Theorie und Praxis pflegerischen Handelns. Göttingen: Universitätverlag Osnabrück im V & R unipress.

Frischmann, B. (2007): Existenz und Zeitlichkeit bei Sören Kierkegaard, in: Krezer, J./Mohr, G. (Hrsg.), Die Realität der Zeit. München: Fink, S. 59–78.

Fritz, C.-Th. (2005): Die Transaktionskostentheorie und ihre Kritik sowie ihre Beziehung zum soziologischen Neo-Institutionalismus. Frankfurt am Main u. a.: Lang.

Frohne-Hagemann, I. (Hrsg.) (1999): Musik und Gestalt. Klinische Musiktherapie als integrative Psychotherapie. 2., durchges. Aufl. Göttingen: Vandenhoeck & Ruprecht.

Frommelt, M. u. a. (2008): Pflegeberatung, Pflegestützpunkte und das Case Management. Freiburg: FEL.

- (2008a): Pflegeberatung und Pflegestützpunkte. Case Management 5. SH Pflege, S. 5–17.

Frost, J. (2005): Märkte in Unternehmen. Wiesbaden: Deutscher Universitäts-Verlag.

Früchtl, J. (2004): Das unverschämte Ich. Eine Heldengeschichte der Moderne. Frankfurt am Main: Suhrkamp.

Fuchs, H. (2008): Vernetzung und Integration im Gesundheitswesen am Beispiel der medizinischen Rehabilitation. St. Augustin: Asgard.

Fuchs, P. (2003): Der Eigen-Sinn des Bewußtseins. Die Person – die Psyche – die Signatur. Bielefeld: transcript.

Fuchs, Th. (2000): Leib, Raum, Person. Entwurf einer phänomenologischen Anthropologie. Stuttgart: Klett-Cotta.

- (2004): Der Leib und der interpersonale Raum, in: Schnell, M. W. (Hrsg.), Leib, Körper, Maschine. Interdisziplinäre Studien über den bedürftigen Menschen. Düsseldorf: Verlag selbstbestimmten Leben, S. 41–51.

- (2008): Das Gehirn – ein Beziehungsorgan. Eine phänomenologisch-ökologische Konzeption. Stuttgart: Kohlhammer.

Fuchs-Heinritz, W. (1998): Auguste Comte. Opladen: Westdeutscher Verlag.

Fündling, J. (2006): Die Welt Homers. Darmstadt: Primus.

Fürstenau, P. (1992): Warum braucht der Organisationsberater eine mit der systemischen kompatible ichpsychologisch-psychoanalytische Orientierung?, in: Wimmer, R. (Hrsg.), Organisationsberatung. Wiesbaden: Gabler, S. 43–58.

Fuhrmann, M. (1996): Persona, ein römischer Rollenbegriff, in: Marquard, O./Stierle, K. (Hrsg.), Identität. 2., unveränd. Aufl. München: Fink, S. 83–106.

Fuhrmann, S. (2007): Vergeben und Vergessen. Christologie und Neuer Bund im Hebräerbrief. Neukirchen-Vluyn: Neukirchener.

Fuhrmann, St./*Heine,* W. (2006): Medizinische Rehabilitation im europäischen Ausland und Qualitätssicherung. Neue Zeitschrift für Sozialrecht (7), S. 341 ff.

Funk, R. (2005): Ich und Wir. Psychoanalyse des postmodernen Menschen. München: dtv.

Fustel de Coulanges, N. D. (1988): Der antike Staat: Kult, Recht und Institutionen Griechenlands und Roms. Stuttgart: Klett-Cotta.

Gabel, M./*Joas,* H. (Hrsg.) (2007): Von der Ursprünglichkeit der Gabe. Jean-Luc Marions Phänomenologie in der Diskussion. Freiburg/München: Alber.

Gabriel, K. (2005): Europäische Wohlfahrtsstaatlichkeit. Jahrbuch für Christliche Sozialwissenschaften. Bd. 46. Münster: Aschendorff.

- (2005a): Solidarität und Markt. Die Rolle der kirchlichen Diakonie im modernen Sozialstaat. Freiburg i. Br.: Lambertus.

Gabriel, M. (2006): Der Mensch im Mythos. Untersuchungen zur Ontotheologie, Anthropologie und Selbstbewußtseinsgeschichte in Schellings Philosophie der Mythologie. Berlin/New York: de Gruyter.

Gadamer, H.-G. (1993): Über die Verborgenheit der Gesundheit. Frankfurt am Main: Suhrkamp.

– (2003): Schmerz. Einschätzungen aus medizinischer, philosophischer und therapeutischer Sicht. Heidelberg: Winter.

Gäbel, G. (2006): Die Kulttheologie des Hebräerbriefes. Tübingen: Mohr Siebeck.

Gaede, K. (2005): Hauseigene Ärzte. Glücksfall für Heime und Kassen. Kma (11), S. 100–103.

Gagern, A. von (2009): Strategieprozesse an Universitäten. Stuttgart: Kohlhammer.

Gahl, K./*Achilles,* P./*Jacobi,* R.-M. E. (Hrsg.) (2008): Gegenseitigkeit. Grundfragen Medizinischer Ethik. Würzburg: Königshausen & Neumann.

Gaidys, U./*Fleming,* V. (2005): Gadamers philosophische Hermeneutik in der Pflegeforschung – eine Diskussion. Pflege 18 (6), S. 389–395.

Gallus, P. (2007): Der Mensch zwischen Himmel und Erde. Der Glaubensbegriff bei Paul Tillich und Karl Barth. Leipzig: Evangelische Verlagsanstalt.

Galtung, J. (1983): Struktur, Kultur und intellektueller Stil. Leviathan 11, S. 308–338.

Garlichs, E. (2000): Über die Motivation, einen helfenden Beruf auszuüben. Konstanz: Hartung-Gorre.

Garms-Homolová, V. u.a. (2008): Teilhabe und Selbstbestimmung in der Pflege. Frankfurt am Main: Mabuse.

Garms-Homolová, V./*Gilgen,* R. (2000): RAI 2.0 – Resident Assessment Instrument. 2., vollst. überarb. u. erw. Aufl. Bern u.a.: Huber.

Garms-Homolová, V. (2008): Postakute Versorgung. Teufelskreis durchbrechen. Forum Sozialstation 32 (153), S. 28–29.

Garz, D. (2006): Sozialpsychologische Entwicklungstheorien. 3., erw. Aufl. Wiesbaden: VS Verlag für Sozialwissenschaften.

Gathmann, P./*Semrau-Lininger,* C. (2000): Der verwundete Arzt. Ein Psychogramm des Heilberufes. 5. Aufl. München: Kösel.

Gatter, J. (2003): Personalpolitik und alternde Belegschaften. München/Mering: Hampp.

Gaugler, J. u.a. (2003): Caregiving and institutionalization of cognitiveley impaired older people: Utilizing dynamic predictors of change. The Gerontologist 43, S. 219–229.

Gay, P. (1988): „Ein gottloser Jude". Sigmund Freuds Atheismus und die Entwicklung der Psychoanalyse. Frankfurt am Main: Fischer.

Geary, P. J. (2006): Am Anfang waren die Frauen. Ursprungsmythen von den Amazonen bis zur Jungfrau Maria. München: Beck.

Gebauer, G. (2009): Wittgensteins anthropologisches Denken. München: Beck.

Gebsattel, V. E. von (1947): Christentum und Humanismus. Stuttgart: Klett.

– (1954): Prolegomena einer medizinischen Anthropologie. Berlin u. a.: Springer.

Gehlen, A. (1963): Anthropologische Forschung. Reinbek bei Hamburg: Rowohlt.

– (2004): Der Mensch. Seine Natur und seine Stellung in der Welt. 14. Aufl. Wiebelsheim: Aula.

Gehnke, S. (2004): Sinnerfahrung und Todesbewußtsein. Frankfurt am Main: Lang.

Gehring, R. W. (2000): Hausgemeinde und Mission. Die Bedeutung antiker Häuser – von Jesus bis Paulus. Gießen: Brunnen.

Geisen, R./*Mühlbauer,* B. H. (2003): Patient katholisches Krankenhaus. Münster: LIT-Verlag.

Geissler-Piltz, B./*Mühlum,* A./*Pauls,* H. (2005): Klinische Sozialarbeit. München: Reinhardt (UTB).

Geister, Ch. (2004): „Weil ich für meine Mutter verantwortlich bin". Der Übergang von der Tochter zur pflegenden Tochter. Bern u. a.: Huber.

– (2005): Sich-verantwortlich-fühlen als zentrale Pflegemotivation. Warum Töchter ihre Mütter pflegen. Pflege 18 (1), S. 5–14.

Geller, H./*Gabriel,* K. (2004): Ambulante Pflege zwischen Familie, Staat und Markt. Freiburg i. Br.: Lambertus.

Gellner, W./*Wilhelm,* A. (Hrsg.) (2005): Vom klassischen Patienten zum Entrepreneur. Baden-Baden: Nomos.

Gellrich, S. (2005): Modelle der sektorübergreifenden Integration in der Gesundheitsversorgung. Berlin: dissertation.de.

Genossenschaftsverband Frankfurt e. V. & Andramedos eG (Hrsg.) (2007): Regionale Gesundheitsversorgung stärken. Lengerich: Pabst.

Gensicke, Th./*Picot,* S./*Geiß,* S. (2006): Frewilliges Engagement in Deutschland 1999–2004. Wiesbaden: VS Verlag für Sozialwissenschaften.

George, R. (2000): Beschäftigung älterer Arbeitnehmer aus betrieblicher Sicht. München/Mering: Hampp.

Georgiev, P. K. (2008): Corruptive Patterns of Patronage in South East Europe. Wiesbaden: VS Verlag für Sozialwissenschaften.

Gephart, W. (1998): Handeln und Kultur. Frankfurt am Main: Suhrkamp.

– (2008): Goethe als Gesellschaftsforscher. Und andere Essays zum Verhältnis von Soziologie und Literatur. Berlin: LIT-Verlag.

Gerabek, W. E. u. a. (Hrsg.) (2004): Enzyklopädie Medizingeschichte. Berlin/New York: de Gruyter.

Gergen, K. J. (2002): Eine Hinführung zum sozialen Konstruktivismus. Stuttgart: Kohlhammer.

Gerhards, A./*Kranemann,* B. (2008): Einführung in die Liturgiewissenschaft. 2., durchges. Aufl. Darmstadt: WBG.

Gerhardt, U. (2001): Idealtypus. Zur methodologischen Begründung der modernen Soziologie. Frankfurt am Main: Suhrkamp.

Gerl-Falkovitz, H. B. (2005): Romano Guardini. Konturen des Lebens und Spuren des Denkens. Ostfildern: Matthias-Grünewald.

Gerlinger, Th. (2007): Mehr Staat – mehr Wettbewerb. Das GKV-Wettbewerbsstärkungsgesetz. Die Krankenversicherung 59 (3), S. 86–89.

Gerlinger, Th./*Röber*, M. (2009): Die Pflegeversicherung. Bern: Huber.

Gerngroß-Haas, G. (2000): Blick über die Fachgrenzen. Älter werdende Behinderte erfordern eine enge Kooperation zwischen Alten- und Behindertenhilfe. Altenheim 39 (12), S. 24–26.

Gerstenberger, E. S. (2001): Theologien im alten Testament. Stuttgart: Kohlhammer.

– (2005): Israel in der Perserzeit. 5. und 4. Jahrhundert v. Chr. Stuttgart: Kohlhammer.

Gerstlberger, W./*Schneider*, K. (unter Mitarbeit von *Schäwen*, K. von) (2008): Öffentlich private Partnerschaften. Zwischenbilanz, empirische Befunde und Ausblick. Berlin: edition sigma.

Gertenbach, L. (2007): Die Kultivierung des Marktes. Foucault und die Gouvernementalität des Neoliberalismus. Berlin: Parodos.

Gese, H. (1968): Psalm 22 und das Neue Testament. Zeitschrift für Theologie und Kirche 65, S. 1–22.

Gestrich, A. (1999): Historische Sozialisationsforschung. Tübingen: edition discord.

Gethmann-Siefert, A./*Thiele*, F. (Hrsg.) (2006): Ökonomie und Medizinethik. München: Fink.

Geulen, D. (2005): Subjektorientierte Sozialisation. Weinheim/München: Juventa.

Geulen, E. (2005a): Giorgio Agamben zur Einführung. Hamburg: Junius.

Gherardi, S./*Poggio*, B. (2007): Gendertelling in Organizations: Narratives from male-dominated environments. Copenhagen: Copenhagen Business School Press.

Giesen, B./*Schmid*, M. (1977): Basale Soziologie: Wissenschaftstheorie. Opladen: Westdeutscher Verlag.

Gilligan, C. (1991): Die andere Stimme. Lebenskonflikte und Moral der Frau. 5. Aufl. München/Zürich: Piper.

Gillissen, M. (2008): Philosophie des Engagements. Freiburg i. Br.: Alber.

Girard, R. (2007): Wissenschaft und Christlicher Glaube. Tübingen: Mohr Siebeck.

Girkinger, M. (2005): Neoliberalismus – Freiheit und struktureller Zwang. Hamburg: Kovac.

– (2007): Mensch und Gesellschaft in der frühen Tiefenpsychologie. Marburg: Tectum.

Gittler-Hebestreit, N. (2006): Pflegeberatung im Entlassungsmanagement. Hannover: Schlütersche.

Giuliani, R. (Hrsg.) (2000): Merleau-Ponty und die Kulturwissenschaften. München: Fink.

Glaser, B. G./*Strauss*, A. L. (2005): Grounded Theory. 2., korr. Aufl. Bern u.a.: Huber.

Glasersfeld, E. von (2005): Radikaler Konstruktivismus. 5. Aufl. Frankfurt am Main: Suhrkamp.

Glattacker, M. (2006): Subjektive Krankheitskonzepte von Patienten in der stationären medizinischen Rehabilitation. Tönning: Der andere Verlag.

Glawion, S./*Yekani*, E. H./*Husmann-Kastein*, J. (Hrsg.) (2007): Erlöser. Figurationen männlicher Hegemonie. Bielefeld: transcript.

Glöckner, K. (2004): Personsein als Telos der Schöpfung. Münster: LIT-Verlag.

Glootz, T. (2005): Alterssicherung im europäischen Wohlfahrtsstaat. Frankfurt am Main/New York: Campus.

Gloy, K. (2006): Zeit. Eine Morphologie. Freiburg/München: Alber.

Gmür, R./*Rüfennacht*, M. (2007): Spitex, in: Kocher, G./Oggier, W. (Hrsg.), Gesundheitswesen Schweiz 2007–2009. 3. Aufl. Bern: Huber.

Godelier, M. (1999): Das Rätsel der Gabe. München: Beck.

Göbel, F. (2007): Die stationäre Behindertenarbeit. Saarbrücken: VDM Verlag Dr. Müller.

Goebel, S. (2002): Gesellschaft braucht Behinderung. Der behinderte menschliche Körper in Prozessen der sozialen Positionierung. Heidelberg: Winter.

Gödde, S. (2000): Das Drama der Hikesie. Ritual und Rhetorik in Aischylos' Hiketiden. Münster: Aschendorff.

Gödecker-Geenen, N./*Nau*, H./*Weis*, I. (Hrsg.) (2003): Der Patient im Krankenhaus und sein Bedarf an psychosozialer Beratung. Münster: LIT-Verlag.

Goehring, C. u.a. (2002): „Wie geht es den Hausärztinnen und Hausärzten?" Primary Care (2), S. 257–259.

Göltz, B. (2008): Persönliches Budget – wie rechnet sich das? Lösungen aus betriebswirtschaftlicher Sicht. Berlin: Eigenverlag des Deutschen Vereins für öffentliche und private Fürsorge.

Göpffarth, D. u.a. (Hrsg.) (2006): Jahrbuch Risikostrukturausgleich 2006. St. Augustin: Asgard.

Göppel, R. (2005): Das Jugendalter. Entwicklungsaufgaben, Entwicklungskrisen, Bewältigungsformen. Stuttgart: Kohlhammer.

Goerres, A. (2007): Why are Older people More Likely to Vote? The Impact of Ageing on Electoral Turnout in Europe. British Journal of Politics & International Relations 9, S. 90–121.

- (2007a): Can We Reform the Welfare State in Times of „Grey" Majorities? The Myth of an Electoral Opposition between Younger and Older Voters in Germany. MPI für Gesellschaftsforschung. Working Paper 07/5.
- (2008): The grey vote: Determinants of older voters' party choice in Britain and West Germany. Electoral Study, doi: 10.1016/j.electstud.2007.12.007.

Görres, St./*Martin*, S. (2004): Pflege älterer Menschen: Ergebnisse der Versorgungsforschung und ihre pflege-praktische Relevanz. Zeitschrift für ärztliche Fortbildung und Qualität im Gesundheitswesen 98, S. 751–757.

Görtz, A. (2007): Existentielle Lebensqualität. Über die Meßbarkeit von Glück und Wohlbefinden. Saarbrücken: VDM Verlag Dr. Müller.

Götz, K. (2005): Die Begegnung zwischen Arzt und Patient. Eine ethnographische Analyse. Herdecke: GCA.

GÖW (Hrsg.) (2004): Public Private Partnership: Formen – Risiken – Chancen. Berlin: GÖW.

- (Hrsg.) (2006): Öffentliche Dienstleistungen für die Bürger. Wege zu Effizienz, Qualität und günstigen Preisen. Berlin: GÖW.
- (Hrsg.) (2007): Die Zukunft der öffentlichen Dienstleistungen. Berlin: GÖW.
- (Hrsg.) (2007a): Ausschreibung oder Direktvergabe öffentlicher Dienstleistungen – Plädoyer für ein Wahlrecht der Gebietskörperschaften. Stellungnahme des Wissenschaftlichen Beirates der Gesellschaft für öffentliche Wirtschaft. Berlin: GÖW (abgedruckt auch in H. 3 der Zeitschrift für öffentliche und gemeinwirtschaftliche Unternehmen, 2007 sowie in englischer Sprache: GÖW [Hrsg.], Tendering or Direct Awarding of Public Services – Plea for the Right to Choose for Territorial Authorities. On the Need for Legal Provisions on the In-house Concept in the European Union. Statement of the Scientific Council of the Gesellschaft für Öffentliche Wirtschaft. Berlin: GÖW 2007).

Goffee, R./*Jones*, G. (1997): Kultur: der Stoff, der Unternehmen zusammenhält. Harvard Business Manager 19 (2), S. 41–54.

Goffman, E. (2006): Wir alle spielen Theater. 4. Aufl. München: Piper.

- (2006a): Asyle. Über die soziale Situation psychiatrischer Patienten und anderer Insassen. 15. Aufl. Frankfurt am Main: Suhrkamp.

Goldammer, K. (1960): Die Formenwelt des Religiösen. Grundriss der systematischen Religionswissenschaft. Stuttgart: Kröner.

Goldbach, G. (2006): Der ganze Mensch im Blickfeld. Aus der Geschichte der psychosomatischen Medizin in Deutschland. Baden-Baden: DWV.

Goldinger, H. (2002): Rituale und Symbole der Börse. Eine Ethnographie. Münster: LIT-Verlag.

Goldschmidt, N./*Zweynert*, J. (2006): Die Interaktion der ökonomischen Kulturen und Institutionen im erweiterten Europa. Münster: LIT-Verlag.

Goldthorpe, J. H. (2001): Causation, Statistics, and Sociology. European Sociological Review 44, S. 1–20.

Golly, P. (2006): Soziale Gerechtigkeit im Gesundheitswesen. Marburg: Tectum.

Goltz, F. (2006): Pflichtmitgliedschaftliche Kammerverfassung und die Logik kollektiven Handelns. Baden-Baden: Nomos.

Gooijer, W. de (2006): Trends in EU Health Care Systems. New York: Springer.

Gottgetreu, S. (2001): Der Arztfilm. Untersuchung eines filmischen Genres. Bielefeld: Aisthesis.

Gottschlich, M. (2007): Medizin und Mitgefühl. 2., vollst. überarb. Aufl. Wien u. a.: Böhlau.

Goudsblom, J. (2005): Die Entdeckung des Feuers. 6. Aufl. Frankfurt am Main/ Leipzig: Insel.

Govers, C. (2006): Performing the Community. Berlin: LIT-Verlag.

Grabner-Haider, A. (Hrsg.) (2007): Kulturgeschichte der Bibel. Göttingen: Vandenhoeck & Ruprecht.

Grabow, B./*Kaiser*, P. (2008): Neuordnung der vertragsärztlichen Vergütung. Die Krankenversicherung 60 (11), S. 282–286.

Gräser, M. (2009): Wohlfahrtsgesellschaft und Wohlfahrtsstaat. Bürgerliche Sozialreform und Welfare State Building in den USA und in Deutschland 1880–1940. Göttingen: Vandenhoeck & Ruprecht.

Gräßel, E./*Gräßel*, C. (2006): Grundformen der Pflegeperson-Patient-Beziehung in ausgewählten Pflegemodellen seit Florence Nightingale (1820–1910), in: Huppmann, G./Fischbeck, S. (Hrsg.), Zur Geschichte der medizinischen Psychologie. Würzburg: Königshausen & Neumann, S. 33–41.

Grätzel, St. (2004): Dasein ohne Schuld. Dimensionen menschlicher Schuld aus philosophischer Perspektive. Göttingen: Vandenhoeck & Ruprecht.

– (2005): Die Masken des Dionysos. Vorlesungen zu „Philosophie und Mythologie". London: Turnshare.

Graf, E. O./*Weisser*, J. (Hrsg.) (2006): Die Unausweichlichkeit von Behinderung in der Kultur. Bern: Edition Soziothek.

– (2006a): Editorial, in: diese. (Hrsg.), Die Unausweichlichkeit von Behinderung in der Kultur. Bern: Edition Soziothek, S. 5–11.

Grahmann, R./*Gutwetter*, A. (2002): Konflikte im Krankenhaus. 2., überarb. Aufl. Bern u. a.: Huber.

Granovetter, M. (1985): Economic Action and Social Structure: The Problem of Embeddedness. American Journal of Sociology 91, S. 481–510.

– (1990): The Myth of Social Network Analysis as a Special Method in the Social Sciences. Connections 13 (2), S. 13–16.

– (2005): The Impact of Social Structure on Economic Outcomes. Journal of Economic Perspectives 19 (1), S. 33–50.

Grass-Kapanke, B./*Kunczik*, T./*Gutzmann*, H. (2008): Studie zur Demenzversorgung im ambulanten Sektor – DIAS. Berlin: DGGPP.

Gratzel, C. S. (2002): Die ärztliche Diskussion um die Aufklärung des Patienten in Deutschland nach 1945. Aachen: Shaker.

Graumann, C. F. (1980): Verhalten und Handeln. Probleme einer Unterscheidung, in: Schluchter, W. (Hrsg.), Verhalten, Handeln und System. Talcott Parsons' Beitrag zur Entwicklung der Sozialwissenschaften. Frankfurt am Main: Suhrkamp, S. 16–31.

Graumann, S./*Grüber*, K. (Hrsg.) (2004): Patient – Bürger – Kunde. Soziale und ethische Aspekte des Gesundheitswesens. Münster: LIT-Verlag.

Graumann, S. u. a. (Hrsg.) (2004): Ethik und Behinderung. Ein Perspektivenwechsel. Frankfurt am Main/New York: Campus.

Graupner, A. (2001): Die zehn Gebote im Rahmen alttestamentlicher Ethik, in: Reventlow, H. Graf (Hrsg.), Weisheit, Ethos und Gebot. Neukirchen-Vluyn: Neukirchener, S. 61–95.

– (2002): Der Elohist. Neukirchen-Vluyn: Neukirchener.

Greenwell, L./*Bengston*, V. L. (1997): Geographic distance and contact between middle-aged children and their parents: The effect of social class over 20 years. Journal of Gerontology 52B, S13-S2.

Greetfeld, M./*Einsiedel*, R. von/*Kahl*, K. G. (2008): Wer macht was im psychiatrischen Krankenhaus? Ein Vorschlag zur effizienten Aufgabenverteilung durch eine gestärkte psychiatrische Fachpflege. Psychiatrische Praxis 35 (8), S. 406–407.

Greifeld, K. (Hrsg.) (2003): Ritual und Heilung. Eine Einführung in die Medizinethnologie. 3., vollst. überarb. u. erw. Aufl. Berlin: Reimer.

Greshoff, R./*Kneer*, G./*Schneider*, W. L. (Hrsg.) (2008): Verstehen und Erklären. Sozial- und Kulturwissenschaftliche Perspektiven. München: Fink.

Gresser, F. N. (2007): Altruistische Bestrafung. Saarbrücken: VDM Verlag Dr. Müller.

Grethlein, J. (2006): Das Geschichtsbild der Ilias. Eine Untersuchung aus phänomenologischer und narratologischer Perspektive. Göttingen: Vandenhoeck & Ruprecht.

Gretschmann, K. (1981): Steuerungsprobleme der Staatswirtschaft. Berlin: Duncker & Humblot.

Greuèl, M./*Mennemann*, H. (2006): Soziale Arbeit in der Integrierten Versorgung. München: Reinhardt (UTB).

Greune, M. (2007): Suizidalität im Alter in Deutschland. Saarbrücken: VDM Verlag Dr. Müller.

Greve, W. (1990): Kierkegaards maieutische Ethik. Frankfurt am Main: Suhrkamp.

Greving, H. (2000): Heilpädagogische Organisationen. Freiburg i. Br.: Lambertus.

– (Hrsg.) (2002): Hilfeplanung und Controlling in der Heilpädagogik. Freiburg i. Br.: Lambertus.

Grieswelle, D. (2002): Gerechtigkeit zwischen den Generationen. Solidarität, Langfristdenken, Nachaltigkeit in der Wirtschafts- und Sozialpolitik. Paderborn: Schöningh.

– (2006): Sozialstaat am Scheideweg. Grafschaft: Vektor-Verlag.

Griller, St./*Breuss*, F./*Fink*, G. (2007): Liberalisierung von Dienstleistungen im Binnenmarkt. Wien: Springer.

Grimes, R. L. (2000): Deeply into the Bone. Re-Inventing Rites of Passage. Berkeley u. a.: University of California Press.

Groddeck, N. (2006): Carl Rogers. Wegbereiter der modernen Psychotherapie. 2., durchgesehene u. erg. Aufl. Darmstadt: Wissenschaftliche Buchgesellschaft.

Gröning, K. (2004): Entweihung und Scham. Grenzsituationen bei der Pflege alter Menschen. 4. Aufl. Frankfurt am Main: Mabuse.

– (2004a): Welche Qualität sichert die Qualitätssicherung? Möglichkeiten einer „hermeneutischen Wahrnehmung", in: Schnell, M. W. (Hrsg.), Leib, Körper, Maschine. Interdisziplinäre Studien über den bedürftigen Menschen. Düsseldorf: Verlag selbstbestimmten Leben, S. 145–155.

Gröning, K. u. a. (2004): In guten wie in schlechten Tagen. Konfliktfelder in der häuslichen Pflege. Frankfurt am Main: Mabuse.

Gröschke, D. (2004): Betreuer, Assistent oder Dienstleister? Fachlichkeit und Kompetenzprofil in der offenen Behindertenhilfe. Berlin: Fachverband Caritas, Behindertenhilfe und Psychiatrie e. V. Internet-Audruck (www.cbp.cariatas.de) vom 18.2.2008.

Grohmann, M. (2007): Fruchtbarkeit und Geburt in den Psalmen. Tübingen: Mohr Siebeck.

Grohs, St. (2007): Reform der Jugendhilfe zwischen Neuer Steuerung und Professionalisierung. Eine Bilanz nach 15 Jahren Modernisierungsdiskurs. Zeitschrift für Sozialreform 53 (3), S. 247–274.

Grond, E. (2007): Gewalt gegen Pflegende. Bern u. a.: Huber.

Gronden, J. W. van de (2007): Das Gesundheitswesen im Spannungsfeld von Nationalstaat und EU-Binnenmarkt. Stuttgart: Lucius & Lucius.

Grondin, J. (2000): Einführung zu Gadamer. Tübingen: Mohr Siebeck (UTB).

– (2009): Hermeneutik. Göttingen: Vandenhoeck & Rupprecht (UTB).

Gronemeyer, M. (1993): Das Leben als letzte Gelegenheit. Sicherheitsbedürfnisse und Zeitknappheit. Darmstadt: WVG.

Grootaers, F. G. (2001): Bilder behandeln Bilder. Musiktherapie als angewandte Morphologie. Münster: LIT-Verlag.

Gross, W. (1998): Zukunft für Israel. Alttestamentliche Bundes-Konzepte und die Debatte um den Neuen Bund. Stuttgart: Katholisches Bibelwerk.

Große, J. (2008): Philosophie der Langeweile. Stuttgart/Weimar: Metzler.

Grossheim, M. (2002): Politischer Existenzialismus. Tübingen: Mohr Siebeck.

Grossmann, K./*Grossmann*, K. (Hrsg.) (2003): Bindung und menschliche Entwicklung. John Bowlby, Mary Ainsworth und die Grundlagen der Bindungstheorie. Stuttgart: Klett-Cotta.

Grossmann, K./*Grossmann*, K. E. (Hrsg.) (2006): Bindungen. Das Gefühl psychischer Sicherheit. 3. Aufl. Stuttgart: Klett-Cotta.

Grotendorst, A. (2007): Personalmanagement im Ehrenamt. Kommunale Förderinstrumente und praktische Lösungsansätze. Saarbrücken: VDM Verlag Dr. Müller.

Grube, D.-M. (2005): Offenbarung und Subjektivität, in: Internationales Jahrbuch für die Tillich-Forschung. Bd. 1. Wien: LIT-Verlag, S. 65–82.

Grubenmann, B. (2007): Nächstenliebe und Sozialpädagogik im 19. Jahrhundert. Bern u. a.: Haupt.

Gruber, J. (2008): Der flexible Sozialcharakter. Basel: edition gesowip.

Grüb, B. (2007): Sozialkapital als Erfolgsfaktor von Public Private Partnership. Berlin: BWV.

Grüninger, U. (2005): Braucht es den Hausarzt noch? Primary Care 5 (3), S. 58–62.

Gruhler, J. (2004): JHWH oder Ahab? Die Frage nach dem Königtum über Israel anhand des bodenrechtlichen Konflikts um Naboths Weinberg (1. Kön 21). Bonn: Verlag für Kultur und Wissenschaft.

Grundmann, M. (2006): Sozialisation. Skizze einer allgemeinen Theorie. Konstanz: UVK.

Grusky, D. B. (Hrsg.) (1994): Social stratification: class, race, and gender in sociological perspective. Colorado/Oxford: Westview.

Gubatz, Th. (2007): Umberto Eco und sein Lehrer Luigi Pareyson. Berlin: LIT-Verlag.

Gührs, M./*Nowak*, C. (2006): Das konstruktive Gespräch. 6. Aufl. Meezen: Limmer.

Günther, D. (1962): Der Tanz als Bewegungsphänomen. Reinbek bei Hamburg: Rowohlt.

Güntner, S. (2007): Soziale Stadtpolitik. Bielefeld: transcript.

Günzel, St. (Hrsg.) (2009): Raumwissenschaften. Frankfurt am Main: Suhrkamp.

Güssow, J. (2007): Vergütung Integrierter Versorgungsstrukturen im Gesundheitswesen. Wiesbaden: Deutscher Universitätsverlag – Gabler.

Gugutzer, R. (2008): Alter(n) und die Identitätsrelevanz von Leib und Körper. Zeitschrift für Gerontologie und Geriatrie 41 (3), S. 182–187.

Gulde, St. U. (2007): Der Tod als Herrscher in Ugarit und Israel. Tübingen: Mohr Siebeck.

Guldin, R. (2000): Körpermetaphern. Zum Verhältnis von Politik und Medizin. Würzburg: Königshausen & Neumann.

Gumnior, H./*Ringguth*, R. (1973): Horkheimer. Reinbek bei Hamburg: Rowohlt.

Gundert, H. (1976): Größe und Gefährdung des Menschen. Ein sophokleidisches Chorlied und seine Stellung im Drama (Ant. 322–375). Antike und Abendland 22, S. 21–39.

Gussone, B./*Schiepek*, G. (2000): Die „Sorge um sich". Burnout-Prävention und Lebenskunst in helfenden Berufen. Tübingen: DGVT Verlag.

Gutzmann, H./*Zank*, S. (2005): Demenzielle Erkrankungen. Stuttgart: Kohlhammer.

GVG (Hrsg.) (2008): Der medizinisch-technische Fortschritt zwischen Gesundheitschancen und Kosteneffekten. Bonn: nanos.

Haack, St. (2007): Verlust der Staatlichkeit. Tübingen: Mohr Siebeck.

Haarmann, H. (1996): Die Madonna und ihre griechischen Töchter. Hildesheim u. a.: Olms.

Haas, H. S. (2006): Theologie und Ökonomie. Ein Beitrag zu einem diakonierelevanten Diskurs. Gütersloh: Gütersloher Verlagshaus.

Haberer, H. (1997): Gastfreundschaft – ein Menschheitsproblem. Überlegungen zu einer „Theologie der Gastfreundschaft". Aachen: Shaker.

Haberkern, K. (2009): Pflege in Europa. Familie und Wohlfahrtsstaat. Wiesbaden: VS Verlag für Sozialwissenschaften.

Haberkern, K./*Szydlik*, M. (2008): Pflege der Eltern – Ein europäischer Vergleich. Kölner Zeitschrift für Soziologie und Sozialpsychologie 60 (1), S. 78–101.

Habermas, J. (1988): Nachmetaphysisches Denken. Frankfurt am Main: Suhrkamp.

– (1994): Faktizität und Geltung. 2. Aufl. Frankfurt am Main: Suhrkamp.

– (2001): Zeit der Übergänge. Frankfurt am Main: Suhrkamp.

– (2005): Zwischen Naturalismus und Religion. Frankfurt am Main: Suhrkamp.

– (2006): Theorie des kommunikativen Handelns. 2 Bde. 6. Aufl. Frankfurt am Main: Suhrkamp.

Haberthür, N. (2005): Geschwister im Schatten. Geschwister behinderter Kinder. Oberhofen am Thunersee: Zytglogge.

Habig, I. (1990): Redeweisen des Ästhetischen, in: Habig, I./Jauslin, K. Der Auftritt des Ästhetischen. Zur Theorie der architektonischen Ordnung. Frankfurt am Main: Fischer, S. 13–101.

Habisch, A. (2002): Corporate Citizenship. Gesellschaftliches Engagement von Unternehmen in Deutschland. Berlin: Springer.

Habisch, A. u. a. (Hrsg.) (2001): Corporate Citizenship as Investing in Social Capital. Berlin: Logos.

Hacker, J. S. (2004): Privatizing Risk without Privatizing the Welfare State: The Hidden Politicis of Social Policy Retrenchment in the United States. American Political Science Review 98 (2), S. 243–260.

Hackermeier, M. (2008): Einfühlung und Leiblichkeit als Voraussetzung für intersubjektive Konstitution. Hamburg: Kovac.

Hackländer-von der Way, B. (2001): Biographie und Identität. Studien zur Geschichte, Entwicklung und Soziologie altägyptischer Beamtenbiographien. Berlin: dissertation.de.

Hadjar, A. (2008): Meritokratie als Lefitimationsprinzip. Die Enzwicklung der Akzeptanz sozialer Ungleichheit im Zuge der Bildungsexpansion. Wiesbaden: VS Verlag für Sozialwissenschaften.

Häberle, P. (2006): Öffentliches Interesse als juristisches Problem. 2., um einen Nachtrag erg. Aufl. Berlin: BWV.

Haeberlin, U. (2005): Grundlagen der Heilpädagogik. Einführung in eine wertgeleitete erziehungswissenschaftliche Disziplin. Bern: Haupt.

Häcker, J. (2007): Zur notwendigen Dynamisierung der Leistungen in der gesetzlichen Pflegeversicherung. Sozialer Fortschritt 56 (4), S. 91–97.

– (2008): Die Soziale Pflegeversicherung: Eine Generationenbilanz. Frankfurt am Main: Lang.

Haeffner, G. (1976): Besprechung zu F. Ulrich: Gegenwart der Freiheit. Theologie und Philosophie 51, S. 118–122.

– (1995): Geben, Nehmen, Danken. Stimmen der Zeit 213, S. 467–478.

Häfner, H. (2005): Das Rätsel Schizophrenie. 3., vollst. überarb. Aufl. München: Beck.

Hähner, U. u.a. (Hrsg.) (2005): Kompetenz begleiten: Selbstbestimmung ermöglichen, Ausgrenzungen verhindern! Die Weiterentwicklung des Konzepts „Vom Betreuer zum Begleiter". Marburg: Lebenshilfe-Verlag.

– (2006): Vom Betreuer zum Begleiter. 2. Aufl. Marburg: Lebenshilfe-Verlag.

Hällssig, G. (2001): Normsetzung durch Richtlinien im Vertragsarztrecht. Zum Rechtscharakter der Richtlinien der Bundesausschüsse der Ärzte und Krankenkassen. Hamburg: Kovac.

Hänsch, H./*Fleck,* E. (2005): Vernetzung und integrierte Versorgung. Bundesgesundheitsblatt – Gesundheitsforschung – Gesundheitsschutz 48 (7), S. 755–760.

Härle, W. (2005): Menschsein in Beziehungen. Studien zur Rechtfertigungslehre und Anthropologie. Tübingen: Mohr Siebeck.

Haerter, M./*Koch,* U. (2000): Psychosoziale Dienste im Krankenhaus. Göttingen u.a.: Hogrefe.

Härter, M./*Loh,* A./*Spies,* C. (Hrsg.) (2005): Gemeinsam entscheiden – erfolgreich behandeln. Neue Wege für Ärzte und Patienten im Gesundheitswesen. Köln: Deutscher Ärzte-Verlag.

Hafen, M. (2006): Mythologie der Gesundheit. Zur Integration von Salutogenese und Pathogenese. Heidelberg: Carl-Auer-Verlag.

Hagedorn, A. C. (2004): Between Moses and Plato. Individual and Society in Deuteronomy and Ancient Greek Law. Göttingen: Vandenhoeck & Ruprecht.

Hagehülsmann, U./*Hagehülsmann*, H. (2001): Der Mensch im Spannungsfeld seiner Organisation. 2., überarb. Aufl. Paderborn: Junfermann.

Hagen, Th. (1999): Krankheit – Weg in die Isolation oder Weg zur Identität. Regensburg: Pustet.

Hahn, A. (1994): Erfahrung und Begriff. Frankfurt am Main: Suhrkamp.

Hahn, D. (2008): Zweigeschlechtlichkeit und hierarchische Geschlechterordnung. Bundesgesundheitsblatt – Gesundheitsforschung – Gesundheitsschutz 51 (1), S. 61- 69.

Hahn, M. Th. (2008): Professionalität und Non-Professionalität in der Lebenswirklichkeit von Menschen mit Behinderung. Vierteljahresschrift für Heilpädagogik und ihre Nachbargebiete 77 (3), S. 237–239.

Hahn, P. (1988): Ärztliche Propädeutik. Berlin u. a.: Springer.

Hahn, T. (2005): Gesellschaftliches Engagement von Unternehmen. Reziproke Stakeholder, ökonomische Anreize, strategische Gestaltungsoptionen. Wiesbaden: Deutscher Universitäts-Verlag.

Haider, Chr. (2006): Zwischen Dasein wollen und Dasein müssen. Eine empirische Untersuchung zum Erleben Angehöriger von Altenheimbewohnern während der Zeit des Heimaufenthalts. Lübeck/Marburg: Der andere Verlag.

Haigis, P. (1998): Im Horizont der Zeit. Paul Tillichs Projekt einer Theologie der Kultur. Marburg: Tectum.

Halbwachs, M. (1985): Das Gedächtnis und seine sozialen Bedingungen. Frankfurt am Main: Suhrkamp.

Hall, J. A. u. a. (1994): Satisfaction, Gender, and Communication on Medical Visits. Medical Care 32 (4), S. 1216–1231.

Hall, M. A. u. a. (2001): Trust in physicians and medical institutions: what is it, can it be measured, and does it matter? The Milbank Quarterly 79 (4), S. 613–639.

Hall, P./*Taylor*, R. C. R. (1996): Political Science and the Three New Institutionalisms. Political Studies 44, S. 936–957.

Haller, D. (Hrsg.) (2000): Grounded Theory in der Pflegeforschung. Bern u. a.: Huber.

Haller, M. (2009): Die Europäische Integration als Elitenprozess. Wiesbaden: VS Verlag für Sozialwissenschaften.

Halme, L. (2003): The Polarity of Dynamics and Form: The Basic Tension in Paul Tillich's Thinking. Münster: LIT-Verlag.

Haltern, U. (2007): Was bedeutet Souveränität? Tübingen: Mohr Siebeck.

Hamann, B. (2005): Pädagogische Anthropologie. 4., überarb. u. erg. Aufl. Frankfurt am Main: Lang.

Hambrecht, M. (2007): Gemeindepsychiatrie im 21. Jahrhundert. Psychiatrische Praxis 23 (6), S. 263–265.

Hamburger, K. (1985): Das Mitleid. Stuttgart: Klett-Cotta.

Hamdad, H. (2006): Integrierte Versorgung. Wenige Partnerschaften, viele Singles. Zahl der Kooperationen steigt. f & w 23 (5), S. 532–534.

– (2006a): Von der Indikation zur Region. Auf dem Weg zu IV-Verträgen für die Bevölkerung kompletter Landstriche. f & w 23 (5), S. 535–536.

Hammann, G./*Wolf,* G. P. (2003): Die Geschichte der christlichen Diakonie. Praktizierte Nächstenliebe von der Antike bis zur Reformationszeit. Göttingen: Vandenhoeck & Ruprecht.

Hammann, K. (2009): Rudolf Bultmann. Eine Biographie. Tübingen: Mohr Siebeck.

Hammer, A. (1999): Aids und Tabu. Zur soziokulturellen Konstruktion von Aids bei den Luo in Westkenia. Hamburg: LIT-Verlag.

Hammerschmidt, P. (2005): Wohlfahrtsverbände in der Nachkriegszeit. Weinheim/ München: Juventa.

Han, S.-H. (2001): Die Wirklichkeit des Menschen im Personalismus Martin Bubers, Ferdinand Ebners, Emil Brunners und Friedrich Gogartens. Hamburg: Kovac.

Hank, K. (2008): Generationenbeziehungen im alternden Europa: Analysepotenziale und Befunde des Survey of Health, Ageing and Retirement in Europe. Mea – Mannheim Research Institute for the Economics of Aging. Discussion paper 161-2008. www.mea.uni-mannheim.de.

Hank, K./*Buber,* I. (2007): Grandparents Caring for Their Grandchildren: Findings from the 2004 Survey of Health, Ageing and Retirement in Europe. Mea – Mannheim Research Institute for the Economics of Aging. 127-2007. Mannheim.

Hank, K./*Erlinghagen,* M./*Lemke,* A. (2006): Ehrenamtliches Engagement in Europa: Eine vergleichende Untersuchung am Beispiel von Senioren. Sozialer Fortschritt 55 (1), S. 6–12.

Hank, K./*Stuck,* St. (2007): Ehrenamt, Netzwerkhilfe und Pflege in Europa – Komplementäre oder konkurrierende Dimensionen produktiven Alterns? Mea – Mannheim Research Institute for the Economics of Aging. Discussion paper 123-2007. www.mea-uni-mannheim.de.

Hanke, M. (2002): Alfred Schütz. Wien: Passagen.

Hanker, Th. u.a. (2008): Bereitstellung von Gesundheitsinformationen durch Krankenkassen – eine empirische Analyse. Gesundheits- und Sozialpolitik 62 (5), S. 21–27.

Hano, E. (2009): Kompetenz und Leistungsfähigkeit älterer Mitarbeiter im Sozialwesen. Berlin: WVB.

Hans, M./*Ginnold,* A. (Hrsg.) (2001): Integration von Menschen mit Behinderung – Entwicklungen in Europa. Weinheim: Beltz.

Hansen, St. (2008): Lernen durch freiwilliges Engagement. Wiesbaden: VS Verlag für Sozialwissenschaften.

Hanslmeier-Prockl, G. (2009): Teilhabe von Menschen mit geistiger Behinderung. Bad Heilbrunn: Klinkhardt.

Harbach, H. (1992): Altruismus und Moral. Opladen: Westdeutscher Verlag.

– (2006): Gerechtigkeit und soziales Verhalten. Hamburg: Kovac.

– (2008): Existenz und Kontingenz – Heidegger und das Ende der soziologischen Vernunft. Hamburg: Kovac.

Hardimon, M. (1994): Role Obligations. The Journal of Philosophy 91, S. 333–363.

Hardraht, K. (2006): In-house-Geschäfte und europäisches Vergaberecht. Berlin: Duncker & Humblot.

Hardt, P. (2005): Genealogie der Gnade. Eine theologische Untersuchung zur Methode Michel Foucaults. Münster: LIT-Verlag.

Hardt-Stremayr, B. (2007): Geistige Behinderung und Alter. Neckenmarkt: edition nove.

Hardy, A. I. (2005): Ärzte, Ingenieure und städtische Gesundheit. Frankfurt am Main/New York: Campus.

Harms, K. (2003): Hannah Arendt und Hans Jonas. Köln u. a.: WiKU-Verlag.

Harms, St. J. (2006): Menschenbilder und Typologie. Kategorien neurotischer Motivationsstrukturen als Orientierungshilfe in der sozialen Arbeit. Stuttgart: ibidem.

Harrison, R. (2006): Die Herrschaft des Todes. München/Wien: Hanser.

Harst, S. (2006): Karneval – von Babylon bis Beuel. 5000 Jahre verkehrte Welt. Berlin: LIT-Verlag.

Hart, E./*Bond*, M. (2001): Aktionsforschung. Bern u. a.: Huber.

Hartenstein, F. (1997): Die Unzugänglichkeit Gottes im Heiligtum. Jesaja 6 und der Wohnort JHWHs in der Jerusalemer Kultutradition. Neukirchen-Vluyn: Neukirchener.

– (2003): Religionsgeschichte Israels – ein Überblick über die Forschung seit 1990. VF 48, S. 2–28.

– (2008): Das Angesicht JHWHs. Tübingen: Mohr Siebeck.

Hartig, S. (2002): Alterssicherung in der Industrialisierung. Marburg: Metropolis.

Hartl, J. (2008): Metapherologische Theologie. Berlin: LIT-Verlag.

Hartmann, F. (1984): Patient, Arzt und Medizin. Beiträge zur ärztlichen Anthropologie. Göttingen: Verlag für Medizinische Psychologie im Verlag Vandenhoeck & Ruprecht.

– (2003): Kranke als Gehilfen ihrer Ärzte. Zentrum für Medizinische Ethik. Medizinethische Materialien, Heft 145. Bochum: Ruhr-Universität.

Hartmann, H. P. u. a. (Hrsg.) (1998): Das Selbst im Lebenszyklus. Frankfurt am Main: Suhrkamp.

Hartmann, J. (2004): Das politische System der Bundesrepublik Deutschland. Wiesbaden: VS Verlag für Sozialwissenschaften.

Hartung, H. (Hrsg.) (2005): Alter und Geschlecht. Repräsentationen, Geschichten und Theorien des Alter(n)s. Bielefeld: transcript.

Hartung, H. u. a. (Hrsg.) (2007): Graue Theorie. Die Kategorien Alter und Geschlecht im kulturellen Diskurs. Köln u. a.: Böhlau.

Hartweg, H.-R. (2007): Die Entwicklung der integrierten Versorgung in Deutschland. Eine Analyse der Selektivvertragsmöglichkeiten gemäß der Regelungen der §§ 140a–d SGB V unter Aspekten der Neuen Institutionenökonomik und der Evolutionsökonomie. Berlin: LIT-Verlag.

– (2007a): Ein evolutions- und transaktionskostenökonomischer Beitrag zu den Entwicklungspotenzialen der integrierten Versorgung in der Gesetzlichen Krankenversicherung. Zeitschrift für öffentliche und gemeinwirtschaftliche Unternehmen 30 (3), S. 317–331.

Hartwig, J. (2008): Demografischer Wandel: Chance für eine integrierte Finanz- und Sozialplanung in Städten und Gemeinden. Nachrichtendienst des Deutschen Vereins für öffentliche und private Fürsorge 88 (2), S. 74–83.

Hartz, St. (2004): Biographizität und Professionalität. Eine Fallstudie zur Bedeutung von Aneignungsprozessen in organisatorischen Modernisierungsprozessen: Wiesbaden: VS Verlag für Sozialwissenschaften.

Hasenbein, U. u. a. (2003): Ärztliche Einstellungen gegenüber Leitlinien. Gesundheitswesen 67, S. 332–341.

– (2003a): Die Akzeptanz von Leitlinien und Problemen bei ihrer Implementierung. Aktuelle Neurologie 30, S. 451–461.

– (2003b): Ärztliche Compliance mit Leitlinien. Ein Überblick vor dem Hintergrund der Einführung von Disease-Management-Programmen. Gesundheitsökonomie und Qualitätsmanagement 8, S. 363–375.

Hasenfratz, H.-P. (1982): Die toten Lebenden. Eine religionsphänomenologische Studie zum sozialen Tod in archaischen Gesellschaften. Leiden: Brill.

– (2002): Religion – was ist das? Freiburg i. Br.: Herder.

– (2004): Die antike Welt und das Christentum. Darmstadt: Wissenschaftliche Buchgesellschaft.

Hasselmann, A. (2001): Die Ausschlustatbestände für den Beihilfebegriff des Art. 87 EGV am Beispiel von Anstaltslast und Gewährträgerhaftung im öffentlich-rechtlichen Bankensystem der Bundesrepublik Deutschland. Frankfurt am Main: Lang.

Hatje, A./*Huber,* P. M. (Hrsg.) (2007): Unionsbürgerschaft und soziale Rechte. Europarecht Beiheft 1/2007. Baden-Baden: Nomos.

Haug, F. (1977): Kritik der Rollentheorie. Frankfurt am Main: Fischer.

Haug, K. (1995): Arbeitsteilung zwischen Ärzten und Pflegekräften in deutschen und englischen Krankenhäusern. Konstanz: Hartung-Gorre.

Haus, M. (2003): Kommunitarismus. Wiesbaden: VS Verlag für Sozialwissenschaften.

Hausen, K. (1976): Die Polarisierung der „Geschlechtscharaktere". Eine Spiegelung der Dissoziation von Erwerbs- und Familienleben, in: Conze, W. (Hrsg.), Sozialgeschichte der Familie in der Neuzeit. Stuttgart: Klett-Cotta, S. 363–393.

Hausner, E. u. a. (2005): Arbeitsstrukturen in der Pflege im Krankenhaus und die Einführung der DRGs. Pflege & Gesellschaft 10 (3), S. 125–130.

Hayek, J. von (2006): Hybride Sterberäume in der reflexiven Moderne. Eine ethnographische Studie im ambulanten Hospizdienst. Münster: LIT-Verlag.

Hays, R. B. (2006): Mapping the Field. Approaches to New Testament Ethics, in: Watt, J. v. d. (Hrsg.), Identity, Ethics, ans Ethos in the New Testament. Berlin/New York: de Gruyter, S. 3–19.

Hecker, J. (2007): Marktoptimierende Marktaufsicht. Tübingen: Mohr Siebeck.

Heckhausen, J./*Baltes*, P. B. (1991): Perceived controllability of expected psychological change across adulthood and old age. Journal of Gerontology: Psychological Sciences 46, S. 165–175.

Heckmann, Ch. (2004): Die Belastungssituation von Familien mit behinderten Kindern. Soziales Netzwerk und professionelle Dienste als Bedingungen für die Bewältigung. Heidelberg: Universitätsverlag Winter.

Hedtke-Becker, A./*Hoevels*, R./*Schwab*, M. (2003): (Familien-)Medizin und Sozialarbeit – ein Kooperationsmodell. Biopsychosoziale Behandlung chronisch kranker Menschen im internistischen Krankenhaus. Hockenheim: Larimar-Verlag.

Heeck, Chr. (1997): Kunst und Kultur im Krankenhaus. Münster: LIT-Verlag.

Hegel, G. W. F. (1975): Vorlesungen über die Philosophie der Geschichte. Stuttgart: Reclam.

– (1976): Grundlinien der Philosophie des Rechts. Frankfurt am Main: Suhrkamp.

– (1977): Phänomenologie des Geistes. 3. Aufl. Frankfurt am Main: Suhrkamp.

Hegselmann, R. (1979): Otto Neurath – Empiristischer Aufklärer und Sozialreformer, in: Otto Neurath. Wissenschaftliche Weltauffassung, Sozialismus und Logischer Empirismus. Frankfurt am Main: Suhrkamp, S. 7–73.

Hehn, V. (1963): Kulturpflanzen und Haustiere in ihrem Übergang aus Asien nach Griechenland und Italien sowie in das übrige Europa. 9., unveränderte Aufl. Hildesheim: Olms.

Heidbrink, H./*Lück*, H. E./*Schmidtmann*, H. (2009): Psychologie sozialer Beziehungen. Stuttgart: Kohlhammer.

Heidbrink, L./*Hirsch*, A. (Hrsg.) (2007): Staat ohne Verantwortung? Zum Wandel der Aufgaben von Staat und Politik. Frankfurt am Main/New York: Campus.

Heidegger, M. (2001): Sein und Zeit. Tübingen: Niemeyer.

Heidenreich, F. (2005): Mensch und Moderne bei Hans Blumenberg. München: Fink.

Heil, B. (2007): Investitionsentscheidungen in der Gruppe. Empirische Untersuchung deutscher Krankenhäuser auf Basis der präskriptiven Entscheidungstheorie. Münster: LIT-Verlag.

Heil, C. (1997): Hausärzte und ambulantes Pflegepersonal. Münster: LIT-Verlag.

Heindl, A. (2007): Theatrale Interventionen. Heidelberg: Carl-Auer-Verlag.

Heindl, W./*Ulbrich,* C. (Hrsg.) (2001): HeldInnen? L'Homme. Zeitschrift für Feministische Geschichtswissenschaft 12 (2).

Heinelt, H./*Knodt,* M. (Hrsg.) (2008): Politikfelder im EU-Mehrebenensystem. Baden-Baden: Nomos.

Heinemann, F. (2007): Is the Welfare state self-destructive? A Study of Government Benefit Morale. ZEW Discussion Paper No. 07-029.

Heinemann, H. (2002): Der Vierte Altenbericht „Risiken, Lebensqualität und Versorgung Hochaltriger". Ausgewählte Befunde und Empfehlungen. Informationsdienst Altersfragen, 29 (7 + 8), S. 1–4.

– (2006): Der Fünfte Altenbericht – „Potenziale des Alters in Wirtschaft und Gesellschaft". Informationsdienst Altersfragen 33 (6), S. 12–15.

Heinemann, H./*Adolph,* H. (2002): Der Vierte Altenbericht „Risiken, Lebensqualität und Versorgung Hochaltriger". Ausgewählte Befunde und Empfehlungen. Informationsdienst Altersfragen, 29 (5 + 6), S. 1–4.

Heinemann, I. (1999): Public Choice und moderne Demokratietheorie. Frankfurt am Main: Lang.

Heinemann, N. (2007): Der Handlungszyklus in der kommunalen Gesundheitsförderung mit dem Schwerpunkt einer regionalen Gesundheitskonferenz (in einem Berliner Bezirk). Diplomarbeit. Hochschule Magdeburg-Stendal (FH). FB Sozial- und Gesundheitswesen.

Heinen, N./*Tönnihsen,* G. (Hrsg.), (2002): Rehabilitation und Rentabilität. Herausforderungen an die Werkstatt für behinderte Menschen. Eitorf: gata.

Heininger, B./*Lindner,* R. (Hrsg.) (2006): Krankheit und Heilung. Gender – Religion – Medizin. Berlin: LIT-Verlag.

Heinrichs, H.-J. (1999): Der Wunsch nach einer souveränen Existenz. Georges Bataille: Philosoph. Dichter. Kunsttheoretiker. Anthropologe. Graz/Wien: Droschl.

Heins, D. (2008): Die Krankenhausreform aus Sicht der DKG. Die Krankenversicherung 60 (11), S. 287–289.

Heinz, R. (1981): Vom schwindenden Jenseits der Götter. Programmatische Überlegungen zur Ontologie-Genealogie. Die Eule Nr. 6, S. 37–129.

– (1986): Pathognostische Studien. Essen: Die Blaue Eule.

Heinz, W. R. (1995): Arbeit, Beruf und Lebenslauf. Eine Einführung in die berufliche Sozialisation. Weinheim/München: Juventa.

Heinzelmann, M. (2004): Das Altenheim – immer noch eine „Totale Institution"? Eine Untersuchung des Binnenlebens zweier Altenheime. Göttingen: Cuvillier.

Heinzen, F. (2002): Strategien für ein zukunftsfähiges Versorgungsystem der gesetzlichen Krankenversicherung. Dissertation Universität Bielefeld.

Heissel, A. (2002): Konsumentensouveränität als Leitbild im deutschen Gesundheitswesen. Eine evolutorische Analyse. Bayreuth: P.C.O.

Heitmann, D. (2005): Fallstudien zur psychologischen Widerstandsfähigkeit. Zur Situation pflegender Angehöriger während der Versorgung in der letzten Lebensphase. Hamburg: Kovac.

Heitmüller, W. (1911): Taufe und Abendmahl im Urchristentum. Tübingen: Mohr.

Helas, Ph. (2007): Darstellungen der Mantelspende des heiligen Martin vom 12. bis zum 15. Jahrhundert als Indikator der Veränderung sozialer Praktiken. Archiv für Kulturgeschichte 89 (2), S. 257–281.

– (2008): Repräsentation der Wohltätigkeit. Der Akt des Gebens und Nehmens im Bild zwischen dem 13.–20. Jahrhunderts, in: Raphael, L./Uerlings, H. (Hrsg.), Zwischen Ausschluss und Solidarität. Modi der Inklusion/Exklusion von Fremden und Armen in Europa seit der Spätantike. Frankfurt am Main: Lang, S. 37–63.

Held, M./*Kubon-Gilke*, G./*Sturn*, R. (2005): Reputation und Vertrauen. Marburg: Metropolis.

Helfferich, C. (2005): Die Qualität qualitativer Daten. 2. Aufl. Wiesbaden: VS Verlag für Sozialwissenschaften.

Helios, M. (2005): Steuerliche Gemeinnützigkeit und EG-Beihilfenrecht. Hamburg: Kovac.

Hellermann, J. (2000): Örtliche Daseinsvorsorge und gemeindliche Selbstverwaltung. Tübingen: Mohr Siebeck.

Hellige, B./*Stemmer*, R. (2005): Klinische Behandlungspfade: Ein Weg zur Integration von standardisierter Behandlungsplanung und Patientenorientierung? Pflege 18, S. 176–186.

Hellinger, F. J. (1998): The effect of Managed care on quality. A review of recent evidence. Arch Intern Med 158, S. 833–841.

Hellmann, W. (Hrsg.) (2006): Handbuch Integrierte Versorgung. Mit 7. Aktualisierung. September 2006. Heidelberg: Economica.

– (Hrsg.) (2006a): Strategie Risikomanagement. Stuttgart: Kohlhammer.

Helm, F. (2003): Der Code der Dinge. Phänomenologie der Mimesis. Wien: Passagen.

Helmbold, A. (2007): Berühren in der Pflegesituation. Bern: Huber.

Helmbrecht, M. (2005): Erosion des „Sozialkapitals"? Bielefeld: transcript.

Helmchen, H./*Kanowski*, S./*Lauter*, H. (2006): Ethik in der Altersmedizin. Mit einem Beitrag von Eva-Maria Neumann. Stuttgart: Kohlhammer.

Helmig, B. u.a. (Hrsg.) (2006): On the Challenges of Managing the Third Sector. Zeitschrift für öffentliche und gemeinwirtschaftliche Unternehmen-BH 23. Baden-Baden: Nomos.

Helpap, B. (2006): Die Entwicklung zum Gesundheitsverbund HBH-Kliniken, in: ders. (Hrsg.), Der Gesundheitsverbund Hegau-Bodensee-Hochrhein-Kliniken. Singen: Markorplan, S. 16–21.

Helting, H. (1999): Einführung in die philosophischen Dimensionen der psychotherapeutischen Daseinsanalyse. Aachen: Shaker.

Hénaff, M. (2009): Der Preis der Wahrheit. Gabe, Geld und Philosophie. Frankfurt am Main: Suhrkamp.

Henckmann, W. (1998): Max Scheler. München: Beck.

Hengel, M. (2004): Das Mahl in der Nacht, „in der Jesus ausgeliefert wurde", in: Grappe, Chr. (Hrsg.), Le Repas de Dieu/Das Mahl Gottes. Tübingen: Mohr Siebeck, S. 115–160.

Henkel, M. (2008): Eric Voegelin zur Einführung. 2., erg. Aufl. Hamburg: Junius.

Hennig, G./*Pelz,* G. (2007): Transaktionsanalyse. 2. Aufl. Paderborn: Junfermann.

Henning, T. (2009): Person sein und Geschichten erzählen. Berlin/New York: de Gruyter.

Henrich, J. u.a. (2004): Foundations of Human Sociality. Economic Experiments and Ethnographic Evidence from Fifteen Small-Scale Societies. Oxford: Oxford University Press.

Henrichs, A. (1996): „Warum soll ich denn tanzen?" Dionysisches im Chor der griechischen Tragödie. Stuttgart/Leipzig: Teubner.

Henschel, A. u.a. (Hrsg.) (2008): Jugendhilfe und Schule. Wiesbaden: VS Verlag für Sozialwissenschaften.

Hensen, G. (Hrsg.) (2006): Markt und Wettbewerb in der Jugendhilfe. Weinheim/München: Juventa.

Hentig, H. von (1953): Die Strafe II. Die modernen Erscheinungsformen. Berlin u.a.: Springer.

– (1955): Die Strafe I. Frühformen und kulturgeschichtliche Zusammenhänge. Berlin u.a.: Springer.

Hentschel, A. (2007): Diakonia im Neuen Testament. Tübingen: Mohr Siebeck.

Hentschel, G. (2005): Auf der Suche nach dem geschichtlichen Salomo, in: Lux, R. (Hrsg.), Ideales Königtum. Studien zu David und Salomo. Leipzig: Evangelische Verlagsanstalt, S. 91–105.

Hentschel, K. (2006): Die Vereinbarkeit der deutschen Kulturförderung mit dem Beihilfenrecht der Europäischen Gemeinschaft. Frankfurt am Main: Lang.

Herbig, R. (1949): Pan. Der griechische Bocksgott. Versuch einer Monographie. Frankfurt am Main: Vittorio Klostermann.

Hergemöller, B.-U. (2006): Die Kindlein spotten meiner schier. Quellen und Reflexionen zu den Alten und zum Vergreisungsprozeß im Mittelalter. Hamburg: HHL-Verlag.

Herger, N. (2006): Vertrauen und Organisationskommunikation. Wiesbaden: VS Verlag für Sozialwissenschaften.

Herlyn, G. (2002): Ritual und Übergangsritual in komplexen Gesellschaften. Münster: LIT-Verlag.

Hermann, A. (2005): Das Arrangement der Hoffnung. Kommunikation und Interaktion in einer onkologischen Spezialklinik während der chirurgischen Behandlung von Knochen- und Weichgewebeskarzinomen. Frankfurt am Main: Mabuse.

Hermann, C. u. a. (2006): Das Modell „Gesundes Kinzigtal". Managementgesellschaft organisiert Integrierte Versorgung einer definierten Population auf Basis eines Einsparcontractings. Gesundheits- und Sozialpolitik (5 + 6), S. 11–29.

Hermes, G./*Rohrmann,* E. (Hrsg.) (2006): Nichts über uns – ohne uns! Disability Studies als neuer Ansatz emanzipatorischer und interdisziplinärer Forschung über Behinderung. Wasserburg: AG SPAK.

Hermsen, E. (2006): Faktor Religion. Geschichte der Kindheit vom Mittelalter bis zur Gegenwart. Wien u. a.: Böhlau.

Herr, B. (2000): „Deinem Haus gebührt Heiligkeit, Jhwh, alle Tage". Typen und Funktionen von Sakralbauten im vorexilischen Israel. Berlin: Philo.

Herr, C. (1986): Joyce's Anatomy of Culture. Urbana-Chicago: University of Illinois Press.

Herrmann, P. (2005): Sozialmanagement in Europa. Baden-Baden: Nomos.

– (2009): Die Europäische Union als Programmgemeinschaft. Bremen: Europäischer Hochschulverlag.

Herrmann, P./*Brandstätter,* A./*O'Connell,* C. (Hrsg.) (2007): Defining Social Services in Europe. Baden-Baden: Nomos.

Herrmann, W. (2004): Theologie des Alten Testaments. Stuttgart: Kohlhammer.

Herrmann-Pillath, C. (2000): Evolution von Wirtschaft und Kultur. Marburg: Metropolis.

Hertz, R. (2007): Das Sakrale, die Sünde und der Tod. Konstanz: UVK.

Hervey, T. K. (2008): The European Union's governance of health care and the welfare modernization agenda. Regulation & Governance 2, S. 103–120.

Herz, D. (2007): Die Europäische Union. 2. Aufl. München: Beck.

Herzig, S. u. a. (2006): Wann ist ein Arzt ein guter Arzt? Deutsche Medizinische Wochenschrift 131, S. 2883–2888.

Herzog, B. (2007): Arzt-Patient-Kommunikation. Die Sicht des Anderen. Saarbrücken: VDM Verlag Dr. Müller.

Herzog, C./*Müller*, B. (2002): Umstrukturierungen im sozialen Bereich im Spiegel des Neoliberalismus. Versuch einer kritischen Skizzierung am Beispiel der Situation behinderter Menschen. Schkeuditz: GNN.

Hess, K./*Berchtold*, P. (2007): Leer- oder Baustellen? Die wissenschaftliche Basis für Managed care. Managed care (1), S. 7–9.

Hesse, J. J. (2007): Vom Werden Europas. Der Europäische Verfassungsvertrag: Konventsarbeit, politische Konsensbildung, materielles Ergebnis. Berlin/New York: de Gruyter.

Hettlage, R./*Müller*, H.-P. (Hrsg.) (2006): Die europäische Gesellschaft. Konstanz: UVK.

Heuer, R. (2006): Politik in der Familie. Macht in Generationenbeziehungen des mittleren und höheren Alters. Berlin: Weißensee.

Heusinger, J./*Klünder*, M. (2005): „Ich lass mir nicht die Butter vom Brot nehmen!" Aushandlungsprozesse in häuslichen Pflegearrangements. Frankfurt am Main: Mabuse.

Hill, B. (2008): Selbsthilfe und soziales Engagement – Motor für die Zivilgesellschaft? NAKOS Extra. www.nakos.de. Zugriff am 3.02.2009.

Hillebrandt, F. (1999): Exklusionsindividualität. Moderne Gesellschaftsstruktur und die soziale Konstruktion des Menschen. Opladen: Leske + Budrich.

Hillman, J. (1995): Pan und die natürliche Angst. 2. Aufl. Zürich: Schweizer Spiegel-Verlag.

Hiltbrunner, O. (1968): Die ältesten Krankenhäuser. Hippokrates 39 (3), S. 501–506.

– (2005): Gastfreundschaft in der Antike und im frühen Christentum. Darmstadt: Wissenschaftliche Buchgesellschaft.

Hinte, W. (2009): Eigensinn und Lebensraum – zum Stand der Diskussion um das Fachkonzept „Sozialraumorientierung". Vierteljahresschrift für Heilpädagogik und ihre Nachbargebiete 78 (1), S. 20–33.

Hinterhuber, H./*Scheuer*, M./*Heyster*, P. van (Hrsg.) (2006): Der Mensch in seiner Klage. Anmerkungen aus Theologie und Psychiatrie. Innsbruck/Wien: Tyrolia.

Hinze, D. F. (2001): Führungsprinzip Achtsamkeit. Heidelberg: Sauer-Verlag.

Hippel, Th. von (2006): Zukunft des deutschen Gemeinnützigkeitsrechts nach der „Stauffer"-Entscheidung des EuGH. Europäische Zeitschrift für Wirtschaftsrecht 17 (20), S. 614–618.

– (2007): Grundprobleme von Nonprofit-Unternehmen. Tübingen: Mohr Siebeck.

Hirsch, M. (2006): Das Haus. Symbol für Leben und Tod, Freiheit und Anhängigkeit. Gießen: Psychosozial-Verlag.

Hirsch, R. D. (2008): Im Spannungsfeld zwischen Medizin, Pflege und Politik: Menschen mit Demenz. Zeitschrift für Gerontologie und Geriatrie 41 (2), S. 106–116.

Hirschberg, M. (2003): Die Klassifikation von Behinderung der WHO. 2. Aufl. Berlin: IMEW.

Hirschman, A. (1995): Denken gegen die Zukunft. Die Rhetorik der Reaktion. Frankfurt am Main: Fischer.

Hjelde, S. (2006): Sigmund Mowinckel und seine Zeit. Tübingen: Mohr Siebeck.

Hnilica, I. (2006): Medizin, Macht und Männlichkeit. Ärztebilder der frühen Moderne bei Ernst Weiß, Thomas Mann und Arthur Schnitzler. Freiburg i. Br.: Fördergemeinschaft wissenschaftlicher Publikationen von Frauen.

Hobe, St.*/Biehl,* D.*/Schroeter,* N. (2003): Der Einfluß des Rechts der Europäischen Gemeinschaften/Europäischen Union auf die Struktur der kommunalen Selbstverwaltung. Die Öffentliche Verwaltung 19, S. 803–812.

– (2004): Europarechtliche Einflüsse auf das Recht der deutschen kommunalen Selbstverwaltung. Stuttgart u. a.: Boorberg.

Hoburg, R. (Hrsg.) (2008): Theologie der helfenden Berufe. Stuttgart: Kohlhammer.

Hochman, H. M.*/Rodgers,* J. D. (1969): Pareto Optimal Redistribution. American Economic Review 59, S. 542–557.

Hochreiter, G. (2006): Choreografie von Veränderungsprozessen. 2., völlig überarb. Aufl. Heidelberg: Carl-Auer.

Höcker, A.*/Simons,* O. (Hrsg.) (2007): Kafkas Institutionen. Bielefeld: transcript.

Höffe, O. (2004): Patientenwohl im Zeitalter der Allmacht, in: Blum, H. E./Haas, R. (Hrsg.), Über das Menschenbild in der Medizin. Stuttgart/New York: Thieme, S. 26–33.

Höflich, A. u. a. (Hrsg.) (2007): Selbsthilfegruppen für psychisch und psychosomatisch Kranke. Zugangswege, Barrieren, Nutzen. Bremerhaven: WNV.

Högerle, M.-L. u. a. (Hrsg.) (2001): Eigenverantwortlichkeit. Neue Wege in der Ausbildung von HeilerziehungspflegerInnen. Freiburg i. Br.: Lambertus.

Hölkeskamp, K.-J. (2002): Polis and Agora. Homer and The Archaeology of the City-State, in: Montanari, F./Ascheri, P. (Hrsg.), Omero Tremila Anni Dopo. Rom: Edizioni Di Storia E Letteratura, S. 297–342.

– (2003): Institutionalisierung durch Verortung: Die Entstehung der Öffentlichkeit im frühen Griechenland, in: ders. u. a. (Hrsg.), Sinn (in) der Antike. Mainz: Zabern, S. 81–104.

– (2004): Under Roman Roofs: Family, House, and Household, in: Glower, H. I. (Hrsg.), The Cambridge Companion to the Roman Republic. Cambridge: Cambridge University Press, S. 113–379.

– (2006): Pomp und Prozessionen. Rituale und Zeremonien in der politischen Kultur der römischen Republik, in: Jahrbuch des Historischen Kollegs 2006, München/Wien: Oldenbourg, S. 35–72.

– (2006a): History and Collective Memory in the Middle Republic, in: Rosenstein, N./Morstein-Marx, R. (Hrsg.), A Companion to the Roman Republic. Oxford: Blackwell, S, 478–495.

Höllinger, F./Galler, M. (1993): Kinship and Social Networks in Modern Societies: A cross-cultural comparison among seven nations. European Sociological Review 6, S. 103–124.

Hölscher, M. (2006): Wirtschaftskulturen in der erweiterten EU. Wiesbaden: VS Verlag für Sozialwissenschaften.

Hömke, S. (2002): Kommunikation in Institutionen am Beispiel der Arzt-Patient-Kommunikation im Krankenhaus. Stuttgart: ibidem.

Höppner, P. L. (2007): Humanistische Altenpflege. Saarbrücken: VDM Verlag Dr. Müller.

Hörisch, J. (1979): Charaktermasken. Subjektivität als Trauma bei Jean Paul und Marx. Jahrbuch der Jean-Paul-Gesellschaft 14, S. 79–96.

– (1997): Brot und Wein. Frankfurt am Main: Suhrkamp.

Hörl, E. (2005): Die heiligen Kanäle. Über die archaische Illussion der Kommunikation. Zürich/Berlin: diaphabes.

Hörl, J./Kytir, J. (1998): Die „Sandwich-Generation": Soziale Realität oder gerontologischer Mythos? Kölner Zeitschrift für Soziologie und Sozialpsychologie 50 (4), S. 730–741.

Hörner, R. (2006): Ludwig Wittgenstein. Privatsprache. Ludwigshafen: Scriptline Verlag.

Höwler, E. (2007): Interaktionen zwischen Pflegenden und Personen mit Demenz. Stuttgart: Kohlhammer.

Hoff, A./Tesch-Römer, C. (2007): Family relations and ageing – substantial changes since the middle of the last century?, in: Wahl, H.-W./Tesch-Römer, C./Hoff, A. (Hrsg.), New Dynamics in old age: Individual, environmental and societal perspectives. Amityville, NY: Baywood Publishing, S. 65–83.

Hoffer, H./Piontkowski, K. (Hrsg.) (2007): PPP: Öffentliche private Partnerschaften. Erfolgsmodelle auch für den sozialen Sektor? Berlin: Eigenverlag des Deutschen Vereins für öffentliche und private Fürsorge.

Hoffmann, D./Schubarth, W./Lohmann, M. (Hrsg.) (2008): Jungsein in einer alternden Gesellschaft. Weinheim/München: Juventa.

Hoffmann, J. (2006): Soziale Gerechtigkeit für Kinder. Zur Chancengleichheit des Aufwachsens im Sozialstaat des Grundgesetzes. Baden-Baden: Nomos.

Hoffmann, S. O. (2006a): Viktor von Weizsäcker: Arzt und Denker gegen den Strom. Deutsches Ärzteblatt 103 (11), A 672–674.

Hoffmann, V. (2007): Vermittelte Offenbarung. Paul Ricoeurs Philosophie als Herausforderung der Theologie. Ostfildern: Matthias-Grünewald.

– (Hrsg.) (2009): Die Gabe. Ein „Urwort" der Theologie? Frankfurt am Main: Lembeck.

Hofmann, H./Stiksrud, A. (Hrsg.) (2004): Dem Leben Gestalt geben. Erik H. Erikson aus interdisziplinärer Sicht. Wien: Krammer.

Hofmann, I. (2001): Schwierigkeiten im interprofessionellen Dialog zwischen ärztlichem und pflegerischem Kollegium. Pflege (14), S. 207–213.

Hofstede, G. (1991): Cultures and Organizations. Software of the mind. London: McGraw-Hill.

Hoh, R. (2002): Umgang mit Sterben und Tod. Ein Beitrag zur Qualitätssicherung in der Pflege. München: Utz.

Hohmann, R. (2005): Was heißt in der Geschichte stehen? Eine Studie zum Verhältnis von Geschichte und Menschsein. Stuttgart: Kohlhammer.

Hojat, M. (2006): Empathy in Patient Care. New York: Springer.

Holl, M.-K. (2003): Semantik und soziales Gedächtnis. Die Systemtheorie Niklas Luhmanns und die Gedächtnistheorie von Aleida und Jan Assmann. Würzburg: Königshausen & Neumann.

Holm, B. K. (2006): Gabe und Geben bei Luther. Berlin/New York: de Gruyter.

Holmes, J. (2006): John Bowlby und die Bindungstheorie. 2. Aufl. München: Reinhardt.

Holste, Chr. (Hrsg.) (2006): Kracauers Blick. Anstöße zu einer Ethnographie des Städtischen. Hamburg: Philo.

Holstein, L. (2003): Nachhaltigkeit und neoklassische Ökonomie. Marburg: Metropolis.

Holtmann, St. (2007): Karl Barth als Theologe der Neuzeit. Göttingen: Vandenhoeck & Ruprecht.

Holz, P. (2004): Prävention bei pflegenden Angehörigen. Hamburg: Kovac.

Holzberg, N. (2007): Ovids Metamorphosen. München: Beck.

Holzer, B. (2006): Netzwerke. Bielefeld: transcript.

Holzer, E./*Bauer*, H./*Hauke*, E. (Hrsg.) (2007): Wirkungsgeleitetes Ressourcenmanagement im öffentlichen Gesundheitswesen. Wien: Facultas.

Holzhey, H. (Hrsg.) (1994): Ethischer Sozialismus. Zur politischen Philosophie des Neukantianismus. Frankfurt am Main: Suhrkamp.

Holzhey-Kunz, A. (2001): Leiden am Dasein. Die Daseinsanalyse und die Aufgabe einer Hermeneutik psychopathologischer Phänomene. 2. Aufl. Wien: Passagen.

Hondrich, K. O. (2006): Der Neue Mensch. 3. Aufl. Frankfurt am Main: Suhrkamp.

Honegger, C. (Hrsg.) (1978): Die Hexen der Neuzeit. Studien zur Sozialgeschichte eines kulturellen Deutungsmusters. Frankfurt am Main: Suhrkamp.

Honneth, A. (Hrsg.) (2002): Kommunitarismus. Frankfurt am Main/New York: Campus.

– (2007): Pathologien der Vernunft. Frankfurt am Main: Suhrkamp.

Honneth, A./*Rössler*, B. (Hrsg.) (2008): Von Person zu Person. Zur Moralität persönlicher Beziehungen. Frankfurt am Main: Suhrkamp.

Hontschik, B. (2005): Thure von Uexküll. Eine Würdigung. Mabuse 153 (Januar/Februar).

Hopf, Chr. (2005): Frühe Bindungen und Sozialisation. Weinheim/München: Juventa.

Hoping, H. (2004): Einführung in die Christologie. Darmstadt: WBG.

Hoppe, U. C. (2003): Warum werden Leitlinien nicht befolgt? Deutsche Medizinische Wochenschrift 128, S. 820–824.

Hopton, J. (1997): Towards a critical theory of mental health. Journal of Advanced Nursing 25 (3), S. 492–500.

Horkheimer, M. (1968): Kritische Theorie. Bd. I. Frankfurt am Main: Fischer.

Hort, R. (2007): Vorurteile und Stereotype. Soziale und dynamische Konstrukte. Saarbrücken: VDM Verlag Dr. Müller.

Hose, M. (1990/1991): Studien zum Chor bei Euripides. 2 Teile. Stuttgart: Teubner.

– (2008): Euripides. Der Dichter der Leidenschaften. München: C. H. Beck.

Hosking, D. M./*McNamee,* S. (Hrsg.) (2006): The Social Construction of Organization. Copenhagen: Copenhagen Business School Press.

Hosseini, M. (2007): Wittgenstein und Weisheit. Stuttgart: Kohlhammer.

Hotze, A. (2008): Menschenbild und Ordnung der Sozialen Marktwirtschaft. Hamburg: Kovac.

Howell, S. (Hrsg.) (1997): The Ethnography of Morality. London/New York: Routledge.

Hsu, Ch.-Ch. (2004): Institutionen körperschaftlicher Selbstverwaltung. Hamburg: Kovac.

Huber, K. A. (2005): Exzellente Leistungen durch sinn- und werteorientierte Unternehmensführung. Viktor Frankls Psychologie und ihr Beitrag zur Gestaltung, Lenkung und Entwicklung leistungsorientierter sozialer Prozesse in Unternehmen. Norderstedt: Books on demand.

Huber, P. (2007): Die Rolle des Case Managers im Krankenhaus – Ergebnisse einer Studie und Anregungen zur Umsetzung, in: Hellmann, W. (Hrsg.), Handbuch Integrierte Versorgung. 11. Aktualisierung. August 2007. Heidelberg: Economica.

Huch, R. (1951): Die Romantik. Ausbreitung, Blütezeit, Zerfall. Tübingen: Wunderlich.

Hudemann-Simon, C. (2000): Die Eroberung der Gesundheit 1750–1900. Frankfurt am Main: Fischer.

Hübner, S. (2004): Vom Allgemeinen Krankenhaus zur Gesundheitsfabrik. Frankfurt am Main: Lang.

Hügli, A./*Lübcke,* P. (Hrsg.) (1994): Philosophie im 20. Jahrhundert. Bd. 1. Reinbek bei Hamburg: Rowohlt.

Hülsgen-Giesler, M. (2008): Der Zugang zum Anderen. Zur theoretischen Rekonstruktion von Professionalisierungsstrategien pflegerischen Handelns im Spannungsfeld von Mimesis und Maschinenlogik. Göttingen: Universitätsverlag Osnabrück im V&R unipress.

Huget, H. (2007): Demokratisierung der EU. Wiesbaden: VS Verlag für Sozialwissenschaften.

Huizinga, J. (1997): Homo Ludens. Reinbek Hamburg: Rowohlt.

Hummel, G. (1989): Die Begegnungen zwischen Philosophie und Evangelischer Theologie im 20. Jahrhundert. Darmstadt: Wissenschaftliche Buchgesellschaft.

Hummelbrunner, S. (2005): Die ärztliche Gruppenpraxis. Wien: Manz.

Hunsinger, G. (2009): Karl Barth lesen. Eine Einführung in sein theologisches Denken. Neukirchen-Vluyn: Neukirchener.

Hunstorfer, K. (2006): Ärztliches Ethos. Technikbewältigung in der modernen Medizin? Frankfurt am Main: Lang.

Hunt, M. (1992): Das Rätsel der Nächstenliebe. Der Mensch zwischen Altruismus und Egoismus. Frankfurt am Main/New York: Campus.

Hunziger-Rodewald, R. (2001): Hirt und Herde. Ein Beitrag zum alttestamentlichen Gottesverständnis. Stuttgart: Kohlhammer.

Huppenbauer, M. (1992): Mythos und Subjektivität. Aspekte neutestamentlicher Entmythologisierung im Anschluss an Rudolf Bultmann und Georg Picht. Tübingen: Mohr Siebeck.

Hurrelmann, K. (2006): Gesundheitssoziologie. 6., vollst. überarb. Aufl. Weinheim/ München: Juventa.

Hurrelmann, K. u.a. (Hrsg.) (2004): Lehrbuch Prävention und Gesundheitsförderung. Bern u.a.: Huber.

Hurth, E. (2008): Mythos Arzt? 2. Aufl. Taunusstein: Friesen.

Husa, K./*Jordan,* R./*Wohlschlägl,* H. (Hrsg.) (2008): Ost- und Südostasien zwischen Wohlfahrtsstaat und Eigeninitiative. Wien: Universität Wien. Institut für Geographie und Regionalforschung.

Huse, N. (2008): Geschichte der Architektur im 20. Jahrhundert. München: Beck.

Husemann, D. (2007): Fröhliche Händler. Abenteuer Archäologie (2), S. 34–37.

Husserl, E. (1977): Die Krisis der europäischen Wissenschaften und die transzendentale Phänomenologie. Hamburg: Felix Meiner.

Huth, K. (Hrsg.) (2001): Arzt-Patient. Zur Geschichte und Bedeutung einer Beziehung. Tübingen: Attempto.

HVB (2003): Gesundheitsmarkt 2013. München.

Igersky, S./*Schmacke,* N. (2000): Und wo bleiben die Patienten …? Eine Analyse von Arzt- und Krankenhausserien im deutschen Fernsehen, in: Jazbinsek, D. (Hrsg.), Gesundheitskommunikation. Wiesbaden: Westdeutscher Verlag, S. 129–147.

Igl, G./*Naegele,* G./*Hamdorf,* S. (Hrsg.) (2007): Reform der Pflegeversicherung – Auswirkungen auf die Pflegebedürftigen und die Pflegepersonen. Hamburg: LIT-Verlag.

Iken, U. (2007): Orte des Wohnens – Weichenstellung der Wohn-Lebens-Situation im höheren Lebensalter. Hamburg: Kovac.

Illhardt, F.-J. (2004): Schmerz als Ausdruck der Person, in: Schnell, M. W. (Hrsg.), Leib, Körper, Maschine. Interdisziplinäre Studien über den bedürftigen Menschen. Düsseldorf: Verlag selbstbestimmten Leben, S. 25–39.

Illies, Chr. (2006): Philosophische Anthropologie im biologischen Zeitalter. Frankfurt am Main: Suhrkamp.

Illouz, E. (2007): Gefühle in Zeiten des Kapitalismus. Frankfurt am Main: Suhrkamp.

– (2009): Die Errettung der modernen Seele. Frankfurt am Main: Suhrkamp.

Imbusch, P. (2007): Soziologie der Eliten. Wiesbaden: VS Verlag für Sozialwissenschaften.

Imbusch, P./*Rucht,* D. (Hrsg.) (2007): Profit oder Gemeinwohl? Fallstudien zur gesellschaftlichen Verantwortung von Wirtschaftseliten. Wiesbaden: VS Verlag für Sozialwissenschaften.

Imdahl, M. (1996): Gesammelte Schriften. Bd. 1: Zur Kunst der Moderne. Bd. 2: Zur Kunst der Tradition. Bd. 3: Reflexion. Theorie. Methode. Frankfurt am Main: Suhrkamp.

Immenga, U./*Rudo,* J. (1997): Die Beurteilung von Gewährträgerhaftung und Anstaltslast der Sparkassen und Landesbanken nach dem EU-Beihilferecht. Baden-Baden: Nomos.

Immerfall, St. (2006): Europa – politisches Einigungswerk und gesellschaftliche Entwicklung. Wiesbaden: VS Verlag für Sozialwissenschaften.

Ingram, P./*Clay,* K. (2000): The Choice-Within-Constraints New Institutionalism and Implications for Sociology. Annual Review of Sociology 26, S. 509–546.

Inhester, O. (2004): Haltung bewahren – der aufrechte Gang als „Bewegungsübung" zur Pflege einer pflegerischen Berufshaltung, in: Schnell, M. W. (Hrsg.), Leib, Körper, Maschine. Interdisziplinäre Studien über den bedürftigen Menschen. Düsseldorf: Verlag selbstbestimmten Leben, S. 157–191.

Irmak, K. H. (2002): Der Sieche. Alte Menschen und die stationäre Altenhilfe in Deutschland 1924–1961. Essen: Klartext.

Iser, W. (1993): Das Fiktive und das Imaginäre. Perspektiven literarischer Anthropologie. Frankfurt am Main: Suhrkamp.

Iuangareva, I. (2009): Grenzüberschreitende Gesundheitsnetzwerke im Lichte der EG-Grundfreiheiten und des europäischen Wettbewerbs-, Beihilfe- und Vergaberechts. Eine institutionentheoretische und evolutionsökonomische Analyse des Managements strategischer transnationaler Gesundheitsnetzwerke. Dissertation Köln.

Jabsen, A./*Blossfeld*, H.-P. (2008): Die Auswirkungen häuslicher Pflege auf die Arbeitsteilung in der Familie. Zeitschrift für Familienforschung 20 (3), S. 293–321.

Jachmann, M. (2006): Gemeinnützigkeit in Europa. Stuttgart u. a.: Boorberg.

Jacob, Chr. (2004): Gesundheitsförderung im pflegerisch-klinischen Kontext. Bern: Huber.

Jacob, S. (2000): Narratio. Die Rolle der Erzählung in Ethikkonzeptionen der Gegenwart: Paul Ricoeur und Alasdair MacIntyre. Jena: IKS Garamond.

Jacobs, K./*Schulze*, S. (2007): Der morbiditätsorientierte Risikostrukturausgleich: notwendige Funktionsbedingung für sinnvollen Wettbewerb in der GKV. Gesundheit und Gesellschaft Wissenschaft 7 (3), S. 7–13.

Jacobs, T. (2006): Dialog der Generationen. Hohengehren: Schneider Verlag.

Jaeger, F./*Liebsch*, B. (Hrsg.) (2004): Handbuch der Kulturwissenschaften. Bd. 1. Stuttgart/Weimar: Metzler.

Jaeger, F./*Straub*, J. (Hrsg.) (2004): Handbuch der Kulturwissenschaften. Bd. 2. Stuttgart/Weimar: Metzler.

Jäger, M./*Jäger*, S. (Hrsg.) (2007): Deutungskämpfe. Wiesbaden: VS Verlag für Sozialwissenschaften.

Jäger, U. (2005): Die Rede vom Menschen – Die Rede vom Körper: Plessner und Bourdieu, in: Gamm, G. u. a. (Hrsg.), Zwischen Anthropologie und Gesellschaftstheorie. Zur Renaissance Helmuth Plessners im Kontext moderner Lebenswissenschaften. Bielefeld: transcript, S. 99–121.

Jaeger, W. (1989): Paideia. Die Formung des griechischen Menschen. Nachdruck von 1973 in einem Band. Berlin/New York: de Gruyter.

– (2009): Die Theologie der frühen griechischen Denker. Stuttgart: Kohlhammer.

Jäggi, Chr. J. (2009): Sozio-kultureller Code, Rituale und Management. Wiesbaden: VS Verlag für Sozialwissenschaften.

Jagdfeld, F. H. (2004): Möglichkeiten und Grenzen der Abbildung der stationären Psychosomatik im DRG-System. Aachen: Shaker.

Jagiello, J. (1997): Vom ethischen Idealismus zum kritischen Sprachdenken. München: Don Bosco.

Jakob, E. (1996): Martin Heidegger und Hans Jonas. Marburg: Francke.

Jakobs, G. (2008): Norm, Person, Gesellschaft. Vorüberlegungen zu einer Rechtsphilosophie. 3., erheblich veränderte Aufl. Berlin: Duncker & Humblot.

Jakobs, H. (1997): Heilpädagogik zwischen Anthropologie und Ethik. Bern: Haupt.

James, E. O. (2003): Der Kult der Grossen Göttin. Bern: edition amalia.

James, W. (2003): Die Vielfalt religiöser Erfahrung. 2. Aufl. Frankfurt am Main: Insel.

Jamme, Chr. (1999): „Gott an hat ein Gewand". Grenzen und Perspektiven philosophischer Mythos-Theorien der Gegenwart. Frankfurt am Main: Suhrkamp.

- (2005): Einführung in die Philosophie des Mythos. Darmstadt: Wissenschaftliche Buchgesellschaft.

Janke, W. (2002): Das Glück der Sterblichen. Eudämonie und Ethos, Liebe und Tod. Darmstadt: Wissenschaftliche Buchgesellschaft.

Janowski, B. (1999): Die rettende Gerechtigkeit. Neukirchen-Vluyn: Neukirchener.

- (2003): Der Gott des Lebens. Neukirchen-Vluyn: Neukirchener.
- (2004): Gottes Gegenwart in Israel. 2. Aufl. Neukirchen-Vluyn: Neukirchener.
- (2005): Theologie und Exegese des Alten Testaments/der Hebräischen Bibel. Stuttgart: Katholisches Bibelwerk.

Janowski, B./Welker, M. (Hrsg.) (2000): Opfer. Theologische und kulturelle Kontexte. Frankfurt am Main: Suhrkamp.

Jansen, St. A./Priddat, B./Stehr, N. (Hrsg.) (2005): Demographie. Bewegungen einer Gesellschaft im Ruhestand. Wiesbaden: VS Verlag für Sozialwissenschaften.

Janssen, C. (2008): „Sieh hin, es ist sehr gut". Alter in der Bibel, in: Rivuzumwami, C./Schäfer-Bossert, St. (Hrsg.), Aufbruch ins Alter. Ein Lese-, Denk- und Praxisbuch. Stuttgart: Kohlhammer, S. 11–18.

Janßen, Chr./Borgetto, B./Heller, G. (Hrsg.) (2007): Medizinsoziologische Versorgungsforschung. Weinheim/München: Juventa.

Janssen, U. (2002): Heilige Zeichen. Die Produktion der „eigentlichen Wirtklichkeit" in hermeneutischen Theorien. München: Fink.

Jantzen, W. (2003): „... die da dürstet nach Gerechtigkeit". De-Institutionalisierung in einer Großeinrichtung der Behindertenhilfe. Berlin: Spiess.

Jasper, J./Sundmacher, T. (2005): Wettbewerb und Kooperation als Koordinierungsverfahren für die Integrierte Versorgung. Sozialer Fortschritt 54 (3), S. 53–62.

Jaspers, K. (1932): Philosophie I. Philosophische Weltorientierung. Berlin: Julius Springer.

- (1973): Philosophie II. Existenzerhellung. Berlin u. a.: Springer.

Jaspers, K. J. (1999): Der Arzt im technischen Zeitalter. 2. Aufl. München: Piper.

Jauß, H. R. (1991): Ästhetische Erfahrung und literarische Hermeneutik. Frankfurt am Main: Suhrkamp.

Jax, St. (1999): Der Hofgeismarkreis der Jungsozialisten und seine Nachwirkungen in der Weimarer Zeit. Archiv der Arbeiterjugendbewegung Oer-Erkenschwick. Bonn: Archiv der Arbeiterjugendbewegung Nr. 16.

Jayes, J. (1988): Der Ursprung des Bewußtseins aus dem Zusammenbruch der bikameralen Psyche. Reinbek bei Hamburg: Rowohlt.

Jedrzejczak, K. (2006): Organisationskultur im Krankenhaus. Weiden/Regensburg: eurotrans-Verlag.

Jehle, F. (2006): Emil Brunner. Theologe im 20. Jahrhundert. Zürich: Theologischer Verlag Zürich.

Jenrich, H. (Hrsg.) (2008): Altenpflege international. Entwicklungen in der außereuropäischen Altenhilfe. Frankfurt am Main: Mabuse.

Jensen, A. E. (1992): Mythos und Kult bei Naturvölkern. München: dtv.

Jensen, P. (1906): Das Gilgamesch-Epos in der Weltliteratur. Bd 1. Straßburg: Trübner.

Jentschke, E. (2007): Die Notwendigkeit der Palliativen Medizin in der Altersversorgung. Berlin: LIT-Verlag.

Jeremias, A. (1904): Das Alte Testament im Lichte des Alten Orients. Leipzig: Hinrichs'sche Buchhandlung.

Jerg, J. u. a. (Hrsg.) (2005): Selbstbestimmung, Assistenz und Teilhabe. Beiträge zu ethischen, politischen und pädagogischen Orientierung in der Behindertenhilfe. Stuttgart: Verlag der Evangelischen Gesellschaft.

Jeschke, D. (1975): Konsumentensouveränität in der Marktwirtschaft. Berlin: Duncker & Humblot.

Jespersen, B. D./*Skjott-Larsen*, T. (2005): Supply Chain Management – in Theory and Practice. Copenhagen: Copenhagen Business School Press.

Jetter, D. (1973): Grundzüge der Hospitalgeschichte. Darmstadt: Wissenschaftliche Buchgesellschaft.

– (1977): Grundzüge der Krankenhausgeschichte (1800–1900). Darmstadt: Wissenschaftliche Buchgesellschaft.

– (1986): Das europäische Hospital. Von der Spätantike bis 1800. Köln: DuMont.

Jetter, W. (1986): Symbol und Ritual. Anthropologische Elemente im Gottesdienst. 2., durchgesehene Aufl. Göttingen: Vandenhoeck & Ruprecht.

Jetzkowitz, J./*Stark*, C. (Hrsg.) (2003): Soziologischer Funktionalismus. Wiesbaden: VS Verlag für Sozialwissenschaften.

Jonas, H. (1984): Das Prinzip Verantwortung. Frankfurt am Main: Suhrkamp.

– (2008): Gnosis. Frankfurt am Main: Verlag der Weltreligionen (Insel/Suhrkamp).

Jorgensen, K. M. (2007): Power without Glory. A Genealogy of a Management Decision. Copenhagen: Copenhagen Business School.

Jost, P. J. (2001): Die Prinzipal-Agenten-Theorie in der Betriebswirtschaftslehre. Stuttgart: Schäffer-Pöschel.

Jost, R. (2006): Gender, Sexualität und Macht in der Anthropologie des Richterbuches. Stuttgart: Kohlhammer.

– (2006a): Frauenmacht und Männerliebe. Egalitäre Utopien aus der Frühzeit Israels. Stuttgart: Kohlhammer.

Josuks, H. (2003): Primary Nursing: Ein Konzept für die ambulante Pflege. Hannover: Schlütersche (jetzt auch als 2., aktual. Aufl. 2008).

Joswig, K. D. (2007): Der systemisch-ökologische Orientierungsansatz Otto Specks in der Heilpädagogik. Berlin: LIT-Verlag.

Jünger, J./*Köllner,* V. (2003): Integration eines Kommunikationstrainings in die klinische Lehre. Psychother Psych Med 53, S. 56–64.

Jünke, C. (2007): Leo Kofler – Leben und Werk (1907–1995). Hamburg: VSA-Verlag.

Jung, C. G. (1984): Die Mana-Persönlichkeit, in: ders. Persönlichkeit und Übertragung. C. G. Jung Grundwerk. Bd. 3. Olten/Freiburg i. Br., S. 110–124.

– (2001): Die Beziehungen zwischen dem Ich und dem Unbewußten. München: dtv.

Jung, H. (2009): Persönlichkeitstypologie. 3., vollst. überarb. u. wesentlich erw. Aufl. München: Oldenbourg.

Jung, M. (2001): Hermeneutik zur Einführung. Hamburg: Junius.

Jungbauer, H. (2002): „Ehre Vater und Mutter". Der Weg des Elterngebots in der biblischen Tradition. Tübingen: Mohr Siebeck.

Junge, K. (2007): Recht auf Teilnahme an der vertragsärztlichen Versorgung. Baden-Baden: Nomos.

Jureit, U. (2006): Generationenforschung. Göttingen: Vandenhoeck & Ruprecht (UTB).

Kaba-Schönstein, L./*Kälble,* K. (2004): Interdisziplinäre Kooperation im Gesundheitswesen. Eine Herausforderung für die Ausbildung in der Medizin, der Sozialen Arbeit und der Pflege. Frankfurt am Main: Mabuse.

Kachel, W. (2001): Neue Formen der Bürgerbeteiligung. Eine Untersuchung am Beispiel der Lokalen Agenda 21 in Göttingen. Marburg: Tectum.

Kaduszkiewicz, H. u. a. (2009): Tabu und Stigma in der Versorgung von Patienten mit Demenz. Zeitschrift für Gerontologie und Geriatrie 42 (2), S. 155–162.

Kaelble, H. (2007): Sozialgeschichte Europas. 1945 bis zur Gegenwart. München: Beck.

Kälin, K. u. a. (2003): Sich selbst managen. 3. Aufl. Thun: Ott.

Kaempfe, J. (2007): Vertragswettbewerb zwischen Krankenkassen in der integrierten Versorgung. Gesundheits- und Sozialpolitik 61 (11 + 12), S. 39–43.

Kaempfer, W. (1996): Zeit des Menschen. Frankfurt am Main/Leipzig: Insel.

Käppeli, S. (2004): Vom Glaubenswerk zur Pflegewissenschaft. Geschichte des Mitleidens in der christlichen, jüdischen und freiberuflichen Krankenpflege. Bern u. a.: Huber.

– (2005): Bündnis oder Vertrag? Eine Reflexion über zwei Paradigmen der pflegenden Beziehung. Pflege 18 (3), S. 187–195.

Käser, R. (1998): Arzt, Tod und Text. Grenzen der Medizin im Spiegel deutschsprachiger Literatur. München: Fink.

Kaesler, J. (1999): Das Verlangen nach Sinn. Die anthropologische Dimension der Logotherapie. Hamburg: Kovac.

Kästner, E. (1975): Kreta. Frankfurt am Main/Leipzig: Insel.

- (2002): Ölberge, Weinberge. Ein Griechenland-Buch. 20. Aufl. Frankfurt am Main/Leipzig: Insel.

Kaganskaya, E. (2007): Steuerung des Risikos im Krankenhaus anhand der Balanced Scorecard. Saarbrücken: VDM Verlag Dr. Müller.

Kagitcibasi, C. (1996): Family and human development across cultures: A view from the other side. Mahwah/New Jersey: Lawrence Erlbaum Associates.

Kahla-Witzsch, H. A./*Geisinger*, Th. (2004): Clinical Pathways in der Krankenhauspraxis. Stuttgart: Kohlhammer.

Kahle, D. (2000): John Kenneth Galbraith und der Institutionalismus – eine Untersuchung möglicher Gemeinsamkeiten. Berlin: Logos.

Kaiser, G. (2008): Vom Pflegeheim zur Hausgemeinschaft. Köln: KDA.

Kaiser, H. (1995): Jean Paullesen. Versuch über seine poetische Anthropologie des Ich. Würzburg: Königshausen & Neumann.

Kaiser, O. (1985): Der Mensch und sein Schicksal. Berlin/New York: de Gruyter.

- (2003): Athen und Jerusalem. Die Begegnung des spätbiblischen Judentums mit dem griechischen Geist, ihre Voraussetzungen und ihre Folgen, in: Witte, M./Alkier, St. (Hrsg.), Die Griechen und der Vordere Orient. Freiburg/Schweiz: Universitätsverlag – Göttingen: Vandenhoeck & Ruprecht, S. 88- 120.

- (2003a): Der Gott des Alten Testaments. Bd. 3. Jahwes Gerechtigkeit. Göttingen: Vandenhoeck & Ruprecht (UTB).

- (2007): Kohelet. Das Buch des Predigers Salomo. Stuttgart: Radius.

Kaiser, St. (2006): Die Ärzte-GmbH. Rechtliche Fragen der gemeinsamen Erbringung ambulanter ärztlicher Leistungen in der Rechtsform einer Gesellschaft mit beschränkter Haftung. Hamburg: Kovac.

Kaiser-Probst, C. (2008): Den Wandel bewerten. Veränderungsprozesse in der öffentlichen Verwaltung im Lichte einer sozial-konstruktivistischen Ethik. Heidelberg: Carl Auer.

Kakar, S. (2006): Schamanen, Mystiker und Ärzte. Wie die Inder die Seele heilen. München: Beck.

Kalberg, St. (2006): Max Weber lesen. Bielefeld: transcript.

Kalbitzer, U. (2006): Wissenschaftliche Politikberatung als wirtschaftspolitischer Diskurs. Marburg: Metropolis.

Kalisch, P. A./*Kalisch*, B. J. (1984): Sex-role stereotyping of nurses and physicians on prime-time television: A dichotomy of occupational portrays. Sex Roles 10, S. 533–553.

Kallscheuer, O. (1987): Spiritus Lector. Die Zerstreuung des Zeitgeistes, in: Peter Sloterdijks „Kritik der zynischen Vernunft". Frankfurt am Main: Suhrkamp, S. 7–72.

Kaltenbach, K. (2008): Integratives Change Management: Herausforderung für die Zukunftsfähigkeit sozialwirtschaftlicher Organisationen. Theorie und Praxis der Sozialen Arbeit 59 (1), S. 49- 55.

Kaltoff, H. (1997): Wohlerzogenheit. Eine Ethnographie deutscher Internatsschulen. Frankfur am Main/New York: Campus.

Kaminski, B. (2003): Geborgenheit und Selbstwertgefühl. Eine Untersuchung auf der Grundlage der Forschungen von Otto Friedrich Bollnow, in: „Das Wesen der Stimmungen" und in: „Neue Geborgenheit" sowie in: „Analytik des Daseins" von Martin Heidegger, in: „Sein und Zeit". Frankfurt am Main: Haag + Herchen.

Kammler, C./*Parr,* R./*Schneider,* U. J. (Hrsg.) (2008): Foucault-Handbuch. Stuttgart: Metzler.

Kampen, N. van/*Sanders,* M. (2000): Einige kritische Anmerkungen zum Menschenbild in ausgewählten Pflegemodellen. Pflege 5 (3), S. 61–66.

Kampits, P. (1996): Das dialogische Prinzip in der Arzt-Patienten-Beziehung. Passau: Rothe.

Kamps, H. (2004): Der Patient als Text – Metaphern in der Medizin. Skizzen einer dialogbasierten Medizin. Zeitschrift für Allgemeinmedizin 80, S. 438–442.

Kandel, E. R. (2006): Psychiatrie, Psychoanalyse und die neue Biologie des Geistes. Frankfurt am Main: Suhrkamp.

Kao, A. C. u.a. (1998): Patient's Trust in Their Physicians. Effects of Choice, Continuity, and Payment Method. Journal of General Internal Medicine 13 (10), S. 681–686.

Karbach, U. u.a. (2007): Leitlinien und Medizinische Profession: Deutungsmuster und Akzeptanzprobleme, in: Kurscheid, C./Schulz-Nieswandt, F. (Hrsg.), Das Krankenhaus im Wandel der Versorgungslandschaft. Zeitschrift für öffentliche und gemeinwirtschaftliche Unternehmen, BH 35. Baden-Baden: Nomos, S. 25–37.

– (2010): Medizinische Leitlinien. Berlin: LIT.

Karenberg, A. (2005): Amor, Äskulap & co. Klassische Mythologie in der Sprache der modernen Medizin. Stuttgart/New York: Schattauer.

Karl, F. u.a. (2008): Perspektiven einer neuen Engagementkultur. Wiesbaden: VS Verlag für Sozialwissenschaften.

Kaser, K. (2008): Patriarchy after Patriarchy. Gender Relations in Turkey and in the Balkans, 1500–2000. Wien/Berlin: LIT-Verlag.

Kassner, K. (2003): Soziale Deutungsmuster – über aktuelle Ansätze zur Erforschung kollektiver Sinnzusammenhänge, in: Geideck, S./Liebert, W.-A. (Hrsg.), Sinnformeln. Linguistische und soziologische Analysen von Leitbildern, Metaphern und anderen kollektiven Orientierungsmustern. Berlin/New York: de Gruyter, S. 37–57.

Katterle, S. (1988): Ethische Aspekte des Verhaltens von Führungskräften öffentlicher und gemeinwirtschaftlicher Unternehmen. Zeitschrift für öffentliche und gemeinwirtschaftliche Unternehmen 11 (4), S. 434–447.

Kauer-Hain, M. (2005): Die Relativierung des Bedingten. Systematische Erwägungen zum Gebet bei Paul Tillich. Münster: LIT-Verlag.

Kaufman, B. E. (2007): The institutional economics of John R. Commons: complement and substitute for neoclassical economic theory. Socio-Economic Review 5 (1), S. 3–35.

Kaufmann, A./*Hassemer*, W./*Ulfried*, N. (Hrsg.) (2004): Einführung in die Rechtsphilosophie und Rechtstheorie der Gegenwart. 7., neu bearb. u. erw. Aufl. Heidelberg: C. F. Müller (UTB).

Kaufmann, F.-X. (2003): Sozialpolitisches Denken. Frankfurt am Main: Suhrkamp.

– (2004): Herausforderungen des Sozialstaates. 6. Aufl. Frankfurt am Main: Suhrkamp.

– (2006): Varianten des Wohlfahrtsstaates. 5. Aufl. Frankfurt am Main: Suhrkamp.

– (2008): Schrumpfende Gesellschaft. Vom Bevölkerungsrückgang und seinen Folgen. 3. Aufl. Frankfurt am Main: Suhrkamp.

Kauppert, M./*Funcke*, D. (Hrsg.) (2008): Wirkungen des wilden Denkens. Zur strukturalen Anthropologie von Claude Lévi-Strauss. Frankfurt am Main: Suhrkamp.

Kaven, C. (2006): Sozialer Wandel und Macht. Die theoretischen Ansätze von Max Weber, Norbert Elias und Michel Foucault im Vergleich. Marburg: Metropolis.

Kawachi, I. u.a. (2006): Commentary: Reconciling the three accounts of social capital. International Journal of Epidemiology 33 (4), S. 682–690.

Keating, N. L. u.a. (2004): Patient characteristics and experiences associated with trust in specialist physicians. Arch Intern Med 164 (10), 1015–1020.

Keel, O. (1996): Die Welt der altorientalischen Bildsymbolik und das Alte Testament. Am Beispiel der Psalmen. 5. Aufl. Göttingen: Vandenhoeck & Ruprecht.

Kegan, R. (1986): Die Entwicklungsstufen des Selbst. München: Kindt.

Kelle, U. (2007): Die Integration qualitativer und quantitativer Methoden in der empirischen Sozialforschung. 2. Aufl. Wiesbaden: VS Verlag für Sozialwissenschaften.

Kellehear, A. (2007): A social history of dying. New York: Cambridge University Press.

Keller, B. (2007): Sozialkapital und die Illusion sozialer Gleichheit. Bonn: Scienta Bonnensis.

Keller, P. (1997): Der innerbetriebliche Zielvereinbarungsdialog als ergebnisorientiertes Führungsinstrument. Eine linguistische Analyse. Münster u.a.: Waxmann.

Keller, R. (2007): Diskursforschung. 3. aktual. Aufl. Wiesbaden: VS Verlag für Sozialwissenschaften.

– (2007a): Wissenssoziologische Diskursanalyse. 2. Aufl. Wiesbaden: VS Verlag für Sozialwissenschaften.

Keller, R. u. a. (Hrsg.) (2004): Handbuch Sozialwissenschaftliche Diskursanalysen. Forschungspraxis. 2. Aufl. Wiesbaden: VS Verlag für Sozialwissenschaften.

- (Hrsg.) (2005): Die diskursive Konstruktion von Wirklichkeit. Konstanz: UVK.

- (Hrsg.) (2006): Handbuch Sozialwissenschaftliche Diskursanalyse. Theorien und Methoden. 2., aktual. u. erw. Aufl. Wiesbaden: VS Verlag für Sozialwissenschaften.

Kellermann, I. (2008): Vom Kind zum Schulkind. Die rituelle Gestaltung der Schulanfangsphase. Eine ethnographische Studie. Opladen-Farmington Hills: Budrich UniPress Ltd.

Kemmerer, A. (2007): Als die Bürger die Grenzen ihrer Zuständigkeit noch kannten. FAZ 200 v. 29.08.2007, S. N 3.

Kempf, A./*Osthoff,* P. (2007): The Effect of Socially Responsible Investing on Portfolio Performance. European Financial Management 13 (5), S. 908–922.

Kenzler, U. (1999): Studien zur Entwicklung und Struktur der griechischen Agora in archaischer und klassischer Zeit. Frankfurt am Main: Lang.

Kerényi, K. (1948): Der göttliche Arzt. Studien über Asklepios und seine Kultstätte. Zürich: Conzett & Huber.

- (1959): Prometheus. Die menschliche Existenz in griechischer Dichtung. Reinbek bei Hamburg: Rowohlt.

- (1992): Die Mythologie der Griechen. Die Götter- und Menschengeschichten. München: dtv.

- (1995–1998). Werkauswahl. Stuttgart: Klett-Cotta.

Kern, B. (2006): Das altägyptische Licht- und Lebensgottmotiv und sein Fortwirken in israelitisch/jüdischen und frühchristlichen Traditionen. Berlin: Frank & Timme.

Kern, D./*Küchen,* J. (2002): Management Arztpraxis. Saarbrücken: VDM Verlag Dr. Müller.

Kern, H. (1999): Labyrinthe. Erscheinungsformen und Deutungen. 5000 Jahre Gegenwart eines Urbildes. 4. Aufl. München: Prestel.

Kern, W. (1962): Besprechung zu: F. Ulrich „Homo abyssus". Scholastik 37 (III), S. 401–405.

Kernberg, O. (1983): Borderline-Störungen und pathologischer Narzißmus. Frankfurt am Main: Suhrkamp.

Kernberg, O./*Hartmann,* H. P. (Hrsg.) (2005): Narzissmus. Stuttgart/New York: Schattauer.

Kersten, J. (2006): Die Entwicklung des Konzepts der Daseinsvorsorge im Werk von Ernst Fortshoff. Der Staat 44 (1), S. 543 – 569.

- (2007): Demographie als Verwaltungsaufgabe. Die Verwaltung 40 (3), S. 309–345.

Kersting, K. (2002): Berufsbildung zwischen Anspruch und Wirklichkeit. Bern u. a.: Huber.

Kersting, W./*Langbehn,* C. (Hrsg.) (2007): Kritik der Lebenskunst. Frankfurt am Main: Suhrkamp.

Kessl, F. (2005): Der Gebrauch der eigenen Kräfte. Eine Gouvernementalität Sozialer Arbeit. Weinheim/München: Juventa.

Kessl, F./*Reutlinger,* Chr. (2007): Sozialraum. Eine Einführung. Wiesbaden: VS Verlag für Sozialwissenschaften.

Kessler, R. (2002): Die Ägyptenbilder der Hebräischen Bibel. Stuttgart: Katholisches Bibelwerk.

– (2006): Sozialgeschichte des alten Israels. Darmstadt: WBG.

– (2007): David musicus. Zur Genealogie eines Bildes, in: Geiger, M./Kessler, R. (Hrsg.), Musik, Tanz und Gott. Tonspuren durch das Alte Testament. Stuttgart: Katholisches Bibelwerk, S. 77–99.

– (2009): Studien zur Sozialgeschichte Israels. Stuttgart: Katholisches Bibelwerk.

Keupp, H./*Röhrle,* B. (Hrsg.) (1987): Soziale Netzwerke. Frankfurt am Main/New York: Campus.

Keupp, H. u. a. (2002): Identitätskonstruktionen. 2. Aufl. Reinbek bei Hamburg: Rowohlt.

Kiewitt, K. (2005): Musikbiographie und Alzheimer-Demenz. Hamburg: Kovac.

Kim, C. u. a. (2005): Is Physician Gender Associated With the Quality of Diabetes Care? Diabetes care 28 (7), S. 1594–1598.

Kim, S.-K. (2007): Das Menschenbild in der biblischen Urgeschichte und in ihren altorientalischen Parallelen. Berlin: Logos.

Kindermann, M. (2007): Sozialkapital und Wertorientierungen in Europa. Saarbrücken: VDM Verlag Dr. Müller.

Kingreen, Th. (2006): Das Gesundheitsrecht im Fokus von Grundfreiheiten, Kartell- und Beihilfenrecht. GesundheitsRecht 5 (5), S. 193–200.

– (2006a): Die grenzüberschreitende Inanspruchnahme und Erbringung von medizinischen Rehabilitationsleistungen. Zeitschrift für europäisches Sozial- und Arbeitsrecht (5 + 6), S. 210–215.

– (2007): Besprechung zu: Katja Fahlbusch. Ambulante ärztliche Behandlung in Europa, 2006. Europarecht 42 (3), S. 413–415.

– (2008): Das Sozialvergaberecht. Die Sozialgerichtsbarkeit 55 (8), S. 437–444.

Kinzel, Chr. (2002): Arbeit und Psyche. Konzepte und Perspektiven einer psychodynamischen Organisationspsychologie. Stuttgart: Kohlhammer.

Kinzl, U. P. (2000): Anstaltslast und Gewährträgerhaftung. Baden-Baden: Nomos.

Kippenberg, H. G. (1991): Die vorderasiatischen Erlösungsreligionen. Frankfurt am Main: Suhrkamp.

Kippenberg, H. G./*Luchesi,* B. (Hrsg.) (1995): Magie. Die sozialwissenschaftliche Kontroverse um das Verstehen fremden Denkens. 2. Aufl. Frankfurt am Main: Suhrkamp.

Kircher, K. (1910): Die sakrale Bedeutung des Weines im Altertum. Gießen: Töpelmann.

Kircher, T./*Gauggel,* S. (2008): Neuropsychologie der Schizophrenie – Symptome, Kognitionen, Gehirn. Heidelberg: Springer.

Kirchner, H. u. a. (2001): Disseminierung und Implementierung von Leitlinien im Gesundheitswesen. Deutsche Medizinische Wochenschrift 126, S. 1215–1220.

Kirov, J. (2005): Die soziale Logik des Rechts. Recht und Gesellschaft der römischen Republik. Göttingen: Vandenhoeck & Ruprecht unipress.

Kirschner, H. (2000): Urvertrauen und Hingabe. Grundlegende Aussagen der Anthropologie Erik H. Eriksons als Hilfe für die Annahme des Sterbens – in praktisch-theologischer Perspektive. Jena: IKS Garamond.

Kissler, L./*Greifenstein,* R./*Wiechmann,* E. (2008): Großbaustelle Arbeitsverwaltung. Arbeitsbedingungen und -beziehungen im Schatten der Arbeitsmarktreform. Berlin: edition sigma.

Kite, M. E. u. a. (2005): Attitudes towards younger and older adults: an updated meta-analytic review. Journal of Social Issues 61 (2), S. 241–266.

Kittsteiner, H. D. (1995): Die Entstehung des modernen Gewissens. Frankfurt am Main: Suhrkamp.

Kiunke, S. (2005): Strategische Unternehmensplanung und Balanced Scorecard. München/Mering: Hampp.

Kiuppis, F. (2008): Zur Erweiterung der Klassifizierung gesundheitsbezogener Daten auf Behinderung. Aachen: Shaker.

Kjorup, S. (2009): Semiotik. Fink: München (UTB).

Klammer, U./*Schulz-Nieswandt,* F. (2006): Logik des Sozialstaats und „Arbeit am Menschenbild". Sozialer Fortschritt 55 (7), S. 157–159.

Klamt, M. (2006): Verortete Normen. Wiesbaden: VS Verlag für Sozialwissenschaften.

Klapper, B. (2003): Die Aufnahme im Krankenhaus. Bern u. a.: Huber.

Klatt, W. (1969): Hermann Gunkel. Zu seiner Theologie der Religionsgeschichte und zur Entstehung der formgeschichtlichen Methode. Göttingen: Vandenhoeck & Ruprecht.

Klauber, J. u. a. (Hrsg.) (2006): Krankenhaus-Report 2005. Schwerpunkt: Wege zur Integration. Stuttgart/New York: Schattauer.

– (Hrsg.) (2007): Krankenhaus-Report 2006. Schwerpunkt: Krankenhausmarkt im Umbruch. Stuttgart/New York: Schattauer.

Klauber, J./*Robra,* B. P./*Schellschmidt,* H. (2007): Krankenhaus-Report 2007. Schwerpunkt: Krankenhausvergütung – Ende der Konvergenzphase? Stuttgart/New York: Schattauer.

– (2009): Krankenhaus-Report 2008/09. Versorgungszentren mit Online-Zugang zum Internetportal www.krankenhaus-report-online.de. Stuttgart/New York: Schattauer.

Kleffmann, T. (2008): Aufnahme des Dionysischen in die christliche Dogmatik, in: Danz, Chr. u.a. (Hrsg.), Internationales Jahrbuch für die Tillich-Forschung. Bd. 3/2007. Tillich und Nietzsche. Wien/Berlin: LIT-Verlag, S. 35–50.

Klein, C./*Albani,* C. (2007): Religiösität und psychische Gesundheit. Eine Übersicht über Befunde, Erklärungsansätze und Konsequenzen für die klinische Praxis. Psychiatrische Praxis 34 (3), S. 58–65.

Klein, M. (1991): Das Seelenleben des Kleinkindes. Stuttgart: Klett-Cotta.

Klein, Th. (2005): Sozialstrukturanalyse. Reinbek bei Hamburg: Rowohlt.

Kleine Schaars, W. (2006): Durch Gleichberechtigung zur Selbstbestimmung. Menschen mit geistiger Behinderung im Alltag unterstützen. 2. Aufl. Weinheim/München: Juventa.

Kleiner, G. (2001): Ambulante Rehabilitation im Alter. Der Stellenwert Psychosozialer Orientierungen. Frankfurt am Main: Mabuse.

Kleinewefers, H. (2008): Einführung in die Wohlfahrtsökonomie. Stuttgart: Kohlhammer.

Kleinschmidt, Chr. (2006): Massenkonsum, „Rheinischer Kapitalismus" und Verbraucherschutz, in: Berghahn V. R./Vitols, S. (Hrsg.), Gibt es einen deutschen Kapitalismus? Frankfurt am Main/New York: Campus, S. 143–153.

Kleinschmidt, H. (2004): Pflege und Selbstbestimmung. Bern u.a.: Huber.

Klemann, A. (2007): Management sektorübegreifender Kooperationen. Wegscheid: WIKOM-Verlag.

Klement, C. (2006): Von der Laienarbeit zur Profession? Zum Handeln und Selbstverständnis beruflicher Akteure in der ambulanten Altenpflege. Opladen: Barbara Budrich.

Klenk, T. (2006): Selbstverwaltung – Ein Kernelement demokratischer Sozialstaatlichkeit? Szenarien zur Zukunft der sozialen Selbstverwaltung. Zeitschrift für Sozialreform 52 (2), S. 273–291.

– (2008): Modernisierung der funktionalen Selbstverwaltung. Frankfurt am Main/New York: Campus.

Klepacki, L./*Liebau,* E. (Hrsg.) (2008): Tanzwelten. Zur Anthropologie des Tanzes. Münster u.a.: Waxmann.

Kleve, H. u.a. (2006): Systemisches Case-Management. Falleinschätzung und Hilfeplanung in der Sozialen Arbeit. Heidelberg: Carl-Auer.

Klie, Th. (2008): Norwegen. Im Heim der Kommune. Forum Sozialstation 32, Nr. 153, S. 46–48.

- (2008a): „Keine Lösung für alle – aber mehr Zeit und bedürfnisgrechtere Hilfen". CAREkonkret Nr. 39, 26.9.2008, S. 10.

Klie, Th./*Monzer,* M. (2008): Case Management in der Pflege. Zeitschrift für Gerontologie und Geriatrie 41 (2), S. 92–105.

Klie, Th./*Pindl,* Th. (2008): Das Bundesmodellprogramm Generationsübergreifende Freiwilligendienste – Lernorte für Bürgerschaftliches Engagement. Nachrichtendienst für öffentliche und private Fürsorge 88 (2), S. 84–90.

Klie, Th./*Spermann,* A. (Hrsg.) (2004): Persönliches Budget – Aufbruch oder Irrweg? Hannover: Vincentz.

Klieber, N. (2007): Selbstbeteiligung in der GKV. Saarbrücken: VDM Verlag Dr. Müller.

Klika, D. (2000): Herman Nohl. Sein „Pädagogischer Bezug" in Theorie, Biographie und Handlungspraxis. Köln: Böhlau.

Klindt, K. M. (1998): „Geschlecht" und „soziale Schichtung" als Kategorien der Pflegegeschichte: Männliche Pflegekräfte in der Verberuflichung der deutschen Krankenpflege um 1900. Pflege 11 (1), S. 35–42.

Klingenfeld, H. (1999): Heimübersiedlung und Lebenszufriedenheit älterer Menschen. Frankfurt am Main: Lang.

Klinger, C./*Knapp,* G.-A./*Sauer,* B. (Hrsg.) (2007): Achsen der Ungleichheit. Zum Verhältnis von Klasse, Geschlecht und Ethnizität. Frankfurt am Main/New York: Campus.

Klinger, J. (2007): Die Hethiter. München: Beck.

Klinghardt, M. (1996): Gemeinschaftsmahl und Mahlgemeinschaft. Soziologie und Liturgie frühchristlicher Mahlfeiern. Tübingen/Basel: Francke.

Klink, T. D. (2007): Entwicklung eines Governance Modells für Nonprofit-Krankenhäuser. Lohmar-Köln: Eul.

Klinke, S. (2008): Ordnungspolitischer Wandel im stationären Sektor. Berlin: pro Business.

Klinke, S./*Kühn,* H. (2006): Auswirkungen des DRG Entgeltsystems auf Arbeitsbedingungen von Krankenhausärzten und die Versorgungsqualität in deutschen Krankenhäusern. WZB SP I 2006-309. Berlin: WZB.

Klix, F. (1993): Erwachendes Denken. Geistige Leistungen aus evolutionspsychologischer Sicht. Heidelberg u.a.: Spektrum Akademischer Verlag.

Kloppenborg, J./*Wilson,* S. G. (Hrsg.) (1996): Voluntary Associations in the Graeco-Roman World. London: Routledge.

Klug, W. (2003): Mit Konzept planen – effektiv helfen. Ökosoziales Case Management in der Gefährdetenhilfe. Freiburg i.Br.: Lambertus.

Klute, J./*Kotlenga,* S. (Hrsg.) (2008): Sozial- und Arbeitsmarktpolitik nach Hartz. Fünf Jahre Hartzreformen: Bestandsaufnahme – Analysen – Perspektiven. Göttingen: Universitätsverlag Göttingen.

Kluth, W./*Goltz,* F. (2003): Kammern der berufsständischen Selbstverwaltung in der EU. Baden-Baden: Nomos.

Kluxen, W. (2006): Grundprobleme einer affirmativen Ethik. Freiburg i. Br.: Alber.

Kment, M. (2007): Die europäische Gesundheitspolitik und ihre Funktion als Querschnittsaufgabe – Eine Untersuchung des Art. 152 Abs. 1 UAbs. 1 EGV. Europarecht 42 (2), S. 275–285.

Knappe, E./*Schulz-Nieswandt,* F./*Kurscheid,* C./*Weissberger,* D. (2003): Vertragssystemwettbewerb. Köln-Trier. http://www.uni-koeln.de/wiso-fak/soposem/snw.

Knauber, B. (2006): Liebe und Sein. Die Agape als fundamentalontologische Kategorie. Berlin/New York: de Gruyter.

Knechtel, D. (2005): Oeconomicus. Die Ökonomisierung des Menschen. Frankfurt am Main: Frankfurter Literaturverlag.

Kneer, G./*Schroer,* M./*Schüttpelz,* E. (Hrsg.) (2008): Bruno Latours Kollektive. Frankfurt am Main: Suhrkamp.

Knesebeck, O. von der u. a. (2001): Evaluation einer gesundheitspolitischen Intervention auf kommunaler Ebene – das Modellprojekt „Ortsnahe Koordinierung der gesundheitlichen und sozialen Versorgung" in Nordrhein-Westfalen. Gesundheitswesen 63, S. 35–41.

Knill, Chr./*Winkler,* D. (2006): Staatlichkeit und Europäisierung. Zur Abgrenzung und Systematisierung eines interdisziplinären Konzepts. Der Staat 42 (2), S. 215–244.

Knoblauch, H./*Zingerle,* A. (Hrsg.) (2005): Thanatosoziologie. Berlin: Duncker & Humblot.

Knobling, C. (1999): Konfliktsituationen in Altenheimen. 5. Aufl. Freiburg i. Br.: Lambertus.

Knoepffler, N. (2001): Der Begriff „transzendental" bei Immanuel Kant. München: Utz.

Knoll, A. (1994): Glaube und Kultur bei Romano Guardini. Paderborn: Schöningh.

Knoppe, Th. (1992): Die theoretische Philosophie Ernst Cassirers. Zu den Grundlagen transzendentaler Wissenschafts- und Kulturtheorie. Hamburg: Meiner.

Knorr Cetina, K. (1984): Die Fabrikation von Erkenntnis. Frankfurt am Main: Suhrkamp.

– (2008): Theoretischer Konstruktivismus, in: Kalthoff, H./Hirschauer, St./Lindemann, G. (Hrsg.), Theoretische Empirie. Frankfurt am Main: Suhrkamp, S. 35–78.

Knox, R. A. (1974): Der Mord am Viadukt. (1925). München: Heyne.

Knuf, A. (2006): Empowerment in der psychiatrischen Arbeit. Bonn: Psychiatrie-Verlag.

Ko, J.-B. (2008): Wissenschaftspopularisierung und Frauenberuf. Diskurs um Gesundheit, hygienische Familie und Frauenrolle im Spiegel der Familienzeitschrift

Die Gartenlaube in der zweiten Hälfte des 19. Jahrhunderts. Frankfurt am Main: Lang.

Koch, Chr. (2008): Vertrag, Treueid und Bund. Studien zur Rezeption des altorientalischen Vertragsrechts im Deuteronomium und zur Ausbildung der Bundestheologie im Alten Testament. Berlin/New York: de Gruyter.

Koch-Straube, U. (1997): Fremde Welt Pflegeheim. Eine ethnologische Studie. Bern u. a.: Huber.

Köck, M. F. (2008): Personale Struktur religiöser Erfahrung. Paderborn u. a.: Schöningh.

Köckert, M. (2007): Die Zehn Gebote. München: Beck.

Kögler, H.-H. (1990): Fröhliche Subjektivität. Historische Ethik und dreifache Ontologie beim späten Foucault, in: Erdmann, E./Forst, R./Honneth, A. (Hrsg.), Ethos der Moderne. Foucaults Kritik der Aufklärung. Frankfurt am Main/New York: Campus, S. 202–226.

Köhl, K. (2006): Integrierte Versorgung im deutschen Gesundheitswesen. Saarbrücken: VDM Verlag Dr. Müller.

Köhler, S. C. (2005): Der deutsche Caritas Verband in Europa. Möglichkeiten und Grenzen der Einflussnahme auf die europäische Politik. München: Utz.

Köhler-Weisker, A./*Horn,* K./*Schülein,* J. A. (1993): „Auf der Suche nach dem wahren Selbst". Eine Auseinandersetzung mit Carl Rogers. Frankfurt am Main: Suhrkamp.

Köhnke, K. Chr. (1986): Entstehung und Aufstieg des Neukantianismus. Frankfurt am Main: Suhrkamp.

Kölking, H. (Hrsg.) (2007): DRG und Strukturwandel in der Gesundheitswirtschaft. Stuttgart: Kohlhammer.

Köller, W. (1988): Philosophie der Grammatik. Stuttgart: Metzler.

Koenig, Chr. (2006): EG-Beihilfenrechtkonforme Beteiligung privater Gesellschaften an gemischt öffentlich-privaten Gemeinschaftsunternehmen. Europäische Zeitschrift für Wirtschaftsrecht 17 (6), S. 203–208.

Koenig, Chr./*Steiner,* U. (2003): Die Anwendbarkeit des Vergaberechts auf die Leistungsbeziehungen zwischen Krankenhäusern und Krankenkassen. Zeitschrift für europäisches Sozial- und Arbeitsrecht (3), S. 98–105 (Teil I) und (4 + 5), S. 150–155 (Teil II).

König, E./*Volmer,* G. (2000): Systemische Organisationsberatung. Grundlagen und Methoden. 7. Aufl. Weinheim: Deutscher Studien Verlag.

König, J. (2006): Integrierte Versorgung. Saarbrücken: VDM Verlag Dr. Müller.

König, K. (1995): Charakter und Verhalten im Alltag. Göttingen: Vandenhoeck & Ruprecht.

– (1999): Kleine psychoanalytische Charakterkunde. 5. Aufl. Göttingen: Vandenhoeck & Ruprecht.

Königswieser, R. (2006): Widerstände gegen systemische Unternehmensführung, in: Hillebrand, M./Sonuc, E./Königswieser, R. (Hrsg.), Essenzen der systemischen Organisationsberatung. Heidelberg: Car-Auer, S. 9–20.

- (2006a): Mutter – Hexe – Trainerin. Was spielt sich ab, wenn eine Frau ein Training leitet?, in: Hillebrand, M./Sonuc, E./Königswieser, R. (Hrsg.), Essenzen der systemischen Organisationsberatung. Heidelberg: Car-Auer, S. 149–168.

Königswieser, R./*Exner,* A. (2006): Systemische Interventionen. Architekturen und Designs für Berater und Veränderungsmanager. 9. Aufl. Stuttgart: Klett-Cotta.

Königswieser, R./*Hillebrand,* M. (2005): Einführung in die systemische Organisationsentwicklung. 2., überarb. Aufl. Heidelberg: Carl-Auer.

- (2006): Haltung, in: Hillebrand, M./Sonuc, E./Königswieser, R. (Hrsg.), Essenzen der systemischen Organisationsberatung. Heidelberg: Car-Auer, S. 107–117.

Köppe, St./*Nullmeier,* F./*Wiesner,* A. (2007): Legitimationswandel des bundesdeutschen Sozialstaats. Sozialer Fortschritt 56 (9 + 10), S. 227–228.

Köppel, M. (2003): Salutogenese und Soziale Arbeit. Lage: Hans Jacobs.

Köpping, K.-P. u.a. (Hrsg.) (2002): Die autonome Person – eine europäische Idee? München: Fink.

Köpping, K.-P./*Leistle,* B./*Rudolph,* M. (2006): Introduction, in: dies. (Hrsg.), Ritual and Identity. Performative Practices as Effective Transformations of Social Reality. Münster: LIT-Verlag, S. 9–30.

Körner, J. (2004): Mitleid: das Ende der Empathie, in: Boothe, B./Stoellger, P. (Hrsg.), Moral als Gift oder Gabe? Zur Ambivalenz von Moral und Religion. Würzburg: Königshausen & Neumann, S. 59–71.

Körner, M. (2006): Teamanalyse und Teamentwicklung in der medizinischen Rehabilitation. Regensburg: Roderer.

Koerrenz, R. (2004): Otto Friedrich Bollnow. Ein pädagogisches Porträt. Weinheim/Basel: Beltz (UTB).

Körtner, U. H. J. (1997): Der unbewältigte Tod. Theologische und ethische Überlegungen zum Lebensende in der heutigen Gesellschaft. Passau: Rothe.

- (1998): Wie lange noch, wie lange? Über das Böse, Leid und Tod. Neukirchen-Vluyn: Neukirchener.

- (2006): Einführung in die theologische Hermeneutik. Darmstadt: WGB.

- (2007): Ethik im Krankenhaus. Göttingen: Vandenhoeck & Ruprecht.

Kösters, W. (2006): Weniger, bunter, älter. Wie der demographische Wandel Deutschland verändert. München: Olzog.

Köstler, U. (2006): Initiativen der Hilfe auf Gegenseitigkeit – Ansätze für ein Reformkonzept der Selbsthilfe. Theorie und Praxis der sozialen Arbeit 57 (1), S. 4–10.

- (2006a): Motive des Konzepts Seniorengenossenschaften. Gesundheits- und Sozialpolitik 60 (9 + 10), S. 43–51.

- (2006 b): Seniorengenossenschaften – Stabilitätseigenschaften und Entwicklungsmöglichkeiten. Münster: LIT-Verlag.
- (2007): Aktivierung des Bürgers mittels Zeittauschsystemen – Seniorengenossenschaften sind mehr als nur Tauschringe. Zeitschrift für öffentliche und gemeinwirtschaftliche Unternehmen 30 (4), S. 390–413.
- (2007 a): Seniorengenossenschaften – Selbsthilfegruppen mit Entwicklungspotenzial. Zeitschrift für das gesamte Genossenschaftswesen 57 (4), S. 257–269.

Köstler, U./Schulz-Nieswandt, F. (2010): Genossenschaftliche Selbsthilfe von Senioren. Motive und Handlungsmuster bürgerschaftlichen Engagegments. Stuttgart: Kohlhammer.

Kofler, L. (1973): Agression und Gewissen. München: Hanser.

Kohl, K.-H. (2003): Die Macht der Dinge. Geschichte und Theorie sakraler Objekte. München: Beck.

Kohlberg, L. (2007): Die Psychologie der Lebensspanne. Frankfurt am Main: Suhrkamp.

Kohlen, H./Kumbruck, Chr. (2008): Care-(Ethik) und das Ethos fürsorglicher Praxis (Literaturstudie). Artec Forschungszentrum Nachhaltigkeit. Universität Bremen. artec-paper No. 151.

Kohler-Koch, B./Knodt, M. (Hrsg.) (2001): Deutschland zwischen Europäisierung und Selbstbehauptung. Frankfurt am Main/New York: Campus.

Kohli, M. (1987): Retirement and the Moral Economy: a Historical Interpretation of the German case. Journal of Aging Studies (1), S. 125–144.

- (1999): Private and public transfers between generations: Linking the family and the state. European Societies 1 (1), S. 81–104.

Kohli, M. u. a. (2000): Grunddaten zur Lebenssituation der 40–85-jährigen deutschen Bevölkerung. Ergebnisse des Alters-Survey. Berlin: Weißensee.

Kohli, M./Künemund, H. (Hrsg.) (2005): Die zweite Lebenshälfte. Gesellschaftliche Lage und Partizipation des Alters-Survey. Wiesbaden: VS Verlag für Sozialwissenschaften.

Kohut, H. (1976): Narzißmus. Eine Theorie der psychoanalytischen Behandlung narzißtischer Persönlichkeitsstörungen. Frankfurt am Main: Suhrkamp.

- (1977): Die Heilung des Selbst. Frankfurt am Main: Suhrkamp.

Kolb, F. (Hrsg.) (2004): Chora und Polis. München: Oldenbourg.

Kolbe, Chr./Reis, C. (Hrsg.) (2005): Vom Case Management zum „Fallmanagement". Zur Praxis des Case Managements in der Sozialhilfe und der kommunalen Beschäftigungspolitik am Vorabend von Hartz IV. Frankfurt am Main: Fachhochschulverlag Frankfurt.

- (2008): Die praktische Umsetzung des Fallmanagements nach dem SGB II. Eine empirische Studie. Frankfurt am Main: Fachhochschulverlag.

Koller, I. F. (2007): Ärztliche Kooperationsformen unter haftungs- und berufsrechtlichen Gesichtspunkten. Frankfurt am Main: Lang.

Koller, M. (2005): Beiträge der Sozialpsychologie zur Analyse und Lösung von Problemen im deutschen Gesundheitssystem. Zeitschrift für Sozialpsychologie 36 (2), S. 47–60.

Kolnai, A. (2007): Ekel, Hochmut, Haß. Zur Phänomenologie feindlicher Gefühle. Frankfurt am Main: Suhrkamp.

Komter, A. E. (Hrsg.) (1996): The gift: an interdisciplinary perspective. Amsterdam: Amsterdam University Press.

– (2007): Gifts and Social Relations.The Mechanism of Reciprocity. International Sociology 22 (1), S. 93–107.

Konersmann, R. (2006): Kulturelle Tatsachen. Frankfurt am Main: Suhrkamp.

Konrad, J. (2006): Stereotype in Dynamik. Zur kulturwissenschaftlichen Verortung eines theoretischen Konzepts. Tönning: Der Andere Verlag.

Konstas, J. (2004): Das vergaberechtliche Inhouse-Geschäft. München: Meidenhauer.

Kónya, N. (2004): Kultur und Gesellschaft in Johan Huizingas „Homo Ludens", Robert Pfallers „Die Illusion der anderen" und Gunter Gebauers und Christopf Wulfs „Spiel, Ritual, Geste". Norderstedt: GRIN Verlag.

Koob, D. (2007): Sozialkapital zur Sprache gebracht. Göttingen: Niedersächsische Staats- und Universitätsbibliothek.

Kopp, B. (2002): Pädagogisches Ethos im Wandel. Frankfurt am Main: Lang.

Korpi, W. (2003): Welfare-State Regress in Western Europe: Politics, Institutions, Globalization, and Europeanization. Annual Review of Sociology 63 (5), S. 589–609.

Korte, H. (1993): Norbert Elias und die Zivilisationstheorie. Wien: Picus.

Korte, R.-J./*Drude*, H. (2008): Führen von Sozialleistungsunternehmen. Konfessionelle Sozialarbeit und unternehmerisches Handeln im Einklang. Mit einem Begleitwort von K. A. Schachtschneider. Berlin: Duncker & Humblot.

Korthase, K. M./*Trenholme*, I. (1983): Children's perceptions of age and physical attractiviness. Perceptual and Motor Skills 56, S. 895–900.

Kortus-Schultes, D. (2003): Moderne Managementkonzepte: Balanced Scorecard und Supply Chain Management. Aachen: Shaker.

Koselleck, R. (1979): Kritik und Krise. Frankfurt am Main: Suhrkamp.

Koster, R. de/*Delfmann*, W. (Hrsg.) (2005): Supply Chain Management. Copenhagen: Copenhagen Business School Press.

Kostorz, P. (2008): Sozialstaatliche Interventionen zu Gunsten von Menschen mit Behinderung. Baden-Baden: Nomos.

Kott, J. (1975): Gott-Essen. Interpretationen griechischer Tragödien. München/Zürich: Pieper.

Kotte, A. (2005): Theaterwissenschaft. Köln u. a.: Böhlau (UTB).

Kotte, St. (2004): Politische Transaktionskosten in der Demokratie. Frankfurt am Main: Lang.

Kottler, A. (2004): Psychosoziale Beratung in der Klinischen Sozialarbeit. Lage: Lippe Verlag.

Kowarowsky, G. (2005): Der schwierige Patient. Kommunikation und Patienteninteraktion im Praxisalltag. Stuttgart: Kohlhammer.

Koyré, A. (2008): Von der geschlossenen Welt zum unendlichen Universum. 2. Aufl. Frankfurt am Main: Suhrkamp.

Kozljanic, R. J. (2004): Lebensphilosophie. Stuttgart: Kohlhammer.

Kraatz, S./*Rhein*, Th. (2007): Die Europäische Beschäftigungsstrategie für Ältere: Der schwierige Weg zur Entwicklung des Potenzials. Sozialer Fortschritt 56 (6), S. 149–157.

Krabel, J./*Stuve*, O. (Hrsg.) (2006): Männer in „Frauen-Berufen" der Pflege und Erziehung. Opladen: Barbara Budrich.

Kracauer, S. (2009): Das Ornament der Masse. 10. Aufl. Frankfurt am Main: Suhrkamp.

Krämer, W./*Gabriel*, K./*Zöller*, N. (Hrsg.) (2001): Neoliberalismus als Leitbild für kirchliche Innovationsprozesse? Arbeitgeberin Kirche unter Marktdruck. Münster: LIT-Verlag.

Krätzel, S./*Kreiner*, A. (1999): Religionsphilosophie. Stuttgart/Weimar: Metzler.

Kraft, H. (2004): Tabu. Düsseldorf: Walter.

Kraft, J. (1997): Die Göttin im Labyrinth. Spiele und Tänze im Zeichnen eines matriarchalischen Symbols. Bern: edition armalia.

Krajewski, M. (2007): Leistungen der Daseinsvorsorge im Gemeinschaftsrecht, in: Wagner, A./Wedl, V. (Hrsg.), Bilanz und Perspektiven zum europäischen Recht. Wien: OGB Verlag, S. 433–453.

Krajewski, M./*Wethkamp*, N. (2006): Die vergaberechtsfreie Übertragung öffentlicher Aufgaben. DVBl. (8).

Krampe, E.-M. (Hrsg.) (2009): Emanzipation durch Professionalisierung? Frankfurt am Main: Mabuse.

Krampen, M. (2004): Thure von Uexküll – Arzt, Wissenschaftler, Semiotiker (15. März 1908 – 29. September 2004). Zeitschrift für Semiotik 26 (3 + 4), S. 412–428.

Kranich, Chr./*Böcken*, J. (Hrsg.) (1997): Patientenrechte und Patientenunterstützung in Europa. Baden-Baden: Nomos.

Kranzer, A. (2007): Auswirkungen und Erfolgsfaktoren von Disease Management. Wiesbaden: Deutscher Universitäts-Verlag.

Krappmann, L. (2005): Soziologische Dimensionen der Identität. Stuttgart: Klett-Cotta.

Krasmann, S./*Volkmer*, M. (Hrsg.) (2006): Michel Foucaults „Geschichte der Gouvernementalität" in den Sozialwissenschaften. Internationale Beiträge. Bielefeld: transcript.

Kratz, R. G. (2004): Das Judentum im Zeitalter des Zweiten Tempels. Tübingen: Mohr-Siebeck.

Kraus, W. (2002): Die Heilkraft der Musik. Einführung in die Musiktherapie. 2., akt. Aufl. München: Beck.

Krause, J. (1995): Witwen und Waisen im Römischen Reich. Bd. III. Rechtliche und soziale Stellung von Waisen. Stuttgart: Steiner.

Krause, W. H. (2009): Das Ethische, Verantwortung und die Kategorie der Beziehung bei Levinas. Würzburg: Königshausen & Neumann.

Krauß, E. J. von/*Möller*, M./*Münchmeier*, R. (Hrsg.) (2007): Soziale Arbeit zwischen Ökonomisierung und Selbstbestimmung. Kassel: Kassel University Press.

Krebs, A. (Hrsg.) (2008): Gleichheit oder Gerechtigkeit. 3. Aufl. Frankfurt am Main: Suhrkamp.

Kreimer, R. (2000): Möglichkeiten und Grenzen der geriatrischen Rehabilitation in einer autonomiefördernden Heimumwelt. Hagen: Kunz.

Kreis, Chr. (2006): Das Verhältnis der „Kritischen Theorie" von Max Horkheimer und Theodor W. Adorno zum utopischen Denken. Stuttgart: ibidem.

Kreissl, E. (Hrsg.) (2007): Die Macht der Masken. Landesmuseum Joanneum Graz. Weitra: publication PN 1. Bibliothek der Provinz.

Kremer-Marietti, A. (1976): Michel Foucault – Der Archäologe des Wissens. Frankfurt am Main/Berlin/Wien: Ullstein.

Krenski, Th. (2007): Hans Urs von Balthasars Literaturtheorie. Hamburg: Kovac.

Kreß, H. (2003): Medizinische Ethik. Kulturelle Grundlagen und ethische Wertkonflikte heutiger Medizin. Stuttgart: Kohlhammer.

Kresse, B. (2006): Gemeinwirtschaftliche Dienste im europäischen Beihilferecht. Köln: Heymanns.

Kretschmer, Chr. (2006): Ärztliche Werbung im europäischen Kontext. Frankfurt am Main: Lang.

Kreuzer, S. (2001): War Saul auch unter den Philistern? Die Anfänge des Königtums in Israel. ZAW 113, S. 56–73.

Krey, H. (2003): Ekel ist okay. Hannover: Brigitte Kunz.

Krieger, J. E. (1998): Zum Realitätsbegriff der Ethnomethodologie. Bad Homburg: VAS Verlag für Akademische Schriften.

Kripke, S. A. (2006): Wittgenstein über Regeln und Privatsprache. Frankfurt am Main: Suhrkamp.

Krispin, J. (1997): Die Werkstatt für Behinderte und alternative Beschäftigungsmöglichkeiten für Menschen mit einer Behinderung. Aachen: Verlag Mainz.

Kristeva, J. (2007): Schwarze Sonne. Depression und Melancholie. Frankfurt am Main: Brandes & Apsel.

Krizanits, J. (2005): Transition. Die Kunst der personalen Transformation, in: Fatzer, G. (Hrsg.), Nachhaltige Transformationsprozesse in Organisationen. Bergisch Gladbach: EHP, S. 72–93.

Kroeber, A. L. (1920): Totem and Taboo. An Ethnological Psychoanalysis. American Anthropologist 22, S. 48–55.

– (1939): Totem and Taboo in Retrospect. American Journal of Sociology 45, S. 446–451.

Krohwinkel, M. (1993): Der Pflegeprozess am Beispiel von Apoplexiekranken. Eine Studie zur Erfassung und Entwicklung Ganzheitlich-Rehabilitierender Prozesspflege. Baden-Baden: Nomos.

Kroll, L. E./*Lampert*, T. (2007): Sozialkapital und Gesundheit in Deutschland. Gesundheitswesen 69, S. 120–127.

Krolzig, U. (2007): Unternehmen Europa. Sozialwirtschaft 17 (6), S. 13–17.

Kromer, R. (2004): Ein endloser Knoten? Robert Musils *Verwirrungen des Zögling Törleß* im Spiegel soziologischer, psychoanalytischer und philosophischer Diskurse. München: Fink.

Krüger, F./*Degen*, J. (Hrsg.) (2006): Das Alter behinderter Menschen. Freiburg i. Br.: Lambertus.

Krüger, H. H./*Rauschenbach*, Th./*Sander*, U. (Hrsg.) (2007): Bildungs- und Sozialberichterstattung. Wiesbaden: VS Verlag für Sozialwissenschaften.

Krüger, M. (1999): Einladung zur Verwandlung. Essays zu Elias Canettis *Masse und Macht*. 5. Aufl. München/Wien: Hanser.

Krüger, R. (2006): Sozialarbeit in der Eingliederungshilfe für Menschen mit Behinderung. Berlin: Pro Business.

Krug, R. (1994): Das kriegen wir schon wieder hin ... Personalpronomina als Indikatoren für die Beziehungskonstellation in Visitengesprächen. Frankfurt am Main: VAS.

Kruis, T. (2007): Das Leitbild des Apothekers in der (nicht notwendig eigenen) Apotheke. Europäische Zeitschrift für Wirtschaftsrecht 18 (6), S. 175–177.

Krukemeyer, M. G. von/*Marckmann*, G./*Wiesing*, U. (Hrsg.) (2006): Krankenhaus und soziale Gerechtigkeit. Stuttgart/New York: Schattauer.

Kruse, A. (2005): Selbstständigkeit, Selbstverantwortung, bewusst angenommene Abhängigkeit und Mitverantwortung als Kategorien einer Ethik des Alters. Zeitschrift für Gerontologie und Geriatrie 38, S. 273–286.

– (2006): Das letzte Lebensjahr. Stuttgart: Kohlhammer.

– (2007): Was stimmt? Das Alter. Die wichtigsten Antworten. Freiburg u. a.: Herder.

Kruse, A./*Schmitt,* E. (2005): Zur Veränderung des Altersbildes in Deutschland. Aus Politik und Zeitgeschichte (B 49–50), S. 9–17.

Kruse, A./*Schmitt,* E./*Maier,* G./*Pfendter,* P./*Schulz-Nieswandt,* F. (2001): Der alte Mann – körperliche, psychische und soziale Aspekte geschlechtsspezifischer Entwicklung, in: Brähler, E./Kupfer, J. (Hrsg.), Mann und Medizin. Jahrbuch der Medizinischen Psychologie 19. Göttingen u. a.: Hogrefe, S. 34–53.

Kruse, B.-J. (2007): Witwen. Kulturgeschichte eines Standes in Spätmittelalter und Früher Neuzeit. Berlin/New York: de Gruyter.

Kruse, H. (2008): Zukunftsorientierte Personalentwicklung im Bereich der Behindertenhilfe. Berlin: Lehmanns Media.

Kruse, V. (1994): Historisch-soziologische Zeitdiagnosen. Frankfurt am Main: Suhrkamp.

Kubig, G. (2007): Tabu. Erkundungen transkultureller Psychoanalyse in Afrika, Europa und anderen Kulturgebieten. Wien: LIT-Verlag.

Kubisch, S. (2008): Habituelle Konstruktion sozialer Differenz. Wiesbaden: VS Verlag für Sozialwissenschaften.

Küchenhoff, J. (Hrsg.) (1999): Selbstzerstörung und Selbstfürsorge. Gießen: Psychosozial-Verlag.

Kügler, J. (1999): Der andere König. Religionsgeschichtliche Perspektiven auf die Christologie des Johannesevangeliums. Stuttgart: Katholisches Bibelwerk.

Kühl, U. (2001): Einleitung, zu: ders. (Hrsg.), Der Munizipalsozialismus/Le socialisme municipal en Europe. München: Oldenbourg, S. 15–21.

Kühling, J. (2006): Die Zukunft der europäischen Kompetenzordnung in der Ratifizierungskrise des Verfassungsvertrages. Der Staat 42 (3), S. 339–363.

Kühn, H./*Klinke,* S. (2006): Krankenhaus im Wandel. WZB-Mitteilungen 113, S. 6–9.

Kühn, U. (2003): Christologie. Göttingen: Vandenhoeck & Ruprecht (UTB).

Kümpers, S. (2007): Nationale und lokale Pfadabhängigkeit: Die Steuerung integrierter Versorgung. WZB: SP I 2007-305. Berlin: WZB.

– (2008): Alter und soziale Ungleichheit: Ausgangspunkte für sozialräumliche Primärprävention. WZB SP I 2008-301. Berlin: WZB.

Kümpers, S. u. a. (2002): The influences of institutions and culture on health policies: different approaches to integrated care in England and The Netherlands. Public Administration 80 (2), S. 339–358.

– (2005): A comparative study of dementia care in England and The Netherlands using neo-institutionalist perspectives. Qualitative Health Research 15 (9), S. 1199–1230.

– (2006): Integrating dementia care in England and The Netherlands. Four comparative local studies. Health and Place 12, S. 404–420.

Künemund, H. (2002): Die „Sandwich-Generation". Typische Belastungskonstellation und nur gelegentliche Kumulation von Erwerbstätigkeit, Pflege und Kinderbetreuung. Zeitschrift für Soziologie der Erziehung und Sozialisation 22, S. 344–361.

– (2006): Tätigkeiten und Engagement im Ruhestand, in: Tesch-Römer, C./Engstler, H./Wurm, S. (Hrsg.), Altwerden in Deutschland. Wiesbaden: VS Verlag für Sozialwissenschaften, S. 289–327.

Künemund, H./*Rein,* M. (1999): There is more to receiving than needing: theoretical arguments and empirical explorations of crowding in and crowding out. Ageing and Society 19, S. 93–121.

Künemund, H./*Szydlik,* M. (Hrsg.) (2009): Generationen. Multi-disziplinäre Perspektiven. Wiesbaden: VS Verlag für Sozialwissenschaften.

Künemund, H./*Vogel,* C. (2006): Öffentliche und private Transfers und Unterstützung im Alter – „crowding in" oder „crowding out"? Zeitschrift für Familienforschung 18 (3), S. 269–289.

Küppers, M. L. (2003): Kommunikationsprobleme zwischen Arzt und Patient beim Bronchialkarzinom. Aachen: G. Mainz.

Kuhlmann, C. (2008): „Nicht Wohnen, sondern Gerechtigkeit". Alice Salomons Theorie sozialer Arbeit. Stuttgart: ibidem.

Kuhlmey, A. u. a. (Hrsg.) (2005): Tabus in Medizin und Pflege. Frankfurt am Main: Lang.

Kuhnau, P. (1996): Masse und Macht in der Geschichte. Zur Konzeption anthropologischer Konstanten in Elias Canettis Werk *Masse und Macht.* Würzburg: Königshausen & Neumann.

Kumlehn, M./*Klie,* Th. (Hrsg.) (2009): Aging, Anti-Aging, Pro-Aging. Altersdiskurse in theologischer Deutung. Stuttgart: Kohlhammer.

Kumlin, St./*Rothstein,* B. (2005): Making and Breaking Social Capital. Comparative Political Studies 38 (4), S. 339–365.

Kumoll, K. (2007): Kultur, Geschichte und die Indigenisierung der Moderne. Eine Analyse des Gesamtwerkes von Marshall Sahlins. Bielefeld: transcript.

Kumpmann, I. (2008): Grenzen des Wettbewerbs im Gesundheitswesen. Sozialer Fortschritt 57 (7 + 8), S. 217–224.

Kunath, J. (2002): „Sein beim Anderen". Der Begriff der Perspektivität in der Theologie Wolfhart Pannenbergs. Münster u. a.: LIT-Verlag.

Kunz, K. L./*Mona,* M. (2006): Rechtsphilosophie, Rechtstheorie, Rechtssoziologie. Bern: Haupt (UTB).

Kunz-Lübcke, A. (2007): Das Kind in den antiken Kulturen des Mittelmeeres. Israel, Ägypten, Griechenland. Neukirchen-Vluyn: Neukirchener.

Kunz-Lübcke, A./*Lux,* R. (Hrsg.) (2006): „Schaffe mir Kinder ...". Beiträge zur Kindheit im alten Israel und in seinen Nachbarkulturen. Leipzig: Evangelische Verlagsanstalt.

Kunze, A. B. (2005): Emanzipatorischer Essentialsimus. Berlin: VWF.

Kurnitzky, H. (1994): Der heilige Markt. Frankfurt am Main: Suhrkamp.

Kurscheid, C./*Schulz-Nieswandt,* F. (Hrsg.) (2007): Das Krankenhaus im Wandel der Versorgungslandschaft. Baden-Baden: Nomos.

- (2008): Gesundheitsfonds. Auswirkungen auf Leistungserbringer absehbar. Sozialwirtschaft 18 (5), S. 13–15.

Kurz, A. u. a. (2005): Zur Wirksamkeit von Angehörigengruppen bei Demenzerkrankungen. Der Nervenarzt 76 (3), S. 261–269.

Kuzmics, H./*Mozetic,* G. (2003): Literatur als Soziologie. Konstanz: UVK.

Kwant, R. C. (1967): Soziale und personale Existenz. Phänomenologie eines Spannungsbereiches. Wien u. a.: Herder.

Labisch, A./*Spree,* R. (1995): Die Kommunalisierung des Krankenhauswesens in Deutschland während des 19. und 20. Jahrhunderts. Münchener Wirtschaftswissenschaftliche Beiträge. Discussion Papers 95-05. München.

- (Hrsg.) (1996): „Einem jeden Kranken in einem Hospitale sein eigenes Bett". Zur Sozialgeschichte des Allgemeinen Krankenhauses in Deutschland im 19. Jahrhundert. Frankfurt am Main/New York: Campus.

- (Hrsg.) (2001): Krankenhaus-Report 19. Jahrhundert. Frankfurt am Main/New York: Campus.

Lachmann, M. (2005): Gelebtes Ethos in der Krankenpflege. Berufs- und Lebensgeschichten. Stuttgart: Kohlhammer.

Lachmund, J. (1987): Die Profession, der Patient und das medizinische Wissen. Von der kurativen Medizin zur Risikoprävention. Zeitschrift für Soziologie 16, S. 352–366.

Laeis, C. E. (2005): Corporate Citizenship. Unternehmerische Bürgerkompetenz im Dienste der Erneuerung der Sozialen Marktwirtschaft. Ein Mittelstandskonzept. Münster: LIT-Verlag.

Längle, A./*Holzhey-Kunz,* A. (2008): Existenzanalyse und Daseinsanalyse. Wien: Facultas (UTB).

Längle, A./*Rühl,* K. (2001): Ich kann nicht ... Behinderung als menschliches Phänomen. Wien: Facultas.

Lage, D. (2006): Unterstützte Kommunikation und Lebenswelt. Eine kommunikationstheoretische Grundlegung für eine behindertenpädagogische Konzeption. Bad Heilbrunn: Klinkhardt.

Laine, C. u. a. (1996): Important Elements of Outpatient Care: A Comparison of Patients' and Physicians' Opinions. Annals of Internal Medicine 125, S. 640–645.

Lakoff, G./*Johnson,* M. (2007): Leben in Metaphern. 5. Aufl. Heidelberg: Carl-Auer.

Lalouschek, J. (2005): Inszenierte Medizin. Ärztliche Kommunikation, Gesundheitsinformation und das Sprechen über Krankheit in Medizinsendungen und Talkshows. Radolfzell: Verlag für Gesprächsforschung.

Lambers, H. (Hrsg.) (2004): Qualität konkret. Verbesserung der gesellschaftlichen Teilhabe von Menschen mit geistiger Behinderung in Wohneinrichtungen: Projektbeispiele zur Qualitätsentwicklung. Aachen: Shaker.

Lambrecht, R. (1980): Wolfdietrich Schnurres „Kassiber". Bonn: Bouvier.

Lameyer, A. (2000): Machtverhältnisse im Krankenhaus. Pflege (13), S. 227–233.

Lampe, E.-J. (1985): Das Menschenbild im Recht – Abbild oder Vorbild?, in: ders. (Hrsg.), Beiträge zur Rechtsanthropologie. Stuttgart: Steiner, S. 9–22.

Lampert, H./*Bossert*, A. (2007): Die Wirtschafts- und Sozialordnung der Bundesrepublik Deutschland im Rahmen der Europäischen Union. 16., vollst. überarb. Aufl. München: Olzog.

Lamping, W. (2006): Smoke Without Fire? Sozialstaatliches Policy-Making im europäischen Mehrebenensystem – Das Beispiel Gesundheitspolitik. Entnommen aus www.fvpw.de (vom 24.9.2007).

Lamping, W./*Sohns*, A. (2007): Die GKV in Europa. Die Krankenversicherung 59 (12), S. 368–371.

Landau, D. (2007): Unternehmenskultur und Organisationsberatung. Über den Umgang mit Werten in Veränderungsprozessen. 2., korr. Aufl. Heidelberg: Carl-Auer.

Landgraf, R./*Huber*, F./*Bartl*, R. (2006): Patienten als Partner. Wiesbaden: Deutscher Universitäts-Verlag.

Landschaftsverband Rheinland (Hrsg.) (2009): LVR-LandesMuseum Bonn. Alter in der Antike. Mainz: Philipp von Zabern.

Landweer, H. (1990): Das Märtyrerinnenmodell. Zur diskursiven Erzeugung weiblicher Identität. Pfaffenweiler: Centaurus.

Landwehr, A. (2008): Historische Diskursanalyse. Frankfurt am Main/New York: Campus.

Lang, A. (2007): Pflegestützpunkte: Eine neue Form der wohnortnahen Beratung und Versorgung. Soziale Sicherheit 56 (10), S. 330–337.

Lang, B. (1993): Der Becher als Bundeszeichen: „Bund" und „neuer Bund" in den neutestamentlichen Abendmahlstexten, in: Zenger, E. (Hrsg.), Der Neue Bund im Alten. Freiburg u.a.: Herder, S. 199–212.

– (2002): Jahwe der biblische Gott. München: Beck.

– (2003): Himmel und Hölle. Jenseitsglaube von der Antike bis heute. München: Beck.

Lang, B./*McDannell*, C. (1995): Der Himmel. Eine Kulturgeschichte des ewigen Lebens. 6. Aufl. Frankfurt am Main: Suhrkamp.

Lang, H. (1996): Die anthropologische Psychiatrie bei Victor Emil von Gebsattel. Dissertation Würzburg.

- (1998): Die Sprache und das Unbewußte. Jacques Lacans Grundlegung der Psychoanalyse. 3. Aufl. Frankfurt am Main: Suhrkamp.
- (2000): Strukturale Psychoanalyse. Frankfurt am Main: Suhrkamp.
- (2003a): Nachwort, zu: Gadamer, H.-G. Schmerz. Einschätzungen aus medizinischer, philosophischer und therapeutischer Sicht. Heidelberg: Winter, S. 43–53.

Lang, H./*Faller,* H. (Hrsg.) (1996): Angst. Pathologie, Genese und Therapie. Frankfurt am Main: Suhrkamp.

Lang, S. (2006): Die DRG-Systematik in der deutschen Krankenhausfinanzierung. Risiken und Nebenwirkungen. Frankfurt am Main: Lang.

Lange, A. (2003): Religion als Weltbemächtigung. Zur Begründung der Theologie durch die Theorie der Religion bei Wolfhart Pannenberg. Gütersloh: Gütersloher Verlagshaus.

Lange, J. (Hrsg.) (2004): Füllhorn oder Büchse der Pandora? GATS, der europäische Binnenmarkt und die Liberalisierung öffentlicher Dienstleistungen in Deutschland. Loccumer Protokolle 64/03. Reburg-Loccum: Evangelische Akademie Loccum.

Lange, R. (1998): Geschlechterverhältnisse im Management von Organisationen. München/Mering: Hampp.

Langehennig, M./*Obermann,* M. (2006): Das soziale Frühstadium der Alzheimer-Krankheit. Eine kritische Wegstrecke der Krankheitsbewältigung in der Familie. Frankfurt am Main: Fachschochschulverlag.

Langemeyer, B. (1963): Der dialogische Personalismus in der evangelischen und katholischen Theologie der Gegenwart. Paderborn: Bonifacius.

Langen, I.-M. (2007): Zur Grundlegung der politischen Paideia. Mythos, Politik und Gesellschaftswerden in der Literatur der klassischen Antike. Berlin: LIT-Verlag.

Langer, A. (2004): Professionsethik und Professionsökonomie. Legitimierung Sozialer Arbeit zwischen Professionalität, Gerechtigkeit und Effizienz. Regensburg: Transfer Verlag.

- (2007): Dienstleistungsstrukturen in der Sozialen Arbeiut zwischen Verwaltungsreform und Professionalisierung. Zeitschrift für Sozialreform 53 (3), S. 223–246.

Langewitz, W. A. u. a. (1998): Improving communication skills – a randomized controlled behaviorly oriented study for residents in internal medicine. Psychomatic Medicine 60 (3), S. 268–276.

Langlitz, N. (2005): Die Zeit der Psychoanalyse. Lacan und das Problem der Sitzungsdauer. 10. Aufl. Frankfurt am Main: Suhrkamp.

Langlois, R. N./*Foss,* N. J. (1999): Capabilities and Governance: The Rebirth of Production in the Theory of Economic Organization. Kyklos 52 (2), S. 201–218.

Langner, M. V. (2008): Die örtliche Begrenzung kommunaler Wirtschaftstätigkeit und die Grundfreiheiten des EG-Vertrages. Frankfurt am Main: Lang.

Latacz, J. (2003): Einführung in die griechische Tragödie. 2., durchges. u. akt. Aufl. Göttingen: Vandenhoeck & Ruprecht (UTB).

Latour, B. (2002): Wir sind nie modern gewesen. Versuch einer symmetrischen Anthropologie. 2. Aufl. Frankfurt am Main: Fischer.

Laum, B. (1960): Schenkende Wirtschaft. Nichtmarktmäßiger Güterverkehr und seine soziale Funktion. Frankfurt am Main: Klostermann.

Lauster, J. (2005): Religion als Lebensdeutung. Darmstadt: WBG.

Lauterbach, K. W./*Lüngen,* M. (2008): Gesundheitsfonds – Intention, Systemfragen und Steuerungswirkung. Gesundheits- und Sozialpolitik 62 (4), S. 11–14.

Lauterbach, K. W./*Stock,* St./*Brunner,* H. (Hrsg.) (2006): Gesundheitsökonomie. Bern u. a.: Huber.

Lauterbach, W. (1995): Die gemeinsame Lebenszeit von Familiengenerationen. Zeitschrift für Soziologie 24 (1), S. 22–41.

– (1998): Die Multilokalität später Famlienphasen. Zur räumlichen Nähe und Ferne der Generationen. Zeitschrift für Soziologie 27 (2), S. 113–132.

Lavrin, J. (1995): Dostojevskij. 23. Aufl. Reinbek bei Hamburg: Rowohlt.

Laxander, H. (2000): Individuum und Gemeinschaft im Fest. Münster: Scriptorium.

Le Goff, J. (2005): Ritter, Einhorn, Troubadoure. Helden und Wunder des Mittelalters. München: Beck.

Lebenshilfe Berlin (Hrsg.) (2007): Impulse07 Tagungsbericht. Leben im Quartier – Inklusion konkret. Fachtagung der Lebenshilfe Berlin am 16. April 2007. Berlin Juli 2007.

Leder, M. (2008): Kohärenz und Wirksamkeit des kommunalen Wirtschaftsrechts im wettbewerblichen Umfeld. Die öffentliche Verwaltung 61 (5), S. 173–183.

Leder, T. (2006): Das Diskriminierungsverbot wegen einer Behinderung. Berlin: Duncker & Humblot.

Lee, S.-M. (2007): Das soziale Wohlfahrtssystem der Senioren und die Lebenssituation älterer Menschen in Korea. Berlin: LIT-Verlag.

Lee, Y.-J. (1997): Die Selbstverwaltung als Organisationsprinzip in der deutschen Sozialversicherung. Baden-Baden: Nomos.

Leeuven-Turnovcovà, J. von (1990): Rechts und Links in Europa. Ein Beitrag zur Semantik und Symbolik der Geschlechterpolarität. Wiesbaden: Harrassowitz.

Leff, B. u. a. (2008): Comparison of Stress Experienced by Familiy Members of Patients Treated in Hospital at Home with That of Those Receiving Traditional Acute Hospital Care. Journal of the American Geriatrics Society (JAGS) 56, S. 117–123.

Legendre, P. (2004): Die Fabrikation des abendländischen Menschen. Wien: Turia + Kant.

Legnaro, A./*Aengenheister,* A. (1999): Die Aufführung von Strafrecht. Kleine Ethnographie gerichtlichen Verhandelns. Baden-Baden: Nomos.

Lehmann, A. (2008): Krankenhaus und EG-Beihilfenrecht. Frankfurt am Main: Lang.

Lehmann, F. R. (1922): Mana. Leipzig: Spamer.

Lehmeier, K. (2006): Oikos und Oikonomia. Antike Konzepte der Haushaltsführung und der Bau der Gemeinde bei Paulus. Marburg: Elwert.

Lehmkühler, K. (1996): Kultur und Theologie. Dogmatik und Exegese in der religionsgeschichtlichen Schule. Göttingen: Vandenhoeck & Ruprecht.

Leibold, St. (2005): Wie organisiert man „gute Pflege"? Bausteine zu einer Ethik ambulanter Pflegedienste. Freiburg i. Br.: Lambertus.

Leichsenring, K. u. a. (Hrsg.) (2004): Providing integrated health and social care for old persons. Aldershot u. a.: Ashgate.

Leidhold, W. (2006): Mythos und Logos, in: Ackeren, M. van/Müller, J. (Hrsg.), Antike Philosophie verstehen. Understanding Ancient Philosophy. Darmstadt: WGB, S. 71–86.

– (2007): Rationality – What else?, in: Ackeren, M. van/Summerell, O. F. (Hrsg.), The Political Identity of the West. Frankfurt am Main u. a.: Lang, S. 189–199.

– (2008): Gottes Gegenwart. Zur Logik der religiösen Erfahrung. Darmstadt: WBG.

Leisegang, H. (1950): Der Gottmensch als Archetypus. Eranos-Jahrbuch 18, S. 9–45.

Leisering, L. (2000): Wohlfahrtsstaatliche Generationen, in: Kohli, M./Szydlik, M. (Hrsg.), Generationen in Familie und Gesellschaft. Opladen: Leske+Budrich, S. 59–76.

Leisering, L./*Buhr,* P./*Traiser-Diop,* U. (2006): Soziale Grundsicherung in der Weltgesellschaft. Bielefeld: transcript.

Leiße, O. (2009): Europa zwischen Nationalstaat und Integration. Wiesbaden: VS Verlag für Sozialwissenschaften.

Lembeck, K. (Hrsg.) (2004): Geschichte und Geschichten. Studien zur Geschichtenphänomenologie Wilhelm Schapps. Würzburg: Königshausen & Neumann.

Lemberger, B. (2007): „Alles für's Geschäft!" Ethnologische Einsichten in die Unternehmenskultur eines kleinen Familienunternehmens. Berlin: LIT-Verlag.

Lemor, F. (2007): Auswirkungen der Dienstleistungsrichtlinie auf ausgesuchte reglementierte Berufe. Europäische Zeitschrift für Wirtschaftsrecht 18 (5), S. 135–139.

Lempert, W. (2002): Berufliche Sozialisation oder Was Berufe aus Menschen machen. Baltmannsweiler: Schneider Hohengehren.

Lengauer, A. (2008): Der Reformvertrag – Ein bedeutender Schritt in der Herausbildung einer Europäischen Verfassungsordnung. Zeitschrift für Europarecht, Internationales Privatrecht und Rechtsvergleichung 49 (1), S. 4–8.

Lenk, C. u. a. (2005): Ethik und Fallpauschalen. Deutsche Medizinische Wochenschrift 130, S. 1653–1655.

Lenk, Th./*Rottmann,* O. (2007): Public Corporate Governance in öffentlichen Unternehmen – Transparenz unter divergierender Interessenlage. Zeitschrift für öffentliche und gemeinwirtschaftliche Unternehmen 30 (3), S. 344–356.

Lensing, T. (1999): Vorschau oder Rückblick? Lebensziele von Menschen im Altenheim, in: Moers, M./Schiemann, D./Schnepp, W. (Hrsg.), Pflegeforschung zum Erleben chronisch kranker und alter Menschen. Bern u. a.: Huber, S. 27–78.

Lenzig, U. (2006): Das Wagnis der Freiheit. Stuttgart: Kohlhammer.

Leonard-Barton, D. (1992): Core Capabilities and Core Rigidities: A Paradox in Managing New Product Development. Strategic Management Journal 13, S. 111–125.

Lepak, D./*Snell,* S. A. (1999): The Human Resource Architecture: Toward a Theory of Human Capital Allocation and Development. Academy of Management Review 24 (1), S. 31–48.

Lepenies, W. (2006): Die drei Kulturen. Soziologie zwischen Literatur und Wissenschaft. Frankfurt am Main: Fischer.

Leroi-Gourhan, A. (1995): Hand und Wort. Die Evolution von Technik, Sprache und Kunst. 2. Aufl. Frankfurt am Main: Suhrkamp.

Lersch, Ph. (1952): Aufbau der Person. 5. Aufl. München: Barth.

Lessenich, St. (2003): Dynamischer Immobilismus. Kontinuität und Wandel im deutschen Sozialmodell. Frankfurt am Main/New York: Campus.

– (2008): Die Neuerfindung des Sozialen. Der Sozialstaat im flexiblen Kapitalismus. Bielefeld: transcript.

Leßmann, O. (2007): Konzeption und Erfassung von Armut. Vergleich des Lebenslagen-Ansatzes mit Sens „Capability"-Ansatz. Berlin: Duncker & Humblot.

Lettke, F./*Lange,* A. (Hrsg.) (2006): Generationen und Familie. Analysen – Konzepte – gesellschaftliche Spannungsfelder. Frankfurt am Main: Suhrkamp.

Lettke, F./*Lüscher,* K. (2001): Wie ambivalent „sind" familiale Generationenbeziehungen, in: Allmendiger, J. (Hrsg.), Gute Gesellschaft? Verhandlungen des 30. Kongresses der Deutschen Gesellschaft für Soziologie in Köln 2000. Teil A. Opladen: Leske + Budrich, S. 519–540.

Leuenberger, M. (2004): Konzeptionen des Königtums Gottes im Psalter. Zürich: Theologischer Verlag.

Leuffen, D. (2007): Cohabitation und Europapolitik. Politische Entscheidungsprozesse im Mehrebenensystem. Baden-Baden: Nomos.

Leusch-Moraga, D./*Wittig-Brackelmann,* K. (1997): Mädchensozialisation und ihre Auswirkungen auf die Berufssozialisation zur Krankenschwester. Pflege 50 (10), S. 2–18.

Leuzinger, A./*Luterbacher,* Th./*Umiker,* B. (2000): Mitarbeiterführung im Krankenhaus. Bern u. a.: Huber.

Levack, B. P. (2003): Hexenjagd. Die Geschichte der Hexenverfolgung in Europa. 3. Aufl. München: Beck.

Leven, K.-H. (2008): Geschichte der Medizin. München: Beck.

Levi, G./*Schmitt,* J.-C. (Hrsg.) (1996): Geschichte der Jugend. Bd. 1. Von der Antike bis zum Absolutismus. Frankfurt am Main: Fischer.

Lévi-Strauss, C. (2004): Der Weg der Masken. 9. Aufl. Frankfurt am Main: Suhrkamp.

- (2004a): Sehen, Hören, Lesen. Frankfurt am Main: Suhrkamp.

Lévinas, E. (1995): Zwischen uns. Versuche über das Denken an den Anderen. München: Hanser.

- (1999): Die Spur des Anderen. 4. Aufl. Freiburg i. Br.: Alber.

Levy, B. R. u. a. (2000): Reducing cardiovascular stress with positive self-stereotypes of aging. Journal of Gerontology: Psychological Sciences 55B, P205-P231.

Lewin, K. (1963): Feldtheorie in den Sozialwissenschaften. Bern u. a.: Huber.

Ley, M. (2005): Zivilisationspolitik. Zur Theorie der Weltökumene. Würzburg: Königshausen & Neumann.

Ley, M./*Neisser,* H./*Weiss,* G. (Hrsg.) (2003): Politische Religion? München: Fink.

Libbe, J. (2007): Evaluation von Dienstleistungen von allgemeinem wirtschaftlichem Interesse (Leistungen der Daseinsvorsorge). Zeitschrift für öffntliche und gemeinwirtschaftliche Unternehmen 30 (3), S. 273–297.

Lichtenthaeler, Ch. (1984): Der Eid des Hippokrates. Köln: Deutscher Ärzte-Verlag.

Liebau, E. (2001): Die Bildung des Subjekts. Beiträge zu einer Pädagogik der Teilhabe. Weinheim/München: Juventa.

Liebau, E./*Wulf,* Chr. (Hrsg.) (1996): Generation. Versuche über eine pädagogisch-anthropologische Grundbedingung. Weinheim: Deutscher Studien Verlag.

Liebold, D. (2007): Auswirkungen des SGB XI auf die gesetzliche Krankenversicherung. Baden-Baden: Nomos.

Liedke, U./*Lippstreu,* P. (2004): Freiräume. Lebensräume. Entwicklungsräume. Aachen: Shaker.

Lies, J. (2003): Wandel begreifen. Die Rolle von Macht und Sozialkapital im Change-Management. Wiesbaden: Deutscher Universitäts-Verlag.

Lietzmann, A. (2007): Theorie der Scham. Eine anthropologische Perspektive auf ein menschliches Charakteristikum. Hamburg: Kovac.

Lieu, J. M. (2006): Christian Identity in the Jewish and Graeco-Roman World. Oxford: Oxford University Press.

Lindl, Chr. (2005): Potenziale und Ausschöpfungsmöglichkeiten für den internationalen Austausch von Dienstleistungen. Hamburg: Kovac.

Lindmeier, Ch./*Hirsch,* S. (Hrsg.) (2006): Berufliche Bildung von Menschen mit geistiger Behinderung. Neue Wege zur Teilhabe am Arbeitsleben. Weinheim: Beltz.

Lindner, R. (2007): Die Entdeckung der Stadtkultur. Soziologie aus der Erfahrung der Reportage. Frankfurt am Main/New York: Campus.

Lipski, A. (2004): Sozialarbeit im Krankenhaus nach Einführung der DRG. Münster: LIT-Verlag.

Lipson, D. (2002): GATs and health services. Implications for EU candidate countries. Eurohealth 8 (4), S. 39–41.

Lischitzki, K. (2004): Die öffentliche Bereitstellungsverantwortung für soziale und medizinische Dienste und Einrichtungen. Berlin: Logos.

Littmann, P./*Jansen*, St. A. (2000): Oszillodox. Virtualisierung – die permanente Neuerfindung der Organisation. Stuttgart: Klett-Cotta.

Litwin, H. u. a. (2008): The balance of intergenerational exchange: correlates of net transfers in Germany and Israel. European Journal of Ageing 5 (2), S. 91–102.

Loasby, B. J. (1998): The organisation of capabilities. Journal of Economic Behavior & organization 35, S. 139–160.

Löber, N. (2007): Die Dienstleistungsrichtlinie der Europäischen Kommission. Implikationen für medizinische Dienstleistungen. Hamburg: Diplom.de.

Löchel, H. (1995): Institutionen, Transaktionskosten und wirtschaftliche Entwicklung. Berlin: Duncker & Humblot.

Löcherbach, P. u. a. (Hrsg.) (2005): Case Management. Fall- und Systemsteuerung in der Sozialen Arbeit. München/Basel: Reinhardt.

Löser, W. (1979): Das Sein – ausgelegt als Liebe. Überlegungen zur Theologie Hans Urs von Balthasars. Communio 4, S. 410–424.

Loffing, Chr. (2003): Coaching in der Pflege. Bern u. a.: Huber.

Lohfink, N. (1998): Studien zu Kohelet. Stuttgart: Katholisches Bibelwerk.

Lohmer, M. (Hrsg.) (2000): Psychodynamische Organisationsberatung. Konflikte und Potentiale in Veränderungsprozessen. Stuttgart: Klett-Cotta.

Loiero, S. (2005): „... damit keiner zugrunde gehe". Zur Notwendigkeit und Bedeutung einer existenziellen Christologie in der fortgeschrittenen Moderne im Anschluß an Karl Rahner und Edward Schillebeeckx. Innsbruck: Tyrolia.

Looss, W. (2006): Unter vier Augen: Coaching für Manager. Bergisch Gladbach: EHP.

Lorenz, A. L. (2000): Abgrenzen oder zusammen arbeiten? Krankenpflege und die ärztliche Profession. Frankfurt am Main: Mabuse.

Lorenz, R. (2005): Salutogenese. München: Reinhardt.

Loretz, O. (2003): Götter – Ahnen – Könige als gerechte Richter. Der „Rechtsfall" des Menschen vor Gott nach altorientalischen und biblischen Texten. Münster: Ugarit-Verlag.

Losinger, A. (1992): Orientierungspunkt Mensch. Der anthropologische Ansatz in der Theologie Karl Rahners. 2. Aufl. St. Ottilien: EOS.

Lotz, K. (1999): Ältere Menschen im Ehrenamt. Thema Nr. 138. Köln: KDA.

Lotz, M. (2000): Zur Sprache der Angst. Eine Studie zur Interaktion im pflegerischen Aufnahmegespräch. Frankfurt am Main: Mabuse.

Lotze, E. (2003): Humor im therapeutischen Prozess. Frankfurt am Main: Mabuse.

Lowenstein, A. (2007): Solidarity-conflict and ambivalance: Testing two conceptual frameworks and their impact on quality of life for older familiy members. Journal of Gerontology: Social Sciences 62B, S. 100–107.

Lown, B. (2002): Die verlorene Kunst des Heilens. Stuttgart/New York: Schattauer.

Ludemann, G./*Negwer,* W. (2000): Rechtsformen kirchlich-caritativer Einrichtungen. Freiburg i. Br.: Lambertus.

Lück, G. E. (2009): Geschichte der Psychologie. 4., überarb. u. erw. Aufl. Stuttgart: Kohlhammer.

Lüdemann, G. (2002): Das Urchristentum. Eine kritische Bilanz seiner Erforschung. Frankfurt am Main: Lang.

Lüdemann, G./*Schröder,* M. (1987): Die religionsgeschichtliche Schule in Göttingen. Eine Dokumentation. Göttingen: Vandenhoeck & Ruprecht.

Lüdicke, J./*Diewald,* M. (2007): Soziale Netzwerke und soziale Ungleichheit. Wiesbaden: VS Verlag für Sozialwissenschaften.

Lüngen, M. (2007): Ambulante Behandlung im Krankenhaus. Zugang, Finanzierung, Umsetzung. Berlin: LIT-Verlag.

Lüscher, K. (2000): Die Ambivalenz von Generationenbeziehungen – eine allgemeine heuristische Hypothese, in: Kohli, M./Szydlik, M. (Hrsg.), Generationen in Familie und Gesellschaft. Opladen: Leske + Budrich.

Lüscher, K./*Liegle,* L. (2003): Generationenbeziehungen in Familie und Gesellschaft. Konstanz: UVK (UTB).

Lüscher, K./*Pillemer,* K. (1998): Intergenerational ambivalence: A new approach to the study of parent-child relations in later life. Journal of Marriage and the Family 60, S. 413–425.

Lüßenhop, B. (2008): Chronische Krankheit im Recht der medizinischen Rehabilitation und der gesetzlichen Krankenversicherung. Berlin: LIT-Verlag.

Lüth, P. (1977): Kritische Medizin. Reinbek bei Hamburg: Rowohlt.

– (1986): Von der stummen zur sprechenden Medizin. Frankfurt am Main/New York: Campus.

Lüthy, A./*Schmiemann,* J. (2004): Mitarbeiterorientierung im Krankenhaus. Stuttgart: Kohlhammer.

Lützenkirchen, A. (2005): Soziale Arbeit im Gesundheitswesen. Stuttgart: Kohlhammer.

Luginbühl, M. (1992): Menschenschöpfungsmythen. Ein Vergleich zwischen Griechenland und dem Alten Orient. Bern: Lang.

Lugowski, C. (1999): Die Form der Individualität im Roman. 7. Aufl. Frankfurt am Main: Suhrkamp.

Lukács, G. (1974): Die Zerstörung der Vernunft. Bd. III. Irrationalismus und Soziologie. Darmstadt/Neuwied: Luchterhand.

Luke, H. (2003): Medical Education and Sociology of Medical Habitus: „It's not about the Stethoscope!". Dordrecht u.a.: Kluwer.

Lumer, Chr. (2000): Rationaler Altruismus. Eine prudentielle Theorie der Rationalität und des Altruismus. Osnabrück: Universitätsverlag Rasch.

Luscher, B. (2008): Arbeit am Symbol. Berlin: LIT-Verlag.

Luterbacher-Maineri, C. (2008): Adam Smith – theologische Grundannahmen. Freiburg: Herder.

Lutterbach, H. (2003): Gotteskindschaft. Freiburg i. Br.: Herder.

Luttringer, K. (2000): Weit, weit ... Arkadien. Über die Sehnsucht nach dem anderen Leben. Würzburg: Königshausen & Neumann.

Lux, Th. (Hrsg.) (2003): Kulturelle Dimensionen von Medizin. Berlin: Reimer.

Lyontard, J.-F. (1999): Gezeichnet: Maulraux. Wien: Zsolnay.

Maasen, S. (1999): Wissenssoziologie. Bielefeld: transcript.

Maaß, M. (2007): Das antike Delphi. München: Beck.

Macho, Th. H. (1992): Todesmetaphern. Zur Logik der Grenzerfahrung. 7. Aufl. Frankfurt am Main: Suhrkamp.

Machura, St. (1994): Kontrolle öffentlicher Unternehmen durch eine mehrdimensionale Strategie. Zeitschrift für öffentliche und gemeinwirtschaftliche Unternehmen 17 (2), S. 156–178.

Mackenthun, G. (2000): Vorwort, in: ders. (Hrsg.), Verständnis und Mitgefühl. Würzburg: Königshausen & Neumann, S. 1–2.

Mader, E. (2008): Anthropologie der Mythen. Wien: Facultas.

Maelicke, B. (Hrsg.) (2007): Lexikon der Sozialwirtschaft. Baden-Baden: Nomos.

Männel, B. (2002): Sprache und Ökonomie. Marburg: Metropolis.

Märkt, St. (2004): Ordnung in einer arbeitsteiligen Wirtschaft. Reichweite und Grenzen von akteurszentrierten Ordnungstheorien. Marburg: Metropolis.

Mahr, G. (1976): Romano Guardini. Berlin: Colloquium Verlag.

Maier, D. u.a. (1999): Pflegende Familienangehörige von Demenzpatienten – Ihre Belastungen und ihre Bedürfnisse. Zeitschrift für Gerontopsychologie und -psychiatrie 12 (2), S. 85–96.

Maier, H./*Smith,* J. (1999): Psychological predictors of mortality in old age. Journal of Gerontology: Psychological Science 54B, S. 539–551.

Maier-Baumgartner, H.-P./*Anders,* J./*Dapp,* U. (2005): Präventive Hausbesuche. Hannover: Vincentz.

Maier-Rigaud, F. P./*Maier-Rigaud,* R. (2009): Rüstows Konzept der sozialen Marktwirtschaft, in: Aßländer, M. S./Ulrich, P. (Hrsg.), 60 Jahre Soziale Marktwirtschaft. Bern u.a.: Haupt, S. 69–94.

Maier-Rigaud, R. (2008): International Organizations as Corporate Actors: Agency and Emergence in Theories of International Relations. Reprints of the MPI for Research on Collectice Goods. Bonn.

– (2009): Global pension policy. Berlin: Duncker & Humblot.

Maio, G. (1995): Zur Geschichte des ärztlichen Selbstverständnisses. Zeitschrift für medizinische Psychologie 4, S. 79–94.

Maio, G./*Roelke*, V. (Hrsg.) (2001): Medizin und Kultur. Stuttgart/New York: Schattauer.

Maisonneuve, J. L. (2000): Pflege ist die beste Medizin. Bern u. a.: Huber.

Mann, K. (1995): André Gide und die Krise des modernen Denkens. Reinbek bei Hamburg: Rowohlt.

Mann, Kris. (2008): Seniorenmarkt. Alterslebenslagen, Konsumstrukturen und ökonomische Potenziale. Weiden/Regensburg: Eurotrans.

Mannheim, K. (1964): Wissenssoziologie. Berlin/Neuwied: Luchterhand.

Mannsperger, B./*Mannsperger*, D. (2008): Homer verstehen. Darmstadt: WGB.

Manow, Ph. (2008): Im Schatten des Königs. Die politische Anatomie demokratischer Repräsentation. Frankfurt am Main: Suhrkamp.

– (2008a): Religion und Sozialstaat. Frankfurt am Main/New York: Campus.

Manthey, M. (2005): Primary Nursing. Ein personenbezogenes Pflegesystem. Bern u. a.: Huber.

Mantzavinos, C. (2007): Individuen, Institutionen und Märkte. Tübingen: Mohr Siebeck.

Maoz, B. u. a. (Hrsg.) (2006): Der zwischenmenschliche Ansatz in der Medizin: Die Arzt-Patienten-Beziehung. Berlin: Logos.

Marbach, J. H. (1994): Tauschbeziehungen zwischen Generationen: Kommunikation, Dienstleistungen und finanzielle Unterstützung in Dreigenerationenfamilien, in: Bien, W. (Hrsg.), Eigeninteresse oder Solidarität. Beziehungen in modernen Mehrgenerationenfamilien. Opladen: Leske + Budrich, S. 163–196.

– (1994a): Der Einfluß von Kindern und Wohnentfernung auf die Beziehungen zwischen Eltern und Großeltern, in: Bien, W. (Hrsg.), Eigeninteresse oder Solidarität. Beziehungen in modernen Mehrgenerationenfamilien. Opladen: Leske + Budrich, S. 77–115.

Marcel, G. (1992): Werkauswahl. Bd. I: Hoffnung in einer zerbrochenen Welt? Paderborn u. a.: Schöningh.

Marckmann, G. (Hrsg.) (2003): Gesundheitsversorgung im Alter. Zwischen ethischer Verantwortung und ökonomischem Zwang. Stuttgart/New York: Schattauer.

Mardorf, S. (2006): Konzepte und Methoden von Sozialberichterstattung. Wiesbaden: VS Verlag für Sozialwissenschaften.

Margolis, H. (1982): Selfishness, Altruism, and Rationality. Chicago: University of Chicago Press.

Marion, J.-L./*Wohlmuth*, J. (2000): Ruf und Gnade. Zum Verhältnis von Phänomenologie und Theologie. Bonn: Borengässer.

Markl, D. (2007): Der Dekalog als Verfassung des Gottesvolkes. Freiburg u. a.: Herder.

Markschies, Chr. (1995): Gibt es eine „Theologie der gotischen Kathedrale"? Heidelberg: Winter.

- (2006): Das antike Christentum. München: Beck.

Markun, S. (1990): Ernst Bloch. Reinbek bei Hamburg: Rowohlt.

Marotzki, U. (2004): Zwischen medizinischer Diagnose und Lebensweltorientierung. Eine Studie zum professionellen Arbeiten in der Ergotherapie. Idstein: Schulz-Kirchner.

Marotzki, W. (1987): Sartres Konzept einer existentialistischen Psychoanalyse. Daseinsanalyse 4, S. 262–284.

Marrimer-Tomey, A. (Hrsg.) (1992): Pflegetheoretikerinnen und ihr Werk. Basel: Recom.

Marsal, E. (2004): Identität und Selbst bei Erik H. Erikson, in: Hofmann, H./Stiksrud, A. (Hrsg.), Dem Leben Gestalt geben. Erik H. Erikson aus interdisziplinärer Sicht. Wien: Krammer, S. 79–93.

- (2006): Person. Vom alltäglichen Begriff zum wissenschaftlichen Konstrukt. Münster: LIT-Verlag.

Marten, C./*Scheuregger*, D. (Hrsg.) (2007): Reziprozität und Wohlfahrtsstaat. Opladen & Farmington Hills: Barbara Budrich.

Marthaler, Th. (2009): Erziehungsrecht und Familie. Weinheim/München: Juventa.

Martin, B. (Hrsg.) (2001): Frauen in der Gesundheitsversorgung. 2. Aufl. Lage: Hans Jacobs.

Martin, M./*Kliegel*, M. (2005): Psychologische Grundlagen der Gerontologie. Stuttgart: Kohlhammer.

Martschukat, J./*Stieglitz*, O. (2005): „Es ist ein Junge!" Einführung in die Geschichte der Männlichkeiten in der Neuzeit. Tübingen: edition discord.

Marx, J. (2005): Sozialkapital und seine handlungstheoretischen Grundlagen. Marburg: Tectum.

Marx, K. (1974): Das Kapital. Bd. III. 2. Aufl. Frankfurt am Main u. a.: Ullstein.

- (1976): Das Kapital. Bd. II. 3. Aufl. Frankfurt am Main u. a.: Ullstein.

- (1976a): MEW Bd. 1. Berlin (DDR): Dietz.

- (1977): MEW Ergänzungsband. Schriften bis 1844. Erster Teil. Berlin (DDR): Dietz.

- (1978): Das Kapital. Bd. I. 7. Aufl. Frankfurt am Main u. a.: Ullstein.

Maschke, M. (2008): Behindertenpolitik in der Europäischen Union. Wiesbaden: VS Verlag für Sozialwissenschaften.

MASGFF (Ministerium für Arbeit, Soziales, Gesundheit, Familie und Frauen des Landes Rheinland-Pfalz) (Hrsg.) (2008): Klie, Th./Pfundstein, Th./Desing, Th./ GEROS: Grundlagen zur Pflegestrukturplanung in Rheinland-Pfalz nach dem Landesgesetz zur Sicherstellung und Weiterentwicklung der pflegerischen Angebotsstruktur (LPflegeASG). Mainz.

Mathys, H. P. (1990): Liebe deinen Nächsten wie dich selbst. Untersuchungen zum alttestamentlichen Gebot der Nächstenliebe (Lev 19,18). 2., durchg. u. erg. Aufl. Göttingen: Vandenhoeck & Ruprecht.

Matiaske, W. (1999): Soziales Kapital in Organisationen. München/Mering: Hampp.

Mattern, J. (1996): Ricoeur zur Einführung. Hamburg: Junius.

Mattheus, B. (1984): Georges Bataille. Eine Thanatologie I. München: Matthes & Seitz.

– (1988): Georges Bataille. Eine Thanatologie II. München: Matthes & Seitz.

– (1995): Georges Bataille. Eine Thanatologie III. München: Matthes & Seitz.

Maturana, H./*Varala,* F. (1987): Der Baum der Erkenntnis. Bern: Scherz.

Mau, St. (2002): Wohlfahrtsregime als Reziprozitätsarrangements. Versuch einer Typologisierung. Berliner Journal für Soziologie (3), S. 345–364.

– (2008): Europäische Solidaritäten. Aus Politik und Zeitgeschichte 21, S. 9–14.

Mau, St./*Burkhardt,* Chr. (2008): Solidarität wird an Gegenleistung geknüpft. Zur Inklusionsbereitschaft der Deutschen gegenüber Zuwanderen. ISI 39 (Januar), S. 12–15.

Mauersberg, B. (2000): Der lange Abschied von der Bewusstseinsphilosophie. Theorie der Subjektivität bei Habermas und Tugendhat nach dem Paradigmenwechsel zur Sprache. Frankfurt am Main: Lang.

Maurach, G. (2005): Kleine Geschichte der antiken Komödie. Darmstadt: WGB.

Maurer, F. (1981): Lebensgeschichte und Identität. Frankfurt am Main: Fischer.

Mauss, M. (1999): Soziologie und Anthropologie 1. 2. Aufl. Frankfurt am Main: Fischer.

– (2007): Die Gabe. 7. Aufl. Frankfurt am Main: Suhrkamp.

May, A. T./*Charbonnier,* R. (Hrsg.) (2005): Patientenverfügungen. Münster: LIT-Verlag.

Maydell, B. von u. a. (Hrsg.) (2005): Enabling Social Europe. Berlin: Springer.

Mayer, M. (2006): Pflegende Angehörige in Deutschland. Münster: LIT-Verlag.

Mayntz, R. (2006): Einladung zum Schattenboxen. Die Soziologie und die moderne Biologie. MPI für Gesellschaftsforschung. Discussion paper 06/1. Köln: MPI.

Mead, G. H. (2005): Geist, Identität und Gesellschaft, 15. Aufl., Frankfurt am Main: Suhrkamp.

Mead, M. (1974): Der Konflikt der Generationen. München: dtv.

Medeiros, P. de (2007): Rollenästhetik und Rollensoziologie. Transfer rollensoziologischer Kategorien auf die neuere deutsche Literaturwissenschaft. Würzburg: Könighausen & Neumann.

Meggeneder, O. (Hrsg.) (2003): Unter-, Über- und Fehlversorgung. Frankfurt am Main: Mabuse.

Meier, B. (1989): John Kenneth Galbraith und seine Wegbereiter. Zürich: Rüegger.

Meier, Brig. (1995): Gesundheitskonferenzen – Instrumente der Kooperation zwischen Anspruch und Wirklichkeit: Gesundheits-Wesen 57, 645–651.

Meier, Chr. (2009): Kultur, um der Freiheit willen. Griechische Anfänge, Anfang Europas? München: Siedler.

Meier, F. (2006): Mit Kind und Kegel. Kindheit und Familie im Wandel der Geschichte. Ostfildern: Thorbecke.

Meier-Baumgartner, H.-P./*Anders*, J./*Dapp*, U. (2005): Präventive Hausbesuche. Hannover: Vincentz.

Meisinger, H. (1996): Liebesgebot und Altruismusforschung. Göttingen: Vandenhoeck & Ruprecht.

Meißner, A. (2004): Die Problematik der Anrede Du vs. Sie zwischen Pflegepersonal und Patientinnen/Patienten in Deutschland. Pflege 17 (2), S. 73–77.

Meleis, A. I. (1999): Pflegetheorie. Bern u. a.: Huber.

Menasse, R. (2006): Die Zerstörung der Welt als Wille und Vorstellung. Frankfurt am Main: Suhrkamp.

Meng, J. (2006): Evidence-Based Social Work Practice. Oldenburg: pfv.

Menger, P.-M. (2006): Kunst und Brot. Die Metamorphosen des Arbeitnehmers. Konstanz: UVK.

Menning, M. (2006): Management als Erfolgsfaktor der Integrierten Versorgung. Von der Notwendigkeit, als Arzt auch Unternehmen zu sein. Norderstedt: Books on Demand.

Menning, S. (2006): Lebenserwartung, Mortalität und Morbidität im Alter. Report Altersdaten. GeroStat 01/2006. DZA: Berlin.

– (2006a): Gesundheitszustand und gesundheitsrelevantes Verhalten Älterer. Report Altersdaten. GeroStat 02/2006. DZA: Berlin.

– (2007): Haushalte, familiale Lebensformen und Wohnsituation älterer Menschen. Report Altersdaten GeroStat 02/2007. Berlin: DZA.

– (2008): Ältere Menschen in einer alternden Welt – Globale Aspekte der demographischen Alterung. Report Altersdaten. GeroStat 01/2008. Berlin: DZA.

Menning, S./*Hoffmann*, E./*Engstler*, H. (2007): Erwerbsbeteiligung älterer Menschen und Übergang in den Ruhestand. Report Altersdaten. GeroStat 01/2007. DZA: Berlin.

Menninghaus, W. (2002): Ekel. Theorie und Geschichte einer starken Empfindung. Frankfurt am Main: Suhrkamp.

- (2007): Das Versprechen der Schönheit. Frankfurt am Main: Suhrkamp.

Mentzos, St. (2009): Lehrbuch der Psychodynamik. Göttingen: Vandenhoeck & Ruprecht.

Merchel, J. (2005): Organisationsgestaltung in der Sozialen Arbeit. Weinheim/München: Juventa.

Merk, K.-P. (2002): Die Dritte Generation. Generationenvertrag und Demokratie – Mythos und Begriff. Aachen: Shaker.

Merkel, W. (2003): Institutionen und Reformpolitik: Drei Fallstudien zur Veto-Spieler-Theorie. Berliner Journal für Soziologie 13 (2), S. 255–274.

Merleau-Ponty, M. (1966): Phänomenologie der Wahrnehmung. Berlin: de Gruyter.

Mertens, G. (2006): Balancen. Pädagogik und das Streben nach Glück. Paderborn u.a.: Schöningh.

Mertens, W. (1997): Psychoanalyse. München: Beck.

Merz-Benz, P. U. (2008): Max Weber und Heinrich Rickert. 2. Aufl. Wiesbaden: VS Verlag für Sozialwissenschaften.

Meß, Chr. (2007): Das Vertragsrecht bei Adam Smith. Frankfurt am Main: Lang.

Messner, R. (2009): Einführung in die Liturgiewissenschaft. 2., überarb. Aufl. Göttingen: Vandenhoeck & Ruprecht (UTB).

Mette, B. (1995): Pastoralmacht. Wege zum Menschen 47, S. 76–83.

Metz, K. H. (2008): Die Geschichte der sozialen Sicherheit. Stuttgart: Kohlhammer.

Metzger, M. (2003): Schöpfung, Thron und Heiligtum. Beiträge zur Theologie des Alten Testaments. Neukirchen-Vluyn: Neukirchener.

- (2004): Vorderasiatische Ikonographie und Altes Testament. Gesammelte Aufsätze, hrsg. v. Pietsch, M./Zwickel, W. Münster: Aschendorff.

- (2007): Grundriß der Geschichte Israels. 12. Aufl. Neukirchen-Vluyn: Neukirchener.

Metzler, H. u.a. (2007): Begleitung und Auswertung der Erprobung trägerübergreifender Persönlicher Budgets. Abschlußbericht. Trägerübergreifendes Persönliches Budget. Wissenschaftliche Begleitforschung zur Umsetzung des neunten Buches Sozialgesetzbuch (SGB IX) – Rehabilitation und Teilhabe behinderter Menschen. Tübingen/Dortmund-Ludwigsburg.

Meuffels, H. O. (1991): Einbergung des Menschen in das Mysterium der dreieinigen Liebe. Eine trinitarische Anthropologie nach Hans Urs von Balthasar. Würzburg: Echter.

Meuli, K. (1975): Gesammelte Schriften. 2 Bde. Basel/Stuttgart: Schwabe.

Meumann, M. (1994): Findelkinder, Waisenhäuser, Kindsmord in der Frühen Neuzeit. München/Wien: Oldenbourg.

Meuser, M. (2006): Geschlecht und Männlichkeit. Soziologische Theorie und kulturelle Deutungsmuster. 2., überar. Aufl. Wiesbaden: VS Verlag für Sozialwissenschaften.

Meuter, N. (2006): Anthropologie des Ausdrucks. München: Fink.

Meyer, A.-H. (2004): Kodieren mit der ICF: Klassifikation oder Abklassifizieren. Heidelberg: Winter – Edition S.

Meyer, D. (2008): Die Kinder- und Jugendhilfe im Spannungsfeld zwischen Korporatismus und Markt. Sozialer Fortschritt 57 (7 + 8), S. 208–217.

Michell-Auli, P. (2007): Der Sozialmarkt im Wandel – Mögliche strategische Handlungsfelder für Sozialunternehmen. Sozialer Fortschritt 56 (2), S. 45–50.

Michel-Schwartze, B. (2002): Handlungswissen der Sozialen Arbeit. Deutungsmuster und Fallarbeit. Wiesbaden: VS Verlag für Sozialwissenschaften.

Michels, K. (2007): Aby Warburg. Im Bannkreis der Ideen. München: Beck.

Miers, M. (2001): Sexus und Pflege. Geschlechterfragen und Pflegepraxis. Bern u. a.: Huber.

Mietzsch, O. (2006): Neuordnung des europäischen Rechtsrahmens für den ÖPNV. Europäische Zeitschrift für Wirtschaftsrecht 17 (1), S. 11–14.

Miles, R. E./*Snow*, C. C. (1978): Organizational Strategy, Structure and Process. New York: McGraw-Hill.

Miller, A. (2005): Ziele in Werkstätten für behinderte Menschen. Die Gestaltung eines Zielsystems als Teil des Qualitätsmanagements. Freiburg i. Br.: Lambertus.

Miller, D. (2008): Grundsätze sozialer Gerechtigkeit. Frankfurt am Main/New York: Campus.

Miller, R. H./*Luft*, H. S. (1997): Does Managed Care lead to better or worse quality of care? Health Affairs 16 (5), S. 7–25.

– (2002): HMO plan performance update: An analysis of the literature. 1997–2001. Health Affairs 21 (4), S. 63–81.

Millikan, R. G. (2008): Die Vielfalt der Bedeutung. Frankfurt am Main: Suhrkamp.

Mills, S. (2007): Der Diskurs, Begriff, Theorie, Praxis. Tübingen/Basel: Francke (UTB).

Minkowski, E. (1931): Das Zeit- und Raumproblem in der Psychopathologie. Wiener Klinische Wochenschrift 44, S. 346.

– (1971): Die gelebte Zeit. Über den zeitlichen Aspekt des Lebens. Salzburg: Otto Müller.

– (1972): Die gelebte Zeit. Über den zeitlichen Aspekt psychopathologischer Phänomene. Salzburg: Otto Müller.

Mintzberg, H. (1990): The Design School: Reconsidering the Basic Premises of Strategic Management. Strategic Management Journal 11 (3), S. 171–195.

Mintzberg, H./*Ahlstrand*, B./*Lampel*, J. (2004): Strategic Safari. Eine Reise durch die Wildnis des strategischen Managements. Frankfurt am Main/Wien: Ueberreuter.

Miranda, J. P. (2002): Kleine Einführung in die Geschichte Israels. Stuttgart: Verlag Katholisches Bibelwerk.

Mitchell, W. J. T. (2008): Bildtheorie. Frankfurt am Main: Suhrkamp.

Mitev, C. (2007): Und wer macht den Abwasch? Ethnographie eines Genderkonflikts. Saarbrücken: VDM Verlag Dr. Müller.

Mitterauer, M. (1986): Sozialgeschichte der Jugend. Frankfurt am Main: Suhrkamp.

Möbius, F. (2008): Wohnung, Tempel, Gotteshaus. Beobachtung zur Anthropologie religiösen Verhaltens. Regensburg: Schnell & Steiner.

Moebius, St. (2003): Die soziale Konstituierung des Anderen. Grundrisse einer poststrukturalistischen Sozialwissenschaft nach Lévinas und Derrida. Frankfurt am Main/New York: Campus.

– (2006): Marcel Mauss. Konstanz: UVK.

– (2006a): Die Zauberlehrlinge. Soziologiegeschichte des Collège de Sociologie (1937–1939). Konstanz: UVK.

Moebius, St./*Papilloud*, Chr. (Hrsg.) (2006): Gift – Marcel Mauss' Kulturtheorie der Gabe. Wiesbaden: VS Verlag für Sozialwissenschaften.

Moebius, St./*Peter*, L. (Hrsg.) (2004): Französische Soziologie der Gegenwart. Konstanz: UVK (UTB).

– (2004a): Neue Tendenzen der französischen Soziologie, in: dies. (Hrsg.), Französische Soziologie der Gegenwart. Konstanz: UVK (UTB), S. 9–77.

Möckel, A. (2007): Geschichte der Heilpädagogik. 2., vollst. überarb. Neuaufl. Stuttgart: Klett-Cotta.

Moenikes, A. (2007): Der sozial-egalitäre Impetus der Bibel Jesu und das Liebesgebot als Quintessenz der Tora. Würzburg: Echter.

Mönter, N. (2007): Seelische Erkrankung, Religion und Sinndeutung. Bonn: Psychiatrie-Verlag.

Möres, M. (2003): Metapolitik und Transzendenz. Eric Voegelin und neuere Entwicklungen im Staatsverständnis der katholischen Soziallehre. Münster: LIT-Verlag.

Moesler, T. A. (1994): Allgemeinärzte sind besonders gefährdet. Wie können sie sich schützen. Nervenheilkunde 13, S. 128–131.

Mohe, M. (2006): Kommentar, in: Hillebrand, M./Sonuc, E./Königswieser, R. (Hrsg.), Essenzen der systemischen Organisationsberatung. Heidelberg: Carl-Auer, S. 185–198.

Mohr, I. (2007): Grundrechte und Öffentlichkeit in Europa. Berlin: BWV.

Mojon-Azzi, St. (2001): Management der ärztlichen Gruppenpraxis. Bern: Haupt.

Moldzio, A. (2004): Schizophrenie – eine philosophische Erkrankung? Würzburg: Königshausen & Neumann.

– (2004a): Das Menschenbild der systemischen Therapie. 2., korr. Aufl. Heidelberg: Carl-Auer.

Moltmann-Wendel, E. (Hrsg.) (2008): Feministische Theologie. Wo steht sie? Wohin geht sie? Eine kritische Zwischenbilanz. Neukirchen-Vluyn: Neukirchener.

Moore, S. u. a. (2006): Lost in transition: a genealogy of the „social capital" concept in public health. Journal of Epidemiology and Community Health 60, S. 729–734.

Moretti, F. (2009): Kurven, Karten, Stammbäume. Abstrakte Modelle für die Literaturgeschichte. Frankfurt am Main: Suhrkamp.

Morfeld, M. u. a. (2007): Rehabilitation, Physikalische Medizin und Naturheilverfahren. München: Elsevier (Urban & Fischer).

Morgenroth, O. (2008): Zeit und Handeln. Psychologie der Zeitbewältigung. Stuttgart: Kohlhammer.

Morof Lubkin, I. (2002): Chronisch Kranksein. Implikationen und Interventionen für Pflege und Gesundheitsberufe. Bern u. a.: Huber.

Morse, J. M./*Field,* P. A. (1998): Qualitative Pflegeforschung. Wiesbaden: Ullstein Medical.

Moschner, B. (1994): Engagement und Engagementbereitschaft. Differentialpsychologische Korrelate ehrenamtlichen Enagegements. Regensburg: Roderer.

Moser, G. (1997): Die Geburt des Patienten. Ritualisierungen und Konstruktionen der Arzt-Patienten-Interaktion. Bern: Edition Soziothek.

Motel-Klingebiel, A. u. a. (2003): Altersstudien und Studien mit alter(n)swissenschaftlichem Analysepotential. DZA-Diskussionspapier Nr. 39. Berlin: DZA.

Motel-Klingebiel, A./*Kondratowitz,* H.-J. von/*Tesch-Römer,* C. (2002): Unterstützung und Lebensqualität im Alter. Generationenbeziehungen und öffentliche Servicesysteme im sozialen Wandel, in: dies. (Hrsg.), Lebensqualität im Alter – Generationenbeziehungen und öffentliche Servicesysteme im sozialen Wandel. Opladen: Leske + Budrich, S. 201–227.

– (Hrsg.) (2002a): Lebensqualität im Alter. Generationenbeziehungen und öffentliche Servicesysteme im sozialen Wandel. Wiesbaden: VS Verlag für Sozialwissenschaften.

– (2003): Die gesellschaftsvergleichende Studie OASIS – Familiale und wohlfahrtsstaatliche Determinanten der Lebensqualität im Alter, in: Karl, F. (Hrsg.), Sozial- und verhaltenswissenschaftliche Gerontologie. Weinheim/München: Juventa, S. 163–183.

Motel-Klingebiel, A./*Krause,* P./*Künemund,* H. (2004): Alterseinkommen der Zukunft – eine szenarische Skizze. DZA-Diskussionspapier Nr. 43. Berlin: DZA.

Motel-Klingebiel, A./*Tesch-Römer,* C. (2004): „Generationengerechtigkeit in der sozialen Sicherung". Anmerkungen sowie ausgewählte Literatur der angewandten Alternsforschung. DZA-Diskussionspapier Nr. 42. Berlin: DZA.

– (2006): Familie im Wohlfahrtsstaat – zwischen Verdrängung und gemischter Verantwortung. Zeitschrift für Familienforschung 17, S. 290–314.

Motel-Klingebiel, A./*Tesch-Römer,* C./*Kondratowitz,* H.-J. von (2005): Welfare States do not crowd out the family: Evidence for mixed responsibility from comparative analyses, in: Ageing & Society, 25, S. 863–882.

Mühlenberg, E. (2006): Altchristliche Lebensführung zwischen Bibel und Tugendlehre. Göttingen: Vandenhoeck & Ruprecht.

Mühlenkamp, H. (2007): Theoretisch und empirisch fundierte Grundsatzüberlegungen zur Daseinsvorsorge. Wirtschaftsdienst 87 (11), S. 707–712.

Mühlenkamp, H./*Schulz-Nieswandt*, F. (2008): Öffentlicher Auftrag und Public Corporate Governance, in: Schaefer, Chr./Theuvsen, L. (Hrsg.), Public Corporate Governance. Bestandsaufnahme und Perspektiven. Zeitschrift für öffentliche und gemeinwirtschaftliche Unternehmen. BH 36. Baden-Baden: Nomos, S. 26–44.

Mühlhausen, K.-H./*Kimmel*, F.-P. (2008): Die gesetzliche Krankenversicherung zwischen Sozialrecht, Vergaberecht und Kartellrecht. Gesundheits- und Sozialpolitik 62 (4), S. 30–35.

Mühlsteff, J. (2008): Ursprünge deutscher Medizinalgesetzgebung. Der Arzt-Beruf in städtischen Rechtsquellen des 14.–16. Jahrhunderts. Marburg: Tectum.

Mühlum, A./*Gödecker-Geenen*, N. (2003): Soziale Arbeit in der Rehabilitation. München: Reinhardt (UTB).

Müller, C. W. (2001): Helfen und Erziehen. Soziale Arbeit im 20. Jahrhundert. Weinheim/München: Juventa.

– (2001a): Wie Helfen zum Beruf wurde. Eine Methodengeschichte der Sozialen Arbeit. Weinheim/München: Juventa.

Müller, E. (2001): Leitbilder in der Pflege. Bern u. a.: Huber.

Müller, H. A./*Vössing*, Chr. (2004): Das Knappschafts-Projekt „prosper – Gesund im Verbund". Soziale Sicherheit 53 (3), S. 74–80.

Müller, K. E. (1996): Der Krüppel. Ethnologica passionis humanae. München: Beck.

– (2002): Nektar und Ambrosia. Kleine Ethnologie des Essens und Trinkens. München: Beck.

Müller, M. (2006): Interkommunale Zusammenarbeit und Vergaberecht. Minden: Köhler.

Müller, Matth. (2008): Polyglotte Kommunikation. Soziale Arbeit und die Vielsprachigkeit ihrer Praxis. Heidelberg: Carl-Auer.

Müller, M./*Ehlers*, C. (2008): Case Management als Brücke. Berlin u. a.: Schibri.

Müller, N. (1993): Rechtsformenwahl bei der Erfüllung öffentlicher Aufgaben (Institutional choice). Köln: Heymanns.

Müller, O. (2005): Sorge um die Vernunft. Hans Blumenbergs phänomenologische Anthropologie. Paderborn: mentis.

Müller, P. (2002): Kommunale Gesundheitspolitik. Koordinieren statt Verwalten. Aufgaben- und Organisationsentwicklung im Öffentlichen Gesundheitsdienst am Beispiel Berlins. Frankfurt am Main: Mabuse.

Müller, R. (2003): Die Pflegekraft als Schokolade. Ungewöhnliches und Ungebührliches zur Psychodynamik des Pflegeprozesses. 2., vollst. überarb. u. erw. Aufl. Bern u. a.: Huber.

Müller, Reinh. (2004): Königtum und Gottesherrschaft. Tübingen: Mohr Siebeck.

Müller, S. (2001): DRGs im Krankenhaus und Versorgungsverläufe älterer und alter Menschen. Weiden/Regensburg: Eurotrans.

Müller, Siegf. (2001): Erziehen – Helfen – Strafen. Das Spannungsverhältnis von Hilfe und Kontrolle in der Sozialen Arbeit. Weinheim/München: Juventa.

Müller, Th. (2007): Unternehmensethik und Corporate Citizenship. Hamburg: Diplomica.

Müller, W. E. (2001): Evangelische Ethik. Darmstadt: WBG.

– (2008): Hans Jonas. Darmstadt: Primus.

Müller-Mundt, G. (2005): Chronischer Schmerz. Herausforderungen für die Versorgungsgestaltung und Patientenedukation. Bern u. a.: Huber.

Müller-Osten, A./*Schaefer*, Chr. (2006): Effektivität im öffentlichen Sektor. Die Verwaltung 39, S. 247–268.

Müller-Westermann, I. (2005): Edvard Munch. Die Selbstbildnisse. München: Schirmer/Mosel.

Münkler, H./*Bluhm*, H. (Hrsg.) (2001): Gemeinwohl und Gemeinsinn. Berlin: Akademie Verlag.

– (Hrsg.) (2002): Gemeinwohl und Gemeinsinn. Zwischen Normativität und Faktizität. Berlin: Akademie Verlag.

Münkler, H./*Fischer*, K. (Hrsg.) (2002): Gemeinwohl und Gemeinsinn. Rhetoriken und Perspektiven sozial-moralischer Orientierung. Berlin: Akademie Verlag.

– (Hrsg.) (2002a): Gemeinwohl und Gemeinsinn im Recht. Konkretisierung und Realisierung öffentlicher Interessen. Berlin: Akademie Verlag.

Münster, A. (2004): Ernst Bloch. Eine politische Biographie. Berlin/Wien: Philo.

Mugerauer, R. (1996): Versöhnung als Überwindung der Entfremdung. Marburg: Tectum.

– (2003): Symboltheorie und Religionskritik. Marburg: Tectum.

Muhle, M. (2008): Eine Genealogie der Biopolitik. Bielefeld: transcript.

Mullins, Ph./*Jacobs*, St. (2006): T. S. Eliot's Idea of the Clerisy, and its Discussion by Karl Mannheim and Michael Polanyi in the Context of J. H. Oldham's Moot. Journal of Classical Sociology 6 (2), S. 147–176.

Murken, A. H. (1998): Vom Armenhospital zum Großklinikum. Die Geschichte des Krankenhauses vom 18. Jahrhundert bis zur Gegenwart. 3. Aufl. Köln: Dumont.

Murmann, U. (2000): Freiheit und Entfremdung. Paul Tillichs Theorie der Sünde. Stuttgart: Kohlhammer.

Musil, R. (1976): Die Verwirrungen des Zögling Törleß. Reinbek bei Hamburg: Rowohlt.

Mygo, S. (2007): Barrierefreiheit im öffentlichen Nahverkehr. Saarbrücken: VDM Verlag Dr. Müller.

Nadeau, M. (2002): Geschichte des Surrealismus. 6. Aufl. Reinbek bei Hamburg: Rowohlt.

Näf, B. (2004): Traum und Traumdeutung im Altertum. Darmstadt: Wissenschaftliche Buchgesellschaft.

Naegele, G./Rohleder, C. (2001): Bürgerschaftliches Engagement und Freiwilligenarbeit im Alter – Individuelle Verpflichtung oder gesellschaftliche Gestaltungsaufgabe? Theorie und Praxis der sozialen Arbeit (H. 11), S. 415–421.

Naegele, G./Schmidt, W. (Hrsg.) (1996): Mehr Bürgernähe und wohnortbezogene Vernetzung in der kommunalen Altenarbeit. Das Modellprojekt „Sozialgemeinde" in Nordrhein-Westfalen. Münster: LIT-Verlag.

Näthke, J. H. (2009): Organisationsentwicklung in Sozialunternehmen. Eine Analyse am Beispiel der Umsetzung des Empowerment-Konzeptes in der Behindertenhilfe. Dissertation Seminar für Sozialpolitik. Universität zu Köln. Köln: Josefs-Gesellschaft.

Nagel, R./Wimmer, R. (2002): Systemische Strategieentwicklung. Stuttgart: Klett-Cotta.

Nagel, Th. (2005): Die Möglichkeit des Altruismus. Berlin: Philo & Philo Fine Arts.

Nagl, L. (1992): Charles Sanders Peirce. Frankfurt am Main/New York: Campus.

Nahapiet, J./Ghoshal, S. (1998): Social Capital, Intellectual Capital, and the Organizational Advantage. Academy of Management Review 23 (2), S. 242–266.

Nakos (2007): Nakos Studien. Selbsthilfe im Überblick 1.1 Selbsthilfeförderung durch die Bundeskänder im Jahr 2007. www.nakos.de.

– (2007a): Nakos Jahresbericht 2007. www.nakos.de.

Nalebuff, B. J./Brandenburger, A. M. (2007): Coopetition, die Strategie der kooperativen Konkurrenz. Eschborn: Rieck.

Napiwotzky, A.-D. (1998): Selbstbewußt verantwortlich pflegen. Ein Weg zur Professionalisierung mütterlicher Kompetenzen. Bern u.a.: Huber.

Nass, E. (2006): Der humangerechte Staat. Tübingen: Mohr Siebeck.

– (2008): Sozialpolitik vor dem Paradigmenwechsel. Begründungsskizze für den humangerechten Sozialstaat. Sozialer Fortschritt 57 (7 + 8), S. 175–182.

Nau, H. H. (1996): Der Werturteilsstreit. Marburg: Metropolis.

Nauck, B./Suckow, J. (2006): Intergenerational relationships in cross-cultural comparison: How social networks frame intergenerational relations between mothers and grandmothers in Japan, Korea, China, Indonesia, Israel, Germany, and Turkey. Journal of Family Issues 287 (8), S. 1159–1185.

Naumann, Th./*Hunziker-Rodewald,* R. (Hrsg.) (2009): Diasynchron. Beiträge zur Exegese, Theologie und Rezeption der Hebräischen Bibel. Stuttgart: Kohlhammer.

Nebelin, M. (2007): Walter Benjamin und die Besiegten. Theologie-Verlust-Geschichte. Hamburg: Kovac.

Nebling, Th. (2008): Strategische Interdependenzen bei selektiven Verträgen. Sozialer Fortschritt 57 (5), S. 118–125.

Nee, V. (1998): Norms and Networks in Economic and Organizational Performance. American Economic Review 88 (2), S. 85–89.

Negel, J. (1996): Nur als Gabe spricht das Ding. Zur theologischen Valenz der Opfertheorie von Geradus van der Leeuw. Theologie und Glaube 86, S. 458–487.

– (2005): Ambivalentes Opfer. Studien zur Symbolik, Dialektik und Aporetik eines theologischen Fundamentalbegriffs. Paderborn: Schöningh.

Neider, A. (Hrsg.) (2008): Wo steckt unser Ich? Beiträge zu einer „sphärischen Anthropologie". Stuttgart: Verlag Freies Geistesleben.

Nellissen, G. (2006): Sozialraumorientierung im aktivierenden Sozialstaat. Eine wettbewerbs-, sozial-und verfassungsrechtliche Analyse. Baden-Baden: Nomos.

Nerheim, H. (2001): Die Wissenschaftlichkeit der Pflege. Paradigmata, Modelle und kommunikative Strategien für eine Philosophie der Pflege- und Gesundheitswissenschaften. Bern u. a.: Huber.

Netzwerk: Soziales neu gestalten (Hrsg.) (2008): Zukunft Quartier – Lebensräume zum Älterwerden. Bd. 1: Eine Potenzialanalyse ausgewählter Wohnprojekte. Gütersloh: Bertelsmann Stiftung.

– (Hrsg.) (2008a): Zukunft Quartier – Lebensräume zum Älterwerden. Themenheft 2: Gemeinsam mehr erreichen – Lokale Vernetzung und Kooperation. Gütersloh: Bertelsmann Stiftung.

– (Hrsg.) (2008b): Zukunft Quartier – Lebensräume zum Älterwerden. Themenheft 3: Den neuen Herausforderungen begegnen – Mitarbeiter weiter qualifizieren. Gütersloh: Bertelsmann Stiftung.

– (Hrsg.) (2009): Zukunft Quartier – Lebensräume zum Älterwerden. Bd. 2: Eine neue Architektur des Sozialen – Sechs Fallstudien zum Welfare Mix. Gütersloh: Bertelsmann Stiftung.

– (Hrsg.) (2009a): Zukunft Quartier – Lebensräume zum Älterwerden. Themenheft 1: Hilfe-Mix – Ältere Menschen in Balance zwischen Selbsthilfe und (professioneller) Unterstützung. Gütersloh: Bertelsmann Stiftung.

Neuberger, O. (2006): Mikropolitik und Moral in Organisationen. Stuttgart: Lucius & Lucius (UTB).

Neubert, D./*Cloerkes,* G. (2001): Behinderung und Behinderte in verschiedenen Kulturen. 3. Aufl. Heidelberg: Winter.

Neuenhaus-Luciano, P. (1999): Individualisierung und Transgression. Die Spur Batailles im Werk Foucaults. Pfaffenweiler: Centaurus.

Neuenstein, K. (2003): Vergoldete Käfige. Wie kann Hospitalismus bei psychisch behinderten Menschen, die in einer sozialtherapeutischen Wohngruppe leben, vermieden bzw. vermindert werden. Bern: Edition Soziothek.

Neuffer, M. (2007): Case Management. Weinheim/München: Juventa.

Neumann, E. (1995): Ursprungsgeschichte des Bewußtseins. Frankfurt am Main: Fischer.

Neumann, H. A./Hellwig, A. (2003): Ethische und praktische Überlegungen zur Einführung der Diagnosis Related Groups für die Finanzierung der Krankenhäuser. Zentrum für Medizinische Ethik. Medizinethische Materialien, Heft 142. Bochum: Ruhr-Universität.

Neumann, K. (2000): Das Fremde verstehen – Grundlagen einer kulturanthropologischen Exegese. Münster: LIT-Verlag.

Neumann, S. (2005): Non Profit Organisationen unter Druck. München/Mering: Hampp.

Neumann, V. (2007): Wettbewerb bei der Erbringung von Pflegeleistungen. Die Sozialgerichtsbarkeit 54 (9), S. 521–528.

Neurath, P./Nemeth, E. (Hrsg.) (1994): Otto Neurath oder Die Einheit von Wissenschaft und Gesellschaft. Wien u. a.: Böhlau.

NexusInstitut für Kooperationsmanagement und interdisziplinäre Forschung u. a. (2008): Leitfaden. Zivilgesellschaftliche Infrastruktur in(Ost-)Deutschland. Gestaltung von Kooperationsbeziehungen zwischen Verwaltung, Unternehmen und Drittem Sektor. www.partizipative-kommune.de/pdf/Leitfaden_Zivilgesellschaftliche+Infrastruktur_2008.pdf. (Zugriff am 5.02.2009).

Ng, W. H. (2008): Die Leidenschaft der Liebe. Schelers Liebesbegriff als eine Antwort auf Nietzsches Kritik an der christlichen Moral und seine soteriologische Bedeutung. Frankfurt am Main: Lang.

Nickel, S. (2006): Patientenzufriedenheit mit kurzstationärer Versorgung. Hamburg: LIT-Verlag.

Nickel, St. u. a. (Hrsg.) (2006): Aktivierung zur Selbsthilfe. Bremerhaven: Wirtschaftsverlag NW.

Nickl, P. (2001): Ordnung der Gefühle. Studien zum Begriff des Habitus. Hamburg: Felix Meiner.

Nickl-Weller, Ch. (Hrsg.) (2007): Health Care der Zukunft. Eine Herausforderung für Medizin, Architektur und Ökonomie. Berlin: MWV.

Niedecken, D. (2003): Namenlos. Geistig Behinderte verstehen. 4., überarb. Aufl. Weinheim: Beltz.

Niegemeier, F. (2002): Pflicht zur Behutsamkeit? Würzburg: Königshausen & Neumann.

Niehaves, B. (2006): Management organisationskultureller Veränderung. Von der traditionellen Bürokratie zur modernen Verwaltung. Saarbrücken: VDM Verlag Dr. Müller.

Niehoff, U. (2008): Ethik der Achtsamkeit. Orientierung (3), S. 8–12.

Niemeyer, Chr. (2005): Klassiker der Sozialpädagogik. Einführung in die Theoriegeschichte einer Wissenschaft. 2., überarb. u. erw. Aufl. Weinheim/München: Juventa.

Nietzsche, F. (2000): Die Geburt der Tragödie aus dem Geiste der Musik. Mit einem Nachwort von P. Sloterdijk. Frankfurt am Main: Insel.

Nilsson, M. P. (1927): Die Religion der Griechen. Tübingen: Mohr Siebeck.

Noack, W. (2007): Pierre Bordieu in seiner Bedeutung für die Soziale Arbeit. Theorie und Praxis der sozialen Arbeit (4), S. 54–60.

Noddings, N. (1984): Caring. A Feminine Approach to Ethics and Moral Education. Berkeley u.a.: University of California Press.

Nohl, A.-M. (2006): Interview und dokumentarische Methode. Wiesbaden: VS Verlag für Sozialwissenschaften.

Nohl, H. (2002): Die pädagogische Bewegung in Deutschland und ihre Theorie. Frankfurt am Main: Klostermann.

Nolan, M./*Dellasega,* C. (2000): „I really feel I've let him down": Supporting family carers during long-term care replacement for elders. Journal of Advanced Nursing 31, S. 759–767.

Noll, H.-H./*Weick,* St. (2008): Beachtliche Disparitäten bei gegenwärtig noch hohem Lebensstandard. ISI 39 (Januar), S. 6–11.

Nord, I./*Spiegel,* Y. (2001): Spurensuche. Lebens- und Denkwege Paul Tillichs. Münster: LIT-Verlag.

Nordheim, M. von (1998): „Ich bin der Herr, dein Arzt". Der Arzt in der Kultur des alten Israel? Dissertation Würzburg. Würzburg: Königshausen & Neumann.

North, D. C. (1992): Institutionen, institutioneller Wandel und Wirtschaftsleistung. Tübingen: Mohr Siebeck.

Nowak, I. (2007): Freigemeinnützige Krankenhäuser in Deutschland unter besonderer Berücksichtigung ihrer abgabenrechtlichen Privilegierung. Hamburg: Kovac.

Ntourou, I. (2007): Fremdsein – Fremdbleiben. Fremdheit und geistige Behinderung – eine Spurensuche. Berlin: LIT-Verlag.

Nüchter, O. u.a. (2008): Einstellungen zum Sozialstaat II. Opladen & Farmington Hills: Barbara Budrich.

Nünning, A. (Hrsg.) (2008): Metzler Lexikon Literatur- und Kulturtheorie. Ansätze-Personen-Grundbegriffe. 4. aktual. u. erweiterte Aufl. Stuttgart/Weimar: Metzler.

Nünning, A./*Nünning,* V. (Hrsg.) (2003): Konzepte der Kulturwissenschaften. Stuttgart/Weimar: Metzler.

Nurmela, R. (2006): Ist die Logotherapie von Frankls religiösen Glauben beeinflußt?, in: Wiesmeyr, O./Batthyány, A. (Hrsg.), Sinn und Person. Beiträge zur Logotherapie und Existenzanalyse. Weinheim/Basel: Beltz, S. 65–72.

Nussbaum, M. (1999): Gerechtigkeit oder Das gute Leben. Frankfurt am Main: Suhrkamp.

Nygren, A. (1955): Eros und Agape. Gestaltwandlungen der christlichen Liebe. Berlin: Evangelische Verlagsanstalt.

Oberender, P. O. (Hrsg.) (2005): Clinical Pathways. Stuttgart: Kohlhammer.

Obermann, G. (2007): The role of the State as guarantor of public services: transactions costs issues and empirical evidence. Annals of Public and Cooperative Economics 78 (3), S. 475–500.

Obermüller, M. (2007): Kundenorientierte Arztpraxis. Saarbrücken: VDM Verlag Dr. Müller.

Odenthal, A. (2002): Liturgie als Ritual. Stuttgart: Kohlhammer.

Oehler, K. (1993): Charles Sanders Peirce. München: Beck.

Oeming, M. (2007): Biblische Hermeneutik. Darmstadt: WBG.

Oesterdiekhoff, G. W. (1997): Kulturelle Bedingungen kognitiver Entwicklung. Der strukturgenetische Ansatz in der Soziologie. Frankfurt am Main: Suhrkamp.

Oesterheld, Chr. (2008): Göttliche Botschaften für zweifelnde Menschen. Pragmatik und Orientierungsleistung der Apollon-Orakel von Klaros und Didyma in hellenistisch-römischer Zeit. Göttingen: Vandenhoeck & Ruprecht.

Oevermann, U. (2001): Zur Analyse der Struktur sozialer Deutungsmuster. Sozialer Sinn (1), S. 3–33.

– (2001a): Die Struktur sozialer Deutungsmuster – Versuch einer Aktualisierung. Sozialer Sinn (1), S. 35–81.

Ofenbach, B. (2006): Geschichte des pädagogischen Berufsethos. Würzburg: Königshausen & Neumann.

Offermann, U. (2006): Lebendige Kommunikation. Die Verwandlung des Odysseus in Homers Odyssee als kognitiv-emotives Hörerkonzept. München: iudicium.

Ohm, Th. (1939): Die Gebetsgebärden der Völker und das Christentum. Leipzig, hier benutzt: Leiden (1948): Brill.

Ollenschläger, G. u.a. (2002): Aktuelle Initiativen zur Realisierung nationaler Leitlinien in Deutschland – eine Übersicht. Gesundheitswesen 64, S. 513–520.

Opaschowski, H. W. (2003): Der Generationenpakt. Das soziale Netz der Zukunft. Darmstadt: Primus.

Opfer-Klinger, B. (2007): Die ungeliebte EU-Süderweiterung. Osnabrück: fibre.

Opitz, C. (2005): Um-Ordnungen der Geschlechter. Einführung in die Geschlechtergeschichte. Tübingen: edition diskord.

Opp, G./*Fingerle,* M. (Hrsg.) (2007): Was Kinder stärkt. Erziehung zwischen Risiko und Resilienz. 2. Aufl. München: Reinhardt.

Organisation für Wirtschaftliche Zusammenarbeit und Entwicklung (OECD) (Hrsg.) (2004): Behindertenpolitik zwischen Beschäftigung und Versorgung. Ein internationaler Vergleich. Frankfurt am Main/New York: Campus.

Orlowski, U./*Wasem,* J. (2007): Gesundheitsreform 2007 (GKV-WSG). C. F. Müller: Heidelberg/Frankfurt am Main: MedizinRecht.de.

Orter, R./*Montada,* L. (Hrsg.) (2002): Entwicklungspsychologie. 5. Aufl. Weinheim/München: Beltz.

Ortheil, H.-J. (2005): Jean Paul. 5. Aufl. Reinbek bei Hamburg: Rowohlt.

Ortner, R. (2007): Vergabe von Dienstleistungskonzessionen. Köln u. a.: Heymanns.

Osbahr, St. (2003): Selbstbestimmtes Leben von Menschen mit einer geistigen Behinderung. Beitrag zu einer systemtheoretisch-konstruktivistischen Sonderpädagogik. Luzern u. a.: Edition SZH.

Osborne, St. P./*Chew,* C./*McLaughlin,* K. (2008): The Once and Future Pioneers? The Innovative Capacity of Voluntary Organisations and the Provision of Public Services: A Longitudinal Approach. Public Management Review 10 (1), S. 51–70.

Ossowska, M. (2007): Das ritterliche Ethos und seine Spielarten. Frankfurt am Main: Suhrkamp.

Osten-Sacken, E. von der (1992): Der Ziegen-‚Dämon': Obed- und Urukzeitliche Götterdarstellungen. Neukirchen-Vluyn: Butzen & Bercker Verlag.

Oster, St. (2004): Mit-Mensch-Sein. Phänomenologie und Ontologie der Gabe bei Ferdinand Ulrich. Freiburg: Alber.

Osterroth, F. (1964): Der Hofgeismarkkreis der Jungsozialisten. Archiv für Sozialgeschichte 4, S. 525–569.

Ostrom, E. (1990): Governing the commons. The evolution of institutions for collective action. Cambridge: Cambridge University Press.

Oswald, W. (2009): Staatstheorie im Alten Testament. Stuttgart: Kohlhammer.

Otscheret, E. (1988): Ambivalenz. Geschichte und Interpretation der menschlichen Zweispältigkeit. Heidelberg: Asanger.

Ott, A. (2002): Innerhalb und außerhalb der Organisation. Von der Theorie zur Praxis systemischer Organisationsentwicklung. Lage: Hans Jacobs.

Ott, R. (1996): Die Stationsvisite – quantitative und qualitative Analyse internistisch-geriatrischer Visitengespräche und Konsequenzen für den Klinikalltag. Hamburg: Kovac.

Otte, B. Chr. (1996): Zeit in der Spannung von Werden und Handeln bei Victor Emil Freiherr v. Gebsattel. Zur psychologischen Bedeutung von Zeit. Frankfurt am Main: Lang.

Otte, R. (2001): Thure von Uexküll. Von der Psychosomatik zur Integrierten Medizin. Göttingen: Vandenhoeck & Ruprecht.

Otten, H./*Soucek,* V. (1969): Ein althethitisches Ritual für das Königspaar. Wiesbaden: Harrasowitz.

Otto, E. (1997): Programme der sozialen Gerechtigkeit. Zeitschrift für Altorientalische und Biblische Rechtsgeschichte 3, S. 26–63.

- (1999): Das Deuteronomium. Politische Theologie und Rechtsreform in Juda und Assyrien. Berlin/New York: de Gruyter.
- (2000): Das Deuteronomium im Pentateuch und Hexateuch. Tübingen: Mohr Siebeck.
- (2001): Gab es „historische" und „fiktive" Aaroniden? Zeitschrift für Altorientalische und Biblische Rechtsgeschichte 7, S. 403–414.
- (2002): Gottes Recht als Menschenrecht. Rechts- und literaturhistorische Studien zum Deuteronomium. Wiesbaden: Harrassowitz.
- (2002a): Max Webers Studien des antiken Judentums. Tübingen: Mohr Siebeck.
- (2004): Vom biblischen Hebraismus der persischen Zeit zum rabbinischen Judaismus in römischer Zeit. Zur Geschichte der spätbiblischen und frühjüdischen Schriftgelehrsamkeit. Zeitschrift für Altorientalische und Biblische Rechtsgeschichte 10, S. 1–49.
- (2005): Der Zusammenhang von Herrscherlegitimation und Rechtskodifizierung in altorientalischer und biblischer Rechtsgeschichte. Zeitschrift für Altorientalische und Biblische Rechtsgeschichte 11, S. 51–92.
- (2006): Mose. Geschichte und Legende. München: Beck.
- (2006a): Das Recht der Hebräischen Bibel im Kontext der antiken Rechtsgeschichte. Theologische Rundschau 71, S. 389–421.
- (2006b): Staat – Gemeinde – Sekte. Sozialehren des antiken Judentums. Zeitschrift für Altorientalische und Biblische Rechtsgeschichte 12, S. 312–343.
- (2007): Das Gesetz des Mose. Darmstadt: Wissenschaftliche Buchgesellschaft.
- (2007a): Perspektiven der neueren Deuteronomiumsforschung. Zeitschrift für die Alttestamentliche Wissenschaft 119, S. 319–340.
- (2007b): Nähe und Distanz von nachexilischen Priestern und Propheten in der Hebräischen Bibel. Zeitschrift für Altorientalische und Biblische Rechtsgeschichte 13, S. 261–270.
- (2007c): Die Zadokiden – eine Sekte aus hasmonäischer Zeit? Zeitschrift für Altorientalische und Biblische Rechtsgeschichte 13, S. 271–276.
- (2008): Das antike Jerusalem. München: Beck.
- (2008a): Altorientalische und biblische Rechtsgeschichte. Wiesbaden: Harrassowitz.

Otto, R. (1997): Das Heilige. München: Beck.

Otto, W. F. (2002): Die Götter Griechenlands. Das Bild des Göttlichen im Spiegel des griechischen Geistes. 9. Aufl. Frankfurt am Main: Klostermann.

Over, B. (1998): Per la Gloria di Dio. Solisische Kirchenmusik in den venezianischen Ospedali im 18. Jahrhundert. Bonn: Orpheus-Verlag.

Overlander, G. (2001): Die Last des Mitfühlens. 4. Aufl. Frankfurt am Main: Mabuse.

Ovid (2005): Metamorphosen. Nach der ersten deutschen Prosaübersetzung durch August von Rode neu übersetzt und herausgegeben von Gerhard Fink. Düsseldorf: Patmos/Albatros.

Ovretveit, J. (2002): Evaluation gesundheitsbezogener Interventionen. Bern u. a.: Huber.

Paetzold, H. (1993): Ernst Cassirer zur Einführung. Hamburg: Junius.

Pagel, G. (1984): Narziß und Prometheus. Die Theorie der Phantasie bei Freud und Gehlen. Würzburg: Königshausen & Neumann.

Paimann, R. (2002): Formale Strukturen der Subjektivität. Hamburg: Meiner.

Palier, B./*Martin,* C. (2007): Editorial Introduction. From ‚a Frozen landscape' to Structural Reforms: The Sequential Transformations of Bismarckian Welfare System. Social Policy & Administration 61 (6), S. 535–554.

Palm, G./*Bogert,* B. (2007): Hausgemeinschaften. „Ein" Ausweg aus dem Irrweg für die stationäre Altenhilfe. Marburg: Tectum.

Palmowski, W./*Heuwinkel,* M. (2002): Normal bin ich nicht behindert! Wirklichkeitskonstruktionen bei Menschen, die behindert werden. 2. Aufl. Dortmund: Borgmann Publishing.

Panattoni, R. (2006): Ekklesia und Eschaton. Der Römerbrief und die Politische Theologie. München: Fink.

Panetta, O. (2007): Daseinsvorsorge zwischen Beihilfe- und Vergaberecht. Frankfurt am Main: Lang.

Pankoke, E./*Quenzel,* G. (Hrsg.) (2006): Praktische Künste. Deutungsmuster und Wissensformen kulturellen Handelns. Essen: Klartext.

Pannenberg, W. (1976): Was ist der Mensch? 5. Aufl. Göttingen: Vandenhoeck & Ruprecht.

– (1987): Wissenschaftstheorie und Theologie. Frankfurt am Main: Suhrkamp.

Panofsky, E. (2006): Die Renaissancen der europäischen Kunst. 8. Aufl. Frankfurt am Main: Suhrkamp.

– (2006a): Ikonographie und Ikonologie. Köln: DuMont.

Pape, H. (2002): Der dramatische Reichtum der konkreten Welt. Weilerswist: Velbrück.

– (2004): Charles Sanders Peirce zur Einführung. Hamburg: Junius.

Parche-Kawik, K. (2003): Den homo oeconomicus bändigen? Zum Streit um den Moralisierungsbedarf marktwirtschaftlichen Handelns. Frankfurt am Main: Lang.

Parnes, O./*Vedder,* U./*Willer,* St. (2008): Das Konzept der Generation. Frankfurt am Main: Suhrkamp.

Parsons, T. (1994): Aktor, Situation und normative Muster. Frankfurt am Main: Suhrkamp.

– (2005): Sozialstruktur und Persönlichkeit. 8. Aufl. Eschborn: Klotz.

Paslack, K. A. (2008): 10 Jahre Pflegeversicherung und ambulante pflegerische Versorgung 1995–2005. Marburg: Tectum.

Passie, T. (1992): Der „Wengener Kreis": Ludwig Binswanger, Eugene Minkowski, Victor Emil Freiherr von Gebsattel und Erwin Straus. Fundierungen einer phänomenologischen-anthropologischen Psychiatrie und Psychologie. Dissertation Medizinische Hochschule Hannover.

– (1995): Phänomenologisch-anthropologische Psychiatrie und Psychologie. Eine Studie über den „Wengener Kreis": Binswanger – Minowski – von Gebsattel – Straus. Aachen: Presseler.

Patulny, R. V./*Svendsen,* G. L. H. (2007): Exploring the social capital grid: bonding, bridging, qualitative, quantitative. International Journal of Sociology and Social Policy 27 (1 + 2), S. 32–51.

Patzelt, W. J. (1987): Grundlagen der Ethnomethodologie. München: Fink.

Pauls, H. (2004): Klinische Sozialarbeit. Weinheim/München: Juventa.

Paulsen, Th. (1998): Die Funktion des Chores in der attischen Tragödie, in: Binder, G./Effe, B. (Hrsg.), Das antike Theater. Trier: Wissenschaftsverlag, S. 69–92.

Pauly, St. (2000): Subjekt und Selbstwerdung. Das Subjektdenken Romano Guardinis, seine Rückbezüge auf Sören Kierkegaard und seine Einlösbarkeit in der Postmoderne. Stuttgart: Kohlhammer.

Pawils, S./*Koch,* U. (Hrsg.) (2006): Psychosoziale Versorgung in der Medizin. Stuttgart/New York: Schattauer.

Payer, L. (1992): Disease-Mongers: How Doctors, Drug Companies and Insurers Are Making You Feel Sick. New York: John Wiley & Sons.

Pelz, M. (1998): Wege des Lebens. Eine Untersuchung zum personalen Grundansatz der Ethik bei Romano Guardini. Frankfurt am Main: Lang.

Penner, K. A. u. a. (2005): Prosocial behavior: Multilevel perspectives. Annual Review of psychology 56, S. 365–392.

Pennisi, F. (1990): Auf der Suche nach Ordnung. Die Entstehungsgeschichte des Ordnungsgedankens bei Robert Musil von den ersten Romanentwürfen bis zum ersten Band von „Der Mann ohne Eigenschaften". St. Ingbert: Röhrig.

Penske, M. (2006): Finanzierung der Gesetzlichen Krankenversicherung – Probleme und Reformoptionen. Frankfurt am Main: Lang.

Pernlochner-Kügler, Chr. (2004): Körperscham und Ekel – wesentlich menschliche Gefühle. Münster: LIT-Verlag.

Perrar, K. M. (2008): Keine Heilung, aber Hilfe. Medikamentöse Behandlung von Menschen mit Demenz. Dr. med. Mabuse 33 (172), S. 44–46.

Perrig-Chiello, P./*Höpflinger,* F./*Suter,* Chr. (2008): Generationen – Strukturen und Beziehungen. Stuttgart: Seismo.

Pester, N. (2006): Die soziale Verfassung Europas. Wien: Passagen.

Pestieau, P. (2006): The Welfare State in the European Union. Oxford: Oxford University Press.

Peter, R. (1989): Sozialgemeinde – die Renaissance einer sozialpolitischen Konzeption. Theorie und Praxis der sozialen Arbeit 40 (7), S. 242–246.

Petermann, F. (Hrsg.) (1998): Compliance und Selbstmanagement. Göttingen: Hogrefe.

Petermann, W. (2004): Die Geschichte der Ethnologie. Wuppertal: Hammer Verlag.

Peters, M. (2006): Versorgen – Leihen – Sparen. Die „Gemeinnützigkeit" der Sparkassen in der Vormoderne 1760–1840. Berlin: LIT-Verlag.

Peters, S.-K. (2003): Rudolf Bilz (1898–1976). Leben und Wirken in der Medizinischen Psychologie. Würzburg: Königshausen & Neumann.

Peters, T. (2008): Macht im Kommunikationsgefälle: der Arzt und sein Patient. Berlin: Frank & Timme.

Peters-Alt, J. (2005): DRGs aus Sicht der Pflege. Stuttgart: Kohlhammer.

Pethes, N. (2008): Kulturwissenschaftliche Gedächtnistheorien. Hamburg: Junius.

Petke, R. (2004): Sozialkompetenzen von Dienstleistungsanbietern – Eine empirische Untersuchung am Beispiel der Arzt/Patienten-Beziehung. München: FGM-Verlag.

Petracca, V. (2003): Gott oder das Geld. Die Besitzethik des Lukas. Tübingen/Basel: Francke.

Petry, S. (2007): Die Entgrenzung JHWHs. Tübingen: Mohr Siebeck.

Pettinato, G. (1971): Das altorientalische Menschenbild und die sumerischen und akkadischen Schöpfungsmythen. Heidelberg: Winter.

Peukert, D. J. K. (1991): Die Unordnung der Dinge. Michel Foucault und die deutsche Geschichtswissenschaft, in: Ewald, F./Waldenfels, B. (Hrsg.), Michel Foucaults Denken. Frankfurt am Main: Suhrkamp, S. 320–333.

Peuckert, R. (2008): Familienformen im sozialen Wandel. 7., vollst. überarb. Aufl. Wiesbaden: VS Verlag für Sozialwissenschaften.

Pfadenhauer, M. (2003): Professionalität. Opladen: Leske + Budrich.

Pfaff, H. (1997): Das Lernende Krankenhaus. The Learning Hospital. Zeitschrift für Gesundheitswissenschaften 5 (4), S. 323–342.

Pfaff, H. u. a. (Hrsg.) (2004): „Weiche" Kennzahlen für das strategische Krankenhausmanagement. Bern u.a.: Huber.

Pfaff, M. u. a. (2008): Schizophrenie und Religiösität – Eine Vergleichstudie zur Zeit der innerdeutschen Teilung. Psychiatrische Praxis 35 (2), S. 240–246.

Pfaller, R. (2002): Die Illusionen der anderen. Über das Lustprinzip in der Kultur. Frankfurt am Main: Suhrkamp.

Pfannkuch, H. (2000): Stationäre Psychiatrie im Kontext der bundesrepublikanischen Psychiatriereform. Tübingen: dgvt-Verlag.

Pfannkuchen, M. (2000): Archäologie der Moral. Zur Relevanz von Michel Foucault für die theologische Ethik. Münster: LIT-Verlag.

Pfau, M. u.a. (1995): The influence of television viewing on public perceptions of physicians. Journal of Broadcasting and Electronic Media 39, S. 441–458.

Pfau-Effinger, B. (2006): Care im Wandel des wohlfahrtsstaatlichen Solidaritätsmodells, in: Carigiet, E./Mäder, U./Opielka, M./Schulz-Nieswandt, F. (Hrsg.), Wohlstand durch Gerechtigkeit. Zürich: Rotpunktverlag, S. 239–251.

Pfeffer, Chr. (2005): „Hier wird immer noch besser gestorben als woanders". Eine Ethnographie stationärer Hospizarbeit. Bern u.a.: Huber.

Pfefferer-Wolf, H. (1999): Der sozialpsychiatrische Habitus. Frankfurt am Main/New Yoek: Campus.

Pfeiffer, A. (Hrsg.) (1976): Religiöse Sozialisten. Dokumente der Weltrevolution, Bd. 6. Olten/Freiburg i.Br.: Walter.

Pfeil, B. u.a. (Hrsg.) (2005): Ich diene mir selbst. Selbstbestimmung und Teilhabe. Moderne Konzepte der Behinderten- und Altenhilfe in der Stiftung Haus Lindenhof. Freiburg i.Br.: Lambertus.

Philipsborn, A. (1961): Der Fortschritt in der Entwicklung des byzantinischen Krankenhauswesens. Byzantinische Zeitschrift 54, S. 338–365.

Phillips, R. (2003): Stakeholder Theory and Organizational Ethics. San Francisco: Berret-Koehler.

Philolenko, M. (2002): Das Vaterunser. Tübingen: Mohr Siebeck.

Piaget, J. (2003): Meine Theorie der geistigen Entwicklung. Weinheim/Basel: Beltz.

Pichler, F./*Wallace*, J. (2007): Patterns of Formal and Informal Social Capital in Europe. European Sociological Review 23 (4), S. 323–435.

Piechotta, G. (2000): Weiblich und kompetent? Der Pflegeberuf im Spannungsfeld zwischen Geschlecht, Bildung und gesellschaftlicher Anerkennung. Bern u.a.: Huber.

Pielow, J.-Chr. (2006): Öffentliche Daseinsvorsorge zwischen „Markt" und „Staat". Juristische Schulung 46 (8), S. 692–694 sowie 46 (9), S. 780–784.

– (2007): Neues zur Rechtsanwendung und gerichtlichen Kontrolle im Wirtschaftsverwaltungsrecht, in: Ennuschat, J. u.a. (Hrsg.), Wirtschaft und Gesellschaft im Staat der Gegenwart. Gedächtnisschrift für Peter J. Tettinger. Köln: Heymanns, S. 103–125.

Pieper, M./*Rodriguez*, E. G. (Hrsg.) (2004): Gouvernementalität. Ein sozialwissenschaftliches Konzept in Anschluss an Foucault. Frankfurt am Main/New York: Campus.

Pies, I./*Leschke*, M. (Hrsg.) (2006): Albert Hischmans grenzüberschreitende Ökonomik. Tübingen: Mohr Siebeck.

Pietrukowicz, M. E./*Johnson*, M. M. S. (1991): Using Life Histories to Individualize Nursing Home Staff Attitudes Towards Residents. The Gerontologist 31 (1), S. 102–106.

Pietz, H.-W. (1998): Das Drama des Bundes. Die dramatische Denkform in Karl Barths Kirchlicher Dogmatik. Neukirchen-Vluyn: Neukirchener.

Pillemer, K./*Lüscher,* K. (Hrsg.) (2004): Intergenerational ambivalences. New perspectives on parent-child-relations in later life. New York: Elsevier Science.

Pillen, A. (1997): Macht im Krankenhaus. Reflexionen zu einem strukturellen Problem. Pflege (10), S. 113–117.

Pilz, D. (2007): Krisengeschöpfe. Zur Theorie und Methodologie der Objektiven Hermeneutik. Wiesbaden: Deutscher Universitäts-Verlag.

Pimpertz, J. (2007): Wettbewerb in der gesetzlichen Krankenversicherung. Köln: Deutscher Instituts-Verlag.

Pineiro, E. (2006): Helfen und Disziplinieren. Armenhilfe in der Frühen Neuzeit und im Absolutismus. Basel: edition gesowip.

Pinzani, A. (2007): Jürgen Habermas. München: Beck.

Pitschas, R. (Hrsg.) (2007): Finanzreform in der gesetzlichen Krakenversicherung und Zukunft des Risiko-Strukturausgleichs. Frankfurt am Main u. a.: Lang.

Pixley, J. (1997): Heilsgeschichte von unten: Eine Geschichte des Volkes Israel aus der Sicht der Armen (1220 v. Chr. – 135 n. Chr.). Nürnberg: Athmann.

Platon (2006): Symposium. Griechisch/Deutsch, übersetzt und herausgegeben von Th. Paulsen & R. Rehn. Stuttgart: Reclam.

Platt, F. W. u. a. (2001): „Tell me about yourself": The Patient-Centered Interview. Annals of Internal Medicine 134 (11), S. 1079–1085.

Plecher-Hochstrasser, B. (2006): Zielbestimmungen im Mehrebenensystem. München: Meidenbauer.

Plessner, H. (1975): Die Stufen des Organischen und der Mensch. Berlin/New York: de Gruyter.

– (2003): Gesammelte Schriften. Schriften zur Soziologie und Sozialphilosophie. Frankfurt am Main: Suhrkamp.

– (2003a): Conditio humana. Frankfurt am Main: Suhrkamp.

Plewina, C. G. (1999): Wandel der Arztideale. Entwicklungen in Abhängigkeit von der Dauer der Berufstätigkeit. Münster u. a.: Waxmann.

Plitt, S. (2006): Suizidalität im Alter. Saarbrücken: VDM Verlag Dr. Müller.

Plunger, S. (2006): Patientenautonomie und Willensfreiheit im Umfeld der Gerontopsychiatrie. Frankfurt am Main: Lang.

Plute, G. (2002): Vorrang der Rehabilitation vor Pflege? Kassel: Kassel University Press.

Plute, G./*Vogel,* W. (2007): Geriatrische Behandlung im Krankenhaus. Zeitschrift für Gerontologie und Geriatrie 40 (6), S. 448–456.

Pöffel, L. (2000): Denkkollektive in der Informatik. Zur Erklärungskraft von Ludwig Flecks Wissenschaftstheorie im aktuellen Wissenschaftsbild. Stuttgart: ibidem.

Pöggeler, O. (2007): Braucht Theologie Philosophie? Von Bultmann und Heidegger bis Voegelin und Assmann. Paderborn u. a.: Schöningh.

– (2009): Philosophie und Hermeneutische Theologie. München: Fink.

Pöltner, G. (2006): Grundkurs Medizin-Ethik. Wien: Facultas Universitätsverlag.

Pöppel, K. (2008): Wertwandel beim sozialen Dienstleister Krankenhaus. Eine Analyse zum Patientenbild. Frankfurt am Main: Lang.

Pörtner, M. (2004): Ernstnehmen – Zutrauen – Verstehen. Personenzentrierte Haltung im Umgang mit geistig behinderten und pflegebedürftigen Menschen. 4., überarb. und erw. Aufl. Stuttgart: Klett-Cotta.

Pogadl, S./*Pohlmann*, R. (2008): Seniorenbüros in Dortmund – Zukunftsorientiertes Modell für eine integrative und wohnortnahe Versorgung und Betreuung. Zeitschrift für Gerontologie und Geriatrie 41 (2), S. 86–91.

Pohl, R. (2007): Das autobiographische Gedächtnis. Die Psychologie unserer Lebensgeschichte. Stuttgart: Kohlhammer.

Pohlmann, M. (2005): Beziehung pflegen. Eine phänomenologische Untersuchung der Beziehung zwischen Patienten und beruflich Pflegenden im Krankenhaus. Bern u. a.: Huber.

– (2006): Die Pflegende-Patienten-Beziehung. Ergebnisse einer Untersuchung zur Beziehung zwischen Patienten und beruflich Pflegenden im Krankenhaus. Pflege 19 (3), S. 156–162.

Pohlmeyer, M. (2004): Geschichten-Hermeneutik. Münster: LIT-Verlag.

Pola, Th. (2006): Zwangsarbeit unter Salomo?, in: Dormeyer, D. u. a. (Hrsg.), Arbeit in der Antike, in Judentum und Christentum. Berlin: LIT-Verlag, S. 27–38.

Polanyi, K. (1957): The Great Transformation. Boston: Beacon.

Poliwoda, S. (2005): Versorgung von Sein. Hildesheim u. a.: Olms.

Pongratz, L. J. (1983): Hauptströmungen der Tiefenpsychologie. Stuttgart: Kröner.

Poortinga, W. (2006): Social capital: An individual or collective resource for health? Social Science & Medicine 62 (2), S. 292–302.

Popitz, H. (2006): Soziale Normen. Frankfurt am Main: Suhrkamp.

Portele, G. (1999): Autonomie, Macht, Liebe. Frankfurt am Main: Suhrkamp.

Porter, M. E. (2000): Wettbewerbsvorteile – Spitzenleistungen erreichen und behaupten. 6. Aufl. Frankfurt am Main/New York: Campus.

Porter, R. (2003): Die Kunst des Heilens. Eine medizinische Geschichte der Menschheit von der Antike bis heute. Heidelberg/Berlin: Spektrum Akademischer Verlag.

Portmann, A. (1956): Zoologie und das neue Bild vom Menschen. Reinbek bei Hamburg: Rowohlt.

Possinger, J. (2008): Von Fürsorge zu Care. Nachrichtendienst des Deutschen Vereins für öffentliche und private Fürsorge 88 (2), S. 60–66.

Potash, B. (Hrsg.) (1986): Widows in African Societies. Stanford: Stanford University Presss.

Pott, G. (2004): Der angesehene Patient. Stuttgart/New York: Schattauer.

- (2007): Ethik am Lebensende. Stuttgart/New York: Schattauer.

Prader, J. (2006): Der gnostische Wahn. Wien: Passagen.

Preisshofen, F. (1977): Untersuchungen zur Darstellung des Greisenalters in der frühgriechischen Dichtung. Wiesbaden: Franz Steiner.

Prell, M. (1997): Armut im antiken Rom. Stuttgart: Steiner.

Preß, H. (2007): Willensfreiheit und Psychotherapie. Saarbrücken: VDM Verlag Dr. Müller.

Preusker, U. K. (2007): Gesundheits-Coaching von der Kasse. Die GesundheitsWirtschaft 1 (4).

- (Hrsg.) (2008): Lexikon Gesundheitsmarkt. Studienausgabe. 2., überarb. u. erw. Aufl. Heidelberg: Economica.

Priddat, B. P. (2006): Irritierte Ordnung. Moderne Politik. Politische Ökonomie der Governance. Wiesbaden: VS Verlag für Sozialwissenschaften.

- (2006a): Gemeinwohlorientierung. Social capital, Moral, Governance. Marburg: Metropolis.

- (2007): Moral als Indikator und Kontext von Ökonomie. Marburg: Metropolis.

- (2008): Öffentliche Güter als politische Güter. Zeitschrift für öffentliche und gemeinwirtschaftliche Unternehmen 31 (2), S. 152–173.

Priller, E. (2007): Aktive Bürgerschaft. WZB-Mitteilungen 118, S. 6.

Priller, E./ *Zimmer,* A. (2006): Dritter Sektor: Arbeit als Engagement. Aus Politik und Zeitgeschichte (12), S. 17–24.

Prisching, M. (Hrsg.) (2001): Gesellschaft verstehen. Peter L. Berger und die Soziologie der Gegenwart. Wien: Passagen.

Privitera, W. (1990): Stilprobleme. Zur Epistemologie Michel Foucaults. Frankfurt am Main: Hain.

Prodi, P. (2003): Eine Geschichte der Gerechtigkeit. München: Beck.

Proes-Kümmel, E. (2005): Das Alter in der Literatur junger Leser. Frankfurt am Main: Lang.

Pruns, K. (2008): Kartell- und vergaberechtliche Probleme des selektiven Kontrahierens auf europäischer und nationaler Ebene. Berlin: LIT-Verlag.

Ptak, R. (2003): Vom Ordoliberalismus zur Sozialen Marktwirtschaft. Wiesbaden: VS Verlag für Sozialwissenschaften.

Puchberger, L. (2005): Das Satellitensystem. Ein Versuch, Menschen mit Behinderung ein Maximum an Autonomie in den Lebensbereichen Wohnen und Freizeit zu bieten. Linz: Trauner.

Pühl, H. (Hrsg.) (2000): Supervision und Organisationsentwicklung. 2. Aufl. Opladen: Leske + Budrich.

Puetter, U. (2009): Die Wirtschafts- und Sozialpolitik der EU. Wien: Facultas (UTB).

Pulcini, E. (2004): Das Individuum ohne Leidenschaften. Moderner Individualismus und der Verlust des sozialen Bandes. Berlin: diaphanes.

Pulver, M. (1999): Tribut der Seuche oder: Seuchenmythen als Quelle sozialer Kalibrierung. Frankfurt am Main: Lang.

Putnam, H. (1990): Vernunft, Wahrheit und Geschichte. Frankfurt am Main: Suhrkamp.

Puzicha, M. (1976): Christus Peregrinus. Die paränetische Erörterung und die Motive der privaten Wohltätigkeit in der Alten Kirche am Beispiel der Fremdenaufnahme. Dissertation Münster.

Quante, M. (2007): Person. Berlin/New York: de Gruyter.

– (2007a): The Social Nature of Personal Identity. Journal of Consciousness Studies 14 (5 + 6), S. 56–76.

Quasebarth, A. (1994): Arzt-Patienten-Kommunikation in der modernen Ausbildung. Münster: LIT-Verlag.

Quinn, S. (1999): Marie Curie. Biographie. Frankfurt am Main: Insel.

Raab, J. (2008): Erving Goffman. Konstanz: UVK.

Raabe, W. (2000): Ein Schlag aus heiterem Himmel. Die Anwendung der medizinischen Anthropologie Viktor von Weizsäckers auf die Biographie einer vom Schlaganfall betroffenen Frau. Werkstattberichte des IBL Universität Bremen 11. Universitätsbuchhandlung Bremen.

Raatikainen, R. (1996): Macht oder das Fehlen von Macht in der Pflege. Pflege (9), S. 257–266.

Rabold, S./*Görgen*, T. (2007): Mißhandlung und Vernachlässigung älterer Menschen durch ambulante Pflegekräfte. Zeitschrift für Gerontologie und Geriatrie 40 (5), S. 366–374.

Radbruch, G. (2003): Rechtsphilosophie. 2., überarb. Aufl. Heidelberg: C. F. Müller (UTB).

Raden, F. (2005): Barmherzige Mächte. Über die Entstehungsbedingungen der Sozialen Arbeit als Beruf – Sozialversicherung, Wohlfahrtspflege und freie Liebestätigkeit. Herbolzheim: Centaurus.

Raffel, A. u. a. (2004): Ökonomische Zwänge führen zur Reduktion der stationären Verweildauer. Der Chirurg 75 (7), S. 702–705.

Rahner, K. (2005): Grundkurs des Glaubens. 11. Aufl. Freiburg i. Br.: Herder.

Ramminger, M. (1998): Mitleid und Heimatlosigkeit. Zwei Basiskategorien einer Anerkennungshermeneutik. Luzern: Exodus.

Rank, O. (2000): Der Mythos von der Geburt des Helden. (Neudruck der 2. Aufl. 1922). Wien: Verlag Turia + Kant.

Ranke, H. (2006): Das Gilgamesch-Epos. Wiesbaden: marixverlag.

Ranneberg, J. (2006): Ansätze zur Patientenklassifikation in der medizinischen Rehabilitation aus gesundheitsökonomischer Sicht. Frankfurt am Main: Lang.

Raphael, L. (2008): Figurationen von Armut und Fremdheit. Eine Zwischenbilanz interdisziplinärer Forschung, in: ders./Uerlings, H. (Hrsg.), Zwischen Ausschluss und Solidarität. Modi der Inklusion/Exklusion von Fremden und Armen in Europa seit der Spätantike. Frankfurt am Main: Lang, S. 13–36.

Raphael, M. (1988): Tempel, Kirchen und Figuren. Frankfurt am Main: Suhrkamp.

– (1989): Das göttliche Auge im Menschen. Zur Ästhetik der romanischen Kirchen in Frankreich. Frankfurt am Main: Suhrkamp.

Rapp, Chr. (1995): Die Moralität des antiken Menschen. Zeitschrift für philosophische Forschung 49, S. 259–273.

Rasini, V. (2008): Theorien der organischen Realität und Subjektivität bei Helmuth Plessner und Viktor von Weitzsäcker. Würzburg: Königshausen & Neumann.

Raskop, H. (2005): Die Logotherapie und Existenzanalyse Viktor Frankls. Wien/New York: Springer.

Rattner, J. (1990): Alfred Adler. Reinbek bei Hamburg: Rowohlt.

Rattner, J./*Dànzer*, G. (2006): Selbstverwirklichung. Seelische Hygiene und Sinnsuche im Dasein. Würzburg: Königshausen & Neumann.

– (2007): Individualpsychologie heute. Würzburg: Königshausen & Neumann.

Rau, A. (2007): Analyse der Unternehmenskultur. Saarbrücken: VDM Verlag Dr. Müller.

Rau, F. (2007): Was ändert sich für die Krankenhäuser mit dem GKV-Wettbewerbsstärkungsgesetz? Das Krankenhaus (3), S. 179–189.

Rau, F./*Roeder*, N./*Hensen*, P. (Hrsg.) (2009): Auswirkungen der DRG-Einführung in Deutschland. Stuttgart: Kohlhammer.

Rauchmann, D. (2007): Grenzüberschreitende Leistungserbringung. Saarbrücken: VDM Verlag Dr. Müller.

Raupach, K. (2006): Der Übergang zur DRG-basierten Vergütung von Krankenhausleistungen in Deutschland. Göttingen: Cuvillier.

Rauscher, A. (Hrsg.) (2008): Handbuch der Katholischen Sozialleh re. Berlin: Duncker & Humblot.

Rawls, J. (2008): Eine Theorie der Gerechtigkeit. 16. Aufl. Frankfurt am Main: Suhrkamp.

Raz, J. (2006): Praktische Gründe und Normen. Frankfurt am Main: Suhrkamp.

Recki, B. (2003): Kultur als Praxis. Eine Einführung in die Philosophie Ernst Cassirers. Berlin: Akademie Verlag.

Reckling, F. (2002): Interpretative Handlungsrationalität. Marburg: Metropolis.

Reckwitz, A. (2008): Subjekt. Bielefeld: transcript.

Reed, J./*Payton*, V. R. (1996): Constructing Familiarity and Managing the Self: Ways of Adapting to Life in Nursing and Residential Homes for Older People. Ageing and Society 16 (5), S. 543–560.

Reese-Schäfer, W. (2001): Kommunitarismus. Frankfurt am Main/New York: Campus.

Regler, R. (2007): Das Vergaberecht zwischen öffentlichem und privatem Recht. Berlin: Duncker & Humblot.

Reibnitz, Chr. von (2006): Integrierte Versorgungsformen stellen neue Anforderungen an die Pflegeversicherung. PrInternet (3), S. 151–156.

Reibnitz, Chr. von/*Schnabel*, P.-E./*Hurrelmann*, K. (Hrsg.) (2001): Der mündige Patient. Konzepte zur Patientenberatung und Konsumentensouveränität im Gesundheitswesen. Weinheim/München: Juventa.

Reichard, Chr. (2006): Öffentliche Dienstleistungen im gewährleistenden Staat, in: GÖW (Hrsg.), Öffentliche Dienstleistungen für die Bürger. Wege zu Effizienz, Qualität und günstigen Preisen. Berlin: GÖW, S. 53–79.

Reichert, R. (1997): Der Diskurs der Seuchen. Sozialpathologien 1700–1900. München: Fink.

Reichertz, J. (1988): Verstehende Soziologie ohne Subjekt. Die objektive Hermeneutik als Metaphysik der Strukturen. Kölner Zeitschrift für Soziologie und Sozialpsychologie 40, S. 207–222.

Reichold, A. (2004): Die vergessene Leiblichkeit. Zur Rolle des Körpers in ontologischen und ethischen Persontheorien. Paderborn: mentis.

Reifenberg, P./*Hooff*, A. van (Hrsg.) (2001): Gott für die Welt. Henri de Lubac, Gustav Siewerth und Hans Urs von Balthasar in ihren Grundlagen. Mainz: Matthias-Grünewald.

Reik, Th. (1975): Der eigene und der fremde Gott. Frankfurt am Main: Suhrkamp.

Reil-Held, A. (2005): Crowding out or crowding in? Public and private transfers in Germany. Mea. Mannheim Research Institute for the Economics of Aging. Discussion paper 72–2005.

Reimer, A. J./*Schüßler*, W. (Hrsg.) (2004): Das Gebet als Grundakt des Glaubens. Philosophisch-theologische Überlegungen zum Gebetsverständnis Paul Tillichs. Münster: LIT-Verlag.

Reimertz, St. (2003): Max Beckmann. 3. Aufl. Reinbek bei Hamburg: Rowohlt.

Reinicke, P. (1998): Soziale Krankenfürsorge in Deutschland. Opladen: Leske + Budrich.

– (Hrsg.) (2001): Soziale Arbeit im Krankenhaus. Vergangenheit und Zukunft. Freiburg i. Br.: Lambertus.

Reischies, F. M. (2007): Psychopathologie. Merkmale psychischer Krankheitsbilder und klinische Neurowissenschaft. Heidelberg: Springer.

Reisner, S. (2003): Das Integrative Balanced-Scorecard-Konzept. Die praktische Umsetzung im Krankenhaus. Stuttgart: Kohlhammer.

Reissmann, A. (2005): Pflegebedürftigkeit und Institutionalisierung. Chancen und Grenzen häuslicher Pflege. Oldenburg: Paulo Freire.

Reitinger, E. u. a. (2004): Leitkategorie Menschenwürde: Zum Sterben in stationären Pflegeeinrichtungen. Freiburg i. Br.: Lambertus.

Reitzenstein, R. (1929): Die Vorgeschichte der christlichen Taufe. Leipzig/Berlin: Teubner.

Remenyi, M. (2003): Die Anthropologie im Werk von Gustav Siewerth. Münster: LIT-Verlag.

Remmers, H. (1997): Normative Dimensionen pflegerischen Handelns – Zur ethischen Relevanz des Körpers. Pflege 10 (5), S. 279–284.

– (2000): Pflegerisches Handeln. Wissenschafts- und Ethikdiskurse zur Konstruierung der Pflegewissenschaft. Bern u. a.: Huber.

Remschmidt, H. (2000): Autismus. München: Beck.

Renger, A.-B. (2006): Zwischen Märchen und Mythos. Die Abenteuer des Odysseus und andere Geschichten von Homer bis Walter Benjamin. Stuttgart/Weimar: Metzler.

Renn, O. u. a. (2007): Leitbild Nachhaltigkeit. Wiesbaden: VS Verlag für Sozialwissenschaften.

Rennen-Althoff, B./*Schaeffer,* D. (Hrsg.) (2003): Handbuch Pflegewissenschaft. Studienausgabe. Weinheim/München: Juventa.

Renner, A./*Brandenburg,* A./*Ferber,* Chr. von (1999): Zur Evaluation von Gesundheitskonferenzen – eine Pilotstudie, in: Badura, B./Siegrist, J. (Hrsg.), Evaluation im Gesundheitswesen. Weinheim/München: Juventa, S. 179–200.

Rentelen-Kruse, W. von u. a. (2004): Präventive Hausbesuche durch eine speziell fortgebildete Pflegefachkraft bei 60-jährigen und älteren Personen in Hamburg. Zeitschrift für Gerontologie und Geriatrie 36 (5), S. 378–391.

Rentrop, B. (2007): Der Kommunitarismus als Lösungsansatz für ökonomische Entscheidungsprobleme. Hamburg: Kovac.

Rentsch, H. P./*Bucher,* P. O. (2005): ICF in der Rehabilitation. Die praktische Anwendung der internationalen Klassifikation der Funktionsfähigkeit, Behinderung und Gesundheit im Rehabilitationsalltag. Idstein: Schulz-Kirchner.

Rentsch, Th. (1990): Die Konstitution der Moralität. Transzendentale Anthropologie und praktische Philosophie. Frankfurt am Main: Suhrkamp.

– (1992): Philosophische Anthropologie und Ethik der späten Lebenszeit, in: Baltes, P. B./Mittelstraß, J. (Hrsg.), Zukunft des Alterns und gesellschaftliche Entwicklung. Berlin/New York: de Gruyter, S. 283–304.

Repplinger, R. (1999): Auguste Comte und die Entstehung der Soziologie aus dem Geist der Krise. Frankfurt am Main/New York: Campus.

Repschläger, U. (Hrsg.) (2008): Barmer Gesundheitswesen aktuell 2008. Beiträge und Analysen zu Auswirkungen der Gesundheitsreform ab 2009. Wuppertal: Barmer Ersatzkasse.

Reschika, R. (1997): Mircea Eliade zur Einführung. Hamburg. Junius.

Reuter, M. (1997): Ärzte im bundesdeutschen Spielfilm der fünfziger Jahre. Alfeld-Leine: Coppi-Verlag.

Reuter, N. (1996): Der Institutionalismus. 2. Aufl. Marburg: Metropolis.

Reutter, W. (2007): Föderalismus, Parlamentarismus und Demokratie. Leverkusen/Opladen: Barbara Budrich (UTB).

RGG (Religion in Geschichte und Gegenwart) (1998–2007): Hrsg. v. Betz, H. D./Browning, D. S./Janowski, B./Jüngel, E. 8 Bde. Tübingen: Mohr Siebeck.

Rheinberger, H.-J. (2006): Experimentalsysteme und epistemische Dinge. Frankfurt am Main: Suhrkamp.

– (2006a): Epistemologie des Konkreten. Studien zur Geschichte der modernen Biologie. Frankfurt am Main: Suhrkamp.

– (2007): Historische Epistemologie. Hamburg: Junius.

Ribhegge, H. (2007): Europäische Wirtschafts- und Sozialpolitik. Berlin/Heidelberg: Springer.

Richter, D./*Saake,* I. (1996): Die Grenzen des Ganzen, eine Kritik holistischer Ansätze in der Pflegewissenschaft. Pflege 9 (3), S. 171–178.

Richter, E. (2008): Pflegestützpunkte: Länder entscheiden, Kassen zahlen. Forum Sozialstation (151), S. 12–14.

Richter, H. (1993): Geschichte der Malerei im 20. Jahrhundert. 9. Aufl. Köln: Du Mont.

Richter, I. (1997): Ist der sogenannte Generationenvertrag ein Vertrag im Rechtssinne? Pacta sunt servanda – rebus sic stantibus, in: Liebau, E. (Hrsg.), Das Generationenverhältnis. Über das Zusammenleben in Familie und Gesellschaft. Weinheim/München: Juventa, S. 77–87.

Richter, J. (2001): Frühneuzeitliche Armenfürsorge als Disziplinierung. Frankfurt am Main: Lang.

Richter, M. T. (2007): Angst im Krankenhaus. Saarbrücken: VDM Verlag Dr. Müller.

Richter, P. (2008): Die Bedeutung der kommunalen Wirtschaft. Eine vergleichende Ost-West-Analyse. Berlin: edition sigma.

Richter-Ushanas, E. (1987): Die sakrale Liebe im Alten und Neuen Testament, im Alten Oient und im Rig-Veda. Bremen: Verlag Egbert Richter.

Ricken, N. (2006): Die Ordnung der Bildung. Beiträge zu einer Genealogie der Bildung. Wiesbaden: VS Verlag für Sozialwissenschaften.

Ricoeur, P. (1988): Die Interpretation. Ein Versuch über Freud. 7. Aufl. Frankfurt am Main: Suhrkamp.

– (2002): Die Fehlbarkeit des Menschen. Phänomenologie der Schuld I. 3. Aufl. Freiburg/München: Alber.

– (2004): Gedächtnis, Geschichte, Verstehen. München: Fink.

– (2006): Wege der Anerkennung. Frankfurt am Main: Suhrkamp.

Ridder, H.-G./*Bruns*, H.-J./*Neumann*, S. (2004): Nonprofit-Organisationen im Spannungsfeld von normativer und ökonomischer Rationalität – Der Beitrag des Human Resource Management zum Veränderungsmanagement. Zeitschrift für öffentliche und gemeinwirtschaftliche Unternehmen 27 (1), S. 31–55.

Rieck, Chr. (2005): Spieltheorie. Eschborn: Rieck.

Riecker, G. (2000): Wissen und Gewissen. Über die Ambivalenz und die Grenzen der modernen Medizin. Berlin u. a.: Springer.

Rieckmann, N. u. a. (2009): Pflegerische Versorgungskonzepte für Personen mit Demenzerkrankungen. Köln: DIMDI.

Riedel, M./*Seubert*, H./*Padrutt*, H. (Hrsg.) (2003): Zwischen Philosophie, Medizin und Psychologie. Heidegger im Dialog mit Medard Boss. Köln u. a.: Böhlau.

Riegler, Chr. (2006): Behinderung und Krankheit aus philosophischer und lebensgeschichtlicher Perspektive. Berlin: Institut Mensch, Ethik und Wissenschaft.

Riegraf, B. (2007): New Public Management und Geschlechtergerechtigkeit. Sozialer Fortschritt 56 (9 + 10), S. 259–263.

Riem, L. (1987): Das daseinsanalytische Verständnis in der Medizin. Herzogenrath: Murken-Altrogge.

Riemer, K. (2005): Sozialkapital und Kooperation. Tübingen: Mohr Siebeck.

Riemer, P./*Zimmermann*, B. (1999): Der Chor im antiken und modernen Drama. Stuttgart/Weimar: Metzler.

Riemeyer, J. (2007): Die Logotherapie Viktor Frankls und ihre Weiterentwicklungen. Bern: Huber.

Riess, E. (2003): Die Ferse des Achilles. Die Bedeutung behinderter Menschen für die Gesellschaft. Weitra: Bibliothek der Provinz.

Riley, M. W./*Riley*, J. W. (1992): Individuelles und gesellschaftliches Potential des Alterns, in: Baltes, P. B./Mittelstraß, J. (Hrsg.), Zukunft des Alterns und gesellschaftliche Entwicklung. Berlin/New York: de Gruyter, S. 437–459.

Ringel, D. (2003): Ekel in der Pflege. Frankfurt am Main: Mabuse.

Ringwald, R. (2007): Daseinsvorsorge als Rechtsbegriff. Forsthoff, Grundgesetz und Grundversorgung. Frankfurt: Lang.

Rinken, A. (2008): Alternativen zur Privatisierung. Das selbständige Kommunalunternehmen als Organisationsform der kommunalen Daseinsvorsorge am Beispiel der kommunalen Krankenhäuser. Baden-Baden: Nomos.

Rinken, A./*Kellmer*, O. (2006): Kommunale Krankenhäuser als Instrumente sozialstaatlich-kommunaler Daseinsvorsorge im Europäischen Verfassungsverbund. Die Verwaltung 39 (1), S. 1–28.

Rinofer-Kreidl, S./*Wiltsche*, H. A. (Hrsg.) (2008): Karl Jaspers' Allgemeine Psychopathologie zwischen Wissenschaft, Philosophie und Praxis. Würzburg: Königshausen und Neumann.

Ritscher, W. (2006): Einführung in die systemische Soziale Arbeit mit Familien. Heidelberg: Carl-Auer.

Ritter, J./*Gründer*, K. (Hrsg.) (2007): Historisches Wörterbuch der Philosophie. 13 Bde. Basel: Schwabe.

Rittweger, J. (2007): Hoffnung als existenzielle Erfahrung. Am Beispiel onkologischer Patienten in der Strahlentherapie. Leipzig: Evangelische Verlagsanstalt.

Ritzer, Chr. (2006): Europäische Kompetenzordnung. Baden-Baden: Nomos.

Rizzolatti, G./*Sinigaglia*, C. (2008): Empathie und Spiegelneurone. Die biologische Basis des Mitgefühls. Frankfurt am Main: edition unseld Suhrkamp.

Robert Koch Institut (Hrsg.) (2003): Multimorbidität in Deutschland. Berlin: Robert Koch Institut.

– (Hrsg.) (2006): Gesundheit in Deutschland. Gesundheitsberichterstattung des Bundes. Berlin: Robert Koch Institut.

Robine, J.-M./*Jagger*, C. (2005): The relationship between increasing life expendency and healthy life expectancy. Ageing Horizons (3), S. 14–21.

Rockstroh, B. W. (2001): Was Hänschen nicht lernt, lernt Hans ... immer noch" Erkenntnisse zur corticalen Plastizität beim Menschen. Konstanz: UVK.

Rode, R. (2006): Kluge Handelsmacht. Gezähmte Liberalisierung als Governanceleistung im Welthandelsregime GATT/WTO. Berlin: LIT-Verlag.

Roeder, M. (2001): Behinderte Menschen in Japan. Eine Studie zur schulischen Bildung und beruflichen Integration. Bonn: Bier'sche Verlagsanstalt.

Röh, D. (2009): Soziale Arbeit in der Behindertenhilfe. München/Basel: Reinhardt (UTB).

Roelcke, V. (1998): Zur Bedeutung der Kulturwissenschaften für die Medizin. Universitas 53, S. 881–893.

Röscheisen-Hellkamp, B. (2003): Die Verborgenheit des Unzerstörbaren. Ein anthropologischer Versuch über Krankheit und Gesundheit. Münster: LIT-Verlag.

Rösel, M. (2000): Adonaj – warum Gott ‚Herr' genannt wird. Tübingen: Mohr Siebeck.

Rösing, I. (2007): Der Verwundete Heiler. Kritische Analyse einer Metapher. Kröning: Ansanger.

Rösler, W. (1983): Der Chor als Mitspieler. Beobachtungen zur Antigone. Antike und Abendland 29, S. 107–124.

Rösner, H. J. (2008): Risikomanagement Strategien für arme ländliche Bevölkerungsgruppen. ZfgG Sonderheft: Risikomanagement durch genossenschaftliche Selbsthilfe in Entwicklungsländern, hrsg. v. H. J. Rösner, S. 17–41.

Rösner, H. U. (2002): Jenseits normalisierender Anerkennung. Reflexionen zum Verhältnis von Macht und Behindertsein. Frankfurt am Main/New York: Campus.

Rössler, M. (2005): Wirtschaftsethnologie. 2., überarb. u. erw. Aufl. Berlin: Reimer.

Röttger-Liepmann, B. (2007): Pflegebedürftigkeit im Alter. Weinheim/München: Juventa.

Rogers, N. (2006): Carl Rogers. Wegbereiter der modernen Psychotherapie. 2., durchgesehene und erg. Aufl. Darmstadt: Wissenschaftliche Buchgesellschaft.

Rohde, E. (o. J.). Psyche. Seelenkult und Unsterblichkeitsglaube der Griechen. Ausgewählt und eingeleitet von Hans Eckstein. Ursprünglich 1893. Stuttgart: Kröner.

Rohde, J. J. (1962): Soziologie des Krankenhauses. Stuttgart: Enke.

– (1973): Strukturelle Momente der Inhumanität einer humanen Institution, in: Döhner, O. (Hrsg.), Arzt und Patient in der Industriegesellschaft. Frankfurt am Main: Suhrkamp, S. 13–35.

– (1975): Der Patient im sozialen System des Krankenhauses, in: Ritter-Röhr, D. (Hrsg.), Der Arzt, sein Patient und die Gesellschaft. Frankfurt am Main: Suhrkamp, S. 167–210.

Rohlfs, Th. (2008): Die Gleichwertigkeit der Lebensverhältnisse – ein Verfassungsprinzip des Grundgesetzes? Frankfurt am Main: Lang.

Rohrmann, A. (2007): Offene Hilfen und Individualisierung. Bad Heilbrunn: Klinkhardt.

Roick, Chr. u. a. (2008): Das regionale Psychiatriebudget: Kosten und Effekte eines neuen sektorübergreifenden Finanzierungsmodells für die psychiatrische Versorgung. Psychiatrische Praxis 35 (6), S. 279–285.

Rolf, E. (2005): Metapherntheorien. Typologie – Darstellung – Bibliographie. Berlin: de Gruyter.

Rolle, R. (2005): Homo oeconomicus. Wirtschaftsanthropologie in philosophischer Perspektive. Würzburg: Königshausen & Neumann.

Roller, St. (2007): Pflegebedürftigkeit. Eine Analyse der §§ 14, 15 SGB XI mit ihren rechtlich-systematischen und pflegewissenschaftlichen Bezügen. Baden-Baden: Nomos.

Rollinger, R./*Ulf,* Chr. (Hrsg). (2004): Griechische Archaik. Interne Entwicklungen – Externe Impulse. Berlin: Akademie Verlag.

Romankiewicz, B. (1998): Urbilder des Vaters. Waiblingen: Stendel.

Romanus, E. (2008): Soziale Gerechtigkeit, Verantwortung und Würde. Freiburg i. Br.: Alber.

Rompf, M. (2005): Das Krankenhaus der Zukunft ist ein Gesundheitsunternehmen. Stuttgart/Berlin: Steinbeis-Edition.

Ronge, V. (1998): Alter Ego – der Andere bei George Herbert Mead und Alfred Schütz. Norderstedt: Grin.

Roper, J. M./*Shapira,* J. (2004): Ethnographische Pflegeforschung. Bern u. a.: Huber.

Rosa, H. (2005): Beschleunigung. Die Veränderung der Zeitstrukturen in der Moderne. Frankfurt am Main: Suhrkamp.

Roschmann, Chr. (1999): Bürokratie. Zwischen Produktionsauftrag und Machtlogik. Baden-Baden: Nomos.

Roscher, W. H. (Hrsg.) (1993): Ausführliches Lexikon der griechischen und römischen Mythologie. Neuauflage: Hildesheim u. a.: Olms.

Rosenbaum, H. (1997): Proletarische Familien. 6. Aufl. Frankfurt am Main: Suhrkamp.

Rosenbaum, H./*Timm,* E. (2008): Private Netzwerke im Wohlfahrtsstaat. Konstanz: UVK.

Rosenberger, M./*Reisinger,* F./*Kreutzer,* A. (Hrsg.) (2006): Geschenkt – umsonst gegeben? Gabe und Tausch in Ethik, Gesellschaft und Religion. Frankfurt am Main: Lang.

Rosenberger, V. (2001): Griechische Orakel. Eine Kulturgeschichte. Darmstadt: WBG.

Rosenbrock, R./*Gerlinger,* Th. (2006): Gesundheitspolitik. 2., vollst. überarb. u. erw. Aufl. Bern u. a.: Huber.

Rosendahl, B. (1999): Kommunalisierung und korporative Vernetzung in der Implementation der Pflegeversicherung. Wirkungsanalyse regionaler Pflegekonferenzen in Nordrhein-Westfalen. Münster: LIT-Verlag.

Rosenmayr, L. (1993): Streit der Generationen! Lebensphasen und Altersbilder im Umbruch. Wien: Picus.

– (2007): Schöpferisch Altern. 2. Aufl. Wien/Berlin: LIT-Verlag.

Rosenthal, F./*Boxberg,* E. (2002): Ambulante medizinische Rehabilitation. 2. Aufl. St. Augustin: Asgard.

Rosenthal, G. (2005): Interpretative Sozialforschung. Eine Einführung. Weinheim/München: Juventa.

Rosenthal, T./*Töllner,* R. (1999): Gesundheit und Unterhaltung: Arzt- und Krankenhausserien im Fernsehen. Ergebnisse einer Inhaltsanalyse. Medien Praktisch 23, S. 54–58.

Rosenzweig, F. (1988): Der Stern der Erlösung. Frankfurt am Main: Suhrkamp.

Rosner, Chr. (2006): Staatliche Ausgleichszahlungen für gemeinwirtschaftliche Verpflichtungen im Spannungsfeld zwischen Wettbewerb und Daseinsvorsorge. Frankfurt am Main: Lang.

Roßmanith, S. (2006): Martin (1878–1965). Zur Bedeutung seines Werkes für die Medizinische Psychologie, in: Huppmann, G./Fischbeck, S. (Hrsg.), Zur Geschichte der medizinischen Psychologie. Würzburg: Königshausen & Neumann, S. 95–121.

Rossmann, C. (2002): Die heile Welt des Fernsehens. Eine Studie zur Kultivierung durch Krankenhausserien. München: Reinhard Fischer.

Roter, D. L./*Hall,* J. A./*Aoki,* Y. (2002): Physician Gender Effects in Medical Communication. A Meta-analytic Review. Journal of the American Medical Association 288 (6), S. 756–764.

Roth, G. (2003): Fühlen, Denken, Handeln. Wie das Gehirn unser Verhalten steuert. Frankfurt am Main: Suhrkamp.

Roth, K. (2006): Zwischen Selbstverständnis und Strategie. Corporate Citizenship in Kreditgenossenschaften. Münster: LIT-Verlag.

Roth, K. H. (1999): Psychosomatische Medizin und „Euthanasie": Der Fall Viktor von Weizsäcker. Zeitschrift für Sozialgeschichte des 20. und 21. Jahrhunderts (1), S. 65–99.

Rothe, W. (1977): Der Expressionismus. Frankfurt am Main: Klostermann.

– (1979): Tänzer und Täter. Gestalten des Expressionsimus. Frankfurt am Main: Klostermann.

Rother, A. K. (1996): Die anthropologische Psychotherapie bei Victor Emil Freiherr von Gebsattel. Med. Dissertation Universität Würzburg.

Rothermund, K./*Mayer,* A.-K. (2009): Altersdiskriminierung. Stuttgart: Kohlhammer.

Rottgardt, D. (2004): Souveränität – Die Analysen von Michel Foucault und Giorgio Agamben zu Rolle der souveränen Macht innerhalb der Gesellschaftsordnung. Norderstedt: Grin.

Roux, P. u. a. (1996): Generationenbeziehungen und Altersbilder. Ergebnisse einer empirischen Studie. Nationales Forschungsprogramm 32 Alter. Lausanne/Zürich.

Rowe, J. W./*Kahn,* R. L. (1998): Successful aging. New York: Pantheon Books.

Rubenstein, R./*Lasswell,* H. D. (1966): The sharing of power in a psychiatric hospital. New Haven: Yale University Press.

Ruck, M. F./*Noll,* Chr./*Bornholdt,* M. (Hrsg.) (2006): Sozialmarketing als Stakeholder-Management. Bern u. a.: Haupt.

Rudzio, W. (2006): Das politische System der Bundesrepublik Deutschland. Wiesbaden: VS Verlag für Sozialwissenschaften.

Rügemer, W. (2008): „Heuschrecken" im öffentlichen Raum. Public Private Partnership. Anatomie eines globalen Finanzinstruments. Bielefeld: transcript.

Rüger, C. (2006): Aus der Traum? Der lange Weg zur EU-Verfassung. Marburg: tectum.

Rühl, U. F. (2005): Moralischer Sinn und Sympathie. Der Denkweg der schottischen Aufklärung in der Moral- und Rechtsphilosophie. Paderborn: mentis.

Rüßler, H. (2007): Altern in der Stadt. Neugestaltung kommunaler Altenhilfe im demografischen Wandel. Wiesbaden: VS Verlag für Sozialwissenschaften.

Ruffing, R. (2009): Bruno Latour. München: Fink (UTB).

Ruflin, R. (2006): Wohlfahrtsstaatliches Kontraktmanagement. Die Verhandlung und Umsetzung von Leistungsverträgen als Herausforderungen für Nonprofit-Organisationen. Bern: Haupt.

Ruhland, B. (2006): Die Dienstleistungskonzession. Baden-Baden: Nomos.

Ruppert, W. (1998): Der moderne Künstler. Zur Sozial- und Kulturgeschichte der kreativen Individualität in der kulturellen Moderne im 19. und frühen 20. Jahrhundert. Frankfurt am Main: Suhrkamp.

Rutz, St. (2006): Die Einführung von Diagnosis Related Groups in Deutschland. Lohmar: Eul.

Rychner, M. (2006): Grenzen der Marktlogik. Die unsichtbare Hand in der ärztlichen Praxis. Wiesbaden: VS Verlag für Sozialwissenschaften.

Saake, I. (2003): Die Performanz des Medizinischen. Zur Asymmetrie in der Arzt-Patienten-Interaktion. Soziale Welt 54, S. 429–446.

– (2006): Die Konstruktion des Alters. Wiesbaden: VS Verlag für Sozialwissenschaften.

Saake, I./*Vogd*, W. (Hrsg.) (2007): Moderne Mythen der Medizin. Studien zur organisierten Krankenbehandlung. Wiesbaden: VS Verlag für Sozialwissenschaften.

Sabisch, K. (2007): Das Weib als Versuchsperson. Medizinische Menschenexperimente im 19. Jahrhundert am Beispiel der Syphilisforschung. Bielefeld: transcript.

Sachs, H. (1912): Über Naturgefühl. IMAGO 1 (2), S. 119–131.

Sachs, M. (2007): „Advanced Nursing Practice"-Trends: Implikationen für die deutsche Pflege. Pflege & Gesundheit 12 (2), S. 101–117.

Sachs-Hombach, K. (Hrsg.) (2009): Bildtheorien. Frankfurt am Main: Suhrkamp.

Sachße, Chr. (2003): Mütterlichkeit als Beruf. Sozialarbeit, Sozialreform und Frauenbewegung 1871 bis 1929. Weinheim/München: Juventa.

Sachverständigenrat zur Begutachtung der Entwicklung im Gesundheitswesen (Hrsg.) (2006): Koordination und Qualität im Gesundheitswesen. Aktualisierte Fassung (Juli 2005). 2 Bde. Stuttgart: Kohlhammer.

Sachweh, P. (2008): Sind Armut und Reichtum ein Problem? Eine qualitative Untersuchung von Deutungsmustern materieller Ungleichheit. Sozialer Fortschritt 57 (9), S. 241–248.

Sachweh, S. (2000): „Schätzle hinsitze!" Kommunikation in der Altenpflege. 2., durchgesehene Aufl. Frankfurt am Main: Lang.

- (2005): „Noch ein Löffelchen?" Effektive Kommunikation in der Altenpflege 2., vollst. überarb. u. erw. Aufl. Bern u.a.: Huber.

Sack, D. (2009): Governance und Politics. Die Institutionalisierung öffentlich-rechtlicher Partnerschaften in Deutschland. Baden-Baden: Nomos.

Sackmann, R./*Jonda*, B./*Reinhold*, M. (Hrsg.) (2008): Demographie als Herausforderung für den öffentlichen Sektor. Wiesbaden: VS Verlag für Sozialwissenschaften.

Sändig, B. (2000): Albert Camus. Überarb. Neuausgabe. Reinbek bei Hamburg: Rowohlt.

- (2004): Albert Camus. Autonomie und Solidarität. Würzburg: Königshausen & Neumann.

Safranski, R. (2007): Romantik. München: Hanser.

Sager, D. (2006): Polyphonie des Elends. Tübingen: Mohr Siebeck.

Sahlins, M. (1994): Kultur und praktische Vernunft. Frankfurt am Main: Suhrkamp.

Sahm, St. (2006): Sterbebegleitung und Patientenverfügung. Ärztliches Handeln an den Grenzen von Ethik und Recht. Frankfurt am Main/New York: Campus.

Salakka, Y. (1960): Person und Offenbarung in der Theologie Emil Brunners während der Jahre 1914–1937. Helsinki: Schriften der Luther-Agricola-Gesellschaft 12.

Salamon, L. M./*Anheier*, H. K. (1996): The Emerging Nonprofit Sector. Manchester: Manchester University Press.

Salamon, L. M./*Sokolowski*, S. W. (2003): Institutional Roots of Volunteering: Toward a Macro-Structural Theory of Individual Voluntary Action, in: Dekker, P./ Galman, L. (Hrsg.), The Values of Volunteering. Cross-Cultural Perspectives. New York u.a.: Kluwer Academic & Plenum Publishers, S. 71–90.

Salamun, K. (2006): Karl Jaspers. 2., verb. u. erw. Aufl. Würzburg: Königshausen & Neumann.

Salis Gross, C. (2003): Der ansteckende Tod. Eine ethnologische Studie zum Sterben im Altersheim. Frankfurt am Main/New York: Campus.

Salize, H. J./*Roth-Sackenheim*, Chr. (2009): Marktwirtschaftlicher Wettbewerb zur Verbesserung der ambulanten psychiatrischen Versorgung. Pro und Contra. Psychiatrische Praxis 36 (3), S. 106–109.

Sallaberger, W. (2008): Das Gilgamesch-Epos. München: Beck.

Sambale, M. (2005): Empowerment statt Krankenversorgung. Stärkung der Prävention und des Case Managements im Strukturwandel des Gesundheitswesens. Hannover: Schlütersche.

Sander, A. (2001): Max Scheler zur Einführung. Hamburg: Junius.

Sander, H. J. (2006): Einführung in die Gotteslehre. Darmstadt: WBG.

Sander, K. (2009): Profession und Geschlecht im Krankenhaus. Konstanz: UVK.

Sanders, K./*Weth*, H.-U. (Hrsg.) (2008): Armut und Teilhabe. Wiesbaden: VS Verlag für Sozialwissenschaften.

Sandherr, S. (1998): Die heimliche Geburt des Subjekts. Das Subjekt und sein Werden im Denken Emmanuel Lévinas. Stuttgart: Kohlhammer.

Sandkühler, H. J. (2009): Kritik der Repräsentation. Frankfurt am Main: Suhrkamp.

Sarasin, Ph. u. a. (Hrsg.) (2006): Bakteriologie und Moderne. Studien zur Biopolitik des Unsichtbaren 1870–1920. Frankfurt am Main: Suhrkamp.

Sartre, J.-P. (1975): Drei Essays. Frankfurt am Main/Berlin/Wien: Ullstein.

Sass, H.-M. (1996): Ethik-Unterricht im Medizinstudium. Zentrum für Medizinische Ethik. Medizinethische Materialien, Heft 108. Bochum: Ruhr-Universität.

Say, R. u. a. (2006): Patients' preference for involvement in medical decision making: a narrative review. Patient Education and Councelling 60, S. 102–114.

Schabert, T. (Hrsg.) (2002): Die Sprache der Masken. Würzburg: Königshausen & Neumann.

Schablon, K.-U. (2009): Community Care – Spurensuche, Begriffsklärung und Realisierungsbedingungen eines theoretischen Ansatzes zur Gemeinweseneinbindung erwachsener geistig behinderter Menschen. Vierteljahresschrift für Heilpädagogik und ihre Nachbargebiete 78 (1), S. 34–45.

Schachtner, Chr. (1999): Ärztliche Praxis. Die gestaltende Kraft der Metapher. Frankfurt am Main: Suhrkamp.

Schäcke, M. (2006): Pfadabhängigkeit in Organisationen. Berlin: Duncker & Humblot.

Schaeder, G. (1966): Martin Buber. Hebräischer Humanismus. Göttingen: Vandenhoeck & Ruprecht.

Schädle-Deininger, H. (2006): Kontra: Einheitliche Leitung von ärztlichem und Pflegepersonal. Psychiatrische Praxis 33 (8), S. 365–366.

Schädler, J. (2003): Stagnation oder Entwicklung in der Behindertenhilfe? Hamburg: Kovac.

Schäfer, A. (2004): Einführung in die Erziehungsphilosophie. Weinheim/Basel: Beltz (UTB).

Schäfer, P. K./*Uexküll*, Th von/*Witzany*, G. (2002): Körper – Sprache – Weltbild. Integration biologischer und kultureller Interpretationen in der Medizin. Stuttgart/New York: Schattauer.

Schäfers, M. (2008): Lebensqualität aus Nutzersicht. Wie Menschen mit geistiger Behinderung ihre Lebenssituation beurteilen. Wiesbaden: VS Verlag für Sozialwissenschaften.

Schaeffer, D. (2004): Der Patient als Nutzer. Krankheitsbewältigung und Versorgungsnutzung im Verlauf chronischer Krankheit. Bern u. a.: Huber.

– (2006): Bewältigung chronischer Erkrankung. Zeitschrift für Gerontologie und Geriatrie 39 (3), S. 192–201.

Schaeffer, D. u. a. (Hrsg.) (1997): Pflegetheorien. Beispiele aus den USA. Bern u. a.: Huber.

Schaeffer, D./*Ewers,* M. (Hrsg.) (2002): Ambulant vor stationär. Perspektiven für eine integrierte ambulante Pflege Schwerkranker. Bern u. a.: Huber.

Schaeffer, D./*Kuhlmey,* A. (2008): Pflegestützpunkte – Impuls zur Weiterentwicklung der Pflege. Zeitschrift für Gerontologie und Geriatrie 41 (2), S. 81–85.

Schaeffer, D./*Müller-Mundt,* G. (Hrsg.) (2002): Qualitative Gesundheits- und Pflegeforschung. Bern u. a.: Huber.

Schälicke, M./*Steinle,* C./*Krummaker,* St. (2006): Dienstleistungsnetzwerke im Gesundheitswesen. Saarbrücken: VDM Verlag Dr. Müller.

Schämann, A. (2006): Akademisierung und Professionalisierung der Physiotherapie. Idstein: Schulz-Kirchner.

Schäper, S. (2006): Ökonomisierung in der Behindertenhilfe. Praktisch-theologische Rekonstruktionen und Erkundungen zu den Ambivalenzen eines diakonischen Praxisfeldes. Münster: LIT-Verlag.

Schäufele, M. u. a. (2008): Demenzkranke in der stationären Altenhilfe. Stuttgart: Kohlhammer.

Schaller, F. P. (2006): Die Evolution des Göttlichen. Ursprung und Wandel der Gottesvorstellung. Düsseldorf: Patmos.

Schapp, W. (2004): In Geschichten verstrickt. Zum Sein von Mensch und Ding. 4. Aufl. Frankfurt am Main: Klostermann.

Scharfenberg, J. (1981): Die Rezeption der Psychoanalyse in der Theologie, in: Cremerius, J. (Hrsg.), Die Rezeption der Psychoanalyse. Frankfurt am Main: Suhrkamp, S. 255–338.

Scharnowske, S. (2007): Freiheit und Verantwortung im Management. Eine kritische Betrachtung auf der Grundlage der Logotherapie und Existenzanalyse von Viktor E. Frankl. Norderstedt: Books on Demand.

Schaufelberger, Ph. (2008): Emmanuel Lévinas – Philosophie des ‚ich'. Berlin: LIT-Verlag.

Schechler, J. M. (2002): Sozialkapital und Netzwerkökonomik. Frankfurt am Main: Lang.

Scheffer, Th. (2001): Asylgewährung. Eine ethnographische Verfahrensanalyse. Stuttgart: Lucius & Lucius.

Scheftelowitz, I. (1912): Das Hörnermotiv in den Religionen. Archiv für Religionswissenschaft 15, S. 451–487.

Scheibler, F. (2004): Shared Decision-Making. Von der Compliance zur partnerschaftlichen Entscheidungsfindung. Bern u. a.: Huber.

Scheibler, F./*Janßen,* Chr./*Pfaff,* H. (2004): Shared decision making: ein Überblick über die internationale Forschung. Sozial- und Präventivmedizin 48 (1), S. 11–23.

Scheibler, F./*Pfaff,* H. (Hrsg.) (2003): Shared Decision-Making. Der Patient als Partner im medizinischen Entscheidungsprozess. Weinheim/München: Juventa.

Schein, E. H. (2000): Prozessberatung für die Organisation der Zukunft. Der Aufbau einer helfenden Beziehung. Köln: Edition Humanistische Psychologie.

– (2003): Organisationskultur. Bergisch Gladbach: EHP.

Scheler, M. (2000): Grammatik der Gefühle. München: dtv.

– (2006): Wesen und Formen der Sympathie. Bonn: Bouvier.

Schenk, F. B./*Winkler,* M. (Hrsg.) (2007): Der Süden. Neue Perspektiven auf eine europäische Geschichtsregion. Frankfurt am Main/New York: Campus.

Scherer, A. G./*Alt,* J. (Hrsg.) (2002): Balanced Scorecard in Verwaltung und Non-Profit-Organisationen. Stuttgart: Schäffer-Poeschel.

Scheuer, A. (2008): EU fordert neue Generationengerechtigkeit. ISI 39 (Januar), S. 11.

Schieche, B. (2008): Neue Herausforderungen. Sozialwirtschaft 18 (2), S. 6–8.

Schiefer, G. (2006): Motive des Blutspendens. Tiefenpsychologische Untersuchung mit Gestaltungsoptionen für das Marketing von Nonprofit-Organisationen des Blutspendewesens. Wiesbaden: Deutscher Universitäts-Verlag.

Schiefer, M. (2006): Die metaphorische Sprache in der Medizin. Zürich/Münster: LIT-Verlag.

Schiersmann, Chr./*Thiel,* H.-U. (2009): Organisationsentwicklung. Prinzipien und Strategien von Veränderungsprozessen. Wiesbaden: VS Verlag für Sozialwissenschaften.

Schilder, M. (2007): Lebensgeschichtliche Erfahrungen in der stationären Altenpflege. Bern u. a.: Huber.

Schildmann, W. (2006): Karl Barths Träume. Zur verborgenen Psychodynamik seines Werkes. Zürich: Theologischer Verlag Zürich.

Schilling, J. (2000): Anthropologie. Menschenbilder in der Sozialen Arbeit. München: Reinhardt.

Schimank, U. (2007): Spieltheorie als soziologisches Analyseinstrument. Wiesbaden: VS Verlag für Sozialwissenschaften.

Schindelars, G.-A. (2005): Krankes Dasein und gesunde Existenz. Marburg: Tectum.

Schipperges, H. (1968): Utopien der Medizin. Salzburg: Otto Müller.

Schirrmacher, F. (2005): Das Methusalem-Komplott. München: Blessing.

Schirrmacher, Th./*Müller,* K. W. (Hrsg.) (2006): Scham- und Schuldorientierung in der Diskussion. Nürnberg: VTR – Bonn: VKW.

Schläpfer, I. (2000): Wie zukünftige Altersheimbewohnerinnen den Übertritt ins Heim gestalten, in: Haller, D. (Hrsg.), Grounded Theory in der Pflegeforschung. Bern u. a.: Huber, S. 67–80.

Schlegel, R. (2007): Gesetzliche Krankenversicherung im Europäischen Kontext – ein Überblick. Die Sozialgerichtsbarkeit 54 (12), S. 700–712.

Schleiser, B. (1998): Musik und Dasein. Eine existenzialanalytische Interpretation der Musik. Frankfurt am Main: Lang.

Schlesselmann, E. (2007): Die Widersprüchlichkeit des Empowerment-Konzepts als integriertes Management-System. Heilpädagogik online (2), S. 51–58.

Schlette, H. R. (2000): Einführung, in: ders./Herzog, M. (Hrsg.), „Mein Reich ist von dieser Welt". Das Menschenbild Albert Camus'. Stuttgart: Kohlhammer, S. 13–20.

Schlette, S. u. a. (Hrsg.) (2005): Versorgungsmanagement für chronisch Kranke. Bonn/Bad Homburg: KomPart.

Schlette, S./*Blum,* K./*Busse,* R. (Hrsg.) (2008): Gesundheitspolitik in Industrieländern. Bd. 10. Im Blickpunkt: Pflege unter Druck, Krankenkassen als Payer und Player, Verbesserung der Versorgungsqualität. Gütersloh: Bertelsmann Stiftung.

Schlicht, A. (2008): Die Araber und Europa. Stuttgart: Kohlhammer.

Schlippe, A. von/*Schweitzer,* J. (2003): Lehrbuch der systemischen Therapie und Beratung. 9. Aufl. Göttingen: Vandenhoeck & Ruprecht.

Schlögl, H. A. (2008): Echnaton. München: Beck.

Schluchter, W./*Graf,* F. (Hrsg.) (2005): Asketischer Protestantismus und der „Geist" des modernen Kapitalismus. Tübingen: Mohr Siebeck.

Schlüter, M./*Vogdt,* T. (2007): Rahmenbedingungen für ein Persönliches Budget für Menschen mit Behinderungen – Analyse verschiedener Modellprojekte. Heilpädagogik online (2), S. 24–50.

Schlüter, St. (2000): Individuum und Gemeinschaft. Sozialphilosophie im Denkweg und im System von Charles Sanders Peirce. Würzburg: Königshausen & Neumann.

Schmähl, W. (1981): Über den Satz: „Aller Sozialaufwand muß immer aus dem Volkseinkommen der laufenden Periode gedeckt werden." Hamburger Jahrbuch für Wirtschafts- und Gesellschaftspolitik 26, S. 147–171.

Schmälzle, U. Fr. u. a. (2008): Menschen, die sich halten – Netze, die sie tragen. Analysen zu Projekten der Caritas im lokalen Lebensraum. Berlin: LIT-Verlag.

Schmale, I./*Blome-Drees,* J. (2006): Solidarische Selbsthilfe im Gesundheitssektor, in: Braun, G. E./Schulz-Nieswandt, F. (Hrsg.), Liberalisierung im Gesundheitswesen. Baden-Baden: Nomos, S. 111–131.

Schmale, W. (2003): Geschichte der Männlichkeit in Europa (1450–2000). Wien: Böhlau.

– (2008): Geschichte und Zukunft der Europäischen Identität. Stuttgart: Kohlhammer.

Schmeller, Th. (1995): Hierarchie und Egalität. Eine sozialgeschichtliche Untersuchung paulinischer Gemeinden und griechisch-römischer Vereine (SBS 162). Stuttgart: Katholisches Bibelwerk.

- (2001): Neutestamentliches Gruppenethos, in: Beutler, J. (Hrsg.), Der neue Mensch in Christus. Hellenistische Anthropologie und Ethik im Neuen Testament. Freiburg u. a.: Herder, S. 120–134.

- (2005): Hierarchie und Egalität. Eine sozialgeschichtliche Untersuchung paulinischer Gemeinschaften und griechisch-römischer Vereine. Stuttgart: Katholisches Bibelwerk.

- (2006): Zum exegetischen Interesse an antiken Vereinen im 19. und 20. Jahrhundert, in: Gutsfeld, A./Koch, D.-A. (Hrsg.), Vereine, Synagogen und Gemeinden im kaiserzeitlichen Kleinasien. Tübingen: Mohr Siebeck, S. 1–19.

Schmid, B. (1993): Menschen, Rollen und Systeme. Professionsentwicklung aus systemischer Sicht. Organisationsentwicklung (4), S. 19–26.

- (2003): Systemische Professionalität und Transaktionsanalyse. Bergisch Gladbach: EHP.

Schmid, K. (2008): Literaturgeschichte des Alten Testaments. Darmstadt: Wissenschaftliche Buchgesellschaft.

Schmid, W. (2007): Mit sich selbst befreundet sein. Von der Lebenskunst im Umgang mit sich selbst. Frankfurt am Main: Suhrkamp.

Schmidbauer, W. (2001): Mythos und Psychologie. Krummweich bei Kiel: Königsfurt.

Schmidgen, H. (1997): Das Unbewußte der Maschinen. Konzeptionen des Psychischen bei Guattari, Deleuze und Lacan. München: Fink.

Schmidinger, H. (2007): Der Mensch als *animal symbolicum*. Zur Entstehung einer Definition, in: Schmidinger, H./Sedmak, C. (Hrsg.), Der Mensch – ein „animal symbolicum"? Darmstadt: Wissenschaftliche Buchgesellschaft, S. 9–22.

Schmidinger, H./*Sedmak*, C. (Hrsg.) (2007): Der Mensch – ein „animal symbolicum"? Darmstadt: Wissenschaftliche Buchgesellschaft.

- (Hrsg.) (2008): Der Mensch – ein Mängelwesen? Darmstadt: Wissenschaftliche Buchgesellschaft.

Schmidt, B. (2008): Eigenverantwortung haben immer die Anderen. Bern: Huber.

Schmidt, Chr. (2009): Nachhaltigkeit lernen? Opladen & Farmington Hills: Barbara Budrich.

Schmidt, D. (2007): Kohärenzgefühl und soziale Unterstützung von Patienten mit chronifiziertem Rückenschmerz. Berlin: Pro Business.

Schmidt, H. (2002): Aufgaben und Befugnisse der Sozialpartner im Europäischen Arbeitsrecht und die Europäisierung der Arbeitsbeziehungen. Frankfurt am Main: Lang.

Schmidt, K. (2000): „Herr Doktor, sagen Sie mir die Wahrheit …." – Zur Darstellung medizinethischer Konflikte im Film. Ethik in der Medizin 12, S. 139–153.

Schmidt, K. H./*Kleinbeck*, U. (2006): Führen mit Zielvereinbarung. Göttingen u. a.: Hogrefe.

Schmidt, K. W. (2001): „... wenn wir nur zu den Kranken gingen, wo wir noch helfen können ...". Zur Theologie des Leidens und Bedeutung der Visite, in: Huth, K. (Hrsg.), Arzt-Patient. Zur Geschichte und Bedeutung einer Beziehung. Tübingen: Attempto, S. 64–80.

Schmidt, M. (2005): Ekstatische Transzendenz. Ludwig Binswangers Phänomenologie der Liebe und die Aufdeckung der sozialontologischen Defizite in Heideggers „Sein und Zeit". Würzburg: Königshausen & Neumann.

Schmidt, M. G. (2005): Das politische System der Bundesrepublik Deutschland. München: Beck.

– (2005a): Sozialpolitik in Deutschland. 3., vollst. überarb. u. erw. Aufl. Wiesbaden: VS Verlag für Sozialwissenschaften.

Schmidt, M. G. u.a. (Hrsg.) (2007): Der Wohlfahrtsstaat. Eine Einführung in den historischen und internationalen Vergleich. Wiesbaden: VS Verlag für Sozialwissenschaften.

Schmidt, N. (2005): Das Persönliche Budget. Mehr Selbstbestimmung und Teilhabe für Menschen mit einer Behinderung oder eine Form der Einsparpolitik? Oldenburg: Paulo Freire.

Schmidt, S. J. (1987): Der Radikale Konstruktivismus: Ein neues Paradigma im interdisziplinären Diskurs, in: ders. (Hrsg.), Der Diskurs des Radikalen Konstruktivismus. 3. Aufl. Frankfurt am Main: Suhrkamp.

– (2003): Geschichten & Diskurse. Abschied vom Konstruktivismus. Reinbek bei Hamburg: Rowohlt.

Schmidt, U./*Moritz,* M.-Th. (2009): Familiensoziologie. Bielefeld: transcript.

Schmidt, W. (1929): Der Ödipus-Komplex der Freudschen Psychoanalyse und die Ehegestaltung des Bolschewismus. Nationalwirtschaft 2, S. 401–436.

Schmidt am Busch, B. (2007): Die Gesundheitssicherung im Mehrebenensystem. Tübingen: Mohr Siebeck.

Schmidt-Lauber, B. (Hrsg.) (2005): FC St. Pauli. Zur Ethnographie eines Vereins. Münster: LIT-Verlag.

Schmidt-Michel, P.-O./*Bergmann,* F. (2008): Die Integrierte Versorgung per Gesetz ist für die Psychiatrie gescheitert. Pro (Schmidt-Michel) und Contra (Bergmann). Psychiatrische Praxis 35, S. 57–59.

Schmidt-Trenz, H.-J./*Stober,* R. (Hrsg.) (2006): Jahrbuch Recht und Ökonomik des Dritten Sektors 2005/2006 (RÖDS). Baden-Baden: Nomos.

Schmied-Kowarzik, W. (1991): Franz Rosenzweig. Existentielles Denken und gelebte Bewährung. Freiburg/München: Alber.

Schmitt, A. (2008): Die Moderne und Platon. 2., überarb. Aufl. Stuttgart/Weimar: Metzler.

Schmitt, R. (1995): Metaphern des Helfens. Weinheim: Beltz-Psychologie Verlags Union.

- (1997): Hohes Alter und andere Tiefen des Lebens. Oder: Die Sprache des psychosozialen Helfens und das Alter. Zeitschrift für Gerontologie und -psychiatrie 10 (2), S. 99–108.

- (2000): Metaphernanalyse und helfende Interaktion. Psychomed. Zeitschrift für Psychologie und Medizin 12, S. 165–170.

Schmitt, R./Böhnke, U. (2006): Die Pflege und die Sprache der Metaphern, in: Abt-Zegelin, A./Schnell, M. W. (Hrsg.), Die Sprachen der Pflege. Interdisziplinäre Beiträge aus Pflegewissenschaft, Medizin, Linguistik und Philosophie. Hannover: Schlütersche, S. 101–127.

Schmitz, B. (2006): Vom Tempelkult zur Eucharistiefeier. Berlin: LIT-Verlag.

Schmitz, H. (2005): System der Philosophie. 10 Bände. Studienausgabe. Bonn: Bouvier.

Schmitz, W. (2004): Nachbarschaft und Dorfgemeinschaft im archaischen und klassischen Griechenland. Berlin: Akademie Verlag.

- (2007): Haus und Familie im antiken Griechenland. München: Oldenbourg.

Schmocker, H./Oggier, W./Stuck, A. (Hrsg.) (2000): Gesundheitsförderung im Alter durch präventive Hausbesuche. Zürich: Schweizerische Gesellschaft für Gesundheitspolitik. Muri/Schweiz.

Schmökel, H. (1956): Heilige Hochzeit und Hoheslied. Wiesbaden: Steiner.

Schmola, G. (2008): Gesundheitsökonomie im Spannungsfeld zwischen Wettbewerb und Solidarität. Berlin: dissertation.de

Schnabel, P. E. (2006): Gesundheit fördern und Krankheit prävenieren. Weinheim/München: Juventa.

Schnabl, Chr. (2005): Gerecht sorgen. Grundlagen einer sozialethischen Theorie der Fürsorge. Fribourg: Academic Press.

Schnädelbach, H. (1991): Philosophie in Deutschland 1831 – 1933. Frankfurt am Main: Suhrkamp.

Schneekloth, U. (2006): Entwicklungstrends und Perspektiven in der häuslichen Pflege. Zeitschrift für Gerontologie und Geriatrie 39 (6), S. 405–412.

Schneekloth, U./Wahl, H.-W. (Hrsg.) (2006): Selbständigkeit und Hilfebedarf bei älteren Menschen in Privathaushalten. Stuttgart: Kohlhammer.

Schneider, Chr. A. u.a. (2001): Leitlinienadäquate Kenntnisse von Internisten und Allgemeinmedizinern am Beispiel der arteriellen Hypertonie. Zeitschrift für ärztliche Fortbildung und Qualitätssicherung 95, S. 329–344.

Schneider, H. (2006): Health care in seniority: crucial questions and challenges from the perspective of health services research. Zeitschrift für Gerontologie und Geriatrie 39 (5), S. 331–335.

Schneider, M. u.a. (2007): Indikatoren der OMK im Gesundheitswesen und der Langzeitpflege. Augsburg: BASYS.

Schneider, U. (2006): Informelle Pflege aus ökonomischer Sicht. Zeitschrift für Sozialreform 52 (4), S. 493–520.

Schnell, M. W. (Hrsg.) (2002): Pflege und Philosophie. Interdisziplinäre Studien über den bedürftigen Menschen. Bern u.a.: Huber.

– (Hrsg.) (2004): Leib, Körper, Maschine. Interdisziplinäre Studien über den bedürftigen Menschen. Düsseldorf: Verlag selbstbestimmtes Leben.

Schnettler, B. (2006): Thomas Luckmann. Konstanz: UVK.

Schniedewind, W. M. (1996): Tel Dan Stela: New Light on Aramaic and Jehu's Revolt. Bulletin of the American Schools of Oriental Research 302, S. 75–90.

Schnitzer, S. u.a. (2008): Die Bewertung der ambulanten Gesundheitsversorgung aus Versichertensicht – Teil 1. Gesundheits- und Sozialpolitik 62 (5), S. 11–20.

Schnöckel, K. H. (2006): Ägyptische Vereine in der frühen Prinzipatszeit. Konstanz: UVK.

Schober, M./*Affara*, F. (2008): Advanced Nursing Practice (ANP). Bern u.a.: Huber.

Schoberth, W. (2006): Einführung in die theologische Anthropologie. Darmstadt: Wissenschaftliche Buchgesellschaft.

Schock, W. (2002): Dionysos und Christos. Aachen: Shaker.

Schönau, W./*Pfeiffer*, J. (2003): Einführung in die psychoanalytische Literaturwissenschaft. 2., akt. u. erw. Aufl. Stuttgart/Weimar: Metzler.

Schönbach, K.-H. (2008): Kollektive und selektive Verträge in der GKV. Gesundheits- und Sozialpolitik 62 (4), S. 23–29.

Schönborn, A. (2007): Fachlichkeit in der Altenpflege. Hamburg: Kovac.

Schöne-Seifert, B. (2007): Grundlagen der Medizinethik. Stuttgart: Kröner.

Schönfeld, W. (1922): Die Xenodochien in Italien und Frankreich im frühen Mittelalter. Zeitschrift für Rechtsgeschichte 43, S. 1–54.

Schönherr-Mann, H.-M. (2005): Sartre. Philosophie als Lebensform. München: Beck.

Schönlau, K. u.a. (2005): Versorgungskontinuität – die Perspektive von Pflegeleitungskräften. Pflege 18 (2), S. 95–104.

Schönpflug, W. (Hrsg.) (2007): Kurt Lewin – Person, Werk, Umfeld. 2., überarb. u. erg. Aufl. Frankfurt am Main: Lang.

Scholbeck, A. (2002) Das Karriereverhalten von Frauen und Männern in unterschiedlichen Berufsdomänen. St. Ingbert: Röhrig Universitätsverlag.

Scholl, B. (2006): Europas symbolische Verfassung. Wiesbaden: VS Verlag für Sozialwissenschaften.

Schopenhauer, A. (2005): Über das Mitleid. München: Beck.

Schott, H./*Tölle*, R. (2006): Geschichte der Psychiatrie. Krankheitslehren, Irrwege, Behandlungsformen. München: Beck.

Schrader, E. (1903): Die Keilschriften und das Alte Testament. 3. Aufl. Neu bearbeitet von H. Zimmern/H. Winckler. Berlin: Reuther & Reichard.

Schrader, U. (2003): Corporate Citizenship – Die Unternehmung als guter Bürger? Berlin: Logos.

Schramm, H. (2005): Recht auf Ineffizienz. Münster: Verlagshaus Monsenstein und Vannerdat.

Schramm, M. (2005): Verhaltensannahmen der Transaktionskostentheorie. Von eingeschränkter Rationalität zu sozialer Einbettung. Berlin: Duncker & Humblot.

Schrift, A. D. (Hrsg.) (1997): The Logic of the Gift. Toward an Ethic of Generosity. New York/London: Routledge.

Schröer, W. (1999): Sozialpädagogik und die soziale Frage. Weinheim/München: Juventa.

Schroer, M. (2001): Das Individuum der Gesellschaft. Frankfurt am Main: Suhrkamp.

Schröter, H. (2007): Was ist eigentlich der Medizinische Dienst der Krankenversicherung? Die Betriebskrankenkasse (3), S. 110.

Schröter, J. (2001): Jesus und die Anfänge der Christologie. Neukirchen-Vluyn: Neukirchener.

– (2006): Das Abendmahl. Frühchristliche Deutungen und Impulse für die Gegenwart. Stuttgart: Katholisches Bibelwerk.

Schroeter, K. R. (2004): Zur Doxa des sozialgerontologischen Feldes: Erfolgreiches und produktives Altern – Orthodoxie, Heterodoxie oder Allodoxie? Zeitschrift für Gerontologie und Geriatrie 37 (1), 51–55.

– (2004a): Figurative Felder. Ein gesellschaftstheoretischer Entwurf zur Pflege im Alter. Wiesbaden: DUV.

– (2005): Das soziale Feld der Pflege. Weinheim/München: Juventa.

Schroeter, K. R./*Zängl*, P. (Hrsg.) (2006): Altern und bürgerschaftliches Engagement. Wiesbaden: VS Verlag für Sozialwissenschaften.

Schroeter, N. R. (2005): Die kommunale Wirtschaftsförderung im Lichte des europäischen Beihilfenrechts. Münster: LIT-Verlag.

Schrott, R. (2008): Homers Heimat. München: Hanser.

Schubert, B. (2000): Controlling in der Wohlfahrtspflege. Münster: LIT-Verlag.

Schubert, C. (2006): Die Praxis der Apparatemedizin. Ärzte und Technik im Operationssaal. Frankfurt am Main/New York: Campus.

Schubert, Ch. (2005): Der hippokratische Eid. Medizin und Ethik von der Antike bis heute. Darmstadt: Wissenschaftliche Buchgesellschaft.

Schubert, I. (2005): Die schwierige Loslösung von Eltern und Kindern. Brüche und Bindung zwischen den Generationen seit dem Krieg. Frankfurt am Main/New York: Campus.

Schuchard, M. (2006): T. S. Eliot and Adolph Lowe in Dialogie. The Oxford Ecumenical Conference and After – New Letters and More about the Moot. AAA – Arbeiten aus Anglistik und Amerikanistik 31 (1), S. 3–24.

Schülken, Th. (2007): Commitment der Hilfeleistung. Hamburg: Kovac.

Schüßler, K. (2000): Helmuth Plessner. Berlin/Wien: Philo.

Schüßler, W. (1995): Karl Jaspers zur Einführung. Hamburg: Junius.

– (1997): Paul Tillich. München: Beck.

– (1999): Was uns unbedingt angeht. 2., erw. Aufl. Münster: LIT-Verlag.

– (2004): Homo patiens. Zu Viktor E. Frankls Versuch einer Pathodizee, in: Stahl, H./Schwaerter, H. (Hrsg.), Umgang mit Leid. Cusanische Perspektiven. Regensburg: Roderer, S. 259–272.

– (2007): Chiffre oder Symbol? In Internationales Jahrbuch für die Tillich-Forschung, Bd. 2. Wien/Berlin: LIT-Verlag, S. 135–152.

Schüßler, W./*Sturm,* E. (2007): Paul Tillich. Leben – Werk – Wirkung. Darmstadt: Wissenschaftliche Buchgesellschaft.

Schütte, W. (2008): „Säet euch Gerechtigkeit!" Adressaten und Anliegen der Hoseaschrift. Stuttgart: Kohlhammer.

Schütz, A. (2004): Der sinnhafte Aufbau der sozialen Welt. Eine Einleitung in die verstehende Soziologie. Frankfurt am Main: Suhrkamp.

Schüz, G. (2001): Lebensganzheit und Wesensoffenheit des Menschen. Otto Friedrich Bollnows hermeneutische Anthropologie. Würzburg: Königshausen & Neumann.

Schulenburg, J.-M. von der/*Greiner,* W. (2007): Gesundheitsökonomik. 2., neu bearb. Aufl. Tübingen: Mohr Siebeck.

Schulte, B. (2007): Die Geschichte der Reform der Verordung (EWG) Nr. 1408/71, in: Deutsche Rentenversicherung Bund (Hrsg.), Die Reform des Europäischen koordinierenden Sozialrechts. DRV-Schriften Bd. 71. Sonderausgabe der DRV. Berlin.

– (2008): Soziale Inklusion im europäisch-vergleichenden Zusammenhang aus juristischer Sicht. Düsseldorf: Hans Böckler Stiftung.

– (2008a): Pflege in Europa. Teil 1. ZFSH/SGB (12), S. 707–718.

– (2009): Pflege in Europa. Teil 2. ZFSH/SGB (1), S. 17–31.

– (2009a): Pflege in Europa. Teil 3. ZFSH/SGB (2), S. 86–98.

Schulte, H./*Schulz,* C. (2006): Medizinische Versorgungszentren. Verbesserung der ambulanten Patientenversorgung versus Selektion und Exklusion von Patientengruppen. Baden-Baden: Nomos.

Schulte, J. (1995): Chor und Gesetz. Wittgenstein im Kontext. Frankfurt am Main: Suhrkamp.

Schultebraucks, M. (2006): Behindert leben. Lebensgeschichten körperbehinderter Menschen als Leitmotive subjektverbundener Theologie und Pädagogik. Münster: LIT-Verlag.

Schulteis, Th. (2007): Hausärztliche Versorgung. Baden-Baden: Nomos.

Schultheis, F. (2007): Bourdieus Wege in die Soziologie. Konstanz: UVK.

Schulz, A. (2007): Pflege, Wohnen, Umzug im Alter. Saarbrücken: VDM Verlag Dr. Müller.

Schulz, R. u. a. (2004): Long-term care placement of dementia patients and caregiver health and well-being. Journal of the American Medical Association 292, S. 961–967.

Schulz, S. (2007a): Integrierte Versorgung auf dem Prüfstand. Ansätze zur Evaluation aus ökonomischer Perspektive. Marburg: Tectum.

Schulz, St. u. a. (Hrsg.) (2006): Geschichte, Theorie und Ethik der Medizin. Frankfurt am Main: Suhrkamp.

Schulz, Th. (2006): Reorganisationsprozesse in Krankenhäusern. Saarbrücken: VDM Verlag Dr. Müller.

Schulz(-Nieswandt), F. (1984): „Neokonservatismus" in den USA – ein manchesterliberaler Angriff auf den Interventionsstaat. Gewerkschaftliche Monatshefte 35 (8), S. 485–493.

– (1984a): „Neokonservatismus" – Begriffliche und dogmengeschichtliche Anmerkungen zum gegenwärtigen Kampf um die Staatsauffassung. Prokla 14 (3), S. 127–143.

– (1985): Besprechung zu: Kaufmann, F.-X./Krüsselberg, H.-G. (Hrsg.), Markt, Staat und Solidarität bei Adam Smith (1984): Das Argument 154, S. 935–936.

– (1985a): Zur ordnungspolitischen Charakterisierung aktueller Selbsthilfekonzeptionen. Zeitschrift für Sozialreform 31 (11), S. 656–670.

– (1985b): „Neokonservative Pädagogik": Eine Analyse ihrer ordnungspolitischen Implikationen. Neue Praxis 15 (5), S. 435–439.

– (1986): Besprechung zu: Göckenjan, G. Kurieren und Staat machen (1985): Das Argument 159, S. 753–754.

– (1987): Der Wohlfahrtsstaat als pädagogisches Problem. Zeitschrift für Sozialreform 33 (5), S. 276–289.

– (1987a): Das „Recht auf Gesundheit". Seine wirtschafts- und sozialpolitischen Voraussetzungen in der Geschichte der sozialmedizinischen Lehrmeinungen. Regensburg: Transfer Verlag.

– (1987b): Die Geburt der Soziologie aus dem Geist der „sozialen Medizin". Medizin-Mensch-Gesellschaft 12, S. 226–231.

– (1988): Die Lehre vom öffentlichen Gesundheitswesen bei Lorenz von Stein. Ein Beitrag zur Ideengeschichte der sozialstaatlichen Gesundheitspolitik. Der Staat 7 (1), S. 110–128 (als Langfassung auch als *ders.,* Die Lehre vom öffentlichen Gesundheitswesen bei Lorenz von Stein. Quellen zur Verwaltungsgeschichte Nr. 6 Lorenz-von-Stein-Institut für Verwaltungswissenschaften. Universität zu Kiel).

Schulz-Nieswandt, F. (1989): Wirkungen von Selbsthilfe und freiwilliger Fremdhilfe auf öffentliche Leistungssysteme. München: Minerva.

- (1989a): Kritik der „moral hazard"-und „Sog"-Erwartungen bei Einführung einer Pflege-Sozialversicherung. Sozialer Fortschritt 38 (8), S. 181–184.

- (1989b): Öffentlicher Sicherstellungsauftrag, meritorischer Handlungsbedarf und Anbieterdominanz im Gesundheitswesen. Zeitschrift für Sozialreform 35 (5), S. 291–301.

- (1989c): Die Nicht-Markt-Steuerung im Gesundheitswesen und ihre verteilungspolitischen Implikationen. Zeitschrift für Sozialreform 35 (11 + 12), S. 653–666.

- (1990): Stationäre Altenpflege und „Pflegenotstand" in der Bundesrepublik Deutschland. Frankfurt am Main u.a.: Lang.

- (1991): Person und Gemeinschaft als Kategorien einer anthropologischen Grundlegung der Sozialpolitiklehre des freiheitlichen Sozialismus. Sozialer Fortschritt 40 (4), S. 99–102.

- (1991a): Über das Verhältnis von Wirtschaftspolitik und Sozialpolitik. Sozialpolitik im System der Sozialwissenschaften. Zeitschrift für Sozialreform 37 (9), S. 531–548.

- (1992): Sozialökonomik als politische Theorie. Grundzüge des wissenschaftlichen Schaffens von Theo Thiemeyer. Zeitschrift für Sozialreform 38 (10), S. 625–638.

- (1992a): Bedarfsorientierte Gesundheitspolitik. Grundfragen einer kritizistischen Lehre meritorischer Wohlfahrtspolitik. Regensburg: Transfer Verlag.

- (1992b): Lorenz von Steins Bedeutung für Gegenwart und Zukunft – Sozial- und gesundheitspolitische Ziele, in: Mutius, A. von (Hrsg.), Lorenz von Stein 1890 – 1990. Heidelberg: Decker's – Schenck, S. 49–58.

- (1992c): Art. Selbsthilfeökonomie, in: Bauer, R. (Hrsg.), Lexikon des Sozial- und Gesundheitswesens. Band P – Z. München/Wien: Oldenbourg Verlag, S. 1719–1723.

- (1992d): Zur Problematik einer „räumlichen Sozialpolitik" für die Europäische Gemeinschaft. Zeitschrift für Sozialreform 38 (8), S. 438–456.

- (1993): Einführung in die wohlfahrtsstaatliche Landeskunde der Bundesrepublik Deutschland. Weiden/Regensburg: Eurotrans.

- (1993a): Zur Theorie der Wohlfahrtspolitik, Bd. 1. Weiden/Regensburg: Eurotrans.

- (1994): Zum Problem der sozialen Wohlfahrt des alten Menschen in der „Dritten Welt". Sozialer Fortschritt 43 (9), S. 210–215.

- (1994a): „Ambulant vor stationär?" Eine sozialökonomische Analyse der Determinanten der Inanspruchnahme stationärer Altenpflege. Weiden/Regensburg: Eurotrans.

- (1995): Theo Thiemeyer über „public choice", in: Neumann, L. F./Schulz-Nieswandt, F. (Hrsg.), Sozialpolitik und öffentliche Wirtschaft, in memoriam Theo Thiemeyer. Berlin: Duncker & Humblot, S. 49–74.
- (1995a): Politik als Gestaltung. 2. Aufl. Weiden/Regensburg: Eurotrans.
- (1995b): Vom „homo oeconomicus" zum „homo figurationis". Theoretische Wechselwirkungen zwischen Sozialökonomie und Sozialgerontologie, in: Jansen, B./Friedrich, I. (Hrsg.), Soziale Gerontologie – ein Herstellungsprozeß. Kassel: Universität – GHS Kassel, S. 165–192.
- (1995c): Löst die gesetzliche Pflegeversicherung einen „Heimsog-Effekt" aus?, in: Fachinger, U./Rothgang, H. (Hrsg.), Die Wirkungen des Pflege-Versicherungsgesetzes. Berlin: Duncker & Humblot, S. 104–114.
- (1996): Zur Theorie der personalen Existenz des alten Menschen. Berlin: DZA.
- (1996a): Ökonomik der Transformation als wirtschafts- und gesellschaftspolitisches Problem. Frankfurt am Main: Lang.
- (1996b): Die Freiheit der Person und die Handlungsräume der Gesellschaft. Anthropologisch-sozialphilosophische Bemerkungen zur sozialpolitikwissenschaftlichen Kategorie der Lebenslage. Zeitschrift für Sozialreform 42 (5), S. 328–336.
- (1996c): Regionale Wohlstandsunterschiede als Problem einer sozialpolitisch relevanten regionalen Entwicklungspolitik in der EG, in: Kleinhenz, G. (Hrsg.), Soziale Integration in Europa II. Berlin: Duncker & Humblot, S. 189–254.
- (1997): Wahlfreiheit und Risikoselektion, Kontrahierungszwang und Wettbewerb in der GKV, in: DZA (Hrsg.), Jahrbuch des DZA 1996. Beiträge zur sozialen Gerontologie und Alterssozialpolitik. Weiden/Regensburg: Eurotrans, S. 229–244.
- (1997a): Person, Relation, Kontext. Weiden/Regensburg: Eurotrans.
- (1997b): Sterben im Krankenhaus. Determinanten der Hospitalisierung und Institutionalisierung in Alteneinrichtungen. Weiden/Regensburg: Eurotrans.
- (1997c): Versorgungsketten und Krankenhausinanspruchnahme älterer Menschen. Regensburg: Roderer.
- (1997d): Die Person und die Welt zwischen Existenz, Tod und Suizid. Regensburg: Transfer Verlag.
- (1998): Prolegomena zu einer (personalanthropologisch fundierten) Wissenschaft von der Sozialpolitik. Weiden/Regensburg: Eurotrans.
- (1998a): Zur Zukunft des Gesundheitswesens. Zeitschrift für Gerontologie und Geriatrie 31, S. 382–386.
- (1998b): Zum sozio-demographisch und sozialepidemiologisch notwendigen „Umbau" des bundesdeutschen Sozialstaates unter Beachtung internationaler Befunde, in: Hauser, R. (Hrsg.), Reform des Sozialstaats II. Berlin: Duncker & Humblot, S. 53–80.
- (1998c): Die Entwicklung vom Kritizismus zum Institutionalismus unter besonderer Berücksichtigung des Werkes von Siegfried Katterle, in: Elsner, W./Engelhardt, W. W./Glastetter, W. (Hrsg.), Ökonomie in gesellschaftlicher Verantwor-

tung. Festschrift zum 65. Geburtstag von Siegfried Katterle. Berlin: Duncker & Humblot, S. 93–117.

- (1998d): Die Möglichkeiten einer theoretischen Grundlegung der Sozialen Gerontologie aus der Perspektive der Sozialpolitiklehre Gerhard Weissers, in: Behrend, Chr./Zeman, P. (Hrsg.), Soziale Gerontologie. Gedenkschrift für Margret Dieck. Berlin: Duncker & Humblot, S. 83–104.
- (1998e): Kapitalismus und Sozialcharakter, in: Henkel, H. A. u. a. (Hrsg.), Gegen den gesellschaftspolitischen Imperialismus der reinen Ökonomie. Marburg: Metropolis Verlag, S. 99–113.
- (1999): Quality of life of elderly men. The Aging Male 2 (4), S. 211–217.
- (1999a): Die Konzeption der „medizinischen Polizey" bei Johann Peter Frank (1745–1821) im Kontext seiner Zeit, in: Müller, H.-P. (Hrsg.), Sozialpolitik und Aufklärung. Johann Beckmann und die Folgen: Ansätze moderner Sozialpolitik im 18. Jahrhundert. Münster u. a.: Waxmann, S. 89–99.
- (1999b): Patientenorientierte Optimierung von Versorgungspfaden, Globalbudgetierung und der Diskurs über demographische und epidemiologische Grundlagen der Ausgabendynamik des medizinisch-pflegerischen Versorgungssystems. Sozialer Fortschritt 48, S. 175–179.
- (1999c): Rationalisierung und Rationierung in der Gesetzlichen Krankenversicherung. Sozialer Fortschritt 48, S. 201–205.
- (1999d): Sozialökonomie, in: Jansen, B. u. a. (Hrsg.), Soziale Gerontologie. Ein Handbuch für Lehre und Praxis. Weinheim/Basel: Beltz, S. 171–183.
- (2000): Gilden als „totales soziales Phänomen" im europäischen Mittelalter. Weiden/Regensburg: Eurotrans.
- (2000a): Studien zur strukturalen Anthropologie sozialer Hilfeformen und sozialer Risikogemeinschaften. Regensburg: Transfer Verlag.
- 2000b): La sociologia come scienza dell'uomo: agire e contesto in Karl William Kapp, in: Frigato, P./Giovagnoli, M. (Hrsg.), La Continuità della Vita Umana. Torino: L'Hartmattan Italia, S. 81–93.
- 2000c): § 140a SGB V ff. und DRGs im Krankenhaussektor – Möglichkeiten und Gefahren einer integrierten Versorgung für ältere und alte Menschen. Sozialer Fortschritt 49, S. 115–118.
- (2000d): Die Zukunft der medizinischen Rehabilitation gemäß SGB V und SGB XI im Kontext des bundesdeutschen medizinischen Versorgungssystems. Zeitschrift für Gerontologie und Geriatrie. Suppl. 1, S. I/50-I/56.
- (2001): Die Heterogenität des Alter(n)s, in: Möller, P.-A. (Hrsg.), Die Kunst des Alterns. Frankfurt am Main: Lang, S. 109–122.
- (2001a): Theoretische Kritik am Apriorismus des Trade-off-Theorems, in: Schmähl, W. (Hrsg.), Wechselwirkungen zwischen Arbeitsmarkt und sozialer Sicherung. Berlin: Duncker & Humblot, S. 73–78.
- (2001b): Mit 60 in Rente? Das Problem der Altersgrenze, in: Rauscher, A. (Hrsg.), Die Arbeitswelt im Wandel. Köln: Bachem, S. 105–125.

- (2001c): Die Gabe – Der gemeinsame Ursprung der Gesellung und des Teilens im religiösen Opferkult und in der Mahlgemeinschaft. Zeitschrift für Sozialreform 47 (1), S. 75–92.

- (2001d): Der Potlatsch: Sozialpathologie des Agonalen oder Übergangsphänomen der Gabe zum vertikalen Ressourcenpooling?, in: ders. (Hrsg.), Einzelwirtschaften und Sozialpolitik zwischen Markt und Staat in Industrie- und Entwicklungsländern. FS für Werner Wilhelm Engelhardt zum 75. Geburtstag. Marburg: Metropolis, S. 99–108.

- (2001e): Theoretische Kritik am Apriorismus des Trade-off-Theorems. Koreferat zu Jörg Althammer, in: Schmähl, W. (Hrsg.), Wechselwirkungen zwischen Arbeitsmarkt und sozialer Sicherung. Berlin: Duncker & Humblot, S. 73–78.

- (2002): Zur Genossenschaftsartigkeit der Gesetzlichen Krankenversicherung. Weiden/Regensburg: Eurotrans.

- (2002a): Medizinischer Fortschritt und die Versicherungsfähigkeit, in: Möller, P.-A. (Hrsg.), Heilkunst, Ethos und die Evidenz der Basis. Frankfurt am Main: Lang, S. 165–185.

- (2002b): Zwischenwelten. Elias Maya. Archetypische Bilder und Grundthemen menschlicher Existenz in der Malerei von Elias Maya. Koblenz: Garwain.

- (2002c): Sozialpolitische Aspekte des Alterssuizids, in: Hirsch, R. D./Bruder, J./Radebold, H. (Hrsg.), Suizidalität im Alter. Schriftenreihe der DGGPP. Bonn/Hamburg/Kassel (jetzt: Stuttgart: Kohlhammer), S. 29–43.

- (2003): Strukturelemente einer Ethnologie der medizinisch-pflegerischen Behandlungs- und Versorgungspraxis. Weiden/Regensburg: Eurotrans.

- (2003a): Sicherung der Dienstleistungsqualität des Krankenhauses für ältere und alte Menschen durch integrierte Versorgung auf der Grundlage der DRG-Finanzierung, in: Büssing, A./Glaser, J. (Hrsg.), Dienstleistungsqualität und Qualität des Arbeitslebens im Krankenhaus. Göttingen u.a.: Hogrefe, S. 57–75.

- (2003b): Herrschaft und Genossenschaft. Berlin: Duncker & Humblot.

- (2003c): Sozialpolitik als Bildung von Regeln – Gesellschaft als Spiel der Kooperationsgewinne. Wertfreie Ökonomie als Ende wertorientierter politischer Auseinandersetzungen? Jahrbücher für Nationalökonomie und Statistik 223 (5), S. 623–630.

- (2003d): Die Kategorie der Lebenslage – sozial- und verhaltenswissenschaftlich rekonstruiert, in: Karl, F. (Hrsg.), Sozial- und verhaltenswissenschaftliche Gerontologie. Weinheim/München: Juventa, S. 129–139.

- (2004): Versorgungslage und Versorgungsbedarf chronisch kranker Menschen. Die wissenschaftliche Fachzeitschrift für die Pflege 6 (7 + 8), S. 396–406.

- (2004a): Neue vertragliche Steuerungen als Beitrag zu einer neuen Medizinkultur. Die Krankenversicherung 56 (10), S. 210–316.

- (2004b): Geschlechterverhältnisse, die Rechte der Kinder und Familienpolitik in der Erwerbsarbeitsgesellschaft. Münster: LIT-Verlag.

- (2004c): Politische Herausforderungen des Alters, in: Kruse, A./Martin, M. (Hrsg.), Enzyklopädie der Gerontologie. Bern u. a.: Huber, S. 550–560.

- (2004d): Altern in einer nicht kalendarisch geordneten Welt, in: IFG (Hrsg.), Altern ist anders. Münster: LIT-Verlag, S. 34–47.

- (2004e): Die Problematik der geriatrischen Rehabilitation im bundesdeutschen Gesundheitswesen – Wege in die kommunikative Integrationsmedizin, in: Brandenburg, H. (Hrsg.), Altern in der modernen Gesellschaft. Hannover: Schlütersche, S. 83–90.

- (2005): Zur Zukunft der gesundheitlichen Versorgung von alten Menschen. Sozialer Fortschritt 53 (11 + 12), S. 310–319.

- (2005a): Rationierung in der Gesundheitsversorgung zwischen Ethik und Ökonomik, in: Klie, Th./Buhl, A./Entzian, H. u. a. (Hrsg.), Die Zukunft der gesundheitlichen, sozialen und pflegerischen Versorgung älterer Menschen. Frankfurt am Main: Mabuse, S. 110–121.

- (2005b): Daseinsvorsorge in der Europäischen Union, in: Linzbach, Chr. u. a. (Hrsg.), Die Zukunft der sozialen Dienste vor der Europäischen Herausforderung. Baden-Baden: Nomos, S. 397–423.

- (2005c): Soziale Daseinsvorsorge im Lichte der neueren EU-Rechts- und EU-Politikentwicklungen. Zeitschrift für öffentliche und gemeinwirtschaftliche Unternehmen 28 (1), S. 19–34.

- (2005d): Daseinsvorsorge und europäisches Wettbewerbsregime, in: GÖW (Hrsg.), Öffentliche Dienstleistungen zwischen Eigenerstellung und Wettbewerb. Berlin: GÖW, S. 12–24.

- (2005e): Auf dem Weg zu einem europäischen Familien(politik)leitbild?, in: Althammer, J. (Hrsg.), Familienpolitik und soziale Sicherung. FS für Heinz Lampert. Berlin u. a.: Springer, S. 171–187.

- (2006): Integrationsversorgung zwischen Wandel der Betriebsformen und neuer Steuerung, in: Braun, G. E./Schulz-Nieswandt, F. (Hrsg.), Liberalisierung im Gesundheitswesen. Baden-Baden: Nomos, S. 47–64.

- (2006a): Wettbewerb in der Gesundheitsversorgung – Wie viel Differenzierung braucht die GKV? Die Krankenversicherung 58 (10), S. 274–277.

- (2006b): Sorgearbeit, Geschlechterordnungen und Altenpflegeregime in Europa. Münster: LIT-Verlag.

- (2006c): Die Unbedingtheit der Gabeethik und die Profanität der Gegenseitigkeitsökonomik. Die genossenschaftliche Betriebsform als Entfaltungskontext der menschlichen Persönlichkeit im Lichte einer Form-Inhalts-Metaphysik, in: Rösner, H. J./Schulz-Nieswandt, F. (Hrsg.), Zur Relevanz des genossenschaftswissenschaftlichen Selbsthilfegedankens. Münster: LIT-Verlag, S. 57–92.

- (2006d): Sozialpolitik und Alter. Stuttgart: Kohlhammer.

- (2006e): Modernisierungstrends des öffentlichen Wirtschaftens führen zu neuen „Zumutbarkeitskulturen", in: GÖW (Hrsg.), Öffentliche Dienstleistungen für die

Bürger. Wege zu Effizienz, Qualität und günstigen Preisen. Berlin: GÖW, S. 223–224.

- (2006f): Chancengleichheit und Sozialstaat. Archiv für Theorie und Praxis der sozialen Arbeit 37 (4), S. 4–18.

- (2006g): Der vernetzte Egoist. Überlegungen zur anthropologischen Basis der Sozialpolitik im sozialen Wandel, in: Robertson-von-Throta, C. Y. (Hrsg.), Vernetztes Leben. Soziale und digitale Strukturen. Karlsruhe: Universitätsverlag Karlsruhe, S. 125–139.

- (2006h): Lebensweltliche Genese von Sozialkapital durch soziale Dienste im Kontext des europäischen Wettbewerbsregimes, in: Jochimsen, M. A./Knobloch, U. (Hrsg.), Lebensweltökonomie in Zeiten wirtschaftlicher Globalisierung. Bielefeld: Kleine Verlag, S. 157–178.

- (2006i): Variationen über Frau-Sein. Anthropologische Studien zu Zeichnungen von Elias Maya. Münster: LIT-Verlag.

- (2006j): Die Sozialpolitik in der Europäischen Union (II). Trends im Rahmen der föderalistischen Organisation, in: Carigiet, E. u.a. (Hrsg.), Wohlstand durch Gerechtigkeit. Deutschland und die Schweiz im sozialpolitischen Vergleich. Zürich: Rotpunktverlag, S. 329–355.

- (2006k): Alternsformen, Lebenserwartung und Altersstruktur behinderter Menschen – unter besonderer Berücksichtigung angeborener Formen geistiger Behinderung, in: Krüger, F./Degen, J. (Hrsg.), Das Alter behinderter Menschen. Freiburg i.Br.: Lambertus, S. 147–191.

- (2007): Behindertenhilfe im Wandel. Zwischen Europarecht, neuer Steuerung und Empowerment. Berlin: LIT-Verlag.

- (2007a): Kulturelle Ökonomik des Alterns. Zum Umgang mit dem Alter im Generationengefüge zwischen archetypischer Ethik und Knappheitsökonomik, in: Teising, M. u.a. (Hrsg.), Alt und psychisch krank. Diagnostik, Therapie und Versorgungsstrukturen im Spannungsfeld von Ethik und Ressourcen. Stuttgart: Kohlhammer, S. 31–54.

- (2007b): Public-Private-Partnership im Sozialsektor. Sozialer Fortschritt 56 (3), S. 51–56.

- (2007c): Der Vertrag über eine Europäische Verfassung, in: Sozialer Fortschritt 56 (5), S. 113–116.

- (2007d): Lebenslauforientierte Sozialpolitikforschung, Gerontologie und philosophische Anthropologie. Schnittflächen und mögliche Theorieklammern, in: Wahl, H.-W./Mollenkopf, H. (Hrsg.), Alternsforschung am Beginn des 21. Jahrhunderts. Berlin: AKA, S. 61–81.

- (2007e): Zur Relevanz des betriebsmorphologischen Denkens. Versuch einer sozialontologischen und anthropologischen Grundlegung, in: Bräunig, D./Greiling, D. (Hrsg.), Stand und Perspektiven der Öffentlichen Betriebswirtschaftslehre II. FS für Prof. Dr. Dr. h.c. mult. Peter Eichhorn anlässlich seiner Emeritierung. Berlin: BWV, S. 58–67.

- (2007f): Eigensinniges Alter? Das Alter im Generationengefüge, in: IFG (Hrsg.), Altern ist anders: gelebte Träume – Facetten einer neuen Alter(n)skultur. Hamburg: LIT-Verlag, S. 222–234.
- (2007g): Art. Soziale Gerechtigkeit, in: Deutscher Verein für öffentliche und private Fürsorge (Hrsg.), Lexikon der sozialen Arbeit. 6. Aufl. Baden-Badern: Nomos, Sp. 851–852.
- (2007h): Innovationen in der Gesundheitsversorgung in der Stadt Zürich – richtige Fragen stellen, Notwendigkeiten definieren, aber auch die Pfade der Veränderung managen können. Sozialmedizin 34 (4), S. 19–22.
- (2008): Alter und Lebenslauf. Ein Beitrag zur philosophischen Anthropologie in sozialpolitischer Absicht, in: Aner, K./Karl, U. (Hrsg.), Lebensalter und Soziale Arbeit: Ältere und alte Menschen. Hohengehren: Schneider, S. 77–91.
- (2008a): „Viel Zeit bleibt nicht, weil die Bevölkerung altert". Competence (3), S. 12–13.
- (2008b): Zur Einführung: Ein Corporate Governance Kodex für das öffentliche Wirtschaften?, in: GÖW (Hrsg.), Corporate Governance in der öffentlichen Wirtschaft. Berlin: GÖW, S. 7–18.
- (2008c): Die Alter(n)berichterstattung der Bundesregierung. Diskurs der Altersbilder und implizite Anthropologie, in: Ferring, D. u. a. (Hrsg.), Soziokulturelle Konstruktion des Alters. Transdisziplinäre Perspektiven. Würzburg: Königshausen & Neumann, S. 217–231.
- (2008d): „Alterslast" und Sozialpolitik. Jahrbuch für Wirtschaftsgeschichte (1), S. 147–157.
- (2008e): Zur Morphologie des Dritten Sektors im Gefüge zwischen Staat, Markt und Familie. Ein Diskussionsbeitrag zur Ciriec-Studie „Die Sozialwirtschaft in der Europäischen Union". Zeitschrift für öffentliche und gemeinwirtschaftliche Unternehmen 31 (3), 323–336.
- (2008f): Neuere Literatur zum Wandel der Staatlichkeit, dargelegt im Bezugskreis der europarechtlichen Neu-Adjustierung der (insbesondere sozialen) Dienstleistungen von allgemeinem (wirtschaftlichen) Interesse. Zeitschrift für öffentliche und gemeinwirtschaftliche Unternehmen 31 (4), S. 438–452.
- (2008g): Widerspruchsvolle und ambivalente Strukturwandlungen bei noch nicht völlig absehbarer Trendrichtung. Wirtschaftsdienst 88 (10), S. 647–652.
- (2008h): Altersbilder, in: DIP (Hrsg.), Beraterhandbuch – Präventive Hausbesuche bei Senioren. Hannover: Schlütersche, S. 34–41.
- (2008i): Genese, Form, Funktionen. Selbsthilfe (4), S. 12–13.
- (2009): Paul Tillichs Onto(theo)logie der Daseinsbewältigung und die Fundierung der Wissenschaft von der Sozialpolitik, in: Danz, Chr./Schüßler, W./Sturm, E. (Hrsg.), Religion und Politik. Internationales Jahrbuch für die Tillich-Forschung. Bd. 4. Berlin: LIT-Verlag, S. 125–138.
- (2009a): Gesellschafts- und sozialpolitische Aspekte, in: Stoppe, G./Mann, E. (Hrsg.), Geriatrie für Hausärzte. Bern: Huber, S. 35–39.

Literaturverzeichnis 803

- (2009b): Perspektiven der Sozialwirtschaft. Eine multidisziplinäre Deutung des normativ-rechtlich-ökonomischen Regimewechsels, in: Archiv für Wissenschaft und Praxis der sozialen Arbeit. Sonderheft 40 (3), S. 86–102.

- (2009c): Alterung und praktische Sozialpolitik. Reflexionen zur Analyserarchitektur und zum notwendigen Tiefenverständnis der gesellschaftlichen Grammatik, in: Nachrichtendienst des Deutschen Vereins für öffentliche und private Fürsorge 89 (11), S. 470–477.

- (2010): Eine „Ethik der Achtsamkeit" als Normmodell der dialogischen Hilfe- und Entwicklungsplanung in der Behindertenhilfe. Köln: Josefs-Gesellschaft.

Schulz-Nieswandt, F. u.a. (2006): Die Genese des europäischen Sozialbürgers im Lichte der neueren EU-Rechtsentwicklungen. Münster: LIT-Verlag.

- (2006a): Care Regimes for the Elderly in South Eastern Europe in a European Comparative Perspective, in: Laaser, U./Radermacher, R. (Hrsg.), Financing Health Care. A Dialogue between South Eastern Europe and Germany. Lage: Jacobs Verlag, S. 257–277.

- (2009): Generationenbeziehungen. Netzwerke zwischen Gabebereitschaft und Gegenseitigkeitsprinzip. Berlin: LIT-Verlag.

Schulz-Nieswandt, F./*Köstler,* U. (2009): Bürgerschaftliches Engagement: Grundlagen und Perspektiven, in: Stoppe, G./Stiens, G. (Hrsg.), Niedrigschwellige Betreuung von Demenzkranken. Stuttgart: Kohlhammer, S. 29–41.

Schulz-Nieswandt, F./*Kurscheid,* C. (2004): Integrationsversorgung. Münster: LIT-Verlag.

- (2005): Überschuldung privater Haushalte – Interventionsbedarf jenseits neo-liberaler Risikoprivatisierung und Schuldzuschreibung. Theorie und Praxis sozialer Arbeit 56 (4), S. 35–39.

- (2005a): Entwicklungspotenziale und Interventionen in der Wohlverhaltensperiode. Materialien zur Familienpolitik, Nr. 20. Expertise für das BMFSFJ. Als pdf-Datei auf der Homepage des BMFSFJ: www.bmfsfj.de.

- (2007): Die Schuld an der Schuld. Hamburg: Merus.

Schulz-Nieswandt, F./*Kurscheid,* C./*Wölbert,* S. (2004): Integrationsversorgung auf der Grundlage des GMG. http://www.uni-koeln.de/wiso-fak/soposem/snw.

Schulz-Nieswandt, F./*Maier-Rigaud,* R. (2005): Dienstleistungen von allgemeinem Interesse, die Offene Methode der Koordinierung und die EU-Verfassung. Sozialer Fortschritt 54 (5/6), S. 136–142.

- (2007): Die OECD als sozialpolitischer Ideengeber? Eine Analyse der Wirkungen auf die EU im Kontext der Globalisierung, in: Linzbach, Ch. u.a. (Hrsg.), Globalisierung und Europäisches Sozialmodell. Baden-Baden: Nomos, S. 399–421.

- (2007a): Gesundheits- und Verbraucherpolitik, in: Weidenfeld, W./Wessels, W. (Hrsg.), Jahrbuch der Europäischen Integration 2006. Baden-Baden: Nomos, S. 167–172.

- (2008): Gesundheits- und Verbraucherpolitik, in: Weidenfeld, W./Wessels, W. (Hrsg.), Jahrbuch der Europäischen Integration 2007. Baden-Baden: Nomos, S. 145–148.

- (2008a): Besprechung zu: W. Elsner u.a. (Hrsg.), Social Costs and Public Action in Modern Capitalism. Essays Inspired by Karl William Kapp's Theory of Social Costs. London/New York: Routledge, 2006. Zeitschrift für öffentliche und gemeinwirtschaftliche Unternehmen 31 (2), S. 238–241.

- (2008b): EU-Harmonisierung im Gesundheitswesen? Der Wandel der Umwelt der betrieblichen Organisationen im Gesundheitswesen, in: Greiner, W./Schulenburg, J.-M. Graf von der/Vauth, Chr. (Hrsg.), Gesundheitsbetriebslehre. Management von Gesundheitsunternehmen. Bern: Huber, S. 515–533.

- (2009): Gesundheits- und Verbraucherpolitik, in: Weidenfeld, W./Wessels, W. (Hrsg.), Jahrbuch der Europäischen Integration 2008. Baden-Baden: Nomos, S. 153–156.

Schulz-Nieswandt, F./Mann, K. (2009): Zur Morphologie der Staatlichkeit im Wandel. Neuere Literatur zur Europäisierung im Mehr-Ebenen-System, zu den Gesundheits- und Sozialdienstleistungen (von allgemeinem [wirtschaftlichen] Interesse) und zur öffentlichen Daseinsvorsorge. Zeitschrift für öffentliche und gemeinwirtschaftliche Unternehmen 32 (2), S. 183–202.

- (2009a): „Geteilte Kompetenz" und die Konvergenz in der Erstellungspraxis von Gesundheitsdienstleistungen – die Entwicklung im Europäischen Mehr-Ebenen-System. Die Krankenversicherung 61, S. 39–43.

Schulz-Nieswandt, F./Mann, K./Sauer, M. (2010): Europäische Sozialpolitik und Europäisierung der Gesundheits- und Sozialdienstleistungen – ein Abriß, in: Sozialer Fortschritt 59 (5).

Schulz-Nieswandt, F./Sauer, M. (2009): Qualitative Sozialforschung in der Gerontologie – forschungsstrategische Überlegungen und implizite Anthropologie in der Gegenstandsbestimmung (i.E.).

Schulz-Nieswandt, F./Sesselmeier, W. (2006): Arbeitsmarkt Deutschland: Effekte der EU-Mitgliedschaft, in: Wessels, W./Diedrichs, U. (Hrsg.), Die neue Europäische Union: im vitalen Interesse Deutschlands? Studie zu Kosten und Nutzen der Europäischen Union für die Bundesrepublik Deutschland. Berlin: Europäische Bewegung – Europäische Union, S. 74–92.

- (2008): Einleitung: Was ist Konstruktion von Sozialpolitik im Wandel?, in: dies. (Hrsg.), Konstruktion von Sozialpolitik im Wandel. Berlin: Duncker & Humblot, S. 7–14.

Schulze, Chr. (2005): Medizin und Christentum in Spätantike und frühem Mittealter. Tübingen: Mohr Siebeck.

Schulze, G. (2005): Unterwegs zu einem neuen Gesundheitsmarkt, in: Harms, F./ Gänshirt, D. (Hrsg.), Gesundheitsmarketing. Patientenempowerment als Kernkompetenz. Stuttgart: Lucius & Lucius, S. 1–11.

Schulze Ehring, F. (2007): Ausgabensteigerung oder Erosion der Einnahmen in der GKV? Sozialer Fortschritt 56 (4), S. 97–104.

Schumacher, B. N. (2004): Der Tod in der Philosophie der Gegenwart. Darmstadt: Wissenschaftliche Buchgesellschaft.

Schuppener, S. (2005): Selbstkonzept und Kreativität von Menschen mit geistiger Behinderung. Bad Heilbrunn: Klinkhardt.

Schuppert, G. (Hrsg.) (2005): Der Gewährleistungsstaat – Ein Leitbild auf dem Prüfstand. Baden-Baden: Nomos.

Schuppert, G. F. (2007): Was ist und wozu Governance? Die Verwaltung 40 (4), S. 463–511.

Schurz, G. (2006): Einführung in die Wissenschaftstheorie. Darmstadt: WBG.

Schwab, U. (1995): Familienreligiösität. Religiöse Traditionen im Prozeß der Generationen. Stuttgart u. a.: Kohlhammer.

Schwabe, M. (2008): Methoden der Hilfeplanung. 2. Aufl. Frankfurt am Main: IGfH-Eigenverlag.

Schwardt, D. (1999): „Fabelnd denken". Zur Schreib- und Wirkungsabsicht von Wolfdietrich Schnurre. Oldenburg: Igel.

Schwartz, I. E. (2007): Rechtsangleichung und Rechtswettbewerb im Binnenmarkt – Zum europäischen Modell. Europarecht 42 (2), S. 194–207.

Schwarz, Chr. (2006): Evaluation als modernes Ritual. Zur Ambivalenz gesellschaftlicher Rationalisierung am Beispiel virtueller Universitätsprojekte. Münster: LIT-Verlag.

Schwerdt, R. (1998): Eine Ethik für die Altenpflege. Ein transdisziplinärer Versuch aus der Auseinandersetzung mit Peter Singer, Hans Jonas und Martin Buber. Bern u. a.: Huber.

Schwienhorst-Schönberger, L. (Hrsg.) (1997): Das Buch Kohelet. Berlin/New York: de Gruyter.

Schwind, G. (2000): Das Andere und das Unbedingte. Anstöße von Maurice Blondel und Emmanuel Levinas für die gegenwärtige theologische Diskussion. Regensburg: Pustet.

Schwinn, Th. (2007): Soziale Ungleichheit. Bielefeld: transcript.

Schwitzer, K.-P. (2007): Der Fünfte Altenbericht – „Potenziale des Alters in Wirtschaft und Gesellschaft": Engagement und Teilhabe älterer Menschen, in: Informationsdienst Altersfragen 34 (01), S. 7–11.

Schwitzer, K.-P. u. a. (2006): Ergebnisse des Fünften Altenberichts und des Siebten Familienberichts: „Herausforderungen des sozialen und demografischen Wandels – Generationen und Innovation". Dokumentation der Tagung des Bundesministeriums für Familie, Senioren, Frauen und Jugend und der Sachverständigenkommissionen des Fünften Altenberichts und des Siebten Familienberichts am 25. Oktober 2006, Berlin.

Schwöbel, Chr. (2007): Symbolische Rede von Gott, in: Danz, Chr. u. a. (Hrsg.), Das Symbol als Sprache der Religion. Internationales Jahrbuch für die Tillich-Forschung, Bd. 2. Wien: LIT-Verlag, S. 9–29.

Scoralick, R. (1999): Das Drama der Barmherzigkeit Gottes. Stuttgart: Katholisches Bibelwerk.

Scott, W. R. (1991): Institutions and Organizations. Thousand Oaks: Sage.

Scruggs, L./*Allen,* J. (2006): Welfare-state Decommodification in 18 OECD countries: a replication and revision. Journal of European Sociological Review 16 (1), S. 55–72.

Scupin, O. (2003): Pflegebedürftig – Herausforderung oder das „Ende" des Lebens? Bielefeld: Kleine.

Seaford, R. (2004): Money and the Early Greek Mind. Cambridge: Cambridge University Press.

Searle, J. R. (1969): Speck Acts. Cambridge: Cambridge University Press.

Seeringer, St. (2006): Der Gemeinsame Bundesausschuss nach dem SGB V. Baden-Baden: Nomos.

Segal, R. A. (2004): Myth. Oxford: Oxford University Press.

Seidel, W. (2009): Das ethische Gehirn. Heidelberg: Spektrum akademischer Verlag.

Seidler, E./*Leven,* K. H. (2003): Geschichte der Medizin und der Krankenpflege. 7., überarb. u. erw. Aufl. Stuttgart: Kohlhammer.

Seifert, M. (2002): Wohnalltag von Erwachsenen mit schwerer geistiger Behinderung. Eine Studie zur Lebensqualität. Nachaufl. Reutlingen: Diakonie-Verlag.

– (2002a): Lebensqualität und Wohnen bei schwerer geistiger Behinderung. Reutlingen: Diakonie-Verlag.

– (2003): Mehr Lebensqualität. Zielperspektiven für Menschen mit schwerer (geistiger) Behinderung in Wohneinrichtungen. Marburg: Bundesvereinigung Lebenshilfe für Menschen mit geistiger Behinderung.

Seifert, M. u.a. (2001): Zielperspektive Lebensqualität. Eine Studie zur Lebenssituation von Menschen mit schwerer Behinderung im Heim. Bielefeld: Bethel-Verlag.

Selbmann, S. (1993): Der Baum. Symbol und Schicksal des Menschen. Karlsruhe: Badenia.

Sen, A. (2002): Ökonomie für den Menschen. München: dtv.

Sen, Ak. (2006): Strategisches Sozialmarketing. Am Beispiel der stationären Altenpflege. Münster: LIT-Verlag.

Senge, P. M. (2003): Die fünfte Disziplin. Kunst und Praxis der lernenden Organisation. Stuttgart: Klett-Cotta.

Senghaas-Knobloch, E. (2008): Care-Arbeit und das Ethos fürsorglicher Praxis unter neuen Marktbedingungen am Beispiel der Pflegepraxis. Berliner Journal für Soziologie 18 (2), S. 221–243.

Sennett, R. (2004): Respekt im Zeitalter der Ungleichheit. Berlin: BVT.

– (2006): Der flexible Mensch. Die Kultur des neuen Kapitalismus. Berlin: BVT.

Senti, R. (2007): Die WTO im gesellschaftlichen Dilemma. Aus Politik und Zeitgeschichte B 13, S. 31–38.

Seok, J. H./*Ziekow*, J. (Hrsg.) (2008): Die Einbeziehung Privater in die Erfüllung öffentlicher Aufgaben. Berlin: Duncker & Humblot.

Seubert, W. (2005): Die Brüsseler „Verständigung" zu Anstaltslast und Gewährträgerhaftung. Frankfurt am Main: Lang.

Sewtz, S. (2006): Karrieren im Gesundheitswesen. Eine vergleichende Analyse der Professionen Medizin und Pflege. Weinheim/München: Juventa.

Seyfarth, A. (2002): Organisationsentwicklung als Herausforderung. Ausgewählte Aspekte der Gestaltung von Organisationen unter Würdigung der Theorie des Konstruktivismus. Berlin: Wissenschaftlicher Verlag Berlin.

Shanas, E. (1979): The family as social support system in old age. The Gerontologist 28, S. 169–174.

Shapiro, H. A. (Hrsg.) (2007): The Cambridge Companion to Archaic Greece. Cambridge u. a.: Cambridge University Press.

Shattuck, R. (2003): Tabu. Eine Kulturgeschichte des verbotenen Wissens. München: Piper.

Shimada, S./*Tagsold*, Chr. (2006): Alternde Gesellschaften im Vergleich. Solidarität und Pflege in Deutschland und Japan. Bielefeld: transcript.

Shorters, E. (1985): Beside Manners: The Troubled History of Doctors and Patients. New York: Simon & Schuster.

Shotter, J. (1997): The social construction of our inner selves. Journal of Sustainable Dialogue 10 (1), S. 7–24.

Sibitz, I. u. a. (2008): Einbeziehung von Betroffenen in Therapie- und Versorgungsentscheidungen: Professionelle HelferInnen zeigen sich optimistisch. Psychiatrische Praxis 35 (3), S. 128–134.

Sichert, M. (2007): Gemeinschaftsrechtliche Vorgaben für Integrierte Versorgung. Gesundheits- und Sozialpolitik 61 (11 + 12), S. 28–38.

Siebert, A./*Klie*, Zh. (2008): Das „integrierte Budget". Nachrichtendienst des Deutschen Vereins für öffentliche und private Fürsorge (8), S. 341–346.

Siegel, S. A. (2005): Darf Pflege(n) Spaß machen? Humor im Pflege- und Gesundheitswesen: Bedeutung, Möglichkeiten und Grenzen eines außergewöhnlichen Phänomens. Hannover: Schlütersche.

Siekmann, H. (1996): Corporate Governance und öffentlich-rechtlich organisierte Unternehmen. Jahrbuch für Neue Politische Ökonomie 15, S. 314–318.

Siemers, H. (2004): Das Menschenbild bei Ivan Illich. Baltmannsweiler: Schneider.

Sienknecht, D. (2008): Sozialpolitik. Hamburg: EVA.

Siewerth, G. (1957): Metaphysik der Kindheit. 2. Aufl. Einsiedeln: Johannes Verlag.

Silverman, M. M. (2000): Physicians and Suicide, in: American Medical Association (Hrsg.), The Handbook of Physician Health. Chicago: American Medical Association, S. 95–117.

Simmel, G. (1989): Einleitung in die Moralwissenschaft. Eine Kritik der ethischen Grundbegriffe. Erster Band. Frankfurt am Main: Suhrkamp.

– (2001): Soziologie. Untersuchungen über die Formen der Vergesellschaftung, 4. Aufl. Frankfurt am Main: Suhrkamp.

Simoens, St./*Scott,* A. (2005): Integrated primary care organizations: to what extent is integration occuring and why? Health Services Management Research 18 (1), S. 25–40.

Simon, F. B. (2009): Einführung in die systematische Wirtschaftstheorie. Heidelberg: Carl-Auer.

Simon, M. (2003): Die Ausgaben- und Leistungsentwicklung der Pflegeversicherung in den Jahren 1997 bis 2001. Sozialer Fortschritt 52 (9), S. 221–230.

– (2005): Das Gesundheitssystem in Deutschland. Bern u.a.: Huber.

– (2007): Das Gesundheitswesen in Deutschland. 2., vollst. überarb. Aufl. Bern u.a.: Huber.

Simons, O. (2009): Literaturtheorien. Hamburg: Simons.

Sing, D. (2001): Die Situation älterer Menschen in der Phase nach dem Erwerbsleben. Aus Politik und Zeitgeschichte (B3–4), S. 31–38.

– (2003): Gesellschaftliche Exklusionsprozesse beim Übergang in den Ruhestand. Frankfurt am Main: Lang.

Singe, G. (2006): Theologische Grundlagen für eine postmoderne Soziale Arbeit. Berlin: LIT-Verlag.

Singer, W. (2003): Ein neues Menschenbild? Gespräche über Hirnforschung. Frankfurt am Main: Suhrkamp.

Sinn, H.-W./*Übelmesser,* S. (2000): Wann kippt Deutschland um? Ifo Schnelldienst 53 (28–29), S. 20–25.

– (2002): Pensions and the Path to Gerontocracy in Germany. European Journal of Political Economy 19 (1), S. 153–158.

Skiba, A. (2006): Geistige Behinderung und Altern. Norderstedt: Books on demand.

Skrypzinski, R. (2004): Betreuung geistig und seelisch Behinderter. Ein konzeptionelles Beispiel für die Umgestaltung eines Alten- und Pflegeheimes. Göttingen: Dewitz-Krebs.

Slaby, St. (2006): Altersbilder – normative Wirkungen und Ansätze zur Weiterentwicklung. Berlin: Mensch & Buch.

Sloane, P. F. E. (1983): Theoretische und praktische Aspekte der Zielbestimmung. Düsseldorf: Verlagsanstalt Handwerk.

– (1992): Modellversuchsforschung. Überlegungen zu einem wirtschaftspädagogischen Forschungsansatz. Köln: Müller-Botermann.

- (2001): Wirtschaftspädagogik als Theorie sozialökonomischer Erziehung. Zeitschrift für Berufs- und Wirtschaftspädagogik 97 (2), S. 161–185.
- (2006): Wissenschaftliche Begleitforschung – Zur wissenschaftlichen Arbeit in Modellversuchen. Zeitschrift für Berufs- und Wirtschaftspädagogik 101 (3), S. 321–348.

Sloterdijk, P. (2004): Kritik der zynischen Vernunft. Bd. 1. Frankfurt am Main: Suhrkamp.
- (2004a): Kritik der zynischen Vernunft. Bd. 2. Frankfurt am Main: Suhrkamp.
- (2006): Im Weltinnenraum des Kapitals. Frankfurt am Main: Suhrkamp.

Smeijsters, H. (1999): Grundlagen der Musiktherapie. Göttingen u. a.: Hogrefe.

Smit, P.-N. (2008): Fellowship and Food in the Kingdom. Tübingen: Mohr Siebeck.

Smith, A. (1977): Theorie der ethischen Gefühle. Hamburg: Meiner.

Smith, D. H./*Shen,* C. (2002): The roots of civil society: A model of voluntary association prevalence applied to data on larger contemporary nations. International Journal of Comparative Sociology 43, S. 93–133.

Smith, M. S. (2001): The Origins of Biblical Monotheism. Oxford/New York: Oxford University Press.

Smolka, A. (2006): Organisationsübergreifende Kooperation und Vernetzung in der ambulanten Versorgung alter Menschen. Frankfurt am Main: Lang.

Snaith, N. (1957): Sacrifices in the Old Testament. VT 15, S. 73–80.

Sobel, H. (1990): Hygieia. Die Göttin der Gesundheit. Darmstadt: Wissenschaftliche Buchgesellschaft.

Söding, Th. (1995): Das Liebesgebot bei Paulus. Münster: Aschendorff.

Soentgen, J. (1998): Die verdeckte Wirklichkeit. Einführung in die Neue Phänomenologie von Hermann Schmitz. Bonn: Bouvier.

Soetemann, Chr. H. (2006): Sein und Existenz in Phänomenologie und Psychoanalyse. Hamburg: Kovac.

Sommer, Chr. (2003): Fürsorge- und Gerechtigkeitsmoral – eine interpersonelle Perspektive. Hamburg: Kovac.

Sommer, J. (2008): Das Politikfeld Alterssicherung im europäischen Mehrebenensystem. Berlin: LIT-Verlag.

Sommerfeld, O. (2005): Wettbewerb kontra Daseinsvorsorge. Die Strukturmerkmale der kommunalen Sparkassen in Deutschland im Lichte des EG-Wettbewerbsrechts. Hamburg: Kovac.

Sondermann, A./*Ludwig-Mayerhofer,* W./*Behrend,* O. (2007): „Willst du deine Freunde, oder willst du Geld verdienen?" Räumliche Mobilität in den Deutungen von Arbeitsvermittlern und Arbeitslosen. Sozialer Fortschritt 56 (7 + 8), S. 173–180.

Sonneck, G. (1994): Selbstmorde und Burnout von Ärzten. Psychotherapie Forum (2), S. 1–5.

Sonnenberg, K. (2007): Wohnen und geistige Behinderung. Hamburg: Diplomica.

Sonntag, M. (1999): „Das Verborgene des Herzens". Zur Geschichte der Individualität. Reinbek bei Hamburg: Rowohlt.

Sontag, S. (1978): Krankheit als Metapher. München/Wien: Hanser.

Sormani-Bastian, L. (2007): Vergaberecht und Sozialrecht. Unter besonderer Berücksichtigung des Leistungserbringerrechts im SGB V (Gesetzliche Krankenversicherung). Frankfurt am Main: Lang.

Sozialer Fortschritt (2008): Schwerpunktheft „Budgetierte Ethik? Heilen unter dem Diktat der Ökonomie", Jahrgang 57, Heft 12, Berlin.

Spangler, G./*Zimmermann,* P. (Hrsg.) (2004): Die Bindungstheorie. Stuttgart: Klett-Cotta.

Spateneder, P. (2007): Leibhaftige Zeit. Stuttgart: Kohlhammer.

Specht, E. (1977): „Verliebtheit" bei Freud und Platon. Psyche 2, S. 101–140.

Speck, O. (1999): Die Ökonomisierung sozialer Qualität. Zur Qualitätsdiskussion in Behindertenhilfe und Sozialer Arbeit. München: Reinhardt.

Speirer, G. u. a. (1984): Selbstbild und Arztideal bei vorklinischen Medizinstudenten. Psychotherapie, Psychosomatik, medizinische Psychologie 34, S. 213–219.

Sperber, M. (1981): Individuum und Gemeinschaft. Versuch einer sozialen Charakterologie. Frankfurt am Main u. a.: Klett-Cotta-Ullstein.

Speyer, W. (1988): Heros, in: Reallexikon für Antike und Christentum 14, Sp. 862–153.

Spico, C. (1963): Agape in the New Testament. Vol. 1. Eugene. Oregon: Wipf & Stock.

Spiess, I. (2004): Berufliche Lebensverläufe und Entwicklungsperspektiven behinderter Personen. Paderborn: Eusl.

Spießl, H. u. a. (2008): Delegation und Substitution ärztlicher Aufgaben – Wohin führt der Weg in der Psychiatrie? Psychiatrische Praxis 35 (6), S. 265–266.

Spitze, G. u. a. (1994): Adult children's divorce and intergenerational relationship. Journal of Marriage and the Family 56, S. 279–293.

Spitzenorganisationen der Deutschen Sozialversicherung (2006): Gemeinsame Stellungnahme zu „Sozialdienstleistungen von allgemeinem Interesse. Fragebogen der Europäischen Kommission". Vorgelegt am 8. Dezember 2006. Brüssel.

Spoun, S./*Wunderlich,* W. (Hrsg.) (2005): Studienziel Persönlichkeit. Beiträge zum Bildungsauftrag der Universität heute. Frankfurt am Main/New York: Campus.

Spree, R. (1996): The Financing of Hospitals in Germany during the 19th Century. Münchener Wirtschaftswissenschaftliche Beiträge. Discussion Papers 96–25. München.

Springer, S. (1996): Zur Theorie der religiösen Erziehung. Darstellung und Analyse der Beiträge von V. E. Frankl, V. E. von Gebsattel, J. Illies und W. Pannenberg. Hamburg: Kovac.

Srubar, I. (2007): Phänomenologie und soziologische Theorie. Wiesbaden: VS Verlag für Sozialwissenschaften.

Staats, St. (2006): Fusionen bei Sparkassen und Landesbanken. Berlin: Duncker & Humblot.

Stachel, C. (2006): Schutzpflichten der Mitgliedstaaten für die Grundfreiheiten des EG-Vertrags unter besonderer Berücksichtigung des Grundrechtsschutzes in der Gemeinschaft. Berlin: Duncker & Humblot.

Stachowski, A. (2007): Gesprächsführung in der Physiotherapie. Saarbrücken: VDM Verlag Dr. Müller.

Stäheli, U. (2000): Poststrukturalistische Soziologien. Bielefeld: transcript.

Staffeldt, Th. (2008): Vergütungsreform – im Zeitplan und aus den Fugen. Gesundheits- und Sozialpolitik 62 (4), S. 36–40.

Stanton, A. H./*Schwartz*, M. (1954): The mental hospital. New York: Basic Books.

Stark, I. (2004): Die hämische Muse. Spott als soziale und mentale Kontrolle in der griechischen Komödie. München: Beck.

Starobinski, J. (1994): Gute Gaben, schlimme Gaben. Die Ambivalenz sozialer Gesten. Frankfurt am Main: S. Fischer.

Statistische Ämter des Bundes und der Länder (Hrsg.) (2006): Bevölkerung Deutschlands bis 2050. 11. koordinierte Bevölkerungsvorausberechnung. Wiesbaden: Statistisches Bundesamt.

Statistisches Bundesamt (Hrsg.) (2007): Pflegestatistik 2005. Pflege im Rahmen der Pflegeversicherung. Deutschlandergebnisse. Wiesbaden.

Staudinger, U./*Baumert*, J. (2007): Bildung und Plastizität jenseits der 50: Plastizität und Realität, in: Gruss, P. (Hrsg.), Die Zukunft des Alterns. Die Antwort der Wissenschaft. Ein Report der Max-Planck-Gesellschaft. München: Beck, S. 240–257.

Staudinger, U./*Häfner*, H. (Hrsg.) (2008): Was ist Alter(n)? Neue Antworten auf eine scheinbar einfache Frage. Berlin/Heidelberg: Springer.

Staudinger, U./*Lindenberger*, U. (Hrsg.) (2003): Understanding Human Development. New York u.a.: Springer US.

Stausberg, M. (2005): Zarathustra und seine Religion. München: Beck.

Stauss, B. (1987): Ein bedarfswirtschaftliches Marketingkonzept für Öffentliche Unternehmen. Berlin: BWV.

Steffen, G. u.a. (2006): Wohnen mit Assistenz. Stuttgart: Frauenhofer IRB Verlag.

Steffen, P. (2009): Anspruchsniveaureduktion und Entschuldigungstendenz bei Krankenhauspatienten. Berlin: LIT-Verlag.

Stegbauer, Chr. (2002): Reziprozität. Einführung in soziale Formen der Gegenseitigkeit. Wiesbaden: VS Verlag für Sozialwissenschaften.

Steger, F. (2008): Das Erbe des Hippokrates. Medizinische Konflikte und ihre Wurzeln. Göttingen: Vandenhoeck & Ruprecht.

Stehr, N. (2007): Die Moralisierung der Märkte. Frankfurt am Main: Suhrkamp.

Stein, H. K. (2008): Frühchristliche Mahlfeiern. Tübingen: Mohr Siebeck.

Stein-Hölkeskamp, E. (2005): Das römische Gastmahl. München: Beck.

Steiner-König, U. (2000): Das Ganze ist mehr als die Summe der Teile. Schweizerische Ärztezeitung 81 (26), S. 1469–1472.

Steinert, T. (2009): Fachsprache als Herrschaftswissen. Psychiatrische Praxis 36 (4), S. 195–196.

Steinforth, Th. (2001): Selbstachtung im Wohlfahrtsstaat. München: Utz.

Steinherr, Th. (1992): Der Begriff ‚Absoluter Geist' in der Philosophie G. W. Hegels. St. Ottilien: EOS Verlag.

Steinkamp, H. (1999): Die sanfte Macht der Hirten. Die Bedeutung Michel Foucaults für die Praktische Theologie. Mainz: Matthias-Grünewald.

– (2005): Seelsorge als Abstiftung zur Selbstsorge. Münster: LIT-Verlag.

Steinmann, H./*Schreyögg,* G. (2005): Management. 6., vollst. überarb. Aufl. Wiesbaden: Gabler.

Stephan, A. (2007): Die Beschäftigungspolitik der EU. Genese, Etablierung und Grenzen der EBS. Baden-Baden: Nomos.

Steppe, H. (2000): Das Selbstverständnis der Krankenpflege in ihrer historischen Entwicklung. Pflege 13 (2), S. 77–83.

Stern, D. (1979): Mutter und Kind. Die erste Beziehung. Stuttgart: Klett-Cotta.

Sternberger, D. (1981): Über den Tod. Frankfurt am Main: Suhrkamp.

Stettberger, H. (2005): Nichts haben – Alles geben? Eine kognitiv-linguistisch orientierte Studie zur Besitzethik im lukanischen Doppelwerk. Freiburg i. Br. u. a.: Herder.

– (2005a): Mahlmetaphorik im Evangelium des Lukas. Münster: LIT-Verlag.

Stettner, U. (2007): Kann Helfen unmoralisch sein? Der Paternalismus als ethisches Problem in der sozialen Arbeit, seine Begründung und Rechtfertigung. Graz: Leykam.

Stewart, I./*Joines,* V. (2007): Die Transaktionsanalyse. 7. Aufl. Freiburg i. Br. u. a.: Herder.

Stewart, M. u. a. (2000): The impact of patient-centered care on outcomes. Journal of Family Practice 49, S. 796–804.

Stier, B. (1988): Fürsorge und Disziplinierung im Zeitalter des Absolutismus. Ostfildern: Thorbecke.

Stierlin, H. (1976): Das Tun des Einen ist das Tun des Anderen. Eine Dynamik menschlicher Beziehungen. Frankfurt am Main: Suhrkamp.

Stock, St./*Lüngen,* M./*Lauterbach,* K. W. (2006): Der Risikostrukturausgleich im Gesundheitsfonds. Soziale Sicherheit (12), S. 407–412.

Stock, St./*Redaèlli,* M./*Lauterbach,* K. W. (2005): Disease Management als Grundlage integrierter Versorgungsstrukturen. Stuttgart: Kohlhammer.

Stoellger, Ph. (2000): Metapher und Lebenswelt. Hans Blumenbergs Metaphorologie als Lebenswelthermeneutik und ihr religionsphänomenologischer Horizont. Tübingen: Mohr Siebeck.

Stöss, A. (2000): Europäische Union und kommunale Selbstverwaltung. Frankfurt am Main: Lang.

Stollberg, G. (2001): Medizinsoziologie. Bielefeld: transcript.

Stolzenberg, K./*Heberle,* K. (2006): Change Management. Berlin: Springer.

Stoppe, G. u. a. (2007): Die Frühdiagnose der Demenz in der Praxis niedergelassener Ärzte: Unterschiede zwischen Haus- und Fachärzten in Deutschland. Psychiatrische Praxis 34 (3), S. 134–138.

Storch, A. (1922): Das archaisch primitive Erleben der Schizophrenen. Berlin: Springer.

– (1965): Wege zur Welt und Existenz des Geisteskranken. Stuttgart: Hippokrates.

Sträter, U./*Neumann,* J. N./*Wilson,* R. (Hrsg.) (2003): Waisenhäuser in der Frühen Neuzeit. Halle: Franckesche Stiftungen.

Strasser, P. (2007): Dunkle Gnade. Willkür und Wohlwollen. München: Fink.

Strassmair, S. M. (2002): Der besondere Gleichheitssatz aus Art. 3 Abs. 3 Satz 2 GG. Eine Untersuchung zu Gehalt und Struktur des Diskriminierungsverbotes sowie seiner Bedeutung für die verfassungsrechtliche Stellung und soziale Gleichstellung von Menschen mit Behinderungen. Berlin: Duncker & Humblot.

Stratmeyer, P. (2002): Das patientenzentrierte Krankenhaus. Weinheim/München: Juventa.

Straus, E. (1930): Geschehnis und Erlebnis. Berlin u.a.: Springer.

– (1960): Psychologie der menschlichen Welt. Berlin u.a.: Springer.

Strauss, B./*Buchheim,* A./*Kächele,* H. (Hrsg.) (2002): Klinische Bindungsforschung. Stuttgart/New York: Schattauer.

Strech, D. (2008): Evidenz und Ethik. Kritische Analysen zur Evidenz-basierten Medizin und empirischen Ethik. Berlin: LIT-Verlag.

Streck, B. (2002): Bundesbrüder und Eidgenossen. Das Geheimnis des Zusammenhalts unter Nichtverwandten, in: Das, R. P./Meiser, G. (Hrsg.), Geregeltes Ungestüm. Bruderschaften und Jugendbünde bei indogermanischen Völkern. Bremen: Hempen.

Streckeisen, U. (2001): Die Medizin und der Tod. Opladen: Leske + Budrich.

Streckeisen, U./*Hänzi,* D./*Hungerbühler,* A. (2007): Fördern und Auslesen. Deutungsmuster von Lehrpersonen zu einem beruflichen Dilemma. Wiesbaden: VS Verlag für Sozialwissenschaften.

Streeck, W. (2007): Politik in einer alternden Gesellschaft: Vom Generationenvertrag zum Generationenkonflikt?, in: Gruss, P. (Hrsg.), Die Zukunft des Alterns.

Die Antwort der Wissenschaft. Ein Report der Max-Planck-Gesellschaft. München: Beck, S. 279–304.

Strenge, I. (2006): Codes Hammurapi und die Rechtsstellung der Frau. Würzburg: Könighausen & Neumann.

Stricker, M. (2007): Ehrenamt als soziales Kapital – Partizipation und Professionalität in der Bürgergesellschaft. Berlin: Köster.

Ströbel, A./*Weidner,* F. (2003): Ansätze zur Pflegeprävention. Hannover: Schlütersche.

Strohmaier, J. (2003): Sind Sozialpädagogen „neue" Männer? Konstruktion von Männlichkeit im Feld Sozialer Arbeit. Hamburg: Kovac.

Strohmayr, S. (2006): Kompetenzkollisionen zwischen europäischem und nationalem Recht. Baden-Baden: Nomos.

Strohmeier, G. A. (2003): Zwischen Gewaltenteilung und Reformstau: Wie viele Vetospieler braucht das Land? Aus Politik und Zeitgeschichte B 51, S. 17–22.

Strong, P. M. (1979): The ceremonial order of the clinic. London u. a.: Routledge & Gegan Paul.

Strübing, J. (2004): Grounded Theory. Wiesbaden: VS Verlag für Sozialwissenschaften.

Stubbe, H. (2008): Sigmund Freuds „Totem und Tabu" in Mosambik. Göttingen: Vandenhoeck & Ruprecht unipress.

Stubenvoll, M. (2007): Kommunikation im Krankenhaus. Aus der Sicht der Mitarbeitenden. Saarbrücken: VDM Verlag Dr. Müller.

Stuck, A. E. u. a. (2002): Home visits to prevent nursing home admission and functional decline in elderly people: systematic review and meta-regression analysis. JAMA 287, S. 1022–1028.

Student, J.-C./*Mühlum,* A./*Student,* U. (2004): Soziale Arbeit in Hospiz und Palliative Care. München: Reinhardt (UTB).

Stürz, K. (2008): Die staatliche Förderung der christlichen karitativen Kirchentätigkeit im Spiegel des europäischen Beihilferechts. Baden-Baden: Nomos.

Stüve, M. u. a. (2006): Regelungen mit Sprengkraft. Eckpunkte der Regierungskoalition: Richtungsänderung bei neuen Versorgungsformen. Krankenhaus Umschau (8), S. 662–665.

Stuhl, T. (2006): Primary Nusing in der stationären Altenpflege. Hannover: Schlütersche.

Stumm, G. (1999): Psychotherapie – eine Lagebestimmung, in: Slunecko, Th./Sonneck, G. (Hrsg.), Einführung in die Psychotherapie. Wien: Facultas (UTB), S. 26–76.

Sturm, H. (2002): Krankenhausreformen und Personalwirtschaft. Wiesbaden: Deutscher Universitäts-Verlag.

Sturm, R./*Zimmermann-Steinhart,* P. (2005): Föderalismus. Baden-Baden: Nomos.

Sturma, D. (Hrsg.) (2001): Person. Paderborn: mentis.

Sudgen, R. (1984): Reciprocity: The Supply of Public Goods through Voluntary Contributions. The Economic Journal 94, S. 772–787.

Sundmacher, T. (2006): Einführung von Vertragsfreiheit in die Gesetzliche Krankenversicherung. Bayreuth: P.C.O.-Verlag.

Supprian, U. (1988): Ordnung und Psychose. Über Ordnungen manisch-depressiver Syndromsequenzen als Funktion der Zeit. Hamburg: Krämer.

– (1992): Zeit und Psychosen. Studien zur inneren Ablaufgestalt des Manisch-Depressiven. Hamburg: Krämer.

– (2004): Das Manisch-Depressive und die Zeit. Norderstedt: Books on demand.

Szabo, E. (1998): Organisationskultur und Ethnographie. Fallstudie in einem österreichischen Krankenhaus. Wiesbaden: DUV.

Szasz, Th. (1997): Grausames Mitleid. Über die Aussonderung unerwünschter Menschen. Frankfurt am Main: Fischer.

Szczepanik, A. (2005): Gott als absolute Transzendenz. Die Verborgenheit Gottes in der Philosophie von Karl Jaspers. München: Utz.

Tacke, D. (2005): „Schlagartig abgeschnitten". Aphasie: Verlust und Wiedererlangen der Kontrolle. Bern: Huber.

Tamm, P. (2007): Selbsthilfe als Politik. München/Mering: Hampp.

Tanner, J. (2004): Historische Anthropologie zur Einführung. Hamburg: Junius.

– (2004a): „Kultur" in den Wirtschaftswissenschaften und kulturwissenschaftliche Interpretation ökonomischen Handelns, in: Jaeger, F./Rüsen, J. (Hrsg.), Handbuch der Kulturwissenschaften. Bd. 3. Stuttgart/Weimar: Metzler, S. 195–224.

Tanz, V. (2002): Globalization and the Future of Social Protection. Scottish Journal of Political Economy 49 (1), S. 116–127.

Taupitz, J./*Pitz*, A./*Niedziolka*, K. (2008): Der Einsatz nicht-ärztlichen Heilpersonals bei der ambulanten Versorgung chronisch kranker Patienten. Berlin: LIT-Verlag.

Taureck, B. H. F. (2004): Metaphern und Gleichnisse in der Philosophie. Frankfurt am Main: Suhrkamp.

– (2006): Emanuel Lévinas zur Einführung. 4. Aufl. Hamburg: Junius.

Tausch, R. (1993): Vergeben. Von der Bedeutung des Vergebens, in zwischenmenschlichen Beziehungen, auch in der Medizin. Zentrum für Medizinische Ethik. Medizinethische Materialien, Heft 79. Bochum: Ruhr-Universität.

Teipen, Chr. (2003): Die Frühverrentung im Wandel betrieblicher Strategien. München/Mering: Hampp.

Teising, M. (2004): Die Pflegebeziehung – Psychodynamische Überlegungen. Pflege 17 (5), S. 312–318.

Tellenbach, H. (1983): Melancholie. Berlin: Springer.

– (1988): Psychiatrie als geistige Medizin. München: Verlag für angewandte Wissenschaften.

Telscher, G. (2007): Opfer aus Barmherzigkeit. Hebr 9, 11–28 im Kontext biblischer Sühnetheologie. Würzburg: Echter.

Termeer, M. (2005): Verkörperungen des Waldes. Eine Körper-, Geschlechter- und Herrschaftsgeschichte. Bielefeld: transcript.

Terno, E. (2001): Sterben, Tod und Trauer als Inhalte der Pflegeausbildung. Köln: KDA.

Tesak-Gutmannsbauer, G. (1993): Der „Wille zum Sinn". Das Wahre, Gute und Schöne bei Albert Camus. Hamburg: Kovac.

Tesch-Römer, C. u. a. (2002): Sicherung der Solidarität der Generationen. DZA-Diskussionspapier Nr. 33. Berlin DZA.

– (Hrsg.) (2006): Altwerden in Deutschland. Sozialer Wandel und individuelle Entwicklung in der zweiten Lebenshälfte. Wiesbaden: VS Verlag für Sozialwissenschaften.

Tesch-Römer, C. (2001): Intergenerational solidarity and caregiving. Zeitschrift für Gerontologie und Geriatrie 34 (1), S. 28–31.

Tesch-Römer, C./*Kondratowitz,* J. von (2006): Comparative ageing research: a flurishing field in need of theoretical cultivation. European Journal of Ageing 3 (3), S. 155–167.

Tesch-Röner, C./*Motel-Klingebiel,* A./*Kondratowitz,* H.-J. von (2000): Sicherung der Solidarität der Generationen. DZA-Diskussionspapier Nr. 33. Berlin: DZA.

– (2002): Autonomie, Wohlbefinden und intergenerationelle Solidarität im Alter, in: Kaiser, H.-J. (Hrsg.), Autonomie und Kompetenz. Göttingen: Hogrefe, S. 197–212.

Tewes, R. (2002): Pflegerische Verantwortung. Bern u. a.: Huber.

Textor, M. R. (2005): Die Bildungsfunktion der Familie stärken: Neue Aufgaben der Familienbildung, Kindergärten und Schulen? Nachrichtendienst des Deutschen Vereins für öffentliche und private Fürsorge (5), S. 155–159.

Thalacker, P. (2006): Ein Sozialmodell für Europa? Berlin: Logos.

Thaliath, B. (2005): Perspekivierung als Modalität der Symbolisierung. Würzburg: Königshausen & Neumann.

Thalmair, R. (2007): Das Menschenbild des Homo Europaeus. Frankfurt am Main: Lang.

Theobald, H. (2008): Care-Politiken, Care-Arbeits-Markt und Ungleichheit: Schweden, Deutschland und Italien im Vergleich. Berliner Journal für Soziologie 18 (2), S. 257–281.

Thesing, Th. (1998): Betreute Wohngruppen und Wohngemeinschaften für Menschen mit geistiger Behinderung. 3., neubearb. u. erg. Aufl. Freiburg i. Br.: Lambertus.

– (2006): Heilerziehungspflege. 7. Aufl. Freibug i. B.: Lambertus.

Thesing, Th./*Vogt*, M. (2006): Pädagogik und Heilerziehungspflege. 4. Aufl. Freiburg i. Br.: Lambertus.

Theunissen, G. (2000): Wege aus der Hospitalisierung. Empowerment für schwerstbehinderte Menschen. Gießen: Psychiatrie-Verlag.

Theunissen, G./*Schirbort*, K. (Hrsg.) (2006): Inklusion von Menschen mit geistiger Behinderung. Zeitgemäße Wohnformen – Soziale Netze – Unterstützungsangebote. Stuttgart: Kohlhammer.

Theunissen, M. (1965): Der Andere. Studien zur Sozialontologie der Gegenwart. Berlin: de Gruyter.

– (1966): Skeptische Betrachtungen über den anthropologischen Personbegriff, in: Rombach, H. (Hrsg.), Die Frage nach dem Menschen. FS für Max Müller zum 60. Geburtstag. Freiburg/München: Alber, S. 461–490.

– (1991): Negative Theologie der Zeit. Frankfurt am Main: Suhrkamp.

Thiel, R. (1993): Chor und tragische Handlung im ‚Agamemnon' des Aischylos. Stuttgart: Teubner.

Thiele, C. u. a. (2002): Der Umzug ins Seniorenheim – Erfahrungen von Senioren und Angehörigen. Zeitschrift für Gerontologie und Geriatrie 35 (6), S. 556–564.

Thiele-Dohrmann, K. (2000): Ruhm und Unsterblichkeit. Ein Menschheitstraum von der Antike bis heute. Weimar: Böhlaus Nachfolger.

Thieme, F. (2008): Alter(n) in der alternden Gesellschaft. Wiesbaden: VS Verlag für Sozialwissenschaften.

Thiemeyer, Th. (1972): Unternehmensmorphologie. Thesen in didaktischer Absicht. Archiv für öffentliche und freigemeinnützige Unternehmen 10 (1 + 2), S. 92–109.

– (1985): Besprechung zu: Gretschmann, K. (1981): Steuerungsprobleme der Staatswirtschaft. Zeitschrift für Wirtschafts- und Sozialwissenschaften 105, S. 637–640.

– (Hrsg.) (1990): Instrumentalfunktion öffentlicher Unternehmen. Baden-Baden: Nomos.

Thierau, D. (1997): Die Rolle von Sozialarbeit in geriatrischen Kliniken. Aachen: Shaker.

Thies, Chr. (2007): Arnold Gehlen zur Einführung. Hamburg: Junius.

Thill, K. D. (2002): Professionelles Management. Von der Arztpraxis zum Dienstleistungsunternehmen in 21 Schritten. Köln: Deutscher Ärzte-Verlag.

Thom, D. H. u. a. (1999): Further validation and reliability testing of the Trust in Physician Scale: the Stanford Trust Study Physicians. Medical Care 37 (5), S. 510–517.

Thomä, D. (2007): Erzähle dich selbst. Lebensgeschichte als philosophisches Problem. Frankfurt am Main: Suhrkamp.

Thomae, H. (1968): Das Individuum und seine Welt. Eine Persönlichkeitstheorie. Göttingen: Hogrefe.

Thompson, E. P. (1971): The Moral Economy of the English Crowd in the 18th Century. Past and Present 50, S. 76–136.

Thon, Chr. (2008): Frauenbewegung im Wandel der Generationen. Bielefeld: transcript.

Thorenz, A. (2007): Case Management zur Optimierung der sektorübergreifenden Versorgung im Gesundheitswesen. Frankfurt am Main: Lang.

Thorwald, J. (1974): Macht und Geheimnis der frühen Ärzte. München/Zürich: Droemer.

Thürnau, D. u. a. (Hrsg.) (1999): Identität, Leiblichkeit, Normativität. Neue Horizonte anthropologischen Denkens. 2. Aufl. Frankfurt am Main: Suhrkamp.

Thurnherr, U./*Hügli,* A. (Hrsg.) (2007): Lexikon Existenzialismus und Existenzphilosophie. Darmstadt: Wissenschaftliche Buchgesellschaft (WBG).

Thurnwald, R. (1929): Neue Forschungen zum Manabegriff. Archiv für Religionswissenschaft 27, S. 93–112.

Thyssen, K.-W. (1970): Der Weg der Theologie Friedrich Gogartens von den Anfängen bis zum Zweiten Weltkrieg. Tübingen: Mohr Siebeck.

Tietz, U. (2002): Die Grenzen des Wir. Eine Theorie der Gemeinschaft. Frankfurt am Main: Suhrkamp.

Tillich, P. (1987): Systematische Theologie. Bd. I/II (Nachdruck der 8. Aufl. 1984), Bd. III (Nachdruck der 4. Aufl. 1984). Berlin/New York: de Gruyter.

– (1991): Der Mut zum Sein. Nachdruck von 1969. Berlin/New York: de Gruyter.

– (1991a): Liebe – Macht – Gerechtigkeit. Berlin/New York: de Gruyter.

– (1999): Religion, Kultur, Gesellschaft. Unveröffentlichte Texte aus der deutschen Zeit (1908–1933). Erster Teil. Berlin/New York: de Gruyter – Ev. Verlagswerk.

– (2007): Vorlesungen über Geschichtsphilosophie und Sozialpädagogik (Frankfurt 1929/30). Berlin/New York: de Gruyter.

Tilly, M. (2006): Warten auf die Apokalypse. Abenteuer Archäologie (5), S. 28–33.

Timm, H./*Wetz,* F. J. (Hrsg.) (2006): Die Kunst des Überlebens. Nachdenken über Hans Blumenberg. Frankfurt am Main: Suhrkamp.

Titmuss, R. M. (1987): The Philosophy of Welfare: Selected Writings of Richard Titmuss. London: Allen and Unwin.

Tömmel, I. (2005): Das politische System der EU. 2., vollst. überarb. Aufl. München/Wien: Oldenbourg.

Toens, K. (2003): Recht, Leistung, Bedarf. Die Verteilungsprinzipien der sozialen Gerechtigkeit am Beispiel der erwerbszentrierten Sozialhilfereform. Münster: LIT-Verlag.

Tomascheck, N. (Hrsg.) (2006): Systemische Organisationsentwicklung und Beratung bei Veränderungsprozessen. Heidelberg: Carl-Auer.

Tomasello, M. (2006): Die kulturelle Entwicklung des menschlichen Denkens. Frankfurt am Main: Suhrkamp.

Tondorf, K./*Bahnmüller,* R./*Klages,* H. (2004): Steuerung durch Zielvereinbarungen. 2. Aufl. Berlin: edition sigma.

Townsend, P. (2006): Policies for the aged in the 21st century: more ‚structured dependency' or the realisation of human rights? Ageing and Society 26 (2), S. 161–179.

Trapphagen, O. (2001): Ambulante Rehabilitation aus Sicht der GKV. Die Krankenversicherung (2), S. 57–61.

Traulsen, Chr. (2004): Das sakrale Asyl in der Alten Welt. Tübingen: Mohr Siebeck.

Travelbee, J. (1997): Interpersonale Aspekte der Pflege, in: Schaeffer, D. u. a. (Hrsg.), Pflegetheorien. Beispiel aus den USA. Bern u. a.: Huber, S. 99–122.

Traverso, P. (2003): „Psyche ist ein griechisches Wort ...". Rezeption und Wirkung der Antike im Werk Sigmund Freud. Frankfurt am Main: Suhrkamp.

TRE (Theologische Realenzyklopädie) (1976–2004): Hrsg. v. Müller, G./Balz, H./ Krause, G. 36 Bde. Berlin: de Gruyter.

Treibel, A. (2008): Die Soziologie von Norbert Elias. Wiesbaden: VS Verlag für Sozialwissenschaften.

Treiber, G. (2000): Philosophie der Existenz. Das Entscheidungsproblem bei Kierkegaard, Jaspers, Heidegger, Sartre, Camus. Frankfurt am Main: Lang.

Trendel, M. (2008): Praxisratgeber Persönliches Budget. Regensburg: Walhalla.

Trenz, H. J. (2005): Europa in den Medien. Frankfurt am Main/New York: Campus.

Treusch-Dieter, G. (2001): Die Heilige Hochzeit. Studien zur Totenbraut. 2. Aufl. Herbolzheim: Centaurus.

Treziak, H. (1990): Differenz und „bin". Schritte zu einem phänomenologischen Urtyp. Freiburg/München: Alber.

Trilling, A. (2007): Auf dem Weg zur kommunalen Pflegeverantwortung. Informationsdienst Altersfragen 34 (6), S. 10–14.

Trögner, J./*Siegel,* N. R./ADGiB (2008): Brief an die Herausgeber zum Artikel von Plute und Vogel in Zeitschrift für Gerontologie und Geriatrie 40, S. 448 ff. Zeitschrift für Gerontologie und Geriatrie 41 (2), S. 146–147.

Troeltsch, E. (1994): Die Sozialllehren der christlichen Kirchen und Gruppen. Bd. 1. Neudruck der Ausgabe Tübingen 1912. Tübingen: Mohr Siebeck.

Trojan, A./*Estdorff-Klee,* A. (Hrsg.) (2004): 25 Jahre Selbsthilfeunterstützung. Unterstützungserfahrungen und -bedarf am Beispiel Hamburgs. Münster: LIT-Verlag.

Trowitzsch, M. (2007): Karl Barth heute. Göttingen: Vandenhoeck & Ruprecht.

Tschopp, S. S./*Weber,* W. E. J. (2007): Grundfragen der Kulturgeschichte. Darmstadt: WBG.

Tse, M. M. (2007): Nursing home placement: perspectives of community-dwelling older persons. Journal of Clinical Nursing 16, S. 911–917.

Tsebelis, G. (1995): Decision Making in Political Systems: Veto Players in Presidentialism, Parlamentarism, Multicameralism, and Multipartyism. British Journal of Political Science 25, S. 289–326.

– (2000): Veto Players and Institutional Analysis. Governance 13 (4), S. 441–474.

– (2002): How Political Institutions Work. New York/Princeton: Russell Sage Foundation-Princeton University Press.

Tubb, J. N. (2005): Völker im Lande Kanaan. Stuttgart: Theiss.

Tugendhat, E. (2007): Anthropologie statt Metaphysik. München: Beck.

Tuinen, S. van (2006): Peter Sloterdijk. Ein Profil. München: Fink (UTB).

Turcanu, F. (2006): Mircea Eliade. Der Philosoph des Heiligen oder Im Gefängnis der Geschichte. Schnellroda: Edition Antaios.

Turow, J. (1989): Playing doctor: Television, storytelling, and medical power. New York: Oxford University Press.

Twardowski, D. (2006): Innovation durch Benchmarking. Berlin: Mensch & Buch Verlag.

Twickel, Chr. von (2002): Beziehungen und Netzwerke in der modernen Gesellschaft. Münster: LIT-Verlag.

Udsching, P./*Harich*, B. M. (2006): Die Zukunft des Sachleistungsprinzips im Binnenmarkt. Europarecht 41 (6), S. 794–813.

Uexküll, J. von (1956): Streifzüge durch die Umwelten von Tieren und Menschen. Bedeutungslehre. Hamburg: Rowohlt.

Uexküll, Th. von (1963): Grundfragen der psychosomatischen Medizin. Reinbek bei Hamburg: Rowohlt.

Uexküll, Th. von/*Geigges*, W./*Plassmann*, R. (Hrsg.) (2002): Integrierte Medizin. Modell und klinische Praxis. Stuttgart/New York: Schattauer.

Uhlendorff, U./*Cinkl*, St./*Marthaler*, Th. (2006): Sozialpädagogische Familiendiagnosen. Weinheim/München: Juventa.

Uhlmann, B. u. a. (2005): Versorgungskontinuität durch Pflegeüberleitung – die Perspektive von Patienten und Angehörigen. Pflege 18 (2), S. 105–111.

Ullrich, C. G. (1999): Deutungsmusteranalyse und diskursives Interview. Leitfadenkonstruktion, Interviewführung und Typenbildung. Mannheimer Zentrum für Europäische Sozialforschung. Arbeitspapiere Nr. 3. Mannheim.

– (2005): Soziologie des Wohlfahrtsstaates. Frankfurt am Main/New York: Campus.

– (2008): Die Akzeptanz des Wohlfahrtsstaates. Wiesbaden: VS Verlag für Sozialwissenschaften.

Ulrich, D. (Hrsg.) (1999): Strategisches Human Resource Management. München/Wien: Hanser.

Ulrich, F. (1998): Homo Abyssus. Das Wagnis der Seinsfrage. 2. Aufl. Einsiedeln: Johannes.

Ulrich, P. (1997): Wider die totale Marktwirtschaft. Zur Ideologiekritik des neoliberalen Oekonomismus aus der Perspektive der integrativen Wirtschafts-Ethik. Institut für Wirtschafts-Ethik: Universität St. Gallen.

Ulrich, T. (1971): Ontologie, Theologie, gesellschaftliche Praxis. Studien zum religiösen Sozialismus Paul Tillichs und Carl Mennickes. Zürich: Theologischer Verlag.

Ulshöfer, G. u. a. (Hrsg.) (2004): Ökonomisierung der Diakonie. Frankfurt am Main: Haag + Herchen.

Umbach, G. (2009): Intent and Reality of the European Employment Strategy. Europeanisation of National Employment Policies and Policy-Making? Baden-Baden: Nomos.

Ummel, H. (2004): Männer in der Pflege. Berufsbiographien im Umbruch. Bern u. a.: Huber.

Unnerstall, H. (1999): Rechte zukünftiger Generationen. Würzburg: Königshausen & Neumann.

Unterhaslberger, M. (2008): Gesundheitspädagogik als Hilfe zur Selbsthilfe. Berlin: LIT-Verlag.

Urban, U. (2004): Professionelles Handeln zwischen Hilfe und Kontrolle. Sozialpädagogische Entscheidungsfindung in der Hilfeplanung. Weinheim/München: Juventa.

Uschok, A. (2008): Körperbild und soziale Unterstützung bei Patienten mit Ulcus cruris venosum. Bern: Huber.

Uzarewicz, Ch./*Piechotta,* G. (Hrsg.) (1997): Transkulturelle Pflege. Berlin: VWB.

Uzarewicz, Ch./*Uzarewicz,* S. (2005): Das Weite suchen. Einführung in eine phänomenologische Anthropologie der Pflege. Stuttgart: Lucius & Lucius.

Vahlpahl, T. (2007): Europäische Sozialpolitik. Institutionalisierung, Leitideen und Organisationsprinzipien. Wiesbaden: DUV.

Vaihinger, H. (1986): Die Philosophie des Als Ob. Neudruck der 9./10. Aufl. 1927. Aalen: Scientia.

Valcarenghi, M. (1998): Beziehungen. Vom Wir zum Ich. Ariadne und Theseus. Hades und Persephone. Leinfelden-Echterdingen: Bonz.

Valdes-Stauber, J. u. a. (2007): Gerontopsychiatrie in der Gemeinde. Psychiatrische Praxis 34 (3), S. 129–133.

Van den Eikel, A. (2006): Die zulässige Implementierung „vergabefremder" Kriterien im europäischen Vergaberecht. Hamburg: Kovac.

Van der Watt, J. G. (Hrsg.) (2006): Identity, Ethics, and Ethos in the New Testament. Berlin/New York: de Gruyter.

Van Ess, H. (2003): Der Konfuzianismus. München: Beck.

Vasilache, A. (2007): Der Staat und seine Grenzen. Zur Logik politischer Ordnung. Frankfurt am Main/New York: Campus.

Vass, M. u. a. (2007): Preventive home visits to older people in denmark. Zeitschrift für Gerontologie und Geriatrie 40 (4), S. 209–216.

VdAK – AEV (Hrsg.) (2008): Ausgwählte Basisdaten des Gesundheitswesens. Siegburg: VdAK – AEV.

Veatch, R. M. (1990): Medizinische Ethik in der Versorgung geistig Behinderter. Zentrum für Medizinische Ethik. Medizinethische Materialien, Heft 14. Bochum: Ruhr-Universität.

Vedder, Chr./*Folz*, H. P. (2007): Europäische Union und Europäische Gemeinschaft. Gemeinschaftsrecht und Unionsrecht in ihrer Verflechtung mit der deutschen Rechtsordnung. Berlin: Springer.

Veit, A. (2004): Professionelles Handeln. Bern: Huber.

Veith, W. (2006): Intergenerationelle Gerechtigkeit. Stuttgart: Kohlhammer.

Vera, A. (2007): Der Arzt im Krankenhaus des 21. Jahrhunderts: Professional oder klinischer Manager? Zeitschrift für öffentliche und gemeinwirtschaftliche Unternehmen 30 (3), S. 300–316.

Vernant, J.-P. (1995): Mythos und Religion im alten Griechenland. Frankfurt am Main/New York: Campus – Paris: Edition Pandora.

– (1996): Der maskierte Dionysos. Raum und Religion in der griechischen Antike. Berlin: Wagenbach.

Vetter, A. (1966): Anthropologie der Person. Freiburg i. Br.: Alber.

Vetter, K./*Buddeberg*, C. (Hrsg.) (2003): Feminisierung in der Medizin. Hamburg: akademos Wissenschaftsverlag.

Veyne, P. (2008): Die griechisch-römische Religion. Stuttgart: Reclam.

– (2008a): Als unsere Welt christlich wurde. München: Beck.

Viefhues, H. (1990): Vom Himmel durch die Welt zur Erde. Zur Mentalitätsgeschichte der Lebensqualität. Zentrum für Medizinische Ethik. Medizinethische Materialien, Heft 12. Bochum: Ruhr-Universität.

Vierkant, T. (Hrsg.) (2008): Willenshandlungen. Frankfurt am Main: Suhrkamp.

Villhauer, B. (2002): Aby Warburgs Theorie der Kultur. Berlin: Akademie Verlag.

Voegelin, E. (2007): Ordnung und Geschichte. 10 Bde. München: Fink.

Vögtle, F./*Ksoll*, P. (2003): Marie Curie. 6. Aufl. Reinbek bei Hamburg: Rowohlt.

Vogd, W. (2002): Professionalisierungsschub oder Auflösung ärztlicher Autonomie. Zeitschrift für Soziologie 31 (4), S. 294–315.

– (2004): Ärztliche Entscheidungsprozesse des Krankenhauses im Spannungsfeld zwischen System- und Zweckrationalität. Berlin: VWF.

– (2005): Systemtheorie und rekonstruktive Sozialforschung. Opladen: Barbara Budrich.

- (2006): Die Organisation Krankenhaus im Wandel. Bern u. a.: Huber.
- (2006 a): Von der Organisation Krankenhaus zum Behandlungsnetzwerk? Berliner Journal für Soziologie 16 (4), S. 97–119.

Vogel, B. (2007): Die Staatsbedürftigkeit der Gesellschaft. Hamburg: Hamburger Edition.

Vogelsanger, V. (1995): Selbsthilfegruppen brauchen ein Netz. Zürich: Seismo.

Voges, W. (1993): Aufgabe des Haushalts und Einzug in das Altenheim. Was wird aus dem bisherigen Lebenstil? Zeitschrift für Gerontologie und Geriatrie 26 (5), S. 386–394.

Vogt, E. M./*Silverman*, H. J./*Trottein*, S. (Hrsg.) (2003): Derrida und die Politiken der Freundschaft. Wien: Turia + Kant.

Vogt, M. (2003): Visite als Planungs- und Steuerungsinstrument in der Pflege und Therapie im Krankenhaus. Hamburg: Kovac.

Voland, E. (2000): Grundriss der Soziobiologie. 2. Aufl. Berlin: Spektrum Akademischer Verlag.

- (2009): Soziobiologie. Die Evolution von Kooperation und Konkurrenz. 3. Aufl. Berlin: Spektrum Akademischer Verlag.

Volkert, B. (2006): Der amerikanische Neokonservatismus. Münster: LIT-Verlag.

Volkmann, U. (2006): Legitime Ungleichheiten. Journalistische Deutungen vom „sozialdemokratischen Konsensus" zum „Neoliberalismus". VS Verlag für Sozialwissenschaften.

Volz, R. (2008): Stiftung als Institution – eine Hinführung, in: Hahn, U. u. a. (Hrsg.), Geben und Gestalten. Brauchen wir eine neue Kultur der Gabe? Berlin: LIT-Verlag, S. 39–48.

Vorderwülbecke, N. (2005): Erschwernisse in der Kommunikation mit alternden Menschen im Rahmen einer Demenz. Seedorf: Signum.

Vos, Chr. de (2005): Klage als Gotteslob aus der Tiefe. Tübingen: Mohr Siebeck.

Vosteen, K. (2001): Rationierung im Gesundheitswesen und Patientenschutz. Frankfurt am Main: Lang.

Vries, Th. de (2004): Spinoza. 10. Aufl. Reinbek bei Hamburg: Rowohlt.

Waap, Th. (2008): Gottesebenbildlichkeit und Identität. Göttingen: Vandenhoeck & Ruprecht.

Wacker, E. u. a. (2005): Personenbezogene Unterstützung und Lebensqualität. Teilhabe mit einem Persönlichen Budget. Wiesbaden: Deutscher Universitäts-Verlag.

Wälde, M. (1985): Husserl und Schapp. Basel: Schwabe.

Wagner, A. (Hrsg.) (2006): Primäre und sekundäre Religion als Kategorie der Religionsgeschichte des Alten Testaments. Berlin/New York: de Gruyter.

Wagner, B. (2004): Geriatrische Versorgung in Deutschland. Versorgungsketten zwischen Krankenhaus, Rehabilitation und Pflege? Hamburg: Kovac.

Wagner, C. (2003): Krankenversicherungsinstitutionen und Transaktionskosten in Gesundheitssystemen. Berlin: dissertation.de

Wagner, D. (2005): Geist und Tora. Studien zur göttlichen Legitimation und Delegitimation von Herrschaft im Alten Testament anhand der Erzählungen über König Saul. Leipzig: Evangelische Verlagsanstalt.

Wagner, F./*Murrmann-Kahl*, M. (Hrsg.) (1996): Ende der Religion – Religion ohne Ende. Zur Theorie der „Geistesgeschichte" von Günter Dux. Wien: Passagen.

Wagner, H.-J. (2004): Sozialität und Reziprozität. Strukturale Sozialisationstheorie I. Frankfurt am Main: Humanities Online.

– (2004a): Krise und Sozialisation. Strukturale Sozialisationstheorie II. Frankfurt am Main: Humanitas Online.

Wagner, K./*Lenz*, I. (Hrsg.) (2007): Erfolgreiche Wege in die Integrierte Versorgung. Stuttgart: Kohlhammer.

Wagner, V. (2002): Beobachtungen am Amt der Ältesten im alttestamentlichen Israel. Zeitschrift für Alttestamentliche Wissenschaft 114, S. 391–411 sowie S. 560–576.

Wagner-Willi, M. (2002): Verlaufskurve „Behinderung". Gruppendiskussion mit Beschäftigten einer „Werkstatt für Behinderte". Berlin: Logos.

Wahl, H.-W./*Heyl*, V. (2004): Gerontologie – Einführung und Geschichte. Stuttgart: Kohlhammer.

Wahl, H.-W./*Tesch-Römer*, C./*Hoff*, A. (Hrsg.) (2006): New Dynamics in Old Age. Individual, Environmental and Societal Perspectives. Amityville/New York: Baywood.

Wahrendorf, M./*Knesebeck*, O./*Siegrist*, J. (2006): Social productivity and wellbeing of older people: baseline results from the SHARE study. European Journal of Aging 3, S. 67–73.

Waldenfels, B. (1997): Das Un-ding der Gabe, in: Gondek, H.-D./Waldenfels, B. (Hrsg.), Einsätze des Denkens. Zur Philosophie von Jacques Derrida. Frankfurt am Main: Suhrkamp, S. 385–412.

Waldner, K. (2000): Geburt und Hochzeit des Kriegers. Geschlechterdifferenz und Initiation in Mythos und Ritual der griechischen Polis. Berlin/New York: de Gruyter.

Walendy, J. (2008): Theorie kommunaler Wettbewerbsunternehmen. Baden-Baden: Nomos.

Wallenczus, K. (1998): Praxisfeld Krankenhaus. Analyse einer Feldstudie anhand Bourdieuscher Reflexionen. Hamburg: Kovac.

Waller, H. (2006): Gesundheitswissenschaft, 4., überarb. Aufl. Stuttgart: Kohlhammer.

Wallner, J. (2007): Health Care zwischen Ethik und Recht. Wien: Facultas.

Walser, Chr. (2007): Integrierte Versorgung in Europa – ein rechtsvergleichender Überblick. Gesundheits- und Sozialpolitik 61 (11 + 12), S. 19–27.

Walter, H. (2001): Pans Wiederkehr. Der Gott der griechischen Wildnis. München: dtv.

Walter, I. (2004): Pflege als Beruf oder aus Nächstenliebe. Die Wärterinnen und Wärter in Österreichs Krankenhäuser im „langen 19. Jahrhundert". Frankfurt am Main: Mabuse.

Walter, S. (1997): Im Mittelpunkt der Patient? Übergabegespräche im Krankenhaus. Stuttgart/New York: Thieme.

Walter, U. u. a. (2006): Alt und gesund? Altersbilder und Präventionskonzepte in der ärztlichen und pflegerischen Praxis. Wiesbaden: VS Verlag für Sozialwissenschaften.

– (2007): Migranten gezielt erreichen: Zugangswege zur Optimierung der Inanspruchnahme präventiver Maßnahmen. Psychiatrische Praxis 34 (7), S. 349–353.

Walther, S. (2001): Abgefragt?! Pflegerische Erstgespräche im Krankenhaus. Bern u. a.: Huber.

– (2003): Sprache und Kommunikation in der Pflege. Forschungsarbeiten und Publikationen zur mündlichen und schriftlichen Kommunikation in der Pflege. Eine kommentierte Bibliographie. Duisburg: Gilles & Francke.

Wansing, G. (2005): Teilhabe an der Gesellschaft. Menschen mit Behinderung zwischen Inklusion und Exklusion. Wiesbaden: Verlag für Sozialwissenschaften.

Warnebier, Ph. (2007): Strategische Positionierung und Strategieprozesse deutscher Krankenhäuser. Münster: LIT-Verlag.

Warnken, C. (2007): Palliativpflege in der stationären Altenpflege. Hannover: Schlütersche.

Wartha, U. (2007): Die Reform des Finanzierungssystems der Europäischen Union: Eine eigene Steuer für die EU-Ebene? Frankfurt am Main u. a.: Lang.

Wasem, J. u. a. (2008): Morbiditätsorientierter Risikostrukturausgleich. Gesundheits- und Sozialpolitik 62 (4), S. 15–22.

Wasner, B. (2005): Alterssicherung in Europa: Institutionenwandel durch Europäisierung? Münster: LIT-Verlag.

Wasquant, L. (2009): Bestrafen der Armen. Zur neoliberalen Regierung der sozialen Unsicherheit. Opladen & Farmington Hills: Barbara Budrich.

Watson, J. (1996): Pflege: Wissenschaft und menschliche Zuwendung. Bern u. a.: Huber.

Watzka, C. (2005): Vom Hospital zum Krankenhaus. Köln: Böhlau.

Watzlawick, P. (1978): Wie wirklich ist die Wirklichkeit? München: Piper.

– (Hrsg.) (1984): Die erfundene Wirklichkeit. München: Piper.

Weber, M. (2002): Wirtschaft und Gesellschaft. 5., rev. Aufl. Tübingen: Mohr Siebeck.

Weber, Th. P. (2003): Soziobiologie. Frankfurt am Main: Fischer.

Weber, W. E. J. (2002a): Geschichte der europäischen Universität. Stuttgart: Kohlhammer.

Weber-Reich, T. (2003): „Wir sind die Pionierinnen der Pflege ...". Krankenschwestern und ihre Pflegestätten im 19. Jahrhundert am Beispiel Göttingen. Bern: Huber.

Webster, T. B. L. (1970): The Greek Chorus. London: Methuen.

Wegrich, K. (2006): Steuerung im Mehrebenensystem der Länder. Wiesbaden: VS Verlag für Sozialwissenschaften.

Wehlau, D. (2009): Lobbyismus und Rentenreform. Wiesbaden: VS Verlag für Sozialwissenschaften.

Wehler, H.-U. (1998): Die Herausforderung der Kulturgeschichte. München: Beck.

– (2001): Historisches Denken am Ende des 20. Jahrhunderts. 1945–2000. Essener Kulturgeschichtliche Vorträge, 11. Göttingen: Wallstein.

Wehner, U. (2002): Pädagogik im Kontext von Existenzphilosophie. Würzburg: Königshausen & Neumann.

Wehr, A. (2006): Das Publikum verlässt den Saal. Nach dem Verfassungsvertrag: Die EU in der Krise. Köln: Papy Rossa.

Wehr, G. (1987): Paul Tillich. Reinbek bei Hamburg: Rowohlt.

– (1998): Paul Tillich zur Einführung. Hamburg: Junius.

Wehrmann, St. (2008): Entlassungsmanagement unter DRG-Regularien. Saarbrücken: VDM Verlag Dr. Müller.

Weiderer, M. (1995): Mensch oder Mythos? Befunde zum Berufsbild MedizinerIn in Arztserien und Spielfilmen des Deutschen Fernsehens. Münchener Medizinische Wochenschrift 137, S. 633–635.

Weidert, S. (2007): Leiblichkeit in der Pflege von Menschen mit Demenz. Frankfurt am Main: Mabuse.

Weidmann, B. (Hrsg.) (2004): Existenz in Kommunikation. Zur philosophischen Ethik von Karl Jaspers. Würzburg: Könighausen & Neumann.

Weidmann, R. (1996): Rituale im Krankenhaus. 2. Aufl. Berlin/Wiesbaden: Ullstein Mosby.

Weig, W. (2009): Privatisierung der Niedersächsischen Landeskrankenhäuser und ihre Folgen. Psychiatrische Praxis 36 (1), S. 43–45.

Weigel, S. (2006): Genea-Logik. Generation, Tradition und Evolution zwischen Kultur- und Naturwissenschaften. München: Fink.

Weigel, S. u. a. (Hrsg.) (2005): Generation. Zur Genealogie des Konzepts – Konzepte von Genealogie. München: Fink.

Weigl, M. (2006): Ko-Produktion in der personenbezogenen Arbeit. Analyse und erste Validierung für die Altenpflege- und Lehrtätigkeit. Berlin: Mensch & Buch Verlag.

Weihe, R. (2004): Die Paradoxie der Maske. Geschichte einer Form. München: Fink.

Weik, E./*Lang*, R. (Hrsg.) (2005): Moderne Organisationstheorien 1. Handlungstheoretische Ansätze. 2. Aufl. Wiesbaden: Gabler.

Weiland, K. (2008): Zur Bedeutung der Eltern-Kind-Bindung. Saarbrücken: VDM Verlag Dr. Müller.

Weimer, M. (1995): Das Verdrängte in der Hirtenmetapher. Wege zum Menschen 47, S. 61–76.

Weinert, A. B. (2004): Organisations- und Personalpsychologie. 5., vollst. überarb. Aufl. Weinheim/Basel: Beltz.

Weinert Portmann, S. (2009): Familie – ein Symbol der Kultur. Wiesbaden: VS Verlag für Sozialwissenschaften.

Weingardt, B. M. (2003): „... wie auch wir vergeben unseren Schuldigern". Der Prozeß des Vergebens in Theorie und Praxis. 2. Aufl. Stuttgart: Kohlhammer.

Weingarten, M. (2005): Philosophische Anthropologie als systematische Philosophie – Anspruch und Grenzen eines gegenwärtigen Denkens, in: Gamm, G. u. a. (Hrsg.), Zwischen Anthropologie und Gesellschafstheorie. Zur Renaissance Helmuth Plessners im Kontext moderner Lebenswissenschaften. Bielefeld: transcript, S. 15–31.

Weinhold, Chr. (1997): Kommunikation zwischen Patienten und Pflegepersonal. Bern u. a.: Huber.

Weinkamm, P. (2004): EG-Beihilfen und die öffentlich-rechtlichen Kreditinstitute in Deutschland. Aachen: Shaker.

Weippert, M. (1997): Jahwe und die anderen Götter. Tübingen: Mohr Siebeck.

Weiske, K. (2008): Die ärztliche Sicht auf Menschen mit Down-Syndrom. Göttingen: V & R unipress-Bonn: University Press.

Weiß, M. G. (1994): Hermeneutik des Unerschöpflichen. Das Denken Luigi Pareyson. Münster: LIT-Verlag.

Weiss, R. (2002): Unternehmensführung in der reflexiven Modernisierung. Marburg: Metropolis.

Weisser, G. (1964): Gemeinnützigkeit und Paritätspostulat. Sparkasse 81 (22), S. 341–362.

Weisser, J. (2005): Behinderung, Ungleichheit und Bildung. Eine Theorie der Behinderung. Bielefeld: transcript.

Weizsäcker, V. von (1937): Ludolf v. Krehl. Gedächtnisrede. Leipzig: Thieme.

– (2005): Pathosophie. Gesammelte Schriften 10. Frankfurt am Main: Suhrkamp.

Welsch, W. (1996): Vernunft – Die zeitgenössische Vernunftkritik und das Konzept der transversalen Vernunft. Frankfurt am Main: Suhrkamp.

Welt und Umwelt der Bibel (2004): Prophetie und Visionen. WUB 9 (4), Nr. 34. Stuttgart: Katholisches Bibelwerk.

- (2008): Gott und das Geld. WUB 13 (1), Nr. 47. Stuttgart: Katholisches Bibelwerk.

- (2008a): Die Anfänge Israels. Stuttgart: WUB 13 (3), Nr. 49. Katholisches Bibelwerk.

- (2008b): Engel. Boten zwischen Himmel und Erde. WUB 13 (4), Nr. 50. Stuttgart: Katholisches Bibelwerk.

- (2009): Paulus – Wegbereiter des Christentums. WUB 15 (1), Nr. 51. Stuttgart: Katholisches Bibelwerk.

Welter-Enderlin, R./Hildenbrand, B. (Hrsg.) (2006): Resilienz – Gedeihen trotz widriger Umstände. Heidelberg: Carl-Auer.

Welti, F. (2005): Behinderung und Rehabilitation im sozialen Rechtsstaat. Tübingen: Mohr Siebeck.

Wendt, C. (2008): Einstellungen zu wohlfahrtsstaatlichen Institutionen in Europa – Wie werden Gesundheitssysteme von den Bürgerinnen und Bürgern wahrgenommen? Zeitschrift für Sozialreform 54 (2), S. 115–140.

Wendt, S. (2003): Richtig begutachten – gerecht beurteilen. Die Begutachtung geistig behinderter Menschen zum Erlangen von Pflegeleistungen. 6. Aufl. Marburg: Bundesvereinigung Lebenshilfe für Menschen mit geistiger Behinderung.

Wendt, W. R. (2002): Sozialwirtschaftslehre. Baden-Baden: Nomos.

- (2007): Sozialplanung muß wissen, was der Fall ist: Case Management und Versorgungssteuerung. Nachrichtendienst des Deutschen Vereins für öffentliche und private Fürsorge 87 (8), S. 323–325.

Wendt, W. R./Wöhrle, A. (2006): Sozialwirtschaft und Sozialmanagement in der Entwicklung ihrer Theorie. Hergensweiler: ZIEL.

Wenz, G. (1979): Subjekt und Sein. Die Entwicklung der Theologie Paul Tillichs. München: Kaiser.

- (2000): Tillich im Kontext. Münster: LIT-Verlag.

Wenzel, K. (2008): Glaube in Vermittlung. Theologische Hermeneutik nach Paul Ricoeur. Freiburg i. Br.: Herder.

Wenzel, U. u. a. (2001): Die Therapie der arteriellen Hypertonie. Deutsche Medizinische Wochenschrift 126, S. 1454–1459.

Wenzl, Chr. (2007): Das Örtlichkeitsprinzip im europäischen Binnenmarkt. Baden-Baden: Nomos.

Werner, S. u. a. (Hrsg.) (2006): Selbsthilfefreundliches Krankenhaus. Bremerhaven: Wirtschaftsverlag NW.

Wernet, A. (2006): Einführung in die Interpretationstechnik der Objektiven Hermeneutik. 2. Aufl. Wiesbaden: VS Verlag für Sozialwissenschaften.

- (2006a): Hermeneutik – Kasuistik – Fallverstehen. Stuttgart: Kohlhammer.

Wernhart, G. u. a. (2008): Drei Generationen – ein Familie. Austauschbeziehungen zwischen den Generationen aus Sicht der Großeltern und das Altersbild in der Politik. Innsbruck: Studienverlag.

Werthemann, Ch. (2006): Case Management im Gesundheitswesen. Berlin: dissertation.de.

Wessel, B. (2007): Wer zahlt, hat Recht? Beratung im Rahmen des Persönlichen Budgets für Menschen mit Behinderung. Berlin: Eigenverlag des Deutschen Vereins für öffentliche und private Fürsorge.

Wessels, W. (2007): Das politische System der Europäischen Union. Wiesbaden: VS Verlag für Sozialwissenschaften.

Wettreck, R. (1999): Arzt sein – Mensch bleiben. Eine qualitative Psychologie des Handelns und Erlebens in der modernen Medizin: Münster: LIT-Verlag.

– (2001): „Am Bett ist alles anders" – Perspektiven professioneller Pflegeethik. Münster: LIT-Verlag.

Wetz, F. J. (2004): Hans Blumenberg zur Einführung. 2., stark überarb. Aufl. Hamburg: Junius.

Wetzel, M./*Rabaté,* J.-M. (Hrsg.) (1993): Ethik der Gabe. Denken nach Jacques Derrida. Berlin: Akademie Verlag.

Wetzler, R. (2009): Modernisierung karitativer Nonprofit-Organisationen – Modernisierungstheoretische Betrachtungen. Vierteljahresschrift für Heilpädagogik und ihre Nachbargebiete 78 (1), S. 46–54.

Wetzstein, V. (2005): Diagnose Alzheimer. Grundlagen einer Ethik der Demenz. Frankfurt am Main/New York: Campus.

Weyer von Schoultz, M. (2005): Max von Pettenkofer (1808–1901). Frankfurt am Main: Lang.

Weyerer, S./*Bickel,* H. (2006): Epidemiologie psychischer Erkrankungen im höheren Lebensalter. Stuttgart: Kohlhammer.

Whitehead, A. N. (1990): Wie entsteht Religion? Frankfurt am Main: Suhrkamp.

Wichelhaus, D. P./*Ziegenbein,* M./*Elgeti,* H. (2008): Einführung einer Balanced Scorecard in einer Sozialpsychiatrischen Poliklinik. Psychiatrische Praxis 35 (2), S. 258–262.

Wick, P. (2002): Die urchristlichen Gottesdienste. Stuttgart: Kohlhammer.

Wiedmann, A. (2007): Die Zulässigkeit sozialer Vergabekriterien im Lichte des Gemeinschaftsrechts. Baden-Baden: Nomos.

Wiehl, R. (1990): Ontologie und pathische Existenz. Zur philosophisch-medizinischen Anthropologie Viktor von Weizsäckers. Zeitschrift für klinische Psychologie, Psychopathologie und Psychotherapie 38, S. 263–288.

Wieland, J. (2007): Die Ethik der Governance. 5., neu durchgesehene Aufl. Marburg: Metropolis.

– (2008): Die Stakeholder-Gesellschaft und ihre Governance. Marburg: Metroplis.

Wieland, J./Conradi, W. (2002): Gesellschaftliches Engagement – unternehmerischer Nutzen. Marburg: Metropolis.

Wieland, K. (1998): Worte und Blut. Wandlungen des männlichen Selbst im Übergang zur Neuzeit. Frankfurt am Main: Suhrkamp.

Wieland, W. (1986): Strukturwandel der Medizin und ärztliche Ethik. Heidelberg: Carl Winter.

Wiesing, L. (2005): Artifizielle Präsenz. Frankfurt am Main: Suhrkamp.

Wiesmeyr, O./Batthyány, A. (Hrsg.) (2006): Sinn und Person. Beiträge zur Logotherapie und Existenzanalyse. Weinheim/Basel: Beltz.

Wiesner, G. (2003): Multimorbidität in Deutschland. Berlin: Robert Koch-Institut.

Wieteck, P. (2005): Zur Bedeutung der interdisziplinären Zusammenarbeit im Kontext der DRG. Pflege & Gesellschaft 10 (3), S. 115–124.

Wiggerhaus, R. (2006): Theodor W. Adorno. 3., überarb. u. erw. Aufl. München: Beck.

Wikander, U. (1998): Von der Magd zur Angestellten. Macht, Geschlechter und Arbeitsteilung 1789–1950. Frankfurt am Main: Fischer.

Wilhelmi, S. (2006): Gesundheitskonferenzen als Element eines Handlungszyklus kommunaler Gesundheitsförderung. Diplomarbeit. Hochschule Magdeburg-Stendal (FH). FB Sozial- und Gesundheitswesen.

Wilkung, K. (2005): Die „Schwachen" vor den „Faulen" schützen? Die Bedeutung von Kriterien der Hilfebedürftigkeit in Sozialhilferecht und -praxis. Hamburg: Kovac.

Wille, B. (2002): Ontologie und Ethik bei Hans Jonas. Dettelbach: Röll.

Willems, H. (1997): Rahmen und Habitus. Zum theoretischen und methodischen Ansatz Ervin Goffmans: Vergleiche, Anschlüsse und Anwendungen. Frankfurt am Main: Suhrkamp.

– (1997a): Rahmen, Habitus und Diskurse. Zum Vergleich soziologischer Konzeptionen von Praxis und Sinn. Berliner Journal für Soziologie (1), S. 87–107.

Willke, H. (1992): Beobachtung, Beratung und Steuerung von Organisationen in systemtheoretischer Sicht, in: Wimmer, R. (Hrsg.), Organisationsberatung. Wiesbaden: Gabler, S. 17–42.

Wilmsen-Neumann, J. (2005): Das deutsche DRG-System und die Palliativmedizin. Klinikarzt 34 (1 + 2), S. 24–28.

Wilsmann, St. (2004): Kritischer Empirismus. Münster: LIT-Verlag.

Windemuth, M.-L. (1995): Das Hospital als Träger der Armenfürsorge im Mittelalter. Stuttgart: Steiner.

Windheuser, J./Ammann, W./Warnke, W. (2006): Persönliches Budget für Menschen mit Behinderung in Niedersachsen. Hannover: Blumhardt.

Wingenfeld, K. (2005): Die Entlassung aus dem Krankenhaus. Bern u. a.: Huber.

Winkels, H. (1983): Ermunterung zum Verzehr. Gott, Hegel und Hölderlin. Die Eule 9, S. 3–14.

Winkler, G. (1990): Rechtstheorie und Erkenntnislehre. Wien: Springer.

Winner, T. (2005): Die Europäische Grundrechtscharta und ihre soziale Dimension. Frankfurt am Main: Lang.

Winock, M. (2007): Das Jahrhundert des Intellektuellen. 2. Aufl. Konstanz: UVK.

Winter, M. H.-J. (2005): Die ersten Pflegeakademiker in Deutschland. Bern u.a.: Huber.

Winterstein, A. (1912): Zur Psychoanalyse des Reisens. IMAGO 1 (2), S. 489–506.

Wirth, U. (Hrsg.) (2000): Die Welt als Zeichen und Hypothese. Frankfurt am Main: Suhrkamp.

– (2008): Vorüberlegungen zu einer Logik der Kulturforschung, in: ders. (Hrsg.), Kulturwissenschaft. Frankfurt am Main: Suhrkamp, S. 9–67.

Wischmeyer, O. (Hrsg.) (2006): Paulus. Tübingen/Basel: A. Francke (UTB).

Wiseman, A. (1989): Ärzte-Ängste. Feldstudie über den Umgang des Arztes mit seiner Angst vor dem Patienten. Innsbruck: Vor-Ort.

Wissel, C. von (2007): Hochschule als Organisationsproblem. Bielefeld: transcript.

Wiswede, G. (1977): Rollentheorie. Stuttgart u.a.: Kohlhammer.

Wittgenstein, L. (2008): Philosophische Untersuchungen. 4. Aufl. Frankfurt am Main: Suhrkamp.

Wittmer, D. (1991): Serving the People or Serving for Pay: Reward Preferences among Government, Hybrid Sector, and Business Managers. Public Productivity and Management Review 14, S. 369–383.

Wöhrle, A. (2005): Den Wandel managen. Baden-Baden: Nomos.

Wöhrle, G. (1999): Telemachs Reise. Väter und Söhne in Ilias und Odysee oder ein Beitrag zur Erforschung der Männlichkeitsideologie in der homerischen Welt. Göttingen: Vandenhoeck & Ruprecht.

Wöhrle-Chon, R. (2001): Empathie und Moral. Eine Begegnung zwischen Schopenhauer, Zen und der Psychologie. Frankfurt am Main: Lang.

Woellert, K./*Schmiedebach,* H.-P. (2008): Sterbehilfe. München/Basel: Reinhardt (UTB).

Wolf, A./*Stürzer,* M. (Hrsg.) (1996): Die gesellschaftliche Konstruktion von Befindlichkeit. Ein Sammelband zur Medizinethnologie. Berlin: VWB-Verlag.

Wolf, D. (2005): Ökonomische Sicht(en) auf das Handeln. Ein Vergleich der Akteursmodelle in ausgewählten Rational-Choice-Konzeptionen. Marburg: Metropolis.

Wolf, K. (2006): Philosophie der Gabe. Stuttgart: Kohlhammer.

Wolfe, A. (1989): Whose keeper? Social science and moral obligations. Berkeley: University of California Press.

Wolfswinkler, G. (2006): Die Europäisierung der Arbeitsmarktpolitik. Baden-Baden: Nomos.

Wollenschläger, F. (2007): Grundfreiheit ohne Markt. Die Herausbildung der Unionsbürgerschaft im unionsrechtlichen Freizügigkeitsregime. Tübingen: Mohr Siebeck.

Wolter, F. (2007): Alter und Technik. Saarbrücken: VDM Verlag Dr. Müller.

Wright, M. T. (2006): Auf dem Weg zu einer theoriegeleiteten, evidenzbasierten, qualitätsgesicherten Primärprävention in Settings. Jahrbuch kritische Medizin 43, S. 55–73.

WSI-Mitteilungen (2008): Schwerpunktheft „Privatisierung öffentlicher Dienstleistungen". 61 (10).

Wucherer-Huldenfeld, A. K. (1985): Personales Sein und Wort. Einführung in den Grundgedanken Ferdinand Ebners. Wien u. a.: Böhlau.

Wuchterl, K./*Hübner*, A. (1991): Wittgenstein. Reinbek bei Hamburg: Rowohlt.

Wulf, Chr. (2004): Anthropologie. Reinbek bei Hamburg: Rowohlt.

– (2005): Zur Genese des Sozialen. Mimesis, Performativität, Ritual. Bielefeld: transcript.

– (2007): Anthropologische Dimensionen des Tanzes, in: Brandstetter, G./Wulf, Chr. (Hrsg.), Tanz als Anthropologie. München: Fink, S. 121–131.

Wulf, Chr./*Zirfas*, J. (Hrsg.) (2005): Ikonologie des Performativen. München: Fink.

Wunder, A. (2007): Zur Vereinbarkeit von Wartelisten mit den Grundfreiheiten. Medizinrecht 25 (1), S. 21–28.

– (2008): Grenzüberschreitende Krankenbehandlung im Spannungsfeld von Grundfreiheiten und vertraglicher Kompetenzverteilung. Frankfurt am Main: Lang.

Wurm, S./*Tesch-Römer*, C./*Tomasik*, M. J. (2007): Longitudinal Findings in Aging-related Cognitions, Control Beliefs, and Health in Later Life. Journal of Gerontology: Psychological Sciences 62B, P152–164.

Wurzbacher, G. (1961): Der Mensch als soziales und personales Wesen. Stuttgart: Enke.

Wutsdorff, I. (2006): Bachtin und der Prager Strukturalismus. München: Fink.

Wydler, H./*Kolip*, P./*Abel*, Th. (Hrsg.) (2006): Salutogenese und Kohärenzgefühl. Weinheim/München: Juventa.

Wyrsch, J. (1980): Vom Sinn der Melancholie. Zürich: Arche.

Wysocki, J. (2005): Untersuchungen zur Wirtschafts- und Sozialgeschichte der deutschen Sparkassen im 19. Jahrhundert. Stuttgart: Deutscher Sparkassen Verlag.

Wyss, D. (1973): Beziehung und Gestalt. Entwurf einer anthropologischen Psychologie und Psychopathologie. Göttingen: Vandenhoeck & Ruprecht.

Yach, D. u. a. (2004): The global burden of chronic diseases: over-coming impediments to prevention and control. Journal of the American Medical Association 291 (21), S. 2616–2622.

Yerushalmi, Y. H. (1999): Freuds Moses. Frankfurt am Main: Fischer.

Yi, C./*Farrel,* M. (2006): Globalization and the intergenerational relation: cross-cultural perspectives on support and interaction patterns. Journal of Family Issues 27 (8), S. 1035–1041.

Yin, R. K. (1994): Case study research. Design and methods. Thousand Oaks: Sage.

Youniss, J. (1994): Soziale Konstruktion und psychische Entwicklung. Frankfurt am Main: Suhrkamp.

Zacharias, G. (1997): Ballett. Gestalt und Wesen. Frankfurt am Main: Fischer.

Zager, W. (2004): Liberale Exegese des Neuen Testaments. Neukirchen-Vluyn: Neukirchener.

Zahavi, D. (2007): Phänomenologie für Einsteiger. Paderborn: Fink (UTB).

Zahrnt, H. (1966): Die Sache mit Gott. München: Piper.

Zander, H. (2007): Anthroposophie in Deutschland. 2 Bde. Göttingen: Vandenhoeck & Ruprecht.

Zander, M. (2008): Armes Kind – starkes Kind? Die Chance der Resilienz. Wiesbaden: VS Verlag für Sozialwissenschaften.

Zank, S./*Hedtke-Becker,* A. (Hrsg.) (2008): Generationen in Familie und Gesellschaft im demographischen Wandel. Europäische Perspektiven. Stuttgart: Kohlhammer.

Zapka, K. (2007): Europäische Sozialpolitik. Zur Effizienz (supra-)nationaler Sozialpolitik. Göttingen: Cuvillier.

Zehnder, N. (2005): Umgang mit Fremden in Israel und Assyrien. Ein Beitrag zur Anthropologie des „Fremden" im Lichte antiker Quellen. Stuttgart: Kohlhammer.

Zeise, H. (o. J.): Der blaue Reiter. Herrsching am Ammersee: Pawlak.

Zeitschrift für Sozialreform (2008): Schwerpunktheft „Innenansichten eines Umbruchs: Qualitative Untersuchungen zur Reform der Arbeitsmarktpolitik" 54 (1).

Zelinka, I. (2005): Der autoritäre Sozialstaat. Machtgewinn durch Mitgefühl in der Genese staatlicher Fürsorge. Münster: LIT-Verlag.

Zeman, P. (2007): Bürgerschaftliche Beiträge Älterer zur Lebensqualität in alternden und schrumpfenden Kommunen. Informationsdienst Altersfragen 34 (2). S. 2–4.

Zemmrich, E. (2006): Demut. Zum Verständnis eines theologischen Schlüsselbegriffs. Berlin: LIT-Verlag.

Zenger, E. (Hrsg.) (2003): Ritual und Poesie. Freiburg u. a.: Herder.

Zetterholm, M. (2005): The Formation of Christianity in Antioch. A Social-Scientific Approach to the Separation Between Judaism and Christianity. London/New York: Routledge.

Zheng, C. (2007): Die Rolle der Europäischen Kommission und Sozialpartner im sozialpolitischen Integrationsprozess. Baden-Baden: Nomos.

Zielke-Nadkarni, A. (2003): Individualpflege als Herausforderung in multikulturellen Pflegesituationen. Eine ethnografische Studie mit türkischen und deutschen Frauen. Bern u. a.: Huber.

Ziermann, K. (2007): Inhaltsbestimmung und Abgrenzung der Normsetzungskompetenzen des gemeinsames Bundesausschusses und der Bewertungsausschüsse im Recht der gesetzlichen Krankenversicherung. Berlin: Duncker & Humblot.

Zima, P. V. (1994): Die Dekonstruktion. Tübingen/Basel: Francke (UTB).

– (2001): Moderne/Postmoderne. Tübingen/Basel: Francke (UTB).

– (2004): Was ist Theorie? Tübingen/Basel: Francke (UTB).

– (2007): Theorie des Subjekts. 2. durchgeseh. Aufl. Tübingen/Basel: Francke (UTB).

Zimmer, J. (2003): Metapher. Bielefeld: transcript.

Zimmermann, B. (2000): Europa und die griechische Tragödie. Frankfurt am Main: Fischer.

Zimmermann, R. (1998): Die Überlistung des Todes. Wozu der Mensch die Kunst erfand. München/Berlin: Deutscher Kunstverlag.

Zimmermann, Ru. (2005): Geschlechtsmetaphorik und Gottesverhältnis. Traditionsgeschichte und Theologie eines Bildfelds in Urchristentum und antiker Umwelt. Tübingen: Mohr-Siebeck.

Zimmermann, Th. (2008): Grenzüberschreitende Gesundheitsversorgung aus der Perspektive des deutschen Gesundheitssystems. Baden-Baden: Nomos.

Zingeler, U. (2005): Jenseits des Muttermythos. Weinheim/München: Juventa.

Zinnecker, J. (Hrsg.) (2008): Transgenerationale Weitergabe kriegsbelasteter Kindheiten. Weinheim/München: Juventa.

Zirfas, J. (2004): Pädagogik und Anthropologie. Stuttgart: Kohlhammer.

Zizek, S. (2003): Die Puppe und der Zwerg. Das Christentum zwischen Perversion und Subversion. Frankfurt am Main: Suhrkamp.

Znoj, H. (1995): Tausch und Geld in Zentralsumatra. Berlin: Reimer.

Zonn, U. (1970): Zum Menschenbild Victor von Weizsäckers. Zürich: Juris.

Zschätzsch, A. (2002): Verwendung und Bedeutung griechischer Musikinstrumente in Mythos und Kult. Rahden/Westf.: Marie Leidorf.

Zsok, O. (2005): Der Arztphilosoph Viktor E. (1905–1997). Ein geistiges Profil. St. Ottlien: EOS-Verlag.

Zünd, C. (2006): Grundorientierungen und Altersbilder in der Sozialarbeit mit älteren Menschen. Bern: Edition Soziothek.

Zutter Baumer, B. (2003): Heilpädagogik und New Public Management. Luzern: Edition SZH/CSPS.

Sachverzeichnis

Achsenzeit 236
Adienz 130
Agape 265, 574
Alexithymie 526
Alpha-Kampf-Kultur 285
Altenpflege 406
Alterität 119, 281, 283, 335, 583
Altersbild 74, 329, 365
Altersklassensystem 348
Altes Testament 232, 233, 255, 271
Altruismus 139, 140, 241, 549
alttestamentliche Spurensuche 574
alttestamentliche Wurzel 254
Ambivalenz 329, 355, 395, 507
Angst 74, 141, 200, 383, 581
Anima 376
Animus 376
Anstalt 31
Anstaltswesen 343
Anti-Egologismus 46
apollinisch 50, 282, 378
Arbeit am Mythos 29
Arbeitsapparat 306
Archäologie 44
Archetyp 28, 54, 79, 243, 267, 533
archetypische Handlungslogik 70
ärztlicher Blick 394
ärztlicher Laborwert 375
Asklepiade 381
Asymmetrie 79, 573
Attinenz 130
Aura 110, 381
Autonomie 229

Baby-Sprache 74, 254, 611
Balance 31, 231, 542

Balanceakt 570
Barmherzigkeit 21, 24, 70, 242, 555, 568, 574
Begehren 281
Begierde 253, 277
Behinderung 336, 439
Berufsethos 110
Berühren 105
betriebsmorphologischer Wandel 290
Bibel 233
Bild 109, 173
Bildmetaphorik 256
binäre Code-Struktur 247
binärer Code 41, 257, 378, 397, 532
Bindungsforschung 608
Binnenmarkt-Kompatibilität 461
Biografie 31
Bipolaritäts-Modell 23
Blaupause 61
Brutpflege 606
Bund 255, 574
Bundestheologie 259

Capability 241, 301, 547
Care 284, 401
Care Management 158, 411
Care-Debatte 21
Care-Ethik 377
Caring-Beruf 91
Caritas 263, 264
cartesianischer Dualismus 115, 296, 300
Case Management 158, 411
Change Management 46, 74, 103, 155, 156, 312, 347, 530
Charakter 173

Charaktermaske 119, 161, 382
Chef-Visite 63, 75, 375, 564, 622
Chor 109
Choreografie 108, 169
Christentum 82, 228, 237, 263, 580
Christologie 272
christologische Figuration 272
chronotopisch 46, 87, 623
Chronotopoi 30
chronotypisch 105
Code 37, 62, 90, 92, 123, 132, 269, 382, 611, 624
Connectedness 135, 136, 198, 274, 356
Crowding-out 409
Crowding-out-Hypothese 559
cultural turn 198, 213, 215, 303
Cure 284, 377, 401

Dankbarkeit 42, 200, 555
Dasein 29, 42, 385, 539
Daseinsanalyse 386
daseinsanalytische Psychiatrie 121, 386, 404
Daseinsontologie 106, 402
Daseinsvorsorge 318, 453, 617
Dekonstruktion 566
Demenz 335
Demiurg 31
Demografisierung 289, 368
Demut 147, 231, 555
Denkstil 161, 237
Dependeny-support-script 368
Deuteronomium 270
Deutungsmuster 624
Dezentrierung 45, 279
Diakonie 272
Dialogik 369, 389
dialogische Existenz 564
Dialogizität 390
Dienerin 380
Dienstgesinnung 322

Dienstleistung 77
Dienstleistung im öffentlichen Interesse 451
dionysisch 50, 282, 378
Diskurs 283
Dispositiv 44, 46, 182, 624
Distanz 74, 353, 543
Do et des 576
Doxa 281
Drache 76
Drachentöter 377
Drama 75, 222, 589
Drehbuch 60, 117
DRG 202
DRG-Regime 514
Dritter Sektor 477, 593
Du-Sorge 26
duale Geschlechterordnung 56, 378

Egologie 279
Ehe-Metapher 574
Einzelkämpfer 381
Ekel 74, 105, 141, 200, 402
Ekstase 390
Eltern-Kind-Beziehung 237, 250
Eltern-Kind-Metapher 574
Elterngebot 359
emanzipatorischer Essenzialismus 588
Embeddedness 136, 198, 356
Empathie 26, 135, 141, 145, 556, 607
Empowerment 22, 24, 102, 147, 148, 337, 533, 549
Endlichkeit 188, 190, 362, 384, 533, 581, 582
Entfremdung 388
Entwicklungsplanung 29
Epiphanie 75, 268
Epiphanie der Zweiheit 572
Epiphanie des Heiligen 61
Episteme 92
Epistemologie 79, 482
Eros 265

Erstgabe 589
Ethik 203, 625
Ethik der Achtsamkeit 19, 21, 26, 44, 174, 623
Ethnografie 104
Ethos 21, 111, 125
europäisches Recht 451
europäisierte Sozialpolitik 456
Europäisierung 453
Existenzanalyse 118, 585
existenzerhellend 538
Existenzerhellung 150, 188, 189, 198, 199, 565
Existenzialismus 45, 118
existenzielle Daseinsontologie 580
Existenzphilosophie 118, 200, 580
Existenztheologie 195
Expressionismus 268
Externalität 204, 448, 549
exzentrische Positionalität 27, 62, 133, 200, 357, 583, 584, 626

Fachlichkeit 110
Fall 400
Fallverstehen 26
Falte 280, 390
Faltung 98, 620
Fehlbarkeit 27
Feminisierung 376
Figur 128, 361
Figuration 78, 229
Figuration des Helfens 254
Foucaultscher Blick 24
Fragmentierung 86, 401
Fremdsorge 31, 137, 273, 570
Fundamentalontologie 31, 122, 273
Fürsorge 404
Fürsorgeethik 377

Gabe 20, 21, 41, 42, 102, 137, 142, 243, 391, 552, 555, 565, 571, 586
Gabe der Gabe 577
ganz Andere 282, 335

Gastfreundschaft 251, 263, 543, 572
Gebet 571
Geborgensein 189
Geduld 200
Gemeinde-Ethos 260
Gender-Ordnung 70
Genderfrage 374
Genealogie 44, 46, 70, 227, 278
Generation 255, 348, 357, 589
generative Grammatik 295, 557, 621
Genius 88
Gerechtigkeit 237, 553
Geriatrie 196
geriatrische Rehabilitation 304
Geriatrisierung 304
Gerontologie 16, 327, 364, 613
Gerontopsychiatrisierung 413
Gerufensein 578
Geschichtlichkeit 223
Geschlechterdualismus 55, 61, 81
Geschlechtermetaphorik 250, 258
Geschlechterordnung 55, 63
Geschlechterverhältnis 374
Gestaltpsychologie 280
Gewährleistungsstaat 318, 453
Gewissen 608
Geworfenheit 138
Geworfensein 31, 138, 198
Gnade 21, 24, 70, 231, 236, 256, 552, 555, 567, 574
Goldene Regel 608
Gotik 249
Gott essen 398
Gott in Weiß 88, 119
Gouvernementalität 228, 237, 276, 418, 505
Governance 315
Grammatik 61, 63, 130, 131, 251, 276, 278, 382, 533
Grammatik des Sozialen 37
Grenzsituation 537, 616
Grundrecht 474

Habitualisierung 110
Habitus 47, 70, 86, 161, 172, 237, 280
Habitus-Hermeneutik 47
Haltung 161, 170, 173, 325
Haltungsethik 23
Haltungsstil 237
Haltungswandel 168, 369
Handlungslogik 31, 86, 108, 109, 528
Hass 141
Heiler 380
Heilige Hochzeit 56, 376
Heilige Kommunion 398
Heilige Ordnung 37, 87, 114
Heilserwartung 75
Heilung 379
Heim 266
Heimpflegerisiko 410
Held 31, 88, 91, 267, 376, 379, 380, 398, 399, 400
Heldenfigur 533
Heldenmythos 374, 382
Heldentum 392
Helfen 79, 243
Helfer 253, 393
Helfer-Syndrom 171
Hermeneutik 26, 44, 78, 89, 93, 624
Hermeneutik des Selbst 23
Heroismus 533
Heros 69, 88, 119, 120, 267
Hierarchie 63, 242, 262
Hilfe zur Selbsthilfe 267
Hilfeausgestaltung 626
Hilfeplanung 24, 147
Hilfeschrei 130
Himmel 40, 88, 250, 257, 258, 265, 567, 579, 580
Hippokratischer Eid 610
Hirt und Herde 247, 261
Hirt-Herde-Metapher 24, 28, 41, 248, 254
historische Epistemologie 45
historisches Apriori 45

Hoffnung 200
Höhle 302
homo buerocraticus 510
homo clauses 92, 356
homo confidens 360
homo creativus 563
homo creativus consumens 566
homo culturalis 79, 89, 134, 299, 582
homo dialogicus 512, 569, 577
homo donans 560
homo duplex 119
homo figurationis 78, 90, 134, 137, 190, 273, 448, 551, 558
homo institutionalis 297
homo laborans 582
homo ludens 397
homo mimeticus 326
homo oeconomicus 62, 78, 136, 141, 297, 356, 464, 570
homo patiens 31, 217, 369, 556, 584
homo politicus 190
homo reciprocus 134, 141, 239, 240, 558, 604
homo regulationis 510
homo relationis 78, 90, 134, 190
homo religious 240, 282, 565
homo sacer 391, 392
homo socialis 79, 89
homo sociologicus 282, 299, 300, 357, 556
homo symbolicus 240, 298, 564, 565, 582, 620
homo telos contractus 506, 510
Humanismus 45, 127, 327, 568, 613
Humankapital 192, 615
Humor 74
Hygiene 394, 395

Ich-bin 30, 42
Ich-Du-Beziehung 97, 585
Ich-Du-Problematik 390
Ich-Du-Wir-Balance 133, 287, 591

Ich-Du-Wir-Figuration 62, 142, 273, 557
Ich-Wir-Balance 230
iconic turn 303
Identität 173
Immanenz 578, 583
In-der-Welt-Sein 123, 273
Individuation 133
Infantilisierung 74, 611
Inklusion 489
Inklusionspädagogik 29
Institutionalismus 447
Inszenierung 37, 75, 116, 170, 394, 401
Intimität auf Distanz 592
intrapersonaler Arbeitsapparat 109, 306
intrapsychischer Arbeitsapparat 46, 93

Judentum 91
jüdisch-christliche Kulturerbschaft 130
jüdisch-christliche Tradition 70

kalendarische Ordnung 284
Kampf 379
Kampf-Kultur 76
Kannibalismus 399
Kerygma 29
Kinderstatus 75
Klage 579
Klagelied 571
Klugheitsethik 361, 511
Kohärenzgefühl 275, 585, 617
kollektiver Denkstil 532
Kommune 154, 434
Kontraktmanagement 480, 504
Krankenhausmanagement 305
Kränkung 74
Kreatur 539, 554, 573
Kreatürlichkeit 198, 231, 242, 579
Kult 37
Kultur 116

Kultur des Helfens 111, 146, 168, 289
Kultur des Pflegens 289
Kultur des Sterbens 363
Kulturgeschichte 81
Kulturwandel 36, 224
Kulturwissenschaft 87
kulturwissenschaftliche Wende 213

Laborwert 400, 534
Labyrinth 152, 197
Lebenslauf 198, 199, 539
Lebenswelt 138, 421
Leiblichkeit 30 , 102, 563, 620
Leiblichkeitsphilosophie 31
Leiden 120, 189, 536, 538
lernende Organisation 39, 517
Lichtung 390
Liebe 29, 40, 41, 70, 82, 97, 137, 141, 263, 386, 535, 586
Liebesethik 21, 260, 403, 575
Liebestätigkeit 380
liturgische Produktionsweise 222
Logotherapie 124, 386

Maat 271
Maat-Ordnung 82
Macht 70
Mädchensozialisation 533
Mäeutik 348
Magie 384
Mana 88, 398, 533
männliche Medizin 375
Männlichkeitssyndrom 533
Maschinenbaumetaphorik 68, 178
Maschinenlogik 107, 177
Maske 117, 120, 126
Maskulinität 374, 394
Medikamentalisierung 398
Medizin- und Pflegeanthropologie 217
Medizinanthropologie 401
medizinische Anthropologie 121

Medizinkultur 59, 67, 94, 287, 499, 532
Medizinwandel 289, 294, 519, 524
Medizinzynismus 393, 394
Mehr-Ebenen-Struktur 217
Melancholie 121
mentales Modell 31, 36, 44, 63, 110
Mentalität 216, 227, 278
Metapher 126
Metaphernsprache 379
methodologischer Individualismus 620, 621
methodologischer Personalismus 16, 62, 87, 623
methodologischer Relationalismus 307
Mitleid 143, 237, 250, 385
mitleidender Gott 70
Mitsein 265
Mitsorge 31, 136, 273, 570
Mitwelt 133
Mnemen 115
Mnemosyne 116
Modalität 104
Moralökonomie 181
Moralökonomik 239
Morphologie 36
Motiv 140, 241, 360, 556
Mut zum Sein 186, 187, 386, 407, 561, 583
Mütterlichkeit 215, 258, 377
Mutterliebe 375
Mythos 80, 119, 178, 285, 377, 535, 561, 581, 583
Mythostheorie 581

Nächstenliebe 236
Nähe 74, 353, 543
narrative Identität 128, 129
Neid 141
Neo-Post-Strukturalismus 623
Neo-Strukturalismus 45, 52
Netzwerk 66, 135, 275

Neu-Kantianismus 67
neue Steuerung 162, 447
neurowissenschaftlich 619
neurowissenschaftliches Menschenbild 144
neutestamentliche Ethik 269
Noologie 303
Normalität 536
nosologische Ordnung 283, 393
Numinoses 335, 397

Offenbarung 248, 266, 555, 589
Offenbarungs- und Gnadetheologie 387
Offenbarungstheologie 266
Ökonomik 213, 572
Onto-Hermeneutik 566
Ontologie der Pflege 402
Ontologie des Zwischen 573
Onto(theo)logie 29
Opfer 391, 576
Opferkult 252, 571
Opfertheorie 391, 571
organisierte Liebesarbeit 24
over-protection 74, 254, 338, 365, 611

Panoptikum 25, 373
Parallaxe 172
Pastoralmacht 71, 142
Paternalismus 70, 147, 195, 237
Patriarchalismus 81, 258
performative turn 300
Performativität 37, 60, 63, 78, 79, 87, 91, 110, 116, 132, 170, 224, 401
Person 40, 87, 119, 123, 127, 128, 171, 200, 276, 357, 389, 539, 584
Persona 117, 118
personale Geschehensordnung 74
personale Mitte 534
personale Prozessgeschehensordnung 87
Personalismus 39, 137, 369, 621

Personalität 123
persönliches Budget 424
Perspektivität 172
Persu 118
pflegerischer Fall 375
Pflicht 141
Phänomenologie 43, 106
Phantasma der Sterblichkeitsüberwindung 396
Pharaonentum 272
philosophische Anthropologie 106, 217, 226, 386, 519, 538, 625
pictorial turn 60, 61
Plastizität 27, 62, 200
Pleonexia 52
Polis 108
politische Ökonomie 61, 91, 161, 276, 528
Polydoria 574
Post-Strukturalismus 45, 62
poststrukturalistisch 44
poststrukturalistische Hermeneutik 46
Praxis 62, 79, 83
Priestertum 393
Privatheit 74
Problematisierungsformel 281
Profession 133, 625
Professionalität 27, 115, 528
professionelle Handlungslogik 23, 49
Programmcode 61, 86, 545, 552
Proskynese 248, 251
Prothetisierung von Mutterleistungen 236
Protosoziologie 84
Psalmenexegese 256
psychischer Apparat 49
psychischer Arbeitsapparat 63
Psychodynamik 81
Psychogrammatik 87
Psychomythologie 269

qualitative Sozialforschung 624

rationaler Altruismus 138
Rationierung 204
Raumtheorie 115
Regime 44, 63, 115, 142, 269, 624
Regression 74, 82, 254, 611
Religionsgeschichte 55, 227
religiöser Sozialismus 187, 561, 580
Repräsentanz des Anderen 279
Resilienz 333, 541, 617
Respekt 141
Reziprozität 28, 141, 239, 559, 571, 590
Risikoselektion 201, 514
Rittertum 267
Ritual 37, 75, 79, 92, 104, 283, 342, 622
Ritual des Reinigens 61
Rollen-Gegenseitigkeit 36
Rollenidentität 61
Rollentheorie 43, 117, 299
Ruf 578

sakrales Königtum 234, 251
Sakralkönigtum 231, 272
Salutogenese 617
Sattelzeit 56
Scham 74, 105, 141, 402
Scheitern 539, 582, 586
Schmerz 121, 188, 535, 538
Schrei 268
Schuld 74, 141, 391
Schuldknechtschaft 238, 255, 271
Scription 116
Sein zum Tode 90, 184
Seinsvergessenheit 302
Selbstsorge 31, 136, 273, 570
Semiotik 116, 133, 624
Shared-Decision-Making 24, 147
Sisyphos 28, 29, 119, 139
Sittengesetz 607
Sittengesetz-Ethik 28

Skript 23, 37, 49, 61, 62, 68, 87, 93, 115, 116, 123, 132, 624
solidarische Wettbewerbsordnung 164, 445, 494
Solidarität 552, 562
Solipsismus 130
Sophrosyne 384
Sorge 70, 97, 385, 403, 584
Sorgearbeit 28, 385, 519, 538
Souveränität 27
Sozialbiologie 607
soziale Disziplinierung 287
soziale Grammatik 46
soziale Inskription 382
soziale Kontrolle 287, 409
Sozialkapital 156, 192, 274, 302, 355, 558, 606
Sozialkapiteltheorie 355
Sozialmodell 480
Sozialontologie 84
Sozialpolitik 84, 94, 198, 540, 617
Sozialraumorientierung 155
Sozialunternehmen 341, 503
Sozialwirtschaft 502
Sozialwirtschaftslehre 310
Soziogrammatik 87
spatial turn 180
Spiegelneuron 143, 145
Spieltheorie 191, 356
sprechende Medizin 146
St. Martin-Geschichte 269
St. Martins-Legende 138
Standesethik 125
Statuspassage 342
Stripping 611
Strukjekt 279
strukjektiv 622
Strukjektivität 623, 624
strukturale Psychoanalyse 278
strukturale Theorie 62
strukturale Tiefenhermeneutik 621
Strukturalismus 16, 89, 93, 624

strukturhermeneutisch 41
Subjektivität 70
Sünde 231, 259
Supranaturalismus 127, 336, 567, 589
supranaturalistische Gottesauffassung 387
Syllogismus 566
Symbol 91
Sympathie 137, 150, 556, 607
systemische Organisationsentwicklung 109

Tabu 74, 105, 402
Tanz 169
Tanzanthropologie 169
Tauschlogik 570
Text 116
Theater 30, 37, 117
Theatralisierung 116
theologische Anthropologie 16, 578, 579
Theophanie 268
Tiefengrammatik 23, 47, 60, 63, 89
Tiefenhermeneutik 89, 93
tiefenhermeneutischer Strukturalismus 383
Tiefenpsychologie 16, 86, 94, 97
Tod 119, 122, 185, 188, 238, 267, 268, 361, 374, 379, 391, 392, 393, 395, 400, 581, 582
Todesbekämpfung 91
Todeskampfmythos 68
totale Institution 372, 373, 532, 533
Totem 399
Tragödie 108, 109
Transaktionalismus 180, 357, 584
transzendentales Subjekt 46
Transzendentalphilosophie 83
transzendentalpragmatische Perspektive 47
Transzendentalsubjektivität 624

Unbedingtheit 570, 572
Ungeborgenheit 576

Unionsbürgerschaft 489
Unsterblichkeit 69, 376
Unvollkommenheit 27
Ur-Angst 384, 582
Ur-Dank 42
Ur-Gabe 252
Ur-Passivität 577
Ur-Schuld 42
Ur-Verdankt-Sein 42
Urvertrauen 384, 581
Utilitarismus 588

Vater-Kind-Figuration 267
Ventilsitte 105
Verdankt-Sein 41
Vergöttlichung 91
verlängerte Mütterlichkeit 68, 532
Verschlaufung 279
Verstrickung 355
Vertrauenskapital 156, 191
verwundeter Held 370

Verzweiflung 200, 388, 581
Vorgängigkeit des Wir 30, 42, 63

Wahrheit 70
weibliche (mütterliche) Pflege 375
Weltbild 114
Wengener Kreis 405
Wittgenstein-Theorem 42
Witz 74, 76
Wohlfahrtspluralismus 593

Xenodochium 345

Zeiterleben 188, 388
Zeitgefühl 188, 405
Zeithorizonat 114
Zeitlichkeit 284
Zeitmodalität 223
zeremonielle Ökonomie 104
Zielvereinbarungsökonomik 509
Zynismus 74, 76, 105

DUNCKER
HUMBLOT

Werner Sesselmeier /
Frank Schulz-Nieswandt (Hrsg.)

Konstruktion von Sozialpolitik im Wandel

Implizite normative Elemente

Schriften der Gesellschaft für Sozialen Fortschritt e.V., Band 26
Tab., Abb.; 288 S. 2008 ⟨978-3-428-12505-0⟩ € 72,–

Dass die praktische Sozialpolitik im Wandel begriffen ist, ist ein Gemeinplatz und hat nicht unbedingt etwas mit einer Krise der praktischen Sozialpolitik zu tun. Da Sozialpolitik – von ihrer Begründung her wie mit Blick auf ihre Wirkung – sich seit jeher in Wechselwirkung zum sozialen Wandel befindet, stehen Fragen der Sozialreform als permanente Aufgabe an. Sozialreform ist kein einmaliger historischer Akt, sondern eine ständige Gestaltungsaufgabe des Staates, insbesondere einer auf marktwirtschaftlicher Grundlage funktionierenden Sozialpolitik.

„Konstruktion von Wandel" macht deutlich, dass Kontroversen in dem Diskurs verborgen sind, wie sich die Sozialpolitik zu verändern hat: Wohin soll sie sich entwickeln, welche Gestalt soll sie annehmen, welcher Logik folgen? Die sich wandelnde Sozialpolitik muss also konstruiert werden.

Internet: http://www.duncker-humblot.de

BERLIN